数論・論理・意味論
その原型と展開
知の巨人たちの軌跡をたどる

The Development of Number-theories, Logic and Semantics
in the 19th and the 20th Centuries

NOMOTO Kazuyuki
野本 和幸
[著]

The Development of Number-theories, Logic and Semantics
in the 19th and the 20th Centuries

Kazuyuki NOMOTO

University of Tokyo Press, 2019
ISBN978-4-13-010135-6

まえがき——知の巨人たちの戦記物語

「数とは何か？」こんなことがどうして問うに値するのだろうか？ そんな問いは，小学校一年生でもう解決済みではないのか？

この書物は，いわば一種の「戦記物語」である．だがむろん領土拡張を巡っての侵略戦争や政治的権力を巡っての暗闘の物語ではない．ギリシャ神話に伝えられるいわば「オリュンポスの神々と巨人族との戦いの歌（ギガント・マキア（$Γιγαντομάχια$））」に比すべき戦いの物語である．ただし，それは覇権を巡ってではなく，遠く紀元前のエジプト，バビロニア，インド，ギリシャ等から人類が繰り返し問うてきた最も普遍的な知，自然科学はじめ大方の個別諸科学が前提する知，すなわち，数論や論理，そして言葉の意味理解を巡る知の解明，という巨大な課題（problema（$πρόβλημα$））への挑戦の物語である．この謎に，19世紀後半からデデキント，シュレーダー，フレーゲらに始まり，20世紀後半に至ってもヒルベルト，ゲーデル，タルスキ等々の「知の巨人たち」が，挑戦を試みてきた．本書で私は，その「知の巨人たちの粒々辛苦の戦い（ギガント・マキア）」の跡を，彼らが遺した著作・講義録・遺稿等々の解読を通して，詳しく追跡してみたいと思う．

この巨人たちが直面した「課題（プロブレーマ）」とは何か．それは，数とは何か，論理は数論とどう関係するのか，そして数論や論理は，ことばの意味とどう関係するのか，であった．

ところでわれわれの日常生活において，数はどのように登場しているだろうか．例えば，小学校の校庭で，新入生に先生が「背の高い順番に並びましょう」と呼びかけたり，運動会では係の生徒たちが，「1番」「2番」……と100 m 走の順番を「数え」たりする．レストランやカフェ，ビヤホールでは，お客が「ビール，ジョッキ3杯！」とか「カレーライス2皿！」「コーヒー4杯！」とか注文し，奥では店長が，パーティの予約出席者数と予約席が同数かどうか確認し，ボーイに「予約席を二つ追加！」と叫んだりしている．

1 数とは何であるのか？

以下の第Ⅰ部では，上記の「数とは何であるのか」という問いから始めよう．19世紀後半，ドイツの数学者デデキントがこうした数学の基礎に関わる画期的

な著作を公刊した．まず「切断」（第1章参照）による無理数論『連続と無理数』(1872)，さらに十数年にわたる苦闘の結晶である自然数論『数とは何かそして何であるべきか』(1888) である．その後輩の数学者・論理学者フレーゲの初発の問いも，上記のような「順序づけたり，数えたりする」ということでわれわれは何をしているのか，さらに「数1」とは何か，記号 '0' は何を意味するのか，'1+1=2' とはどういう意味なのかといった問いであった．こんな一見初歩的な問いをしつこく問うような小学一年生がいたら，進級するのも難しいであろう．

　　確かに多くのひとは，そうした課題に取り組むことが労苦に値するとはみなさないだろう．彼らが思うには，このような概念は初等的な教科書で実際十分に扱われており，それですっかり片がついているのである．そんな単純な事柄についてなお何か学べることがあるなどと一体誰が信じようか！……だがここには学ぶということの第1の前提条件，つまり，無知の知がしばしば欠けている……確かに本書での私の論述は恐らく，多くの数学者が適切だと思う以上に，哲学的であるだろう．しかし数概念の根本的な探究は，いつも多少とも哲学的にならざるをえないであろう．この課題は数学にも哲学にも共通なのである．これら二つの学問の共同作業は，両方の側からかなり開始されているにもかかわらず，望ましい所までは，また恐らく可能であろう程度までは成功していない……．（フレーゲ『算術の基礎』(1884) 緒論 I-V）

「無知の知」とは，ソクラテスやプラトンらの古代ギリシャ哲学の方法に関係する．当時のアテーナイの，とりわけ有力な人々が，「政治の内政・外交」や「人々の振る舞い」のあり方等々について，あれこれしかるべき意見を述べたて，主張し判断を下していた．だがソクラテスは，自明なこととして前提されている根本的な評価基準――例えば「正しい」とは何か，「よい」とは何か――について，一問一答の対話を積み重ねた末に，本当は何も知らないのではないか，つまり判断基準についての，わけても有力者たちの「無知」を衆人環視の中で暴露し，ついに刑死に至るまで権力者の恨みを買ったのであった（田中美知太郎『ソクラテス』，加来彰俊『ソクラテスは何故死んだか』）．それはプラトンの「問答法（ディアレクティケー，$\delta\iota\alpha\lambda\varepsilon\kappa\tau\iota\kappa\acute{\eta}$）」という哲学の方法に継承されるものであった．つまり，根本的な事柄について本当は「無知」であるのに，そのことにさえ気づかず「知っている」と思い込んでいる，そういう「無知の無知」が厳しく吟味されて，われわれはようやく「無知の知」に至り，それを出発点にしてはじめて本当の「知」への歩みが始められる．そうして「酒好き」が「お酒をこよなく愛し

求める」ように，「知/ソフィア（$\sigma o \phi \acute{\iota} \alpha$）を愛し求める/フィレオ（$\phi\iota\lambda\acute{\varepsilon}\omega$）」，それがつまり「愛知/フィロソフィア（$\phi\iota\lambda o \sigma o \phi \acute{\iota} \alpha$）」としての「哲学」なのであった．

それにしても「数」とは何か．順番をつける，あるいはリンゴがいくつあるのか個数を数える，そんなことは小学校低学年で習得済みなのではないか？ '1', '2', …とは何を指すのか，'1+1=2' とはどういう意味なのか．みな自明の分かり切ったことのようにみえる．だが例えば 1, 1+1=2, 2+1=3, 3+1=4, …以下無限に至る，となると事は大変面倒な難題にぶつかってしまう．こういう考え方の底には，n から $n+1$ への推論，いわゆる「数学的帰納法」という魔物が潜んでいる．フランスの大数学者ポアンカレは，こうした推論法を，何か一般的な論理に基づかせようとする立場（「論理主義」）に強く反対し，無限への飛躍は数学固有の創造的な（ある種カント的な）直観によると主張した（『科学と仮説』(1908))．

2　カントの問題設定

高校時代に手にしたドストエフスキ (1821-1881) の『地下生活者の手記』で，地下牢に幽閉されていたある登場人物に「2+2=4 の算術だの自然法則などと抜かしている奴は，牢獄の石の壁に頭突きして死ね！」と悪態をつかせている場面に出会って，私は怪訝に思った．これは 19 世紀後半のロシア・インテリ層のなかに，合理主義（あるいはカント哲学？）への漫然たる反感があったことの現れではないのか？　それではカント (1724-1804) は何と言っていたのだろうか．

カントは，以下の四つの哲学の問いを掲げていた（『純粋理性批判』(1781)）．(1)「私は何を知りうるか」（いわゆる認識論），(2)「私は何をなすべきか」（実践哲学・倫理学），(3)「私は何を望むことが許されるか」（宗教哲学）．これら三つの問いは，つまるところ，(4)「人間とは何か」（人間学）に収斂するという．

認識論の問いは，「人間の認識はどのようにして可能（つまり，妥当）なのか」という問いである，という．

そしてカントは，認識を表す判断を，知覚経験に基づくアポステリオリな（$a\ posteriori$（経験の後からの））判断と，知覚経験に帰着できない普遍的で，アプリオリな（$a\ priori$（経験に先立つ））判断とに分ける．また「分析的」と「綜合的」とにも区分した．分析的判断，例えば「人間は動物である」では，主語概念〈人間〉は〈理性的動物〉と定義されるから，概念〈人間〉を分析すれば，述語概念〈動物〉が主語概念〈人間〉に含まれるのは自明である，という．一方綜合的判断は，述語概念が主語概念に何か新しい情報を付加し，主語概念を拡張する．

例えば，知覚判断「この石は熱い」は，アポステリオリで綜合的とされる．一方，カントによれば，学問的判断はすべて何らかの普遍性を主張しているから，個別の知覚経験を超えたアプリオリな判断であるという．

学問的判断のうちで，① 論理学的判断はアプリオリで分析的だが，その他の学問的判断はみな，アプリオリ（普遍的）だが綜合的だ（新しい情報を与える）という．すなわち，② 数学的判断（例えば，幾何学の「三角形の内角の和は2直角」，算術の「3+2=5」），③ 自然学的判断（の基礎にある因果律「すべての出来事には必ずその原因がある」が前提されよう），さらに④ 形而上学的判断（魂論（魂は不死であるか）・宇宙論（世界は時空的に有限か無限か，世界の出来事はすべて必然か否か（自由はあるか））・理性的神論（神の存在証明は可能か））も，同様に綜合的だという．

つまるところ，以上のような人間的認識の妥当性への問いは，「いかにしてアプリオリで綜合的な判断は可能か」に収斂する．カントは，人間的認識の成立条件として，① 形式――感性的直観の形式（時間・空間）および悟性の論理的形式（概念・カテゴリ）と，② 内容（感覚内容）とを要求し，「内容なき形式は空虚，形式なき内容は盲目」だと主張した．

さてカントによると，数学的判断は綜合的である．例えば，3+2=5 のような算術的判断は（加算＋という）記号的演算構成の継時的進行であって，時間的構成だという（現代の「直観主義」ないし（有限個の記号とその組み合わせ規則による）「構成主義」という立場のいわば，先駆けでもある）．

3 カントからデデキントへ

やがてフレーゲの先輩デデキントは，この「数える」という能力が，「あるものを他のものに関係させ，対応させ，写像するという人間の基本的能力」に根差し，それなしには「人間の思考はありえない」とし，「数は人間精神が自由に創造したものだ」（『数とは何かそして何であるべきか』(1888)）と述べている．

デデキントは，「システム［集合］と写像」という基本概念を用いる準論理的・集合論的な枠組みの内で，自然数の斬新な概念化へと導かれている．

> われわれが，集まりやその数を数え上げるときに，何をしているのかを精確に辿ると，われわれは必然的に対応（Correspondenz）とか写像（Abbildung, mapping）といった考えに導かれる．それらが，算術に不可欠な数や基数の概念を基礎づける．（手稿［Dedekind 1872/8］）

「写像」の概念は，デデキントの数学的，基礎論的な仕事にとって中心的で，彼は，再三その重要性を強調している．「数論全体もまた，あるもの a をあるもの a' と比較し，a を a' に関係させ，ないし a を a' に対応させるという，この精神的能力に基づいており，それなしにはいかなる思考も可能でない」[Dedekind 1879]．

さらにデデキントは，自ら展開した自然数の公理系の無矛盾性を，〈私，考える〉という特異なモデルによって証明するというメタ的な試みを提示していた．

このように，集合，写像そして連鎖という構造的概念，およびメタ的なモデル論的無矛盾性証明が，デデキントの算術，代数，解析学理解の基礎をなしていた．しかし素朴集合論の先駆けではあったが，デデキントは，現代論理学に特別の貢献をしたわけではない．

4 カント，デデキントからフレーゲへ──「論理学の革命」

ところでカントは，「論理学はアリストテレス以来進歩がない．すでに完成してしまったからだ」という．しかし，ここにはルネサンスの人文主義重視，宗教改革での知に対する信の重視，の光と影がある．ルネサンス期以降19世紀後半までのいわゆる「伝統的論理学」は，実は古代ストアの命題論理，中世の様相論理その他を無視ないし忘却し，アリストテレス・中世からも後退していたのではないか？

さて解析学は，極限・無限・連続等の基本的概念を長期間幾何学・運動学に訴える説明に頼ってきたが，デデキントに顕著なように，19世紀後半，解析学の「自律性」「厳密化」を目指す趨勢が有力になった．さらに，算術・解析学は「展開された論理学だ」という「論理主義」が台頭する．この考えはカントに反し，ライプニッツとともに，算術的命題を「分析的」と見なすことである．

ドイツのシュレーダーは，英国のブール代数論理をアメリカのパースの関係論と量化論で補強したブール－シュレーダー論理によって，デデキント算術に，クラス算に基づく論理的基礎を与えようとした．

一方，クラス算に止まらずに，デデキントの「写像」を一般化した「関数論的」論理の構成に向かったのは後輩のフレーゲである．フレーゲの提起した問いも，「算術的判断は，思考の法則のみに依拠する推論だけで，算術においてどこまで達しうるか」であった．「そのためすべては，推論連鎖に隙間のないことに，掛からざるをえないが，この要求を厳格に満足するには言語の不十分さに障害がある」と考えた．「数学者もしばしば飛躍して論を進め，「従って」「それ故」と結論に至る．だがどのような筋道の推論なのかは説明されない．……関係の縺れ

がひどくなれば，厳密さは低下する．よってまず第1に，概念記法（フレーゲの考案した論理的記号言語）は推論連鎖の適切さを最も確かな仕方で告知するのに役立つ」．こうしてフレーゲの「概念記法（Begriffsschrift/concept-notation）」という構想が生まれた．「私は私の概念記法に［上記の障害の］除去対策を求めた．こうして私は数学から論理学に至った」（「ダルムシュテッターへの手記」1919年7月）という．

　しかしその実証には，いかなる直観にも訴えずに，純粋論理的な概念による定義や基本的な論理的公理のみから，純粋論理的な推論規則だけを介し，全算術的命題を論理的定理として，実際に導出しなければならない．だがアリストテレス以来の，伝統的な形式論理学は，算術的命題を表現するには無力であった．第1に，アリストテレス流の伝統的な論理には，命題を単位とする「命題論理」が組織的，明示的には組み込まれていない．また第2にアリストテレス流の「三段論法」には「関係」が登場せず，「誰でも誰かを愛する」と「誰かは誰からも愛される」の違いを表現できない．よって「どの自然数にもそれより大きい数がある」（定理）と「最大の自然数がある」（偽）との重大な差異を表現できない（ただし，アリストテレスの『範疇論』では，10個の「カテゴリー」中には，「質」「量」等以外に「関係」「能動」「受動」のような，二つ以上の個体間の関係に関わるカテゴリーが挙げられているが，「述語論理」の量化理論としては組織化されていない）．第3に，アリストテレス流の「伝統的三段論法」では，例えば，全称肯定式Barbara（「すべてのAはB，かつすべてのBはC，故にすべてのAはC」という型の推論）の妥当性は自明として前提され，その他の三段論法はBarbara等から置換によって導かれる．だがBarbara自身の妥当性をどう証明するのか．

　かくしてフレーゲにとって，日常言語の多義性を回避し，数学者による隙間のある飛躍した推論や証明を厳密化するため，明晰で「見通しのよい」記号言語，「概念記法」を自ら構成することが急務となった．それが現代の高階述語論理学誕生の狼煙である『概念記法』（1879）の発刊であった．その第3節で，フレーゲは，順序数としての数論の公理体系を構成しようとする（その公理系が，デデキント‐ペアノ算術と同型といえるかどうかについて，佐藤雅彦氏から拙著［野本2012］の所論に周到な書評が寄せられたので，再考の試みを付しておいた）．

　フレーゲの第2の著述『算術の基礎』（1884）では，例えば「出席者Fは幾人か（How many F's）？と数える」とはどういうことなのか，という「基数/個数」論の骨子が，全く非形式的に，明晰流麗な散文で論述されている．対照的に，主著『算術の基本法則I』（1891）では，きわめて厳格に，高階述語論理の公理体

系が展開される．しかし，周知のように，後者の公理Vから，ラッセルの矛盾が発見される．またカントルの「超限集合論」からも，集合論上のパラドクスが発見され，それらを回避しようとするラッセル-ホワイトヘッドの記念碑的著作『数学原理』(1910-3)の型理論や，ツェルメロの公理論的集合論その他が提起される．しかしそれらにもさまざまな難点が指摘され，いわゆる数学基礎論上の危機を迎える．

5　数学の危機とメタ的研究

こうした数学の危機といわれる事態に直面して，メタ論理・メタ数学的探究が開始される．こうした探究の対処すべき課題として，数学・論理学の巨人たちが直面したのは，公理体系の無矛盾性（ヒルベルト，ベルナイス等）や証明可能性（ヒルベルト等）といったメタ数学的な問題である．さらには，そうした公理系中の証明可能な式はすべて正しい/真であるのか（健全性），逆に正しい/真なる式はすべて証明可能なのか（完全性），あるいはある式の真は証明不可能なのか（不完全性），そもそもすべての式の真偽は有限の手続きで決定できるのか（決定可能性）（ヒルベルト，ベルナイス，ゲーデル等）といった数々の難問であった．

また古来から，「真である」という真理述語を巡る嘘つきのパラドクスが指摘されてきた．

> クレタ人のある預言者が言った．「クレタ人はいつも嘘つき」
> 　　　　　　　　（『新約聖書』パウロ著「テモテへの手紙」(1.12)）

もしこの預言者の発言が真なら，その発言は偽となり，偽なら真となるからである．

こうしたパラドクスに，「真理定義」は，どう対処するかが緊急の課題となった（タルスキの真理論）．

本書では，しばしばヒルベルト・プログラムと称される公理系の無矛盾性，証明可能性の問題の展開過程，論理や数学の公理体系のポスト，ベルナイス，ゲーデルらの（統語論的ならびに意味論的）完全性，ゲーデルの決定不可能性，不完全性定理の概要紹介，タルスキの真理定義論（絶対的真理と相対的な真理）の形成過程等を詳しく追跡する．ついでカルナップ以降のモンタギュ，ヒンティカ，カプラン，クリプキ等の「可能」「必然」といった「様相論理」や「知・信」に関わる「内包論理（intensional logic）」とそのモデル論的意味論に関わる諸問題，さらには日常的な人名「ソクラテス」，地名「東京」などの固有名詞，「ナラ」や

「ブナ」,「虎」や「犬」のような自然種名,ごく卑近な「いま」「ここ」「これ」「わたし」といった「指示詞 (demonstatives)」「指標詞 (indexicals)」の意味論にも言及する.最後に以上の現代的展開を背景に,フレーゲ意味論の及びうる射程を再考し,検討する.

目次

まえがき――知の巨人たちの戦記物語……………………………………………iii
  1 数とは何であるのか？ iii
  2 カントの問題設定 v
  3 カントからデデキントへ vi
  4 カント，デデキントからフレーゲへ――「論理学の革命」 vii
  5 数学の危機とメタ的研究 ix

凡例……………………………………………………………………………………xxi

序論 数論・論理・メタ数学の誕生と真理論・意味論の展開………1
  1 論理主義の誕生と現代論理学の創始（第1章から第4章） 2
    1.1 デデキントの数論――論理主義の一つの出発点（第1章） 3
    1.2 ブール-シュレーダーの論理代数的論理主義（第2章） 4
    1.3 フレーゲの論理主義――「判断優位説」と「文脈原理」（第3章） 4
    1.4 ラッセルの論理主義と知識論抄（第4章） 7
  2 数学基礎論とメタ数学（第5章から第8章）――ヒルベルトからゲーデルまで 9
    2.1 ヒルベルトの数学基礎論――メタ的形式主義への歩み（第5章） 9
    2.2 完全性前史――ポスト-ヒルベルト-ベルナイスとヒルベルトの問題提起（第6章） 11
    2.3 ゲーデルの完全性定理および不完全性定理への予示（第7章） 12
    2.4 不完全性定理の概要（第8章） 14
  3 真理・モデル・意味論の誕生と展開（第9章から第12章） 16
    3.1 タルスキの真理定義――メタ理論の構築（第9章） 16
    3.2 内包的意味論の展開――カルナップ・チャーチ・モンタギュからクリプキ・カプランへ（第10章） 18
    3.3 直接指示，意味，信念（第11章） 21
    3.4 フレーゲ再考――意味・意義・真理（第12章） 24
  4 補論 35

4.1　言語と哲学——言語的転回の射程　35
　4.2　ことばと信念序説——デイヴィドソンとダメットを手引きに　35

第Ⅰ部　論理主義の誕生と現代論理学の創始——デデキント，ブール‐シュレーダーからフレーゲへ　37

第1章　デデキントの数論——論理主義の一つの出発点　39

1　第1期の集合論的論理主義　39
　1.1　デデキント教授資格請求講演　42
　1.2　デデキント集合論の代数的起源——代数研究（1856-1858）　47
2　デデキントの無理数と連続性の問題——その背景　49
　2.1　集合論的アプローチ　51
　2.2　無理数論への試み　53
3　デデキントの『無理数論』（1872）　56
　3.1　リーマンの影響——算術と幾何学における連続　63
　3.2　連続性の公理についての最後のコメント　64
4　無理数から自然数へ　65
　4.1　手稿（1872/1878）の分析　65
　4.2　自然数への手稿（1872/1878）　66
　4.3　自由な創造とモデル　74
　4.4　自然数の形成——連鎖と系　76
5　デデキントの自然数論　81
　5.1　自然数の形成——システム，写像，連鎖　82
　5.2　ケーファーシュタインとの往復書簡（1890）　84
　5.3　基本概念——要素，システム $D(1)$，写像 $D(2)$，写像の相似性 $D(3)$，連鎖 $D(3)\text{-}1$　87
　5.4　デデキント無限——単純無限システム（D-UES）$D(4)$　89
　5.5　デデキント抽象と創造 $D(5)$　96
　5.6　連鎖と最小数——まとめ $D(6)$　98
6　「数の理論」の公理的構成再論 $D(7)$　104
　6.1　単純無限系の基礎に関するメタ数学 $D(7)\text{-}1$　105
　6.2　「数の理論」のまとめ $D(7)\text{-}2$　107
7　連鎖と完全帰納法について $D(8)$　108

8　「綜合」——数論の公理的展開の開始 D(9)　108
　　　8.1　(再帰的) 帰納による確定の定理 D(9)-1　109
　　9　基数論　111
　付論1　デデキント，フレーゲ，ペアノ　113
　付論2　「カントル‐デデキント往復書簡」　119

第2章　ブール‐シュレーダーの論理代数的論理主義……………133
　1　現代論理学の二つの源流　135
　　1.1　論理代数的アプローチ——ブールの論理代数　135
　　1.2　パースとシュレーダー　136
　2　シュレーダーの論理代数　136

第3章　フレーゲの論理主義——「判断優位説」と「文脈原理」…149
　　はじめに——算術・解析学の厳密化から論理主義へ　149
　1　『概念記法』の概観　151
　　1.1　『概念記法』　151
　　1.2　ラテン文字の使用と文脈　153
　　1.3　判断可能な内容と論証の文脈　155
　2　『概念記法 (BS)』と判断優位テーゼ (PJ)　156
　　2.1　フレーゲの論理主義的算術への最初の試みと「判断優位テーゼ (PJ)」　156
　　2.2　「概念記法的算術 (BA)」への定礎　157
　3　序数論から基数論へ　172
　　3.1　「数学的帰納法」への疑義瞥見——ポアンカレの批判　173
　4　フレーゲ『算術の基礎』における「文脈原理」と「ヒュームの原理」　175
　　4.1　文脈原理 (CP) の多様な定式化　176
　　4.2　抽象原理 (AP)，ヒュームの原理 (HP) と抽象存在の同一性規準　177
　　4.3　「フレーゲの定理」と有限および無限基数　179
　5　『算術の基本法則』におけるフレーゲの論理と数学の哲学　186
　　5.1　本節の概要　187
　　5.2　フレーゲの論理思想　191
　　5.3　フレーゲの高階論理 (2)——意味論　206
　　5.4　意味と意義・思想　207
　6　フレーゲの算術の哲学 (B)——実数の理論と形式主義批判 (『基本法

則』第II巻（1903）第III部） 209

6.1 同時代の無理数論に対するフレーゲの批判 209

6.2 数と量——非形式的説明 210

6.3 フレーゲの実数論 211

6.4 デデキント構造主義とフレーゲ的論理主義の交流 214

第4章 ラッセルの論理主義と知識論抄 ……………………………… 217

1 ラッセルの生涯と初期ラッセルの哲学 217

1.1 多元的実在論 218

1.2 『諸原理』（1903）の意味論・存在論 218

1.3 記述理論 219

1.4 命題・事実・判断 220

1.5 論理的原子論 221

2 『数学原理』（PM）におけるラッセルの論理主義 221

2.1 単純型理論 221

2.2 分岐型理論 222

2.3 悪循環原理 222

2.4 還元公理 223

2.5 置き換え理論 223

2.6 無クラス論 224

3 知識の理論 224

3.1 直知による知と記述による知 224

3.2 センス・データからの現象主義的世界構成 225

3.3 中性的一元論 225

4 政治社会倫理思想 226

第II部 数学基礎論とメタ数学——ヒルベルトからゲーデルまで ……………………………………………………… 227

第5章 ヒルベルトの数学基礎論——メタ的形式主義への歩み …… 229

1 諸パラドクスの発見——数理論理学に向けて（1899-1917） 233

1.1 カントル・パラドクス——ヒルベルト-カントルの往復書簡 236

1.2 ツェルメロ，ラッセルのパラドクス 240

- 2 ヒルベルトのパリ講演（第2回国際数学者会議，1900） 242
  - 2.1 第1問題：カントルの連続体濃度の問題 243
  - 2.2 第2問題：算術の公理の無矛盾性 244
  - 2.3 第10問題：ディオファントス方程式の可解性の決定 248
  - 2.4 ヒルベルト・パラドクス（1905） 249
  - 2.5 ハイデルベルグ講演（1904）——無矛盾性のメタ的証明論への先触れ 250
  - 2.6 ポアンカレの批判 252
  - 2.7 論理主義への回帰 253
  - 2.8 ヒルベルトの講義（1917-1922） 254
- 3 論理学とメタ数学（1917-1920） 261
  - 3.1 ヒルベルト論理学講義 262
  - 3.2 厳密に有限的な数論 271
- 4 論理学から証明論へ（1920-1925） 280
  - 4.1 ベルナイスの要約 282
  - コラム　クネーザー，ゲンツェン，ベルナイス 284
  - 4.2 証明論の展開 285
  - 4.3 有限的証明論——量化子 289
  - 4.4 有限主義の証明論（1922-1925） 291
- 5 初等有限性定理（1925-1931） 294
- 付論　集合論のパラドクスと公理的集合論の展開 299

第6章 完全性前史——ポスト-ヒルベルト-ベルナイスとヒルベルトの問題提起 …………………………………………………… 307

- 1 背景——命題論理の完全性 307
  - 1.1 フレーゲおよび論理代数的レーヴェンハイム-スコーレムのモデル論 307
  - 1.2 ポストの完全性（1921） 310
- 2 ヒルベルトとベルナイス 312
  - コラム　ベルナイス 313
- 3 ベルナイスの完全性，無矛盾性，決定可能性 315
- 4 完全性に関する謎 319
- 5 ヒルベルト-アッケルマン『理論的論理学の基礎』初版（1928）での完全性問題の提起 322
- 6 ベルナイスの貢献とヒルベルト講義 323

第7章　ゲーデルの完全性定理および不完全性定理への予示……327

1　ゲーデルの完全性定理——その生成　327
  1.1　背景　330
  1.2　博士論文（1929）への「導入部」について　332
2　「完全性定理」の証明（1929）　340
  2.1　証明の要旨　340
  2.2　博士論文（1929）の概要　341
  2.3　「コンパクト性定理」——摘要論文（1930）での新しい付加　344

第8章　不完全性定理の概要……………………………………347

1　いわゆる「不完全性定理」の提示を巡って　347
  1.1　「不完全性定理」出現の前後——不完全性への移行過程　348
2　「不完全性定理」の概略　357
3　「不完全性定理」とヒルベルト形式主義の評価再論　368
  3.1　ヒルベルトの形式主義プログラム回顧　368
  3.2　前途瞥見——いわゆる「不完全性定理」はヒルベルト・プログラムを破綻させたか？　369

第Ⅲ部　真理・モデル・意味論の誕生と展開——タルスキの真理論とモデル理論 ……………………………………377

第9章　タルスキの真理定義——メタ理論の構築………379

コラム1　若きタルスキの修業時代　382
1　絶対的真理概念の定義　385
  1.1　タルスキの「絶対的真理」論についての代表的解説　386
  1.2　モデル相対的な真理概念　391
  1.3　真理概念に関する最初の謎——絶対的真理と相対的真理　391
  1.4　タルスキの絶対的真理概念は「直観的形式主義」か？　395
  コラム2　学位取得前後とタルスキの研究課題・研究成果について　400
  コラム3　改姓，師たちとの確執と結婚　401
2　モデル論的意味論への歩み　403
  2.1　構造における真理と定義可能性　405

2.2　初期セミナー——モデル論・意味論へのタルスキの軌跡概略　406
　　コラム4　タルスキの集合論的アプローチへの転換補足　407
　　2.3　「実数定義の可能性」論文とモデル相対的真理　416
　3　「真理概念」論文とその前後　428
　4　「真理概念」論文の読解　433
　　4.1　序論　433
　　4.2　真理の古典的解釈　436
　　コラム5　ウィーン学団，パリ，そして統一科学　443
　　4.3　「科学的意味論の定礎」講演の要旨——パリ国際科学哲学会議　447
　　コラム6　タルスキ，ゲーデル，カルナップに関する歴史的注記　458
　5　絶対的真理とモデル相対的な真理概念　459
　　5.1　形式言語の構成　460
　　5.2　「直観的形式主義」を超えて　464
　　5.3　無限階の言語の意味論の可能性と算術化　470
　　5.4　真理定義と意味論の形成——真理と証明可能性　473
　　5.5　相対的真理——モデル論的・メタ数学的考察　478
　　5.6　真理定義の応用スケッチ　488
　　5.7　意味論的カテゴリーと意味論的型の理論　490
　6　相対的真理——要約　494
　　6.1　真理の正しい定義　494
　　6.2　完全性，真理の意味論的定義と統語論的定義　495
　　6.3　相対的真理定義再論　496
　7　無限層の言語　497
　8　意味論的アンチノミー　500
　9　「真理の構造的（統語論的）定義」と「再帰的枚挙可能性」，および「真理の一般的な構造的規準」と「一般的再帰性」——無限帰納法　504
　10　まとめと後記　508
　　10.1　まとめ　508
　　10.2　後記　510

第10章　内包的意味論の展開——カルナップ・チャーチ・モンタギュからクリプキ・カプランへ　517

　1　カルナップの転向　517
　　1.1　カルナップの意味論　517

コラム　カルナップとクワイン再訪　518
2　内包論理の意味論——様相論理　520
　2.1　カルナップの内包論理　521
　2.2　チャーチの内包論理　523
3　モンタギュ文法　524
　3.1　1階述語論理 L^0　525
　3.2　英語断片 L^1　526
　3.3　内包論理 IL　528
　3.4　プラグマティックス　531
4　デイヴィドソンの意味理論瞥見　531
5　様相とモデル　533
　5.1　カプラン・モデル　533
　5.2　様相論理のクリプキ・モデル　534

第11章　直接指示，意味，信念　……………………………………537

1　知・信の論理　537
　1.1　ヒンティカのモデル集合　537
　1.2　カプランの代表関係と画像論　538
　1.3　ヒンティカの代替関係　539
2　直接指示——単称名辞の意味論　540
　2.1　付箋と記述　540
　2.2　固定指示　541
　2.3　直接指示　542
3　信念帰属の統語論的・意味論的考察　545
　3.1　ノーマルな信念帰属　545
　3.2　信念帰属の統語論的・意味論的分析　546
　3.3　信念帰属のパズル　547
　3.4　透明性の問題——合成性とシェイクスピア性　555

第12章　フレーゲ再考——意味・意義・真理　………………………563

1　フレーゲ-ラッセル往復書簡（1902-1903）　563
　1.1　'Satz' は文か命題か？　563
　1.2　ラッセルの記述理論（1905）　566
　1.3　反ラッセル的見解への狼煙——指示への転轍　567

1.4　フレーゲ-カプランの診断　569
    1.5　フレーゲとラッセルの意味論の対比　571
2　フレーゲの意味・意義論再考　572
    2.1　『概念記法（BS）』での内容「確定法」の差異　573
    2.2　『算術の基礎』（GLA）における文脈原理と再認文　574
3　フレーゲによる意義の公的な導入——「意味と意義について」（SB）読解　580
    3.1　『概念記法（BS）』での見解　581
    3.2　BS 見解の撤回——認識価値の差異と再認条件　582
    3.3　記号の表示対象と意味　583
    3.4　表示対象の与えられ方・様態と意義　583
    3.5　意義の一面性と共有性　584
    3.6　記号—意義—意味の関係　585
    3.7　意味の存在前提　586
    3.8　引用や話法の諸問題　587
    3.9　表象・意味・意義の関係——望遠鏡の比喩　588
4　『算術の基本法則』の意味・真理・思想　590
    4.1　意味と意義・思想——翻訳的な真理条件的意味論　590
    4.2　客観世界への投錨と「上からの記述」　593
    4.3　フレーゲ意味論の客観世界への投錨　595
5　判断・文の優位性と固有名の有意味性　596
    5.1　文の優位テーゼと，構成部分への分析—除去法　597
    5.2　「合成原理」と言語の創造性・習得可能性　597
    5.3　判断・主張と思想・真理　598
    5.4　主張力　599
    5.5　文・固有名・述語の有意味性条件について　600
6　フレーゲ的意義の諸相とその射程　603
    6.1　フレーゲ的意義の再論ないし認知的意義　603
    6.2　意義と認識価値，与えられ方・様態，思想の写像としての文　605
    6.3　特別の認識活動と意義　606
    6.4　思想と，真と見なす判断　607
    6.5　意義と話法・信念・知　609
    6.6　本来的固有名とその意義の公共性　611
    6.7　指示詞・指標詞の文脈依存性　612

  6.8 人称代名詞「私」　615
 7 認知的意義再論──フレーゲ的アイディアのさらなる展開可能性　617
  7.1 フレーゲ対ラッセルとカプランの示唆　617
  7.2 認知的意義，振る舞いの差異，そして再び世界状況の差異へ　620
  7.3 ダイナミック・ターン　626
 8 発話の力と発語内行為遂行，判断・主張と推論　627
  8.1 発話の力と発語内行為　627
  8.2 瞥見　628
 9 色合い・陰影の論理──論理学と修辞学　631

補論1　言語と哲学──言語的転回の射程 …………………………… 635

 1 数の存在とフレーゲの文脈原理──言語的転回（1）　636
 2 認識価値と意義──言語的転回（2）　636
 3 真理条件的意味論の先駆──言語的転回（3）　637
 4 体系的意味理論のプログラム──言語的転回（4）　641
 5 指示と真理──言語的転回（5）　644
 6 信念帰属の意味論──言語的転回（6）　651

補論2　ことばと信念序説──デイヴィドソンとダメットを手引きに
……………………………………………………………………………………… 654

 1 行為と信念　654
 2 信念帰属に関わる予備的問題──公共性と個人的側面　655
 3 フレーゲの意義（Sinn）における乖離　656
 4 信念の対象について　658
 5 背景（1）言語的転回──言語の優位テーゼ　660
 6 背景（2）──共通言語と個人言語　661
 7 背景（3）──意味と理解　665

あとがき ……………………………………………………………………… 669

引用文献 ……………………………………………………………………… 673

事項索引 ……………………………………………………………………… 697

人名索引 ……………………………………………………………………… 703

凡例

1. 一部の書籍の引用は，著作については略称，ないし出版年，原典の巻・章・節番号あるいは頁数の順に表記する．略称に関しては，引用文献を参照．
    例：[*GGA*. I, S. 180]
2. その他の著作・論文からの引用については，巻末の引用文献に従い，[著者名 刊行年，章・節番号，あるいは頁数]の順に表記する．
    例：[Dummett 1991, Chap. 9, p. 121]
3. 文献表示に際しては，以下の略語等を使用する場合がある（ドイツ語の場合，略語の後に（ド）と記す）．
    Anm.（ド）：注
    Anw.（ド）：指示
    Appendix, Anhang（ド）：付録
    Buch（ド）：巻
    Chap., Kap.（ド）：章
    Cod. Ms.：手稿
        例：Cod. Ms. Ded. はデデキントの手稿を示す．
    Cl.：要請
    Einl.（ド）：導入
    f, ff.：次の頁，および以下の頁
    fn., n.：脚注
    ibid.：同書（直前に掲げた書と同一書物の場合）
    intro.：序文
    loc.cit.：上記引用文中
    note, Kommentar（ド）：注釈
    op.cit.：前掲書（間に他所の引用があって隔たった場合，著者名を付して用いる）
    p.（複数 pp.），S.（複数 SS.）（ド）：ページ
    rep in.：再掲
    suppl.：補遺
    tr.：翻訳者
    Vol., Bd.（ド）：巻数
    Vorrede, Vorward（ド）：序文
4. 欧文著作名，掲載雑誌名はイタリック体で，論文名は" "で表記する．日本語

著作名，掲載雑誌名は『　』で表記する．
5. 欧文引用中の強調は欧文の場合イタリック体，日本語の場合傍点で，また著者の地の分での強調は，欧文の場合イタリック体，日本語の場合傍点で示す．
6. 著者の補足説明は，（　）あるいは［　］で括る．引用文中における［　］は，引用者による補足を示す．

序論　数論・論理・メタ数学の誕生と真理論・意味論の展開

　「まえがき」でも示唆したように，本書で私は，19世紀後半から始まり，この100年以上にわたって展開されている「知の巨人たちの戦い（ギガント・マキア）」を，その主要な巨人たちの著作・論文の原テクスト・講義録・手記などの読解を通じて追跡したいと思う．

　では，こうした「知の巨人たち」が戦った「諸問題（プロブレーマタ，problemata）」とはどのようなものであったのか．それは，はるか紀元前の昔から，インド，エジプト，アラビア，ギリシャ，中東等々ですでに問われ始めていた，(1)「数える，順番をつける，ということでひとは何をしているのか」，総じて「数とは何か」であり，その問題が19世紀中葉に改めて根本から問い直され，「数学の危機」といわれるような事態が出来したのであった．その端緒は第1章のデデキント（R. Dedekind）に顕著に現れている．

　第2の問題は，(2)「推理すること」「証明すること」でわれわれは何をしているのか，「正しい推理」「正しい証明」と「誤った推理」「誤った証明」をどう区別すべきなのか，総じて「論理とは何か」である．同様に古代ギリシャのエレア派ゼノンの「俊足アキレスが亀に追いつけない」「飛んでいる矢が停止している」といった無限分割や連続に関わる周知のパラドクスに例示される諸パズルやアリストテレスの三段論法の有効範囲の狭隘さと関わって，「推理・証明」，つまりは「論理学」とは何か，「論理学」と「数学」，とりわけ「数論（arithmetic）」とはどう関係するのかが，19世紀後半に改めて問われることになる．その問題に立ち向かったのが，（英国のブール（G. Boole），アメリカのパース（C. S. Peirce）を継承する）ドイツのシュレーダー（E. Schröder）であり（第2章），19世紀末にこの問いを最も深く追究し，アリストテレス以来の論理学を根底から問い直し，革新したのは，ドイツのフレーゲ（G. Frege，第3章）であった．しかし論理から数論へと架橋しようとするフレーゲの公理Ⅴに，パラドクスを発見した英国

のラッセル（B. Russell）は，ホワイトヘッド（A. N. Whitehead）との共著でその克服策を盛り込んだ『数学原理（*Principia Mathematica*，以下，*PM*）』全3巻を公刊し（1910-3），20世紀の論理学・数学基礎論の道標を樹立する（第4章）．

1 論理主義の誕生と現代論理学の創始（第1章から第4章）

プリンストンのベナセラフ（P. Benacerraf）の論文「フレーゲ——最後の論理主義者」(1981) は，私には驚きだった．当時，私も従来の一般的理解のように，フレーゲは「最初の論理主義者」だと思っていたからである．だがベナセラフによれば，こうした解釈は，いずれもフレーゲの自己理解とは異なる，一定の哲学的イデオロギーからの解釈であり，むしろ，フレーゲの「論理主義」は，20世紀とは非常に異なる学問的伝統の最後に位置するものだと主張される．

それでは，19世紀後半における数学，少なくとも解析学や算術/数論の一般的趨勢はどのようなものであったのか．解析学の幾何学からの分離・独立（厳密化）と算術/数論への還元（算術化）がまずは焦眉の課題であった．しかしその先に，数論そのものの基礎づけというさらなる課題が待ち受けていた．

それでは一体誰がフレーゲに先行して，数学，少なくとも数論についての「論理主義者」なのであろうか？　確かにボルツァーノ（B. Bolzano），ワイエルシュトラース（K. Weierstrass）らによる，幾何学からの解析学の分離による算術化が探索されていた．こうした19世紀後半における，解析学の算術化という趨勢のなかで，解析学さらに算術の土台を，いっそう一般的な基礎へと遡及しようという機運が，少なからざる数学者また哲学者の間に芽生えていた．

19世紀後半における，こうした解析学の算術化，そして算術のさらなる厳密化という動向において，算術の基礎をいっそう抽象的論理的次元に求めようという試みが，顕在化してくる．例えば，フレーゲのゲッティンゲン時代の哲学教師であった，ロッツェ（H. Lotze）もその著書 *Logik* [Lotze 1843] 中で，あたかもフレーゲを先取りするがごとく，「数学は，……一般論理学の一分枝だ」と述べている（ただし彼自身の考察は，主として論理についての哲学的考察に止まっているものである）．

「数論（代数学，解析学）は論理学の一部に過ぎず，当の数概念を純粋な思考法則から直接流れ出たものだ」と表明し，解析学の算術化，さらに算術の厳密化，論理学（素朴集合論）への遡及を実証しようと試みた数学者が確かに存在した．それは，デデキントであると思われる．

1.1 デデキントの数論——論理主義の一つの出発点（第1章）

　そこで第1章「デデキントの数論」では，論理主義の一つの出発点としてデデキントの数論を探索したい．デデキントは，「論理学」そのものに格別の貢献をしたとは認められないが，『連続と無理数』(1872) において，幾何学的直観にいっさい訴えない「切断」により，画期的な無理数論を展開，「連続性」の算術的定義を提示し，デデキント無限の素朴集合論的定義を与えた．さらにそれから15年の歳月をかけて，「自然数論」の模索と確認の作業が続けられ，『数とは何かそして何であるべきか』(1888) に結晶する．そこで，その紆余曲折する歩みをその初期から詳しく追跡する．この『数とは何かそして何であるべきか』では，最小数1を始数として，「系/システム (System)」と「写像 (Abbildung) ϕ」という素朴集合論的概念を導入しつつ，「連鎖 (Kette)」という構造論的鍵概念を介して「自然数論」を公理的に展開する．さらにまた注目すべきは，そうした自然数論の無矛盾性を，ある特異なモデルによって証明する．こうしたデデキントの「準論理主義 (quasi-logicism)」[Thiel 1984] 的な数論，いわば，第1期の集合論的論理主義，の生成過程を，まず第1章で，詳しく追求してみたい．

　一方で，英国のブールの新しい論理「ブール代数」を継承し，かつアメリカのパースの「関係算」と量化理論を取り込んで，包括的な「論理代数」「ブール－シュレーダー代数」を展開しつつあった，当時のドイツ最有力の論理学者シュレーダーもまた，算術・解析学の基礎を，こうした拡張された「論理代数」に求める「論理主義」者であった（パースなどによれば，当時「論理主義者」といえば，むしろデデキントとシュレーダーが代表であって，フレーゲへの言及はない）．

　このようにデデキントの準論理主義を継ぐ，「論理主義」の第1の流れは，上述のブールに発し，パースの関係算・量化を経て，シュレーダーによって一応の集大成がなされる「論理代数」の流れであり，第2の流れが，フレーゲによる高階量化論理の公理体系提出に発し，ラッセル－ホワイトヘッドに集大成される公理論的な「論理主義」の流れである．ブールの記号的代数は，記号と解釈とを切り離し，代数を多様な解釈を許す抽象的計算として展開された．一方フレーゲ，ラッセルの公理的アプローチは，真なる公理群と真理保存的な推理規則に基づく形式的ならびに意味論的導出方法が一体となったものである．本論では，フレーゲの高階述語論理の展開とその論理思想の独自性をやや詳しく追跡し，あわせてラッセルの論理思想や数理哲学の概略にも簡単にふれよう．

　また，第3の流れとして，デデキントのシステム論のいわば展開としての，カントルの超限集合論は，よく知られているので，ヒルベルト等との書簡で簡単に

ふれる．

1.2 ブール‐シュレーダーの論理代数的論理主義（第2章）

このように，19世紀後半の，解析学，そして算術/数論，の基礎の分野での動向を見ると，広い意味での「論理主義」の趨勢は，きわめて顕著で有力なものであったといえよう．しかし各論理主義者と目される人々の間でも，「論理」ということで何を理解しているかは，互いに相当に異なっているように見える．そこでフレーゲの「論理主義」を，こうした論理主義的趨勢のなかで捉え返し，各自の「論理」概念がどう違うのか，各「論理主義」の実際の展開過程はどのようであったかを，やや立ち入って探索してみたい．

ただし，以下の論述では，各論者の所論を，均等に論ずるのではなく，焦点を絞って，つまり，第Ⅰ部ではデデキントの数論とフレーゲ論理主義は詳細に，しかしシュレーダー，そしてラッセルは簡略に，究明することにしたいと思う．

まず第2章では，こうしたブール‐シュレーダーの論理代数の概略と，その立場からのデデキント算術の論理主義的定式化の試みとを紹介しよう．シュレーダーもまたロッツェ同様，純粋数学が，一般論理学（「普遍言語（Pasigraphy）」（1898）と称される）の一分野に他ならないと主張する．そこで，デデキントの数論を，パースの関係算や量化装置で強化したブール‐シュレーダー代数に基づいて展開している，シュレーダーの代数的論理主義を簡略に紹介する．

1.3 フレーゲの論理主義——「判断優位説」と「文脈原理」（第3章）

第3章では，フレーゲの論理主義を取り上げる．フレーゲのライフワークも，後に「論理主義」と呼ばれるようになる数学の哲学であった．彼の論理主義の狙いもまた，算術と解析学の「厳密化」という目標を現実化すること，すなわち，算術と解析学の，幾何学，運動学，および経験的にせよアプリオリにせよ，いかなる種類の直観からの独立性ないし自律性を確立することであり，さらに積極的には算術と解析学を論理のみに基づけることであった．

しかしフレーゲは，デデキントのいわば「素朴集合論」的な「準論理主義」や，ブールの「論理代数」的ないしシュレーダーの「普遍言語的な」論理主義にも満足できなかった．いずれにも，何らかの既存の「クラス計算論的」な接近法を前提することに不徹底性を見たのである．そこでフレーゲは，日常言語の曖昧さを避け，かつ数学者の推論や証明における隙間や飛躍を埋め，いっそう精密化するために，見通しのよい「概念記法（Begriffsschrift）」と称する論理的な「記号言語」を，結局独力で創始しなければならなかった．その最初の成果が，その処女

作『概念記法 (*BS*)』(1879) であった．この著作中で彼は，史上初めて 2 階述語論理の無矛盾で完全な公理体系を一挙に提示したのである．

そこで本書では，フレーゲの論理主義について，「判断優位説」と「文脈原理」に焦点をおいて，その展開を初期からやや詳しく辿りたいと思う．

まずフレーゲの処女作『概念記法 (*BS*)』前後において，フレーゲの論理思想および順序数の論理主義がどの程度まで展開されているかを吟味する［野本 2012; 佐藤 2016］．ついで，近年の研究者ら（［Wright 1983］［Boolos 1986/7］等）によって，第 2 作『算術の基礎 (*GLA*)』(1884) においてフレーゲは，デデキント - ペアノ (G. Peano) 算術と同等の，「フレーゲ算術」と称される，無矛盾な基数論を，デデキント - ペアノに先んじて，非形式的にではあるが，すでに展開していたと主張され，さらには，フレーゲはその主著『算術の基本法則 (*GGA*)』(1893) において形式的に厳密に論理主義的算術を展開していたという主張が（［Heck 1995; 2011; 2012］等），注目を集めているが，その概要を紹介しよう（［野本 2012］［黒川 2014］）．

まず，フレーゲの論理的探究の方法的原則の概略を，予め見ておこう．その実際の手続きには第 3 章以下で具体的にふれる．論理学，数学および言語の哲学における，フレーゲの中心的な方法論的原則ないしメタ的格律は，列挙すれば，以下のようであったと考えられる．

① 語に対する「文/判断優位の原則」．
② いわゆる「文脈原理」というメタ的な方法論的格律，それは以下のようにいくつかの形で対象言語中で具体化される．その内容は本文中で解説する．
　ⓐ 「抽象原理」――例えば，1) いわゆる「ヒュームの原理」や，2) 基本法則 (V) 等に，例証される．
　ⓑ さらには，主著『算術の基本法則』では，論理語（否定，条件法や量化記号等）の意味確定に関わる「一般化された文脈原理」ないし「意味論的制約」としても具体化される．ⓑは一般的には，やはりメタ言語的に説明される．意味確定がなされれば，「合成原理」という綜合的手続きにより複合的表現の意味も確定される（ⓒ間接話法や「信じる」「知る」の従属節の場合には，ライプニッツ流の「真理保存的置換（*salva veritate*）原理」という形を取る）．
③ 指示詞（「これ」）や指標詞（「いま」「ここ」「きょう」のような副詞，「私」のような人称代名詞），さらには本来の固有名詞の「意義」理解の，文脈依存性をどう組み込むか（ただし，上記の②ⓒや③に関する，フレーゲの対処の試みについては，第 10 章や第 12 章において詳論する）．

本書第3章では，こうした方法論的格律に関係させて，フレーゲの論理主義と意味論の展開を，処女作『概念記法』から，『算術の基礎』を通じ，主著『算術の基本法則』に至るまでの大筋を概観する．

　なお本序論で簡単に上記の補足をしておきたい．

　① フレーゲの算術体系（順序数論）への最初の基礎づけ——それを私は「概念記法算術」と呼んだが［野本 2012］——に対する佐藤雅彦氏の懇切・周到なご検討［佐藤 2016］により，拙書の議論では「デデキント－ペアノ算術」と同形となるような順序数の算術体系は形成できていないとのご指摘をいただいた．そこで本書第3章の「概念記法」の節では，『概念記法』発刊とほぼ同時期になされたフレーゲの学会講演や遺稿までを考慮にいれて再考した結果，デデキント－ペアノ算術に匹敵するような，順序数の算術体系への，少なくとも一種の「基礎づけ（Grundlegung）」——つまり，「置換（Ersetzen）・代入（substitution）」操作というユニークなアイディアに訴える，後の「計算論的」なアプローチの先駆となるような——試行を，遂行していたのではないか，と考えるに至った．そこで，以下の第3章でその試案を述べて大方のご検討に委ねたいと思う．

　ⓐ-1) しかし彼の第2の著作『算術の基礎（GLA）』（この著作は，厳密さを極度に追求するあまり，鬼面ひとを驚かすような奇妙な記号の乱舞する処女作『概念記法』ならびに主著『算術の基本法則（GGA）』と異なり，文体に一家言をもっていたウィトゲンシュタイン（L. Wittgenstein）をして，終生フレーゲのように書きたいと言わしめ，またケニー［Kenny 1995］第12章によれば，明晰にして流麗な文章で綴られた哲学的散文の傑作として，プラトン，デカルトに比肩するものとされる），その体系（それを私は「「算術の基礎」算術（Grundlagen-Arithmetic, GL-A)」と呼びたいのだが）においてフレーゲは，（デデキント－ペアノ算術の順序数論から「順序」を抽象しただけの）デデキント－ペアノ基数論をはるかに凌駕する，「基数（Anzahl）の算術のためのいっそう十全な「論理主義的基礎」を，非形式的にではあるが，与えていると考える．つまり，フレーゲは，いわゆる「文脈原理」を体現する「ヒュームの原理（HP）」（後述）に訴えて，「等数性（Gleichzahligkeit）」を介して，（〈馬の脚〉〈太陽系の惑星〉のような）種的概念（sortal concepts）の基数（Anzahl）の同一性規準（Kenzeichen）を与えようと試みている．だがいわゆる「シーザー問題」と称される困難に直面して，フレーゲは概念の「外延」に訴えざるをえなかった．しかし外延とは何かは説明せず，単に「外延」の意味は「周知」として前提しているのみである．しかし近年，概念の外延に訴えない，整合的で多様な「フレーゲ算術（Frege Arithmetic, FA)」が提案されている．

なお，黒川英徳氏からも［黒川 2014］，拙著［野本 2012］に詳細な書評をいただいた．問題点は多岐にわたり，現在の私に回答可能なことは限られているが，一点だけ本文中で回答の試みを追加したので，ご検討に供したいと思う．それは，数学的対象について，通常プラトニストと考えられるフレーゲが，「存在論的」には無限の数の存在を受け入れながら，「ヒュームの原理」あるいは「基本法則Ｖ」などの同定規準を持ち出すこと，つまり，「存在論的考察」と「認識論的考察」の関係に齟齬があるのではないか，というご指摘に対する回答試案を付加しておいた．

ⓐ-2) フレーゲは，さらに主著『算術の基本法則 (GGA) I』(1893) において，文脈原理 (CP) に沿って，以下のように，普遍的同値を介し，算術の基本法則 (V) によって関数 $F(\xi)$ の値域 (*Wertverlauf*) $\acute{a}F(\alpha)$ なるものの同一性規準を与えようと試みた．

(V) 関数 F と G の各値域の同一性の必要十分条件は，F と G の普遍的同値性である．すなわち，$[\acute{a}F(\alpha) = \acute{\varepsilon}G(\varepsilon) \leftrightarrow \forall x[F \leftrightarrow Gx]]$．

以上のフレーゲ算術 (FA) は，デデキント‐ペアノ算術と同型であることが証明可能である．

しかしながら，この基本法則中の右辺の普遍的同値性から左辺の値域の同一性への移行，

(Vb) $\forall x[F \leftrightarrow Gx] \rightarrow \acute{a}F(\alpha) = \acute{\varepsilon}G(\varepsilon)$

に関して，カントルの超限集合論のそれと類似のパラドクスがツェルメロ (E. Zermelo) やラッセルによって発見され (1902 年前後)，周知のように，ラッセルの型 (type) 理論やツェルメロの公理的集合論等が提案されることとなる．さらにブラウワ (L. E. J. Brouwer) らの直観主義，ヒルベルト (D. Hilbert) らの形式主義といった，数学基礎論が登場したことは周知のことである．ヒルベルトの形式的証明論は，ラッセル‐ホワイトヘッド『数学原理 (PM)』の公理的体系中，特に 1 階論理を独立の体系として取り出し，その統語論的側面を切り離して有限主義的な仕方で整備しようとするものである．

1.4 ラッセルの論理主義と知識論抄（第 4 章）

第 4 章で，その概要を辿る．ラッセルは，ケンブリッジ大学に学び，『幾何学の基礎』(1897) で同大学トリニティ・コレッジ・フェローとなる．1900 年国際数学者会議のペアノの講演で数論の基礎に開眼，『数学の諸原理』(1903)（以下，『諸原理』）を出版する．フレーゲの論理主義に決定的影響を受け，またフレーゲの公理 (V) からいわゆる集合論のパラドクスが導かれることを発見，1902 年フ

レーゲに報知し，そのパラドクスの解決，および文やその構成要素である述語，名前や「現在のフランス王」（表示句・記述句）が何を意味するのかを巡って，フレーゲと緊迫した往復書簡（1902）が交わされる．ラッセルは，フレーゲとの往復書簡や『諸原理』の中で，パラドクス回避のために，単純型理論，分岐型理論，悪循環原理，還元公理，置き換え理論，無クラス論等を提唱しつつ，数学の師ホワイトヘッドと共著で高階論理学により全数論を基礎づけようという「論理主義」の記念碑的大著『数学原理（*PM*）』全3巻（1910-3）を刊行する．以降，また『外界についてのわれわれの知識（*Our Knowledge of the External World*）』(1912)において，論理的概念装置と感覚与件（sense data）から外界についてのわれわれの知識を構成しようという試みを展開し，後のカルナップ（R. Carnap）らの論理実証主義の範例となる．その後指導学生であったウィトゲンシュタインの影響もあって，『論理的原子論の哲学』(1918-9)を刊行する．

19世紀末から20世紀初頭の，カントル（G. Cantor），ツェルメロ，ラッセル等によるパラドクス発見後，その対処をめぐって展開された上記のラッセルの型理論や，ツェルメロの公理的集合論は，いわば「第2期の広義の論理主義」といえるかもしれない．またブラウワの直観主義と並走する，改良されたフレンケル-ベルナイス-ゲーデルの公理的集合論FBGやクワインの集合論等は，いわば「第3期の集合論的論理主義」についても，その内容はすでに日本でもよく紹介され，良書が多く存在するのでそちらに譲るとして，本書では，デデキント，カントル，ヒルベルトらの間で交わされた書簡を通じて（例えば，次の翻訳・論文集参照．［クワイン 1968］［カントール 1979］［飯田 1995］［カナモリ 1998］［田中 2007, 第4巻］［キューネン 2008］等)，往時の数学者の素顔とその交流を垣間見ることに留めることとする．また，近年ネオ・フレーゲアンたちによって実数論にまで拡張された「フレーゲ算術」の復興・拡大等は，それが遭遇する諸困難とともに（［野本 2012］［黒川 2014］），それらに続く（いわば「第4期の」）「新論理主義（neo-logicism）」といえるかもしれない（「ネオ・フレーゲ算術」等については，［野本 2012］［黒川 2014］［佐藤 2016］等参照）．他方，近年では，フレーゲ的算術を，デデキント的な集合論的構造主義に結び付けようという試みにもまた，新たな関心が寄せられている（［Parsons 1990; 2008］［Shapiro 2000b］［野本 2012]）．

2 数学基礎論とメタ数学（第5章から第8章）——ヒルベルトからゲーデルまで

　哲学者カントの町ケーニヒベルクから，クラインら（F. Klein）の招聘により，ガウス（J. C. F. Gauss）に始まりディリクレ（L. Dirichlet），リーマン（B. Riemann）らによって第1期黄金時代が築かれ，そしてデデキント（ブラウンシュヴァイク工科大学）やフレーゲ（イエナ大学）等を輩出する数学界の聖地，「月沈原(ゲッチンゲン)」に赴任したヒルベルトは，ツェルメロ，ベルナイス，アッケルマン（W. Ackermann），ワイル（H. Weyl），クーラント（R. Courant）等の若き数学者を率いていわゆるゲッティンゲン学派のリーダーとして世界の数学界を牽引していく．日本の高木貞治もまた「月沈原(ゲッチンゲン)」に魅せられて，ヒルベルトの許に滞在，日本の数学も世界的水準に達する．すでにヒルベルト膝下のツェルメロによるカントル超限集合のパラドクスが発見されており（1897），1900年のパリの国際数学者会議招聘講演においてヒルベルトは，当時未解決の23個の数学問題を提起，その中の「カントル・パラドクス」「数論の無矛盾性」「数論の可解性」の3問題が数学基礎論に関わる．続いて集合論に関わるツェルメロ・パラドクス（1900/1），フレーゲの公理Vのラッセル・パラドクスの発見（1902），また自らいっそう数学的な「ヒルベルト・パラドクス」を発見する．そして既述のように，ラッセルの型理論によるパラドクス回避策が陥る諸種の困難等，いわゆる「数学の危機」の一端にふれる．

　前節ですでにふれたように，デデキントが自らの「自然数論」中で，その公理系の「無矛盾性」を問い，そしてある特異なモデルの提出によって，デデキント数論の無矛盾性証明という「メタ数学的な」試みを行っていたことが注目に値する（しかし付論「ヒルベルト–カントル往復書簡」でカントルは，デデキント集合論にも同様のパラドクスを指摘している）．

　こうしてヒルベルトは，数論，集合論，さらにはフレーゲ，ラッセルらの論理的公理体系の「無矛盾性」「決定可能性」「完全性」を問う「メタ数学的探究」へと乗り出していく．その展開過程を，既刊の諸資料に加えて，近年刊行された講義録，草稿，メモ等の読解を通じて，第5章の「ヒルベルトの数学基礎論——メタ的形式主義への歩み」において辿りたい．

2.1　ヒルベルトの数学基礎論——メタ的形式主義への歩み（第5章）

　ヒルベルトの形式主義は，「点，線，面を机，椅子，ビアマグ」と言い換える幾何学という逸話で伝えられるように，数学をもっぱら記号とその相互関係の形

式的システムと見なし，そうした全数学の無矛盾性・可解性を有限の立場から形
式的に証明しようとした，といわれる．しかしヒルベルトの実際の探究過程は，
このようないわゆる「ヒルベルト・プログラム」という予め確定した研究計画に
沿って，迷うことなく一筋に進められたのではなく，相当の紆余曲折を経たもの
だった．以下，近年発刊された講義録などを手引きに，その実像はどうなのか，
その歴史的発展を追ってみたい．しかも彼の研究姿勢は，孤独に徹して進めるフ
レーゲのそれとは対蹠的に，上で示唆したように，ベルナイスらとの緊密な共同
研究を通じて推進するという，いわば現代的なスタイルであったことも注目に値
する．

　(1) ヒルベルトは当初，① デデキントやカントルの素朴集合論に近く，デデ
キント切断による実数系やデデキント抽象による自然数系の創造に理解を示す．
算術，解析学の無矛盾性も，何らかのモデルの構成によって証明可能とする．

　② 一方でヒルベルトはまた「有限回の操作での，全数学問題の可解性」を確
信し，クロネッカー (L. Kronecker) らの有限主義にも共感的で，やがて公理論
の無矛盾性や数学的対象の存在＝無矛盾性テーゼを提案する．ヒルベルトの公理
論は，「幾何学基礎論」(1899) に見られるように，数学を論理的依存関係にある
公理系と解し，その無矛盾性・独立性の証明を最重視する．だがカントル・パラ
ドクス (1897) に直面，上記のように 1900 年パリの国際数学者会議において，
ヒルベルトは 20 世紀初頭に未解決だった 23 個の数学問題を提起した．その中の
「カントル・パラドクス」「数論の無矛盾性」「数論の可解性」の 3 問題が数学基礎
論に関わる．さらにヒルベルト膝下のツェルメロ・パラドクス (1900/1)，またラ
ッセル (1902) らのパラドクスの発見が続き，自らもヒルベルト・パラドクスを
発見する．だが上記の公理論による無矛盾性証明も，ポアンカレ (H. Poincaré)
によって，完全帰納法に循環が指摘される．

　(2) 1905-18 年までの中断後，いわば後期形式主義では，古典数学を形式化し，
その可解性と無矛盾性を有限的なメタ的形式体系において証明しようというメタ
数学を構想する．メタ数学の研究対象は，時空的対象としての記号とその初等的
組み合わせという証明図のみとされる．だが「数学の形式体系の完全性」，有限的
な無矛盾性証明は，後述のように，ゲーデルのいわゆる不完全性定理 (1931)（第
2 不完全性定理の証明は (1934)）（非可解性）に曝される．一方ヒルベルトのメ
タ数学講義中には，ゲンツェン (G. Gentzen) の「自然演繹」に初発の刺激を与
えた「規則中心」の「論理学の定式化」があることも注目される．

2.2 完全性前史
―― ポスト – ヒルベルト – ベルナイスとヒルベルトの問題提起（第6章）

　第6章では，「完全性前史」として，フレーゲ – ラッセルによる論理学の公理体系化を超える，メタ論理的なアプローチの展開過程を追ってみよう．まずは，① ポスト（E. Post）による「命題論理の完全性」への言及，形式的証明の決定手続きといったメタ的な定理，② ヒルベルトによる命題論理の「統語論的完全性」(1917/8)，③ ベルナイスの教授資格請求論文（1918）における命題論理の「意味論的完全性」「無矛盾性」「決定可能性」の提起とその証明と，④ ヒルベルトによる (1) 数論の公理体系の統語論的な完全性問題（1928年9月ボローニャ会議）と，(2)「公理系が，どの個体領域に関しても正しいすべての論理式を導出可能かどうかは未解決の問題だ」との問題提起（アッケルマンとの共著『理論的論理学の基礎』(1928)）を取り上げよう．

　まず，第6章で「完全性前史――ポスト – ヒルベルト – ベルナイスとヒルベルトの問題提起」の概要を述べる．

　命題論理の完全性については，ホワイトヘッド – ラッセル『数学原理（PM）』のメタ数学に関わる最初の公刊論文でポストは，フレーゲ – ラッセル的伝統との断絶を宣言し，一方論理代数論者には形式的体系概念の欠如を指摘する．そしてルイス [Lewis 1918] に従い，PM の体系を純粋に形式的と見なし，自らの論文中の「定理は，[PM の] 体系内に含まれるのではなく，命題論理についての [メタ] 定理であり，命題論理の完全な体系の展開」に関わると，命題論理の「完全性」に言及している．ただし実際の成果は，解釈されていない真理表の体系的処理により，命題論理の形式的証明のための決定手続きを与えたこと [Heijenoort 1967a, pp. 265f.] であった．

　さて，ベルナイスは，ヒルベルトの講義「数学の諸原理」(1917/8)（[PdM] in [HLA 2]）にも，助手としてその講義の公式プロトコルの事前作成に当たった．だがこの講義での「ヒルベルトの完全性」は，「基本式の体系にこれまで導出されていない式を付加すると常に矛盾的な公理体系が生ずる場合には，提示された公理体系は完全である」([PdM, SS. 150f] in [HLA2, p. 157])といった実質は「統語論的」完全性のみである．

　むしろ「命題算の意味論的完全性の問題」を提起し，解決したのはベルナイスだと考えられる．ベルナイスは，1918年7月（2度目の）教授資格論文 [Bernays 1918] をヒルベルトに提出した（翌年の1月に認可）．ベルナイスはその短縮版で「PM の命題算の公理体系から，推論の形式的規則によってすべての普遍的に

正しい，ないし普遍妥当的な命題式が得られる」という意味で，完全であると述べている［Bernays 1926, p. 307］．

そこで，本文第6章3節の「ベルナイスの完全性，無矛盾性，決定可能性」では，ベルナイスの成果を，「教授資格論文」(1918) に戻って，簡単に確認する．

命題計算の統語論と解釈を明確に区別した後，ベルナイスは証明可能な式と普遍的に妥当な式とを区別し，妥当性のための意味論を，真偽を用いて与える．さらに統語論を意味論に連結する健全性・完全性の定理：「すべての証明可能な式は普遍的に妥当であり，その逆でもある」を提示する．さらに「健全性」には，「基本式が普遍妥当的なら，二つの規則［代入則，変形規則］の適用によって普遍妥当な式から常にそうした式のみが導出可能である」を付加する．

ついで，「公理体系の完全性問題」すなわち，「どの普遍妥当な式も証明可能である」の証明が取り上げられる．ベルナイスにとっては，「公理系が完全なのは，いかなる導出可能でない式も，すべての式を証明可能にするとき」なのである．すなわち，「証明可能な式の体系に属さない正しい式を基本式に付加するなら，その変更された公理体系では，どの表現も証明可能な式となる」．それからベルナイスは，標準形の使用が，無矛盾性を確立するだけでなく，有限のステップで，任意の表現が証明可能な式かどうかを決定するための実効的手続きを与えることも認識する．「よって［命題］算は完全に些事となる」と結論する．

ヒルベルトの問題提起——1928年9月のボローニャ会議でヒルベルトは，数論について，ある証明不可能な式が新しい公理と解されると，その当の体系は不整合となるといった一種統語論的な完全性を提案した．しかし同年出版のアッケルマンとの共著『理論的論理学の基礎』(1928)［GtL］では，「公理体系が，それからどの個体領域に関しても正しいすべての論理式が導出可能かどうかという意味においては少なくとも，なお未解決の問題である」と明言され，改訂版中でヒルベルトは，数論についての統語論的完全性から量化理論の意味論的完全性に転じ，「反証可能でない式は普遍妥当な論理的命題を表す」とし，それから意味論的完全性の問題を提起する．「いまやこれらすべての［普遍妥当な］式が，論理的推論規則によって証明可能であるかどうかという問題が生ずる」［HLA 2, p. 964］と述べている．

2.3 ゲーデルの完全性定理および不完全性定理への予示（第7章）

ヒルベルト-アッケルマン『理論的論理学の基礎』［GtL］において，ヒルベルトの提起した1階述語論理の意味論的完全性の問題に喚起されたゲーデルは，鋭意学位論文に取り組む．ホワイトヘッド-ラッセルの PM のような，「論理の

2 数学基礎論とメタ数学（第5章から第8章） 13

公理的基礎づけを与える場合，はじめに要請された公理と推理原則の体系が完全かどうか，すなわち，その体系がすべての論理 – 数学的命題の導出にとり実際に十分であるかどうか，という問題がただちに生ずる」（[Gödel 1930a] in [GCW I, p. 103]）とし，続けて以下のような「意味論的完全性」の課題を提起する．「論理のどの正しい命題も，……形式的に証明可能かどうかという問題が浮上する．これまでは……言明算・命題論理についてのみ肯定的に解決された．つまり，どの正しい（普遍妥当な）言明式も PM の公理から帰結する．次の課題は，この定理が狭義の関数算［1 階述語論理］の式に拡張可能かどうかを示すことだ」とされる（[Gödel 1930a] in [GCW I, pp. 124-5]）．

まずゲーデルの博士論文［Gödel 1929］の，とりわけ，公刊された摘要論文［Gödel 1930a］では削除されてしまった，その「導入部」での注目すべき議論の要点を見ておこう．

1920 年代の論理学者たちの主たる関心は，「数論の決定問題」に向けられていた．このことはゲーデルのいわゆる「不完全性定理」論文の正式名称が「『プリンキピア・マテマティカ』および関連する諸体系の，形式的に決定不能な (unentscheidbar) 命題について I」［Gödel 1931］であることにもうかがえる．また当時の論理学研究の状況においては，「完全性」という語の用法にも揺れがあり，まず直近の課題は「統語論的な完全性」の述語論理への拡張にあった．「述語論理の普遍妥当な式の導出可能性」を「意味論的」完全性の問題としてはじめて明示的に公に提出したのは，上述のヒルベルト – アッケルマン『理論的論理学の基礎』[GtL] であった．

のみならず，ゲーデルの博士論文［Gödel 1929］が注目を惹くのは，その「導入部」に，いわゆる「不完全性」定理への予告が含まれていることである．そこでその「導入部」に注目して，「完全性論文」［Gödel 1929］がいわゆる「不完全性」論文展開へのどのような先駆を成しているかを確認することにしたい．

ゲーデルが問題とする完全性とは，「狭義の関数算［1 階述語論理］で表現可能で妥当な論理式のすべてがその諸公理から形式的推論の有限列によって演繹される」ことであり，それが，「数表現のみからなるあらゆる公理系は，無矛盾であればモデルをもつ」という主張と等価とされる．この問題の解決は，通常の無矛盾性証明を補完する．無矛盾性証明がモデルの構成によってなされるという考えは，デデキントの自然数論においてすでに明瞭に見受けられるが，しかしその逆，つまり，公理系の無矛盾性からモデルの構成可能性は帰結しない．また「公理系が無矛盾であれば，その公理系で導入される概念は，すでにそのこと自体で定義されており，かつ存在している」と見なされうるとすれば，ヒルベルト流の

形式主義では，完全性証明に重要な意味はないことになる（引用は［Gödel 1929］）．

しかしゲーデルはこのヒルベルト流の主張に深刻な問題性を見出す．この主張は，「あらゆる数学的問題は可解だという公理を（つまり，どの問題の非可解性も証明不可能と）前提している」からである．だが，ある数学的問題の非可解性を頭から排除はできない．このゲーデルの主張は，すでに決定不能な数学的命題の存在を示唆する．ゲーデルは，ヒルベルト流の形式主義にもブラウワの直観主義にも疑義を申し立て，自らの「一定の明確に述べられた形式的な推論方式による非可解性」という考えと対比させる．彼はまた「形式的に無矛盾であるからといって，数学的対象が存在するとはいえない」として，形式主義的な数学的対象の存在観にも異議を申し立てている（引用は［Gödel 1929］）．

ゲーデルのこの批判は，古典的な排中律の問題と関わる．直観主義者の理解では，完全性とは「証明可能か，反例により拒否可能か」となり，実は古典的な排中律が暗に前提されている．一方また（ヒルベルト流の）形式主義においても，「数学的命題の決定可能性」が前提されていた．かくしてゲーデルの完全性定理の証明は，「数理論理学の決定問題の解決」に関わる．この「決定問題の解決」という表現もまた，来るべき不完全性定理をうかがわせるものであった．

2.4 不完全性定理の概要（第8章）

本項は，本文第8章「不完全性定理の概要」に関わる．まず，その1節でいわゆる「不完全性定理」の提示を巡って以下のような経過報告がなされる．博士論文（1929）完成後，ゲーデルはヒルベルト・プログラムに従い，解析学の無矛盾性証明に取り掛かった．ほどなく彼は，数論の無矛盾性ばかりではなく，その真理性も必要とすることに気付き，リシャール（J. Richard）のパラドクスや嘘つきのパラドクスの考察に至り，数論の形式的理論への読み替えでは，数論の真理性は数論においては定義できない，と悟る．一方しかし数論での証明可能性は，数論中で定義可能である．それゆえ，証明可能な式がすべて真であるならば，真ではあるが証明不可能な論理式が存在するにちがいないとの結論に導かれる．かくしてゲーデルは，1931年に出版される成果を発見するに至る．

数学の領域を形式的体系 S 中で形式化したとき，ヒルベルトは，S がその領域中に属する命題を証明するのに必要なすべてを包含することを意図していた．しかしゲーデルのいわゆる「不完全性定理」は，基礎論に関するヒルベルト・プログラムの基礎を，全く覆すわけではないにしても，震撼させたのである［Kleene 1986, p. 127］．

以下，もう少し「不完全性定理」出現の前後を辿り，不完全性への移行過程を追跡する．

　PMや集合論の包括的な理論体系においては，すべての数学的問題を決定するのに十分であろうと推測されたが，ゲーデルのいわゆる「不完全性定理」論文（1931）は，PMと集合論との二つの体系には，その公理から決定できない整数論のかなり単純な問題が存在することを示すのがその目的である，といわれる（[Gödel 1931] in [GCW. I, p. 144]）．

　この論文公刊前後にゲーデル自身の提題や講演，ノートその他でこの定理の解説をしているので，「不完全性定理」への予備的瞥見としてそれを紹介する．

　① 厳密科学の認識論に関するケーニヒスベルク会議（1930年9月6日）での講演において，高階論理学（拡張された関数算）への拡張に関する「決定確定的（entscheidungsdefinit）」（統語論的完全性）の不可能性，PMの高階論理を伴ったペアノ算術の公理系が，決定確定的つまり統語論的に完全ではないことを提示していた．このゲーデルの告知に対する反応はフォン・ノイマン（J. von Neumann）を除いて，ほとんどなかったようである．

　② いわゆる「不完全性」論文（1931）の摘要で，1930年11月17日ウィーン科学アカデミーで，「不完全性」の問題が「決定可能性」の問題として提示されている．

　　　I．体系Sは決定確定的でない，つまり，その体系中にはAもAの否定も証明可能でないような命題Aが存在する．
　　　II．PMのすべての論理的な装置（特に拡張された関数算と選択公理）をメタ数学中で認めてもなお，そうした体系Sのいかなる無矛盾性証明も存在しない．同様のことは，ツェルメロ–フレンケル［ZF］の公理的集合論の体系にも当てはまる．

　③ 1931年1月22日付けのノートで，基本体系としてペアノ算術を用いて，[Gödel 1931] の諸定理をいっそう一般的に提示している．「Zを，ペアノの公理に（一つの変項上の）再帰的定義のシェマと狭義の関数算の論理的規則の補足によって得られる形式的体系Sには，公理からは決定不能な命題がそのうちに存在する．……特に，Sは無矛盾であるという言明は，証明不可能なのである」．

　「不完全性定理の概略」の項では，ゲーデルのいわゆる「不完全性定理」のごく概略を，瞥見しておこう．

不完全性定理論文［Gödel 1931］の摘要［Gödel 1930b］においてゲーデルは，通常の初等数論を領域にとるときでさえ，完全性がどのような形式体系でも同様に成立しないことを示した．こうした体系に関しては，S 中で形式的に決定不可能であるような初等数論の命題 A で，その A を表現する式 A もその否定 $\neg A$ も S 中で証明可能でないような，そうした A が存在する，という．

ではゲーデルはどのようにして，いわゆる不完全性定理に至ったのであろうか．いわゆる「第1不完全性定理」の証明の主要なアイディアが，以下のように非形式的に略解されている．すなわち，

> PM ないしツェルメロ－フレンケルの公理的集合論 ZF を体系 P, P 中のある式を A とすると，研究対象 P の諸記号，その有限列，その有限列の有限列をとる．こうした対象の各々すべてに，以下のコード化（「ゲーデル数化」）で，各別箇の自然数を対応づけできる．対応づけられる数を形式的対象のゲーデル数と呼ぶと，数論を体現している形式的体系 P 中で，自然数について語っているのだが，またゲーデル数を介して，P の対象についても語っている式が存在するであろう．……さて以下で，体系 PM で決定不能な命題，つまり A も not-A も証明できない命題 A を構成する．［GCW. I, p. 146］

かくて，「ゲーデル数化」というコード化を介して，メタ的な P 内の対象の代わりに，直観的な数を対象として考察でき，P 内の対象のメタ数学的述語と等値な直観的な数論の述語が得られることになる．

「ゲーデル数化」というコード化の可能性を利用して，ゲーデルは，体系 P で，すべての自然数 x がある式 B の P 中での証明のゲーデル数でないということを述べるような式 A を，しかも B がたまたま A 自身であるような，そうした A を構成しようとする．簡単には，A は「A 自身が（P 中で）証明不可能である」と述べているのである．これは，その中でそれ自身の偽を主張する命題をもつような，嘘つきのパラドクスの応用である．「偽」の代わりにゲーデルは単純に「証明不可能」を代入することで，S 中で表現可能な言明にしているわけである．

3 真理・モデル・意味論の誕生と展開（第 9 章から第 12 章）

3.1 タルスキの真理定義——メタ理論の構築（第 9 章）

第 9 章では，主としてタルスキ（A. Tarski）の主要著作,「真理概念」論文

[Tarski 1935] を扱う．その論文に関する主たる謎（puzzle）は，一般に，ないし主に哲学者たちによって当の論文の主要内容と見なされるもの（絶対的（ないし端的な）真理）（truth in simplicita)）論と，今日数学者・論理学者たちがタルスキの仕事をモデル論（構造ないしモデルに相対的な真理論・意味論）と見なす見解との乖離にある，といわれる．当初の「真理概念」論文には，「構造における真理」への言及はなく，初めての公的言及は，ナチス・ドイツのポーランド侵攻を逃れて，アメリカ合衆国に亡命後，ハーヴァードでの国際数学者会議 (1950) での講演録 (1952)［TCP3, pp. 459f.］で，「タルスキが最初に構造における真理の数学的定義を明示的に提出したのは，ヴォート（R. Vaught）との共著 (1957) においてだ」という［Hodges 1986, pp. 137f.］．いずれにせよ興味深いのは，構造における充足・真理といった概念が，1950 年代までタルスキの著作には，公的・明示的には現れていないという，近年の有力なタルスキ研究者たち（［Hodges 1986］［Feferman 2004; 2008］［Patterson 2012］等）の指摘である．

そこで第 9 章では，こうした謎を巡って，タルスキの教育研究歴を遡り，タルスキがその研究生活を開始したポーランド・ワルシャワ大学哲学部の師たちとの交流・確執や，タルスキのその初期からの諸論文や講義・セミナーの概要を検討し，真理定義の上記の二つのバージョンの起源とその推移・展開を辿ることにしたい．

タルスキ在学中（1910 年代末-1920 年代前半）のワルシャワ大学の哲学部——哲学科・論理学の師たちは，コタルビンスキ（T. Kotarbinski）（ブレンターノ（F. Brentano）の弟子で，ロヴォフ・ワルシャワ学派の指導者），ウカセヴィッチ（J. Lukasiewicz）（アリストテレス研究，多値論理），レシニエフスキ（S. Leśniewski）（「基本体系（protothetic）」という特異な論理学・存在論）であり，一方哲学部数学科の主要な師たちは，クラトフスキ（K. Kuratowski）やシェルピンスキ（W. Sierpinski）（集合論）であった．特に在学の前半には，ウカセヴィッチ，レシニエフスキとの親密な交流の下，（レシニエウスキ称するところの）「直観的形式主義」の立場を支持する．それはブラウワらの「直観主義」やヒルベルト派の「形式主義」とは直接関連がなく，大まかには「直観的に」把握された，哲学の基本的概念を，厳密に「形式化し公理的に体系化」しようとする試みを指すといってよい．例えば，「真理」概念については，哲学科の師たちはいずれもアリストテレス流の古典的ないわゆる「真理対応説」を是とし，その「直観」の形式化に関して，例えばレシニエフスキは「基本体系」という特異な形式体系を構成しようとする．一方タルスキは，「真理対応説」に関わる「嘘つきのパラドクス」の対処を巡り，（レシニエフスキから既習済みだという）対象言語とメタ言語との区

別を継承しつつも，師の「基本体系」には従わず，むしろ数学の師シェルピンスキの「公理的集合論」を採用する．さらに，「実数の定義」を巡って「その領域的モデル相対的な定義可能性」の追究と並行的に，すでに早期から「真理概念の定義可能性」に関しても，タルスキは，「モデル/構造と相対的な真理概念」という考えを提起しており，著名な「真理概念」論文［Tarski 1935］の，実は後半2/3は「モデル相対的な真理定義」の可能性と，その吟味が行われているのである．

上述のように近年，タルスキの真理論は，多くの哲学者たちのいうように，「事実との対応」といった，ある種「絶対的な真理定義」なのか，あるいは大方の数学者が推奨するような，「モデル/構造と相対的な真理説」なのかがしばしば論争になる．一つの捌き方は，「絶対的な真理説」は，主として哲学者用のバージョンで，他方 1950 年代以降に提示されるようになる「モデル/構造相対的な真理説」は数学者用のバージョンと見なす2バージョン提示説である（例えば，[Feferman 2004]［Hodges 2008]）．

ではなぜタルスキは，こうした二つの提示法を選択したのか．

第 9 章では，そうした当時の学問的状況も含めて，タルスキの実際のテクストに即して，その思想展開の実像を，詳しく追跡してみたい．

3.2 内包的意味論の展開――カルナップ・チャーチ・モンタギュからクリプキ・カプランへ（第10章）

本項では，タルスキを承けたモデル論的意味論とデイヴィドソンの意味理論真理条件的意味理論の概要を扱う．

すなわち，第10章「内包的意味論の展開」では，まずカルナップの意味論について，1930年ゲーデルおよびタルスキとの対話を通じてカルナップは，ゲーデルの算術化の方法による数論の不完全定理と，またタルスキの真理論から，ある対象言語の統語論が当の対象言語内で定式化不可能で，「対象言語について語るためのメタ言語」の不可欠性を得心する．かくて初期ウィトゲンシュタイン流の一言語主義を放棄し，言語/メタ言語の区別を採用し，まずある言語の論理的統語論を発展させる．『言語の論理的統語論』(1934-6) で，構成主義的な「言語 I」を形成し，また「寛容の原理」により古典数学・物理学の定式化に十分であるような包括的な「言語 II」も構成する（なおカルナップとクワインの邂逅にも簡単にふれる）．ついでカルナップは，『論理と数学の基礎』(1939) において，自然言語断片や物理言語に意味論を与える方法を示す．名前にものを，述語にものの性質を指示させ，こうした指示と相対的に文の真理条件を定義することにより，

言語と世界間の意味論的関係が明示的になる．この点でカルナップの意味論は，自然言語への応用に関しても有用でありうる．

次にカルナップは，「可能」「必然」「偶然」といった「様相（modality）」概念を取り上げる．様相概念はアリストテレス以来中世の論理学・形而上学でさまざまな研究がなされたが，フレーゲ，ラッセルを承けた数学的論理学の展開過程では排除された．1910 年代にルイス（C. I. Lewis）らにより形式体系として整備され，1940 年代にカルナップがその意味論に先鞭をつけた．クワイン等の根強い批判にもかかわらず，1960 年代に至ってライプニッツ（G. W. Leibniz），さらに 13 世紀のドゥンス・スコトゥス（Duns Scotus）に遡る「可能世界」意味論が目覚ましく展開され，哲学界，論理学界を席巻する．類似の着想は時制論理，義務論理，反事実条件法や因果性，「知・信」のような認知様相の分析にも応用される．

まず内包論理，特に様相論理の意味論を取り上げる．言表に関わる様相は「言表関与的（*de dicto*）様相」，事物の性質に関わる「本質的，偶有的」といった様相は「事物関与的（*de re*）様相」といわれる．特に後者の「事物関与的様相概念」は，アリストテレス流の形而上学の復活として，クワインらの厳しい批判に曝される．以下では，カルナップの内包論理に関して，「様相と量化」[MQ] や『意味と必然性』[MN] を通じて紹介する．

次にチャーチ（A. Church）（プリンストン，後に UCLA）は，フレーゲ流の統語論を単純型理論によって形式的に整備し，内包論理の形式的対象言語中の各表現に，フレーゲ流の意義と表示（＝意味）の双方の意味論値を付与するフレーゲ的な意味論を展開する [Church 1951]．カプラン（D. Kaplan）の博士論文 [Kaplan 1964] は，こうしたフレーゲ－チャーチ流の意味論とタルスキ－カルナップ流のモデル論を批判的に連関づける内包論理の基礎提出の試みである．その後のチャーチの連作 [Church 1973; 1974; 1993] は，いわばカプランの批判に応える改定版であり，最晩年に至るまで，改定と展開がなされる．

さらにカプラン論文「フレーゲ－チャーチをどうラッセル化するか」[Kaplan 1975] は，ラッセル流の直接指示によるフレーゲ－チャーチ意味論への再挑戦であり，クリプキ（S. Kripke）の「固定指示（rigid reference）」と呼応する後述のカプランの「直接指示（direct reference）」論展開への始点の一つであった [Kaplan 1978]．

カルナップ，チャーチらの内包論理の意味論への試みは，1960 年代に入って急速に展開された．タルスキの弟子モンタギュ（R. Montague）の普遍文法の試みもその一環である．彼は自然言語と論理的人工言語とを，数学的に厳密で自然な単一理論の枠組み内で，両方の言語の統語論と意味論を包括可能だと考える

[Montague 1974]．以下本文で簡単にモンタギュの統語論，内包的意味論，さらに語用論（pragmatics）を，英語断片の適用例を交えつつ概観する．

またヒンティカ（J. Hintikka）はカルナップの「状態記述」という準意味論的な道具立てで，相対化された多様な様相論理系の意味論を与えている（後述［野本 1988a］）．

カプランは先の博士論文（1964）で，フレーゲの間接的文脈の着想を継承，チャーチの形式言語を修正しつつ，タルスキ流のモデル論的枠組み内で，カルナップの様相解釈を発展させ，S5様相述語論理の完全性と決定可能性を証明した．論文「内部量化」［Kaplan 1969］でも，フレーゲ流の二つのメタ言語的方法，①「直接話法」的方法と②「間接話法」的方法を区別し，存在論的に安全な①を採用する．そして言表様相から事象様相の量化への移行可能性に関わるある制限条件を提案している．

クリプキは，1959年以来，様相論理のクリプキ・モデルを提出し，いくつかの論文で多様な様相論理体系の完全性を，簡明なモデル論によって証明した．(1) モデル構造 $\langle w_0, W, R \rangle$ の順序三つ組を導入する．このモデル構造の直観的な様相的解釈では，W をすべての可能世界 w の集合，w_0 を現実世界，R を可能世界間の「接近可能性」とし，$w_1 R w_2$ は，w_1 で可能な命題は w_2 で成立することを表すとする．このモデル構造は体系 M のモデル構造で，R が移行的なら S4（直観主義論理が埋め込み可能）の，また R が同値関係なら S5（古典論理が埋め込み可能）の各モデル構造である．さらに各可能世界 w と相対的に次のような付値関数 ϕ を導入，$\langle w_0, W, R, \phi \rangle$ が命題様相論理のクリプキ・モデルといわれ，文 'A' には w と相対的に真理値を付値し，w で「A は必然的である」が真なのは，w と相対的に可能なすべての世界 w' において真の場合とされる．

様相述語論理に関し，量化に関するクリプキ・モデルは，束縛変項の変域，ならびに述語 'P' への付値も各可能世界 w に相対化する．そのため領域関数 ψ を導入し，各世界 w の個体領域を $\psi(w)$ に限定する．様相述語論理のクリプキ・モデルは $\langle w_0, W, R, \psi, \phi \rangle$ である．一方自由変項 'x' への付値は，各世界 w に制限せず，各世界の個体領域 $\psi(w)$ の合併 U 中の個体でよい．しかしいったん現実世界 w_0 で 'x' に a が付値されたら，他のどの世界 w で 'Px' が値踏みされようと，'x' には同一個体 a が貫世界的に（transworldly），固定的（rigid）に付値され続ける．これが言語哲学的に大いに話題を呼ぶに至る「固定指示子（rigid designator）」の原型である．以下，直観主義モデル等の詳細は本文を参照されたい．

最後にデイヴィドソン（D. Davidson）の真理条件的意味理論を瞥見しよう．上記のモデル論展開とほとんど同時期に，タルスキとクワインを独特な形で結び

3 真理・モデル・意味論の誕生と展開（第9章から第12章） 21

付けたデイヴィドソンの意味理論の一端にふれておこう（本章補論 4.1 も参照）．

タルスキは，以下の（T）文中の p には，x がその名前であるような対象言語中の文 s の，メタ言語中への同義的な翻訳文を代入することによって，真理概念を定義した．

（T）x が真なのは，p のときそのときに限る．

しかし意味理論を構築するには，翻訳・同義性といったすでに「意味概念」を前提しているこの真理論をそのまま利用はできない．デイヴィドソンの方策は，この順序を逆転し，「真理概念」の暗黙の理解を前提に，「真である」を原初的述語と見なして，対象言語中の文 s の意味を確定しようとする．しかもデイヴィドソンの狙いは，自然言語の意味理論を構成することである．だが自然言語の文は，時制や発話の脈絡によって，真偽が変動する．

そこで「真理」を，文の性質ではなく，文と発話者 a，発話時点 t との三項関係と見なす．よって自然言語に関する（T）文は，例えば次のようになる．

（T）* 'I am tired' が a によって t において発話された場合に真なのは，a が t において疲れているときそのときに限る．

デイヴィドソンは，（T）* が，t における a の発話 'I am tired' の「意味」を示していると考える．だがしかし〈a が t において疲れている〉は，'I am tired' のタルスキ的な単なる翻訳，「下からのメタ的表現」[Kaplan 1997] ではなく，この文が a により t において発話された場合の，その真理条件をメタ的に記述し直した，いわば「上からの記述 (description from above)」(op. cit.) であろう．もしそうなら，それは後述のカプランの「直示語の意味論」に通底しよう．

3.3 直接指示，意味，信念（第11章）

「宵の明星＝宵の明星」と「宵の明星＝明けの明星」はともに真なのに，両者の認識価値に相違があるという事態を，フレーゲは意義 (Sinn) の差異によって説明した．また，上記のような文の一方は信じても，他方は信じないという命題的態度の差異，代入則の不成立が，信念や知識などの報告，直接話法，間接話法の場合に生じうる．こうしたパズルの解決策を，フレーゲは意義の差異に求めた．フレーゲの取り上げた問題は，言表関与的 (de dicto) 信念に留まるが，クワイン指摘の事物関与的 (de re) 信念やそうした文脈内部への量化 (quantifying in) の問題にはどう対処すべきか．

知・信の論理と意味論に画期をもたらしたのは，ヒンティカやカプランである．ヒンティカ [Hintikka 1962] が提示する知の論理は，C. I. ルイスの S4 に見合う論理体系である．

ヒンティカの知の観念は，例えば「aが'p' と知っているなら，'p' は現実に真である」という全知である．他方信の論理は，「aが'p' と信じているなら，'p' は現実に真である」が不成立な体系である．こうした「知・信の論理」では，代入則と量化法則が一般的には成立しない．その理由を彼は，（ラッセルの記述理論を継承して）単称名辞が異なる状況では異なる対象を指しうるという多重指示性に求める．

カプラン［Kaplan 1969］は，フレーゲ的な意味論的述語「$\Delta(\alpha, x)$」（「表現 α は x を表示する」）を導入し，次のような事物関与的（$de\ re$）信念を表記しようとする．

(1) 角を曲がった男について，ラルフは彼がスパイだと信じる．
(1r) $\exists \alpha [\Delta(\alpha,\ 角を曲がった男) \land ラルフは \ulcorner \alpha がスパイだ \urcorner と信じる]$．

しかし (1)(1r) だけから，ある特定人物についての量化文へと常に移出可能（exportable）とはいえない．例えば，(1)* から (2) へは移出（export）できない．

(1)* ラルフは「一番背の低いスパイはスパイだ」と信じている．
(2) スパイだとラルフの信じている人物がいる．

カプランは，信念文脈でも移出可能な名前を制限する「名前の画像理論（picture theory）」を提案する．名前 α には，画像と類比的に (i) 画像が何に似ているかに関わるのと同様，① α は x を表示する（x が α の記述内容を充足する）か，また (ii) どの対象の画像であるかと問われるのと同様，② 名前 α が人物 a にとりどの対象 x についての（$ofness$）名前であるか（x が a にとり α の因果的生成の源であるか）が問われ，さらに (iii) 画像と同様，名前 α は鮮明（vivid）である（α は a による x の個体化の様態を付与する）といった，三つの因子が認められる．移出可能な名前 α は，対象 x と信念保持者ラルフとの間に，この三条件を満たす「代表関係」（$R(\alpha, x, ラルフ)$）が存在しなければならない［Kaplan 1969, pp. 286f.］（鮮明性条件は，後述のドネラン（K. Donnellan）の「念頭におくこと（having in mind）」やペリー（J. Perry）の「認知的意義（cognitive significance）」に関わる．フレーゲの意義（Sinn）は，(i) と (iii) の双方に関わる）．

ヒンティカもその後の論争を通じ，「命題的態度に関する意味論」(1969) に練り上げる．ある所与の世界 w_0 で，ある命題的態度を人物アリスに帰属させるには，代替関係 Φ_B を導入し，w_0 の代替（すなわち，w_0 におけるアリスの命題的態度と両立可能なすべての世界）の集合に結びつけることだとする．つまり，

(TB)「アリスが p と信じている（aBp）」が，ある世界 w_0 で真なのは，p が w_0 の代替世界のすべてにおいて真の場合である．

無条件の代入則や内部量化への移出が可能でない理由を，ヒンティカは単称名辞の多重指示性に求めた．すると，代入則や量化法則の回復には，貫世界での個体の交差同定を必要とする．そこでフレーゲの意義やカルナップの個体概念に制限を課し，各可能世界と相対的にただ一つの個体を抜き出す「個体化関数」が導入される（詳細は本文参照）．

しかしヒンティカの多重指示という考えは，確定記述を単称名のパラダイムに採る考え方であり，カプランの代表関係による制限も，やはりフレーゲ的な広義の固有名観に根ざしたうえでの対処であった．しかしカプランの標準名や，名前の生成的性格の要求，クリプキの自由変項への付値の着想は，「固定指示（rigid designation）」の方向を指し示す．

以下，単称名辞の意味論を検討する．まず早期にマーカスが［Marcus 1961］，付箋を貼る（tagging）ことと記述すること，固有名と記述とを対比し，固有名同士の相互代入の可能性を主張したが，内包述語論理の代入則や量化法則に関わる諸困難の根が，フレーゲ，ラッセル，ウィトゲンシュタインという 20 世紀言語哲学の，単称名辞の正統的意味論にあることを剔抉したのは，クリプキの「名指しと必然性」（［Kripke 1972］rep. in [Kripke 1980]）における「固定指示」論であろう．もっともドネランは，確定記述にもラッセルのいう「帰属的使用」以外に，「指示的使用（referential use）」があることをすでに指摘していた［Donnellan 1966］．

クリプキは，フレーゲ-ラッセルらの固有名の意味論を，要するに記述（の束）が名前の意義を与え，指示対象を指定するという「記述説」として一括し，そうした記述は名前と同義ではなく，またその対象指示の必要条件でも十分条件でもないと批判する．クリプキならびにパトナム［Putnam 1973］はまた，「水」「虎」「ブナ」のような「自然種名」についても，標準的特徴記述（ステレオタイプ）が自然種名の内包外延を確定しないと主張した．

さらにほぼ同時期の 1970 年代初頭から，カプランもまた指示詞や代名詞・副詞に記述的意義を補って指示対象を確定するというフレーゲ的な意味論の批判に転じた．フレーゲは，例えば「私」「いま」「きょう」のような指標詞や指示詞の意味・指示対象が発話文脈に依存することを認める．だがそれらの表現は，脈絡だけでは対象指定のできない不完全な表現で，対象指定には各話者の確定法を，例えば記述や指差しなどによる補完を要すると見なした．こうした補完はフレーゲ的な意義を表し，その意義が意味＝指示対象を確定すると考えた．だが，カプランは指標詞が（フレーゲ的意義なしに）その意味規則と使用脈絡のみで，直接に指示対象を確定しうるとし，「直接指示（direct reference）の意味論」を提唱す

る．以下本文で，カプランの「直示語の論理（Logic of Demonstartives, LD）」[Kaplan 1989a]（ただし，すでに 1977 年からその手稿コピーが世界中に流布する）を紹介する．

3.4　フレーゲ再考——意味・意義・真理（第 12 章）

　第 3 章ではもっぱらフレーゲの論理・数論を取り上げたが，最終章ではフレーゲの言語哲学ないし意味理論を再考する．フレーゲ以降，さらにタルスキの真理論を転機に展開されたモデル論的意味論において，ラッセルに端を発する「指示論」からの，諸々のフレーゲ批判に対して，フレーゲ的意味論がなお何か意義ある対抗軸となりうるのかを探索してみたい．

フレーゲ‐ラッセルの対比と輻輳

　フレーゲ‐ラッセル往復書簡（1902-3）における，二つの中心的な論題は，(1) いわゆるラッセル・パラドクスと，(2) 論理学の哲学，ないしは論理的意味論の問題である．二人の間には (2) についても，根本的な対立がある．

　ラッセルは，『数学諸原理（*PoM*）』（1903）で，単称名辞を本来的固有名と表示句・記述句とに区別し，本来的固有名には面識による知，記述句には記述による知を対応させた．しかし表示句の表す「表示概念」を巡る困難の回避のため，ラッセルは，「表示について」（1905）では，確定記述句を一意的な存在量化文に解体する「記述理論」を提唱した．

　だが「記述理論」に対しては，ストローソン［Strawson 1950］の「指示的表現（referring expression）」としての記述句，ドネランの「指示的使用（referring use）」の提起［Donnellan 1966］があり，その後 1970 年代から今日まで，ある面で初期ラッセル的なクリプキ‐パトナムの単称名辞論，およびカプラン‐ペリーの直接指示論と，ダメット（M. Dummett）やエヴァンズ（G. Evans）のフレーゲ擁護論の対立のように，フレーゲとラッセルの対立は繰り返し論争を引き起こす起爆力を維持し続けている．

　カプランによると，ラッセルは「言語を世界内的対象（worldly objects）および世界内的対象の性質，関係，状態についての表記の体系（*a system of representation*）と見なした」が，フレーゲについては以下のように言う．

　　　奇妙なことに，フレーゲ理論はラッセル流の客観的内容への対策を用意していない．……文に対しフレーゲは，意義・思想以外に，意味（*Bedeutung*）を付加するが，後者は外延である．しかし外延［すなわち，真理値］はラッ

セル流の世界内の客観的内容（worldly objective content）——ラッセル流の命題——を飛び越す（jump over）．[Kaplan 2012, Cl. 12, p. 160]

だが上記のカプランのフレーゲ解釈は再検討を要する．
　そこで，以下では，フレーゲの論理的意味論の概略を，『概念記法（BS）』(1879)『算術の基礎（GLA）』(1884)，論文「意義と意味（SB）について」(1892)，『算術の基本法則（GGA. I)』(1893) 等で再考したい．
　まずフレーゲの意味論の出発点（BS & GLA）を確認する．現場の数学者フレーゲにとっては，数や幾何学的対象の異なる表記が同じ対象を確定する，という再認文が初期から問題の中心である．まず処女作『概念記法（BS）』§8 の議論を受けて，『算術の基礎』[GLA] のいわゆる「文脈原理」でも，'A=B' という再認文の「再認条件」が探求される．① 幾何学的図形 A, B の形の再認条件はその相似性に，② 射影幾何学での直線 l_1, l_2 の「方位」(「無限遠点」) の再認規準は，l_1, l_2 の「平行性（∥）」に求められ，③ 基数の「再認文」は，数等式：「概念 F の基数と，概念 G の基数との同一性」に求められ，その再認条件は，概念 F と G の同数性，一対一対応に求められている．
　ついで意味（Bedeutung）と意義（Sinn）の区別が公的に導入される論文「意義と意味について」(SB) の議論では，例えば，「宵の明星」と「明けの明星」の意味は同一だが，その表現の意義は同じではない．記号の差異は表示されたものの与えられる様態（die Art des Gegebenseins des Bezeichneten）の区別に対応する．次に意義把握の一面性と共有性が議論され，意味についての語りには，意味の現存（vorhanden sein）を前提する（voraussetzen）だけで必要十分である，とされる．また再認判断「宵の明星＝明けの明星」の解明は，天文学上の発見という認識の脈絡でなされ，再認には「特別の認識活動」を要する．こうした「特別の認識活動」には，経験的探究のみならず，数学での証明手続きのようなアプリオリな場合も含まれよう．
　次に主著『算術の基本法則』[GGA] でのフレーゲの真理条件意味論を検討する．
　フレーゲのいう真理条件：「文 '$\Phi(\Delta)$' が真であるとは，対象 Δ が概念 $\Phi(\xi)$ の下に属するという条件（Bedingung）の充足（erfüllt sein），事態・情況（Umstand）$\Phi(\Delta)$ の成立・実現の場合である」が，「翻訳」依存のデイヴィドソン的意味理論（「下からの表現（expression from below）」) ではなく，カプランのいう「上からの記述（description from above）」に相当する可能性が示唆される．
　その上で，客観世界へのフレーゲ流の投錨が，文脈的表現（固有名・指標詞・

指示詞）の使用に際して，各「発話状況の知見」を伴う（認知的な）意義の媒介を必要とする，というフレーゲ意味論の，世界・自己・他者との独特の遭遇の仕方の及びうる射程を探索する．こうした認知的な意義（cognitive significance）に関わる「意味の理論（theory of meaning）」は，モデル論的意味論（Semantics）や真理条件的意味論の補足となりうるかもしれない（世界への各人の認知・所信のまたは振る舞いの差異，妄想，認知症，二重人格症等の意味論的説明可能性に言及）．

　最後に，フレーゲの「発話の力（Kraft）」論が，発話内行為（illocutionary act）論の先駆をなし，発話内の力の保存を考慮にいれるダイナミック論理の刺激になったように，さらにフレーゲの「色合い/陰影」論が，従来の「真理保存性」という妥当的な推論規準を超えた「真理性＋色合い保存」という，修辞学と論理学を橋渡しする可能性も示唆する（以下の節分け数字は，本文の節分け数字とは，対応しない）．

3.4.1　フレーゲの論理的意味論
　　　——フレーゲ意味論は，世界を飛び越しているか？

　フレーゲの意味論の出発——現場の数学者としてフレーゲは，客観的世界としては，まず数や幾何学的対象を含む数学的世界を念頭におく．それゆえ，抽象的な数や幾何学的対象をどのように同定するか，複数の異なる表現が同じ対象を表しているかという再認条件が初期から問題の中心であった．

　(1)『概念記法（BS）』(1879) §8
　内容相等性判断 '$\vdash A \equiv B$' は，「二つの名前が同じ内容をもつという事態を表記する」．例えば，同じ点が，二様の仕方で確定され，各確定法の各々に一つの固有の名前が対応する．

　(2)『算術の基礎（GLA）』(1884) での「文脈原理」
　「文脈」とは等式 '$A=B$'（数学的対象等の再認の表記）で，その「再認条件」を求めることが課題である．
　第1に，幾何学的図形 A, B の形の再認条件が，A と B の相似性に求められ，第2に，射影幾何学での直線 l_1, l_2 の「方位」（「無限遠点」）の再認規準が，直線 l_1 と l_2 との「平行性」に求められる．
　第3に，概念 F に帰属する基数 $N(F)$ と，概念 G に帰属する基数 $N(G)$ との再認条件は，F と G の「一対一対応 1-1COR (F, G)」に求められる（「ヒュー

ムの原理（HP）」）．

この（HP）だけから，デデキント−ペアノ算術と同型の無矛盾な算術の公理系が導かれる．

(3) 意義の公的な導入――「意義と意味について（SB）」(1892)
意義（Sinn）と意味（Bedeutung）との意味論上の区別が導入される [SB, S. 25]．「記号の差異は，表示対象の与えられる様態の区別に対応する」と見なして，「その様態は，当の記号の意義（*Sinn*）の中に含まれる」[SB, SS. 26-8] という．
語の意義把握の一面性と共有性や，語使用に際しての意味・表示対象の存在前提が論じられる．
さらに，再認判断「宵の明星＝明けの明星」の成立は，天文学上の発見で，発見には，「特別の認識活動を要する」（Frege [Peano 1896, 369]）とされる．

(4) 主著『算術の基本法則（*GGA*）』(1893) での意味・真理・思想
フレーゲは公式的には，真偽が本来的に問われるのは，文の意義・思想で，語の意味・表示対象もその語の意義を介してのみ問われると主張した，とされる．ところが，こうした文や語の意味（真偽/表示対象）に対する意義・思想の優先性を，実際のフレーゲの手続きは，遵守してはいない．この点は，主著 *GGA* において鮮明で，むしろ文の意味＝真理値（真または偽）を前提に，統語的除去法による論理的原初表現の意味の確定をベースに，その意義・思想の規定へと進むアプローチが採られている．他方フレーゲは，ある文が真理値・真を意味するのは，関連する（真理）条件が充足されている場合に限るという．[*GGA*. I, §32, p. 50]．ここにある循環がないであろうか．

(5) 判断・文の優位性と固有名の有意味性
フレーゲの判断・主張文・真理の優位テーゼと，その構成部分（固有名と述語）への除去法による分析に関わる彼の論理学理解の独自性を，フレーゲは遺稿で，以下のように述べている．論理学では，「「真」という語の内容を頂点におき，ついで思想を後続させる．かくて私は，概念から思想や判断を合成するのではなく，思想の分解によって思想部分を獲得する．その点で，私は，ライプニッツとその後継者たち（ブール，シュレーダーら）から区別される」（Frege [Darm.] [*NS*, S. 273]）．すなわち，部分から全体へという「原子論的」ないし「煉瓦積みの方法」とは正反対の「文（真理・思想）の優位テーゼ」，ないし「文脈原理」が認められる．

では文の各構成要素表現の意味（Bedeutung）はどのように知られるのか．それは，複合から部分を析出する「分析的方法」，統語論的な「関数論的分析」，つまり文からの構成要素の「除去法」による．例えば，「アリストテレスは哲学者である」から「アリストテレス」を「除去」すると，「（　）は哲学者である」が得られる．空所を含む不飽和な部分は「関数詞」ないし「述語」，飽和した部分は「固有名」と呼ばれ，固有名の表示する意味 B が「対象」と，一方，関数詞・述語の意味が「関数」あるいは「概念・関係」といわれる．逆に綜合的には，述語の空所に固有名を代入すると，文が構成される．つまり，分析により基本的要素に達すれば，それらの要素から複合的全体が構成される．この「合成原理」によって，フレーゲは言語の習得可能性と創造性を説明した．

(6) フレーゲ論理学におけるラテン文字の使用──「固定指示」「直接指示」への先駆

注目すべきことに，フレーゲはその論理学において，クリプキの「固定指示」，カプランの「直接指示」の範型となるようなラテン文字使用を以下のように導入していた．

① ラテン文字の不定性・一般性と固定性・直接指示性──『概念記法（BS）』の冒頭の節で，いわゆる「自由変項」と称されるラテン文字についてフレーゲは，きわめて注目すべきことを語っている．すなわち，「不定のままの数を代表する」ラテン文字の「不定性によって，$(a+b)c=ac+bc$ のように，……多様なものを表す文字 a, b, c は，一般的妥当性を表現するのに用いられる．あらゆる不定性にもかかわらず，文字は，一度与えられた意味を同じ文脈においては保持……しなければならない」［BS, §1］．

② この一節は，主著 GGA におけるドイツ文字とラテン文字──量化の作用域という文脈，を巡り再度取り上げられる．推論過程における，量化子の作用域 Gebiet（という意味での文脈）での変項の一般性と固定性である．フレーゲは，量化子の作用域内に縛られるドイツ文字（束縛変項）と，ラテン文字（自由変項）のいっそう広い一般性の作用域とを鋭く対比している．（［GGA］, Frege［Peano 1896］［野本 2012, pp. 249f.］）．その意味は不定でありながら，一度確定したら「同一文脈内では，その意味を保持し続ける」というラテン文字の使用は，クリプキの意味合いでの固有名の「固定性」に直結する．実際，クリプキは固定性の，またカプランは指示詞等の直接指示の範型を，「自由変項」への付値に求めているのである．

3.4.2 フレーゲの真理条件意味論の検討——客観世界への投錨と「上からの記述」

さて論理学においては，フレーゲは，対象としては，値域（概念の外延等）のみを前提し，真理値も値域に同化する．他方，1階の関数名の表示する意味は関数で，（空所に代入される記号の表示する）対象と関数値との間の対応において告知され，関数自身も「不飽和」で「補完を要する」[GGA I, §1]．第1階概念語（述語）・関係語の表示する概念・関係は，その関数値が真理値である特殊な関数である．真理値名の意義をフレーゲは思想と呼び，また名前はその意義を表現し，その意味を意味し表示する，という [GGA I, §2]．さらにフレーゲによれば，「真理値名を構成する［個々の要素的］名前は，思想を表現するのに貢献する．個々の名前の貢献がその意義である」[GGA I, §32]．

それでは真理値名の思想とは何か．また思想の真理値が真だということは，客観世界とどう関わるのか．例えば，真理値名 'Φ(Δ)' の意味（真理値）が真であるのは，客観的対象 Δ が概念 Φ(ξ) の下に属するという条件が充足され，事態 Φ(Δ) が現に成立している場合であるという（[GGA. I, §32] [野本 1986; 2012]）．

この箇所は，ウィトゲンシュタインの主張——命題の示す意義とは，その命題がいかなる条件の下で真となるかという真理条件で，命題を知るとはその真理条件を理解することだ（[T] 4.022節）——との，またタルスキを介したデイヴィドソン [Davidson 1984] の，いわゆる「真理条件的意味論」の古典的箇所（*locus classicus*）とも目される．

だが実は真理条件を巡る上記のフレーゲの文言をどう解すべきかが問題である．フレーゲは，文の思想から世界を飛び越して，カルナップ流に外延＝真理値へと飛んだのか．本文では，フレーゲの真理論・意味論を，タルスキ–デイヴィドソン的「翻訳」ではなく，むしろカプランのいうメタ的な「上からの記述（*description from above*）」と解し，カプランのいう「客観世界内（worldly）意味論」と解する余地を探ってみよう．

フレーゲ意味論の客観世界への投錨

そうした事態の成立には，当の主張文の構成要素である固有名や述語は，その各意味である各客観的世界内対象・概念・関係に繋留していなければならない．

ところでフレーゲもまた世界との接触点をなす，固有名「アリストテレス」，「いま」「きょう」「私」のような指標詞，「これ」のような指示詞にまつわる面倒な問題に気づいていた．

　①「きょうは快晴だ」，②「私は退屈している」，③「これは赤い」

こうした文脈依存性を示す文の表現する思想の正しい把握には，「発話に随伴

する状況についての知見（Kenntnis）」［G, S. 65］の補完を要する（フレーゲの「発話状況についての知見」と，カプランの「直接指示」論での命題との異同については，本文で論じる）．

3.4.3 フレーゲ的意義の諸相とその射程
(1) フレーゲ的意義の再論ないし認知的意義 (cognitive significance)

フレーゲの意義（Sinn）には，全く客観的な世界状態の側に属するラッセル的命題やデイヴィドソンの意味理論のようなもっぱら真理条件的な，あるいはカルナップ‐モンタギューの内包といったモデル論的セマンティクス (model theoretic semantics) 内では汲み尽くしえない，認知的な位相があると考えられる．フレーゲの場合，文や語の意義は，対象の与えられ方・様態や，文の真理性を知ることの認識上の価値（認識を拡張するか否か），その文の真理性を知るために特別の認識活動を必要とするか否か，さらにはわれわれの所信内容や認識内容と所信様態等とどう関連するのかといった諸問題と，密接に関係するのである．

フレーゲによれば，固有名はある対象を特定の確定法・様態（Bestimmungsweise）で表示する．例えば，アリストテレスを記述「スタゲイラ生まれでプラトンの弟子」や「『形而上学』の著者」といった異なる仕方・様態で表示する．

ところが一方でクリプキの固定指示を支持し，直接指示を唱えるカプランが，注目すべきことに近年になって，われわれが同一個体を，ドネランの意味合いで「念頭においてはいる（having in mind）のだが，……その念頭におく仕方は異なる様態（ways）においてである」と主張し，「こういう種類の意味は，フレーゲが発話の認知的意義（cognitive significance）」）を含む意義（Sinn）と呼んだものである」と認めるに至っている．[Kaplan 2012, Cl. 4, p. 158]．このことは，カプランが，従来のラッセル流の，あるいはカルナップ流のモデル論的セマンティクスには尽きない，何か新しい「意味の理論（theory of meaning）」の必要性を示唆している，と見られる．そこで再度，フレーゲの意義（Sinn）の認知的様態の諸相を簡単に復習しておこう（［野本 2012, 11 章］参照）．

(2) 意義と認識価値，与えられ方・様態，思想の写像としての文

既述のように，論文「意義と意味について（SB）」(1892) でフレーゲは，'a=a' と 'a=b' とでは，「認識価値」に相違があるという．すなわち，「a=a は，カント的には，アプリオリで分析的だが，他方 a=b という形の文は，われわれの認識のきわめて価値ある拡張を含み，かつ，必ずしも常にアプリオリには基礎づけできない」[SB, S. 25]．同一の表示対象に対する記号の「相違は，表示されたもの

の与えられる仕方・様態に対応する」[SB, S. 26].

文・判断の場合にも，その意味＝真理値は同一であっても，それぞれ固有の真理値の分析法を含む（[野本 2012, 11 章 §9] 参照).

(3) 特別の認識活動と意義

フレーゲは，天文学者 X の発見した彗星と天文学者 Y の発見した彗星とが同一天体＝同一の意味をもつと判明した場合でも，「意義は異なる．なぜならその一致を理解するためには・特・別・の・認・識・活・動・が・必・要」だからである，という（Frege [Peano 1896, p. 369]）．[野本 1986, 4 章 9 節]

(4) 思想を真と見なす判断

フレーゲは，いわゆる「代入則」, ライプニッツ流の「真理保存的置換 (*substitutio salva veritate*) 原理」が，話法報告，所信や知・因果や理由等に関わる複雑な複合文に関しては，成り立たないように見えることを認める．「このことは，同一の意味をもついくつかの固有名が異なる意義をもちうることによってのみ，説明されうる」.

(5) 意義と話法・信念・知

より一般的にはこうした文脈についてフレーゲは，次のように言う．「語を通常の (gewöhnlich) 仕方で用いる場合にひとがそれについて語ろうとするのは，その語の意味である．しかし，語それ自身について，あるいは，語の意味について語ろうとすることも起こりうる」[SB, S. 28]．(直接話法，間接話法)

(6) 本来的固有名とその意義の公共性

人名や地名のような「本来の固有名」の場合には微妙な問題がある．フレーゲ自身，こうした固有名の意義にはひとにより「ゆれ (Schwankung)」があることを認めつつ，次のように述べている．しかし，「意味さえ同じなら，意義のこうしたゆれには耐えられる．」[SB, S. 27, Anm.]

(7) 指示詞・指標詞の文脈依存性

「思想は，それを誰かが真と見なすかどうかとは独立に真」[G, S. 69] でありうる．だがフレーゲは，「きょうは真であるが，半年後には偽となるような思想もまた存在するのではないか」[G, S. 76] と自問しつつ，発話の「現在時制」, 人称代名詞「私」，また「これ」のような指示詞に言及し，以下のような回答を与え

ている．

　必要なら，誰が，どこで，いつ発話したかを補完しなければならない．指示詞については，フレーゲは，「身ぶり」「指差し」といった振る舞いを「発話に随伴する状況」［G, S. 64］に数える．

　フレーゲは，こうした文脈依存性を示す文が表現する思想の正しい把握には，「発話状況についての知見 (Kenntnis)」［G, S. 65］の補完を必要とすると見なした．

　しかしこうした発話状況の客観的な知見なしにも，文脈的表現は使用できるし，また伝達可能でもある．それには (a) フレーゲ的「意義」「思想」と，(b) 文脈的表現を含む文―タイプが表す意味論的規則・言語的意味と，(c) それらの意味論的規則プラス発話状況そのものによって確定される「発話内容」の異同について，立ち入った検討を要する（［Kaplan 1978; 1989］［Perry 1977］［Evans 1982］［野本 1986; 1988a; 1991; 1997; 2012, 11 章 §13］）．

　カプランによれば，使用脈絡 c における「いま」「きょう」「きのう」「私」の使用は，話者の「発話状況の知見」とは独立・無関係に，その各直示詞の言語規則，〈意味特性 (character)〉（例えば，〈使用当日〉〈使用場所〉〈使用者〉等々）を介して，当の使用脈絡 c における時点 c_T，使用日 c_D，その前日 c_{D-1}，使用者 c_A を直接に指示する．そして「モデル論的な意味論 (model theoretic semantics)」が関わるのは，こうしたカプラン的「意味特性」であろう．

(8)　人称代名詞「私」
　最後に自己意識についての，興味深いがしかし当惑させる点も含むフレーゲの示唆について考察したい（詳しくは本文ならびに［野本 1986］参照）．

　　各人は，彼がいかなる他人に対しても与えられない，ある特別で元来の仕方・様態で，自分自身に与えられる．ある人物 A が，「私は負傷している」と考える場合，その元来の様態で規定された，A のみが把握可能な思想を，A は［他人に］伝達できない．A が「私は負傷している」という場合でも，「私」を，他人にも把握可能な意味で，「この瞬間君たちに話しかけている者」といった意味で，用いざるをえない．（［G, S. 66］の略述）

3.4.4　認知的意義再論
(1) フレーゲ対ラッセルとカプランの示唆
　さて近年のカプランの示唆する「意味の理論 (theory of meaning)」が関わるような種類の意味も，まさしくフレーゲが発話の認知的意義 (cognitive signifi-

cance)，つまり，「表示対象の与えられる仕方・様態」を含む意義（Sinn）と呼んだものと重なる．世界の客観的事態そのものであるラッセル命題の構成要素としての個体自体は，こうした種類の意味の構成要素にはなれない．こうしてカプランも「フレーゲの不朽の洞察を主張し続ける．すなわち，認知的意義の領域では，何が表されている（represent）かのみでなく，またそれがどのように表示・表記されているかをも説明しなければならない．よって単称的思想と単称命題との，ラッセルによる同一視は機能しないだろう」と認める [Kaplan 2012, Cl. 4, p. 158]．

カプランは，信念に基づくわれわれの振る舞い・行動の通常の記述的な説明方法以外に，「念頭におく様態の非記述的な差異も，行動の説明に同じ役割を果たしうる」と主張する．こうしてカプランは，フレーゲ的意義，認知的パースペクティヴ（cognitive perspective）の必要性を認める（ibid. Cl. 5）．ここでカプランはラッセルと別れざるを得ない（詳しくは，本文第 12 章 7 節以下参照）．

こうしたアイディアを，認知症患者 A の発話理解，ジキルとハイドとの殺人の認否等々の発話理解に応用可能であろう．

このように，意味・表示対象が同一でも，フレーゲのいう意義（Sinn），ないし認知的意義（cognitive significance）の差異，また（ドネランのいう）同一個体を念頭におく仕方・様態（*ways*）の差異が，われわれの行為や振る舞い，および相互の意思疎通にもまた理解にも推論にも，影響を及ぼすと考えられる．例えば，「あの男＝私」の場合でも「あの男のズボンに火がついている，と私は信じる」と「私のズボンに火がついている，と私は信じる」ではその振る舞いは全く異なるであろう．

(2) 認知的意義，振る舞いの差異，そして再び世界状況の差異へ

他方，ラッセルはこうした「認知的内容への対策を全くしていないように見える」．こうしてカプランは，ドネランの「念頭におく」ということが，直接指示説の先駆をなすばかりでなく，ラッセルに反して，フレーゲの認知的な意義論を継承するものでもあるという注目すべき見解を披歴する．こうした見解のもたらしうる展望については本文で若干言及しよう．

3.4.5 発話の力と発話内行為遂行，判断・主張と推論

フレーゲはまた，平叙文，命令文等の発話によって，われわれは相手に主張・命令・依頼等の「力（*Kraft, force*）」を行使することに気づいた．そして 1960 年代以降に展開される「発語内行為（*illocutionary act*）論」「発語行為（speech act)」論の，いわば先駆ともなったのである．

1950年代の英国でフレーゲの言語哲学の復興（殊に発話の力による行為遂行）とその展開が始まる．オースティンは「行為としての言語」に注目する［Austin 1962］．文の発話で，意味・意義を表現する発語行為のみならず，同時に主張・命令・依頼等の別の行為［発語内行為（*illocutionary act*）］，行為遂行的な（*performative*）発言をなしうる．こうした「発語行為（speech act）」論がグライス［Grice 1989］，サール［Searle 1969］等を中心に，組織的に展開されることになる．さらに近年のダイナミック・ロジックでは，前提における「発話内の力」が結論においても保持されることを求める「真理＋力の保存」を考慮する探究がなされている［Benthem 1996］．

3.4.6　色合い・陰影の論理——論理学と修辞学

フレーゲは，論理学（logic）と修辞学（rhetoric）との伝統的な区別に従い，推論に関わる論理学にとって核心となるような，真偽に直接関係をもつ内容・「思想」を，語や文が喚起する感覚印象，想像力の産物，感情，気分，傾向性，願望等，総じてフレーゲが「表象（Vorstellung）」と称するものから峻別する．表象は各人各様のそのときどきの主観的な意識内容である．しかしそうだとすると，表象を名指し・表示する語は，全く私秘的で他者には伝達不可能な「私的（private）言語」に属するのだろうか．

聞き手の感情・気分に働きかけ，その想像力を刺激する効果に関わる言語の相を，フレーゲは特に「色合い・陰影/光彩」（［SB, S. 31］［G, S. 63］）と呼んでいる．この相は，文芸や修辞学・雄弁術にとっての死活問題である．こうした効果は，声の抑揚やリズム，あるいは能動－受動の語順や倒置による強調点の移動，「そして，かつ」などの並列と「しかし，けれども」といった対比との対照のような色合い・陰影はその言語をマスターしている人々の間では共通に（間主観的に）了解されている．だが，こうした色合い・陰影（光彩）上の差異は言語使用の際の，美学的ないし言語媒介的効果に関係はするが，学問的な言語使用に際しての，判断の真偽や推論の正誤に関わる内容からは除外されてきた．

しかし，語の「色合い，陰影」は，言語的コミュニケーションにおいて，例えば，「アフリカン」と「ニグロ」等の対比のように，毀誉褒貶，差別などと関係し，しかもその差異は単に主観的なものではなく，公共的・社会的な影響や効果をもつ．そして，例えば「オバマ前大統領はアフリカンだ」という前提から，「バラクはニグロだ」という結論を引き出す推論は，たとえ真理保存的には妥当であっても，適切な推論だとはいえないであろう．すると推論の正しさ・妥当性

を，もっぱら前提の真から結論の真への「真理保存性」に求める従来の正統的な「真理保存的論理（Logic of Truth-preserving, LT）」以外に，フレーゲ的な「色合い/陰影」を考慮するなら，前提から結論への移行において，その推論に「色合い/陰影の保存性」を求める拡張された論理，「真理＋色合い保存的論理（Logic of Truth and Color, LTC）」も，今後展開するに値するように思われる．

4 補論

4.1 言語と哲学——言語的転回の射程

補論1は，1994年度日本哲学会大会シンポジウム提題（同学会編『哲学』44号特集「言語と哲学」，1994. 4，所収）からやや改変・再録した．

現代哲学のいわゆる「言語的転回」と称せられるものの諸相を，フレーゲの「文脈原理」，全体論的な，クワインの「翻訳の不確定性」，デイヴィドソンの「真理条件意味理論」「指示の不可測性」その他について吟味したもので，本書第10章4節のいわば補遺に当たる．

4.2 ことばと信念序説——デイヴィドソンとダメットを手引きに

「言語と信念」は，ダメット教授が学術振興会の招聘で来日された折，東京都立大学におけるセミナー（1994年10月28日）での私の提題 "Language and Belief" の第I部 'Preliminaries' に基づく．同教授の真摯な応答と貴重な批判的コメントに改めて感謝する．その後，同じ主題で，国際学会で講演（"A Semantic Proposal for Solving Puzzles about Belief" in *Abstracts of the 10th International Congress of Logic, Methodology and Philosophy of Science*, Florence, 1995）した内容と，さらに，『ゲーデルと20世紀の論理学』第2巻所収［野本 2006］の拙論の III, 4-3 の予備的背景部分に相当する．

第I部
論理主義の誕生と現代論理学の創始
―――デデキント,ブール‐シュレーダーからフレーゲへ

第1章　デデキントの数論
　　　――論理主義の一つの出発点

1　第1期の集合論的論理主義

　プリンストンのベナセラフの論文「フレーゲ――最後の論理主義者」[Benacerraf 1981] は，フレーゲ研究者・数学の哲学研究者たちにある衝撃を与え，賛否両論を巻き起こした．従来の一般的理解では，フレーゲは「最初の論理主義者」と見なされてきたからである．しかしベナセラフによれば，このような理解は，1920-30年代の論理実証主義等の一定の哲学的な見方に基づくものである．この見方では，フレーゲは，「算術的命題」がアプリオリだが「綜合的」であるとのカント説に反し，算術命題を論理に還元される分析的命題であることを論証して，「論理・算術（数論・解析学を含む）（分析的でアプリオリ）」対「経験科学（綜合的でアポステリオリ）」といった，経験主義的二分法の先駆けと解された．他方，フレーゲの立場をむしろカント的な認識論的枠組みの新たな改編だと解し，かつ論理実証主義，例えばカルナップをも，むしろカント的認識論の再編だと解した上で（例えば [Coffa 1991] [Friedmann 1988] 等），フレーゲをこうした改編されたカント的な認識論的枠組みの線上に位置づけようという，有力な取り組みもある（[Kitcher and Aspray 1988] 等）．だがベナセラフによれば，こうした解釈は，いずれもフレーゲの自己理解とは異なる，一定の哲学的イデオロギーからの解釈であり，19世紀の数学史的コンテクストに戻して考えた場合，フレーゲの仕事は，第一義的には数学上の仕事であって，算術命題が論理に還元可能な分析的命題だという主張は，数学的探究の哲学的副産物にすぎない，と見なされる．むしろ，フレーゲの「論理主義」は，20世紀とは非常に異なる学問的伝統の最後に位置するもの，19世紀の算術・解析学の厳密化（rigorization）のいわば頂点に立つものと見なされるべきだと主張される．

いま大変粗く19世紀後半の数学史を振り返っておけば，第1に幾何学革命が勃発し，複数の非ユークリッド幾何学，射影幾何学などの多様な幾何学が誕生し，逆にどのようにして幾何学が一つの統一ある学問分野をなしうるのかが，数学者の間で大問題となった．こうした論争に，群論という新しい抽象代数を用いて，「一定の変換群のもとでの不変な図形を研究する学問」として，幾何学に一般的・包括的な統一性を与えたのが，クラインのエアランゲン・プログラム（1872）であった．一方無限過程に関わる解析学は，17世紀のライプニッツ，ニュートン（I. Newton）による創始以来の歴史にもかかわらず，その基本概念である「実数」「関数」「極限」「関数の連続」「無限」等々については，主として幾何学的直観に訴えたもっぱら日常語による説明の域を出なかった．ガウスのような幾何学的表現の厳密化を目指す方向や，他方コーシー（A. L. Cauchy）による関数の連続性に関わる，無限数列の極限値となる実数への収束条件（ε-δ論法）の日常語による説明，また無限のパラドクスを追究したボルツァーノ，ワイエルシュトラースらによる，解析学の幾何学からの分離による厳密化・算術化が探索され，さらにリーマンらによって解析学の鍵概念である関数論の整備がなされていく．

　こうした19世紀後半における，解析学の算術化，算術のさらなる厳密化という趨勢のなかで，解析学・算術の土台を，幾何学的直観ないし何らかの「内的直観」にではなく，いっそう抽象的・一般的基礎へと遡及しようという機運が，少なからざる数学者また哲学者の間に芽生えていく．例えば，フレーゲのゲッティンゲン時代の哲学教師の一人であった，ロッツェもその著書 *Logik* 中で，あたかもフレーゲを先取りするがごとく，「数学は，独力で自己展開する一般論理学の一分枝」[Lotze 1843, Kap. 1, §18]だと述べている（ただし，彼自身の考察は主として論理についての哲学的考察を出るものではない）．解析学の厳密化については，後述のように，デデキントが，『連続性と無理数（*Stetigkeit und irrationale Zahlen*）』(1872)（以下『無理数論』[D. 1872] と略称）で幾何学的直観にいっさい訴えない，「切断（Schnitt）」による画期的な無理数論，「連続性」の算術的定義を提示し，「無限」の素朴集合論的定義を与えた．さらに十数年後の『数とは何かそして何であるべきか（*Was sind und was sollen die Zahlen?*）』(1888)（以下，『数とは何か』[D. 1888]）では，前著で所与として前提されていた「有理数論」を，「系/システム（System）」と「写像（Abbildung）」という集合論的概念を用い，「連鎖（Kette）」という構造的鍵概念を介して，公理的に展開する．その序文でデデキントは，以下のように，きわめて明瞭に，一種の「論理主義」と見なしうるような見解を披瀝している．

証明できることは，科学においては証明なしに信頼すべきではない．この要請がこれほど明白であるように思われるのに，……最も単純な科学，すなわち数論を取り扱う論理学の部分，の基礎を研究するに当たってさえも，……その要請は決して満たされているとは見なせないのである．私が数論（代数学，解析学）を論理学の一部に過ぎないといったことからも，私が数概念を空間および時間の表象または直観には全く依存しないもの，この概念をむしろ純粋な思考法則から直接流れ出たもの（ein unmittelbarer Ausfluβ der *reinen Denkgesetze*）と考えていることを表明している．［D. 1888, intro. III］

　一方で，英国のブールの新しい論理「ブール代数」を継承し，かつアメリカのパースの「関係算」と量化理論を取り込んで包括的な「論理代数」「ブール－シュレーダー代数」を展開しつつあった，当時のドイツ最有力の論理学者シュレーダーもまた，算術・解析学の基礎をこうした拡張された「論理代数」に求める「論理主義」者であった（パースなどによれば，当時「論理主義者」といえばデデキントとシュレーダーが代表であって，フレーゲには特に注意を払ってはいない）．
　このように，もしベナセラフに従って，19世紀後半の数学史，特に，算術（数論，代数学，解析学）の基礎論の分野での動向を見るならば，広い意味での「論理主義」の趨勢は，きわめて顕著で有力なものであったことがわかる．しかし各論理主義者と目される人々の間でも，「論理」ということで何を理解しているかは互いに相当に異なっているように見える．そこでフレーゲの「論理主義」を，こうした論理主義的趨勢のなかで捉え返し，各自の「論理」概念がどう違うのか，各「論理主義」の実際の展開過程はどのようであったのかを，やや立ち入って探索してみたい．わけても古典論理の公理体系の統語論的・意味論的構築そのものに集中し，算術には論理的な基礎を打ち込んだものの，実数論のみならず，整数論についてさえ，論理主義的展開を十分に果たすには至らなかったフレーゲに対し，「論理学」そのものに格別の貢献をしたとは認められないが，システム（System），写像（Abbildung）や連鎖（Kette），切断（Schnitt）等といった素朴集合論的・構造論的概念を導入しつつ，デデキント無限を含む現代的な整数論，有理数論，無理数論を展開したデデキントの数論を追跡してみようと思う．あわせて，上記の，ブール代数的論理を，パースの関係算や量化装置の導入によって強化し，ブール－シュレーダー代数に基づく論理主義の構想のシュレーダーによる展開を，やや手短に概観し，19世紀後半の，デデキント，シュレーダー，フレーゲに代表されるような，いわば論理主義の原型「第1期の論理主義」を，探索してみたい．

19世紀末から20世紀初頭の,カントル,ツェルメロ,ラッセル等によるパラドクス発見後,その対処をめぐって展開されたラッセルの型理論や,ツェルメロの公理的集合論は,いわば「第2期の広義の論理主義」で,さらに,近年出版された手稿・遺稿や講義録によれば,初期のヒルベルトも,デデキント-フレーゲ的な「論理主義」に共感的で,論理主義を相当高く評価していた形跡がうかがえる.しかし周知のようにヒルベルトは,カントルらのパラドクスに直面し,無矛盾性証明の模索から,有限主義的なメタ数学的「形式主義」に転ずる.またブラウワの直観主義と並走する,改良されたフレンケル-ベルナイス-ゲーデルの公理的集合論 (FBG) やクワインの集合論等は,いわば「第3期の集合論的論理主義」,そしてさらに付加すれば,近年ネオ・フレーゲアンたちによって提唱された「フレーゲ算術」の復興等は,それらに続く(いわば「第4期の」)「新論理主義 (neo-logicism)」と言えるかもしれない.他方,近年では,並行して,デデキント的な集合論的構造主義にもまた新たな関心が寄せられている([Parsons 1990] [Shapiro 2000a] 等).

1.1 デデキント教授資格請求講演

デデキントは1831年に北ドイツのブラウンシュヴァイク (Braunschweig) で生まれ,ゲッティンゲンのガウス晩年の弟子として1852年博士号を獲得した.続いて教授資格請求講演 (Habilitationsvortrag):「数学における新しい関数の導入について」("Über die Einführung neuer Funktionen in der Mathematik" (1854年6月30日).以下「資格論文」[Hab] と略称) は,ヘック (R. Hoeck) 教授宅で,ガウス,ウェーバー (H. Weber),ワイツ (G. Waitz) の四教授を前にして行われた.後々までデデキントは,その講演の方向性をガウスも是認してくれたと,満足げに語っていたようである(『数とは何か』[D. 1888] の序文および遺稿 (Aus dem *Nachlass* LX.) [*DW3*],英訳 [Ewald 1996] 参照).

デデキントの講演 [Hab] は,リーマンの請求講演の数日後に行われた.そこにはデデキントの最初の基礎論的見解が見られる.新しい関数ないし操作導入の例として,三角関数,積分や初等算術を吟味している.デデキントは自然数から始めて,算術の段階的 (gradual),「生成的な (genetic)」展開というプログラムを提示している ([Ferreirós 1999, p. 218].以下では [F, p. 218] のように略記).

この講演には,デデキントのその後の学問的生涯の課題とその方法が,萌芽的とはいえ,すでに相当明瞭な形で姿を現していると言ってよいであろう.それはまた,19世紀後半からの,数論,代数学,数学基礎論,集合論等の研究を導いていく研究プロジェクトの基本線を,同時に予示するものとも言えよう.以下,そ

1 第1期の集合論的論理主義　43

の大略を辿ってみよう［野本 2010］［八杉 2013］.

　まず冒頭で，デデキントは，この講演の表題「数学における新しい関数の導入について」に関して，前置き的にこう述べている．「この講演は，数学に一定の確定した，ある新しい関数のクラスを導入することにあるのではなく，むしろこの学問の前進的な発展 (fortschreitende Entwicklung) において，いかにして，新しい関数，ないし新しい操作 (neue Operationen) が，一連の先行の関数・操作に付加されるのか，

デデキント

というその有り様 (die Art und Weise) を，一般的に対象とする．こうした理解に立つと，このテーマは……数学の体系的な構成 (der systematische Aufbau) に際しての固有性 (Eigentümlichkeit) に関わる……．しかもその固有性は，多少とも，あらゆる学問においても，類似の仕方で繰り返されるものである」［DW3, S. 428］．

　こうした問題意識の背景には，19世紀前半の数学者たちが，虚数，（複素数を実数の組と見なすハミルトン（W. R. Hamilton）の）4元数 (quaternions) その他の馴染みのない対象を，数学の世界に，それも多少ともアドホックに付加することによって数概念を拡張していた，という事情がある．デデキントはこの講演で，数学における数の新しいクラスの生成に一様な説明を与え，正整数の「加法」という操作が，どのようにして「減法」という操作を生じ，今度は後者がどのように「負の整数」を生じさせるか，それから整数の「乗法」がどのように「除法」という逆の操作に至り，除法が「有理数」の「創造 (erschaffen)」に至るかを説明しようとする．この初期の講演は，基礎論および代数におけるデデキントの仕事を包括する数学的研究プログラムの表明として読むことができよう．1872年と1888年とのデデキントの基礎論上の著述は，ここで与えられた分析を，まず第1に有理数からの「実数」の生成と，第2に「正整数」の集合論的起源を探索することによって，深化させることになる．さらに，デデキントがこの講演で論じている「生成原理 (the generating principle)」（すなわち，数のいわば新しいクラスは，旧来のクラスをある操作の下での閉包と解することによって，生成される）と，数のシステム (System)（クラス (classes) に相当）を基本的と見なす見地とは，デデキントをして代数的数論中に新しい構造，例えば，体 (Körper)（それはデデキントにとっては，加法，減法，乗法，除法という操作の下で閉じている数のクラスである）の発見に導いた（［Ewald 1996, pp. 754-5］参照）．

　自然科学における，例えば，「物質」の分類概念の当初の定義が，修正されつ

つ発展するのと同様，「数学においても［法則・概念の］定義は，当初は必然的に，制限された形で登場し，さらなる発展によってはじめてその一般化（Verallgemeinerung）がもたらされる．……しかしこうした定義の拡張（Erweiterung）には，何ら恣意性の余地はなく，それどころか，以下のような条件の下では，強制的な必然性をもって，先行の制限付き定義から帰結するのである．その制限条件とは，すなわち，その拡張の際に，当初の定義から生じ，その定義により表示される概念にとり特徴的な法則を［保存しつつ，拡大］して，普遍妥当的と見なす，という原則を適用する，という条件である．それはまた，逆に，発見された特徴的な法則が常に十分に成り立つには，一般的定義はどのように解されなければならないのか，を問う条件でもある」[DW3, S. 430]．いま，この条件を「保存拡大性（conservative extensibility）条件」と仮称しよう．デデキントは，これを「帰納原理（das Prinzip der Induktion）」と称し [DW3, S. 431]，若干の事例を与えている．

初等算術は，順序数と基数の形成からなる．① 正整数列の一成員から直続の成員への継起的前進（sukzessive Fortschritt）が，算術の第1の最も単純な演算である．他のすべての操作はこれに基づく．この初等演算の何回か繰り返しての遂行を，唯一の行為にまとめると，「加法」という概念に到達する．② 同様の仕方で，加法から乗法が，乗法からベキ乗が生ずる．しかしこれらの基本演算の定義では，それ以上の算術の展開には十分でない．数領域があまりに制限されているからである．

算術では，こうした各演算の導入ごとに，全現存数領域（das gesamte vorhandene Zahlgebiet）を，新しい演算によって生起させよ（erzeugen）という要求，換言すれば，間接的な逆演算（減法，除法等）の無条件の実行可能性（Ausführbarkeit）の要求，が必然的に新しい数クラスを創造する（schaffen）のである．全整数の元来の列をもってしては，こうした要求に十分に応えることができないからである．こうして，われわれは，負数，分数，無理数，最後にはまたいわゆる虚数を手に入れる．このようにして数領域が拡張された後で，その有効性がただ絶対整数（序数，正整数）にまでしか確定していなかった諸演算を，新たに創造された（neugeschaffen）数にもまた適用できるように，新しく定義しなおすことが必要になる．そしてこの定義の拡張は，決して恣意的ではない．上で表明された一般的原理，すなわち，演算が制限された理解（Auffassung）において従っていた法則は，一般的に妥当すべしと定義され，逆にそれからただちに新しい数領域に対する演算の意味も導かれるのだから，である（[DW3, S. 431] 参照）．

以上の「資格論文」[Hab] には，学問の前進的発展が，既存の一連の操作への，

新しい関数，新しい操作の付加によってなされるという，操作の拡張に着目するデデキントの古典的数体系理解の特異性，彼の思考法の顕著な特徴が現れている．こうして，［Hab］では特定の関数導入の具体的分析に先立ち，知識体系の形成における関数と概念の定義，法則の役割について詳しい所見が与えられた．こうした考えは，『数とは何か』［D. 1888］にも再現されるのである［S&S, pp. 125f.］．

　先述のごとく，1888 年の序文でデデキントは，［Hab］の目的がガウスにも是認されたことに言及し，それを，「数学ならびに諸学における最大かつ生産的な進歩が，旧来の概念では制御困難な複雑な現象の頻出によって必要とされ，新しい概念の創造（Schöfung）・導入（Einführung）によってなされてきた」，という主張を擁護するものと特徴づけている［D. 1888, VI］．新概念の導入はまずはいわば仮定的になされ，一般的体系的な真理認知に際しての有効性により，その概念の真価が決定されるのは，そのさらなる発展によってのみである．そしてその真理性が今度は定義の定式化に影響する．デデキントはその考察を意味深い仕方で要約している．

　　　そういう訳で……いかなる動機で導入されようと，概念は修正を要することが示される．当初はあまりに狭く，ないしあまりに広く考えられているからである．修正の結果，その有効性，その含みは，より大なる領域に拡大しうる．体系家の発揮すべき最大の技捅（Kunst）は，定義の役割を，発見された法則や真理に適するように，当の定義を工夫し（Drehen），覆す（Wenden）ことにある．［Hab, S. 430］in ［$DW3$］, ［Ewald 1996, p. 756］

　かくてデデキントは，数学の他の学から区別される顕著な特徴を，当初は制限された形の定義により成り立った法則を一般妥当的だと見なし，「発見された特徴的法則を常に満足するように定式化すべし」という原理の適用に求めていると見られる．他の学においては，その対象は所与なのであろうが，数学においては，一般化と定義の改変にあわせて，新しい対象が「創成（erschaffen）」されるのである．

　こうしてデデキントは，初等算術が序数や基数の形成に基づくべし，と見なす．その際「絶対［序数としての］整数列の一成員から次の成員への継起的前進は，算術の第 1 の最も単純な演算なのであり，他のすべての演算はこれに依拠する」．そして「この初等的演算の反復的遂行を唯一の行為にまとめると，加法という概念に達する．同様の仕方で，乗法の概念も，そしてそれからベキ乗の概念も形成（bilden）される」と言う（［Hab］in ［$DW3$, SS. 430-1］）．加法，乗法，ベキ乗は，

「最初の最も単純な演算の反復とその反復をそれぞれ単一の行為にまとめることであるが……しかし正整数というきわめて小さい領域への制限では不十分である．負数，分数，無理数，最後には虚数への減法や除法のような逆演算の無制限な遂行要求は，「負数，分数，最後には虚数」の「創造」に至る．デデキントはこの最後の要求をまた「これらの操作毎にすべての与えられた数領域を新しく創造する」という要求の別の定式化と見ている（[S&S, p. 127] 参照）．

だが逆演算という手段で数領域を拡張する場合の，決定的な問題は，いかにして基本演算の定義を，新しく創造された数に適用可能なように拡張するかである．ここでデデキントは，上記の，自然数から全整数への乗法の拡張についての一般的考察に戻る．この拡張は恣意的ではないと主張する．つまり，デデキントは，「新しい数領域の操作の意味」を引き出す源泉を，法則の一般的妥当性という原則に求める．だがしかし，この源泉は，すでに加法そのものの「微妙だが，偏在する循環性（a subtle, but pervasive circularity）」なしには利用可能ではない．新しい数は，制限つきの操作の無制限な逆演算によって生成されるのだが，その際加法の逆演算はすでにこの生成されたいっそう広い領域に拡張されていたのである！　拡張された定義は，先の一般化中のまさにこの領域拡張そのものに訴えていることによってである（ibid., p. 127）．

この錯綜した依存性・循環性は，最も明らかにはまた，デデキントの自然数からすべての整数への乗法の拡張の考察の際にも見られる．デデキントは自然数に関する乗法を，加法の反復を単一の行為にまとめることだと定義する．すると，加法と減法はすでにすべての整数に対し適用可能と想定されていることになる．反復を介しての乗法の定義が意味をもつのは，乗数が正の場合のみである．乗数は被乗数の加法を何回反復しなければならないかを指し示す数だからである．だが乗法の一般化では，乗数は正負いずれでもありうるはずである．それゆえ「負の乗数も許容し，この操作を最初の制限から自由にするためには，ある特殊な定義が必要である．しかしそうした定義は……全くの恣意性を含み，この恣意的に選択された定義が算術にとり真に有効であるかどうかは後段でのみ決定されるであろう」．だがその成功が，「幸運な推測に任されることは科学的方法が避けるべきものである」（[Hab] in [DW3. SS. 431-2], [Ewald 1996, p. 758]）．

ではどのようにして，乗法の拡張された原理的定義の基礎が与えられるのか？乗数が，負数列の場合も絶対整数列の生成と同様の積の法則に支配されるとするなら，[正，負，0の] より広範な数領域は，加法の無制限な逆転によって獲得される．つまり，任意の自然数 m, n に関し，差 $(m-n)$ を $m \geq n$ に限らず，乗数に関する加法定理 $a \cdot (m-n) = a \cdot m - a \cdot n$ を与える $a \cdot (m+1) = a \cdot m + a$ という法

則を，差が負の場合にも妥当と解しうるように，生成された新しい数に関する乗法の定義を与えるのである．最も興味深い特徴は，負数が，拡張された定義の目的のために，正数の組によって表現されると解しうることである．同様にデデキントは自然数に関するベキ乗の一般化された定義を獲得する．

以上のデデキントの「資格論文」[Hab] は，二つの理由で興味深い．先述のように，第1は，生涯続くデデキントの思考の特色がすでに現れていることである．すなわち，厳密さの問題への関心と，数学の歴史的発展（evolution）という理解の視点である．新しい関数，操作の導入が，数学の発展の鍵であると主張され，数学におけるこの過程の特異性が分析された．先述のように，「定義がその役割を演ずる法則や真理に適合するように，当の定義を何度も繰り返し覆す，それこそが体系家の最大の技倆を構成する」（[Hab] in [$DW3$, S. 430], [Sieg 2013a, p. 85]）．

実際デデキントは，当時の数学者が基礎においていた基本的な概念の多くを，抽象代数的に変換（transform）したのである．デデキントは自然数列から，新しい数と操作が定義される継続的なステップを通じて，次第に発展していく算術という考えを提示した．これは後の基礎論的な仕事において [D. 1872; 1888]，遂行されるであろうプログラムを予示するものである．しかしそこには重要な相違もある．『無理数論』[D. 1872] からデデキントは新しい数そのものの定義を強調するが，一方「資格論文」[Hab] では操作の拡張による数領域という考えが強調されていた．この変化は，『無理数論』[D. 1872] 以降に，素朴集合論的概念「システム（System）」が，新しい数を定義する，ないし「創成する」手段となることと相即する．しかし，「資格論文」[Hab] では，「システム」という概念はいまだ全く見当たらない．

1.2 デデキント集合論の代数的起源——代数研究（1856-1858）

以下，主としてシャルラウ [Scharlau 1981]，フェレイロス [F, p. 83] を手引きに，デデキント集合論の起源を探索しておこう．

1854年の教授資格取得後のデデキント数論の形成期（1855-8）のデデキントにとり，高等数学の勉強ではディリクレの役割が重要で，そのすべての講義，特に数論講義に出席し，ノートをとり，ディリクレと講義後に突っ込んだ議論がなされた [Scharlau 1981, pp. 35, 37, 40, 47]．そしてディリクレの急逝後，デデキントは『ディリクレ整数論講義』（1863）を編集出版し，第2版（1871）ではデデキント自身の現代的な最初の代数的整数論が補遺 XI として付加された．

デデキントは師から数論的厳密さの意味を学び，またその核心に迫る証明法の

発見と，証明の注意深い分析の必要性を習得する．以降，ディリクレが常に厳密性の問題に関するデデキントの参照点となる．

1855 年にデデキントは近年の代数研究を開始していた．ガウスの『ガウス整数論』(*Disquistiones Arithmeticae*) からはじめて，すぐにアーベル（N. H. Abel），ガロア（E. Galois）の方程式論に向かう．年末にはクンマー（E. Kummer），アイゼンシュタイン（A. Eisenstein）他の「高等算術」（今日の代数的数論）研究を開始し，1856/7 年，57/8 年の冬学期に，史上初のガロアの業績に関する大学での正規の講義を行う．

デデキントの最初の成果は，先行者たちの成果（例えば，ガロア群論や体論の拡張等）の再定式化，体系化を完成したことである [Scharlau 1981]．この「代数講義 (Vorlesung über Algebra)」(1858) [Scharlau 1981, pp. 60-70] は，最初の「現代代数学」の教科書で，ウェーバーに 40 年，ファン・デァ・ヴェルデン（van der Waerden）([Scharlau 1981, p. 341]) に 75 年先行する．デデキントはまた抽象群論も研究し，準同形（homomorphism）定理の厳密な証明を与えた．こうした方程式論研究で，デデキントは体論的概念に方程式論を基づけることが，きわめて生産的で明晰化に資することに気づき，これが 1871 年の体の定義を準備し，相互還元不能な多項式（polynomials）の相互分解（reciprocal decomposition）という独自の研究に導いた [Scharlau 1981]．しかしデデキントはこれらをいずれも出版しなかった．オリジナルでないとして，再定式化には満足しなかったのである．

まとめると，1850 年代後期にはデデキントは，現代的な構造主義的代数という方向に，実質的には動いていた．ないしより慎重に言えば，先行の代数的，数論的業績の抽象的・概念的再定式化の方向へと進んでいた．その最後で，デデキントは集合論的言語を使用し始める．彼の成果は，抽象代数を介し，基本的に現代的な方向付けと同一の理論的構成へ，集合論的言語の生成へと向かうものであった．

しかし「資格論文」[Hab] においては，基本操作の実数，虚数への拡張は，仄めかされているだけである．デデキントは「こうした前進は広大なので，多くの選択肢のどの途に最初に従うべきか決定するのは困難だ」と言う．しかし同様に明らかなのは，算術の操作がこうした新しいクラスに拡張されるべきであり，すくなくとも実数，虚数の「生成（generation）」を把握せずに，上記のような線に沿ってはいかなる拡張もありえないということも明らかである．この場合，「少なくとも虚数の扱いが」算術の体系的な展開に対し主要な困難となり始める．デデキントは数体系の議論を，示唆深い，しかし驚くべき仕方で打ち切っている．

「しかしながら，算術の真に堅固な建物は，いかなる恣意性も許さず，常に既知の法則それ自身によって導かれるという原則を辛抱強く適用することによって達せられると，希望してよいだろう」[1]．ガウスによる，複素数の幾何学的解釈も，デデキントの純粋に算術的な野望を満足させなかったのである．

2 デデキントの無理数と連続性の問題——その背景

教授資格取得［Hab］から4年後の1858年の秋に，デデキントはチューリッヒのスイス工業高等専門学校（後の連邦工科大学）（Eidgenoessisches Polytechnikum）（アインシュタイン，ツェルメロ，ベルナイス等が後に教鞭をとる）で微分計算の講義を行った．1872年のデデキントの報告では，幾何学的証拠に訴えざるを得なかったことからくる，圧倒的な不満足感が，微小解析の諸原理の純粋に算術的かつ完全に厳密な基礎を探究するという動機となった，という．こうしてデデキントは連続性の吟味と，実数の定義ないし有理数の切断を通じての定義という成果のうちにその基礎を発見するに至る．

すでに1870年にデデキントは，連続論を出版する意図をもっていた，という（ダウワー（A. Dauer）からの書簡）（その一部は Appendix XXVI in ［Dugac 1976, remark, p. 192］）．1871年末ないし1872年はじめには執筆されたと思われる，『連続性と無理数論（Stetigkeit und irrationale Zahlen）』（初稿）の手稿（1871/2）［Cod. Ms. Ded. III, 17］が，［Dugac 1976, Appendix XXXII, pp. 203-209］として収録されている．その導入部によると，核心部には1858年11月24日に思い至った，という．デデキントはこの解決を同月30日に友人デュレジ（H. Durege）と議論し，その草稿をブランシュヴァイクの「科学連合（Wissenschaftlicher Verein）」で1864年1月11日に報告，またいくつかの講義も行っている（1862/3年冬学期の講義要綱が［Dugac 1976, Appendix IV］にある）．

この時期までにデデキントは，『ディリクレ整数論講義』付録［D. 1879, suppl. X］において，「体（Körper）」いう概念を獲得している．自然数への算術的操作ならびに整数・有理数への拡張された操作の新しい注意深い定義が1872年頃になされるに当たって，この概念は有意義な役割を演ずる．先述のように，「請求論文」［Hab］ではデデキントは新しい数学的対象（負数，分数）は自然数から

---

1) "Indessen ist wohl zu hoffen, dass man durch beharrliche Anwendung des Grundsatzes, sich auch hier keine Willkürlichkeit zu erlauben, sondern immer durch die gefundenen Gesetze selbst sich weiterleiten zu lassen, zu einem wirklich festen Gebäude der Arithmetik gelangen wird." ［*DW*3, S. 434］［Ewald 1996, p. 759］参照．

すでに得られたとされ，残された中心問題は基本的算術操作がより広い数体系にどのように拡張されるかだとされていた．

だが解析学の厳密な基礎へのデデキントの関心に答えるには，多くの問題が残っている．すなわち，どのようにして自然数から出発して整数，無理数，虚数が得られるのか，ということである．

まず虚数の問題に関しては，フェレイロスによると，一連の手稿［Cod. Ms. Ded. III, 4］（未収録）では，連続性と無理数論の完成以前に，実数から虚数への拡張の問題はデデキントの満足がいくように解決されていたとされる．実際デデキントは，1857年にハミルトンの四元数講義［Hamilton 1853］をゲッティンゲン大学図書館から借り出し，（複素数を実数の組として定義し，この組を算術的操作が関わる純粋な数学的対象と見なす［Hamilton 1853, pp. 381f.］といった）ハミルトンのやり方を後に用いているとするが［F, §4.1］，委細は不明である．

「請求論文」［Hab］で明示的に言及されていた虚数論の困難が解決されていたと仮定しても［F, p. 220］，デデキントにとってはなお1872年には二つの基本問題が残っていた．すなわち，(Q1) 自然数とは何か？ また (Q2) どのようにして，自然数から整数，無理数が得られるのか，どのようにして創造されるのか，である．

そこで本節では，「無理数論」構築へのデデキントの歩みを追跡しよう．

フェレイロスの分析［F, pp. 85-116］やジーク［Sieg 2013a］によれば，その顕著な特徴は，デデキントの抽象代数的方法と集合論的アプローチにある．

デデキントの抽象代数学は，その「代数学講義 (Eine Vorlesung Über Algebra)」および「群論研究から (Aus den Gruppen-Studien)」(1855-8 in [DW. 3, SS. 439-45]) の解説で明らかで，その群の扱いはリーマンの関数論と「多様体」という抽象的な考えで定式化され，1856-8年の講義では，群論の公理化を構成している．

また素朴集合論的考察では，デデキントは，意識的に「システム (System)，クラス (Klasse)」という用語法を採用している．またデデキントは，無限多のクラス，しかもその各々が無限に多数の元（関数）を含むような，クラスを扱うことも強調している．リーマンとデデキントとは，数学的探究に集合論を導入した初期のきわめて重要な代表である．

さらに，デデキントの集合論では，集合のみならず，メビウス (A. Möbius) らの幾何学での写像の概念を一般化し，写像 (Abbildung)/置換 (Substitutio)，像 (Bild)，準同形性 (Isomorphism) 等の鍵概念を含む写像理論が展開され，置換/写像の積に関する基本的定理の証明等がなされる．「システム」と「写像」を

基本的な論理操作としてデデキントは準論理主義的な立場を示唆している．

以下，フェレイロス［F, pp. 85-116］やシャルラウ［Scharlau 1981］，またジーク［Sieg 2013a］らの分析に従いながら，デデキントの集合論的思考の端緒を見てみよう．

2.1 集合論的アプローチ

デデキントの代数学ならびに集合論的アプローチへの選好は，上述の「代数学講義」および「群論研究から」（1855-8 in ［*DW*. 3, pp. 439-45］）の解説において特に明らかである．デデキント自身，1856-8 年の講義中で強調しているが，群論を「任意の元 π の群 Π に適用できるような仕方で」提示している［D. 1894, 484 note］．実際，元の説明ではそれらは群論の公理化を構成しているので，注目に値する．すなわち，置換/写像の積［$\phi = \theta, \phi' = \theta' \to \phi\phi' = \theta\theta'$］に関する定理の証明後［F, p. 86］，「以下の探究は，証明した二つの基本的定理と，置換の数が有限だという事実だけに依存している．よってその結果は有限個の元，事物，概念 $\theta, \theta', \theta'', \cdots$ のどの領域にも妥当する……」［Scharlau 1981, p. 63］．

2.1.1 「システム（System）」

特に興味深いのは，その抽象性とデデキントが意識的に「システム（System）」という用語法を採用していることである．さらにデデキントの群の扱いはリーマンの関数論と「多様体（Mannigfaltigkeit）」という抽象的な考えの影響下で定式化されている．そのことはすでに［*DW*1, pp. 46-7］において，デデキントが「System」「Klasse」といった用語を用いており，前者はリーマン［Riemann 1854, pp. 275, 279］の講義中で用いられ，後者は同値類という意味でガウスによって用いられていた．デデキントは特定クラス中のすべての関数がそのすべての特徴的性質を共有するという伝統的論理学で注目される事実を強調し，こうした性質を概念の「内包（Inhalt）」，一方クラスを「外延（Umfang）」と定義している［F, pp. 87-8］．

デデキントは，無限に多数のクラス，しかもその各々が無限に多数の元（関数）を含むようなクラスを扱う，ということを強調している．デデキントには実無限に何ら哲学的に抵抗はなく，無限クラスは，数学者にとっては，自然な対象だと見なした．かくて先述のように，リーマンとデデキントとは，数学的探究に集合論の言語を導入したきわめて重要な初期の代表であろう．

2.1.2 写像 (Abbildung) の概念

1870-80年代に展開されたデデキントの集合論の注目すべき点は，単に集合概念のみではなく，写像という概念を原始的観念として使用し，注意深く写像の理論を展開している点にある．驚くべきことに，この概念も彼の1850年代の仕事から生成している．彼がメビウスやシュタイナー (J. Steiner) の幾何学上の仕事を読んでいたことが，写像について一般的に考える準備となったようである．ともかくこの概念はシャルラウ編 [Scharlau 1981] のガロワ理論の手稿中に明瞭に述べられている (『代数学講義』[Cod. Ms. Ded. XV, 4])．

その手稿は次のように始まっている．

> 第1章　置換論の要綱
> 第1節　定義：置換 (*Substitution*) とは，一般に，一定の元 $a, b, c, \cdots$ が，任意のプロセスで他の $a', b', c', \cdots$ に移る (übergehen)，つまり，後者により置き換えられる (erzetzt, transform) そうしたプロセスのことである．……[Scharlau 1981, p. 60]

この定義の「置換」が「写像 (Abbildung)」を意味する．この時期，デデキントは非単射的 (non-injective) 写像を念頭においていた [F, p. 89]．「群論研究から」では，準同形定理を含む「群の同値」という節が含まれる．デデキントは群 M の対象と「複合体 (complex)」M_1 の対象間に，M 中の元の積の像 (Bild) はそれらの像の積であるといった，一定の対応を想定している．デデキントは，そのとき M_1 が群であるということを示し，準同形の核 (kernel) を考察し，また分割 M/N が，商群 M/N と像 M_1 の間の同形性 (Aequivalenz, isomorphism) を生ずることを示す．またそのように定義された「同値」は推移的であると指摘している [*DW*. 3, SS. 440-1]．デデキントは，M 中のいくつかの元が M_1 中の同じ対象と対応しうること，それゆえ，準同形性は単射写像ではないということを，非常にはっきり意識している．以上のことはデデキントが1858年までに，「写像」という概念を使用していたということの確証である．さらに後年の1879年に書かれたテクストは，デデキントの1850年代の「置換」が今日の「写像」であることを証拠立てている．「数学や他の科学においても，よくあることであるが，事物ないし元 a たちのシステム A があるとき，各元 a がある一定の法則に従って，それに対応する一つの定まった元 a' によって置き換えられる (ersatz) ことがある……．こうした法則をわれわれは通例，置換 (Substitution) と呼び，またこの置換のみによって，元 a は元 a' に移る (übergehen) といい，同様にシステム

A は元 a' たちのシステム A' に移行するという．表現をもっと便利に直観的にするには，この置換をシステム A の写像（Abbildung）と見なす方がよい．したがって，a' を a の像（Bild），同様に A' を A の像という．こうした精神的能力（Fähigkeit des Geistes）（それなしには思考（Denken）一般は可能ではない）の上に，事物 a を事物 a' と比較し，ないし a に a' を関係させ（beziehen），対応させる（entsprechen）ことが，そして他の所で示したように（[D. 1888] で遂行，との脚注），全数論が，依拠しているのである」[D. 1879, S. 470, Appendices XI；邦訳：『ディリクレ整数論講義』第 3 版．酒井孝一訳，p. 420]．

デデキントはここで準論理主義的な立場を示唆している．"Abbildung" という用語は，リーマンの関数論 [Riemann 1851, SS. 5-6]，また 1825 年のガウス論文中でも現れるが，元来は等角（conformal）写像という特殊幾何学的な意味であった．後に関数的関係に一般化されるに至るが，それはフレーゲのゲッティンゲン時代の数学の師でもあるクレプシュ（R. Clebsch）に始まるようである [Grattan-Guiness 1970, p. 87]．デデキントは 1872 年（むしろ 1850 年代？）以来体系的に「写像」という意味で用い，「システム」と「写像」を，基本的な論理的操作と考えていたといえよう [F, p. 90]．

こうしてシステム／集合と写像とが，デデキントの，算術，代数的数論，代数，解析学の理解の中心概念となる．だが代数と代数的数論では，焦点は，ある構造をもつ集合と，構造保存的写像に当てられる．かくしてデデキントは 1850 年代には，代数の基本概念に「体（Körper）」が，体上の操作と置換，ないし体の同形性（homomorphism）とともに，一方ではガロア理論に，他方では「イデアル理論」に至ると確信する [$DW3$, S. 401]．やがてデデキントは実際，代数をイデアル理論と同一視するに至るとの見解もあるが，いまは立ち入らない．

2.2　無理数論への試み

人間が，測定可能な量（messbare Grösse）といった表象なしに，しかも単純な思考のステップの有限なシステム（ein endliches System einfacher Denkschritte）を通じて，純粋で連続な数領域の創造（Schöpfung des reinen, stetigen Zahlenreiches）にまで上昇するということは，ますます素晴らしいことのように思われる．そしてこうした補助手段によってはじめて，連続空間の表象が一意的な（deutlich）表象に変換する（ausbilden）のである．[D. 1888, S. 340]

ここではまず，フェレイロスに従い [F, p. 117]，集合論の生成を促進し，純粋

数学という考えを数論として確立した，解析学中のより初等的な問題を一瞥する．実数論は，実数体系の厳密化における（ドイツの）中心人物，ワイエルシュトラース，デデキント，カントルにとって非常に重要であった．各人とも基本的観念と実数体 R のトポロジーの結果ともども，実数の厳密な定義を提示した．

　実数の健全な処理に必要なことは，解析学の厳密化と結びついていると思われた．コーシーの出現により，関数の極限と連続性という観念が，19世紀中葉にしっかり根付いた（[Grattan-Guiness 1980], [Grabiner 1981], [Bottazzini 1986]）．特徴的な傾向性は，幾何学的起源をもつ観念，例えば，関数の連続性に，数的関係によって厳密で抽象的な定式化を与え，18世紀での計算の漠然性や不整合を消去する方向への重要なステップを可能にしたのである．しかしもちろん，絶対的な厳密性は達せられていなかった．ある基本的な存在定理が，十全な基礎を欠いていた．例えば中間値定理——「もし連続関数が区間（interval）の両端で正負の値をとるならば，関数のゼロであるような区間における実数が存在（exist）する」（この定理は，「単調増大し実数の束縛された列（sequence）があると，その列の極限である一意的な実数が存在する」という定理，ないし，「実数体 R の埋め込まれた区間の無限列があると，これらの区間すべてに属する少なくとも一つの実数が存在する」とも言い換えられる）．

　こうした間隙は例えば，中間値定理の証明に集中していたボルツァーノの先駆的論文 [Bolzano 1817] にも見られる．ボルツァーノは，極限に決定的な重要性を帰し，また連続関数の現代風の定義を与えることによって——多項式関数の連続性の証明とともに——コーシーのアプローチを予測し，また数列の収束のためのコーシー条件を予測した．これは中間値定理の正しい証明への基礎であった．しかしコーシー条件を正当化しようという彼の試みは，循環的なことが判明した．というのは，彼は実数の算術的定義を欠いていたからである．ボルツァーノのメモは当時ほとんど知られないままだった．しかしワイエルシュトラースは明らかにその仕事に頼っている．

　必要なのは，実数の連続性（完備性（completeness））を確立するような，満足のいく，実数論であった．それは，ワイエルシュトラース，デデキント，メーレイ（H. Meray），カントルによって達成された．彼らは，実数体系の定義を有理数の基礎の上に定義する方法を提示した．現代的観点からは，これらの定義は，集合論的な「構成」と解釈されるが，各人がどう解したかは異なっている．これらの理論の出版後，集合論の初期の発展ともども，数学界は次第に集合という観念が果たす基礎論的な役割に気づいていった．

　ここではドイツを中心にするが [F, p. 119]，デデキントやワイエルシュトラ

ースの理論は，1850 年代に遡る．ワイエルシュトラースがそのアイディアをベルリンの講義で定期的に提示し始めた．しかしカントルとデデキントがそれぞれの有名な論文を公刊したのは 1872 年であった．実数の厳密な定義には，自然なことだが，実直線のトポロジーに関する仕事が伴っていた．

デデキント，ワイエルシュトラース，カントル [F, p. 131]

　実数の定義の最善の提示は，現代風ではないがカントル自身の [Cantor 1883, §9, SS. 183-90] であろうが，ワイエルシュトラースが「無限列 (series)」を利用するのに対し，カントルは「コーシー列」「基本列 (fundamental sequences)」に，デデキントは「切断」に訴える．どの場合も多少とも複雑な構造をもつ集合を使用するが，多分「切断」が最も簡単であろう．ワイエルシュトラース，デデキント，カントルの簡潔な分析と比較研究の要約が [Dieudonné 1978] にある．

　デデキントは，先述のように，解析学の初歩を最初に教授するに当たって幾何学的直観に訴えざるをえなかった不満足感（1858）から，「算術の真に学問的な基礎が欠落していることを痛感」[D. 1872, S. 315] し，無理数論の研究に向かい，1858 年 11 月 24 日に独自の理論に至った．デデキントの理論が技術的に異なっていることから他の二人からの全くの独立性が確認される．ワイエルシュトラースとカントルは，通常の解析学でのように，無限的な「構成物」，「系列 (series)」や「列 (sequence)」を利用するのに対し，デデキントは「構成」のために全く新しい手段に頼ることを選ぶ．得られた理論は，どの実数も唯一つの，ないしはたかだか二つの切断に対応するという点で，より単純なものである．ワイエルシュトラースとカントルにとっては，各実数には，無限に多くの基本列（カントル）ないしワイエルシュトラース系列が対応するのである．一方多くの解析家はカントルの表示を好む．それはもっぱら，解析学でしばしば使用される観念のみを利用し，より直接に応用可能だからである．

　さて慎重な研究の後，デデキントは次の定理が解析学の十分な基礎だと確信した．「変動する大きさ x が絶えず増大しても，必ずしもすべての極限を越えなければ，それは一つの極限値に近づく」[D. 1872, 序文, SS. 316, 332]．現代風には，単調増大し，実数の束縛された列は唯一の極限をもつ，という定理である．

　いまや彼はこの定理を，幾何学的直観に訴えずに，連続性の基本的性質によって抽象的に証明することができた．「算術の本来の起源 (seinen eigentlichen Ursprung) を算術の要素 (Elemente der Arithmethik) 中に発見し，それによって連続性の本質の真なる定義を獲得しうるはずである」[D. 1872, S. 316]．連続性の概念は解析学で基本的な役割をもつものであるが，これまで定義されたこ

とがなく，基本定理の証明に実際に使用されたこともなかった（loc. cit.）．デデキントの研究は，算術に関する純粋性と自律性（autonomy）の理想という方法論的原理（§III. 5）に導かれたものであった．

事実，デデキントは連続性がユークリッド幾何学の要求ではなく，実数（ないし量）の連続的領域の必要性は，解析学において初めて生じたものであると確信した［F, p. 132］．これが，なぜギリシャ風の比の理論に基づく実数論が不十分で，基本要請を欠くものであるかを説明する，と考えた．ユークリッドに責任はない．彼の本来の目的には問題の（連続性の）公理は必要ないからである．デデキントは彼の意見をリプシッツ（R. Lipschitz）宛書簡でこう伝えている（それは全争点を現代の公理的観点に接近させるものである）．すなわち，「ユークリッド幾何学の全建造物がそれに依拠していると，明示的，暗黙的に想定されてきたものをすべて分析してみても……私の探した限り，空間の連続性がユークリッド幾何学に分離しがたく結合しているという条件を発見することはできない」（1876 年 7 月 27 日 in ［*DW*. 3, S. 479］）．同じ考えが［D. 1888］の序文にも現れる（また現代流のヒルベルト『幾何学の基礎（*GLG*）』［Hilbert 1899］においても，その第 V 公理「連続の公理」に関しては，「アルキメデスの公理」は除いて，「完全性（連続性）」は仮定しないとされている）．

3 デデキントの『無理数論』（1872）

それでは，以下で，デデキントの『無理数論』の梗概を見ることにする．

まず「序文」で，この論文の由来と構想・目的が提示されている．それによると，われわれがその足跡を辿ったように，この考察は，先述のように，すでに 1858 年秋に由来し（1858 年 11 月 24 日に成案を得ている），微分学の基礎知識の講義で，算術の真に科学的な基礎が欠落していることを痛感したことが動機とされている．無限小解析の原理の純粋に数論的で全く厳密な基礎をなす，例えば，極限値の説明を，幾何学的直観の助けなしに，その本来の起源である算術・数論の基礎知識のうちに発見し，同時に連続性（Stetigkeit）の本質についての真の定義の獲得を目指すとされる．同時代のハイネ（E. Heine）の『関数論要綱（*Die Elemente der Funktionenlehre*）』，*JrM*（*Journal für die reine und angewandte Mathematik*）（*Crelle*）Bd. 74 と内容は完全に一致するが，「しかし私の叙述の方が形式的により簡潔で，いっそう精密（präziser）であり……カントルの "Über die Ausdehnung eines Satzes aus de Theorie der trigometrischen Reihen" (*Math. Ann.* Bd. 5) は，本論文§3 の連続性の本質と全く一致している」［D. 1872, S. 2］

3 デデキントの『無理数論』(1872)

とされる.

デデキントの論文は注意深く構成されている. 以下その概要を辿ろう.

§1 有理数の性質は, 有理数の諸性質の簡単な分析を含む. 有理数全体の集合 Q は, 加減乗除の四則演算に関し閉じているから「体 (Körper)」をなす. この有理数体の構造と線形稠密な順序が強調される. つまり, Q の要素は大小関係 $>$, $<$ によって順序づけられ, かつ有理数は「稠密 (dicht, dense)」, すなわち,「異なる任意の有理数 $a, b \in Q$ について, $a<b$ のとき, $a<r<b$ なる無理数 r が存在する」という定理が成り立つ.

まず有理数論の前提として, その特徴が以下のごとくに非形式的に提示される.

算術／数論全体は, 数える (Zählen) という最も単純な算術的行為 (arithmetischer Akt) の必然的な, すくなくとも自然な結果で, 当の数えること自身は, 正整数の無限系列を順次に創造すること (sukzessive Schöpfung) にほかならないし, この系列内では一つ一つの個体はすぐこれに先立つものによって定義される. この最も単純な行為とは, 一つのすでに創造 (erschaffen) された個体からただちにこれに続く新たに創造されるべき個体に移行すること (Übergang) である. これらの数の連鎖 (Kette) は, 人間の精神にとってきわめて有用な補助手段を与えるが, この連鎖は注目すべき法則の無尽蔵な豊かさを提供し, それは四則の基本演算 (加減乗除) の導入によって達せられる. 加法は上述の最も単純な行為の任意の反復の総括で, この加法から同様に乗法が生じる. ……だが減法と除法は, 制限つきでのみ許される. ……こうして負数と分数とは人間の精神によって創造され (durch den menschliche Geist erschaffen), あらゆる有理数のシステム (System)［集合］という無限に多くのいっそう大なる完全性 (Vollkommenheit) をもつ道具が得られる. この実数システム R はある完備性 (Vollständigkeit) と完結性 (Abgeschlossenheit) をもつ. それは他の場所［ディリクレ『整数論講義』第 2 版 §159［デデキントの執筆]] で述べたように, 一つの「数体 (Zahlkörper)」［有理数体］の特徴で, Q 内のどの二つの元に関しても, 四則演算が可能, つまりその演算の結果はいつでもまた Q 内の元となる, つまり四則演算に関して閉じた体にほかならない $[(Q, \{+, \times, -, /\} Q \to Q]$ (0 で割るという除法は例外).

より重要なのは, Q が整列集合で背反する二方向に無限に延びた 1 次元の領域を形成するということを, 幾何学的表象なしに, 以下のように, 純粋数論的に明示することである.

記号 a, b が同一の有理数であることは，$a=b$ ないし $b=a$ で，相異なることは，① $a-b>0$（すなわち $a>b$）または ② $a-b<0$（すなわち $a<b$）で表記する．これに関し，以下の法則が成り立つ．

　I. $a>b, b>c$ ならば $a>c$．b は 2 数 a, c の間にある［大小関係は推移的］．

　II. $a \neq b$ ならば a と c の間には無限に多くの相異なる数 b が存在する［稠密性］．

　III. もし a がある確定数なら，システム Q のあらゆる数は，次のような二つの組（Klasse）A_1, A_2 に分割される（zerfallen）．そのおのおのの組は無限に多くの個体を含み，第 1 の組 A_1 は $a_1<a$ なるすべての数 a_1 を包括し，第 2 の組 A_2 は $a_2>a$ なるすべての数 a_2 を包括する．a 自身は，随意に第 1 の組か第 2 の組かに加入させればよい．それに対応して，a は第 1 の組の最大数か，第 2 の組の最小数になる．いずれの場合にも，システム Q の両組 A_1, A_2 への分割（Zerlegung）は，第 1 の組 A_1 の一つ一つの数が第 2 の組 A_2 の一つ一つの数よりも小である［多重量化を用いれば，$\exists a [\forall a_1 [a_1 < a \rightarrow a_1 \in A_1] \wedge \forall a_2 [a_2 > a \rightarrow a_2 \in A_2]] \therefore \forall a_1 \forall a_2 [a_1 \in A_1 \wedge a_2 \in A_2 \rightarrow a_1 < a_2]]$．

　§2 では，直線上の点は同じ線形順序性を満足する（有理直線）というカテゴリカルな事実が，点と有理数間の対応づけの正当化として利用される．

　§3 は，実数の伝統的定義の批判である．

　§4 では，無理数の創造（Schöpfung）が，有理数のいわゆる「デデキントの切断（Schnitt, cut）」によって独創的な仕方で行われる．

　有理数体 Q を次の 2 条件を満たす A, A' に分割したとき，A, A' の組を有理数の切断によるといい，(A, A') で表す．有理数の不連続な領域（Gebiet）Q において，§1 の III より，各有理数 a はシステム Q を（$Q = A \cup A'$, $A \cap A' = \phi$ のような）空でない次のような二つの部分集合の二つの組 A_1, A_2 への分割を引き起こし，A_1 の各数 a_1 は A_2 の各数 a_2 より小にする（すなわち $\forall a_1 \forall a_2 [a_1 \in A_1 \wedge a_2 \in A_2 \rightarrow a_1 < a_2]$）．数 a は A_1 の最大数か，A_2 の最小数かのどちらかである（すなわち $\forall a_1 [a_1 \in A_1 \rightarrow \exists a [a \in A_1 \wedge a \geq a_1]] \vee \forall a_2 [a_2 \in A_2 \rightarrow \exists a [a \in A_2 \wedge a \geq a]]]$）．

　さてシステム Q の二つの組 A_1, A_2 の組分けが与えられ，A_1 中のどの数 a_1 も A_2 中のどの数 a_2 よりも小さいという特性を有する場合，この組分けをいわゆる「デデキントの切断」といい，先述のように (A_1, A_2) で表す（$\forall a_1 \forall a_2 [a_1 \in A_1 \wedge a_2 \in A_2 \wedge a_1 \leq a_2] \rightarrow (A_1, A_2)$）．すると有理数 a は一つの切断を引き起こす．上述のように，この切断は，組 A_1 の数のうちに最大のものが存在するか，A_2 の組の数のうちに最小のものが存在するかのどちらかであるという性質をもつ．逆に一つ

3 デデキントの『無理数論』(1872)　59

の切断がこの性質をもつとき，この切断は最大，または最小の有理数によって引き起こされたものである（$\exists a[\forall a_1[a_1 \in A_1 \to \exists a[a \in A_1 \wedge a \geqq a_1]] \vee \forall a_2[a_2 \in A_2 \to \exists a[a \in A_2 \wedge a_2 \geqq a]]] \leftrightarrow (A_1, A_2)$）．ところで，切断 (A_1, A_2) が次の型：(I) A_2 に属する最小の有理数はない（$\forall a_2[a_2 \in A_2 \to \neg \exists a[a \in A_2 \wedge a_2 \geqq a]]$），というI型のとき実数 $\alpha = (A_1, A_2)$ はどの有理数とも異なる．

あらゆる切断が有理数で引き起こされたのではないというこの性質に，有理数の領域 Q の不完全性（Unvollständigkeit）ないし不連続性（Unstetigkeit）が存在している．

さて一つの切断 (A_1, A_2) が存在し，それが有理数によって引き起こされたものではないとすると，そのたびごとに一つの新たな数，一つの無理数 α (*irrationale Zahl*) が創造（*erschaffen*）され，この切断によって定義されると見なす．確定した各切断には，一つかつ唯一つの確定した有理数または無理数が対応し，二つの数が本質的に相異なる切断に対応するときにはこの2数はいつも，またそのかぎり，「相異なる」とか「等しくない」と見なす．

§5は，実数体 R の大小関係による順序的性質を示す線形稠密順序，また R の連続性（Stetigkeit）定理の証明等に関わる．あらゆるシステムの集合 R は，次の法則が成立する整列1次元領域を作る．

　I. $\alpha > \beta$ かつ $\beta > \gamma$ ならば $\alpha > \gamma$ （数 β は数 α, γ の間にある）．

　II. $\alpha \neq \gamma$ ならば，$\alpha < \beta < \gamma$ なる無限数 β が存在する（稠密性）（異なる α, γ 間には無限に多くの相異なる数 β が存在する）．

　III. ある確定数 α がシステム R のすべての数を二つの組 A_1, A_2 に分割し，A_1, A_2 とも無限に多くの個体を含み，$A_1 = \{a_1 | a_1 < \alpha\}, A_2 = \{a_2 | a_2 > \alpha\}$，$\alpha$ 自身は随意に A_1 か A_2 に加入させる．すなわち $A_1 = \{a_1 | a_1 \leqq \alpha\}$ なら α は最大数か，$A_2 = \{a_2 | a_2 \geqq \alpha\}$ なら α は最小数である．この分割は α によって引き起こされたという．

　IV. （連続性）あらゆる実数のシステム R を二つの組 A_1, A_2 に分割し，組 A_1 の数 a_1 も，組 A_2 のどの数 a_2 よりも小さくすると，この分割を引き起こした数 α は一つ存在して，一つに限る．

　定義　二つの実数 $\alpha = (A, A'), \beta = (B, B')$ について，A が B に属するなら，
　　$\alpha < \beta, \beta > \alpha$.

　定理　二つの実数 α, β 間には次のうち一つ，そして一つだけが成り立つ．
　　$\alpha < \beta, \alpha = \beta, \alpha > \beta$.

　定理　$\alpha < \beta \wedge \beta < \gamma \to \alpha < \gamma$.

　定理　任意の実数 $\alpha = (A, A')$ について $A = \{r \in Q | r < \alpha\}, A' = \{r \in Q | r \geqq \alpha\}$.

　定理　任意の二つの実数 $\alpha, \beta, \alpha < \beta$ に対し，$\alpha < r < \beta$ なる有理数 r が無数に

存在する（実数体 R の稠密性）．

定理 自然数 m が与えられたとき，任意の実数 α に対し，$\exists a [a < \alpha < a + 1/m]$．つまり，実数は有理数でいくらでも近似できる．

「実数の連続性」について若干敷衍すると，先述のように，実数体 R を次の条件を満たす空集合でない二つの部分集合 A と A' に分割したとき，A と A' の組 (A, A') を実数の切断と呼ぶ：$\rho \in A, \sigma \in A' \to \rho < \sigma$．

定理 (A, A') が実数の切断のとき，A に属する最大の実数が存在するか，または A' に属する最小の実数が存在する．

この定理によれば，実数の切断 (A, A') については必ず A と A' の境目をなす実数，つまり，次の条件を満たす実数，が存在する（実数の連続性）：
$$\forall \rho \gamma [\rho \in A \land \sigma \in A' \to \exists \alpha [\rho \leq \alpha \leq \sigma]]$$

§6 では切断による実数上の諸操作が定義される．例えば，実数の四則演算法（その結合法則と交換法則等）．

最後に §7「無限小解析」は，単調増大数列上の基本的定理の証明，極限の定義および収束のコーシー条件の証明を含む．すなわち，極限の定義とは，以下の如し．

数列（sequence）$\{a_n\}$（$= a_1, a_2, \cdots, a_n$）の極限値 $\lim_{n \to \infty} a_n = \alpha$：$\alpha$ が実数のとき，任意の正の実数 ε に対応して自然数 $n_0(\varepsilon)$ が定まって，$n > n_0(\varepsilon) \to |a_n - \alpha| < \varepsilon$ となるとき，数列 $\{a_n\}$ は α に収束（converge）する，極限値 $\lim_{n \to \infty} a_n = \alpha$ が存在する，という．

定理 数列 $\{a_n\}$ が実数 α に収束するための必要かつ十分な条件は，$\rho < \alpha < \sigma$ なる実数 ρ, σ が任意に与えられたとき，不等式 $\rho < a_n < \sigma$ が有限個の自然数以外のすべての自然数 n について成立することである．

収束条件の定理（コーシーの判定法） 数列 $\{a_n\}$ が収束するための必要十分条件は，任意の正の実数 ε に対応して一つの自然数 $n_0(\varepsilon)$ が定まり（ただし，十分条件の証明には，実数の連続性が不可欠である），$n > n_n(\varepsilon), m > n_n(\varepsilon) \to |a_n - \alpha_m| < \varepsilon$．

以下，実数の加減乗除，極限の加減乗除，さらに現代風の呼称で付加すれば，実数の性質として，R の部分集合 S に関し，上に有界，S の上界，また上限，下に有界，S の下界，S の下限，有界等々と称されるに至る考えがうかがえ，また単調増大数列に関する定理などが証明される（なお，［D. 1872］には直接登場しないものも含め，無限小解析の基礎的な概念，例えば，関数の極限，コーシーの判定法，関数のグラフ，連続関数の定義については，例えば［小平 1976］の解説，また［野本 2010］参照）．

この小冊子の表題と全体的説明は，連続性の定義と実数体 R の連続性の証明が事の核心を構成するという事実を強調している．以上が，全体の争点を提示するデデキントの仕方で，それはワイエルシュトラース，ハイネ，カントルの解説とは異なるものである．デデキントは連続性の精確な定義だけが「すべての連続領域の探究」に対し，健全な基礎を提供するとしている．これは単に解析学のコンテクストのみで読まれるべきではなく，またリーマンの仕事のコンテクストにおいても当てはまる．デデキントのラディカルな演繹的方法論は，「どんな小さい部分においても連結（Zusammenhang）が途切れないというような漠然とした述べ方では何一つ得られない．問題は，現実の演繹に対する基礎（Basis）として使用できるような連続性の精密な徴表（präzisches Merkmal）をはっきりと示すことである」（[D. 1872, S. 322]，[D. 1888, S. 341]）．こうした定義のための基礎は，「論理的な純粋性において現れる切断」にある [D. 1888, S. 341]．すでに有理数体 Q において次のことが見出された．すなわち，任意の有理数 q は，システムを次のような二つの排反的な（disjoint）クラス A_1, A_2 への分割を確定する，つまり，A_1 中のすべての数は A_2 のクラス中のどの数よりも小であり，q 自身にも任意のクラスを割り当ててよい（すると，二つの異なるが同値なクラスがあることになる）．

直線の場合にも，（「大小」を「左右」に）互換した（reciprocal）関係がなりたつ．ここのカテゴリシティにデデキントは彼の理論の核心を見る．

連続性の本質は，これの逆に存すること，すなわち，次のような原理に存することが見出される．

> 直線のすべての点を次のような種類の二つのクラスに分ける（zerfallen），つまり，第1のクラスのどの点も第2のクラスのどの点よりも左にあるならば，すべての点のこの二つのクラスへの組分け（Einteilung），直線の二つの半直線への分割（Zerschneidung）を引き起こすような，一つかつ唯一つの点が存在する．[D. 1872, S. 322]

デデキントはこれを公理，証明不能な命題と解する．デデキントはさらに進んで，もしある数 N が整数の平方でない場合，$\sqrt{N}$ は有理数ではない．この数は，有理数によっては産出できない，有理数体 Q 上の切断が存在するという結果を確立することにより，新しい数の導入・創造への途を開くことになる．

有理数によって引き起こされたのではない切断（Schnitt）(A_1, A_2) が存在するとすると，その度ごとにわれわれは新たな数，一つの「無理数（*irrationale*

Zahl) α」を͏創͏造͏す͏る (erschaffen). それはこの切断 (A_1, A_2) によって完全に定義された (vollständig definiert) と見なす. この数 α は切断と対͏応͏す͏る (entsprechen) とか, この数がこの切断を作͏り͏出͏す (hervorbringen) とかということにする ([D. 1872, S. 325] 参照).

　デデキントが新しい数の「創造」につけた強調についてたくさんのことが言われてきた. 付加しておくべきは, それが, 新しい数は切͏断͏に͏よ͏っ͏て͏「͏完͏全͏に͏定͏義͏さ͏れ͏て͏い͏る͏」と見なすべしという要求によって厳密になされているということである. デデキントは常に, 数学ではわれわれは概念や対象を創造していると確信していたのであった. これは彼の基本的確信, 彼の特異な数学の哲学に属する ([Hab]. また 1888 年のウェーバー宛書簡 [DW. 3, SS. 488-90]). かくて彼は 20 世紀の見解からはやや驚くべき立場：数学的対象は人間の創造であるが, なんら構成主義的制限がその過程に適用されないという立場, に立つのである. それは非構成主義的知性主義 (non-constructivist intellectualism) と呼ばれてよいかもしれない. のちになって, デデキントはある元から対応する集合への歩みをわれわれの創造的な数学的能力の真髄と見なしている [D. 1888, S. 343].

　無理数を新しい数として導入したさらなる理由は, 数の同質性 (homogeneity) の保存という目標にあった. デデキントは, 数に関するわれわれの直観的観念のあるものを保存しようとした. そして数の概念を, 無縁な性質 (traits) (例えば, 切断が無限に多くの元を含むという事実は, 実数についてのわれわれの直観的観念にとっては全く無縁である (ウェーバー宛書簡 [DW3. SS. 488-90])) から, 自由にしておこうと試みた. このことは, 方法論的原理は同じだと主張しながら, なぜデデキントがここでイデアルに関してとは反対の態度を採ったかを説明する. たぶんここでは初等的数学を扱っているが, イデアル論では高等数学を扱っているからだと言えるのかもしれない. ともあれ, それは (リプシッツ宛書簡 (1876) のように), デデキントによれば, いわば, 好みの問題であるという.「もし新しい数を導入したくなければ, 何も反対はしない. 私が証明した定理 (§5, IV [「切断」による実数の連続性証明]) はその場合, 次のことを言っていることになる. 有理数の領域——それ自体は非連続的だが——における切断のすべてのシステム (System) は連続的多様体 (stetige Mannigfaltigkeit) を構成すると」 [DW3, S. 471].

　もしこの定式化を採用するとしたら, 彼の切断の扱いは本質的にイデアル論と同一となる. 注目に値するのは, 偶然ここでデデキントは彼の「システム (System)」ではなくて, リーマンの用語「多様体 (Mannigfaltigkeit)」を援用していることである [F, p. 135]. 特にリプシッツが, リーマンの教授資格請求論文との

連関で，微分的不変（differential invariants）に重要な貢献をしているという観点では，注目される．

一度無理数が「創造されて」しまうと，デデキントは，切断という基礎のみに基づいて，順序関係，算術的操作の定義に進める [D. 1872, SS. 326-7, 329-30]．一例として，α と β の和がどのように定義されるかを見よう．対応する切断 (A_1, A_2)，(B_1, B_2) を考え，新しい切断 (C_1, C_2) を以下のように定義する．もし $a+b \geq c$ であるような，A_1 中の数 a と B_1 中の b が存在するならば，任意の有理数 c はクラス C_1 に属する．(C_1, C_2) が産出する実数 γ は，和 $\alpha + \beta$ と定義される．

この著作は実数体 R が，上記の定義にしたがって，連続であるという証明において頂点に達する．このことが意味するのは，R 上に任意の切断が与えられると，それを産出する，有理数，無理数いずれにせよ，唯一つの数が存在するということである．その証明は至って簡単である．というのは，有理数体 Q 上の切断（それは R 上の切断に含まれる [D. 1872, S. 329]）によって定義された実数を考えれば十分だからである．最後に，デデキントは閉じた増大数列についての定理の証明に進む．それが全探究推進の動機をなし，またコーシー条件の妥当性が，R の連続性という基礎に立って直接に証明される [D. 1872, SS. 332-3]．

3.1 リーマンの影響——算術と幾何学における連続

デデキントは，数と直線の点の比較を彼の論文の提示の組織化の糸に用いている．このことは，ハイネ [Heine 1872] やワイエルシュトラースとは異なる叙述をとらせることになる．だが注意すべきは，カントルの叙述と異なるわけではないということである．カントルも，その「数的量」と直線の幾何学との関係を議論している [Cantor 1872, SS. 96-7]．さらに驚くべきことに，二人の数学者は，事柄の伝統的な考えとの断絶という点で一致しているのである．空間の連続性，ないしは，量の基本領域の連続性が，実数を比として定義することにより，数体系の連続性を誘導すると，通常は想定されてきた．しかし二人の数学者は，連続的な数体系を抽象的に定義することが可能だが，他方幾何学的空間は必ずしも連続ではないという論点を強調する．空間が連続であることを要請するような公理，ときにカントル–デデキントの公理と呼ばれる，（先述のヒルベルトの公理 V）が必要なのである（以下，主に [F, p. 136] 参照）．

二人ともここでは公理を，古い意味で——空間論の基礎として必要な，証明不可能な命題，という意味で，語っていることを明示的にしており，現代風の公理論の意味では「公理」をまだ使用してはいない．カントルは論点をいっそう簡明に次のように提起する．各実数に対応する点が存在することを要請しなければな

らない．以下がその公理である．

> この命題を$\overset{\cdot\cdot}{公理}$と呼ぶ．本性上一般に証明不可能だからである．[Cantor 1872, p. 97]

デデキントによれば「直線のこの性質の想定は公理である他はない．……$\overset{\cdot\cdot}{空間}$が一般に実的存在をもつとしても，必ずしも連続である必要はない」[D. 1872, SS. 322-3]．

かくてデデキントとカントルは非連続的な空間は完全に思考可能だと考えた．カントルの非連続的空間における力学の可能性の例 [Cantor 1879/84, SS. 156-7] を見よ．一方，デデキントは，[D. 1888] の序文で，代数的数だけを座標にもつ R^3 中のすべての点の集合が，ユークリッド幾何学のモデルだと主張している．この空間の非連続性は，ユークリッド幾何学者によっては気づかれなかったのである（[D. 1888, SS. 339-4] in [DW. 3, S. 478]）．

この驚くべき一致を説明するために，デデキントはリーマンの，幾何学の仮説についての講義を考慮に入れねばならなかった．このことはリーマン [Riemann 1854] が単に先駆的貢献であるばかりでなく，集合論の初期の展開に実際に働いた要因だったことを示している [F, p. 137]．

3.2 連続性の公理についての最後のコメント

実数の定義プラス伝統的論理が，算術に関しては論理主義的見解を導くように見える．シュレーダーは，ワイエルシュトラース，カントル，およびデデキントが算術の真理の純粋に分析的な性格を確立した，それゆえカントの周知の問い「綜合的でアプリオリな判断は可能か」は端的に対象を欠く，と書いた [Schröder 1890a, Bd. 1, p. 44]．

特に論理について十分広い考えをもつなら，算術が要求するのは，自然数＋論理的概念手段のみだと思われる．実数の抽象的な定義は，デデキントのみならずフレーゲにとっても，引き金を引かせた決定的に新奇なものだった．いまだ自然数を純粋論理的に説明することが残っていたが，それをこの両者が試みることになり，両者とも 1870 年代にこのプログラムを遂行し始めたのである．

以上のように，切断による実数定義が解析学の厳密な基礎へのデデキントの関心に答えているとしても，デデキントにとってはなお 1872 年には依然 2 つの問題が残っていた：(i) 自然数（の原理）とは何か？　また (ii) どのようにして，有理数は獲得されるのか，どのようにして有理数が自然数から出発して創造され

るのか？

「資格論文」[Hab] では，デデキントは新しい数学的対象（負数，分数といった有理数）は自然数・正整数から当然すでに得られたと見なし，中心問題は基本的算術操作が無理数などのより広い数体系にどのように拡張されるかだとされた．問題 (ii) は，一連の手稿 [Cod. Ms. Ded. III, 4] では，連続性と無理数論の完成以前に，相当に解決されていたようにも見える．問題 (i) はしかしそのときには全く未解決で，それどころか，デデキントは続く 6 年間以上にわたってその問題と取り組む（[野本 2009] 参照）．

4 無理数から自然数へ

4.1 手稿（1872/1878）の分析

『無理数論』[D. 1872] 発刊の時点でも，いっそう基本的な「自然数とは何か」の問題は明らかに未解決で，デデキントはなお 6 年間以上この問題と苦闘する．その際に集中してなされた仕事が手稿 [Cod. Ms. Ded. III-1：1872/8] 中の，特に自然数論に関わる手稿であり，デュガクにより「数の考察（Gedanke über die Zahlen）」という表題下で出版された [Dugac 1976, Appendix LVI, p. 293]．それは『数とは何か』[D. 1888] 論文の初稿に相当する．その検討は次節でなされる（[野本 2009] はその予稿）．この手稿は [D. 1888] 論文における広範な方法論的な動きを予示するものである．すなわち，単純無限システムの公理的特徴づけ，そのモデルの明示的な定義である．単純無限システムとして自然数の公理的分析を獲得したことにより，1872/78 年の手稿の最後ですでに，デデキント – ペアノの公理群の最初の定式化がなされている．

ジークらは，デデキントの遺稿（Nachlass）(*Arthm. Grundlagen*, 3, 手稿 (§ 3.3 での 1871/2, 1872/8 & 1887)) の詳細な読解を通じ，数論の基礎へのデデキントのアプローチの方法論的・体系的な展開に焦点を当てて解明している（[S&S, p. 124, rep.] in [Sieg 2013a, pp. 35f.]）．

「資格論文」[Hab] は，古典的数体系とやや広い方法論的問題へのデデキントの展望とを表している．ところでデデキントが，自然数を超えて四則演算操作を「拡張」し，新しい数を「創造」しようとするとき，デデキントの考察中には，先述のような「ある微妙だが，遍く広がる循環性」が見られる，という [Sieg 2013a, pp. 39f.]．

1872 年頃のデデキントのいっそう体系的な数の処理——それは自然数に対し後

者関数を導入し，それらを整数，有理数への斉合的な (coherent) 拡張への「分析」の劇的な歩み——となるという．この分析は，「綜合 (synthesis)」によって補完される．無理数の自由な創造 (eine *freie* Schöpfung) の特徴づけに要求されるのは，抽象の全く新しい綜合である．しかし 1872 年ではなお，自然数をどのように特徴づけるのかは，未解決である．デデキントの「連鎖」の理論と自然数のデデキント‐ペアノ公理系の定式化は，1872/8 年の分析に基づく，と指摘される [Sieg 2013a, pp. 51f.]．

この公理体系についての注目すべきメタ数学的探究は，後に『数とは何か』[D. 1888] で提示される．中心になるのは，その無矛盾性とカテゴリシティ (categoricity) の証明を確立しようとするデデキントの試みである [Sieg 2013a, pp. 61f.]．カテゴリシティという成果はデデキントに，「数とは，人間の精神の自由な創造だ」という主張の正当化を許す．ここでの「自由な創造」とは，1854 年における「創造」とは，関連はするがしかし異なった仕方で理解される．デデキントの基礎論的仕事の中心部分は，数と数学の本性に関し，全く斬新で際立った哲学的パースペクティヴを開くのである．

ジークら ([S&S, p. 130] rep. in [Sieg 2013a, p. 45]) はまず，次の 2 つの重要なステップを記述し分析する．すなわち，(i) 後者操作が自然数の領域を生成する操作として，その他の算術操作からはっきり分離される (1872)．(ii) 整数と有理数の基礎領域が，公理的に特徴づけられる．ついでジークらは，公理的「分析」と称するものを分析し，デデキントがこうした公理群のモデルを形成するのに適切な領域の明示的な定義を与えている，と見なす．すなわち，この手稿 [D. 1872/8] は，『数とは何か』[D. 1888] における広範な方法論的動きを予示するもの，つまり，単純無限系の公理的特徴づけ，モデルの明示的な定義，単純無限系/システムとしての自然数の適切な公理的分析，を予示するものだと解するのである ([S&S, p. 130] in [Sieg 2013a, pp. 45f.])．手稿 (1872/8) の最後に，いわゆるデデキント‐ペアノの公理群の最初の定式化が見られる．

4.2 自然数への手稿 (1872/1878)

4.2.1 「素朴な観点からの数概念分析の試み」

さて手稿 (1872/8) は，「素朴な観点からの (*vom naiven Standpunkte aus*) 数概念分析の試み」という副題をもつ．「素朴」とは何を意味するのか．まずデデキントにとり基本的に，数概念の分析は伝統的な哲学的前提条件から独立であるべきで，「数の基礎的概念は，たとえ基数概念が（例えば「内的直観」によって）直接明白だと想定しても」，算術には必須だ，とされる ([D. 1872/8], [Dugac

1976, p. 293］）．

　その場合，初等算術は，先述のように，［Hab］では序数としての絶対整数列から始まり，「正整数列の一つの数から次の数への継起的な前進」を「算術の第1の最も単純な操作」と見なし，加法はその反復を一つの行為にまとめることによって得られる．同様に乗法は加法から，ベキ乗は乗法から得られる．この見解は1872年でも変わっていない．「連鎖（Kette）」という語が登場してはいるが，しかしまだ精確な意味でではなく，非形式的に使用されているだけである．こうして初等算術の分析では，絶対整数を基底にして，加法から乗法へ，さらにベキ乗へという展開が見られるが，なおそうした通常の算術演算操作の，いっそう基礎的な論理的一般化・抽象化にまで踏み込んでいるわけではない．そういう意味で「素朴な観点」と言われたのであろうか．

　しかし次の抽象化・論理的一般化へのステップの助走もまた開始されている．

　　算術の全体は，単純な算術的行為，数えるという行為の，必然のないし自然な帰結として［捉えられ］，数えることそのものは，正整数の無限列の継起的創造に他ならず（*nichts anders als die sukzessive Schöpfung der unendlichen Reihe der positiven ganzen Zahlen*），こうした無限列中で各個体は，直前のものによって定義される．その最も単純な行為は，すでに創造された個体から，新たに創造されるべき（neu zu erschaffenden）その後者への移行（Übergang）である．これらの数の連鎖（Kette）はすでにそれ自体で，人間の精神（menschlicher Geist）のきわめて有用な道具を形成している．それは算術の四つの基本操作の導入によって得られる瞠目すべき諸法則の汲みつくし得ない豊かさを表す．（「連続と無理数」［D. 1872, §1, SS. 5-6］［Ewald 1996, II, p. 768］．詳細は，［野本2010］参照）

　デデキントによる「数の創造」の意味合いに関しては，デデキントが「数える」ことを「各正整数の継起的創造に他ならない」と言っていることに，注目しておきたい（［S&S, p. 131］rep. in［Sieg 2013a, p. 45］参照）．

4.2.2 「創造」とは？──遺稿［Cod. Ms. Ded. III, 4, II］［D. 1872］での分析

　さて算術の初等的で限定された展開は，デデキントの遺稿［Cod. Ms. Ded. III, 4, II］（Dugacには不採録）中の三つの手稿の，特に「算術的基礎（Arithmetische Grundlagen）」において与えられている，という．フェレイロス，ジークとも，細部は別として，手稿の第3稿における後者操作の導入が，非形式的分析の最も

意義ある中心的成果だという点で，一致している．以下では，まずこの手稿の内容を，主に［S&S］に従いつつ，紹介したい．この手稿自体には「算術的基礎（*Arithm. Grundlagen*）」がいつ書かれたのか何の指示もない．しかしジークらは1872年には完成していたと推測する[2]．

固有の算術的基礎を確立したデデキントは，［Cod. Ms. Ded. III, 4］中の手稿で，有理数系が創造されうること，そしてこうした数の計算に関する法則が正整数の計算法則に還元可能だと，確信した．しかしジークらによれば，これは全く斬新な公理的方法で遂行されるという．

「創造（Schöpfung）」と言われていても，実はその展開は，再帰（recursion）による定義原理，帰納（induction）による証明原理のみを用いるだけなのである．第1手稿はこう開始される．

「§1　創造行為（Schöpfungsakt）1:1+1=2;2+1=3;3+1=4…数（順序数）．

§1［22］加法の定義（Erklärung）：$a+(b+1)=(a+b)+1$．

爾後，帰結は常に完全帰納法（die vollständige Induktion）によって導出されるべきである」（［S&S, p. 132］rep. in［Sieg 2013a, p. 47］）．第2稿でもほんのわずか修正されたのみである．

どちらの手稿でも初等算術は，簡潔かつ十全な仕方で展開されている．デデキントはまた加法と乗法の結合律，交換律を確立し，分配律の証明で終えている．

第3稿で最も注目すべきは，デデキントが「後者操作」を（+1という素朴な算術的）加法（表記）から切り離した点にある．つまり，数列はいまや1, $\phi(1)=2, \phi(2)=3, \phi(3)=4, \cdots$，によって表され，また加法の再帰的定義は，単一の等式 $a+(b+1)=(a+b)+1$ によってではなく，二つの等式 $a+\phi(b)=\phi(a+b)$ と $a+1=\phi(a)$ によって与えられる．この一元的な後者操作への記法上の変化は，全く劇的な考え方の変換（dramatic conceptional shift）の開始を指し示す．この

---

[2] ジークらが1872年早期に完成していたと推測した理由は三つある．第1の理由は，さまざまな手稿の開始が1872年の非形式的記述と符合していること，第2はすでに言及したが，第3稿において1871/2年での重要でユニークな重複に注目したからである．第3の理由は，1871/2年においてこれら算術的基礎に基づく有理数系の創造の体系的コンテクストによる．デデキントは，有理数が「自由な創造（eine *freie* Schöpfung）」だと強調する．彼はまた「有理数の創造ということで数学者が考えた道具立ては」，純粋に算術的な仕方での無理数の創造によって洗練されねばならないとも主張した．「ちょうど負数や分数が自由な創造によって形成されたように，またこうした数の操作法則が正整数を扱う操作法則に還元されるように，まさにそのように無理数もまた有理数によって定義されねばならない」（［Cod. Ms. Ded. III. 17, p. 6］［D. 1858］in［Dugac 1976, p. 203-9］）．『無理数論』(1872) では次のように繰り返されている．「ちょうど負数，分数，有理数が自由な創造（*freie Schöfung*）によって形成されたように，またこれらの数を扱う法則が正整数を扱う法則に還元されねばならず，また還元可能なように，同じ仕方で無理数もまた有理数のみによって完全に定義されねばならない」（［D. 1872, §3. S. 9］［Ewald 1996, II, p. 771］）．

変換が手稿［D. 1872/8］において体系的表現を見出し，手稿「算術的基礎」が1872年早期に完成していたと考える堅固な理由を提供する．

4.2.3 整数の構成

第3手稿では（［S&S, p. 132］rep. in ［Sieg 2013a, p. 48］），デデキントは，すべての整数の拡張された数体系を構成するために，上記の基礎を用いようとする．デデキントは，$a=b+c$ の場合に，$a-b=c$ によって除法を定義する．このことは暗黙に，0および負数 $1^*, 2^*, 3^*$, etc. を含む，正整数の拡張を考える動機を示唆する．後者操作 $+1$ は，$0+1=1, 1^*+1=0, 2^*+1=1^*, 3^*+1=2^*$, etc. と設定することによって，拡張される．$b+1=a$ の場合に，先行者操作 $b=a-1$ を定義することにより，1を「新しい数 (the *new* numbers)」と考えるのである．分配律に至るまで，体系的に展開されるとともに，［Hab］で示唆されていた展開は，はるかに洗練された設定になっている．いまや非正の数 $0, 1^*, 2^*$, etc. と新しい数 $1-1$, $(1-1)-1$, etc. の結合が直接見えるようになる．かくて，デデキントはここで拡張された後者操作を定義するために，ゼロ，および負数を含む領域を想定する．このことがまたデデキントをして，先行者操作の一般的な定義と自然数体系の「新しい数」による拡張の記述を許すことになる．だが第1の拡張はどんな対象についてのものなのか？ つまり，負数とは何か？（デデキントの解答は以下の1.4）．

公理的分析

さてデデキントの遺稿（*Nachlass*）はいくつかの手稿を含む［Sieg 2013a, p. 49］．
(i) ［Cod. Ms. Ded. III, 4, I, pp. 1-4］：「ゼロと負の整数の創造 (Die Schöpfung)」は，自然数から整数・有理数の範囲を扱い，数概念の拡張の特定の仕方が追究されている．
(ii) ［Cod. Ms. Ded. III, 4, I, pp. 5-7］：表題はないが，ここでは「整数と有理数について (Ganze u. rationale Zahlen)」として言及する．
(iii) ［Cod. Ms. Ded. III, 2, I］は「自然数列に基づく数概念の拡張 (Die Erweiterung des Zahlbegriffs auf Grund der Reihe der natürlichen Zahlen)」．

(i)(ii) は 1872年2月7日の執筆で，(iii) は ［D. 1888］論文に明示的に言及しているから，1888年以降の執筆と考証される．それには，きわめて現代風のアプローチが認められる．

まず手稿 (i) を取り上げる．
どのようにして自然数から整数を生成するかにかかわる先の記述は，「算術的

基礎」第3稿の見解に基づいていた．生成は本質的に二つのステップで進行し，加法の一般的不可避性の要求に動機づけられた負数の創造と，一般化された先行者操作による新しい数の創造とである．「創造（*Die Schöpfung*）」には，第1ステップが詳細で見事な表現で与えられている．デデキントは，加法の一般的不可避性，操作の拡張，諸法則の永続性（permanence）の議論を，そうした法則を満たす数学的対象の生成からきれいに分離する（[S&S, p. 135] rep. in [Sieg 2013a, p. 49]）．

第1手稿は，まず自然数列 N に関する基本的事実を定式化する．(1) N は加法の下で閉じている．加法は (2) 可換（commutative）で (3) 結合的（associative）であり，(4) $a > b$ なら，$b+c=a$ であるような唯一の自然数 c が存在するが，他方 $a \leq b$ なら，そうした数 c は存在しない．デデキントは条件 (4) がある不規則性に関わることに注意し，N 列を次のように拡張する．つまり（何らかの元ないし新しく生成した数の付加によって）上記 (1)–(3) の条件を満足し，かつ条件 (1)–(3) および条件 (4′)「あるシステム（System）M 中の任意の2つの元 a, b に関し，$b+c=a$ であるような元 c が正確に一つ存在する」を満たすようなシステム M へと，系列 N を拡張することが可能かどうかという重大な問いを提起し，そしてデデキントは，こうした極小の（*minimal*）システム M がどのくらい豊かでなければならないかを問う．

以下の「分析（*Analysis*）」と称される箇所では，デデキントはこうしたシステム M の存在を仮定する．その理由は，M が $a+0=a$ であるような唯一の元 0 をもたねばならず，さらに N 中のどの元にも，$a+a^*=0$ であるような M 中の新しい元 a^* が存在しなければならないからである．よって (1)–(4′) を満たすシステム M は N の元に加えて，新しい元，それもすべて相異なる新しい元 a^* を含む．さてデデキントはこうした新しい元を加えた N からなる新しいシステム P を考え，P がすでに条件 (1)–(4′) によって表現される完備性（completeness）をもつことを証明する．P はこうしたシステムの極小のものである．それが任意の完備なシステムに含まれねばならないからである．この証明は模範的な数学的明証性をもって遂行されているが，それは明示的に適当な M の存在を仮定している．この方法論上決定的な論点は第2稿で表明され，「綜合（*Synthesis*）」と題された手稿の不完全な節に含まれる．すなわち，

　　　　自然数列 N から，あるシステム P が創造（*erschaffen*）される．それは自然数の元 a 以外に，なお 0 と各 a に対応する元 a^*（P 中のすべての元は互いに異なっているという規約の下で）を含む．ないし，P の創造の可能性に立

って．以下参照．[Cod. Ms. Ded. III, 4, I, p. 4]

しかし「以下参照」は何もなく，こうした創造の可能性についての議論もない（[S&S, p. 136] rep. in [Sieg 2013a, p. 50]）

4.2.4 モデル構成

手稿「整数と有理数」においても体系的考察が続行され，ついで，二つの主要部分に分かれる：① すべての自然数の領域をすべての整数の領域 G に拡張すること．② すべての整数の領域 G からすべての有理数体（Körper）への移行．

①は何枚かの紙片（Zettel）と手書きの３頁とからなり，整数に関する詳細な計算で埋められている．

②は１頁だけの，有理数に関する類似の簡単なスケッチで，デデキントは最終的に多様な数体（および自然数からの創造）についての彼の初期の考察中に含まれていた（有理数の創造に有理体が前提されているのではないかという）微妙な循環性からの脱出法についてのメモである．

4.2.5 数としてのペア [Sieg 2013a, p. 51]

デデキントは加法と乗法の操作を携えて，自然数の領域 N から出発する．両操作とも交換律，結合律を満たし，分配律が両者を結びつける．すべての整数の領域 G は，N からの拡張により形成される．N 中の任意の二つの数 m, n は G 中に数 (m, n) を生成する．デデキントは２つの数のペア (m, n) と (m', n') が $m + n' = m' + n$ の場合，同一（identical）と見なし，この関係が対称的で推移的であることを立証する．明らかに反射的だから，同値関係である．よってデデキントは (m, n) と (m', n') の同値をペア $(m + m', n + n')$ と同一であるとすることによって，ペア上の加法を定義し，結合律と交換律を立証する．ペア (m, n), (m', n') に関する乗法は $(mm' + nn', mn' + m'n)$ で与えられ，加法と全く平行的な仕方で扱われる．一意性や諸法則が，そして最後に分配律が立証される．

以上が 0 以外の正負の整数を表す自然数のペアとして整数を構成する主要部分である．これは，デデキントが自然数から整数へと除法を拡張し，自然数間の差を用いて負数を表現した [Sieg 2013a, p. 137]，ごく初期の考察 [Hab] の展開である．ペア (m, n) を差 $m - n$ と考え，通常の計算規則を用いると，直接的な仕方で，諸操作や標準的な法則が得られる．平行的な構成がこの手稿の第２部で略述され，整数 G から有理数 R が得られる．G 中の m, n, m', n'（ただし，0 以外）で，ペア $(m, n) \& (m', n')$ のとき「同一性」は $mn' = m'n$ によって定義され，同

値関係となる．

　ペア (m, n) を分数 m/n，加法を $[(m, n) + (m', n') = (m/n) + (m'/n')]$，乗法を $[(m, n) \cdot (m', n') = (m/n) \cdot (m'/n')]$ と，通常の計算規則を介して $(mn'+nm', nn')$ と定義する．以上は，必要な考察のきわめて粗いかたちでの，また無防備な最小限のものにすぎない．しかしそうであっても，それは諸法則の恒常性を保証する全く斬新なやり方を提供する．デデキントは，中空から新しい個体を創造しているのではなく，自然数を組み合わせることによって，それぞれの整数を，また純粋に数学的対象の新しいシステムを，獲得する．すると算術的操作は，自然数上での操作による，各整数の定義だということになる．これらのシステムは整数，有理数に関する諸法則や公理的条件を満足する．つまり，デデキントはこうした諸法則に対するモデルを提示していたのである．表されたモデルは正確に，なお今日用いられているものであり，異なるのは今日の表現法ではペアの同値クラスを扱うことにすぎない．

　以上が，数体系の拡張に関する最終で後期の手稿「自然数列に基づく数概念の拡張（*Die Erweiterung des Zahlbegriffs auf Grund der Reihe der natürlichen Zahlen*）」において，きわめて見事に果たされたことである．しかしはっきり認められることだが，デデキントはこの最後のステップを 1872 年に採ることができただろうということである．デデキントには無限の数学的対象を避ける何らのイデオロギー上の理由もなかった[3]．

　しかしなお未解決の問いが残っている．有理数は「こうした特有の無限の対象なのであろうか？」——1872 年「無理数」論文から引き出せる適切な回答は，デデキントの論文が実数について類似の問いに答えているということである．『数とは何か』［D. 1888］の序文で，デデキントは，自然数の彼の取り扱いを，数論についての完全に明確な描像として，一般的なコンテクストに位置づけている．デデキントは［D. 1872］の実数論の例とデデキントが他の類（Klasse）の数について行った所見に言及し，他の類の数についても「全く類似の仕方で」容易に扱いうると述べる（［S&S, p. 138］rep. in［Sieg 2013a］）．また H. ウェーバー宛のデデキント書簡（1888 年 1 月 24 日）で，有理数というコンテクストでも，「実数とは本当は何なのか」という実数に関する方法論的考察を用いることを認めている（［S&S］を参照）．

---

3)　実際デデキントはこうした対象を，イデアル理論的探究でディリクレ『整数論講義』第2版の付録 X（1871），また「連続と無理数」論文［D.1872］で，使用している．

4.2.6 実数創造（の回顧）

　それでは実数の創造についてデデキントはどう考えたのか．実数の体系の定義に言及してデデキントは，「十分な証明なしに存在仮定をすることほど，数学において危険なことはない」とリプシッツへの書簡（1876 年 7 月 27 日）で警告している．ここで実数の体系が，幾何学的直線のあらゆる現象を純粋に算術的な仕方で追究することを許すことを想起しよう．よって，実数は有理数によって定義されるべきであり，また算術的操作の法則は，その結果の（実数）体系が幾何学的直線と同種の連続性ないし完備性をもつような仕方へ還元されなければならない．実数体系への有理数体系の拡張に含まれる考察は，有理数に関する上記の問いと並行的な問い：「構成された対象，つまり，切断は，本当に実数なのか」に対し新しい解答をもたらす（同じ仕方で1871/2 年と 1872 年にも論じられている）．

　さて切断は，以下の性質をもった有理数体系の分割 (A_1, A_2) であった．すなわち，A_1 中の a_1 すべてが A_2 中のすべての a_2 より小である（$\forall a_1 \in A_1 \forall a_2 \in A_2 (a_1 < a_2)$）という性質である．外延的には $(A_1, A_2) = (B_1, B_2)$ は，A_1, A_2 が，それぞれ B_1, B_2 と同じ成員をもつことと同値である．もし A_2 が最小の元 a' をもてば，切断 (A_1, A_2) は a' によって生成される（*hervorgebracht*）と言われる．必ずしもすべての切断が有理数によって生成するのではないという事実は，有理数の領域の非完備性（*incompleteness*）ないし 非連続性（*discontinuity*）を構成する．

　デデキントは §4「無理数の創造（*Schöpfung der irrationalen Zahlen*）」でも議論を続行している [Cod. Ms. Ded. III, 17]．

　　　いかなる有理数によっても生成されない切断 (A_1, A_2) がある場合，われわれは新しい数：無理数 α を創造する（*erschaffen*）．それは，こうした切断 (A_1, A_2) によって完全に定義されたと見なせる数であって，数 α はこの切断と対応する（*entsprechen*），ないしこの切断を作り出す（*hervorbringen*）と言う．よって，どの確定した切断にも，一つかつ唯一つの有理数ないし無理数が対応し（*entsprechen*），本質的に異なる切断に対応する二つの数は異なる，ないし等しくないと言う．（『無理数論』[D. 1872, §4, S. 12]）

　かくて実数系は，すべての有理数（それらから発生する切断に対応する）および新しく創造された無理数からなる，ないし有理数体系が無理数によって拡張されたものである．決定的なポイントは，実数は切断と同一視されておらず，むしろ切断と「対応する（*entsprechen*）」ということである．切断がデデキントにと

っては真正の（*genuine*）数学的対象であり，かつ実数と実数間の関係とは，対応する切断によって定義されていることである（[S&S, p. 139] rep. in [Sieg 2013a, p. 52]）．

切断 (A_1, A_2) と (B_1, B_2) に対応する，二つの実数 α, β 間の順序は，次のように定義される：$\alpha < \beta$ なのは $A_1 \subset B_1$ のときそのときに限る（任意の有理切断に関し，その切断を発生させる有理数が，例えば，常に当の切断の右部分にある場合）．実数の加法，乗法は，有理数に関して対応する操作によって定義される．例えば，二つの実数 α と β が，切断 (A_1, A_2) と (B_1, B_2) に対応するとしよう．和 $\alpha + \beta$ は次のような切断 (C_1, C_2) と対応する．ただし，C_1 は A_1 中のある a_1 と B_1 中の b_1 に関し，$a_1 + b_1$ より小なるすべての c からなり，かつ C_2 は残りの有理数からなる，とする．

乗法も類似の仕方で定義可能で，体に関する算術法則を立証する．デデキントは順序法則を立証し，実数体系が連続であることを証明している．実数体系，すべての切断の体系は，完備順序体と認められる．

注意すべきは，デデキントはここでは「創造（*erschaffen; Schöpfung*）」を，初期の議論中とは異なった意味で用いていることである．個々の数学的対象が創造されるというよりは，むしろそれらの体系が創造される．そしてこうした体系の元はすでに確立された体系の元に対応しているのである（実数の場合には，それらは有理切断に対応する）．おそらくこの新しい意味を強調するために，デデキントは手稿［D. 1871/2］と『無理数論』［D. 1872］において，「自由な創造（*freie Schöpfung*）」と言ったのであろう（[S&S, p. 139] rep. in [Sieg 2013a, p. 54]）．

さてしかし，無理数論，実数論の創造は，有理数ないし有理数体を前提し，その拡張とされた．それでは有理数体自体はどのように創造され，構成されるのか？　デデキントは続く6年間以上にわたってこの問題と格闘する．

4.3　自由な創造とモデル

さてデデキントには，実数を有理数の切断と同一視しない優れた（excellent）理由があった．その理由とは，以下の二つの典拠に求められる．すなわち，①リプシッツとの初期の往復書簡（1876）と②ウェーバー宛書簡（1888年1月24日）である．

①は，（以下［Sieg 2013a, p. 54］によると）ディリクレ『整数論講義』の第2版付録XIに含まれているが，その序論中において，既述のように，新しい算術的要素の導入ないし創造に，常に課せられるべき要求，つまり，「既存の対象による新しい数学的対象の精確な定義に関する要求と，与えられたものによるその

上への操作の一般的定義に関する要求」について，デデキントは，こう言及していた．すなわち，その要求の「適法性（legitimacy）ないし必然性」とは，「現代の用語でいえば，ペアと切断という構造が，整数，有理数，実数に関する公理群のモデルを提供するということである．こうした構造の特定の要素は，特定の数と同一視されるべきではなく，後者は抽象作用の自由な創造（an abstracting free creation）によって特定的に得られる．……もし生成的方法（genetic method）が，数学的対象の構成の基礎をなすと考え，そしてそうした対象の体系を適切な公理系のモデルと考えるなら，デデキントの公理的アプローチのやり方のうちに，生成的方法をどのように補完するのかを，きわめて明らかに見ることができる．しかし無理数を創造するためのデデキントの方法論的要求を満足させる解析学の算術化は，なお達成されていない．そのためには，自然数という構成のまさに基礎を特徴づけることが本質的だからである」[Sieg 2013a, pp. 54-5]．

②「算術的基礎（Arithm. Grundlagen）」を超える第一歩は，[D. 1872/8] の手稿において踏み出され，『数とは何か』[D. 1888] に向けて 1872-8 年の間に執筆され，修正され拡張された．この時期の最後に，デデキントは [D. 1888] と同じ表題をもつ小冊子の刊行を考えたにちがいない．それはウェーバーがデデキント宛書簡に書いている通りであろう．「私は非常な期待をもって，あなたの著作「数とは何か（*Was sind u. was sollen die Zahlen*）」を鶴首しています」（1878 年 11 月 13 日）．

『数とは何か』[D. 1888] の序説においてデデキントは，「初期の手稿がすでに，現在の私の論文のすべての本質的に基本的な考えを含んでいるのだが」と記している．デデキントが，主要点として言及しているのは，「有限と無限との明確な区別，基数（Anzahl）の概念，完全帰納法による証明（den Nachweis, ……vollständigen Induktion）（ないし n から $n+1$ への推理（Schlusses von n auf $n+1$））……帰納法（ないし再帰性）による定義（*Definition durch Induktion（oder Rekursion)*）」である（[D. 1888, p. IV]．[*DW*. 3, p. 486] 参照）．

だが手稿での強調は，もっぱら証明原理にあり，再帰的定義にはごく手短な示唆があるのみで，現代的には最後の論考がずっと多くを語っている．すなわち，詳しいメタ数学的考察やそれに基づくデデキントの省察などである．また後述のケーファーシュタイン（H. Keferstein）への書簡で主に強調されているのは，§6 の特に単純無限システムについての，同型性（isomorohism）に至るまでの存在と一意性で，これらは数の自由な創造の議論の，いっそう体系的に基礎づけられた見地の背景をなす [Sieg 2013a, p. 55]．

4.4 自然数の形成——連鎖と系

デデキントの省察は，「システム（*System*）と写像（*Abbildung*）」という基本概念を用いる論理的な枠組みの内で，自然数の斬新な概念化へと導かれている．手稿 [D. 1872/8] で デデキントはこう書いていた．

> ……われわれが，集まりやその数を数え上げる（Abzählen）ときに何をしているのかを精確に辿ると，われわれは必然的に対応（Correspondenz）とか写像（Abbildung）といった考えに導かれる．以下で，導入されるシステム（System）や写像という概念は，算術に不可欠な数や基数の概念を基礎づけるためである．たとえ基数という概念は直接明白（「内的直観（innere Anschauung）」）だと想定したとしても，そうである．([D. 1872/8] in [Dugac 1976, p. 293])

だが [Hab] における考察と 1872 年の正整数の記述との根本的断絶（*radical break*），+1 という創造的行為から，先述の「算術的基礎（*Arithm. Grundlagen*）」第 3 手稿における後者操作 φ への記法上の変化によって示唆された断絶，の基底は，こうした新しい概念的道具を使用しての非形式的分析からは，「なお数列 N の本性を完全に特徴づけるのに十全であることからはほど遠い」とされる．なぜなら，そのためにはシステム A の連鎖（*Kette*）という一般的観念の導入が必要だからである．A のシステム $\{1\}$ への特定化が単純無限系としての自然数 N の「完全な」特徴づけへと導くからである [Sieg 2013a, p. 56]（デデキントのケーファーシュタイン宛書簡 [Heijenoort 1967a, p. 100]）．

4.4.1 写像（Abbildung, Mapping）再論

ジークら [S&S, p. 142] は，（デデキント編の）ディリクレの『整数論講義』第 2 版（1871）と第 3 版（1879）の間におけるデデキントの仕事での，写像という概念の重要性を強調する．「写像」の概念は，代数的数論についてのデデキントの仕事「代数的整数論」と手稿 [Cod. Ms. Ded. III-I] 中の [D. 1872/8]：「数についての思考（*Gedanken über Zahlen*）」という固有の定式化に向かう生産的で重要な時期での，デデキントの数学的，基礎論的な仕事にとって中心的かつ広範な考察対象で，『整数論講義』第 3 版（1879）の告知中の脚注でも照明が当てられているものである．デデキントは第 4 版（1894）でもこの考察に再度言及している．それはこれらの省察が彼にとりいかに重要であるかを示す [Sieg 2013a,

p. 56].

　……すでに本書の第 3 版で述べたことだが (1879, 脚注, p. 470), 数論全体もまた, あるもの a をあるもの a' と比較し (*vergleichen*), a を a' に関係させ (*beziehen*), ないし a を a' に対応させる (*entspreche*) という, この精神的能力に基づいているのであり, それなしにはいかなる思考も可能でない.
　この思考の発展は, 私の『数とは何か』(1888) で公刊されている. (ディリクレ『整数論講義』第 4 版, §161 への脚注)

　先述のように, デデキントの 1870-80 年代に展開された集合論の注目すべき点は, 単にシステムないし集合の概念のみではなく, 写像という概念を原始的観念として使用し, 写像の理論を展開している点にある. しかも驚くべきことに, この写像概念も彼の 1850 年代の「群論研究」中の「置換 (*Substitution*) 論」の仕事から生成していたのであった (「代数講義 (Eine Vorlesung über Algebra)」[Scharlau 1981] (Cod. Ms. Ded. XV, 4)).
　また繰り返しになるが, 後年の 1879 年に書かれたテクストも, 「置換 (Substitution)」が今日の「写像」であることを明示し, こう語っていた.「数学や他の科学においても, あるシステム (System) A の各元 a がある一定の法則に従って, 対応する一つの確定した元 a' によって置き換えられ……この置換のみにより, 元 a は元 a' に移るという. 直観的には, この置換をシステム A の写像 (Abbildung) とみなす. 全数論は, こうした精神的能力によって, 事物 a を事物 a' と比較し, 関係させ, 対応させることに依拠しているのである」(ディリクレ『整数論講義』第 3 版, 1879, デデキント執筆の付録 XI, p. 470, 酒井孝一訳, p. 420).
　こうして, システム/集合と写像がデデキントの, 算術, 代数的数論, 代数, 解析学の理解の中心概念となる.

4.4.2　手稿 [Cod. Ms. Ded. III-I] [D. 1872/8] Appendice LVI, [Dugac 1976, pp. 293f.] の概略

　手稿「数についての思考」からの抜粋が, こうした発展とその重要視を表している [Sieg 2013a, pp. 51f.].
　この手稿は, 三つの異なる層を含む. ① 第 1 の層 (layer) は [Dugac 1976, pp. 293-7], ② 第 2 層は「Zahlen II, III, pp. 297-304」, ③ 第 3 層は「Zahlen IV, pp. 304-9」である.
　層の順序は, デデキントの着想の時間的発展を表している.

① 連鎖（*Kette, chains*）を介して自然数を特徴づける試み．第1層は，写像可能（*abbildbar*），対応する（*entsprechen*），像（*Bild*）といった概念を使用している．これは，1872年同様，1871年（ディリクレ『整数論講義』§1 of §159, Appendice X）で使用［Sieg 2013a, p. 57］．

② 連鎖を群（*Gruppe*）と呼び，その手稿はデデキントの著作ではじめて写像（*Abbildung*）という用語を公然と導入する．デデキントは何の説明もなしに，単射的（*deutlich（injective）*）と非単射的（*undeutlich（non-injective）*）な写像を区別する．第2層が最長の最も入り組んだ層で，それだけが有限基数を論じている．

① 第1層は，1888年の素材の最後の表現に近接し，写像を公式に研究対象に取り上げていて，上記1879年の所見や脚注と適合する．

さて「数についての思考」の各層共通の算術的内容は，以下のようである．

各層でデデキントは，システム S と S から S への写像 ϕ が単射的（*deutlich（injective）*）のとき，システム S が無限（*unendlich*）と呼ばれるのは，像のシステム $\phi(S)$ が U の部分システムであって，S の真（*echt*）部分システム（*Teile*）でもある U が存在する場合である［Dugac 1976, p. 294］（$\exists U(\phi(S) \subseteq U \subset S) \rightarrow \inf(S)$）．その他の概念は，$S$ と ϕ に相対的に定義される．

(a) S の部分システム K が連鎖（*Kette*）と呼ばれるのは，K が ϕ の下で閉じているときそのときに限る［Dugac 1976, p. 295］（$\forall K(\phi(K)[=K'] \subseteq K \subset S) \leftrightarrow \mathrm{Kette}_\phi(K, S)$）．

(b) S の部分システム B が A に依存的（*abhängig von A*）であるのは，B が，A を含む任意の連鎖の部分システムで，かつ (A) は A に依存するすべてのもののシステムであるときそのときに限る［S&S, p. 143］．

(c) 最後にデデキントは次を中心的主張とする．すなわち，(A) は一つの連鎖である．S の与えられた二つの部分システム A, K に関し，もし $A \subseteq K$ で $\phi(K) \subseteq K$ ならば，$(A) \subseteq K$．

その正当化：$A \subseteq K$ で $\phi(K) \subseteq K$ と仮定せよ．(A) 中の任意の a を考え，二つの場合分けをする．(i) a が A 中にあれば，$A \subseteq K$ から，a は K 中にある．(ii) $|a|$ が A に依存的だが，A 中になければ，つまり，A を含むどの連鎖にも含まれる場合．だが K はこうした連鎖である．よって，$|a|$ は K の部分システムで，a は K の要素．この一連のステップは，(A) の依存性による定義を除けば，『数とは何かそして何であるべきか』［D. 1888］でのそれを予示している［Sieg 2013a, p. 57］．

② 第2層の定義は，要素についての依存関係の定義である．a に依存するす

べての要素の系（a）を，aの列（Reihe）と呼ぶ（系Sとその像S'が異なるとき，Sに含まれるがS'には含まれない事物を1と表記し，1に依存する系列を（1）と表記する）［Dugac 1976, p. 298-9］．

単射的写像と無限システムSに関し，（1）は，無限システム（unendliches System）で，1と1に依存しない系列（1'）からなり，そのどの要素も数（eine Zahl）と呼ばれる［Dugac 1976, p. 300］．

完全帰納法の定理，再帰による定義の問題が提起はされているが，デデキントは右欄に次の注を施している．「nから$n+1$への証明法の正しさの証明は正しい．それに反し，概念定義（Begriffserklärung）の証明（完全性（Vollständigkeit））はnから$n+1$への方法ではこの点ではいまだ十分ではない．概念の存在（Existenz）（無矛盾（widerspruchsfrei））はなお疑わしいままである．このことが可能となるのは，ただ単射による，システム［n］の考察による!!!!!!! 基礎（Fundament）」［Dugac 1976, p. 300］）．

以上は豊穣な所見で，［Dugac 1976, p. 300-4］での諸定理とともに，［D. 1888］における主要な論点を予示する．第1に，［n］という表記が説明されねばならない．非形式的には，（1）中の任意の数nに関し，［n］はnより小かまたはnに等しいすべての数のシステムである．体系的には［n］は，［n'］には含まれない数の系と定義され，それは有限であることが示される［Dugac 1976, p. 300]（[D. 1888］ではシステム［n］はZnと表記される）．デデキントは定理として，「あるシステムBが無限（unendlich）なのは，nが任意の数を意味するとき，どの系［n］もB中へ単射写像可能（deutlich abbildbar）なら，（1）もまたB中に単射写像可能である場合である」と定式化している［Dugac 1976, p. 302］．デデキントは右欄で「面倒ではあるが，証明可能である」という所見を付している．これは［D. 1888］の§14においてデデキントの無限の定義が標準的定義（例えば，［Bolzano 1851, §§8-9］）と同値であることを確立するのに使用される，中心的で深い事実である．証明は再帰的定義を必要とし，選択公理の形をとる［Tarski 1924］．なお，ツェルメロがデデキントの証明での「選択公理」の使用について論評している［Zermelo 1908, p. 188］．再帰的等式を満足する写像の存在を一般的に確保するには，システム［n］が呼び出され，かつ写像ϕの単射性が必要である（［D. 1888，注意130］）この注意が示唆しているのは，ある固有のパースペクティヴへの，劇的なステップである．

③第3層［Dugac 1976, pp. 304ff.］は，定理31「（A）は連鎖（Kette）である」［Dugac 1976, p. 307］まで，以上の考察の非常に練り上げられた手稿である．しかしその定理の右欄に，きわめて興味深く，かつ重要な注記が続く．すなわち，

「(A) はシステム A を含む「最小の（kleinste）連鎖」である」．この層は，「自然数 NN（正有理整数）のシステム Z の直接的な取り扱い」についての簡単な所見で終わっている．以下に，その全部を引用し，デデキントが「Z に代えて N の方がよい」と右欄に書かれたことに言及しよう．

> ・・・・・・・
> システム Z の特徴づけ（*Charakteristik des Systems Z*）．T が Z の部分システム（Teil）の場合，T の像（Bild）を T' と表示すると，Z から T への単射写像（deutliche Abbildung）が存在する $[\exists \phi(\phi(T) = T' \wedge \phi(Z) = T \wedge T \subseteq Z)]$ ——それは以下のような性質をもつ．
>
> I. Z' は Z の部分である $[Z' \subseteq Z]$．
>
> II. 次のような数（つまり，Z に含まれる事物）が存在し，それは Z' には含まれない．この数は「一（Eins）」と呼ばれ，1 で表示される $[\exists n(n \subseteq Z \wedge n \not\subseteq Z' \wedge n = 1)]$．
>
> III. 数 1 を含む，ある数連鎖（Zahlkette）（つまり，Z のすべての部分システム T（その像 T' は T の部分システムだが））は，Z と同一である（$\forall T[(T \subseteq Z \wedge [\phi(T) =] T' \subseteq T) \rightarrow T = Z]$）．

この「特徴づけ」は，『数とは何か』[D. 1888] における単純無限システムに対する公理的条件と完全に対応する．すなわち，ここにわれわれはいわゆるデデキント - ペアノ公理群と称されるものの最初の定式化に出会うことになる．ペアノもその 1889 年の序文で，「デデキントの『数とは何か』(1888) に大いに負うことを認めている」[Peano 1889, p. 103]．

デデキントが，公理的特徴づけの頂点となる手稿 [D. 1872/8] において，自然数の分析を与えていたことは全く明らかである．しかし，[Belna 1996, p. 58] や [Stein 1990] に見られるさらなる主張，つまり，（無限システムの存在に関する定理の欠如以外は）[D. 1872/8] の手稿と [D. 1888] との間には，なんら本質的違いは存在しない，というのは正しくなかろう．例えば，[D. 1888] の §6 におけるようなメタ数学的な成果や広範な概念的省察は，いずれも [D. 1872/8] に含まれてはいない [Sieg 2013a, p. 59, n. 42]．

さらなる，手稿 [D. 1872/8] についての，また肝心の『数とは何か』[D. 1888] の立ち入った分析，ならびに，ヒルベルトにも関わるデデキントの「自然数の公理論的アプローチ」に関するいっそう明示的な方法論的説明（ケーファーシュタインの論評に対するデデキントの回答（[D. 1890] in [Heijenoort 1967a, pp. 99-100]：ドイツ語原文 [Sinaceur 1974, p. 272]））などには次節以降で取り

上げよう.

5 デデキントの自然数論

ではデデキントのいわゆる自然数論『数とは何かそして何であるべきか』（[D. 1888]，『著作集』[$DW3$, pp. 486ff.]）の概略を見よう（[野本 2009] 参照）．

初版序文（1887 年 10 月 5 日付）では，先述のように，「準論理主義（quasi-logicism）」的主張が鮮明に表れていた．すなわち，「証明できることは，科学においては証明なしに信頼すべきではない．この要請が実に明白に思われるのに……数の理論を扱う論理学[4]の部分，の基礎研究の最近の著述[5]でさえ［この要請を］全く満たしてはいない．私が算術（代数，解析）を論理学の一部分に過ぎないといったことから，私が数の概念を空間および時間の表象または直観には全く依存せず，むしろ思考法則から直接流れ出たものと考えていることを表明している」．また，ここでの論理主義の要点が，時間空間の表象や直観からの数概念の独立性に求められていることも明らかである．「この書の表題に掲げた問いに対する主要な解答は，数とは人間精神の自由な創造物であり」，その際の人間精神の働きの核心は，「われわれが系を数えるとか，事物の個数を求める際に，われわれは……事物を事物に関連させ，一つの事物を一つの事物に対応させ，または一つの事物を一つの事物によって写像する（abbilden）というような精神の能力」にあり，「この能力がなければ一般にどんな思考も可能ではない．しかも私の意見では，この不可欠の基礎の上にのみ数の理論全体が打ち建てられていなければならないのである」[D. 1888].

しかも，先述のように，以上のことはデデキントによれば，本書の予告版，つまり，デデキント編『ディリクレ整数論講義』（第 3 版，1879, S. 470 の付論脚注）ですでに発表済みで，「数論全体も，あるもの a をあるもの a' と比較し，a を a' に関係させ，ないし a を a' に対応させる［写像する］という精神的能力に基づき，それなしにはいかなる思考もありえない」と明記されていた．のみならず，

---

[4] 本書執筆時点ではデデキントは，現代論理学の革命をもたらしたフレーゲの『概念記法』（1879）出版にいまだ気づいてはいない．その繙読は後のことである（「ケーファーシュタインへの書簡（1890）」）．したがって，ここで言う「論理学」とは，フレーゲに始まる（高階述語論理を含む）現代論理学ではなく，本書でデデキント自身が展開するような，現在でいう「素朴集合論」の一部に相当する部分である．

[5] 原注：E. Schroeder, *Lehrbuch der Arithmetic und Algebra*, 1873. Kronecker, Über die Zahlbegriff, Werke III（1899）; Helmholz: Über Zahlen u. Messen.

この『数とは何か』刊行の意図は，すでに『無理数論』(1872) の刊行以前，ないしその直後から，中断しつつも「1872 年から 1878 年の間に……多くの数学者の閲読を受け，……この草案は本書と同じ表題をもち……本書の本質的な基礎的思考は漏れなく含んでいた．本書はそれを注意深く詳述したものにすぎない．そのような主要な点として，有限を無限から判然と区別すること (§64)，基数の概念 (§161)，完全帰納法 (すなわち n から $n+1$ への推論) という名で知られている証明法の威力の立証 (§§59-60, §80)，それから帰納法 (または再帰 (Rekursion)) による定義も確定的であり矛盾を含まないこと (§126) を挙げておく」([D. 1888] 序文)．実際，その草案の手稿 [D. 1872/8] は，先述のように，[Dugac 1976, Appendice XXXII, pp. 203-9] に収録されている．

5.1 自然数の形成——システム，写像，連鎖

上述のような省察は，「システム (System)，写像 (Abbildung)，連鎖 (Kette)」という基本概念を用いる準論理的 (素朴集合論的) な枠組みの内で，自然数の斬新な概念化へと，デデキントを導いた．

先述のように，上述の手稿 [D. 1872/8] で彼はこう書いていた．「……集まりやその数を数え上げたりするときに，何をしているのかを精確に辿ると，われわれは必然的に対応 (Correspondenz) とか写像といった考えに導かれる．以下で，導入されるシステムや写像という概念は，算術に不可欠な数や基数の概念を基礎づけるためである．たとえ基数という概念が (「内的直観」により) 直接明白だと想定したとしても，である」([D. 1872/8] in [Dugac 1976, p. 293])．

同じく先述の手稿「算術的基礎 (Arithmetische Grundlagen)」(1872) を超える第一歩は，[D. 1872/8] の手稿において踏み出され，本書『数とは何か』[D. 1888] に向けて 1872-8 年の間に執筆され，修正・拡張された．この時期の最後に，デデキントは本書 [D. 1888] と同じ表題をもつ小冊子の刊行を考えたにちがいない．それは，既述のように，「私は非常な期待をもって，あなたの著作 (*Was sind u. was sollen die Zahlen*) を鶴首しています」というウェーバーのデデキント宛書簡 (1878 年 11 月 13 日) にうかがえるからである．上述のように，『数とは何か』[D. 1888] の序文でデデキントは，「初期の手稿がすでに，現在の私の論文のすべての本質的に基本的な考えを含んでいる」と記している．デデキントが，主要点として言及しているのは，上記のように「有限と無限との明確な区別，基数の概念，完全帰納法による証明 (n から $n+1$ への推論)……再帰的帰納による定義」であった ([D. 1888, p. IV]，[*DW*. 3, p. 486])．

かくして，本書では，もっぱらいわゆる自然数列，それもまず序数が考察され

ている．先行の『無理数論』(1872) では，自然数論を前提にして，そのあと一歩ごとの数概念の拡張により，ゼロ，負数，有理数，無理数，複素数の創造がどのような仕方で，常にそれ以前の概念・数領域・演算法則を保存しつつの拡張によって樹立されるべきであるかが，連続性を含め，示されていた．デデキントによれば，「代数学や高度の解析学のどの定理も，自然数に関する定理として述べられるのだとは，ディリクレから何度も繰り返し聴いた主張で……，その論旨もすでに 1854 年夏の（デデキントの）資格請求講演で，ガウスによっても是認された」と，解析学の自然数論への還元が明言されている．

連続性と無理数についての書物 [D. 1872] への注釈として，その無理数論の構想は上記のように，すでに 1858 年に案出され，有理数の領域に生ずる (§4) 切断の研究，実数の連続性の証明が頂点 (§5, IV) をなすこと，実数論は空間の科学，幾何学とは全く独立で，後者においては図形の連続性は必要な仮定ですら全くないこと，簡単な思考の進行の，有限個のシステムによって，純粋に連続な数領域の創造にまで上昇可能であり，この補助手段ではじめて連続な空間の表象も判明なものに作りあげられる，ということが強調されていた．

『数とは何か』第 2 版序文（1893 年 8 月 24 日）でデデキントは，初版序文への注釈として，以下のように述べる．すなわち，「無限システムの定義 (§64) に利用する [再帰的] 性質については，すでに [Cantor 1878] や [Bolzano 1851] で明らかだが，しかし両者とも，その基礎の上に「数の理論（Wissenschaft der Zahlen）」を厳密に論理的に構築することを試みてはいない．私のこの著作は，カントル論文以前にまたボルツァーノの名前さえ知らないときに，その試みを完成していた」という（[D. 1888]，第 2 版（1893, SS. IX-X））．

ところで有限，無限は，写像の相似 (§26) の概念なしにも，定義可能に見える．だがそうではない．「一つのシステム S は，これを自身のうちへ写像させ (§36)，S のどの真部分システム (§6) も自身のうちに写像されなければ有限，そうでなければ無限である」．しかしそれは，自然数系列をすでに展開済みと前提して，はじめて可能なのである．

第 2 版序文 (1893) で，出版後 1 年ほど経って，フレーゲの『算術の基礎』(1884)（以下 GLA）を知った，という．それは，（この著作 GLA でフレーゲは序数ではなく，基数を扱っている）「数の本質については異なるが，例えば §79 に本書と，特に（§44 の）私の説明と，はなはだ近接した接触点を含む．表現に違いはあるが，フレーゲが n から $n+1$ への推論法について公言している（SS. 93f.）確固たる様子だけからも，著者が私と同じ立場に立っていることをはっきりと示している．そのうちに，シュレーダー『論理代数講義』I (1890), II (1891),

［III（1895）は未刊であった］が出版され，私の説を最大限に認めてくれたことに謝意を表する．……」(loc. cit.)．さらに，後述のように，デデキントはまた，フレーゲの『概念記法』（1879）も後に読んで，その第 III 部「系列論」におけるフレーゲの「後続（Folge）」という考えが，自らの「連鎖」概念と同等だということを，1890 年のケーファーシュタイン宛書簡（1890 年 2 月 27 日）で伝えていたのである．当時は公刊の実現しなかったこの書簡が，おそらくフレーゲの『概念記法』第 III 部における序数論（この，デデキント–ペアノ算術と通底する算術の基礎を，私は「概念記法–算術」と称した［野本 2012, pp. 124-34］）に対する，同じ問題と苦闘した先輩数学者による，（フレーゲは知らなかったが）史上初の理解ある評価であろう．

5.2　ケーファーシュタインとの往復書簡（1890）

　さてハンブルグの（工科）高等専門学校上級教師ケーファーシュタインが，フレーゲ［GLA］とデデキント［D. 1888］への書評論文を「ハンブルグ数学協会報告」に発表した［Keferstein 1890, SS. 119-25］．デデキントは，その書評およびデデキントへのケーファーシュタインの修正提案が基本的な誤解に基づくものだとして，三つの主要論点に対し，長文の断固たる反論「無限概念について（Über den Begriff des Unendlichen）」を執筆した．そしてデデキントは，それを書簡とともにケーファーシュタイン宛に送付し（1890 年 2 月 6 日．rep. in [Sinaceur 1974, pp. 259-70]．以下［Sin. I］と略記)，同協会がその反論を出版するか，またはケーファーシュタインが誤解を承認することを求めている（[Sin. I, pp. 259-69], in [Heijenoort 1967] の短い解説，p. 98）．1890 年 2 月 14 日にケーファーシュタインは，デデキントの論文の受領を確認し，次回の数学協会の会合で，その出版を提案し，提案は受け容れられると確信すると伝える．だが，自らのデデキントへの批判，特に第 3 点（後述）が単なる誤解に基づくとは考えない，という．

　1890 年 2 月 27 日にデデキントは再度，ケーファーシュタインに自然数の自らの考えの発展についての卓抜な概観を含む，長文の書簡を送っている．そのなかで，自らの構想がたまさかに選択されたのではなく，その一つ一つが深い正当性をもつことを示そうと試みている．そのことは特にケーファーシュタインが消去を提案している「連鎖」の概念に当てはまる，と主張する（1890 年 2 月 27 日．rep. in [Sinaceur 1974, pp. 271-8]．以下［Sin. II］と略記)．同年 3 月 19 日にケーファーシュタインはデデキントに返信し，ハンブルグ数学協会でデデキントの書簡も用いて講演する許可を求めている．デデキントは 1890 年 4 月 1 日の返信

で喜んで許可を与え，「連鎖」の概念に数行の説明を付加している．だがしかし，同年12月19日に，ケーファーシュタインはデデキントに，協会編集会議が，デデキントの反論もケーファーシュタインの回答も掲載不可としたこと，理由は，報告集の紙幅不足と，デデキントの回答が元来のケーファーシュタインの批評よりも長いということであった．

ケーファーシュタイン宛最後の書簡（1890年12月23日．rep. in［Sinaceur 1974, pp. 251f.］．以下［Sin. III］と略記）で，デデキントは手稿の返却要求とケーファーシュタインの「反論」コピーの受領を伝え，論争と書簡に多大の時間を要したことは遺憾だったし，ケーファーシュタインの反論は依然多くの誤解を含むと述べている．

だがデデキントが費やした時間と労力は全く無駄だったわけではない．この書簡は，デデキントの考えについて，デデキント自身による比類ない概説を残してくれたのである[6]．

以下で，まずケーファーシュタイン宛の第2信［Sin. II］から，『数とは何か』［D. 1888］刊行に至る，デデキントの払った数年以上の苦闘にふれておこう．それに続いて，ケーファーシュタイン宛の最初の書簡［Sin. I］，および最後の書簡［Sin. III］での，デデキント自身による，要点の解説を交えながら，デデキントの自然数論，無限論［D. 1888］（特にデデキントが「数の理論」と称するメタ的探究）について，概観しよう．

デデキントは，誤解に基づくケーファーシュタインの批評と，安直な修正提案に対し，自らの著作［D. 1888］の生成過程を表す，次のような自らの「思考の歩み」を伝えている．「どのようにこの論文が生まれたのか．もちろん一挙になされたのではない．それどころか，いわば［通常の算術の］経験に合うような提示法での，自然数列の予備的な分析に基づき，長い労苦の果てに樹立された綜合なのである」［Sin. II, p. 271］．

デデキントは，この書簡で自然数列に関する自らの基本的な課題を，こう提示している．

　　自然数列 N の相互に独立な基本的性質とは何であろうか．……どのようにして，こうした性質から，その特殊算術的性格を剝ぎ取り（entkleiden），

---

[6] U. B. Göttingen, *Cod. Ms. Nachlass Dedekind*, 13, in M. A. Sinaceur: L'infini et les nombres. Commentaires des R. Dedekind à «Zahlen». La correspondence avec Keferstein in: *Revue d'histoire des sciences*. 1957, Tome 27 n. 3, pp. 251-78（簡略な部分英訳・解説は［Heijenoort 1967, pp. 98-103］に収録）．

その結果いっそう一般的な概念の下に，そして悟性（Verstand）の働きの下に服させるのか？ しかもそうした働きなしには，いかなる思考も可能でなく，それによって，証明の確実性と完全性，および無矛盾な概念定義形成のための基礎が与えられるのである．[Sin. II, p. 271]

すなわち，デデキントの基本課題が，算術的概念を一般化・抽象化し，その基礎を思考の基本的な論理的（実際には素朴集合論的，構造的）性質にまで掘り下げて，その基礎からの算術の基本法則の証明と，その完全性や概念定義の無矛盾性を示すような，「数の理論」，算術の抽象モデル構成，ないし数論のメタ数学的探究を行うことにあったこと，を物語る．

さてケーファーシュタイン宛の最初のデデキント書簡［Sin. I］での主要な争点は以下の3点である．

① デデキントの無限数列に至るまでのシステム（System）の一般的定義およびその存在証明に対するケーファーシュタインの批評は，システム（クラス）間の同値関係とその同一性との混同に基づく誤った議論である［Sin. I-①, pp. 260-3］．

② 無限システムについてのデデキントの定義とそれに付したデデキントの注とが矛盾するというケーファーシュタインの指摘は，単なる表現上の言い換えを，矛盾と誤解したものである［Sin. I-②, pp. 263-5］．

③ デデキントの単純無限システムに対するケーファーシュタインによる代替案は，連鎖の概念を避け，結果的に数学的帰納法の放棄を招き，自然数論のための十全な基礎を提供しえない［Sin. I-③, pp. 265-9］，というものであった．

以下，ケーファーシュタインの批評に対するデデキントの反論の各論点を（適宜，上記の第1信での争点も含めて），［D. 1888］の主要な各関連箇所を提示しつつ，その箇所に対するデデキント自身による解説として，詳しく言及することにしよう．

デデキントの課題のポイントは，自然数列 N の基礎を，「特殊算術的性格を剥離・抽象」し，「システム，写像と連鎖」といった集合論的・構造的な概念装置を介して，「最小数をふくむ連鎖」としての，相互恒等的な（カテゴリカルな）「単純無限システムの類」として「数の理論」を「公理的に構成」し，さらにそうした概念定義の「無矛盾性」を一種「モデル論」的に示すことである，と思われる．

まず N の基礎を与えるはずの公理的一般的集合，システム（System）論の構

成が行われる（以下「…」内は [D. 1888] ないしデデキント自身の解説 [Sin. II] の引用である）．解説 [Sin. II] でのデデキントの各論点を，D(1)，D(2) 等で表記する）．

5.3　基本概念
　　——要素，システム D(1)，写像 D(2)，写像の相似性 D(3)，連鎖 D(3)-1

　　数列 N は，「数」と呼ばれる，個体ないし要素のシステム（System）である．このことは，システムそのものの一般的考察に導く（§1）．[Sin. II, p. 272]

§1「要素とシステム」では，こう記されている [D. 1888].

　　相異なる「要素」（記号 $a, b, c, \cdots$ によって表される事物（われわれの思考の任意の対象））をある共通の見地から捉えて精神（Geist）において総括し，「システム」を構成する．[Sin. II, p. 272]［この「システム」の捉え方が心理主義的だと，[GGA, 序論] でフレーゲが批判している.］

しかし一方で先述のように，「システム S」は，「一々の事物が S の要素であるか否かが確定すれば，確定する」（第2項）とも述べていて，「システム」のこの一種外延性の主張は正しいとフレーゲも認める [GGA. loc. cit.]．そして部分システム [$A \subseteq B$]，真部分 [$A \subset B$]，合併 [$A \cup B$]，共通部分 [$A \cap B$] 等の各定義と諸定理が述べられる（[D. 1888, 第3-17項]）．こうして，直観的に了解されている通常の算術から抽象され一般化された，任意の思考対象 s を要素とするシステム S に関して，包含⊆，合併∪，共通部分∩による構造化がなされるわけである．

5.3.1　基本概念——写像 D(2)

　　システム N の要素には互いに一定の関係に立つ一定の順序が得られ，まず，順序の本質が次のように求められる．つまり，各特定の数 n には，後続する特定の数 n'，つまり，次に大きい数が属することから，系の写像 ϕ という一般概念に至り [D. 1888, §2]．そして，どの数 n の像（Bild）$\phi(n)$ もまた数 n' で，それゆえ，$\phi(N)$ は N の部分だから，ここでわれわれはシステム N

のそれ自身への写像に関わっていることになる．それで，それ自身への写像について一般的な考察が必要となる．[D. 1888, §4] [Sin. II, pp. 271-2]

つまり，[D. 1888, §§2-4] でもう一つの鍵概念である，数の後続の一般化・抽象化である「システムの写像ϕ」や「像$\phi(s)$」の定義，特に「合同（identisch）写像」（どの要素もそれ自身へと対応・生成・移行させる写像）の定義と，その諸定理等が与えられる．概括すれば，要素間の関係は，SからSへの写像ϕによって与えられ，しかもϕは単射（deutlich）・相似（ähnlich）でなければならない．ϕの下でのSの像$\phi(S)$はSの真部分で，以下でさらに，1はその像中にない唯一の要素，とされる．

システムの写像に関わる[D. 1888] §2には，先述のように，実はすでにディリクレの『整数論講義』への付論（第3版，1879, §163）でのデデキントの定義が先行していた．すなわち，システムSの「写像ϕ」とは一つの法則で，この法則にしたがって，Sの一々の確定した要素sに確定した事物が「属し」，これをsの「像」$\phi(s)$，また$\phi(s)$は要素sに「対応する」，写像ϕから「生じ」「生成された」sは，ϕにより$\phi(s)$に「移行した」ともいう．最も簡単なシステムの像は，どの要素もそれ自身へと移行させる写像，「合同写像」$\phi(s)=s$である．s, tの合同写像の像はs', t'と表記される．重要なのは，「1がその像中にない唯一の要素，最小数」だという考えである．かくてデデキントによれば，中心的な方法論的問題は，最小数1へのϕの反復的適用によって得られる個体の精確な構造的特徴づけを，算術的表記を前提せずに，論理的/集合論的用語で一般的に与えることである．だがその前にデデキントはシステムSおよびSからSへの任意の写像ϕと相対的に，先述の手稿（1872/8）の第3層で得られた，Aを含むすべての連鎖の共通部分としての，システムAの「連鎖A_0」の一般概念を与える．連鎖A_0は明らかにAを部分システムとして含み，操作ϕの下で閉じており，またAを含む連鎖中の最小である．これらの諸性質が連鎖A_0を一意的に特徴づける．

5.3.2 基本概念——写像の単射性ないし相似性 D(3)

異なる数aとbには，異なる数a'とb'が後続する．それゆえ，写像は，単射性（Deutlichkeit）ないし相似性（Ähnlichket）という性格をもつ．[D. 1888, §3]

実際[D. 1888] §3で，「写像の相似なシステム，逆写像，各システムの自身

との相似［全単射的（bijective）］，「類（Klasse）」［同値類］とその「代表（Repraesentante）」等の定義と諸定理が導入される．ところでこの「代表 R」に関しては，「すべてのシステムを，クラスに分配し，一つのクラスには，その代表となるシステム R と相似なシステム $Q, R, S, \dots$ をすべて集めることができる」（第 34 項）といわれている[7]．

5.3.3　基本概念——連鎖と「完全帰納法」D(3)-1

[D. 1888] §4 では「システムの自身の中への写像［$\phi(S)\subset S$］」に基づく「ϕ-連鎖（Kette）」が S'［$=\phi(S)$］$\subset S$ として定義され，諸定理が証明される．第 44 項の連鎖 A_0 の定義では，$A\subset S$ で，かつ A を部分システムとするすべての ϕ-連鎖 S の共通部分 A_0 は，自身も ϕ 連鎖ゆえ，「システム A の ϕ 連鎖」ないし単に A の ϕ 連鎖と呼ばれ，$\phi_0(A)$ とも表記される．

[D. 1888] 第 59 項では，「完全帰納法」の定理「連鎖 A_0 が任意のシステム Σ の部分システム（$A_0 \subseteq \Sigma$）である」が，（ρ）「$A\subseteq \Sigma$」と，（σ）「A_0 と Σ とのどの共通要素の像 ϕ［$A_0\cap\Sigma$］も，Σ の要素である」ことにより証明されている．

[D. 1888] 第 60 項では，この第 59 項が，自然数列に関する「完全帰納法」（n から $n+1$ への推論）の証明法の基礎を形成するとされる．連鎖 A_0 のすべての要素がある性質 F を有するには次のことを証明すればよいからである．

ρ．$\forall a[a\in A \to Fa]$　　σ．$\forall n[n\in A_0 \to [Fn\to Fn']]$

5.4　デデキント無限——単純無限システム（D-UES）D(4)

必ずしもすべての数が後者 n' であるわけではない．つまり，$\phi(N)$ は N の真部分なのである．このことに（先行のことと込みで），数列 N の無限性（$Unendlichkeit$）が存するのである．[D. 1888, §5]［Sin. II, p. 273］

第 64 項では，ボルツァーノ［Bolzano 1851, §13］やカントルが述べていたことを，無限についての自身の異なる哲学的考えと厳密な定義にあわせて変形し，自身の証明を与えたと，注解している．すなわち，[D. 1888, §32] より「各システム S は自分自身の真部分と相似・対等［ϕ-全単射的］ならば，S は［いわゆるデデキント］無限（Dedekinds Unendlichcs (S), D-UES (S)），そうでない場

---

[7]　ただし，上記の代表 R の無限クラスの存在は，「選択公理」に依存する，ないし「選択公理」の特殊事例に相当することが，ツェルメロらにより指摘されている（[Zermelo 1908]［Sieg 2013a, I. 1. p. 58, n. 40]）．

合は「有限」システムと定義される」(loc. cit.). なお，デデキントはこのことを，1882 年にはカントルに，その数年前にシュヴァルツ（H. Schwartz），またウェーバーに伝えていたという．

ところで，公理的特徴づけの頂点になる手稿［D. 1872/8］においてすでに，デデキントは，自然数の分析を与えていたのである．また無限システムの存在証明の必要性も議論されている．のみならず，カントルからデデキントへの書簡（1882 年 10 月 7 日）（カントルはその書簡とともに，ボルツァーノの無限の客観的経験に関する小冊子をデデキントに送っている）を通じ，デデキントはボルツァーノの証明を知っていた，と考えられる（［Dugac 1976, p. 81, p. 88］，［Sinaceur 1974, p. 254］，［Belna 1996, pp. 37-8, 54f.］，［F, pp. 243-6］）．

5.4.1 単純無限システムの無矛盾性証明 D(4)-1

デデキントは，［D. 1888］中でこうした単純無限概念の無矛盾性証明への問いを提起，つまり，単純無限システム（einfach unendliches System, EUS）といった「システムは，われわれの思想世界に存在するのだろうか」と問い，そして，その無矛盾性をあるモデルの「存在証明」によって示そうとする．肯定的な解答が，「論理的存在証明（der logische Existenz-Beweis）」［D. 1888］として与えられる．ケーファーシュタインへの最初の応答では，デデキントはもっと強く次のように主張する．「こうした証明が与えられない限り，システム N の上記のような定義が内的な矛盾を含んでいるのではないか，その場合には，算術の確実性が失われないか，という懸念が残りうる」［Sin. I］．［D. 1888］中での定理 66 と定理 72 の証明が必要とされるゆえんである．

さらにケーファーシュタインへの第 2 書簡［Sin. II］で，デデキントは，数系列の無矛盾性・存在証明の必要性を再確認している．

5.4.2 無限の存在定理——論理的な存在証明 D(4)-2

以下，後述のように，デデキントは「単純無限システム，そしてその抽象型（der Abstrakte Typus）が数系列 N なのだが，その本質的性格を私の分析（第 71 項と 73 項）で認識した後でも，次の問いが生じる．すなわち，こうしたシステムは，われわれの思想世界にそもそも存在するのかどうか．論理的な存在証明なしには，こうしたシステムといった概念が内的矛盾を含まないのかどうかは，つねに疑わしいままであろう．それゆえこうした証明の必要性がある」という［Sin. II, p. 275］．

決定的考察は，定理 66 の証明中で提示される．以下，［D. 1888］の対応する

5 デデキントの自然数論

本文を見よう.

第66項「無限の存在定理：無限システムが存在する」．その存在証明のため，デデキントはある特異な「私の思想世界（Gedankenwelt）」に訴える．「思想世界」とは，「私の思考（Denken）の対象でありうる（sein können）すべての事物 s の全体（Gesammtheit）[S]」と定義される．s を S の要素とすれば，「s が私の思考の対象でありうる」という思想 s' は，それ自身 S の一つの要素である．というのは，s から s' への「思考」という操作 ϕ は，一意的・単射的（deutlich）で，かつ像 S' のシステムは S の真（echt）部分である．なぜなら，例えばデデキント自身の「自我（Ich）」は，S 中には含まれるが，S' には含まれない．よって，ϕ を伴う S は無限（unendlich）システムである．最後に，「a, b が S の異なる要素なら，その像 a', b' も異なるのは明らかである」．よって写像 ϕ は単射的・相似な写像である．

「事物（Ding）」「システム」は，先述のように，すでに 1872/8 年初頭の手稿で導入済みで，「ある事物とはわれわれの思考の任意の対象」であり，また事物の S のシステムの外延性は，先述のように，「ひとが任意の事物について，それがこのシステムに属するのか，そうでないのかを判断できる場合である」といわれている．

単射的な単純無限システム（EUS）は，三つ組 $\langle 1, N, \phi \rangle$ として，ないしは，デデキントの定義から後述の（α-δ）の4条件（[D. 1888] 第71項）を満足する（現代のモデル論風には）「構造」として定義される [Sieg 2013a, p. 71]．これらの条件はペアノの公理群に対応する．

ケーファーシュタイン宛の書簡 [Sin. I] でデデキントは，定理66の一見奇異な証明を再現し，それが単に正しいと考えるだけでなく，厳密に（streng）正しいと，主張している．デデキントは「……という思想 s」を，文または判断の形で表現可能だと考えていて，何か心理的な表象と見なされるべきでないことを示す[8]．

またデデキントは，[D. 1888] 定理66の脚注で，「同様の考察がボルツァーノの *Paradoxien des Unendlichen*（1851）§13 に見出される」と，述べている．二人の考察との類似性は，ボルツァーノの議論を，文という形で表現可能な「思

---

[8] 「思想（Gedanke）」という用語について，「デデキントの用法は私のそれと一致する」とフレーゲが明言しているように（[L[II], S. 142] in [NS, p. 145]），デデキントは，主観的な表象や個々人が実際に考えた思考内容とは異なった仕方で使っている．フレーゲの見解も含め，デデキントの「思想世界」については，改めて後段で取り上げるが，デデキントは，思想 s' が彼の思想 s' についての思考の対象 S の要素でありうるということ，思想が主語-述語構造をもつということを，自明だと考えている．

想」に適合する解明の形でのデデキントの議論と比較すると，特に目を引く．ボルツァーノは，「文の集合と真理自体」とは無限の合成性をもつということを示した．それは，どの真なる命題 A からも，別の新しい真なる命題「命題 A は真である」へと進むという再帰的な構成原理によって達成されている．ボルツァーノは真理 T の連鎖から構成されるすべての命題のこの集合が「すべての個々の整数を超出する合成性，つまり無限を享受する」と結論している．先述のように，デデキントは，カントルやボルツァーノがすでに，上述の（再帰的）合成性を認識してはいたが，しかし両者とも「この性質を無限の定義に使用することも，それを基礎に厳密に論理的に数の理論を構築しようとはしなかった」という（[D. 1888]，第 2 版 (1893) の序文 IX-X）.

一方デデキントは，彼の「思想世界」を無限システムの事例的モデルとして用い，自らの単純無限システムと自然数論の無矛盾性を示そうとしているわけである．

ところで上述のケーファーシュタインの批評の論点②は，[D. 1888] の第 64 項の下記の定義と，それに付されたデデキントの注での「S が無限というのは，S の真部分の中へ，自分自身へと相似的に写像するような，S の真部分が存在する」とが衝突するという批判であった．この批評に対し，デデキントはそこには何の齟齬もないと次のように応えている [Sin. I, p. 263].

「無限」の定義 64 [D. 1888]:「あるシステムが無限といわれるのは，それ自身の真部分系に相似のとき（定義 32）」，つまり，定義 32「系 R, S が相似なのは，$\phi(S) = R$，また逆写像 $\bar{\phi}(R) = S$ であるような S の相似写像が存在する」においては，「相似」という術語を使用しているが，定義 64 の注では，それを避けて，「S が無限であるといわれるのは，S がその中で単射的に（相似に）写像されるそうした真部分系が存在する」と，定義 26「あるシステム S の写像 ϕ が相似（単射）といわれるのは，システム S の異なる要素 a, b が常に異なる像 $a' = \phi(a), b' = \phi(b)$ に対応するときである」に言及しつつ，注記がなされ，「論理学者，数論研究者の関心に沿うように」，言い回しを替えているのみだと回答している．

他方でしかし，「（無限システムの存在定理の欠如以外は）手稿 [1872/8] と『数とは何か』[D. 1888] との間には，なんら本質的違いは存在しない」というベルナ [Belna 1996, pp. 37-8, 54f.]，フェレイロス [F, pp. 243-6] らのさらなる主張には，疑念が残る．

例えば，1854 年には，デデキントは概念の導入をある理論の内的本性に関わる仮説を定式化することだと見なしていた．だが [D. 1888] には「単純無限システム」という概念の導入は，数の理論の本質的性格に関する仮説の定式化以上のも

の，むしろ人間の精神的能力——「それなしにはいかなる思考も可能でなく」，それとともにわれわれが「全数論」を生起させる本質的基底への洞察から生じてくるものとなる」（[D. 1888] 序文 III-IV）と言う．また §6 におけるようなメタ数学的な成果や広範な概念的省察は，いずれも手稿 [1872/8] には含まれていない．

5.4.3 無限システムのモデルとしての「思想」D(4)-3
—— 手稿（1872/8）から草稿（1887）へ

手稿（1872/8）と [D. 1888] との叙述は，非常に異なっており，デデキントに他の中間的手稿，ないしこの概念的数学的ギャップを架橋するような付加的覚え書きがあるのではないかと，ジークらは推測する．公理群の無矛盾性証明ないし「モデル」を与えるという争点は，すでに当時緊急事であったようで，ジークらは，デデキントの無限システムの存在証明に関し，[D. 1888] の未刊の第2草稿（[D. 1887a] in [Cod. Ms. Ded. III, 1, II. §4]「有限と無限」）および第3草稿（[D. 1887b] in [Cod. Ms. Ded. III, 1, III.]）の以下の箇所を挙げている．

> 定義 40．Sが無限システムと呼ばれるのは，Sの像がSの真部分であるような，Sからの単射的写像が存在するときである．その反対の場合Sは有限システムである．[強調はデデキント]

定理41は，もしTが有限なら，単元集合 |a| とTとの合併 S（S=(|a|∪T)）も有限システムであるということから出発して，その最後で「無限システムの存在」を主張している．

デデキントは「所見」で，次のような定理を（上記の）定義40に付加しうると述べている：「定理：無限システムが存在する．私の思考の対象になりうるもののすべてからなるシステムSは無限である（私の思想世界）」[D. 1888]．この定理は，[D. 1888] 本文とほぼ同じ性格をもつ証明によって確立される．

さて，ケーファーシュタインの批判の最初の論点①は，まさにこの一見奇異で哲学的な「無限の存在証明」に関わる．上記デデキントの無限システム一般の定義（[D. 1888] の第64項），私の思考の対象でありうるような，すべてのものの全体性への関連を通じてなされる無限システムの存在証明を，ケーファーシュタインは，明白な失敗であり，またそうならざるをえない，と見なす．だがデデキントは，先述のように，この反論が，システムSとSの真部分の間の相似性（[D. 1888] の第32項，第36項の定義）と，事物の同一性（相等性）との混同

に基づく誤りだと見なす．そして，第 66 項の存在証明を再掲して，「その証明は厳密に正しい（streng richtig）として堅持する」と主張する［Sin. I, p. 260］．

その上で，「いささかも新しいことを持ち込みはしないが，ただ解説のためだけに，私は以下のことを補足する」として，次の 3 点について，［D. 1888］におけるよりは詳しい補足説明を与えている［Sin. I, pp. 260f.］（ただし，論点②にはすでに言及したので，省く）．

特に注目に値するのは，「思考」の内容，デデキントの言う「思想（Gedanke）」，「思想世界」は，単に心理的ないし主観的な表象（Vorstellung）ではなく，また単に何らかの場違いな哲学的意匠の持ち込みでもなく，例えば，先述のように，s' をシステム S の要素とすると，「s が私の思考の対象でありうる，という思想」（［D. 1888］の第 66 項）や，主語 - 述語構造を備えた，判断の客観的内容，フレーゲの「判断可能な内容」（BS）にまさに通底し，実際，フレーゲのいう「思想」と（L[II] in [NS, S. 142, S. 145]，[SB]［GGA. I］［G］）重なるものである（［野本 1986; 2012］参照）．

フレーゲの上記遺稿論文（L[II] in [NS]）（それは，フレーゲの「思想」論文 [G] に始まる諸論考を 20 年遡る，その先触れである）中，「思想」の客観性，思考者からの独立性を引き出す文脈に付された，デデキントの「定理 66」の無限の存在証明に関するある種の循環性の指摘を含む，興味深い箇所であるので，その要旨を注で紹介しておこう[9]．

さて，無限に多くの思想はまだ思考されてはいないとすれば，上の無限に多くの思想 $\phi(s)$ には，思考されていない思想が無限に多く存在するはずだから，思考の対象となっているということは，思想にとり本質的な要件ではないことになる．思考された思想だけしか存在しないのなら，'$\phi(s)$' という記号は常に意味を

---

[9] フレーゲは，前注 8 でふれたように，この長い注 2 [NS, SS. 147-8] で，デデキントが [D. 1888] で「思想（Gedanke）」という語を，自分と同じように用いていると認めている．だが，単純無限システムの無限性証明には「無限に多くの思想の存在」が必要とされ，そしてそれには，各思考者から独立の客観的な「思想」の存在を前提せざるをえない，という見解を引き出している．だが，しかし，それには「無限に多くの思想の存在」が必要とされるゆえ，何らかの無限公理を立てない限り，循環性を免れないであろうと指摘する．すなわち，「その定理 66 で，自らの思考の対象となりうるすべての事物の全体は無限だと証明しようとする．s をそうした対象とすると，$\phi(s)$ は彼の思考の対象となりうる思想，と呼ばれる．よって，$\phi(\phi(s))$ は，s が彼の思考の対象となりうる思想は，彼の思考の対象でありうる，という思想である．ここから，$\phi(\phi(\phi(s)))$，$\phi(\phi(\phi(\phi(s))))$ 等が，何を意味すべきかがわかる．この証明で本質的なのは，'s' という文字がそうした対象を表示するとただちに，「s がデデキント氏の思考の対象となりうる」という文は常に思想を表現するということである．ところで，s のような対象が無限に多く存在するとすれば，$\phi(s)$ のような思想もまた，無限に多く存在しなければならない．しかしデデキント氏が無限に多くの思想を抱いてはいなかったと想定しうるし，デデキント氏の思考の対象となりうる思想が，すでに他のひとによって無限に多く抱かれていたと想定することもできない．論点先取になるからである」．

もつとは限らないことになる．こうした場合，'$\phi(s)$' は，変数のすべての値に対し収束するとは限らない数列に似ており，その数列は無限には続かない．同様に，思考された思想しか存在しなければ，'$\phi(s)$', ……は無限には続かない．ここからフレーゲは，それゆえ，「デデキント氏の証明の説得力は，思想はわれわれの思考とは独立であるという仮定に基づくもので，それは「思想」という語に全く自然なものだ」，という見解を引き出している．

だが，思考者から独立で客観的な思想の存在を想定しても，なおそうした思想が無限に存在するという一種の無限公理として立てなければ，依然循環性は免れないであろう．もっとも，フレーゲ自身が，こうした思想の無限存在を，算術の基礎づけに使用したわけではない．

なお，現在では，無限集合の存在は集合論の他の公理からは導けず，公理として仮定せざるをえないことが知られている（渕野昌訳『数とは何かそして何であるべきか』，付録C，定理25（a）および「訳者による解説とあとがき」pp. 297ff. 参照）．

さてケーファーシュタインへの回答中の，デデキントによる説明［Sin. I］に戻るとしよう．

ⓐ「まず，先の証明中でのシステムSの確定した写像ϕの定義，すなわち，Sのどの要素sにも，(文，判断の形式で表明される) 思想が，相応する像$s'=\phi(s)$として，対応する．この後者の要素sは私の思考の対象でありうる．すると，この思想sは私の思考の対象でありうる（例えば，私は，この思想s'について，それは自明である，とか，それは主語と述語をもつ，とか等々を，思考することもできるのだから，同様に，s'は（Sの定義により）Sの要素であり，よって，像$S'=\phi(S)$はSの部分である（つまり，Sはϕによってそれ自身の中へと写像されるのである）」［Sin. I, p. 262］．

ⓑ「第2に，私の自我（Ich）は，私の思考の対象でありうるから，Sの要素である．だがしかし私の自我は，それ自身が一つの思想なのではない（確定した主語・述語をもつ文の形式で表現可能な判断ではない）ので，それは上記のどの像s'とも異なり，したがってまた，S'にも含まれず，よって，S'はSの真部分なのである」［Sin. I, p. 263］（［D. 1888］定義. 6）．

この，思考対象にはならずして，どこまでも思考の主体であり続ける，いわばデカルト風の「自我」それ自身は，思想世界Gに属さず，「一つの思想ではなく，どの像s'とも異なり，したがってまた，S'［$=\phi(S)$］にも含まれない」独自な要素，個体，対象であり，「基本数1」の抽象的対応物，「基本要素」と見なしうる．そしてこうした「自我（Ich）」と（〈思考する（Denken）〉［ϕ_d］によって順序付

けられた）思想世界 G との，三つ組 $\langle \text{Ich}, G, \phi_d \rangle$ は，以下の連鎖を介しての一意的な「単純無限システム」の，いわば，特殊事例的モデルと見なしうる．

ⓒ「第 3 に，a と b は S の異なる要素だから，その像 a', b' も異なる．というのは，主語 a の思想 a' は主語 a について関わるのだが，思想 b' は主語 a にではなくて，主語 b に関わるのであり，したがって，ϕ は S の相似写像なのである（定義 26）．よって，システム S はその真部分 $S' = \phi(S)$ と相似であり，したがって，S は無限システム（定義 64）なのである，等々」[Sin. I, p. 263]．

ところで，ケーファーシュタインは，最後にさらに，上記のデデキントの単純無限システムの定義（定義 64）やその存在証明（第 66 項）を斥け，争点③として代替案を提起する．だがデデキントによれば，実際には，ケーファーシュタインは何ら代替となるような存在証明を提出してはいない．その代替案は，連鎖の概念を避け，結果的に数学的帰納法の放棄を招き，自然数論のための十全な基礎を提供しえない，というのが，デデキントの反論であった [Sin. I, pp. 263ff.]．

5.5 デデキント抽象と創造 D(5)

ここで再度，デデキントのいう抽象化と創造，またメタ数学的な「数の理論」と称される構想とはどのような構想なのかを再確認しておこう．

5.5.1 抽象化と創造 D(5)-1

『数とは何か』[D. 1888] についてのケーファーシュタイン論評に対するデデキントの公式の回答は，先述のように，書簡 [Sin. I], [Sin. II] ないし [Sin. III]（実質はないが）に認められる．デデキントはこの文書中で，自らのメタ的な方法論的考察を，[D. 1888] そのものにおけるよりも，はるかに明示的に行っている．実際この書簡でデデキントは，動機をなす問題ならびに抽象化によるメタ的考察をいっそう明瞭に提起している．より詳しく再掲すれば，

> 列 N の互いに独立の基本的性質……とは何か．そしてどのようにしてわれわれは，この性質をその特殊算術的な性格を剝ぎ取り［剝離し］(entkleiden)，それなしにはそもそも思考が可能でなく，しかしそれとともにまた，無矛盾な概念定義の形成と，証明の確かさと完全性とのための基礎が与えられるのだが，そうした類の一般的概念および悟性のそのような働きの下に，どのようにして N の基本的性質を服させるべきであろうか？ ([Sin. II, pp. 271f., pp. 163-4] in [Heijenoort 1967, pp. 99-100])．

抽象化と創造について，デデキントが，重ねて詳しく説明する背景には，[D. 1888] の刊行当時，デデキントの自然数論が，通常了解されている数概念からかけ離れたひどく抽象的なものだという批判が，数学者を含めて，一般的だったという背景があるだろう．しかしデデキント自身，そうした反対論を予見し，「単純無限システムの抽象型が，数系列 N だ」ということをケーファーシュタイン宛書簡で特に注意して明確にしていたと考えられる．通常算術において直観的に了解されている自然数をデデキント自身が，「私の提示する虚ろな形象の中に，[現場の数学者を含め] 多くの人々が，彼らの慣れ親しんだ……彼らにとっての「数」を見出すことがほとんどできない，という感想をもつだろうということも承知している．……彼らが想定しているところの内的直観により最初から明らかで確実であるように見える真理の証明を（簡単な推論の段階的な長い列を一歩一歩）追っていくことに，我慢ができなくなるだろう」（[D. 1888] 序論）とはっきり予想していたのである．実際また [D. 1888] 出版直後に行われたヒルベルトによるベルリンはじめドイツの多くの諸大学歴訪では，老若多くの数学者たちがデデキントの新刊書を話題にしていたが，1888 年のヒルベルトの報告では，大方の数学者の反応は，デデキントの予想通り，つまり，たいていの反応は否定的ないし敵対的であり，デデキントの驚くべく斬新で，徹底した抽象的なアプローチを理解し評価することがいかに困難であったかを告げている [Sieg 2013a, p. 35]．

だが，いわゆる「デデキント抽象」については，実はすでにそれに先立つ 1887 年の草稿中に，抽象の結果に関するいっそう拡大された明示的な定式化を見出すことができるのである．

　　抽象（Abstraktion）によって，N の元来与えられた要素 n が新しい要素 n に，すなわち数に（したがって N 自身も新しいシステム N [立体 N と斜体 N に注意]）に変換する（umwandeln）のである．よって，数はその現存（Dasein）を精神の自由な創造（eine freie Schöpfung des Geistes）に負っているということが正当化される．……以上のことによって，本質的なものを何も変更せず，内密に不法な仕方で何かを手に入れることなしに，確信をもって再帰的定義に関する定理を使用してよい．（[D. 1888] §5 冒頭）

この草稿の以上の部分が，いわゆる「デデキント抽象」の最も明瞭で最も直接的な定式化である．それは明らかに，『無理数論』[D. 1872] の，実数（に対応するものとしての「切断」）の創造という精神からの帰結である．この新しく創造された対象は，「自然数・順序数」もしくは簡単に「数」と呼ばれてはいるが，

しかしそれら個々の数が「数の理論」の主題だというよりは，むしろデデキントのメタ数学的探究の直近の対象・主題は，相似的写像，単純無限な連鎖システム，直観的算術の「抽象型 (*der abstrakte Typus*)」であり，そうした抽象型の無矛盾性・一意的存在の証明だといえるであろう．

5.5.2 メタ数学としての「数の理論」——「抽象型」の創造 D(5)-2

以上のように，デデキントの連鎖の理論と自然数のデデキント‐ペアノ公理系のメタ的定式化は，手稿 [1872/8] の分析に始まり，[D. 1888] で明示的に提示されていた．その §5 において，この公理体系についての注目すべきメタ数学的探究が遂行され，その公理体系の無矛盾性と「カテゴリシティ」の証明の確立が，デデキントの試みの中心をなす．このカテゴリシティという成果が，デデキントをして，「数とは人間精神の自由な創造と呼びうるという主張の正当化を許す」(§6) と言わしめるものであった．ここでの「自由な創造 (*freie Schöpfung*)」とは，1854 年における「創造 (*erschaffen*)」と関連はするが，しかし異なった仕方で，つまりメタ数学的探究における，直観的な自然数からの「数の理論」の抽出，すなわち，「抽象型 (*abstrakter Typus*)」の創出を意味する，と解される．こうしたデデキントの基礎論的な仕事の中心部分は，数と数学の本性に全く斬新で，際立った数学的・哲学的視座を開くのである．

単純無限システム，そしてその抽象型 (*der Abstrakte Typus*) が数系列 N なのだが，その本質的性格を私の分析 (第 71 項と 73 項) で認識した．[Sin. II, p. 275]

5.6 連鎖と最小数——まとめ D(6)

特に注目すべきは，デデキントが以上のような「数の理論ないし算術」に関わる「無矛盾性証明・論理的存在証明」といった，「メタ数学的な考察」[Sieg 2013a, pp. 61f.] に従事し，1 を始数とする直観的な自然数 (Z) の特殊算術的性格を抽象することによって，自ら構成・創造したデデキントの「数系列 N」を，始切片 1 の順序同型な（カテゴリカルな）すべての単純無限システムの類 (Klasse) という「抽象型」と解し，「逆数学 (reverse mathematics)」の魁とも見られるような [Sieg 2013a, pp. 61f.] 自然数 N の公理的展開 (後続の 6.1 の 4 条件 (a)–(δ)) を行っていることである．

さてデデキントは，先述のように，ケーファーシュタイン宛に長文の第 2 信 [Sin. II] を送っていた．その主要な論点は，基本数・最小数 1，連鎖および単純

無限システムに関わる．「数1は，$\phi(N)$ には入らない唯一の数である．こうして，順序づけられた単純無限システム N に関する性格を認知させる諸事実を枚挙した」[Sin. II, pp. 273]．

以下が，[D. 1888] の直接関連する箇所である．

§6 単純無限システム [EUS]，自然数系列［序数としての］第71項の説明
［定義］では，システム N は，N を自分自身の中へ移す相似写像［全単射］ϕ が存在し，その結果 N が，$\phi(N)$ に含まれない一つの要素の連鎖のとき，「単純（einfach）無限」(N) という．この要素 x を1と表すと，単純無限システムは，1を N の「基本要素」とし，写像 ϕ によって「順序づけられる」という．([D. 1888] in [$DW3$, S. 359])

そして上述のように，「自我（Ich）」と（〈思考する〉［ϕ_d］によって順序づけられた）思想世界 G との三つ組構造 $\langle Ich, G, \phi_d \rangle$ は，（フレーゲ指摘の循環性をひとまず脇に措けば）以下の公理群によって特徴づけられる「単純無限システム [EUS]」$\langle 1, N, \phi \rangle$ のいわば事例的モデルを提供する．よって，単純無限システム N の無矛盾性証明，論理的存在証明は，この三つ組モデル構造 $\langle Ich, G, \phi_d \rangle$ の存在証明によって，与えられることになる（[D. 1888] 第66項と第72項を参照）．

なお定理77は，すべての無限システムが単純無限システムを部分として含むという最小性（*minimality*）を述べている．

この論点 D(6) 最小性は，以下のケーファーシュタイン宛書簡に関わる．自然数列 N の完全な特徴づけ，すなわち，最小性による N の確定には，「連鎖」という術語を避けるなら，「S の要素 n が列 N に属するのは，n が S の以下のような部分の場合かつその場合に限る．すなわち，その部分が K 中の要素1を含み，かつ像 $\phi(K)$ が K の部分である，という場合である．私の術語では，N は要素1が属する（S 中の）すべての連鎖 K の共通部分（Gemeinheit）1_0，つまり，$\phi_0(1)$ なのである」[Sin. II, p. 274]．

こうしてデデキントは，最小性から連鎖（*Kette*）概念の導入へと至る．

5.6.1 最小数の存在要請の理由 D(6)-1

だが，なぜ，デデキントは，最小数の一意的存在を要請するのか．なぜ，システムが「連鎖」であることを要求するのか．

そこで，再度，システムと写像 ϕ という論理的な枠組みの内で，単純無限シス

テムの一意性・単射性［Sin. II］，カテゴリー性の要求に至る経緯を再追跡してみよう．

ところで，先述のように，1854 年における考察と 1872 年の正整数の記述との間には，根本的断絶がある．+1 という創造的行為から「算術の基礎」第 3 手稿 (1872) における後者操作 φ への記法上の変化が示唆する断絶の基底は，こうした新しい概念的道具を使用しての非形式的分析からは，「なお数系列 N の本性を完全に特徴づけることからはほど遠く」，それにはシステム A の「連鎖」という一般的観念の導入が必要とされた．無限システムとしての自然数 N の「完全な」特徴づけには，単純（einfach）無限システムの，最小数 1 への特定化を要するのであった（［Sin. II］in ［Heijenoort 1967a, p. 100］）．

それでは，「システム S の連鎖」が，単純無限系の「1 への特定化」，すなわち，「単純無限システムとしての自然数 N の「完全な」特徴づけ［一意性］をもたらす」とはどういう意味であろうか．この点に関しデデキントは，ケーファーシュタイン宛書簡［Sin. II］，またそれに先立つ［ケーファーシュタイン宛書簡（［Sin. I, pp. 265-9］において，以下のように丁寧な非形式的説明を与えている．この書簡で，単純無限な数系列 N とその後者写像 φ(N) の関係を考えると，単純無限システム S とその像 φ(S) との唯一の差異は，要素 1 が S には含まれるが，φ(S) には含まれないことがわかる，という．すなわち，

> 単純無限システムについての，ケーファーシュタインの提起した概念 N は，算術のための基礎としては全く役に立たない．ケーファーシュタインは，私［デデキント］の単純無限システムの概念が，ケーファーシュタイン自身のそれの別形式に過ぎないと見なしているが，きわめて多くの点で別物であることを，疑念の余地なく，一撃で証明しよう．
>
> 定理：どの無限システム S もケーファーシュタイン流儀の単純無限システムである．
>
> 証明：無限システム S の定義によって（D. 64 項ないしその注），像 φ(S) は S の真部分であるような相似写像 φ が存在する．したがって，S 中に，φ(S) には含まれない要素 1 が存在する．この要素 1 からの写像により生起する連鎖 $N = 1_0$（D. 44 項）は，私の意味で，φ によって順序づけられた無限システム（D. 71 項，72 項）であり，同様にまた，ケーファーシュタインの意味でも，N がその像 φ(N) から，ただ次のこと，つまり，N 中の要素 1 が，φ(N) 中には含まれないということ，のみによって，区別される限りは，そうである．ところで，無限システム S は，連鎖 N の項 n 以外に，なおそれ

自体あるシステム T を形成するような，任意の他の要素 t を含んでよいとするなら，すでに予め $\phi(T) = T$ でない限り，こうしたことは，絶えず，元来の想定された写像 ϕ の変更によって，例えば，新しい像 $\phi(t) = t$ を選択しつつ［Sin. I, p. 267］，$\phi(n)$ の方は先述の意味を保持することによって，達せられよう．つまり，明らかに，システム S のこの新しい写像 $\phi(n)$ もまた相似的である．さてシステム S はシステム N と T から合併されたのだから（D. 8 項），像 $\phi(S)$ もまた像 $\phi(N)$ と $\phi(T) = T$ から合併される（D. 23 項）．すると，先に言及された N と $\phi(N)$ の関係を顧慮すれば，システム S とその像 $\phi(S)$ との差異としては，S 中には要素 $\dot{1}$ が含まれるが，$\phi(S)$ には含まれないということ，つまり，S は，ケーファーシュタイン流の，新しい写像 ϕ によって順序づけられた単純無限システムである，等々．

こうしたケーファーシュタイン流の，ϕ によって順序づけられた単純無限システム S は，かくして，連鎖 N，それは私［デデキント］の意味での単純無限システムなのであるが（D. 71 項），その項以外に，なお写像 ϕ による N と全く無関係な任意の他の要素 t をも含むのである．こうしたシステム S は，しかし，自然数列の形成のための，そしてそれを支配する諸法則のための基礎としては，全く役に立たないのである．すでに私の数列についての，最初の，転記済みの定理（D. 81 項），すなわち，ϕ によって順序づけられた単純無限システム S のどの要素 s も，後続する要素，像 $\phi(n)$ とは異なるということ，が妥当するのに対し，ケーファーシュタインのシステムにはもはやこの定理は一般的には妥当せず，これらの定理のどの一つももはや真ではないのである．［Sin. I, p. 267］

問題は，すべての単純無限系同士の同$\dot{値}\dot{性}$，一$\dot{意}\dot{性}$・カ$\dot{テ}\dot{ゴ}\dot{リ}$性，否定的には，単純無限システムへの「侵$\dot{入}\dot{者}$（Eindringling）」「超準的要素［Sieg 2013a］」の排除［Sin. I, p. 267］と「最$\dot{小}\dot{性}$（minimality）」に関わる．

5.6.2　単純無限システムの一意性，自然数列 N の完全な特徴づけ D(6)-2

しかし，先にふれたように，単純無限システム，写像といった概念装置の導入だけでは，この問題に十分答えられないということである．

ここで，ⓐ 基礎概念として，システム S，写像 ϕ 以外に，なぜ連鎖 $\phi(S) \subset S$，最$\dot{小}\dot{数}$ $\dot{1} \in S$ の導入が必要かが説明される．

自然数列 N の完全な特徴づけ，つまり，最小性の主張による N の確定には，連鎖が鍵概念である．「N は，要素 1 の属する（S 中の）連鎖 K のすべての共通

部分（Gemeinheit）1_0，つまり$\phi_0(1)$なのである」．

単純無限システムの単一性（Einheit）・一意性［Sin. II］は，連鎖（フレーゲの「後続」に相当）による単純無限システム EUS の最小性，つまり最小数の存在，に懸かるのである．

　　上記の回答で，私［デデキント］はこれらの事実［無限系の存在だけで］はなお，数列 N の本性を完全に特徴づけることからはほど遠いことを示した．これらすべての事実は，数列 N 以外に，任意の他の要素 t の系 T を含み，しかも写像 φ が相似性という性格を保持し，かつ $\phi(T) = T$ を満足するように，そのように絶えず拡張されうるような，どのシステム S についても，成り立つであろう．だがこうしたシステム S は，明らかにわれわれの数列 N とは全く異なる何かであり，私は算術の唯一つの定理さえその中で成立しないように S を選ぶことができる．それでは，あらゆる秩序の痕跡をも乱す，このような異質な侵入者（solcher *fremden, alle Ordnung störenden Eindringling*）を再度洗浄し（reinigen），N だけに制限するために，上記の事実に何を付加しなければならないか．これは，私の分析の最も困難な論点の一つであった．そしてその克服には長い考察を要した．もし自然数列 N についての知見をすでに前提し［Sin. II, p. 273］，それに応じて，算術の表記法の使用を許すなら，無論，気楽なものであろう．こう言うだけですむだろうからである．要素 n が列 N に属するのは，要素 1 から始めて次々に絶えず繰り返し数え上げ，つまり，写像 φ の無限回の反復を続行すると，実際私はいつかはその要素 n に到達するときそのときに限る（［D. 1888］第 131 項の結論を参照），と．この手続きによっては，しかし，列 N とは異質な要素 t に到達することは決してないだろう．だが，S から排除されるべき要素 t と残されるべき要素 n のみとの区別を特徴づけようというこのやり方は，われわれの目的には全く役に立たない．結局それは，もっとも致命的で明白な類の悪循環を含むだろう．「いつかはそれに到達する」という単なる言葉だけでは，何らのはっきり定義された意味もなく，まさにいま私が捏造する 'karam sipo tatura' といった［無意味な］語句と同様，役に立ちはしないだろう．それでは，なんらの算術的知識も前提せずに，どのようにして，要素 n と t の相違を，誤ることなく概念的に確定することができるのか．［Sin. II, p. 274］

デデキントの回答は，「ただ，連鎖の考察（拙論の第 37 項と第 44 項）のみを通じて，しかもそれによって，完全に！［確定できる］」というものであった．

すなわち，[D. 1888] では，先述のように，第 37 項で（確定した写像 ϕ に関して），$\phi(K)$ が系 K の部分システム K' ならば，K は「連鎖」だと定義される．だが，写像 ϕ の確定なしに，任意のシステム S の部分システム K だというだけでは，K は連鎖とはならないことに留意すべきである．

デデキントはさらにケーファーシュタインに，既述のように，こう解説していた．

再掲すれば，術語「連鎖」を避けるなら，「S の要素 n が系列 N に属するのは，n が，次の二つの性質をもつ S の任意の部分 K の要素のときに限る．つまり，その性質とは，(i) 要素 1 が K に属し，(ii) 像 $\phi(K)$ は K の部分である」．術語「連鎖」を用いれば，「N が，要素 1 の属する（S 中の）連鎖 K のすべての共通部分（Gemeinheit）1_0，つまり $\phi_0(1)$ である，ということである．このことによってのみ，系列 N の完全な特徴が確定される」[Sin. II, p. 274]．

かくして，単純無限システムの基礎に関するメタ数学的な考察において，デデキントは，自然数 N をどのように獲得しているのかというと，何らかの無限システムが，その部分として，単純無限性をもち，さらにそれは（ある特定された要素を始切片としてもつ）最小連鎖として一意性・単射性をもつことによってである．最小性を主張することには，[Sin. I], [Sin. II] の両方でデデキントにより強調されているメタ数学的理由があるのであった．つまり，最小性が，上記に引用した「異質な侵入者」（現代風の術語では，超準的要素，例えば ω）を，排除し [Sieg 2013a, §6.2, p. 66]，連鎖のすべての要素が，始切片 1 に適用された操作 ϕ の反復によって獲得される，というアイディアを「最小性」が，捉えているのである [Sin. I, p. 268]．もしこうした超準的侵入者（何らかの無限，例えば，ω_0）をその成員として含むなら，ただちに循環に陥る．「最小性」が，単純無限システムそのものをその要素に含むような環状システムを阻止し，同時にまた単純無限システムが斬新な意味で一意的であることを確立するための基盤でもある．

すなわち，繰り返しになるが，[D. 1888] における算術の基礎づけと自然数論の展開にとってのメタ数学的意味・要点は以下のようにまとめられよう．

5.6.3 カテゴリー性 D(6)-3

[D. 1888] §10 の「単純無限システムの類（Klasse）」では，第 71, 73 項が，第 132 項の定理として「あらゆる単純無限システムは数系列 N と相似で，第 33 項により，相互に相似［「順序同型」カテゴリカル］である」こと，また第 133 項の定理「一つの単純無限システムに相似な，したがって，第 132, 133 項から，数系列に相似なシステムは，どれも単純無限システムである」は，「デデキント

の定理」と呼ばれる「単純無限システムの類」を形成するカ・テ・ゴ・リ・シ・テ・ィ・を主張している．しかしながら，その帰納法による証明は，先の第126項においてなされていたのである（帰納法については，6.1節参照）．

つまり，1を始切片とする自然数列Nの，一意な単純無限システムは，以下により確定されるのであった．

① 最小数の一意存在性定理（定理96）「Nのすべての部分Tに対し，Tに属する最・小・の・数・kが一意的に存在する．」
② （定理97）「連鎖n_0の最小数はnであり，1はすべての数のうちの最小数である．」

かくして，自然数列Nの完全な特徴づけ，すなわち，最・小・性・の主張により，「Nは，要素1の属する（S中の）連鎖Kのすべての共通部分（Gemeinheit）1_0，つまり$\phi_0(1)$である」，と確定される［Sin. II, p. 274］．

6　「数の理論」の公理的構成再論 D(7)

上記第2信［Sin. II］および［D. 1888］§6から，デデキントの基礎論的反省にとって，はじめから最も重要とみられるのは，二つの広範で密接に結びついた論点，Ⓐ 分析：基本概念と原理・公理を見出し，一般的真理の認識を確立することへの一般的関心と，Ⓑ 綜合：それら（基本概念・原理）を主題の体系的展開に使用すること，つまりは，算術の展開のための概念的装置を提出するという，公・理・論・的な「数の理論」の展開という構想がうかがえる［Sieg 2013a, §1.1.6］．このデデキント–ペアノの公理系構成こそ，「逆・数・学・的・な」アプローチの先駆とみなされるものである［Sieg 2013a, p. 69］．

Nの公理的構成の要点は，後のケーファーシュタイン宛書簡［Sin. II］中の，D(7)で，以下のようにまとめられている．すなわち，

　　写像ϕの一意性（単射性）から連鎖が，後者から単純無限の最小性が導かれる．
ⓐ 公理的展開としては，システムS，写像ϕ，連鎖$\phi(S) \subset S$，基本要素$1 \in S$といった基礎的概念から，最小数をもつ一意的な単純無限システムEUSが導かれる．
ⓑ 任意の単純無限システムSは，互いに同値，順序同型で，カテゴリカルな一意的類（Klasse）を構成する．こうした類，自然数系Nが，メタ数学的な「数の理論」の主題である．

換言すると，通常の直観的な算術全体Zの特殊算術的性格から抽象し（abstrahieren），解放する（befreien），すなわち，写像ϕ，nの名称選択とは独立な抽象型（*Abstrakter Typus*）を抽象・創造する．しかもその抽象型が最小数1をもつとき，互いに同値でカテゴリカルな単純無限系の一意的な類をなす．Zのこうした一意的な抽象型が，デデキントの意味での自然数系列N，つまりデデキント連鎖（1_0つまり$\phi_0(1)$）に他ならない．

6.1　単純無限系の基礎に関するメタ数学 D(7)-1

それでは改めてまず，[D. 1888] におけるデデキントの「数の理論」の直近の対象である「抽象型」，つまり相似的写像による単純無限システムについての一般的な概念や基礎定理のメタ数学的な考察の要旨を，復習しておこう．

ところで，後述のような算術の基礎づけと自然数論の展開にとってのメタ数学的意味でのポイントは，[D. 1888] では，単純無限システムである自然数Nにおける，最小数1の一意的存在定理（定理96, 97）に認められる．

すでに D(1) で簡単に言及したが，デデキントの単純無限システムの公理的構成を詳しく見ておこう．

(7-1)　単純無限システム（EUS）の公理的構成

Ⓐ　分析——基本概念と原理・公理

まず単純無限システム，自然数系列（N）は，その基本概念が，自身の中へ移す相似写像（単射）ϕ,「基本要素」1,Nがその像$\phi(N)$に含まれない「連鎖 [1_0]」だと説明される [D. 1888, §6]．

第71項では，Nは1の連鎖と定義され，「単純無限システム」EUS(N) と称される．単純無限システムはこの写像ϕによって「順序づけられる」という．よって「Nの単純無限性」の本質は，Nの写像ϕと要素1の存在により，以下の公理的4条件$\alpha, \beta, \gamma, \delta$（$\phi$の相似性）を満足することである．よって，$N$が単純無限ならば$N$は実際に無限である．（デデキント-ペアノの公理系）第72項の定理は，どの無限システム EUS(S) にも，単純無限システム EUS(N) が部分システムとして含まれる．

以上の定義を介して，第73項の自然数Nの定義が以下のように与えられる．「ϕにより順序づけられた単純無限システムN［例えば，通常の直観的な算術全体］に関し，要素の特殊性をすべて度外視し，その識別可能性のみを保持し，順序づける写像ϕによる相互関係のみを考慮にいれるなら，その要素を「自然数」

または「順序数」ないしは単に「数」と呼び，基本要素1は「数系列 N」の「基本数（Grundzahl）」と呼ぶ．要素から上記以外のすべての内容を解き放ち（Befreiung），（抽象（Abstraktion））したことを考慮すれば，「数 N は人間精神の自由な創造（eine *freie Schöpfung des menschlichen Geistes*）」である．

第71項の以下の条件・公理 a, β, γ, δ だけから導き出された諸関係，諸法則は，各要素が何と呼ばれようと，すべての無限システムにおいて常に同一であり，よって，それら諸関係，諸法則は，「数の理論（*Wissenschaft der Zahlen*）」，すなわち，「数論（*Arithmetik*）」の直近の対象を形成する．……一つの数 n の像 n' は n に「続く（folgend）」数，n の次の数 $[n'=S(n)]$ とも呼ばれる」（[D. 1888, §6, S. 73] in [*DW*3, SS. 360]）．

以下の「数の理論（*Wissenschaft der Zahlen*）」の公理的展開から，デデキントが先に定義73で与えていた数概念の定義が正当化され，「デデキント抽象」と「抽象型」としての「自然数」についての「数の理論」，そして数が「人間精神の自由な創造」だという意味が明らかとなる．

さて「単純無限数列の本質は，N の写像 ϕ と要素1の存在により，次の条件を満足する．

(a) $N'(=\phi(N))\subseteq N$.

(β) $N=1_0$（「N は1の連鎖 1_0 である」のデデキントによる表記）．

(γ) $1\in N'$.

(δ) ϕ は相似（単射）的である．

よって単純無限 N は，実際，無限システムである」（[D. 1888] 第71項）．この (a)–(δ) が，先述のように，いわゆるデデキント–ペアノの公理系を構成する．実際，ペアノはその公理系構成に際し [Peano 1889]，デデキントを参照していたと序文で公認している．

上記71項の条件 a, β, γ, δ のみから導出された法則は，通常の直観的算術と相似・順序同型なすべての順序単純無限システムで成立するから，上記の N がデデキントのいう「数の理論（*Wissenschaft der Zahlen*）」「数論（*Arithmetik*）」の直近の対象であり，一つのシステムの相似的写像の一般的な概念や定理がその基礎定理を形成する．かくて一つの数 n の像 n' は n の「後続（folgend）」数，n の次の数 ($n'=S(n)$) と呼ばれる．以下，いわゆるデデキント–ペアノの自然数の公理系の諸定理が述べられる．特に「完全帰納法（n から n' への推論）」の定理が，より一般的な定理59ないし定理60から直接得られると注記されている．

Ⓑ　綜合――公理的構成 D(7)

数の大小関係

§7. 第89項での「数の大小」関係の定義から，数系列Nは線形順序をなし（第90項），Nのどの部分系にも最小数がある（第96項）．基本数nが連鎖n_0の最小数なら，基本数1は連鎖1_0の最小数である（第97項）．

§9で帰納法による数系列の写像が以下のように確定される．

第126項「帰納法による確定の定理：単純無限システムΩの自分自身の中への任意の写像θおよび$\omega \in \Omega$について，数系列Nの写像ψで上記の公理的条件（に相当する，① $\psi(N) \subset \Omega$，② $\psi(1) = \omega$，③ $\psi(n') = \theta\psi(n)$）を満足するものが唯一つ存在する．

§10の「単純無限システムの類（Klasse）」では，上記第71, 73項が，第132項の定理として「あらゆる単純無限システムは数系列Nと相似で，第33項により「順序同型」である」．また第133項の定理「一つの単純無限システムに相似な，したがって（第132, 133項），数系列と相似なシステムは，どれも単純無限システムである」は，「デデキントの定理」と呼ばれ，単純無限システムはすべて相互に相似（順序同型）で，一意な（カテゴリカルな）「単純無限システムの類」を形成する，と主張され，その帰納法による証明は第126項にある．

かくして，デデキントのいう「自然数列N」とは，くどいが再説すれば，直観的に了解されている「自然数」から特殊算術的性格を剥離・抽象し，それと順序同型的な，すべての単純無限システムと合同（カテゴリカル）で，さらに最小数1をもつ「連鎖」によって，準論理的（集合論的）に構成・創造されたメタ数学的「抽象型」・構造だといってよいであろう．この「自然数列」・「単純無限システム」の「無矛盾性」を，デデキントは「私の思想世界」という一種の事例的モデルを介してのメタ的な「論理的存在証明」によって示そうと目論んでいたのである．

6.2 「数の理論」のまとめ D(7)-2

「数の理論」の公理的展開に不可欠なのは，以下であった．

第1に，基本的概念の定義と原理・公理群の措定である．

デデキントの数列Nは，数と呼ばれる元ないし個体のシステムで，これらの元の関係は，NからNへの写像ϕによって与えられる．ϕは「相似」（初期の議論での「一意的・単射的（deutlich）」[Sieg 2013a, p. 60]）でなければならない．ϕの下でのNの像はNの真部分で，1が像とはならない唯一の元である．デデキントの強調する中心的な方法論的問題は，ϕを1に反復的に適用すると得られる個体群の精確な特徴づけで，しかもそのことを算術的概念の前提なしで，一般的

な論理的（集合論的）用語のみで，達成することである．

そのことをデデキントは，一般的にシステム A の連鎖 A_0 を，A を含むすべての連鎖の共通部分（Gemeinheit）と定義することによって果たす．A_0 は明らかに A を部分集合として含んでおり，操作 ϕ の下で閉じていて，かつ A を含む連鎖のなかで最小である．

第 2 に，そうした基本概念と公理群から，「数の理論」「算術」を公理体系として展開することである．こうした体系的展開に不可欠な原理は，ⓐ 帰納による証明の原理とⓑ 加法，乗法，ベキ乗のような標準的操作を提供する再帰的定義の原理で，これらの原理が数系列の一意的特徴づけを与える．

デデキントは，こうした「完全帰納法の原理」を，原始的要素 1 の相似・単射写像 ϕ に関するシステム N，単純無限システム $\langle 1, N, \phi \rangle$ に例化する．この単純無限数列 N の本質は，先の定義：第 71 項の公理的条件 $\alpha, \beta, \gamma, \delta$ によって与えられていた [Sieg 2013a, p. 60]．すなわち，(α) $\phi(N) \subseteq N$, (β) $N = 1_0(N$ が最小数 1 の連鎖)，(γ) $1 \not\in \phi(N)$, (δ) ϕ は相似写像・単射である．

7 連鎖と完全帰納法について D(8)

　　以上が決着した後でもまた，次の問題が問われる．すなわち，これまで言われたことはまた，十全な一般性をもって，すべての数 n に対して妥当すべきだと考えられる命題を確立するのに十分な証明の方法を含むのだろうか．その通りである！　帰納による著名な証明方法は，連鎖概念の確かな基礎に依拠しているのである．（[D. 1888] 第 59, 60, 80 項）

以上により，「分析は完結し，綜合を開始することができる」[Sin. II, p. 275]．

8 「綜合」——数論の公理的展開の開始 D(9)

かくて「すべての数 n に対する数的操作の定義を無矛盾に立案することが可能である！　それは「帰納法による確定の定理」によって達成される」[Sin. II, p. 275]．

8.1 （再帰的）帰納による確定の定理 D(9)-1

　第126項．帰納法による［写像ϕの］確定の定理　システムΩの自分自身の中への任意の（相似ないし相似でない）写像θと，その他にΩの確定した要素ωが与えられれば，数系列Nの写像ψで，次の条件を満足するものが唯一存在する．
　　I．$\psi(N)\subset\Omega$．II．$\psi(1)=\omega$．III．$\psi(n')=\theta\psi(n)$（nは任意の数）．
　証明：こうしたψが実際に存在するなら，第21項によりシステムZnの写像$\psi(n)$もまた含まれるし，これは125項の条件I, II, IIIを満足するから，
　　$\psi(n)=\psi_n(n)$　　　(n)
というのは，こうした写像ψ_nは常に唯一存在するからである．これによりψは余すところなく確定するから，こうした写像は唯一つだけ与えられる（第130項）．逆に(n)によって確定する写像は，条件I-IIIを満足する（第125項）．

以下，帰納的証明，再帰的定義を改めて確認しておこう．
　第59-60項は，「完全帰納法の定理と証明」，第80項はその数列での「nから$n+1$」への帰納法の定理証明である．

　第59項．完全帰納法の定理　連鎖A_0がある任意のシステムΣの部分システム（$A_0\subseteq\Sigma$）であることには，次のことを証明すれば足りる．
　　ρ．$A\subseteq\Sigma$．σ．A_0とΣのどの共通要素の像も，Σの要素である．
　［すなわち，一般的帰納原理：(*)　$A\subseteq\Sigma \land \phi(A_0\cap\Sigma)\subseteq\Sigma\rightarrow A_0\subseteq\Sigma$］
　［第59項は］「完全帰納法」（nから$n+1$への帰結）として知られる証明法の理論的基礎を形成する．この証明法はこう表現してもよい．
　第60項．連鎖A_0のあらゆる要素がある一定の性質Fを有することの証明には，次のことを証明すればよい．
　　ρ．システムAのあらゆる要素aが性質Fを有する．
　　σ．性質Fを有するようなA_0の各要素nの像n'も同じ性質Fを有する．
　第80項．完全帰納法（nからn'への推論）の定理　ある定理が一つの連鎖m_0のあらゆる数に対し成立することを証明するには，ρ．定理は$n=m$に対し成立し，σ．定理が連鎖m_0のある数nに対して成立することから，それに続くn'に対しても成立することが導出されることを証明すれば足りる．

以下，§7 で，「数の大小」関係の定義が導入され，大小関係により数系列 N は線形順序をなす（第 90 項）．N のどの部分システムにも最小数がある（第 96 項）．基本数 n は連鎖 n_0 の最小数であり，また基本数 1 が最小数であること（第 97 項）等．さらに第 110 項の定理「数の系 E のうちに，E 中の他のどの数 y よりも大きい要素 g が存在すれば，g を系 E の最大数と呼び，第 90 項から E には最大数は唯一しか存在しないからこの数自身が最大数である」．このことから，第 117 項の定理「数系列 T 中の数 t が最大数でなければ，T 中には唯一の「より大きい次の」数 u が存在する」．

ついで，§8「数系列の有限部分システムと無限部分システム」が論じられる．

　　　定理　数系列 N は，その部分システム T 中に最大数があるか，ないかに従って有限かまたは単純無限である．

§9 で帰納法による数系列の写像の確定：

　　　上記の「［再帰的］帰納法による確定の定理」の応用により，ω の n 乗という概念その他の諸定理の証明も同様に帰納法により証明される．

こうして，あらゆる単純無限集合は数系列 N と相似で，よって相互に相似，つまり，数系列に相似な系はどれも単純無限システムである．よって，すべての単純無限集合は，一つの（同値）類を作る．数についての，つまり，写像 ϕ によって順序づけられる単純無限集合 N の要素 n についてのどの定理も，特殊な性質はすべて無視した順序づけ ϕ から生ずる概念のみを問題とするどの定理も，写像 θ により順序づけられた他の単純無限集合 Ω とその要素 ν とに対しても一般的に成立する．

だが，その正当化には，微妙なメタ数学的考察を必要とする．その探究の脈絡でデデキントは上記定理を介し二つの結論を引き出す．一方は，「すべての単純無限システムは相似だということ」（定理 132）で，他方は，「単純無限システムと相似な，したがって数列 N とも相似な，任意のシステムはそれ自身単純無限だ」という定理である（定理 133）（この基本的アイディアは後に公理的集合論で使用され，超限の再帰（transfinte recursion）にまで拡張される．ゲーデルはそれを形式的算術の範囲内で使用した）．

以下，再帰的帰納法によって，数の加法（§11），乗法（§12），累乗（§13）の

各定義，諸法則に関する諸定理が述べられる．例えば，数の加法は，原始再帰関数条件を満たし，可換律，分配律等を満たす．

9　基数論

最後の§14「有限集合の要素の個・数・・基・数・($Anzahl$)」で短く「基数論」の諸定理への言及がある．

第159項．定理　無限システムΣは，どんな数系列ZnもΣ中に相似に写像可能で，その逆も成立．

第160項．定理　システムΣは，相似なシステムZnの有無に従って，有限か無限かである．

第161項．定義　Σが有限システムなら，唯一の数nが存在し，それにΣと相似なシステムZnが対応する．この数nをΣのうちに含まれる要素の「個・数・・基・数・」（Σの「度数（Grad）」）と呼び，Σはn個の要素のシステムで構成される，ないしn個の要素のシステムといい，数nはΣに含まれる要素がい・く・つ・あ・る・か・（$wie\ viel$）を示す［以下有限系に限る］．この数を「カ・ー・ディ・ナ・ル・数・（$Cardinalzahlen$）」と呼ぶ．Znに含まれるどの数mにもシステムΣの確定した要素$\psi(m)$が対応し，逆にΣのどの要素にも，逆写像$\bar{\psi}$によりその逆も成立する．Σのあらゆる要素をαで表し，数mを添字とすると，この要素は「数えられ枚挙され」，ψによって「順序づけられた」といい，α_mをΣのm番目の要素という．$m<n$のとき，$\alpha_m{}'$はα_mに続く要素といい，α_nを「最後の（$letzt$）」要素という．要素の数え上げ，枚挙では，数mは再び順・序・数・として登場する．

第162項．定理　有限システムに相似なすべてのシステムは同じ個数の要素を有する．

第164項．定理　システムが唯一の数からなるとき，その要素の個数は1で，その逆も成立．

第165項．定理　Tが有限システムΣなら，Tの要素の個数はΣの要素の個数より小．

以下，システムB, Γの各個数m, nから合併システム（クラス）の要素の個数が，個数の加法に関する完全帰納法によって$m+n$として証明される．以下略．

以上を重複を厭わずまとめれば，デデキントの「自̇然̇数̇」は，通常の直観的に解された自然数から抽象され，基本要素 1 を「基本数」とする「数系列 N」であって，第 71 項の先述の 4 条件 α, β, γ, δ だけから導出される法則を満足する，人間精神の自由な創造である．こうした法則が，「数̇の̇理̇論̇」の直近の対象を形成する．逆に，通常の直観的な自然数は，こうした「抽象型」の実例的な例化（instantiation）と見なしてよいであろう．

　かくして，デデキントの「数̇の̇理̇論̇」の課題のポイントは，自然数列 N の基礎を，「その特殊算術的性格を剥離・抽象」し，「システム，写像と連鎖」といった集合論的および構造的な概念装置を介して，「最小数を含む連鎖」としての，相互恒等的な（カテゴリカルな）「単純無限システムの類（同値類）」として「抽̇象̇型̇（*der abstrakte Typus*）」を「公理的に構成」し，さらにそうした概念定義の「無矛盾性」を一種「モデル論」的に示すことである，と思われる．こうした構想は，デデキントが 1870 年代に 'Sur la Theorie des Nombres Algerbriques'（1877）以来，並行的に創始・展開したイデアル論，抽象代数（abstract algebra）に通底するものであろう．

付論1　デデキント，フレーゲ，ペアノ

1) デデキントのフレーゲ評価（1890年2月27日）

(a) デデキント連鎖とフレーゲの「後続」

「連鎖」に関して，先述のように，『数とは何か』[D. 1888] の再版の序文（1893年8月24日）において，デデキントはフレーゲ『算術の基礎』(1884) への評価を公的に表明するに至るのであるが，同様の論点を，フレーゲの処女作『概念記法』(1879)（の第III部）中の，フレーゲの「後続 (Folge)」の論理的定義が，デデキントの「連鎖」概念と本質的に一致するということを，すでに3年半前に，このケーファーシュタイン宛の最後の私信（1890年2月27日）のなかでも，特記して認めていたのであった（ただし『概念記法』公刊10年後のことである！）．

すなわち，「フレーゲの『概念記法』と『算術の基礎』を初めて入手したのは，近々昨夏（1889年？）のことであり，系列中のある要素のもう一つの要素への間接的な後続についての，彼の定義法が，本質的に私の連鎖の概念（第37項と第44項）と一致することがわかって満足している．彼の表記法がやや煩瑣だということだけで尻込みしてはならないが」[Sin. II, p. 275]．

(b) 順序数と基数

ケーファーシュタイン宛第2書簡の最後で [Sin. II, p. 276-7]，デデキントは，なお残りのケーファーシュタインの誤解，例えば，写像と像との混同を，警告している．

また，フレーゲ [GLA, pp. 89-90] とデデキントが，順序数概念の定義から，基数概念を引き出し（第73項，第161項），証明なしに数1の概念を導入している，とのケーファーシュタインの批判にこう回答している．

これらの批判は「フレーゲには当てはまるかもしれないが，私デデキントには確かに当てはまらない．私は，数 (Zahl) 1 を第71項，第73項においてまったく確定的に数列の基本要素として定義し，同様に明確に，第161項の一般的定義の帰結として，第164項の定理において，基数 (Anzahl) 1 を得ているからである」[Sin. II, pp. 276-7]．

もっとも，第3章で取り上げるが，フレーゲについては微妙である．フレーゲ

『概念記法（BS）』の第III部に限ると，確かに始数の一意的存在の要請が明瞭ではないだろう．しかし後述のように，同年（1879）の講演「概念記法の応用」では，フレーゲは，始数の一意的存在の要請をメタ的な準備説明ないし帰納的計算論に通底する例示において満たしていると思われる．

また最後に，自然数列での「後続」の論理的定義を，何らかの曖昧な「直観」によって支えるのがケーファーシュタインの隠れた願望なら，デデキントはそれをきわめて明確に峻拒する，と伝えている．

2) デデキント算術とペアノ算術

単純無限システム N の本質を確定する先のデデキントの第71項の公理的条件 β：「$N=1_0$」は，「N が最小数1の連鎖 1_0 である」ということのデデキントの表記である．それが，以下の自然数に関する通常の帰納原理のための基礎をなす．

(**)　$1\in\Sigma \wedge \phi(N\cap\Sigma)\subseteq\Sigma\to N\subseteq\Sigma$.

(**) は，次の形式の「一般的帰納原理」から，「A_0 の最小性」の例化により証明される．

(*)　$A\subseteq\Sigma \wedge \phi(A_0\cap\Sigma)\subseteq\Sigma\to A_0\subseteq\Sigma$.

$N=1_0$ なら，以下の自然数に関する通常の帰納原理が得られるからである：

(*)[1]　$1\in\Sigma \wedge \phi(1_0\cap\Sigma)\subseteq\Sigma\to 1_0\subseteq\Sigma$.

先述のデデキントの公理的条件 α, β, γ および δ の順序を変え，多少再定式化し，上記の (**) を帰納原理として用いれば（すなわち，(β) $N=1_0$.「N が最小数1の連鎖 1_0 である」を，以下の (1) と (3) の帰納原理に分ければ），次が得られる：

(1) $1\in N$ （すなわち，(β) $N=1_0$，つまり，「1は N の最小数である」に相当）
(2) $(\forall n\in N)\,\phi(n)\in N$ （すなわち，(α) $N'(=\phi(N))\subseteq N$ に相当）
(3) $(\forall n, m\in N)\,(\phi(n)=\phi(m)\to n=m)$ （すなわち，(δ) 「ϕ は相似・単射 (ϕ) である」に相当）
(4) $(\forall n\in N)\,\phi(1)\neq 1$ （すなわち，(γ) $1\in N'$ に相当）

および（帰納原理）：

$(1\in\Sigma\,\&\,(\forall n\in N)\,(n\in\Sigma\to\phi(n)\in\Sigma))\to(\forall n\in N)\,(n\in\Sigma)$

（すなわち，(β) $N=1_0$.「N が1の連鎖 1_0 である」に相当）．

これらの言明は，デデキントの初期の「系 Z の特徴」の底にある諸原理を明示的にするものであり，ペアノが1889年に定式化した正整数の5公理は，この単なる表記上の変異（variant）にすぎない．実際ペアノは，その1889年の序文でこう言及している．「この論文で私は他のひとの研究を用いた．……また私に大

いに有用であったのは，デデキントによる近年の業績『数とは何か』(1888) で，そのうちで数の基礎に関わる問題が明晰に吟味されている」[Peano 1889, p. 103].

3) デデキント算術の豊穣性

(a) デデキント算術とパラドクス

『数とは何か』の第3版序文 (1911年9月30日) によると，本書は8年前に絶版になったが，第3版の刊行をためらった．それは，「その間に私の見解の重要な基礎の確実性に疑念が起こってきたからである ［カントル・ツェルメロ・ラッセルらのパラドクス］．この疑念の意義と，それが部分的に正当なことを今日でも見損なってはいない．しかしわれわれの論理の内部的調和に対する信頼はそのために揺らいではいない．確定した諸要素から出発して新たな確定したもの，すなわちこれらの要素のシステム (System) を作り出すこと，システムというのが必然的にこれら要素のどれとも異なるものであるから，この精神の創造力の厳密な探究は確かに本書の基礎を議論の余地ない形に仕上げるように導いていくものと私は信じている．しかしほかの仕事に妨げられ，そのような困難な探究を終わりまで果たすことができないので，いまは変更せずに第3版を出すことをお許し願いたい．……」．デデキントは，こうしたパラドクスの重要性を見損なってはいないが（要素とそのシステムとの区別という一種の型理論が念頭にあるのであろうか？），暫時その逆理を脇におけば，彼のいう「抽象型」としての「数の理論」，「算術」という公理体系の「論理の内部的調和」，無矛盾性・存在証明は揺らがないと確信していたと解される（なお，パラドクスを巡ってのカントル，ヒルベルトらとの書簡は，次節で紹介する）．

(b) デデキント算術の生成的方法と公理的方法

デデキントは，その「資格論文」(1854) で見たように，自然数という基本的な算術から次第に有理数，無理数，虚数へと拡張していく方途を探索していた．しかしそれは，単に数学の歴史的展開を追跡するためではなかった．すでに1870年代に「理論」についての適切な抽象的理解をもっていた．すなわち，彼の同時代の数学者の著述や，いっそう一般的な方法論的論議において，デデキントだけが（素朴な）分析を明確に表現しうる概念枠を構築し，実り多いメタ数学的な探究を遂行し，また数論の体系的な扱いの道具を提供した．最も興味深いのは，すでに例えばリプシッツへの第2の書簡 (1876年6月10日と1876年7月27日) でデデキントが，空間の「連続性」は決してユークリッド幾何学と不可避に結び

ついてはいないと主張し，ユークリッドの全体系の分析によって「連続性原理」が使用されていないという主張を確立するよう提案していることである．そしてこうした分析のための確かで間違いのない方法は，すべての「術語を任意に新しく発明し，いままでは無意味であった語によって取り替えることによる」と主張している．

　1872年の短い注でネーター（E. Noether）はデデキントの1876年のリプシッツ宛の書簡が「公理論的理解（axiomatische Auffasung）」を表現していると指摘している（[D. 1932, S. 334]，邦訳『数とは何かそして何であるべきか』付録，pp. 137f. 参照［D. 1932, S. 322]）．デデキントの上記の所見は，彼の立場の最も明示的で簡潔な表現である．これらの所見はヒルベルトの公理論的表明，「机」「椅子」「ビールジョッキ」のわずか数年前なのである！　1905年における自然数に関するヒルベルトの公理化もまた，明らかに単純無限系のデデキントの特徴づけから引き出されている．ヒルベルトは帰納原理を定式化しておらず，ただ彼の探究に適合するような仕方で定式化しうると主張しているだけである．

　ジークによれば［Sieg 2013a, p. 156］，デデキントの「連続性（Stetigkeit）」はこの展開における意義あるステップであるという．この論文は，通常切断を介しての実数の生成的提示の最終的ステップを与えるものと見られてきた．しかし，1888年と1878年，1872年以前の未刊の仕事の視座からは，その公理群に関する意味論的無矛盾性証明を伴った，完備順序体としての実数の，十全な公理的特徴づけを含むものと見なすことができる．すでにジーク［Sieg 1990b, pp. 264-5］で見たように，幾何学的直線とすべての切断の体系との間の対応についてのデデキントの探究は，公理群のカテゴリシティの証明の決定的な要素を含む．1872年における基礎論的省察の段階で欠けているのは，写像の一般概念である．ジーグらの第2論文［Sieg 1990b］では，存在的公理論（existential axiomatics）［*GLM*. I, II］とヒルベルト・プログラムを引き起こす還元的構造主義（the reductive structuralism）との詳しい結びつきと同様，デデキントの数学的ならびに基礎論的仕事における概念の生成の関連が注目に値する，とされる．

　ジーグらは，壮大で膨大な情報を提供するフェレイロス［Ferreirós 1999］の仕事を賞賛しつつ，しかしその2, 3の重要な局面において，基礎論的論文や手稿の一般的性格について，深刻な齟齬と，時には誤った判断があるように見える，という．しばしば強調されるように，デデキントにとっては，生成的（genetic）と公理的（axiomatic）アプローチの間でいかなる齟齬も，またいかなる選択もなされなかった，という［Sieg 2013a, p. 71］．

(c) デデキントの公理的方法

先述のように，デデキントの基礎論的反省にとって，はじめから最も重要性をもつ，二つの相互に密接に結びついた争点は，① 根本的概念と原理を見出すこと，② それらを主題の体系的展開に使用すること，であった [Sieg 2013a]．[D. 1888] における「単純無限システム」という概念の導入は，要素から要素へと相似写像する (abbilden) という，いかなる思考にも不可欠な人間の心的能力に基づき，同時に「全数論」の本質的基底をなすものと認められる（[D. 1888] 初版の序文，pp. III-IV）．① 公理体系的展開に不可欠な理論的洞察は，ⓐ 帰納による証明の原理とⓑ 加法，乗法，ベキ乗のような標準的操作等の再帰・帰納的定義の原理で，これらの原理が数系列の一意的特徴づけを許すとされた．定義の原理として，デデキントは，「数操作の定義をすべての数 n に無矛盾に定式化する」必要性を強調していた（ケーファーシュタインへの書簡）．よって，帰納・再帰に関する省察にも，二つの根本的な目標がある．①「数とは何か」という問いに対するデデキントの解答への方法論的枠組みに資すること，② 数論を展開するための体系的な道具を提供すること，である．

①「数とは何か」という中心的方法論上の問いに対する，デデキントの解答は，「論理によって！」である．論理が概念形成ないし定義の原理と証明の原理を特定する．だがこれら「論理的」原理は，フレーゲのような意味には，普遍的な形で明示的に定式化されてはいない．「論理」といっても，満足すべき分析は，デデキントの論題，すなわち，彼の意味での「数の理論」，直観的算術の「抽象型」としてのメタ的「算術」の公理的展開に必要十分なだけ，（素朴集合論的に）確定されていなければならない（システム，相似的写像，連鎖といった基本的概念は確定され，この概念的道具立てを駆使しての帰納的・再帰的定義による）．算術的公理命題の確定，それら公理から帰納的再帰法という証明原理のみにより，算術的定理のすべてが証明されねばならない．かつその無矛盾性・一意的存在証明がメタ的に構成されている．

なぜジークたちが 1870 年頃を含むデデキントを議論するのかというと，その底流には，長いメタ的議論があり [Sieg 2013a, pp. 91-127]，それはジークによれば，デデキントの「演繹的方法 (deductive method)」が，ヒルベルトの「公理的方法 (axiomatic method)」のまさに根をなしているからで，「数概念について (Über den Zahlbegriff)」(1900)（第 7 版，1930）における，ヒルベルトの最初の公理的定式化は，デデキントに倣った様式なのである．その点でデデキント的精神の意味における論理主義者であったヒルベルトは 1917/8 年頃まででも，数学の論理主義的基礎を与える試みに魅力を感じていたというのは偶然ではない

という（[S&S, p. 69] rep. in [Sieg 2013a, pp. 291-9f.], [Mancosu 1998a]）.

　ジークは特に，デデキントの基礎論的仕事と数学的仕事の間の深い相互作用，特に1870年代における代数的数論，についての詳しい検討，およびデデキントのヒルベルトの数学的仕事，特に数論への影響についての，十全な探究の必要性を強調している [Sieg 2013a, p. 72]．

付論2 「カントル-デデキント往復書簡」

この付論では，デデキント数論のシステム論/集合論の，さらなる発展であるカントルの超限集合論の生成やそのパラドクスを伝えるカントル書簡，またツェルメロの解説・コメントも交えて，その直接の資料として，メシュコウスキ編『カントル-デデキント往復書簡 (*CB*)』(1991) を瞥見しておこう．

デュガクによれば，デデキントとカントルの往復書簡は，すでに 1873 年 7 月 17 日以来，数十通にのぼって頻繁に交わされており，わけても集合論の提起以降，カントルは批判に曝され続けて，精神的に不安定な状態に陥った．そうしたカントルをデデキントは，慰め励まし続けたようである ([Dugac 1976, Appendice XL, pp. 223-92] 参照) (資料は [*CB*] およびツェルメロ編『カントル論文集 (*CA*)』(1932) (rep. in [1966]) である．

CA の編者ツェルメロの解説 (S. 451) によれば，その付録に収録された当時未公開の書簡では，「すべての順序数，すべてのアレフ数のシステム」とか，「整合的 (*consistent*)」あるいは「不整合的 (*inconsistent*)」な全体 (Gesammtheit) についてのカントルの最終的な考えを全般的に表現しているので，『カントル論文集』(*CA*) の本質的かつ不可欠の補足になっているとされる．「特に任意の集合の各濃度が一つのアレフ数であるという「対等/同値定理 (Äquivalenzsatz)」の証明の試みなどは，今日の読者にも興味があろう．また「比較可能性 (Vergleichbarkeit)」の解明，対等原理のデデキントによる証明 (S. 449) は，1932 年当時は知られておらず，今でも古典的とされるだろう，という．

反面，各濃度をアレフ数とするカントルの試み (S. 447 (訳 p. 127)) は，カントル自身により (S. 447)，後日不十分とされた．その弱点は「この数列の総体 Ω がいかなるアレフ数も基数ももたないような多数者にも「射影できる (hineinprojizierbar)」ということは，証明できないからである．……カントルは無意識に「選択公理 (Auswahl-Axiom)」を用いて，V の部分集合 V' が定義できるとしている．しかしその証明は，「不整合 (inkonsistent)」な多数者を扱っていて，論理的には許されないという疑念が，ツェルメロをして純粋に「選択公理」のみの上に整列可能定理 (Wohlordnungssatz) を基礎づける決心をさせたという (*Math. Ann*, 59, S. 514, 1904)．この「対等/同値定理」の証明をデデキントはその「連鎖」定理によって純論理的に構成しており，こうした少なからず重要な証明を，

両者とも公表することなく伏せていたのはなぜか不明だ」と，ツェルメロは述べている［*CB*, S. 451］.

（1）カントル‐デデキント往復書簡（1899年7月28日-1899年8月30日［村田訳『超限集合論』付録III, p. 132］）が，以下のように，特にカントルから連日のごとく発信される．

CA の付録 SS. 443-7 では，デデキント宛書簡は，内容的に一続きのものとして，［1899年7月28日］の日付に一括されている（しかし *CB* では，以下のように，元来の執筆日付順の区分①②に戻されている）．

① カントルからデデキント宛書簡［CI］（（1899年7月28日）in ［*CB* S. 405］）
　ご存知のように，私はずっと以前から，「アレフ」と呼ぶ濃度ないし超限基数（transfiniten Kardinalzahlen）の整列系列（wohlgeordnete Folge）に至っていました．この系列 $\aleph_0, \aleph_1, \aleph_2, \cdots, \aleph_\omega, \cdots$ を「アレフ数」と呼びます．
　$\aleph_0$ は「可算（abzählbar）」集合の濃度で，$\aleph_1$ はその次に大きい数等々で，$\aleph_\omega$ はあらゆる $\aleph_\nu$ の直続の（つまり，次に大きい）数で，
　　$\aleph_0 + \aleph_1 + \cdots + \aleph_\nu + \cdots$ に等しい等々．
　ここで大きな問題は，これらのアレフ数以外になお別の濃度が存在するかどうかです．しかし2年前からすでに私は，そうした他の濃度は存在せず，したがって例えば算術的な線形連続体（das arithmetische Linearkontinuum）（あらゆる実数の全体（Gesammtheit））には，基数（Kardinalzahl）としてある確定した（bestimmt）アレフ数が付与されるという証明を持っています．

② カントルからデデキント宛書簡（［CII］（1899年8月3日）in ［*CB*, SS. 407-11］,［*CA*, SS. 443-7］］）
　いくつかの物（Ding）の1個の確定した多数者（eine bestimmte Vielheit）（1個のシステム，1個の総体（ein Inbegriff））という概念から始めるとすると，2種の確定された多数者を区別する必要があります．
　つまり，一方の多数者は，そのすべての要素の「一括共存（zusammensein）」という仮定が矛盾に至るという性質をもちうるので，その多数者を一つの単一者（Einheit）として，「一つの完結した（fertig）物」として，把握することはできません．こうした多数者を絶対無限的（*absolut unendlich*）多数者または不整合な（*inconsistent*）多数者と呼びます．例えば，「一切の思考可能なものの総体（Inbegriff alles Denkbaren）」．これに反し，ある多数者の

要素全体が矛盾なく「一括共存し」，その多数者を「一つの物（*ein* Ding）」にまとめて捉えうるとき，その総体を「整合的（consistent）多数者」または「集合（Menge）」と名付けます.

二つの対等（äquivalent）な多数者は，ともに「集合」であるか，どちらも不整合であるかのいずれかとなります.

一つの集合の部分的多数者は，どれも一つの集合で，いくつかの集合のどの集合も，前者をその要素に分解すると，また一つの集合になります.

一つの集合 M があるとき，その集合およびそれと対等なあらゆる集合のみに現れる一般概念を，その集合の基数（*Kardinalzahl*）ないし濃度といい，m で表します. すべての濃度のシステムは不整合的多数者です.

一つの多数者が，「単一順序［全順序］」をもつのは，その要素間に，次の条件を満たすような順序があるとき，つまり，その多数者の二つの要素について，常に一方が前，他方が後となること，またその三つの要素については，常に一方が前，別の一つが中間，残る一つが最後になります.

単一順序の多数者が集合のとき，その集合およびそれと相似（ähnlich）なすべての集合のみに通用する一般概念をその型（Typus）μ といいます（デデキントの場合より狭い意味，つまり，二つの単一順序をもつ多数者が相似なのは，両者が一対一対応し，しかも一方の要素間の順序関係が，それと対応する他方の要素間の順序関係と一致する場合である）.

一つの多数者は，その各部分的多数者が最初の要素（*ein erstes* Element）をもつとき，整列といわれるが，カントルは「系列（Folge）」と呼びます. 一つの「系列」のいかなる部分（Teil）もまた一つの系列です.

いま系列 F が集合だとすれば，F の型をその「順序数」，簡単には「数（Zahl）」と呼びます. いまあらゆる数のシステムを Ω とする（*Math. Ann.* 49, p. 216 ［*CA.* S. 320］）. 二つの相異なる数 α, β について，かならず $\alpha < \beta$ ないし $\alpha > \beta$ で，三つの数で $\alpha < \beta, \beta < \gamma$ なら，$\alpha < \gamma$ と証明されています. よって Ω は単一順序のあるシステムです.

しかし整列集合については，上記論文 §13 で証明済みの一連の定理から，数からなるどの多数者も，つまり Ω のどの部分も，最小数を含むことが導かれます.

そこでシステム Ω は，その自然な大小の順序により，一つの「系列」になります.

この系列に 0 を要素として付加し，それを先頭に置くと，系列 Ω'，すなわち，

$0, 1, 2, 3, \cdots, \omega_0, \omega_0+1, \cdots, \gamma, \cdots$

が得られます．これは系列中の各数 γ が（0 を含めて），γ に先立つすべての要素からなる系列の型となります（系列 Ω は $\gamma \geqq \omega_0$ ではじめてこの性質を獲得）．

よって Ω' は（Ω も）整合的多数者ではありません．というのは，もし Ω' が整合的なら，Ω' には整列集合として，システム Ω のあらゆる数より大きい一つの数 δ が付与されるはずです．しかしシステム Ω はすべての数を含むものだから，数 δ もシステム Ω に現れるはずです．すると，δ は δ より大きいはずですが，それは矛盾．よって，

［定理］A．すべての数のシステム Ω は，一つの不整合な多数者，矛盾的な絶対無限的多数者（*eine inconsistente, absolut unendliche Vielheit*）となります．

整列集合の相似性は，同時にその対等性（Äquivalenz）を基礎づけるので，各数 γ には一つの確定した基数 $c = \bar{\gamma}$，つまり型が γ である整列集合の基数が所属します．

システム Ω の各超限数に上記の意味で付与される基数（Kardinalzahl）を，「アレフ数」といい，すべてのアレフ数からなるシステムを п（タウ）と呼ぶ．

同一の基数 c に所属するすべての数 γ のシステムを，「数クラス（*Zahlenklasse*）」ないし数クラス $Z(c)$ と名付けます．各数クラスには最小数 γ_0 があり，また $Z(c)$ の外に一つの数 γ_1 があり，条件 $\gamma_0 \leqq \gamma < \gamma_1$ は，数クラス $Z(c)$ に γ が属することと同値です．こうして各数クラスは系列 Ω の一定の確定した「切片（Abschnitt）」になっています．

システム Ω のいくつかの数は，それぞれ独立にひとつの数クラス，「有限（endlich）数」，$1, 2, 3, \cdots, \nu, \cdots$ を形成し，それらには相異なる「有限」基数 $\bar{1}, \bar{2}, \bar{3}, \cdots, \bar{\nu}, \cdots$ が所属します．

ω_0 を最小超限数とし，それのアレフ数を $\aleph_0$ と呼ぶと，$\aleph_0 = \bar{\omega}_0$ で，$\aleph_0$ は最小の（*kleinst*）アレフ数となり，数クラス $Z(\aleph_0) = \Omega_0$ を確定します．ω_1 を $\aleph_0$ と等しくない基数をもつ超限数の最小とすると，$Z(\aleph_0)$ の数 a は条件：$\omega_0 \leqq a < \omega_1$ を満足します．

いま $\bar{\omega}_1 = \aleph_1$ とすると，$\aleph_1$ は $\aleph_1 \neq \aleph_0$ で，かつ $\aleph_0$ の次に大きいアレフ数となる．$\aleph_1$ と $\aleph_0$ の中間にくるような基数があり得ないと証明できるからです．こうして Ω_0 に直続する数クラス $\Omega_1 = Z(\aleph_1)$ が得られます．この数クラスは，（ω_2 を $\aleph_1$，$\aleph_0$ とは相異なる基数をもつ超限数の最小者とすると，）条件：$\omega_1 \leqq \beta < \omega_2$ を満足するすべての数を包括します．

$\aleph_2$ は $\aleph_1$ の次に大きいアレフ数で，Ω_1 の直続の数クラス $\Omega_2 = Z(\aleph_2)$，すなわち，$\omega_2 \leqq$ かつ $\omega_3 >$ となる数 γ の全体からなる数クラスを確定します．その基数は $\aleph_0$, $\aleph_1$, $\aleph_2$ と等しくない基数の超限数の最小者等々となります．
………

システム Ω の超限数で，[有限の添数 ν の] どの $\aleph_\nu$ もその数の基数とはならないもののなかには，また最小数 ω_{ω_ω} が現れ，また新しいアレフ数 $\aleph_{\omega 0} = \overline{\overline{\omega_{\omega 0}}}$ が得られます．このアレフ数は，あらゆる $\aleph_\nu$ の直続の基数です．

こうしたアレフ数の形成過程 (Bildungsprozess)，およびそれらアレフ数に対応するシステム Ω の数クラスの形成過程が「絶対的に無際限 (absolut grenzlos)」であると確信されます．[CA, S. 409]

［定理］B. あらゆるアレフ数のシステム n

$\aleph_0, \aleph_1, \cdots, \aleph_{\omega 0}, \aleph_{\omega 0+1}, \cdots, \aleph_{\omega 1}, \cdots$

は，その大小の順につき，システム Ω と相似，したがってそれと同じく不整合で絶対無限的な系列をなす．

ここで，すべての超限基数がこのシステム n の中にはいっているかどうか，言い換えると，濃度がアレフ数にならないような集合が存在するか，という問題が生じます．

この問題は否定的に答えられます．その根拠はシステム Ω および n について突き止めた不整合性にあります．

証明　もしある定まった多数者 V をとり，それにはいかなるアレフ数も基数として与えられないと仮定すると，V は不整合でなければならない．なぜなら，容易に認められるように [21]，この仮定の下では，システム Ω の全体が多数者 V の中に射影される．換言すれば，V のある部分的多数者 V' で，システム Ω と対等なものが存在せねばならない．Ω は不整合だから，V についても同様．よって，各整合的多数者，つまり各超限集合は，一定のアレフ数を基数としてもつことになります．そこで，

［定理］C. あらゆるアレフ数からなる系システム n は，あらゆる超限基数のシステム以外の何ものでもない．

よって，すべての集合は，ある拡張された意味で，「可算 [数え上げ可能] (abzählbar)」となります．特にいかなる「連続体 (Kontinua)」もそうです．

さらに，*Math. Ann.* 46（[CA, III9, §2, S. 285]，村田訳 p. 6) での定理：

「a, b を任意の基数とすると，$a = b$，または $a < b$，または $a > b$ である」が正しいことも定理 C から認められます．なぜなら，アレフ数は，大小の量的性格 (Grössencharakter) をもつからです．

(2) 以上に対する編者ツェルメロの注釈（[CA, S. 451], 村田訳 pp. 133-4）

　　[Z1] この証明概要の弱点は，まさにこの点：この数列の総体 Ω が，いかなるアレフ数も基数にもたないようないかなる多数者中へも「射影できる（hinein projizierbar）」であろうということ，が証明できないということにある．カントルは Ω のすべての数に V の要素を逐次的（sukzessiv）かつ任意に（willkürlich）対応させ，その際 V の各要素を 1 回限り用いると想定する．この手続きは，V のすべての要素が尽きて，V が数列 Ω のある切片で順序づけられ，その濃度がひとつのアレフ数になって，仮定に反することになるか，または，V は尽きることなく，Ω 全体に対等な，よって不整合な部分（Bestandteil）を含むことになるか？　逐次的かつ任意的選択がたまたま的中して，V の部分集合 V' がその選択で定義可能だということが捏造？されている．同時的選択の可能性を要請する「選択公理」の明確な定式化はない．この選択の適用で初めて V' は V の部分集合として定義できる．その場合でも，その証明は「不整合な」多数者——場合により矛盾を含む概念——を取り扱っていて，それだけでも論理的に許されないという疑惑が残る．数年後ツェルメロが整列可能定理の証明（*Math. Ann.* Bd. 59, S. 514, 1904）を，不整合な多数者を用いずに，純粋に選択公理のみに基礎づけようと決心したのは，この類の疑惑のせいであった．

(3) カントルからデデキント宛書簡（[CIII], Hahnenklee, 1899 年 8 月 28 日）
　　……私が基数 $\aleph_0, \aleph_1, \ldots, \aleph_{\omega_0}, \aleph_{\omega_0+1}, \ldots, \aleph_{\omega_1}$ と呼んだ個々の整列的多数者が，実際に，「集合（Menge）」，すなわち，「整合的多数者」だとどうしてわかるのか．……すなわち，それらの多数者がすでに「不整合的」であること，また「多数者のすべての要素の一括共存」という仮定のもつ矛盾は，単にいままで注目されたことがないだけではないのか（*nur noch nicht bemerkbar*）？……これに対する私の答えは，こうです——この問いは，有限的多数者にも拡張されるし，有限的多数者に対してさえ，その「整合性（Konsistenz）」の「証明」は遂行できないという結論になる．言い換えれば，有限的多数者の「整合性」という事実は，一つの単純で，証明のできない真理（*unbeweisbare Wahrheit*）であり，旧来の意味で「整数論の公理（*Das Axiom der Arithmetik*）」です．同様に，私がその基数としてアレフ数を付与した，諸多数者の「整合性」も「拡張された超限的（transfinit）数論の公理」なのです（[*CA*, SS. 447-8], [*CB*, SS. 412-3]）．

（4）カントルからデデキント宛書簡（[CIV]［集合論のパラドクス］Hahnen-klee, 1899 年 8 月 31 日）

　　対等な（äquivalent）各「集合」を同一の濃度クラス（Mächtigkeits*klasse*）に，対等でない各集合を別々の濃度にまとめて，
　　考えられる限りのあらゆるクラス（*aller denkbaren Klassen*）からなる S というシステムを考察しましょう．また，いま考えている各クラスで，それが属する集合の基数または濃度を，均しく a とします．むろん，その基数または濃度は，それらすべての集合に対して同一です．
　　Ma をクラス a のある確定された（bestimmt）集合とします．この完全に確定され，明確に定義された（wohldefiniert）システム S が何らの「集合」でもない（*keine* "Menge"）ことを，私は主張します．

　　証明　もし S が集合であるとすると，
　　　　$T = \Sigma Ma$
もまた一つの集合となります．ただしこの和はすべてのクラス a に遂行されます．このとき T は一つの確定されたクラスになるとしましょう．それをクラス a_0 に属するといいます．
　　ところが，次の定理が成り立ちます．
　　「M を，基数 a をもつ何らかの集合とすると，a より大きい基数 a' をもつ別の集合 M' が M から必ず導出される．」
　　私はこの定理を，a が $\aleph_0$（普通の意味での可算性（Abzählbarkeit））および算術的連続体の濃度 c に等しいという，最も手近な場合について，ある一様な手続き（*ein gleichmässiges Verfahren*）によって証明したことがあります」（DMV［ドイツ数学協会］報告 Bd. 1, [*CA*, III. 8]「多様体論の一つの基本問題について（Über eine elementare Frage der Mannigfaltigkeitslehre）」，SS. 278-281，村田訳，付録 II）．
　　その手続きは何の困難もなくここの任意の $\mathfrak{a}$ に移すことが出来ます．その条件は，簡単に
　　　　$2^a > a$
という公式で表せます．
　　そこで a_0' を，a_0 より大きい何らかの基数とします．するとより大きい濃度 a_0' をもつこの集合 Ma_0' は，濃度が a_0 である T を部分として包むことになりますが，それは矛盾です．
　　よってシステム T は，同時にシステム S もまた何ら集合ではありません（*keine Menge*）．すると，確定された多数者ではあるが，同時に単一者（*Ein-*

heit）ではないようなものが，いくつか存在することになります．すなわち，その場合には，現実的な「要素全体の一括共存」が不可能（unmöglich）であるような多数者が存在する（es gibt）のです．私は，後者を「不整合的システム（inkonsistentes System）」，前者を［システムではあるが］別箇の「集合（Menge）」と名づけたのです．」（［CA, Anhang, S. 448］）[1]

(5) 上記の論文（1890-1）につきツェルメロは，以下の編者注釈（［CA, SS. 280-1］，村田訳，p. 120）を付している．

　　［Z2］「この論文では，（基数の記号で）$2^m > m$ と書かれる事実に対して，カントルの対角線論法による古典的な証明がはじめて示されている．この証明を $m = \aleph_0 = a$ の場合として連続体の濃度 c に適用するためには，連続体が相異なる形式的二項小数の集合と一対一対応できること，それも，$p/2^n$ の形の二進分数はすべて一通りの二進表現でなく（末尾が0ばかり，また1ばかりという）二通りの二進表現で書けるにもかかわらず，なおそのような対応ができることを，証明する必要がある．ただしこれらの二義的表現をもつ数そのものは可算集合を「形成し」，また連続体そのものは可算部分集合を含むから，同じ省略法によって，以下が得られる．
$$c = a + c^1 = a + a + c^1 = a + c = 2^a > a$$」

［カントル論文「超限集合論の基礎に対する寄与（Betraege zur Begründung der trsansfiniten Mengenlehre）」，§9, *Math. Ann.* Bd. 46, 1895, rep. in ［CA］］

(6) 上記カントル論文「集合論の基本的問題について」（［CA, III. 8］（Über eine elementare Frage der Mannigfaltigkeitslehre）［CA, SS. 278-80］）においてカントルは，次のように述べている．

　　私は以前に「一般集合論の基礎（Grundlagen einer allgemeine Mannigfaltigkeitslehre）」（Leipzig 1883, *Math. Ann.* Bd. 21, in ［CA］）中で現在のとは全く異なった別の手段で，諸々の濃度には最大者がない（kein Maximum）

---

[1] いわゆる「対角線論法」について（1890-1）：カントルが自然数列の全体とは一対一対応の付けられない無限集合，例えば，任意の区間（$a \cdots \beta$）のすべての実数の集合の存在について，ツェルメロによれば，いわゆる「対角線論法」を用いた証明が，論文「多様体論の一つの基本問題について（Über eine elementare Frage der Mannigfaltigkeitslehre）」（*Jahresbericht der Deutschen Mathematischer Vereinigung*. Bd. 1, SS. 75-78（1890-91））において初めて明示的に与えられている，という（rep. in ［CA, SS. 278-81］村田訳，付録II, pp. 116-20）．

ことを示した．要するに，濃度をその大きさの順に並べたと考えると，あらゆる濃度の総体（Inbegriff）が，ある「整列集合（wohlgeordnete Menge）」を形成すること，しかもその本性上，各濃度にはすぐ次に大きい濃度が存在し，かつ種々の濃度からなる終結しないどんな増大集合にも（jede ohne Ende stetigende Menge von Mächtigkeiten），すぐ次に大きい濃度が後続することが証明されていたのである．[CA, S. 280]

(7) これに対し編者ツェルメロは次のように注記する．
　[Z3] あらゆる濃度の全体（Gesammtheit）が，（一つの「集合」ではなくとも）一つの整列システム（wohlgeordnetes System）を形成するということは，原論文の当該箇所では何ら「証明」されていない．各集合が整列化可能であり，したがって各濃度が1個のアレフ数であるということの証明は，なおカントルには欠けたままである．（[[CA, S. 281]，村田訳，p. 120]）

(8) [D1] デデキントからカントル宛返信（1899年8月29日 [CA, Anhang, S. 449，村田訳，付録III]）
　デデキントは，対等原理/同値の証明をその「連鎖」定理によって純論理的に構成している．つまり「システム U をシステム T の部分，T をシステム S の部分，また S は U と相似（ähnlich）とすると，S はまた T と相似である」の証明を，A の連鎖（Kette）A_0（『数とは何か』§4）を用いて証明している．デデキントの対等原理/同値の実際の証明は以下のようである．すなわち，

　　システム理論（Systemlehre）の定理
　　システム U をシステム T の部分，T はシステム S の部分，また S は U と相似とすると，S はまた T と相似です．
　　証明　T が S と，または U と一致する場合，定理は全く自明．
　　そうではなく，T が S の真部分の場合，S の元で，T には含まれないものの全体からなるシステムを A とすると，（デデキント，カントル，シュレーダーの各表記法では）
　　　$S = M(A, T) = (A, T) = A + T$．
　　仮定により，S は T の（真）部分 U に相似なので，S の自身へのある相似写像 ϕ があって，S は $S' = \phi(S) = U$ に移されます．そこで A_0 を「A の連鎖（Kette）」[D. 1888, §4] とすると，$A_0 = A + A_0'$ となりますが，A_0 は S の部分ですから，$A_0' = \phi(A_0)$ は $S' = \phi(S) = U$ の部分であり，ところで A_0' は

T の真部分となるため，A と A_0' とは共通要素をもたず，A_0 はまた S の真部分となります．S の要素で A_0 に含まれないものの全体からなるシステムを B とすると，

$$S = A + T = A_0 + B, \quad T = A_0' + B.$$

ここで A_0' は A_0 の部分として，B とは共通要素をもちません．そこで，一つの写像 ψ を定義します：その際，要素 s が A_0 に属するか，S に属するかに従い，

$$\psi(s) = \phi(s) \quad \text{または} \quad \psi(s) = s$$

と置きます．S の写像 ψ は相似写像です．なぜなら，s_1, s_2 を S の相異なる要素とすると，まず両者は A_0 に含まれるか——その場合，ϕ は S の相似写像なので，$\psi(s_1) = \phi(s_1)$ と $\psi(s_2) = \phi(s_2)$ とは別物（ここでそしてここでのみ相似写像が効きます）——それとも両者は B に含まれるか——その場合，$\psi(s_1) = \phi(s_1)$ は A_0 に含まれ，$\psi(s_2) = s_2$ は B に含まれるから，$\psi(s_1)$ と $\psi(s_2)$ とは別物——となるからです．

この相似写像 ψ によって，$S = A_0 + B$ は，

$$\psi(S) = \psi(B) + \psi(A_0) = \phi(A_0) + B = T \text{ に移ります．}$$

というのは，$\psi(A_0) = \phi(A_0) = A_0', \psi(B) = B$ だからです．証明終了．[[CA, Anhang, S. 449]

(9) ツェルメロは，以上のデデキントの証明について，こう注釈を加えている．

　　[Z4] ここに定式化された定理は，シュレーダー‐ベルンシュタインの「対等定理」と同値だが，その証明は，デデキントの「連鎖」定理の概念で純論理的に遂行されていて，デデキントの証明を知らずになされた，ツェルメロ自身の 1908 年，*Math. Ann.* Bd. 65, SS. 271-2 での証明と，枝葉末節で異なるのみである．少なからず重要性をもつこの証明を，デデキントもカントルも公表せずに伏せたのはなぜか謎である．([*CA*, Anhang, S. 449], 村田訳，p. 130)

とし，さらに以下の要約を付加している．

　　[Z5] システム S がそれ自身のある部分 S' と一対一（「相似」）に写像されるとし，A を S の任意の部分 (Bestandteil) とする．デデキントは，S の部分で次の条件 1, 2) を満たすような A_1 のすべての共通な部分を「A の連鎖」と呼ぶ．1) A_1 は A を含み，2) A_1 の各元 z とともに，それの像になる元 s'

を常に含む.すると,この「連鎖 A_0」とは,S の S' への写像を,A から始めて次々に適用して得られる集合 $A, A', A'', \cdots$ の和集合に他ならない.([CA, Anhang, S. 449],村田訳,p. 135)

(10) カントルからデデキント宛書簡[CIV](1899年8月30日)(村田訳,付録III,p. 132)
カントルはデデキントの前便に謝意を表した後,二つの任意の集合について,互いに両立しない四つの場合分けをする.すなわち,

 I. N の部分で M と対等(相似)なものはあるが,M の部分は N と対等なものはない.[$a < b$]
 II. N の部分で M と対等なものはないが,M の部分で N と対等なもの M_1 は存在する.[$a > b$]
 III. N の部分で M と対等なもの N_1 はあり,かつ M の部分で N と対等なものもある.[$a = b$][この場合が前便のデデキントによる証明に当たる]
 IV. N の部分で M と対等なものはなく,M の部分で N と対等なものもない.[この場合も $a = b$ だが,C. は未証明とみなす.]([CA, S. 450],村田訳,付録III,p. 132)

カントルは,デデキントの返信も待てずに,続便を発信している.

(11) カントルからデデキント宛(CV)(1899年8月31日)
対等な各「集合」を同一の濃度クラスに,対等でない各集合を別々の濃度クラスにまとめ,
 考えうる限りのあらゆるクラスからなる S
というシステムを考察します.いま考えている各クラスで,それに属する集合の基数,濃度を,均しく $\mathfrak{a}$ と表します.$M\mathfrak{a}$ を,クラス $\mathfrak{a}$ のある確定された集合とします.
 この完全に確定され,明確に定義された(wohldefiniert)システム S は「集合」ではないと主張します.
 証明 もし S が集合であるとすれば,すべてのクラス $\mathfrak{a}$ の和は,一つの確定したクラスになり,それをクラス $\mathfrak{a}_0$ に属するという.
 しかし次の定理が成り立ちます.「M を,基数 $\mathfrak{a}$ をもつ集合とすると,$\mathfrak{a}$ より大きい基数 $\mathfrak{a}'$ をもつ別の集合 M' が,M から必ず導かれる」.例えば,$\mathfrak{a}$

が $\aleph_0$［可算無限］および c［連続体］のとき，$2^a > a$．これは矛盾．［その証明は，いわゆる「カントルの対角線論法」による．前注及び上記 (5) のツェルメロの編者注釈 [Z2] 参照．「集合論の一つの基本的問題について」参照．(*JDMV.*, Bd. I, 1890-1 in ([*CA*, SS. 278-80]，村田訳，付録 II))

(12) カントルからヒルベルト宛［CVI］(1899 年 11 月 15 日) (in [*CB*, S. 414f.] 参照)

　カントルは，デデキントの応答を待ちきれずに，ヒルベルトにも伝えるという．

　　昨日のお便り多謝．「超限集合論の基礎づけ」についての進行中の雑誌 (*Annallen*) 用の仕事のお約束の第 III 部を——もし今年［1899 年］8 月と 9 月に書いた私の書簡への回答をデデキント氏から受けとっていれば——もうとっくにご送付したのですが．

　　貴殿は，私が彼の反論をどれほど重視しているかをよくわかっておられます．というのは，貴殿の貴重な著述から私は，嬉しいことに，次のことを察知したのです．つまり，貴殿が，私の集合論研究の基礎の公刊は，(貴殿にはその基礎はほぼ 1883 年に出版した「基礎 (Grundlagen)」と，その結論部 (*Schlussnote*) 中ですでに全く明らかでしょうが，しかしなお意図的に何かが隠されていることがありうるのですが) まさに彼に向けての (*gerade für ihn*)，つまり，『数とは何かそして何であるべきか』の著者に向けて，であるに違いない，というその意味合い (*Bedeutung*) を貴殿が認識されているということ，です．

　　しかしこの私の基礎は，彼の探究の核心部，つまり，それは，すべての正確に定義された総体，すなわち，システムが常にまた「整合的な (*consistent*) システム」であるということを，素朴に前提として立てているのですが，そういう［デデキントの探究の核心部］とは正反対なのです．

　　したがって貴殿もまた確信されたように，このデデキント流の前提は，誤った (*irrig*) 前提で，それを無論彼の上記の著述の初版の出版直後，およそ 1887 年頃にわかっていました．しかし私はもちろん，数論と代数についてかくも高い業績のある方に反対の態度を取りたいとは思わず，むしろ，当人自身が彼の探究に必要な訂正を企て，公表するために，彼にこの事柄と取り組む機会を期待することにしたのです！

　　今秋初めて彼からの返信を受け取りました．私にはわからない理由から，彼は長年私を恨みに思い，1871 年の旧い通信が 1874 年頃以来から途絶えて

しまったのです. ……

　カントルは誤ってデデキントとの書簡途絶を 1874 年とするが, 上記デデキントの書簡（1899 年 8 月 29 日）をカントルは受け取っているはずであり, デデキント宛のカントル書簡の最後は 1884 年 11 月 5 日である. 1899 年当時のカントルの病状は, 周囲の状況も（息子の死去等）含め悪かった（「*CB*」編者）. しかしながら, アンチノミーの発見――わけても, ラッセル・パラドクス（1903）の発見は, カントルを不安に陥れ, 結局第 3 部は出版されなかった.

　編者（Meschkowski and Nilson）のコメントによれば, デデキントが返信しなかったのは, 悪意や無頓着からではなく, 問題自身の困難さによる. その一斑は,（すでに本書 p. 115 でもふれたが）『数とは何か』の以下の第 3 版序文にうかがうことができる.

　　私は約 8 年前に, 当時すでに売り切れになっていた第 2 版を第 3 版で差し替えるよう求められたときに, それに応ずべきであるような懸念を抱いていた. というのは, その間に私の見解の最も重要な基礎に疑念が生じたからである. この疑惑の重要性と, 部分的なその正当性とを私はいまも見損なってはいない. しかしわれわれの論理学の内的な調和への核心はそれによってささかも揺るがされてはいない. 確定的な要素の集まりからなる新しい確定的なシステムを構築する, そしてこのようなシステムは当然そのどの要素とも異なるものにならなくてはならないが, この構築を行う精神の創造力の厳密な検証を行うことにより, 私の著書の基礎を非の打ちどころなく形成できると信じる. しかし他の仕事のためにこのような困難な検証を最後まで遂行することができなかったので, 本書が 3 回目も変更なしで出版されることをご容赦願いたい. 多くの問い合わせがあることからもわかるが, いまも失われていない本書への関心の高さだけが, この出版への釈明である.（[D. 1888], 第 3 版, 1911 年 9 月 30 日）

第2章　ブール‐シュレーダーの論理代数的論理主義[1]

　現代の論理学には二つの対立する源流があり，それらが1920年代末から1930年初頭において合流し，いわゆる現代論理学が誕生したとされる［Heijenoort 1967］．
　第1の流れは，英国のブールに発し，パースの関係算・量化論を経て，シュレーダーによって一応の集大成がなされる「論理代数」の流れであり，第2の流れは，フレーゲによる高階量化論理の公理体系提出に発し，ラッセル‐ホワイトヘッドにより集大成される公理論的な「論理主義」の流れである．ブールの記号的代数は，記号と解釈とを切り離し，代数を多様な解釈を許す抽象的計算として展開された．一方フレーゲ，ラッセルの公理論的アプローチは，真なる公理群と真理保存的な推理規則に基づく形式的ならびに意味論的導出方法が一体となったものである．だが，並行して展開されていた，カントルの素朴集合論およびフレーゲの高階論理からパラドクスが発見されて以降，ラッセルの型理論，ツェルメロらの公理的集合論，ブラウワらの直観主義，ヒルベルトらの形式主義といった，数学基礎論が登場したことは周知のことである．ヒルベルトの形式的証明論は，ラッセル‐ホワイトヘッドの公理的体系中，特に第1階論理を独立の体系として取り出し，その統語論的側面を切り離して有限主義的なメタ理論として整備したもの，といわれる．
　他方ブール，シュレーダーの伝統からは，記号や式とその解釈を切り離し，議論領域の変動と相対的に解釈を変えるモデル論的なアプローチによって，レーヴェンハイム［Löwenheim 1915］，スコーレム［Skolem 1920］により，最初の重要なモデル論的定理が確立される．スコーレムには，パラドクスを生む無限領域への量化を避ける有限主義的志向が強い．「レーヴェンハイム‐スコーレムの定

---

[1] この章は主に，Schröderの諸作（文献表参照）およびThiel, Peckhaus, Brady, Houser等の諸論考による．

理」は，量化子を消去し，自由変項のみが現れる第1階の整式についての定理であるが，シュレーダー的論理にとどまるため，公理的体系そのもののモデル論にはなっていない．

ラッセル-ホワイトヘッドの『数学原理』や，ヒルベルト派の1階論理の公理論体系を学んだ，エルブランの「基本定理」[Herbrand 1929/30] やゲーデルの「完全性定理」[Gödel 1930] は，公理論的な第1階体系における統語論的証明可能性と，モデル論的な妥当性との同値性を示すという仕方で，以上のような二つの源流を融合させてその「複合的アマルガム」を作り出し，いわゆる「現代論理学」を確立した，といわれる．

本章以下の各章では，まず現代論理学の先述の二つの源流，ブールに始まる論理代数的アプローチと，フレーゲの高階述語論理とその数学の哲学の独自性をやや詳しく追跡し，あわせてラッセルや初期ウィトゲンシュタインの考察に簡単にふれよう．ついでレーヴェンハイムによるモデル論の誕生，スコーレム・パラドクスの衝撃，ゲーデルによる現代論理学のモデル論の成立，そしてモデル論のいわば爆発的な進展をもたらしたタルスキの真理論・モデル論を詳論したい．

その後はタルスキに影響を受けつつ展開された，カルナップらの内包論理の意味論，両者の影響下に展開された「論理的意味論」のいくつかのトピックスを追跡しよう（フレーゲを継承したチャーチの特異な内包論理も一瞥する）．1960年代以降，論理学・哲学界を席巻したクリプキらの可能世界意味論，さらには1970年代にモデル論的手法の日常言語断片への応用を試みたモンタギュ文法やタルスキ真理論を逆転用したデイヴィドソンの意味理論も一瞥する．ついでカプランによる指示詞や指標詞のような文脈依存的表現の意味論の骨子を見る．あわせて特に信・知といった命題的態度の意味論についても，その一端を瞥見したい．

後述のように，論理主義の開祖と目されるフレーゲが「『算術の基礎（GLA）』で確からしくしようとしたのは，算術が論理学の一分枝（Zweig）であり，その証明根拠を経験からも直観からも引き出す必要がない，ということであった」[GGA. I, S. 1]．

ところでフレーゲの論理主義の特徴的定式化には，二つの相（Aspekte）がある [Thiel 1984, S. 703]：
 1. すべての数論的概念は純粋な論理的概念によって定義可能である．
 2. すべての数論的命題は純粋論理的推論法によって基礎づけられる．

この考えは，ラッセル-ホワイトヘッドの『数学原理（PM）』（1910-3）に継承される．

一方ブールらの論理代数の核心は，論理学史（例えば，[W. & M. Kneale 1962]）

では，論理学に関するフレーゲの競合相手であって，「すべての論理は代数形式で表されねばならない」という考えにあると見なされていた．しかし近年では，ブール代数にアメリカのパースの関係算や量化論を組み込んで集大成した，カールスルーエの高等実科学校（後の工科大学）校長で，論理学者・数学者シュレーダーは，数学の哲学に関しても「論理主義」の先駆として，フレーゲの競合相手と見なされるべきだ，という有力な見解が提出されている [Thiel 1984] [Peckhaus 1990;1991;1993] [Brady 2000].

ブール

1 現代論理学の二つの源流

1.1 論理代数的アプローチ——ブールの論理代数

いまや論理学史上の常識となったが，現代論理学への画期は，ドイツの数学者・論理学者・哲学者フレーゲの僅々100頁ほどの小冊子『概念記法』(1879)の出現に求められる．しかしイギリスのブールの論理代数が先行している．ブールは，推論の法則を記号の計算法則と見なした．彼の論理的操作は，ライプニッツ流には「推論計算」であり，加減乗除といった代数的演算と類比的である．ブールによれば，記号結合の妥当性は，結合法則のみに依存し，記号の解釈から独立である．ここに記号結合のみを扱う統語論と記号の意味論を切り離す，という考えの先駆がある．

ブールは『論理の数学的分析』(1847)においてこうした考想を一般化し，代数を多様な解釈を許す抽象的計算として展開した．まず演算記号として $+$, $\cdot$, $-$ および等号 $=$ が，定項記号として $1, 0$ が，また変項記号として x, y が導入され，形式的な記号体系が与えられる．次に記号体系の意味論を考える．まず第1の解釈としてクラス計算という解釈を選べば，$x=y$ はクラスの同一性を，$x \cdot y$ は共通部分を，$x+y$ は合併クラスをそれぞれ表し，1はあらゆる成員からなる全クラス（談話領域）を，0は空クラスを表す．$-x$ は x の補クラスを表す．では論理式はどう表されるのか．全称肯定命題「すべての x は y である」は $x \cdot (1-y) = 0$ で，特称肯定命題「ある x は y である」は $x \cdot y \neq 0$ で表される．この解釈でも x, y はクラスを表し，よって伝統的な名辞論理学もクラス計算と解される．またブールでは，ベキ等律 $x^2 = x$，また $x \cdot (x-1) = 0$ が，つまり $x=0$ または $x=1$ が成り立つ．

パース

このことは命題xが真または偽の二値性をもつと解釈できる．そこで命題論理に関しては，いわば第2の解釈として，命題xの真は等式$x=1$によって，偽は$x=0$によって表される．そして，$x \cdot y$は連言（論理積）「xそしてy」を，$x+y$は選言（論理和）「xまたはy」を，$-x$は否定「xでない」のように，命題結合子を表すと解する．しかしブールの場合，命題論理はいまだ2次的に過ぎず，命題論理と述語論理とが分断され一貫した体系をなしていない．このことは，0, 1が一方では命題の真偽を，他方のクラス計算解釈では空クラスと全談話領域を表すと解されることにも現れている．「すべて」「ある」に対する量化記号もなく，明確な量化についての考えもない．ブール代数は，やがて抽象代数の一つである論理代数として整備発展するが，計算としては有効でも普遍的言語としての表現能力は弱い．しかし，記号解釈の可変性という考えは，後のモデル論展開へのヒントとなった．

1.2 パースとシュレーダー

パースはその最初の論文［Peirce 1870］において，ブールのクラス算を関係代数にまで拡張し，またアリストテレスの三段論法に現れる普遍，存在量化をブールの命題論理と結びつけて，関係算に及ぼそうと試みている．しかし，ブールの記法を拡張して，存在量化を関係積で，普遍量化を指数で表すにとどまり，いまだ独自の量化記号はない［Brady 2000, Chap. 2］．パースの関係代数論が明瞭な形をとるのは［Peirce 1880］以降であろう．フレーゲに遅れて，パースは普遍量化記号Π，存在量化記号Σをはじめて導入し［Peirce 1883］，「すべてのものは誰かを愛するものである」といった多重量化を'$\Pi_i \Sigma_j L_{ij}$'と表記し，彼の第1階ならびに第2階の量化理論の本格的展開は［Peirce 1885］においてなされることになる［Brady 2000, Chap. 5 & 6］．

2　シュレーダーの論理代数

こうしたブール，パースの仕事を，ドイツにおいて集大成したのは，シュレーダーである．彼のライフ・ワーク『論理代数講義（*Vorlesungen über die Algebra der Logik, VAL*）』全3巻（1890-1905）は，パースの関係算と量化を組み込んだ包括的な展開で，束論の公理的提示およびデデキント連鎖を組み込んだ関係算の

最初の提示であり，数学の基礎への対処であって，レーヴェンハイムの定理の定式化を促し，スコーレム関数という考えの先駆をなすものである．

第1巻（1890）では，半順序集合，束，およびブール代数の十全な公理的扱いが導入されている．第2巻（1891）では命題論理とその真理関数が，可能な限り束論的に扱われている．のみならず，パース流のΠ, Σの意味論が与えられ，Πx は「固定された個体領域 x すべてについて，ないし x 上の積」，Σx は「固定さ

シュレーダー

れた個体領域の少なくとも一つについて，ないし x 上の和」を表す．つまり当の個体領域の上を走る積変数，和変数としての変数 x, y の真理関数を用いて，当の言語中の量化子とは，ある固定した個体領域の上の真理関数へのこうした演算に対応すると解釈するのである．ただし，いまだ式という一般的観念は登場していない．第3巻（1895）では，関係がある固定した個体領域上での二項関係として導入され，順序対が論じられる．第 IX-X 講ではデデキントの連鎖理論が，関係算だけで展開される．また第 XI-XII 講では，個体領域ないしその対上の非可算な積や和に関する代数の研究が始められ，多重量化，さらには関数への高階論理が扱われ，上述のようにスコーレム関数への先駆が登場している [Brady 2000, Chap. 7]．

1897年8月，シュレーダーはチューリッヒでの第1回国際数学者会議で「普遍言語について（Über Pasigraphie）」を講演し，論理と数学の関係について次のように語っている．

> わたしには純粋数学は単に一般論理学の一分枝（Zweig der allgemeinen Logik）だと思われる．[Schröder 1898, S. 149]

このシュレーダーの表明は，伝統的に思考の学，思考術と考えられた，当時では自明な次のような考えと折り合うものである．その洞察によれば，数学の活動は一種の思考であり，よってもちろん論理の法則に従うものである．こうした理解は，ロッツェがその *Logik* で以下のように適切に示唆していたものである．「すべての計算は一種の思考であり，数学の基本概念と基本命題はその体系的場所を論理学にもち……数学はそれ自身独力に自己展開していく一般論理学の一分枝（ein sich für sich selbst fortentwickelnder Zweig）である」[Lotze 1843, §18, S. 34]．シュレーダーは『論理代数講義（*VAL*）』第1巻（1890）の導入部（SS.

99-105) で，そのことを詳しく論じている．

シュレーダーはさらに先に進み，数学と論理との関係の彼の理解は，フレーゲの理解に接近していく．

シュレーダーのチューリッヒ講演は，『論理代数講義 (VAL)』第3巻第1部 (1895) に収録される．この巻の部分にシュレーダーは「関係の代数と論理 (Algebra und Logik der Relative)」というタイトルを掲げている（[Schröder 1895a]. [Schröder 1898c, S. 306, fn. 1] 参照）．講義の元来の計画では，シュレーダーはライプニッツから引き継いだ「哲学的科学的普遍言語の構想 (Gedanken einer philosophisch wissenschaftlichen Universalsprache)」[Schröder 1890a, S. 93] から出発していた．それは「すべての名指し可能なものの学問的分類と体系的表記という理想の実現」において達成されるべきものとされる．この目標に達するには，「概念の要素 (Begriffselemente) を結合する確定された基本操作 (Grundoperationen) の完結した知識とその諸法則の熟知 (Bekanntschaft) を前提せねばならない」(ibid., S. 95)．こうしたプロジェクトの準備作業には新しい論理学が必須で，シュレーダーはその三つの区分を提案した．第1部，領域 (Gebiet) 算，クラス算 (Klassenkalkül)，は，概念の結合を探究する．第2部，言明 (Aussagen) 算は，判断間の結合と関係を扱う．第3部の，最も困難な部分は，「「関係 (Relative)」という名前の下に把握されるべき思考物の論理 (Logik der unter 'relativem' Namen zu begreifenden Gedankendinge)」，つまり「関係の論理 (Logik der $Beziehungen$)」である．これらの整備の後にはじめて，「論理学という専門分野 (Disziplin)」は，唯一の真なる哲学のための準備だという要求を掲げることができる，という．しかし，この第3部は実際は未完成だとシュレーダーは記している (ibid. S. 96)．そして『論理代数講義 (VAL)』の第1巻 (1890) で，「クラス算」が詳論される．1891年第2巻第1部は「言明算」である．元来は2巻で「関係算」が詳論される予定だったが，パースの「関係の論理」についての立ち入った研究により，「関係の代数と論理」が予定の分量を超過したため，第3巻を計画せざるをえなくなり，その第1部は1895年に刊行され，第2部はようやく1905年にミュラー (G. Müller) によってシュレーダーの没後に出版された [Peckhaus 1997]．

以下では，主にペックハウスに依りながら，「関係の代数と論理の基本要素 (die Grundelemente der Algebra und Logik der Relative)」([Schröder 1895, SS. 2-6; 1898a] 参照) を略述する．シュレーダーは，パースの関係算に負うところ大であると強調している．出発点は，第1思考領域 (*Denkbereich*) 1^1 であるが，それは「特定された (spezifirt)」要素 (Elemente) A, B, C, …からなり，そ

れら各要素は互いに素で，かつ無（Nichts）（0）から区別されること以外は何も前提されない．これらの要素の加法的（adjunktiv）結合は「同一和（identische Summe）」として表される：$1^1 = A+B+C+\cdots = \Sigma_i\, i$.

　第1思考領域の二つの任意の一般的な要素 i と j は，$i=j$ か $i\neq j$ であるが，一定の関係にある要素の対 $i;j$ として記号化される．後者の要素対の全体が第2の思考領域を形成する：$1^2 = \Sigma_{ij}\, i;j$.

　二項関係（binären Relative）a の一般的形式を，シュレーダーはこの第2思考領域における要素対の論理和として表す：$a = \Sigma_{ij}\, a_{ij}(i;j)$.

　その際，添字 i, j は互いに独立に思考領域 1^1 の要素を走り，係数 (a) は1と0の値に限る．シュレーダーは次のことを，関係代数にとっては非本質的だが，関係の論理（Logik）にとっては根本的な意味をもつと見なす．すなわち，言明算中の関係係数もまた言明と解され，よって a_{ij} も，a が当の関係の「関係名」（例えば，「i は j の恋人」）と読めるように，「i は j のひとつの a［約数］である」とも読みうる [Schröder 1895, SS. 22f.].

　関係の代数と論理に関し，シュレーダーは，クラス論理と言明論理から記号 0 と 1 を，「無」と「すべて」という値領域（Wertbereiche）の表現として引き継ぐ．さらに彼にとり基礎的な*包摂*（*Subsumition*）（相等性ないし従属性（Unterordnung），つまり「包含（Einordnung）」）' $\in$ '（$\subseteq$ ないし $\in$），選言（Adjunktion）' $+$ '，連言 ' $\cdot$ '，否定 ' $-$ ' が論理操作である．言明算からシュレーダーは言明積（Aussagenprodukt）（'Π'）と言明和（'Σ'）の記号を引き継ぐ．関係算ではさらに次のような記号が付加される．

- 関係*モジュール* 1'（'Einsap'）は，思考領域 1^2 のすべての個体的*自己*関係 $[(i=j)\,(i;j)]$ の集合を代表し，関係モジュール 0'（'Nullap'）はこの思考領域のすべての個体の*異他的*（*aliorelativ*）関係の集合 $[(i\neq j)\,(i;j)]$ を代表する．
- *関係積*（*relative Multiplikation*）$a;b$（'a von b'）は，二つの関係の結合ないし*合成*（*Komposition*）を表示する（例．「恩人の恋人」）．
- *関係和*（*relative Addition*）$a \dotplus b$（'a piu b'（イタリア語の＋））は，非 b 中の非 a でない何か，つまり，b 以外のすべてのもののうちの何か，を表記する（例えば，t が「…の約数」とすると，$t \dotplus 0$ は（思考領域を自然数に限れば）すべての数の約数，つまり，数 1 で，かくて数 1 以外のいかなる数でもない何かを意味する）[Schröder 1898a, S. 153].　関係和は関係積によって次のように定義される：$a \dotplus o = -\bar{a};\bar{o}$ ［すなわち，$-[\bar{a};\bar{o}]$］．
- ある関係 a の逆 $\smile a$ は，a 中に含まれるものに対し逆となるものすべての二

項関係を包括するような二項関係を表示する．すると，例えば，何かの原因は何かの結果の逆である．これは関係積に還元される：$((i \in a;j)) = ((j \in \cup a;i))$．

シュレーダーは，後に一般論理学の「5つのカテゴリないし基本概念と算術を含めた体系の独立性の研究後，全部で7つの記号に至った[Schröder 1898a, S. 150]．：

$=, \cdot, -, \cup, ;, 1', \Pi$.

原始概念のこの体系は最終的にはなお逆$\cup$を，上記のように関係積に還元することによって減らすことができる（ibid, S. 162，後記）．

シュレーダーの「関係の代数と論理」を表層的に通読すると，シュレーダーは関係の論理を単に代数の数学的形式で表現することを目指しているかのような印象を与える．しかしそれでは，シュレーダーが関係の論理の代数的構造を際立たせることで追求している，本来の目的を見落とすことになる．例えばシュレーダーは『論理代数講義（VAL）』第3巻でデデキントの自然数論『数とは何か』で提示された数概念の基礎づけの，詳細な分析を行っている[Schröder 1895b, SS. 346-404]．シュレーダーはそこでまずデデキントの以下の序言（それはフレーゲに先行し，独立に論理主義的プログラムを定式化している）を，賛意を表しつつ詳しく引用している．

> 私は算術（代数，解析学）を単に論理学の一部にすぎないと称することによって，すでに，数概念を表象，ないし空間時間の直観から全く独立で，おそらく純粋思考法則の直接の結果だと見なしている，ということを表明しているのである．[D. 1888, Vorward] [Schröder, 1895b, S. 347]

既述のように，デデキントは，「事物を事物に関係づけ，事物を事物に対応づけ，ないし事物を事物によって写像する（abbilden）」精神の能力という条件下だけにあるような「数論の純粋に論理的な構成」を要求していた（[D. 1888, Vorward] [Schröder 1895b, S. 348]）．デデキントの詳しい検討の過程でシュレーダーは，特に『数とは何か』の§4で展開されている「連鎖論」（それは完全帰納法の推論に基づくデデキント自然数論の頂点をなす）を論じている．すでにシュレーダーは「二項関係の代数について」[Schröder 1895a]において，例えば，デデキントの連鎖理論から完全帰納法を基礎づけるのに役立つ定理59を論理代数的に表記している．すなわち完全帰納法の定理を，シュレーダーは関係論理で，次のように書き換えている：$|a;(a_0;b)c+b \in c| \in (a_0;b \in c)$[2]．

その際, '$a_0;b$' ('a-Kette von b') が, デデキントの「b の (a に関わる) 連鎖」を表す [Peckhaus 1990, S. 183]. この表示法の有利な点をシュレーダーはとりわけ, デデキントの諸定理が, 一意的写像や系に関わる妥当性を越えて, おそらく, すべての二項関係に広がる, より広範な妥当領域にも維持可能な点に見ている.

デデキントの連鎖理論を, 関係論理的記号法でこのように再定式化することによってシュレーダーは, 自分の「表記法」がいっそう「表現力がある」ことを示し, デデキントの集合論的な理論にいっそうの一般性を与え, 最終的に「副次的研究」によって補足しようとする ([Schröder 1895b, SS. 387-404]).

ここで扱われているテーマにとって, 本質的に重要なのは, シュレーダーがデデキントの論理主義的プログラムを内容的にはまったく支持しているということである. ただシュレーダーはデデキント流の基礎に単に, デデキントが端的に「思考―事物 (*Ding*)」として立てている「系の要素」が「あまりに広義に解されている」と批判しているだけである [Schröder 1895b, S. 351]. シュレーダーはそれによって論理主義のこの集合論的変種の欠損の核心にふれたのである. デデキントが以下のように認めたときに, 集合概念が論理的だと前提されている, ということである.

> さまざまな事物 $a, b, c, \ldots$ をなんらかの機縁からある共通の視点の下で把握し, 精神においてまとめ, それからそれを一つのシステム (*System*) S を形成するというように言う, ということがしばしば起こる. [D. 1888, §1.2]

シュレーダーはデデキント流の数論 (およびその固有の「計算論理 (rechnende Logik)」) の目的設定を次のように要約している [Schröder 1895b, SS. 349f.]:

> この仕事の最終目的は, 「――の基数 (Anzahl)」という関係的概念の厳密な論理的定義に到達することであり, この定義からこの概念に関わるすべての命題が純粋演繹的に導出されるのである. [Schröder 1895b, S. 350]

基数の概念は有限集合のみに適用可能だから, 「われわれの目的の実現には有限性概念を予め確定しておくことが不可欠である」[Schröder 1895b, S. 350].

この, 集合論的な算術の基礎づけに対する関係の論理の適用という, きわめて明瞭に定式化された体系的目標設定は, シュレーダーの研究計画とその提示の独

---

2) '$b \in c$' は, '$b \subseteq c$' ないし $b \in c$' に相当すると見られる.

自性に対応する仕方で，まずこの目標の背後に，既知の数学的概念と命題の再定式化による，「関係の代数と論理」のテクニカルな実効的能力を立証し，あわせてそれが代表する専門分野を数学およびその他の形式化可能な学問分野への応用可能性を指し示すことに踏み込んでいる．シュレーダーもまた自らの仕事をこの広範な意味に解していたのである．

『論理代数講義』[Schröder 1895b] 3 巻の公刊に先立つ先の論文「二項関係の代数についての覚書き」[Schröder 1895a] において，シュレーダーは再びデデキントの検討を行い，完全帰納法の基礎づけに資する連鎖理論の諸命題を，自らの記号法で定式化している．先述のように，シュレーダーはいくつかの箇所でデデキント流の連鎖理論の関係論理的書き換えが単純化をもたらすことを示している．Nova Acta 誌の論文「有限性の二つの定義とカントルの定理について」[Schröder 1898c] でシュレーダーは，関係論理的手段で，カントル - デデキントの無限性定義を，デデキント流の無限の定義に 3 年先行しているパースの論文「論理代数について」[Peirce 1885] を用いて定式化している．体系 N が「単純無限と称されるのは，N のそれ自身への次のような相似の写像 ϕ が存在する場合である．すなわち，N は，$\phi(N)$ には含まれないようなある要素の連鎖として現れる場合である」[D. 1888, S. 16] というデデキントの定式化を，パースの有限性定義（その否定が無限性）と比較し，さらにはその手段をカントルの集合論に応用している．

カントル風の言い方では，ある集合が無限と呼ばれるのは，それがそれ自身の真部分集合と同濃度の場合である [Schröder 1898d, S. 304]．この定義自身を，以下のパースの定義と対比させ，無限概念をカントル，デデキントとは別に，有限性を超えて定義する試み，つまり，無限性に対する積極的な徴表 (Merkmal) を与えている．以下が有限性のパースの定義 (II) である：

> 多くの対象が有限だということは，そのクラスを一つずつ通過して必然的にすでに通過した個体の一つに戻るというのと同じである．つまり，その組のどの組も当の組の一つと一対一に対応していれば，その組のどの一つもある一つと同じ関係にある．[Peirce 1885, p. 202]

さてシュレーダーは，デデキントの定義Ⅰがパースの定義Ⅱの否定と同値であることを示す．∞ を無限，$-\infty$ を有限とし，z を一意的写像の対応原理とすると，デデキントの定義Ⅰは，関係代数的には以下のように定式化される．すなわち，
(a が無限である) $= \Sigma z(z; \cup z + \cup z; z \in 1') $ [すなわち，$z \in 1' \vee z \subseteq 1'$] ($z; a \subset a \in a$ [すなわち $a \in a \vee a \subseteq a$] $\cup z; z; a$).

2 シュレーダーの論理代数　143

対偶によって：

$(a$ が無限でない $-\infty) = \Pi z \{0 \not\sim 0'; z + 0 \not\sim 0'; \cup z + \cup -a \not\sim z; a + \cup -a; (\cup -z \not\sim -z \not\sim -a)\}; 1.$

シュレーダーはパースの定義 II を以下の形式で表す：

$(a$ が $-\infty) = \Pi z [(z; \cup z + \cup z \subseteq 1')$ [すなわち，$z \in 1' \vee z \subseteq 1'] \in \{(a \in a \in a \vee a \subseteq a \cup z; a) \in (a \in z; a))]$

さらには，次のように定義する：

$(a$ が $-\infty) = \Pi z \{0 \not\sim 0'; z + 0 \not\sim 0'; \cup z + \cup -a \not\sim z; a + \cup -a; (\cup -z \not\sim -a)\}; 1.$

これらの定義は形式上は一致しないが，互いに移行可能である．

さらにシュレーダーの試みの，より大きな体系的意味を示すのは，シュレーダーによるカントル集合論の考察である．シュレーダーは，カントルの定理 A から E まで第 1 論文 [Cantor 1895, S. 484] の章「濃度（Mächtigkeit）に際しての「より大」「より小」」における濃度の量比較に関するカントルの定理を探究し，以下の「同値定理（Äquivalenzsatz）B」の証明を与えている [Peckhaus 1991, p. 185]．

「二つの集合 M と N とが，M は N の部分 N_1 と，N は M の部分 M_1 と同値だという性質をもつなら，そうした M と N は同値である．」

'a' と 'b' が集合を表すとすると，シュレーダーは '$a \sim b$' で集合 a, b の等濃度を表す．添字つきの形 '$a_{\sim z} b$' は，「関係 z は集合 a を集合 b に一意的に（eindeutig）写像する」を意味する [Schröder 1898c, S. 309]．すると同値定理はシュレーダーの普遍言語で以下のように書き換えられる．

$(a_{\sim x} b_1 \in b_{\sim y} a_1 \in a) \in (a \sim b \sim b_1 \sim a_1 \sim a).$

ほぼ同時期 1896/7 年の冬，ベルンシュタイン（F. Bernstein）も同値定理を証明した．だがコルゼルト（A. Korselt）が 1911 年にシュレーダーの証明に不備があることを公表（発見は 1902 年）し，シュレーダーはすでに 1902 年，コルゼルトに，カントルの定理証明の栄誉がベルンシュタインのみに帰せられると述べている（[Peckhaus 1991], loc. cit.）．

ところでシュレーダーによれば，アプリオリに明らかではあっても，従来の数学的表現形式では証明困難な定理が，論理代数により証明可能であり，カントル集合論も，代数論理的普遍言語の表記で完全に表せる，という．さらに『論理代数講義』第 2 巻第 2 部で，「環状［巡回］の単純整列の研究から，論理代数が，幾何学の公理を表現するという期待」を表明している [Schröder 1898c, S. 361]．

集合論の概念を論理代数の手段で再現するという試みのさらなる試金石を，シュレーダーは *Nova Acta* に公刊された第 2 論文 [Schröder 1898d] で与えている．

シュレーダーは，基数概念の論理的定義，特に集合の濃度 0, 1, 2, 3 の定義を，「独立に」，つまり，より低次の一々の濃度の定義の前提なしに［Schröder 1898c, SS. 365-9］，また「再帰的に（rekurrierend）」，つまり，後者関係（Nachfolgerbeziehung）（「集合 a は集合 b より正確に一つだけ多くの要素を含む」）の定義によって，与えている．

先述の「普遍言語について」［Schröder 1898a］においてすでにシュレーダーは，関係代数を数学の基本概念の表現に対する普遍言語的（pasigraphisch）補助手段として導入するという彼の試みを，競合する考え，特にペアノ学派の形式化のプロジェクトから区別している．普遍言語の構想で彼は，その記号法（Symbolik）において，5 つのカテゴリの 7 つの基本的記号に，さらに 12 の記号を補足している（後者は基本記号に還元されるが，それは実際的理由から，つまり，不自然な装飾を避け，切り詰めた，明瞭な見渡しを可能にし，均衡を顧慮したためでもある，という）［Schröder 1898b, S. 151］：

0, 1, +, · , Σ , Π , 0', 1', ⁻, ◡, ⁻◡, ⁓, ;, ∈, =, ⊂, -∈, ≠, ⊄.

この表記体系について，シュレーダーは，それがド・モーガン（De Morgan），ブール，特にパースの探究を引き継ぎ，さらに発展させたもので，ペアノとは相当異なる，という［Schröder 1898b, p. 187］．

シュレーダー：　0　1　+　·　Σ　Π　⁻a　　∈　［すなわち，∈ないし⊆］
ペアノ：　　　　　　∧ ∨ ∪ ∩ ∪' ∩' -a　　∈ ， ⊃

ペアノには関係 "von" が欠けており，よって "⁓", ";" もない．

シュレーダーは自らの「新関係論理の射程」を，算術の以下のような最重要な基本概念を普遍言語的に（pasigraphisch）表すことによって，例証している．すなわち，集合概念，基数 0, 1, 2, 等数性，等濃度性という関係，有限性，実無限，関数概念，代入概念，順序の概念［Schröder 1901b］，同様に，より大という関係，直続関係，約数関係，素数概念［Schröder 1898a, SS. 155-9］．だが，シュレーダーはここでは算術と集合論の体系的構成を試みずに，とりわけ，算術と集合論の基本概念を自らの関係代数の手段によって表現することが可能であることを，証明することに向かっている．このためには幾何学からの例（「z は点である」）や人間の親族関係の領域からの例を利用している．ペアノ派は，パースの関係代数を使わなかったので，関係代数ですでに研究されているカテゴリを案出するのに「速記術的解決法」に追いやられている．このことをシュレーダーは，ミンコウスキ（H. Minkowski）に倣い，こう喩えている，「すでに汽船が発明されているのに，帆船を使うようなものだ」．

ある最後のパラグラフでシュレーダーは，カントルの整列集合の理論からのさ

らなる若干の成果を論じたその結論部で [Schröder 1898d, 361], 先述のように, 論理代数においては, アプリオリには明証的ながら, 容易には証明できないこと, しかも「言葉による思考のみならず, 通常の数学的表現形式でさえその獲得に十分ではないように見える情報を, 比較にならないほどの豊かさにおいて与える」ことが可能だと示されるだろうという期待を表明している.

シュレーダーはカントルの集合論が「われわれの代数論理の表記で普遍言語的に (pasigraphisch) 完全に表現される」のは確かだと見なす.「新しいパース的専門分野はこうして, すでに小さな試練に耐える機会をもった. カントル理論もそうだろう」.「環における単純整列について」の研究から, シュレーダーは論理代数がまた幾何学の公理群の表現にも適しているという希望をもっていた.

Nova Acta 誌第2論文「濃度 0, 1, 2, 3 の自立的定義と明示的な等数条件」[Schröder 1898d] において, シュレーダーは基数概念の論理的定義を与えている. 先述の論文「普遍言語について」[Schröder 1898a] は, とりわけ, 関係論理的記法と競合する記号系, ことにペアノ派の形式化との対比に資するものである [Peckhaus 1991]. 両表記体系の最重要な差異は, ペアノの記号法では関係的操作が欠けていることである.

シュレーダーは, これらの論文で, 算術および集合論の隙間のない論理主義的構成を与えようとしているのではない. むしろ彼にとって問題なのは, 形式的連関の代替表現のための道具として, 彼の関係論理的記号法の可能性の明白な証示 (Demonstration) と, この記号法が, 数学的証明遂行の単純性と同様, 記法の簡潔さと見通しのよさ (Übersichtlichkeit) に関して優位性をもつこと, とを証明することなのである. クラインへの書簡で (Cod. Ms. F. Klein, 11; ed. in [Peckhaus 1991, pp. 198-200, 引用は p. 199]) 競合するフレーゲの努力に対し, その「概念記法」は彼には「量的, 質的に問題にならない」と称し, ペアノについては,「子どもの喃語のように見える」作為的表記だと酷評する. 彼らはその「記号主義 (Signicismus)」について思い違いをしており, ペアノもだれも, パースの表記体系の圧倒的な優位性とそれに基づく学問に気づいていないし, 認めてもいない, という.

この引用はしかし明らかに, シュレーダーにとっては, 適切な記号化だけではなく, それ以上のことが問題であったことを示す. 記号化の仕事は一つの固有な学問 (*eigene Disziplin*) の基礎を形成する. 逝去直前発刊された『精神的ドイツ (*Geistiges Deutschland*)』の豪華本での自伝的覚書で, その学問的生涯の一種の綜合として, シュレーダーが明確に述べていることだが, 彼の本来の研究領域は,「絶対的代数」つまり「結合律を超えた普遍的な結合理論 (Theorie der Verknüp-

fung）」にあった．その基本線はすでに『算術と代数講義』において展開され
[Schröder 1873]，現代の束論（Verbandstheorie）の早期の先駆である［Mertens 1979, SS. 114-27］．論理代数と特に関係代数で，シュレーダーは絶対代数の普遍的な構造理論の基本的モデルを構成した．関係論理はさらに，「科学的普遍言語（Universalsprache）」の創造を軌道に乗せるためには，普遍言語的（pasigraphisch）補助手段を用意せねばならなかった．

　ライプニッツの普遍言語（lingua characteristica）と推理計算（calculus ratiocinator）の結合へのこうした努力は，シュレーダーの基礎づけの考えと，普遍数学（mathesis universalis）のライプニッツ的プログラムを，同じように転換しようと試みたフレーゲの論理主義との間の，平行性を示す．しかしながら，数学的諸概念の「純粋論理的」定義とは，一体どう見られるべきなのかに関しては，二人の間に深い差異があることは，黙されるべきではなく，したがって，フレーゲアンからは，シュレーダーの論理主義はたかだか「準（quasi）論理主義」ないしティール［Thiel 1984］によれば「広義の論理主義」として妥当しうるにすぎない，と評される．シュレーダーは思考領域の「所与の」「何らかの仕方で概念的に規定された」要素から［Schröder 1895b, S. 4］，概念，集合，言明ないし関係と解釈される「思考の対象（Objekten des Denkens）」 a, b, …から，出発する．ここには，伝統的な概念論と判断論の「思考活動」に対して，フレーゲが概念の関数論的解釈によって待ったをかけたような，記号論理に影響するいっそう立ち入った形式的な確定可能性は認められない．ペックハウスによれば，歴史的資料は，フレーゲの論理主義の先例のない業績が，数学に対する論理学の位置のプログラム的な新規定というよりはむしろ，おそらく同時代の人々にも見られる，基礎づけのプログラムの首尾一貫した組み替え（Umsetzung）と論理学そのもののいっそうの展開（例えば，関数と概念の関係の分析）のうちにあったことを示す［Peckhaus 1993, pp. 117-8］．

　だが，フレーゲの論理主義が，論理そのものの変革と算術における推論・証明の隙間なき厳密化に主力を注いだために，実際の数論の導出となると，基数論でも加法の諸法則の十全な定式化まで達せず，実数論についても量概念・量領域の確定に主力が注がれ，有理数論，無理数論の群論的諸法則証明の素描に終わっているのに比して，シュレーダーは，最初に述べたように，「ブール－シュレーダー論理代数」を駆使して，束論の公理的展開，デデキントの「連鎖」を組み込む自然数論，「切断」を組み込む実数論を展開し，またモデル論のスコーレムの定理の先駆となるなど，1930年代までの，レーヴェンハイム，タルスキ，ヒルベルト，ゲーデル等の論理学者・数学者に深い影響を与えていく．

その『論理代数講義』第1巻第4講義（1890）4節でのシュレーダーの狙いは，元来，ブールの普遍クラス（「クラス1」）を，思考可能なすべてを含むようなクラス（「談話領域（the universe of discourse）」）とするブールの解釈が矛盾に至ることを演繹することであった．そして注目すべきことに，シュレーダーには「単純型理論（the simple theory of types）」の基本的アイディアの予見（anticipation）が認められることである（[Church 1976, pp. 407f.] originally [1939]）．すなわち，シュレーダーは，さまざまなレベルの多様体（manifolds）という階層（hierarchy）の導入によって，この「矛盾」を回避しようとしていることである（[Church 1976] [Rang and Thomas, 1981, p. 10]）．だがシュレーダーの関心は，深い集合論的パラドクスの存在ではなく，単に「∈と⊆との区別の代替」[Church 1976, p. 151] を得るためであり，全体的にはブールの「談話領域（universe of discourse）」の改定のためだった [Rang and Thomas, 1981, p. 19]．

シュレーダーは，普遍クラス1を予め一定の領域のすべての元から構成されると見なしている．その領域には，次の制限があるだけである．つまり，「純粋な多様体，すなわち，「個体」として与えられる元には次のようないかなるクラスも存在しない，すなわち，そのクラスがその下に，同じ多様体の，個体としての元を含むことはない」[Schröder 1890a, S. 248]．だが単純型理論のこの予見の精確さは，シュレーダーが単元クラスをその単元そのものと同一視する場合には崩れる．

もっとも，この時点ではまだ集合論のパラドクスは，シュレーダーには知られていなかった．彼が型の位階を導入した理由は，フッサール（E. Husserl），フレーゲが批判したように，彼がクラスの成員関係（membership）の記号（∈）とクラス間の内含（inclusion）の記号（⊆）の区別を欠いており，型の区別の導入は，∈と⊆の区別の代替なのであった．

数学の目的に十分強い論理体系で，集合論の周知のパラドクスを回避する多様な試みがあるが，最も好まれる方法は，ツェルメロの公理的集合論と単純型理論であろう．後者は，おおよそ次のようになる．すなわち，任意だがある特定の個体領域を選択し固定する．クラスや関係（および関数）は型の位階中に分類される．この基礎に立って，最初の型は個体から，第2の型は個体のクラスから構成され，第3の型は個体のクラスのクラスから構成される等々．単純型理論が課す制約は，型 $n+1$ に属するクラス b の成員 a はすべて型 n のクラスに属さねばならない（すなわち，$a_n \in b_{n+1}$ 等々である）．これも周知だが，ラッセル–ホワイトヘッドの『数学原理』（1910-3）で採用されているのは，ラッセルが1908年に提案した「分岐（ramified）型理論」である．その改良版として単純型理論はチェ

ウィスティク［Chwestek 1921］,ラムジー［Ramsey 1926］によって提案され,カルナップ［Carnap 1928］,ゲーデル,タルスキ,クワイン等によって採用される.

第3章 フレーゲの論理主義
―― 「判断優位説」と「文脈原理」

はじめに――算術・解析学の厳密化から論理主義へ

　先述のように，19世紀後半は数学の革命期であった［Klein 1926］．すなわち，非ユークリッド幾何学，アフィン幾何学，射影幾何学といった，多様な幾何学の体系が展開され，いわゆる「エアランゲン・プログラム」（1872）において，クラインが「変換」という群論的概念による統合を提案した．一方，コーシー，ボルツァーノ，ワイエルシュトラース，カントル，デデキントといった相当数の数学者たちが，いっそう普遍的で厳密な基礎に基づく，算術と解析学の「厳密化」を探索していた．厳密化のゴールは，解析学の，幾何学，運動学からの，また経験的であれアプリオリであれ，いかなる種類の時空的直観からの独立性と自律性であった（［Demopoulos 1994］参照）．さらに少なからざる数学者・哲学者たちは，算術・解析学のそうした基礎を論理学に求めた．論理学が，古来よりあらゆる学問中で最も普遍的な学であると見なされてきたからである．

　「論理主義（Logicism）」は，算術・解析学の厳密化というこうした運動の頂点と見られた．フレーゲのゲッティンゲン大学時代の哲学教授ロッツェは，「数学は一般論理学の自己展開していく分枝（die Mathematik als sich für sich selbst fortentwickelnder Zweig der allgemeinen Logik）だ…」［Lotze 1843, 1^{stes}Buch, S. 34］と記している．

　しかしながら，19世紀までの伝統的論理学は，算術・解析学のための論理的基礎を提供するには全く無力であった．かくてこうした基礎論的な仕事を達成するに足る強力な，新しい論理学を自ら創始することが，フレーゲにとって緊急の課題となった．

　先述のように，デデキントもまたある種の論理主義を唱導し，「連鎖（Kette）」「システム（System, クラス）」および「写像（Abbildung）」［D. 1888］という

フレーゲ

鍵概念を介して,「算術(代数,解析学)を[彼の意味での]論理学の一部」と見なした.だが彼の「論理」の上記の鍵概念は,「素朴集合論」に納まるものであり,彼の論理主義は,広義の論理主義,一種の素朴集合論的な構造主義(set-theoretic structuralism)と考えられよう(ティールは「準論理主義(quasi-logicism)」と呼んでいる[Thiel 1984])[Ferreirós 1999][野本 2010].

シュレーダーもまたロッツェ同様,純粋数学が,一般論理学の一分野に他ならないと主張する[Schröder 1898a, p. 149].シュレーダーの論理の考えは,先述のように,パースの関係論理と量化によって武装したブール代数論理である[Peckhaus 1993].

フレーゲのライフワークも,後に「論理主義」と呼ばれるようになる数学の哲学であった.彼の論理主義の狙いもまた,算術と解析学の「厳密化」という目標を現実化すること,すなわち,算術と解析学の,幾何学,運動学,および経験的にせよアプリオリにせよいかなる種類の直観からの独立性ないし自律性を確立することであり,さらに積極的には算術と解析学を論理のみに基づけることであった.

しかしフレーゲは,デデキントのいわば「素朴集合論」的な「準論理主義」や,ブールの「論理代数」ないしシュレーダーの「普遍言語的な(pasigraphisch)」「論理主義」にも満足できなかった.いずれにも,何らかの既存の「クラス計算論」的な接近法を前提することに不徹底性を見たのである.そこでフレーゲは,日常言語の曖昧さを回避し,かつ数学者の推論や証明における隙間や飛躍を埋め,いっそう精密にするために,見通しのよい(übersichtlich)概念記法(Begriffsschrift)という論理的な「記号言語」を,結局独力で創始しなければならないと考えた.フレーゲの最初の成果が,その処女作『概念記法(Begriffsschrift, BS)』(1879)であった.この著作中で彼は,史上初めて2階の述語論理の無矛盾で完全な公理体系を一挙に提示したのである.

そこでまず,フレーゲの論理的探究の方法的原則の概略を,予め見ておこう.その実際の手続きには続く論述で具体的にふれる.論理学,数学および言語の哲学における,フレーゲの,中心的な方法論的原則ないし格律は,以下のようであったと思われる(両者とも,本来メタ的言語によって表現されるはずのものである).すなわち:

① 「判断優位テーゼ(Primacy Thesis)」ないし「判断優位の原則(Priority

Principle of Judgement, PJ)」.

② いわゆる「文脈原理（Context Principle, CP）」というメタ的な方法論的格律は以下のようにいくつかの形で（対象言語中で）具体化される：

　ⓐ「抽象原理（Abstraction Principles, AP）」．それは例えば，1) いわゆる「ヒュームの原理（Hume's Principle, HP）」ないし 2) 基本法則（V）等に，例証される．

　ⓑ さらには，主著『算術の基本法則（*Grundgesetze der Arithmetik, GGA*)』においては，原初的論理語（の分析による意味確定）に関わる「一般化された文脈原理（generalized CP, GCP）」ないし「意味論的制約（Semantic Constraints, SC）」としても具体化される（ⓑは一般的には，やはりメタ言語的に表現され，説明される．いったん，意味確定が終結すれば，「合成原理（composition principle）」という綜合的手続きにより複合的表現の意味も確定される）．

　ⓒ 従属節（間接的（oblique）文脈）の場合には（例えば，論文「意義と意味（SB）」では），ライプニッツ流の「真理保存的置換原理（*substitutio salva veritate principle*）（簡略には（*salva veritate*）原理）」という形を取る．

③ 指示詞や指標詞（「いま」「ここ」「きょう」のような副詞や「私」のような人称代名詞），さらには本来の固有名詞の「意義」理解の，文脈依存性（Context-dependency）の組み込み．

ただし，② ⓒや③については，後段の第 11 章や最終章において詳論することにする．

1 『概念記法』の概観

1.1 『概念記法』

本章では，この方法論的格律に関係させて，フレーゲの論理主義と意味論の展開を，処女作『概念記法（*BS*）』から，『算術の基礎（*Grundlagen der Arithmetik, GLA*)』を通じ，主著『算術の基本法則（*Grundgesetze der Arithmetik, GGA*)』(1893) に至るまでの大筋を追跡したい．

まずはその概要を示しておきたい．

① フレーゲの算術体系（順序数論）への最初の基礎づけ，それを私は「概念記法算術（Begriffschrift Arithmetik, BA）」と呼んだ［野本 2012］のだが，その

なかでフレーゲは,「判断優位テーゼ (PJ)」に沿って, デデキント - ペアノ算術 (以下, DP-A と略記) の先駆となるような, 順序数の算術体系の, 一種構造主義的な基礎づけ (structuralist groundwork, Grundlegung), 少なくともその準備をしている, と考えられる.

②ⓐ-1) しかし彼の第2の著作 (*GLA*) 体系, それを私は「算術の基礎」算術 (*Grundlagen-Arithmetic*, GL-A)」と呼びたいのだが, それはデデキント - ペアノ算術 DP-A と同型であるが, フレーゲはさらにそれ以上に,「基数 (*Anzahl*) の算術のためのいっそう十全な「論理主義的」基礎」を与えているのである. つまり, 彼は,「文脈原理」を体現するいわゆる「ヒュームの原理 (HP)」と称されるもの (後述) に訴えて,「等数性 (Gleichzahligkeit)」を介して, (〈馬の脚〉〈太陽系の惑星〉のような) 種的概念 (sortal concepts) の基数 (*Anzahl*) の同一性規準 (Kenzeichen) を与えようと試みているのである. だがいわゆる「シーザー問題」と称される困難を避けるために, フレーゲは概念の「外延」に訴えざるをえなかった. しかし外延とは何かは説明せず, 単に「外延」の意味は「周知」として前提しているのみである. しかし近年, 概念の外延に訴えない, 整合的で多様な「フレーゲ算術 (Frege Arithmetic, FA)」が提案されている.

②ⓐ-2) フレーゲは, 主著『算術の基本法則 (*GGA*)』において, 文脈原理 (CP) に沿って, 以下のように, 普遍的同値 (universal equivalence) を介し, 算術の基本法則 (V) によって関数 $F(\xi)$ の値域 (*Wertverlauf*) $\dot{\alpha}F(\alpha)$ なるものの同一性規準を与えようと試みた:

 (V) 関数 F と G の各値域の同一性の必要十分条件は, F と G の普遍的同値性である. すなわち, $[\dot{\alpha}F(\alpha) = \dot{\varepsilon}G(\varepsilon) \leftrightarrow \forall x[F \leftrightarrow Gx]]$

こうしたフレーゲ算術 (FA) は, デデキント - ペアノ算術と同型であることが証明可能である.

しかしながら, この基本法則中の右辺の普遍的同値性から左辺の値域の同一性への移行, すなわち:

 (Vb)「$\forall x[F \leftrightarrow Gx] \to \dot{\alpha}F(\alpha) = \dot{\varepsilon}G(\varepsilon)$」

に関して, ラッセルやツェルメロ等のパラドクスが発見され, ラッセルの型理論やツェルメロの公理的集合論が提案された. また近年, 無矛盾の多様な準フレーゲ的算術が提案されている.

②ⓑ 『算術の基本法則 (*GGA*)』における論理学の意味論に関してフレーゲは,「一般化された文脈原理 (GCP)」を要求している. すなわち, 論理学の意味論に関するフレーゲの指導的原理は,「論理的に完全な (vollständig) 言語」, つまり, 論理的文法に適ったすべての表現の有意味性の要請にある. 具体的には, フレー

ゲは，GCP に従って，基底部（base）として，文は真偽いずれかであるという「二値原理（Principle of Bivalence）」の想定から出発する．そして彼は，いくつかの相対的有意味性（bedeutungsvoll）に関する規則の統制下において，原初的関数名の有意味性を意味論的に正当化し，その意味（Bedeutung）を約定する．そして整成的な（well-formed）複合的表現の意味（Bedeutung）を確定する．したがって，複合的表現は，その論理的な複雑さの上のステップごとに帰納的に（inductive）確定される．ただし，値域名という矛盾的な場合は別である．

②ⓒ　さらに，標準的論理の範囲を越える，話法や「と知っている」「と信じている」のような命題への態度に関わる文脈といった面倒なケースに関しても，フレーゲは文脈原理に従い，そうした文脈での従属節の適切な意味（Bedeutung）の探索を試みている．こうしたケースでは，文脈原理はライプニッツ的な「真理保存的置換原理（*salva veritate* Principle, SV）」という形で体現されている．すなわち，「従属節の語句はその間接的意味（*ungerade Bedeutung*）をもつ」［*SB*, S. 49］，つまり，その通常の意義（Sinn）ないし（名詞節なら）思想（Gedanke）をもつとされる（「意味」と「意義」の区別等は後段の最終章で説明する）．

③　指示詞「あれ」や「私」のような人称代名詞，「いま」「ここ」「きょう」のような指標詞（indexicals）といった文脈依存的表現，さらには「アリストテレス」のような本来の固有名の場合に，その意味（Bedeutung）のみならず，こうした表現が登場する文の意義・思想を確定しようとする場合には，われわれは広義での文脈（発話ないし使用の文脈）を，考慮に入れなければならない．これらの問題についてのフレーゲの対処の試みについても，最終章で取り上げる．

1.2　ラテン文字の使用と文脈

さて実はフレーゲは，『概念記法（*BS*）』の冒頭の節において，1970 年代以降に話題を集める，クリプキの「固定指示（rigid designation）」，カプランの「直接指示（direct reference）」の範型とされる，注目すべきラテン文字の使用を以下のように導入していたのである．

1.2.1　ラテン文字の不定性・一般性と固定性・直接指示性

フレーゲは，通常いわゆる「自由変項」と称されるラテン文字について，きわめて注目すべきことを語っている．すなわち，「不定のままの数（unbestimmt gelassene Zahl）を代表する文字」としてラテン文字を導入し，文字のその「不定性（Unbestimmtheit）」のおかげで，$(a+b)c = ac+bc$ の場合のように，命題の一般的妥当性を表現するのに用いうる．……多様なもの（*Verschiedenes*）を表

すのに用いうる記号……は文字であり，これらは主として一般性（*Allgemeinheit*）を表現するのに用いる．あらゆる不定性（Unbestimmtheit）にもかかわらず，文字は，一度与えられた（einmal gegeben）意味（Bedeutung）を同じ脈絡においては（*in demselben Zusammenhange*）保持する（*beibehalten*），ということを，固守（festhalten）せねばならない」［*BS*, §1］．（この一節は主著『算術の基本法則（*GGA*）』（§§8, 17, 48）でも，ラテン文字の「一般性」の表現を巡って取り上げられるが），注目すべきなのは，ラテン文字は，その意味が不定（フレーゲはそれゆえ，後にラテン文字が「意味する（bedeuten）」とは言わず，「暗示する（andeuten）」と言う）でありながら，一度確定したら「同一文脈内では，その意味を保持し続ける」と言う．これは，タルスキの言う「同時的付値（simultaneous assignment）」の代替，クリプキの意味合いでの「固定性（*rigidity*）」に直結するものである．実際，クリプキは固有名の固定性の，またカプランは指示詞等の直接指示（*direct reference*）の範型を，「自由変項」への付値に求めているのである［Kripke 1963］［野本 1988a, pp. 209f., p. 279］［Kaplan 1989a, p. 484］［野本 2012, pp. 113f.］．

1.2.2　ドイツ文字とラテン文字——量化の作用域という文脈

さらに注目すべきは，推論過程における，量化子の作用域（Gebiet）（という意味での文脈）での変項の一般性と固定性である．すなわち，ここで先走って言及しておけば，フレーゲは，主著『算術の基本法則（*GGA*）』やペアノの記号法との対比［Peano 1895］において，量化子の作用域内に縛られるドイツ文字（束縛変項）と，一つの文を超えていっそう広い一般性の作用域をもつラテン文字（自由変項）とを，以下のように対比している（［*GGA*, §17］［Peano 1895, S. 378］［野本 2012, pp. 248f.］）．例えば，次のような推論事例でのドイツ文字（束縛変項）𝔞 の作用域（棒線下線部）と「仮定」中のラテン文字（自由変項）*a* の一般性の及ぶ範囲（波形下線部）を見よ（なお角括弧で括った '[*Fa*]' 等は，「単なる仮定」を表すフレーゲ風の表記である）．ラテン文字は，クリプキの固定指示，カプランの直接指示の先駆である）．

$\vdash \forall \mathfrak{a}[F\mathfrak{a} \to G\mathfrak{a}]$

$[-Fa]\ Fa \to Ga$ (UI) $\vdash \forall \mathfrak{a}[G\mathfrak{a} \to H\mathfrak{a}]$

　　Ga　（MP）　　$Ga \to Ha$ (UI)

　　　　　Ha　　（MP）

　　　$Fa \to Ha$（仮定の除去／ゲンツェン NK の条件法の導入）

　　$\forall \mathfrak{a}[F\mathfrak{a} \to H\mathfrak{a}]$ (UG)（→ int に相当）

1.3 判断可能な内容と論証の文脈

『概念記法 (BS)』の§3で，フレーゲは，論理が関わる「概念的 (*begrifflich*) な内容」を，例えば，能動 - 受動の差異のような，話し手・聞き手の相互関係からのみ結果するような言語の特性すべてから，峻別したいと考えた．フレーゲは，二つの判断内容の同一性 $A \equiv B$ の，次のような必要条件を提案している．すなわち，「ある結論 [⊢C] は，ある一定の判断 [⊢Δ] と結合すると，一方の判断 [⊢A] から引き出されうるが [⊢C] は同じ判断 [⊢Δ] と結びつけば第2の判断 [⊢B] からも引き出されうる」(loc. cit.). つまり，以下のように図示しうる ('⊢C' は文 '-C' の表す判断内容を肯定し，主張していることを表す).

$$\frac{\vdash A, \ \vdash \Delta \quad \vdash B, \ \vdash \Delta}{\vdash C \qquad \vdash C}$$
$$\vdash A \equiv B$$

このようにフレーゲの「式言語 (*Formelsprache*)」においては，「判断において関連があるのは，その可能的帰結 (*die möglichen Folgerungen*) に影響を与えるもののみである」(loc. cit.). このことは，概念内容，この場合にはより厳密には，判断可能な内容 (*beurteilbarer Inhalt*) をどのように同定するかということへの，フレーゲの（論証という）文脈的なアプローチを示している．すなわち，フレーゲは，判断可能な内容の同一性規準を，論証という文脈 (*inferential context*) において，つまり，その可能的帰結 (*possible consequences*) において，探究しているのである [野本 1986].

さらにフレーゲは，内容相等性 (*Inhaltsgleichheit*) 一般について次のように述べている:

> ⊢($A \equiv B$) は次のことを意味している．すなわち，記号 A と記号 B が同じ概念内容をもつのは，A が常に B によって置換可能であり，その逆でもありうる場合である．[BS, S. 15]

これは，ライプニッツ流の「同一者代入則 (the law of substitutivity of identicals)」ないし「真理保存的置換 (salva veritate) 原理」に他ならず，フレーゲはその探究を通じて，多様な存在者の同定に際し，この法則に訴えている．

2 『概念記法 (*BS*)』と判断優位テーゼ (PJ)

　さらには，この著作 *BS* および 1880 年頃のその他の論文において，フレーゲは方法論的守則として，「判断の優位テーゼないし優位原則」を提唱している（[Heijenoort 1967a] [Dummett 1981] [野本 1986] [Sluga 1987] 参照）．すなわち，原子論的（*atomistic*）アプローチが命題の一定の構成要素を既存の（*schon fertig*）出来合いのもの（*als getan*）だと前提するのに対し，判断優位テーゼ (PJ) は，その反対に，一定の複合的な数学的判断や命題文に優先性を与えて，「遺伝性（hereditary）」や「祖先関係（ancestral relation）」等の論理的定義を介し，「系列における後続」などといった基本的な概念の分析的な構成（*Begriffsbildung*）に進むのである．このように，第 III 部「系列の一般理論から若干」において，フレーゲは，後にデデキント自身が認めるように（ケーファーシュタインへの書簡），デデキント [D. 1888] やペアノ [Peano 1889] 算術の先駆となるような，「順序数」に関する一種の「純粋に論理主義的な算術」の公理体系化に向けて，そのいわば定礎（Grundlegung）ともいえるような試行への準備を，デデキントの上記二著に 10 年近く先んじて，公刊していた．このフレーゲの最初の順序数に関する算術の定礎への試行ないし準備を，私は「概念記法算術（*Begriffsschrft Arithmetic*, BA）」と呼んだ [野本 2012，2 章 §3]．

　さてこの「判断優位テーゼ (PJ)」と彼の以下のもう一つのいわゆる「文脈原理（CP, Satzzusammenhangsthese）」とは，彼の論理学・数学および言語哲学の中心的な方法論的格律（methodological maxim）をなす．

　「判断優位テーゼ (PJ)」は，このようにすでに彼の処女作『概念記法』(1879) に登場しているが，「文脈原理 (CP)」が初めて明示的に姿を現すのは彼の第 2 の著作『算術の基礎（*GLA*）』(1884) においてである．しかし，先にもふれたように，『概念記法』においても，「判断可能な内容」の同一性をめぐっては，すでに，「論証という文脈」において，また表現の「概念内容」に関しては，「同一者の代入則」において，一般的には姿を現していると言えるかもしれない．しかし，いまだそれは算術的命題とは明示的に結びつけられてはいない．算術に関するフレーゲの見解における，「文脈原理」を明示的に伴わない「判断優位テーゼ」による見解と，「文脈原理」に明示的に訴える見解との差異を探究することは，興味深い問題だと思われる．

2.1 フレーゲの論理主義的算術への最初の試みと「判断優位テーゼ (PJ)」

　判断優位テーゼ (PJ) に従って，フレーゲは与えられた算術的判断ないし定

理から出発し，そうした算術的命題を関数論的にその構成要素概念へと分析することに進む．そしてこの過程を通じて，彼は，「遺伝性 (hereditary)」「系列における後続」「後続関係の関数性」「一般的な帰納法」「無限」等の数学的な概念を，さらにはやがて『算術の基本法則 (GGA. II)』に登場するような「関数の連続性」「数列の極限」等の解析学的概念を，原始的なものの複雑な組み合わせにより論理的に定義することによって，（数学的）概念の構成 (*Begriffsbildung*) を試みるのである．むろん，「判断優位テーゼ」は，特定の構成部分が複合的全体を総合的に確定するという，いわゆる「合成原理」を排除するものではない．かくしてわれわれはフレーゲの論理主義的な仕事が，入れ子型の多重量化装置を備えた2階論理の，かれ自身の革命的に斬新な公理化に基づく，算術と解析学のいわゆる厳密化の一つの極をなすと，評価しうるであろう．

フレーゲの論理主義的主張を確証するためには，算術と解析学の全体系が，いかなる直観にも訴えることなく，純粋論理的概念による論理的定義により，基本的論理法則から，少数の純粋に論理的な推論規則に則って，導出可能であるかどうかを，検証しなければならない（なお，佐藤雅彦氏のご指摘［佐藤 2005; 2016］のように，ペアノ‐ラッセル式の記法に従うよりは，フレーゲの元来の記法の方が，ゲンツェンの自然演繹（NK）やゼクエント算（LK）と親和性があると思われる．実際［野本 2012, 7章, pp. 244f.］では『算術の基本法則』の記法に関しては，その親和性に言及した．以下本章の第5節で，『算術の基本法則』とゲンツェン流のNK, LK との親和性に言及しよう）．

2.2 「概念記法的算術（BA）」への定礎

『概念記法 (BS)』第I部，第II部における2階述語論理の史上初の公理体系を樹立した後で，フレーゲは『概念記法 (BS)』の第III部において，少数の原初的な算術的概念の一般的な論理的基礎を準備しようとしている．

「判断優位テーゼ（PJ）」に従って，フレーゲは算術的命題をその要素概念，例えば，「系列における後続」（デデキントの「連鎖」）「後続関係の関数性」「一般的帰納法」へと分析する．その分析は，「遺伝性」「祖先関係」といった概念に，内容線，条件線，否定線，等号および普遍量化記号といった論理的原始語を複雑に組み合わせて，算術の基礎概念の論理的定義を与えることによって遂行される．こうした算術的概念の論理的定義を通じて，多様な算術的定理が導出可能となると期待されるのである．

2.2.1 「系列の一般理論から若干」

このようにして，先にも述べたように「系列の一般理論から若干」と題された第III部ならびに講演「概念記法の応用（Anw）」(1879) および遺稿「ブールの論理計算と概念記法（BLB）」(1880/1) において，フレーゲは史上初めて，ラッセルの意味で [Russell 1903] の「前進列 (progression)」の「純粋論理主義的算術」の公理体系構築の基礎づけ・定礎（Grundlegung）への試行のいわば見取り図を，デデキント [D. 1888] とペアノ [Peano 1889] 算術の公刊に10年先立ち，公刊（ないし執筆）していたのである（もっとも先述のように，デュガク [Dugac 1976] の考証によれば，デデキントはその未刊の手稿 [D. 1872/8] の付録 LVI「数についての考察（Gedanken über die Zahlen）」で，すでに算術の集合論的な体系を与えていたという．けれどもデデキントの『数とは何か』が実際に公刊されたのは，1888年であった）．

算術の基礎へのフレーゲの最初の試みを，拙著 [野本 2012] では，「概念記法算術（BA）」と呼んだ．しかし「概念記法算術（BA）」という命名の及ぶ範囲について，拙著の記述 [野本 2012, 2章§3, 特に pp. 131-2] には広狭の揺れがあり，(A)『概念記法 (*BS*)』第III部の「一般的系列論」に限定するのか，あるいは (A$^+$)『概念記法 (*BS*)』第III部および講演「概念記法の応用（Anw）」その他を含むのか曖昧であった．そして前者 (A) の狭義の解釈での「一般的系列論」を，単独で「概念記法算術（BA）」と称するのはミスリーディングだったかもしれない．後述のように，(A) 狭義の解釈では，佐藤氏のご指摘のように，所期の目的を達しないからである．正確には『概念記法 (*BS*)』の本文そのものは，論理主義的算術の公理的展開というより，そのいわば前段をなすもので，第III部の系列論もフレーゲの論理主義的展開への基礎的準備作業，基礎づけ（Grundlegung）の不可欠の部分というのが適切かもしれない．すなわち，『概念記法 (*BS*)』第I-II部は *BS* の2階の公理的論理体系で，(A)『概念記法 (*BS*)』第III部は，第I-II部の論理体系のいわば下位理論（subtheory）で，フレーゲの論理主義的算術の基礎づけへの，あくまでも一般的な論理的基底への布石であり，一方その第III部に，さらに講演「概念記法の応用（Anw）」(1879) および遺稿「ブールの論理計算と概念記法（BLB）」(1880/1) をも付加した広義の解釈 (A$^+$) が，論理主義的算術のフレーゲの基礎づけの具体的な展開に向けての最初の一歩に相当すると考えられる．この講演「概念記法の応用（Anw）」[1] および遺稿「ブールの論理計算と概念記法（BLB）」[2] は，『概念記法 (*BS*)』第III部を補う，フレーゲ的序数論の一種メタ的説明，ないし，やがてはるかに1930年代のゲーデル，チャーチらの帰納的計算論を示唆するものが含まれる，といえるかもしれない

[野本 2012, 2 章 §3, p. 132].

　なお本節では，ラッセル以来の標準的表記に従うが，『概念記法』においてもフレーゲは，主著『算術の基本法則』においてと同様，① ドイツ文字，② ラテン文字，③ ギリシャ大文字，④ ギリシャ小文字を，細心の注意をもって使い分けている（[飯田 2003][佐藤 2016] 参照）．例を挙げれば，以下のようである．

① 　ドイツ文字（<u>対象言語の束縛変項</u>，例 '$\forall \mathfrak{a} \forall \mathfrak{b}(\mathfrak{a}+\mathfrak{b}=\mathfrak{b}+\mathfrak{a})$' 中の '$\mathfrak{a}$', '$\mathfrak{b}$'），

② 　ラテン文字（<u>メタ的束縛変項</u>で，例 '$a+b=b+a$' は，上の普遍量化文 '$\forall \mathfrak{a} \forall \mathfrak{b}(\mathfrak{a}+\mathfrak{b}=\mathfrak{b}+\mathfrak{a})$' のメタ的省略形），

③ 　ギリシャ大文字（<u>省略用のメタ変項</u>，例 '$\Phi(A)$'），

④ 　ギリシャ小文字（例えば，以下の表記中の<u>メタ束縛変項</u> 'δ', 'α' は，多重量化の（標準的）表記 '$\forall d[F(d) \to \forall a[f(d, a) \to F(a)]]$' の省略形中の<u>対象言語の束縛変項</u>ドイツ文字 '$\mathfrak{d}$', '$\mathfrak{a}$' である（[BS, III. §24, S. 57]．ただし，フレーゲ原文テクストの佐藤氏による誤植指摘に従い，'δ' と 'α' を入れ替える）．

$$\begin{array}{l} \alpha \\ | \\ \delta \end{array} \begin{array}{l} F(\delta) \\ \\ f(\alpha, \delta) \end{array}$$

　また拙著ではこうしたフレーゲ固有の文字種の区別について，詳らかにできなかったが，佐藤氏によって，フレーゲの『概念記法』がどのように現代の論理学や情報数学での証明支援系の先駆になっているかを，書評原稿においては詳細に論じられている（しかし，その元原稿中のこの部分は，枚数超過により，[佐藤 2016] ではそっくり削除されてしまったことは大変残念なことである）．

　最も注目すべきは，上記②ラテン文字についての規約，すなわち，ラテン文字をメタ的にのみ使用するというこの規約，によりフレーゲは，いわゆる普遍汎化（UG）を使用せずに済ますことができ，また普遍例化（UI）には，高階の性質，例えば「遺伝性」（「どの性質 F であれ，F は f-系列において遺伝する」）を，置換（*ersetzen*）・代入する（*substitute*）表を用いていることである（『概念記法（BS）』第 III 部 §25 以降）．

---

1) 少し補足すると，『概念記法』は，その序文が 1878 年 12 月 18 日付とされ，翌 1879 年に出版されている．しかも，フレーゲは，『概念記法』の刊行と相前後して，イエナ医学・自然科学協会で，注目すべき講演「概念記法の応用（Anw）」を行い，1879 年 1 月 10 日付学会講演の別刷として，また同内容の講演報告を同年 1 月 24 日同学会報告集（Sitzungsberichte (SBer) 1879, SS. 29-33）で刊行している（Begriffsschrift und Andere Aufsätze (1977)，巻末編者 Angelelli 文献注）．

2) 「ブールの論理計算と概念記法（BLB）」は，『概念記法（BS）』に対してなされた，ベンやシュレーダーらブール派からの酷評に対する長大で徹底的な反論であるが，二つの数学誌，一つの哲学誌から（それぞれ 1881 年 6 月，8 月および 9 月に）相ついで掲載を拒否され，実に 90 年後，『遺稿集（NS）』（1969）中で公刊されるまで，日の目を見ることはなかった．

この点は拙著［野本 2012, p. 130］でも紹介したように，ブーロスが，重要な定理証明に当たって示される，1階述語 F に2階量化を含む関係を代入するというフレーゲの大胆かつ巧妙な手続きを，「飛行機を発明した上に，処女飛行をアクロバット飛行で締めくくるようなもの」と評しているものに関わる［Boolos 1985, Appendix, p. 344］．

2.2.2 遺伝性，系列における後続，一般的な帰納法的概念

さて拙著［野本 2012］の2章 §3 に関して，佐藤氏により詳細で的確な書評［佐藤 2016］を頂いたことは感謝に堪えない．ここではそのうちの一部，拙著で「概念記法算術（BA）」と称した部分への，佐藤氏の提起された重要な疑問（以下，[SQ] とする）のいくつかに言及したい．結論的には，「概念記法算術（BA）」を，『概念記法』第 III 部の範囲のみに限定する上述の（A）狭義の解釈に関しては，佐藤氏による以下のご指摘の通りだと思われる．

[SQ1]「遺伝性」の後述の定義 D1 のみからは，デデキント‐ペアノ算術での第2公理（DP-A2）「後者の存在」は帰結しない．

[SQ2]「後続（強祖先関係）xf*y」の後述の定義 D2 のみからは，「数学的帰納法」（DP-A5）は帰結しない．

[SQ3]「後者関数の一意性」定義後述の D4 のみから，「直続数の同一性」ないし後続数の一意的存在（DP-A3）は帰結しない．

[SQ4]「弱祖先関係」，つまり，「x から始まる f-系列 $[xf^{*=}z]$」の定義（99）：$xf^{*=}z =_{df} xf^{*}y \lor z = x.$ のみから「始数の一意的存在」（DP-A1）は帰結しない．

よって，第 III 部「一般系列理論（BS）」に限定した解釈（A）の「概念記法算術（BA）」は，デデキント‐ペアノ算術（DP-A）と同形ではない．

しかしながら，BA での D1-D4 とその帰結命題・定理は，いずれもデデキント‐ペアノ算術（DP-A）の公理ないし定理を各事例としてもつような，自然数論の基底をなす，論理的な一般原理を構成する，と思われる．すなわち，私は，解釈（A）の「概念記法算術（BA）」がデデキント‐ペアノ算術（DP-A）への途上にある，デデキント‐ペアノ算術への論理的な基礎準備，基礎づけの基底的な部分ではある，と考える．

しかし上述のように，フレーゲの論理主義的算術の構想を，（A）狭義の解釈のように，もっぱら『概念記法』第 III 部での一般論に限定せずに，（A⁺）広義の解釈のように，「概念記法算術（BA）」を，「一般系列理論（BS）第 III 部」（1879）に，ほぼ同年にフレーゲの行った講演「概念記法の応用（Anw）」（1879）および遺稿「ブールの論理計算（BLB）」（1880/1）——それらはいまだ非形式的

でメタ的説明ではあるが——を付加した，広義の論理主義的算術の基礎づけの試行（A^+）というように解するならば，それはこの時期にフレーゲの本来意図した論理主義を示唆していると思われる．しかしそれでもなお（A^+）解釈でも，デデキント–ペアノ算術（DP-A）と同形であるといえるかどうかを，以下で検討しよう．

　まず私の理解の粗筋を述べておこう．DP-A との同形性の確保のために，『概念記法（BS）』第 III 部のみでは欠落しているポイントは，弱祖先関係での「x から始まる系列」の変項 x への代入・例化による始数の特定化，つまり始数の一意的存在の要請（DP-A1）と「数学的帰納法」の定式化を満たしていないことであろう，と思われる．

　果たしてフレーゲは，始数の一意的存在の要請を講演「概念記法の応用（Anw）」および「ブールの論理計算（BLB）」において，『概念記法（BS）』第 I-III 部の 2 階論理体系の算術への応用という，メタ的な準備説明ないし帰納的計算論に通底する例示において，満たしているであろうか．

　上記の講演や遺稿においてフレーゲは，以下に見るように，『概念記法（BS）』第 I-III 部の一般論を超えて，論理主義的算術の，いわば，メタ的な概観ないし見取り図を与えていると思われる．すなわち，「a は正整数（eine positive ganze Zahl）である」を「a は 0 で始まり，かつ一つずつ定常的に増大する系列，つまり，0, 1, 2, 3, … に属する」と主張しており（[Anw, S. 90]，また「ブール論理計算（BLB）」[NS, S. 24] でも，『概念記法（BS）』，§29，定理 99 に対し「4 は正整数 [0 も含むものとする] である．つまり，4 は 0 で始まり，いかなる項からも 1 を加えると直後の項が得られるような数列に属する」[NS, S. 24] と，メタ的注釈が施されている．

　つまり，① メタ的に，変数 x の 0 への置換で（ersetzen），始数を 0 と一意的に特定し，「ペアノ公理 1」（DP-A1）を充足して上の佐藤問題 [SQ4] に応え，弱祖先関係 $xf^{*=}y$ をまず $0f^{*=}y$ と特定する．

　ついで，② 後続関係 $xf^{*=}y$ [f- 系列の弱祖先関係]」（「y は x で始まる f- 系列に属する」）を，メタ的に，'$0_x+1=a_y$' と表記し，さらに加法関数 $x+1=y$ に置換し，「y は x に一つずつ定常的に増大する系列」を得て，さらに①の始数 0 の特定化と併せて始式 $0_x+1=y$ から，$0+1=_{df}1$ と定義すれば，1 は始数 0 の次の数であり，ついで，x を 1 で置換した結果 $1+1$ を 2 と定義（$1+1=_{df}2$）し，以下同様に，$2+1=_{df}3, \cdots$ とすれば，正整数には「0, 1, 2, 3, … が属する」と事例化する．

　すると，① 変数 x の 0 への置換による始数 0 の一意的特定化，後続関係 $xf^{*=}y$ の加法関数 $x+1=y$ への置換，および，「遺伝性」の定義 D1 および存在汎化と

から「ペアノ公理2」(DP-A2)「後者の存在性」を満たして佐藤問題 [SQ1] に応える．

③後者関数の一意性（「ペアノ公理4」(DP-A4)）から，佐藤問題 [SQ3] に応えて，数列の分岐を斥ける「ペアノ公理3」(DP-A3)「直続数の同一性」ないし後続数の一意的存在要請を満たす，いわば，計算理論的モデル構成への示唆を与えている，と思われる．

④だが [SQ2] D2「後続（強祖先関係）xf^*y」から「ペアノの公理 (DP-A5)」「数学的帰納法」は主張可能であろうか？

上記のように，「概念記法の応用 (Anw)」および「ブールの論理計算 (BLB)」での概観的見取り図により，始数を0と特定化したとし，ついで系列の弱祖先関係の事例モデルとして，「y は x に一つずつ定常的に増大する系列」を意味する加法関数 $y=x+1$ が，後者の一意的存在性を満たすことから，後続関係（弱祖先関係）は，後年のゲーデルやチャーチ，クリーニの「帰納的再帰関数 (inductive recursive function)」への先駆を示唆し，「ペアノ公理5」(DP-A5) の「数学的帰納法」への独自な対処法へと至る道筋への，フレーゲのメタ的な洞察はうかがえるようにも思われる．

⑤ そして以上すべてによって，[SQ5]『概念記法 (*BS*)』第 I-III 部に，「概念記法の応用 (Anw)」および「ブールの論理計算 (BLB)」を付加した解釈 (A^+) が，もしも計算論的説明に沿うような（対象言語としての「概念記法」の拡張による）形式的定式化展開の筋道を示し，あるいはさらに再帰的帰納関数論が展開されうると認定されるなら，PA 算術と同形であると主張しうるような，序数論的な「概念記法算術 (BSA)」展開のための基礎づけの先駆的試みと見なすことは可能であろう（[野本 2012, pp. 131-2] には解釈に混乱が認められるが）．以下それを検討しよう．

2.2.3 「概念記法算術」への基礎づけ

以上のような粗筋，すなわち，フレーゲによる「概念記法算術」への，いわば，準備・基礎づけと見られるものを，以下では，『概念記法 (*BS*)』第 III 部「一般的系列論」「概念記法の応用 (Anw)」および「ブールの論理計算 (BLB)」の各テクストに沿ってやや詳しく辿ろう（煩瑣と考える読者は，この項をスキップしてもよい）．

(1) 定義1. (D1)：「性質 F の遺伝性 [$\text{Her}_f(F)$]」の定義：「任意の a が性質 F をもつ場合，手続き (Verfahren) f を a に適用したどの結果 d も性質 F をもつ」[$\forall a[Fa \rightarrow \forall d[afd \rightarrow Fd]]$ ('afd' は「f 系列中で d は a に後続する」の意)] なら

ば，性質 F は，f-系列において遺伝する」という [BS, §25, 定理 69]（ただし，フレーゲは，後にこの「遺伝性」という概念への迂回を撤回して，定義項の $\forall a[Fa\rightarrow\forall d[afd\rightarrow Fd]]$ をそのまま使用し，証明を簡素化している（「ブール論理計算 (BLB) in [NS, S. 57]」).

この定義 1 から，2 階の普遍汎化を介しての「後続」に関する以下の定理 (70) が，カントの主張に反して，直ちに分析的に導出される [BS, S. 56].

定理 (70)「ある性質 F が f-系列において遺伝する [Her$_f(F)$] 場合，もし任意の a が性質 F をもち，またもし任意の d が a に後続するなら，その場合 d も F をもつ」($\forall F[\text{Her}_f(F)\rightarrow\forall a[Fa\rightarrow\forall d[afd\rightarrow Fd]]$).

「遺伝性」の定義 D1 の，「任意の自然数 m にはその後者 n が存在する」（デデキント-ペアノ算術の第 2 公理 (DP-A2) との関連については後述するが，① 始数を 0 と一意的に特定し，「遺伝性」の定義 D1 とから「ペアノ公理 2」(DP-A2)「後者の存在性」を満たして佐藤問題 [SQ1] に応えられるかが課題である.

(2) 定義 2. (D2) (76)「y は系列 f-中で後続する (nachfolgen) [xf^*y]」（ないしいわゆる「f' の強祖先関係 (proper ancestry of f)」）は，以下のように定義される [BS, §26, S. 62].

「どの性質 F も f-系列で遺伝的な場合，もし手続き f を x に適用したどの結果 d も性質 F をもつとするなら，y は性質 F をもつ」[$xf^*y =_{df} \forall F[\text{Her}(F)\rightarrow\forall d[xfd\rightarrow Fd]]\rightarrow Fy$].

よって次の定理 (77) が，定義 2. (76) から直接分析的に導出される：

定理 (77):「y が f-系列中で x に後続する場合，任意の性質 F が遺伝的ならば，x に手続き f を適用したどの結果 d も性質 F をもつとすれば，y は性質 F をもつ」[$xf^*y \rightarrow [\forall F[\text{Her}(F)\rightarrow\forall d[xfd\rightarrow Fd]]]\rightarrow Fy$]) [BS, §27].

定理 (81):「x が f-系列中で遺伝的な性質 F をもつ場合，もしどの d も x に後続するなら d は F をもつとすれば，y が f-系列中で x に後続すれば，y は性質 F をもつ」[$Fx\rightarrow[[\text{Her}(F)\rightarrow[\forall d(xfd\rightarrow Fd)\rightarrow[xf^*y\rightarrow Fy]]]]$].

この定理 (81) は，しばしばカント的なアプリオリで綜合的な命題の範型として言及されてきたが，「強祖先関係」の論理的定義 (76) から純粋に論理的に導出される分析的命題である [BS, §27, S. 63]（前節で訂正したように，佐藤氏 [佐藤 2016] の指摘通り，[野本 2012, p. 128, p. 142] で「強祖先関係」の定義 (76) から導かれる定理 (81) を「数学的帰納法」と称したのは不適切であった．フレーゲ自身も脚注で枝分かれや環状の系列に注意している).

だが一方でフレーゲは，以下の定義 (99) の「弱祖先関係 (weak ancestry)」から，いわゆる「数学的帰納法」に関わるような一般的な「帰納法的」考えには

至っていたように思われる［野本 2012, p. 131］．系列の「弱祖先関係」が以下の
ように定義されているからである［BS, §29, S. 72］．

　(3) 定義3．(D3) (99)：「f-系列の弱祖先関係 $[xf^{*=}y]$」（「y は x で始まる f-
系列に属する」ないし「x は y で終わる f-系列に属する」）は，単純に「f-系列
において，y は f-系列において x に後続するか，または y は x と同一である」
と定義される．

　実際この定義 (99) は，「数学的帰納法」に関わる，一般的な「帰納法的」思
考の表現であるとは見なされうるだろう．

　フレーゲの元来の記法では，定義 (99) は以下のごとくである（ただし原文の
z は y と変更する）．

$$\frac{\gamma}{\beta}f(x_\gamma, y_\beta) =_{\mathrm{df}} \frac{\gamma}{\beta}f(x_\gamma, y_\beta) \vee x_\gamma = y_\beta$$

すなわち，「y が x で始まる f-系列に属するならば，$y=x$ かまたは y は f-系列
において x に後続する」は，（ブーロス流には）'$xf^{*=}y \rightarrow [y=x \vee xf^*y]$' と表記さ
れ，一般的には，弱祖先関係 $[xf^{*=}y]$，つまり，$xf^*y \vee x=y$ は，$f^{*=}$ を $x \leq y$ と置
換・代入することにより，$x<y \vee x=y$ と置換できる．

　ところで，ここまでのフレーゲの所論には，0 ないし 1 といった始数という対
象への「存在論的」コミットメント（ただしそれは，例えば，空集合やその単元
集合といった集合論的な抽象的存在へのコミットメントへの要求ではなく，デデ
キント算術の序数論と同様な，0 ないし 1 は，半順序をなす f 系列における始数，
つまり最初の位置占有者（*initial position-possessor*）の指定者（indicator）とし
ての特定化であろう）が，いまだ明示的でないということが，第 III 部系列論に
「帰納法」概念を認め難くするであろう．

　ところでデデキントが自然数（正確には順序数 N）に最小数の「連鎖」($N=1_0$)
を要求した理由は，先述のように，すべての単純無限系同士の合同・順序同型性
（カテゴリ性）を破る「異質な侵入者」，例えば ω_0 のような超準的要素［Sieg
2013a］を排除するためであり，それが単純無限の「1 への特定化」「基本要素の
一意的存在による N の一意性・最小性［可算無限性］」に関わるのであった．

　実際「初項への一意的存在へのコミットメント」が明示的には現れていないこ
とが，フレーゲの『概念記法』第 III 部での「系列論」を，直ちにデデキント算
術と同形な「概念記法算術」だと見なすことは「飛躍」だと指摘される［佐藤
2016, p. 74］．確かに，上記の『概念記法』第 III 部の範囲内でのフレーゲの定義
(99) では「y が x で始まる f-系列 $xf^{*=}y$」は '$[xf^*y \vee x=y]$' と定義され，初項
x に 0 を代入可能とはいえ，ラテン小文字 x と表記されているだけで，後続数と

して 0 が再登場するという *f* の循環可能性は排除されていない．以下，佐藤氏指摘の「飛躍」を，『概念記法』(1879) 当時のフレーゲの思考に沿うように，どの程度埋めることができるか，概略的試みをしてみよう．

(4) しかし一方，[野本 2012, pp. 131f.] でも言及したように，実際フレーゲ自身も，『概念記法』の算術への応用 (*Anwendung*) として，「*a* は正整数である」を「*a* は 0 で始まり，かつ一つずつ定常的に増大する系列，つまり，0, 1, 2, 3, … に属する」という重要な補足も行っていたのである ([Anw, S. 90] (SBer. 30))．上述のように，この講演「概念記法の応用 (Anw)」((SBer) イエナ医学・自然科学協会の学会報告集 1879, SS. 29-33) でフレーゲは，「*f*- 系列の弱祖先関係」(ブーロス流の表記では '$xf^{*=}y$'，つまり，「*y* は *x* で始まる *f*- 系列に属する」定義 (99)) を以下のように表記している (SBer, 2 in [BS, S. 89])．

$$\frac{\gamma}{\beta} f(x_\gamma, y_\beta)$$

そしてこれも既述のように，BS の論理体系に加えて，以下のようなきわめて重要なメタ的な説明を加えているのである．

$\frac{\gamma}{\beta} f(x_\gamma, y_\beta)$ より一般的な関数概念の表記では，$u + 1 = v$ は，*u* と *v* の関数 $F(u, v)$ の特別な場合と見なせる．すると，

$\frac{\gamma}{\beta} f(x_\gamma, y_\beta) (0_\gamma + 1 = a_\beta)$ が意味している (*bedeuten*) ことは，*a* が 0 から始まって，定常的に一つずつ増え続ける列 0, 1, 2, 3, 4, … に属する，したがって，*a* は正の整数である，ということである．

それゆえ，

$\frac{\gamma}{\beta} f(x_\gamma, y_\beta) (0_\gamma + 1 = a_\beta)$ は，*a* は正の整数である，という事態 (*Umstand*) に対する表現 (*Ausdruck*) である．[BS, S. 30]

つまり，フレーゲは，講演「概念記法の応用 (Anw)」(1879)，さらに遺稿「ブール論理計算と概念記法 (BLB)」(1880/1)[3] では，『概念記法』での一般論よ

---

[3] ところで，遺稿「ブール論理計算 (BLB)」では，『概念記法 (BS)』§6 で推論規則を肯定式 (modus ponens) のみに制限するという方針を放棄し，「式の形で判断として表現されていたものを計算規則に変更」したという．より一般的には，「どの判断でも，両者の相等性を条件に付加すれば，一つの記号を他の記号で置き換えてよい」という「置換 (Ersetzung)/代入 (substitution) 規則」を対象言語 (概念記法) 中の論理法則として導入している [BLB, S. 32]．

りさらに踏み込んで，以下のように記号の「置換（ersetzen），代入（substitution）」という操作［S と表記しよう］を導入する（［Church 1956, Chap. III］等参照）．つまり，弱祖先関係（ブーロス流には関数 $xf^{*=}y$），例えば後続関係 $f(x_\gamma, y_\beta)$ の初項 x を定項 0 で置換し（ersetzen）［BLB, S. 32］（すなわち $S^x_0 f(x_\gamma, y_\beta)$），$x=0$ をいわば基底部とし，後続関係 $f(x_\gamma, y_\beta)$ を特定関数「y は x に一つずつ定常的に増大する列」，つまり，$y=x+1$ という加法で置換（すなわち $S^{f(x_\gamma, y_\beta)}_{y=x+1}$）すると，$x$ が 0 の場合，$0f^{*=}y$（0 の後者 y）は，$y=0+1$ と置換・代入され（すなわち $S^{0f^{*=}y}_{y=0+1}$），さらに $y=0+1=_{df}1$ と定義される．同様にして，1 の後者は，$(1f^{*=}y)$ と置換・代入され（すなわち $S^{1f^{*=}y}_{y=1+1}$），さらに $y=1+1=_{df}2$ と定義される．同様に，2 の後者は，$2f^{*=}y$ と置換・代入され（すなわち $S^{2f^{*=}y}_{y=2+1}$），つまり $(y=2+1)=_{df}3$ と定義される．この置換的定義から両辺の相等性（例えば $0+1=1$，$1+1=2$，$2+1=3$，…）が帰結するから，以下同様に置換的定義により，序数の半順序列が構成されてよいように見える．しかし，講演「概念記法の応用（Anw）」および遺稿「ブールの論理計算（BLB）」も，厳密に「概念記法」という対象言語により，明示的に「数学的帰納法」に訴えて展開されているのではなく，差し当たり，置換によるメタ的な事例的説明に止まるようにも見える．

　だが以上のように，「概念記法算術」を『概念記法』第 I-III 部のみならず，広義の（A^+）解釈のように，「概念記法の応用（Anw）」（1879）および「ブール論理計算（BLB）」（1880/1）まで拡張するならば，① 一般的な関数概念の表記，u と v の一般的な関数 $F(u, v)$ の特別な場合として，例えば弱祖先関係を満たす後続関係 $f(x_\gamma, y_\beta)$ を，加法関数 $u+1=v$ で置き換え（ersetzen），② さらにその初項 u を 0 で置き換える（すなわち S^u_0）［BLB, S. 32］ことだけで，始数の一意的存在を確定し，数列の非循環性を確保できるであろうか．

　「ブールの論理計算（BLB）」での上記のような記号の「置換」に関しフレーゲは，「妥当な判断を計算規則に変更する際に，ある記号を他の記号で置換可能であるためには，その記号同士が相等性を満たさねばならない」と注意していた［BLB, S. 32］．

　それには，0 がそしてそれのみが初項・始数であること，という条件を満たさねばならないといった，「ペアノ公理 1」（DP-A1），デデキント「連鎖」の始数条件，一意性条件ないし循環性の阻止条件（つまりは，（*）「0 は 0 自身の後者にならない」）の明記を要するであろう．フレーゲはやがて，『算術の基本法則（GGA）』では，その体系の公理・「基本法則（Grundgesetz）」として，明示的に（A3）「0 はいかなる数の後者にもならない」を掲げることになる．

　次に，② 後続関係 $xf^{*=}y$（f-系列の弱祖先関係）を $0_x+1=a_y$ と置換し

($S^{xf^*=y}_{0, +1=a_y}$),さらに関数 $u+1=v$ と置換して(すなわち $S^{0, +1=a_v}_{u+1=v}$),関数 $u+1=v$ を $y=x+1$ という加法と解し,「y は x に一つずつ定常的に増大する系列,つまり,0, 1, 2, 3, … に属する」を意味する(*bedeuten*)とすることが,① 始数を 0 と一意的に特定し,「遺伝性」の定義 D1 から「ペアノ公理 2」(DP-A2)「後者の存在性」を満たして佐藤問題[SQ1]に応えることになるだろうか?

しかしそれには,加法への置換的定義を無際限に適用し,「一つずつ定常的に増大する系列」が形成できなければならないが,それは暗黙に「数学的帰納法」に訴えていることになろうし,さらに「どの正整数についてもその後者の存在性」を,すなわち,「正整数の可算無限性」の要請を必要とするのではないか.しかし『概念記法』の段階ではその要請は明示化されてはいない.『算術の基本法則(*GGA*)』においてフレーゲは,「基本法則」(A2)として「どの数にもその後者が存在する」を明示的に要請し,この基本法則が,正整数の「可算無限性」を含意すると認めるに至るのである.

(5) 定義 4.(D4):手続き f は一意的(*eindeutig*)である:「y が任意の x に手続き f を適用した結果であるということから,x への手続き f の適用のどの結果も,y に等しい」と推論できる(すなわち,f は関数 FN である)[BS, §31, S. 77].

定義(115):f は関数である $FN(f) =_{df} \forall e \forall d [dfe \rightarrow \forall a [dfa \rightarrow (a=e)]]$.

後者関数の一意性の定義 D4 により,「自然数 m, n が同一ならその直続数も同一」ゆえ,よって,上記の数列は,分岐はしない.また定義 D4 は,ペアノ公理 3(DP-A3)と関連するように見える.

③ 上記の後者関数の一意性の定義 D4,定義(115)から,佐藤問題[SQ3]に応えて,数列の分岐を排する「ペアノ公理 3」(DP-A3)「直続数の同一性」要請が満たされる.

しかし,「ペアノ公理 4」(DP-A4)の後続数の一意的存在要請は,上記のように,後続数の無限性を満たす必要があるので,何らかの形で「数学的帰納法」を必要とするようにも思われる.

2.2.4 順序数に関する概念記法算術(BA)——置換・代入操作

かくしてフレーゲの「概念記法算術」を,先述の狭義の解釈(A),つまり,『概念記法』第 I, II 部の 2 階の論理体系+第 III 部「系列の一般理論」の所論に限定せずに,『概念記法』第 I-III 部+メタ的な説明(「概念記法の応用(Anw)」講演(1879))を補足する広義の解釈(A⁺)を意味論として採用すると,(A⁺)の意味でのフレーゲの「概念記法算術(BA)」は,デデキント-ペアノ算術

（DP-A）と同形のように見える．というのは，デデキント‐ペアノ算術（DP-A）の公理は，「始数」を上記のように 0 と特定化すれば，第 5 公理以外は，差し当たり，以下のように BA から導出可能のように見えるからである．

（1）「遺伝性」のフレーゲの上記の定義 D1 から，ペアノ算術の第 2 公理（DP-A2）：「どの自然数に関しても，その後者が存在する」が導出可能に見える（しかし［佐藤 2016, p. 74］で疑義ありとされる）．

だが繰り返せば，上述のように，「弱祖先関係」に関して，フレーゲは，「概念記法の応用（Anw）」では，『概念記法』での一般論よりさらに踏み込んで，置換（Ersetzung）・代入（substitution）の新しい操作（S）を導入し，初項 x を定項 0 で置換・代入し，この $x=0$ を基底部として，後続関係 $xf^{*=}y$ を「y は x に定常的に一つずつ増大する列」，つまり，「一般的に，u と v の関数 $F(u, v)$ の特別な場合 $u+1=v$ と見なして，$y=x+1$ という加法と置換・例化して，x が 0 の場合，'$0f^{*=}y$' を '$y=0+1=_{df}1$ と定義し，同様にして，$1f^{*=}y$ は $y=1+1=_{df}2$．以下同様に $0<1<2<\cdots$ と，序数の半順序列，を構成している．以上の限りでの「概念記法の応用」は，しかし，「概念記法的算術」の一部「正整数論」に関する，差し当たり，メタ的な説明というべきものであろう（［野本 2012, p. 131］参照）．

すなわち，くどいが繰り返せば，「概念記法的算術」中の「正整数論」のメタ的な説明とは以下のようであろう．

フレーゲは，一般的な関数概念 $F(u, v)$ の特別な関数 $u+1=v$ に関する，上記の新置換操作（ersetzen）の結果として，上述の「後続関係 $xf^{*=}y$」「多対一関係」のフレーゲの定義 D4「手続き f は一意的（eindeutig）である」や定義（115）：関数の一意性の定義に至っていると思われる．すなわち，「後続関係 $xf^{*=}y$」を，加法を用いて [$x+1=y$] と置換した結果と解するのである（$S^{xf^{*=}y}_{x+1=y}$）．

すなわち，関数 $F(x, y)$ の特別な場合 $x+1=y$ に関して，「a は正整数である」を「a は 0 で始まり，かつ一つずつ定常的に増大する系列，つまり，0, 1, 2, 3, $\cdots$ に属する」へと，置換・代入を行うのである．つまり，a を 0 で置換して（すなわち S^a_0），基底部 0 を特定する．そしてメタ的関数 $F(x, y)$ を加法 $x+1=y$ に置換する（すなわち $S^{F(x,y)}_{x+1=y}$）．

すると，上記の定義 D4：後続関係 $xf^{*=}y$ に関する「一意性」や定義（115）：関数の一意性の定義により，「初項 x が特定されれば，再帰的帰納ステップで，後続者も一意的に確定する」はずである．すなわち，x が 0 の場合，$0f^{*=}y$ は $y=0+1=_{df}1$ と，同様にして，$1f^{*=}y$ は $y=1+1=_{df}2$ と「置換される」．以下 (0, 1, 2, 3, $\cdots$) も同様に「置換される」．この置換手続きは，0 の後者，その後者…をそれぞれ一意に確定し，「0 で始まり，かつ一つずつ定常的に増大する系列」という再

帰的帰納ステップで「a は正整数である」が確定するはずである．

この置換結果は，デデキント‐ペアノ算術（DP-A）における公理（DP-A3）「自然数 m, n が同一なら，その直続数も同一」に対応する．しかしその帰納的ステップは，暗黙には実質的に「数学的帰納法」に訴えて，遂行されているのではないか？

すると（4）問題はペアノ算術（PA）での第 5 公理（DP-A5）：「数学的帰納法」が導出可能かどうかである．上記のように，「弱祖先関係 $[xf^*y]$」のフレーゲの定義 D3 だけから，明示的に「数学的帰納法」の定式化を読み取ることは困難であろうが（[佐藤 2016] 参照），「帰納法」の一般的な形式での「帰納法的な考え」は認められるように思われる [野本 2012, p. 131].

しかしむしろフレーゲには，上記の置換・代入の操作 S に訴える，「帰納法」への独自なアプローチが認められるようにも思われる．以下，その点を追跡しよう．

さて，自然数に関する標準的な「数学的帰納法（Mathematical Induction, MI）」と称されるものは以下のごとくであろう [広瀬 1986].

(MI. 1) $P(0)$ が成り立つ．

(MI. 2) 任意の自然数 k について，$P(k)$ が成り立つと仮定すれば，$P(k+1)$ が成り立つ．

以上から，(CMI) すべての自然数 k について，$P(k)$ が成り立つ．

ところでフレーゲは，[BL, p. 35] で，同書 p. 31 の以下の式：

(3) $\forall a[Fa \rightarrow \forall d[afd \rightarrow Fd]]) \rightarrow [F(x) \rightarrow (xf^*y \rightarrow F(y))]$

は，実は「ある形のベルヌーイ型帰納法の代わりを務めている」という．

そして性質 F の「遺伝性 [Her(F)]」とは，「任意の a について $F(a)$ ならば，a に後続する任意の d も F である」($\forall a[Fa \rightarrow \forall d[afd \rightarrow Fd]]$) で，上記 (3) の前件（下線部）に他ならない．

また「y は系列 f- 中で後続する $[xf^*y]$」の定義 D2 は，以下の通りであった [BS, §26, S. 62].

どの性質 F も f-系列で遺伝的な場合，もし手続き f を x に適用したどの結果 d も性質 F をもつとするなら，y は性質 F をもつ $[xf^*y =_{df} \forall F[\text{Her}(F) \rightarrow \forall d[xfd \rightarrow Fd]] \rightarrow Fy]$.

すると，遺伝性定義 D1 が，(3) の前件（下線部）を満たすから，Fx と仮定すれば，「後続」の定義 D2 から，任意の y も F である．こうして (3) は，「後続の遺伝性」の定義 D2 と，Fx の仮定のもとで，数学的帰納法の代理を，実質

的に果たしているといえよう.

　ポイントは，フレーゲが,「判断，例えば $\vdash c=d \to [f(c) \to f(d)]$」を,「$c=d$ のとき，$f(c)$ を $f(d)$ と置換（ersetzen）してよい」に変換（verwandeln）する」といった「計算規則（Rechnungsregel）」として述べうる，と見なして［BLB, S. 32］．ラテン文字 x から定項（例えば特定始数 0）への，かつまたラテン文字 f から特定関数・関係（例えば加法 $x+1=y$）への，フレーゲによる上記のユニークな置換（ersetzen）・代入（substitution）という意味論的操作「S^x_0」ならびに「$S^f_{x+1=y}$」の導入にある．

　フレーゲは，広義の解釈（A^+）の意味でのメタ的な「概念記法算術」において，ペアノ算術での第 5 公理「数学的帰納法」を，その体系に「公理」として導入してはいない．しかし，その代わり，対象変数 x を，0 のような確定された対象と置換・代入し（S^x_0），また関数（性質・関係）変数 f を，加法 $x+1=y$ のような確定された関数（性質・関係）と置換・代入する（$S^f_{x+1=y}$），という置換操作 S の「計算規則（Rechnungsregel）」［BLB, SS. 31-2］によって，ペアノ算術での第 5 公理「数学的帰納法」の果たすべき役割を，公理の定立に代わって，実質的に果たさせていると，考えられる．デデキント - ペアノ算術において，正整数に関して，上記のような「数学的帰納法（MI）」を，（MI. 1）および（MI. 2）の成立から（CMI）の成立を導く公理を立てることと対応して，フレーゲの（A^+）解釈での拡張されたメタ的「概念記法算術」では，公理（それは判断の一つである）の定立の代わりに，ラテン文字 x, f へのそれぞれ確定的な対象・関数（性質・関係）への置換・代入操作（S）の導入による「計算規則」によって，（MI. 1）（MI. 2）の成立から（CMI）の成立が実質的に導かれていると考えられる．始数 a を 0 で置換し（S^a_0），基底部 0 を特定する．そしてメタ的関数 $F(x, y)$ を加法 $x+1=y$ に置換する（すなわち $S^{F(x, y)}_{x+1=y}$）のである．上記のフレーゲの広義の「概念記法算術」（A^+）における変数 x への特定対象 0 の置換・代入や不定関数変数 f への「加法演算」のような特定の関数の置換・代入が，デデキント - ペアノ算術の公理系における「数学的帰納法」の導入と同じような役割を，実質に果たすという，「数学的帰納法」とフレーゲの「置換・代入」のアイディアとの密接な関係は，興味あることである．

　よって,「0 から始まる正整数列，0, 1, 2, 3, …」が充足すべき，上記諸公理（DP-A1）-（DP-A4）の成立の確認には，さらに上記のような「標準的数学的帰納法」そのものを，置換を介しての一種の変換・計算規則（Rechnungsregel）と考えるような，やがて 1930 年代以降のゲーデル，チャーチ，クリーニらによる「帰納的再帰関数論」に繋がるアイディアを示唆しているかもしれない．

ところで，数学的帰納法を満足することが，同時に正整数・自然数が満たすべき性質の組み込みを可能にする．他方，逆に，例えば，デデキント－ペアノ公理系が（DP-A1）-（DP-A4）の公理を満たすとき，つまり，ある正整数のような算術の公理系中で，自然数ないし正整数に求められる諸性質が過不足なく満たされるとき，当の公理系は上のような（MI. 1）および（MI. 2）の成立から（CMI）の成立を導く公理を立てることと対応する「数学的帰納法（MI）」を満足し，かつその逆でもあると思われる（［広瀬 1986, pp. 11f.］参照）．

さて第 III 部において，二つの重要な命題が与えられる．すなわち，

命題（98）:「強祖先関係は推移的（$transitive$）である」[$xf^*y \land yf^*z \rightarrow xf^*z$])
[BS, §28, S. 71]

および [BS] の最後の頁の以下の（133）である：

(133)「強祖先関係は連結的（$connected$）である．」[$FN(f) \land xf^*m \land xf^*y \rightarrow (yf^*m \lor mf^*y \lor m=y)$]．[$BS$, §31, S. 86]

かくて，f-系列中で後続する数の集合 N は，順序体（$ordered\ field$）である．というのは，f-系列は，① 推移的（$transitive$），② 連結的（$connected$），（かつ f が弱祖先関係の場合には），③ 自己反射的（$self\text{-}reflexive$），'$xf^{\overline{=}}x$' だからである．

フレーゲの上記の広義のメタ的な「概念記法算術」（BA$^+$）は，デデキント－ペアノ算術の公理系中の（DP-A1）-（DP-A4）を満足すると思われるが，また同時に，（DP-A5）の「数学的帰納法」については，明示的な提示はないが，しかし「計算規則（$Rechnungsregel$）」として，対象変項 x ならびに関数・関係変項 f に関わるユニークな置換・代入操作（$Ersetzen$）S* を導入することにより，「数学的帰納法」が果たすべき役割を，メタ的には実質的に果たしていると認めてよいとすれば（つまり，佐藤氏により指摘されている疑義を払拭可能だとすれば［佐藤 2016, pp. 74-6]），フレーゲのメタ的「概念記法算術」（A$^+$）は，デデキント－ペアノ算術と同形（$isomorphic$）かどうかを再考する余地がなおあるのではないだろうか．

ところでデデキントは，『算術の基礎（GLA）』（1884）における n から $n+1$ への推論についてのフレーゲの見解を評価し，先述のように，[D. 1888] の再版の序文（1893 年 8 月 24 日付）において，この評価を公にする．のみならず，すでにその 3 年半前に，ケーファーシュタイン宛私信（1890 年 2 月 27 日）のなかでも，フレーゲの『算術の基礎（GLA）』のみならず，その処女作『概念記法（BS）』（1879）（の第 III 部）における「後続（$Folge$）」の論理的定義が，自らの「連鎖」の概念（第 37 項と 44 項）と本質的に一致することに気づいたとして，歓迎していたのであった．

その場合には，フレーゲの定義 D1-D4 から導出される定理のどれも，その事例として，デデキント‐ペアノ算術（DP-A）の公理ないし定理を与えうることになり，（A^+）はデデキント‐ペアノ算術（DP-A）と相対的に無矛盾であることになろう．しかもフレーゲの（A^+）は，ブーロスのいわゆる「フレーゲの定理」，つまり，第3節で後述するヒュームの原理（HP）からのペアノ算術の導出と類似的だが，しかし問題的な HP には訴えていないのである．

3　序数論から基数論へ

『概念記法（BS）』第 III 部でのフレーゲは，基数論ではなく，序数論に関わり，そのいわば「構造主義的な（structulalist）」理解に立っていた．さらに上記のように，「概念記法の応用」講演（1879）および遺稿「ブールの論理計算」（1880/1）では，明示的に初項/始数 0 が基底部として特定されていた．その初項，始数（initial number）が，「後続」の半順序という算術的構造を満たす序数列の基底部として特定されてさえいれば，（'0' でも '1' でもその表記は任意であろうから）上記のデデキントの，「単純無限の「1 への特定化」」「基本要素の一意存在による自然数（正確には序数）N の一意性・最小性の要求」は満たされていると考えられる．

だが一方ペアノ算術（PA）では，'0'，'数'，および '後続' は未定義のままであった．もっともデデキント算術（DA）では，先述のように，'数' と '後続' は「準論理主義的」アプローチにおいて，「連鎖」「系」「写像」によって素朴集合論的概念に還元されている．

さらにはフレーゲの「概念記法算術（BA）」は，上述のように，デデキントの準論理主義的，集合論的枠組みを超えて，「数」「系列における後続」の純粋論理的な定義を与え，しかも「自然数」は，「f-先祖関係」，（「概念記法の応用」講演によれば）始数を 0 と特定すれば，「$x=0$，または x は f-系列中で 0 に後続する」の定義 3 から，その「推移性」「連結性」（「自己反射性」）のゆえに「（線形に）順序づけられる」と構造化されていた．そして「後続」は「遺伝性」の論理的定義を介して「弱祖先関係 f の系列における後続」として定義される．

だが「判断の優位説（PJ）」に従うのみでは，フレーゲの「概念記法算術（BA）」においても，デデキント‐ペアノ算術同様，0, 1, … が何かは，上述のように，「f 系列における始数ないし最初の位置占有者の指定者」（再帰的帰納法の「基底部」）という以上には定義されておらず，したがってデデキント‐ペアノ算術（DP-A）同様，概念記法算術（BA）も，ラッセルの意味での「前進列（progression）」な

いし「順序数の半順序的な構造的体系」のための論理主義的定礎を超えるものではない（デデキントの「基数」概念も，先述のように，「順序数」から「順序」を捨象・抽象したものに過ぎない）．

しかしながら，注意すべきなのは，フレーゲは，構造主義的なデデキント，ペアノと異なり，彼の論理主義者としての課題が上述の「概念記法的算術」をもって完結したとは全く考えておらず，フレーゲは彼が単に予備的に出発点に立っているのみで，なお彼の十全な論理主義のプロジェクトの途上にあるに過ぎない，と考えていたことである．

『概念記法』の序文の末尾で，彼は次の課題を以下のように予告している．

> 私は予備的に（vorläufig）第 III 部でこの方向へ向かう若干のことについて報告した．暗示された途をさらに先に進み，数（Zahl），量（Grösse）等々の諸概念についての解明（Beleuchtung）が，さらなる探究の対象であるが，そのことに私はこの著述後直ちに向かうであろう．（[*BS*, VIII], 1878 年 12 月 18 日）

フレーゲの基数論，基数（*Anzahl*）の概念の解明は，いわゆる「文脈原理（CP）」に沿って，「ヒュームの原理（HP）」と称される「抽象原理（Abstraction Principle, AP）」の一つの具体化として，彼の第 2 の著作『算術の基礎（*GLA*）』（1884）において初めて試みられることになる．

3.1 「数学的帰納法」への疑義瞥見——ポアンカレの批判

ところで，上述のように，帰納法に関係する，「強祖先関係」や「弱祖先関係」は，概念記法によって表記されるとともに，また日常のドイツ語でも一種メタ的にも表されている．しかし「数学的帰納法」に訴える「無限」への飛躍，算術の無矛盾性証明が，循環を含むのではないかという嫌疑にどう対処するか，すなわち，メタ数学の明示化は，20 世紀に入って後続の世代によって打開されるべき課題であった．先走ってその後の道筋にごく簡略にふれておこう．特に，ヒルベルトによる「数学的帰納法」のメタ数学的位置づけは関心を呼ぶものである（詳しくは後述のヒルベルトの章参照）．

3.1.1 ポアンカレの批判

フレーゲ，ラッセルらの論理主義に傾いた時期のヒルベルトにより採用された基礎論（例えばハイデルベルグ講演（1904））は，後述のように，とりわけポアン

ポアンカレ

カレによって痛烈な挑戦に曝された．主要な批判は，無矛盾性証明の帰納的性格に集中する．ポアンカレは，「数学と論理」と題された3本の論文（1905-6，後に『科学と方法（Science et méthode）』（1908）に収録）で，デデキント，カントル，ツェルメロ，ラッセル，ペアノ，ヒルベルトといった，集合論的，論理主義的傾向の基礎論に鋭い批判を展開した．特に（フレーゲ，デデキント，ラッセルの自然数論に見られる）0ないし1を基底部に，後者関数による帰納的ステップによって2, 3, …以下の生成が依拠する数学的帰納法に反対する．

後述のように，ヒルベルトの無矛盾性証明もまた証明の構造についての帰納法が使われており，「帰納法で帰納法の無矛盾性を示す」循環論法だと，ポアンカレは批判する．

だがポアンカレは，「数学的帰納法」を無用だと主張しているのではない．「有限から無限へ架橋する……数学的帰納法に……訴えたとしても，形式論理だけでは永久に埋めきれない［無限性の］深淵を飛び越えねばならない．帰納法による推理の規則を，矛盾律［に基づく分析的判断］に帰着させることはできない．……分析的な証明によっても経験によってもとらえられないこの規則は，アプリオリな綜合判断の真の典型なのだ」と主張する［Poincaré 1908, p. 41］．

3.1.2 ヒルベルト証明論の先触れ

ベルナイスは，算術の体系に統語論的無矛盾性証明を与えるといういわゆる「ヒルベルト計画」について，こう述べている．

> 1920年以来ヒルベルトが探究してきた，二つの立場のうち第1の，フレーゲ，ラッセルの破綻した論理主義と，第2の，クロネッカー，ポアンカレ，ブラウワ，ワイルらの構成主義との，二つの基礎論の立場から，ヒルベルトは……前者からは数学的推論の厳密な定式化を，構成主義からは構成の強調を取り出す．……やがて1921/2年冬学期に量化子なしの体系，可能な限り最も原始的な「認識手段」，原始的な直観的認識（本質的に原始的再帰算術）のみを使って，解析学の無矛盾性の確立が可能でないかが，試みられることとなる．（［Bernays 1922a］［HLA2, p. 14］．詳細は，ヒルベルトの章（第5章）で後述）

4 フレーゲ『算術の基礎』における「文脈原理」と「ヒュームの原理」

フレーゲは，マーティ（A. Marty）（あるいはシュトゥンプ（G. Stump））宛の手紙（1882年8月29日）で，「私はいま基数の概念を扱う書物をほぼ完成しました．その中で私はいままで証明不可能な公理と見なされてきた計算の第1原理が論理法則という手段のみによって定義から証明できるということを論証しました．したがって，それらはカントの意味合いで分析的と見なされてよいでしょう」と書いている（[*WB*, S. 163]）．しかしフレーゲはシュトゥンプの助言に従って（[*WB*, S. 257]），基数概念の分析を *GLA* 中では自らの概念記法を一切使用せずに，非形式的に与えようと決心したと思われる．その書物が第2の著作『算術の基礎（*GLA*）』と見られる．

もしそうなら，*GLA* はいわば，彼がすでにほぼ完成していた未知の形式的な論理主義の基数理論（それは残念ながら遺失してしまった）の，ドイツ語によるメタ的な「解明（elucidation）」ないし「分析（analysis）」だと見なしうるかもしれない．そうであるなら，以下の *GLA* 中の文脈原理（CP）は，非形式的にかつメタ言語的に表現された中心的な方法論的原理と見うるかもしれない．さらには，もし以下の「ヒュームの原理（HP）」と称されるような，「抽象原理（AP）」が，非形式的かつメタ言語的にドイツ語で表現されているのだとしたら，それは対象言語では形式的に，概念記法中で，以下のようにも表現されていたであろう（'$N(F)$' は「概念 F の基数」，'eq' は「等数性」，'COR' は「一対一対応」を表す）．

(HP) 概念 F の基数［'$N(F)$' と表記］と概念 G の基数とが同一なのは，F と G が等数的のとき，つまり，F と G とが一対一対応するときそのときに限る $[N(F) = N(G) \leftrightarrow F \text{ eq } G \leftrightarrow \exists R(\text{COR}(R) \;\&\; R(F, G))]$．

この「ヒュームの原理（HP）」のみから，いわゆる「フレーゲ算術（FA）」が純粋論理的に対象言語内で，すなわち，概念記法で，導出可能と想定されていたかもしれない．

さてその著作『算術の基礎（*GLA*）』において，フレーゲは「数1とは何か，記号1は何を意味している（bedeuten）のか」（[*GLA*. S. I]）と問うている．そして彼は序論において，次の三つの基本的原則を固守すると宣言している．すなわち，第1の原則は心理的なものを論理的なものから，主観的なものを論理的なものから，明確に区別することに関わる．そして第3は，概念と対象の区別に関

わる．第2の原則は，いわゆる「文脈原理（CP）」と通称されるものである．すなわち，「語の意味（*Bedeutung*）は，孤立してではなく，文という脈絡（*Satzzusammenhang*）において問われねばならない」（S. X）．

これらの原則は，いわば，彼の探究にとっての方法論的（*methodological*）原則，格律（maxim）である．むろん，それらは，数が客観的で論理的な対象であり，数詞の意味（*Bedeutung*）と考えられる，といったような意味論的・存在論的・認識論的な含みを示唆する．

4.1 文脈原理（CP）の多様な定式化

ところで文脈原理は以下のような多様な仕方で表現されている．

数についての多様な先行諸見解に対する批判を詳しく展開した後で，フレーゲは基数が何であるかに関する自らの探究を，日常の用法での「木星は四つの衛星をもっている」といった個数言明（*Zahlangabe*）についての問いから開始する．こうした個数言明は，「木星はどれくらい多くの（wie viel）衛星をもつか？」という問いに対する解答である．そして基数（*Anzahl*）についての言明は，ある概念：〈木星の衛星〉（§§46-57）が，明確に境界づけられ（scharf begrenzt）また分割不可能な（§54）種的概念（*sortal* concept，例えば「人間」「木星の衛星」のように，数え上げに関しての単位（*Einheit*）になる概念），そうした概念についての主張を含む．

しかし「ここでわれわれにとって大事なのは，基数概念をこの学問［算術］に使えるように把握することなのだから，実生活の言語使用では……［例えば「三本柱」「［北斗］七星」のように名詞等の］付加語としても現れる，ということによって妨げられてはならない」と注意する．そこでフレーゲは「木星は四つの衛星をもつ」を，等式「木星の衛星の数は基数4である」に変換する（§57）．

「では基数についてのいかなる表象も直観ももてない場合に，基数は一体われわれにどのように与えられるのであろうか」．この場面で「文脈原理（CP）」が，次のように登場している．

> （CP）文という脈絡（*Satzzusammenhang*）でのみ，語は何かを意味する（*bedeuten*）．したがって問題となるのは，数詞が現れる文の意義（*Sinn*）を説明することだろう．（§62）

フレーゲは§60で，数詞が自存的対象を表すと解されるのは，次のような文脈原理（CP）の別形式を通じてである，という．すなわち，

全体としての文が意味をもつならばそれで十分である．そのことによってまた文の部分もその内容を得るのである．

こうして文脈原理（CP）は，しばしば「言語への転回（linguistic turn）」の古典的箇所（*locus classicus*）と見なされる [Dummett 1991a]．つまり，文脈原理（CP）は，数，概念等といった抽象的存在についての存在論的，認識論的な伝統的問い方を，数詞の「意味（Bedeutung）とは何か」，あるいは「系列における後続」「1を足す」とは何を意味するのかといった，意味論的な問いへと転轍したと解される．抽象的存在についての存在論的・認識論的な問いは，こうした再定式化によって，言語哲学・意味論に属する諸問題と密接に関係づけられることになる．

4.2 抽象原理（AP），ヒュームの原理（HP）と抽象存在の同一性規準

文脈原理（CP）によれば，「文という連関でのみ，語は何かを意味する．さらにここでの問題は，数詞の現れる文の意義の説明である」とされるが，以上でフレーゲは，数詞が固有名・単称名辞であって，その意味は，主観的表象でも概念でもなく，「自存的対象」であるということを確立する議論を与えたと見なし，それがどのような対象であるのかの確定に向かう．ところで「われわれには，[固有名の意味・対象が同じか否かを確定するための] 一定の範囲の，意義（Sinn）をもつべき文章が与えられている．すなわち，それは再認（*Wiedererkennen*）を表す文である．もし記号 a がわれわれに一つの対象を表示すべきだとしたら，われわれは b が a と同じかどうかを至るところで決定する規準（*Kennzeichen, criterion*）をもたねばならない．たとえこの規準を適用することが，われわれの能力では必ずしも可能でないとしてもである．目下の場合では，われわれは次のような文：「概念 F に帰属する基数は概念 G に帰属する数と同一である」（$N(F) = N(G)$）の意義（Sinn）を説明しなければならない．つまり，われわれはこの文の内容を「概念 F に帰属する基数」（$N(F)$）という表現を使わずに，別の仕方で再現しなければならない（§62）．

ここで「文脈原理」が，いわゆる「ヒュームの原理」として具体化される，ないし適用されているといえよう．それはちょうど，フレーゲが例証する，以下のその他の類似の実例と並んで，ある一般的な原理：「抽象原理（AP）」（本書 p. 151 参照）を構成する．それらは，以下のような共通の形式をもつ（[Weyl 1927] 参照）．

［AP］　#A = #B なのは，$E(A, B)$ のときそのときに限る．

（# はある概念 A や B からある対象への操作子で，E は概念 A と概念 B との間の同値関係（*equivalence relation*）を表す．つまり，反射的，対称的でかつ推移的な性質をもつ関係である．）

こうした論理的抽象原理は，ロック流の経験論的・心理主義的抽象原理と明確に対比されるべきで，一定の同値関係を介して抽象的存在の同一性規準を提供するとされる．

フレーゲは，§§64-5 で（フレーゲにとり自家薬籠中の当時最新の）射影幾何学，アフィン幾何学から，類似の鮮明な実例を与えている．

判断「直線 a が b と平行である $[a//b]$」のは，等式「直線 a の方向 $D(a)$ は直線 b の方向 $D(b)$ に等しい」と見なされてよい．すなわち，

（D）　$D(a) = D(b) \leftrightarrow a//b$.

こうしてわれわれは記号 // を，前者の特殊な内容を a と b に分配することによって，いっそう一般的な等号 = によって置き換えることができる（この場合の「方向」とは，射影幾何学における「無限遠点」の別名である）．

同様にアフィン幾何学における幾何学的相似性から，形（*Gestalt*）という概念が生起する．すなわち，「三角形 A の形 $[G(A)]$ が他の三角形 B の形 $G(B)$ に等しいのは，A と B とが相似の場合，その場合に限る」．

（S）　$G(A) = G(B) \leftrightarrow A \approx B$

さて §62, §§72-3 において，フレーゲは基数に関する同一性規準を先のように与えている．

概念 F の基数 $N(F)$ が概念 G の基数 $N(G)$ と等しいのは，F と G が等数的（*gleichzahlich, equinumeral*）[eq] の場合，その場合に限る．

すなわち，

（HP）　$N(F) = N(G) \leftrightarrow F$ eq G.（「ヒュームの原理」と呼ばれる）

そして「等数性（eq）」は「一対一対応」によって定義され，後者はまた第 2 階論理において定義される．

（HP）と他の「抽象原理」は，近年の数学的な抽象理論（abstraction theory）ないし抽象による定義（definition by abstraction）の先駆であり，最初の明晰で精確な定式化である（[Weyl 1927] [Thiel 1972] [Stuhlmann-Laeiz 1995] [野

本 2012, 5 章] 参照．ただし本書では，[野本 2012] の形式化の不備を，[佐藤 2016, pp. 78-81] による代替案で補う）．

ジュリアス・シーザー問題と概念の外延に訴える明示的定義

しかしながらフレーゲは，「F が G と等数的である」のような同値文を，いわゆる「シーザー問題」の出現の故に，ある概念の基数といったような抽象的対象の同一性規準の十分条件とは見なさなかった．ある基数は，「F の基数」という形式ではなく，例えば「ジュリアス・シーザー」や「ボブにお気に入りの基数」のような形式でも与えられうるからである．われわれはどのようにして次のような場合についてその正否を決定できるのだろうか．

(#)　$N(F) =$ ジュリアス・シーザー

シーザーが基数でなければ，(#) は拒否されるに違いない．しかしシーザーが基数ならば，ジュリアス・シーザーと，その数が同一となるようなある概念 H が存在しなければならない（つまり，$\exists H$ [ジュリアス・シーザー $= N(H)$]）．だがこれは循環である．問われているのは，まさに「ジュリアス・シーザー $= N(H)$」が真か否かをどのようにして確定すべきか，だからである (§78)．

シーザー問題のこの循環性に直面したフレーゲは，戦術を転換し，以下のような，概念の外延に訴える基数の明示的定義を提案する．

(NF)　ある概念 F の基数 $=_{df}$ 概念 F と等数的 [ϕ eq F] という概念の外延．

『算術の基礎（GLA）』では，フレーゲは概念の外延について何も説明を与えず，単にその意味は周知（$bekannt$）だと前提しているだけである (§107)．

こうした集合論的な戦略の下で，「ヒュームの原理（HP）」の証明のスケッチが，明示的定義（NF）を介して与えられている (§73)．しかしフレーゲは明示的には言及していないが，暗黙には彼は基本法則 (V) の一事例に訴えざるをえない．それは (V) の一事例にすぎないので，無矛盾である [Wright 1983] [Burgess 1984] [Boolos 1987].

4.3 「フレーゲの定理」と有限および無限基数

さてフレーゲはペアノでは未定義の基本語 '0'，「基数（Anzahl）」を上記の (NF) によって定義し，「後続」はすでに『概念記法（BS）』中の「概念記法算術（BA）」中で定義済みであるとする．

0 は次のように定義される．

[N0]　$0 =_{df}$ 自分自身と同一でないという概念に帰属する基数 [つまり，$0 =_{df} N(\xi \neq \xi)$].

そして「n は自然的数列において m に直続する」は以下のように定義される（§76）：

(SR)「ある概念 F，およびその下に属する対象 x が存在して，その概念 F に帰属する基数が n であり，F に帰属するが x と同一ではないという概念に帰属する基数が m であるという場合である」
[$\exists F \exists x[Fx \ \& \ N(F)=n \ \& \ N(F\xi \ \& \ \xi \neq x)=m]$]．

これらの基底部に立って帰納的ステップを再帰的に（recursively）踏んで，各基数はその先行者によって定義される．このことは以下の一般的定義を示唆する（§79 参照）．

[Nn+1] 基数 $n+1$ は，n で終わる・自・然・的・基・数・列（*natüliche Zahlenreihe* [*NZ*]）[4]の成員である，という概念に属する基数である．

ブーロスは，デデキント－ペアノ算術の，「ヒュームの原理（HP）」からの，このフレーゲによる注目すべき証明を「・フ・レ・ー・ゲ・の・定・理（*Frege-Theorem*, FTh）」と呼ぶように提案した [Boolos 1987]．

さて有限および無限基数は以下のように定義される．

GLA でフレーゲは「有限な基数 N[Fin N] を「いかなる有限基数も，自然的基数列 [*NZ*] においては自己自身に後続しない」と定義している．

そして「n が有限基数である」は，「n は 0 で始まる自然的基数列 [*NZ*] の成員である」を意味する」（§83）．この [Fin N]「いかなる有限基数も，自然的基数列 [*NZ*] 中ではそれ自身に後続しない」から直ちに，「どの自然的基数 [*NZ*] にもその後続者が存在する」（$\forall m[NZ(m) \rightarrow \exists n(NZ(n) \ \& \ nfm)]$）（'$nfm$' は「$n$ は m に後続する」の表記））が導かれる．すなわち，

・有・限・基・数（*finite Number*）という概念に帰属する基数は，一つの無限基数（infinite Number）∞_1 である．（§84）

かくて「概念 F に属する対象を当の有限基数と一対一対応させる関係が存在する」（$\exists R[\forall mn[[\text{Fin } NZ(m) \ \& \ \text{Fin } NZ(n)] \rightarrow [\text{Cor}(R) \ \& \ R(m,n)]]]$）（§84）．

「算術の基礎―算術（GL-A）」

さて『算術の基礎（*GLA*）』におけるフレーゲの第 2 の算術体系を「算術の基

---

[4] ここでフレーゲが「・自・然・的・基・数・列（*NZ*）」と称しているのは，すでに前節で注意したように，通常の「自然数列」と同一視されるべきではない．というのは，前者（*NZ*）はその成員として，可算無限 $\aleph_0$ を含み，それゆえ循環的だからである（§84）（邦訳『算術の基礎』，p. 139 訳注 1））．

礎 - 算術 (GL-Arithmetic, GL-A)」と呼ぼう.

前節での『概念記法 (*BS*)』および同時期の講演等でのメタ的説明を補足した「概念記法算術 (A⁺)」においては，フレーゲはデデキント - ペアノ算術と近似の，判断の優位説 (PJ) に従う，序数の算術に対する構造主義的な基礎を与えていた．しかし，「算術の基礎 - 算術 (GL-A)」においてフレーゲは，単に序数の構造主義的基礎のみならず，基数 (*Anzahl*) に関する算術に対する本格的な論理主義的基礎を，0 と基数との定義を概念の外延に訴える，「文脈原理 (CP)」に相応した，一種の「抽象原理 (AP)」，いわゆる「ヒュームの原理 (HP)」によって，提出している．しかし『算術の基礎 (*GLA*)』では，フレーゲは概念の外延が何かは説明せず，単にその意味は既知だと前提しているのみである (§107).

かくしてフレーゲには，概念の外延，一般的には関数の値域 (Wertverlauf, value-range) のための同一性規準を与えることが要求される．

ラッセルのパラドクス発見 (1902) によって，フレーゲのプロジェクトは崩壊したという評価が，少なくとも，1970 年代には支配的で，フレーゲの数学の哲学はもはや時代遅れの遺物にすぎないと見なされた．しかし，特に C. ライト [Wright 1983] による『算術の基礎 (*GLA*)』の再評価とフレーゲ流の数学的プラトニズムの擁護，また G. ブーロスの精力的な仕事 [Boolos 1998] に刺激されて，フレーゲの数学の哲学の研究状況は大きく変動し，以後活発な論争が続いている．ライトやブーロスは，フレーゲの『算術の基礎』にはラッセルのパラドクスを避けて，デデキント - ペアノ算術の全体系を整合的に展開する余地があるし，現実にフレーゲはそれを実行していたのだと主張する．つまり，概念の外延に訴える基数の明示的定義 (『算術の基礎』) なしに，基数の同一性条件を概念の「等数性」・「一対一対応」によって与えられる基数の「抽象原理 (abstraction principle)」(ライトはそれを (N⁼) と表記し，ブーロスは「ヒュームの原理 (HP)」と命名) のみから，ペアノ算術を整合的に導出可能なのであり，これをブーロスはフレーゲによる数学上の最大の業績として「フレーゲの定理 (FTh)」と呼んだ．実際フレーゲの『算術の基礎』は，デデキント [D. 1888]・ペアノ [Peano 1889] に先んじて，しかも論理的にいっそう根底的な仕方で，算術の体系を基礎づけようとしていたと見ることができる．

そしてそれ以降，ライト，ヘイル (B. Hale)，ブーロス，ヘック (R. Heck) 等のネオ・フレーゲ主義者ないしネオ論理主義者によって，近年盛んに展開されている，いわゆる「フレーゲ算術 (Frege Arithmetic, FA)」の提案は，フレーゲ研究のみならず，数学の哲学への注目すべき貢献とみなされる．しかしながら，1902-4 年のフレーゲとラッセルの往復書簡によれば，ラッセルのパラドクス発

見後でも，フレーゲ自身がいわゆる「フレーゲ算術」を，概念の外延ないし値域に訴えることなしに，受け入れることができたかどうかは疑わしいが（[野本 1999; 2000; 2006] 参照），しかしここではこれ以上は立ち入れない（[野本 2012]参照．野本提案の問題点については [佐藤 2016] 参照）．

さて黒川英徳氏[5]による拙著の GLA に関わる以下の問題点についてだけ応答を試みてみよう．

① フレーゲは，対象領域を「絶対的すべて」と解しているので，対象領域の相対化といったモデル論的発想を妨げている，と黒川氏は指摘する．

これはその通りで 19 世紀後半における数学・論理学という学問の発展段階での時代的制約であるが，モデル論的発想中の，現代的な意味での「対象領域の相対化」は，後述のように，ヒルベルト，タルスキらを待たねばならなかった．

確かに素朴なプラトニストとしての多くの数学者は，前理論的 (pretheoretic) にではあるが，算術の領域をいわば「絶対的なすべて」として，無限（可算，非可算連続体）だと予めすでに前提 (presuppose) し，ないし [Burgess 2005] の用語を借りれば，そうした「背景的想定 (background assumption)」の下で，その探究を進めていたであろう．しかし，カントル流の明示的な「超限集合論」と対比すれば，フレーゲの『算術の基礎』のいわゆる「ヒュームの原理 (HP)」（および [GGA. I] の公理 V）は，主題的にはもっぱら可算無限の基数論に関わっており，非可算無限の連続体の想定を明示的に斥けてはいないとしても（実際『算術の基礎』でも，正確には，通常の可算無限自然数論と異なり，前述のように，可算無限 $\aleph_0$ 自体の後続をも許容する循環的な「自然的基数列 (NZ)」を排除していない），むしろ，HP に基づく『算術の基礎』も，[GGA. I] の公理 V による GGA 基数論も，（パラドクスを差し当たり度外視すれば）逆数学 (reverse mathematics) の先駆としての，可算無限の「基数論」部分の公理体系化の試みと解することも可能であろう．後述のように，[GGA. II] におけるフレーゲの実数論（有理数論・無理数論）では，実数領域は，基数の可算無限領域を部分的に含むとはいえ，その単純な保存拡大ではなく，むしろ基数とは概念上截然と分かたれ，ユークリッド原論以来の古典的伝統を継承する，各種の量の比 (ratio) と

---

[5] 黒川氏によって，拙著 [野本 2012] に対し，詳細で示唆に富む書評がなされた（[黒川 2014]）．とりわけ，拙書での議論を，フレーゲ研究の内部に止まらずに，現在の数学基礎論・論理学の最前線での未解決の論争問題へと結びつけて，今後の幅広い共同研究への課題を提起されたことに感謝する．指摘された多岐にわたる諸問題に直ちに対処することはできないが，ここではごく二，三の論点について，補足的説明を付加して同氏への部分的応答に代えさせていただく．

しての有理数（rational number）・無理数（irrational number）に関わるものと見なされている（[*GGA*. II] 参照）．

② 抽象原理の認識論的性格と存在論的性格．

[黒川 2014] では，「無限領域のプラトン的な存在論的仮定ないし前提と，「ヒュームの原理 (HP)」等の再認命題による認識論的アプローチとの間に齟齬があるのではないか」と指摘されている．

まず算術・幾何学等で想定される数学的存在を，フレーゲは，概念ではなく対象（それも因果関係に入る，知覚可能で現実的な（wirtklich）対象ではないが客観的な（objektiv）対象）として，他の直観可能な対象（幾何学的対象）ともども，個体領域内に想定される，と解している．

数学的対象についての「存在論的考察」と「認識論的考察」の関係であるが，存在論的には，大まかには，19 世紀後半から 20 世紀初めの多くの現場の数学者（working mathematicians）は数学的直観（intuition）に信を置き，幾何学的対象や数のような抽象的存在に素朴にコミットするプラトニストであるか，あるいは後にフレーゲが『算術の基本法則』において批判的に検討されるように，算術を内容の捨象された「算術記号の無矛盾な形式的演算」に過ぎないと見なすノミナリスト・形式主義者か，あるいは自然数のみを認めるクロネッカーのような有限主義的直観主義者かであった．

しかしフレーゲは一方で数学者が，（計算規則の）「無矛盾性から直ちに関連する概念を満足する対象の存在を創造し（schaffen）えないのは，地理学者と同様，数学者も現にあるものを発見して（entdecken），命名する（bennen）ことしかできない」[*GLA*, §§94-6] と主張する．

しかも数学的対象の「発見」という認識論的様態に関して，例えば「宵の明星＝明けの明星」や「アテプ山＝アフラ山」といった，天文学上のないし地理学上の発見が，なんらかの天体観測や方位測定による「再認（Wiedererkennung）」に従事するのと同様に，幾何学や算術での抽象的対象の存在に，既述のような「図形の形」「直線の方位・無限遠点」「各基数」という語の意味（*Bedeutung*）に関する特異な「文脈原理」を提起し，上記の (D) (S) (HP) のような同値言明・再認文によって，幾何学的対象や算術的対象の「再認条件（Wiedererkennungsbedingung）」・その各「確定法（Bestimmungsweise）」を定め，天体や山岳の発見だと学問的に認知される場合と同様に，そうした再認条件・認識論的規準を満たした抽象的存在のみを改めてその数学的存在論中に明示的に容認しようとしたと考えられる（[野本 2012, pp. 196-200] 参照）．

意義と意味の区別（1891/2）以降の用語でいえば，そもそもなぜフレーゲは，安んじて語が意味（*Bedeutung*）を持つと言いうるのか．やがて，フレーゲ自身もこのことを自問している．すなわち，観念論者や懐疑論者の側からは，以上のような見解に対して異論が唱えられると（予想される）．「君は，無造作に対象としての月について語っているが，「月」という名がそもそも一つの意味をもつことを君は何を根拠にして知ったのか」[SB, p. 32]．このような異論に対して，フレーゲはこう答えたいという．「月の表象（Vorstellung）について語ることがわれわれの意図（*Absicht*）ではなく，またわれわれが「月」と言うときには，一つの意味を前提（*voraussetzen, presuppose*）しているのだ，と．……ところで，われわれが先の前提をするに当たって誤りを犯すことはもちろんありうる．そのような誤りは実際に生じてもいる．しかし常にわれわれが誤りを犯しているのではないのか，という［観念論者や懐疑論者の］疑問に対しては答えないままにしておくことができる．なぜなら，当面，記号の意味について語るのを正当化するためには，そうした意味が現存する（*vorhanden sein*）場合という留保が必要であるにせよ，そうした語りまたは思考に際しての，われわれの意図（*Absicht*）に言及すればさし当たり十分である」[SB, S. 32]とフレーゲは考える．

　こうした事態は，科学的探究に限らず，「ひとがなにかを主張するとすれば，そこで用いられている単純または複合的な固有名が，一つの意味（Bedeutung）をもつという前提（*Voraussetzung*）は，常に自明なことである．それゆえ，「ケプラーは惨めな死に方をした」と主張するならば，その場合，「ケプラー」はなにかを表示するということが前提されているのである」[SB, S. 40]．しかしながらフレーゲは事実としてこうした期待が裏切られ，解析学の言語も含めて，「諸々の言語は，文法的形式に従えば，一つの対象を確かに表示するように見えるのに，その目的を達しないような表現がありうるという欠陥をもつ」[SB, S. 40]ことを認め，「発散無限級数」のようなそうした名前を「見かけ上の（scheinbar）固有名」[SB, S. 41]と呼んでいる．

　最終章で詳論するが，フレーゲは上述の「前提（Voraussetzung）」と「再認（Wiedererkennung）」に関して，興味深いことを述べている．いま，天文学者Xの発見した彗星と天文学者Yの発見した彗星とは，別々の表記で語られ，その意義（Sinn）は異なるが，それらが同一天体＝同一の意味（Bedeutung）をもつと判明する場合には，「その一致を理解するためには特別の認識活動（*besondere Erkenntnistat*）が必要になる」（Frege [WB] [Peano 1896, p. 369]；ラッセル宛書簡（1902年12月28日））．こうした「特別の認識活動」には，望遠鏡による単なる天体観測だけではなく，例えば物理学を背景にした，太陽系を含む銀河系

宇宙の理論的探究が含まれるであろう．また'3+1','1+3','2+2','2・2'といった算術の場合も同様に考えているから，「特別の認識活動」には，地理学・天文学上の観察や実験などの経験的探究のみならず，算術の場合の証明手続きのようなアプリオリな場合も含まれよう．こうした証明という認識活動によって，各自然数の再認条件が示され，確定されると見込まれる．フレーゲ自身がその開拓者である，数論に関わる証明についての論理的探究も，そして論理学そのものについてのメタ的探究もまたこうした認識活動に含まれるといえよう［野本 1986，4 章 9 節］．

以上が黒川論文［2016］で提起された疑問の一つ，「プラトニストとしてフレーゲは，すでに対象領域に抽象的数学的対象を容認しているはずであるにもかかわらず，なぜ文脈原理などの再認条件を持ち出したのか」への部分的回答の試みである．つまり，フレーゲは「素朴なプラトニスト」ではなかったのである．この点は，デデキントの，いわゆる「デデキント抽象」を介しての自然数論展開に対し，当時の大方の現場の数学者が違和感を漏らしていたという事情と，一脈通じるかもしれない．(1) フレーゲの「論理主義」も，当時の現場数学者が公認している「算術・解析学」（それは，可算無限，実数連続体，場合によっては虚数・複素数も含む）の，厳密化・論理化を目指す．よって，上述のように，当然前理論的には，その領域は無限（可算，非可算連続体）だと予めすでに前提（presuppose）され，そうした「背景的想定（background assumption）」の下で探究を開始している．

フレーゲのみならず，先行ないし並行するデデキントの準論理主義（quasi-logicism）にとっても，論理的算術理論において，こうした「背景的想定」を，例えば，<u>抽象原理＋再帰法</u>でどう理論化するかが，まさに課題であった．先述のようにデデキントは，その「資格論文」で，近代数学の発展過程を，初等算術での正整数領域とその四則演算を保存しつつ，新関数を導入して，無理数領域まで拡張生成していく過程として描いている．しかし，逆数学的な公理的構成においては，自然数論を前提して，まず『無理数論』をデデキント切断等の新概念装置の導入によって公理的に構成し，ついで『数とは何か』においては，デデキント連鎖等を駆使して，抽象化し，「抽象型」を対象とする（一種メタ的な）公理論的「数の理論」を，「逆数学的に」展開したのであった．

③　基数抽象「ヒュームの原理（HP）」は，可算無限領域では妥当だが，有限領域では非妥当な一種の無限公理であり，「保存拡大」の余地はないのではないかという問いについて．

フレーゲの実数論は，後述のように，基数論の単純な保存拡大ではなく，むしろ基数と実数は互いに素で排反的な関係にあると，フレーゲは見なしていた（本章6節の実数論参照）．

5 『算術の基本法則』におけるフレーゲの論理と数学の哲学

『算術の基本法則』（第I巻（1893），第II巻（1903）以下，『基本法則』（GGA）と略称）は，高階の論理学および「論理主義」に立つ数学の哲学を厳密に展開したフレーゲの主著である．

だが，当時の論理学者は心理主義ないし極端な経験論的観念論に支配され（GGA の序言はその批判），一方数学者の多くは，数学の対象を記号と見なす形式主義者であって（GGA 第III部はその批判），こうした風潮とフレーゲは生涯戦わざるをえなかった．フレーゲが親近感を寄せたシュレーダー，カントル，ヴェン（J. Venn）といった当時の数学者・論理学者はしかし，デデキントを例外として，フレーゲの仕事をブールの二番煎じとしか評価しなかった．

それゆえ，やがて20世紀後半に現代論理学の画期と見なされるフレーゲの処女作『概念記法』（1879）も，明晰な文体で「論理主義算術」を非形式的に説明した第2作『算術の基礎』（1884）（以下，『基礎』と略称）も，当時の学界からは酷評ないしは無視という冷遇を受け，フレーゲはしばしば意気阻喪した（GGA 序言）．その上，『基本法則』は，フレーゲ考案の特異な記号が乱舞し，受容される見込みはきわめて薄かった．それで，引き受ける出版社を見つけるのにさえ困難をきわめた．1893年にようやくその第I部と第II部の途中までが引き裂かれて第I巻として出版された．残部はその売れゆきの結果次第となり，結局残りが第II巻として自費出版されたのは実に10年後であった．しかも第II巻の最終校正中に（1902年）ラッセルによりその体系中の矛盾が知らされるという悲劇に見舞われる．急遽「後書き」で応急の対処を付したが，没後10余年にその応急策も矛盾に陥ることが証明された．20世紀初頭のこうした数学の基礎や論理学・集合論におけるパラドクスの発見は，ラッセルらの型理論，ヒルベルトの形式主義，ブラウワらの直観主義，ツェルメロらの公理的集合論といった数学基礎論の隆盛を招き，ゲーデルの不完全性定理，ゲンツェンの自然数論の無矛盾性証明，タルスキのモデル論といった数学基礎論・メタ数学の展開過程においては，フレーゲの算術の哲学は，ラッセルのパラドクス発見によって破産した時代遅れの数学の哲学として，ほとんど忘れ去られた存在となった．

しかしタルスキのモデル論に大きな影響を受けた，かつてフレーゲの学生だっ

たカルナップも，タルスキ同様アメリカに亡命し，戦後フレーゲ的な内包的意味論 [Carnap 1947] を展開，またプリンストンのチャーチもフレーゲ的な一連の「意義と意味の論理（Logic of Sense and Denotation）」[Church 1951; 1973; 1993]を公刊，この二人の影響下カリフォルニアを中心に，モンタギュ（[Montague 1974]），カプラン（[Kaplan, 1964; 1969] 等）のような，フレーゲ–タルスキ流の内包的意味論が展開される．

一方，英国では 1950 年代に，フレーゲの「発語の力（Kraft, force）」論が，オックスフォードのオースティン（J. L. Austin）らの「言語行為論」として展開され，また 1970 年代にはダメット [Dummett 1973; 1981] によってまずフレーゲの言語哲学の全体が再評価され，1980 年代に入って，その膝下からエヴァンス [Evans 1982; 1985] やライトらが輩出，ライト [Wright 1983] や M.I.T. のブーロス（[Boolos 1985; 1986/7] 等 in [Boolos 1998]）らの精力的な研究によって，フレーゲの数学の哲学に整合的な解釈が可能だという主張がなされ，論理主義，数学的プラトニズムの再評価・再検討が活発になされるに至っている（[飯田 1995] [金子 1998] [戸田山 1998]）．そこで本節では，フレーゲの論理思想，算術の哲学（基数論・実数論・形式主義批判）を概観し近年の評価のポイントについて解説しよう．

5.1 本節の概要

まず予め本節の大筋を簡単に述べておこう．

5.1.1 論理思想

以下の 5.2 項では，「フレーゲの論理思想」を，当時の哲学者・論理学者に支配的であった「心理主義」への批判，フレーゲの高階論理学の「統語論」「意味論」の順に解説する．

高階の論理学の画期的な公理体系化は，すでにフレーゲが処女作『概念記法』において提出していたが，『基本法則』においてさらに整備がなされ，特に論理体系そのものを提示する記号言語（概念記法）と，それについて説明を加える言語（メタ言語）がはっきり区別され，また記号言語の統語論的説明と意味論的解明とが明確に区別されつつ関連づけられている．第 1 階論理学の範囲ではフレーゲの論理学は無矛盾で完全な体系である．

さてフレーゲ論理学の顕著な独自性は，「命題優位のテーゼ」と「関数論的分析」に見られる．つまり，統語論的には，推論の前提・結論を構成する主張言明（「概念記法命題」）から出発し，ついでその主張する力（Kraft）を落とした複合

的な表現（「真理値名」），例えば「ソクラテスは人間である」は，'2^3+1' の '$(\ )^3+1$'（関数表現）と '2'（項表現）への「関数論的」分析と類比的に，「（　）は人間である」（述語）と「ソクラテス」（固有名）に分析される．統語論的分析は，「除去の方法」によって真理値名からその構成要素表現を摘出するが，最終的には8個の論理的な原初的関数名が析出される．逆に「充当・代入の方法」によって単純な表現から複合的な表現が合成される「合成原理」が認められ，これら二方法の再帰的適用により文法に適った表現が得られることになる．また一般性を表すために「量化と（いわゆる）変項」，特に多重量化（後述）が導入され，それによって初めて，例えば「どの基数にもその後続者が存在する」のような算術的命題が表現可能となった．

　意味論的にはまず「真理値名は真か偽を意味する」といういわゆる「二値原理」を大前提に，原初的表現の意味（Bedeutung）が約定によって確定され，先の統語論的手続きに即して再帰的に，この論理体系中のすべての適法的表現が意味をもつことが示される（したがって意味を欠く表現は排除される）．かくて真理値名の構成要素表現の意味は，真理値への貢献と見なされる．これが「意味に関する文脈原理」である．固有名の意味はその表示対象であり，述語の意味は概念・関係でそれは対象ないしその順序対から真理値への関数に重ねられる．また関数・概念の階（Stufe）の区別が導入される．述語とその意味である概念には「すべての対象について真か偽かである」という「明確な境界づけ（scharfe Begrentzung）」条件が課せられる．一方，構成要素表現の意味が与えられれば，複合的表現の意味は一意的に確定するという「意味についての合成原理」も確立されている．

　以上のような意味についての理論をベースにして，意味論的見地から見た「意義（Sinn）」が取り上げられる．真理値名は，それがどのような条件の下で真を意味するのかという，いわゆる「真理条件」を表し，それをフレーゲは「思想（Gedanke）」と称した．そして真理値名の表す思想を，意味と区別して意義（Sinn）と呼び，真理値名の構成要素表現の意義は思想への貢献であると見なした．これが「意義に関する文脈原理」，少なくとも「命題優位のテーゼ」の現れである．こうして文法に適ったすべての表現は，その意味を意味・表示し，その意義を表現する．構成要素表現の意義が与えられれば，複合的表現の意義は統語論的構成に即して再帰的に確定されるという「意義に関する合成原理」も与えられる．

5.1.2　算術の哲学 A（基数論）

　以下の 5.2 項ではフレーゲの基数論を，5.3 項では意味論を取り上げ，フレーゲの生涯のプロジェクトであった「論理主義」，すなわち，「算術は論理学の一分枝であり，展開された論理学だ」という主張が，どの程度まで成功しているのかを巡る近年の議論を紹介し，多少の検討を加える．

　ラッセルのパラドクス発見によって，フレーゲのプロジェクトは崩壊したという評価が，少なくとも，1970 年代には支配的で，フレーゲの数学の哲学は時代遅れの遺物にすぎないと見なされた．しかし 1980 年代に入り，先述のように特にライトによる『基礎（GLA）』の再評価とフレーゲ流の数学的プラトニズムの擁護，またブーロスの精力的な仕事に刺激されて，フレーゲの数学の哲学の研究状況は大きく変動し，現在活発な論争が続いている．ライトやブーロスは，フレーゲの『基礎』にはラッセルのパラドクスを回避し，デデキント - ペアノ算術の全体系を整合的に展開する余地があるし，現実にフレーゲはそれを実行していたのだと主張する．つまり，概念の外延に訴える基数の明示的定義（『基礎』）なしに，基数の同一性条件を概念の「等数性」・「一対一対応」によって与える基数の「抽象原理」（先述のように，ライトはそれを（N$^=$）と表記し，ブーロスは「ヒュームの原理（HP）」と命名）のみから，ペアノ算術を整合的に導出可能なのであり，これをブーロスはフレーゲによる数学上の最大の業績として「フレーゲの定理」と呼ぶ．実際フレーゲの『基礎』は，デデキント（1888）- ペアノ（1889）に先んじ，しかも論理的にいっそう根底的な仕方で，算術の体系を基礎づけようとしていた．

　それでは，『基本法則』でもラッセルのパラドクスを生み出す元凶であった公理（V）に訴えずに，算術体系を整合的に展開可能なのであろうか．ヘックはまさにそれが可能であり，のみならずフレーゲ自身がそのことに気づいていたと主張する [Heck 1995; 1997b]．公理（V）がその同一性条件を与えるはずの（概念の外延を一般化した）「値域」は，確かに GGA 第 II 部のほとんど全頁に現れる．ライトのいう「基数抽象の原理（N$^=$）/（HP）」に相当する「基数の基本法則」（第 II 部の定理 32 と定理 49）の GGA 中の形式での証明には値域は確かに不可欠だが，しかしそれ以後の算術体系の導出には不要であること，のみならず，ヘックによると，フレーゲは，公理（V）に訴えることなしに（つまりは値域なしに）HP が導出される可能性に気づいていた，という（しかし私はこの点ではヘックと見解を異にする [野本 2000]）．確かにフレーゲ自身は，HP からのペアノ算術の公理群導出の証明を与えており，特にペアノの第 2 公理「すべての基数はその後続者をもつ」から，フレーゲは基数概念の（可算）無限性を引き出し，基数概

念の基数が（可算）無限であることを強調する．かくして先述のように，HPから無限基数を含意する算術体系が2階論理学内で証明可能だということを示した「フレーゲの定理」は，不当に無視されてきたフレーゲによる数学上の最大の業績だと見なされるのである．またフレーゲは，ペアノ算術とは異なるが，しかし同型の算術体系を与えたこともヘックの再発見である［Heck 1995］．

なお残された数学的・哲学的係争問題は，このフレーゲ的算術体系が，数学的プラトニズムといえるかどうか，また「論理主義」といえるかどうかである．ライト，ヘイルはこうしたフレーゲ的算術が数学的プラトニズムの名に値すると主張する．しかしダメットは，いわゆる「シーザー問題」（本章4.2項），そして最終的にはHPや公理（V）の「循環性・非可述性」（後述）という深刻な問題の指摘により，ブーロス，ライトの主張に疑問を投げかけ，依然論争が続行中である．また上述のような整合的なフレーゲ算術が「論理主義」といえるかどうかは，結局HPやさらにそれが導かれる公理（例えばブーロスのNumbers）その他が，「論理学的な」原理であるかどうかにかかっている．ブーロス自身もそうした原理がアプリオリだとは認めるが，論理学的のみならず分析的とも認めないのである．

5.1.3　算術の哲学B（実数論と形式主義批判）

第III部でフレーゲは現代の大方の実数論の扱いとは異なり，ユークリッド以来の古典的伝統に従い，基数と実数とは互いに排反的な二種の数だと考える．基数は「ある種類の対象がいくつ（wie viel）存在するか」に答えるものであるが，実数は所与の量が単位量と比較して「どれほどの大きさか（wie gross）」に答えるものだ，と考える．したがって，実数は，有理数などの中間段階を飛ばし，いきなり基数と対比される．量の種類は，長さ，質量，速度等多様であり，また量には正負，ゼロが許され，加法・減法のような演算操作が適用できねばならない．二項述語の表示する「関係の外延」（「直積（Relation）・重積値域」）は，〈1g；2g〉，〈3℃；6℃〉…といった順序対からなるクラスに，先の演算はこうした直積のクラス算に対応させられる．直積のクラスは「量領域」と称される．さて，実数とは，同一タイプの量同士の比，「量比」，直積の直積であり，上の例でいえば，それらはみな同じ量比・実数1/2を構成する．非可算の連続体である実数の存在を保証するため，フレーゲは，初項が基数，第2項が0を含まない基数の無限クラスからなる順序対を，実数構成の基礎と見なして，連続体の濃度をもつ対の直積族を生成する．かくしてフレーゲは，実数を，基数と〈有限基数のクラス〉という概念の（非可算）無限基数との直積和およびその逆と見なす．

第 III 部でフレーゲはまた当時の粗い「形式主義」に対し，史上はじめて明晰な定式化を与え，その上で，徹底的な批判を加える．批判の要点は，形式主義が，(1) 記号とそれが表示するものとを混同している，(2) ゲームとゲームについての理論，形式的理論とそのメタ理論とを混同している，(3) 無限列の説明不能，(4) 数学の固有内在的な応用可能性の説明不能といった諸点に求められよう．ウィトゲンシュタインは，この第 III 部の形式主義批判を相当詳しく研究したと思われるので，中後期の彼の数学の哲学のみならず，言語ゲーム論にも，フレーゲとの対決が反映しているに違いない．

またフレーゲが，応用可能性を算術の本質に属する，と見なしたことは注目に値する．しかも論理主義からすれば，算術は論理学の展開で，いかなる直観や経験も，いかなる他の学も前提しない一般性をもたねばならないから，外挿的で個別的な応用は算術の本質に属さない．フレーゲによれば，基数論は，いかなる対象であろうとそれを「数える」「一対一対応をつける」ことを本質的に組み込んでいなければならず，また実数論は，いかなる種類の量であれ，その測定，つまり単位量との比という関係を本質的に組み込んでいなければならない．これこそが算術の「一般的」応用可能性の原理である．

以下なお関心のある読者のために，やや詳しいガイド・マップを描いておこう．

5.2 フレーゲの論理思想

5.2.1 心理主義批判と論理主義

始めに戻ると，フレーゲが，『基本法則』の「序言」で，アリストテレス以来の論理学革命を達成した彼の処女作『概念記法』，また論理主義の輪郭を鮮明に描いた『基礎』に対する，論理学者・数学者の酷評・無視，ならびに彼が「それに抗して戦わざるをえない不利な学問的諸潮流に直面して，時に意気阻喪した」(GGA, 序言 I-I, S. xi) ことはすでに述べた．当時の論理学・数学の哲学の主要な潮流といえば，心理主義，形式主義，また観念論・独我論に至るような極端な経験主義・実証主義であった．

感覚知覚されないものを否認する傾向は，当時も広く流布しており，非感性的な数という算術の対象を可視的な数記号と同一視する「形式主義」もまた，こうした実証主義と結びついていた (S. xiii)．また，当時の支配的な「論理学」は，「徹頭徹尾心理主義に汚染され……主観的な表象のみ」(S. xiv) に関わり，「不健康な心理学的脂肪でむくんだ分厚い論理学書」(S. xxv) が横行していた．

「序言」でフレーゲは，そうした心理主義を以下のように批判している．

(i)「論理法則」は，思考という心的過程の「心理学的法則」ではなく，「思考

の規範」であって,「いかに思考すべきかを指令する最も普遍的な法則」である (S. xv).

(ii)「心理学的思考法則」は,結局個々人が「真とみなすこと(判断)」に還元され,ある時代ある文化圏のある集団に属する人々が平均的・一般的に従っている一定の「規則性」にすぎず,時と所,人々の心の変化とともに変化するような (S. xv),相対的な心理学的社会学的法則にすぎない.だが論理法則は,客観的で,判断する者から独立な (S. xvii)「真であること (Wahrsein) の法則」(S. xvi) である.

では論理法則はどう正当化されるのか.フレーゲは,「論理学はただ,［派生的な］法則を［基本的で少数の自明的な］論理法則に還元することによってのみ」正当化可能・証明可能であり,一方,還元不可能な「基本法則」そのものの論理的正当化・証明は論理学内部においては原理的に不可能だと見なす (S. xvii).しかしフレーゲは,そうした自明的で証明不可能な公理が常に真である所以を,公理中の原初的論理語に関する意味論的約定に訴え,メタ的・意味論的に説明していることも注意すべきである.

(iii) さらにフレーゲは,(感性的に把握可能な)「現実的なもの」と(認識者から独立に存在する)「客観的なもの」,「現実性」と(概念の性質である)「存在 (Existenz)」とを心理主義者は混同していると,主張する (S. xxv).

さて『基本法則』においてフレーゲは,「算術がいっそう展開された論理学で」(S. vii),「数論は論理学の一部だ」(S. viii) というデデキントら当時の多くの数学者によって表明されていた論理主義の立場を,実証しようとする.つまり,少数の基礎的な論理的概念から構成される少数の基本法則(公理)から出発し,定義と少数の推論規則による「隙間のない (lückenlosig) 推論連鎖」(S. vii) を積み重ね,高階の古典論理学(第Ⅰ部)・基数論(第Ⅱ部)・実数論(第Ⅲ部)の体系を導出しようとする.この試みが,ユークリッド以来の公理体系化の理想実現というフレーゲの〈論理主義〉である.そしてこの算術の論理主義構築の鍵は,基本法則(Ⅴ)に懸かっており,この法則(Ⅴ)が整合的な論理法則であるかどうかが焦点となる.パラドクス発見以前にすでにフレーゲ自身が,「論争は値域に関する私の基本法則(Ⅴ)を巡ってのみ生じうる」(loc. cit.) と認めていた.1902 年ラッセルにより,この法則からパラドクスの導かれることが知られ,フレーゲが急遽加えた「後書き」中の応急策も,やがて没後には,逆理を免れないことが証明された.

5.2.2　フレーゲの高階論理（1）——統語論

　フレーゲは，「概念と関係が私の建物の礎石だ」(S. 3) と語ると同時に，厳密な証明遂行のための特殊な補助手段として，「私の概念記法」が不可欠だと述べる．GGA においてフレーゲはまた，きわめて厳格に「記号自体について語る場合と，その意味について語る場合とを区別し」(S. 4)，一般に論理体系がそれによって展開される概念記法（対象言語）と当の概念記法そのものについての統語論的ないし意味論的説明がなされるメタ言語とをはっきり区別する．

　フレーゲは，自らの論理学の出発点を，推論の前提・結論をなす命題・主張文，その真理性（および命題が表現する思想）に求め，その分析を通じてその各要素を取り出すという〈分析的〉アプローチを採用した．そのことを，主語・述語概念という要素から判断へ向かう〈原子論的〉な伝統的論理学者たちとの根本的な差異として強調する．命題とその真理性や思想から出発するフレーゲのこのアプローチを「命題優位テーゼ」と呼ぼう．

　推論を構成する主張・命題は，'$\vdash A$' のように表され，「主張する力」を表す「判断線」'$|$' を必ず伴うのである．さて判断線を除去した '$-A$' は，真ないし偽となる複合的な固有名に同化され，「真理値名」と称される．複合的な名前の要素分析は，「除去」の方法によって（§26, §30）関数論的に遂行され，関数名と固有名とに分析される．例えば，真理値名 '$-A$' や否定文 '$\top A$'（おおまかには現在の '$\neg A$' に相当）から固有名 'A' を除去した空所に，項場所を指定するギリシャ文字 'ζ' を充当することにより，水平線 '$-\zeta$' や否定詞 '$\top\zeta$' を得る．こうした「関数表現は，補完を要し，不飽和である」(S. 6)．

　また「すべての a について，a は人間である」のような普遍命題から，述語「…は人間である」を除去し，述語の代入される項場所を 'ϕ' で表すと，2階の関数名「すべての a について，a は ϕ である」（現在の表記 '$\forall a \phi(a)$' に相当する普遍量化記号）が得られる（いわゆる，束縛変項記号にはドイツ語母音文字が当てられる）．

　こうした関数論的分析が帰着する，論理的に単純な八つの関数記号（水平線 '$-\zeta$'，否定線 '$\top\zeta$'，条件線 '$\zeta \rightarrow \zeta$'，等号 '$\zeta = \zeta$'，普遍量化記号 '$\forall x \phi(x)$'，値域関数記号 '$\acute{a}\phi(a)$'，記述関数記号 '$\backslash \acute{a}\phi(a)$'，2階普遍量化記号 '$\forall \phi \Phi(\phi)$'）のみが，フレーゲ論理体系の原初的記号に相当する（ただし，フレーゲの元来の記法の一部を現代風に変更してある）．

　フレーゲは，「命題優位テーゼ」に基づく「除去」による名前の分析法と，その逆に与えられた関数名の空所に固有名あるいは関数名を「充当する」という複合的な名前の「合成」法とを，ともに採用している（§30）．「充当」のプロセス

を再帰的に繰り返すことにより，潜在無限の適法的複合表現が「合成」されうる（統語論的な「合成原理」）．

またフレーゲは，（自由変項記号に相当する）ラテン文字を導入し「標識（Marke）」と称して，例えば，'$a^3+2a^2+a=a(a^2+2a+1)$' のように，ある範囲での「一般性」を表すのに用いる．ラテン標識は，名前と異なり，対象や関数を単に暗示する（andeuten）だけである（§26）．先の八つの原始的関数記号と，ラテン標識（自由変項記号），ドイツ文字（量化束縛変項記号），ギリシャ母音文字（値域束縛記号）を用いて，フレーゲはいわゆる2階論理学の6個の基本法則（公理）を導入している（§47）．

基本的推論規則としては，フレーゲは唯一つ肯定式（Modus Ponens, MP）：$\vdash A \to B$, $\vdash A$ /∴ $\vdash B$ を導入する．しかし実際には，先述の「充当法」は縦横に駆使されており，こうした置換（Ersatz）は，規則のとりまとめ（§48, 規則9）において，明示的に言及されていて，いわゆる「代入原理」を導入しているのに等しい．

派生的な推論規則としては，仮言的三段論法，対偶，構成的ディレンマ等が使用されている．また $\vdash \Phi(x)$ /∴ $\vdash \forall a \Phi(a)$（普遍汎化（Universal Generalization, UG））も，改名規則とともに『概念記法』以上に，明瞭に定式化されている（§8, §17, §48規則5）．

ところで直接の影響関係はないにもかかわらず，GGA におけるフレーゲの実際の推論過程は，ゲンツェンの「自然演繹（Natural Deduction, NK）」および「ゼクエント計算（Sequent Calculus, LK）」と顕著な親近性をもつことが，近年注目されている．例えば，先述の対偶，構成的ディレンマ，普遍汎化のフレーゲによる定式化は，LKでの（否定と条件法を組み合わせた）「対偶」「選言」「普遍量化」に関するそれぞれの「推論規則」の定式化とよく適合する．またフレーゲが実際の推論連鎖中で多用する下件（前件）の置換，融合は，LKでの「構造に関する推論規則」と親和的なのである（以下の5.2.3項を参照．また［Tichy 1988］［Kutschera 1989］［Schröder-Heister 1987］も参照）．

5.2.3 基本法則（公理）と推論規則の導入
―― ゲンツェンの自然演繹・ゼクエント計算との親近性

フレーゲは，真理と判断・主張（Urteilen/Behaupten）との対比を強調する（［Dummett 1991］［Martin-Löf 1985; 1987］）．

$\vdash A$ は，A の根拠付けられた判断（（begründete）Urteilen)/主張（Behauptung）を表し，主張する力（behauptende Kraft）| と文（Satz）（命題（proposi-

5 『算術の基本法則』におけるフレーゲの論理と数学の哲学　195

tion))）—A とに分解される（—A は整成的な式（well-formed formula）の表記）．
　推論（Schliessen, Schluss）は，前提（Praemisse）⊢A と帰結判断（Schluss-urteil）⊢B から構成され，⊢B の ⊢A による正当化・根拠づけ（Berechtigung, Begründung）を表す．

$$\frac{\vdash A}{\vdash B}$$

推論は，単なる導出（Ableiten）（それは，仮定（Hypothese），想定（Annahme）（[⊢A] と表記）からの引出し（Folgerung）（[⊢A]⇒⊢B）と仮に表記）から，はっきり区別される．
　私は，フレーゲのこうした区別に立って，[野本 1986, 2章, 『フレーゲ著作集3』訳注, 解説]で，フレーゲ流の推論・導出（[F] と表記）とゲンツェン流の自然演繹NK（[G] と表記）との類似性を以下のように図示しておいた．なお前提ではなく，「仮定」の表記は，フレーゲの場合は「判断の仮定」なので [⊢A] と，ゲンツェンの場合は「命題 A の仮定」なので [A] と表記する．

　　　　　　　[G]　　　　　[F]
→導入：[A]
　　　　　　　　：　　　　　　$\underline{—A, —B, [\vdash A] \Rightarrow \vdash B}$
　　　　　　　$\underline{B}$　　　　　　⊢　$A \to B$
　　　　　　　$A \to B$

　　　　　　　　　[G]　　　　　　　　　　　　　[F]
→消去：$\underline{A, A \to B}$　　　　　　　　　$\underline{—A, —B, \vdash A, \vdash A \to B}$
　　　　　　　B　　　　　　　　　　　　　　　⊢B

　　　　　　¬導入：　　　[F]　　　　　¬消去：[G]　　　　　[F]
　　　[G][A]　$\underline{—A, [\vdash A] \Rightarrow \vdash \bot}$　　　$\underline{\neg A, A}$　　$\underline{—A, \vdash A, \vdash}$
　　　　：　　　⊢A　　　　　　　⊥　　　　　⊢⊥
　　　$\underline{\bot}$
　　　¬A
　　　（⊥は矛盾ないし真理値偽の表記）

∀導入：　　　　　　　　　　∀消去：
　　　[G]　　　　[F]　　　　　　[G]　　　　[F]
　　　$\underline{\Phi(a)}$　　　$\underline{—\Phi(a), \vdash \Phi(a)}$　　　$\underline{\forall x \Phi(x)}$　　$\underline{\vdash \forall a \Phi(a)}$
　　　∀$x\Phi(x)$　　⊢∀$a\Phi(a)$　　　$\Phi(a)$　　　⊢$\Phi(a)$

5.2.4 『算術の基本法則』におけるフレーゲ論理学の原始記号

フレーゲは判断ないし文優位の原則に立って，判断・主張（Urteilen）/（Behaupten (judgment/assertion)) ⊢A から出発し，判断・主張を，主張力（behauptende Kraft）を表す記号 | と文（Satz）を表す─A に分解し，ついで空所 ζ を伴う水平線─ζ と名前 A に分解する．否定文 ┐A は垂直線（否定線）┐ζ と水平線─ζ および A に，条件文 A→B は条件 ζ→ξ と文─A，─B に分解される（フレーゲの元来の記法とは若干異なる）．

推論（Schliessen, Schluss）は，前提（Praemisse）⊢A と結論・帰結判断（Schlussurteil）⊢B が下記のように，長い水平線で仕切られる．これは主張・判断 ⊢A による主張・判断 ⊢B の「正当化（Berechtigung），根拠づけ（Begründung）」を表す．

```
   [正当化]   ⊢A              [仮定からの帰結]    ─A, [⊢A]
              ─────      vs                          :
               ⊢B                                   ─B
                                                   ─A→B
```

「正当化・根拠づけ」は，整式・真理値名─A の単なる「仮定・想定（Hypothese, Annahme）[⊢A] からの帰結（Folgerung）の導出（Ableiten）」（上記の右の図示）からは厳格に区別される．上に例示したように，フレーゲの演繹方式は，ゲンツェンの自然演繹 NK やゼクエント計算 LK と注目すべき類似性を示す．ゲンツェン自身は，後にヒルベルトの章で述べるように，直接にはヘルツ（P. Herz）やヒルベルトにヒントを得ていたと思われる（[Gentzen 1935]［野本 1986, 2 章]［『算術の基本法則』（野本訳注，解説）]［野本 2012, pp. 244f.]［Martin-Löf 1985; 1987]［Tichy 1988]［Kutschera 1989]）．

5.2.5 論理学の意味論と一般化された文脈原理

(1) 論理的に完全な言語，有意味な名前の帰納的拡張

さて論理学の意味論についてのフレーゲの指導原理は以下のようである．

> 整成的に（*rechtmäßig*）形成された名前は常に何かを意味（*bedeuten*）しなければならない．[*GGA*. I-I, §28]

これが「論理的に完全な（*vollständig*）言語」の要請にほかならない．
しかしながら，フレーゲによれば，

これらの約定は「意味をもつ」とか「何かを意味する」といったような語句の定義と見なされるべきではない．というのも，その適用は常に，われわれはある名前が意味をもつと認めていることを，すでに前提しているからである．それらはただそうした名前の範囲を一歩ずつ拡大していくのに役立つに過ぎないからである．これらから帰結するのは，有意味な名前から形成されたすべての名前は何かを意味するということに過ぎない… [GGA. I-I, §30].

　われわれは，真理値の名前が何かを，すなわち，真か偽を，意味する (bedeuten) ということから出発する [GGA. I-I, §31].

　こうしてフレーゲは「二値の原理 (the *Principle of Bivalence*)」を明示的に彼の意味論の最も基本的な原理として採用する．
　「判断線と，水平線の冠頭された真理値名とから構成される記号を，私は，概念記法命題 (*Begriffsschriftssatz*)，ないし「[主張] 命題 (*Satz*) と呼ぶ」[GGA. I-I, §26]．このようにフレーゲははっきりと（主張）命題 (*Satz*) を真理値名から峻別しているのである．したがってフレーゲには（主張）命題（判断）と（真理値の）名前との，ダメットの言うような混同は，存在しない ([Dummett 1991a] 参照)．むしろ『基礎 (*GLA*)』においては，未分節だった「命題」ないし「主張」「判断」を，GGA において，名前（「真理値名」という用語も GLA では登場していない）から明確に峻別したというべきであろう．

　　　ついでわれわれは，すでに受容されている名前とともに，受容されるべき名前の適合する項－場所に［受容済みの名前が］現れることにより，有意味な名前を形成するということを示すことによって，有意味と承認されるべき名前の範囲を徐々に拡大する．[GGA. I-I, §31]

　すなわち，どの名前（固有名，真理値名，関数名）も，それが統語論的規則に従って「充填 (*ausfüllen*)」ないし「除去 (*asuschließen*)」の方法によって正しく形成されていれば，有意味に違いないのである．「この目的に必要なのは，ただわれわれの原初的名前が何かを意味するということを論証することだけである」[GGA. I-I, §31].
　彼の論理体系中のすべての整成的表現，特に，値域名，が有意味であって，またこうした有意味な記号のみから構成される完全な論理的体系から，算術のすべ

ての基本的法則が導出されるとすれば，そのときフレーゲの論理主義プロジェクトは初めて確立されることになろう．

この目的のためにフレーゲは，史上初めて驚嘆すべき独創的な方法を導入する．すなわち，フレーゲは原初的論理語の有意味性を，「意味論的約定（*semantic stipulation*）」によって，基底部（*basic case*）として，ついで一歩一歩帰納的ステップを踏んで（step by step inductively），その論理体系の各公理の真理性を，その論理的複雑さの上で再帰的に，確立しようとする．このようにして，フレーゲは史上初めて，「基底部＋帰納的ステップ（*basic cases*＋*inductive steps*）」という「帰納的手続き（*inductive procedure*）」を介して，公理の真理性のいわゆる「意味論的正当化（*semantic justification*）」を追求した．この手続は，こんにちでは，論理的意味論で好んで使用される仕方で，タルスキの代替をもなすものである（[Heck 1997; 2010] [Linnebo 2004] [野本 1986; 2010; 2012] 参照）．

(2) 一般化された文脈原理（GCP）ないし文脈的規準（CC）

ところで論理学の原始的概念の意味（*Bedeutung*）の確定に関して，フレーゲは単純な明示的定義に代わる，ダメットのいう分節され，「一般化された文脈原理（*generalized Context Principle*, GCP）」[Dummett 1991] ないし「文脈的規準（*context criteria*, CC）」[Linnebo 2004] を利用している．

粗くいえば，GCP ないし CC が意味するところは次のことである．すなわち，「ある名前が有意味（bedeutungsvoll）なのは，その名前が登場しうるどの文脈も有意味である場合その場合に限る」ないし「主張文を含む複合名が有意味ならば，その構成要素名——例えば関数名や固有名——が有意味なのは，その他のすべての構成要素名が有意味な場合その場合のみである」．

より精確には，GCP ないし CC は以下に例証されるような，いわば「相対的な有意味性」の六つの規則に分節される．

> 単項1階関数の名前 [‘Φ(ξ)’] が意味（*Bedeutung*）をもつ（何かを意味する（*bedeuten*），有意味である（*bedeutungsvoll*）のは，この関数名の項場所 ξ を，それ自体何かを意味する固有名 [‘Δ’] で充塡することによって結果する固有名 [‘Φ(Δ)’] が，常にある意味（*Bedeutung*）をもつ場合である．[*GGA*, I-I, §29]

さて『基本法則（*GGA*）』の原始名の有意味性とその意味論的正当化（semantic justification）に関して，ここではただ一つの例を挙げるに止める．しかし各名前

はかなり複雑な問題を含んでいる．すなわち，上記の六つの規則の循環性，下記のギリシャ文字，ラテン文字の面倒な解釈，およびその一般性とタルスキ的な「同時的付値（simultaneous assignment）」[Tarski 1935] ないしクリプキ的固定指示性（rigid referentiality），等々である．がここではそれらを取り上げることはできない（クリプキとカプランは，「自由変項」を固定性（*rigidity*）と直接指示性（*direct referentiality*）の範型（paradigm）と見なしている）[Kripke 1972] [Kaplan 1989a]．注目に値するのは，フレーゲが彼のラテン文字の不確定的一般性（*indeterminate generality*）と同一文脈内での固定性（*rigidity*）を，本書第3章ですでに述べたように，『概念記法』[*BS*, §1] から『基本法則（*GGA*）』まで一貫して主張していることである [野本 1986; 2012]．

フレーゲによれば，先述のように，「われわれは真理値名が真または偽を意味するという事実から出発する．ついで，すでに受容されている名前とともに，受容されるべき名前の適合する項‐場所に［受容済みの名前が］現れることにより，有意味な名前を形成するということを示すことによって，有意味と承認されるべき名前の範囲を徐々に拡大する」[*GGA*, §31]．

一例として，「ある関数名‘—ξ’が何かを意味する（bedeuten）」ということを示すために，われわれが示さなければならないのはただ，この名前が，‘ξ’の代わりに真理値の名前（われわれはいまだ真理値以外の対象を受け入れていない）を代入することで結果する名前が有意味であることを示すことだけである．獲得された名前はまた真理値名である」[*GGA*, §31]．これが，関数名‘—ξ’が有意味であるということの，「意味論的正当化」である．

『基本法則（*GGA*）』冒頭近くの §5 でフレーゲは，真理値表による方法と類似のやり方で，‘—ξ’の意味（Bedeutung）についての「意味論的約定」を以下のように与えている：「私は［水平線を］以下のような仕方で関数名と見なす．すなわち：—Δ が真なのは，Δ が真の場合であり，さらにその他の場合は偽である．したがって—ξ はその値が常に真理値であるような関数である．われわれの術語では，概念（Begriff）なのである」(ibid.)．

上述のように，フレーゲは，基底部として，真理値名についての二値原理という前提から出発し，‘—ξ’,‘⊢ξ’,‘ξ→ζ’,‘ξ=ζ’,‘∀αφα’,‘\ξ’,‘έφ(ε)’等のような原始的関数名の有意味性を意味論的に正当化し，その各意味を，一般化された文脈原理（GCP）ないし文脈的規準（CC）に従って，相対的有意味性に関する6規則の統制のもとで意味論的に約定し，このようにして整成的に形成された複合的表現や式の有意味性が，値域名‘έΦ(ε)’のパラドクシカルな場合は例外として，各論理構造の複雑性の上で一歩一歩帰納的に，意味論的に確定されうるの

(3) 高階論理学の基本法則と推論規則

先述のような八つの原始的関数記号と，ラテン標識（自由変項記号），ドイツ文字（量化束縛変項記号），ギリシャ母音文字（値域束縛記号）を用いて，フレーゲは以下のような高階論理学の 6 個の基本法則（公理）を導入する．

I.

$$\vdash \begin{array}{l} a \\ b \\ a \end{array} \quad \vdash \begin{array}{l} a \\ a \end{array}$$

（$\vdash(a\to(b\to a))$, $\vdash a\to a$ に相当）

IIa.

$$\vdash \begin{array}{l} f(a) \\ a\ f(a) \end{array}$$

（普遍例化（UI） $\vdash\forall xf(x)\to f(a)$ に相当）

IIb.

$$\vdash \begin{array}{l} M_\beta(f(\beta)) \\ \mathrm{f}\ M_\beta(\mathrm{f}(\beta)) \end{array}$$

（2 階普遍例化 $\vdash\forall f(M_\beta(f(\beta))\to M_\beta(f(\beta))$ に相当）

IIIa.

$$\vdash \begin{array}{l} g\left(\begin{array}{l}\mathrm{f}\ f(a) \\ \ \ \ f(b)\end{array}\right) \\ g(a=b) \end{array}$$

（普遍代入則 $\vdash a=b\to\forall f(f(b)\to f(a))$ に相当）

IV.

$$\vdash \begin{array}{l} (\text{—}a)=(\text{—}b) \\ \vdash(\text{—}a)=(\ \top b) \end{array}$$

（対偶律 $\vdash\top[\text{—}a\leftrightarrow\top b)]\to(\text{—}a\leftrightarrow\text{—}b)$ に相当）

V.

$$\vdash(\dot\varepsilon f(\varepsilon)=\dot\alpha g(\alpha))=(\ \mathfrak{a}\ f(\mathfrak{a})=g(\mathfrak{a}))$$

（値域抽象の原理 $\vdash\dot\varepsilon f(\varepsilon)=\dot\alpha g(\alpha)\leftrightarrow\forall x(f(x)\leftrightarrow g(x))$ に相当）

VI.

$$\vdash a=\backslash\dot\varepsilon(a=\varepsilon)$$

（記述関数 $\vdash a=\iota x(a=x)$ に相当）

基本的推論規則としては，フレーゲは唯一つ（「規則 6．推論（a）」として）分離則（MP）のみを導入している．

$$\frac{\vdash\!\!\!\!{}_\Delta\Gamma \quad \vdash\Delta}{\vdash\Gamma} \qquad \frac{A, A\to B}{B}$$

（上記右は，分離則に相当する自然演繹 NK での表記.）

しかし実際には，先述の「充当法」はラテン標識に（きわめて複雑な）固有名・関数名の充当を許すものとして縦横に駆使されており，またこうした置換/代入（*Ersatz*）は，規則のとりまとめ（§48，規則 9）において，明示的に言及されている．これは，いわゆる「代入原理（*substitution principle*）」を導入しているのに等しい．

派生的な推論規則としては，下記の仮言的三段論法 HS（批判 7，推論（b）），対偶変換 TP（規則 3），単純構成的ディレンマ CD（推論（c））等が挙げられている．上述のように，近年フレーゲの概念記法表記とゲンツェンの自然演繹 NK，ゼクエント計算 LK との親近性が指摘されているが（[Tichy 1988] [Kutschera 1989] など），[*GGA*, §48] で挙げられている諸規則のとりまとめ中のいくつかで例証しておこう．

上記の「分離則（MP）」は，LK では「条件法→の左入れ規則」として表記される．

$$\frac{\Gamma\Rightarrow\Theta, A \quad B, \Delta\Rightarrow \Lambda}{A\to B, \Gamma, \Delta\Rightarrow\Theta, \Lambda} \qquad \text{より簡便には，} \qquad \frac{\Gamma\Rightarrow A\to B}{A, \Gamma\Rightarrow B}$$

「規則 2．下件（前件）の交換」は，LK の下記の「構造に関する推理規則」に相当する．

$$\frac{\Delta, D, E, \Gamma\Rightarrow\Theta}{\Delta, E, D, \Gamma\Rightarrow\Theta}$$

「規則 4．等しい下件（前件）の融合」は，LK の下記の「構造に関する推理規則」に相当する．

$$\frac{D, D, \Gamma\Rightarrow\Theta}{D, \Gamma\Rightarrow\Theta}$$

「規則 7．推論（b）[仮言的三段論法（HS）]」は，LK の「構造に関する推論規則」cut に相当．

$$\frac{A\Rightarrow\Theta, \Gamma \quad \Gamma, B\Rightarrow\Delta}{A, B\Rightarrow\Theta, \Delta} \qquad \text{簡単には，} \qquad \frac{A\Rightarrow\Gamma \quad \Gamma\Rightarrow\Delta}{A\Rightarrow\Delta}$$

「規則 8．推論（c）[構成的ディレンマ]」は，LK の「選言に関する推論規則」（∨-左入れ）に相当．

$$\frac{A, \Gamma \Rightarrow \Theta \quad B, \Gamma \Rightarrow \Theta}{A \vee B, \Gamma \Rightarrow \Theta}$$

「規則 5. 普遍汎化（UG）における改名規則）」

⊢$X(a)$　　　LK での，変数条件つきの次の「∀に関する推論規則」に相当．

⊢ ‿‿$\mathfrak{a}$‿‿ $X(\mathfrak{a})$　　$\dfrac{A \Rightarrow F(a)}{A \Rightarrow \forall x F(x)}$

5.2.6　一般性の表記（ドイツ文字（束縛変項）とラテン文字（自由変項））

さて，ラテン標識を用いて，例えば '$x \cdot (x-1) = x^2 - x$' のように，一つの相等性の普遍性を表すことができる．ではなぜ普遍量化記号が必要なのか．その統語論的な理由は，ラテン標識のみでは普遍性の作用域（Gebiet）が十分境界づけられず，「否定の普遍性」は表現可能であるが，「普遍性の否定」は（したがって「存在」概念も）表現されないこと［*GGA*. I-I, §17］，特に算術では「どの自然数にもその後者が存在する」（'$\forall x[Nx \to \exists y(Ny \& Pxy)]$'）のように，「多重量化（multiple quantification）」の現れる式が頻出するが，それらはラテン標識のみでは表現不可能だからである．多重量化の導入こそ論理学史上のフレーゲの画期的な業績である．

だが普遍量化の導入が，ラテン標識（自由変項）を不要にはしない．ラテン文字は，その作用域についての一定の約定により，推論に際しドイツ文字（束縛変項）のなし得ないような，隙間のない推論連鎖のステップを明示する役目を果たすのである[6]［*GGA*. I, §17］．

ところでフレーゲの高階論理においては，原理上関数には無限の階がありうるが，無限階の関数名を導入する必要はない．この節約が可能なのは，2 階関数が 1 階関数 '$\xi \cap \zeta$'（'∈' に相当）と値域とによって代理されるからである（［*GGA*. I-I, §25］，詳しくは［野本 1999］参照）．かくして「関数の値域の導入は，本質的な進歩なのであり，そのおかげで非常に大きな柔軟性が与えられる」（S. ix）．

このようにしてフレーゲは，6 個の公理と少数の推論規則から，2 階論理学の公理的体系を展開している．そしてその 1 階部分は無矛盾で完全，2 階の可述的部分も無矛盾である．

---

6)　一般性の表記に関わる，改名規則によるドイツ文字とラテン文字の使い分けによるフレーゲの卓抜な工夫を参照．

(1) ラテン文字（自由変項）とドイツ文字（束縛変項）（§5）
　ラテン標識からドイツ文字を用いての量化への移行（普遍汎化（universal generalization））と，その際「前提には現れない新しい変項を使用すべし」との，先見性に富んだ，実に周到な変項条件（改名規則）は，『概念記法』以上に，明瞭に以下のように定式化されている．[GGA. I-I, §8, §17, §48]

　　ある命題において一つのラテン文字［自由変項］を，それが現れるすべての個所で一つの，しかも同じドイツ文字［束縛変項］で置き換えることが許される．このドイツ文字はその場合同時にその外には先のラテン文字が現れないような上件（Oberglied）［条件文の前提・条件に相当］に前置されたくぼみの上に置かれなければならない．この上件のうちにドイツ文字の作用域が含まれており，かつこの作用域のうちに先のラテン文字が現れている場合には，後者［このラテン文字］の代わりに導入されるドイツ文字は先のドイツ文字とは異なった文字が選択されなければならない（§8 の第 2 規則［改名規則］）．[GGA. I, §17]

(2) ラテン文字のドイツ文字への変換（普遍汎化（UG））および改名規則

　　ある命題において，一つのラテン文字［自由変項，より適切には，固有名の代表としての，不確定に暗示する標識］をそれが現れる至るところで同一のドイツ文字［束縛変項］により，しかも対象文字を対象文字により，また関数文字を関数文字により，置き換えることが許される．このドイツ文字は，その際同時に，それ以外には当のラテン文字が現れていない上件の前にあるくぼみの上に置かれなければならない［普遍汎化に相当］．もしドイツ文字の作用域が全くこの上件内に含まれ，その作用域内に当のラテン文字が現れていたならば，後者［ラテン文字］に代入されるべきドイツ文字は先のドイツ文字とは異なるものが選択されなければならない［改名規則：一つの作用域の内部では同じ文字は同じ対象を，異なる文字は異なる対象を，暗示しうる］．
　　　移行記号：⌒
　この記号はいくつかのドイツ文字が上記のような仕方で導入されるべきときにも適用される．直ちに最終結果が記される場合でも，［ドイツ文字は］順次導入されたと考えなければならない．[GGA. I, §48]

ところで，ラテン標識によって，例えば '$x \cdot (x-1) = x^2 - x$' のように，一つの相等性の普遍性を表すことができる．にもかかわらず，なぜ普遍量化記号を導入する必要があるのであろうか．それは，ラテン標識のみでは，普遍性の作用域 (Gebiet) が十分境界づけられておらず，そのために例えば '⊢$2+3x=5x$' が，「普遍性の否定」(部分否定) と解されるべきか，それとも「否定の普遍性」(全称否定) と解されるべきなのかが曖昧だからである．そこで普遍量化子を表すくぼみとドイツ文字を用いて，「否定の普遍性」は，'$\forall a$⊢$(2+3a=5a)$' のように表現され，「普遍性の否定」は，'⊢$\forall a(2+3a=5a)$' のように表される．また「1の平方根が存在する」は，'⊢$\forall a$⊢$(a^2=1)$' のように表現される．

しかしこれだけでは十分ではない．例えば '$\forall a(a=a)$' は，関数 '$a=\xi$', '$\xi=a$'（これらはそもそもくぼみを伴ったドイツ文字 a が先行していなければ無意味である）ではなくて，関数 '$\xi=\xi$' のみを「対応 (zugehörig) 関数」としてもちうる．前者に量化した二つの関数 '$\forall a(a=\xi)$', '$\forall a(\xi=a)$' をさらに量化しようとすれば，すでに現れているドイツ文字とは異なる文字を選んで，例えば '$\forall e \forall a(a=e)$', '$\forall e \forall a(e=a)$' としなければならない．このようにドイツ文字の改名規則を明記して「対応関数」を確定しつつ，フレーゲは，ドイツ文字を伴うくぼみ（普遍量化記号）に続き，それとともに対応関数の値がすべての項に対し真となるような真理値名を形成するような記号列を，くぼみの上に現れるドイツ文字の作用域 (Gebiet) と称している [GGA. I-I, §8]．

一方ラテン文字の場合には，作用域は判断線を除くすべてを包括するとフレーゲは約定している．このことによって，両義性は除去されるが，しかしそれで普遍量化子が不要になるのではない．先の約定によって，ラテン文字により「否定の普遍性」は表現可能であるが，「普遍性の否定」は（したがって「存在」概念もまた）決して表現されえない [GGA. I-I, §17]．さらに算術では「どの自然数にもその後者が存在する」のように，(普遍量化，存在量化を入れ子状に含む)「多重量化 (multiple quantification)」(それは，標準的には，'$\forall x[Nx \to \exists y(Ny \& Pxy)]$' のように表記される) が現れる公理・定理が頻出するが，それらはラテン標識のみでは表現できない．

それでは普遍量化が導入されれば，ラテン標識は不要になるのであろうか．そうではない．フレーゲはラテン文字の作用域を下方(結論に)向かってのみ境界づけ，(前提に遡及する)上方に向かっては境界づけない，と約定する．そのことによって，推論に際し，一つの判断線が先行する主張命題(判断)の内部でのみ有効で，作用域が厳格に閉じられているドイツ文字のなし得ないような役目，つまり，例えば，下記のように，各判断(主張命題)の作用域を超えて，命題論

理中の推論様式である分離則（MP），仮言三段論法，ディレンマ，対偶等を適用可能にすることによって，隙間のない推論連鎖の各ステップを明示する役目を果たすのである [GGA, I, §17]．

つまり，「推論という見地からは，文全体の範囲を超えて広がる [ラテン文字による] 一般性は，その範囲が文の一部に限られる [量化子とドイツ文字による] 一般性とはまったく異なる意義をもっている．したがって，こうした異なった役割を，ラテン文字とドイツ文字という別種の文字によって見た目にも識別できるようにしておくことは，わかりやすさにとって本質的な貢献をなすものといえる」(Frege [Peano 1896], S. 378).

ところで例えば，判断線 '⊢' の外側からの普遍閉包による推論の，次のような表記は，むろんナンセンスである．

$$\forall x[\ \vdash x^4=1 \to x^8=1,\ \vdash x^2=1 \to x^4=1\ /\therefore\ \vdash x^2=1 \to x^8=1]$$

よって自由変項 x を含む開放文間の推論関係を普遍閉包で説明することには難がある．それゆえ，通常は以下の例のように，普遍例化（UI），存在例化（EI）によってラテン標識を含む開放文間の推論に戻してから，必要に応じて再度，普遍汎化（UG），存在汎化（EG）を使用して，量化文を形成する必要があるわけである．

上記のフレーゲの束縛変項をドイツ文字 $\mathfrak{a}$ で，自由変項をラテン文字 a で表記すれば，$\forall \mathfrak{a}[\mathfrak{a}^4=1 \to \mathfrak{a}^8=1]$　$\forall \mathfrak{a}[\mathfrak{a}^2=1 \to \mathfrak{a}^4=1]\ /\therefore \forall \mathfrak{a}[\mathfrak{a}^2=1 \to \mathfrak{a}^8=1]$ の証明は，準フレーゲ的表記では，仮定規則①，ドイツ文字 $\mathfrak{a}$ とラテン文字 a の改名（変換・代入（Sub））規則 $[\mathfrak{a}/a]$ および普遍例化 UI（∀elim 消去則）ないし普遍汎化 UG（∀int 導入則）を介して，以下のようになる [GGA, §17]．この証明に見られるように，ゲンツェンの自然演繹や LK との親和性は明らかである．

$$\cfrac{\cfrac{\vdash \forall \mathfrak{a}[\mathfrak{a}^4=1 \to \mathfrak{a}^8=1]\quad \cfrac{a^4=1 \to a^8=1\,[\mathfrak{a}/a]\,[\text{UI}/\forall\text{elim}]\quad \cfrac{\vdash \forall \mathfrak{a}[\mathfrak{a}^2=1 \to \mathfrak{a}^4=1]\quad ①[a^2=1]\quad a^2=1 \to a^4=1\,[\mathfrak{a}/a]\ (\text{UI}/\forall\text{elim})}{a^4=1\quad (\text{MP}/\to\text{elim})}}{a^8=1\quad (\text{MP}/\to\text{elim})}}{a^2=1 \to a^8=1\ (\to\text{int})\ ①}}{\vdash \forall \mathfrak{a}[\mathfrak{a}^2=1 \to \mathfrak{a}^8=1]\ (\forall\text{int}/\text{UG})}$$

上記の証明図で，仮定規則①の適用に際し，仮定される始式の量化命題 '$\forall \mathfrak{a}[\mathfrak{a}^2=1 \to \mathfrak{a}^4]$' に，普遍例化（UI）規則を適用して，量化記号 '$\forall \mathfrak{a}$' を除いた残部中のドイツ文字 '$\mathfrak{a}$'（束縛変項）をラテン文字 'a'（自由変項）に改名し，'$a^2=1 \to a^4$' という量化を含まない命題式に移行する．その量化を外した式 '$a^2=1 \to a^4$' の前件部分 '$a^2=1$' を仮定して，命題算の範囲内で推論規則 MP を適用する．その際ド

イツ文字 'a' からラテン文字 'a' への改名に当たり，ラテン文字 'a' に付値される（assign）値は，全く不定でよいが一意的であり（カプランのいう「直接指示（direct reference）」に通底），しかし以後の推論・証明中に現れる「ラテン文字 'a' の作用域（Gebiet）は，判断線を除いたすべてに及ぶ」[GGA. I-I, §31]（これは，タルスキのいう「同時的付値（simultaneous assignment）」，クリプキの意味で「固定的指示（rigid designation）」の先駆である）．

5.3 フレーゲの高階論理（2）──意味論

さて意味論上のフレーゲの最も基本的な前提は，主張文・命題は真偽いずれかであるという「二値原理」である．この原理に基づき，先述の統語論的な「除去法」「充当法」の再帰的適用によって，「適正に形成された名前は常にあるものを意味すべし」[GGA. I-I, §28] という要請が満たされねばならない．このようにフレーゲの論理学は，〈原子論的〉ではなく，「命題優位のテーゼ」が基本で，「真理値名が……真または偽を意味するということから出発する」[GGA. §32]．つまり，命題 '⊢p' から主張力を落としたいわば命題基 '—p' の意味論的値＝意味（Bedeutung）とは，真または偽なのだという「二値原理」の表明が出発点である．命題基はかくて真偽二値の「真理値名」と称せられ，複合的な固有名に同化されて，固有名と関数名とに分析される．

次のフレーゲの戦略は，「有意味な名前の範囲を拡大する」[GGA. I-I, §29] ことである．フレーゲは6個の「相対的な有意味性」の規則を挙げている [GGA. I-I, §29]．この規則は，『算術の基礎』以来の「文脈原理」：「名前の意味はそれが現れる文の脈絡において問え」の精神の再現で，文を固有名に同化した上での「一般化された文脈原理」である [Dummett 1991a, p. 212]．つまり，複合的固有名が有意味ならば，その構成要素の関数名または固有名は，他のすべての構成要素名が有意味のときに限り有意味なのである．「二値原理」を考慮すれば，結局，真理値名の構成要素（固有名，述語）の意味は，真理値名の意味＝真理値への貢献なのである．

それでは8個の原初的名前の有意味性は，どのように保証されるのか．水平線と量化だけに言及しておこう．「一般化された文脈原理」により，原初的関数名 '—ξ' が有意味なのは，ξ-項場所に真理値名 'Δ' を代入して形成される真理値名 '—Δ' が有意味な場合である [GGA. I-I, §31]．実際フレーゲの約定によれば，関数名 '—ξ' は，ξ に真理値真を意味する固有名 'Δ' を代入すれば，'—Δ' が真を意味し，そうでなければ偽を意味するように，その値が常に真理値である特定の真理関数を意味するのである [GGA. I-I, §5]．普遍量化記号（標準的表記では

'∀xφx') の有意味性は，項場所 φ に代入されるべき関数名 'Φ(ξ)' の意味する「関数 Φ(ξ) の値がすべての項に対して真ならば真を意味し，そうでなければ偽を意味する」[GGA. I-I, §8, §13, §31] という約定により，「対象的（objectual）」に確定される．値域名については（ラッセルのパラドクスのような）困難が残るが，こうした手続きにより一応は原初的関数名はいずれも有意味と認められる．「二値の原理」と，原初的関数名の意味の確定をベースに，先の「相対的有意味性の規則」と統語論的な除去分析・充当合成を繰り返し適用することにより，有意味な名前の範囲を再帰的に拡張することが可能となる（詳細は［野本 1986；2000（『フレーゲ著作集 3』解説）；2012］）．6 個の基本法則（公理）の真理性は，原初的記号の意味論的約定とその再帰的適用によってメタ的に説明される．また定理は，公理群からの真理保存的導出によって正当化される．

5.4 意味と意義・思想

フレーゲは公式的には，真偽が本来的に問われるのは文の意義・思想であり，文の真偽は単に派生的に問われるに過ぎず，また語の意味・表示対象もその語の意義を介してのみ問われると主張した．ところがそうした意義・思想の意味（真偽・表示対象）に対する優先性を，実際のフレーゲの手続きは遵守してはいない．むしろ逆に，固有名の意義とは，「その表示対象が与えられるその仕方」[SB, S. 26] が含まれるものと規定されるように，表現の意味・表示という観念に訴えて，その表現の意義の観念を説明しているのである．意義と意味の規定をめぐるこうしたフレーゲの実際の手続きは，『基本法則』においても鮮明に現れていて，論理的に原始的な表現の意味（真偽，概念，関数，論理的対象等）が確定された上で，それをベースにして，その意義・思想の規定へと進むアプローチが採られている．以下その点を確かめつつ，フレーゲの意義論を見よう．

いわゆる外延的論理に関わる限り，フレーゲの用語で言えば，われわれは「意味（Bedeutung）論」の範囲を越える必要はない．真理値名は真理値を表示・意味するのであり，固有名の意味はなんらかの対象である．論理的には（問題は残っているがさし当たり）値域のみを前提すればよく，真理値も（後述のように）値域に同化されうる．1 階の関数名の表示する意味は関数で，また 1 階概念語（述語）・関係語の表示する概念・関係は，その項に対する値が真理値であるような特殊な関数である．フレーゲの場合，同じ項に対し真理値が一致する概念は，その外延のみならず，概念自身が同一と見なされる．つまり概念・関係は外延的なのである．

さてフレーゲは名前の意味からその意義を区別する．'2^2' と '2+2' が同じ 4

を意味しながら意義を異にするように，'$2^2=4$' と '$2+2=4$' も意義を異にする．真理値名の意義をフレーゲは思想（Gedanke）と呼び，また名前はその意義を表現し，その意味を意味する・表示するという［GGA. I-I, §2］．では思想とは何か．フレーゲによれば，「われわれの約定によって，どのような条件の下で名前が真を意味するかが確定される．この名前の意義，思想は，これらの条件が充足されているという思想なのである」［GGA. I-I, §32］．

　補足すれば，「われわれは，$\Phi(\Delta)$ が真であるならば，対象 Δ は概念 $\Phi(\xi)$ のもとに属するという」［GGA. I-I, §4］．つまり，われわれの表記上，「固有名 'Δ' は対象 Δ を意味し，概念語 '$\Phi(\xi)$' は概念 $\Phi(\xi)$ を意味する」と約定すると，真理値名 '$\Phi(\Delta)$' の意味（$\Phi(\Delta)$）が真理値真であるのは，Δ が概念 $\Phi(\xi)$ の下に属するという条件が充足されている場合だ，ということである（詳細は，［野本 1986，4章；2012］）．

　この箇所は，やがてウィトゲンシュタインが，命題の示す意義とはその命題がいかなる条件の下で真となるかという「真理条件」であり，命題を知るとはその真理条件を理解することだ［T, 4.022f.］とあからさまに主張し，さらにはタルスキの真理定義の逆転用を介して，デイヴィドソンによって展開される，いわゆる「真理条件的意味理論」の典型箇所（locus classicus）である（その展開過程については，［野本 1988］参照）．

　さらにフレーゲは，「真理値の名前がそれらから構成されている……名前は，思想を表現するのに貢献する．そして個々の名前の貢献（Beitrag）がその意義なのである」［GGA. I-I, §32］と述べる．この句は，意義に関する「文脈原理」，少なくとも「命題優位のテーゼ」を表している．すぐ言葉をついでフレーゲは「もしある名前が真理値の名前の部分ならば，その名前の意義は後者［真理値名］が表現する思想の部分なのである」（loc. cit.）とも述べているが，これは意義に関する「合成原理」を表している．複合的表現の意義も，その統語論的構成と原初的表現の意義とから再帰的に合成されるのである（［野本 1986; 1995a; 2012］［飯田 1987］）．

　間接話法のような［GGA. I-I, 序言, S. x］複雑な文脈は別として，外延的論理の範囲では，明示的に意味・思想に言及する必要はない．だが推論が主張・判断から構成され，判断は一つの思想を表現し，それが真であるという承認に他ならないのであるから，推論の学である論理学は，実は「思想なしで済ますことはまったくできないのである」［GGA. I-I, §32］．

　なおフレーゲの意味・意義論の認知的位相については，最終章で詳論することとする．

6 フレーゲの算術の哲学（B）
―― 実数の理論と形式主義批判（『基本法則』第 II 巻（1903）第 III 部）

『算術の基本法則』第 II 巻は，第 I 巻の第 II 部基数論の残部と第 III 部実数論（未完）およびラッセルのパラドクスについての「後書き」から構成されている．

第 III 部は，二つに分かれ，前半は当時の「無理数論の批判」に，後半は「量の理論」と題された未完のものである．III. 1 の「無理数論批判」については，(f)「回顧と展望」に依りながら，フレーゲの元来の順序をダメットに従って変更し，(a) の定義論からはじめて，(e)「ワイエルシュトラース論」，(d)「新対象の創造」，(b)「カントルの無理数論」にごく簡単にふれて，フレーゲの実数論への橋渡しになる (f)「回顧と展望」，(g)「量」，そして III. 2 の「量の理論」を取り上げる．最後に (c) の形式主義批判と実数論の応用可能性にふれることにする．

6.1 同時代の無理数論に対するフレーゲの批判

(a) 定義についての原則 [*GGA*. II-III, §§55-67]

> 概念（可能的述語）の定義は，完全（vollsätndig）でなければならず，定義はあらゆる対象に関して，それが当の概念に属するか……否かが，一意的に確定していなければならない．……比喩的に表現すれば，概念は明確に境界づけられて（scharf begrenzt）いなければならない．……排中律はこの要求の別形式にすぎない．[*GGA*. II-III, §56, S. 69]

完全性の原則（§§56-65）は，段階的定義の追放を要求している．

フレーゲは，数体系を次々に拡張してゆくという考えに反対であって，和や積のような演算操作は一挙にすべての対象に関して定義されることを要求し，基数と実数とは後述のように全く異なる対象であって，両者には異なる記号を割り当てている．

(e) ワイエルシュトラースに対しては，彼が数を具体的な集積と見なし，また概念とそれに属する対象との区別をしないことを批判している [*GGA*. II-III, §§153-5]．

(d) 新対象の創造では [*GGA*. II-III, §§140-7]，（自然数，無理数，実数等の）

要請される体系には，整合性（無矛盾性）の証明を必要とするが，フレーゲは，それを各体系の存在証明に求めた．

(b) カントルの無理数ならびに実数定義（[Cantor 1872; 1883] 参照）への批判 [GGA. II-III, 1, §§68-85] は，カントルの実数論が応用可能性の説明を無視ないし単なる外挿的付加と見なすことに向けられる．フレーゲは，実数論の本質として，測定における応用可能性の組み込みを要請する（ibid., §159）．

6.2　数と量——非形式的説明

フレーゲの実数は，量そのものではなく，量の比（Grössenverhältnis），つまり，量の間の関係の外延である．同じ比が，質量 1 g と質量 2 g の間にも，長さ 5 cm と長さ 10 cm との間にも成り立つ．

(f) 回顧と展望 [GGA, §§156-9] では，形式主義や無理数を幾何学に依存させるハンケルの方法と，最近の純粋に算術的な行き方（カントル，デデキント）を批判し，自説を，両者の中間に位置づけている [GGA. II-III, §159]．すなわち，

(i) 形式主義の方法論的誤りは，概念の単なる定義が当の概念に属する対象の存在を保証し，またその存在がその概念の整合性（無矛盾性）によって示されるとする考えにある．逆にその整合性（無矛盾性）証明は存在証明によって保証されるべきだと主張する [GGA. II-III, §156]．

(ii) 創造的定義で得られるという対象は，フレーゲのいう値域によって達成されると主張される．まず実数を量の比，さらに量をこうした比がその間に成り立つ対象と見なす．ついで，「ある種類の対象がいくつ（wie viel）あるか」に答える基数（Anzahl）と，所与の量が単位量と比較して「どのくらいの大きさ（wie gross）か」に答える実数（reelle Zahl）を峻別し，二種の数は排反的領域を形成すると主張される [GGA. II-III, §157]．

決定的なのは，フレーゲが基数を実数の部分クラスと見なさず，むしろ全く異なる体系と見なしていることである．理由は，先述のように，基数は比ではなく，むしろ「いくつか？」という問に答えるものであり，実数は一定の量が単位量と比較してどのくらい大きいかを測定するものだからである．

(iii) 幾何学への依拠への警告がなされ，「実数は量のあらゆる特定のタイプから切り離され，同時にそれらすべてを支配する」とされる [GGA. II-III, §158]．

(iv) フレーゲは，実数を量ないし測定数の比とするハンケルの解釈を引き継ぎ [GGA. II-III, §159]，他方幾何学的な量やあらゆる特定のタイプの量から切り離すことによって，カントル，デデキントらの試みに接近する．しかし同時に，後者の欠陥である，測定，応用からの実数の切り離しを回避しようとする．

算術理論は，その応用を支配する一般的な原理を述べ，正当化するだけでは十分ではない．フレーゲの確信するところでは，算術の応用の一般的原理はさらに，外挿的な付加物ではなく，数の本質に属し，数の定義・導入にとり中心的でなければならない．算術は，確かに特定の応用には関わらない．しかしフレーゲは，すべての応用の底にある一般的原理をどう扱うかは算術が回答すべき問題だ，と結論する．

6.3 フレーゲの実数論

フレーゲの実数論は，ワイエルシュトラース，カントル，デデキント，ラッセルと異なり，有理数等の中間段階を飛ばしていきなり実数に向かうものである．*GGA* では言及がないが，ラッセルへの手紙（1903年5月21日）でははっきり，基数から有理数へ，後者から実数へというラッセルの二重の移行に対し，基数から量の比としての実数へ直接の移行が主張されている．その理由は，数の種類をその応用によってのみ同定し，二種類の数のみを認め，実数を量の比（量の関係，量の比（Grössenverhältnis））と解することに求められる．先述のように，フレーゲは，基数と実数とは全く排反的だと解していた．基数は「所与の対象がいくつ存在するか」の問いに答え，実数とは測定数で単位量との比較でどのくらいの量かを述べるものであった［*GGA*. II-III, §157］．

(b) フレーゲ実数論の示唆［*GGA*. II-III, §§70-6］
次の一節は，実数についてのフレーゲ自身の見解の核心に近いものである．

> 算術法則の幾何学，天文学，物理学への応用を見よ．その場合数は，長さ，質量，照度，電気抵抗といった量と結びついて現れる．皮相的には同じ数記号が，長さ，質量，照度を意味するように見える．……よく注意すると，数記号だけでは長さ，力等を表示できず，メートルやグラムのような尺度や単位を表示する表現と結びついてのみ表示可能である．では数記号だけでは何を意味しているのか．それは明らかに量の比（Grössenverhältnis）である．……ある長さは他の長さに対して，ある質量が他の質量に，またある照度が他の照度に対するのと同じ比をもちうるのであり，この同じ比が同じ数であり同じ数記号によって表示可能なのである．［*GGA*. II-III, §73, SS. 84-5］

'2.6 m'，'5.3 sec.' のような句は，それぞれの種類の特定の量を表示する．したがって，量は数とは区別される対象である．量は，長さ，質量，温度等様々なタイ

プに分かれる．基数の定義は，基数がある概念（例えば〈太陽系の惑星〉）に属する対象がいくつ存在するかを述べるのにどのように使用されるかを示さなければならないのと同様，実数は任意のタイプの量に関しその同じタイプに属するある量ともう一つの量との比を表す．こうして算術の一般性を侵すことなく，その応用が説明される．

(g) 量 [*GGA*. II-III, §§160-4]

それでは量とは何か．その外延が量領域（Grössengebiet）であるような概念をどのように構成すべきか．概念の外延をクラスと呼ぶと，クラスが量領域であるためには，当の概念はどのような性質をもたねばならないか．

(§161) 量には，正負，ゼロがあり，加法，減法という演算操作が適用できなければならない．

ガウスに倣い，フレーゲは正と負の対立を関係とその逆によって説明する．(§162) 二項述語が表示するのは「関係（Beziehung）」であり，その関係の外延が「直積（Relation, 重積値域）」と呼ばれる．「量の比，すなわち実数は，直積の直積と見なされる．量領域とは，直積のクラス，つまり〈直積である〉という概念に従属する概念の外延」(§162, S. 160) である．量の比，実数 1/2 とは，例えば，〈1g; 2g〉,〈5 cm; 10 cm〉,〈3˚C; 6˚C〉……といった順序対のクラス（直積）の直積である．また $-A$ は直積 A の逆に対応し，例えば，北 -10 km は南 10 km であり，和 $(a+b)$ は直積 A, B の合成（積）$(A \cap B)$ に，差 $(a-b)$ は直積 A と直積 B の逆 $(-B)$ との合成（積）$(A \cap -B)$ に対応し，ゼロは直積 A とその逆との合成（積）$(A \cap -A)$ に対応しよう．

では，その比が実数，特に非可算な連続体である実数，を形成する直積をどう入手するか．(§164) 基数に関しては（パラドクスを別にすれば）空クラス，空な概念の外延を使ってゼロを定義し，最初の無限数に至る仕方で解決した．実数の構成にあたっては，フレーゲは基数をすでに入手済みとして前提する．

ところで実数の存在を保証するには，相互に無理数的な比をなす量を含む，少なくとも一つの量領域の存在証明を必要とする．……さらにその証明は論理的資源のみを使用するのでなければならない．……〈有限基数〉という概念に帰属するのは，（可算）無限（Endlos）であるが，フレーゲは，〈有限基数のクラス〉という概念に帰属するのは，基数の基数である（可算）無限より大の，（非可算）無限・連続体である，という (§164)．

無理数を前提しないとすれば，正の実数 a には，初項 r に基数，第 2 項に 0 を含まない基数の無限クラスとする，順序対を結びつけ，それを基礎の集合とする．

さて $a+b=c$ であるような正の実数 a, b, c を考える。c は、a と b の上記のような各部分からの再帰的方法によってえられる。例えば c の小数展開部分に対応する実数の無限集合は、次のように帰納的に定義される。各正の実数 b に対し、まさに $a+b=c$ の場合に、他の正の実数 a, c 間で成立する関係が存在する。r, s, t を負でない基数、A, B, C を 0 を含まない基数の無限クラスとし、$a=\langle r+A\rangle$, $b=\langle s+B\rangle$, $c=\langle t+C\rangle$ とすると、c を表す対の初項 t は a と b を表す対の第 1 の項 r, s の和であり、また c の第 2 項 C は a, b の第 2 項 A, B の和である。これらの逆を一緒にすると、それらは正と負の実数に一対一対応する（[Dummett 1991a, p. 285] 参照）。

こうして連続体の濃度をもつ対の直積族が生成される。これにその逆を加えて、こうした直積とゼロでない実数との一対一対応をうる。$b+b'$ という数の和、合成は、b, b' に結び付く直積の積に対応し、ゼロは直積とその逆との積に対応する。これら直積のクラスが量領域である。

III. 2. の「量の理論」において、関係の外延である直積のクラスという量領域を基礎にした以上のような実数についての形式的な理論展開が行われる。

まず第 1 に、量領域中での直積の合成・和は、交換律、結合律を満たすべきこと（A）、第 2 に、「大小関係」という線形順序の概念が定義され、そうした順序を満たす順列群の正の元からなるクラス（正クラス（Positivalklasse））が導入される（B）。ついで「（最小）上界（Grenze）」という概念が定義され（Γ）、それによって交換律・結合律を満たす正数クラス（Positivklass）e が定義される（Δ）。

かくして実数自体は、基数のクラスでもなく、対でもなく、対の間の関係でもない。フレーゲは、有限基数ならびに（可算）無限基数を利用するが、実数を段階的にではなく一挙にえようとする。実数は、構成されたり創造されたりするのではなく、量の比、量からなる直積のクラスとしての空でない量領域に基づく直積の直積であって、しかも（非可算）無限基数を利用する定義によって摘出された予めすでに存在している値域である。すなわち、正負の実数とは、基数と〈有限基数のクラス〉という概念の（非可算）無限基数との直積和およびその逆、なのである。

かくしてフレーゲは、無理数を論理的に前提することなく、「実数を量の比として純粋に算術的ないし論理的に定義することに成功するであろう……、したがって無理数が存在するということには何の疑いもない」（§164）と、信じた。ラッセルのパラドクス発見以後、値域（概念の外延）や重積値域・直積（関係の外延）一般の導入に依拠する基数論、実数論はパラドクスに陥る危険があることは明らかである。しかし、一方、基数のみを導入する「基数抽象の原理（N⁼）・ヒ

ュームの原理 (HP)」から，2 階論理内でペアノ算術の公理系（ないしそれと同型のフレーゲ算術の公理系）を無矛盾に導きうることが，『基本法則』第 II 部の検討によって明らかになった．第 III 部のフレーゲの実数論が，「関係の外延」である「直積」を利用しているとしても，それは簡単化のためであって，おそらく一様な仕方で「直積」を消去し，もっぱら「概念」「関係」という 2 階論理の道具立てで十分であると推測される．また実数論が無限概念に訴えているとしても，すでに基数論で示された通り，「フレーゲの定理」とはまさに $(N^=)/(HP)$ のみから，「外延」一般に訴えることなく，無限概念を引き出すことができるものなのであった．したがって，その限り，フレーゲの実数論もまた無矛盾であると期待されるのである．

しかしそのことが示されたとしても，基数論に基づく彼の実数論が論理主義の試みを成功に導いたと容易に断定しがたいことは，$(N^=)$ が純粋論理的であると断定することに対しなお種々の困難が指摘されているという基数論と同じ理由，また数学的プラトニズムの問題に関しても，依然「ジュリアス・シーザー問題」「入れ替え議論」による不確定性やダメットの指摘する循環性・非可述性の問題が残されているので，基数の場合に劣らずさらなる検討を要すると言わねばならないであろう（[野本 2012, 17 章] 参照）．

6.4 デデキント構造主義とフレーゲ的論理主義の交流

最後に，近年のデデキント流の構造主義とネオ・フレーゲアンの実数論の試みに簡単にふれておこう．いずれも，フレーゲとデデキントとの試みを，ある意味で架橋し，融合しようとするものである．

シャピロはデデキントに倣い，実数を有理数の系列における・切・断と同一視する実数の構造主義的考えに立つ．一方ライト，ヘイルは，デデキント抽象をフレーゲの「抽象原理」の拡大に組み込もうとする（[Shapiro 2000][Hale and Wright 2001]）．2 階論理＋実解析のための無矛盾な抽象原理の基本的要件は，完備順序体を構成する対象列の存在に十分であることである．

シャピロは，フレーゲ算術に「対抽象」「差抽象」，デデキント的「・切・断・抽・象」を付加し，完備順序体の構成を試みる．実数は，上に有界で有理数中で例化される性質の切断と同一視される．一方，実数の同一性規準に関わるヘイル–切断抽象 (HCut) は，フレーゲの公理 (V) の統語論的分身で，デデキント切断抽象同様，完備順序対を生成する．

(HCut)　$\forall P \forall Q(\mathrm{Cut}(P) = \mathrm{Cut}(Q) \leftrightarrow \forall x(Px \leftrightarrow Qx))$ [Hale 2000, p. 186]

だが基数，実解析の双方の抽象原理に立ち塞がるのは，いわゆる「悪友問題」

である.その最初のものはラッセル・パラドクスである.ダメットはこの「悪友問題」がネオ・フレーゲ的プログラムの「非可述的」推論に関わり,直ちに致命的だと主張するかに見える([Dummett 1991a, p. 188 および最終章] [野本 2012, 15 章 - 17 章] [黒川 2016]).残された検討課題は,山積されていると言わねばならない.

第4章　ラッセルの論理主義と知識論抄

1　ラッセルの生涯と初期ラッセルの哲学

　ラッセルは，英国・ケンブリッジ大学トリニティ・コレッジで数学・哲学を学び，学位論文「幾何学の基礎」(An Essay on the Foundations of Geometry) (1897) でフェローとなる．当初ラッセルは，当時英国で隆盛を極めたブラッドリ (F. H. Bradley) らの新ヘーゲル主義に同情的だったが，ムア (G. E. Moore) とともに反旗を翻す．1900年パリで開催された国際学会でイタリアのペアノと出会い，論理学・数学の哲学に開眼する．フレーゲを知る以前から執筆を進めていた，最初の論理・数理哲学書『数学の諸原理 (*Principles of Mathematics*)』(以下，『諸原理』) (*PoM*) を早くも1903年に出版した (その「付録」には，史上初のフレーゲについての長い紹介論文が付されている)．それ以前の1901年には，カントルの集合論についてと同様，フレーゲ論理主義の核心部分に，「ラッセル・パラドクス」を発見，1902年フレーゲに報知して衝撃を与え，いわゆる「数学の危機」の幕開けの一翼を担った．ラッセルは，先輩の数学者ホワイトヘッドと共同で，こうしたパラドクスを回避しつつ，フレーゲ同様の「論理主義」の実現を目指す超大作『数学原理』(*PM*) 3巻 (1910-3) を出版，これはまさに20世紀論理学・数理哲学の金字塔と認められる．以降，この著作は1905年のアイ

ラッセル

ペアノ

ンシュタインの相対性理論とともに，論理実証主義運動のバイブルとなり，また数学基礎論という新しい数学分野開拓の導きの星となった．

ラッセルは，他の論理学者・数理哲学者達とは異なり，論理学以外の広範な分野で大きな影響を与えたので，その活動の一端にも言及することにする．第1次世界大戦で対独開戦に反対，反戦平和運動を展開して投獄され，ケンブリッジを追われた．だが獄中で名著『数理哲学序説（*Introduction to Mathematical Philosophy, IMP*）』(1919)を完成，1919年復職したが講義することなく辞任する．理論的な仕事は，主に1920年代までになされた．以降1930年代にシカゴ大学，UCLAで客員講師として教えるまで在野で通す．1944年ケンブリッジに戻り，トリニティ・コレッジのフェロー，1949年英国学士院名誉会員に選出された．

1.1 多元的実在論

さてラッセルは，新ヘーゲル主義の，特に「内的関係説」と「全体論的一元論」に反対であった．内的関係説とは，例えば〈ロミオはジュリエットを愛する〉という関係は，主語個体〈ロミオ〉の，したがって〈ジュリエット〉の各個体の内的特性に含まれるという説である．「全体論的一元論」とは，どの個体も他のどの個体とも何らかの関係にあるから，ある一つの個体がある特性をもつか否かは，他のすべての個体とその特性から分離不可能だという，いわば「唯一絶対の真理」にコミットするものである．これに対しラッセルは，「関係」が「特性」に還元不可能だという「外的関係説」を採り，また各個体は互いに独立で，〈ロミオはジュリエットを愛する〉のような各命題の表す事実は，他の諸命題の表す事実から独立であり，そうした無数の相互に独立な個体の，相互に独立な事実が存在するという「多元的実在論」を主張した．

1.2 『諸原理』(1903)の意味論・存在論

この時期のラッセルは，新ヘーゲル主義とは逆の極端な実在論者である．まず彼は，文中のどの表現もすべて何らかの存在者（entity）を「指示する（indicate）」と主張する．そうした存在者が各表現の「意味（meaning）」である．固有名のような単称名辞は「もの（thing）」を，述部（形容詞・動詞・前置詞等）は「概念（concept）」（関係を含む）をそれぞれ指示する．文も何らかの複合的なもの（命題・事実）を指示する．例外は「すべてのひと」「あるひと」「現在のフランス王（the present king of France）」といった「表示句（denoting phrase）」である（前二者を，「不確定記述（indefinite description）」，後者を「確定記述（definite description）」という）．表示句もそれぞれある「表示概念（denoting concept)」を指示する．しかしわれわれが「あるひとは酔っ払いだ」という命題で語りたいのは，〈あるひと〉という表示概念についてではなくて，ある一人以上の人物についてである．そこでラッセルは各〈表示概念〉の「表示する（denote）」〈すべてのひとのクラス〉〈あるひとのクラス〉〈現在のフランス王である特定の人物〉をその「表示対象（denotation）」と称した．ラッセルによれば，彼の「表示概念」はフレーゲのいう「意義（Sinn）」に相当する，という．

　しかし表示句には，「現在のフランス王」のように，その表示概念が何も表示しない（時には二つ以上の対象を表示する）句がある．するとこうした句の現れる命題（A）「現在のフランス王は女性である」は真偽いずれでもなく，いかなる事実にも対応しない（ないしは何か〈否定的事実〉を表す？）．さらに根本的なのは，「表示概念について語ろう」とするときのパズルである．この難点がラッセルをして表示理論の放棄に追いやった（この複雑なパズルについては［松阪 2005］参照．なお初期ラッセルについては，『ラッセル論文集成』［CPBR, Vol. 4］での手稿研究に基づくウルカルト（A. Urquhart）のIntroductionでの新しい読解を，それと関連する新しい読み直しの試みについては例えば［Kaplan 2005］参照）．

1.3　記述理論

　そこでラッセルの提案したのが，いわゆる「記述理論」（theory of description）であり，彼にとっての量化理論「表示について（On Denoting）」（1905）であった．それは表示句を命題の独立の構成要素と見なすことを破棄し，命題全体に貢献するのみといった文脈的機能をもつに過ぎない「不完全記号」として統語論的に解体してしまう方策である．例えば「すべて」「ある」「ならば」「そして」を'$\forall$'，'$\exists$'，'$\rightarrow$'，'$\&$'と表記すると，「すべてのひと（Hx）は死すべきもの（Mx）である」「あるひとはすべてのものを愛する（Lxy）」は，それぞれ「$\forall x[Hx \rightarrow Mx]$」「$\exists x[Hx \& \forall y Lxy]$」と表記され，同様に，先の命題（A）は「現在のフランス王（Kx）がただ一人存在し，かつそれは女性（Fx）である」という意味であろうから，（A*）「$\exists x[Kx \& \forall y[Ky \rightarrow [y=x \& Fx]]]$」と表記されよう．するとこの再定式化には，「現在のフランス王」という表示句は独立の要素としては登場せず，論理記号と等号，不定の個体を表す変項（variable）'x'，'y'以外に，特定の意味をもつのは述語'Hx'，'Mx'，'Lxy'，'Kx'のみとなる．しかも，（A*）は有意味な命題であるが，現在のフランス王という特性Kxをもったものは，男女を問わず存在しないから偽となると考えられる．もちろんその場合には，命題が事実（〈否定的事実〉に訴える苦肉策を別にすれば）の名前であるといった考えも捨てる必

要がある．この「記述理論」が，哲学的分析の典型として称揚されたのは，この分析によって，表示句の表示対象の存在を否認するために，マイノング流の何か影のような存在を認める必要性が払拭されると考えられたからである．しかしフレーゲが予め気づき（1892），ラッセル流の記述理論を採用せずに別の記述理論を採用した理由，つまり，確定記述の現れる命題が，その〈意義〉中に〈存在〉概念を含むと考えると，(A*) は実は多義的になる，という困難がある（「意義と意味」[SB, S. 40]）．例えば，(A) を否定すると，否定詞の作用域によって，(A*) の全体を否定したのか，述語「女性である」を否定したのか，二様の解釈が可能であり，そのいずれであるかによって，真偽が反転してしまう．こうした難点を回避するために，ラッセルは記述句の作用域の大小（第1次的，第2次的現れ等）の区別を導入せねばならなかった（一方フレーゲは，意味の「前提（presupposition）」説や「対象約定説（chosen object theory）」を提案した）．

1.4 命題・事実・判断

ところで，ラッセルの「命題」概念は曖昧で揺れがあり，言語的な「文」を表すのか，非言語的な何らかの複合的対象を表しているのか，不分明である．『諸原理』では，先述のように，例えば〈シーザーはルビコン河を渡った〉という命題は世界内に存在する個体，〈シーザー，ルビコン河，〈x は y を渡る〉〉（〈x は y を渡る〉は命題関数・関係），からなる複合体である．その場合，命題と事実との関係はどうなるのか[1]．

PM の時期（1906-12）のラッセルの「真理論」では，真理は信念・判断の性質で，信念・判断と事実との対応にあるとの，「真理対応説」が採用されている．つまり，「オセロは，デズデモーナがキャショを愛する，と信じる」といった信念・判断が真であるのは，判断主体オセロと，信念対象（複合体/命題）〈デズデモーナ，キャショ，愛する〉との間に，〈信ずる〉という多項関係があり，かつその命題・複合体が事実である場合，つまり，命題・信念対象と事実との対応に求められる．未完の草稿『知識の理論』（1913）では，「論理形式」という新しい考えを導入し，命題と事実の対応は，両者の「論理形式」'xRy' の共有・一致に求められている．

だが，デズデモーナはキャショを愛してはいないとすると，先の命題は何らかの〈否定的事実〉を名指すのか．

---

1) ラッセルとフレーゲとの意味論上の対比については，第12章で再論する．

1.5 論理的原子論

やがてラッセルは,こうした信念・判断の「多項関係説」を捨て,旧学生のウィトゲンシュタインの影響下,「論理的原子論の哲学」(1918) を提唱する.命題には,一つの事実に対し「真である」という関係と,「偽である」という関係とがある.よって,命題は関係項の一つである事実という複合的対象を名指す名前ではなく,事実を語る (say) ものであると見なされるのである.

ウィトゲンシュタイン

2 『数学原理』(*PM*) におけるラッセルの論理主義

さて次にラッセルの論理主義の数理哲学を瞥見しよう[2].ラッセルは,デデキント,カントルらの素朴集合論が陥ったパラドクスが,フレーゲの第 V 公理からも帰結する「包括公理 CA」:「どの x も ϕx ならば,そのときにかぎり ϕx を満足するもののクラス α が存在する $[\exists \alpha \forall x [\phi x \equiv x \in \alpha]]$」中の ϕx に,「自分自身を要素にしない」($'x \bar{\in} x'$) を代入すると得られる ($\alpha \in \alpha \equiv \alpha \bar{\in} \alpha$) こと,を発見する.

2.1 単純型理論

ラッセルは対象/関数/関数の関数/…というフレーゲの階 (Stufe) の区別にヒントを得て,すでにフレーゲとの往復書簡 (1902) や『諸原理』(1903) の中で,個体 [型 (type) 0] / 個体のみを変項とする命題関数 [型 1] / 型 1 の命題関数までを変項とする命題関数 [型 2] /…という階層分けから,フレーゲ的 0 階の対象間にも,個体 [型 0] / 個体のクラス [型 1] / クラスのクラス [型 2] /…の区分を派生させる「単純型理論」を提唱する.よって成員関係 '$x \in y$' が有意味なのは x が型 n なら,y の型は $n+1$,つまり $x_n \in y_{n+1}$ のような型付きの場合のみに制限される.すると型自由の $x \in y$, $x \bar{\in} x$ は有意味とは認められないという仕方でパラドクスが阻止される.だが型理論で「論理主義」は救済されたのであろうか.事はそれほど簡単ではなく,*PM* には以下のような新しい諸困難が内蔵されていて,その体系は相当に複雑なのである.

---

2) より詳細な解説は,[大出 1958a, b, c](『大出晁哲学論文集』所収),[岡本 1997] [戸田山 1998; 2003; 2007] [岡本・戸田山・加地 1988] 等を参照.

さて「あるクラス C の基数（自然数）」（$N(C)$）は，フレーゲ同様，「C の基数とは，C と相似な［一対一対応する］すべてのクラスのクラス」（$\{\alpha | \alpha \text{ sim } C\}$）と定義される．以下フレーゲ同様の「後続者」「遺伝性」の定義から，自然数一般の定義が与えられる．ところですべての自然数には後続者が存在しなければならないが，対象間に型の区別を設けたので，ラッセルは，「無限公理」：「世界には無限個の個体が存在する」を前提せざるをえなかった．しかしこの公理は「論理的」とは思われない（フレーゲでは，数そのものが型自由の 0 階の対象であるので，表面上は無限公理は不要である）．

2.2 分岐型理論

さらにラッセルは「嘘つきのパラドクス」のような意味論的パラドクスと称されるものも同時に解決しようと，型とは異なる「次元（order）」という階層を導入し，「分岐型理論」(ramified type theory) という複雑な体系を構成する．ところが，そうすると，「クラス C の数とは，C と相似なすべてのクラスのクラス」だという基数定義は一意的に基数を確定せず，例えば 3 といった確定した唯一の基数は存在しないことになる．「C と同次元のクラスと相似なクラスのクラス」のように，C の次元ごとに異なる多数の 3 があろうからである（後にラムジー（F. Ramsey）は，集合論的パラドクスと意味論的パラドクスは分離されるべきことを示した）．

2.3 悪循環原理

のみならず，「型理論」によるパラドクス回避は，アド・ホックな対処だという印象を否めない．そこでその正当化としてラッセルの提起したのが「悪循環原理」(vicious circle principle, VCP) である．すでにポアンカレが指摘していたように（1905），パラドクスがいずれも一種の自己言及・悪循環を含むと考えられるからである．ところがラッセルはこの原理に明確な定式化を与えていず，ゲーデルによると，3 種の微妙に異なる「原理」がある［Gödel 1944, p. 127］．ゲーデル自身による定式化では，「いかなる全体も，この全体によってのみ，[1] 定義しうる，ないし [2] この全体を含む，あるいは [3] この全体を前提する成員をもつことはできない」となる［Gödel 1944, pp. 123-153, 特に p. 133］．ところがこのうち [1] は，「非可述的（impredicative）定義」（何かの定義のためにその当の何かを含む全体に訴えるような定義）を不可能にし，デデキントやフレーゲの論理主義をはじめ，現代数学の多くの部分を破壊してしまう，と診断されている．というのも，デデキント - ペアノ - フレーゲの基数論で不可欠の「数学的帰納法」

の，また実数論における「デデキントの切断」の各定義には，非可述的定義が不可欠だからである．解析学の基礎をなす「上界をもつ空でない実数集合は，最小上界をもつ」という実数の連続性の定義もまた非可述的な循環性をもつのである．

2.4 還元公理

そこでラッセルの導入したのが「還元（reducibility）公理」：「どの命題関数 ϕx にも形式的に同値な可述的関数 $\psi ! x$ が存在する」（$\exists \psi \forall x[\phi x \equiv \psi ! x]$）である．この還元公理なしには，クラスの外延性・同一性，集合数の同一性，数学的帰納法を用いての自然数列の遺伝性やデデキントの切断等は，すべて証明不可能である，と主張される．「還元公理」は，いわばクラスや集合数に関しては，次元による差異を帳消しにしてくれる．だが，この公理の難点は，直観的明証性を欠いていることである．それを承認する理由は，これによっていま述べた自然数論，解析学が，既知のパラドクスを回避しつつ構成可能となる，ということに求められる（詳細は，［大出 1958a, b, c］［戸田山 1998; 2003; 2007］等参照）．

2.5 置き換え理論

ところが，無クラス論から PM の体系を構築していた過渡期の 1905-7 年に，ラッセルはクラスの「置き換え理論」(substitutional theory) というものを考えていた（rep. in ［Russell 1973］）．近年のラッセル・アーカイヴ中の手稿研究などで，この着想をラッセルがなぜ放棄したかが明らかにされた（［Landini 1989; 1998］［戸田山 2007］）．簡単には，以下のようである．記号法 $p/a; b!q$ を「命題 p 中に現れるすべての箇所で，主語 a を b で置き換えて命題 q を得る」と定義する．この時期のラッセルの存在論は，命題と個体のみを認めていて，置き換え理論で量化可能なのは個体と命題のみで，タイプの階層はなく，また $p/a; b!$ によって，クラス a を命題関数 b と置き換えるが，p/a は不完全記号で，クラスや命題関数の存在にコミットしない無クラス論（本章 2.6 項参照）・無命題関数論である．しかも $p/$ の斜線の右の項数によってタイプの制約が守られる．ではなぜラッセルは「置き換え理論」を捨てたのか．ランディニ（G. Landini）は遺稿中に「命題のパラドクス」を発見する．命題もそのすべてが存在者とは見なしえない．例えば，［$a=a$］のような一般命題は存在者とは見なしえないとされている．しかしそう制限すると別のパラドクスが出現し，結局ラッセルは命題に階（order）の区別を要求する「分岐（ramified）置き換え理論」に至る．だがそれは無制限変項の原理に反する．こうして結局，無命題論に至り，個体と命題の存在論に立つ「置き換え理論」の放棄に至ったという．

2.6 無クラス論

「還元公理」と密接に関連するラッセルの「無クラス論 (no-class theory)」にふれておこう。無クラス論とは，クラス記号 $\{x|\phi x\}$ を確定記述句と同様，不完全記号，つまり，独立には何も意味せず，次のようにただ命題全体の中に解体され，文脈的に定義されると見なすのである．

定義：$f(\{x|\phi x\}) =_{df} \exists \psi [\forall x(\phi x \equiv \psi x) \& f(\psi!x)]$

要するに，「クラス $\{x|\phi x\}$ が性質 f をもつ」とは，「命題関数 ϕx と形式的に同値な可述的命題関数 $\psi!x$ が f をもつ」へと書き換えてよい，したがって，クラスについて語る必要はない，ということである．

だがこの定義が有効であるためには，ⓐ いかなる命題関数もクラスを定める，ⓑ クラスは外延的である，ⓒ クラスのクラスも存在する，ⓓ ラッセル・パラドクスの回避等を証明できなければならない。そして，その証明には「還元公理」が不可欠なのである．

しかも PM が無矛盾でも，ゲーデルのいわゆる「不完全性定理」(1931) は，PM の論理＋ペアノ公理系が不完全，すなわち，PM 体系中のある初等数論の命題 A でありながら，その A もその否定も P 中では証明不可能な，そうした A が存在すること，を証明したのである．

3 知識の理論

3.1 直知による知と記述による知

ところで，ラッセルの記述理論には，認識論的原則が付随していて，「われわれの理解する命題中のすべての構成要素は，われわれが直知している (acquainted) ものでなければならない」とされる．そしてわれわれの直知の対象は，個別のセンス・データ (sense data)，認識主体としての自我 (self)，および抽象的普遍者 (universals, 原始的な論理学の概念や命題関数) である．こうして「直知による知識」と間接的な「記述による知識」とが対比される．ラッセルの一面，経験主義的な「知識の理論」・認識論は，「センス・データ」から出発する．が，彼のいうセンス・データは主観的な，知覚する者の意識状態ではなく，身体的状態に因果的に依存する物的なものであり，感覚されることとは独立に存在する．一方でラッセルは，少なくとも「類似性」やその他の「論理的普遍者」を介して，直接センス・データとしては与えられない机や椅子などの日常的対象から「電子」

「陽子」などの物理的対象までを，論理的に構成しようとする．

3.2 センス・データからの現象主義的世界構成

『外部世界はいかにして知られうるか』[Russell 1914] では，若き日のライプニッツ研究をうかがわせるパースペクティヴ論を展開している．すなわち，各瞬間に各観察者は，自らの私的空間（視覚・触覚空間）をもつ私的3次元空間・パースペクティヴを知覚する．さらにラッセルは連続の濃度の，知覚されないパースペクティヴを認める．これに含まれる個物は可能的センス・データ（センシビリア（sensibilia））である．このように，日常的対象や物理学の対象は，新しい論理学の武器を駆使して，センス・データ（＋センシビリア）の関数として，論理的に構成されるべきものである．この「現象主義的」方向をさらに推し進める試みが，カルナップの『世界の論理的構築』[Carnap 1928] であり，グッドマンの『現象の構造』[Goodmann 1951] である．

3.3 中性的一元論

しかしやがて「自我」といった意識作用は直知の対象からはずされ，後の『心の分析』[Russell 1921] では，作用主体を論理的フィクションと見なす．またセンス・データに代わって，物的でも心的でもない（感覚・イメージ・感情も含む）「知覚対象（percepts）」を要素と見なす「中性的一元論」（neutral monism）を主張する．こうして，中性的要素が物理的因果法則によって関係づけられると物質が構成され，中性的要素が心理学的因果法則によって関係づけられると心が構成される．このように物的対象も意識や作用主体といった心もまた，むしろ推論され構成される存在と見なされることになる．この方向はシュリックの『一般認識論』[Schlick 1925] によって継承される［竹尾1997，1章3節］．

さらには『人間の知識』[Russell 1948] では，いまここでの知覚という直接の証拠を越えた経験的命題や信念の真理は，帰納的推理の結果であるとして，帰納法の一般的原理が検討されている．

ラッセルは以上のように理論哲学的な立場に関しても，基本的なスタンスをしばしば大きく変更する点で有名であった（その衣鉢を継ぐのはハーバードのパトナムであろう．パトナムもまた，論理実証主義からその批判者へ，熱烈な心の機能主義者からその批判者へ，科学的実在論者からカント的・ダメット的反実在論・内部実在論者へ，さらには常識的自然的実在論者へと華麗な変身を遂げてきたのである）．

4 政治社会倫理思想

ところでラッセルは，単に理論的な局面だけではなく，実に広範な哲学の分野で，さらにはそれを越境する領域で旺盛な著作活動を展開してきた．そもそものはじめから彼の処女作は学生時代のドイツ大使館滞在中に物した『ドイツ社会民主主義』[Russell 1896] であり，ドイツとの戦争熱に浮かされる一般大衆からインテリまでの英国民の姿に衝撃を受け，孤立無援のうちに展開した初期の反戦運動中の考察『社会改造の諸原理』[Russell 1916] では，理性や意志による過度な統御による弊害を指弾，「衝動 (impulse)」を重視する一種の「情動主義」を採用し，衝動の過剰な抑圧によって暴力や戦争といった破壊衝動に追いやることなく，芸術活動や科学研究のような創造的な方向に向かわせるような「自由主義」に基づく教育・社会・政治制度を模索 [野本 1975, pp. 77-102]，また幅広い反戦平和の評論活動，さらに著名な「ラッセル・アインシュタイン声明」に見られるように，冷戦下，体制の相違を超えて反核運動を推進し，その広範多岐にわたる文筆活動に対し，1950年ノーベル文学賞が授与された（巻末文献表参照．なお，ラッセルの論理，数学の哲学関係に限る，和文論文の包括的な文献案内は，[野本 2008] に詳しい）．

フレーゲ，ラッセルに影響されつつ，独自の途を歩んだウィトゲンシュタインについては，本書では立ち入れないので，[飯田 1995]，その初期についての拙論 [Nomoto 1985]，拙著 [野本 1988, 2章] 等参照．

第 II 部
数学基礎論とメタ数学
―― ヒルベルトからゲーデルまで

第5章　ヒルベルトの数学基礎論
　　——メタ的形式主義への歩み

　フレーゲは19世紀初頭のドイツの数学者トーメらの粗い形式主義を批判的に検討し，数学をチェス等のゲームと見なすゲーム形式主義と，計算ゲームについての理論というメタ的な理論形式主義とに区別した［*GGA*. III-1(c)］［野本2012, 15章§5］．フレーゲのこの形式主義整備が，中期ウィトゲンシュタインの考察に影響を与える．ヒルベルトの形式主義は，「点，線，面を机，椅子，ビアマグ」と言い換える幾何学という逸話にうかがえるごとく，数学から実質内容を落とし，記号とその関係性の形式的システムと解し，全数学の可解性・無矛盾性を有限の立場から形式的に証明しようとした，といわれる．しかしヒルベルトの実際の探究過程は，いわゆる「ヒルベルト・プログラム」という何か予め確定した研究計画に沿って，真っ直ぐに進められたのではなく，相当の紆余曲折を経たものだった．以下，近年発刊された講義録などを手引きに，その実像はどうなのか，いくらかその歴史的発展を追ってみたい．

　ヒルベルトは，(1) ① 当初デデキント－カントルの素朴集合論に近く，デデキント切断による実数系やデデキント抽象による自然数系の創造に理解を示す．算術，解析学の無矛盾性も，何らかのモデルの構成によって証明可能とする．

　② 他方でヒルベルトはまた「有限回の操作での，全数学問題の可解性」を確信し，クロネッカーらの有限主義にも共感的で，やがて無限集合による実数生成に代えて，公理論の無矛盾性，および数学的対象の存在＝無矛盾性テーゼを提案する．ヒルベルトの公理論（Axiomatik），公理的方法は，数学を論理的依存関係にある公理系と解し，その無矛盾性・独立性の証明を最重要視する．「幾何学基礎論」(1899) はユークリッド幾何学へのその適用例である．だがカントル・パラドクス (1897) に直面，1900年パリの国際数学者会議において，周知のように，ヒルベルトは20世紀初頭に未解決だった23個の数学問題を提起した．その中の「カントル・パラドクス」「数論の無矛盾性」「数論の可解性」の3問題は数学基

ヒルベルト

礎論に関わる．さらには，ヒルベルト膝下のツェルメロ・パラドクス（1900/1），またラッセルらのパラドクス（1902）が発見され，自らもいっそう数学的なヒルベルト・パラドクスを発見する．ツェルメロはヒルベルトの公理的方法を採用し，公理的集合論（1904/8）を展開する．だが上記の公理論によるヒルベルトの無矛盾性証明にも，ポアンカレによって，循環が指摘される．

解析学・物理学に専念した1905-18年までの中断を挟み，ヒルベルトは，(2) 後期形式主義では，集合論のパラドクス等への対処として古典数学を形式化し，その可解性と無矛盾性を有限的な・メ・タ・的形式体系において証明しようという・メ・タ数学を構想する．メタ数学の研究対象は，時空的対象としての記号とその初等的組み合わせという証明図のみとされる．だが「数学の形式体系の完全性」，有限的な無矛盾性証明は，後述のように，ゲーデルのいわゆる不完全性定理（1931）（第2不完全性定理の証明は1934年）（非可解性）に曝される．一方ヒルベルトのメタ数学講義中には，ゲンツェンの「自然演繹」におそらく初発の刺激を与えた，「規則中心」の「論理学の定式化」があることも注目される．やがて，ゲンツェンが有限主義の正規化（カット除去）により超限帰納法へと拡張し（1934），ペアノ算術の相対的無矛盾性を証明する．竹内外史らは，高階述語論理の無矛盾性を，この正規化の・存・在・予・想に依拠して証明した[Takeuti 1967; 1987]．

不変式論によるヒルベルトの数学界デビュー（1887-1891）

カントル的超限集合論や，無限的代数学であるデデキントのイデアル論は，19世紀のクロネッカー，ゴルダンに代表される当時の有限な算術的代数学への挑戦ともいわれる．かつて哲学者カントを擁したケーニヒスベルク大学在職中のヒルベルトは，ゴルダン問題「どんな同次式（例えば $x^2y^5+x^4y^3$）にも有限な完全不変系が存在する」を，（必要な不変式を具体的に計算する代わりにその存在を非構成的に証明するという）一般有限性定理（ヒルベルトの有限基底定理）を利用して解決した．これに対しゴルダンは「それは数学ではなく神学だ」と反対するが，ゲッティンゲンのクラインは擁護する[Hilbert 1890]．

当時の数学者の大方は，クロネッカー，ゴルダン同様，算術・代数学が構成的であるべしという考えであった．しかし，ヒルベルトの一般有限性定理の証明には「最小値原理」（例えば，自然数の無限数列中の最小数の存在）が使用され，

それがヒルベルトの「神学」と称されたものだった．しかも「最小値原理」はネーター (E. Noether) 等により，代数一般に応用され，計算無視の非構成的数学が 20 世紀数学の主流となる．他方ヒルベルトは，「n! の計算に必要な理論を建設せよ！」ともいったという．しかも一方でヒルベルトは，ゴルダン問題の構成的別証明・有限版論文を 1893 年に与えている［林・八杉解説 2006, pp. 145-50］．

しかし直観主義者ブラウワは，有限の人間には無限の条件を調べる能力がなく，最小値か否か「知りえない」と主張し，「排中律」を否認する．だが数学の全問題を解くアルゴリズムの存在という「可解性思想」をヒルベルトは早期から抱いていたというノートが存在するという［林・八杉解説 2006, p. 138］．

有限性論文公刊当時ヒルベルトは，ドイツ数学協会からパリ国際数学者会議 (1900) において整数論の現状報告の執筆依頼を受けた．1895 年ゲッティンゲン大学に招聘されたヒルベルトは，しかし当時の代数学の主流クンマー-クロネッカー流の計算中心の整数論ではなく，デデキント流のイデアル論を重視する．その報告の序論では，その新方法をゲッティンゲン学派伝来のリーマンの「概念と思考」による方法と称し，「数式・計算を避けて，大胆に新しい概念と推論により数学を据える方法」が，正しい数学の途だと宣言する．こうして数学における無限性，とくに集合論および概念と思考重視の数学が展開される［林・八杉解説 2006, pp. 160-1］．だが後述のように，1897 年秋にヒルベルトにもカントルから連続体のパラドクスが知らされる．

ヒルベルトは，後述の「数学の諸問題」講演（第 2 回国際数学者会議，パリ）[Hilbert 1900b] で新世紀に向けて未解決の 23 問題（講演時間の都合でその中の 10 問題のみに制限）を数学の課題 (agenda) として提示する．特に顕著なのは，（序論での）「すべての数学問題の可解性 (Lösbarkeit) の公理」（数学に不可知なものはない）というヒルベルト数学論の中心思想が提示されていることである．近年の初期ヒルベルト手稿研究によると，初期ノート (1888-9) にすでに次のような「可解思想」が見られるという．「有限回の操作（計算操作）で決定できないような［数学の］命題は存在しない．すべての数学の問題は可解 (lösbar) である」(Cod. Ms. Hilbert 600. 1, [林・八杉解説 2006, p. 138] 参照)．

ところでジークによると [Sieg 2013a, pp. 91f.]，ヒルベルトの有限主義的プログラムは，通常いわれるように，20 世紀初頭にブラウワの直観主義に対抗して創始されたものではなく，数学の基礎についての広範な哲学的反省と詳細な論理上の仕事とから生成したものだという．ジークは，ヒルベルトの考察を，19 世紀後半の数学の基礎問題の論争と関連させ，現代の数理論理学の基礎を据え，証明論という最初の新しい一歩を分析する仕事として描く．その進行は 1917/8 年冬学

期以来の，ヒルベルトの講義録ノート [HLA2]（1917-22 年にベルナイスの協力により準備された講義）は，批判的論理主義からラディカルな構成主義を経て有限主義に向かうディアレクティックな前進を露わにする．ジークによれば，「独断的な形式主義者ヒルベルト」というのは歴史的に歪曲された作りごとで，ヒルベルトとベルナイスの貢献の再評価や現代論理とヒルベルト・プログラムの展開のより正確な理解が必要であり，それには，こうしたヒルベルトの講義録ノートの分析が不可欠だとされる．講義録は，注目すべき数学的論理的な成果と哲学的考察の深層を示すからである．

ところで一般講演「自然と数学的認識（Natur und mathematisches Erkennen）」[Hilbert 1919] 末尾でヒルベルトは，物理学的パラドクスに関連して，われわれの思考を思考そのものからどのように理解し，どのようにパラドクスから解放されうるかという一般的な哲学問題を議論している．ヒルベルトは数理論理学の基礎にもこの問題を認める．近年，ヒルベルト学派について，また数理論理学の展開について，注目すべき新しい光が投じられ，より肯定的でより正確な展望が生まれている（例えば [Feferman 1998] [Sieg 2013a]）．

さて標準的見解によれば，算術の基礎についてのヒルベルトの業績は，二つの時期に区分される（例えば [Peckhaus 1990]）．

 1. 前期形式主義（1900-5）として[1]，①「数概念について」[Hilbert 1900a]，②「論理と数学の基礎について」[Hilbert 1904; 1905*] が挙げられていて，「形式体系」という概念はなく，自然言語での公理系および数学的に記述された「モデル」（非言語的超越的なもの）に依存しているという．

 2. 次の基礎論的研究の時期（1922-31）[2] では，基礎論的研究が 1921 年頃に開始され，証明論的プログラムへと拡張されるとされる．まずヒルベルトの③「数学の新しい基礎づけ（Neubegründung der Mathematik）」（[Hilbert 1922a] in [HGA. III, SS. 157ff.]）とベルナイス「算術の基礎へのヒルベルトの考察」（[Bernays 1922b] in [HGA. III, SS. 196-216]）が，ヒルベルト計画という哲学的 - 数学・論理的な目標を設定したように解され，最後に，1931 年のゲーデルのいわゆる「不完全性定理」論文によってこのプログラムは終結したと見なされる，という．

以下，ジークは，Pt. 1. で 19 世紀の基礎論との関連を，Pt. 2 では一般論理数学

---

[1] この区分には，1917 年のスイス数学協会での講演「公理的思考」(*Math. Ann.*, 1918 in [HGA. III, S. 146f.]）は含まれていない．この講演を機縁にヒルベルトはベルナイスをまず私設助手としてゲッティンゲンに招いている．

[2] 上記 2. の期間にも，④「数学の論理的基礎」（[Hilbert 1922/3; 1923/4] in [HLA2]）⑤「数学の基礎」[1921/2] in [HLA2]；⑥「数学の基礎の諸問題」，[Hilbert 1928] in [HLA2]；⑦「初等数論の基礎」（[Hilbert 1930a] in [HLA2]）等の講演がなされている．

的争点についての新しい取り扱いを，Pt. 3 では証明論的に特化した探究の発生を扱い，公刊論文でのヒルベルトの 1918 年論文（「数学の諸原理（Prinzipien der Mathematik, PdM）」（[1917/8] in [HLA2]）Hamburg 講義）と 1922 年の証明論的論文③「数学の新しい基礎づけ」in [Ewald 1996] Vol. II とベルナイス「算術の基礎づけへのヒルベルトの考え（Über Hilberts Gedanken zur Grundlegung der Arithmetik）」（[Bernays 1922a] in [Mancosu 1998]）で示されていた考察と，1931 年のゲーデルの論文に至る間に認められる基礎論上のギャップを，ヒルベルト講義録の研究によって架橋しようと試みる．ヒルベルトの講義録は数学的論理的な成果と注目すべき哲学的な反省の深さを明らかにするからである [Sieg 2013a, p. 93]．

そこで以下では，近年公刊されつつある『ヒルベルト講義集』（2013）[HLA2] およびこの講義集の共編者エーワルト（W. Ewald）とジークによるその全体への導入部，各章別の導入，およびジークによる「里程標」（[Sieg 2013a]）を主として参照しつつ，ヒルベルトの各講義を通じての数学基礎論の紆余曲折する展開過程を追跡しよう．

いずれにせよ，いわゆる「ヒルベルト・プログラム」と称せられる研究プロジェクトが，ヒルベルトの数学基礎論研究において，当初から，例えばメタ的形式主義というような形で確固とした方法論に則って迷うことなく一筋に進められたとは考えられず，また（すべての数学的・科学的・哲学的研究がそうであるように）最終的にも，その研究が終結を迎えたとも考えられないのである．ただその研究課題が，1900 年のパリ国際哲学会での講演「数学の諸問題」中の基礎論関係の三つの未解決問題，すなわち，連続体に関するカントルのパラドクスに始まる諸パラドクス，数論の無矛盾性，可解性（決定可能性）に向けられていたことは，確かではないかと思われる．

1　諸パラドクスの発見——数理論理学に向けて（1899-1917）

『幾何学の基礎』（1899）[GLG] に至る 1889-1900 年の間にヒルベルトは，断続的に「幾何学講義」（[Hilbert 1894; 1898/9] rep. in [HLG]）を行っていた．

かねてからヒルベルトは，公理的方法，公理論的アプローチがどの主題の体系的組織化にも鍵となる，またそれは独立性や完全性といったメタ数学的探究の基礎となる，と考えていた（後の「公理的思考」[Hilbert 1918] 参照）．それとともに，1890 年代後半に幾何学の問題や解析学の基礎にとって，無矛盾性が中心的に重要であることをヒルベルトは強調している．後述の「数概念について」

[Hilbert 1900a] やパリ講演 [Hilbert 1900b] では，幾何学の無矛盾性は解析学の無矛盾性に帰着されており，よって実数論・解析学の公理化とその無矛盾性の直接的証明の必要性が課題となる．

(i) 算術化

解析学に関しては，代数および高等解析のどの定理も自然数についての定理として定式化される，というディリクレの要請への応答として，デデキントとクロネッカーとが，二つの根本的に異なる算術化を提出していた（[Riemann 1892] 参照）．

すなわち，厳密な算術化として，クロネッカーは，自然数のみを解析学の対象として許容し，それらから今日では周知の仕方で，整数，有理数，代数的実数をも構成する．しかし，無理数の一般的概念は決定可能でなく，その存在証明が適切には遂行できない，と拒否する．クロネッカーにとり，無限な数学的対象は存在しえず，幾何学は解析学から締め出される．その手続きは厳密に算術的で，解析学はこの手続きで獲得可能とされる．だがどの程度までクロネッカーが解析学の諸部分を初等的，構成的方法で展開するプログラムを遂行したか定かでない（[Kronecker 1881] 参照）．近年では解析学・代数学の相当部分が，原始再帰的算術の保存拡大で達成可能となった．

クロネッカーとは対照的に，デデキントは，既述のごとく，論理的な算術化として実数概念を「切断」によって定義し，自然数の無限集合をまともな数学的対象として用いた．切断の定義の基礎に，デデキントは数の「創造」を許す論理的原理として，直線と同じ連続的完備性を証明なしに存在仮定する必要がある，と強調する（リプシッツへの書簡（1876 年 7 月 27 日）in [DW3]）．個々の実数の存在仮定は完備的体系の探究には不必要で [Sieg 2013a, p. 94]，個々の実数の存在問題はその完備体系の存在問題に移される．その無理数論と自然数論で，デデキントは完備順序体へ，また単純無限系の公理群へ直接に向かう．これらの公理群のモデルは素朴集合論的用語で与えられ，公理的に特徴づけられた概念の無矛盾性は素朴集合論的根拠に基づく．既述のように，デデキントは，単純無限の特異なモデルによる無矛盾性証明，存在証明を『数とは何か』[D. 1888, §66, §72] で与え，この無矛盾性証明を無限概念の導入に関する数学的手続きの範型と見なした．

(ii) 集合と理論の無矛盾性

ヒルベルト・プログラムの源泉は，基礎論一般と特にデデキントの数論にまで

遡る．やがてヒルベルトは，カントル・パラドクスがデデキントの『数とは何か』[D. 1888, §66] に破壊的影響を与えると認識する．カントルは，ヒルベルトにも（書簡 1899 年 11 月 15 日）を送り，実は「何年も前に」（書簡 1897 年 8 月 26 日 & 10 月 2 日），2 種の全体の区別，つまり，「絶対無限的全体性 (absolut unendliche Totalitäten)」と「超限集合 (transfiniten Mengen)，完結した無限 (fertig Unendliches)」との区別の必要性に至っていた，と伝える．

ツェルメロ（ベルリン大学でプランク（M. Planck）の下で統計数学を用いて熱力学研究に従事し，ボルツマン（L. Boltzmann）と論争したという）がゲッティンゲン数学物理学科に移り，当初流体力学で教授資格請求論文を提出（1897）後，応用数学の私講師となるが，病欠している．その間ヒルベルトの影響で論理・基礎論研究，集合論に転じ，ツェルメロのパラドクスを発見する（1900 年ないし 1899 年）．そして初期ヒルベルトの公理論的プログラムに従い，公理的集合論を展開する．しかしその後のヒルベルトの有限主義的証明論には，ツェルメロは従わず，1930 年フライブルグに転出する [Ebbinghaus 2000, p. 36]．

ところで，既述のように，デデキントが『数とは何か』[D. 1888] で，「自らの単純無限系が内的矛盾を含まない」（ケーファーシュタイン宛，1890 年）ことを論理的モデルによって示そうとしているように，19 世紀論理学者達によって一般には，無矛盾性は意味論的概念と見られていた．それに対しヒルベルトは，むしろ数学者たちの主流に従って，「統語論的」な無矛盾性の概念を導入する．

こうした無矛盾性問題へのヒルベルトの新しい証明は，『幾何学の基礎 (GLG)』(1899) にも見られるが，しかしそこでは統語論的方法での無矛盾性証明ではなく，その（相対的）無矛盾性証明も算術的モデルを用いての一種の意味論的証明である．しかし他方ヒルベルトは算術自体の無矛盾性の証明には，既知の「推論方法の適切な変容」を要すると考えていた．パリ講演では「直接的証明法」が発見されうると示唆されている．

　　私は，無理数論における既知の推論方法の慎重な研究と適切な変容によって，算術［実数論］の無矛盾性の直接的証明（direkter Beweis）を見出さねばならない，と確信している．[Hilbert 1900b, S. 265]

ヒルベルトは実数の生成的「構成」が，デデキントの論理主義風の無矛盾性証明を与えるのに利用可能と信じていたようである．「ユークリッド幾何講義」([Hilbert 1898/9] rep. in [HLG]）の注記への導入部で，「探究の出発点を精確に固定することが重要である．すなわち，純粋論理の法則，特に算術のすべての

カントル

法則を所与と考える」といわれている（デデキントの「自然数論」では，算術は論理学の部分（素朴集合論）と見なされていた）．

1.1 カントル・パラドクス —— ヒルベルト–カントルの往復書簡

ところが，すでに1890年代末に集合論の創始者カントルにより，解析学自体の基礎となる連続体にパラドクスが指摘され，ヒルベルトはそのパラドクスを，後述のパリ講演［Hilbert 1900b］の第2問題として提起している（ヒルベルトへの返信（1899年11月15日）で，カントルは，実はデデキントに「何年も前に」（書簡1897年8月26日＆10月2日）その連続体パラドクスを指摘したという）．

1.1.1 カントルの連続体パラドクス

以下では，カントル・パラドクスの通知のみを，ヒルベルトとの往復書簡を通じて，確認しておこう．カントルのパラドクスを伝える，カントルとヒルベルトの書簡交換が以下から始まる（［Cantor 1895］参照）．

カントルからヒルベルト宛（カントル書簡 in ［*CB*, S. 389］（ハルツブルクにて，1897年9月26日）．書簡番号 III-XIX）
……残念ながら，昼食時の時間制限で……一昨日ブランシュヴァイク工科大学で集合論についての［デデキント氏らとの］会話を次の論点の所で中断せざるをえませんでした．それは，貴殿にまさに懸念を引き起こすような論点，つまり，すべての超限基数（Cardinalzahl），つまりその濃度がアレフ数に含まれるかどうか，換言すれば，どの確定された濃度 a ないし b も常にある確定されたアレフ数であるのかどうかという論点，についてでした．
この問いへの解答は，厳密に証明されます．すなわち，すべてのアレフ数の全体は，特定の正確に定義され（wohldefiniert），確定した（*fertig*）集合とは解釈できないものです．事情がこうだとすると，この全体には大きさの順にある特定のアレフ数が続くでしょう．するとその特定のアレフ数は，（要素として）この後者の全体に属し，かつ属さないということになりますが，それは矛盾です．
上述のことを，私は厳密に証明できます．すなわち，「ある特定の正確に定義され，確定した集合が，当のアレフ数のいかなる基数とも一致しないあ

る基数をもつとするなら，当の集合は，その基数が何らかのアレフ数であるような部分集合を含まねばならないでしょう．言い換えれば，その集合はすべてのアレフ数の全体を自らの中に持っていなければなりません．

　以上から容易に帰結することですが，（その基数がアレフ数ではないような特定の集合という）上記の前提の下では，すべてのアレフ数の全体もまたある特定の正確に定義され完結した集合と解しうることになるでしょう．このことが成り立たないということを，上記で証明しました［CB, S. 388］．それゆえ，どの α もまた常にある特定のアレフ数でもあります．したがって特にまた線形連続体（Linearcontinuum）の濃度 o もまた，ある特定のアレフ数と等しくなります（o = $\aleph_1$ と表記）．

　すると線形連続体は，より拡張された意味で，可算［可付番］（abzählbar）である，つまり，整列集合（wohlgeordnete Menge）と表現できます．

　われわれが「集合」として把握できない（すべてのアレフ数の全体といった）全体を，私はすでに数年前，「絶対無限的（absolut unendlich）」全体と称して，超限的（transfinit）集合から峻別しました．ところで約 7 年前に公刊した私の「実無限に関する多様な立場について」（1886）［CA, 370f.］，「超限者についての報告」（1887）［CA, 378f.］をお持ちでしょうか？……」
（［CA, 388-9］）［この 2 論文については，曖昧で不正確とのツェルメロの編者評がある．］［CA, SS. 451f.］

ヒルベルトは別の方向での懸念を表明（1897 年 9 月 27 日）したと思われ，それにカントルが，1897 年 10 月 2 日に以下のように返信している，という．

　　（1897 年 9 月 27 日の）貴殿の書簡への返信として：
　　貴殿は全く正当にも，こういわれておられます：アレフ数の総体は自身特定の正確に定義された集合として把握されるが，何らかの事物が与えられたら，この事物がアレフ数かそうでないかがいつも決定可能でなければならない，と．
　　その通りです．しかし貴殿は，私がハルツブルクでの書きもので，さらに「確定的（fertig）」という特徴づけを用い，下記のように述べたことを見過ごしておられます．
　　　　「定理：すべてのアレフ数の総体は，特定され（bestimmt）かつ同時に確定的な（zugleich fertig）集合としては把握されない．」
　　ここに注目すべき顕著な特徴点があり，この完全に確実で，「すべてのア

レフ数の総体」の定義から厳密に証明可能な定理を，集合論の最重要で最優先の定理として，あえて書き留めておきます．

　すくなくとも「確定的」という表現の仕方は正しく理解せねばなりません．一つの集合について私は，それが無限に多くの要素を含み，「超限的」ないし「超有限的（überendlich）」であって，（しかも有限の集合のように）その要素すべてが，矛盾なく一括共存する（zusammenseiend）ものとして，それゆえ一括共存された単一の自存的事物（ein Ding für sich）として考える，換言すれば，集合をその要素の総体とともに現実に存在する（actuell existierend）ものと考えることが可能な場合に，そのような集合を，「確定的」と考えられうる，というのです．（[Purkert-Ilgauds 1987, S. 226] [CB, SS. 391ff.]）

　さらには，同じくカントルにより，デデキント算術に集合論上のパラドクスが伝えられ，やがて周知のように，より明示的にツェルメロや（フレーゲの GGA の公理 V に関しても）ラッセル・パラドクスが発見される．以下では，カントルの集合論パラドクスと関わるヒルベルトの往復書簡を確認しておこう（デデキントとの書簡は前出）．

1.1.2　カントルの集合論パラドクス

　以下ヒルベルト宛の簡単なカントル書簡 II（1898 年 10 月 6 日（ファクシミリ版 [CB, S. 393f.]）で，集合論へのヒルベルトの関心をカントルは大変喜んでいる．そして「確定的集合（fertigen Menge）」という自分の概念について，「すべてのアレフ数の総体（Totalität）は，[確定的とすると，矛盾に陥るので] こうした性質を持たない」と説明している（[Purkert-Ilgauds 1987, pp. 226-7]，資料 Nr. 44 & Nr. 454）．

ヒルベルト宛書簡 III（1898 年 10 月 10 日 in [CB, SS. 396-7]）
　ヒルベルトから受けた批判への応答の，ヒルベルト宛書簡（1898 年 10 月 6 日）の補足として，カントルはまず定義から以下を再掲している．
　「確定した（fertig）集合ということで，そのすべての要素が矛盾なく一括共存的（zusammenseiend）で，それゆえ自存的事物（ein Ding für sich）と考えられるようなすべての多数者と解する」．それに以下の定理 I-IV が再掲されている（[CB, S. 396] 参照）．
　I　M が確定した集合なら，M のどの部分集合も確定集合である．

1　諸パラドクスの発見

II　確定集合 M 中で要素の位置に確定集合を代入すると，それから結果する多数者は一つの確定集合 M である．

III　二つの同等の多数者のうち一つが確定集合なら，もう一つも確定集合である．

IV　一つの確定集合 M のす̇べ̇て̇の̇部̇分̇集̇合̇の多数者は，一つの確定集合である．なぜなら，M のすべての部分集合は M 中に「一括共存的」に含まれるからである．それら部分集合が部分的に一致するという場合は，何も害にならない．

「可算的（abzählbar）な」多数者（a_ν）が確定集合であることは，その上に全関数論が依拠する公理的に確実な命題であるように思われる．

それに反し，「線形連続体（Linearcontinuum）が一つの確定集合である」という命題は証̇明̇可̇能̇な̇（beweisbar）命題でしかも，線形連続体は，$f(\nu)$ が値 0 か 1 をもちうるときの集合 $S=\{f(\nu)\}$ に等しい．

便宜上どの ν についても等しく 0 であるような関数 $f(\nu)$ を除外すると，S は一つの「確定集合」であると［証明］できる．

しかし定理 IV から $\{\nu\}$ のすべての部分集合の多数者は一つの確定集合である．よって定理 III から S および線形連続体に関しても同じことが妥当する．

同様に，述語「確定的」は集合 $\aleph_1, \aleph_2, \cdots$ についても証̇明̇可̇能̇であると認めてよい．

だが，上記の書簡には，以下の二つの問いが浮上する：

1. どの多数者（Vielheiten）が確定的（「整合的（consistent）」と言い替えられる）集合で，どの多数者はそうでないのか？

2. 定理 I から IV の「証明」はどうなるのか？［CB, Kommentar, S. 400］

ところが，10月 10日のヒルベルト宛書簡で，カントルは前便に関してより厳密に検討してみると，定理 IV の証明は決してそう簡単にはいかないと伝える．「一つの確定集合 M のす̇べ̇て̇の̇部̇分̇集̇合̇の多数者の要素が部分的に一致するという場合が，［多数者の］要素に幻想を与える．確定集合の定義中に，要素の分̇離̇性̇（Getrenntsein）ないし独̇立̇存̇在̇（Unabhängigsein）を本質的だと想定するという前提がある．願わくは，われわれの議論が，諸困難を徐々に明らかにしますように」［CB, S. 398］．

しかし以後カントルは，これらの定理証明に，また多数者が確定的（整合的）集合なのか否かを決定できる基準を発見することに，成功しなかった．デデキントはカントルの想定の弱点に気づいていたようであり，ヒルベルトも後日はっきりそう言明している（［CB, S. 400］［Purkert-Ilgauds 1987, SS. 224f.］）．

1.2 ツェルメロ，ラッセルのパラドクス

　前節のヒルベルト宛書簡でカントルは，デデキント集合論のパラドクスに対するデデキントからの応答を待ったが，批判に応答がないとして，パラドクスをヒルベルトにも伝えたようである．

　いずれにせよ，こうして1897年9月に連続体について，1898年秋に集合論について，カントルからヒルベルトにもパラドクスが知らされた．ヒルベルトの報告を受けて，ツェルメロはじめ，ゲッティンゲンの数学者たちがパラドクスの取り組みを開始する．

　ラッセルは，フレーゲの『算術の基本法則（GGA）』にカントルの場合と同様の「ラッセル・アンチノミー」を発見し（1901年春ないし同年6月），翌1902年6月16日付でフレーゲに知らせる（『書簡集』[WB, SS. 211-2]，『フレーゲ著作集6』pp. 117f.）．こうしてフレーゲとの間に矢継ぎ早の往復書簡が交わされる（その経緯は『フレーゲ著作集6』および [野本 2012, 14章, pp. 495f.] 参照）．フレーゲからの書簡にヒルベルトは1903年11月7日に「御著作 [GGA] の最後の例は，当地では，すでに周知です」とし，「ツェルメロ博士がすでに3, 4年前に発見していたと思われます」と脚注し，「私はすでに4-5年前に，他のいっそう説得的な矛盾を発見しています」（[WB, SS. 79-80]，『フレーゲ著作集6』pp. 57f.）と続けている（後者は，おそらく後述のより算術的な「ヒルベルトのパラドクス」であろうと思われる．詳しくは [三平 2003] 参照）．

　いわゆる「ラッセルのパラドクス」に類するパラドクスがラッセルとは独立に，ツェルメロがすでに1903年以前（1900/1）に発見し，ヒルベルトとその他（フッサールを含む）に報告している．それでゲッティンゲンでは「ツェルメロのパラドクス」と呼ばれていた[3]．

　ラッセル・アンチノミー（in [PoM]）の刊行時に，ツェルメロはその「整列定理」の第2論文の注で「しかし私はラッセルとは独立に，このアンチノミーを発見していたことを，1903年以前に，ヒルベルト教授その他に知らせていた」[Zermelo 1908, SS. 116-7] と述べている．このツェルメロの発見を知らされた「その他」の同僚には，フッサールが含まれ，その『フッサール遺稿集』[Husserl 1979] 中の「フッサールのノート」の傍証では，ツェルメロは単にパラドクスの

---

[3] 集合論のアンチノミーは，1900年頃ヒルベルト周辺では盛んに議論され，ツェルメロも後にラッセルの名を冠して呼ばれることになる最大の濃度（Mächtigkeit，「自己自身が含まれない，すべての集合の集合」）のアンチノミーについて厳密な定式化を与えていた」（ツェルメロのシュルツ宛書簡1936年4月10日（in [Ebbinghaus 2000] 付録），ベックハウスによるオリジナル原稿番号 OV2.09, p. 277).

発見のみならず，その証明を与えていたのである．

以上から見ると，ツェルメロのパラドクスの発見は，ラッセルより早く，1900年ないし1899年と考証されている [Rang and Thomas 1981, pp. 15-22][三平 2003]．

フッサールの速記ノートによると，「1902年4月16日，ツェルメロは，私［フッサール］のシュレーダー論文論評の272頁に関して，以下のように報告した」という．「シュレーダー[4]は，その論点に関しては正しい．すなわち，その要素として，その各部分集合 (m, m')，…を含むような集合 M は，不整合な集合である．すなわち，こうした集合が，もし一つの集合として扱われるとすれば，矛盾に陥る．しかしその証明の方法においては正しくない」としてカントル風の集合論による矛盾を導く証明を与えている．すなわち，その概要は以下のようである．

証明　自分自身を要素として含まない部分集合 m を考える．

（M はその各部分集合を要素として含むとする．すると M の部分集合もまた，一定の部分集合を要素——ただしそれら自身は要素でない——として含む．さて次のような部分集合 m を考える．m は，要素として，おそらく他の部分集合を含んでもよいが，それ自身を含んではならないとする．）

これら［部分集合］は，その全体で集合 M_0（すなわち，要素としてそれ自身を含まない M のすべての部分集合の集合）を構成する．さて私は M_0 について以下を証明する．

(1)　それは，要素としてそれ自身を含まない．

(2)　それは，要素としてそれ自身を含む．

(1)について：M の部分集合 M_0 は，それ自身 M の要素であるが，しかし M_0 の要素ではない．なぜなら，さもなければ，M_0 は要素として M の部分集合（つまり M_0 自身）を含むことになろう．そしてそのことは M_0 の概念と矛盾することになろう．

---

[4]　ただし，その『論理代数講義』第1巻第4講義 (1890) 4節のシュレーダーの狙いは，元来，ブールの普遍クラス（「クラス1」）を，思考可能なすべてを含むようなクラス（「談話領域（the universe of discourse）」）とするブールの解釈が矛盾に至ることを演繹することであった．そして驚くべきことに，シュレーダー自身がこの「矛盾」を，「単純型理論」の基本的アイディアを予期するようなさまざまなレベルの多様体（manifolds）という階層（hierarchy）の導入によって，回避しようとしていることである [Rang and Thomas 1981, p. 10]．だがシュレーダーの関心は，深い集合論的パラドクスの存在ではなく，単に「∈ と ⊆ との区別の代替」[Church 1976, p. 151] を得るためであり，全体的にはブールの「談話領域」の改定のためだった [Rang and Thomas 1981, p. 19]．しかし前述のシュレーダーの節の最後でふれたように，チャーチがすでに1939年にこうしたシュレーダーの単純型理論の予期を再発見していたのであった（[Church 1976] originally from *The Journal of Unified Science* 9, 1939）．

(2)について：よって M_0 自身は，要素としてそれ自身を含まない M の部分集合である．かくしてそれは M_0 の要素であるに相違ない．

むろん，M と定義された集合は，すべての集合の集合である．これもまたある集合は要素としてそれ自身を含みうる，つまり，すべての集合の集合は一つの集合である，の例である．[Rang and Thomas 1981, p. 17]

この証明をなぜツェルメロは公刊しなかったのだろうか．ラッセルがパラドクスの（例えば，フレーゲの）数学の論理主義への深刻な影響を認めたのとは異なり，ツェルメロの主たる関心は，カントル集合論にあり，「ブラリ－フォルティのアンチノミー」がすべての順序数の集合に関する不整合性に関わるとしたツェルメロの1897年論文同様，素朴な集合概念に制限を加えることによって，回避すべき矛盾の一例にすぎない，と映ったのかもしれない [Rang and Thomas 1981, p. 20]．だがやがてツェルメロが，無矛盾な公理的集合論の形成に向かったのは周知のことである．

ヒルベルトも自ら通常の数学的操作に関しても「ヒルベルトのパラドクス」(1905) を発見する（本章2.4節参照．[Peckhaus and Kahle 2002]）．ヒルベルトのその対策が「存在＝無矛盾性」の思想だという [林・八杉解説 2006, pp. 164-5]．

こうしたパラドクスの発見も含んで，20世紀劈頭パリ国際数学者会議において，ヒルベルトが未解決の数学問題として提示したのが「数学の諸問題」であった．

2　ヒルベルトのパリ講演（第2回国際数学者会議，1900）

世紀の交替期になされ，数学の未解決諸問題を提起したこの講演は，20世紀数学界を方向付ける巨大な影響を与えた[5]．が，同時にそれはヒルベルト数学探究の基本姿勢の表明に他ならなかった．なかんずく，いわゆる「ヒルベルト・プログラム」と称せられる数学基礎論研究計画の中心的標的が何かを以下の3問題が判明に示しているといってよい．

数学基礎論や論理学の分野でも同様である．特に注目すべき事柄として，ヒルベルトはまず次の事柄を挙げている．

---

5)　その後の世界の数学界におけるヒルベルト問題の進展については，[MD] を参照．日本の数学者たちも，例えば，第9問題に対する高木貞治の類体論 (1920) を先駆けに，第2問題に竹内外史 (1955)，第5問題に岩澤健吉 (1949)，山辺英彦 (1953)，第6問題に伊藤清 (1942)，第8問題に志村五郎，谷山豊 (1950)，第10問題に広瀬健 (1968)，第12問題に志村五郎 (1967)，第14問題に永田雅宜 (1958)，第19問題に佐藤幹夫 (1959)，第22問題関連の特異点の還元に広中平祐 (1964) 等々による世界的貢献がなされている（『ヒルベルト　幾何学の基礎』一松信解説）．

「誰も証明によって確立してはいないが，どの数学者も数学の問題は解決されるべきだという確信を抱いている」が，さらにヒルベルトは「どの確定した数学問題も厳密な解決（strenge Erledigung）を是非とも必要とする」とし，続けて次の注目すべき確信を表明する．

「その解決は，もし解があるならその解を与えるか，解が不可能ならそれを解こうとするあらゆる試みは必然的に失敗することを証明するかである……」という「決定問題」に関わる問い，すなわち全数学問題の「可解性（Lösbarkeit）」「決定可能性（Scheidbarkeit）」を提起している．しかも数学問題の解決の一般的必要条件として「解が，有限個の純粋に論理的な推論によって（durch eine endlich Anzahl rein logischer Schliesse）達せられるに違いないとの確信をもっている」と，「有限的な可解性」という確信（Überzeugung），「有限的な可解思想」が表明されている〔Ebbinghaus 2000, p. 37〕．

　全問題の可解性というこの公理（dieses Axiom von der Lösbarkeit eines jeden Problems）は，数学的思考のみに特徴的な固有性（eine dem mathematischen Denken allein charakteristische Eigentümlichkeit）なのか，それともまたわれわれの悟性（Verstand）の内的本質には，悟性が設定したすべての問いはまた悟性によって解答可能なものだ，という普遍的法則がおそらく具わっているのであろうか？……〔HGA. III, S. 297〕

　各個のどの数学問題の可解性という確信は，研究過程中でわれわれに強力な励ましとなる．われわれは内心に絶えず次のような呼びかけを聴く：ここに問題がある．解を求めよ．純粋な思考のみで（durch reines Denken）解を発見できるのだ．数学にはいかなる不可知なもの（Ignorabimus）もないからである！〔HGA. III, S. 298〕

　以下，ヒルベルトの，またゲッティンゲン学派の論理・数学基礎論研究を終始牽引した三つの問題のみを見ておこう．

2.1　第1問題：カントルの連続体濃度の問題

　カントルは，実数（ないし直線上の点）の二つのシステム（System），つまり集合（Menge）が，同等（äquivalent）ないし同濃度をもつのは，それらが一対一対応するときである，とする．しかし当時誰もその証明には成功してはいない．無限多の実数集合は，自然数1, 2, 3, …の可付番（abzählbar）集合と同等か，または実数全体の集合，つまり連続体，線分上の点全体の集合と同等であるかし

かない．もしそうなら，連続体の濃度は，可付番無限集合の濃度のすぐ次の濃度となる．

以上と密接する問いとしてヒルベルトは，カントルの整列可能集合（*wohlgeordnete* Mengen）（そのすべての部分集合に必ず最初の数が存在するように順序づけられた集合）の定義を取り上げる．その定義によれば，自然数の集合は整列可能集合である．だがヒルベルトは，実数全体の集合，連続体も整列可能だというカントルの「整列可能性定理」の主張に「直接的証明」を与えうるのかを問う［*HGA*. III, S. 299］．

2.2　第2問題：算術の公理の無矛盾性

次にヒルベルトが指摘するのは，算術の公理化とその公理系の無矛盾性証明の問題である．第2問題に含まれる「実数論の無矛盾性の証明」は，いわゆるヒルベルト計画の第2段階：「数学の形式系の無矛盾性」に相当するとされ［林・八杉解説 2006］，ヒルベルトは，講演の前年執筆の①「数概念について」[6]で，実数論の公理群からの，有限回の論理的推論の繰り返しで無矛盾なことを示せという，「無矛盾性」問題を提起していたという．すなわち，

> ある科学の基礎（Grundlagen）の研究には，その科学の基本概念間の関係の，厳密で完全な記述を含む公理体系を必要とする．こうして設定された公理が，同時に先の新しい基本概念の定義でもあり，またその基礎を吟味している科学領域内のどの言明も，これらの公理から有限個の論理的推論を介して導出される（ableiten）場合にのみ正しい（richtig）と認められる．さらに詳しく考察すると，次のような問いが生ずる：例えば，相互に全く独立な（*unabhängig*）公理系の樹立に関する多数の諸問題中，最も重要な問題は，公理が互いに無矛盾（*widerspruchslos*）であることを証明すること（*beweisen*），つまり，その公理系に基づいて有限個の論理的推論によって（*mittels einer endlichen Anzahl von logische Schlüsse*），相互に矛盾するような結果に至ることは決してありえない（*niemals zu Resultaten gelangen kann, die miteinander in Widerspruch stehen*）ということを証明すること，である．
> ［*HGA*. III, S. 300］

この公理観と概念定義が，『幾何学の基礎（*HLG*）』（1899）に適用されていた

---

[6] "Über den Zahlbegriff"（1899年10月12日執筆）［Hilbert 1900a］．

ことに注意すべきである.

ヒルベルトはまた,「幾何学の諸公理の無矛盾性は, 適当な数の領域をとり, 幾何学の公理と同様の関係をその領域の数に対応付け, 幾何学の公理から推論で矛盾が生じれば, それは数の領域の算術からの矛盾となる, という方法で証明された. 幾何学の公理の無矛盾性は, 算術の諸公理の無矛盾性の問題に還元される[後者の無矛盾性と相対的に無矛盾]」[*HGA*. III, S. 300]. この仕事も『幾何学の基礎』[*HLG*] で遂行されたのである.

「それに対し, 算術の諸公理の無矛盾性証明は直接的な方途（der direkte Weg）を要する. 算術の諸公理は, 連続の公理（das Axiom der Stetigkeit）の付加を除けば, 本質的には周知の計算規則に他ならない. 私［ヒルベルト］は最近［上記①「数概念について」］において, 連続の公理をいっそう簡単な二つの公理, すなわち, 周知のアルキメデスの公理と内容に関する新しい公理（数が事物のシステムを形成し, 他のすべての公理を保持し, それ以上のいかなる拡張もできないという公理（完全性の公理（Axiom der *Vollständigkeit*））とに区分した. 算術の公理の無矛盾性の直接的証明（ein direkter Beweis）の発見に成功するには, 私の確信するところでは, 無理数論における周知の推論方法を当面の目的に合うように適当に修正するのがよい」[*HGA*. III, S. 300]. ここに, すでに後の「完全性（Vollständigkeit）」というメタ的な概念が登場していることが注目される. ゲーデルの第1不完全性定理により否定されるヒルベルト計画の第3段階「数学の形式体系の完全性」も可解性思想の一定式化と見られうる［林・八杉解説 2006］.

さて「数概念について」（1899年10月12日）[Hilbert 1900a] は, ヒルベルトによる実数論の公理体系化で, 以下はその概要である.

> 数論 A と幾何学 G との公理について, 似た点があるが,「方法論的」にははっきりした相違がある, という.
>
> A：数概念の導入について：最初に1から出発, 2, 3, 4, …と数えて自然数列がつくられ, その間の演算が考えられる. 除法には, 0と負数の整数が必要. 次に整数の対として分数を導入する（かくして整係数の1次方程式は常に根をもつ）. 最後に切断または基本列として, 実数を定義する（すると定符号でない整式, 一般に定符号でない連続関数を0とおく方程式は, 常に根をもつ）. 以上は, 生成的な方法である.
>
> G：幾何学：点, 直線, 平面という3種の対象の全体が存在していると仮定し, その相互関係を, 結合, 順序, 合同および連続の公理に基づける. このとき, 公理の「無矛盾性」と「完全性」, つまりこれらの公理から決して

矛盾が導かれないこと，またこれらの公理からすべての幾何学の定理が導かれること，が証明されねばならない．これは，公理的な方法である．

他人への教授や自分で発見する場合には，生成的方法によるが，結果をまとめて表現する，ないし論理的に正しいか確かめるには，公理的方法が採られる．

以下数論における方法：ある対象の集まり，数を，記号 $a, b, c, \cdots$ で表す．数の間には，以下の公理で規定される関係が存在する．

演算の公理

I. 結合の公理：演算には加法 $a+b$ と乗法 ab があり，次の4条件を満たす：(1) $\exists!x[a+x=b]$（$\exists!xFx$ は「F なる x がちょうど一つある」の意）．(2) $a+0=a$．(3) $a\neq 0 \to \exists!x[ax=b]$．(4) $a^1=a$．

II. 計算の公理：結合律 $a+(b+c)=(a+b)+c$, $a(bc)=(ab)c$, 交換律 $a+b=b+a$, $ab=ba$, 分配律 $a(b+c)=ab+ac$, $(a+b)c=ac+bc$．

III. 順序の公理：(1) $a>a$ ではない．異なる2数 a, b について，$a>b$ または $b>a$．(2) 移出律 $a>b, b>c \to a>c$．(3) 添加律 $a>b \to a+c>b+c$．(4) $a>b, c>0 \to ac>bc$．

IV. 連続性の公理．(1) アルキメデスの公理：$a>0, b>0 \to a+a+\cdots+a>b\cdots$．(2) 完全性の公理：以上の公理を保ったまま実数のシステムに新しい実数を追加してより大きいシステムに拡張することはできない．

上記アルキメデスの公理と完全性の公理とは独立である．これらは，収束概念や極限の存在を述べていないが，これらから集積点の存在についてのボルツァーノの定理が導かれる．よってこの数体系は実数系と一致する．この公理系の無矛盾性証明が得られれば，実数全体の存在が証明される（あるいはカントルのいう実数は一つの整合的な集合をなす）．

実数全体や無限集合一般の存在への疑念は，全く解消しうる．実数全体を考えることは，……有限個の閉じた公理系 I-IV で規定される関係を相互にもつある対象の集まりを考えることで，これら公理から有限回の推論によって導かれる結論だけが，定理として認められるのである．

同様に，濃度（ないしカントルのアレフ数）全体を考えようとしても，それはうまくいかないだろう．濃度全体の集合は存在しない．濃度全体は矛盾的集合をなすからである．[Hilbert 1990a]

この所論に，一定の固定された公理系から有限回のステップでの推論による実

数論の展開に，有限主義的な公理論の思想，無矛盾性証明，完全性といったヒルベルトの，メタ数学的諸問題がすでに姿を現している，と見なされる．

さらに注目すべきは，以下の注意事項について，「数学的存在と無矛盾性」との密接な関係がすでに顕在化していることである．

クロネッカーのデデキント－カントルの無理数論における無限の使用に対する批判への反論として，またヒルベルトの「可解性思想」が人間の有限性を無視しているということへの反発と見られるブラウワの直観主義，排中律否定に対する対論としての，存在＝無矛盾性のテーゼの提案において，ヒルベルトは無限集合の使用によって実数を発生させるのではなく，「実数のもつ性質を有限個の公理として書き下し，その有限個の公理から有限回の論理推論を繰り返すことによって結論を得る」という公理論を対置し，さらに，数学的対象が「存在する」とは，「その対象を特徴づけるべき公理から有限回の論理推論を繰り返しても，決して矛盾を生じないこと」と定義しているのである．

すなわち，このパリ講演［Hilbert 1900b］で，ヒルベルトは，数学基礎論上の第2の未解決問題「無矛盾性」についてこう述べているのである．

　　上記の問題の意義をなお別の考慮に従って特徴づけるために，以下の注意を付加したい．もしある概念に相互に矛盾するような徴表（Merkmal）［部分概念］を分与するなら，その概念は数学的には存在しない，と私は言う……．しかし逆に，有限個の論理的推論の適用でも，当の概念に分与された徴表が決して矛盾に至りえないという証明に成功したなら，そのことにより当の概念，例えば，数や関数，の数学的存在（die mathematische Existenz）は証明された，と私は言う．上記の場合……公理の無矛盾性（Widerspruchslosigkeit）の証明が同時に実数の総体ないし連続体の数学的存在の証明なのである．……実際公理の無矛盾性証明に完全に成功すれば［HGA. III, S. 301］，実数総体の存在に関する疑念は消失し，すべてが正当化される．確かに実数総体，すなわち，連続体は，設定された公理によってその相互関係を規制された諸物のシステムであり，そして公理から有限個の論理的推論によって導出されうるすべての，かつそれに尽きるような諸々の事実がそれに関して真（wahr）であるような諸物のシステムなのである．このような意味においてのみ，私のいう連続体の概念は厳密論理的に把握可能（streng logisch fassbar）なのである．……連続体やすべての関数のシステムという概念もまた，あるいはカントルの高階の数クラスや濃度も，正確に同じ意味で存在する．なぜなら，後者の存在もまた，連続体同様，上記の意味で証明されうると確

信するからである．——これに対しすべての濃度のシステム一般，ないしカントルのすべてのアレフ数［超限数］のシステムは，私の意味での公理の無矛盾な体系を設定できないので，私の表記法では数学的には存在しない概念なのである．［HGA. III, S. 301］

上記第2問題末尾でヒルベルトは存在＝無矛盾性を使えば，「すべてのアレフの全体」という概念は矛盾しているので存在しないが，小さいアレフの「概念は無矛盾なので存在する」と書いた（本来のカントル・パラドクスは，すべてのアレフの集合に関するパラドクスであることに注意）．

2.3 第10問題：ディオファントス方程式の可解性の決定

「任意の個数の未知数を含んだ有理数係数の（Diophantus）方程式が，有理整数の範囲で解けるか（lösbar）どうかを，有限回の演算（endlichen Anzahl von Operation）で決定（entscheiden）できるような，一般的計算法（Verfahren [computing algorithm]）を見つけよ」［HGA. III, S. 310］は，数学基礎論での決定（Entscheidbarkeit）問題に関連し，自然数論を形式化した「ヒルベルト型の決定問題」としてその後も研究が続行される．第10問題「整数係数多項式の整数解の存在を決定する方法を示せ」に見られるように，ヒルベルトは，すべての純粋数学が整数論に還元可能で，全数学問題の可解性，つまり「整数解の存否を判定する一般的アルゴリズム」が存在すると信じていた（例えば，方程式 $x^2 = 9y^2 + 18y + 28$ は $x=10, y=2$ の解をもつが，方程式 $x^2 = 9y^2 + 18y + 10$ は整数解をもたない）のであろうから，第10問題の決定問題は数学の可解性問題でもある．今日では，この問題が決定不能であることが知られている．記号論理における非常に異なった例に関しては，記号論理でのある式について，その記号のあらゆる解釈のもとでその式が真となるか否かを決定するという問題は，決定不能（undedcidable）である．この結果は，チャーチのテーゼとして知られている（［Davis 1958, esp. Appendix 2］［Davis-Putnam-Robinson 1961］［Davis 1965］［Hilbert 1899］『ヒルベルト　幾何学の基礎』（1970）一松解説，p. 99，［広瀬 1989, p. 155］［Enderton 2011, p. 81］）．こうした成果に至るには，1900年時点では知られていなかった「計算可能な（computable）ないし帰納的再帰（recursive）関数論」「ゲーデル関数」「チューリング計算」「λ計算」等が，1930年代以降に論理学において開発されるのを待たねばならない．

以上の「数学の諸問題」の第1，第2，第10の3問題中の所論で，ヒルベルトの，のみならずその後20世紀の数学基礎論上での主要な未解決問題群がすでに

出揃っている．すなわち，順不同に列挙すれば，全数学の可解性問題，数学の無矛盾性と数学的対象の存在問題，数学の公理化，公理体系，無限と連続体，有限性，計算可能性，証明論，証明可能性，メタ数学的考察等であり，20世紀の論理学・数学基礎論は，ヒルベルト自身を含め，こうしたヒルベルト問題との格闘に他ならないのである．

2.4 ヒルベルト・パラドクス（1905）

さてヒルベルトが無矛盾性に関する基本的態度を変えたのは，ようやくラッセル，ツェルメロの初等的矛盾の発見後のように見える．このパラドクスは深刻な問題が存在することを彼に確信させた．

1904年同僚のフルウィッツ（A. Hurwitz）宛書簡でヒルベルトは，「……まさに最重要で最も興味深い問題が，デデキント，ワィエルシュトラース，クロネッカーによっても決着されていない．次の夏学期の講義として，「数学的思考の論理的諸原理（Logische Prinzipien des mathematischen Denkens）」を予告している．[Dugac 1976, 付録 XLIX, pp. 271-2].

このヒルベルトの講義（[Hilbert 1905*]）のヘリンガー（E. Hellinger）とボルン（M. Born）によるヒルベルト講義ノートによれば，「科学の歴史では，科学の形成はためらうことなく始められ，可能な限り前進しようと努め，しばしば相当後になって諸困難に直面して初めて，当の科学の基礎（Grundlagen）に立ち帰って思案するということが起こる．……それは何ら欠点ではなく，正当で健全な発展（die richtige und gesunde Entwicklung）なのである」（in [Ebbinghaus 2000, pp. 44f.] 原資料 [OV2.08] p. 277）．そしてヒルベルトによれば，集合論では，従来躊躇なく使用されてきたアリストテレス流の論理学と概念形成の標準的方法に，新しい矛盾の責任があると判明したという．ヒルベルトは，嘘つきのパラドクス，ツェルメロ・パラドクスおよびヒルベルトの「純粋に数学的」なパラドクスの三つの例を挙げ，後者についてヒルベルトは，次のようにコメントしている：

> 「純粋に数学的」なパラドクスは特に重要に思われる．それを発見したときには，最初それが集合論を最終的な破綻に導く克服不能な問題を惹き起こすように思った．しかし今は，科学では現在までいつもそうであるように，基礎の改定後には本質的なことはみな保存可能だと固く信じている．
> [Ebbinghaus 2000, p. 44]

ヒルベルトは集合の二つの形成規則：「いくつかの集合と無限多の集合さえもの」合併（union）の形成を許す加法原理（$Additionsprinzip$）と，所与の集合 S について，S の自己写像（$Selbstbelegungen$）（単射），つまり，S をそれ自身の中へと写像する集合 S^S の形成を許す写像原理（$Belegungsprinzip$）から開始する．それからヒルベルトは，「可算と自己写像［単射］の操作を任意の回数適用することによって」自然数の集合から得られるすべての集合を考える．再度この二原理を使用することによって，すべての集合の合併 U と U の自己写像の対応する集合 U^U を獲得する．U の定義により，集合 U^U は U の部分集合である．しかしながら，U^U は U より大きい濃度（cardinality）をもつから，これは矛盾である[7]．

このパラドクスは現場の数学者の日常茶飯の作業の一部である加法と写像（単射）という操作に基づいているから，ヒルベルトはそれを純粋に数学的性格のもので，それゆえ数学者にとってはカントルの不整合な多数者よりは深刻だと見なした．」[Ebbinghaus 2000, pp. 44-5, fn. 55] [Peckhaus and Kahle 2002, pp. 168-70]．

ヒルベルト・パラドクスでの洞察は以下の 1904 年のハイデルベルグ講演「論理学と算術の基礎について（Über die Grundlagen der Logik u. der Arithmetik）」[GLLA] の場面設定となる．

この講演以前のヒルベルトは，幾何学の無矛盾性を実数論の無矛盾性に還元していた．しかしこうしたモデル構成には集合論，無限算術を必要とし，ヒルベルトの実数論の公理系には「連続性の公理」があり，したがって今回の無矛盾性証明には，パラドクスの生じた無限集合論，無限的実数算術の救出という認識論的問題が浮かび上がる．

2.5　ハイデルベルグ講演（1904）——無矛盾性のメタ的証明論への先触れ

第 3 回国際数学者会議（ハイデルベルグ）において，ヒルベルトは講演「論理学と算術の基礎について（GLLA）」（1904 年 8 月 12 日）を行った（[Hilbert 1904] in [van Heijenoort 1967, pp. 129f.]）．

---

[7]　この矛盾を導くのに，ヒルベルトはある集合 S のベキ集合（power set）は S より大の濃度をもつとのカントルの証明に従っている．その道筋，概略以下の通り：U^U には，U に存在するよりも「多くない」要素が存在するとする．f を U から U^U の上への関数とする．すべての $x \in U$ について，像 $g(x)$ が $(f(x))(x)$ とは異なるような $g \in U^U$ を選ぶと，例えば，適当な $x \in U$ をもつ $h = f(x)$ の任意の $h \in U^U$ に関して，$h(x) = (f(x))(x) \neq g(x)$ となる．よって，g は h とは異なる．それゆえ，$g \in U^U$ は矛盾である [Ebbinghaus 2000, p. 45]．

こうして，ヒルベルトは，「整数が自明というデデキントの見解を支持できない．クロネッカーが無理数に見出した困難はすでに整数に関しても生じている．その困難は無限という概念に関わる」という（from [Hilbert 1905*], Max Born の筆記）．

この講演は，算術の無矛盾性，いっそう限定して自然数の無矛盾性の解決への斬新な方法を指し示す．それは，メタ的な「証明論的」アプローチである．ハイデルベルグ講演における無矛盾性の証明は，「いわゆる最小無限の無矛盾な存在」を保証するという．

完全帰納法に関する著名な公理を，私の選択した［メタ？］言語に移行させれば，さらに増大した公理に，つまり，いわゆる最小無限（*das kleinste Unendlich*）（つまり，順序型（*Ordnungstypus*）1, 2, 3, …）の無矛盾な存在（*Existenz*）に，類似の仕方で到達する．（[Hilbert 1904] in [van Heijenort 1967, p. 181]）

この体系は，適切に定式化されれば，同一性公理，デデキントの単純無限システムに関する要請からなる．帰納原理（デデキントの最小性条件から帰結する）には言及されているが，[HLA2] の編者（Ewald and Sieg）によると，定式化は適切でないとされ，無矛盾性の議論中で扱われてもいない．編者による現代風の記法では以下のようである [HLA2, p. 7]．

(1) $x = x$
(2) $x = y \wedge W(x) \rightarrow W(y)$
(3) $x' = y' \rightarrow x = y$
(4) $x' \neq 1$.

暗黙に→の除去則（MP）と代入規則が使われるが，他の推論様式は明示されていない．最後に，実数に関する問題は自然数について解決すれば解けることが再度強調されている．

最小無限の存在が証明されうるのと同様に，実数の総体（Inbegriff）の存在も帰結する．……実数の総体に関する公理は，整数の定義に必要な公理と何ら質的に区別されない．以上の事実を認識することが，算術の基礎のクロネッカーに代表される理解に対する実質的な反論（sachliche Widerlegung）になると思う．（[Hilbert 1904] in [HLA2, p. 7 & note]）[8]

---

[8] [林・八杉解説 2006, pp. 174ff.] の概略を，現代版解説の略解として，紹介しておく．
自然数と超限数の公理系（1920 年代の形式系（das formale System）の嚆矢），つまり，式が思考物（Gedankending）ないしもの（Ding）［今日の構文論的対象］で，変数 $a_1, a_2, a_3, \cdots$ は（自然数を含む）超限数を，0 は自然数 0，ω は特定の超限数を表す．演算は fa のみ（a は項）で，$ff\cdots f0, ff\cdots f\omega, ff\cdots f a_1, \cdots$．以下，$a_1, a_2, a_3, \cdots$ を項とする．二つの超限数は，五つの公理を満たす $a_1 < a_2$ の関係にある．公理系は意味を要しないが，例えば，カントル超限数をモデルとすれば，その最小の部分 ω は 0, 1, …の最初の超限数，続いて $f\omega, ff\omega, \cdots$ と際限なく超限数をつ

上記の講演における無矛盾性証明は，モデルによる証明と異なり，集合を使わず，「式の形」について語るのみである．ヒルベルトはまた数学的帰納法を含む自然数の公理系，実数の公理系，カントルの超限数論さえ同様に無矛盾性証明が可能だと書いた．

2.6 ポアンカレの批判

ハイデルベルグ講演でヒルベルトにより採用された基礎論上の趣旨は，先述のように，とりわけポアンカレによって痛烈な挑戦に曝された．主要な反論は，無矛盾性証明の帰納的性格に集中し，ポアンカレはヒルベルトのアプローチを厳しくまた正当に批判した．ポアンカレは，「数学と論理（Les mathématiques et la logique）」と題された3本の論文を *Revue de Métaphysique et de Morale* [Poincaré 1905b; 1906a; 1906b] に発表し，後に短縮されて『科学と方法（Sience et méthode）』 [Poincaré 1908] に収録し公刊した．ポアンカレは，デデキント，カントル，ツェルメロ，ラッセル，ペアノ，クチュラ（L. Couturat），ヒルベルトといった，集合論的，論理主義的傾向の基礎論に鋭い批判を展開した．特に（デデキントの自然数論に見られる）1を基底部に，後者関数による帰納的ステップによって2以下を次々に生成する際に依拠する数学的帰納法に反対する．

先述のヒルベルトの無矛盾性証明もまた証明の構造についての帰納法が使われている．つまり，上記 [HLA2, p. 7] の（規則1）が基底部，（規則2, 3）は帰納的ステップに相当し，「帰納法で帰納法の無矛盾性を示す」循環論法（*petitio principii*）だとポアンカレは批判する．

だがポアンカレは，いわゆる「数学的帰納法」を無用だと主張しているのではない．それどころか，彼は『科学と仮説（*La Science et L'Hypothèse*）』[Poincaré 1902] においては，数学において「どんな小さな定理を得るにも，再帰による証

くれ，f の n 回の適用を $f''0, f'''\omega \cdots$ とする．

公理系の無矛盾性証明には，公理系での式と推論法則の機械的定義を要する．

公理系の項は，$f''0, f'''\omega, f''a_m$ のいずれか，原子式は項<項，ないし原始式の否定，条件文，推移式 [A なら B，かつ B なら C，A なら C] のいずれかである．

証明と推論規則の定義：（規則1）公理 (1) $\vdash 0<f\alpha$, (2) $\vdash 0<\omega$, (3) $\alpha<f\alpha$, (4) $\alpha<\omega$ ならば $f\alpha<f\omega$, (5) $\vdash \alpha_1<\alpha_2$ で $\alpha_2<\alpha_3$ ならば，$\alpha_1<\alpha_3$, (6) $\vdash \alpha<\alpha$ ではない．（規則2）[MP]．（規則3）[$A, B, A \& B \to C \vdash C$]．以上の規則のみを使用して $\vdash$ の右に書かれる式は「公理から証明可能」という．式 A とその否定の両方が証明可能なら，その「公理系は矛盾している」という．次に，性質 (*)：式が $\alpha_1<\alpha_2$ という形なら，次のいずれかの形になる：(i) $f''0<f'''\alpha$（ただし $m>n$），(ii) $f''0<f'''\omega$, (iii) $f''a<f'''a$（ただし $m>n$ で a は $0, \omega$ か変数）．性質 (*) から，次のように無矛盾性証明ができる．二つの証明 P_1, P_2 があって，P_2 の結論が P_1 の結論の否定と仮定する．上記の公理系で否定式が現れるのは，(6) を使うときのみだから，証明 P_1 の結論は $\alpha_1<\alpha_2$ でなければならないが，性質 (*) により，それはありえない．よってこの公理系は無矛盾．

明法 (la démonstration par récurrence) によらなければならないだろう. なぜなら, 帰納法は有限から無限に架橋する道具だからである. ……一般的定理を目指すには, この道具は便利などころか, 不可欠なものである. ……数学的無限の概念はすべての領域で優れた役割を演じており, これを除いては一般的なものは何もなくなり, 数学も存在しなくなるだろう」[Poincaré 1902, Pt. 1, IV-V]. ポアンカレは,「再帰的証明法 (la raisonnement par récurrence) の本質的特徴は, 実は三段論法を無限に (une infinité de syllogismes) 含んでいる」という. 例えば, 相異なる自然数の無限集合には, 必ず最小数が存在するというような, デデキント, さらにフレーゲ-ラッセル流の素朴集合論的, 論理主義的説明のように, 「数学の定理に特有の無限へと飛躍していく思考法, つまり, $n=1$ のときの小前提の証明と, 次に $n-1$ のときその定理が成り立つとすれば, n のときも成り立つことを証明し, それから無限に多くの大前提を特殊な場合として含むとするような「有限から無限へ架橋する道具 (un instrument qui permet de passer du fini à l'infini)」である数学的帰納法による定理証明に訴えたとしても,「そこに至るには無限に多くの三段論法が必要で, 形式論理だけが頼りの分析論者の忍耐では永久に埋めきれない (ne parviendra jamais à combler) [無限性の] 深淵 (abim) を飛び越え (franchir)」(同上) ねばならない.「別の形に直すことはできるとしても……それは証明すべき命題を別のことばで言い換えることでしかない. だから, [数学に固有の] 帰納法による推理の規則を, 矛盾律 [に基づく三段論法的な分析的判断] に帰着させることはできない. ……分析的な証明によっても経験によってもとらえられないこの規則は, 先天的 (apriori) 綜合判断の真の典型なのである」(同上) と主張する. そしてポアンカレは, 上記の諸々のパラドクスの原因を「非可述的」定義に求めている.

2.7 論理主義への回帰

ポアンカレの批判が, この講義での自らの斬新な統語論的アプローチからヒルベルトの注意を逸らし, 1917 年夏学期でのヒルベルトの「集合論」講義用のノートや「公理的思考」講演 (1917 年 9 月 11 日, チューリッヒ) ([Hilbert 1918, SS. 405-15] rep, in [*HGA*. III, SS. 146f.]) では, 論理主義的傾向への復帰が現れる. 1914-7 年には, ゲッティンゲン学派の何人かによる基礎論問題の講義がなされ, 特に 1917 年夏には, ヒルベルトの学生ベーマン (H. Behmann) のラッセル-ホワイトヘッド『数学原理 (*PM*)』と算術の基礎や, ベルンシュタインの集合論史が, そしてヒルベルトによる集合論講義の報告がなされている. ヒルベルトは 1917 年夏ラッセル-ホワイトヘッドの *PM* に没頭した様子がうかがえる.

無矛盾性の検討が避けがたい課題になって以来，論理学そのものを公理化し，数論と集合論が論理学の部分にすぎない（nur Teile der Logik）ということを確立する必要があるように思えた．（[Hilbert 1918, S. 412] in [HGA. III, S. 153]）

この講演論文「公理的思考」[Hilbert 1918] でヒルベルトは，公理的方法の数学を通じての成功を振り返り，基礎論でも，「公理的方法がすでに以前からフレーゲの深い探究によって用意され，ついに明敏な数学者・論理学者ラッセルによって立派な成果があげられた」と賞賛し，こう語る：「論理学の公理化（Axiomatisierung der Logik）というラッセルの壮大な企ての完結は，およそ公理化という仕事一般の桂冠（Krönung）と見なすことができる」（[Hilbert 1918, S. 412] in [HGA. III]）と評価する．さらに続けて，「しかしこの達成はさらなる新しいさまざまな研究を必要とする．事柄をいっそう仔細に考察するとただちに，整数と集合についての無矛盾性は孤立しているのではなく，最も困難な認識論的問題の巨大な領域に属していることに気づく．しかもその問題はとりわけ数学的な色合いを帯びている」とし，認識論的問題の諸例，「どんな数学的問題の原理的な可解性（Lösbarkeit），数学研究の成果について後からの制御可能性（Kontrollierbarkeit），さらに数学的証明の単純性（Einfachheit）の判定規準，数学・論理学における内容性（Inhaltlichkeit）と形式化（Formalismus）との関係の問題，最後に，有限回の（endlich）操作による数学的問題の決定可能性（Entscheidbarkeit）」を挙げている（[Hilbert 1918, SS. 412-3] in [HGA. III, S. 153]）．

このように，この時期のヒルベルトは，独断的形式主義者からは程遠く，デデキントの影響下での初期の基礎論的反省と同様，論理主義的プログラムにも心ひかれていたように見える．

2.8 ヒルベルトの講義（1917-1922）

1917 年前後の時期のヒルベルトは第 1 次世界大戦下の重荷を担いつつ，過大な重い講義義務を負い（物理学での「電子論」「物質の構造」，論理学講義，ネーターと共同で「数学諸原理」等），数学的物理学の基礎の研究にも追われていた．それゆえこれらの講義でのヒルベルトの論理的アイディアの生まれていくスピードは真に驚異的なものであった．

① ヒルベルトは講義を，幾何学，算術，力学における公理的方法から開始している．ベルナイスのタイプ刷りノートの最初の 60 頁分（Pt. A「公理的思

考」［Hilbert 1918］講義）は，1898-1903年間のヒルベルト公理論（Axiomatik）アイディアの要約で，公理論的テクニックを幾何学からどのように論理まで拡大するかの論証がある．それは，パラドクスを避けるという消極的なものではなく，公理化の推進により幾何学，数論，物理学にどのようなプログラムを開発し，「個々の学問領域の土台のいっそうの深化（Tieferlegung der Fundamente）」［*HGA*. III, S. 148］を獲得するかが提起されている．ヒルベルトは，公理的方法が当の理論の構造と幾何学の定理間の相関関係への深い洞察を与えることを強調する．ここではワイルやブラウワらの「数学の基礎における危機」には何らの言及もない．ヒルベルトは数学の論理的基礎に直截に注意を向ける．

② 「数学の諸原理（[PdM]）」（ゲッティンゲン1918/9年冬学期講義，ベルナイスによる推敲原稿 in ［*HLA2*, pp. 52-214］）中の Pt. B（pp. 107f.）では，現代の数理論理学の核心部分の展開を適切に注意深く組織化している．体系的問題とメタ体系的問題が区別され，無矛盾性，完全性というメタ数学的問題が歯切れよく定式化される．Pt. B, 5章は以下のようである．(1) 命題算，(2) 述語算（一様（monadic）論理）とクラス算（集合によるブール流の解釈という意味論的なもの），(3) 関数算（文および関係への変項をもつ多座的（many-sorted）な）1階述語論理への移行，(4) 関数算の体系的提示，(5) 拡張された関数算（2階体系に相当，ただし，集合論的対象および命題をもその領域とする）．アンチノミーにより分岐階型論に導かれる．数論と解析学の処理に還元公理が導入される．

これらの講義の主要な成果は，(1) 一連の精確に定式化された公理算の提示，(2) 決定可能性，独立性，無矛盾性，完全性というメタ論理的問題の定式化と探究，(3) これらの厳密な範囲内での解析を含む数論の展開である．その顕著な貢献は，メタ論理的探究にある．が，フレーゲ，ペアノ，シュレーダー，ラッセルらの公理算も，さらに鋭利に提示され，そのいっそう明確な定式化が，メタ数学的進歩に本質的に貢献する．以下，その各段階を辿る．

2.8.1 論理算と存在的（existential）公理論

ヒルベルトは，1905年，1914/5年講義でも命題論理の公理を与えていた．それらは，ブール，シュレーダー型の代数的等式であった．1917/8年講義でも，「代数の形式的方法の，論理的領域への応用」とされ，命題計算の処理は代数系のそれである．だが公理は数論操作の公理への類比による統語論的規則で扱われる全くの形式的なものではなく，ある内容をもつとされる［*HLA2*, p. 38］．代数

的公理以外に，PM に倣った命題結合子と量化についての公理が与えられ，公理と推論規則がはっきり区別される．後のメタ数学的成果にとって基本的な，導出の純粋統語論的性格の把握が，肯定式 MP と代入規則に現れている．しかし厳密に形式主義的ではなく，統語論を意味論からはっきり切り離してはいない．例えば，特定の関数の項場所は，特定の領域と関係づけられており，項場所の不適切な領域からの対象の名前により充填されると，その式は無意味（*sinnlos*）だとされる．同じ量化変項が二つの異なる項場所で異なる領域に関係づけられると，その式は無意味とされる［*HLA*2, pp. 112-3, 129ff.］．

より一般的には，公理論的方法の「存在的アスペクト」では，理論というものは常に当の理論の領域を与える適当な空でない領域（*Bereiche*）を伴って提示される．つまり，理論は，パース - シュレーダー的伝統では，常に「談話領域 (universe of discourse)」を伴って提示される．こうしたヒルベルトの考えは，デデキントの影響もあり，1890 年代の幾何学の公理論，実数論（「数の概念について」(1900)）まで遡り，特に以下の「論理算（Logik-Kalküls, LK）」講義［*HLA*2, pp. 45-7］に顕著で，それは 1905 年の拘束なしの量化によるパラドクスからの回避にその動機がある．「論理算」講義［*HLA*2, pp. 25-6］でヒルベルトは，普遍的判断に関し，領域を個体変項の値域として特定することの重要性に言及している．

形式化と領域との関係については，導出は純粋に形式的に構成されるが，公理と導出された式とは意味論的に理解されねばならない，とされる．

> この公理体系は，論理的証明を厳密に形式的に実行する手続きを与える．つまり，式によって表される判断の意味に関わる必要がなく，諸規則に含まれる指令にのみ注意する必要があるだけである．しかし，形式的操作を通して得られる結果の解釈（*Interpretation*）におけるのと同様に，前提の記号的提示における計算の記号にも解釈（*Deutung*）を付与しなければならない．論理記号も，指定された言語的読みに従って予め解釈される．そして式中の不定の命題記号や関数記号の現れは，確定的言明や関数による任意の置換に関して，当の式から結果する主張が正しい，と解されねばならない．([PdM, SS. 135-6] rep. in [*HLA*2, pp. 147-8])

2.8.2 メタ論理的問題

初期の「幾何学の基礎」の仕事以来，メタ論理的問題を強調し，それを体系的に扱うというのが，ヒルベルトの基礎論的探究の特徴である．ヒルベルトは公理

的方法を，認識論的な動機による公理体系についての分析のための精妙な道具へと拡張する．この拡張が，ヒルベルトに初等幾何学の展開における連続性の役割の探究を許した．広範な争点が，ヒルベルトの 1917 年講義「公理的思考について」[Hilbert 1918] で強調されている．

(1) 決定可能性

　　決定問題（*Entscheidungsproblem*）の解決は，任意の領域について，その命題が有限多の公理からの論理的展開を許すような命題の理論にとって，基本的に重要である．([*GtL*] rep. in [*HLA*2, p. 874])

　決定可能性へのヒルベルトの関心は，少なくともパリ講演にまで遡り，すべての問題の可解性の「公理」が論じられていた．1905 年講義でも，標準形定理に基づく，命題論理の「自らの体系の決定可能性の証明を略解後，最も原始的な場合について，すべての正しい結果は有限の証明によって達成されねばならないという旧来の問題を解決した．この問題はこの分野での私の全探究の出発点であり，この問題の最も一般的な場合（in allerallgemeinsten Falle）における解決，数学においては「不可知なもの（"Ignorabimus"）」は存在しえないということの証明は，なおまた最終目標として残っている」(Ewald and Zieg's Introduction in [*HLA*2, pp. 41-2])．

　1917/8 年講義では決定問題にふれられていないのは奇妙だが，命題論理の標準形定理は証明しており，決定可能性定理の証明の手段は手中にしている．さらにベルナイスが「教授資格論文」[Bernays 1918] でその証明を，ヒルベルトの 1905 年の議論に沿って与えている．

(2) 独立性と無矛盾性

　特に平行線公理とアルキメデス公理の独立性が，ヒルベルトの幾何学研究の中心だった．彼の研究は，非ユークリッド，非アルキメデス幾何学に豊かな収穫をもたらした．

　しかし無矛盾性は，公理的方法にとり絶対的に重要で，公理系の合法性にとっての不可欠条件（*sine qua non*）であり（ibid. in [*HLA*2, p. 42]），パリ講演（1900）の第 2 問題である．よって論理算について無矛盾性を考察するのはごく自然である．実際ヒルベルトは，1905 年講義で命題論理の無矛盾性証明の問題を述べ，1917/8 年講義 [*HLA*2, p. 70] で命題論理の代数版の無矛盾性を，ヒル

ベルトは 0, 1 の二値モデルにより証明している．全公理がこのモデルで充足されるので，体系は無矛盾である．

ヒルベルトはまた関数算の無矛盾性も証明している［HLA2, pp. 150-6］．彼は上の二値モデルを用い，5 個の命題算の公理がすべて値 0 をもつとし，二つの推論規則がこの性質を保存することを証明する．それからこの解釈を関数算の量化部分に拡張し，すべての派生式が値 0 をもつことを証明する［HLA2, pp. 154-5］．それらの否定は値 1 なので，どんな式もが導出可能なわけではなく，したがって，その体系は無矛盾であることが帰結する．しかしこの証明の直後の脚注でヒルベルトは次のようにいう．

　　この結果の意義を過大評価すべきでない．内容的に反論の余地のない前提の記号的な導入に際して，証明可能な式の体系が無矛盾だという何らの保証ももっていないからである．［HLA2, p. 160 脚注］

それゆえ，拡張された公理体系，特に無限モデルを要求するような体系の無矛盾性証明をなお与えなければならないのである．単に初等的手段のみを使う証明の探索が，無矛盾性証明の全く異なる非モデル論的な形式の展開に導く．

(3) 完全性

ヒルベルト - アッケルマン『理論的論理学の基礎（Grundzüge der theoretischen Logik, GtL）』(1928)（以下『基礎（GtL）』と表記）と 1917/8 年講義間での共通の資料の重要な唯一の例外は，命題論理の無矛盾性と完全性の処理である．講義では，その資料は ［HLA2, pp. 151-8］に，1 階論理のメタ数学的探究の部分として現れる．教科書『基礎（GtL）』ではそれは最初の章の末尾に現れる［HLA2, p. 839］．講義では迂回しつつ，ヒルベルトはなお適切な定式化を探っていたと推測される．以上ヒルベルトは，論理学の公理化により，公理の矛盾性，独立性，完全性を問わねばならないとし，こう続ける．

　　記号論理学の目標は，通常の論理学を形式化された諸前提から展開することにある．そこで本質的なのは，われわれの公理的体系が通常の論理学を構成するのに十分であることを示すことである．［HLA2, p. 109］

そして代数的な命題的公理の無矛盾性証明を与えてから，こう述べる．

以前の思考の道筋に戻ろう．以上の計算から通常の論理学の体系化をどのくらいまで達成できるかを検討しよう．[*HLA*2, p. 111]

同様にして，述語論理（一様論理）の展開に導かれ，アリストテレス三段論法その他の伝統論理学がすべて含まれることを確認する．だが一様論理は関係の分析を欠き，数学的理論の基礎には不十分なので，高階論理の体系，「拡張された関数算」に向かう [*HLA*2, pp. 188-9]．

[*HLA*2, pp. 152-3] で初めてヒルベルトは，今日命題論理のポスト完全性（統語論的完全性 [*HLA*2, intro., p. 44]）と称されるものを確立する．その公理体系は，予め証明可能でない式を当の体系に付加すると，不整合な体系をもたらすという意味で，完全であるといわれる．

この規準とヒルベルトの幾何学での完全性公理（*Vollständigkeitsaxiom*）との類似性は明白である．すなわち，両要求とも，直観的に「当の体系にさらなる「要素」を付加することは不可能」だとしている．ヒルベルトの証明は，まず，補題「ある式［表現］が証明可能な命題式であるのは，（その各項が文字とその否定を含む）単純積の和のときそのときに限る」を確立する．その過程で，ヒルベルトはまたすべての証明可能な命題式は真 0 であるという意味論的成果，健全性（と無矛盾性）を確立する．脚注 [*HLA*2, p. 153] で健全性の逆，すなわち，当の体系の意味論的（*semantic*）完全性も表明している．しかしヒルベルトはそれを格別重要とは見なさず，その厳密な証明は見出されるべきものとしている．ヒルベルトは完全性の意味論的概念を明示的には定義していないが，数か月後，ベルナイスがこの概念を与え，その教授資格請求論文 [Bernays 1918, §2-3] で意味論的完全性の直接の定式化を行う．

「数学の諸原理（PdM）」講義では，関数算の意味論的完全性の問題には言及されないが，ヒルベルト‐アッケルマン『基礎（*GtL*）』では，1階述語論理の意味論的完全性は未解決の問題とされている．

> 公理体系が少なくとも次の意味で完全かどうか，つまり，事実あらゆる個体領域に関して正しい（für jeden Individuenbereich richtig）すべての論理式が，その体系から導出できるかどうかは，未解決の問題である．われわれはただ，この公理体系がどの適用に関しても常に十分であると，純粋に経験的に言いうるのみである．（[*GtL*, p. 68] in [*HLA*2, p. 869]）

この一文がゲーデルをして，1階述語論理の意味論的完全性証明に向わしめた

ことは，周知のことである．

2.8.3 高階論理と数論の展開

論理算が，単に論理的推論の形式化のみを目的とするなら，以上で十分であろう．しかし論理算にはまた数学理論とその論理学への関係に関して重要な役割がある．このことがヒルベルトをして高階論理の展開に導いたのである．

> われわれは数学理論そのものの基礎も探究しており，またそれらが論理とどう関係するのか，どの程度数学理論が純粋論理的な操作と概念形成から構築されうるのかも吟味したい．こうした目的に，論理算は手段として役立つ．([PdM, S. 188] in [*HLA2*, p. 80])

論理主義的目的には，論理算の形式的演算操作規則は「一定の方向に」拡張されねばならない．すなわち，「これまでは，言明や関数を対象（Gegenständen）からはっきり区別し，不定の言明記号や関数記号（die unbestimmten Aussage- und Funktionszeichen）を，項を形成する変項（Variablen, welche Argumente bilden）から厳密に区別してきたが，以下では，言明や関数を，本来の対象と同様に，論理的変項の値（Werte von logischen Variablen）と解し，不定の言明記号や関数記号を記号表現の項（Argumente von symbolischen Ausdrücken）として現れると解する」(ibid.).

ついでヒルベルトは，高階論理の有用性について，関数算の拡張が，完全帰納法の公理を形式化し，同一性の通常の2階定義を与えると指摘，さらに重要なのは，それがまた基数概念（Anzahlbegriff）ないし基数・自然数（Anzahl）を，そのもとで数えられる対象がまとめられる当の述語の性質（Eine Eigenschaft desjenigen Begriffes）と考える方が数学者には自然だとして集合と共外延的述語の，また集合の集合と述語の述語との関係を慎重に吟味し，集合論の基本概念が拡張された関数算の言語に翻訳可能であることを示す（[PdM, pp. 192-3] in [*HLA2*, p. 183]）．ヒルベルトはこの拡張に沿って推論規則を付加する（[PdM, pp. 187f.] in [*HLA2*, p. 201]）．共外延的述語から値域（概念の外延）への方向はまさにフレーゲの『算術の基本法則（*GGA*）』で採用された道筋であり，また周知のように無制限なフレーゲ的アプローチはパラドクスに曝される．ヒルベルトは，元の公理系は証明論的には無矛盾なのだから，「ラッセル・パラドクス，嘘つきパラドクス，リシャール・パラドクスの誤謬が，関数算の公理系拡大に際し，十分慎重でなかった事実からのみ結果しうる」と，結論する．特に，高階体系への移行

は論理的循環を含む．

　関数算の元来の方法では，対象の体系等が予め所与と想定され，変項に関わる操作（特に量化記号（Klammerzeichen）がこうした対象の総体（Gesammtheiten von Gegenständen）との関係からその論理的意味（logische Bedeutung）を受け取っている．関数算の拡張は言明，述語・関係を対象の一種（Arten von Gegenständen）と見なし，記号表現（symbolische Ausdrücke）の論理的意味には言明ないし関数の総体への参照が要求される．
　しかしこうした進行は疑わしい．それらの表現は，その内容を単に言明ないし関数の総体への参照（Bezugnahme）によってのみ受け取っているのだが，当の表現自身も言明ないし関数のうちに数えられる．他方，言明ないし関数の総体に訴えうるためには，言明ないし関数を予め確定したものと見なさねばならない．ここには一種の論理的循環（logischer Zirkel）がある．よってこの循環がパラドクスの出現の原因だと疑う根拠である．（[PdM, SS. 219-20] in [HLA2, p. 199]）

この論理的循環への反省は，「最も自然に」「階（Stufe）」の理論に至り，ヒルベルトは分岐階型論（Stufen-kalküls）の変種を素描する．しかし新しい面倒が起こる．それは許容される推論の範囲を狭めるのではないかとして，同一性の定義，非可算集合の存在についてのカントル証明が挙げられている（[PdM, SS. 225-30] in [HLA2, pp. 202-5]）．
　そこでヒルベルトはラッセルの還元（Reduzierbarkeit）公理を採用し，デデキントの実数論（特に最小上界（eine kleinste obere Schranke）原理）を確立する（[PdM, SS. 243f] in [HLA2, pp. 212f.]）．
　するとヒルベルトは，フレーゲ・ラッセル流の論理主義を擁護するのであろうか．

3　論理学とメタ数学（1917-1920）

　ヒルベルトは当初はシュレーダー代数的論理に従っていたが，それが数学の公理的形式化には適さないと思い至り [Peckhaus 1990]，フレーゲ，特にラッセル－ホワイトヘッド『数学原理（PM）』が基礎論用の論理的基礎を提供すると考えた．先述のように，ベーマンらのヒルベルト・グループにより『数学原理（PM）』研究が精力的に行われ，1917年ヒルベルト自身も基礎論研究に復帰する．

ヒルベルトは，実は PM の詳しい検討をすでに 1913 年に開始していて，多様な公理系についての正確でメタ数学的問いについての核をなすアイディアは，『幾何学の基礎（GLG）』(1899) のための準備研究に遡る．だが 1917 年の集合論講義にも，1917/8 年講義にも，その後の道筋や公理的方法を論理学の領域に拡張する方途については何の示唆もない．

先述の「公理的思考」(1917) 講演でヒルベルトは，公理系の無矛盾性証明の必要性を強調し，「公理論に必須で主要な課題は［単なる既知のパラドクスの回避以上に］，知のどの分野内でもその基礎にある公理体系に基づく矛盾が，お・よ・そ・不・可・能・（überhaupt unmöglich）であるということを示すことだ」［HGA. III, S. 152］とされた．この講演でヒルベルトは，集合論ではツェルメロの無矛盾な公理的集合論に言及しているが，算術の無矛盾性証明を未解決問題として提起する．ヒルベルトはその問題がホワイトヘッド - ラッセルの PM によって本質的には解決されたと考えたようにみえる．しかし，「すべての数学的問題の決定可能性」その他は未解決のままであった．以後ヒルベルトは論理学・集合論の研究に従事する．

3.1 ヒルベルト論理学講義

ヒルベルトは，1917 年にベルナイスを私設助手に採用する（後述）．1917-21 年のヒルベルトの講義では，ベルナイスとベーマンの助力で，形式論理，特に 1 階論理の整備に従事する．その成果はやがてアッケルマンとの共著『基礎（GtL）』(初版 (1928), rep. in [$HLA2$, Appendix A, pp. 806-916]) として公刊される．この共著は，後述のように，ヒルベルト講義 1917/8 冬学期「数学の諸原理」[PdM] [$HLA2$, pp. 59-214] 中の B 部分（数理論理 (Mathematische Logik)）およびヒルベルト講義 [Hilbert 1920b] 冬学期「論理算 (Logik-Kalkül, LK)」(in [$HLA2$, pp. 298f.]) のベルナイスの公式プロトコルに本質的に依拠する．

補遺 ベーマンは，ヒルベルトの主査のもと，博士論文「超限数のアンチノミーとラッセル - ホワイトヘッドの理論によるその解決」を提出受理されるが (1918)，第 1 次世界大戦の混乱により公刊は叶わなかった（この論文についての詳しい解説は，[Mancosu 2010, pp. 159f.] 参照）．ベーマンは，数学の基礎におけるアンチノミー発生が，とりわけ，抽象的対象や命題関数，クラスの認識論的 - 存在論的基礎に関わるとし，あらゆる思考に先行して経験された実在の直接的所与の対象としての個体 (individuals)，および経験的に把握された性質や相互関係とによって，単純命題を定義する．単純命題は，こうした直接的知覚を表現するとさ

れる．したがって，命題，集合，数，存在といった抽象的概念は含まれない．単純命題は，否定と選言の下で閉じている．だがなんら特定の個体を考慮しない基本命題も考えうる．こうして命題関数という観念に至る．しかし命題関数は実在的ではない．同様に，クラスやすべての抽象的なものは，実的 (real) な，具体的対象ではない．こうしてベーマンは，ラッセルの「無クラス (no class)」論に接近する．他方ベーマンは，ラッセル自身が，こうした「綜合的でアプリオリな知識」を容認しなかったことも承知しつつ，当時のカント主義者ファイフィンガー (H. Vaihinger) の「かのように (als ob)」の哲学，ないし数学的対象を虚構 (fiction) と見なす立場や，カント的な「綜合的でアプリオリな知識」に「型理論」への哲学的基礎を示唆するショーペンハウアー哲学の立場に，一定の理解を示した．ヒルベルトは，ベーマンの成果を肯定的に評価し，また「ラッセル-ホワイトヘッドの *PM* が，記号論理学を難しい認識論的な問題に適用することに確たる成功をおさめた最初だと評価する．しかし型理論を含む，ラッセルのいわゆる「還元可能性公理」は，その理解が尋常でない難点を示すと，ヒルベルトは認める．この難点回避のためベーマンは，ヒルベルトの完全性の公理に向かう．その過程でベーマンは還元可能性公理を明確にしたばかりでなく，ラッセルを超えて，超限数のアンチノミーの解決に向かい，すべての超限的公理論はその本性上不完全 (incomplete) であり，にもかかわらず，カントル風の集合論的概念は厳密に許容可能な (admissible) ことを示した．……」と高く評価し，その出版への期待を表明している [Mancosu 2010, p. 172]．

　マンコスの指摘のように，ヒルベルトは，彼の完全性定理と還元可能性公理との類似性を強調している．マンコスに従い，ベーマンの博士論文と 1920 年代のヒルベルト・プログラムの関連を見てみよう．ベーマンは，1914 年すでにイデアールな要素を提起し，1918 年の博士論文（[Behmann 1918] 公刊は [Behmann 1922b]) で相当詳しく扱っている．ヒルベルトのイデアールな要素についての詳論は，1919-20 年の講義「自然と数学的認識 (Natur und mathematisches Erkennen)」[Hilbert 1919] で初めて見受けられる．このように，ヒルベルト学派で，イデアールな要素が，*PM* についての議論との連関で始まっていることが注目される．ベーマンのオリジナルな点は，ラッセルの無クラス論と結び付けて，文脈原理とイデアールな要素との結び合わせをしていることである．この痕跡をベルナイスによるミューラーの『算術の対象 (*Der Gegenstand der Arithmetik*)』(1922) に対する以下の書評に辿ることができる [Mancosu 2010, p. 172]．

　　数学においてとくに絶えず適用される実り多い手続きは，「理念的要素

(ideal elements)」にあり，それらは判断の主語として，純粋に形式的に導入され，しかし，それらが形式的に現れる言明から分離されると，全く何ものでもないのである．[Bernays 1923, p. 521]

ヒルベルトもまた，こうした考えを，その共同研究者たちと共有している．

　　論理的推論の適用や論理的操作の活性化のための前提条件としては，すでに表象中に（*in der Vorstellung*）何か——すべての思考に先立つ直接的経験として直観的に存在する，ある論理外的な個別的対象（discrete objects）——が与えられていなければならない．もし論理的推論が確かであるはずなら，これらの対象はそのすべての部分が完全に見渡し可能（surveyable）で，その現存（presentation），その差異，その継起が（対象そのものと同様），他の何かに還元できないようなものとして，直接に，直観的に存在していなければならない．[Hilbert 1922a, SS. 162-3]

さらに，ヒルベルトは以下のように続ける．

　　こうした立場を採るので，数論の対象（*Gegenstände*）は，私には，（デデキントやフレーゲと異なり）記号そのものであり，その形（*Gestalt*）は，われわれによって一般的にまた確かに再認可能であり，空間・時間や，記号の産出の特殊条件や，最終的な産出での重要でない差異とは独立である．(ibid.)

この点で，経験論的なラッセルらとは異なる，ヒルベルトのアプローチの斬新さの一つが認められる［Mancosu 2010, p. 173］．しかしラッセルと同様の数学の非存在論化（de-ontologization）が認められる（ibid., p. 174）．数は，抽象的対象として存在する，といいたくなるような問題的な想定なしに，数学の基礎を提供しうる訳である（ibid.）．ヒルベルトは，対象の見渡し可能性（surveyability）と一般にそれら対象上で遂行しうる組み合わせ的（combinatorial），有限的（finistic）な操作を強調しており，この要求にヒルベルトの有限主義の核心があるだろう．ヒルベルトの1920年代初期には，論理的思考の前提条件として，アプリオリなカント的直観ではなくて，経験的な知覚が要請されていた．20年代のヒルベルト-ベルナイスでは，純粋直観の一様式が，有限主義の根拠づけに訴えられていた．

1922年のベーマンの，決定問題（*Endscheidungsproblem*）に関する就職論文 [Behmann 1922a] は，ヒルベルトのパリ講演（1900年）と直結する．その前年の1921年5月10日のゲッティンゲンでのベーマンの講演「決定問題と論理代数」が，ヒルベルト，ベーマン，ベルナイス，シェーンフィンケル（M. Schönfinkel）らゲッティンゲン学派の主要テーマを，「計算理論という手段での決定可能性の解析」として初めて開示した．現在ではすでに周知のことであるが，記号論理学は公理化可能で，比較的少数の基本式と基本的推理規則に還元可能であり，定理証明は単なる計算手続き（*mere calculating procedure*）として現れる．……証明することは，いわばチェスのような「ゲームという性格」を想定しているとされる（「ゲーム」というメタファは，すでにフレーゲの形式主義批判［*GGA*. III, I (c)］に見られるが，積極的には［Weyl 1924; 1925］に遡る）．

ベーマンは，自らの見解を（ブール，ド・モーガン，シュレーダーらの）論理代数の再評価として記述し，決定問題を，代数において方程式の解を求めるアルゴリズムの構成に求めようとする．こうしたベーマンの見解は，ヒルベルトの基礎論理解と結びつくと考えられる［Mancosu 2010, p. 175］．

3.1.1 講義「数学の諸原理」［PdM］（1917/8 冬学期）

上記ヒルベルト講義「数学の諸原理」［PdM］（1917/8 冬学期）（ベルナイスによるタイプ刷の公式プロトコル（講義事前報告））は，1917年11月初めに，そのB部分（Mathematische Logik in［*HLA*2, pp. 107-214］相当の事前報告 SS. 63-246）で，唐突に方向を変える．その箇所までは，幾何学の体系的提示も公理的方法も以前と根本的には変わらない．しかしいまや数学的論理学の現代的観念が姿を現す．ヒルベルトは，命題論理から始めて，還元公理を伴う分岐型理論に基づく2階論理で終わる段階を踏んだ系列として，公理的論理算を提示する．

ヒルベルトは（それと明示はしないが事実上），多様な公理的体系内部（*within*）の問題を，それらの体系についての（*about*）問題と慎重に区別する．これらの講義は，形式的論理体系のメタ数学的研究の開始を画するものである．それは，フレーゲ，ホワイトヘッド，ラッセルの論理的伝統にも，ブール，パース，シュレーダーの代数的伝統にも無縁な（ないし，少なくとも明示的に定式化されていない）一連の問題を提起する．

数学の基礎への哲学的反省は，初期から意味論的動機付けによって，ヒルベルトはその論理的枠組みを拡張してきた．1階論理を展開後，ヒルベルトは解析学の基礎のために高階論理に向かい，パラドクスの詳細な検討から型理論に導かれる．しかし型理論は，例えば，カントルの非可算集合の存在の固有の定式化を許

さないので，数学には狭隘すぎるとし，いっそうの柔軟性を得るために，ラッセルの還元公理が採用される．この広範な枠組みが，解析学の始めの部分，特に最小上界原理を確立するのに使用された．ノートは以下の所見で閉じられている．「還元公理の導入は，型計算がそれから高等数学の基礎を展開しうるような体系へと向かうことを意味する」([PdM, S. 246] in [*HLA*2, p. 214])．

上記の講義録 [PdM] の B 部分 [*HLA*2, pp. 107-214] は，多少の補足をすれば，数学的論理学の最初の十全な手引きであり，今でもフレーゲの『概念記法』，ホワイトヘッド-ラッセルの *PM* に十分比肩しうる重要度をもつ歴史的な里程標であろう．ヒルベルト-アッケルマン [*GtL*] は，実はヒルベルト講義のベルナイスによる事前プロトコル 1917/8 年からほとんどそのまま採られている（詳細については，ベルナイスの項参照．なお 1919 年ヒルベルトは「自然と数学的認識」[Hilbert 1919] という数学的物理学に関わる一般連続講演を行っている）．

ところで上記 1917/8 年講義は，もっぱら *PM* の論理に集中しており，証明論的考察は含まれず，ブラウワ，ワイルの名前はどこにもない．しかし 1920 年にはヒルベルトは論理主義を拒否し，ブラウワ，ワイルの見解にふれ始める．しかし両者への反応は異なる．最初にヒルベルトは厳密に有限主義的な数論を提示し，ついで，この企ては袋小路に陥ることが示されると，1904 年のハイデルベルグ講演，1917 年のチューリッヒ講演での示唆から（統語論的）証明の理論を展開する方向へと舵を切る．

3.1.2 講義「論理算」[LK]（1920 冬学期）

1920 年冬学期の講義「論理算」[LK]（in [*HLA*2, pp. 298-334]．この講義もベルナイスによる推敲との表記がある．なお後述のように，ベルナイスによる 2 度目の教授資格請求論文「論理計算の公理的処理への寄与」[HB] が主査ヒルベルトに 1918 年に提出済み）でヒルベルトは，まず 1917/8 年講義 [PdM] の復習をする．関数算は，意味論的考察に動機づけられた多様な統語論的変項間の区別を伴う多座 1 階論理である．しかしいくつかの重要な点で先行の数理論理の提示からは逸脱する．

第 1 に，以前ほど，また 2 年前の上記ベルナイスの資格請求論文 [HB] とでの統語論と意味論の峻別と対照的に，真理や意味論的同値という直観的観念を緩やかに自由に用いる ([PdM, pp. 2-4] in [*HLA*2, pp. 277-8])．当時は，こうした区別が「証明論」において基本的な役割を果たすと明確に意識されていなかったようである．いずれにせよヒルベルトは，統語論と意味論の厳格な区別を当然承知していたが，この講義ではより非形式的な接近法が採られた．

(1) 言明算
① 記号の導入，内容的同値の考察 [LK, SS. 1-7]

カントルの集合論パラドクスの回避には，「数学的証明の本質と構造にいっそう厳密に立ち入る必要があり，論理算をその第1の補助手段とする．論理算の本質は数学の形式的方法を論理学の領域に適用すること」にある．数学的論理学の「基礎と始原が以下のような計算，つまり，全体としての言明に関係し，したがって，言明自体が操作をうける対象なのである．しかしここでは，言明は，それが真か偽かだけが考察される．言明の不定記号として $X, Y, Z, U, V, \cdots$」を用いる [LK, S. 11]．最初の課題は，言明の多様な変形 (Modifikation) と結合 (Verknüpfung) を表すことで，数学者の見地から，以下の五つの記号を用いる：$\neg X$（X の矛盾対当）は，X が偽のとき真の言明を意味する．$X+Y$ は，X, Y がともに真のとき真となる言明（欄外に $X \& Y$ との表記）を意味する．同様に $X \times Y$ [欄外に $X \vee Y$ との表記] は，X, Y のいずれかが真のとき真な言明 (HLA2, p. 300)，$X \to Y$ は，X が真で同時に Y が偽でないかぎり真な言明，$X = Y$ は，X, Y がともに真かともに偽のかぎり真な同値言明である (LK, S. 2)．$\neg \neg X$ は X と同値 (aeq. [≡])，$+$ と $\times$ については，代数同様，交換律，結合律，分配律が成り立つ ([LK, S. 4] in [HLA2, p. 301])．またド・モーガンの定理：(1) $\neg (X \vee Y) \equiv \neg X \& \neg Y$, (2) $\neg (X \& Y) \equiv \neg X \vee \neg Y$ も成り立つ ([LK, S. 5] in [HLA2, p. 302])．また変形に有用な，以下のような同値式が与えられる：$X \to Y \equiv \neg X \vee Y$; $X = Y \equiv (X \to Y) \& (Y \to X). \equiv. (\neg X \vee Y) \& (\neg Y \vee X). \equiv. (X \& Y) \vee (\neg X \& \neg Y). \equiv. \neg (X \& \neg Y) \& \neg (Y \& \neg X)$ ([LK, S. 7] in [HLA2, p. 303])．

第2に，ヒ・ル・ベ・ル・トは命題算を公・理・的・体・系・として提示しておらず，それに代わって命題算の等式を変形し [LK, SS. 8-9]，その「正しさ (*Richtigkeit*)」を確定するため以下の一組の規・則・を与える．このことも公理論的方法の頑固な唱道者ヒルベルトという通説からは驚くべきことである．HLA2 の編者 (Ewald and Sieg) によれば，公理を省き，もっぱら規則に頼ることで，ヒルベルトはベルナイスの教授資格論文 [Bernays 1918] を超え，ゲンツェンの自・然・演・繹・体系の方向に踏み出している，という．しかし LK では意味論的考察も並行し，いまだその方向は明確でなく，むしろすぐ後続の講義「数理論理学の問題 (*Probleme der mathematischen Logik*, PML)」(1920) の §7 においてはじめてその方向性がはっきりした形を取り始めるように思われる．

② 言明算の規則：標準形，常に正しい言明結合の形成，仮定からの推論 ([LK,

SS. 8-20] in [*HLA*2, pp. 305f.]）.

　論理学の最初の課題は，事柄の内容（sachlicher Inhalt）を顧慮せず，常に正しい（stets *richtig*）言明の結合を見出すこと（「基礎言明（Grundasussage）」を $X, Y, \cdots$ で表す）.

　同値関係に基づく以下の変形規則（*Regeln für die Umformung*）を定める：

a1)　　$+$（すなわち &）と $\times$（すなわち $\vee$）には，交換律，結合律，分配律が成り立つ.

a2)　　$\neg\neg X$ は X で，$\neg[X\&Y]$ は $\neg X \vee \neg Y$ で，$\neg(X\&Y)$ は $\neg X \vee \neg Y$ で置換可能（注意：[*HLA*2] のテキストは時にブール-シュレーダーの代数的な和と積の表記との混乱が見られる）.

a3)　　$X \to Y$ は $\neg X \vee Y$ で，$X = Y$ は $(\neg X \vee Y)\&(\neg Y \vee X)$ と相互置換可能.

　これらの規則により，どの表現も「［選言］標準形（Normalform）」，つまり（その連言肢（Produktglied）が基礎言明かその否定である場合の）連言（Produkten）の選言（Summe）に変形される．[LK, S. 8]［注意：テキストには選言と連言の表記の混乱が見受けられる］.

　さて以下の正しさの規則（*Regeln für Richtigkeit*）に従う常に正しい言明結合の体系が得られる．すなわち，

b1)　　$\neg X \vee X$ は常に正しい.

b2)　　X が正しければ，$X \vee Y$ も正しい.

b3)　　X が正しく，Y が正しいなら，$X\&Y$ も正しい.

b4)　　正しい言明から変形により生じた言明は同様に正しい.

　実際にこれらの規則が言明の常に正しい結合の全体を与えるということは，次のように明らかである．すなわち，どの表現も自身が標準形であるか，または標準形から変形によって得られたものであるから，規則 b1)-b3) によりすべて常に正しく（健全性），かつそうしたもののみを含む（完全性）と洞察するに十分である．ところで b1)-b3) に従い正しいと確立された標準形は，どの（Produkt）（連言分肢）でも少なくとも一つの基礎言明とその否定を要素として同時に伴うということによって特徴づけられる．基礎言明の任意の内容についてそうした標準形は正しい言明を表している（darstellen）ということが，否定と，「そして」および「または」の結合の意味から直接明らかである．だが，これらがまたそれらのみが，常に正しい唯一の標準形なのである．というのは，一つの（選言）標準形の各選言肢（Summenglied）（その分肢は連言（Produkt）の形式を持つ）の場合，各基礎言明が，否定されている，いないのいずれにせよ，要素として現れるなら，その連言肢（Produkt）は，（否定されていない記号に対し偽の言明を，

3 論理学とメタ数学（1917-1920） 269

その否定された記号に対しては正しい言明を代入することによって）偽の言明としうる．そのとき，一つの標準形の一つの選言肢（Summenglied）（それは連言分肢の形をもつ）は偽の言明を表し，よってその表現全体も偽の言明を表さざるを得ない（[LK, S. 9-10] in [*HLA*2, pp. 304f.]）．続いてヒルベルトはそのいくつかの例証を与えている．

以上，ヒルベルトは，命題論理の規則が任意の式を意味論的に同値の「連言肢の」選言標準形に変換することを許し（[LK, SS. 9-10] in [*HLA*2, pp. 304f.]），すべての常に正しい [(*immer/stets richtig*)] 命題式が当の規則で獲得可能なことを確立する．「正しい」は，文脈依存的で，意味論的にも統語論的にも用いられている．したがって，ある式が「（常に）正しい [((immer) *richtig*)]」のは，それが論理的に妥当であるときであるが，統語論的規則もまた「妥当規則（*Richtigkeitsregel*）」と呼ばれている．

以上で略解されている，上の非形式的な「完全性証明」は，こうした多義性が無害であることを示す．ついでヒルベルトは（例えば，「$(X \vee \neg X) \& Y$」（ここは '$(X + \neg X)Y$' とブール表記になっている）を Y にまたその逆への交換を許す）消去規則（*elimination rule*）を付加し，得られた体系が所与の公理体系のすべての命題的帰結の導出を許すものであることを示す（[LK, S. 12] in [*HLA*2, pp. 306f.]）．

例えば，A と $A \to B$ が公理の場合，すなわち，A は正しいから，b2) により $[A \vee B]$ も正しい．a3) により，$A \to B$ は「$\neg A \vee B$」に置換できる．よって b3) により，$[(A \vee B) \& (\neg A \vee B)]$ は正しい．これは a1) により「$(A \& \neg A) \vee B$」に置換され，a4) により B に置換される．かくて b4) により，B も正しい（[LK, S. 12] in [*HLA*2, p. 306]．この辺のテクストにも混乱が見られる．適宜訂正した）．

命題算の最後に，「双対性原理（Dualitätsprinzip）」に関連する証明を与えている [*HLA*2, pp. 308f.]．

(2) 関数算

量化論理の扱いも同様である．意味論は，述語と関係の直観的性質を利用して，非形式的に与えられる．変項は以下の所見を添えて導入される．すなわち，

> 変項（Variable）は論理的関数［述語と関係］の項（Argument）の役割を演じる．項の値（Werte）は確定した（bestimmt）対象である．ここで考慮されるべきなのは，（数論におけるように）異なる項に代入されうる値は，関数記号の意味によって確定された一定の定義域（*Definitionsbereich*）に制

限されることである．（[LK, S. 24] in [*HLA*2, pp. 312-3]）

全称記号（Allzeichen）'(x)' と存在記号（Seinszeichen）'(Ex)' が以下とともに導入される．

こうした言明が関係する変項 x の値，つまり，対象の範囲（Umkreis）は，関数 P の項の定義域によって確定される．（[LK, S. 25] in [*HLA*2, p. 313]）

このようにヒルベルトは，ラッセルと異なり，無制限の量化を許さず，量化子には，パース，シュレーダーの伝統で「談話領域（*universe of discourse*）」と称されるものの上への領域に制限される．

ヒルベルトは，A. 変形（Umformungen）（[LK, S. 32f.] in [*HLA*2, pp. 316f.]）で，命題算の規則に，量化式を操作するための一群の規則（変形規則）と B.（自由変項を含む場合の）正しさ（Richtigkeitsregel）の規則を加え，例として伝統的な三段論法（Barbara）（すなわち，$(x)(Mx \to Px)$, $(x)(Sx \to Mx)$, $\therefore (x)(Sx \to Px)$））や（Festino）（$(x)(Mx \to \neg Px)$, $(Ex)(Sx \& Mx) \therefore (Ex)(Sx \& \neg Px)$）の，以上の規則に基づく証明を与えている．以上から，規則に基づく（rule-based）1 階論理版が得られる（[*HLA*2, p. 279]）．

第 3 に，これらの論理学の扱いにおいて注意されるのは，ヒルベルトは完全性や統語論と意味論の関係といったメタ論理的な問題の探究を，正面からはしていないということである．このシフトの背後の動機には，パラドクスの分析があるように思われる．冬学期の講義当初 [*HLA*2, p. 1] でヒルベルトはこういっている：

[パラドクスを惹き起こす] 諸困難の消去には，明らかに，数学的証明の本性や構造についての精確な探究が必須である．その最初の道具が論理算である．

論理算では，純粋に規則に基づく形での命題論理と 1 階述語論理の提示（それらが数学的証明内で自然に生起しているように論理算を提示し，そうして論理的推論（inference）と数学的推理（reasoning）活動との分析を提供すること）が目論まれていたようにみえる，といわれる（[*HLA*2, p. 279]）．しかし，上記で見たように，ヒルベルトは，規則というときに，純粋に統語論的規則として提示してはおらず，意味論的な含みを自由に援用している点は注意すべきである．

こうしたヒルベルトの論理的探究，特に規則に基づく量化論理は，後のアッケルマンとの共著［GtL］では全く削除され，命題論理，1 階述語論理は公理論的に提示されている（その第 4 版（1958）の全面改訂で，初めてゲンツェン流の規則に基づく提示がなされる．石本新・竹尾治一郎訳は 6 版に基づく）．

しかし当の講義の目標は，数学的思考のいっそう直接的な提示を獲得することである．

3.2 厳密に有限的な数論

3.2.1 「数論の新しい基礎づけへの端緒」

講義「論理算」［LK］の第 III 部「数論の新しい基礎づけへの端緒（Ansatz zur Neubegründung der Zahlenlehre）」（［HLA2, pp. 325f.］）で，ヒルベルトは「論理計算の探究はここで打ち切る」と断り，急に考察の方向を変え，論理学の形式化から数論の基礎というトピックへと進み，無矛盾性証明の統語論的アプローチへの重要な一歩を踏み出す．

ヒルベルトは 1917/8 年講義で，ラッセルの論理主義的還元の試みや整数を 2 階の性質とする考えを賞賛してはいたが，還元公理には疑念を表していた．1920 年「論理算」［LK］講義では，論理主義プログラムを暗黙に，そして数か月後には公然と拒否するに至った．ヒルベルトはデデキント - カントルの高等解析の全体に満足すべき基礎づけを与えることを望んでいた．1917/8 年講義での型理論的還元はその「トップ・ダウン」の，1920 年の二つの講義は「ボトム・アップ」の仕事と見なしうる（［HLA2, p. 280］参照）．

(1) 確定数での計算

ヒルベルトは（［HLA2, pp. 45-7］で）数学と論理学の相互関係についての自らの説明を洗練し，公理的方法の存在的側面を再強調する．論理算によって数学理論を展開するには，対象の体系を与えねばならない．対象間の述語や関係は，適切な言語的記号と対応し，基本的関係の性質は式によって表現される．そうした式は，その記号算において公理（正しい式）として約定される．この基礎の上に，「全理論が純粋に関数算の規則の適用を通じて展開される」［HLA2, p. 45]．その二つの特徴は，第 1 に，論理が本質的に推論規則の集合として，内容中立的に（content neutral）見られている．すなわち，（論理主義のように）数学にその内容を付与するというより，論理規則の中立的枠組みが，公理体系の特定化によって数学的内容を追加される．第 2 に，ヒルベルトの用法では，公理体系は，単に無意味な言語的式の集まりではなく［HLA2, p. 280]，むしろ「諸対象のシス

テム（ないし複数のシステム）（ein System（もしくは mehrere Systeme）von Gegenständen）で，前提された確定的な基本的諸性質（bestimmten vorausgesetzten Grundeigenschaften）をもつ対象間に，一定の関係（gewisse Beziehungen）を想定しているのである」（[LK, S. 47] in [HLA2, pp. 325f.]）．言い換えれば，ヒルベルトにとっては，形式的演算は常にある解釈を伴っているのである．

こうした論理算の適用法をヒルベルトは，「われわれが新しい結果を引き出そうとする，ないしある理論の体系的提示を与えようとする限り，全く適切なこと」だという（[LK, S. 48] in [HLA2, pp. 326f.]）．しかし，数理論理学の仕事は，単に適当な推論的演算を展開することのみならず，また「数学の基礎を確かにすること」，特に自然数論の基礎をパラドクスから保護することである．「この見地から見ると，数論の公理の無矛盾性証明を現実に（wirklich）入手することが望ましい．だがいまのところ，誰もそうした証明を与えることができていない」(ibid.)．数論の無矛盾性証明の，論理や集合論によるフレーゲやデデキントの試みは失敗した．さらに，ヒルベルトによれば，これらの先行の試みは，数論のすべての問題は通常の方法で決定可能（entscheidbar）であるか，という問いに曝されている．「[無矛盾性や決定可能性という] 問題を解くには，数論の構築を通じ，また概念形成と推論のその発端からパラドクスを排除し，証明付与の手続きを完全に見渡し可能（überblickbar）な形にする，ということ以外の可能性は見当たらない」とし，以下でヒルベルトは，「数論の基礎づけへの端緒をどう考えるかを示したい」という（[LK, S. 48] in [HLA2, pp. 326f.]）．

そこでヒルベルトは，出発となる具体的なものとして記号（Zeichen）を採用する．ただし記号が時と所から独立で，些細な詳しい差異やその生成の特殊条件から独立に同一だと再認しうるという考え方を採りたい，という．そして記号ということで，さしあたり「数記号（Zahlzeichen）」を次の取り決めに従って選び出す．すなわち，

"1" は数記号である．"+1" の付加で数記号から生成されるものも数記号である．すると例えば，以下も数記号である：$1+1, (1+1)+1, ((1+1)+1)+1$
次に省略記号 "≡" を加え，すでに前もって導入された数記号と省略記号とで確定された系列（Reihenfolge）が生ずる．それに置換規則や，論理算からの論理記号（否定や量化記号）を応用して，等式を言明と解する（[LK, SS. 49-50] in [HLA2, pp. 326f.]）．

こうした手続きは，Z を「数記号である」とし，公理 $Z(1)$ と $Z(a) \to Z(a+1)$ を満足する記号とする．次に推論図式：$F(1)$ かつ $F(a) \to F(a+1)$ が導出可能な式ならば，$Z(a) \to F(a)$ を導出できる，を付加する．この推論規則は単に準帰

納法の一形式を表すに過ぎない．つまり，1=1 と $a=a\to a+1=a+1$ という導出可能な式から，$a=a$ を導出することはできず，より弱い式 $Z(a)\to a=a$ を導出できるにすぎない．個々の事例はなお一つの数記号についてその度ごとに確立されねばならない（[*HLA*2, p. 296]）．

　こうしたラディカルな構成主義的見地を採用することによって，順序数論の基礎を確保しようとする．1905年以来ヒルベルトは繰り返しクロネッカーを十分ラディカルでないと批判し，算術の交換法則さえ有限多の事例では正当化しえないと指摘してきたが，いまや，構成的算術が，少し後に有限的数学として登場するものよりいっそう厳格な基礎の上に，つまり特定の数記号の，より一般的には，閉じた項の間の等式のみからなるものとして展開される．数記号の直観的な一般的概念はいまだ想定されておらず，$x+y=y+x$ のような等式に，構成的でもっぱら規則に基づく解釈が与えられる．しかしすべての数字の体系には至りえない．

(2) シンボル式

　シンボル記号（symbolische Zeichen）とシンボル等式，シンボル等式の証明例，排中律すべての数についての文を表現するような数論的式，例えば，$x+y=y+x$ をシンボル式（*symbolische Formeln*）と解する．

　だが「本来の意味での普遍的判断が正しいのは，いかなる反例も存在しないときそのときに限る．シンボル等式の場合には，反例が既知の場合には，正しくはありえないと，明らかに知られている．だが，あるシンボル等式（*symbolische Gleichung*）が正しいのか，あるいは反例によって反証可能であるに違いないのかを，述べることはできない．というのは，正しい式は証明規則の体系に依存し，この選言肢は，証明規則の助けでどの反証可能でないシンボル等式も証明されうるといった前提の下でのみ自明であるに過ぎないからである．

　しかしこの前提は，すべての数論的な問いが肯定的な意味で解かれたと軽々に想定したことに由来するものだろう．

　こうした考察によって，ブラウワにより近年提起されたパラドクシカルな主張，すなわち，無限的体系については，排中律（tertium non datur）はその妥当性を失うという主張の，意義への理解を獲得しうる」（[LK, SS. 61-2] in [*HLA*2, p. 334]）．

　よって，この解釈では，排中律が成り立たないし，したがって，この接近法は古典数学の基礎を確保できない．

　しかしこの欠点は，後続の講義「数理論理学の問題」（1920）で採用される戦略で応接される．ここでも基礎論での相対立する接近法に対する慎重な再検討の

後に，ヒルベルトは数論に関する構成主義的基礎の背後にある考察を，詳細な形式論理的な仕事と結び付ける．1904年のハイデルベルグ講演，1917年のチューリッヒ講演でもすでに，ヒルベルトは「証明論（Beweistheorie）」を擁護していた．しかしいまだその示唆を体系的に追求してはいなかった．

3.2.2 「数理論理学の問題（PML）」（1920夏学期）

ヒルベルトの接近法の特徴と考えられる有限的無矛盾性プログラムへの発展は，すでにハイデルベルグ講義（1904）で唱道していた統語論的アプローチへと復帰した1920年夏学期の講義「数理論理学の問題（PML）」から始まる．

この講義（PML）の7節「数論の無矛盾性証明へのヒルベルトの考え」[HLA2, pp. 365f.] で，その最初のステップ，つまり，否定を等式のみに適用する極度に制限された数論部分に対する無矛盾性証明，が見られる．この7節の数論部分も，16年前の1904年のハイデルベルグ講演で提示されたのと同じ算術断片の無矛盾性証明を含む．

以下の記号が導入される：

a) 「代入可能な記号」：文字 $a, b, \cdots$，非論理的定項 $1, +1$ および 1 から $+1$ の付加によって，$1+1, (1+1)+1, ((1+1)+1)+1$ 等々のように，文字や複合記号が代入可能とされる．

b) $=$ と $\neq$ が関係記号で，"$=$" は純粋形式的に解され，論理的相等性とは無関係である．

c) "$\to$" が唯一の論理記号で，"$A \to B$" は「A から B が帰結する」を意味する．

以上の a），b），c）で導入された記号は「全く無内容（völlig inhaltslos）」である．「こうした記号に内容が帰属される（zukommen）のは，それを再認し（wiedererkennnen），同一視し（idenzifizieren），区別し（unterscheiden），あるいは代入できる（einsetzen können）ものとしてだけなのである．1のような，こうした記号に関しては，それを黒板にチョークであるいは紙にインクで書こうと，同一であり，およそ時と所，また特定の生成から全く独立だ，という立場を取らねばならない」([PML, §7, SS. 36-7] in [HLA2, p. 365])．

「同じ」記号や「異なる」記号について語るときには，「形式的な同一性関係 Id (x, y) の意味でではなく，純粋に直観的に解される」([PML, §7, S. 37] in [HLA2, p. 366]) という．

次に，以下の公理（基本式）が立てられる：

① $1=1$, ② $(a=b) \to (a+1=b+1)$, ③ $(a+1=b+1) \to (a=b)$, ④ $(a=b) \to ((a=c) \to (b=c))$.

これだけではまだ数論の十分な基礎を与えず,なお二つの公理:帰納原理と公理⑤ $a+1 \neq 1$ が必要である.さらに公理がどのように適用されるかの指示（Anweisung）を要する.つまり,「証明」ということをどう理解すべきかを定義しなければならない.

差し当たり,推論（Schluss (MP)）を以下のシェマで定義する.

A
$\underline{A \to B}$
$B.$

証明は推論からなり,どの場合も,式 A と式 $A \to B$ は,（$1=1$ のように）基本式から代入により直接生ずるか,または先行する推論の終式（Endformel）と一致するかである（[PML, §7, S. 37] in [HLA2, p. 366]）.

なお証明にはさらに,途中の式の除去による短縮（kürzen）が要請される.

ある式が「正しい」といわれるのは,$1=1$ と同一であるか,基本式から代入によって生成するか,証明の終式として与えられるかである.

例：$1+1=1+1$ は正しい.以下はこの式の証明である（[PML, §7, S. 38] in [HLA2, p. 366]）.

$1=1$
$\underline{(1=1) \to (1+1=1+1)}$　（② $(a=b) \to (a+1=b+1)$ の適用）
$1+1=1+1$

こうしてヒルベルトは,「大いなる目的,つまり数論の無矛盾性の証明によって,数学を再び厳密科学に復帰させ,明晰性と確実性の見本という旧来の名誉を回復しようという目的に近づこう」とする [PML, §7, S. 38].

先述の四つの公理,および $a+1 \neq 1$ と帰納公理の,相互の無矛盾性が検討される.

　　通常の数論の思考法にとっては,数は対象として明示可能なもの（das gegenständlich-Aufweisbare）なものであり,数についての命題の証明はすでに思考領域（das gedankliche Gebiet）に属する.われわれの探究に際しては,証明自体（Beweis selbst）が明示可能なもの（etwas Aufweisbares）であり,証明についての思考によってわれわれはわれわれの課題の解決に至る.

物理学者がその装置を，……哲学者が理性批判を扱うように，数学者は，どの数学的命題をも証明批判によって確実としうるために，この証明論（Beweistheorie）を用いるのである．（[PML, §7, S. 40] in [HLA2, p. 367]）

さて，実際 $a+1=1$ の形式の式が公理①からは得られないことを示すために，次の命題を証明する：
　1）正しい式は，記号→をたかだか2回しか含み得ない．というのは2回より多くの記号→をもつ式は基本式には現れず，証明の終式は，正しい式のみだからである．
　2）式 $(A→B)→C$ は正しい式ではありえない [PML, S. 40].
　3）記号→が現れないような正しい式は，$a=a$ の形をもち，両辺に同じ代入可能な記号が現れる（[PML, S. 41] in [HLA2, p. 367]）．
これらを破ると，いずれも矛盾に陥るからである．

　なお帰納原理からはいかなる矛盾も生じず，帰納原理によって式 $a+1=1$ が証明可能でないことを示さねばならない．

　しかしこの講義では，ヒルベルトはその証明の思考行程を暗示することに止めている．差し当たり，a の代わりにある代入可能な記号が現れ，記号 Z 自身は代入可能でないような，新記号 $Z(a)$ を導入する．その記号の特徴づけに次の公理：$Z(1)$ と $Z(a)→Z(a+1)$ を基本式に添加する（[PML, S. 43] in [HLA2, p. 369]）．

　他方，数字 n（n は非公式）について式 $Z(n)$ は上記の公理で証明可能だから，式 $Z(a)$ は「a は数記号（Zahlzeichen）である」という言明で解釈できる．この新記号の適用により，帰納原理は次のように定式化される．すなわち，

　　$F(a)$ を式とせよ．すると $F(1)$ と $F(a)→F(a+1)$ は正しい式である．そのとき $Z(a)→F(a)$ は正しい式である．

　この公理は，実際通常の完全帰納法の原理と同じである．というのは，ある数記号について，$Z(n)$ が証明可能で，かつ式 $Z(n)→F(n)$ によって，式 $F(n)$ に至るからである．

　すると上記の帰納公理の無矛盾性証明の問題が生ずる．これらの公理と Z に関する二つの公理によって，四つの基本式から証明可能でないいかなる等式も，証明可能でないからである．

　つまり，帰納公理の適用は次のことにおいてのみ成立する．すなわち，正しいと確定された二つの式 $F(1)$ と $F(a)→F(a+1)$ から，$Z(a)→F(a)$ へと移行し，それから a の代わりに，すでに $Z(u)$ が証明されている記号 u が代入され，か

つ次の推論
$$Z(u)$$
$$\frac{Z(u) \to F(u)}{F(u)}$$

によって，式 $F(u)$ が導出される（[PML, S. 44] in [$HLA2$, p. 370]）．

ここではしたがって，帰納公理は式 $Z(u)$ から $F(u)$ への移行を与える．しかしこうした移行は必要ではない．記号 Z は二つの式 $Z(1)$ と $Z(a) \to Z(a+1)$ で特徴づけられるから，その至る所で記号 Z に F を代入すれば，$Z(u)$ の証明から $F(u)$ の直接の証明が出てくる．

以上の考察で，帰納原理が他の公理と調和するのみならず，この公理の適用が，何の新しい等式にも至らず，単にその証明を短縮するのみなので，ある意味でこの公理の証明がもたらされる（[PML, S. 45] in [$HLA2$, p. 370]）．

以上で，数論の通常のすべての公理がすでに導入され，無矛盾性の問いも探究されていたのである．にもかかわらず，これでは，数論の基礎づけへの最初の一歩がなされただけである．というのは，多様な計算操作，とりわけ，加法と乗法が導入され，さらなる概念形成（関係 $a<b$，最大共通部分という概念等）が結びついており，さらには推理形式が，数論的命題の証明にまで及ぶように拡張されねばならない．

　　加法と乗法の導入は以下の等式による．それらは「短縮」の定義等式と考えうる．
　　⑥ $a+(b+1)=(a+b)+1$，⑦ $a \cdot 1 = a$，⑧ $a \cdot (b+1) = a \cdot b + a$．（[PML, S. 45] in [$HLA2$, p. 371]）

新しい記号ないし概念の導入によって，証明の可能性が変容し，毎回無矛盾性の新しい検証（Nachprüfung）が必要になる．つまり，そのつど新しい概念（ないし記号）の適用で，例えば式 $a+1=a$ が証明可能でない，との証明をしなければならない．

　　以上で数論の無矛盾性の完全な証明への指針（Richtlinien）が与えられ，その遂行は明らかにいっそうの大きなまた困難な課題を示す（[PML, S. 46] in [$HLA2$, p. 371]）．

3.2.3　ヒルベルトの自筆手稿——算術の無矛盾性証明への新しい展望と自然演繹の示唆

PML の末尾でヒルベルトは，無矛盾だと証明された純粋な等式理論を超える

ような算術理論を定式化している．その証明論的処理は，新しい展望と全く異なるテクニックを要する．その最初の示唆は，ヒルベルト自筆の無題の手記であると推測される[9]．

ヒルベルトは，この自筆手稿で，量化記号なしの数論断片の無矛盾性証明のための新しいテクニックを検討している．この手稿は，明らかに1920年夏学期の終わりから1921/2年冬学期のはじめに執筆された．この手稿が，コペンハーゲン（1921年3月15日と17日）およびハンブルグ（1921年初夏）での講演前に書かれたと考えられる有力な理由があるとされる．「数学の新しい基礎づけ(Neubegründung der Mathematik，以下，NBM)」の公刊［Hilbert 1922a］は，これらの講演に依拠し，そこで報告されている成果は，1920年夏学期の講義録（「数理論理学の問題」［Hilbert 1920b］）と「数学の新しい基礎づけ（NBM）」［Hilbert 1922a］からのノートとの過渡期に位置している．それゆえ，この手稿は，証明論的テクニックの展開を理解するのに体系的重要性をもつ．またそれは，ヒルベルトが自らの証明論の斬新な探究をどのように際立たせたかを示すので，歴史的な意義をもつ．

手稿の基本系は，等号，後者（1の和）および Z（数）記号に関する次の公理からなる：

1) $1=1$, 2) $a=b \to (c=b \to a=c)$, 3) $a=b \to a+1=b+1$, 4) $Z(1)$,
5) $Z(a) \to Z(a+1)$, 6) $a=b \to (Z(a) \to Z(b))$.

量化記号なしの数論断片の無矛盾性証明のために，ヒルベルトは，明示的でないが，MPに加えて'$\to$'に関する少なくとも次の4つの新しい推論規則を導入し，それらが証明中に現れる式の長さの固定した制限を除去する．

$$(\to 1)\frac{B}{A \to B} \qquad (\to 2)\frac{\begin{array}{c}A \to B \\ B \to C\end{array}}{A \to C} \qquad (\to 3)\frac{A \to (B \to C)}{B \to (A \to C)} \qquad (\to 4)\frac{A \to (B \to C)}{(A \to B) \to (A \to C)}$$

ヒルベルトはここでは「証明」を定義していないが，NBM論文から明らかなように，証明とは，その推論の各前提が，公理（の事例）かまたは先行の推論の結論であるような（有限の）推論列である［HLA2, p. 381］．

ヒルベルトの基本系は否定記号も否定の原始述語も含まないので，（古典的）無矛盾性は当然である．等式 $k=l$ が公理1)-6)から導出可能なのは，k, l が同じ記号かないし同じ記号を指す場合のみである．続いて証明の具体例が挙げられ，

---

[9] Chap. 2 第3文書：「算術断片の無矛盾性証明（Consistency proof for fragments of arithmetic）」in［HLA2, pp. 396-410, intro. pp. 378f.］から補足（これはChap. 3, Siegによるintro. p. 418との齟齬が疑われる）．

また証明の短縮が論じられている．

最後に無矛盾性証明が取り上げられる．ヒルベルトは，以上の公理系を，次の二つの公理の追加で拡張する：

$1')\ a=a,\quad 3')\ a+1=b+1 \to a=b.$

次のステップとして，以下の公理を付加する：

$7)\ a+1 \neq 1.$ [HLA2, p. 388]

こうして明示的な矛盾が表現可能となり，無矛盾性証明が得られる．簡略には，公理系 1)–7) が矛盾すると仮定すると，1)–6) から $t+1=1$ 形の等式が証明可能となり，7) と矛盾する．よって体系 1)–7) は無矛盾である．

ヒルベルトは，この無矛盾性証明を一歩ずつより強い体系に拡張する．例えば，

$8)\ a \neq b \to a+1 \neq b+1.\quad 8')\ a+1 \neq b+1 \to a \neq b.\quad 9)\ a=b \to (a \neq c \to b \neq c)$

を付加した公理系も同様に無矛盾である．また次の公理 10) を加えた公理系の無矛盾性証明は特に興味深い．その体系は，ターム の体系的代入（systematic substitution）という全く新しい方法を含むからである．

$10)\ 1+(a+1)=(1+a)+1.$ （詳細は [HLA2, p. 390] 参照）

この手稿は，1920 年の夏学期講義から 1922 年公刊の「数学の新しい基礎づけ (NBM)」への過渡期に属することが強調されねばならない．1905/20 年の時期の導出中に現れる式は長さ（複雑性）が制限されている．その制限によって，正しさの証明は偽な等式の相対的に最短の証明という想定によってなされる．NBM ではヒルベルトは，最小数原理という形式のいっそう明快な原理の導入で，無矛盾性証明をよりスムーズに行っている．1920 年講義の最後で算術的公理の付加により基本体系を拡張するプログラムを略述している．またヒルベルトは，算術的定理を証明するのに十分なように推論形式を拡張したということを自覚している．手稿では，条件法に関し，MP 以外に ($\to 1$)–($\to 4$) を導入し，計算が MP と ($\to 1$) のみに制限可能で，よって無矛盾性証明も簡略化可能だと述べており，($\to 1$) により，導出における式の複雑性はもはや制限されない．

[HGA. III] の編者は，NBM が証明論の第 1 期から第 2 期への移行を反映しているという (p. 379)．第 1 期は上記のように，その論文 (pp. 168-70) の基礎体系の扱いに関わる．編者によれば，pp. 174ff. で表される第 2 期は，NBM の「意図された形式化 (intended formalism)」に関わっている．ヒルベルトはここで，ただ二つの推論規則，MP と代入のみに，しかし帰納シェマを含む多くの論理的および算術的公理を伴う形式化に戻っている (p. 392)．

論理的公理は以下のようである．

1. $A \to (B \to A)$ （推論規則 ($\to 1$) に対応）

2. $(A \to (A \to B)) \to (A \to B)$
3. $(A \to (B \to C)) \to ((A \to B) \to (A \to C))$ （推論規則（→3）に対応）
4. $(B \to C) \to ((A \to B) \to (A \to C))$ （推論規則（→2）に対応）

　この手稿でのヒルベルトの探究は，初めて命題論理を条件法に関する規則によって与えられるものとして体現している算術断片を扱っている．新しいテクニックを要求するのは，この「推論的拡張（inferential expansion）」である．このテクニックは，いま定式化した無矛盾性の成果を証明するのに，1921/2年冬学期のその後の講義では使用されていない．この手稿とNBMとが過渡的であるといういっそう深い意味がある．この手稿での「対象理論」は論理的に弱く（直観主義論理の断片），そのことはNBMでの「意図された形式化」にも当てはまる．後者では，否定に関する公理は算術的不等性のみに制限された．ヒルベルトは実際，この形式化の構成的側面の重要性を強調している［Hilbert 1922b, p. 173］．しかし1921/2年冬学期講義用のベルナイスによる推敲原稿（Ausarbeitung）では否定に関する十全な公理が使用されている（すなわち，$A \to (\neg A \to B)$ と $(A \to B) \to ((\neg A \to B) \to B)$））．この推敲原稿では，証明論が「ヒルベルト証明論」として導入され，有限的数学が初めて追究されており，対象理論とメタ理論の区別は，従前の古典論理での対象理論と，制限された有限的原理のみが使われるメタ理論との区別として明確にされている．以上のような考察は，ヒルベルトのライプツィッヒ講演「数学の論理的基礎（Die logischen Grundlagen der Mathematik, LGM（1922/3）（1923/4））」［*HLA2*, pp. 528f.］で提示されることになる．この論文は，ベルナイスによれば，証明論の原理的基礎を提示しており，ヒルベルトの証明論的プログラムが，初めて十全に分節されている［*HLA2*, p. 394］．この論文にはまたゲンツェン流の自然演繹への示唆も認められる．

　　ライプツィッヒ講演でわれわれが出会う証明論（Beweistheorie）の形成とともに，その構想の基本的な形（die grundsätzliche Formen [der Anlage der Beweistheorie]）が達成されたのである．（[Bernays 1922a] in [*HGA*. III, p. 204]）（強調は引用者）

4　論理学から証明論へ（1920-1925）

　1920年夏学期の講義は，算術のごく弱い断片の無矛盾性証明に関わるのみであった．問題は，これら無矛盾性証明を，より強い，数学的にはより興味深い体系

4 論理学から証明論へ（1920-1925）

にも拡張可能かどうかであった．だが「拡張」は，ヒルベルトの証明論とその有限的無矛盾性計画に至る瞠目すべき数学的・論理的および方法論的な突破（break through）を必要とする．この現状打破に向かう進展はしかし，1920 年代最初の論文，「数学の新しい基礎づけ（NBM）」［Hilbert 1922a］，「数学の基礎（Grundlagen der Mathematik, GM）」［Hilbert 1921/2］（in［HLA2］）には不完全にしか反映されていない．

ヒルベルトは，証明論（GM）（［Hilbert 1921/2］in［HLA2］）のテーマについて，1921 年に最初におそらくゲッティンゲンで，それから翌春コペンハーゲンで，最後に同年夏ハンブルグで講義をした．これらの講義がヒルベルトの新しい基礎論研究の最初の公刊論文「数学の新しい基礎づけ（NBM）」［Hilbert 1922a］の基礎となった．これらの講義でヒルベルトは，ワイルとブラウワによる古典数学の拒否に対し，公然と反対の立場を表明する．これは数学者，哲学者たちにヒルベルトの立場への深い関心を喚起した．ベーンケ（H. Behnke）がヒルベルトの 1921 年夏のハンブルグ講義の衝撃について短い記述を与えている．

> ヒルベルトはここハンブルグで「数学の新しい基礎づけ（NBM）」を講演した．それはワイル，ブラウワと対峙するもので，この二人は排中律に挑戦し，それゆえに実数の存在に疑念を提示し，数学者の間に懸念（Unruhe）を惹き起こしていた．ヒルベルト講演後の討論では，カッシーラー（E. Cassirer）（ハンブルグ大哲学教授），ショルツ（H. Scholz）（キール大数学，後にミュンスター学派の創始者で，ドイツでの数理論理学［およびフレーゲの遺稿編集出版］の推進者），コワレウスキ（ケーニスベルグ大学，ファイヒンガー（Vaihinger）「かのように（als ob）」のカント解釈に従う哲学の推進者）等が発言していた．議論は通常の数学講演よりずっと活発で根本的なものだった．われわれは，ヒルベルトが直観主義者の攻撃に反駁して，数学の確固たる確実性を守ろうと自負していると悟った．［Behnke 1976, p. 231］［HLA2, p. 13］

ヒルベルトのメタ数学的見解はいまだ十分展開されていないとはいえ，しかし上記（NBM）は，ヒルベルト計画の最初の定式化である．ここには的確な哲学的展望と証明論的テクニックの確かな感覚が見られる（Sieg's intro. in［HLA2, p. 418］）．先述のように［HLA2, p. 394］，ベルナイスは，「ライプツィッヒ講演での証明論の形成で，その構想の基本的な形が達成された」と言っていた（［Bernays 1922b, p. 204］in［HGA. III, p. 204］）．

4.1 ベルナイスの要約

　上記のヒルベルト講演を承けて，1週間後のドイツ数学会（1921年9月18-24日，イエナ）の講演「算術の基礎づけに対するヒルベルトの考えについて（Über Hilberts Gedanken zur Grundlegung der Arithmetik）」（1921年9月23日）（[Bernays 1922a]，英訳 in [Mancosu 1998, Chap. 13] ヒルベルト全集版 [HGA. III, 1935] 所収）で，ベルナイスは，内容豊かな証明論を新しく展開しているヒルベルトの考えを提示し，体系的・歴史的に広汎なコンテクストに位置づける．以下でまず，このベルナイスの講演の骨子だけを紹介しよう（やや詳しくは後述）．ベルナイスは，ヒルベルトの基礎論的アプローチを分析し，提起された解決の「暫定的な性格」を明示している．「ヒルベルトは，解析学と集合論を含む算術の厳密な基礎を提供するために，ある「超越的な想定」をしているが，こうした想定に対しどのような立場を採るべきであろうか」．

　ベルナイスによれば，「1920年以来ヒルベルトが探究してきた，二つの立場のうち第1の，フレーゲ，ラッセルの論理主義は破綻したと判定される [HLA2, p. 13]．第2は，クロネッカー，ポアンカレ，ブラウワ，ワイルに結びつけられる立場で，前者の存在想定を，構成の要請に置き換える構成主義的基礎論である．しかしベルナイスは，その方法論上に課す制限が適切とは見なさない．これら二つの基礎論の立場から，ヒルベルトは肯定的で生産的なもの，すなわち，論理主義からは，数学的推論の厳密な定式化を，そして構成主義からは，構成の強調を取り出す．「ヒルベルトは，構成的な態度が，超越的なものに向かう原理的な立場を発見する端緒（Ansatz）の一部と見なしている．厳密科学の趨勢は，可能な限り最も原始的な「認識手段」の使用のみを，原始的な直観的認識のみを，使用するという仕方で，これら「超越的な想定」を基礎づけることが可能でないかどうかを，試みるであろう．」（[Bernays 1922a, p. 11] in [HLA2, p. 14]）．

　以上のヒルベルトの新しいアプローチをベルナイスは，全古典数学の構成的な基礎のためのひとつの選択肢となる道具だと解する．その大きな利点は，「数学の基礎づけで示される諸問題・諸困難を，認識論的・哲学的領域から数学固有の領域へと移行させる（das Gebiet des eigentlich Mathematischen überführen）こと」（[Bernays 1922a] in [HLA2, p. 19]）だと評定する．こうした評定により，ベルナイスは，ヒルベルトの4年間の集中的な仕事の，上記のような見事な要約を提示したのである [HLA2, p. 14]．

　数週間後の1921/2年冬学期のヒルベルトの講義で，「ヒルベルト証明論」と「有限数学」という用語が初めて登場する．ヒルベルトの講義用に用意した以下

の「梗概」（1921年10月7日にヒルベルトに送付）でベルナイスは，この講義が証明論で終了する予定だとしている（こうした準備がベルナイスの重要な仕事であり，それは普通の意味での助手ではなく，ヒルベルトの共同研究者（Mitarbeiter）という方が適切だろう）．

I. 無矛盾性ないし独立性証明の従来の方法
    A. 論理学の言明算での例
    B. 還元の方法
        例：1) ユークリッド幾何の無矛盾性
           2) 平行線公理の独立性
           3) 複素数計算の無矛盾性
II. 算術の無矛盾性問題への対処の試み
    A. 論理への還元は無益と判明．算術の立場はすでに形式的に最も普遍的であるから．（フレーゲ，ラッセル）
    B. 構成的算術：数を特定の種類の記号（Als Zeichen von bestimmter Art）と定義．
III. 構成的思考のさらなる理解（Fassung）：証明の構成，それにより高階の推論法の形式化に成功し，無矛盾性問題の普遍的方法が把握される．
    それから証明論の詳論が始まる．（[*HLA*2, fn. 28（Cod. MS. Hilbert, 21），p. 15] 参照）

もっとも上記のベルナイスの梗概での「構成的（konstruktiv）」という表現は，ヒルベルトの講義そのものでは，「有限的」に変更されているが，大差はない．

ヒルベルトの戦略は，クロネッカー流の構成的要求を数学自体からメタ数学に変移させることである．こうして次の二つの課題を同時に解こうとする．(i) 無矛盾性証明がそれを基礎に遂行されるべき立脚点（有限数学）の確立と，(ii) その内部で数学が体系的に展開できるような広範な形式的枠組みの確立とである [*HLA*2, p. 16]．

この講義ノートは，予め特定済みのプログラムではなく，形式理論の無矛盾性証明の賦与という手強い困難の克服のため，急速に進展しつつある斬新で創発的な数学的仕事を提示しようという，より柔軟なものであった．しかしそれにはゲーデルの不完全性定理が立ちはだかることになる．この証明論的探究の展開は複雑で，資料としては，ヒルベルト講義の公式タイプ刷に加え，3章は (a) 1922/3年以降のベルナイスの推敲草稿（Ausarbeitung）の冒頭部，(b) その講義用の

コラム　クネーザー，ゲンツェン，ベルナイス

　クネーザー（Hellmuth Kneser）は，数学者アドルフ・クネーザー（A. Kneser）の息子で，1916年からブレスラウ（Breslau）の大学に在学，ゲッティンゲンに移り，ヒルベルトの指導下，量子論の数学で1921年学位を取得，ゲッティンゲンに留まり，1922年に教職ポストにつく傍ら，ヒルベルトの講義（1921/2, 1922/3および1924）の講義録を作成する（[HLA2, pp. 565-643] に貴重な資料を提供している）．1925年にバルト海沿岸のグライスワルト（Greiswald）大学教授となり，量子力学，トポロジー，解析学，幾何学，群論などの広範な領域で貢献した．

ゲンツェン

　1909年グライスワルト生まれのゲンツェンは，少年時代をバルト海のリューゲン（Rügen）島のベルゲン（Bergen）で送る．第1次世界大戦後父の没後，1920年にシュトラールスント（Stralsund）に移り，1928年にギムナジウムを終了．奨学金を得て，グライスワルト大学に登録，クネーザー教授に数学の才能を認められる．クネーザーの助言で，1929年にゲッティンゲンに登録，2学期を過ごし，1930年夏学期をミュンヘン，1930/1年冬学期をベルリンで学び，ゲッティンゲンに戻る．1931年夏学期に，ヘルツ [Herz 1929] の導入したシークエント・システム（sequent system）の研究に従事，1932年2月投稿，クネーザー宛書簡（1932年12月13日）で，「算術における論理的演繹の無矛盾性証明を発見することを自分の特定課題とし，ほぼ1年間この仕事に取り組んできましたが，間もなく終わります」と伝えている．翌年受理され「数論の無矛盾性証明」として出版される（[Gentzen 1936] in [Gentzen 1969]）．同時期にベルナイスの下で学位論文の執筆を開始する．ベルナイスはナチスによりゲッティンゲンを追われてスイスに逃れるが，その間も師弟は緊密に連絡をとり，博士論文は1933年6月に受理，「論理的推論の探究」として出版された（[Gentzen 1935] in [Gentzen 1969]．過酷な研究と繊細な精神のゆえにいったん帰郷（[HLA2, 801-2f.]；[Szabo 1969, p. viii] in [Gentzen 1969]），ナチス党員だったともいわれるが，敗戦後プラハの強制収容所で餓死した（Szabo, loc. cit., 杉浦光夫編『20世紀の数学』p. 6, ）．ゲンツェンの「自然演繹（natural deducton）」の着想には，よくヘルツの名が挙げられるが，ヒルベルトとクネーザー，ベルナイス，クネーザーとゲンツェンという緊密な師弟関係を見ると，ヘルツと並んで，この当時のヒルベルト講義が影響を与えた可能性はおおいにあると思われる [von Plato 2009]．

ヒルベルト自身の手書きノート，(c) 1921/2年講義用，1922/3年用および1923/4年用のクネーザーの筆記録（Mitschriften）がある（その存在をヒルベルト自身が知っていたかどうかは疑わしい．[*HLA*2, Chap. 3, pp. 418f.] に収録）．

4.2 証明論の展開

4.2.1 直接的証明（GM）(1921/1922)

　以下，証明論的展開，つまり，算術の体系に統語論的無矛盾性証明を与えるというヒルベルト・プログラムの展開に焦点を当てよう（[Sieg 2013b, Introduction to Chap. 3, pp. 419f.] in [*HLA*2]）．

　この計画は，1904年の（その証明は数論の純粋に等式体系に対して提示された）ハイデルベルグ講義に端を発し，1920年夏学期の論理学講義で若干の再定式化がなされ，やがて1921/2年冬学期に全く新しいテクニックを伴う量化子なしの体系（本質的に原始再帰算術）に拡張される．量化子の扱いにつき若干の指示が最初にあり，続いてこれらのテクニックが洗練され，解析学の無矛盾性確立へのヒルベルトの広範な見解の基礎となる．アッケルマンの博士論文（1924）とその発刊 [Ackerman 1925] がこの計画の直接の成果とされる [*HLA*2, p. 419]．

　ヒルベルトの数論は，帰納原理と同値な最小数原理を使用し，それも，純粋な存在要請という非常に初等的な形をとる．ヒルベルトの主要な形式体系は，普遍量化の規則を含む．しかし否定は等式に限るので，存在量化はない．普遍量化には四つの規則がある．すなわち，① 任意の式が普遍量化され，また普遍量化された式の量化子は消去可能で，② 束縛変項は変更可能，③ 隣接する冠頭の普遍量化子は交替可能で，④ もし $(b)(A \to B(b))$ がある式 C の部分式なら，b が A 中に現れなければ，$(A \to (b)(B(b))$ で置き換え可能である．

　この論文第2部で，上述の理論が拡張される．基本式は，公理 $1=1$ の $a=a$ への置換，$1+(a+1)=(1+a)+1$ と，先行関数 δ に関する，$a \neq 1 \to a = \delta(a)+1$ との公理によって，変形される．等号に関するシェマ：$a=b \to (A(a) \to A(b))$ の決定的拡張は，基本理論への以下の帰納原理とある論理的原理との添加にある．

　　$(a)(A(a) \to A(a+1)) \to (A(1) \to (Z(b) \to A(b)))$.

論理的原理は2群に分かれる：最初の群は条件 $\to$ 以下のように支配する．

　　$A \to (B \to A), (A \to (A \to B)) \to (A \to B), (A \to (B \to C)) \to (B \to (A \to C)),$
　　$(B \to C) \to ((A \to B) \to (A \to C))$　[*HLA*2, p. 421]

形式体系を構成的にするため，否定は等式のみに制限される．

　　$a \neq a \to A, (a=b \to A) \to ((a \neq b \to A) \to A))$.

しかしいまだ最終的なメタ数学的方向は採用されていない．

ヒルベルトは「算術のすべての式と定理が形式的な仕方で入手できる」と主張する．[HGA. III] の編者たちは，その無矛盾性に関し，「再帰的等式による関数の導入のためのシェマ」を付加すべきだとコメントし [HGA. III, S. 176, n. 1]，その無矛盾性の及ぶ範囲は，普遍量化子を除去し，帰納公理を帰納規則と交換する場合にのみ成り立つと主張する．すると無矛盾性は，初等再帰的算術を含む理論に関して主張されることになる [HLA2, p. 423]．

4.2.2 有限的証明論――命題論理

1921/2 年冬学期にヒルベルト－ベルナイスは 1922 年論文 [Hilbert 1922b] の制限された結果に新しいテクニックを用いる．その証明はクネーザー筆記録の若干の手直しに相当する．

この仕事は，証明論的探究の全く新しい方向を表し，難しい技術的および方法論的争点の部分的解決を要する．最初の争点のグループは，特に量化子の扱いを含む．それは，無矛盾性が 1917/8 年講義での形式化，また一般に古典数学的実践を表す形式化を確立するのには必須である [HLA2, p. 423]．以下の 3 節で，量化子なしの言明の証明から量化子消去のヒルベルトの方法が記される．第 2 の争点は，メタ数学的手段の範囲（内容的帰納を含むか否か）と，探究されるべき形式体系の性格（準構成的かどうか）とに関わる．後者には単純な技術的解決があり，否定に関する公理中の（不）等式を任意の式 B（の否定）で置換することである．公理は以下となる．この改訂で [Hilbert 1922/3] の体系が得られる：

矛盾原理：$B \rightarrow (\neg B \rightarrow A)$；排中律：$(B \rightarrow A) \rightarrow ((\neg B \rightarrow A) \rightarrow A)$

だがベルナイスによれば，この解決は，新しい哲学的展望を要する [Bernays 1922a]．

このベルナイス論文は，1921 年初秋に執筆され，無矛盾性プログラムが定式化された（先述の（p. 283）ベルナイスの「梗概」を含むヒルベルト宛書簡（1921 年 10 月 17 日）（[Sieg 1999, pp. 35-7] rep. in [HLA2, Sieg's Introduction, p. 14] 参照）．この論文でベルナイスは，公理により定式化された構造的条件を満足する対象のシステムを常に前提するヒルベルトの存在的公理論（*existential axiomatics*）に対しどのような原理的立場を採るべきかという問題が生ずる，と指摘する．

すなわち，解析学と集合論を含む算術の厳密な基礎を提供するために，ヒルベルトは，「数学にとって何か超越的なもの（*transzendentes*）がある」と想定しているが，この想定に対し，「どんな原則的な立場を取るべきかといった問題が生ずる」（[Bernays 1922a] in [Mancosu 1998, p. 215] [HLA2, Sieg's Introduction, p. 10]）．「数学的に何か超越的な基本的想定（die mathematisch *transzendenten*

Grundannahmen) を，論理的に必然だと示す (anweisen) ことには成功しないから，その想定をなしですますことはできないのかといったことが問われる」 ([Bernays 1922a] in [Mancosu 1998, p. 216] [*HLA*2, p. 14, fn. 24]) といったように，ベルナイスは，ヒルベルトの解決の「暫定的な性格」を指摘している（ここでの争点は，カントの『純粋理性批判』弁証論で，科学的並びに数学的探究が，フェノメナール (phenomnal) な現象 (Erscheinung) を超えた何か超越的 (*transzendent*) で英知的な (noumenal)「物自体」およびその諸関係の想定を要するか否か，といった問題と連関するかもしれない ([Körner 1960, Chap. III] 参照)．

先述のように，ベルナイスも，1920 年以来ヒルベルトが探究してきた二つの立場のうち，フレーゲ，ラッセルの論理主義は破綻したと判定されるが ([Mancosu 1998, p. 218] [*HLA*2, p. 13])，他方上記の存在想定を，構成の要請に置き換える構成主義的基礎論に対しては，ベルナイスは，次のようにいう．

> その方法論上に課す制限が，古典数学や論理主義的基礎論に見られる最も成功した，最もエレガントで最も確かな推論法 (Schlussweise) を，しかも単に［構成主義という］ある一つの特定の立場から見ると何ら基礎づけがない，という理由だけで放棄すべしと強制するのは，満足なものとは見なさない．これら二つの基礎論の立場から，ヒルベルトは肯定的で生産的なもの，すなわち，論理主義からは数学的推論の厳密な定式化を，そして構成主義からは，構成の強調を取り出す．ヒルベルトは，構成的な態度が，超越的なものに対する原理的な立場を発見する端緒 (*Ansatz*) の一部だとみなす．厳密科学の趨勢は，可能な限り最も原始的な「認識手段」の使用のみを，原始的な直観的認識の使用という仕方で，これら超越的な想定を基礎づける (begründen) ことが可能でないかどうか，試みるであろう．([Bernays 1922a] in [Mancosu 1998, p. 218] [*HLA*2, p. 14])

さらに注を付してベルナイスは，以下のようなプログラム的要求に至る．

> 自然数列や実数多様体の直観的把握に訴えるのは斉合的 (coherent) かもしれないが，しかしそれは明らかにいかなる原初的な直観的認識 (*primitive anschauliche Erkenntnisse*) でもありえない．知識獲得には，可能な限り制限された手段のみを用いるという厳密科学の趨勢をきわめて真剣に取るべきで，こうした見地の下では，先の超越的な想定を，ただ原初的な直観的認識

のみを使用するという仕方で基礎づけることが可能かどうかの探究を要する．
［Bernays 1922a］in［Mancosu 1998, p. 218］［*HLA*2, p. 14, 脚注 26］

　原初的な直観的認識のみに基づく内容的数学は，ベルナイスにとり初等的な帰納法であった．クネーザー筆記録（1921/2）はすでに，こうした態度の主要な成果を例示していた．すなわち，中心的なメタ数学的議論はすべて証明図（*proof figures*）の上の帰納によって進行する．やや遅れてベルナイスの用意したヒルベルトの公式の講義ノートは［*HLA*2, p. 424, pp. 463f.］，有限算術（*finitist arithmetic*）と有限（*finitist*）論理の両方の実質的展開を含むことになる．そして有限的算術は，発端から「直観的（*anschaulich*）［内容的（contentual）］帰納法」を含む（［Bernays 1922a, pp. 13-4］参照）．そのステップは，［Bernays 1922a］で採られたものであるが，ヒルベルトにとっても些細なものではなかった．ヒルベルトは 1904 年に，クロネッカーが整数を一般概念として直接所与とする点を非難し，繰り返し不徹底として叱正していた．ベルナイスによるとヒルベルトは，1920 年冬学期講義での厳密な有限主義を超える内容的算術の拡張を，ラディカルな哲学的立場とメタ数学的探究から生ずる固有の要求との間のある妥協と見なしていた（こうしたヒルベルト‐ベルナイス的考究法には，はるかにカント哲学的な数学観（数学（算術および幾何学）は，論理（での無矛盾性）のみではなく，時間・空間という直観における（モデルないし計算論的な（comptutional）構成（konstruktieren）に基礎を置く）の反映が認められるかもしれない（［Körner 1960］参照）．

　無矛盾性議論の中心的ステップとして，予備的な定義が要求される．すなわち，式は，記号 '='，'≠' と数字および文結合子のみからなる場合，数的（*numeric*）と呼ばれる．それから，最初のステップが，数的終式を伴う形式的証明を，終式を変えずに閉式のみを含む証明に変形する．第 2 のステップで，この変形された証明は，それ自身は証明ではないが，数的式のみからなる構成に変換される．このことは，項を数字に「還元する」ことによって達成される．最後に，こうした構成中のすべての式は，連言標準形にもたらされ，統語論的に「真」であると認定される．0≠0 の証明が存在すると仮定すれば，この証明の終式を真と推理することが許されるだろう．しかし 0≠0 は真ではない．よって 0≠0 は証明可能ではない．

　この証明は，1921/2 年冬学期［Hilbert 1921/2］のベルナイスのヒルベルト講義ノートで詳細に，またライプツィッヒ講演［Hilbert 1923］でも略述され，以下のような興味深い概略に変更されて 1922/3 年冬学期講義（クネーザーの筆記

録) に含まれる [*HLA*2, p. 425].

以下が, & と ∨ を, 便宜上導入する公理である：
$A\&B\to A,\ A\&B\to B,\ A\to (B\to A\&B),\ A\to A\vee B,\ B\to A\vee B,$
$(A\to C)\to ((B\to C)\to (A\vee B\to C)).$

これらの公理は，これらの結合子についての自然演繹 NK と直接に対応し，ここにゲンツェンの自然演繹算の源が見出される．ベルナイス論文 [Bernays 1922b] で，この算法の方法論的優位性が論じられ，その完全性が主張されている．ベルナイスは，最初の式（公理）の数を最小にし，(幾何学の場合のように) 公理を，各グループが一つの操作の役割を表現するように三つ，つまり，条件法 →，連言 &，選言 ∨，および否定 ¬ 用の公理にグループ分けする ([Ackermann 1925] [Hilbert 1926] など参照)．ヒルベルトの「矛盾原理」と「二重否定原理」は以下の通り：$(A\to (B\&\neg B))\to \neg A, \neg\neg A\to A.$

ヒルベルトの 1922/3 年講義のクネーザー筆記録での，無矛盾性の簡潔な議論 [*HLA*2, pp. 614-6] に戻ると，その形式は [Hilbert 1923/4] に酷似し，核心的アイディアは後年ベルナイスとの共著『数学の基礎』[*GLM*. I, SS. 220-39] で使用されている [*HLA*2, p. 426]．最初のステップは，線状証明が樹枝状に替わり，どの式の現れも，推論の前提としてはたかだか一度だけ使用される (「証明脈絡での分解 (Auflösung in Beweisfäden)」)；これは第 2 ステップ，つまり，すべての (必然的に自由な) 変項の消去 (Ausschaltung der Variablen) への準備で，最後に，閉じた項の数値がもたらされ (関手の還元 (Reduktion der Funktionale))，その結果の式の真理値が確定する．さらに最終のステップは，式を選言標準形に戻すことなく，真理表的計算でなされる．これに従うと，原始再帰関数的に定義された関数が認められ (クネーザー筆記録 [Kneser 2013] への Sieg の Introduction [*HLA*2, pp. 45-6])，それからまた無矛盾性の議論が扱われる．(量化子なしの式に関する) 帰納規則が付加されるが，クネーザー筆記録でのようには，議論の中には組み込まれていない．むしろ，帰納法で，以下で議論される体系の「超限的」拡張内部の公理のように扱われる．こうした扱いは，むろん「問題的」ではある (以下 [*HLA*2, pp. 614-25])．

4.3　有限的証明論──量化子

以上は，すべて次の意味で予備的なものである．つまり，それらの考察は，有限的数学の部分であり，したがって無矛盾性証明によって守られる必要はない．アッケルマンは，それらを彼の論文の「超限的公理の付加に先立つ無矛盾性証明」と題する第Ⅱ部で扱っている．この題目が含意するように，第 1 に，本当の

拡張は，ヒルベルトの「端緒」に従う量化子の扱いを許すような超限的公理を含む．すでに [Hilbert 1922a] において，「端緒」の大まかな指示を見たように，クネーザー筆記録でも詳論されている．実際，量化子の扱いは次に扱う三つのステップの最初のもので，2 番目は数論のための一般的帰納法，3 番目が証明論的考察の解析学への拡張である．

[Hilbert 1922a] の最後でヒルベルトは，（自然数から自然数への）1 価関数変項 f に適用された関手（functional）κ を導入する．$\kappa(f)$ は，すべての項 v に関し，f が 1 ならば 0，他の場合は f が 1 でない最小の項 v を付与する．そのとき以下が要求される．

　　同様に，ある τ と α の複合的関数の関数（Funktionenfunktion）が導入でき，それにより実数論の十全な基礎づけ，特に実数の任意の集合に対する上界の存在証明が可能となる．（[Hilbert 1922a, S. 177] in [HLA2, p. 427]）

1921/2 年冬学期のクネーザー筆記録では，これらの関数 τ (*tertium non datur*) と α（「選択関数（Auswahlfunktion）」）は，以下のように明示的に定義されている．すなわち，$\tau(f)$ は，f がすべての項 v について 1 なら，0 であり，$\tau(f)$ が，$f(\alpha(f)) \neq 1$ のような項 $\alpha(f)$ を選択できれば，1 である．クネーザー筆記録は，ヒルベルトが次を主張したと報告している．「関数 τ と α の理論は，束縛変項をともなう操作を交換できる」（[Kneser 2013, p. 4] [HLA2, p. 590]）．

このアプローチは，1922 年 9 月のライプツィッヒ講演で単純化される．

補遺　ゲンツェンの無矛盾性証明瞥見
　ゲンツェンは，ヒルベルトの有限の立場を拡張し，ε_0 までの超限帰納法によって，初等算術（デデキント–ペアノ算術（DPA））の無矛盾性証明を与えたとされる．DPA は，原始再帰算術（PRA）という有限の立場の数学に，ε_0 までの超限帰納法を加えた体系に対して，例えば量化子を含まない論理式のクラスに関する保存拡大となっている［秋吉・高橋 2013］．ゲンツェンの無矛盾性証明は，三つあるとされ，第 1 は［Gentzen 1935］，その部分改訂が第 2 の［Gentzen 1936］，そして第 3 が 1938 年の証明［Gentzen 1938］である．その各論文についての近年の研究を踏まえた優れた論文が，上記の［秋吉・高橋 2013］論文である（ゲンツェン論文の英訳は，[Gentzen 1969]（M. E. Szabo (ed. & tr.)）に収録されている．こうした有限な立場の保存拡大による超限帰納法への拡張というアイディアを通じて，算術の無矛盾性証明といういわゆる「ヒルベルト・プログラム」

が，なお数学基礎論の生産的な仕事に受け継がれているといえよう．例えば，[Takeuti 1967; 1987] [Yasugi 1982] [秋吉 2012]．

4.4 有限主義の証明論（1922-1925）

4.4.1 有限主義的無矛盾性証明プログラム

「数学の諸原理（PdM）」（1917/8）で始まる，ヒルベルトの有限主義的無矛盾性証明追究の内的展開は，講義「数学の論理的基礎」（[LGM] in [*HLA*2, pp. 528f.]）において，メタ数学へと向かう劇的な方法論的歩みの開始となり，やがてベルナイスとの共著『数学の基礎』（[*GLM*. I] [*GLM*. II]）に結実する．

冬学期の講義「数学の基礎（GLM）」（1921/2）（in [*HLA*2, pp. 431-527]）には，初めて「有限数学」「超限的推論法」「ヒルベルト証明論」という用語が登場し，その第 III 部は「ヒルベルト新証明論による算術の基礎づけ（Begründung der Arithmetik durch die neue Hilbertische Beweistheorie）」（[GLM] in [*HLA*2, p. 432]）と題される．

ヒルベルトは，数学的考察とメタ数学的考察を明確に分離し，最終的に，直観的（*anschaulich*）・内容的（*inhaltlich*）なメタ数学的帰納法（*metamathematische Induktion*）と形式的な数学的帰納法の区別によって，ポアンカレの批判に対処する．一般性についての理解も広げられる．すなわち，解釈は単に自由変項をもつ言明の確立のみを許すような形式的計算には縛られず，むしろ数記号（*Zahlzeichen*）の直観的な一般的概念が有限の立場の部分と想定される．普遍量化のこの理解により，排中律の妥当性が回復され，ヒルベルトは無矛盾性考察の別の帰結を定式化する．

数学の厳密な基礎では，解析学で使われる超限的推論方法（*transfinite* Schlussweise）の適用がなぜいつも正しい結果を導くのかを確認することが，基礎論研究に必要とされる（[GLM] in [*HLA*2, pp. 490ff.]）．これは，解析学や集合論では，カント的な有限的直観を超える超限的（transfinit）推論法に訴えざるを得ないが，カントのように，それらは単に理念（Idee）に関わっているのみと見なすのではなく，そうした基礎論研究を「メタ数学」という新しい探究として捉え直す試みと解しうる．しかも以下の論述が示すように，ヒルベルトの「メタ数学」の関わる対象領域は，もっぱら図形としての記号とその列である式および証明といった見渡し可能な，離散的で，しかもその記号，記号列としての式，式の列としての証明の書き出し等は一定の時間・空間を占める時空的存在なのであり，その意味ではヒルベルトの数学基礎論には，ヒルベルトの故郷ケーニヒスベルクの哲学者カントの思考法が色濃く投影されているように思われる．

ヒルベルトは，初等数論を超えて進むには，考察すべき対象の領域を拡張すべきだと主張する．（しかし，直観を超えるカント的理念ではなく）数記号でない図形（Figuren）にも直観的（anschaulich）考察を適用せねばならない，と主張する．こうして純粋数学の各定理が結局整数についての言明だという従前の支配的原理を離れ，それを偏見として放棄すべきだとされる（[GLM] in [HLA2, p. 490]）．これは強い主張であり，ここで決定的に斥けられる立場は，ディリクレ，ワイエルシュトラース，デデキント，クロネッカーといった傑出した数学者を含む．

では，新しく拡張された対象領域（Bereich der Gegenständen）とは何か．形式理論からは記号・図形の列である式（Formel）と証明（Beweis）が含まれ，方法論的要求に関しては，ヒルベルトは以下の所見を述べる．すなわち，「対象と解する図形（Figuren）は，完全に見渡し可能（überblickbar）で離散的に（diskret）確定されるものだという条件の下でのみ，われわれの主張や考察には，直観的数論の場合と同じ信憑性が寄せられる」（[GLM] in [HLA2, p. 490]）．

こうした新しい立場から，ヒルベルトは数論断片の形式化を開拓し，有限主義的な証明論的手段でその無矛盾性を証明する．1917 年秋から 1922 年春までの講義にはヒルベルトの仕事についての，先述のベルナイスの「算術の基礎へのヒルベルトの考察」（[Bernays 1922a] in [Mancosu 1998]）の記述におけるような紆余曲折がある（Peterhans の Nachschrift in [HLA2, pp. 571-6] も参照）．

ヒルベルトは前述の「数論の新基礎への端緒」[HLA2, pp. 47ff.] で無矛盾性の一般的成果を定式化している．クネーザー筆記録によると，証明論的考察は，1922 年 2 月中に行われ，算術の基本体系に関わり，（原始的）再帰（Rekursion）による定義と帰納法による証明に拡張され，帰納原理は規則として定式化され，量化子なしの式に制限されて，有限主義的無矛盾性証明を提示している．講義後のベルナイスによる公式の推敲草稿（Ausarbeitung）では，基本的体系のみに関わる異なる議論がなされ，以下のライプツィッヒ講演 [Hilbert 1923] で略述される．原始的再帰による定義と，量化子なしの帰納による証明を体現する体系のためのいっそう拡張された議論は，クネーザーの筆記録（1922/23）に含まれる [HLA2, pp. 418f.]．そこで考えられている形式的体系は，原始帰納的算術を含むのみだが，その体系の無矛盾性証明は，原始再帰的算術より強力なものである．

有限主義的方法を超える最初のステップは，量化子の処理を含み，第 2 は数論のための一般帰納原理の体現に，第 3 は証明論的考察の解析学への拡張に関わる．

ライプツィッヒ講演（1922 年 9 月）（[LGM] in [HLA2]）でヒルベルトは，GLM 講義（1921/2）での無矛盾証明の概略を与える．ヒルベルト証明論の真に

斬新な側面は，量化子の τ - 関数による処理で，それは後の ε - 操作子と双対である．論理的関数 τ はすべての述語 $A(a)$ に特定の対象 $\tau_a(A(a))$ ないし簡略には τA を結合させる．それは超限公理 $A(\tau A) \to A(a)$ （「もしある述語 A が対象 τA に関して成り立つならば，それはすべての対象 a に関しても成り立つ」）τ - 操作子は以下の量化子の定義を許す：$(a)\ A(a) \leftrightarrow A(\tau A)$；$(\exists a)A(a) \leftrightarrow A(\neg \tau A)$．

それからヒルベルトは無矛盾性の議論を，有限的体系を超える最初の最も単純な場合に拡張する．この「端緒 (Anatz)」が ε - 代入法にまで展開される．

1920 年夏学期のヒルベルト講義と比較して，ライプツィッヒ講演 (1922/3) での中心的なメタ数学的前進は何か．重要なステップは，(i)「直観的帰納 (anschauliche Induktion)」と再帰 (Rekursion) による定義を含む有限的数論の詳細な展開，(ii)「有限的」と「超限的」な論理の区別，前者は $\to$ と $\neg$ を含む古典的命題論理を，後者は全量化論理を含む，(iii) 量化子の現れない導出の変形を含む無矛盾性証明の提示，(iv) 量化子の消去法と証明論的方法との，量化子を伴う論理への拡張の可能性，とである．

ヒルベルトが証明論にその原理的な定式化を与え，その洗練されたテクニカルな道具立てを議論したのは，『数学の基礎 (GLM)』以前では，ライプツィッヒ講演においてのみである．その講演でヒルベルトは，1 階のすべての数論のような包括的理論のための無矛盾性証明を得るための最初のステップ，つまり，量化子の処理，へのヒントを与えた．第 3 のステップ，解析学への拡張については，1917/8 年講義では，還元可能性の公理を伴う分岐型理論を採用した．

ライプツィッヒ講演 ([LGM] in [HLA2]) でヒルベルトは，ある 3 階の定式化を考えていた．すなわち，適当な関手 (functionals (Funktionenfunktionen)) が (i) 系列および実数集合に関する最小上界原理と (ii) 実数集合の集合のためのツェルメロの選択原理との証明を許す ([LGM, pp. 163-5] in [HLA2])．ヒルベルトは，付加される超限公理の無矛盾性は τ 用のための無矛盾性に倣ってパターン化されうると推測した．その論文をヒルベルトは以下のように締め括っている．すなわち，

> 上に略述した私の証明論 (Beweistheorie) の根本思想を厳密に遂行することによって，解析学の基礎づけは完成し，集合論の基礎づけへの準備になるだろう．([LGM, p. 165] in [HLA2])

上記は論文集 [HGA. III, p. 191] への再録では，以下のように改定される．

上に略述した根本思想のいっそう厳密な遂行という課題がなお残っている．その解決とともに解析学の基礎づけは完成し，集合論の基礎づけへの準備になるだろう．[HLA2, p. 20]

原始再帰的算術の無矛盾性を確立する具体的な証明論的な仕事は，ヒルベルトの学生アッケルマンの論文（1924），それに基づくその博士論文［Ackermann 1925］が直接に繋がる．

ヒルベルト–ベルナイス『数学の基礎』[GLM, II] では，1923年のτ-記号をε-記号に，1922年のτ-計算をε-計算に置き換えられる．ε-計算の超限的公理は，III節「超限的公理と高階の関数型の付加の無矛盾性証明（Der Widerspruchsfreiheits Beweis bei Hinzunahme der transfiniten Axiome und der höheren Funktionstypen）」に現れる [HLA2, Ewald and Sieg, intro., p. 21]．

数変項についての重要な公理はτ-公理と双対で，$A(a) \to A(\varepsilon A)$のように定式化される．量化子の定義は，既述のように，$(\exists a)A(a) \leftrightarrow A(\varepsilon A)$；$(a)A(a) \leftrightarrow A(\varepsilon \neg A)$である．

残余の超限公理はライプツィッヒ論文（1923）から取られている．しかしε-記号は実際には最小数操作子として特徴づけられており，数変項を伴う再帰シェマのみが関数変項も許すシェマに拡張される．証明論的な議論は錯綜している[Zach 2003]．ヒルベルトの論文での数学的発展との関連は，「超限公理の射程（Tragweite）」と題されたIV節で確立される．

5 初等有限性定理（1925-1931）

翌数年の間にヒルベルトは，算術の無矛盾性に対するラッセルの論理主義的解決を拒否するに至る．

当初1925年6月4日にアッケルマンの博士論文が提出されたとき，ヒルベルトはミュンスターでの証明論プログラムの講演「無限について（Über das Unendliche）」[Hilbert 1926] 中で凱歌を挙げた [HLA2, p. 21]．その中でヒルベルトは1920年代以来のヒルベルトの諸論文を回顧し，証明論の方法論的枠組みの卓抜な提示を行い，それに加えて，その4章でカントルの「連続体仮説（Kontinuumssatz）」の証明に対する根本的なアイディアを略述することでその仕事を支持しようとした．ヒルベルトは，すでに1890年代の幾何学の基礎研究でも議論したような，「理想的要素」という方法を適用している．ヒルベルトを導いていた

ように見える広範なアイディアは，集合論の他の公理と相対的な，連続体仮説のゲーデルによる無矛盾性証明と関連するかもしれない．いずれにせよ，ヒルベルトは「算術的公理」の無矛盾性が確立されたと主張し，続いて，「実際この証明を遂行することができ，理念的 (ideal) 言明の導入のための正当化が得られる．同時に，長年の懸案問題，すなわち，算術の公理の無矛盾性を証明するという課題の解決という，悦ばしき驚愕（die freudige Überraschung）を経験する」[Hilbert 1926, p. 179] と述べる．

しかし，この凱歌は早合点であることが判明する．アッケルマン，フォン・ノイマンの無矛盾性証明は量化子なしの算術に限られることが判明したのである ([von Neumann 1927] [HLA2, Introduction to Chap. 3 & 付録 B, p. 22])．アッケルマンは，フォン・ノイマン論文の書評中で ([Ackermann 1927])，ノイマンの指摘が正しく，自分の論文が古典数学の無矛盾性証明を与えず，より狭い領域にしか当て嵌まらないと認めつつ，他方フォン・ノイマンの論文は完全帰納法と再帰関数の無矛盾性を示さないので，その狭い領域でさえ安全でないと論ずる．

またアッケルマンは，ベルナイスに，自分の証明の訂正版を送っている（1925年7月25日）．この訂正版は，ヒルベルト–ベルナイス『数学の基礎（GLM）』II (1939) で論じられる．1936 年ゲンツェンが算術の無矛盾性を最初のイプシロン数 ε_0 までの超限帰納法によって証明した後は，アッケルマンも同じ超限的帰納原理を用いて，自らの証明を全数論まで拡張可能とした（[Ackermann 1940] in [GLM], 2nd. Bd. II（付録 V (1970)))[10]．

ヒルベルトの四つの論文がゲッティンゲンでのその後の展開を伝えている [HLA2, Appendices. B-E, pp. 917ff.]．それらは二つのグループに分かれ，① ヒルベルトのハンブルグ第2講義「数学の基礎（GLM）」(1927 年 7 月) とボローニャ講演「数学の基礎問題（Probleme der Grundlagen der Mathematik, PGM）」(1928 年 9 月 3 日，国際数学者会議)，② はハンブルグ第 3 講義「初等数論の基礎づけ（Die Grundlegung der elementaren Zahlenlehre, GeZ）」(1930 年 12 月) とゲッティンゲン講演「排中律の証明（Beweis des *Tertium non datur*）」(1931 年 7 月 17 日) で，② はゲーデルの仕事への応答である [HLA2, pp. 430ff.]．

以上，数学の無矛盾性の厳密な証明がヒルベルトの基礎論研究を統括しており，デデキントあるいはその他の 19 世紀論理学者と異なり，ヒルベルトは 1899 年以来，準組み合わせ的概念，つまり公理群からの有限多の論理的ステップ，ではいかなる矛盾も得られない，と解していた．無矛盾性問題の解決に，ヒルベルトは

---

10) 近年特に Mints and Tait の業績（[Avigad and Zach 2007]）により，ε-代入法は大いに再活性化している，という (Sieg in [HLA2, pp. 430-1])．

時期ごとに一見劇的に異なる立場をとる．当初1900年頃は，デ̇デ̇キ̇ン̇ト̇流̇の̇論̇理̇主̇義̇を追求，約20年後，ラッセルの論理主義を真剣に受け取る．ついで1920-1年頃，クロネッカー流の構成主義，すなわち，制限された数学的基底（base）を採用し，段階的に全数学的実践を覆うように拡張していこうとする．各段階は無矛盾性の議論で安全を保障する．第3に，ヒルベルト流の有限主義的証明論が，1904年に輪郭を描かれるが，数学的実践の形式化のための包括的枠組みや，メタ数学的手段の制限の必要性についてはっきりした見解は見られない．有限主義的アプローチは1922年早期に分節され，ヒ̇ル̇ベ̇ル̇ト̇・プ̇ロ̇グ̇ラ̇ム̇と称されるものを下支えする（Sieg in [*HLA*2, p. 31]）．

以上について，蛇足ながらいわばまとめとして，以下を補足しておく．

(1) 有限の立場

いわゆる「ヒルベルト・プログラム」と称せられるものの全貌が明らかになるのは，むしろようやくベルナイスとの共著『数学の基礎』[*GLM*. I]（1934）以降，つまり，ゲーデルの不完全性定理（1931）以後のことであるといってよい．というのは，有限の立場の意味は，1920年代には不安定で [Mancosu 1998, pp. 149f.]，クロネッカーも，ブラウワも同様であった．しかしこれ以上弱いと何もなしえないというのは，「原始再帰的算術（PRA）」で，ゲーデルもPRAを有限の立場と同一視した（1933年アメリカ数学会講演）．しかしその拡張も提案する．有限の立場，人間に許されている確実な推論方法とは何かは，依然哲学的・数学的問題であった [Gödel 1933]．

ボローニャ会議（1928）におけるヒルベルトの「数学の基礎問題（PGLM）」[*HLA*2, Appendix C] で，いわゆるヒルベルト・プログラムの目標である四つの問題が顕在化している．①2階算術の無矛盾性，②高階の理論（選択公理も含む）の無矛盾性，③1階算術の完全性，つまり，自由変項なしの論理式は，1階算術で証明可能か，またはその否定が証明可能かのいずれか（これがヒルベルトにとり，数学の「可解性」の最終形態），④1階述語論理の完全性証明（これはヒルベルト・プログラムにはなく，アッケルマンとの共著『理論的論理学の基礎（*GtL*）』(1928) で未解決として提起された）．

以上，初期のヒルベルトは，デデキント流の素朴集合論的な構造主義の立場に近く，算術，解析学の無矛盾性はモデルの構成によって証明可能であり，他方また数学的存在は無矛盾性証明によると解していた．しかしラッセル，ツェルメロ，ヒルベルトのパラドクスに直面し，やがてヒルベルトは，基礎的数学理論の無矛盾性を，公理的なメタ数学の証明によって与える方針に転ずる．

（[Peckhaus 1990]の分類によると）後期形式主義のヒルベルトは，内容抜きの「形式体系」の概念を確立し，数学の形式体系の無矛盾性を，有限のメタ的公理体系内で証明しようとする．このメタ的証明論では，記号群や証明が数学研究の対象であり，ヒルベルトの証明論は，有限の手段で古典数学の抽象的な無限回の推論を含む数学的証明の無矛盾性証明を探究する．その場合，古典数学は，型理論の形式体系中で有限主義的に表現可能なことが必要だが，「有限の数学」は具体的な時空的対象に関わり，初等的組み合わせのみを援用するカント的基礎をなすと想定された．

(2) ヒルベルト・プログラム

だが論理主義的還元による数学の無矛盾性証明にも，公理論による可解性や決定問題の構想にも，還元公理の問題がある．1920年頃ワイル，ブラウワの批判や排中律問題に直面して，論理主義も破棄され，いわゆる，ヒルベルト・プログラムに向かう（その紆余曲折の過程は，上記に辿ったようにエーヴァルトとジーク編「講義録（*HLA2*）」ならびにその研究［Sieg 2013a］などにうかがうことができる）．

1920年夏の「数学の基礎問題講演」[PML]ではワイル，ブラウワの可述的数学が公理論研究にも有用と見て，同年冬LKでは決定問題の解決でブラウワの排中律批判の無効化の可能性を考える．だが，1920-1年冬，証明論による排中律の正当化が可解性思想と矛盾することに気づく．ハンブルグ講義「数学の新しい基礎づけ」（1922）は，ワイルの「新危機」（1920年講演，1921年公刊）に対する応答で，クロネッカー流の有限主義が，数学の多くの財産を喪失させ，ワイルらの反乱も失敗に終わる運命にあると主張される．そこで，形式化されていない内容的（inhaltlich）・直観的（anschaulich）な数学を，1, +という「記号」，そして$1+1, 1+1+1$のような記号の組み合わせで説明しようとする．自然数についての基本的数学は，この記号の組み合わせについての数学で，例えば$a+b=b+a$という等式は，a, bの代わりに具体的な数を置いたとき，$a+b, b+a$が同じ記号列になることを表すとする．肝要なのは，これらの表現がすべて有限個の記号から構成され，それについての議論も有限なことである．ヒルベルトはさらに，*PM*の論理式を，一定の規則に従い「構成された記号列」と，また*PM*の記述法を，「式という記号の組み合わせを有限的かつ機械的に定義する規則」だと読み替え（ハイデルベルグ講演（1904）の徹底化），「証明」も推論規則に従って並べられた「式の有限列」「証明は図（Figuren）」「証明図」と解し，こうして内容を完全に除き去った「形式体系」が誕生する．ヒルベルトは通常の「内容的・直観的数

学」，公理的集合論や PM に類した公理系を，形式体系に改変する．式の有限列としての証明の終式が，「証明可能な式」である．かくして，ヒルベルト・プログラムは 2 種類の数学，すなわち，(直観的な内容的数学を形式化した) 無意味な記号列の目録としての数学と，それについての内容的思考としてのメタ数学という二重構造を示す．つまり，数学は，「内容的数学」と「形式体系」(直観的内容の除去された数学) から構成される．ヒルベルトは，「形式体系」を内容的数学で研究することを「メタ数学 (Metamathematik)」ないし「証明論 (Beweistheorie)」と呼ぶ．有限的な「内容的数学」としての証明論では排中律は使用されない．証明可能な式の目録としての数学における排中律は，単に「公理」と呼ばれる記号列のパターンに過ぎず，その正当性は，無理数の存在や無限集合の存在とともに，無矛盾性証明により保証されるはずである．

しかし，述語論理での推論規則や排中律のような無限な論理規則の説明は依然明瞭ではない．無矛盾性証明の実行に許容される数学,「有限の立場」がなお不明瞭である ([Mancosu 2010, pp. 125-58] [林・八杉解説 2006, pp. 224-5] 参照)．この有限主義的な証明論的プログラムの採用により，ヒルベルトはブラウワラの構成主義的批判をかわし，構成的な基礎を超えて，古典的な無限的数学も正当化しうると考えた．しかしなお初等的な数論においてさえ，その「決定可能性 (Entscheidbarkeit)」に関わるヒルベルトの根本的な「可解思想」を揺るがすゲーデル論文が待ちかまえていたのである．

いわゆる「ヒルベルト・プログラム」と称されるものは，紆余曲折を経て，その最終的な形は，ヒルベルトのベルナイスとの畢生の大著『数学の基礎 (GLM)』I (1934/68), II (1939/70) に至るものと解されるが，その主要内容は，幸い，吉田夏彦・渕野昌両氏の『数学の基礎』(1993) 訳で，明晰な日本語訳で接することができる．

縷説したとおり，いわゆる「ヒルベルト・プログラム」と称せられる研究プロジェクトが，ヒルベルトの数学基礎論研究において，当初から，例えばメタ的形式主義というような形で確固とした方法論に則って迷うことなく一筋に進められたとは考えられず，また (すべての数学的・科学的・哲学的研究がそうであるように) 最終的にも，その研究が終結を迎えたとも考えられず，ある研究計画の終結は，ただちに次の新しい探究の端緒を意味する．

ただその研究課題が，1900 年のパリ国際哲学会でのヒルベルト講演「数学の諸問題」中の基礎論関係の三つの未解決問題，すなわち，(カントル，ツェルメロ，ラッセル，ヒルベルトの) パラドクス，数論の無矛盾性，可解性 (決定可能性) に向けられていたことは，明らかなように思われる．

付論　集合論のパラドクスと公理的集合論の展開

　以下は，大出晃の集合論に関わる諸論稿のいくつかについての解説である（野本編『大出晃哲学論文集』(2010)への編者「解題」の要点）．大出諸論文は，カントル，ツェルメロ，ラッセル以降1960年代までの集合論展開について，きわめて透徹した考察が展開されており，いまもなお公平で説得的な議論であろうと考えるからである．（とりわけ，クワインの貢献について，行き届いた解説が与えられている．）

　この付論の主要テーマは，ラッセル以降の，公理的集合論の展開過程の追跡である．

1. すでに本文中でも言及したように，1895年以降，カントルのいわゆる素朴集合論にパラドクスが発見され，しかもその再構成が同じ1908年ツェルメロとラッセルによって着手されると，パラドクスの要因が局部的なものではなく，① 集合という概念形成の方法と，② その正確な表現手段という基本的な点に関わることが，次第に明らかになった．

　② の集合論の形式的言語による再構成は，二つの異なる立場からなされてきた．一つは，(a) 集合のサイズを限定するという方法で，「公理的集合論」と呼ばれ，ツェルメロ-フレンケル（ZF）と，ノイマン-ベルナイス-ゲーデル（NBG）によって発展させられてきた．もう一つは，(b) ラッセルに代表され，PM に示される「型理論」で，循環性を禁止するという方法である．この両者をあわせて，「形式的集合論」と呼ぶと，この (b) の方法を洗練する方向で，クワインの二つの体系 NF と ML とが現れた．この二つの体系には，「公理的集合論」の立場には見られない特徴がある．それは「集合のサイズが限定されていない」ことである．ここでは大出による集合論関連の諸論文に従い，その基本的特徴と，問題点を検討し，同時にその全体的構造について見てみよう．

2. ラッセル-ホワイトヘッド『数学原理（PM）』(1910)

　すでに本書第4章のラッセルの項でも，紹介したように，[PM] の骨子は，以下のようであった［大出 1958a］．

　デデキント，カントル，フレーゲらの素朴集合論に共通のラッセル・パラドクスは，「包括公理 CA」:「どの x も ϕx なら，そのときにかぎり ϕx を満足するもののクラス α が存在する」中の ϕx に「自分自身を要素にしない」('$x \in x$') を代

入すると $(\alpha \in \alpha. \equiv .\alpha \in \alpha)$,得られる.

　ラッセルは,「型理論」[Russell 1903] で,0階の対象にも,個体/個体のクラス/クラスのクラス……を区分し,パラドクスを阻止しようとする.だが型理論でも PM には以下のような諸困難がある. ① 定理「どの自然数にも後続者が存在する」には,「無限個の個体の存在」という「無限公理」を前提せざるをえない. ② さらにラッセルは「嘘つきのパラドクス」の同時的な解決のために,型以外に次元 (order) も区別する「分岐型理論」を構成した.だがすると例えば,次元ごとに異なる多数の3があることになる. ③ そこで,ラッセルはパラドクスに含まれる自己言及・悪循環を阻止しようと「悪循環原理」を提起した.しかしこの「原理」は,「数学的帰納法」や「デデキント切断」のような「非可述的定義」を不可能にし,古典数学の多くの部分を破壊してしまう. ④ そこでラッセルは「還元 (reducibility) 公理」を導入した.だがこの公理は直観的明証性を欠くとされる. ⑤ 最後にラッセルの「無クラス論 (no-class theory)」では,クラス記号は,確定記述句と同様不完全記号で,独立には何も意味せず,命題全体中で文脈的に定義されるだけで,クラスについて語る必要はない.だがこうした定義の有効性にも,「還元公理」が不可欠とされる.

　そこでラッセルによる [PM] の改定版以降のその後の集合論展開の過程を,大出諸論文の導きに従って辿ることにする.

3. PM の第2版 (PM2) (1935) における命題関数の概念とその難点

　PM2 でラッセルは,命題の外延化を進め,シェファーの「縦棒」を唯一の論理結合子として,要素命題から分子命題を真理関数的に構成する.また「還元可能性公理」を再検討し,個々の非形式的な証明手段を整備したが,関数概念の形成規則の形式化が不十分で,厳密なメタ的証明にならない.結局,数学的帰納法の問題は PM2 でも一般的には未解決で,デデキントの切断に関する多くの定理も証明不可能である [大出 1958a].

　ついで大出「集合と外延」(1961) 論文では,まず「外延の定義」として「I. 当の概念の適用される対象の集合」を,また「外延の要請」として「II. すべての概念は外延をもつ」をとると,ラッセル・パラドクスが帰結するゆえ,I を維持するには,II に代わって「III. すべての概念が外延をもつとはかぎらない」が帰結する.さてラッセルは,パラドクスがいずれも一種の自己言及・悪循環を含むと考え,「型理論」のパラドクス回避策として「悪循環原理」を提起した.だがこの「原理」は「非可述的 (impredicative) 定義」(あるものの定義のためにその当のあるものを含む全体に訴えるような定義)を不可能にし,古典数学の多

くの部分を破壊する,と診断される［大出 1961］.

4.「公理的集合論」の展開

　一方,ツェルメロ-フレンケルの「公理的集合論（ZF）」は,上記の外延の定義 I を修正し,「集合」という語を制限して,パラドクスを回避しようとする.つまり,「外延は任意の対象の集まりであるが,外延のうち一定の資格をもった対象のみが集合を形成する」と見なし,「選出公理」によって外延と集合とを区別する.

　こうした考え方をさらに進めたのは,フォン・ノイマン-ゲーデル-ベルナイスの「公理的集合論（NGB）」で,「外延」と「集合」との差異は,記号上にもはっきり現れる［von Neumann 1925］［Bernays 1937; 1958］［Gödel 1940］.

5. クワインの集合論

　他方,「集合」の資格条件を「型理論」の立場から明確にしようとする折衷的試みがクワインの『数理論理学（*Mathematical Logic, ML*）』の体系［Quine 1951］である.ML では先述の「層別化」条件が「集合」形成の資格条件である.かくて ZF における外延定義の二つの修正可能性に関して（a）「一定資格をもつ対象の集合」としての外延に関し,クワインの ML は「型理論」の方向で（a）を採ったが,NGB は「公理論的集合論」の方向で（b）「任意の対象の集まり」を採ったわけである.

　一方「新基礎（NF）」［Quine 1951］でクワインは,PM の延長線上で,「層別化」（Stratification）を導入し「循環的」概念が外延をもつことを禁止した.

　これら二つの「公理的集合論」では,いずれも「集合」を公理論的に「外延」から明確に区別したが,NGB では対象の集まりとしての外延はきわめて自由に用いられている.いずれにせよ,「嘘つきのパラドクス」回避のためには,対象言語とメタ言語の区別と,人工言語の「形成規則」の明確化が必要である.

6. 集合論の存在論的問題――「実念論」「唯名論」「概念主義」

　大出は,論文［大出 1961］の §7 で集合等の抽象的対象の独立存在をめぐる哲学的問題,「実念論」（realism）/「唯名論」（nominalism）/「概念主義」（conceptualism）を取り上げている.

　実念論に立つと,集合等の数学的対象はその表現手段からは独立だから,パラドクスは表現手段の不完全さに由来すると見なされる.パラドクスを避ける表現手段の構成は,客観的な世界をよりよく表現する手段をつくることと解される.

しかし現在の集合論という人工言語では，集合の存在は言語と独立ではなく，言語と相関的に決まってくると，想定されているのではないか．集合論を，一つの客観的世界の異なった表現法というよりも，言語に相関的な異なった対象の構成と考えるなら，「唯名論」ないし「概念主義」に近づく（しかしその場合には，「非可述的定義」と「スコーレム・パラドクス」の検討が必要となる［大出 1961, §8]）．

§9で，大出は，以上の議論の基本的前提を以下のように確認する．

(α) 実数論を含む古典的数学の基礎を与えるに足る形式的（公理論的）集合論の体系 ZF や NGB は，存在公理を認めており，集合にせよその他にせよ，「外延」を認めている．

(β) それは，その体系の存在公理の各存在量化で明らかで，外延は束縛変項の値となると前提されている．

フレンケル，ゲーデル，ベルナイスは実念論（プラトニズム）を公然と表明し，ツェルメロ，フォン・ノイマンも類似の見解である．*PM* の時期のラッセルは唯名論を明確にしてはいない．特異なのはクワインのみで，*NF*, *ML* でも (α)(β) という性格をもつ体系を構成するにもかかわらず，ある時期（1947年頃）唯名論的見解を表明した．しかし後年その立場を和らげている（1960年）．

(γ) さて実念論は，固有名の個体指示と同様，外延の表現も抽象的・客観的対象としての外延を指示すると考える．しかし実念論の難点は，§6の普遍集合の存在や§7のスコーレム・パラドクス等にある．

(δ) 一方唯名論は，固有名と個体との類似の関係を，外延には認めない．しかし「概念主義」や「構成主義」をとり，個体および一定の抽象的対象（自然数）の存在は認め，それ以外は知性の構成と見なしたとしても，非可述的定義の問題が難点となる．

大出によれば，1960年代までの公理論中，唯名論や非可述的定義を巡る構成主義からの反論を最もよく配慮しているのは，ベルナイスの『公理的集合論 (*Axiomatic Set Theory*)』(1958) で，外延と集合がはっきり区別され，数学的対象としての集合と，その理論を展開するための概念的枠組みとしての外延の役割が明確にされている．しかも唯名論に対しては，外延を束縛変項としては使用せず，概念主義に対しては，外延はまったく述語的に定義し，哲学的配慮の最も行き届いた対応をしていると評価する．

しかし極端な唯名論からの反論は可能で，ツェルメロ以来，集合論の構成にどれだけの「要素（Urelement）」（集合でない何らかの対象）が必要か問われてきた．通常，集合論には (1) 空集合とその他の要素，(2) 空集合以外の要素，(3)

空集合のみ,という3つの可能性があるが,ZF,NGBの体系は(3)の立場を採用し,これらの体系で対象になるのは集合のみである.(唯名論は集合に反対しうるから)PM,クワインのNF, ML では (2) の立場を採用する (クワインの唯名論は個体からも出発可能である).

「要素」についてのもう1つの重要問題は,現在のところ「選択公理」の独立性の証明には,無限の要素が必要で,ベルナイスその他の体系でも問題である.

無矛盾性は数学的存在には必要条件だが,十分条件か否かに関しては,形式主義と直観主義の対立がある.1960年代前半では,集合論の無矛盾性を決定する一般的方法はなかったから,数学的対象の構成方法を実際に与えることが重要とされる.

現在まで実念論は対象の世界によりよく適応する言語を作り上げるという点で,積極的に貢献し,「公理的集合論」がその現実的成果だが,なおいろいろの難点がある.

大出によれば,「現在ある体系の基礎づけとしては実念論的見解の方がより妥当であると私は考えるが,それはあくまでも現在[大出1961]に関してで,最終的に哲学的な結論を引き出すにはまだ疑点が残り,寛容が大事だ」という.

7. 大出晃のクワイン集合論研究 (1965)

ここで,改めて大出のクワイン集合論研究[大出1965]を辿ってみよう.

7.1 クワインの体系

$\{x:Fx\}$ を「F の領域」とよぶと,形式的集合論の問題は,この領域中どれだけのものを数学的対象としての集合と認めるかである.さて,包括公理(B):$(\exists y)(x)[x \in y \equiv Fx]$ は,ラッセル・パラドクスを招く.$\{x:x=x\}$ を全領域 W とよべば,それは「すべての集合の集まり」である.W も集合とするとカントルのパラドクスを招く.そこでクワインは,(B) の Fx に「層別化」の条件を課して,ラッセル・パラドクスを阻止する.かくて NF の基本的公理は,「層別化された条件を満たすものから成る領域を集合とみなす」,つまり,(NF) 'Fx' が層別化されていれば,$\{x:Fx\} \in W$.しかし W の成員でも集合でないものもある.しかし $\{x:x=x\}$ は層別化されているから,W 自体は集合となる.$W \in W$ は NF の重要な特徴である.しかし層別化条件を満たす領域のみを集合とすると後述の諸困難が出る.そこで W の成員,変項の値として,層別化不可能でもある種の領域と認める.それは集合のみからなる領域 $\{x:(\exists y)(x \in y).Fx\}$ で,$\hat{x}Fx$ と書く.そこで,(ML では)次の公理を立てる.(ML1) $\hat{x}Fx \in W$.しかしこの公理

はNFと相容れない．ラッセル・パラドクスに陥るからである．よってWを $\hat{x}(x=x)$に格下げしVと書き，層別化されたFxのみを認める．（ML2）Fxが層別化されていれば，$\hat{x}Fx \in V$．以上がMLの公理．MLでは，層別化可能か否かにかかわらず，$\hat{x}Fx$は変項の値となるが，Wはそうはならない．以下Fxが層別化可能な場合$\hat{x}Fx$を集合，可能でない場合も含めたとき，$\hat{x}Fx$をクラスとよべば，$\hat{x}(x \in x)$はクラスだが集合ではない．$x=x$は層別化可能だから，$V \in V$．

7.2 NFにおける自然数と数学的帰納法

NFで保証されたのは集合となる領域で，それのみが変項の値となりうる．この立場の困難の一つは，数学的帰納法の適用範囲がかなり制限されることである．

7.3 NFにおけるカントルの定理

カントルの定理証明に用いられる集合zは領域の形でも，カントル性という条件自体も，層別化不可能で，帰納法が適用できない．ブリャリ・フォルティのパラドクスについても同様である．NFにはカントルの定理を満たす集合と非カントルとがあることになる．

7.4 NFと選択公理

通常の集合論ではカントル集合に限られるが，Wのような非カントル集合からは，例えばNFの体系に選択公理を加えると矛盾がでると証明された［Specker 1953］．大出はこのシュペッカーの証明を詳述し，無限公理も証明不能となることを示す．

7.5 MLの利点として大出は以下を挙げている．

1) 1. 数学的帰納法――NFと異なりMLでは，$\hat{u}Fu$は集合でなく，単なるクラスでもよい．よって帰納法への制限は消える．その結果，無限公理は証明可能となる．2. カントル，ブリャリ・フォルティ，ラッセルのパラドクスはMLではいずれも生じない．3. MLと選択公理――MLでは $\{\langle u,v \rangle : u=\{v\}, v \in x\}$ は集合の保証はないが，単なるクラスとしては保証される．よってどんなxについても，xとUSC(x)（集合xの成員の単元集合の集合）の間の1対1対応はクラスとしては保証され，非カントルなxは消える．MLではカントル(x)と非カントル(x)の区別は，xとUSC(x)との1対1対応が集合となるか，単なるクラスにすぎないかの区別となる．また選択公理に要求される選択集合は，集合にかぎらず選択クラスにまで拡張され，弱められた選択公理はMLにおいて成立する．

2) NF と ML の関係——相対的無矛盾性

ワンによって，NF が無矛盾なら ML も無矛盾であることが証明された［Wang 1950］．

3) ML と NF における個体の問題——ラッセルは，型理論の構成を個体から出発させ，ツェルメロも要素（Urelement）を想定する．しかし公理的集合論では，「選択公理の独立性」の問題以外では，個体の必要は認められない．「選択公理の独立性」もコーヘンの方法では，個体の存在を予想しない．では「型理論」の NF, ML は個体を必要とするか．それは次式の独立性の問題に帰着する．

$(\exists y)(x)[x \in y \equiv x = y]$

この式は事実，独立であり，したがって個体の存在は，好みに従って，NF, ML に入れられるとスコットが証明した．［Scott 1962, pp. 111-5］かくして「NF と ML の二つの体系に対して，われわれは個体の存在を要求することもしないことも自由である」（［大出 1965］rep. in［大出 2012, p. 273］）．

第 6 章 完全性前史
―― ポスト‐ヒルベルト‐ベルナイスとヒルベルトの問題提起

　関数への量化を除外すれば，フレーゲの『概念記法』(1879) の形式的体系から，妥当な（1階）量化式の，形式的な諸公理と推理規則の完全な体系が，事実としては得られていたと示唆される．おそらくそれは，1930年のウカシェヴィッツ‐タルスキの共著論文（[Lukasiewicz 1930] with Tarski, rep. in [LSM]）を念頭においているのだろう [Kneale 1962]．一方ゲーデルは，その博士論文 (1929) の摘要 [Gödel 1930a] の冒頭の段落でこう記している．例えば，ホワイトヘッド‐ラッセル『数学原理（PM）』のような，論理の公理体系の場合，「はじめに要請された公理と推理原則の体系が完全かどうか，すなわち，その体系がすべての論理‐数学的命題の導出にとり実際に十分であるかどうか，という問題がただちに生ずる」[GCW. I, p. 103]．

　ゲーデルは，その摘要 [Gödel 1930a] において，さらに以下のような「意味論的完全性」の課題を提起している．「論理のどの正しい命題も，形式的に証明可能かどうか，という問題である．この問題はこれまでは……言明算・命題論理についてのみ肯定的に解決された」．次の課題は，この定理が1階述語論理に拡張可能かを示すことだ，とされる（「論理算の完全性について」（[Gödel 1930a] in [GCW. I, pp. 124-5]）．

　そこでまず，「完全性」問題の研究史的背景とゲーデルの歩みを追ってみよう（Dreben and van Heijenoort, Introduction in [GCW. I, pp. 44-59] 参照）．

1　背景――命題論理の完全性

1.1　フレーゲおよび論理代数的レーヴェンハイム‐スコーレムのモデル論

　関数への2階量化を除外すれば，フレーゲの『概念記法』(1879) の形式的体系

から，妥当な（1階）量化式の，形式的な諸公理と推理規則の完全な体系が得られるとされる．ゲーデルは，上記のように，と記していた．「公理と推理原則の体系が完全かどうか，すなわち，その体系がすべての論理 - 数学的命題の導出にとり実際に十分であるかどうか，という問題がただちに生じる」［GCW. I, p. 103］．しかし，ドリーベンとヘイイェノート［GCW. I, pp. 44-7］によれば，フレーゲやラッセルにとっても完全性は問題にされず，ほとんど50年後に，量化述語理論の完全性問題の提起が，はじめて印刷に付されたのは，ヒルベルトとアッケルマンの『理論的論理学の基礎』(1928)においてであった，とされる．加えて，有力な論者たちによれば（［Goldfarb 2001］［Ricketts 1985］［Hintikka and Sandu 1992］等），フレーゲ，ラッセルの論理主義においても，ブールに発しパース - シュレーダーに至る論理代数の伝統においても，純粋な量化理論はその注視の中心ではなく，かつ形式的体系の完全性の問題は生起しえなかった，という．

　その理由は，ドリーベンとヘイイェノートによれば，論理主義では，論理は普遍的，つまり，論理の各明示的な定式化内では，古典的解析学およびカントル集合論の大方を含むすべての演繹的推論が形式化されているべきだからである．われわれは論理の内部におり，形式的体系のなしうることは定理の導出のみで，外側からそれを見ることはできなかったとされる．いわゆる「論理中心主義の窮境 (logocentric predicament)」［Sheffer 1926, p. 228］である（Dreben and van Heijenoort in ［GCW. I, p. 44］）．よって，完全性のようなメタ体系的問題は，有意味に提起されえなかった，という．だが，以上のような見解には，少なくともフレーゲに関しては，疑念がある（その批判的検討は，［野本 2012, pp. 47ff., pp. 230ff.］参照）．

　他方ダメットは，少なくとも，すべての真な命題は証明可能かどうかという完全性の問題への言及はあったのみならず，こうした意味論的完全性概念の先駆は，むしろフレーゲに見られるという（［Dummett 1973, p. 82］，また，［Church 1956, §43, pp. 227f.］［野本 2012, p. 85, pp. 225-6］も参照）．元来，ドリーベンとヘイイェノートらの見解は，こうしたダメット的見解への批判であったのかもしれない．確かにダメットは，上の主張に際して，典拠を明示的に挙げてはいない［Dummett 1973, p. 82］．

　またドリーベンとヘイイェノートによれば，意味論的完全性の問題を提起するには，フレーゲ，ホワイトヘッド - ラッセルの全包括的な論理観が放棄されるべきで，形式的体系というフレーゲらの論理体系それ自身が数学的探究の対象とされ，論理代数論者のモデル論的分析に従うのでなければならない，という（［野本 2012, 1章§2, pp. 85ff., 7章§1, pp. 230ff.］参照）．だがしかし，『論考』のウィ

トゲンシュタインは普遍主義的な一言語主義であろうが（建前はそうだが，実際は，『論考』自身の命題はすべて，「語りえずして示されるのみ」であるはずの，論理学，数学，科学内部の諸命題等についての，メタ的な「語り」であり，したがって最後に「その梯子を蹴り倒す」ほかはないのである），しかしフレーゲはこうした硬直した一言語主義的普遍主義を意識的に採用してはいない．下記の幾何学の公理の独立性証明に関するヒルベルトとの論争中での，メタ数学という新領域の指摘，また形式主義批判での，記号演算ゲームとしての数学とそれを対象とするメタ理論との区別の指摘は，まさにフレーゲに始まる（[野本 2012, 15 章 §5] 参照）．

実際，フレーゲに，論理中心主義・一言語主義を帰し，メタ数学的・メタ論理的意識が全くなく，それゆえ公理体系の「完全性」「無矛盾性」，公理の「独立性」といったメタ的な問いは立てられもしなかったと断言することには，疑問がある．

例えば，フレーゲは，ヒルベルトとの幾何学論争で「独立性」の問題が通常の数学を超えるメタ数学的な領域（「ヒルベルトが，……数学にとっては無縁なある領域……この新しい領域（dies neue Gebiet）に……踏み込んでいる」[GLG. pp. 425-6] と明言していたのである [野本 2012, 16 章 §3, pp. 586f.]．「概念記法」という対象言語と，その言語についての日常ドイツ語による「解明命題（Erläuterungsätze）」（それらは数学の「前庭（Vorhof），予備学（Propädeutik）」に属するとされる）の区別（「ヒルベルト宛書簡」，第 3 信 S. 63（1899 年 12 月 27 日）in [WB, p. 65]）が明示されている．さらには，そもそもフレーゲの「概念記法」構成の動機は，全算術の基礎をなすいわば「完全な」論理公理体系の探究に根差すものであった [野本 2012, pp. 85f., pp. 225ff.]．例えば，ペアノの記号法と自らの概念記法とを対照させた論文においてこう記している．

> 私が概念記法の必要性を痛感するようになったのは，全数学がそれに基づくようなそれ自体は証明不可能な基本命題，つまり公理を探し求めていたときだった．……すでにユークリッドがその問題を立てていたように思われる．しかしそれはまだ満足に答えられていない．その理由はわれわれの言語が論理的に完璧でないこと（logische Unvollkommenheit）に見出されるべきだろう．ひとそろいの公理が完全である（vollständig）かどうかを確かめたいと思えば，その公理から数学の関連する分野におけるあらゆる証明を導き出そうとしなければならない．そしてその際，純粋に論理的な法則のみに従って帰結を導くことに厳密に注意を払わねばならない．……日常言語がこの目

的にほとんど適していない理由は，その表現がしばしば多義性をもつという
だけでなく，とりわけそれが推論のための定まった形式を欠いているという
ことにある．……帰結文の真理（die Wahrheit des Schlusssatzes）を確信で
きるか……いかにしてそうした確信が正当化されるのか，そしてそれがど
のような基本法則に基づいているのかを意識しなければならない．……論理的
な完璧さ（logische Vollkommenheit）と可能な限りの簡潔さとを兼備した思
考表現の全く新しい手立てを導入すること……．（[Peano 1895, SS. 362-4]
rep. in [*KS*, pp. 221-2]（『フレーゲ著作集 1』））

　ここには，公理から区別された推論規則の定式化への明確な意識と，また「統語論的」か「意味論的」完全性かの区別については必ずしも明確でないとしても，非形式とはいえ，公理体系が完全である（vollständig）ことへの要請が見られる！　むろん，完全性証明や無矛盾性証明といったメタ理論的探究を正面から取り上げる段階にフレーゲがなかったことはその通りである．それにはまず，フレーゲ自身により，当のメタ研究の対象をなす，命題論理・述語論理そのものの形式的体系が構築されなければならなかった（しかもフレーゲの「公理」観では，「公理」はすべて真なる命題でなければならず，また推論規則は前提の真理性を結論において保存する「真理保存的」なものでなければならない．このように形式的体系中の全判断・命題の「真理性」の正当化が問題にされているから，当然単なる形式的，統語論的な完全性だけに限らず，「意味論的」完全性も念頭におかれていると思われる．[野本 2012, p. 85, pp. 225-6] 参照).

　他方先述のドリーベンとヘイイェノートによれば，量化式は，論理代数派には注目の的ではあったが，フレーゲと異なり，形式的体系という観念が欠けていた．レーヴェンハイム [Löwenheim 1915] は，等号を含む量化式を扱っているが，そのアプローチは純粋にモデル論的，意味論的で，量化理論のための形式的公理も推論規則もない．彼の基本的観念は，ある与えられた解釈に関する式の真理で，それによって妥当性や充足可能性を処理する．ここでも，ある形式体系の完全性の問題は提起されえなかった，という．

1.2　ポストの完全性（1921）

　先述のように，ゲーデル [*GCW*. I, p. 103] は，ベルナイス [Bernays 1926]（教授資格論文（1918）の短縮版．rep. in [*HLA*2, Appendix, pp. 231f.]）の「すべての正しい命題式が *PM* での公理から実際帰結すると示されている」を引用し，すぐ続けてこういう．「同じことが，式のいっそう広い領域，「狭義の関数算」に

おいてもなされよう」．だがベルナイスの結果，つまり，*PM* 命題算の意味論的完全性は，［Post 1921］にも含まれるといわれることがある［Heijenoort 1967, p. 265］．しかしこの評価には疑念がある．

ポスト

PM のメタ数学についての最初の主たる公刊の著作であるこの論文においてポストは，フレーゲ‒ラッセル‒ホワイトヘッド的伝統からの断絶を主張し，一方論理代数的論理学者（レーヴェンハイム，スコーレム）らの形式的体系概念の欠如を指摘する（［Post 1921, p. 169, fn., p. 268］ in ［Heijenoort 1967］）．そして自らの立場を「一般的に宣言」したものとして，ルイス［Lewis 1918, Chap. VI, §III］に言及する（［Post 1921, p. 165］ in ［Heijenoort 1967, p. 266］）．この節で，ホワイトヘッド‒ラッセルの『数学原理（*PM*）』の「正統的な探究」と対置される，意味への考慮を全く消去したルイスによる，自称「異端的で（heterodox）」「純粋に形式的な探究」［Lewis 1918］を引いて，ポストは，*PM* の体系を純粋に形式的な展開と見なし，しかも彼自身の「論文の定理が，その体系内に含まれるのではなく，命題論理についての定理」であり……，*PM* の公準はその「体系外の結果を導入することなく，命題論理の完全な（complete）体系を展開可能」（［Post 1921, pp. 163f.］ in ［Heijenoort 1967, p. 265］）との，命題論理の「完全性」に言及している．ただし，彼が実際に行っているのは，「意味論的完全性」を示そうとしたというよりは，解釈されていない真理表の体系的取り扱いが命題論理での形式的証明のための決定手続きを与えることを示すこと（［Post 1921, p. 166］ in ［Heijenoort 1967, p. 267］）であった（それゆえ「ポスト完全性（Post completeness）」と称される）．証明可能性の決定手続きのこの方法を，ポストは量化理論にも拡張しようとするが，そうした方法は存在しないから，「完全な記号論理は不可能である」という推測に，（ゲーデルの不完全性定理に約 10 年先立って）ポストは導かれたとされる［Davis 1965, p. 416］．

むしろ「命題算の意味論的完全性の問題」を提起し，解決したのはベルナイスだと考えられる（上記の［Bernays 1926］）．

ポストと異なり，先述のように，ベルナイスは，「普遍妥当的な（allgemeingültig）」「普遍的に正しい（allgemein richtig）」命題式について，明示的に語っている．そしてゲーデルの言及のように，「*PM* の命題算の公理体系から，推論の形式的規則によって，すべての普遍的に正しい（allgemein richtig）命題式が得られる」という意味で，完全であると述べている［Bernays 1926, p. 307］．ついでた

だちにベルナイスは，真理表の代わりに連言標準形を用い，妥当性ないし導出可能性の決定手続きが，妥当な標準形の各連言肢が命題記号とその否定との両方を含むこと，だとしている．

2 ヒルベルトとベルナイス

　ベルナイスの成果は，前章で示唆したように，ヒルベルトの講義（1917/8）と深い関係にあるので，まずヒルベルトの一連の講義や関連論文に言及したい．

　ところで，ベルナイスはその「教授資格請求論文」中の命題論理算の解釈（Deutungen）の説明において，当の体系の統語論的性質を意味論的なそれと明確に区別するが，こうした区別は，ヒルベルトの公理的探究に含意されていたもので，1890年代末の幾何学についての成熟したメタ数学的な仕事に遡り，メタ数学の厳密な定式化にとり不可欠である，ともいわれる（Ewald in [$HLA2$, p. 225]）．

　ベルナイスは，後述のように，計算の統語論と解釈を精確に区別，証明可能な式と普遍的に妥当な式を区別して，妥当性のための意味論を，真偽を用いて与え，§2では値 0, 1 をもつ算術的解釈にも言及している．

　ヒルベルトもまた，命題算の統語論的ないしポスト完全性を確立する過程で，講義「数学の諸原理」(1917/8)（[PdM] in [$HLA2$, pp. 59–271]）（「ベルナイスによりまとめられた」と明記されている．おそらくヒルベルトの助手としてのベルナイスの最初期の仕事であろう）で，その意味論的完全性も確立していたと，編者エーヴァルトは述べている（Ewald in [$HLA2$, p. 225]）．

　またベルナイス自身も明示的に，彼の導入部の最後から2番目の段落で，この結果に注意を促して「ヒルベルトの数理論理学についての昨冬の講義（PdM）から刺激をうけた」とし，「この講義中ですでに，以下で考察される公理体系の無矛盾性と完全性の証明が与えられていて，私は§§2–3でただいくらか異なった叙述形式でまとめている（rekapitulieren）だけだ」と，功をヒルベルトに帰している（教授資格請求論文 [Bernays 1918] in [$HLA2$, p. 233]）．その実際の状況を見てみよう．

　関連するヒルベルト講義の段落の表題は，「狭義の［つまり，命題算の］公理体系の無矛盾性と完全性について」である（[PdM, S. 150] in [$HLA2$, p. 157]）．

　ところが，そこでのヒルベルトの表現は，「いまや完全性（$Vollständigkeit$）の問題に向かおう．基本式の体系にこれまで導出されていない式を付加すると常に矛盾的な公理体系が生ずる場合には，提示された公理体系を完全であると呼びたい」（[PdM, SS. 150-2] in [$HLA2$, p. 157]）といった実質は統語論的な完全性とも解され，ヒルベルトの結果の半分は，ヒルベルトにより，単に下記の脚注

コラム　ベルナイス

ゲッティンゲンでのヒルベルトとベルナイスとの関連を，ベルナイスの履歴から簡単に見ておこう（[Müller 1976], Ewald and Sieg in [*HLA*2, pp. 1-30], Ewald in [*HLA*2, pp. 222-30]）．

ベルナイス

ベルナイスは，1888年11月17日，ロンドンに生まれベルリンで育ち，当初ウィトゲンシュタインと同様，シャルロッテンブルク工科高等専門学校に半年在学後，ベルリン大学に移り4学期，ついでゲッティンゲン大学でさらに6学期を過ごす．主専攻は数学（ベルリンでの師はシュール（E. Schur），ランダウ（E. Landau），フロベニウス（F. G. Frobenius），ショッティ（F. H. Schotty），ゲッティンゲンではヒルベルト，ランダウ，ワイル，およびクラインの講義に出席），副専攻として哲学（ベルリンではリール（A. Riehl），シュトゥプ（G. Stumpf），カッシーラー（E. Cassirer），ゲッティンゲンでは特にネルゾン（L. Nelson）の講義に出席，彼を通じてネオ・フリース学派と交流）と理論物理学（ベルリンではプランク（M. Plank），ゲッティンゲンではフォイクト（W. Voigt）とボルン）の講義を聴講する．1912年春ランダウの許で解析的数論で博士号，同年12月チューリッヒ工科大学（ツェルメロが数学の正教授）で教授資格（関数論）を取得し，以後5年間私講師を務める．その間アインシュタインを何度か訪問し，ポリィヤ（G. Polya）やワイルと親交を深める．しかしチューリッヒ大学は必ずしも快適ではなかったようで，1917年秋チューリッヒで行われたヒルベルトの「公理的思考」講演の際にはじまるヒルベルトの招聘で，「数学の基礎」に関する共同研究の非正規助手としてゲッティンゲンに移る[1]．

---

1) ベルナイスのゲッティンゲン復帰について：ヒルベルトは正規助手を一人しか雇えず，ベルナイスはおそらくヒルベルトの私設助手として最初の2学期を過ごす．物理学者ベール（R. Bär）の後任として，ベルナイスは，正規には1918年7月19日にヒルベルトの常勤助手として就任したようである [*HLA*2, n. 9, p. 36]．またベルナイスは，1918年7月9日に（2度目の）教授資格論文をゲッティンゲンの哲学部に提出，1919年1月14日に認可される．だが助手としてのベルナイスの仕事は，通常のように学生の演習問題を解く手助けをすることではなく，ヒルベルトの論理・数学の基礎に関する講義のプロトコル作成にあった．しかもその実質的な任務は，通常のような講義内容の事後的な要約作成ということより，むしろ，ヒルベルトと個人的に会い，特にこれからなされるべき講義の実質内容についての公式プロトコルを事前に書き出し，また基礎論的問題へのヒルベルトの接近法一般について議論することであった．ヒルベルトが，ベルナイスを1917年においても，アクティヴな反響板として用いたのだろうと想定しうるという．実際1918年7月までには，ベルナイスは，以下に見るように，すでにその瞠目すべき鋭利な「教授資格請求論文」を提出していたのであり，それはヒルベルトからの新しいメタ数学的アイディアの急速かつ創造的な吸収を示しているのである（Ewald and Sieg in [*HLA*2, pp. 51-3]）．

([PdM, S. 153, n. 1] in [HLA2, p. 158])として述べられているだけで,「意味論的」完全性の性質は切り出されて定式化されてはいない.

もっとも確かに値0, 1による算術的解釈も,すでにヒルベルトの論理和・論理積の算術和・算術積,Xの否定を$1-X$とする,シュレーダー代数的解釈に見られはする([PdM, SS. 151] in [HLA2, p. 157]).そして「それと同時に,どの論理的な言明式も0と同一であるという命題の逆もまた,帰結する.つまり,0と同一だがいかなる論理的な言明式でもない式が存在するとしたら,無矛盾性証明の際に行った考察に従い,この式を公理に付加しても矛盾は導かれないことがありうるだろう」([PdM, S. 153, n. 1] in [HLA2, p. 158])と述べられる.

だがヒルベルトはいまだ,この統語論的な完全性と「意味論的」なそれとの区別について,ベルナイスの教授資格論文におけるほどの明確な定式化はしていないように見える.確かに1917/8年講義(PdM)で,ヒルベルトは公理的演繹が純粋に形式的に遂行されるべきだと明言しており(上記 [PdM, S. 135] in [HLA2, p. 147]),公理体系をその解釈から区別しているが,当の統語論についての彼の記述は,以下のように,意味論的概念に纏いつかれている([PdM, SS. 131-2] in [HLA2, pp. 145ff.]).すなわち,講義ノートでヒルベルトはこう述べている.

> こうした公理体系は,論理的証明遂行を厳密に完遂し,その結果,諸式の表現する判断の意味(Sinn)を一切顧慮する必要がなく,ただ規則に含まれる指定のみに注目すべきはずの,手続きを与えるのである.にもかかわらず,それから出発する前提を記号的に表現するに当たって,形式的操作によって得られる結果の解釈に当たってと同様に,われわれの計算の記号にある解釈(Deutung)を添えている.
>
> こうした解釈は,論理記号の場合には,これまでと同様,与えられた言葉での読み方に対応し,式中の不定の言明記号や関数記号が登場する場合には,確定した言明や関数の任意の代入の場合にも……その式から生ずる主張が正しいというように理解されるべきなのである.([PdM, SS. 135-6] in [HLA2, pp. 147-8])

さらにヒルベルトの「正しい式(richtige Formel)」という表現も曖昧に使われ,時に導出可能な式を,時に妥当な式を指す.ヒルベルトはこの式の二つのクラスは同値で,曖昧性は無害だと実際に示すが,彼の用語法は,ベルナイスの提示におけるようには,完全性定理を明確にしていない.

こうしてベルナイスは,ヒルベルトの常勤助手として,やがて員外教授として

ゲッティンゲン大学に勤務するが，ヒットラー政権下その職を 1933 年同大監督官により打ち切られ，同年 9 月 21 日にはプロシャ文部大臣によって「非アーリア系」との廉で，教授資格を剥奪された．6 か月間のヒルベルトによる私的雇用の後，1934 年夏チューリッヒの連邦工科高等専門学校（ETH）（後のスイス連邦工科大学）に教職を得，生涯そこに留まった．

3 ベルナイスの完全性，無矛盾性，決定可能性

そこで以下では，ベルナイスの完全性についての成果を，ゲッティンゲン大学哲学部のヒルベルトに提出した元来の「教授資格論文」(1918)（[HB 1918] in [*HLA2*, pp. 231-71]）そのものに戻って，見てみることにしたい．幸い，ベルナイスの資格論文は，『ヒルベルト講義録 1917-1933』[*HLA2*] の付録（Appendix: The Bernays *Habilitation Thesis* [HB 1918]）として 2013 年に出版された（Ewald in [*HLA2*, pp. 222-30]）．

さてこの教授資格論文で，ベルナイスは，数か月前の先述のヒルベルト講義（[PdM] in [*HLA2*]）中でのメタ論理的技術を鋭利にし，いっそうの分析的明晰性を備えた応用で，命題算の公理群の完全性，無矛盾性，決定可能性，独立性の問題を提起し，公理と推論規則の関係を探究している．

ベルナイスの目標は，ヒルベルト講義 [*HLA2*, pp. 129-53] で導入されたアイディアに立脚した，*PM* の命題算の公理群の体系的研究である．ベルナイスは，簡単にパース，シュレーダー，フレーゲ，ペアノおよびホワイトヘッド – ラッセルの『数学原理（*PM*）』に言及し，ヒルベルト講義中の命題算が，代入則の明示，肯定式（MP）のいっそう正確な扱いを付加した *PM* の変種であることに注意する．

先述のように，§1 で命題計算の統語論と解釈を精確に区別した後，ベルナイスは証明可能な（*beweisbar*）式と普遍的に妥当な（*allgemeingültig*）式との区別に進む．妥当性のための意味論を，真偽を用いて与えるが，この特定の解釈によらずに §2 では同様に値 0，1 をもつ算術的解釈も使用できただろうという．値 0，1 による算術的解釈も，ヒルベルトの論理和・論理積のシュレーダー的解釈に見られる（[PdM, SS. 151] in [*HLA2*, p. 157]）．

けれどもむしろベルナイス自身によって，意味論的概念は最初にその明確で十全な形で公けにされたように見られるのである．そして以下におけるように，ベルナイスは，当の体系の統語論的と意味論的な性質とを明確に区別し，さらに簡潔に統語論を意味論に連結する，健全性・完全性の定理を提示する（[HB 1918,

§2, S. 6] in [HLA2, p. 236]）．

　ベルナイスは，統語論的導出上の帰納に関する，標準形を用いるこんにち標準的なテクニック（ヒルベルトが無矛盾性証明で用いたもの [HLA2, pp. 151-3, pp. 157ff.]）を使用して，まず彼の完全性の前半，つまり健全性，を証明している．これらの議論は，ラッセル－ホワイトヘッドの PM の命題算を超える主要なポイントを画する．

　健全性の証明に，ベルナイスは先の統語論と意味論との区別 [HLA2, p. 225] に加え，式と推論規則との間の区別を援用する．（式・公理と推論規則の区別はすでに，暗黙にはユークリッドにより，またきわめて明確にはフレーゲの『概念記法 (BS)』(1879)，さらに詳細に『算術の基本法則 (GGA)』(1893) において実行済みであるが）これらの区別なしには，導出のクラスの上の厳密な帰納は可能ではないが，PM ではこの両方の区別とも不鮮明である．むしろベルナイス自身が，意味論的概念をその明確にされた形で，最初に十全に公けにしたのである．

　さてベルナイスは，§1「公理の設定」の節で，文字記号（変項）$X, Y, Z, \ldots$ および「X の否定」$\neg X$，「記号積」XY を形成する操作から，この計算の「表現」を形成する．そのうち五つの（統語論的に）「正しい式」が「基本式（Grundformeln)」として，また二つの規則（代入則，変形規則）を要請する．結合表現の省略として，$+, \rightarrow, \sim$ を導入する．

　それからベルナイスは，簡潔に統語論を意味論に連結する定理，すなわち，「すべての証明可能な式は普遍的に妥当であり，その逆でもある」（[HB 1918, §2, S. 6] in [HLA2, p. 236]）を提示する．

　§2「先の［命題］計算の論理的解釈（logische Deutung）――無矛盾性と完全性」（[HB 1918, S. 3] in [HLA2, p. 235]）では，「上に設定された公理体系は，何らかの有意義な内容的解釈（bedeutsame inhaltlichen Interpretation）（英訳では，'intended interpretation'）が以下のように与えられる．変項は言明（Aussage）の記号で，言明は真または偽であって，同時に両者ではありえないとされ（[HB 1918, SS. 4-5] in [HLA2, p. 235]），次に各結合記号が［真理関数的に］与えられる．

　ついでベルナイスはただちに「健全性」「完全性」に移る．すなわち，

　　　われわれの公理体系の論理学にとっての重要性（Bedeutsamkeit）とは，
　　　次のことにある：「証明可能な（beweisbar）」式とは，公理にかなった正し
　　　い（richtig）式として証明される（beweisbar）式だと解し，また「普遍妥
　　　当的な（allgemeingültig）」式ということで，変項に代入されるべき言明の

任意の選択に際して（よって，その変項の任意の「値」に対して）与えられる解釈（Deutung）という意味において，常に真な言明を付与する式と解するなら，以下の定理（Satz）が成り立つ：

　どの証明可能な（*beweisbar*）式も普遍妥当な（*allgemeingültig*）式であり，その逆でもある．（[HB 1918, S. 6] in [*HLA*2, p. 236]）[慎重に，正しい式という概念と並んで証明可能な式という概念（両者は完全には境界づけられていない）を導入するのは，循環を避けるのに必要だという脚注が付されている．]

　さしあたり，この主張の前半部［健全性］に関しては，以下のように根拠づけられる．まず，全基本式が普遍妥当な式であるということを実証する．加えて，有限多の場合のみ吟味する．というのは，計算表現は，どの論理的解釈でも，その真偽は変項に代入される言明のすべての真偽が決定すれば一意的に確定し，これらの言明のその他の内容はどうでもよく，よって，変項の値としては言明の代わりに真偽のみを考慮すべきだからである．
　基本式が普遍妥当的ならば，必要なのはただ，二つの規則［代入則，変形規則］の適用によって普遍妥当な式から常にそうした式のみが導出可能であると確信することだけである．……かくして実際すべての証明可能な式が普遍妥当的であることが示される．（[HB 1918, §2, SS. 6-7] in [*HLA*2, pp. 236-7]）

次にベルナイスは彼の健全性の成果がただちに（命題）計算が無矛盾であり，しかしまた必ずしもすべての式が証明可能であるわけではないということも確立されると認める（*erkennen*）．つまり，

　以上のことから，確かに必ずしも任意のすべての計算表現が証明可能な式であるわけではなく，あらかじめ［それを］排除しえない可能性を認識（*erkennen*）している．
　すべての式が正しい（*richtig*）式であるという可能性はなお残存し，どの場合でも一つの証明によって排除はされないのである．「正しい式」という用語の適用可能性に関しては単に十分条件だけで必要条件は与えていないからである．（[HB 1918, S. 8] in [*HLA*2, p. 237]）

§3で，§2の逆の含意（必要条件）「どの普遍妥当的な式も証明可能である」，

すなわち，「わ̇れ̇わ̇れ̇の̇公̇理̇体̇系̇の̇完̇全̇性̇ (*Vollständigkeit*) 問題」の証明が取り上げられ，ベルナイスは，完全性をヒルベルトの1917/8年講義で使用された標準形の議論を本質的に用いて証明している．したがって，詳細にされるべき証明は，以下の主張の基礎づけに還元されるのである：

> 証明可能な式の体系（われわれが知っているように，それはすべての表現を包括してはいない）が，次のことによって拡張されたら，つまり，この体系に属さない式を正しいとして要請する（つまり，それを基本式に付加する）ことによって拡張するなら，そのように変更された公理体系に関しては，およそどの表現も証明可能な式なのである．([HB 1918, §3, S. 9-10] in [*HLA*2, pp. 238f.])

これは，当然ながら，一般にゲーデルの不完全性と背馳するような主張ではなく，ここで問題にされている公理体系は，厳密に形式化された命題論理の公理系だということに注意しなければならない．

注意すべきは，ベルナイスがヒルベルトの講義とは異なったポスト完全性の定式化をしていることである．ベルナイスにとっては，公理系が完̇全̇なのは，導出可能でないい̇か̇な̇る̇式（nicht beweisbare Formel）の付加も，すべての式を証明可能にしてしまうときなのである．すなわち，

> その証明にはただ次のことを示せばよい：証明可能な式の体系（それはすべての表現を包括してはいない）に属さない，ある正しい式を要請する（基本式に付加する）ことによって拡張するなら，その変更された公理体系では，どの表現も証明可能な式となろう．([HB 1918, §3, S. 9-10] in [*HLA*2, pp. 238f.])

というのは，このことが成り立つとしたら，次のように論ずることができるからである，という．すなわち，

> 普遍妥当であるが，証明可能ではないような式が存在するとすれば，この後者の式を五つの基本式に第6として付加できよう．すると一方で，そのことから，どの任意の式も証明可能となろう，という帰結となる．他方また，新しい式の付加後にはすべての基本式は普遍妥当となろう．よって，拡張された公理体系によって証明可能などの式も普遍妥当でなければならないだろ

う．したがって，われわれの（命題）算のどの任意の表現も普遍妥当的だということが帰結しよう．しかしこれは当てはまら（zutreffen）ないから，普遍妥当的だが証明可能でない式の存在という想定は偽である．（loc. cit.）

この巧みな再定式化は，統語論的完全性の定義を，否定なしの体系にも拡張可能にする．それからベルナイスは，（ヒルベルトが [Hilbert 1905*] にしたように）[2]，しかし [HLA2] でではない）無矛盾性証明における標準形の使用が無矛盾性を確立するだけでなく，有限のステップで，任意の表現が証明可能な式かどうかを決定する（entscheiden）ための実効的手続きを与えることを認識した．「よって，[命題] 算は完全に些事となる」（[HB 1918, §3, SS. 5-6] in [HLA2, pp. 240-1]）と，ベルナイスは結論づける．

詳しくは，「上の考察は，単にわれわれの公理体系の完全性を含むのみならず，さらにまたわれわれにどの計算表現についても，公理の有限多の適用に従って，それが証明可能な式であるかそうでないかを，決定できるような統一的な（einheitlich）方途を与えるのである．この決定（Entscheidung）の目的には，ただ関連する表現にその標準形を確定し，各単純な [論理] 積について，そのうちの少なくとも一つの変項が，連言肢として……現れているかどうかを調べればよいだけである．それが適切なら，われわれの表現は証明可能であり，さもなければ証明可能でない．したがって [命題] 計算はまったく些事となる（trivialsieren）」（[HB 1918, SS. 5-6] in [HLA2, pp. 240-1]）という．

ところで，公理を，特定の結合子を支配する公理のとりまとめとともに，規則で置き換える方法のベルナイスの研究がヒルベルトの後続の講義により取り上げられ，ゲンツェンの自然演繹展開の背景をなす（第5章4節参照）．

4　完全性に関する謎

ベルナイスは，数年後に資格論文の短縮報告 [Bernays 1926] を公刊するが，命題論理に関する完全性には簡単にふれるだけで，1917年のヒルベルトの講義への参照もなく，完全性はポスト [Post 1921] に帰せられて，むしろ独立性に注意が集中している．統語論と意味論の区別もはっきりさせておらず，命題論理の完全性の仕事との関連には何ら言及していない．

ヒルベルト-アッケルマン『理論的論理学の基礎』（1928）[GtL][3] でも（ベ

---

2)　ヒルベルトは，このベルナイスの資格請求論文を承けて，1905年にこうした実効的決定手続きを与えている，という（in [Hilbert 1905*, p. 249] ed. Ewald et. al. (eds.)）．

ルナイスもその草稿を確かに見たはずなのだが），ベルナイスの［Bernays 1926］を引用し独立性の成果を挙げているが，命題論理の完全性の仕事との関連には何ら言及していない．

現在の目に最も奇妙なのは，ヒルベルトもベルナイスも命題論理の完全性に大きな強調を置かなかったことである．例えば，ベルナイスはラッセル宛の1920年4月8日および1921年3月19日の書簡で，ヒルベルトの解析学の無矛盾性や自身の資格論文での PM の命題論理についての成果，特に，独立性について知らせているが，完全性についてはふれていない．

後にそのことを1977年のチューリッヒ工科大学でのインタヴューで，ベルナイス自身いささか悔いている．当時，数学者の間では論理は真面目に取られてはいなかったと述懐し（［$HLA2$, p. 228, n. 10］参照），また「資格論文」［HB 1918］§3での自身の成果に対する自らの態度，つまり，「機械的手続きの存在が命題計算をすっかり些事（trivialsieren）としてしまう」かもしれないという，上記の態度も影響したかもしれない，という．

これらの事実は，当時，ベルナイスの1918年の独立性の仕事の方が，ヒルベルトやベルナイスの心中では，完全性定理よりは大きな場所を占めていたということを，強く示唆する．それは，第1に，ヒルベルトの幾何学研究においては，独立性の仕事が，実際最も重要な発見の核心にあり，ユークリッドの公理の独立性との関連でのみならず，幾何学の（非アルキメデス的，非ピタゴラス的，準ユークリッド的）新しい体系の発見との関連で，また同様に，平面幾何学の核をなす定理の正確な演繹的重要性を確定することとの関連で，重要視されていた．第2に，命題算の完全性証明は，独立性定理の証明に比して，技術的な要求度が高くないということ，つまり，概念的には興味深くても，当時は大方些事だと見なされざるを得なかった，ということである．第3に，ヒルベルト講義（1917/8）でも，ベルナイスの資格論文でも，完全性の多様な考えのどれが最も重要だと判明するかいまだ明確ではなかった．実際，ベルナイス自身でさえ，「資格論文」§2で，意味論的（semantical）完全性の概念をはっきり打ち出しながら，残余の部分では，「完全性（Vollständigkeit）」の用語を，今日のポスト完全性を指すのにも用い続けている．ヒルベルト講義（1917/8）もベルナイス資格論文［HB 1918］も要約報告論文（［Bernays 1926］in［$HLA2$, p. 229］）でも，量化論理（ヒルベルトの狭義の関数算）の意味論的完全性を証明するという課題を定式化して

---

3) その初版が［$HLA2$］の pp. 806-916 に収録．後述のように，それは大方，ヒルベルト講義（1917/8）［PdM］および講義（1920）［LK］（in［$HLA2$, pp. 298-335］）の，ベルナイスによる事前プロトコルの転写（対照表が pp. 807-8 にある）である（後述章末6節参照）．

はいない．その課題はヒルベルト‐アッケルマン『理論的論理学の基礎』(1928)([*GtL*, §9, S. 68] rep. in [*HLA2*, Appendix A, p. 869] において初めて提起され，またヒルベルトのボローニャ会議講演（[Hilbert 1928, S. 140] in [*HLA2*, Appendix C, p. 964]）で再提起された．

その直後，さらにずっと困難な問題が明示的に提出され，ゲーデルとタルスキの仕事がその深さと困難さとを明らかにした後になって，回顧的に，ベルナイスが何年か前に切り出していた意味論的完全性の概念が数理論理学にとってどれほど重要であるかが，明らかになったのである（Ewald in [*HLA2*, p. 230]）．

つまり，1920年代に量化理論研究における支配的な関心は，意味論的完全性ではなく，シュレーダー‐レーヴェンハイムの仕事から生起する量化の妥当性に関する決定問題にあった．1927年のベルナイスの研究動向講義でも量化理論の意味論的完全性には言及もされず，その決定問題（と命題算の意味論的完全性）が議論されている．1928年9月3日のボローニャ国際数学者会議での講演「数学の基礎づけの諸問題」[*HLA2*, Appendix C, pp. 957-66] において，ヒルベルトは「問題Ⅴ」として「数論（Zahlentheoirie）の公理体系の完全性（Vollständigkeit）」，すなわち，「数論の領域に属するが，証明可能（beweisbar）でない式を数論の公理に付加すると，その拡張された公理体系から矛盾（Widerspruch）が導かれうる」を提起している（in [*HLA2*, p. 964]）．しかしここでの問題の定式化は，「意味論的」ではなく数論の「統語論的」完全性で，ヒルベルトはこう述べている：

> 証明論においては常に形式化された証明に関わらねばならないから，数論の完全性の主張は，同時に論理的推論の形式化された規則はどの場合も数論の領域で十全である，という主張を含む．
>
> 論理的な規則の体系の完全性の問題は，一般的にいうと，理論的論理学（theoretische Logik）の問題を構成する．現在のところ，こうした規則がただ試行によってだけ，十全だという確信を得ているだけである．
>
> 純粋命題論理の領域の場合にはその実際の証明がある．単一の主語をもつ述語論理（一様量化理論）の領域では，決定問題の解決の方法から（シュレーダー流の消去問題 [Schröder 1895a] 講義11），同様に，レーヴェンハイム [Löwenheim 1915] に始まり，シュレーダーを発端に，後にはベーマン [Behmann 1922a] で完結する形と結合して応用されるように，規則の完全性の証明が，獲得されうる．([Hilbert 1929, S. 140-1] rep. in [*HLA2*, pp. 964-5])

5 ヒルベルト-アッケルマン『理論的論理学の基礎』初版（1928）での完全性問題の提起

だが，この問題が最初に印刷に付されたヒルベルト-アッケルマン『理論的論理学の基礎』の初版（1928）(rep. in [HLA2, Appendix A, pp. 806-916]) においては，彼らの量化理論の定式化が，ポスト完全ではないことを示した後，「公理体系が，それから各個体領域について正しい（richtig）すべての論理式（logische Formeln）が導出できるという意味で完全であるかどうかは，なお未解決の問題である．この公理体系がすべての適用に十分であることは，純粋に経験的に知られているだけである」[GtL, p. 68] と述べている．後段では，「普遍妥当性（Allgemeingültigkeit）と充足可能性（Erfüllbarkeit）」という考えが量化式にまで拡張され，2版以降では，論理式は，「普遍妥当式」に変更される．

ヒルベルト-アッケルマンは，提示した「公理体系の無矛盾性」（§12）とその「独立性と完全性」（§13）を取り上げている．

四つの公理がそれぞれ独立であることを証明した後，完全性問題に移る．そこで「公理体系の完全性は，二様に定義されうる」として，その一つは，

① 「ある公理体系からある一定の内容的に（inhaltlich）特徴づけられる領域のすべての正しい（richtig）式が得られる」と解する場合．

② 「しかし完全性の概念をいっそう明確に把握可能で，公理体系が完全だといわれるのは，これまで導出可能でなかった式を，基本式の体系に付加すると常に矛盾が生ずる場合，その場合のみ」と解する場合である（統語論的完全性）．

①の意味での完全性は，四つの公理 a)-d)（rep. in [HLA2, p. 829]）からすべての常に正しい言明式を導出できる，という趣旨であろう．

しかし②のいっそう明確な形での（統語論的）完全性もあるとし，

> それについて以下のように確信しうる：A がなんであれ諸公理からは証明できない式とし，B を，A に属する連言的標準形での表現とせよ．A 同様 B も証明可能でないことがありうるから，B の被和項（summande）n には，どの二つの構成要素も互いに対立することはないような，単純積 C が現れるに相違ない．C 中で否定なしの記号に X を，また否定を伴う各言明記号に $\neg X$ を代入すると，$X \vee X \vee \cdots \vee X$ という形の積（Produkt）［和では？］を得る．それは，言明算の規則により X と同値である．さて A を正しい式として要請すると，B も C も最後には X も正しい式として与えられよう．

するとしかし X の代わりに $\neg X$ を代入することが許されると，矛盾が得られる．かくして考察されている公理の体系は，完全であることが明らかとなる．（rep. in [*HLA*2, p. 839]）

§9 でヒルベルト-アッケルマンは再び完全性，ないし不完全性問題を取り上げる．

　　無矛盾性証明の思考過程は，その公理体系がいっそう明確な意味での完全性をもつかどうか，という問いについての決定にも導く．この完全性は現に手許にある（vorhanden）ものではない．公理体系の不完全性（*Unvollständigkeit*）を確定するには，ただ次のような式を見出す必要があるだけである．すなわち，上記の算術的解釈と適合的に，0 と等しいが，その公理の帰結ではないような式である．こうした式は $(\mathrm{E}x)F(x) \rightarrow (x)F(x)$ である．
　　この式が公理群から帰結しないことを，すでに次のことから，すなわち，その式が表す主張：「それについて $F(x)$ が成り立つような，ある x が存在するなら，$F(x)$ はすべての x について妥当する」は，確かに普遍的に妥当ではないということ，から確からしい」とし，ついで，その式を公理群から導出するということが不可能であることの厳密に形式的な証明の概略を与えている．（rep. in [*HLA*2, p. 867]）

　　以上で，われわれの公理体系［単一の主語をもつ述語論理（一様量化理論）の領域で］の不完全性（Unvollstädigkeit）を示した．公理系がどの個体領域（Individuenbereich）に関しても正しいようなすべての論理式も実際にその体系から導出可能，という意味で完全であるかどうかは未解決の問題である．単に経験的に，この公理体系のすべての適用に際しては，常に十分であった，といわれているに過ぎない（rep. in [*HLA*2, p. 869]）．

6　ベルナイスの貢献とヒルベルト講義

　　ところで，上記ヒルベルト-アッケルマンの教科書『理論的論理学の基礎』（1928）（rep. in [*HLA*2, pp. 806-916]）は通常，ヒルベルト学派のメンバーによる論理学の共同研究の成果とされているが，事実は第 1 章 §10 に始まるほぼ全体は，しばしば一字一句，ヒルベルト講義（1917/8）冬学期［PdM］のベルナイスによるタイプ刷の事前公式プロトコル（講義報告 in [*HLA*2, pp. 59-221]）B

部分（Mathematische Logik）から取られている．第1章§§1-9も同様に，1920年冬学期のヒルベルト講義のベルナイスによるタイプ刷事前プロトコルから取られており，それは[HLA2]の第2章に採録されている（'Logik-Kalkül' 1920冬学期，SS. 1-62＋i-iii, rep. in [HLA2, pp. 298-341]）．

　ヒルベルト－アッケルマンとベルナイス・プロトコルとの二つのテクストの最も重要な乖離は次の点である．章別と節構成はヒルベルト－アッケルマンによる（編者EwaldとSiegのIntroduction in [HLA2, pp. 31-58] 参照）．

　(1) 第1章§§12-13：命題算の完全性と無矛盾性の議論は，配置替えされ，明確にされ，かつ拡張されていて，そこで引照されている[Bernays 1926]（ベルナイス「資格請求論文」要約）の影響を示し，また完全性の二つの形式的考え（現在では「意味論的完全性」と「ポスト完全性」として知られている）が区別されている[HLA2, p. 49]．奇妙なことに，意味論的完全性の定式化はベルナイス「資格請求論文」（[Bernays 1918] rep. in [HLA2, Appendix, pp. 231ff.]）に比して際立たせられてはいない．

　(2) 第2章§2：命題算と述語算は混合され，短縮・単純化されている．

　(3) 第3章§5：関数算の公理体系，特に量化子の公理と推理規則が簡素化されている．この改良はベルナイスに帰されている．

　(4) 第3章§9：講義ノートは，p. 156において関数算がポスト完全ではないという証明を告げ，その証明を略述しているが，括弧つきで次の所見が付されている．「確かに，この式が公理群から導出できないという厳密に形式的な証明は今後発見されるべきものにとどまる」．アッケルマンが，失われた詳細を提供している．関数算の意味論的完全性の問題は，さらに明示的に未解決の問題として述べられている（なお，§4.3参照）．ゲーデルがまさにこの問題を彼の博士論文で取り上げ，解決したことは，周知のことである[Gödel 1930a]．

　(5) 第3章§§11-12：決定問題とレーヴェンハイム－スコーレムの結果の特殊ケースについての二つの新しい節は，講義録後に付加され，アッケルマン，ベーマン，ベルナイス，レーヴェンハイム，シェーンフィンケル，スコーレムによって他所で出版された仕事の報告である．

　(6) 第4章§§5-8, 特に§9：型理論と還元公理についての議論が，より明確に焦点を絞って行われている．こうした批判的態度は，1920年の講義で最も明瞭に定式化されている．

　ヒルベルトの学生アッケルマンの本書への新しい数学的貢献は，関数算のポスト完全性の証明の詳細な提供だけで，それ以外のアッケルマンの役割は，共著者というよりテクスト編集者のそれのように見える．それゆえ，ヒルベルトの序言

(1928年1月) は十分な注意を払って読まれるべきだと, 編者 (Ewald と Sieg) は言う. もっとも, 編者もその全文を引いているように, ヒルベルトはその序言で, 本書が依拠した「ヒルベルトの講義「数学の諸原理 (Prinzipien der Mathematik)」(1917/8 冬学期),「論理算 (Logik-Kalkül)」(1920 冬学期),「数学の基礎 (Grundlagen der Mathematik)」(1921/2 冬学期) の準備において, きわめて本質的な仕方で, わが同僚ベルナイスの支援と助言を受けたこと, 彼はまた講義ノートをきわめて注意深く書き上げてくれた」(序言, S. VI in [HLA2. p. 809]) と語り, また,「近刊予告中のベルナイスとの記念碑的共著『数学の基礎 (Grundlagen der Mathematik)』[[GLM. I] and [GLM. II] および一連の諸論文 [Hilbert 1922a; 1923; 1926] でのベルナイスとのきわめて緊密な共同作業」に言及しているから, けっしてベルナイスの貢献を軽視している訳ではない (Dreben and van Heijenoort, Introduction in [GCW. I, pp. 44-8]).

ドリーベンとヘイイェノートも, ベルナイス, ゲーデルの「完全性」が,「意味論的完全性 (semantic completeness)」[GCW. I, pp. 45f.] だと述べているが, 上記の「ポスト完全性」(ないし「統語論的完全性」) と解するような見解もある[4].

さて [GtL] において提起された述語論理一般の完全性問題の肯定的解答が, 次章で取り上げるゲーデルのウィーン大学博士論文 [Gödel 1929] である (1930 年 7 月 6 日授与. 論文 [Gödel 1930] として書き直し, *Monatshefte für Mathematik und Physik* に 1929 年 10 月 22 日に受理. [Gödel 1930a] はその博論の摘要である).

---

[4] 例えば, フランセーン (T. Franzen) の解説によれば, 論理学で「完全」という語が二つの異なる意味で使われていることがいろいろの誤解の原因, より正確には, 1 階述語論理の完全性証明における「完全性」は, いわゆる「ゲーデルの不完全性定理」と称される場合に対比されるような,「完全」という意味ではない, という (ゲーデル自身は, 当時の研究動向に従って, むしろ決定可能性の問題と捉えているから, その論文題名を「PM および関連する体系 I の形式的に決定不能な (unentscheidbar) 命題について」(1931) としている). 1 階述語論理の体系 S が「完全」とは,「ある言語で表現される文で, 体系 S で決定不能となるものが一つもない, という意味で, それ以外の場合, 体系 S は「不完全」(ないし「否定完全」) という. [フランセーン 2005] 田中一之訳, p. 25) とも呼ばれる. そこで, フランセーンは,「述語論理が完全とは, 述語論理に用いられる推論規則が, 1 階言語における公理の集合から論理的な帰結を得るために十分であるという意味である. …… [よって] ゲーデル初期の仕事は, 多くの形式的体系が否定完全であることを証明し, 他方で 1 階論理の推論規則は論理演繹として完璧であることを証明した」(同上, p. 37) とまとめている. そして, 1 階述語論理の公理体系 T が完全であるとは,「公理の集合からの論理的帰結となる文すべてを, この推論規則のみを用いてそれらの公理から導出できる」ということ, また, 健全性定理と組み合わせると,「T のすべてのモデルで文 A が真であることは, A が T の定理である [したがって, 証明可能] であることと同値である」(同上, p. 182) とされている.

第7章　ゲーデルの完全性定理および不完全性定理への予示

1　ゲーデルの完全性定理——その生成

ゲーデルは，自らの博士論文［Gödel 1929］についての摘要論文［Gödel 1930］のごく短い要旨［Gödel 1930a］において，既述のごとく以下のように記している．

ゲーデル

例えば，PM でなされたような，論理学の公理的な基礎づけを与える場合，はじめに採用された諸公理が「完全（vollstänidig）」であるかどうか，すなわち，実際に論理のどの正しい（richtig）命題も，形式的な方途で演繹される（auf formalem Weg zu deduzieren）のに十分であるかどうか，という問題が浮上する．この問題はこれまでは最も単純な命題群，つまり，言明算（Aussagenkalkül）についてのみ解決された．回答は肯定的であった．つまり，どの正しい（普遍妥当な（allgemeingültig））言明式も PM の公理から帰結する．報告者は，この定理がいかにして狭義の関数算の式（束縛された関数変項をもたない式）にも拡張可能であるかを示す．（［Gödel 1930a］in［GCW. I, pp. 124-5］）

それでは，まずゲーデルの博士論文［Gödel 1929］における，とりわけ，公刊された摘要論文［Gödel 1930］では削除されてしまった，その「導入部」での注目すべき議論の要点を，先廻りして記しておこう．

ところで当時の論理学研究の状況においては，「完全性」という語の用法には揺れがあり，必ずしも「意味論的完全性」を意味しない．既述のように，史上初

の［Post 1921］の命題論理の完全性証明の基本的狙いも，今日のむしろ「統語論的な完全性」，すなわち，もし命題論理の一定の公理体系で証明不可能な論理式を当の公理系に加えると，その公理系では矛盾が生ずること，の証明にあった．ヒルベルトの講演（1928）（ボローニャ国際数学者会議）でも，「完全性」とは「数論の公理に証明不可能な式を付加するならば，拡張された体系において矛盾が導出されること」だという「統語論的」完全性として述べられている．

また1920年代の論理学者たちの主たる関心も，「数論の決定問題」（それは，後述のように，ヒルベルトの形式主義とブラウワの直観主義の双方が，その可解性を前提していると，ゲーデルが鋭く突いた論点である）に，またまずは「統語論的な完全性」の述語論理への拡張にあった．

ポストの命題算の統語論的完全性を超えて，先述のように，ベルナイス［Bernays 1926］（教授資格論文［Bernays 1918］の短縮版）は，すでに明示的に「普遍妥当な」「普遍的に正しい」命題式に関する「意味論的完全性」を問題にしており，「PM の命題算の公理体系から，推論の形式的規則によって，すべての普遍的に正しい（allgemein richtig）命題式が得られる」という意味で，完全であると述べている［Bernays 1926, S. 307］．ただし，ベルナイスの成果も，命題算の公理系に関する「意味論的」完全性証明であった．「述語論理の普遍妥当な式の導出可能性」を「意味論的」完全性の問題としてはじめて公に明示的に提出したのは，前述のようにヒルベルトとアッケルマン『理論的論理学の基礎 (GtL)』(1928) であった．

ゲーデルの「導入部」はさらに，いわゆる「不完全性」定理への予告を含んでいた，といわれる．ゲーデルが問題にする完全性とは，「狭義の関数算［1階述語論理］で表現可能で妥当な論理式のすべてがその諸公理から形式的推論の有限列によって演繹される」ことであり，それが，「数表現のみからなるあらゆる公理系は，無矛盾であれば，モデルをもつ」という主張と等価とされた．この問題の解決は，通常の無矛盾性の証明法を補完する．矛盾が提出されるか，無矛盾性がそのモデルによって証明されるかのいずれかだからである．先述のように，無矛盾性証明がモデルの構成によってなされるという考えは，デデキントの自然数論において明瞭に，またフレーゲの論理主義的数論の試みにおいてさえ，すでに見受けられるものである．しかし，ブラウワの強調するように，その逆，つまり，公理系の無矛盾性からモデルの構成可能性は帰結しない．またヒルベルト流の形式主義的立場で，「公理系が無矛盾であれば，その公理系で導入される概念は，そのこと自体で定義されており，かつ存在しているとみなされうる」と考えると，完全性証明に重要な意味はないことになる．このヒルベルト的な意味での無矛盾

な公理系は，当然モデルをもつからである．

しかし，ゲーデルはこのヒルベルト流の主張を疑問視する．こうした主張は，「あらゆる数学的問題は可解（lösbar）だという公理を（つまり，どんな問題の非可解性（Unlösbarkeit）も証明できないと）前提している」からである．だが，ある数学的問題の非可解性を端(はな)から排除することはできない．ゲーデルが問題にしている「証明可能性」「無矛盾性」は，「一定の明確に述べられた形式的な推論方式の非可解性のみ」なのである［GCW. I, pp. 60-2］．

この主張は，すでに決定不能な数学的命題の存在を示唆する，といわれる．ゲーデルは，ヒルベルト流の形式主義にもブラウワの直観主義にも疑義を申し立て，自らの「一定の明確に述べられた形式的な推論方式による非可解性」という考えと対比させる．

ゲーデルはまた「形式的に無矛盾であるからといって，数学的対象が存在するとはいえない」として，形式主義的な数学的対象の存在観にも異議を申し立てている．

ゲーデルのこの批判は，完全性証明で用いられた古典的な排中律の問題と関わる．この定理の内容は，一種の決定可能性，つまり，狭義の関数算のすべての表現は，有限個の推論を通じて妥当と見なされるか，それとも反例によってその妥当性が拒否されるかのいずれかである，というように排中律的に理解可能だからである．とくに，ブラウワの直観主義的立場では，排中律が「あらゆる問題の決定性，それもおよそ思いつく限りの手段での可解性」と強くとらえられるならば，完全性はこの排中律の直接的な帰結にすぎないことになる．だが，ゲーデルが証明しているのは，「すべての妥当な表現は完全に特定され，具体的に枚挙された推論規則によって導出される」ということである［GCW. I, pp. 62-4］．よってあらゆる方策を用いれば決定可能になるだろうからといって，限られた方策の範囲でも決定可能であるとは必ずしもいえないのである．しかも直観主義者の理解では，完全性とは，「証明可能か，反例により拒否可能か」となり，数学的命題に関して，実は，古典的な排中律が暗に前提されている．一方また（ヒルベルト流の）形式主義においても，「数学的命題の決定可能性」が前提されていた．かくしてゲーデルの完全性定理の証明は，「数理論理学の決定問題の解決」に関わる．こうしてゲーデルのヒルベルト－ブラウワに対する批判は，1920年代の論理学者たちの主要な関心であった「数学的命題の決定問題」に直結する．数理論理学のこの「決定問題の解決」という表現もまた，来るべき不完全性定理をうかがわせるものであった（Dreben and van Heijenoort, Inroductory Note to [Gödel 1929, 1930, and 1930a] in [GCW. I, pp. 58-9] 参照）．

上述のように，ポスト［Post 1921］およびベルナイス［Bernays 1926］は，命題算についてある形の統語論的完全性を証明していた．つまり，ある証明不可能な式が新しい公理と解されると，結果する体系は不整合となる．また，1928 年 9 月のボローニャ会議でのヒルベルトは，数論について同様の形の完全性を提案し，会議録［Hilbert 1928］で公刊，［Hilbert 1929］でその校訂版が付録とともに再刊された．そのなかでヒルベルトは数論についてのこの種の完全性から（等号つきの）量化理論の意味論的完全性に替えている．こうした論理のための体系は，数論的公理を落とし，任意の数の述語文字の導入によって得られたという．「これは，本質的に数体系の順序付けの性格を無視し，この体系をいくつかの項をもつ述語を付加されうる対象の任意の体系として扱うことを意味する」（［Hilbert 1929, fn. 39］in［HLA2, p. 964］）．

ヒルベルトは「反証可能（widerlegbar）でない式を適切な述語の確定した約定によって」識別するとし，「これらの式は妥当な論理的命題を表す」とする．かくしてヒルベルトは意味論的観点を採用し，これら「反証不能な」式はいかなる領域でも反証する解釈が存在しない式であると考える．それからヒルベルトは意味論的完全性の問題に至る．「いまやこれらすべての式が，いわゆる同一性公理も含め，論理的推論規則によって証明可能であるかどうかという問題が生ずる」（この論文は［GtL］の出版後に書かれたことに注意）．

それでは，以下主に，ドリーベンと，ファン・ヘイイェノートの手引きを検討しつつ，ゲーデルの歩みをより詳しく追ってみよう（Dreben and van Heijenoort, Introduction in［GCW. I, pp. 44-59］）．

1.1 背景

フレーゲの『概念記法』(1879) の形式的体系から，妥当な（1 階）量化式の完全な体系が得られるとウカシェヴィッツが証明していたとの説もある．いずれにせよ上述のように，ゲーデルは［Gödel 1930］の冒頭の段落でこう記していた．「はじめに要請された公理と推理原則の体系が完全かどうか，すなわち，その体系が・す・べ・て・の論理 - 数学的命題の導出にとり実際に十分であるかどうか，という問題がただちに生ずる」［GCW. I, p. 103］．

だが先のゲーデルが引照（p. 103）しているように，ベルナイス（教授資格論文［Bernays 1918］の短縮版［Bernays 1926］）は，すでに明示的に「普遍妥当的な（allgemeingültig）」「普遍的に正しい（allgemein richtig）」命題式について語っており，「PM の命題算の公理体系から，推論の形式的規則によって，すべての普遍的に正しい命題式が得られる」という意味で，完全であると述べている

[Bernays 1926, p. 307]. ただし既述のように，ベルナイスの成果は，命̇題̇算̇の公理系に関する「意味論的」完全性証明であった．

ヒルベルト‐アッケルマンの『理論的論理学の基礎（GtL）』(1928) により公に提起された量化式の完全性問題に対する肯定的解答が，ゲーデルのウィーン大学博士論文 [Gödel 1929] に他ならない（1930年7月6日授与．その摘要が，論文 [Gödel 1930] rep. in [GCW. I, pp. 102-23] として書き直され1929年10月22日受理．*Monatshefte für Mathematik und Physik*, SS. 349-60 で公刊．先述の要旨 [Gödel 1930a] in [GCW. I, pp. 124-5] は，摘要論文 [Gödel 1930] の10行ほど短い要旨である）．

問題は，1階述語算（当時は，「狭義の関数算」と呼ばれた）の妥当性が，公理と推論規則の特定の体系中の証明可能性と同値であるか，であった．ゲーデルの肯定的解決が確立され，さらにそれは，以下のレーヴェンハイム‐スコーレムの「下降」定理の一ヴァージョン：「A を閉じた1階の式とすると，A が反証可能（つまり，その否定 $\neg A$ が述語算中で証明可能）か，または A は可算（denumerable）モデルをもつ（つまり，A は有限または可算無限領域で充足可能である）」を含意する．ゲーデルはまた，この結果を，この体系と整合的なら，可算モデルをもつような，式の可算集合 Σ に拡張した（[Feferman 1986] in [GCW. I, p. 17]）．

ところで摘要論文 [Gödel 1930] は，大方は博士論文 [Gödel 1929] に従うが，一方では削除，他方では付加，という二つの重要な例外をもつ．

まず削̇除̇について取り上げると，(1) 第1に，[Gödel 1929] の開始を告げる非常に興味深い非形式的な「導入部」が，摘要 [Gödel 1930] では削除されていることである．この部分でゲーデルは，(1a) ヒルベルト（形式主義）と (1b) ブラウワ（直観主義）のアイディアとを関係づけ，いくつかの点で両者に反論しつつ，自らの仕事を位置づけている．

第2に，いっそう注目に値するのは，(2) ゲーデルがこの削除された「導入部」ですでに数学的公理体系のいわゆる「不完全性」の可能性を予示していたことである．

第3に，付加については，摘要論文 [Gödel 1930] において，ゲーデルは可算集合 Σ に関する（上記の）拡張された完全性定理に密接に関係する新しい成果 (3) を博士論文 [Gödel 1929] に付̇加̇している．それは，現在では，「コンパクト性定理」として知られるが，「Σ のどの有限部分集合も充足可能なら，すべての Σ は，ある（可算）領域で同時に充足可能である」ということを述べたものである．この結果は [Mal'cev 1936] [Henkin 1949] において，非可算の Σ に一般化され

た），何年か後のモデル論の話題にとり基本的であることが示された（[Feferman 1986], op. cit.）.

1.2 博士論文（1929）への「導入部」について

それでは，摘要論文［Gödel 1930］で削除された以上の論点のうち，まず（1）について，改めて，ゲーデルの博士論文「論理算の完全性について」（［Gödel 1929］in［GCW. I, pp. 60-101]）の「導入部」を，ついで「不完全性定理」への橋渡しとして，やはり摘要論文［Gödel 1930］では削除された，学位論文［Gödel 1929］の「導入部」での論点（2）「不完全性」への予示について述べ，(3) 最後にその摘要論文［Gödel 1930］での「コンパクト性」定理の新たな付加について，という順序で，見ることにしよう（[Fefermann 1986], Dreben and van Heijenoor in［GCW. I]，また［大出 1991b］など参照）．

1.2.1 形式主義と直観主義への批判と「完全性」

導入部は，数学の（諸部分の）公理化を巡る論争問題という脈絡内に，量化の意味論的完全性を位置づける長いパラグラフで始まる．ゲーデルによれば，彼の完全性の成果が，「ある意味で無矛盾性の証明のための通常の方法に理論的完結を与える」という（以下［Gödel 1929, pp. 60f.]）．「通常の方法」とは，モデルの開示による無矛盾性証明である．完全性定理とその無限の数の式への一般化によってゲーデルは，1 階のどの公理体系も不整合であるか，またはモデルをもつという「理論的完結」，つまり厳密な「二者択一」に至ったのである．

この導入部には，当時の論理学研究の状況および「不完全性」の予告もが含まれる．ゲーデルの完全性とは，繰り返せば「狭義の関数算で表現可能な妥当な論理式のすべてが，その諸公理から形式的推論の有限列によって演繹される」ことで，それは，「数表現のみからなるあらゆる公理系は，無矛盾であれば，モデルをもつ」という主張と等価とされた．すると，この問題の解決は，通常の（形式主義的）無矛盾性の証明法を補完する．矛盾が提出されるか，無矛盾性がそのモデルによって証明されるかのいずれかだからである．

ところで［Gödel 1929］の「導入部」でゲーデルは，直観主義的な立場にも，形式主義的な立場にも組しない独自の主張をのべている，といわれる（[Fefermann 1986], Dreben and van Heijenoor, in [GCW. I, pp. 48f.]［大出 1991b, pp. 463ff.]）．上述のように，当時の論理学研究の状況においては，「完全性」という語は必ずしも今日の「意味論的完全性」を意味しない．[Post 1921] の完全性も，ヒルベルトの講演（1928）も，その関心は「統語論的完全性」の述語論理への

拡張にあった．「述語論理の普遍妥当な式の導出可能性」という「意味論的」完全性の問題は，ベルナイスの論文［Bernays 1926］を介し，公的に提出されたのは，上述のように，ヒルベルト - アッケルマン『理論的論理学の基礎（GtL）』の初版（1928）においてであった．

　それでは，ゲーデルのいう「完全性」とはどういう意味なのかを，再度確認しておこう．

　ゲーデルの研究の主要な対象は，ラッセル - ホワイトヘッドの『数学原理（PM）』（1910）第 I 部 *1, *10 また上記ヒルベルト - アッケルマンの『理論的論理学の基礎（GtL）』（1928）III, §5 で提起された，いわゆる狭義の関数算の完全性の証明であるとされる．ゲーデル自身によれば，「ここでの「完全性」とは，狭義の関数算中で表現可能なすべての普遍妥当な式（数言明）が，公理から有限列の形式的推論によって演繹されるということ，である．この主張は，以下と同値である．すなわち，数言明のみからなる無矛盾などの公理体系も，一つの現実化（eine Realisierung）をもつ（ここでの無矛盾（widerspruchslos）とは，有限多の形式的推論によっていかなる矛盾も引き出されえない，という意味である）．この最後に与えられた定式化は，またそれ自体若干の興味を引く．この問いの解決は，ある意味で，無矛盾性証明に対する通常の［統語論的な形式主義的］方法への，まさにある理論的［意味論的］な補完を表現しているからである（むろん，特定の仕方で考えられた公理体系に関してのみであるが）．というのは，この定式化は，どの場合でも以下の目標へ導く保証，つまり，この方法は矛盾を産み出すか，または一つのモデルを通じて無矛盾性を証明するかであるに相違ないという保証，を与えるであろうからである」（［Gödel 1929, n. 2］in ［GCW. I, p. 60］）．

　さて（1）［Gödel 1929］の「導入部」でゲーデルは，「直観主義的な立場にも，形式主義的な立場にも組しない独自の主張」を述べている，といわれるが，それは具体的にはどういうことなのか．

　さらに（2）の導入部でゲーデルは，すでに決定不能な数学的命題の存在を示唆し，したがって来るべき不完全性定理をうかがわせる，とされる（［Fefermann 1986］, Dreben and van Heijenoor in ［GCW. I］［大出 1991c, pp. 463ff.］）．以下，まず（1）について，ゲーデルの実際の博士論文テクストに即して追跡・確認してみよう．

　（1a）さて，上記の箇所で，「直観主義的立場」について，ゲーデルはこの場合の「矛盾か，またはモデル構成を通じての無矛盾性か」という自らの選言肢は，ブラウワ流の「直観主義的な意味での構成」に関わっているのではない，と明言する．すなわち，「この選言の成立は，直観主義的な意味で（決定手続きを通じ

て）の証明，一つのモデルの構成可能性（Konstruierbarkeit）ということでは決してない」と注記（n. 2, loc. cit.）し，自らのいう「モデル」とは，直観主義的な意味でのモデル構成とは異なることを表明している．

つまりゲーデルは，直観主義的な立場と対比して，[Gödel 1929] 論文中で使用される証明手段（*Beweismittel*）については「いかなる制限もしていない．特に，無限の全体に関し排中律が本質的に使用される（だが非可算無限（das Unüberzahlbare）は主要な証明では使用されてはいない）」と，注意している [*GCW*. I, p. 62)]．

ところでブラウワは，公理系の無矛盾性からモデルの構成可能性は帰結しないと強調していた．ゲーデルによれば，とくに，こうした直観主義的立場では，排中律は「およそ思いつく限りの手段での可解性（die Lösbarkeit mit allen überhaupt erdenklichen Hilfsmitteln）」と解釈されている．排中律がこのように強くとられるなら，上記の完全性はこの排中律の直接的な帰結にすぎないことになる．だが，ゲーデルのこの博士論文で証明されているのは，「すべての妥当な表現は，完全に特定され具体的に枚挙された推論規則によって（mit *ganz besitimmten konkret aufgezählten* Schulussregeln）導出される」ということである [*GCW*. I, pp. 62-4]．よって「およそ思いつく限りの」あらゆる方策を用いればあるいは決定可能かもしれないと想像されるからといって，確定された方策の範囲でも決定可能であるとは必ずしもいえないのである．

ところで，直観主義者にとって，完全性のもつ意味は異なるとゲーデルは指摘する．存在概念の直観主義的理解では，完全性とは，「証明可能か，反例により拒否可能か」となるが，ゲーデルの「完全性」証明は，「数理論理学の〈決定問題〉の解決」によってのみ遂行される，と主張される．しかしなぜ，決定問題が要をなすのであろうか．そして実は，この「数学的論理学の決定問題の解決（Lösung des Entscheidungproblems）」という表現がまた，来るべきいわゆる不完全性定理をうかがわせるものなのである．

しかしそうすると「完全性証明全体は価値を失うように見えるかもしれない．というのは，証明されるべきなのは，実際，一種の決定可能性（狭義の関数算のどの表現も，有限多の推論によって普遍的に妥当と認められる（erkannt）か，またはその普遍妥当性が反証例によって反証されうるか）として把握されうるのであるが，一方，排中律はすべての問題の決定可能性に他ならないように見える」[*GCW*. I, p. 62] からである．

ゲーデルの主張では，「充足する」「真である」に関し，「直観主義的（intuitionistisch）観点からは……関連する体系がひとつの論理的表現を充足する（*erfül-*

len)」(つまり，代入によって生起する文は真である) という言明の意味がすでに根本的に異なる．なぜなら，直観主義では，その表現中に現れる存在主張 (Existenzialbehauptung) には構成的に (konstruktiv) 証明されるということが要求されるからである」[*GCW*. I, pp. 62-4].

(1b) 一方ゲーデルは，ヒルベルト流の形式主義的な無矛盾証明にも疑念を表明する．まずブラウワ的直観主義に対しては，次のような逆襲がありうるという．すなわち，ブラウワの主張に従うなら，「ある公理系が無矛盾なら，その体系によって導入された概念は定義されており，その存在は確保されている，と逆襲されるだろう」という (直観主義に対するこの逆襲は，明示されてはいないが，意味論的完全性といった問題を余計事だとみなす，ヒルベルトに帰せられよう．ヒルベルト流の形式主義的な立場では，ただ「この問題の変形 (Transformation)，つまり，どの式が形式的に証明可能かという問いへの還元だけが，意図されている」)．だがしかしゲーデルは「この [ヒルベルト的] 逆襲は疑いうる」ともいう [*GCW*. I, pp. 60f.].

ブラウワも，1928年春3月10日と14日にウィーンで二つの講義を行い，最初の講義で，ヒルベルトに反論して，正しい (richtig) 理論と矛盾のない (nicht kontradiktorisch) 理論との区別を導入している ([Brouwer 1928; 1930] rep. in [Brouwer 1975] and tr. in [Mancosu 1998])．ブラウワにとっては，無矛盾性は，さらなる議論なしには，モデルが構成可能だということを含意しないのである．

このブラウワのヒルベルト批判と，ヒルベルト流の無矛盾性で十分かという上記のゲーデルの疑義との間には明らかな平行性がある．

他方でしかし，ゲーデルは上述のように，「無矛盾」ということは，「直観主義的な意味で (決定手続きを通じて) 証明される，ということではない」と慎重に断っていた．例えば *PM* の算術の公理体系のような「ある公理体系の無矛盾性から，さらに進んで一つのモデルの構成可能性 (Konstruierbarkeit) へ推論しうる，ということでは決してない」．ここにブラウワに必ずしも同意しないゲーデルの姿勢が示されている．

だがなぜゲーデルは，ヒルベルトの形式主義にも，ブラウワの直観主義にも同意しないのであろうか ([Brouwer 1929; 1930] in [Mancosu 1998]．どちらも rep. in [Brouwer 1975])．

ヒルベルトもブラウワもともに，基本的に「決定問題の可解性，数学・論理学のすべての式の可解性」を前提としているからである，と思われる．

ゲーデルによれば，「明らかに，(証明可能か，反証例により反証可能かという選言肢 (Alternativ) を伴う) 直観主義的完全性証明は，数学的論理学の決定問

題の解決によってのみ遂行可能だからである」［GCW. I, pp. 62-4］．

　上述のように，ゲーデルは，排中律と決定可能性との同一視は，排中律の，「単に直観主義的な解釈にすぎないこと，そして仮にこの直観主義的解釈を受け入れたとしても，それによって可解性は，なんら確定的（bestimmt）な手段によってではなく，ただおよそ思いつく限りの（überhaupt erdenklich）あらゆる手段で主張されているに過ぎない」［GCW. I, p. 62］ことに注意していたのである．

　一方ゲーデルは，名指しは避けつつ言外に，「ある公理系によって導入された概念の存在はまさにその無矛盾性によってただちに定義され，それゆえ，［完全性］証明ははじめから拒否されるはずだ」と見なすような，ヒルベルト流の「逆襲は疑いうる」とし［GCW. I, p. 60］，形式主義にも同意しない姿勢を示していた．

　ヒルベルト流に，「公理系が無矛盾であれば，その公理系で導入される概念は，そのこと自体で定義されており，かつ存在していると見なされうる」と考えると，完全性の結果は無意味となろう．ヒルベルト的な意味での無矛盾な公理系は，当然モデルをもつはずだからである．ヒルベルト流の形式主義に対し，上のゲーデルの疑義は，実は形式主義の暗黙の根本的な前提を突くものなのである．

　だが，ブラウワの強調するように，その逆，つまり，公理系の無矛盾性からモデルの構成可能性は帰結しない．さらにゲーデルは「形式的に無矛盾であるからといって，数学的対象が存在するとはいえない」として，数学的対象の（ヒルベルト流の）形式主義的な存在観にも異議を申し立てていた．

　すなわち，ゲーデルがこのヒルベルト流の形式主義的主張を疑問視する根本的な理由は，こうした主張が，「あらゆる数学的問題は可解（lösbar）だという公理を（つまり，どんな問題の非可解性（Unlösbarkeit）も証明できないと）前提している」ことにある．だがしかしある数学的問題の非可解性を頭ごなしに排除することはできない．ここで問題にされている「非可解性」は，「一定の厳密に述べられうる形式的な推論方式での非可解性のみ（nur Unlösbarkeit mit *gewissen genau angegebenden formalen Schlussweisen*）」だからである．この論文での「証明可能性」「無矛盾」は，こうした制限された推論方式としてはじめて意味をもつと，ゲーデルはいう［GCW. I, pp. 60-2］．

　以上のように，学位論文［Gödel 1929］の「導入部」でゲーデルは，確かに「直観主義的な立場にも，形式主義的な立場にも組さない独自の主張を述べている」と確認しうる．さもなければ，1967年ゲーデルが自らワン（H. Wang）に述べていたように，「完全性定理は，数学的にはスコーレムの1923年論文のほとんどとるに足りない結果にすぎない」［GCW. I, p. 52］ことになろう．

1 ゲーデルの完全性定理

さらに以上のゲーデルの主張は，すでに決定不能な数学的命題の存在を示唆している，といわれる．ゲーデルは明らかに，「およそ思いつく限りでの可解性」と「・一・定・の・厳・密・に・述・べ・ら・れ・う・る形式的な推論方式による可解性」との峻別をその根拠として，自らの完全性定理が無意味ではないと主張している，と見られるのである．

ところでゲーデルは，形式主義的立場に対して，「さてしかし，もし，ここでのように，争点が，・一・定・の・厳・密・に・述・べ・ら・れ・う・る形式的な推論様式に関わる非可解性のみであることに思い至れば，ある問題の非可解性証明を端(はな)から排除することは決してできない．というのも，ここで考察中のすべての概念（証明可能，無矛盾等々）は，許容される推理手段を厳密に境界設定したときにはじめて正確な意味をもつからである」[GCW. I, pp. 62-3] という細心の，しかし核心を突く批判的応答を述べていたのである．

つまり，ゲーデルは，ヒルベルトに反し，「・一・定・の・厳・密・に・述・べ・ら・れ・た形式的な推論様式」をもてば，ある式とその否定とがともに証明不可能という意味で，ある数学的問題の非可解性を証明することができるかもしれない，とのさらなる示唆を与えていると解されるのである．

またこのゲーデルの所見は，むろん，ブラウワ流の直観主義的立場にも向けられる．先述のように，「直観主義的主張も，いまだ可解性は，なんら・確・定・的（be-stimmt）な手段でではなく，ただおよそ思いつく限りのあらゆる手段で主張されているに過ぎない」[GCW. I, p. 62] からである．

それではゲーデルは，ヒルベルト的な形式主義が全く放棄されるべき破産した方法だと見なしたのであろうか？　ゲーデルは，きわめて慎重に，自らの主張を述べていることに注目すべきであろう．すなわち，上述の「・一・定・の・厳・密・に・述・べ・ら・れ・う・る形式的な推論様式に関わる非可解性のみ」が問題になっているというゲーデルの細心の注意は，ゲーデルの「不完全性」の予示が，ヒルベルト形式主義の全面的破綻を意味するものでもない，ということも含意しているといってよい．

以下のゲーデルの「完全性定理」の証明は，まさに，「どの普遍的に妥当な表現も全く・確・定・的で（bestimmt），・具・体・的・に・枚・挙・さ・れ・た（konkret aufzählt）推論規則によって導出されうる」[GCW. I, pp. 64-5] ことを示すことであったからである．ヒルベルト形式主義に対するゲーデルのさらなるスタンスについては，本節の最後で再論しよう．

かくして以上のようなゲーデルの独創的アイディアの周到かつ細心の論述は，すぐ続いて公表される不完全性の成果への予兆でもあった．しかし学位論文 [Gödel 1929] での導入部の所見は，完全性証明の公刊印刷版（1930）からは削

除される（同 p. 103 の脚注1および［Wang 1981, p. 654, fn. 2］から，公刊印刷版の準備過程でハーン（H. Hahn）の示唆により学位論文［Gödel 1929］に何らかの変更がなされたことはわかる．しかし，それがハーンの助言に従ったからか，ゲーデル自身の用心によるかは不明である）．

ところで「導入部」の最後で，ゲーデルはまたこう付言している．「なお次のことを考慮しなければならない．ここで扱う問題は，（例えば，数学の無矛盾性問題のように）基礎論論争によって初めて浮上したものではなく，「素朴な」数学の内容的妥当性は決して問われなかったとしても，この「素朴な」数学の内部（innerhalb）でも有意義に提起され得たであろう．それ［完全性問題］が，（例えば，無矛盾性問題と異なり）なぜ証明手段の制限が，他のなんらかの数学的問題の場合ほど，緊急のようには見えないことの理由である」［GCW. I, p. 64］と述べているが，これは後年（1967）の「完全性定理は，数学的にはスコーレムの1923年論文のほとんどとるに足りない結果にすぎない」［GCW. I, p. 52］とのゲーデルの発言と符合する．

さらに随伴的な探究として，1) 完全性証明の，同一性を含む場合への拡張，2) 公理の相互独立性問題，3) 完全性定理の，可算の（abzählbar）式の体系への拡張可能性［GCW. I, pp. 64-5］が遂行されている，と付言されている．

1.2.2. 非可解性と「不完全性」への予示

さて，上記のような形式主義ならびに直観主義に対するゲーデルの批判は，すでに決定不能な数学的命題の存在を示唆している，といわれる．ゲーデルは明らかに，「端的な可解性」と「形式的に厳密に与えられうる形式的な推論方式による可解性」とのギャップをその根拠として，自らの完全性定理が無意味ではないと主張しているのである．とくに，直観主義者にとって，完全性のもつ意味がゲーデルの理解とは異なる．ゲーデルの直観主義批判は，直観主義者の存在概念の理解では，完全性定理が，一種の決定可能性，つまり，1階述語算のすべての式は，証明可能か，反例により拒否可能かという古典的な排中律と関わり，その証明は「数理論理学の〈決定問題〉の解決」によってのみ遂行される，というゲーデルの主張に関係する．この「決定問題の解決」という表現もまた，来るべき不完全性定理をうかがわせる．

このように，こうしたゲーデルの批判的主張は，すでに決定不可能な数学的命題の存在を示唆する．というのは，後述のように，ゲーデルのいわゆる「不完全性定理」は，当の体系の記法ではいかなる式も決定不能（つまり，その体系内では証明可能でも反証可能でもない）と証明しうることを示すだろうからである．

ゲーデルは，直観主義の「およそ思いつく限りでの可解性」と自らの「一定の厳密に与えられた形式的な推論方式による可解性」とを対比し，自らの完全性定理が無意味ではないと主張する．さらに彼が先述のように「形式的に厳密に与えられている」，あるいは，「無矛盾である」からといって，数学的対象が存在するとはいえないとして，形式主義的な数学的対象の存在観に異議を述べていることも注目に値する．いずれの考えも，古典的な排中律を暗黙に前提していると疑われるからである．

1.2.3 非同型モデルと不完全性定理への予示

かくして直観主義的立場ならびに形式主義的立場双方へのゲーデルの疑義は，実は不完全性への予示という点で，結びつく．というのは，排中律的選言肢を前提することへの疑い，つまりは，算術の PM の公理的体系中のすべての式の決定可能性・可解性への疑義，これこそ，不完全性定理への予示なのである．（不完全性定理は，）すべての数学的問題の可解性を想定することができないことを示すことになるからである．

すなわち，ゲーデルは，「導入部」の以下のパラグラフで，ある公理系中のすべての式の決定可能性・可解性への反例として，実数の公理系を挙げている．この実数系に関し，ある式の決定不能性が確立されれば，二つの非同型モデルが存在することになろう．だが一方，その体系のどの二つのモデルの同型性（categoricity）も証明できる，とゲーデルは付け加える［GCW. I, pp. 60-3］．

ゆえに，無矛盾性が存在を担保するとの形式主義の存在観，存在が無矛盾性と直接等値されるべきだという（ヒルベルト的）テーゼは，「困難」に陥る．このゲーデルの疑義は，形式主義の暗黙の根本的な前提を突くものなのである．

敷衍すれば，ゲーデルによると，「この［ヒルベルト流の］定義は，あからさまにすべての数学的問題の可解性という公理を前提している（そうして導入された存在概念が，ただ原初的概念と同じ操作規則に従っているという自明な要求を課している限り）．ないし，さらに厳密には，形式主義は暗黙に，いかなる数学的問題に関しても，それの非可解性（Unlösbarkeit）を証明することはできない，ということを前提している．なぜなら，（たとえば，実数領域中の）ある問題の非可解性が証明されたとするなら，それから，上記の定義に従って，実数の公理体系の二つの同型でない現実化（nicht isomorphe Realizierung）の存在（Existenz）が帰結するでもあろうが，しかし，他方ではそれぞれのどの二つの実在化の同型性（Isomorphie（categoricity））も証明できるからである」［GCW. I, pp. 60-3］．この疑義は，まさにゲーデルのいわゆる「不完全性定理」との密接な連

関を予示するものである．

　ここに，実数領域も含めた算術の，すべての問題についての可解性の証明不可能性という具体的反例の形で，不完全性定理が姿を現しており，したがって，それは，フレーゲやラッセルらの論理主義，ヒルベルト・プログラムの形式主義，さらにはブラウワの直観主義の根本的な見直しを迫る，密やかな導線の設置が行われたことを示していると見られる．

2 「完全性定理」の証明（1929）

2.1 証明の要旨

　ところで，先述のように，上記ゲーデルの博士論文［Gödel 1929］の「導入部」を削除した摘要論文［Gödel 1930］が，以下の論文として公刊された：「論理的関数算の公理群の完全性（Die Vollständigkeit der Axiome des logischen Funktionenkalküls）」（in ［GCW. I, pp. 102-23］）．そのなかでゲーデルは，この論文の課題を次のように提示している．

> 　ホワイトヘッド - ラッセルは，論理学と数学を，まずある明晰な命題を公理とし，それから厳密に定式化された若干の推理原理を介して純粋に形式的なやり方で（つまり，さらに記号の意味を用いることなく）論理と数学の定理を導出するというように，建設した．
> 　当然ながら，こうした手続きにすぐ続いて，当初の公理体系と推論原理が完全（vollständig）かどうか，つまり，ど・の・論理的 - 数学的定理をも導出するのに実際に十分かどうか，ないし，当該の体系中では導出（ableiten）はできないが，おそらく真な（wahr）[1] そして他の［推論］原理によれば証明可能でもある命題が考えられるのかどうか，という問題が生ずる．［GCW. I, pp. 102-3］

　言・明・式・（命題算）の領域では，この問いは肯定的な意味で決定されている．すなわち，事実どの正しい言明式も PM で与えられた公理から帰結するということが示されている［Bernays 1926］．
　同じことが，式のより広い領域，つまり「狭義の関数算」に関してもなされる

---

1) この箇所［GCW. I, p. 102］は，「真（wahr）」という用語が現れる少数の箇所の一つである．

はずである．すなわち，示されるべきは次のことである：

　　定理 I：狭義の関数算のすべての普遍的に妥当な (*allgemingültig*) 式は証明可能 (*beweisbar*) である．[*GCW*. I, S. 350, pp. 102-3]

以下，ヒルベルト – アッケルマン『理論的論理学の基礎 (*GtL*)』(in [*HLA*2]) に従い，選言，否定，普遍量化を原初概念とする6個の公理群と，分離則，代入規則，普遍汎化，個体変項の（作用域に関する制限下での）交換，にかかわる推論規則が明示される．

またどの表現も標準形に変形可能なことが注意される．

2.2　博士論文（1929）の概要

さてそれでは，次に，ゲーデル博士論文 [Gödel 1929] の「完全性定理」証明の本文の概要をごく簡略に見よう．まず§4を見ておこう．

　　論理的公理は，普遍妥当的 (*allgemeingiltig*) [原文ママ] で推理規則は内容的に正しい (*inhaltlich richtig*) [英訳では真理保存的 (*preserving truth*) という意味で正しいと敷衍] から，どの証明可能な式も普遍妥当であることは明らかである [健全性]．いまや証明されるべき完全性定理は，その逆：すなわち，どの普遍妥当的な論理的表現も証明可能 (*beweisbar*) であることを主張する．それはまた次のようにもいいうる：どの論理的表現も充足可能 (*erfüllbar*) か反証可能 (*widerlegbar*) かである．証明はさしあたり論理的表現，文，つまり，一歩ごとに (*schrittweise*) いっそう単純な表現に還元される表現に制限される．まず明らかであるが，(§3 定理3 [普遍汎化：$A(x) \vdash (x)A(x)$] により）どの論理的表現 A も一つの「標準形 N と同値であると証明可能だから，A もまたそうである．N が充足可能なら，（どの証明可能な同値式もまた普遍妥当的だから）A もそうである．かくてどの標準形も反証可能か充足可能なら，どの論理的表現についても同様である．([Gödel 1929] in [*GCW*. I, pp. 72-4])

以上の論点の詳細な証明は省くが，その要点は以下のようであろう（Dreben and van Heijenoor in [*GCW*. I, pp. 50ff.] 参照）．

ゲーデルは，ヒルベルト – アッケルマン『理論的論理学の基礎 (*GtL*)』in [*HLA*2] の記法で書かれた *PM* の1階断片という特定の体系を採用し，スコーレム流のモデル論的証明から始める．スコーレムも類似の仕方でレーヴェンハイム [Löwenheim 1915] の明確化から，各量化式 A に以下のような標準式 N を

対応させる実効的方法が存在することを示した．すなわち，

(1) 標準式 N は形式 $\Pi \Sigma M$ をもつ．Π は一連の r 個の普遍量化子 ($r \geq 1$)，Σ は一連の s 個の存在量化子 ($s \geq 0$)，および M は量化子を含まない式で，

(2) A は N が充足可能なときそのときのみ所与の領域で充足可能である．

ゲーデルは (2) を以下で置き換える [Gödel 1929, §4] [Gödel 1930, 定理 III, IV]：

(2′) もし標準式 N が所与の領域で充足可能なら A もそうであり，かつもし N が（その体系で）反証可能なら A もそうである．かくして彼はスコーレム標準形での式に注意を絞る．

標準式 N については，レーヴェンハイム - スコーレムの定理：N が $\aleph_0$- 充足可能かまたは充足可能でない，が成り立つ．さらにゲーデルは，完全性にとり本質的な，形式体系への繋がりを与える．つまり，以下を示す：

(I) 各 n について，$(P_n)A_n$ が A_n の存在閉鎖体である場合，彼の体系中で $N \to (P_n)A_n$ は証明可能である．([Gödel 1929, §5] in [GCW. I, p. 80]．[Gödel 1930] 定理 VI「任意の $\overset{\bullet}{n}$ $\overset{\bullet}{に}$ $\overset{\bullet}{つ}$ $\overset{\bullet}{い}$ $\overset{\bullet}{て}$，$(P)A \to (P_n)A_n$ が証明可能（*beweisbar*）である．」(S. 354 in [GCW. I, p. 112]) 参照）

よって，ある n について，A_n が真理関数的に充足可能でないなら，$\neg F$ ($\neg N$ の誤植？) がその体系中で証明可能である．それゆえ，N は $\aleph_0$- 充足可能かまたは反証可能であり，かくてその体系の意味論的完全性（および上記の健全性）のゆえに，レーヴェンハイム - スコーレムの定理が得られる．もっとも，ゲーデルは博士論文執筆当時，[Skolem 1922] を知らなかった，少なくとも見てはいなかったし，ヒルベルト - アッケルマン『理論的論理学の基礎』（*GtL*）にも言及していない，という．また後にゲーデルはヘイィエノートに，「A が証明可能か，または $\neg A$ が充足可能」と証明したとは，明らかにスコーレムは主張していないと，述べている（1963 年 11 月 4 日，1964 年 8 月 14 日）．

さらに 1967 年 12 月 7 日ゲーデルは，ワンにこう書いている．

完全性定理は，数学的には，実際，スコーレム [Skolem 1922] のほとんど些細な帰結である．しかし事実は，その当時，（スコーレム自身も含め）誰もこの結論を引き出してはいなかった．([Wang 1974, p. 8] in [GCW. I, p. 52])

しかしスコーレムも，[Skolem 1928] では，冠頭標準形（prenex normal form）を採用したある形式の完全性に接近していた．さらにエルブラン（J. Herbrand）

も1929/30年以降量化理論についての重要な仕事をしていた.

①フレーゲ型の形式的体系,②証明手続き,③集合論的妥当性という系列を考え,ゲーデル,スコーレム,エルブランを対比すると,スコーレムは,②と③を(少なくとも暗黙に)結び付け,エルブランは①と②を,ゲーデルは①と③を結合したということになる (Dreben and van Heijenoor in [*GCW*. I, p. 55]).

ところで,スコーレムは,[Skolem 1923] 同様に実は [Skolem 1920] においてもすでに,レーヴェンハイム-スコーレム定理の一般化「量化式の可算 (denumerable) 集合は,それがモデルをもてば,可算モデルをもつ」に言及している.

同様にゲーデルもその完全性定理の以下のような一般化を与えている.

> 上記の§§4-6において,どの論理的表現も充足可能か反証可能かであることが証明された.そのことはまた,論理的表現のどの(たかだか可算な(abzählbar))体系についても当てはまる.こうしたどの体系もまた,充足可能か反証可能かである.「充足可能」といわれるのは次の場合である.何らかのある思考領域 (Denkbereich) において,個体,関数,および命題の体系が存在し,それらを,自由個体変項,関数変項,言明変項の場所にそれぞれ適切に代入したとき,当の体系の全表現が真な命題 (*wahre* Sätze) となる場合[2]である.論理的表現の体系が「反証可能」といわれるべきなのは,その論理積(&-連言)が反証されるような有限の部分系が存在する場合である.([Gödel 1929] in [*GCW*. I, §8, pp. 96-7])

ゲーデルは,(以下の [*GCW*. I, p. 97] では)この一般化の証明の略解のみを与えている.「その証明は単独の表現のそれと全く類似だからである」とされる.この略解の大方は,その底にある基礎的選言の構成を適切に一般化し,それから前頁の (1) の以下の類似物を述べることに専念している.

$F_1, F_2, \cdots$ をスコーレム標準形での無限の式の列とすると,各 $n(n \geq 1)$ について,$(P_n)T_n$ が量化子なしの連言 A_n の類似物であるような,量化子なしの連言の存在閉鎖体である場合,以下はその形式的体系において証明可能である.

$F_1 \& F_2 \& \cdots \& F_n \to (P_n)T_n$. (Dreben and van Heijenoor in [*GCW*. I, p. 56, VII])

1929年および1930年にゲーデルは,完全性の成果を,等号を含む1階論理に

---

[2] 「真 (wahr)」という語が使用されているのは,この箇所と先述の摘要論文 [Gödel 1930] (S. 350 in [*GCW*. I, p. 102]) 等に限られるようである.そのことは,ゲーデルが「意味論的完全性」に踏み切っていなかったということではない.彼が「普遍的に妥当 (allgemeingültig),普遍的に正しい (allgemein richtig)」のような用語を重ねて使用していることは明らかである.

拡張している．また量化理論の彼の体系について公理の独立性も証明する．
　やがてチャーチの学生ヘンキン（L. Henkin）が，ゲーデルとは非常に異なった，量化理論の完全性証明を与え，今日ではそれが標準的となっている［Henkin 1949］．部分的にはリンデンバウム（A. Lindenbaum）（［Tarski 1930, p. 26］ないし［LSM, p. 34］）およびゲーデル自身［Gödel 1932c］の思考に沿い，ヘンキンは，式の任意の無矛盾な集合から出発し，それを予め付値済みの定項をもつ代入事例で存在式を消去する一定の公理によって整合的に拡張し，それからそれをリンデンバウムの手続きで，最大無矛盾集合（それには，容易にあるモデルが示される）に拡張する．その演繹は，証明関係の一般的性質のみを用い，採用される特定の形式的体系とは相対的に独立である．さらに，式のはじめの集合が可算でない場合に同様かどうかの議論が残るが，ゲーデルの証明は，こうしたケースには拡張されていない．
　こうしたヘンキン流の現代的ヴァージョンも念頭におき，さらにその後の「述語論理入門」として，ゲンツェンの自然演繹 NK, LK，木構造分析，タブロー法を駆使した簡明な完全性証明の解説が，例えば，［田中編 2006］，第2巻の序および第I部にある．

2.3 「コンパクト性定理」——摘要論文（1930）での新しい付加

　さてここで博士論文［Gödel 1929］には含まれておらず，その摘要論文［Gödel 1930］で付加された，いわゆる「コンパクト性定理」を見ておこう．
　「完全性定理」の上記の可算無限集合への一般化は，［Gödel 1930］では，以下のIXとされる．

　　IX．狭義の関数算の式のどの可算無限（abzählbar unendlich）集合も，充足可能である（erfüllbar）（つまり，当の体系のすべての式が同時的に（gleichzeitig）充足可能）か，またはその論理積が反証可能であるような有限の部分体系をもつ場合である．［Gödel 1930, SS. 118-9］

　この定理IXは，以下の定理Xから，ただちに得られる．だが，定理Xは［Gödel 1929］では現れておらず，Xは今日では「コンパクト性定理」として知られるものである．（Dreben and van Heijenoor in ［GCW. I, p. 119］参照．ただし，左記の解説では，定理Xが「IX」と誤植されている！）

　　X．式の可算無限の体系が充足可能であるためには，どの有限な（endlich）部分体系も充足可能であることが，必要かつ十分である．（［Gödel 1930, S. 358］in ［GCW. I, pp. 118-9］）

　（定理IXは，量化理論の健全性と対で，ただちに定理Xを与える．）ある形式

的体系の証明可能性が放棄された以上，コンパクト性のための議論は，レーヴェンハイム‐スコーレムの定理の［Skolem 1923］で示唆された一般化のためのスコーレムの議論に非常に接近する（Dreben and van Heijenoor in ［*GCW*. I, p. 52］参照）.

当初，コンパクト性定理は，ほとんど注目されなかった．だがモデル論や，後には超準解析の発展に伴い，ますます重要視されるようになった（ibid., p. 56）.

ゲーデルは，ヒルベルト‐アッケルマン［*GtL*, pp. 80-1］に反応して，［Gödel 1930, S. 117］に妥当性と証明可能性間の等価性が，決定可能性問題に関して，「「妥当」は関数［述語］の非可算の全体を指示しているのに対し，「証明可能」は形式的証明の可算の全体を前提しているのみである以上」非可算を可算への一種の還元を含むとの所見を述べる（実際，完全性定理は，妥当な量化式の集合が再帰的に可算であることを示すとみることができる）.

このゲーデルの所見では，［Gödel 1930］での非可算への言及があるのみで［Gödel 1929, S. 63］，先述のようにゲーデルは「非可算無限は，しかし，主要な証明では使用されない」と語っていた．コンパクト性定理は，ゲーデルの場合，式の可算集合について述べられているが，やがて後に，その定理は非可算集合についても成り立つことがわかり［Mal'cev 1936］，ゲーデル自身も［Gödel 1932c］で命題式の非可算集合に関する一種のコンパクト性を得ていた（特に，コンパクト性定理のための議論が非可算の場合にも適用可能である）（Dreben and van Heijenoor in ［*GCW*. I, p. 57］）.

なおコンパクト性定理については，現代的なヴァージョンの行き届いた簡明な解説が坪井明人「モデル論とコンパクト性」（［田中編 2006］，第 2 巻，第 II 部）にある.

第8章 不完全性定理の概要

1 いわゆる「不完全性定理」の提示を巡って

　不完全性定理について書かれた［Gödel 1931］論文は，20世紀の最初の80年に現れた，数理論理学および基礎論における最も刺激的で最も多く引用された論文だといわれる（Kleene's Introductory note in ［*GCW*. I, pp 126f.］）．

　その摘要［Gödel 1930b］は，ハーンによって1930年11月17日に，ウィーン科学アカデミーに提示され，当のいわゆる「不完全性定理」論文も，同日1930年11月17日に *Monatschfte für Mathematik und Physik* 誌で受理，1931年に公刊された．ゲーデルのノート［Gödel 1932b］（1931年1月22日付）（後述）では，ゲーデル［Gödel 1931］の諸定理が，単純型理論の代わりに，ペアノ算術を基礎体系に用いて，いっそう一般的に提示されている．

　さて博士論文［Gödel 1929］完成後，ゲーデルはいわゆるヒルベルト・プログラムに従い，解析学の無矛盾性証明に取り掛かった．彼はまず，解析学の無矛盾性問題を，数論の無矛盾性の問題に還元することによって，問題の困難性の仕分けを行った．ゲーデルは，集合変項を算術で定義可能な集合を領域と解釈するモデルの考察から始める．ほどなく彼は，数論の無矛盾性ばかりではなく，その真理性も必要とすることに気付き，リシャールのパラドクスや嘘つきのパラドクスの考察に至り，数論の形式的理論への読み替えでは，数論の真理性は数論においては定義できない，と悟る．こうしたパラドクスの形式的類似物は，数論における真理が数論中では定義できないということの推論に使用できる（［Wang 1981, p. 654］参照）．一方しかし数論での証明可能性は，数論中で定義可能である．それゆえ，証明可能な式がすべて真であるならば，真ではあるが証明不可能な論理式が存在するにちがいないとの結論に導かれる．かくしてゲーデルは，1931年に

出版される成果を発見するに至る.

　数学の領域を形式的体系S中で形式化したとき，ヒルベルトは，Sがその領域中に属する命題を証明するのに必要なすべてを包含することを意図していた．そして自由変項を含まない（閉じた式ないし文）Aに関し，Aまたは$\neg A$がS中で証明可能，つまり，Sは（単純に）完全であろう，と期待した．しかしゲーデルのいわゆる「不完全性定理」は，基礎論に関するヒルベルト・プログラムの基礎を，全く覆すわけではないにしても，震撼させたのである（Kleene in [GCW. I, p. 127]）．

1.1　「不完全性定理」出現の前後——不完全性への移行過程

　ゲーデルの「不完全性定理」論文［Gödel 1931］は，PM や集合論の体系といったきわめて包括的な理論の存在の叙述から開始される．その結果，「これらの［体系の］諸公理と推論規則とは，これらの体系においてそもそも形式的に表現されうるすべての数学的問題を決定するのに十分であろうという推測」が生まれた．ところが，この予想に反して，これら PM と集合論との二つの体系には，その公理から決定できない数論のかなり単純な問題が存在することを示すのがこの論文の目的であるといわれる［GCW. I, p. 144］．

　先にふれたように，実はその前にゲーデルはケーニヒスベルグ経験的哲学協会の会議（1930年9月6日）で，不完全性について提題していた．そこでの議論は主に超限的公理や推論の導入を正当化しようとするカルナップの形式主義的プログラムに向けられているが，注目されるのは次の点である．

　　もし無矛盾な形式的体系 A（例えば古典的数学の体系）において，ある有意味な命題 p が超限的公理の助けを借りて証明可能であれば，A の無矛盾性から帰結するのは，non-p が体系 A の内部では証明可能ではない，ということだけである．にもかかわらず，non-p は，A においては形式的に表現できないような，ある種の内容的（直観的（intuitionistisch））な考察によって確認されることも考えられることなのである．……この場合には，A の無矛盾性にもかかわらず，その偽であることが有限な考察によって洞察されうるようなある命題が，A において証明可能となるであろう．……しかも，まさしくこれが私の指摘したい点なのであるが，古典的数学の形式的体系の無矛盾性が証明されたときでさえも，これは可能なのである．なぜなら，どのような形式的体系についても，あらゆる内容的な考察がその体系内で表現可能である，と確信をもって主張することはできないからである．[GCW. I, p. 200]

ゲーデルの主張は，もっぱら「内容的な数学的考察すべてを形式的に表現することの不可能性」に向けられている．「その具体的事例が，〈自らの証明不可能性を主張する決定不可能な命題〉の証明不可能性，それゆえ，<u>その内容的な真理性</u>であり，体系の無矛盾性を表現する命題の内容的承認とその体系内での証明不可能性なのである」（[大出 1991a] rep. in [大出 2012, p. 465]）．

そこでまず，当の「不完全性」論文の前後にゲーデルが行った講演，ないし執筆した解説を見てみよう．

1.1.1 「不完全性定理」への予備的瞥見1
——最初の公的な提示（ケーニヒスベルク）

既述のようにゲーデルは，厳密科学の認識論に関するケーニヒスベルク会議（1930 年 9 月 6 日）において，以下の「関数算の完全性についての講演」[Gödel 1930c] in [*GCW*. III, pp. 16-29] を行っている．

ゲーデルは，この講演中で，自身が博士論文 [Gödel 1929] で証明し，[Gödel 1930] として出版した，1 階量化理論に関する完全性定理のみならず，高階論理学（拡張された関数算）への拡張に関する「決定確定的（entscheidungsdefinit）」[統語論的完全性] の不可能性，*PM* の高階論理を伴ったペアノ算術の公理系が，決定確定的，つまり統語論的に完全，ではない，という「不完全性」定理 [Gödel 1931] を提示していたのである．しかもその際，今日コンパクト性，「ケーニヒのレンマ」と称される補助定理に訴え，また単射構造（monomorph）（カテゴリー性（categoricity））と称される重要な概念装置が導入されている．

1 パラグラフのこの講演摘要が，[Gödel 1930] への導入的注釈 [Gödel 1930a] として出版された（[Goldfarb 2001, pp. 13-5] in [*GCW*. III]．この会議およびゲーデルの参加についてのさらなる情報は，[*GCW*. I, pp. 196-9] 参照）．

ゲーデルは，この「関数算の完全性についての講演」[Gödel 1930c] を [Gödel 1930] の最初のパラグラフにおけるのとほぼ似た，完全性問題の解説で始めている．煩を厭わずその解説を見よう．ただし，[Gödel 1929] の「導入部」で議論されているような基礎論上の論争にはふれられていない．

まず彼は，ある論理体系——特に *PM* の論理体系——がすべての論理的真理（ウィーン学団のメンバーを意識して「トートロジー [同語反復]」という用語を使っている）が証明可能であることを示す，という一般的問題の枠組みを与える．「完全性問題（Vollständigkeitsproblem）とは，どのトートロジー的命題式（tautologische Aussagenformel）も上記四つの公理から先述の推論規則に従い導出可能

(ableitbar) であるか，である」[*GCW*. III, S. 2, pp. 16-7]．命題算については，完全性問題はすでに肯定的に解かれた．そこで彼は次に，狭義の関数算（engeres Funktionskalkül）（1階関数算）に関する問題の解決に向かう．その場合のトートロジー，論理的真理とは，量化的妥当性，つまり「どの［空でない］個体領域に基づくどの代入（Einsetzung）の下でも真な（*wahr*）命題を与える場合」[*GCW*. III, pp. 20-1] を意味する（この箇所にも「真」が登場する）．だが命題算の形式的証明が真理関数的論理の決定手続きの存在に依存しうるのに対し，量化理論の証明はその決定可能性についての知識を欠いたなかで進行することに注意する．すなわち，「狭義の関数算に関しては，決定問題は決して解かれてはいないのである．にもかかわらず，この領域でも，完全性定理（Vollständigkeitssatz）は証明できるのである」[*GCW*. III, pp. 18-9]．

　ゲーデルは，もっぱら「狭義の関数算」，つまり，等号なしの1階の純粋量化理論のみに考察を限定する．ヒルベルト-アッケルマン [*GtL*] に従い，その統語論と意味論の簡潔な記述を与え，続いて [Gödel 1929; 1930] の証明本体の概略を与える．完全性問題を（[CI] と仮称）「狭義関数算のすべてのトートロジーは上掲の公理と推論規則によって導出可能であろうか」として再掲し，この定理証明のために，やや異なった形式で表現し，二つの新しい概念，「充足可能（erfüllbar）と反証可能（widerlegbar）」を導入して，トートロジー的な量化式とは「それがどの代入においても真な命題を与える場合」[*GCW*. III, pp. 20-1] だと再定式化する．「充足可能」な式とは「少なくとも一つの代入が成立する場合であり，反証可能な式とはその否定が（上掲の公理と推論規則から）証明可能な場合である．するといまや完全性定理は以下の（[CII] と仮称）のように表現される．

　　[CII] 狭義の関数算のどの式も，充足可能かまたは反証可能かである．
　　[*GCW*. III, pp. 20-1]

　この定理が正しい（richtig）と仮定しよう．そのときすべてのトートロジカルな式が証明可能なことを示そうとする．いま A が任意のトートロジカルな式とすると，A はいかなる代入の下でも真な命題を与える．そのとき，いかなる代入も，A の否定も真な命題を与えない，つまり，それは充足可能でないが，[CII] によって A の否定は反証可能である．しかしながら，A の否定が反証可能であるなら，A 自身は証明可能である．だが A は任意のトートロジカルな式であったから，先の定式化 [CI]「狭義関数算のすべてのトートロジーは上掲の公理と推論規則によって証明可能」は，[CII] から帰結し，その逆も成り立つ．

　ついで，このことが，すべての式についても，それのスコーレム標準形，つまり，普遍量化子が冠頭に来て，存在量化子が後続する式 '$(x)(y)(z)\cdots(Eu)(Ev)$

…' において，成り立つ．いまスコーレム標準形での任意の式 F から，以下の諸性質をもつ F の事例連言の無限列を生成する方法を例示しよう．

① F はこうした各連言の存在閉鎖体（existential closure）を証明論的に含意する．
② こうした存在式は，反証可能か充足可能かである．
③ こうした各存在式が充足可能なら，無限列の形での連言すべての同̇時̇的̇充̇足̇可̇能̇性̇（*gleichzeitige Erfüllbarkeit*）［*GCW*. III, pp. 26-7］の解釈が存在する．
④ こうしたどの解釈もただちに F の整数上の一つのモデルを与える．

これらすべてが，F は反証可能か充足可能かを含意する（Goldfarb in［*GCW*. III, p. 13］参照）．

むろんこの略解ではゲーデルは多くの細部を省略している．例えば，スコーレム標準形への還元は，多様な等値式が当の公理系において証明可能であることを要求する．ゲーデルは等値式が正しいとし，単に証明可能なことが示されればよいとしているだけである．各存在式の充足可能性から式の無限クラスへの通路は，真理関数的論理のコンパクト性に依拠する．このステップはすでに［Gödel 1929］［*GCW*. I, pp. 84-7］で詳論されていて，［Gödel 1930］で「周知の議論」とされ［*GCW*. I, pp. 16-7］，それは今日「ケーニヒのレンマ」と称されるものである．

かくして，「狭義の関数算の公理と推論規則の完全性が証明される，すなわち，トートロジカル（普遍妥当的（allgemeingültig））な式は，この領域において証明可能である，ないしトートロジーおよび証明可能な式という概念とは同じ外延をもつ，ということが示された」という［*GCW*. III, pp. 26-7］．

証明を提示した後，ゲーデルが注目するのは，その結果の，公理系の一般理論への応用，つまり「決定確定的（entscheidungsdefinit）［*GCW*. III, p. 26］[1]，統語論的完全性（syntactically complete）［*GCW*. III, p. 27］」と「［単射］構造（monomorph）」と呼ぶ圏・カテゴリー性（categoricity）との関連の導出とである．

　　ある公理系は，当該のどの命題もその公理群から決定可能なら，すなわち，それ自身かないしはその否定が有限のステップで導出可能なら，周知のよう

---

[1] 上記でゲーデルは，完全性の二つの異なる観念を注意深く区別している．つまり，(1) すべての妥当な文の証明可能性という完全性の（意味論的）観念と，(2) 当の体系の文 A に関し，A または A の否定の証明可能性（決定確定性，統語論的完全性（syntactically complete））という観念とである（［*GCW*. III］の英訳者 van Heijnoort, W. Goldfarb らの注記）．

に決定確定的［GCW. III, p. 28］，統語論的に完全［GCW. III, p. 29］と称される．他方，ある公理系は，そのどの二つの実現（Realisierungen）もが，同型［写像］(isomorph) なら，その体系は単射構造的（monomorph）（カテゴリカル）と呼ばれる．これら二つの概念間には緊密な関連があると推測されるが，これまでこうした関連は一般的に述べられてはこなかった．実際非常に多くの単射構造的公理体系が知られているが，それらについて，例えば，ユークリッド幾何学について，それらが決定確定的［統語論的に完全］なのかどうかは全く知られていない．ここで展開されたことに基づけば，いまや次のことが示される．すなわち，公理体系のある特定のクラス，つまり，その公理が狭義の関数算において表現された公理体系のクラス，に関して，単射性（Monomorphie）［カテゴリー性］から常に決定確定性（Entscheidungsdefinitheit）［統語論的完全性］が，より厳密には，狭義の関数算において表現されるこうした当該の命題に関する決定確定性，が帰結する，ということが示されたのである．その際，ある命題（公理），その中で基本的対象の集合ないし列が話題になっていなければ，例えば，連続性公理を例外として，幾何学のすべての公理が，狭義の関数算において表現される．もし完全性定理を論理学のいっそう高階の部分（拡張された関数算）に関してもまた証明できるとしたならば，全く一般的に，次のことが示されることだろう．すなわち，単射性（Monomorphie）［カテゴリー性］から決定確定性が帰結し，そして例えば，ペアノの公理系が単射的であることが知られているので，『数学原理（PM）』において表現可能な算術および解析学のすべての問題の可解性（Lösbarkeit）が帰結するだろう．

　だがしかし！　完全性定理のこうした拡張は，先に証明されたように，不可能なのである．すなわち，『数学原理（PM）』において表現可能でありながら，しかしPMの論理的な手段では解決できない数学的な問題が存在するのである．その際，公理として，還元可能性公理，（「厳密に可算多の個体が存在する，という形での」）無限公理，選択公理さえ認めてよかろう．そのことをわれわれはまた次のようにも表現できよう．すなわち，PMの論理を上位構造（Überbau, superstructure）として付加したペアノ公理系は，決定確定的（entscheidungsdefinit），統語論的に完全，ではないのである．［GCW. III, pp. 28-9］

　つまり，完全性により，1階論理 T がカテゴリカルなら，それは統語論的に完全である．ゲーデルは与えていないが，証明は直截である．簡単には，T が統語

論的に完全でないなら，T 中で証明可能でも反証可能でもないようなある文 F が存在する．だが，すると $T\cup\{F\}$ かつ $T\cup\{\neg F\}$ の両方が無矛盾となる．完全性によりそれらはともに明らかに同型でないモデルをもち，したがって，T はカテゴリカルでない（Goldfarb's note in [GCW. III, pp. 14-5] 参照）．次の二つのポイントが注目に値する．

1) この議論が無限に多くの論理的でない公理をもつ理論 T に適用されると，ゲーデルが講演で述べているいっそう強い形の，つまり，可算多の式に適用される形での完全性定理を想定しなければならない．このより強い形の完全性定理は，[Gödel 1929; 1930] で証明された．

2) 上昇および下降レーヴェンハイム - スコーレムの定理に照らすと，この結果は些細でない応用である．無限モデルを許容するいかなる 1 階論理もゲーデルの意味でカテゴリカルではありえないからである．だがこれらの定理は，その結果を明確化させる．すなわち，無限モデルをもつが，いかなる有限モデルももたない 1 階論理 T は，任意の無限濃度モデルにおいてカテゴリカルならば，それは統語論的に完全である（これらは，1954 年，独立に，ロス（J. Los）とヴォートによって認められた．ゲーデルの執筆時には，レーヴェンハイム - スコーレムの下降定理は知られていたが，上昇定理は知られていなかった）．

ここに一見ある奇妙さが存在する，といわれる．つまり，この結論は，あるいっそう強い主張，つまり，ペアノ公理系に高階論理のためのいかなる健全な公理体系が追加されても，統語論的に完全な体系を与えないという主張，が与えられたときのみに，帰結するのである．もちろん，不完全性のための彼の議論は [Gödel 1931]，このことが確立されているから，間隙は提示に際しての間隙にすぎない．たまたま，ゲーデルの，意味論的完全性，統語論的完全性，およびカテゴリー性との間の，相互連携（interconnection）の議論は，1929 年の冒頭のパラグラフの最後の部分 [GCW. I, p. 49, pp. 60-3] に立ち戻るものである（Goldfarb's note in [GCW. III, p 15] 参照）．

最後に，ゲーデルは，高階論理の設定中でカテゴリー性と統語論的完全性を考察している．こうした論理 L が完全に証明されたら——L 中の式のどの可算集合も充足可能かまたは（ある公理系に関して）矛盾しているかという意味で——その基底論理としての L で組み立てられたどの理論も，もしそれがカテゴリカルなら，統語論的に完全であることになろう．すると，2 階のペアノ算術がカテゴリカルであるということに注目して，もし高階論理が完全なら，ペアノ算術の統語論的に完全な公理体系が存在することになろう，とゲーデルは推論する．ここで彼は，先述のように，不完全性定理を告げている．「ペアノ公理系は，PM の論

理を上位構造（Überbau）として付加されれば，統語論的に完全ではない」[*GCW*. III, pp. 28-9]．彼は，この結果を用いて，高階論理のいかなる（意味論的に）完全な公理体系も存在しないと結論する．

　以上のケーニヒスベルク講演でのゲーデルの所見［Gödel 1930c］は，彼の不完全性についての成果の最初の公的な告知であった．翌日の学会の円卓会議での議論で，ゲーデルはその成果を次のように表現している．「内容的に真であるにもかかわらず，古典数学の形式的体系においては証明不可能である，といったような命題の諸例さえ与えることができる」(Goldfarb's note in [*GCW*. III, p. 15])．この告知は，「無矛盾性の規準」が形式的理論に「十全であるか」といったヒルベルト形式主義についての議論に埋め込まれていたので，ゲーデルの注目すべき結果の本性は明らかではなかったのかもしれない．だが対照的に，この講演中での成果についての言明は，直接的で強調されていた．しかし，会議ではゲーデルの告知に対する反応はほとんどなかったようである．

1.1.2 「不完全性定理」への予備的瞥見 2——「決定可能性と無矛盾性に関するいくつかのメタ数学的な結果について」[Gödel 1930b]

　これはいわゆる「不完全性」論文［Gödel 1931］の摘要で，1930年11月17日にハーンによりウィーン科学アカデミーに提示されたものである．当時の学会での問題関心に沿って，「不完全性」の問題が「決定可能性」の問題として，提示されていることが注目される．

　ペアノ算術の公理に，PM（還元公理を入れるか，分岐なしの型理論にする，との脚注あり）での論理（ただし自然数を個体として伴う）と（すべての型に対する）選択公理とを上乗せする（überbauen），以下のような定理が成り立つ形式体系 S が提示される：

I　体系 S は決定確定的でない（*nicht* entscheidungsdefinit）（英訳は（*not* complete）完全でない），つまり，その体系中には A も A の否定も証明可能でないような命題 A が存在する（実際そうした命題を具体的に提示できる（angebbar））．しかも $(Ex)F(x)$ といった単純な構造をもつ決定不能な（unentscheidbar）問題が存在する．その場合，x は自然数の上を動き，F は自然数のある（決定確定的な）性質なのである[2]．

---

[2] さらに S 中には，普遍妥当性も反例の存在も証明可能ではないような，狭義の関数算（1階述語論理）の式が存在する．

II PM のすべての論理的な装置（したがって特に拡張された関数算と選択公理）をメタ数学中で認めてもなお、そうした体系 S のいかなる無矛盾性証明も存在しない（証明手段が制限されれば，なおさらである）．したがって体系 S の無矛盾性証明は，体系 S で形式化されないような推論様式の助けを借りない限り，実行できない．同様のことは，他の形式体系，例えば，ツェルメロ－フレンケル（ZF）の公理的集合論の体系にも当てはまる[3]．

III 定理 I は，次のように明確にできる．すなわち，体系 S に有限多の公理（あるいは有限多の公理から「型上げ（Typenerhöhrung）」で得られる無限多の公理）の追加によっても，拡張された体系が ω-無矛盾である限り，何ら決定確定的な（完全な）体系は生じない．ここで，体系が ω-無矛盾と呼ばれるのは，自然数のいかなる性質 $F(x)$ に関しても $F(1), F(2), \cdots$（以下無限に続く）と $(Ex)\neg F(x)$ とが，同時に証明可能ではない場合である（体系 S の拡張で，無矛盾だが，ω-矛盾ではないようなものが存在する）．

IV 定理 I は，追加された公理の集合が決定確定的なものなら，つまり，どの式に関しても，それが公理であるか否かをメタ数学的に決定可能なら（その場合には PM の論理的な仕組みもまた仮定する）ただちに，無限多の公理の追加による体系 S のどの ω-無矛盾な拡張にも妥当する．

定理 I, III, IV は他の形式的体系，例えば，ZF の公理的集合論の体系にも，その体系が ω-無矛盾であると前提されれば，適用できる．

これらの定理の証明は，「『数学物理学月報（*Monatschfte für Mathematik und Physik*）』に掲載予定である」とされている［*GCW*. I, pp. 140-3］．

1.1.3 「不完全性定理」への予備的瞥見 3
―― 「完全性と無矛盾性について」［Gödel 1932b］

これは，1931 年 1 月 22 日の日付けを入れたノートの全文で，基本体系として単純型理論の代わりに，ペアノ算術を用いて，ゲーデル［Gödel 1931］の諸定理のいっそう一般的な提示を与えている（Kleene in ［*GCW*. I, p. 126］）．英訳には，下記［＊］のゲーデルによる後年の所見が付加されている．

Z を，ペアノの公理に（一つの変項上の）再帰的定義のシェマと狭義の関数算の論理的規則の補足によって得られる形式的体系としよう．Z は個体

---

[3] この結果は，フォン・ノイマン［von Neumann 1927］が構成したような，古典数学の公理体系にも妥当する．

（つまり，自然数）に関わる変項しか含まず，完全帰納法の原理が推論規則として定式化されていなければならない．すると以下が妥当する：

1. どの Z も包括する（umfassend）[4][*]ような，有限多の公理と，代入規則および含意規則が ω-無矛盾であると仮定すると，S の公理からは決定不能な命題（しかも Z からの命題）がそのうちに存在する．ここである体系が ω-無矛盾と称するのは，自然数のいかなる性質 F も（$\mathrm{E}x$）$\neg F(x)$ とすべての式 $F(i)$, $i = 1, 2, \cdots$ 等々とが同時に証明可能ではない場合である（[Gödel 1932b] in [$GGW.$ I, pp. 234-5]）．

2. このような体系 S においては，特に，S は無矛盾である（厳密には，その式を自然数に一対一に写像することにより得られる，その式と同値な算術的言明［が無矛盾］である）という言明は，証明不可能なのである．

定理1と2は，式に通し番号をつける際に（増大する長さに従い，また同じ長さのときには辞書的順序で）公理に振られる数字のクラスは，自然数の間の後続的関係 $R(x_1, x_2, \cdots, x_n)$：「数 x_1 をもつ式は $x_2, \cdots, x_n$ をもつ式から推論規則のうちの一つの１回かぎりの適用により後続する」と同様に，体系 S 中に含まれ，かつ決定確定的であるならば，無限多の公理と上述とは別の推論原理をもつ体系に関しても妥当する．その場合，自然数のどの n 組（$k_1, \cdots, k_n$）に関しても，$R(k_1, \cdots, k_n)$ かまたは $\neg R(k_1, \cdots, k_n)$ が Z 中で証明可能であるならば（これまでは，特にすでに Z 中に含まれてはおらず，かつ決定確

---

[4] ある形式的体系 S が他の体系 T を包括する（umfassen）とは，以下の意味である：T 中で表現可能（証明可能）な命題はまた，S においても表現可能（証明可能）な場合である．

[*]［ゲーデルによる所見，1966年5月18日］を補っておく［$GCW.$ I, p. 235, 脚注］．

「この定義は精確でなく，また徹底して精確にすると，S の無矛盾性の S 中での証明不可能性（nondemonstrability）のための十分条件をこの定義は提供しないことになる．十分条件は，次の定義を用いれば得られる．すなわち，「S が T を包含するのは，T のすべての有意味な式（ないし公理または（推論の，定義の，ないし公理構成の）規則）が，S の有意味な式（または公理，等々）であるとき，すなわち，S が T の拡張であるとき，そのときに限る」．

Z が再帰的に一対一に S 中に，この方向での証明可能性（demonstrability）を伴って，翻訳可能であるという，より弱い仮定のもとでは，非常に強いどの体系 S の無矛盾性でさえも，S 中で，また原始再帰的な数論においてさえ，証明可能であろう（may）．しかしながら，S 中で何が証明不可能であると示されうるのかというと，（変項に原始的な再帰的タームを代入し，そのタームを，等価と証明されている他のタームに代入するという）等式計算（equational calculus）の規則が，原始再帰的ターム間の S 中で証明可能な等式に適用される規則は，（S が証明不可能だと主張される性質をもつならば）正しい数等式のみを与えるという事実なのである．注意すべきは，S のこの「外的（outer）」な無矛盾性（それは通常の体系では無矛盾性と自明的に等価である）を証明することが，ヒルベルト・プログラムの意味で，S の超限的公理を「正当化する」ためには，必要なのである．最後にふれた定理とこの論文での定理１とは，Z よりずっと弱い体系でも，特に原始再帰的数論，つまり，量子化を除去した Z の残余でも，妥当する．二つの定理の結論の言い廻しの些細な変更を伴う翻訳における S の ω-無矛盾（ないし外的無矛盾性）という唯一の仮定の下で，これらの定理は，原始再帰的ターム間の等式の S 中への任意の再帰的翻訳について妥当する．」

定的であるような，決定の確定した，いかなる数論的関係も知られていない），関係（クラス）$R(x_1, \cdots, x_n)$ は Z 中で決定が確定的だと呼ばれる（[Gödel 1932b] in [GGW. I, pp. 235-6]）.

　数のクラス，数のクラスのクラス等々に対する変項を，対応する包括公理（Komprehensionsaxiome）ともども導入することによって，次々に Z が拡張されると考えると，上記の前提を満足するような形式的体系の（超限数にまで前進可能な）列を得る．かつ以下に後続する体系内部で先行する体系の無矛盾性（ω-無矛盾性）が証明可能であることが示される．また定理 1 の証明に構成される決定不可能な命題がより高階の型と対応する公理の追加によって決定可能になる．しかしながら，より高階の体系においては同じ手続きで別の決定可能でない命題等々を構成できる．そのように構成されたすべての命題は，Z 中で表現可能（したがって，数論的命題）ではあるが，しかし Z 中では決定可能ではなく，より高階の体系，例えば，解析学の体系，においてのみ決定可能なのである．集合論の公理体系においてなされるように，数学を型つけなしに構築するならば，濃度の公理（Mächtigkeitsaxiome）（つまり，常にいっそう高次の濃度の集合の存在を要求する公理）が型の拡張を代行し，そしてそのことから Z 中では決定可能でないようなある算術的命題が濃度の公理，例えば，その濃度が，$\alpha_0 = \aleph_0, \alpha_n + 1 = 2^{\alpha_n}$ のとき，その濃度がどの α_n よりも大きいような集合が存在するといった公理，によって決定可能となる．（[Gödel 1932b] in [GCW. I, pp. 236-7]）

2 「不完全性定理」の概略

　以下，ゲーデルのいわゆる「不完全性定理」（正式論文名は「『プリンキピア・マティマティカ』および関連する諸体系Ⅰの，形式的に決定不能な命題について（Über formal unentscheidbarer Sätze der Principia Mathematica und verwandter Systeme I」（1931）（rep. in [GCW. I, pp. 144-95]）のごく概略を，瞥見しておこう（Kleene の導入的注釈（Kleene's Introductory note to [Gödel 1930b]．[Gödel 1931; 1932b] in [GCW. I, pp 126-41] [Kleene 1986]），邦語文献では，早期の［大出 1958a; 1958b; 1968］，［竹内 1986］による要約，［飯田 1991; 2008］によるタルスキとの比較を交えた簡明な解説参照．詳しい内容解説についての［広瀬・横田 1985］の平易な内容紹介，最近の文献では［田中編 2007］中の鹿島亮論文（現代的に整理された正確な提示）（pp. 41-114），［新井 2011］，［倉橋 2016］，また［田中 2012］のほぼ全テクストの訳および各節ごとの行き届いた解

説，テクスト全訳とヒルベルト関連の背景解説については［林・八杉 2006］を，また不完全性定理をめぐる立ち入った議論については［菊池 2014］等を参照）．

不完全性定理論文［Gödel 1931］の先述の摘要［Gödel 1930b］においてゲーデルは，完全性が，通常の初等数論を領域にとるときでさえ，どのような形式体系でも同様に成立しないことを示した．上掲の論文表題が示すように，こうした体系に関しては，S 中で形式的に決定不能であるような初等数論の命題 A で，その A を表現する式 A もその否定 $\neg A$ も S 中で証明可能でないような，そうした A が存在する，という．

ではゲーデルはどのようにしてこの成果，いわゆる不完全性定理に至ったのであろうか？

［Gödel 1931］の第1節でゲーデルは，彼のいわゆる「第1不完全性定理」の証明の主要なアイディア（Hauptgedanke）を非形式的に略解している．すなわち，ラッセル－ホワイトヘッド『数学原理（PM）』ないしツェルメロ－フレンケルの公理的集合論 ZF を体系 P，P 中のある式を A とすると，研究対象 P の諸記号，その有限列，その有限列の有限列をとれる．そこでこうした対象の各々すべてに，以下のコード化（「ゲーデル数化」）で，各別箇の自然数を対応づけできる．対応づけられる数を形式的対象のゲーデル数と呼ぶと，数論を体現している形式的体系 P 中で，自然数について語っているのだが，またゲーデル数を介して，P の対象についても語っている式が存在するであろう．

> §1-4 ある形式的体系の論理式（Formeln）（ここでは PM の体系に限る）は外見上，原始記号（変項，論理定項，括弧，句読点の有限列であり，どの記号列が有意味な（sinnlich）論理式であるか否かを正確に記述することは容易である．同様に，証明は形式上（ある特定の性質をもつ）論理式の有限列に他ならない……原始記号には自然数を割り当てることにする）．［Gödel 1931, S. 174] rep. in ［GCW. I, p. 146]）

> §1-5 すると，論理式は自然数の有限列，証明図は自然数の有限列の有限列となる．こうして，［メタ］数学的概念や命題は，自然数や自然数の列についての概念（や命題）となる．［注目すべきは，ゲーデルが特に脚注9として以上の手続きに「体系 PM の同型像（isomorphisches Bild）が算術の領域で生起し，あらゆるメタ数学的考察はこの同型像の中でも全く同じように実行できる．このことを，以下の証明スケッチで行う．すなわち，「論理式」「命題」「変項」等ということで，つねにその同型像と対応する対象［つまり

は，ゲーデル数としての自然数やその列等々を指す］と解されねばならない」
と注記していることである．よって，それ［メタ数学的概念や命題］自身が
体系 PM の記号列によって（少なくとも部分的には）表現可能（ausdrück-
bar）となる．特に，「論理式」「証明図」「証明可能な論理式」といったメタ
的概念が体系 PM 内部で定義可能なことを示せる．例えば，一つの自由変
項 v をもつ PM の論理式 $F(v)$ が与えられ，内容的に解釈されると（inhaltlich
interpretiert）［英訳では，「PM の用語の意味に従って解釈される」と敷衍］，
$F(v)$ は「自然数の列 v が証明可能な論理式である」と述べていることにな
る（ただし，変項 v は自然数列の型をもつとする）．さて以下で，体系 PM
で決定不能な命題，つまり A も not-A も証明できない命題 A を構成する．
([Gödel 1931, S. 174] rep. in [GCW. I, p. 146])

かくて，「ゲーデル数化」というコード化を介して，メタ的な P 内の対象の代
わりに，直観的な数を対象として考察でき，P 内の対象のメタ数学的述語と等値
な直観的な数論の述語が得られることになる．

§1-6　PM の論理式で，上記の $F(v)$ のように，ただ一つの自由変項が自然
数（クラスのクラス）の型をもつものをクラス記号，またクラス記号の n
番目を $R(n)$ と表す．「クラス記号」という概念も，それらを順序づける関
係 R も，系 PM で定義可能である．いまクラス記号 α の自由変項を，自然数
n を表す PM の記号で置換した記号列を $[\alpha;n]$ で表すと，3項関係 $x=[y;z]$
（「数 x の表す記号列は，数 y の表すクラス記号の変項に数 z を表す記号列を
代入したものである」の意）も，x, y, z の関係として PM で定義可能である．
[Gödel 1931, S. 175] rep. in [GCW. I, pp 147-8])

「ゲーデル数化」というこうしたコード化の可能性を利用して，ゲーデルは，
体系 P で，すべての自然数 x がある式 B の P 中での証明のゲーデル数でないと
いうことを述べるような式 A を，しかも B がたまたま A 自身であるような，そ
うした A を構成しようとする．簡単には，A は「A 自身が（P 中で）証明不可能
である」と述べているのである．これは，その中でそれ自身の偽を主張する命題
をもつような，嘘つきのパラドクスの応用である．「偽」の代わりにゲーデルは
単純に「証明不可能」を代入することで，S 中で表現可能な言明にしているので
ある．
　体系 P 中では真なる式のみが証明可能だと仮定しよう．さて上記のゲーデル式

A「A自身が(P中で)証明不可能である」が(P中で)証明可能とすれば、それが語ることによって偽であろう。そうなら、仮定によってそれは証明不可能であり、よって真であろう。また先の仮定により、$\neg A$も証明不可能である。かくてAにより表現される命題Aは形式的にはP中で決定不能である。

いま $Bew\ x$ を「xは証明可能な論理式である」の表記、$\neg Bew\ x$をその否定「xは証明不可能」の表記、また$R(q)$をq番目のクラス記号とし、P中のある式Aを$[R(q);q]$(q番目のクラス記号の変項にqを代入した式)を表す、とする。

§1-7 自然数のクラスKをつぎのように定義する。
　　　$n \in K \equiv \neg Bew[R(n);n]$　　(1)
この定義項に現れる概念はすべてPMで定義可能だから、(1)から構成される概念KもPMで定義可能である。つまり、あるクラス記号Sがあって、それは論理式$[S;n]$が内容的に(inhaltlich)(英訳では、「PMの記号の用語の意味によって」)解釈すれば(deuten)、自然数nがKに属する、と述べている。ところでSはクラス記号であるから、ある特定の自然数qについて、ある特定の$R(q)$と一致する。すなわち$S=R(q)$が妥当する。([Gödel 1931, S. 175] rep. in [GCW. I, p. 148])

ついでゲーデルは、決定不能性(Unentscheidbarkeit)証明の簡略なスケッチを与える。

　さて、命題$[R(q);q]$がPMで決定不能であることを示そう。
　なぜならば、まず命題$[R(q);q]$が証明可能だと仮定とすると、その場合にはその命題は正しく(richtig)もある。ところが、この場合、上の定義から、qはKに属していることになろう。すなわち、(1)によって$\neg Bew[R(q);q]$が成り立つことになり、仮定に反することになるだろう。
　逆に、$Bew[R(q);q]$の否定[すなわち$\neg Bew[R(q);q]$]が証明可能だとすれば、$\neg(q \in K)$、すなわち、$Bew[R(q);q]$が成り立つことになろう。よって$[R(q);q]$とその否定とがともに証明可能となるだろうが、それもまた不可能である。([Gödel 1931, S. 175] rep. in [GCW. I, p. 148])

§1-9で、以上の議論がリシャールのパラドクスと類似し、また「嘘つきのパラドクス」とも密接に関わることが指摘される。というのは「決定不能命題$[R(q);q]$は、qがKに属すること、それゆえ、(1)によって$[R(q);q]$は証明可

能でないこと，を述べている．したがって，自身の［PM 中での］証明不可能性を主張する命題を入手したことになる」（[Gödel 1931, S. 175], rep. in [*GCW*. I, pp. 148-50]）．

なお，注 15 で，見かけに反して，この命題それ自体が何ら悪循環を含みはしないことが注意されている．「というのは，その命題 $[R(q);q]$ は，全く特定の論理式（つまり，特定の代入に際しての辞書的順序で q 番目の論理式）の証明不可能性をさし当たり主張しているにすぎず，後になって（いわば，たまたま）この論理式がちょうど当の命題自身を表現していたと判明したというだけだからである」（[Gödel 1931, S. 176] rep. in [*GCW*. I, p. 150]）．

§1-10 上で取り組まれた証明法は，明らかに，以下の 2 条件を満たすどの形式的体系にも応用できる．第 1 に，内容的に解釈された (inhaltlich gedeutet)［英訳は，「概念と命題のある体系を表示すると解釈された (interpreted as representing a system of notions and propositions)」と敷衍］場合に，上の考察中に登場した概念（とりわけ，「証明可能な論理式」という概念）を定義するのに十分であるような表現手段を備えていること，そして，第 2 に，その体系中ですべての証明可能な論理式もまた内容的に正しいこと，である．以下では，上の証明の厳密な遂行が課題であり，とりわけ，上で言及された前提条件の第 2 を純粋に形式的でいっそう弱い前提と置き換えることである．（[Gödel 1931, S. 176] rep. in [*GCW*. I, p. 150]）

そして次の 1 節の締めくくりの段落は，この謎めいた逆理的事態の分析がもたらす，ゲーデルの驚異的な発見（定理 XI. いわゆる「第 2 不完全性定理」）の予告である．

§1-11 $[R(q);q]$ が自身の証明不可能性を主張しているとの所見からただちに，$[R(q);q]$ は正しいということが帰結する．というのは，実際 $[R(q);q]$ は（決定不能であるゆえ）証明不可能で・あ・る・か・ら・で・あ・る・．・したがって体系 *PM* においては決定不能な命題でも，メタ数学的考察によっては決定されるのである．この当惑させるような状況の厳密な分析が，第 4 章（定理 XI）において詳細に議論されるような，形式的体系の無矛盾性証明に関わる驚くべき結果に導くのである．（[Gödel 1931, S. 176] rep. in [*GCW*. I, p. 150]）

ただし注目すべきは，ゲーデルは，メタ数学的には $[R(q);q]$ が正しいといっ

ているだけで，そのことを証明しているわけではない．また $[R(q);q]$ は（決定不能であるゆえ）証明不可能であるといっても，それは体系 PM においてのことなのであり，さらにまた「体系 PM においては決定不能な命題でも，メタ数学的考察によっては決定される」と述べていることである．

第 2 節では，第 1 に，ゲーデルは，自然数を最低の型とするペアノの公理上の単純型理論へと，PM の体系を編成し直す．

以下，ゲーデルの定理とその拡張も含めて，もう少し補足しておこう．

体系 P を，PM（ただし，ヒルベルト-アッケルマンで整理された 1 階述語論理の体系）+ ペアノ 1 階算術の公理系とする．一般的に，メタ数学的研究には，2 種の論理が必要である．すなわち，メタ数学を展開するための直観的に理解された論理と，メタ数学の対象とされる形式的体系中に含まれる形式的論理とであり，後者は形式化を要する．すなわち，その原始記号，形成規則，公理，変形規則として代入，置換，推理の規則の提示を要する．

(1) まず自然数のペアノ算術の公理系の公理を加えた P の原始記号は，以下である．

  (I) 定項記号：論理記号（否定 '$\sim$'，選言 '$\lor$'，全称記号 'Π'［以下では '$\forall$' を使用］），'0'［ゼロ］，'f'［後者］，括弧，'('，')' 句読点．

  (II) 各型 i の変項記号 'x_i'，'y_i' …の各クラス（[Gödel 1931, S. 176] rep. in [GCW. I, p. 150]）

(2) 「論理式」「命題式」「公理」「証明」「証明可能」といったメタ的概念を含む形式的対象を，原始記号から構成する形成規則，公理，変形規則としては代入，置換，推理の規則（(modus ponens) と普遍汎化）が提示される．例えば，論理式 A の変項記号 x_i を，P 中の対象 0, 1, 2, …で置き換える代入操作 Sb が挙げられる．この代入操作により，P 内の対象は自然数と一対一に対応づけられる．

P の論理式は，有限個の原始記号から一定の形成規則により構成される．解釈されると，その体系内の「命題 (Satz)」を表す．ある論理式 A が日常語の文章 p に対応しているとき，A を p の「P における表現」という．

P 中の，上記の原始記号から形成規則に則って形成された論理式 A が，公理から代入，置換，推理規則に従う変形によって純粋に形式的に得られるとき，A は当の公理から「証明可能」（$(Bew_p(A))$）と定義される．

「PM ならびにペアノ算術を包含するメタ的形式体系 P 中の正しい（真なる）論理式は，すべて P 内で証明可能であるか」という問いに対してゲーデルは，そのすべての表現を再度算術化することによって，すなわち，以下のようなコード化（いわゆる「ゲーデル数化」）によって，この課題を論究しようとする．

すなわち，ゲーデルは，メタ数学中の論理記号（〜, ∨, ∀），対象記号（数記号等の個体定項，変項），関数記号（後者関数 f），複合的項や論理式等の記号列，さらに証明図にそれぞれ，例えば，次のような操作（その操作指定法は複数ありうる）により，ある範囲の自然数を一対一対応させることによって，コード化する（p_i は i 番目の素数の意）[GCW. I, p. 156]．例えば，定項記号には奇数を割り当てる．型 n の変項（$n \geq 1$）には素数を割り当てる．

0,	f,	〜,	∨,	∀,	(,)		x_n	y_n	z_n	⋯	p_i
:	:	:	:	:	:		:	:	:		:
1	3	5	7	9	11 13		17^n	19^n	23^n	⋯	$(p_i)^n$

以下，原始記号 a に割り当てられる自然数は $\Phi(a)$ で表される．

次に記号列 $<a_1, a_2, \cdots, a_k>$ また数列 $<n_1, n_2, \cdots, n_k>$ には，数 $2^{n_1} \times 3^{n_2} \times \cdots \times p_k^{n_k}$（$p_k$ は k 番目の素数）を割り当て，その自然数も $\Phi(a)$ で表す．以上の $\Phi(a)$ が，原始記号，記号列・数列のゲーデル数である．

最後に証明図であるが，X を論理式，Y, Y_1, Y_2 を証明図とすると，証明図は次の三つの型（1）X, （2）Y/X, （3）$Y_1, Y_2/X$ に分類されるから，X, Y, Y_1, Y_2 の各ゲーデル数を x, y, y_1, y_2 とすると，各証明図のゲーデル数は，$2^x, 2^x \times 3^y, 2^x \times 3^{y_1} \times 5^{y_2}$ となる[広瀬・横田 1985, p. 122]．

（3）次にメタ数学の算術化が行われる（§2, SS. 177-9, rep. in [GCW. I, pp. 150-6]，§2-14[田中 2012, pp. 57-8]）．

先に定義されたメタ数学的概念，例えば，「記号列 a は論理式である」とは，有限個の記号の列 $<a_1, a_2, \cdots, a_n>$ が関係 $R(a_1, a_2, \cdots, a_n)$（「論理式である」というメタ的性質）を満たしている（ないしそれらのクラスに属する），とする．「これに対して，自然数の間の関係（ないしそれらのクラス）$R'(x_1, x_2, \cdots, x_n)$ で，次を満たすようなものがとれる．すなわち，このことが $x_1, x_2, \cdots, x_n$ で成り立つのは，（ゲーデル数）$x_i = \Phi(a)(i=1, 2, \cdots, n)$ となる $a_1, a_2, \cdots, a_n$ が存在して，$R(a_1, a_2, \cdots, a_n)$ が成り立つとき，そのときに限る．上で定義したメタ数学的概念，例えば，「変項」「論理式」「命題式」「公理」「証明可能な論理式」などに対し，こうした方法で自然数間の関係（ないしそのクラス）が定まる．それらを下線付きのゴシック体で表す．体系 P において決定不能な問題が存在するという命題は，例えば，つぎのようになる．"a も a の否定も証明可能な論理式にならないような命題式 a が存在する」([Gödel 1931, §2, SS. 177-9] rep. in [GCW. I, pp. 150-6])．

つまり，メタ数学的概念の表現「記号列 $a = <a_1, a_2, \cdots, a_n>$ は論理式である」が，算術的概念の表現「自然数 $\Phi(a)$ は論理式である」に変換される．

（4）次の課題は，そのメタ数学的概念を体系 P の言語で表し，例えば，ある

記号列が論理式であることと，そのゲーデル数が論理式であることを表す論理式が体系 P で証明できることとが同値になることを示すこと，である．しかし，各メタ数学的概念を個別に形式化して確定する代わりに，ゲーデルが厳密化しつつ採用した卓抜な方法は，それらメタ数学的概念の「再帰的な（$rekursiv$）関係」が体系 P で表現可能なことを示すことである．

すなわち，第1の仕事は，「再帰的」関数 $\phi(x_1, x_2, \cdots, x_n)$，数論的関数（それらは [Dedekind 1888] [Skolem 1923] [Hilbert 1926] [Hilbert-Ackermann 1928] ですでに用いられてはいたが）の厳密な構成的定義を与えることである．

記号列を自然数に置き換えると，自然数（定義域）から自然数（値域）への数論的関数が得られるが，この関数族をゲーデルは「再帰的関数」と呼ぶ．それらは今日では「原始再帰的」[Kleene 1936] と称されている．

§2-15 ある数論的関数 ϕ が二つの関数 ψ，μ から再帰的に定義されるとは，簡略には，$\phi(0)$ は恒等関数 ψ によって，$\phi(k+1)$ は μ を用いて $\phi(k)$ から計算される．

すなわち，$\phi(0, x_n) = \psi(x)$；$\phi(k+1, x_n) = \mu(k, \phi(k, x_n), x_n)$　　(2)

([Gödel 1931, §2, S. 179] rep. in [GCW. I, pp. 156-8])

体系 P には，後者関数 +1 という自然数演算が含まれるのみだが，以下の四つの定理の制約下での再帰的定義の積み重ねで，$x+y$, $x \cdot y$, x^y, $x<y$, $x=y$ からはじめて，その他の複雑な演算 45 個が再帰的に定義される（§2-16ff.）．

§2-17 再帰的関数（関係）のクラスの性質（閉包条件）に関する4つの定理．

定理Ⅰは，再帰的関数のクラスが，代入と再帰的定義に関して閉じていること，

定理Ⅱは，再帰的関数のクラスが，命題算［〜と∨］に関して閉じていること，

定理Ⅲは，二つの再帰的関数の同値関係が再帰的であること，

定理Ⅳは，再帰的関係のクラスが有界量化記号に関して閉じていることと，再帰的関係を満たす最小数を有界領域で探す関数が再帰的であること．
(§2, SS. 179-80, rep. in [GCW. I, pp. 156-8]，[田中 2012, p. 61]，その証明は（§2, SS. 181-4, rep. in [GCW. I, pp. 160-4]，[田中 2012, pp. 62-6, §2-19]）

次に，定理Ⅴで漠然と，数論的な関数や関係の「数記号での表現可能性（numeralweise Expressibility)」[Kleene 1986, p. 130] という概念が取り上げられ，定理 VI（ここで「決定確定的（entscheidungsdefinit）」というタームが導入される）で明示的に登場する．

(5) 定理 V （いわゆる「表現定理」）として，以下のような P 中の「どの原始再帰的関係に関しても，n 項関係記号が存在する」によって「数記号で表現可能である」の証明の概略が与えられている．

　漠然と次のように定式化できるという事実——すなわち，どの再帰的関係も体系 P 内部で（内容的に解釈されるなら，つまり，通常の［直観的］意味が与えられるなら）定義可能であるという事実——が，P から［導かれる］式についての内容的解釈（inhaltliche Deutung）への参照なしに，以下の定理 V によって厳密に表現（exakt ausdrücken）される．すなわち，

　定理 V　どの［原始］再帰的関係 $R(x_i)$ に関しても，自由変項（u_i の）n 項関係記号 r が存在するなら，u_i の各自由変項にそれぞれ数 x_i を代入した式が証明可能であり，同様に，$\sim R(x_i)$ ならば，u_i の各自由変項にそれぞれ数 x_i を代入した式の否定も証明可能である．（[Gödel 1931, S. 186] rep. in [*GCW*. I, pp. 170-1]）

　また「公理であること」「直接的帰結であること」といったメタ述語も，原始再帰的である．P のある対象 Y について，「Y が公理である」は，Y の代わりにそのゲーデル数 y をとると，直観的述語「y は公理である」（$Ax(y)$）となるが，$Ax(y)$ は原始再帰的述語で，$Ax(y)$ の成立する y の集合は原始再帰的クラスである．

　P のある対象 X が，他の対象 Y, Z から演繹規則（MP）によって得られるとき，「X は Y および Z の直接的帰結（*UNMITTELBARE FOLGE*）である」（$Flg(X, Y, Z)$）は，X, Y, Z のゲーデル数を x, y, z とすれば，「x は y, z の直接的帰結である」（$Flg(x, y, z)$）という直接的述語となり，かつこの述語は原始再帰的である．つまり，$Flg(x, y, z)$ を満足する x のクラスは原始再帰的クラスである．（[Gödel 1931, S. 187] rep. in [*GCW*. I, p. 172]）

以上の閉包条件を満たす形式的体系が，さらに次の条件を満たすとき，P は ω-無矛盾（ω-widerspruchsfrei）という：すなわち，

　形式的体系 P の任意の論理式 $A(x)$ は，いかなる x に対しても，$\vdash A(0)$，$\vdash A(1)$，…$\vdash \sim \forall x A(x)$ のすべてが成立することはない，換言すれば，P の

論理式の任意のクラス κ について，κ の論理式と P のすべての公理との直接的帰結 (unmittelbare Folge) である論理式のクラス $Flg(\kappa)$ は，
$$(n)[A(n) \in Flg(\kappa)] \& \sim(x)A(x) \in Flg(\kappa)$$
を真にするいかなる $A(x)$ も存在しない．([Gödel 1931, S. 187] rep. in [GCW. I, pp. 172-3])

こうしてゲーデルは，「いまやわれわれの論究の目的に到達した」という．すなわち，

κ を論理式の任意のクラスとし，κ の論理式すべてと公理すべてを含み，「直接的帰結」関係に対して閉じた最小クラスを $Flg(\kappa)$（κ の直接的帰結のクラス）で表すと，クラス記号 α 中の変項 v に任意の数 n を代入したもの [v Gen α]［すなわち，$\forall v \alpha[v]$］が κ の直接的帰結 $Flg(\kappa)$［κ からすべて証明可能］に属し，かつ同時に属さない Neg[v Gen α]［$\sim \forall v \alpha$］，が証明されることはない．[GCW. I, p. 172]［v Gen α は，変項 v に関する α の全称化 (Generalisation) $\forall v \alpha[v]$ を，$Flg(\kappa)$ は κ の直接的帰結クラスを表す．] [GCW. I, p. 173].

(6)「第1不完全性定理」

こうして，ゲーデルは，いわゆる「第1不完全性定理」：「A も～A も P 中では証明可能でないような A が存在する」を，定理 VI として，純粋にメタ数学的タームで定式化して確立する．すなわち，体系 P が上記の I-IV および無矛盾性の条件を満たすとき，次の「決定不能な命題の存在に関する一般的結果 (die allgemeine Resultat über die Existenz unendscheidbarer Sätze) を表す以下の定理が証明される」と主張される：

定理 VI：論理式のどの ω 無矛盾で再帰的なクラス κ に関しても，v Gen α も Neg[v Gen α] も $Flg(\kappa)$ に属さないような再帰的なクラス記号が存在する（ただし，v は，α の唯一の自由変項）．([Gödel 1931, S. 187] rep. in [GCW. I, pp. 172-3])

定理 VI は，簡単には，「P の論理式の，ω-無矛盾で原始再帰的ないかなる任意のクラス κ に対しても，$\forall x A(x)$ も $\sim \forall x A(x)$ もともに $Flg(\kappa)$ に属さないような，ある論理式 $A(x)$ が存在する」ということである．どの ω-無矛盾な体

系もまた自明的に無矛盾である（その逆は不成立）．

　上の定理 VI の証明に基本的に必要なのは，上記の構成的に定義された関係 $R(x_1, \cdots, x_n)$ の各々に関し，P 中でそれを数記号で表現している式 $R'(x_1, \cdots, x_n)$，つまりは，原始的再帰式が，存在することである．

(7)「第 2 不完全性定理」

　さらに，この第 1 不完全性定理から，第 4 節で最後に，いわゆる「第 2 不完全性定理」が，定理 XI として導入される（[Gödel 1931, §4, S. 196] rep. in [*GCW*, I, pp. 192f.]）．

　§2 の成果から，体系 P（およびその拡張）の無矛盾性証明に関して，一つの奇妙な (merkwürdig) 結果が帰結する．それは次のような定理によって表される：

> 定理 XI：κ を論理式の任意の無矛盾な再帰的クラスとする．そのとき，κ が無矛盾であるという命題を表す論理式（*Satzformel*）は，κ-証明可能（κ-*beweisbar*）［κ において証明可能］ではない，とりわけ，P の無矛盾性は P においては証明可能ではない．（[Gödel 1931, §4, S. 196] rep. in [*GCW*, I, pp. 192-3]）

　簡単には，κ を論理式の任意の無矛盾な再帰的クラスとする．κ が無矛盾であるという命題を表現する論理式を *Consis*(κ) とすれば，*Consis*(κ) は κ において証明可能ではない，すなわち，⊢κ *Consis*(κ) は成立しない．特に P の無矛盾性の証明は P が無矛盾と仮定される限り，P において証明可能ではない．

　この定理の結果，無矛盾性をメタ数学の直接の目的としたヒルベルトの意図は，有限論的立場からは不可能なことが示された．

　続いて証明の概略が与えられている [*GCW*. I, pp 192-4]．その詳細な証明や，体系 P に制限されない諸体系への，この定理の一般的な応用は近刊予告されていたが（[Gödel 1931, S. 198] rep. in [*GCW*. I, pp 194-5]，結局果たされず，厳密な証明は [*GLM*. I, II] で与えられた（吉田夏彦・渕野昌訳『数学の基礎』の第 2 章 [*GLM*. II, 補足 I]，第 3-5 章 [*GLM*. II, §§1-3]，第 6 章 [*GLM*. II, 補足 V] 参照）．

　最後から 2 番目のパラグラフで，ゲーデルは，本論文で達成された成果の簡潔な要旨を与えている．

> どの無矛盾なクラス κ に対しても，w は κ-証明可能ではないから，*Neg*

(w) が κ - 証明可能でないなら，その場合すでに常に決定不能な命題（つまり，w）が存在することになる．換言すれば，定理 VI において，ω - 無矛盾性の仮定を，以下のような言明：「κ は矛盾している」という言明，は κ - 証明可能である，と置き換えることができる（この後者の言明がそれについて κ - 証明可能となるような無矛盾な κ が存在することに注意せよ）．（[Gödel 1931, S. 198] rep. in [*GCW*. I, pp. 194-5]）

　より簡略的には，体系 P が無矛盾なら，「自らを証明不可能」と主張する文 G は P で証明不可能である．体系 P 内で，P の無矛盾性が証明可能なら，G の証明不可能性が証明可能である．G の証明不可能性は G そのものだから，P の無矛盾が証明可能なら，G が証明可能になるが，これは第 1 不完全性定理から不可能である．よって P の無矛盾性は証明不可能である（[田中 2012, pp. 137ff.] 参照）．

3 「不完全性定理」とヒルベルト形式主義の評価再論

　ところで不完全性定理は，ヒルベルト形式主義の全面破綻をもたらしたのであろうか？　いまは詳細に立ち入れないので，クリーニ等に従って，解説しておこう（Kleene in [*GCW*. I, pp 126f.] 参照）．

3.1　ヒルベルトの形式主義プログラム回顧

　ここでやや横道に逸れるが，ヒルベルト流の「形式主義」の要点を確認しておけば，1918 年および 1922 年にヒルベルトは，数学の基礎における危機を表明する．すなわち，その危機は，カントル集合論の出現と，以下の二つの提案を伴う，パラドクスの世紀の開始に起因するものであった（Kleene, ibid.）．
　第 1 は，現存の古典数学の適切に選択された部分を展開するのに使用すべき言語の構造，定義，数学的公理と論理の原理が，当の言語の対象の形式だけで完全に特定されるべきこと，である．簡明には，問題の部分が，形式化されている，つまり，形式的体系 S 中に埋め込まれているべきことである．S 中には，予め選ばれた一定の有限な（原始的）記号のリストがあり，記号の（あらわれの）一定の有限な列が式として定義され，また式の一定の有限な列が証明で，その最後の式が証明可能つまり（形式的）定理を構成すべきことである．
　S 中で形式化されたとき，選択された数学のその部分の命題の演繹は，その意味には依存しない形式的対象の機械的な操作だけからなる（たとえその意味が非

形式的な数学を映すものとしてわれわれにとり関心のある体系だとしても，そうなのである）．意味ないし解釈から何かを使用したいなら，追加の公理ないし推論規則として体系 S 中に入れておくべきだったのである．

　非形式的に発展してきた数学には，使用される概念中にはあらゆる度合いの抽象や理想化があらゆる範囲で存在する．それは，系列中の位置によって定まる有限な対象として，自然数列 0, 1, 2, … から始まって，複雑化し超越的となる概念，例えば，実数列や次々高次の濃度をもつ集合，を通じて連続していく．もし数学者が，内省（introspection）により，明らかな直観的意味，理想化された概念の使用を予め許されていないとしたら，彼らは，矛盾（パラドクス）に陥る理想化された概念による推論よりずっと手前で止まり，ごくわずかの前進しかしないことであろう（Kleene in [*GCW*. I, p. 126]）．

　第 2 に，S の対象，つまり，記号，有限の記号列，その有限列，はすべて有限である．高次のレベルで非形式的に実行される概念がどれほど抽象的で超越的だとしても，形式的体系そのものは，自然数のレベルと同じ初等レベルで，数学の新しい分野（「証明論」ないし「メタ数学」）の主題として扱いうる．メタ数学的研究一般（特に S に関する無矛盾性証明）に関して，ヒルベルト・プログラムは最も安全な（「有限的（finit）」（有限主義的（finistic）と英訳される）方法のみを要求する．

　それらの方法は，いかなる完結した無限性も使用しない，つまり，それ自身が無限のいかなる対象も使用すべきでなく，上方に有界でない（unbound above）が，完結した集合とは考えられない自然数列 0, 1, 2, … のような，単に潜在的に（*potentially*）無限集合のみを使用する方法として特徴づけられる（Kleene in [*GCW*. I, pp. 126-7]）．

3.2　前途瞥見——いわゆる「不完全定理」はヒルベルト・プログラムを破綻させたか？

　ところでヒルベルト・ベルナイスの『数学の基礎』[*GLM*. I, II] は，ゲーデルの不完全性定理が 1931 年に発表され，有限の立場からの自然数論，さらには全数学の無矛盾性を証明するという「ヒルベルト・プログラム」の実行が，そのままの形では理論的に実行不可能であることも明らかになり，ヒルベルト学派に深い衝撃を与えた直後に執筆された．

　だがヒルベルトは，ベルナイスとの共著『数学の基礎（*GLM*）』I（1934）の本文で以下のように記している．

ゲーデルのいくつかの新しい結果により，わたしの証明論の実行不可能性が帰結するという，最近訊かれる意見は間違っている，ということを強調しておきたい．実際，この結果は，無矛盾性証明をさらに推し進めるためには，有限の立場を，初等的体系の考察において用いられたものより，より強力なものにしなければならない，ということを示しているにすぎないのである．
[GLM. I, p. VII]（第2版, 1968; 初版, 1934）

そして実際，第6章［GLM. II］の補足 V では，ゲンツェン，カルマー，アッケルマンによる証明が紹介されているが，特にアッケルマンによる証明は，ヒルベルトの証明方針の自然な拡張によるもので，これにより，数論に関しては，上のような制限つきではあるが，ヒルベルト・プログラムの成就とも見られうる（上記［GLM］和訳「訳者まえがき」参照．［Takeuti 1987］も参照）．
　まずいわゆる「不完全性定理」の提出者ゲーデル自身が「注意すべきは，［不完全性の］上記の証明も構成的（konstruktiv）なこと，つまり，κ からの w の証明が与えられれば，κ から矛盾を実効的に（effektiv）導くことが許されるということ，である．定理 XI の完全な証明は，公理的集合論 M の，かつ古典数学の公理体系 A（例えば，［von Neumann 1927］）に対しても，逐語的に移行できる」とし，「また M や A が無矛盾だと仮定すれば，それぞれ M や A の内部で形式化される（formalisieren）ような公理的集合論 M やノイマン型公理系論 A の無矛盾性証明は存在しない」（[Gödel 1931, S. 197] rep. in [GCW. I, p. 194]）と，公理的集合論 M および古典数学の公理体系 A に関する「不完全性定理」の成立を明言している．にもかかわらず，注目すべきは，ゲーデルはなお「定理 XI（および M や A に対応する結果）がヒルベルトの形式主義の立場に反しないことをはっきり明記しておきたい」(loc. cit.) といい，「不完全性定理」がヒルベルト流の形式主義を完全崩壊させるわけではないとしていることである．「というのは，この［ヒルベルト流の形式主義］の立場は，証明に有限な（finit）手段以外は用いないような無矛盾性証明の存在のみを念頭においており，P（ないし M や A）の形式を超える手段では有限的証明が存在することもありうるからである」(loc. cit.) と，慎重な留保を行っていたのである．
　すなわち，ゲーデルは，ある数学的問題の非可解性を端から排除することはできない，と主張していたのである．ゲーデルが問題にしている「証明可能性」「無矛盾性」は，「一定の明確に述べられた形式的な推論方式の非可解性のみ」なのである［GCW. I, pp. 60-2］．そしてゲーデルは，形式主義的立場に対して，「さてもし争点が，一定の明確に述べられうる形式的な推論方式に関わる非可解性の

みであることに思い至れば，ある問題の非可解性証明を端(はな)から排除することは決してできない．というのもここで考察中のすべての概念（証明可能性，無矛盾性等々）は，許容される推理手段を厳密に境界設定したときにはじめて正確な意味をもつからである」[*GCW*. I, pp. 62-3] という細心の，しかも核心を突く批判的応答を述べていたのである．つまり，当のゲーデルが「厳密に述べられた形式的な推論形式」をもてば，ある式とその否定も証明不可能という意味で，ある数学的問題の非可解性を証明することができるかもしれない，とのさらなる示唆を与えていると解されるのである．

また最後に，ゲーデルの 1963 年 8 月 28 日の注記

> その後の進展の結果，特に，A. M. チューリングの仕事 [Türing 1937, p. 249] により，いまや形式体系という一般的概念の精確で（precise）問題なく適合的な（adequate）定義を与えうる，という事実の結果[注70]，定理 VI および XI の完全に一般的な説明（version）が可能となった．すなわち，ある一定の有限的数論を含むどの無矛盾な形式的体系中にも，決定不能な算術的命題が存在し，さらにこうした体系の無矛盾性は当の体系中では証明不可能であるということが，厳密に証明可能なのである．（[Gödel 1931] rep. in [*GCW*. I, p. 195]）

> 注 70 [*GCW*. I, p. 195] で「「「形式的体系」や「形式主義」という語は，私の意見では，こうした概念（notion）以外の意味では，決して使用されるべきではない（プリンストン [Gödel 1946/7, 編者注] の講義（プリンストン [Gödel 1946/7, p. 11]）で言及）．で私は，形式主義の一定の複数の超限的一般化（transfinite generalizations）を示唆したが，しかしそれらは，その語の元来の（proper）意味での形式的体系とは根本的に異なっている．後者の特徴的な性質は，その推論が，原則として，機械的な方途（device）で完全に置き換え可能なものなのである．

これには，（田中氏の指摘のように [田中 2012, p. 143]）定理 VI の証明に関わる注 48a「数学のすべての形式体系に不完全性がついてまわる真の理由（der wahre Grund）は，どんな形式体系においてもたかだか可算個（abzählbar）の型しか扱えないのだが，より高い型を構成する操作は超限的に（ins Transfinit）繰り返せることにある．……」（[Gödel 1931, S. 191] rep. in [*GCW*. I, pp. 180-1]）が参照されるべきであろう．

ゲーデルの第1不完全性定理，さらに第2不完全性定理 (1931)（後者の本格的証明はベルナイス (1934)）によって，有限的な無矛盾性証明は破られたが，その後ゲンツェン (1934) が有限主義をカット除去（正規化）により ε_0 までの超限帰納法で拡張し，ペアノ算術の相対的無矛盾性を証明する．竹内外史 [Takeuti 1953; 1955] らはこの正規化の存在予想に立って高階述語論理の無矛盾性を証明した．

　ドリーベン-ヘイイェノートの解説によれば，数論のポスト流の完全性というヒルベルトの目標は，ゲーデルの不完全性の結果から知られるように，達成不可能である．しかし，ゲーデルの完全性の統語論的対応物が，多分，量化理論の演繹的閉包の強調ならびにヒルベルトの目標を「救出」するものと見ることもできよう．こうした対応物は，クリーニによって与えられる．それを可能な量化式の量化理論に，公理図式として付加することで，拡大された論理，ω-矛盾 (inconsistent) [Kleene 1952, p. 395] に基づく数論が形成されよう．クリーニの成果は実はベルナイスの仕事の再定式化である．不完全性論文でゲーデルにより導入された統語論の算術化のテクニックを用いて，ベルナイスはゲーデルの完全性証明を数論に翻訳する [*GLM*, pp. 205-53]．決定的ステップは，ゲーデル（定理 VI）(p. 53) の [Skolem 1929] の数論的類似物を与えることである．こうしてベルナイスは，無矛盾な1階のどの公理系 S にも，算術的モデル，つまり，その述語が1階算術で表現可能であるような，（したがって，S の式は，こうした述語によって解釈されると，1階算術において真になる）モデル，が存在することを示した[5]．

補遺1　以上の「不完全性定理」の記述は，主に渡米以前の1930年代前半におけるゲーデル本人の論考や講演等からの紹介が主眼であるので，以下に，その後プリンストン高等研究所に招聘後のゲーデルの考察も含めて，日本の専門研究者によるいっそう立ち入った解説や論述の邦語文献を紹介しておこう．すでに定評のあるのは，[竹内・八杉 1988] であるが，より若い世代により，例えば [田中編 1997] では，A. 数理論理学入門（田中），B.「不完全性定理」（鹿島亮），C.「組み合わせ的独立命題」（角田法也），D.「算術の超準モデル」（菊池誠）の各氏が

---

5) クリーニはさらに，([Kleene 1952, pp. 394-5, 定理35] で) S を解釈する算術的述語は常に（算術的述語の位階中の）クラス $\Sigma_2 \cap \Pi_2$ 中に取り込まれうるということを示した．この成果はパトナム [Putnam 1965] によって洗練され，再帰的可算な述語を含み，真理関数の下で閉じているような最小クラス Σ^{*1} 中に取り込まれうる．それによりクライゼル [Kreisel 1958]，モストウスキ [Mostowski 1955] は，述語を再帰的述語に制限できないこと，また [Putnam 1957] も述語をクラス $\Sigma_1 \cup \Pi_1$ に制限できないことを示していた (Dreben and van Heijenoort in [*GCW*, I, pp. 58-9])．

執筆，同じく［田中 2002］や，ゲーデルの翻訳＋解説には，［林・八杉 2006］の文庫版が簡便であろう．若い研究者たちを糾合した［田中編 2007］第 3 巻（不完全性定理と算術）は，編者の俯瞰的な「序　ゲーデルの不完全性定理とその背景」に始まり，3 人の気鋭の研究者による論考が収録されている．第 I 部は鹿島亮による周到な「第一不完全性定理と第二不完全性定理」詳論，第 II 部山崎武の「逆数学と 2 階算術」，白旗優による第 III 部「ダイアレクティカ解釈」である．さらに［田中編 2007］第 4 巻（集合論とプラトニズム）では，渡米後の「ゲーデルのプログラム」が取り上げられ，編者の「序　ゲーデルの集合論とその背景」に始まり，第 I 部渕野昌「構成的集合と公理的集合論入門」，第 II 部「集合論の発展——ゲーデルのプログラムの視点から」では，集合論研究者松原洋が，カントルの連続体問題から，ツェルメロ・フレンケルの公理的集合論 ZF に選択公理 AC を加えた ZFC に巨大基数公理を加えて集合論を展開するという，「ゲーデルのプログラム」の実践が詳しく検討されている．第 III 部戸田山和久「ゲーデルのプラトニズムと哲学的直観」では，最晩年のゲーデルがプラトニズムの色彩を濃くしていく次第が，ラッセルの数理論理学の検討論文や「一般連続体仮説」の相対的無矛盾性証明等から，追跡されている．［田中 2012］は，ゲーデルの「不完全性」論文を，細部まで辿ったセミナーの記録である．

　また［新井 2011］は「不完全性定理」に関しても，徹底して数学的提示がなされている．［菊地 2014］は，テクニカルな説明に加えて，不完全性定理をめぐる諸々の哲学的問題を縦横に論じている．

　なお，雑誌『現代思想』では，ゲーデルの特集が少なくとも 2 度組まれており，「ゲーデルの宇宙」（1989 年 12 月）には，不完全性定理のブーロスの証明などが紹介されている．「ゲーデル」（2007 年 2 月）では，ゲーデル自身のギブス講演（高橋昌一郎訳）とカルナップ献呈予定未刊論文（飯田隆訳）（［GCW. III］所収）を含む田中一之・岡本賢吾両氏の対談や新井敏康，渕野昌，戸田山和久，金子洋之らの論考が収録されている．

補遺 2　なおここで，ベルナイスの貢献について，簡略ながら，やや補足をしておこう．カナモリによれば，上記『数学の基礎（GLA）』I (1934), II (1939) は，ヒルベルトが筆頭著者として名を揚げられているが，ベルナイスによって単独で執筆されたと断定的に述べられている［Kanamori 2009, p. 43］．実際，ヒルベルト学派における，近年のベルナイスの役割の再評価では，ベルナイスが数理論理学とヒルベルト・プログラムとの展開の中心とされている［HLA2］．

　ベルナイスは，集合論においてきわめて個性的で際立った数学的業績を達成し，

時機にかなった公理化を提供，高階の反映原理（reflection principle）の適用を通じて，数学の哲学における広範な一連の諸論文を生み出した．[von Neumann 1929] に依拠するベルナイスの公理化は，ゲーデルの構成可能な宇宙の仕事で採用される集合論の展開にとり重要なものである（ベルナイスの早期の数学の哲学についてはマンコス [Mancosu 1998] が，後期の哲学についてはパーソンズ [Parsons 2014] への参照が推奨されている）．

1912 年ランダウの下で博士号を得たベルナイスは，1910 年以来チューリッヒ工科大学の数学科教授であったツェルメロの招きで，チューリッヒに移り，同年教授資格論文を完成し，ツェルメロの助手，同大学私講師となる．この時期に序数に関わる集合論の研究を開始する．1920 年代初期にフォン・ノイマンが整列性を用いて順序数の概念を定式化する [von Neumann 1925] が，ベルナイスは，その研究にも協力している．病弱のゆえに，ツェルメロは 1916 年教授職を辞任し，一時ゲッティンゲンに戻り，やがてフライブルグに着任する[6]．先述のように 1917 年秋にヒルベルトが「公理的思考（axiomatisches Denken）」の講演にチューリッヒを訪れ，論理学の公理化と数論・集合論を論理への無矛盾な還元を提唱した．やがてヒルベルトは，数学基礎論の助手として，ベルナイスをゲッティンゲンに呼び戻した．

先述のようにヒルベルトとベルナイスの共同研究は，復習すれば，1917-22 年に 1 階論理と証明論の生成をもたらした．1918 年，ベルナイスは命題論理の完全性を伴う 2 つめの教授資格請求論文を完成，1920 年夏学期にヒルベルトは，順序数についてのツェルメロの考えと，それを通じてブラリ-フォルティのパラドクスを講義した．これらの講義はベルナイスとシェーンフィンケル（M. Schoenfinkel）によって筆記された．1922 年ベルナイスは員外教授となり，同年ヒルベルトは，[Hilbet 1922a] で，またベルナイスは [Bernays 1922a, b] において，有限の推論により進展する数学の無矛盾性を確立するためのいわゆる「ヒルベルト・プログラム」の核心的部分を提示した．また新たに集合論を公理化したフォン・ノイマン，ベルナイス，ゲーデルの 3 人が，互いにまず不完全性との関連で，相互に影響しあう．1923 年までにフォン・ノイマンが集合論の新しい公理化を提示し [von Neumann 1925]，1930 年 9 月ゲーデルがケーニッヒスベルクで第 1 不完全性定理を報告し [Gödel 1930b]，何週間後かに第 2 不完全性定理，無矛

---

[6] フッサールの講義には積極的に出席したツェルメロだが，病欠が多い上に，非アーリア系であり，総長となったハイデガーは，学生新聞で，講義の前後に，学生には例のナチス的所作で「ハイル・ヒットラー」と叫ぶこと，教師もそれに同じように答礼するよう要求した．しかしツェルメロはそれに従わないとして，外の多くの数学の同僚たちと同様，フライブルグ教授職を追われた [Ebbinghaus 2007, pp. 220f.]．

盾性の証明不可能性を確立する [Gödel 1931]．数日遅れでフォン・ノイマンもこの結果に到達する（先述のように，式をヒルベルトのエプシロン項で置換することによって，数論の無矛盾性を主張するアッケルマン（1924）論文の間違いを，数日後にフォン・ノイマンが発見する）．

さてゲーデルの第2不完全性定理がヒルベルトの無矛盾性プログラムをほぼ壊滅させるといった通常の印象を超えて，ヒルベルト・プログラムは，ゲーデルとフォン・ノイマンとの緊密な相互作用が，特有の・数・学・的衝撃をもたらし，ゲーデルの結果が，その後のヒルベルト学派（なかんずくベルナイス）との協調的な交流をもたらすことになる．いまはこれ以上深入りできないが，「不完全性定理」をめぐるこうした国際的協調は，例えば，渡米後プリンストン高等研究所に属したゲーデルと，ナチスのユダヤ人排斥策により「非アーリア系」としてゲッティンゲンの教職を追われ，1934年春チューリッヒに逃れたベルナイスとの間で交わされた膨大な往復書簡85通（1930年12月24日—1975年1月24日）（それは独英対訳付きで『ゲーデル全集 IV』[*GCW*. IV, pp. 78-313] に収録）や，「クラス（class）と集合（set）」の区別によるベルナイスの無矛盾な公理的集合論の構築（その構築はプリンストン大学のチャーチが編集主幹を務める『記号論理学誌（*Journal of Symbolic Logic*）』誌上で1937-46年まで7回にわたって連載された (Bernays, pt. I (1937)〜 pt. VII (1946) in *JSL*)．推敲の上ベルナイスはその全体を『公理的集合論（*Axiomatic Set Theory*）』[Bernays 1958] として刊行，後に *JSL* 誌上の原テクストそのものも，ミュラー編『集合とクラス（*Sets and Classes*）』[Bernays 1976a] として刊行）に，はっきり顕われているといえよう（この公理的集合論体系は，「ツェルメロ-フレンケル集合論（ZF）」と並んで，「ゲーデル-ベルナイス集合論（BG ないし GB）」あるいは「ゲーデル-ノイマン-ベルナイス集合論（GNB）」と称されている（詳細は，[Kanamori 2009] 参照）．

また1934年春にチューリッヒ移住後は，ベルナイスはもはやヒルベルトと直接のコンタクトはなかったであろうが，ほぼその頃にはベルナイスは『数学の基礎（*GLM*）』の第1巻の執筆は終えて，出版手続き（ヒベルトの「はしがき」は，1934年4月刊となっている）への主要な役割を果たしたとみられる．ヒルベルトの「はしがき」でも，この第1巻は「ベルナイスにより起草され」，不完全性定理を含む第 II 巻も「さらに彼によって書き進められる予定」[*GLM*. I] とヒルベルト自身が記していることからもうかがえる．チューリッヒではベルナイスは差し当たり同工科大学（ETH）暫定講師となり，1945年非常勤の員外教授となって，1959年名誉教授となる．

またその間ベルナイスは，1935-6年度の2年間，プリンストン高等研究所に滞在し，ゲーデルと直接の交流を結んだ．同研究所でベルナイスは，公理的集合論の講義を行った．彼はこの公理化が相当人工的だとして出版をためらったが，チャーチは鼓舞するように穏やかに微笑して「それを他のようにする術はありえません」と応答した．このことがベルナイスに出版を決意させ，こうして1937年，*JSL* 誌上での公理的集合論の論文連載が開始されたという（ベルナイス自伝 in [Bernays 1976]）．こうしたベルナイスのチューリヒへの追放と，とりわけゲーデル自身とのプリンストンでの直接の研究交流を見れば，『数学の基礎 (*GLM*)』II (1939) のベルナイスの草稿原稿を巡って，ナチスの支配下第2次世界大戦突入直前のドイツで，70代後半の老ヒルベルト (1862-1943) とベルナイスの直接的な共同の検討機会はなかったであろう（[Parsons 2005] rep. in [Parsons 2014]）．こうしてゲーデルが細部は詰めなかった，いわゆる「第2不完全性定理」を含めて『数学の基礎 (*GLM*)』II の執筆は，実質的にベルナイスの単独の著作として，ベルナイスの功績に帰せられてよいであろう（上述のドリーベン－ヘイィェノートの解説も，そうしたゲーデルとベルナイスとの直接の交流を熟知した上で，「第2不完全性定理」はベルナイスに帰している）．

第 III 部
真理・モデル・意味論の誕生と展開
―――タルスキの真理論とモデル理論

第9章　タルスキの真理定義
―― メタ理論の構築

　本章では，タルスキの主要著作，「真理概念」論文［Tarski 1935］（以下，［T1935］と略記）を扱うが，そこでの「真理」概念が「絶対的ないし端的な真理（truth *in simplicita*）」なのか，それとも「（モデルに）相対的な真理」なのかで，哲学者と数学者との間で意見が分かれる．この謎（puzzle）を巡って，タルスキの教育研究歴を遡り，当時のワルシャワ大学の師たちとの交流・確執，タルスキ自身の初期からの諸論文や講義・セミナーの概要を検討することを通じて，真理定義の上記の二つのバージョンの起源とその推移・展開を辿りたい（この章全体の流れは，目次を参照されたい）．

　議論が錯綜するおそれがあるので，まずタルスキの二人の高弟による「絶対的真理概念」の核心についての解説を掲げる．

　ついで，ワルシャワの師たちの「真理」を巡る「直観的形式主義」なるものを一瞥し，上記「絶対的真理」説と「相対的真理」説の原型を，タルスキの初期諸論文に遡って追跡する．その後に，1936年のパリ講演の要旨「科学的意味論の定礎（Grundlegung der wissenschaftlichen Semantik, GWS）」を手引きに，主に哲学者により，当の「真理概念」論文［T1935］の主要内容と見なされる「絶対的ないし端的な真理」論（それは当論文［T1935］の実は最初の1/3ほどに過ぎない）と，数学者・論理学者たちがタルスキの主要な貢献と見なす，後半の2/3程を占める「構造ないしモデルに相対的な真理論・意味論」の読解を試みたい．

　本章では，上記のように主としてタルスキの主要著作，「真理概念」論文［T1935］を扱うが，その論文に関する主たる謎は，一般に，ないし主に哲学者たちによって当の論文の主要内容と見なされる「絶対的ないし端的な真理（truth *in simplicita*）」論と，今日数学者・論理学者たちがタルスキの仕事をモデル論（構造ないしモデルに相対的な真理論・意味論）と見なす見解との乖離にある．

といわれる.当初の「真理概念」論文には,「構造における真理」への言及はなく,初めての公的言及は,ナチス・ドイツのポーランド侵攻を逃れて,アメリカ合衆国に亡命後,ハーヴァードでの国際数学者会議（1950）での講演録（1952）[*TCP*3, pp. 459f.]で,「タルスキが最初に構造における真理の数学的定義を明示的に提出したのは,ヴォート（R. Vaught）との共著（1957）においてだ」という［Hodges 1986, pp. 137f.］.いずれにせよ興味深いのは,構造における充足,真理といった概念が,1950 年代までタルスキの著作には,公的・明示的には現れていないという,近年の有力なタルスキ研究者,ホッジス［Hodges 1986］,フェファーマン［Feferman 2004; 2008］,パターソン［Patterson 2012］等による指摘である.

ではなぜタルスキは,こうした二つの提示法を選択したのか.

そこで本章では,こうした謎を巡って,タルスキの教育研究歴を遡り,タルスキがその研究生活を開始したポーランド・ワルシャワ大学哲学部の師たちとの交流や,タルスキのその初期からの諸論文や講義・セミナーの概要を検討し,真理定義の上記の二つのヴァージョンの起源とその推移・展開を辿ることにしたい.

タルスキ在学中（1910 年代末-1920 年代前半）のワルシャワ大学の哲学部の哲学・論理学の師たちは,コタルビンスキ（T. Kotarbinski. F. ブレンターノの弟子で,ロヴォウ・ワルシャワ学派の指導者）,ウカセヴィッチ（アリストテレス研究,多値論理）,レシニエウスキ（「基本体系（protothetic）」という特異な論理学・存在論）であり,一方哲学部数学科の主要な師たちは,クラトフスキやシェルピンスキ（集合論）であった.特に在学の前半には,ウカセヴィッチ,レシニエフスキとの親密な交流の下,（レシニエフスキ称するところの）「直観的形式主義」の立場を支持する.それはブラウワらの「直観主義」やヒルベルト派の「形式主義」とは直接関連がなく,大まかには「直観的に」把握された,哲学の基本的概念を,厳密に「形式化し公理的に体系化」しようとする試みを指すといってよい.例えば,「真理」概念については,哲学科の師たちはいずれもアリストテレス流の古典的ないわゆる「真理対応説」を是とし,その「直観」の形式化に関して,例えばレシニエフスキは「基本体系」という特異な形式体系を構成しようとする.一方タルスキは,「真理対応説」に関わる「嘘つきのパラドクス」の対処を巡り,（レシニエフスキから既習済みだという）対象言語とメタ言語との区別を継承しつつも,師の「基本体系」には従わず,むしろ数学の師シェルピンスキの「公理的集合論」を採用する.さらに,「実数の定義」を巡って「その領域的モデル相対的な定義可能性」の追究と並行的に,すでに早期から「真理概念の定義可能性」に関しても,タルスキは,「モデル／構造と相対的な真理概念」

という考えを提起しており，著名な「真理概念」論文［T1935］の，実は後半2/3は「モデル相対的な真理定義」の可能性と，その吟味が行われているのである．

上述のように近年，タルスキの真理論は，多くの哲学者たちのいうように，「事実との対応」といった，ある種「絶対的な真理定義」なのか，あるいは大方の数学者が推奨するような，「モデル／構造と相対的な

タルスキ ©George M. Bergman, Berkeley

真理説」なのかがしばしば論争になる．一つの捌き方は，「絶対的な真理説」は，主として哲学者用のヴァージョンで，他方1950年代以降に提示されるようになる「モデル／構造相対的な真理説」は数学者用のヴァージョンと見なす2ヴァージョン提示説である（例えば，［Feferman 2004］［Hodges 2008］）．

ではなぜタルスキは，こうした二つの提示法を選択したのか．

本章では，そうした当時の学問的状況も含めて，タルスキの実際のテクストに即して，その思想展開の実像を，詳しく追跡してみたい．

タルスキ（1901-83）はポーランドの首都ワルシャワに生まれ，ポーランド独立宣言（1918年11月15日）の1か月前，ワルシャワ大学哲学部に入学した．当時のワルシャワ大学は，タルスキを含む3分の1以上がユダヤ系学生だったという．4学部（神学，法学，医学，哲学（数理系を含む））中，タルスキは当初哲学部生物学志望だった．ポーランド領土紛争で大学は一時閉鎖され，兵役召喚中タルスキは後方の兵站部で働く．タルスキは，当初 'Alfred Taitelbaum'（ユダヤ式ないしドイツ式綴り）と 'Alfred Tajtelbaum'（ポーランド式綴り）の姓を併用していたが，20歳に「ポーランド風に」'Tarski' と改姓した［Wolenski 1995, p. 399］．1919年大学再開時，タルスキは哲学部数学専攻に変更し，1924年学位を取得する．指導教授はレシニエウスキで，後年レシニエウスキは「私の学生はみな天才だ」と言っていた．もっとも実は，レシニエウスキの下ではタルスキが唯一人の学位取得者なのであった（以下のコラムでは，タルスキの修業時代に遡り，その受けた教育，初期から「真理概念」論文［T1935］前後に至るタルスキの研究課題・研究成果を確認しよう）．

ところで，後述のパターソン［Patterson 2008］とともに，タルスキの元来の関心が，哲学の師たちと同様，直観的・非形式的に把握された概念や思想を，公理論的に形式化された「演繹的科学」において，そうした直観と適合的にどのように表現しうるのかにあったと認めても，すなわち，タルスキ自身も「真理，充

足,指示」といった意味論的概念および「完全性や決定可能性」等のメタ的関連概念を,なんらかの公理的形式理論内で捉える方法の展開に取り掛かっていた,と見なしても,問題はその形式化の方途にある.博士論文直後からタルスキは,その「形式化」において,レシニエウスキの主張する「基本体系」から離反し,むしろその宿敵である数学の師シェルピンスキ流の「公理的集合論」の採用へと転換していったと思われる.

　一方またパターソンによれば,タルスキの「論理的帰結」についての考察は,ずっと緩やかに進行する.1934年までタルスキは,論理的帰結を,ある文の主張が,他の文の主張のための妥当な規則の認知を通じての,統語論的導出として扱っていた,という.「モデル」の概念が意味論によって定義可能なこと,さらに「帰結」がモデルによって定義可能なことに気づいてはじめて,タルスキは,特に「真理の意味論的概念」[Tarski 1944]では,直観的形式主義のプロジェクトは姿を消す,とパターソンは見なす[Patterson 2008, pp. 2-4].しかし「真理概念」論文内部でも,またパリでの「論理的帰結」講演[Tarski 1936]ではどうなのかは判然としない.

コラム1　若きタルスキの修業時代

　以下でまずタルスキの,特に「真理概念」[T1935]前後に至るまでの歩みを,修業時代の学問的環境を中心に記しておこう(主に[Feferman 2004]や[Wolenski 1995]による).

ワルシャワ大学時代の教育環境
(1) 論理と哲学のロヴォウ－ワルシャワ(Lvov-Warsaw)学派

ウカセヴィッチ

　タルスキの哲学・論理学の教師たちは,ウカセヴィッチ(ピアニストでもあるパデレウスキ(L. Paderewski)大統領のもと,宗教・公教育省長官に任命され,1918-9年は大学を一時休職),レシニエウスキおよびコタルビンスキである.三人ともロヴォウ大学のトワルドスキ(K. Twardowski)門下である(トワドルスキは,フッサール,マイノンク(A. Meinong)同様,1880年代後半のウィーンでブレンターノに師事,1895年以来ロヴォウ大学哲学科主任教授として,論理と哲学のロヴォウ－ワルシャワ学派形成に寄与す

る)[Feferman 2004, p. 30].この学派の特徴は,「真の哲学の方法は,自然科学の方法だ」とのブレンターノのテーゼにあり,真理の古典的な概念とある形の実在論を堅持する.また上記三人のワルシャワ大学赴任が,現代論理学を基本的な道具とするポーランド哲学の形成に寄与した.

(2) ワルシャワ大学の数学

独立後ポーランドは顕著な学問的興隆を示し,特に当時のワルシャワ大学哲学部数学科の若き教授陣はきわめて充実していた[Feferman 2004, pp. 26f.].1915年二人のトポロジスト,ヤニシュウスキ(Z. Janiszewski)(1912年パリで学位)とマツルキエウィッツ(S. Mazurkiewicz)が赴任し,ヤニシュウスキの牽引で,特色ある学派を形成する.集合論,トポロジー,数理論理学,数学基礎論という現代的潮流に特化した新しい学術誌(*Fundamenta Mathematicae*)を創刊して国際的なインパクトを与える(だがヤニシュウスキは,その創刊を待たずに1920年急逝した).

コタルビンスキ ©Ina (Tarski) Ehrenfeucht

タルスキの入学当時の数学科の陣容は,最年長がシェルピンスキ(集合論36歳),若きマツルキエウィッツ(30歳),ヤニシュウスキの後任クラトウスキ(22歳)であった.マツルキエウィッツが学科長を務め,学科会議はいつも皆のお気に入りのカフェで行われた.カフェは数学的インスピレーションの閃く場所とされ,各人はそれぞれお気に入りのカフェの指定席をもっていた,という[Feferman 2004, p. 29].シェルピンスキは,集合論上の業績で著名で,やがてタルスキの主たる研究領域となる.19世紀末カントルにより創始された集合論は,超限集合等の新奇な概念のゆえに,多くの疑惑と敵意に遭う.しかしシェルピンスキの『集合論の概要』(1912)は,最初期の体系的教科書で,ハウスドルフの教科書と並んで集合論を数学の体系的分野に組み込む途を開いた.シェルピンスキは非常に多産で,700本の論文や著作がある.

各人の人柄は別として,当初ワルシャワの数学と哲学・論理学には相互の敬意と理解という稀な雰囲気が存在した.数学者たちは論理学に肯定的で,学生にウカセヴィッチ,レシニエウスキの哲学・論理学講義を勧めた[Feferman 2004, p. 35].この二人は伝統的な哲学者,数学者ではなかったが,論理学と数学の基礎研究に没頭する.数学者たちは,また主流の哲学者——特にコタルビンスキとよい協力関係にあった.コタルビンスキは,第2次世界大戦後もポーランド哲学に指導的役割を果たし,タルスキを含め,多くの人々が彼を人間として,師として

尊敬した. 実際, タルスキはその論文集『論理・意味論・メタ数学（*LSM*）』[Tarski 1956] をコタルビンスキに献呈している.

(3) 学徒タルスキの履修コースとセミナー

ワルシャワ大学でのタルスキの研究（1919-24）は, もっぱら数学と論理学に集中している. 1年目に解析幾何, 微積分の標準コース以外に, シェルピンスキの集合論, 測度論講義やコタルビンスキの論理学・哲学講義, レシニエウスキの集合論と数学基礎論の演習に出席している. とりわけ集合論, 測度論は上級のコースで, バーナッハ（S. Banach）・タルスキの共著論文に直結するテーマである. 1920-4年タルスキは, レシニエウスキの算術の基礎, 幾何学, 論理学, ウカセヴィッチの関係の論理, 多値論理のコースを, またマツルキエウィッツの微積分学と高等解析, シェルピンスキの集合論と高等解析のコースを履修している. 1921-4年にクラトウスキの集合論的トポロジー, 実関数論講義に出席し, 1931年クラトウスキとタルスキは, 実数における定義可能性に関する基本文献の共同セミナーを行った.

レシニエウスキとウカセヴィッチとの個人的な関係は, タルスキにとり当初最も重要だった. ウカセヴィッチのアリストテレス論理学の著作『アリストテレスの矛盾律』は独英の研究者に注目され, 非常な精確さと厳密な定式化を伴う講義でも著名だった. 彼は, 論理学を哲学の主要な道具として推奨し, 多値論理を決定論論駁に有効と見なした [Feferman 2004, pp. 31-3].

ちなみにレシニエウスキ（1886-1939）は, モスクワ生まれ, ドイツ諸大学を巡った後, 1910年ロヴォウに来て1912年にトワルドスキの許で学位取得, それは対象言語とメタ言語の区別の源を含み, タルスキの真理定義に深い影響を与えた. その後欧州各地を巡り, 1915年モスクワの女学校で数年教鞭をとる. その間社会主義活動家として, ローザ・ルクセンブルク（R. Luxemburg）の助手を務めた. 1918年ワルシャワに戻り1年間ウカセヴィッチとともに教育省に勤務後, 数学・自然科学科の数理哲学教授に招聘された. 以来, 彼とウカセヴィッチは, 異なった目的でではあるが, 厳密精確というワルシャワ論理学を代表する. レシニエウスキは, 論理学および数学の基礎の唯一の真な体系と見なす「基本体系（prototothetic）」を展開し始めた. 多作なウカセヴィッチと異なり, レシニエウスキはほとんど出版しなかったが, その講義や個人的討議で影響を与えた. 絶対的な自信をもって他人の見解を激烈に叱正する強圧的な態度は, しばしば相手を恐怖に陥れたという.

綺羅星のごとき師たちに交じって, タルスキは非常な自信にあふれ, 早期から尋常でない前進を示した. 師たちの高い要求と期待が彼をいっそう鼓舞した. そ

の人柄では悪評高いレシニエウスキでさえ，彼の前進を妨げえなかった．ある学生によると，少数の聴講者しかいないレシニエウスキのオントロジー講義に，タルスキは不規則に現れ，「最後列に座って新聞を読んでいた．講義後や休憩のとき，彼は教授と話をしていたが，学生たちの話には加わろうとしなかった」．しかしリンデンバウム（A. Lindenbaum）等には例外的に好意的だったという．あるセミナーでレシニエウスキがクチュラ（L. Couturat）の『論理代数』を厳しく批判すると，タルスキは，そんな著作を取り上げる甲斐があるのかと問い，レシニエウスキは，「私のセミナーが時間潰しか？」と応じて着席させた，という．すでに1922年にレシニエウスキと恐れ気もなく一戦交えていると伝えられる．実際ワルシャワ大学哲学科の『哲学研究誌（R. v. Philos.）』編集室に，レシニエウスキの寡作を詰り，「神の天罰は彼の上にも降る．彼の学生に代わって（Tajtelbaum）」とのメモを渡したという [Feferman 2004, pp. 36-7]．

1 絶対的真理概念の定義

ところで上述のように，有力な論者たち（ヴォート，ホッジス，フェファーマン，パターソン等）の指摘のように，タルスキの真理概念には絶対的／端的な真理（truth *in simplicita*）と相対的真理という二つのヴァージョンが認められる．また後者の公刊が渡米後の1950年代であるとしても，しかし，フェファーマン [Feferman 2004] も示唆するように，ⓐ「真理概念」の「定義可能性」に関連して，すでに初期から実質的には「相対的」真理概念ないしモデル論的アプローチが認められるように思われる（「実数の定義可能性（DfR）」[Tarski 1931] 参照）．またなるほどⓑ「真理概念」論文 [T1935] の1/3部分（§§1-2）は「絶対的真理」の考究に当てられているが，しかし実は§3（ないし§4）以下は，ヒルベルト，レーヴェンハイム，スコーレムに言及しつつ，（「モデル」や「構造」の用語は登場しないが）高階の変項に関しては領域（Bereich）と「相対的な」真理がもっぱら取り上げられ，ⓒ「モデル，解釈」の用語も，ほぼ同時期に並行的に執筆された『論理学・演繹科学の方法論入門』[Tarski 1936] では顕在的に使用されている．これらのことに注目し，以下その経緯を追跡・確認してみたい．

ではなぜタルスキは，こうした真理の絶対的並びに相対的という二つの提示法を選択したのか．その要因には，後述のように，当時の学問的状況についてのタルスキの心理的ならびに研究計画上の要因が認められるという．

1.1　タルスキの「絶対的真理」論についての代表的解説

そこでまずタルスキ「真理概念」論文［T1935］についての標準的解釈の概略を見ておこう．

タルスキの「真理概念」（［T1935］in ［*LSM*］）についての，フェファーマンの標準的な解説［Feferman 2004］の概略をまず紹介しておこう．この解説は，下記のヴォート［Vaught 1986］の解説をやや敷衍したもので，両者とも，タルスキの「真理概念」については，以下のように，さし当たり主として「絶対的真理（truth *in simplicita*）」概念の解説を与えている[1]（詳しくは，後述）．

1.1.1　フェファーマンの標準的な解説［Feferman 2004］

<u>日常言語での真理概念</u>　まず日常言語での真理概念の定義が取り上げられる．その一つの原型である，アリストテレス以来の真理の（事実との）いわゆる「対応説」は，われわれをある困惑させる側面に導く．「真」という語が，（なしですませられる）冗語的（redundant）なものに見えるからである．例えば，

　(*)「雪は白い」が真なのは，雪は白いときそのときに限る．
　(1) 雪は白い．

とすると，(*) は以下のようにも表せる：

　(**) (1) が真なのは，雪は白いときそのときに限る．

対応説のこの種の帰結をタルスキは一般的な「T シェマ」として，以下のように定式化する［Feferman 2004, p. 110］：

　(T)　S が真なのは，P のときそのときに限る．

（'P' はその言語の言明によって，S は当の言明の名前によって，それぞれ置換される．）言明の名指し方は，引用，数や符号の割り当て，ないし単に指差し等々，さまざまであってよい．

T シェマそのものは何も意味せず，通常の真理概念のもとで受容される<u>べき</u>一群の言明の<u>形式</u>を記述しているだけである．しかしそれだけでも，いわゆる嘘つきのパラドクスなど，深刻な問題がある．いま (2) を「(2) は真ではない」とすれば，

　(2) (2) は真ではない．

上記の T シェマにより，(3) が導かれるが，

---

[1]　カリフォルニア大学バークレー校で，タルスキの下，早期に学位を得た高弟ヴォート［Vaught 1974］によるタルスキのいわゆる「モデル論」上の業績についての代表的な解説［Vaught 1986］のうち，主に初期から「真理定義」前後，つまり 1939 年渡米以前（同年ハーヴァードでの国際学会参加までの時期の部分）も参照［Vaught 1986］．

(3) (2) が真なのは，(2) は真ではないときそのときに限る．

これは明白に矛盾である．

1.1.2　ヴォートの解説［Vaught 1986］

同様のことをヴォートは，次のようにやや厳密に解説する．

ある言語（ないし理論）L，またLとペアノ算術PA（1階の数論）を含む無矛盾な言語L*（「メタ言語」）を考える．ゲーデルとタルスキとが独立に気づいたように，統語論的観念は，式を一定の数と同一視することによって，数論中に導入（算術化）することができる．こうしてメタ言語L*中でLの文について語ることができる．

さてタルスキは例えば，［先述のように］次の例で彼の真理分析を開始する．

(*)「雪は白い」が真なのは，雪は白いときそのときに限る．

彼が，（Lの文に関する）真理のメタ言語L*中での一つの可能的定義を適合的 (*adequate*) と呼ぶのは，(*) と同じ形式をもつメタ言語L*の（無限多の）文（適合文）すべてがメタ言語L*中で証明可能なときである．タルスキの問いは，「L*中でLの文に関する真理の適合的定義を与えることができるか」である．

この論文は二つの有名な回答を与える：

(I) L=L*と仮定せよ．すると，

　(α) どの提起された真理定義についても，L中で適合文の一つを明らかに反証しうる．

よって，(β) L中で真理の適合的な定義は，Lでは与えることができない．

(II) メタ言語L*がL上の2階論理とPAを含むと仮定せよ．すると，L中での真理の適合的定義を与えることができる．

注意すべきは，(α) は，実際は「真理」には言及しておらず，厳密には，L中で任意の式，例えば，「～σは証明可能である」が「σでない」と同値となる文σが存在する，という逆理的な結果を招く．(α) の証明は，タルスキが認めるように，ゲーデルの算術化の方法による．(β) は非常にしばしば言及されるが，(α) はときに忘れられがちである，という．

(II)［[T1935] での］の証明では，まずより一般的に充足性の定義という問題が取り上げられ，仮定 (II) の下で，デデキントとフレーゲの周知の再帰的帰納法によって「標準的」定義に変換可能なことが注意される．適合文

は (L*) 中で証明可能であるから，(II) が成り立つ．「定義可能な要素」，「定義可能な関係」，および「論理的帰結」のような他の意味論的観念も，充足性を用いて定義される [Vaught 1986, p. 872].

以上の紹介は，タルスキの真理概念 [T1935] は，端的な真理，絶対的な真理 (truth in simplicita) であるが，渡米後 1950 年代のタルスキはまた構造・モデルに相対的な真理概念も，一般的な場合として公然と考察の対象とする．

1.1.3 タルスキ真理論 [T1935] の要旨解説

以下，主としてフェファーマン [Feferman 2004] によりつつ，タルスキ真理定義の要旨解説を付加しよう．タルスキによれば，「真理述語」が上記のような矛盾に導かれるのは，日常言語がその言語外の事柄についての言明のみならず，当の言語それ自身における意味や真理についての言明をも表現することを許す，日常言語の普遍性（universality）による [Feferman 2004, p. 111].

そこで，タルスキは，演繹的科学の形式化された言語だけに限定して考察する．

<u>形式化された言語</u>　「真理概念」[T1935] では，個体のクラスについての言語，つまり，クラス間の包含関係 $x \subseteq y$，形式的には xIy，のみを唯一の関係とする理論，が例にとられる．それらは文関数（sentencial function）ないし式と呼ばれる．それに，論理記号として否定記号 '¬'，選言記号 '∨'，普遍量化記号 '∀' が加えられる．省略記号として，連言記号 '∧'，条件記号 '→' も適宜使われる（タルスキのポーランド式記法とは変えてある）[Feferman 2004, pp. 2-3].

<u>メタ言語</u>　望ましい「真理定義」は，言語の形式的統語論に加えて，当の言語の各文 s について，「s が真なのは p のときそのときに限る」という，いわゆる T 文を含意すべきだとされる．文関数，式，文，真なる文が何を意味するのかという，真理の一般的定義を与えるには，嘘つきのパラドクスのような意味論的パラドクスを回避するため，形式化された言語（対象言語）L から本質的により豊かな言語（メタ言語 L*）に移行しなければならない，という言語の階層の区別が要求される．文（閉じた式）とは，その自由変項の組が空の場合である．

ある言語が有限個の文をもつ場合は T 文の枚挙で済むが，無限個の文をもつ言語では，「再帰的方法」によって統語論と意味論における有限個の公理を必要とする [T1935, p. 189]．さらに量化文の場合には，自由変項を含む開放文に関し，「充足」にかかわる再帰的定義を要する．

<u>充足と真理</u>　L 中の各変項にクラスを結びつける付値（$assignment$）と，充足の定義は以下のようである．すなわち，

　　文関数 F，付値 a とすると，関係 a が F を充足する，は以下のように再帰的に定義される．

　例えば，(i) F が xIy という形式をもつなら，付値 a が F を充足するのは，$a_x \subseteq a_y$ のときそのときに限る．(ii) F が $\neg F$ の形式をもつなら，a が F を充足するのは，a が F を充足しないときそのときに限る．(iii) F が $\forall xF$ の形式のときなら，a が F を充足するのは，x 以外の変項において付値 a と一致するどの付値 b も F を充足するときそのときに限る．

　（その際，b_x は任意に選べるが，しかし b_v は x 以外のどの変項 v についても a_v と同じでなければならない．）また特に，F が文で，ある付値が F を充足するなら，F には自由変項がないから，すべての付値が F を充足する．

　かくしてタルスキは L 中の文の真理を以下のように定義する：

　　文 S が真なのは，すべての付値が S を充足する場合その場合に限る．

　例：$(\forall x)xIx$ が真なのは，すべてのクラス c について，$c \subseteq c$ のときそのときに限る．

　日常言語は不可避的に矛盾に陥るが，それでもなお，形式化された断片をもちうる．その範囲内で，上の充足と真理の方法を適用可能である［Feferman 2004, pp. 6-8］．

　ゲーデルの「不完全性定理」における「算術化」が示したように，形式化された言語もそれ自身の真理を定義できない．嘘つきのパラドクスの適用により，L 自身の内部では，形式化された言語 L の真理概念の定義は不可能である．上にヴォートが注意したように，真理定義が逆理的な結果を招くことはよく言及されるが，その証明がゲーデルの算術化の方法によることは，ときに忘れられがちである．前章で見たように，L 中の各文 S_n にゲーデル数 $\#n$ を割り当てると，L 中の各文 S_n に関して T シェマの以下の形式的ヴァージョンが得られる．

　　$(T)_L$　$T(\#n) \Leftrightarrow S_n$．

だがゲーデル［Gödel 1931］がその不完全性定理で用いた自己言及を使うと，ある n について，次式が証明可能である：$S_n \Leftrightarrow \neg(T(\#n))$．しかしこの式は $(T)_L$ と矛盾する．このことをタルスキは，真理述語が定義可能なのはメタ言語においてのみだという，自身の議論の確証と見なした［Feferman 2004, p. 9］．

　以上のヴォートやフェファーマンの解説は，タルスキの絶対的真理（truth in $simplicita$）についての公平で穏当なものであろう．真理を事実との対応と見な

すアリストテレス以来の対応説には，嘘つきのパラドクスまた量化の処理や真理と事実との説明に関する循環等の困難が絡んでいた．タルスキによると，嘘つきのパラドクスは日常言語の普遍性に起因する．[T1935] 論文でタルスキは次のように主張する．「日常言語では真理という観念を定義する，あるいはこの観念を斉合的な仕方で使用することさえ，不可能のように見える」．実際タルスキは，嘘つきのパラドクスのゆえに，メタ言語 L* 内部の形式言語 L に関する真理定義の補足として，上記のように，L 自身の内部では L の真理概念の定義が不可能なことを示した．そこでタルスキは，考察をもっぱら演繹科学の形式化された言語に絞るのである．

タルスキによると，真理定義は，(i) 内容的に適切 (*materially adequate*) で，(ii) 形式的に正しく (*formally correct*) なければならない．(i) は対応説の眼目の把捉，(ii) は嘘つきパラドクスの回避が要件である．(ii) は対象言語とメタ言語とを区別するという言語の階層化と対象言語の形式化とによって果たされる．形式化された言語とは，その言語中の文法にかなった表現がすべて有限個の原始的な語彙と有限個の適正な形成規則の再帰的適用によって得られる複合的表現のみからなる言語である．

彼の定義は同値関係に訴えるものであるが，この同値テーゼは消去可能なノミナルな約定なのではなく，対象言語のすべての文に関するこの説の導出可能性が，メタ言語中での「真」の定義の正しさのための必要十分条件を構成するのである．

さて (i) 内容的適切性は，対象言語 L 中の各文に関し，真理定義が，その文の真理条件を示すことができれば満たされる．それは下記の「真理規約 T (convention T)」が満足されることを意味する．すなわち，再掲すれば，

(T)　x が真であるのは p のときそのときに限る

このような型の同値文 ((T) 文という) が，事実真となる一事例として，L 中のすべての文に関して当の真理定義から導かれなければならないということである (ただし x には対象言語 L 中の任意の文に対する名前が，p には当の文のメタ言語中での翻訳文がそれぞれ代入される)．各 (T) 文は真理の部分的定義にすぎず，一般的真理定義はこうした部分的定義の全連言である．以上の真理定義は閉じた文に関わるが，自由変項を含む開放文 (述語) に関しては，タルスキは「真」の代わりに，次のように対象の無限列 f による開放文 'Fx' の「充足」という一般的な意味論的観念を導入する．

(S)　対象列 f が 'Fx' を充足するのは，対象列 f が F であるときそのときに限る．

このようにして無限個の対象に関する量化の場合も，処理可能となる．のみな

らず閉じた文の「真理」も技術的には「充足」という関係に還元可能である．したがって意味論的には充足関係だけを認めればよい．ただしタルスキは言語の階層性に立って嘘つきのパラドクスを回避したので，「真理」概念も言語の階層ごとに異なるという体系的多義性を示さざるをえない．また対応といっても，属性や事実といった問題的な概念を導入する必要はなく，存在論的には単に対象の無限列に加担するのみである．

しかしながら（T）文中の p また（S）中の述語の名前，に代入されるべきなのは，x によって名指される対象言語中の文，または述語に対するメタ言語中の翻訳であり，こうした翻訳関係・同義性はすでに前提されていることに注意しなければならない．

1.2 モデル相対的な真理概念

ところがヴォートも，フェファーマンも，タルスキにはすでに初期から，後に数学・論理学的モデル論と称されるような一般的な（モデル相対的）真理概念が，認められるという．

にもかかわらず，ある構造ないしモデル中での充足と真理という観念の定義は，[Tarski and Vaught 1957a] までは，公刊されなかったといわれる．

その相対的な定義の骨子は以下のようである．形式言語 L に対する構造（ないしモデル）M とは，M の空でない個体領域 D と，各記号に D 中の適切な対象を割り当てる「付値 σ」との順序対 $\langle D, \sigma \rangle$ である．その場合「充足」「真」は，構造ないしモデルに相対化される [Feferman 2004, pp. 277f.]．そして解釈ないしモデルに相対化された真理概念は，カルナップ以後，モデル論的意味論において大いに活用されることになる．

その場合，モデル論的見地では，一般的には「モデル相対的な真理」を基本に，絶対的真理概念は，特定の意中の関連する解釈やモデルにおける真理と同一視される [Vaught 1974; 1986]．

1.3 真理概念に関する最初の謎──絶対的真理と相対的真理

さて，先述のように，初期からそして渡米後には，タルスキに顕在的に相対的真理概念が認められるのに，なぜ通常は「真理概念」論文 [T1935] では，絶対的真理のみが明示的な考察の対象とされたと見られるのかが，謎とされる（[Feferman 2008] in [Patterson 2008]）．（その詮索に関心のない読者は，2 節モデル論的意味論，ないし，3 節「真理概念」論文に進まれたい．）

1.3.1 「なぜ」そして「いかに」の謎再論

フェファーマンは，タルスキの真理定義とチューリング（A. Turing）の計算可能性の定義とを比較し，どちらの場合も，ともに直観的に予め広く使用されていた概念を精確な数学的タームで置換することを目指す点に共通性を認める．しかしながら，チューリングの場合，なぜ「計算可能」という非形式的概念がすべての肯定的応用に十分なのかが，いかにして示されるかというと，計算機の一般理論により，特に論理学での決定問題の計算不可能性を示すことによってなされた．一方フェファーマンによれば，タルスキの真理概念の場合，こうした論理的理由ではなく，「心理的かつ研究計画上（*programmative*）」の理由によるという．またその方法（「いかに」）に関しては，「真理や充足可能性，論理的帰結等を集合論的タームで与える」ことによってであった，という［Feferman 2008, p. 72］．しかしタルスキによる「真理定義」の提示の仕方が，時期により，ないし場合により，変化すると見られ，それがなぜかが謎とされる．

以上のような真理概念に関する謎は，先述の 1950 年代以降の論理学者たちがタルスキの仕事と見なす「モデル論」と，「真理概念」論文［T1935］で（主に哲学者たちにより）通常そう解されることとの乖離に関わるとされる．何時タルスキは，いわゆるモデル相対的な「構造における真理（truth in structure）」の定義を与えたのであろうか？［Feferman 2008, p. 75］

ホッジス［Hodges 1986］によれば，「真理概念」論文［T1935］中には，「構造における真理」への公然たる言及・定義はない，という．初めて公的に現われるのは，既述のように，渡米後のハーヴァード国際数学者会議（ICM, 1950）での講演とされ，しかし "Contributions to the Theory of Models I"［Tarski 1954］でも定義はされず，「ある体系中どのような条件下で文が充足されるか明らかであると想定する」といっているのみである．そしてホッジスは，「タルスキが最初に構造における真理の数学的定義を明示的に提出したのは，ヴォートとの共著の章［Tarski and Vaught 1957a; 1957b］だと思う」という［Hodges 1986, p. 137］．そして 1 階の言語 L に関する構造の一般的概念は，タルスキの上記講演（ICM, 1950）では，上述（p. 9）のように，大略以下のように記述されている．

すなわち，構造 M とは，空でない対象領域（D_M）と以下のような付値（σ）とからなる列（$\langle D_M, \sigma \rangle$）で，$\sigma$ は L の各基本的関係には対象領域（D_M）の要素間の対応する関係を，定項的記号には対象領域（D_M）の要素を，操作には対象領域（D_M）の要素上の操作をそれぞれ付値する．しかし構造における真理の概念はそこでは定義されていない．タルスキは各式 ϕ に構造 A 中で式 ϕ を充足する対象領域（D_M）のすべての列の集合を結びつけたから，あたかも構造における真

理は了解済みの如くに語る［Feferman 2008, pp. 75-6］．

いずれにせよ興味深いのは，構造における充足，真理といった概念（の定義）は，タルスキの著作には明示的には，1950 年代まで現れていないように見えることである．フェファーマンによれば，これは二重に謎めいたことであるという．構造が公理体系のモデルだというアイディアは 19 世紀に遡るからである[2]．

以上のように，タルスキの真理概念には，絶対的真理概念と構造/モデルに相対的な真理概念とが認められ，しかも後述のように，後者についても実はすでに 1930 年に念頭におかれていたともいわれる．にもかかわらず「真理概念」論文［T1935］ではもっぱら「絶対的真理」のみが取り上げられているかのように見えるが，それは「なぜ」なのか．タルスキの考えに変化があったのか，そうならその推移は「どのように」進行したのか，またその両概念はどう関係するのかが謎とされてきた［Hodges 2008］［Feferman 2004; 2008］［Patterson 2012］．

1.3.2 タルスキによる真理定義の二つのヴァージョン提示説

タルスキの「真理概念」論文の公刊［T1935］は，まずドイツ語のレジュメ［T1932］，ポーランド語での公表は 1933 年，ドイツ語での公刊は 1935 年であった．充足関係の再帰的定義という手続きは共有するが，タルスキの真理論には，既述のように，二つのヴァージョンがあるといわれる．そして第 1 は「真理概念」論文［T1935］のもので，主に哲学の聴衆向けで，ある絶対的な意味での真理に関わり，第 2 は主に数学者・論理学者向けといわれ，後者は 1950 年代まで公刊はされなかったが，実はすでに 1930 年までには得られていたともいう．後者はこれも先述のように，幾何学や代数のモデルのような数学的構造中での真といった相対的な意味での真理に関わるという（ヴォート，ホッジス，フェファーマン）．

すなわち，「真理概念」論文［T1935］中の「絶対的真理」版は，哲学者用で，特に当時のワルシャワで優勢だった「アリストテレスの対応説的真理観」を意識している，とされる．一方モデル相対的真理（relative truth）版は数学者・論理学者用で，真理定義をメタ数学として十全な形式化を狙いとしたと解するのである（ホッジス，フェファーマン）．

---

2) 最も有名な例は，非ユークリッド幾何学の多様なモデルである．次に自然数および実数をどちらも同型性にまで一意的に特定化された 2 階の公理のモデルとして構造的に特徴づけるデデキント，続いて幾何学の公理に関するヒルベルトのモデル論的な考察がある．数学の構造的な見方は，20 世紀初期に代数，解析，トポロジーにおいて群，環，体，位相空間等々への公理の定式化とそれらの多様なモデルの体系的な探究ともども確立される．論理学内では，モデルの非形式的な概念は，非可算モデルの存在についてのレーヴェンハイム - スコーレムの定理，ゲーデルの完全性定理（序言）にとって中心的なものとなっている［Feferman 2008, p. 76］．

フェファーマンは，タルスキの真理定義を，「心̇理̇的̇か̇つ̇研̇究̇計̇画̇上̇」の理由によるとしているが，「心理的」要因が何か，必ずしも明らかでない（彼は主に以下の①を挙げているが），考えられる候補は以下のように，少なくとも複数あると思われる．
　① 当時，数学での「定義可能性」一般に懐疑的な数学者たちが存在した．すでに集合論的パラドクスは数論にとり顕著な脅威だったし，古来から「真」という概念に関しては「嘘つきのパラドクス」が知られていた．実際タルスキは，「実数の定義可能性」論文［DfR］中で，こう記している．

　　一般に数学者は，定義可能性のような概念を扱うことを好まない．……理由は，ある概念が定義可能かどうかはそれが研究される演繹体系に依存するからである．……かくて定義可能性の概念は相対的な意味でのみ使用可能である．……数学者のこの概念に対する不信は，この概念が数学固有の限界外にあるという意見によって強化された．その意味をいっそう精密にし，混乱と誤解を除去して，その根本的な諸性質を確立するという課題は，別の科学の分野——メタ数学——に属する．（rep. in ［*LSM*, p. 110]）

　② アリストテレスの「対応説」の継承である，ワルシャワの哲学・論理学の師たちの標榜する後述の「直観的形式主義」への対処，
　③ ウィーン学団の科学哲学者たちの，有意味性についての（有意味で分析的（アプリオリ）な論理・数学と綜合的な経験的（アポステリオリ）な実証科学対　無意味な形而上学という）論理実証主義的二分法からの，タルスキの「真理定義」「意味論」への根強い嫌疑，特にノイラート（O. Neurath）らの反感は顕著で，後述のように，パリでの統一科学会議（1935）でその嫌疑は顕在化する．
もしこのいずれかが，ないしそのいずれもが，心理的要因として考えられるなら，それと連動して「研究計画上」の要因も，以下のように考えられよう．すなわち，
　1) ワルシャワ「直̇観̇的̇形̇式̇主̇義̇」の批判的継承，
　2) ウィーン学団の論理実証主義に対する対応として，意味論・真理論を，「メタ数学」という「論理・数学」内部の新領域に位置づけること，
　3) 数学者の「定義可能性」への懐疑に対しても，「モデル・構造に相対的な真理」を含む「真理定義」および「意味論（Semasiologie od. Semantik）」を，タルスキの初期の幾何学/数論での「定義可能性」の探究からの一貫した研究方針の延長線上に位置づけ，数学者にもメ̇タ̇数̇学̇として公認させようというプロジェクト，として捉えることができよう．

実際，上記のタルスキ「真理論」の謎について，タルスキは，ⓐ「真理概念」論文［T1935］中の1/3部分（§§1-2）は，（ワルシャワの対応説的真理観への応接としての）「絶対的真理（truth *in simplicita*）」であるとしても，しかし§3以下は，（モデルや構造の用語はないが）ⓑ すでに初期の「実数の定義可能性」以来のモデル論的アプローチを維持し，高階の変項に関しては（ヒルベルト，レーヴェンハイム，スコーレムに言及しつつ），領域に「相対的な真理」が取り上げられている，と考えられる．「モデル，解釈」の用語も，ほぼ同時並行執筆の教科書『論理学および演繹科学の方法論入門』（以下『入門』［T1936］）[3]でタルスキは「論理的帰結関係」に関して採用する．そのモデル論的解釈によれば，列としての文の集合すべてを充足する・モ・デ・ルを定義し，ついで前提 Γ から帰結 s への論証 $\Gamma \vdash s$ が妥当なのは，Γ のすべての・モ・デ・ルが s の・モ・デ・ルである場合だと定義する．これが，タルスキによるモデル論的帰結の現代的概念の最初の定式化と考えられるのである．

1.4　タルスキの絶対的真理概念は「直観的形式主義」か？

先述のように，ヴォートらの代表的なモデル論的見解では，タルスキの「真理論」「意味論」は「モデル」論的アプローチの代表格と見なされてきた．ところが，近年タルスキの仕事を，その生成のコンテクスト，つまり，1920-30年代のポーランド学派の動向に戻して再考しようという動きが認められる．そしてホッジス［Hodges 2008］の示唆やパターソン［Patterson 2012］によって，タルスキの研究動機が，必ずしも今日理解されるような「モデル論」的なものに限定されていたわけではなく，当時のワルシャワの哲学・論理学のタルスキの師たちの「直観的形式主義（intuitionistic formalism）」という動向の範囲内にある，との指摘がある．そして，タルスキが「真理概念」論文［T1935］までの絶対的真理概念（直観的形式主義）から出発し，その後に相対的モデル論へ移行したという近年のパターソンの主張は，後程検討することにしよう．

さらにパターソン［Patterson 2012］は，言語観ないし意味論を，「再現的/表象的（representational）」意味論と「表現的（expressive）」意味論とに区別し，前者で中心的なのは指示と真理とで，諸事物とそのありようを正確に再現・表象することだ，と見なす．一方「表現的」言語観は，主張とその正当化が中心で，主体が何かを語り，またなぜそう語るのかという理由が問題なのだ，という．推論については，再現的/表象的考えでは，論証が妥当なのはその前提が真ならそ

---

[3]　ポーランド語版1936，ドイツ語版1937, esp. IV, §37 ('Model and Interpretation of a Deductive Theory').

の結論も真のとき，つまり，前提のすべてのモデルが結論のモデルでもあるというモデル論的な考えに至る．他方，表現的には，論証とは，あるひとの信念（前提）ともう一つの信念（結論）との間のある直観的な結びつきを与えること，つまり，推論とは，ある主張を直観的に妥当な規則に従って他の主張から導出するという，証明論的な考えに通じる，という［Patterson 2012, pp. 1-2］．そしてパターソンは，レシニエウスキとコタルビンスキの「直観的形式主義」は，基本的に，「言語を，話し手の意図の媒介による思想表現の媒体と解する言語観」に立つと見なす［Patterson 2012, pp. 43ff.］．

こうしてパターソンは，通常もっぱら「再現的意味論」への貢献とされるタルスキの仕事が，実は「表現的言語観」によって動機づけられていたとした上で，タルスキが，「直観的形式主義」的説明から意味論的モデル論的探究へと展開した経緯を追跡しようとする．すなわち，タルスキは，師のレシニエウスキとコタルビンスキの衣鉢を継いで，基本的なメタ理論的概念の「直観的形式主義」的説明の案出に取り組んだが，やがて1920年代のある時点から意味論的概念に注目し，その基本的テクニックを，まず「実数定義可能性」論文（［Tarski 1924］rep. ［*LSM*］）で，より完全には「真理論」（［T1935］in ［*LSM*］）で開発する．しかしこの期間にタルスキは「帰結関係」については，依然「直観的形式主義」の用語を用いていた，という．1934-5年に，妥当な帰結関係にも意味論的定義を採用し，「論理的帰結」論文［T1936b］の説明で，そのプロジェクトは終了する，とされる［Patterson 2012, p. 8］．

つまり，パターソンによれば，1920年代後半から1930年代初期にかけてのタルスキは，意味については「表現的」言語観に立ち，［T1935］の真理定義も，「直観的」形式主義の枠内にあり，ある演繹的理論の原始的名辞（真や充足）は，その意味を真と見なされた文，つまり，定理の集合から獲得すると見なしている．そしてタルスキのプロジェクトを，パターソンは，その諸定理によって課せられた制約を介し，原始的名辞が重要なメタ数学的概念を表現するように，当の演繹的理論を入念に彫琢し（形式化する）ことだと見なす（ibid., p. 84）．

しかし後述のように，［T1935］の真理定義のパターソンの解釈には，原文にはない読み込みや付加が行われていると疑われる．むしろタルスキは，上に見た通り，「形式化」についてもまた，博士論文でのレシニエウスキ流の「基本体系」の彫琢の仕事から離れ，博士論文提出直後から，すでに公理的な集合論言語の採用へと切り替えていたと思われる．そして1920年代の「直観的形式主義」から，1930年代初頭においてすでに「真理条件的な再現的意味論」へと——表立ったモデル論的見解表明の有無は別として——転換していたと思われる．

1 絶対的真理概念の定義　397

上述のように，いわゆるモデル論的アプローチがタルスキの公的著述で顕在化するのは，相当後年（渡米後の 1950 年代）と見られる．ではその中間の時期をどう特徴づけるのか？「真理概念」[T1935] の時期もタルスキはポーランド学派の，特にレシニエウスキらの「直観的形式主義」という動向の範囲内にあるとするパターソンの見解が正当化されるかは疑問である．モデル論的な考えは相当初期（実数の定義可能性に関して）にも認められるし，「真理概念」論文でもヒルベルトらの「モデル相対性」への言及があって微妙であり（『入門』[T1936, §37]），慎重な検討を要する．

それらについては後に検討するが，タルスキが，とりわけ，相対的真理に関して，モデル論的見解をあからさまに表明しなかったのは，一方で絶対的な真理・充足等の意味論的概念を，メタ数学（*Metamathematik*）という厳密な演繹科学内に，しかも公理的集合論として形式化し位置づけたのに対し，他方で相対的真理に関しては，絶対的真理定義と同様に，相対的真理に関してのメタ数学の形式化を遂行しうるか，なお確信に至らなかったことにあるのではないか，と思われる．それには，定義可能性，無矛盾性，完全性，決定可能性といったメタ数学的な概念の可否，その厳格な表現のための形式化可能性を見極める必要があったことが関連するように思われる．

1.4.1　レシニエウスキの「直観的形式主義」

そこでまず，タルスキの博士論文指導教授レシニエウスキの論理学の本性に関する見解を見ておこう．彼は，自らの見解を「直観的形式主義（intuitionistic [より適切には 'intuitive' (？)] formalism)」と称して，次のように要約している．

> あれこれの規約的な規則に従う，無意味な式のさまざまな「数学的ゲーム」への［ヒルベルト流の形式主義のような？］偏愛をもたないとすると，ある体系のテーゼに，特定のまた完全に確定された意味を——それによってその公理，定義および指令が……私にとり抗しがたい直観的な妥当性をもつのだが——帰せしめないとしたら，私は，体系化し，私の体系の指令をしばしばきわめて綿密にチェックするといった労を取ろうとはしないだろう．それゆえ，頑固な「直観主義者」であるにもかかわらず，私は私の体系の構成においてはむしろ過激な「形式主義」を唱道するということに，何ら矛盾を認めないのである……というのも私は，読者に私の論理的直観を理解してもらうためには，示されるべき演繹的理論を形式化する方法に勝る実効的な方法を知らないからである．こうした形式化の影響によって，理論が私には直

観的に妥当であり，真に有意味な命題から成り立っていることが，決して失われることはないのである．……（[Leśniewski 1929] rep. in [Leśniewski 1992, pp. 487-8]）

ウォーレンスキも，上記の言葉を引用しつつ，「論理学は，直観の形式的提示（a formal exposition）だ」というレシニエウスキの発言を紹介し，「それがポーランドの大方の論理学者たちの最善の簡略な要約だろう」という[4] [Wolenski 1995, p. 390]．

だが，当初の動機がどうであれ，「真理概念」論文 [T1935] に至る前後の時期までにおいてさえ，タルスキの仕事が，パターソンのいうように，その師たちの「直観的形式主義」の枠内に収まってしまうのであろうか．

ところでパターソンの所論には，正鵠を得た指摘と，混乱ないし紛らわしい点とが混在しているように思われる．特に以下の §4 の規約 T のタルスキの「解説・説明」についてのパターソンの所論に対する疑義に，先廻りしてふれておこう．

タルスキは，規約 T の定式化に先立って §3 で，以下のような注目すべき規約 T のメタメタ的な「解明（erläutern）/説明（Erklären）」を与えている．

先述のようにパターソンは，レシニエウスキやコタルビンスキの「直観的形式主義」は，基本的に，「言語を，話し手の意図の媒介による思想表現の媒体と解する「表現的（expressive）」言語観」に立つと見なす [Patterson 2012, pp. 43ff.]．

だが，タルスキのこの時期の仕事を，もっぱらポーランド学派の「直観的形式主義」という枠組み内に収めようとするパターソン（ibid., pp. 118ff.）は，タルスキの上記のメタメタ的「説明」に，T の文章にはない，以下の下線部のような明らかにコタルビンスキ（のアリストテレス解釈）に逆戻りする「直観的形式主義」的ないし「表現的言語観」の読み込みを行う．すなわち，「「意味論的定義」

---

4) 以下での「直観的形式主義」という用語は，数学基礎論でいうブラウワ以来の「直観主義（intuitionism）」やヒルベルトらの「形式主義」とは無関係な意味合いで用いられている．実際タルスキ自身も後年の「真理概念」論文（[T1935] in [LSM]）において，こう述べている．「「形式的（formal）」の特殊な意味，つまり，いかなる内容的（inhaltlich）意味も付与されていない記号や表現の科学〔ヒルベルト流の「形式主義」？〕には，ここでは関心がない．……われわれが考察している言語中に現れる記号には，全く具体的でわれわれに理解可能な意味（intelligible meaning（Bedeutung））がつねに付与されている」（[T1935] in [LSM, pp. 166-7]）．ここで「直観的形式主義」と称されているのは，先述のレシニエウスキに見られるように，大まかには，非形式的・「直観的に」理解されている「真」「充足」や「帰結」等の基本概念を，その直観内容と「適合」するように，しかし厳密に形式化して定義しようとする試みだと解される．演繹科学の方法論では，一般に，全く内容を捨象した形式主義は採用せず，自らのいう「形式主義」とは，モデル構成のために，内容の付値を変動させる場合にのみ使う，とのタルスキの言及がある（『入門』[T1936, §38] 参照）．

1　絶対的真理概念の定義　399

によれば，真理概念の概念は，直観的には，事物がしかじかの時にしかじかだと言うという性質である」(ibid., pp. 117-8，下線は引用者).

　パターソンは，例えば以下のタルスキの「真理定義」[T1935] §3 の箇所中の所論に，下線部を特に付加して「直観的形式主義」「表現的言語観」をあからさまにメタ言語に読み込んで解釈する.「メタ言語を支配する規約に加担する当事者 (a party) は，…$\cap_1 \cap_2 (\iota_{1,2} + \iota_{2,1})$ が任意のクラス a と b について，$a \subseteq b$ または $b \subseteq a$ ということを語っていると，認めるだろう」(ibid., p. 121).

　だが，しかしタルスキは，上記 §3 の当該箇所で，一言も「語る」という言い方をしておらず，しかもタルスキの §3 の上記の当該箇所のこのメタメタ的「説明」は，T 文による規約 T を介しての「形式的に正しい」真理定義そのものでは決してなく，あくまで真理定義に先行する予備的なものであり，すぐ続いて提示される規約 T についての，メタメタ言語におけるメタメタ的な，非形式的「解明 (erläutern)」に過ぎない.

　実際，ウィーン学団・統一科学協会主催のパリ国際科学哲学会議 (1935) でのタルスキによる講演要旨「科学的意味論の定礎」では，上述の真理定義論文の §3 での，規約 T の「解明 (erläutern)/説明 (Erklären)」が，われわれの上述の解釈のように，メタメタ的な考察であるということを，タルスキ自身が特に注意していたのである. すなわち，この講演要旨における，意味論的概念の内容的適合性に関する記述もまた，「(メタ言語自体においてではなく) メタメタ言語 (Metametasprache) で定式化されている」([TCP 2, S. 265] [LSM, p. 405]) と，明言している. そしてこの講演要旨にも，「と言う」等の「直観的形式主義」の表現的言語観への逆戻りを示唆する言い回しは一切登場しない.

　むしろタルスキは，「形式化」についてもまた，自らの博士論文でのレシニエウスキ流の「基本体系」彫琢から離反し，博士論文提出直後から，以下でのように，すでに公理的な集合論言語の採用へと切り替えており，そして 1920 年代の「直観的形式主義」から，1930 年代初頭においてすでに「真理条件的な再現的意味論」へと——あからさまなモデル論的見解表明の有無は別として——転換していたと思われる.

　すでに「真理概念」論文 [T1935] では少なくとも明瞭に「表現的」言語観から「再現的意味論」への転換が成し遂げられているように思われる. こうした転換は，真理定義を巡る 1930-1 年のポーランド語レジュメ，その独文要約 [Tarski 1932]，翌年のポーランド語原論文，そしてその独訳 [T1935] という経過，また [T1935] 論文で提示されている成果の大方が 1929 年から執筆されていたという，序論に付されたタルスキ自身による「書誌的注」(p. 152) によっても，外面的に

は辿れるように思われる．2節以降では，論文［T1935］を詳しく追跡することを通じて，テクストに即して，その転換（時期指定が判然とは特定できないにせよ，相当早期に行われていたか？）と師たちの「形式主義」の内実をどう独自に練磨・精錬していったかを追ってみよう．

ところで，ヴォート，ホッジス，フェファーマンとも，タルスキはすでに初期からモデル論に通じるようなメタ数学的な考察を精力的に進めていたという見解では，一致している．にもかかわらず，「真理概念」論文［T1935］の絶対的真理定義では，モデル論的見解が表面化していないように見えるのはなぜなのか，相対的真理観への布石がどのように準備されていったのかが，判然としない．そこで，相対的真理概念の萌芽を具体的に辿り，タルスキの研究の進展に即して，上記のような論点を，2節以降で追跡してみたい．

> **コラム2　学位取得前後とタルスキの研究課題・研究成果について**
>
> 　後述のワルシャワ大学でのセミナー等で取り上げられる，タルスキ「真理概念」［T1935］前後に至るまでの研究課題・研究成果等の概略を記しておこう．
> 　タルスキは，在学3年にして早くも最初の論文で集合論上の未解決問題を解いて頭角を現した（「整列集合の公理論への寄与［Tarski 1921］）．
> 　また4学年目の1923年に彼は，「基本体系（protothetic）」に関してレシニエウスキが課した問題に驚くべき成果を挙げる．後年レシニエウスキは，その講義を論文「数学の基礎の新体系の綱要[5)]」［Leśniewski 1929］として公刊するが，その中でタルスキとの個人的談話やその報告および以下の論文［Tarski 1923; 1924］等が，自らの「基本体系」の確立にいかに重要な貢献であったかを，序文や本文数か所で表明し引用している．上の講義へのタルスキ自身の報告は，ポーランド語で上記ワルシャワ大学の『哲学研究誌』に公刊され（「論理学における原始的タームについて」［Tarski 1923］in 英訳 rep. in ［*LSM*］），レシニエウスキを指導教授とする博士論文と認定され，1924年学位を授与された．またその仏訳が，最初の部分は 'Sur le terme primitif de la logistique', 1923 (Taitelbaum 姓) rep. in ［*LSM*］，2番目は，'Sur les truth-functions au sens de MM. Russell et

---

5)　レシニエウスキの「基本体系（protothetic）」はワルシャワ大学での「算術の基本原理」講義（1920）で示され，後年「数学の基礎の新体系の要綱」［Leśniewski 1929］他として出版された．英訳は S. Lesniewski: *Collected Papers* ［*CP*］, Vol. II, pp. 410-605,「導入の所見」(Einleitende Bemerkungen zur Fortsetzung meiner Mittteilung u. d. T. 'Grundzüge eines neuen Systems der Grundlagen der Mathematik' in *Collectanea Logica*, vol. 1, Warsaw, 1939. 英訳 ［*CP*］ pp. 649-710).

Whitehead', 1924 (Tajtelbaum-Tarski 姓) として *Fund. Math.* で公刊された. これが Teitelbaum ないし Tajtelbaum 姓での最後の論文で, 以降は 'Alfred Tarski' と名乗り, また彼はカトリックに改宗した. 実際の改姓手続きは政府の承認を要し, 公式認可は 1924 年 3 月 19 日で試験および学位認定のわずか 3 日前だった.

コラム3　改姓, 師たちとの確執と結婚

以下の伝記的記述から, とかく取り沙汰されるタルスキの屈折した人柄が形成される背景や, メタ数学としての意味論構成に至る曲折した学問的道程がうかがわれる.

(1) Tarski への改姓

どのように Teitelbaum/Tajtelbaum から Tarski へと改姓されたのか. 三つの候補があり, ① 弟が弁護士になるに際し, ユダヤ系の Teitelbaum ないし Tajtelbaum を「ポーランド風に」改姓した, ② 自身で創作した (①②はタルスキ自身の説明. フェファーマンは, 敬愛する師 T<u>warski</u> の簡略化 (下線部) と推測). ③ タルスキの旧友の提案による.

ではなぜ改姓したのか? まず 19 世紀以来欧州ではユダヤ人の改姓・改宗は珍しくない. また多くの国でユダヤ人が教授職を得るのは困難ゆえ, ウカセヴィッチとレシニエウスキが, 改姓を強く勧めたという. 余りに多くのユダヤ人が待機中で, ウカセヴィッチが教育相のときには, 審議会でワルシャワ大学のユダヤ人教員の増員を停止するよう要請があったという. だがそれ以上にナショナリズムの高揚期には, インテリ層でユダヤ人の社会主義的勢力が強くなっており, 改姓は当時の「ユダヤ人問題」の唯一の合理的解決策と見なされてもいたという. またポーランド人とカトリックとはしばしばセットをなすのであった [Feferman 2004, pp. 38f.].

(2) 師同士の反目ならびに師たちとの確執

受講生中で, タルスキのみがレシニエウスキの自宅に毎週個人的討論のために招かれる特権を許されていた [Feferman 2004, p. 40]. だが, タルスキの 1983 年の論文集 [*LSM*] は, 「師 Tadeusz Kotarbinski に」献呈されている. どういうことか. タルスキの不満を以下が説明する.

博士論文にすぐ続いてタルスキは, その主要な研究方向をシェルピンスキ流の

集合論に変え，1924年のバナッハと共著（Banach-Tarskiの定理）の成果を含む驚くべき本数の新しい成果を生み出していく．学位論文後タルスキは，レシニエウスキの「一つの真な体系（protothetic）」に集中する代わりに，ウカセヴィッチとともに多値論理の一変形に取り組み，さらにそれを超えて，国際的に優勢になりつつある新しいメタ数学的アプローチを採用する．このことは，レシニエウスキには弟子の裏切りと感じられたかもしれない．1930年代半ばまでタルスキは神経質にレシニエウスキを引照して功を帰している（実際剽窃や無断引用に対してレシニエウスキが過度に神経を尖らせていたという）が，ほとんど初めから二人の間には，方法論上のギャップがあった．

その上，レシニエウスキ自身が，1927年論文でシェルピンスキ他の集合論を「呑気なお天気屋」と罵っていた．2年後レシニエウスキが数学の基礎のための新体系の最初の部分を公刊［Leśniewski 1929］したとき，今度はシェルピンスキが同様に反撃した．この論争で事態は収拾不能となり，レシニエウスキとウカセヴィッチが同誌の編者を退き，ワルシャワの数学者と論理学者間の蜜月は終焉した．タルスキは何も立場を公にしなかったが，タルスキはその精神と自身の仕事の内容から明らかに数学者側にあった．とはいえタルスキは，レシニエウスキ，ウカセヴィッチから，明晰，精確，厳密さへの関心を刻印づけられ，演繹科学の方法論の要石としての論理学という基本的な見方を与えられたといってよい．

タルスキにとっては，レシニエウスキ，ウカセヴィッチとの学問上の離別以上にトラウマだったのは，両先生と自分との個人的な関係が崩壊したことであった．レシニエウスキは，反ユダヤ的で，タルスキの才能と業績を高く評価しつつも，好意的ではなかったという［Wolenski 1995, p. 366］．この二人の師たちの増大する反ユダヤ主義は，世上の動きと相まって1930年代半ばにはその頂点に達した．もはや彼らはタルスキをカフェの彼らの定席に招かなくなった．タルスキは傷つき［Feferman 2004, p. 41］激怒した．皮肉なことに，彼に姓名を変えるように助言したのはこの二人の師だったのである（レシニエウスキの反ユダヤ感情に基づくタルスキへの反感については［Feferman 2004, pp. 100f.］参照）．他方コタルビンスキは，反ユダヤ主義への反対を旗幟鮮明にし，いっそうの敬愛を受ける．何年も後カリフォルニア大学に移行後もタルスキは自らの師を「コタルビンスキ」と応え，その写真を机上の格別の場所に飾っていたという［Feferman 2004, p. 42］．

(3) 中高等学校数学教師，そして結婚

タルスキの父親のビジネスははかばかしくなく，特に彼の改姓以来，両親とは緊張関係にあって，自身で生計を立てる必要性に迫られる．学位取得後，23歳で

ワルシャワ大学の最年少の私講師に任命され，講義，セミナーの権利を得た．しかし俸給は雀の涙ほどで，ワルシャワのポーランド教育院という，教職を目指す中流階級の女子中高等学校に，数学教師として2年間教鞭をとる．反ユダヤ感情が次第に濃厚になり，ユダヤ人教師への不満が寄せられて解雇された．Tarski と改姓しカトリックに改宗しても，人びとは Teitelbaum を忘れはしなかった．逆に，ユダヤ人の多くの同僚は，タルスキの改宗に失望し，それを裏切り・自らの起源の否定と考えた．いずれにせよ，この変更の汚名は決して完全には晴れなかった [Feferman 2004, pp. 53-4]．

教育院を解雇されて，タルスキは，貧困と戦争の悲惨を描く小説により，「ポーランド文学の良心」といわれる作家ゼロムスキ（S. Zeromski）(1864-1925) を称揚する私立のギムナジウム，ゼロムスキ・リセに職を得た．その学校は生徒の学力も高く，教師陣はリベラルで，その多くがユダヤ人と社会主義者だった．タルスキはその雰囲気に知的にも，政治的にも，文化的にも親しみを感じ，またこの間，山行も楽しむ．やがて1929年マリア（Maria Witkowska）と結婚する．彼女は一歳年下で，ポーランド・カトリックの大きな居留地ミンスク出身で，ポーランド独立を願う熱心な愛国者の一人だった．マリアは姉を頼ってワルシャワに出てゼロムスキ学校初等部で教えていて，高等部の教師タルスキと出会った [Feferman 2004, pp. 55-63ff.]．

タルスキは，一方で生計のため高校教師での重い教育負担，大学でのセミナーを担当しながら，小柄ながら途方もなくエネルギッシュに研究活動を推進し続けた．その上，彼は，ほとんどタバコを手放さないヘヴィー・スモーカーで，強い酒を好むパーティ好きでもあり，しかも週末にはタラ山系への定期的山行を欠かさないという超人ぶりであった．

2 モデル論的意味論への歩み

以下では，タルスキの真理論・意味論が，ポーランド学派の「直観的形式主義」を母胎とし，また例えば，「真理」概念の非形式的・直観的な内容把握という考えが，真理定義の「適合性」条件に継承されていると認めても，しかしその「形式的正しさ」の要求条件が，概念の「定義可能性」の検討も含め，哲学・論理学の師たちの所論を超えてどの程度独自の展開に至っているといえるのかを追跡してみよう．

タルスキによる，特定の形式的言語体系に関するメタ数学的考察（無矛盾性，決定可能性，完全性，コンパクト性，不完全性等の証明），クラス計算の演繹体

系をはじめとする，意味論的概念（特に絶対的な真理，充足性，指示等）の定義可能性等々の，特定の演繹科学の形式化された言語と相対的なメタ的な意味論的考察は（言語とメタ言語の区別をレシニエウスキの功に帰しているが），メタ理論それ自身の形式化を含め，哲学・論理学の師たちの「直観的形式主義」の枠をはるかに凌駕し，むしろ数学の師たちの集合論的言語を用いて，厳密に形式化された独自の演繹理論・メタ数学としての「意味理論」を切り開く試みに，すでに1920年代末から1930年代早期に踏み入っていると思われる（しかし，相対的真理概念一般については，事柄は微妙である）．

　学位論文以後の研究においてタルスキは，すでに演繹科学の形式化の方法論では，原則としてレシニエウスキの「基本体系」に反旗を翻し，数学の師シェルピンスキの集合論的アプローチに転換し，意味論をメタ数学という演繹科学として公理体系化しようとしている．

　かくして，後に詳論するが，タルスキの歩みは，哲学・論理学の師たちの「直観的形式主義」の衣鉢を継ぎつつ換骨奪胎し，諸々の意味論的概念の定義可能性や体系の無矛盾性，決定可能性，完全性，不完全性に関わる困難を巡って，数学の師たちの集合論的アプローチを採用し，ラッセルのPMの型理論，ないし公理集合論に従う厳密な考察——タルスキの用語では，「形態学/語形成論（Morphologie）」ないし「意味論（Semasiologie）」——を展開し，なかんずく，無限階の変項を含む演繹科学が含む困難に直面して，いわゆる「モデル論的」なアイディアが顕在化すると思われるのである．ただし，今日では，「意味論（Semantics）」と「モデル論」は互いにオーヴァーラップしても用いられるから，厳密な区分けは困難だが，以下の要旨に現れるような，タルスキの初期の用語を踏襲しておく（もっとも，タルスキ自身も，'Semasiologie' という用語を，すぐ 'Semantik' という用語に変更してゆく）．

　だが「真理」概念論文［T1935］の§§3-4での「無限層」の言語についての意味論・真理論に関しては，タルスキは，レシニエウスキの「意味論的カテゴリー（semantische Katergorie）」という考えを適用していることには注意すべきである．しかしタルスキは，1935年の独訳で付記された［T1935］§7「後記（Nachwort）」で，こうしたレシニエウスキの「意味論的カテゴリーの基本原理がもはや成り立たないような形式化された無限層の言語」に直面して，それを放棄する．この「意味論的カテゴリー」の放棄宣言により，タルスキのレシニエウスキからの完全独立と，モデル論的な考えを基本的ならびに一般的な真理概念として，採用する姿勢が鮮明に打ち出されていくといえよう．

　それではなぜタルスキは真理概念の明示的定義を与える必要を感じたのか．ヴ

ォートの回答は以下のようである [Vaught 1974, pp. 160-1]. すなわち, 1926-8 年のセミナーで得られた多様な成果について, タルスキはある落ち着きの悪さを感じていたようである. それらの成果を精確に述べる方途をもたなかったからである ([T1935/36] rep. in [*LSM* XII, 342-83]).

2.1 構造における真理と定義可能性

1957年, 彼の学生ヴォートとの共著 'Arithmetical Extensions of Relational Systems' ([Tarski and Vaught 1957a, pp. 81-102] rep. in [*TCP*3, 1986, pp. 629-33]) まで, タルスキは論理と数学への適用のための, ある構造における充足と真理という観念の定義を公刊しなかった. だが, タルスキがこれらの観念を「真理概念」[T1935] を発刊するかなり前, すでに1930年までに, はっきりもっていたという相当な証拠がある, という. 先にも短くふれたが, こうした定義の枠組みは, フェファーマンによれば, 粗くは以下のようである [Feferman 2004, pp. 119f.].

L をさまざまな個数の項の関係記号をもつ形式言語とする. L に対する構造 (ないしモデル) M は, (i) M の領域といわれる対象の空でない集合と, (ii) n 項の項場所をもつ L の各 n 項関係には M の領域の要素間の n 項関係 R_M とで与えられる ($n=1$ のとき, R_M は M の領域の部分集合). L の基本文関数は, 各項場所に一つの変項を伴う関係記号で, 文関数は否定, 選言, 普遍量化によって生成される. 充足の定義は以下のようである. 第1に M での付値とは, 各変項 x との構造 M の領域の要素 σ_x との結合を意味する. つまり, 「M における付値 σ が文関数 F を充足する」の各再帰節に「M において」を付加すればよい. 特に量化子に関しては「σ が M におけるある付値で, F が $\forall x F'$ の形式のとき, σ が M において F を充足するのは, x 以外の変項において M における付値 σ と一致するどの M における付値 b も, M において F' を充足するときそのときに限る」となる.

ある構造 M における充足という定義をこうして獲得したタルスキとヴォートは, L の文 S に関し「S は M において真である」を (M における) どの付値も M において S を充足する場合である, と定義した [Feferman 2004, p. 120].

ところで, こうした構造/モデルに相対的な「真理」定義のための形式的枠組みを, 実は相当早期に「実数の定義可能性」論文 (1931) [DfR] において, すでにタルスキは獲得していたのである. この論文中でタルスキは, 「通常考えられている定義可能性という概念は, メタ数学的起源をもつ」とし, 彼は「この概念の厳密なメタ数学的定義の構成を許す一般的な方法を見出した」という. さらに

続けて「こうした定義を分析することで，その定義を全く数学的用語による定式化で置き換えることが可能だと証明される……この新しい定義の下で，定義可能性は数学的概念と異なるわけではなく……全く通常の数学的推論の範囲内で議論可能である」と記している（[DfR] rep. in [*LSM*, p. 111]）．

後段で詳しく探究するが，フェファーマンによれば，そのポイントは簡略には以下のようである [Feferman 2004, p. 120]．

タルスキにとり，ある構造 M における真理概念の重要な例は，初等代数にとり基本的な関係 R により与えられ，その領域がすべての実数の集合で，等号，不等号，和，積に対応する四つの基本的な関係記号をもつ．タルスキは，実数集合 D が R において定義可能（*definable*）なのは，一つの自由変項 x をもつある文関数 $F(x)$ が存在し，D は，x への実数 d の付値が R 中で $F(x)$ を充足するようなすべての実数 d の集合である場合であり，n 項関係の R 中での定義可能性も同様に説明する．初等実数論についての量化子消去を用いて，タルスキは以下を示した．すなわち，(i) 文関数 s が積関係を含まなければ，D は有理数の端点の区間の有限合併，(ii) 積も含めば，D は代数的端点（上限・下限）をもつ区間（有界）の有限合併とする．1931 年の「実数の定義可能性」[DfR] で，差，合併，射影（projection）——それらは否定，選言，存在量化に対応——という集合論的操作の下で閉包であることにより，一定の基本的関係から定義可能な関係を直接に生成する方法を工夫した．

タルスキは，もう一人の師で哲学者コタルビンスキを敬愛し，先述のように，後に彼にその論文集『真理論（*Logic, Semantics, Metamathematics*）』[*LSM*] を献呈している．

2.2　初期セミナー——モデル論・意味論へのタルスキの軌跡概略

タルスキはすでにその初期においても，ポーランドの哲学・論理学の師たちの直観的「形式主義」の枠を破り，集合論的言語の採用による，決定可能性，完全性などのメタ数学的な研究を進め，メタ的な意味論・モデル論に結実する概ね以下のように列挙しうる布石を，着々と打っていたと思われる．

　(1) 1920 年代末に始まるワルシャワ大学での「量化子消去法」のセミナーおよびポーランド数学会での報告（1930）から「実数の定義可能性 [DfR]」論文（1931) へ，

　(2) メタ数学の問題：対象言語とメタ言語の区別に立つ，演繹的「形式体系」の無矛盾性，決定可能性，(不) 完全性の問題の追及，

　(3) メタ数学としての意味論（Semantik）・真理論：真理定義を「量化子消去

法」を介して，「充足」概念の定義に帰着させる．

(4)「真理概念定義」論文［T1935］ではすでに，(i) 絶対的真理（truth *in simplicita*）（§§1-3）と (ii) 相対的真理（relative truth）（§§4f.）が登場し，同時期には『入門（*ILM*）』［T1936］において，論理や数学に関するモデル相対的な解釈が試みられている．ところでなぜタルスキは，真理論・意味論をメタ数学として探究したのであろうか？

先述のように，フェファーマンは［Feferman 2004］，ⓐ 心理的な（psychological）要因とⓑ 研究計画上の（programmative）要因が考えられるという．フェファーマンは，① 定義観念への（おそらく集合論のパラドクスや嘘つきのパラドクスに関わる）数学者の一般的不信を挙げているが，さらに少なくとも② ウィーン学団の論理実証主義の二分法（論理・数学（分析的）vs 経験的実証（綜合的））からの意味論（Semantics）への嫌疑・敵意（パリ国際統一科学学会（1936）で顕在化する）も挙げることができよう．

ⓑ 研究計画的要因としては，上記①の心理的要因に関わる嘘つきのパラドクスへの対処として，タルスキは，⒤ 形式的な演繹体系としての対象言語の再帰的（recursive）構成と，ⅱ メタ言語によるその無矛盾性・決定可能性，完全性等のメタ定理の証明，ならびに②への対処としては，ⅲ メタ数学（metamathematics）としての意味論（Semantics），ないしメタ数学の一部または独立の新領域の構成を目指し，そうした演繹科学（a deductive science）の一環としてのモデル論（model theory）において，相対的真理（relative truth）の再帰的定義可能性（recursive definability）を追究しようとした，と解することができよう．

コラム 4 タルスキの集合論的アプローチへの転換補足

レシニエウスキの「基本体系」に関わる博士論文から集合論的アプローチへの，タルスキの方法論上の転換の背景をもう少し補足しておこう．

ワルシャワ大学数学科では 1916 年以来，ハウスドルフ（F. Hausdorff）の教科書『集合論要綱（*Grundzüge der Mengenlehre*）』（1914）等を使用したシェルピンスキの集合論講義にタルスキも参加していた．博士論文以後タルスキは，レシニエウスキの非常に特異な体系よりは，より広く受容されていた集合論に向かい，1924 年には数本の論文ですでにその研究の最前線に立った．3 番目の論文が，いわゆるバーナッハ–タルスキ・パラドクスを扱う論文「点集合の相互に合同な部分への分解について」［Tarski 1924a］である．バーナッハ–タルスキ定理の証明には選択公理を要するが，後に 1938 年ゲーデルにより，選択公理が ZF 集合

論の他の公理と無矛盾なことが示され，バーナッハ-タルスキ定理も ZF と相対的に無矛盾だと判明した［Feferman 2004, pp. 43-4］.

　こうしたタルスキの集合論への転換には，ワルシャワ大学数学科の師たちの特色ある学問的背景，すなわち，集合論的トポロジストの影響があるであろう．当時の「数学科」では，ヤニシュウスキ以来集合論とトポロジーが重視され，シェルピンスキが集合論上の指導者，マツルキウィッツとクラトウスキはトポロジストだった．1920 年代は，タルスキも，「曖昧な概念が」一般集合論の使用で正確に定義され，重要な定理が証明されることに強い印象を受けた，という［Wolenski 1998］.

　さらにタルスキは，若き数学者メンガー（K. Menger）（タルスキより1歳年少で，1927 年 25 歳でウィーン大学幾何学教授に就任，ウィーン学団のメンバー）の，位相空間のどの集合にも次元としてある自然数を付値するという次元概念的分析から，直接のインパクトを受けた（「実数定義」論文 ［DfR］ で，概念分析の範例として引証．rep. in ［*LSM*, p. 112］）．メンガーは，1929 年秋ワルシャワでも招待講義を行った［Feferman 2004, pp. 74-5］.

2.2.1　真理と定義可能性

　既述のように，タルスキの「真理概念」論文 ［T1935］ が，「絶対的真理」と「モデル相対的な真理」とを巡ってしばしば読者に混乱を招く要因は，タルスキがその真理論を二つの仕方で，しかも充足関係の再帰的定義という共通の手続きで，定式化していることに由来する，という［Feferman 2004, pp. 109f.］．

　① 絶対的意味での真理概念は，主として（当時のアリストテレス流の古典的真理概念を念頭においている特にワルシャワの）哲学者向けであり，一方 ② 相対的な意味での真理は，主に論理学・数学者向けと見なされ，例えば，幾何学や代数のモデルのような数学的構造における真とは何かに関わる，という．しかも ② は 1930 年までにすでに相当達成されていたが，1950 年代まで公刊はされなかった．

　そこで意味論確立に至るタルスキの軌跡の概要を辿り直しておこう．初期からメタ数学的探究としては，タルスキは数学的モデルを介しての，無矛盾性，定義可能性，決定可能性，完全性といったメタ的概念の探索を行っている．真理定義に関連していく端緒は，すでにふれた「実数の定義可能性（以下，実数定義）」論文（1931）［DfR］（1929 年セミナー，1930 年ポーランド数学会報告）に見られる．そしてこの論文では，モデル論の道具立ての概略および定義可能性に関わる「量化子消去法」というテクニックが使われる．テクニカルには，この「量化子消去法」が，「実数定義」論文 ［DfR］ を，さし当たり，タルスキの著名な「真

理概念」論文（[T1935, §§1-3] in [*LSM*]）での，いわゆる「絶対的真理 (truth in simplicita)」（の「充足」を介しての定義）に結びつける（他方 §4f. では「相対的真理概念」が，また1935年のパリ講演中の「論理的帰結概念」（後述）でもはっきり「モデル」相対性が考慮されている）．続いてほぼ並行的に執筆された『入門（*ILM*）』[T1936] では，演繹科学（論理・算術・幾何学）における「モデル」や「解釈」が明示的に登場している（§37 'Model & Interpretation of a Dedeuctive Theory' in [T1936]）．

しかし確かにタルスキは，渡米後，彼の学生ヴォートとの共著 [Tarski and Vaught 1957] まで，「相対的真理概念」，ある構造における充足と真理という観念の定義を明示的には公刊しなかった．それはなぜなのかが，謎とされてきた [Feferman 2004]．

だが，[Vaught 1986] や [Feferman 2004, pp. 119f.] によれば，「真理概念」論文公刊（1935）以前の1930年までに，真理についてのシリーズは，先述の「実数定義」論文 [DfR]（[T1931] rep. in [*TCP*1, pp. 519-48]，英訳 rep. in [*LSM* VI, 1983, pp. 110f.]）ですでに始まっており，この「実数定義」論文 [DfR] 中に，タルスキがこれらの相対的真理観念をはっきりもっていたという相当な証拠がある，という．この論文 [DfR] ではまず，後に「真理定義」というプロジェクトで効いてくる，「定義可能性」という観念が，「量化子消去」のテクニックと関連して，実数体の定義をめぐって考察されている．量化子消去法は，真理述語を1階述語（文関数）の「充足」に帰着可能にするテクニックとして，重要なものである（この仕事は1929年のセミナーで始まり，1930年のポーランド数学会で展開，その要約は1930年同会年報に掲載された）．

この「実数定義」論文 [DfR] での，ある構造における定義可能性のタルスキの（しかも「充足」の再帰的定義を直接要しない）説明には，後に公刊されたタルスキの「相対的」真理理論 [Tarski 1958] と対比すると，技術的装置に以下のような関連と相違が認められる．

既述のように，ヴォート [Vaught 1974, p. 161; 1986] によれば，まず上記「実数定義」論文 [DfR] では，タルスキは真理定義にも，また形式言語にも言及せずに，実数体 R の定義を初めて行う．彼は，実数体上の定義可能な関係のクラスを，和と積の3項関係：$z=x+y$ と $z=x \cdot y$ を含み，かつブール代数的操作と，射影という「幾何学的」操作の下で閉じている実数体上の有限な関係の最小クラスだと定義している．それは，後の数学的クラスや関数の定義（1952），ある意味論的概念の「純粋に数学的な提示法」の問題を予示するものとされる（[Vaught 1974, p. 162]，また後述のフェファーマン [Feferman 2004, p. 120] もほぼ同様

の見解である）.

　だが以上の概略だけでは，「実数定義」論文［DfR］が，具体的にどのようにしてモデル相対的な真理概念の先駆になっているのかは，ただちに明らかとはいえない.

　既述のようにフェファーマンは，実数の定義可能性の問題が，「真理概念」の定義可能性に関して，タルスキに「なぜ」の心理的な側面で影響した，つまり意味論的パラドクスが，概念の定義のメタ数学的（統語論的）形式を巡る数学者たちの評価の主要な障害になると，タルスキは考えていたからだという．例えば「実数定義」論文［DfR］において，タルスキは「数学者が，一般に，定義可能性の概念に一種不信と留保を示す」（［DfR］rep. in ［LSM, p. 110］）と述べていた．数学者たちのこの一般的懐疑に対しタルスキはこう反論する．「「定義可能」の概念は，曖昧ではない．ある概念が定義可能かどうかは，それが研究される演繹体系と相対的である．重要なのは，定義可能性の意味をいっそう精密化し，メタ数学の分野の基本的性質として確定することである．……私は定義可能性の厳密なメタ数学的定義構築の一般的方法を発見した．……しかもこうして得られた定義を全く数学的タームで定式化することで通常の数学的推論の領域内で議論可能となる」（［DfR］in ［LSM, p. 111］）．

　フェファーマンのまとめでは，テクニカルには，「実数定義」論文［DfR］では，「実数の特定の場合の定義可能集合と関係（ないし有限列の集合）はまずメタ数学的タームで説明される．より正確には，当該の構造は，順序関係，加法操作，単元要素を伴う実数と解され，当の構造上への単純型理論内で公理論的に扱われる．定義可能性のメタ数学的説明は，充足の概念（ただし［DfR］では，定義は単に示唆されているのみ）によって与えられる．他方数学的定義では，定義可能な集合と関係（型構造では層1）は，単純に，原子式と対応する有限列の一定の原始的集合から，ブール操作と射影およびその双対により生成される」［Feferman 2008, p. 81］．後にこれが任意の構造上の定義可能性にどう拡張されるかが示される．だがその際，（1階の）初等定義可能性を原始的概念の体系に相対化する必要がある．ただし，「特定の科学，例えば，実数算，の原始的概念を顧慮する必要はなく，集合 Rl ［実数集合］は集合 V （いわゆる論議世界，普遍集合）と置き換えられ，記号 Sf は V の（要素の）すべての有限列 s の集合を表示する．列の基本集合は Sf の一定の部分集合とされる」（［DfR］in ［LSM, p. 135］）．

　このように，ヴォートもフェファーマンも，構造における定義可能性についてのタルスキのメタ数学的説明が，充足の使用を示唆するから，構造における真理概念はこの「実数定義」論文［DfR］にすでに現れているという．実際，［DfR］

論文の序論への注で，タルスキは「同様の方法がメタ数学分野の他の概念，例えば，真なる文ないし普遍妥当的な文関数，の定義にも成功裏に応用できる」と記し（[DfR, fn. 1] in [LSM, p. 111]），わざわざ「真理定義」論文への参照を指示している．普遍妥当性とは，どの解釈でも妥当という意味だというためには構造における充足の概念が必要なのである [Feferman 2008, p. 82]．

また②の研究計画上（programmative）の理由についてフェファーマンは必ずしも十分説明していないし，またタルスキ自身も明示的に表明してはいないが，なお自らの真理論・意味論がメタ数学としての要件を満たしているかについての懸念を，後の統一科学協会主催のパリ国際会議（1936）講演前後でも漏らしていた．当時のメタ数学の，全数学を PM の単純型理論や ZF 公理的集合論の内部で定義しようという趨勢と同様，タルスキは，メタ数学としての意味論もいっそう厳密化し，「相対的真理」を一つの独立した演繹科学としてのモデル理論中で，メタ数学内部に位置づけて定義し，その無矛盾性，定義可能性，決定可能性，完全性等に関するメタ定理の確立を意図していたと推察されるのである．

2.2.2 量化子消去とメタ数学的諸問題

ワルシャワ大学でのタルスキの初期セミナーと 1920-30 年代初めまでのタルスキの研究成果を再度補足しつつ，特に量化子消去という技術的方法がメタ数学的諸問題にどう関連するかを確認しておこう．

ワルシャワ大学でタルスキは，ポスドク学生として物理学等に登録しつつ，私講師として上級講義やセミナーで，論理学・数学の諸問題についてきわめて精力的に次々と新しい定理を証明していった．以下主に [Vaught 1986][Feferman 2004, pp. 69ff.]（両者に多少のずれはあるが）に従い，この時期のタルスキの研究成果やセミナーについて概観しよう．

なおその内容については，おそらくこうした各個研究と並行して執筆された，タルスキの特異な『入門（ILM）』（ポーランド語版（1935），独語版（1937））の第 I 部 VI「演繹的方法について」（その §37「演繹理論のモデルと解釈」が含まれる）に続く，第 2 部「論理学の応用と数学的諸理論の構成における方法論」等で，この時期の研究成果のいくつかが利用されている．

ヴォート [Vaught 1986] によれば，まず 1927-9 年にタルスキは，1926-8 年に得られた成果に基づき，そのセミナーで，量化子消去法といった技術的な問題（それは定義可能性，決定可能性，完全性などのメタ数学的問題と直結する），および，今日モデル論と呼ばれるものとの二つの方向で集中的に行い，量化子消去法を（A）幾何学，および（B）離散順序数の全クラスに拡張した．後者は，公

理系とそのモデルとの関係に関して興味深い二つの箇所がある，という［Feferman 2004, pp. 75f.］．

(A) 初等幾何学の公理化とその完全性

第1にタルスキは，1924年以来，初等幾何学体系（集合論的概念を使用せず1階論理で定式化）の展開に取り組む［Feferman 2004, p. 69］．1926-7年にワルシャワ大学でユークリッド幾何学のためのエレガントな新公理体系を講義し，その中で，ヒルベルト［Hilbert 1898/99］とは異なり，初等幾何学のいくつかの独立性，完全性と決定可能性を確立するため，その部分系の多様なモデルを考察している．この仕事の最初の公的な提示が1967年のモノグラフ（*The Completeness of Elementary Algebra and Geometry*）[6]で，1940年出版予定だったが，戦時下で不定延期された．これは，タイトル通り，初等代数および幾何学のための公理体系の完全性の確立に向けられている［Feferman 2004, p. 76］．

(B) 量化子消去と決定手続き

第2の箇所は，先述の，一定のモデルないしモデルのクラスにおいて真なすべての1階言明に関する決定手続きに至る量化子消去の方法である．それは，タルスキ［DfR］論文で表明されてはいたが，1951年版序言で，この仕事の公刊予定に至るまでの紆余曲折する数奇な歴史についてもタルスキは大略次のように記している．「その主要な成果は，1930年に発見され，翌年印刷された．しかしその全面的な展開の公刊になお9年を要した．'The Completeness of Elementary Algebra and Geometry' という表題で，同様に論集 *Actualités scientifiques et industrielles* 中で1940年にパリで出版される予定だった．しかし，第2次世界大戦下で結局不定延期された．戦中戦後の困難な状況のなかで，なお特に必要な形式化を巡って改定が続けられ，マッケンジー（J. C. C. McKensey）の援助で，「初等代数及び幾何学の決定方法」（［Tarski 1940] rep. in [*TCP3*]）として出版された．後にタルスキは，この代数及び幾何学の決定手続きに関する論文を，その真理論と並んで生涯の最も重要な二つの学問的貢献と考えていた，という［Feferman

---

[6] 1967年刊行予定の校正刷序文で，この仕事の長い数奇な歴史についてタルスキは大略次のように記している．その主要な成果は，1930年に発見され，1939年に提出，論集（*Actualités scientifiques et industrielles*）中で1940年にパリで出版される予定だった．しかし，第2次世界大戦下で結局不定延期された．戦後それは「初等的代数および幾何学の完全性（The Completeness of Elementary Algebra and Geometry）」という表題でパリ国立科学研究センター，パスカル研究所から，仏訳で1967年刊行予定だったが，結局刊行されず，その英文原稿校正刷が，［*TCP4*, pp. 289-348] 1986］に収録されている（Tarski and Givant, 'Tarski's system of geometry,' *Bul. symbolic Logic*, 5, 1999）．

2004, p. 75, pp. 190f.]．

　ある公理系の完全性と決定可能性について肯定的成果を得るには，言語へのある制限を要する．第1に，*PM*での型理論では，論理の言語は型に層化されている．（*PM*のような）高階論理を1階論理に落とす「量化子消去」の方法は，ゲーデルの1階論理に関する完全性定理［Gödel 1930］に直結する．

　命題論理については，単純な有限の決定手続きが存在するが，量化述語論理の変項は，個体領域の無限集合に関わるから，有限回のステップでの真偽決定は不可能である．だがある公理系でのすべての命題は，量化子なしの決定可能な命題と同値である．実際量化子消去法を，レーヴェンハイム［Löwenheim 1915］は，一様量化の体系に適用し，ブール代数的クラス理論の決定可能性を獲得，スコーレム［Skolem 1920］らが2階の一様量化に拡張し，ラングフォード［Langford 1926］らと稠密な線形順序関係，離散順序数（自然数）の理論にも適用，離散順序数の決定性と完全性を証明した（［Feferman 2004, p. 73］［Vaught 1974, p. 159]）．

　量化子消去方法は，タルスキの1926-8年のセミナーでは，はるかに困難な量化子消去も開始され，演習問題に学生プレスブルガー（M. Presburger）が応え，加法操作と順序関係をもつ自然数論に量化子消去法を適用，1928年春にその完全性と決定可能性の証明に成功した（1930年公刊）．また1931年までのタルスキ自身の成果は，加法・乗法操作を伴う離散順序数及びそのすべての（無限多の）完全拡張実数論についての決定手続き，初等幾何学・代数の決定可能性や完全性証明に及んでいる．

（C）さらに注目すべきは，量化子消去法が「カテゴリー性（categoricity）」の原型となることである．しかしそれは「実数定義」論文［DfR］末尾近くでふれることにしよう．

　ところでまた，スコーレムの論文［Skolem 1934］の末尾への編注で*Fundamenta Mathematicae*の編者たちは，1927-8年のセミナーでタルスキが以下のようなモデル論的な証明を行ったと述べている．すなわち，
　(1) 無限モデルをもつ文のどの可算集合Σも非可算モデルをもつ．
　(2) 任意のこうした可算集合Σは，各無限ベキ集合（power set）においてモデルをもつ（(2)の証明はマルセフ［Mal'cev 1936]）．
　(2)は，コンパクト性定理「ある公理体系中のすべての言明が，無限量化なしの言明と同値なら有限回で決定可能である」を，非可算の言語に拡張する際の鍵となる論文とされる．しかしタルスキは(1)(2)の証明とも出版はせず，1928

年の証明は謎のままである（[Vaught 1974, p. 160] に推察的考察がある）．こうしたセミナーを通じ，タルスキは，真な文，帰結，未定義な概念といった観念をいっそう精確に定義することが数学的に望ましいと悟った，という．ともかく，メタ論理上の，つまり，真理定義，帰結，概念定義について，各1本の3連続論文に取り掛かった（ようである）[Vaught 1986, p. 870]．

ヴォートはまた，1928年のセミナーでタルスキは，コンパクト性定理および「上昇レーヴェンハイム–スコーレムの定理」と称される定理（それはゲーデルの完全性定理 [Gödel 1930] から得られる）を提示していたとされるが，残念ながらそれも出版されなかった．

タルスキは当時これらのセミナーの成果を精確に述べる方途を持たないことが不満だった．以下の [Tarski 1936] 論文末尾の注記で，本文ならびに付録で述べられた意味論的諸定理を，「正確で厳密な形式で述べる方途を見出すことができるようになったのは，1929-30年に「実数定義」論文 [DfR] や「真理概念」論文 [T1935] で展開された方法の助けを待ってである」（[*LSM*, p. 383]）と述懐している．

以上，確かに1948年までの主たる公刊物で，直截にモデル論的提示法を採用しなかったのは事実であるが，以上のようなタルスキの研究過程と二次的出版物を見ると，早期から「タルスキはモデル論者だった」[Feferman 2008, pp. 78f.] という見解にも肯ける点がないではないであろう．

いずれにせよ，タルスキは当時の真理概念に不満足であった．「ある数学的命題 σ はあるモデル・構造 M で真」は，直観的には明らかで，完全性定理が真理を本質的に非定義的概念として扱う以上，「証明可能」という概念と釣り合うはずであった．しかし真理概念の満足の行く分析は与えられていなかった．当時は数学全体が，ただ一つの原始概念「成員性 $\in$」だけで構成可能と解されていたから，ある数学的命題 σ について，「σ は M で真」を扱うモデル論（したがってメタ数学）は数学の一部ではないことになる．このことがメタ数学の足場を不確かにしていた．

タルスキは [Tarski 1932] で真理に必要とされる分析を与えた，といわれる．だが彼の主要な貢献は，「σ は M で真」という概念が通常の数学，例えばZF（実際は型理論プラス2階言語）の内部で端的に定義可能なことを示したことであるのかもしれない [Feferman 2004, pp. 75f.]．

以上の量化子消去法により，真理述語は1階述語（文関数）の「充足」に帰着され，原始再帰的定義を介しての原始再帰的算術の展開に繋がるわけである（既述のように，「モデル」や「解釈」という用語が明示的に登場するのは，先述の

タルスキの論理学教科書［Tarski 1936］，英語版（1941），rev. 3rd ed. (1965) の，§37 'Model and Interpretation of a Dedeuctive Theory' in ［Tarski 1965, pp. 120ff.］においてである）．

さて以上の相当冗長になってしまった導入的な概括から，いくつかのポイントがうかがわれるように思われる．

以下で詳しく検討するが，まずタルスキが哲学の師たちから継承したという「直観的形式主義」のうち，

- ⓐ‐① 真理の「直観的」・非形式的な概念については，アリストテレスに遡る古典的解釈「真理対応説」を，真理定義の「内容的適合性」条件として受容する中で，継承される．
- ⓐ‐② レシニエウスキにすでにあったとされるT文の着想は，しかし「現実」「事態」「対応」等への言及というインフレーションを削減した上で，規約Tに生かされていく．
- ⓑ 一方，師たちの「形式主義」は，哲学・論理学の師レシニエウスキの「基本体系」を，数学の師シェルピンスキらの公理的集合論に切り替えて，真理をめぐるパラドクスも含め，規約Tの「形式的正しさ」のための制約を巡る諸困難へのいっそう踏み込んだ対処へと展開されていく．

しかし，その克服法に関しては，真理概念の一般的で絶対的な定義の不可能性の確認，定義可能性概念の検討，（レシニエウスキにすでにあったという）対象言語／メタ言語の区別に立つ，しかし公理的集合論によるメタ言語の整備，特定言語と相対的な定義の可能性，規約Tからの各文の部分的定義の導出，シュレーダー‐スコーレムによる量化子消去を継承しての，意味論的諸概念の切り詰め（真理述語を文関数の「充足」に帰着，「指示」概念の除去），文関数の「充足」の定義，レーヴェンハイム‐スコーレムの定理その他の意味論的諸定理の導出，公理系の無矛盾性，完全性，決定可能性，不完全性といった，不可欠のさまざまなメタ数学的探究に関して，タルスキは，ゲーデルの成果と並行しつつ，しかし独立に，全く斬新な領野の開拓に突き進んだと見られる．実際タルスキは，後述の主論文「形式化された言語における真理概念」（公刊は［T1935］）において，まずは「クラス算」という一つの公理的な演繹科学の特定言語と相対的に，真理定義を与えようと試みる．と同時に，哲学者には読まれることのきわめて少ない，同論文の全体の2/3を占める後半部§4以下では，クラス算以外の，有限および無限領域に関わる言語，有限階層そして，無限階層の変項をもつ言語に関して（差し当たり，師レシニエウスキの「意味論的カテゴリー」を援用し（しかし，［Tarski 1935］独訳の「後記」で放棄している），わけても無限階層の変項をも

つ言語について「相対的真理」というアイディアが登場する），公理的集合論内部で，真理定義が可能か否かを，実に執拗詳細に検討していくのである（後述の次論文参照 'Grundlegeng der wissenschaftlichen Semantik' in ［TCP2, pp. 261-8］英訳は［LSM］所収）．

2.2.3 真理概念のモデル論的枠組みの復習

既述のように，やがて渡米後，ヴォートとの共著［Tarski and Vaught 1957a］において明示的にされるモデル論の枠組みを重複を厭わず，復習しておけば，それは以下のようであった［Feferman 2004, pp. 119f.］．

形式言語 L に対する構造（ないしモデル）M は，(i) M の領域（対象の空でない集合）と，(ii) L 中の項関係には，M の領域の要素間の関係 R_M とによって与えられる．L の基本文関数は，一つの変項を伴う関係記号で，派生的文関数は，否定，選言，普遍量化によって生成される．「相対的」充足の定義には，（絶対的）充足の「M における付値 σ が文関数 F を充足する」の各再帰節に「M において」を付加すればよい．特に全称量化の場合には，「σ が M におけるある付値で，F が '$\forall x F'$' のとき，σ が M において F を充足するのは，x 以外の変項において M における付値 σ と一致するどの M における付値 b も，M において F' を充足するときそのときに限る」となる．こうしてタルスキとヴォートは，L の文 S に関し「S は M において真である」を（M における）どの付値 σ も M において S を充足する場合であると定義した［Feferman 2004, p. 120］．なお，実数定義に関心をもたれない読者は，3項の「真理概念」論文に直接進まれたい．

2.3 「実数定義の可能性」論文とモデル相対的真理

2.3.1 自然数定義のモデル/構造への相対性

だがそれでは「実数定義」論文［DfR］中で，どこに，以上の「モデルに相対的な真理・充足の定義」という観念を見出すといえるのであろうか．

確かにタルスキは，［DfR］論文の §1 で数学者の一般的懐疑の対象とされる「定義可能性」の観念が常に，探究がその内でなされる演繹的体系に相対化される (relativisée) べきだ（［TCP1, p. 522］，英訳 in ［LSM, p. 112］）と主張している．しかもその際，実数の定義可能性を，実数算のいずれの体系にせよ，（実数算の）独立の公理や原始的概念を伴わない算術を（いわば下位構造とする）数理論理学（例えば，単純型理論を伴う PM の論理体系）の特定の1章と見なすことも可能ではある．しかし（逆に），算術を論理学のいわば上位構造（Überbau, superstructure）を形成するような，一個の独立の演繹科学として扱う方が，よ

り好都合であろう（[*TCP*1, p. 522], 英訳 in [*LSM*, p. 113]）. つまり, 実数の定義可能性を, こうした初等算術体系に相対化しようということである. メタ数学的には, 各演繹的体系がその内で探究される「メタ体系（metasystem）」を, 以下に述べるように, 構成する（construct）ことができる, ということであろう（[*TCP*1, p. 526], 英訳 [*LSM*, p. 116]）.

しかも注目すべきことに, 上述でも, また以下でも見るように,「実数概念の定義」のみならず, 暗黙にではあるが「充足・真理概念の定義」についても, あるメタ的な公理的演繹体系としての「構造」への相対化が示唆されていた. しかし, 本論文ではいまだ「モデル」という用語は登場してはいない.

後述の「真理概念」論文［T1935］での「充足・真理概念」の定義もまた, いわゆる「絶対的真理（truth *in simplicita*）」であれ, 何らかのモデル「相対的な真理」であれ, タルスキ的には, 特定のメタ的な公理的演繹体系としての「意味論」に「相対化される（relativisée）」べきであろう. だがしかし,「実数定義」論文［DfR］でもすでに,「メタ的な公理的演繹体系」としての「構造」に「相対化」された「定義」とは区別されるような, あるいはその分節された下位区分をなすような,「モデル相対的な定義」あるいは「解釈相対的な定義」という考えが現れているといえるであろうか.

だが注目すべきは,（以下での§2での）数学的定義では, 定義可能な集合と関係（加法や順序）（型構造では層1）は, 単純に, 原子式（文関数）に対応する一定の有限列の原始的集合から, ブール操作（否定, 和）と射影およびその双対により生成され, 後に以上が任意の構造の定義可能性に拡張される, という［Feferman 2008, p. 81］. だがその際, 導入で（1階の）初等定義可能性は（その探究がその内でなされる）原始的概念の体系に相対化される. しかも後半部においては,「実数概念の定義可能性」のみならず, その基礎にある「充足・真理概念の定義可能性」が, 見え隠れするように, 並行的に問題とされ, 論文の末尾近くでは, 実数集合 *Rl* が, 集合 *V*（いわゆる論議世界, 普遍集合）へと一般化され,「充足・真理概念」は, 文関数に対応する列の基本集合が *V* の（要素の）すべての有限列の集合 *Sf* の一定の部分集合に相対化されている（［Tarski 1931］in［*TCP*1, pp. 543-4］, 英訳［*LSM*, p. 135]）.

つまり, 原始的概念の体系への相対化には, その体系に関わる列の置き換え, すなわち, 実数集合が集合 *V*（論議世界, 普遍集合）へと拡張/置換され, 列の基本集合を *V* の（要素の）すべての有限列 *s* の集合 *Sf* の一定の部分集合への相対化も含まれる, と解されるのである. すると,「ある概念定義の可能性」は, 当の体系中の記号が表示するとされる当該の概念に関わる, いわゆる対象領域

（始域，終域）ならびに関係・操作の置換・変動に連動するモデルの変動，モデルへの相対化，あるいは表示法の（解釈の）変動による相対化をも含意すると解してよいとも考えられる．以下こうした問題を念頭におきつつ§2「数学の見地からの階1の定義可能集合」の本文を検討しよう．

　ここでのメタ的探究の対象分野は，特にクラス算，関係（和や順序）の論理，実数算を含む既知の数理論理学，ないし論理体系上に公理的に構成された算術の体系を伴う論理学の体系である．例えば，PM の論理体系（ただし，ラムジーの批判を承けて分岐型理論は単純型理論に替える）[LSM, p. 120].

　記号には，集合論的な記法が使用される．記号の使用と言及は，§2の導入部では，例えば，記号 '0' は空集合を，'$\{x, y, z, \cdots\}$' は $x, y, z, \cdots$ からなる有限集合を，記号 '$E_x \phi x$' は ϕ を満たすすべての対象の集合（外延）を，'Nt' は自然数の集合を，記号 'Rl' はすべての実数の集合を表示する（désigner, denote）といったように，引用符と意味論的用語「表示する」（解釈 ϕ）の導入で区別されてはいるが，必ずしも厳格に遵守されてはいず，しばしばそれと明示することなく「使用」されている．主要な道具立ては，実数の有限列とその集合で，r は任意の算術的関係ないし射影（projection）（例えば，順序 $x \leq y$ や和 $x+y=z$），r の始域（domain）$D(r)$ は，集合 E_x（ある y は xry を満足する）[すなわち $\exists y(xry)$ を満たす対象 x の集合・外延である，つまり，'$E_x(\cdots x \cdots)$' は '$\cdots x \cdots$' を満たすすべての対象の集合＝外延を一意的に指定するクラス抽象（class-abstraction）と考えられる]，終域（counter domain）（または値域（range））$^CD(r)$ は，E_y（ある x は xry を満足する）（$\exists x(xry)$ を満たす y の集合・外延）と定義される．すべての x, y, z について，式 xrz と yrz が常に $x=y$ を含意するとき，r は一対多関係（関数）と呼ばれる．

　① 自然数 Nt の有限部分集合 [$^CD(r) \subseteq Nt$] で，関係 r の終域 [$^CD(r)$] が，Nt の有限部分集合 [$^CD(r) \subseteq Nt$] であるとき，有限列という．またすべての有限列の集合を 'Sf' で表す．ここで「モデル」という用語を仮に用いてみれば，

　　①の暫定「モデル/構造」：$\langle ^CD(r) \subseteq Nt, r \rangle$．
　② 列 s が，$s \in Sf$ で $D(s) \subseteq Rl$ なら，s は実数の有限列と呼ばれる．
　関係 $r=s$ なのは，[$\forall x \forall y [xry \equiv xsy]$] のときである．[外延性，確定性] また記号 'r/X'（r は関係，X は集合）は，[$\forall x \forall y [xty \equiv [xry \wedge y \in X]]$] という条件を満たすような関係 t を表す．

　　②の暫定「モデル/構造」：$\langle ^CD(s) \subseteq Rl, t \rangle$ となろうか？

2.3.2 斉次集合の定義——文関数の数学的類似物

　以下まず，①の有限列の集合（Nt）が取り上げられる．有限列の始域（および終域）は自然数の有限集合（Nt）の合併（union）である．特に重要な列集合として，すべての$s \in S$について，${}^cD(s) = {}^cD(S)$のとき，Sは列の斉次（初等算術的）集合（homogenoeus sets）と定義される（定義2）．また列の集合S上への以下の5個の論理・集合論的操作，すなわち，補（差，$-S$），和（$S \cup S'$），積（$S \cap S'$），k番目の項までの結び（summation）$\Sigma_k S[\cup_k S]$と交わり$\Pi_k S$（intersection $\cap_k S$）を補足すれば [LSM, p. 124]，①のモデル/構造は，以下のようになろう．

　　①のモデル/構造：$\langle {}^cD(s) = N,$ 算術関係 $r(=1, \leq, +),$ 操作 $(-, \cup, \cap, \Sigma_k, \Pi_k) \rangle$

　注目すべきは，タルスキが，「実数概念の定義可能性」と「充足・真理概念の定義可能性」とを関連づけて考えていたと思われることである．タルスキはまずはもっぱら斉次集合に着目し，斉次集合としての列集合を，文関数の数学的類似物（mathematical analogue）として扱う．逆に言えば，文関数が，同じ終域をもつ各列からなる斉次的集合を確定するのである [LSM, p. 122]．

　さて上述の関係rに対応する列の原始集合$U_k, M_{k,l}, S_{k,l,m}$が（算術的）関係$r(=1, \leq, +)$により定義される（定義4）（添字k, l, mは自然数）．

　　①${}^{\#}$のモデル/構造：$\langle N,$ 原始集合 $[U_k, M_{k,l}, S_{k,l,m}],$ 操作 $[-, \cup, \cap, \Sigma_k, \Pi_k] \rangle$

　こう関連づけることで，文関数の充足，また文の真理定義が，メタ数学的な集合論の内部で遂行されるという構想も示唆している，と思われる．

　さらにこの原始集合は，層1の原始的文関数として導入される$v(x),\ \mu(x, y),\ \sigma(x, y, z)$によって確定される．すると，①${}^{\#}$のモデル/構造は，以下のように一般化されよう．

　　①*のモデル/構造：$\langle N, [v, \mu, \sigma], [-, \cup, \cap, \Sigma_k, \Pi_k] \rangle$

　次に層1の定義可能性の定義について，まず実数の有限列の集合と，実数そのものの集合に関する定義が示される [LSM, p. 128]．

　実数の有限列の集合は，斉次的（初等算術的）に定義可能な集合と言い換えられて，文関数の充足・真の定義の問題が，初等算術的に定義可能集合として集合論的なメタ数学的理論の内部に位置づけられることが示唆され，それは逆に，以下の諸定義の内容的適合性の問題が，そのまま「文関数の充足，文の真理」定義の内容的適合性の問題に直結していくことが示唆される．

　定義9．列の定義可能集合の族（family Df）は，以下の条件を充足する，集合$\mathcal{K}$のすべての族の交わりである [LSM, p. 128]：

(α) $U_k, M_{k,l}, S_{k,l,m} \in \mathscr{K}$ (上記の定義4).

(β) $S \in \mathscr{K}$なら，$S \cup S' \in \mathscr{K}$.

(γ) $S, T \in \mathscr{K}$なら，$S \cap T \in \mathscr{K}$.

(δ) $k \in Nt$かつ$S \in \mathscr{K}$なら，$\Sigma_k S \in \mathscr{K}$かつ$\Pi_k S \in \mathscr{K}$.

定義10．個体の定義集合の族$D = E_X[D(S) = X$で $^cD(S)$ が単元集合であるような，そうした集合$S \in Df$が存在する]の外延・集合．

②のモデル/構造：$\langle Df, \langle\langle U_k, M_{k,l}, S_{k,l,m}, \langle S \cup S', S \cap T, \Sigma_k S$かつ$\Pi_k S \in \mathscr{K}\rangle\rangle\rangle\rangle$

上に構成された定義の内容的適合性[*LSM*, p. 128]，すなわち，それらの定義が，実数概念の直観的に知られ，通用している意味を把捉しているかどうかが，メタ的探究の中心的問題として問われる．この問題は定義10の$n=1$（層）の場合に絞られ，しかも肯定的に解決される．

さて一方で，列の原始集合とその上の基本的操作間に厳密な対応が存在し，他方，層1の原始文関数とその表現上の操作間にも厳密な対応が存在する[*LSM*, pp. 123-6]．よって，族Df（定義9）は，まさに，文関数によって確定される列の集合族である．ゆえに族D（個体の定義集合の族）は，§1の意味で層1の定義可能な集合の族と一致する．その確認には[*LSM*, p. 129]，以下の全く機械的な推理法がある，という．

Aを原始概念 '1', '≤', '+' で算術的に定義される数集合とする：

(1) $A = E_x \phi(x)$

記号$\phi(x)$は，層1の変項 'x' を含む文関数で，否定，論理和，論理積，普遍量化子，存在量化子と，論理定項に対応する 'v', 'μ', 'σ' のみを含む．

各特定の場合，各文関数$v(x), \mu(x, y), \sigma(x, y, z)$は，$U$（すなわち$x = 1$），$M$（すなわち$x \leq y$），$S$（すなわち$x + y = z$）と，論理的操作記号も定義5-7 [*LSM*, pp. 123-9]の集合列上の操作（補，和，積，列（sequence））と，最後に記号EはDと置換される．すると(1)は以下となる．

(2) $A = D(S)$ （Sは，単元要素の終域の族Dfの列の集合）[*LSM*, p. 130]

定義10から，Aは族Dに属する．以下，いくつかの具体例からも，集合Aの各事例$\langle A, \langle v, \mu, \sigma \rangle\rangle$は，後の「モデル/構造」という概念の先駆けと見ることができる．

以下で，モデル例と見なしうるものを与えてみよう．

1. モデル例1：$\langle A = \{0\}, \langle v, \mu, \sigma\rangle\rangle$．（すなわち$A$では$v(0) = 0, \mu(0\text{-}0) = 0, \sigma(0+0) = 0$が成立）

2. モデル例2：$\langle A = \{1, 2, 3\cdots\} \subset Nt, \langle -\sigma, \Sigma_y(\mu(y, 1)\ \sigma(y, y, y)\rangle\rangle$．このとき，$A$では$(-\sigma(1, 1, 1)$（すなわち$-(1 = 1+1)], \Sigma_y(\mu(y, 1)\ \sigma(y, y, y)$

(すなわち $\mu\,\lfloor 1\leq 1\rfloor$) が成立するゆえ $\lfloor y\leq 1\rfloor\cup\lfloor y=y+y\rfloor$ が成立).

3. $A=\{x\mid 0\leq x\leq 1\}\subseteq Rl$ (有理数) のとき,A では $\mu(y,x)\cdot\sigma(y,y,y)\cdot\Sigma_z\lfloor\mu(x,z)\cdot\upsilon(z)\rfloor$,例えば,$\lfloor 0\leq 1\wedge 0=0+0\wedge\lfloor 1\leq 1\cup 1=1\rfloor\rfloor$ が成立する.

 モデル例 3:$\langle A=(0\leq x\leq 1)\subseteq Rl$ (の有理数),$\langle\mu,\sigma,\Sigma_z,\upsilon\rangle\rangle$

4. A を族 D の特定の要素,例えば,$A=D(\Sigma_2\Sigma_3(S_{2,1,3}\cdot S_{2,2,2}\cdot U_3))$ としよう.そのとき $A=\Sigma_y\Sigma_z(\sigma(y,x,z)\cdot\sigma(y,y,y)\cdot\upsilon(z))=E_x(y=x+z\cup y=y+y\cup z=1$ であるような y,z が存在する)を満足する対象 x からなる集合 A は,単一の数 $-1\lfloor A=\lfloor-1\rfloor\rfloor$ から構成される [LSM, p. 131].

 実際,$A=\lfloor-1\rfloor$ のとき,$\Sigma_y\Sigma_z(\sigma(y,x,z)\cdot\sigma(y,y,y)\cdot\upsilon(z))=E_x(y=x+z$(すなわち $0=(-1)+1)\cup y=y+y$(すなわち $0=0+0)\cup z=1$ であるような y,z が存在する)の選言肢の少なくともいずれかが成立する.よって,

 モデル例 4:$\langle A=\lfloor-1\rfloor,\langle\Sigma_y\Sigma_z,\sigma,\upsilon\rangle\rangle$

 この事例で特に注目されるのは,存在量化が $\Sigma_y\Sigma_z$ のように多重に現れるケースで,タルスキが $A=\Sigma_y\Sigma_z(\sigma(y,x,z)\cdot\sigma(y,y,y)\cdot\upsilon(z))$ を $E_x(y=x+z\cup y=y+y\cup z=1$ であるような y,z が存在する)へと展開し,「存在する」で束縛された変項 y,z を予め各領域に区別しつつ相対化しておいて,クラス抽象(外延指定子)E_x によって変項 x の領域を指定し,それに相対化していることである.これは,後のモデル論において,例えば,$\forall x\exists y[x<y]$ と $\exists y\forall x[x<y]$ との場合のように,束縛変項と自由変項の付値について,また一般的にスコーレムによる量化子消去に際し,その各領域の異同が問題となることへの対処策と関連すると思われる.

 以上から,定義 10 の直観的適合性には議論の余地がないように思われる.

 上に辿った議論の歩みからでも,タルスキが本論文において,実数論がそれへと相対化されるべき演繹体系としての「構造」の考察において,この構造の構成要素を形成する,(始域,終域をなす)領域 A について,単元集合 $\lfloor 0\rfloor$,自然数 $=\lfloor 1,2,3\cdots\rfloor$,$(0\leq x\leq 1)$(の有理数),負数の単元集合 $\lfloor-1\rfloor$ と,いろいろに変動させ,また狭義の意味での「構造的要素」にしても,否定,論理和,論理積のような論理学的操作や,単位 υ,差 μ,和 σ,(後には積 π)のような算術的操作を多様に組み合わせて構造化していることが知られるのである.よって,「実数定義」論文 [DfR] においてすでに,いわば広義の「構造」への相対化という構想には,$\lfloor 0\rfloor$ から普遍集合 V まで置換・変動可能な対象領域(始域,終域)D(現今でいう「モデル」)への相対化と,それら対象領域で成り立つべき補・合併・交わり等の置換可能なブール代数的諸関係 R(現今でいう「モデル構造」)への相対化との両面が含意されているといえよう.さらに,記号とそれが「表示する

(désigner, denote)」値との付値関数（assignment function）ϕ を後の「解釈」と重ねてよいのなら，すでに本論文で，各演繹的体系がそれへと相対化されるべきモデルといった考えは，$\langle \phi, \langle D, R \rangle \rangle$ と表記できるような形で，ほぼその基本的原型を現しているといってよいように思われる.

以上の有限列の集合，特に上記算術的に定義可能な数の集合は（解析学の観点からは）ごく初等的な構造（structure）をもつ対象である．ここでのわれわれの問題は，タルスキの実数定義の是非を見定めることではないので，詳しく立ち入る必要はないが，タルスキの残部の議論を若干補足しておこう.

2.3.3 実数の定義可能性

タルスキは，積分係数を伴う線形多項式（polynomial）という解析学での概念を，実数をその有限列に対応づける関数（その始域が実数で，終域が実数の有限列のみの一対多関係）と解する．この積分係数を伴う線形多項式 p は，自然数の有限集合 N によって，また始領域 N を伴う整数列，および数 b によって確定されるとし，また各列 $s \in R_N$ に数 $P(s) = \Sigma_{k \in N} \, a_k \cdot s_k + b$ を対応づける．この概念の助けによって，有限列の集合のカテゴリーは，初等線形集合と定義される.

仮にそのモデル例を挙げれば，$\langle N, R_N, p(s), \langle \Sigma_{k \in N}, \cdot, + \rangle \rangle$.

定義 11. S が初等線形集合と称されるのは，$S = E_p(p(s) = 0$ および $D(s) \subseteq Rl$) か，または $S = E_S(p(s) > 0$ および $D(s) \subseteq Rl$) であるような，積分係数をもつ線形多項式が存在する場合とされる．すると，初等線形集合は，その解が型 '$p(s) = 0$' の線形方程式かまたは型 '$p(s) > 0$' の不等式かであるような実数のすべての列 s の集合である.

その仮モデル例：$\langle D(s) \subseteq Rl, \langle p(s) = 0 \lor p(s) \rangle 0 \rangle \rangle$

この線形多項式の解釈から，どの初等的線形集合も斉次的であることが帰結する.

こうして集合 Df の族を特徴づける次の定理が定式化される［LSM, p. 132］.

定理 1. 実数列の集合 S が族 Df に属している（$S \subseteq Df \subseteq Rl$) ためには，$S$ は（共通の始域をもつ）初等線形集合の有限積（交わり $\Pi_k \, D(S_k)$) の有限和（合併 $\Sigma_k \Pi_k \, D(S_k)$) であることが必要十分である．$[S \subseteq Df \subseteq Rl] \Leftrightarrow [D(S) \subseteq Rl \land \{(p(s) = 0 \lor p(s) > 0)\} \land \Sigma_k \Pi_k \, D(S_k)]$

この定理もまた，真理定義の適合性条件への布石でもある，と見なしうるであろう.

実数列の集合 S の族 Df のモデルとは，実数列の集合とその上への算術的関係（単元 υ，差 μ，和 σ) およびクラス算操作（合併 Σ_k，交わり Π_k) からなる構造

であろう．すなわち，

　〈Rl, 〈v, μ, σ（すなわち $x=1, x \leq y, x+y=z$），Σ_k, Π_k〉〉（証明は [LSM, p. 133]）．

上記証明中にタルスキは，操作 Σ_k と Π_k，および代数で周知の方程式，不等式の体系との密接な関連を見ている．

基本的にヴォートに従う先述のフェファーマン [Feferman 2004] も，もっぱら§2に注目し，タルスキにとって，ある構造における真理概念への重要な布石は，実数の定義可能性が，初等代数の基本的な関係 R により与えられるとしていた．そして「その領域はすべての実数の集合 D で，等号（$x=y$），不等号（$x<y$），和（$x+y=z$），積（$x \cdot y=z$）に対応する四つの基本的な関係記号をもつ．初等実数論についての量化子消去を用いて，タルスキは，以下を，証明なしで，示している．（i）文関数 s が和関係＋のみを含むならば，D は有理数の端点の区間の有限合併，（ii）文関数が積も含めば，D は代数的端点（上限・下限）をもつ区間（有界）の有限合併である．1931年論文［正確にはその§2］では，実数集合 D は，（ブール代数的な）差，合併，（幾何学的な）射影——否定，選言，存在量化に対応——という集合論的・幾何学的操作の下での閉包なので，上記四つの基本的関係から，実数集合 D の定義可能な関係が直接に生成する．こうした工夫で，「実数定義」論文 [DfR] は（否定，選言，存在量化に関わる）充足の再帰的定義の課題を迂回している．とされる [Feferman 2004, pp. 120f.]．

フェファーマンの上記（i）に対応する，タルスキの関連テクストは以下であろう．

　　次の型（a, b は任意の整数）：$E_x(x=a)$, $E_x(x>a)$, $E_x(x<b)$, $E_x(a<x<b)$ [すなわち $|a|, |x|x>a|, |x|x<b|, |x|a<x<b|$] の数の集合を，実数［有理数］と端点との区間（intervals）と呼ぶ．この取り決めで，定理1から族 D に関する以下の定理が得られる．

　　定理2．実数の集合 X が族 D に属するための必要十分条件は，X が有理数と端点 [a, b] との区間の有限合併であること，である．[LSM, p. 133]

2.3.4　メタ数学的定理——相対的決定可能性

定理1と類似のメタ数学的な決定可能性定理が導かれる．すなわち，§1での算術体系で型1のどの文も証明可能か反証可能かである．さらに，各特定の場合に，（型1の）文が証明可能か反証可能かを決定できるような機械的方法が存在する．だがこの定理は，$U_k, M_{k,l}$ および $S_{k,l,m}$ を列の原始集合に選んだこと，および，原

始的概念として，数 1，関係 ≤，操作 + のみを含む算術体系に制限したこと，に依存する．つまり，数 1，関係 ≤，操作 + のみを原始的概念とする算術体系と相対的に決定可能なのである．

しかしこれらの集合や原始的概念を他と置換すると，上記の族は本質的変容を受ける．にもかかわらず，このメタ定理を維持できるであろうか？

例えば，実数算術は二つの概念，和と積に基づくことも可能である．その場合，集合 $S_{k,l,m}$ は維持し，s_k, s_l, s_m は実数 Rl に，$P_{k,l,m}$ は積 $s_k = s_l \cdot s_m$ と置換する．さらに (1) 定義 1, 2 中の「線形」を削除［*LSM*, p. 134］，(2) 定理 2 の「有理数 (rational)」を「代数 (algebraic)」に変更すれば，定理 1, 2 はそのまま成り立つ．

フェファーマンの上記 (ii)「文関数が積も含めば，D は代数的端点 (上限・下限) をもつ区間 (有界) の有限合併である」［Feferman 2004, pp. 120f.］が依拠するタルスキの関連テクストは以下であろう．

> 文関数が積を含む場合，族 D は拡張され，D は代数的端点［上限・下限］をもつ区間［有界］の有限合併となる．解析幾何学の見地からは，かなり複雑な集合，例えば，任意の高階クラスのいわゆる射影的 (projective) 集合を含む．［*LSM*, p. 135］

こうして，「初等定義可能性の概念」が相対化されるべき対象領域は，普遍集合 V，有限列 ((同型の) 原始的に有限列の族 F に関する) の算術的に定義可能な集合の族 $Df(F)$ にまで拡張され，しかも $Df(F)$ は，上記定義 9 の条件 (α)-(δ) の条件を満足するすべての族 K の積 (交わり) と見なされるから，それに対応する構造を満たすようなモデルに相対的であるといえよう．すなわち，

> （層 1 の）初等定義可能性の概念は，その偶然的性格の除去には，原始的概念の任意の体系に，列の原始的集合の任意の族に，相対化させる (relativize) 必要がある．この相対化 (relativazation) に際しては，もはや実数の算術の原始的概念を顧慮する必要はなく，集合 Rl は任意の集合 V (いわゆる議論世界ないし普遍集合) に拡張され，記号 Sf は s の領域が V に含まれるようなすべての有限列の集合を表示すると考えられる．列の有限集合は Sf の一定の部分集合である．定義中で現れるタームを，V を構成する対象の型も捨象し，「体系的に多義的な」タームとして扱うことができる．［*LSM*, p. 135］

このようにして，対象領域を（自然数，有理数，実数といった制限を超えて）一般的に有限列（（同じ型の）原始的に有限な列の族 F に関して）の算術的に定義可能な集合という一般的な概念に達する．

これら定義可能集合の族を記号 '$Df(F)$' で表示する．

定義 12. $Df(F)$ は，条件（α）-$F \subseteq K$, 同様に定義（β）-（δ）の条件を満足するすべての族 K の積（交わり）である．

定義 13. $D(F) = E_x(D(S) = X$ であるような集合 $S \in Df(F)$ が存在し，かつ '$D(S)$ が単元要素からなる集合である'）という概念を満たす集合・外延．

定義 12, 13 から，次例のような族 $D(F)$ と $Df(F)$ の初等的諸性質が導かれる．

定理 3. (a) $Df(F)$ は，定義 9 の条件（α）-（δ）を満足する族で，事実こうした族の最小の族である［(b)-(d) は略］．また (e) 族 F がたかだか可算（denumerable）なら，族 $Df(F)$ も $D(F)$ もまたたかだか可算である［LSM, p. 136］．

注目すべきは，上記の定理証明で，上記定義 9 の条件（β）-（δ）中の操作の特定の性質を利用する必要がないことである．重要なのは，定理 3 (e) を実効的な（*effective*）仕方で証明できる点である．つまり，次式を満足する無限列 S^* を対応づける適切に確定された（*well-determined*）関数が定義可能だからである．すなわち，$Df(F) = D(S^*)$（つまり $Df(F) = \{S_1^*, S_2^*, \cdots, S_n^*, \cdots\}$）．

しかし定義 12, 13 は任意ではなく以下の正則族にのみ制限される．

定義 14. F が正則族（*regular family*）なのは，（α）F がたかだか可算の空でない族で，（β）すべての集合 $S \in F$ が列の斉次的集合であり，（γ）$k, l \in Nt$ で，$S \in F$ ならば，$k/l \, S \in F$.

正則族の例は，k, l, m が自然数で，すべて集合 $U_k, M_{k,l}, S_{k,l,m}$ から構成された族である．

もし F が正則族なら，$Df(F)$ もまた正則的（定理 4）であり，文関数と原始的関数との間の関係から，F が正則的だとされる［LSM, p. 138］．すべての文関数はいわゆる（冠頭）標準形に還元する定理と対応するからである．というのは，任意の正則族 F に関し，$S \in Df(F)$ の必要十分条件は，$S = 0$ ないし S が集合 $X \in F$ の有限積の有限和とその補の形式をもつこと（定理 5）だからである．

さらに，上記 (ii) のように文関数が積も含む場合には，D は代数的端点（上限・下限）をもつ区間（有界）の有限合併である［Feferman 2004, pp. 120f.］．

定理 6. F が正則族で，$X \in D(F)$ かつ $Y \in D(F)$ ならば，次が成立する：
$-X$（X の補集合）$\in D(F)$, $X + Y \in D(F)$, そして $X \cdot Y \in D(F)$.

相対化された概念 $Df(F), D(F)$ は，定義可能性の全数学的理論にとり基本的に重要である．それらにより，例えば，1 層以上の定義可能な集合という概念を

定義できる．事実，任意の自然数nに関し，'Df_n'によって，実数の有限列のn層のすべての定義可能な集合の族を表示し[LSM, p. 139]，'D_n'によって実数自身の層nのすべての定義可能な集合の，対応する族を表示したとすると，族Df_1とD_1はそれぞれDfとDに一致する．いま$n=2$の場合に限り，以下のように，Df_2，D_2の数学的定義を構成する：

議論世界として実数のすべての集合の（つまり，Rlのすべての部分集合の）族を取る．するとSfはすべての有限列の集合となる（その項は実数の集合で，記号'R_N'の意味はそれに応じて変動する（定義3参照））．Xを実数の任意の有限列とすると，$s \in X$のどの列でも，各項s_kを集合$\{s_k\}$で置換し，そうして得られたすべての有限列の集合をX^*で表示する．特に以下を得る（定義4参照）．

(a) $U^*_k = R_{\{k\}} \cdot E(s_k = \{1\})$ [単元数]

(b) $M^*_{k,l} = R_{\{k,l\}} \cdot E$ (あるxとyについて，$s_k = \{x\}, s_l = \{y\}$ かつ $x \leq y$); [実数間の順序]

(c) $S^*_{k,l,m} = R_{\{k,l,m\}} \cdot E$ (あるx, y, zについて，$s_k = \{x\}, s_l = \{y\}, s_m = \{z\}$ かつ $x = y+z$) [実数の和]

(d) $E_{k,l} = R_{\{k,l\}} \cdot E$ (あるxについて，$s_k = \{x\}$ かつ $x \in s_l$). [実数を成員とする集合]

集合U^*_k, $M^*_{k,l}$, $S^*_{k,l,m}$, $E_{k,l}$は，列の原始的集合と見なされ，これらの原始的集合すべての族は，'F_0'と表示される．

さてDf_2を，$X^* \in Df(F_0)$であるようなすべての集合Xの族と定義する．Df_2の定義は，1層に関する定義10の（層への型上げ）D_2の定義の添数字を2に変更すればよい．D_2はまた$\{X\} \in D(F_0)$のようなすべての集合の族とも定義できよう．

同様に，Df_n, D_nもすべての自然数nに相対化された$Df_n(F)$も，$D_n(F)$同様に定義しうる．各族Df_n, D_nがDf_{n+1}, D_{n+1}の部分として含まれることも示しうる[LSM, p. 140]．さらに，([LSM, p. 119]で示されたように）D_nに属さないがD_{n+1}に属する集合も常に構成できる．

2.3.5 幾何学的解釈

以上の諸概念についての，クラトウスキによる幾何学的解釈の示唆が紹介される．

特に終領域['D] $\{k, l, \cdots, p\}$を伴う有限列は，有限数の次元をもつ空間（その$X_k, X_l, \cdots, X_p$はその座標軸である）における点として解釈できる．そのとき集合$R_{\{k,l,\cdots,p\}}$は全空間，斉次集合は，そうしたある空間に含まれる集合である．

集合 U_k は，X_k 軸上に位置する座標1を伴う単点からなる．集合 $M_{k,l}$ と $S_{k,l,m}$ は解析幾何学の初等図形，つまり，ある一定の位置にある半円と平面として知られるようになる．定義5-8で導入された集合上の操作の幾何学的解釈は難しくはない．特に，操作 Σ_k（合併）は，容易に X_k 軸と平行な射影（projection）の操作と認められる．この解釈では，タームとそれから構成される列とを区別する必要はない．つまり，定義10と13は余分である．かくて定理1と2は解析幾何学のある定理の形を取る．

以上の抽象的な考察から，軸 $X_k, X_l, \cdots, X_p$ がユークリッド的直線であるとの仮説はもはや必要ないことがわかる．それらは，逆に（相対的ではなく）絶対的に，何らかの種類の抽象空間であってよい．すると空間 $R_{|k,l,\cdots,p|}$ は，それらの結合的（combinatory）――ないしデカルト積である．

近刊のクラトウスキの共著論文（[Tarski with Kuratowski 1930] in [*LSM*, VII]]）では，クラトウスキのさらなる研究ともども，この論文で略述された構成（construction）の幾何学的解釈の大なる発見的（heuristic）重要性を証している，とされる．特に，次論文で，以下の定理が定義12の帰結であることを示す：「もし F が射影的集合の族なら，$Df(F)$ もまたそうである．

結論として，先行のすべての構成（construction）において [*LSM*, p. 141]，われわれは，有限列の代わりに，通常の無限列（自然数の集合と同一視された終領域 [$^{\omega}D$]）を，言い換えれば，無限数の次元を伴う空間（ヒルベルト空間）の点を，操作しうるという．この空間からは決して到達しない列の集合上への操作だけを，もっぱら使用することさえできる．さらにその場合，補，和および積の操作は，集合代数の通常の操作と一致するだろう．かくして，示唆された変容は，確かに，展開を単純化し，その固有の優雅さを高めるだろう．他方，変容された構造は応用の基準からはある欠損をもつだろう．するとその発見的価値が多分減殺されるかもしれない」と注意される（[*TCP*1, pp. 517-48]，英訳 [*LSM*, p. 142]）．

以上のタルスキの論述を見ると，幾何学的解釈（interprétation géométrique）[*TCP*1, p. 547]，あるいは算術的，集合論的解釈等々での「解釈（interprétation）」とは，ある記号が何を「表示する（désigner, denote）」か，ないし記号的体系を構成する記号的諸要素をどう「解釈する」か，どのような「解釈」を与えるか，という後のモデル論での「付値（assignment）ϕ」に相当するとも，解されるであろう．

2.3.6 構造の，初等同値とカテゴリー性

しかし，こうした多様な「解釈」を許す「構造」の同定が必要である．ある意図された (intended)（算術的，ないし集合論的な）解釈，ないし解釈付きの理論が前提する，記号体系ないし演繹科学体系の「構造的」な同定はどうなされるのか．

タルスキは，量化子消去の方法が，以上のようなメタ数学的な問題や，モデル論上のいくつかの鍵概念，例えば，理論ないし構造 A, B が同じ真な文をもつときそのときにのみ，初等同値：(elementary equipollence) $A \equiv B$ となるといった「カテゴリー性 (categoricity)」の原型の導入にも，深く関連することを示す．

最初に 1926-8 年の初期セミナーで議論され，公刊は [Tarski 1935/6]（rep. in [TCP2], 英訳 [LSM, XII]）の論文の付録 (Anhang) でタルスキは，集合 X と X を順序型 α 中で順序づける二項関係とからなる任意のペアについて真であるすべての初等的性質の集合 $T(\alpha)$ を（非形式的に）定義している．初等順序理論の言語で定式化可能な二つの順序型 α, β のすべての性質が同一であることを，$T(\alpha) = T(\beta)$ と表すと，この式を初等不可識別ないし初等同値 (*elementar äquivalent*) と呼んでいる（[*TCP2*, p. 241]，英訳 [*LSM*, p. 380]）('Equipollent' in [Tarski 1936, pp. 130f.] も参照)．

3 「真理概念」論文とその前後

タルスキは，単にポーランドの直接の師たちから衣鉢を受け継いだのみならず，シュレーダー‐スコーレムによる量化子の消去法や，レーヴェンハイム‐スコーレムによるモデル論の先駆的な業績からも深い影響を受けて，ゲーデルによるメタ数学上のほぼ同様の業績をほとんど同時併行的に（「算術化」に関しては微妙だが），しかし独立に達成していたと思われる．

博士論文直後から，タルスキの仕事は，大まかには，非形式的・「直観的に」理解されている（「事実との対応」という）「真理」概念を，その直観内容には「適合」しつつ，しかし「対応説」のような「再現的 (representative) 言語観」にまつわる諸々の困難を回避できるように，厳密に形式化して定義しようとする試みに集中しており，しかもその「形式化」を巡って，レシニエウスキ流の「基本体系」を離れて「公理的集合論」の採用に踏み切っていったと思われる．

ともあれ，タルスキの元来の関心が，ポーランドの師たちと同様，直観的・非形式的に把握された概念や思想が，公理論的に形式化された「演繹的科学」において，どのようにしてそうした直観と適合的に表現されうるのかにあったと認め

ても，すなわち，タルスキ自身も「真理，充足，指示」といった意味論的概念および「完全性や決定可能性」等のメタ的関連概念を，なんらかの公理的形式理論内で捉える方法の展開に取り掛かった，と見なしても，問題はその形式化の方途にある．博士論文直後からタルスキは，その「形式化」に関して，レシニエウスキ流の「基本体系」から離反し，むしろその宿敵である「公理的集合論」の採用へと転換していったのである．

対比のために，タルスキの「真理定義」といわれるものの，代表的解釈の概略を取り急ぎ復習しておけば（詳細は後段），タルスキ［T1935］においては，望ましい「真理定義」は，言語の形式的統語論に加えて，当の言語の各文 s について，「s が真なのは p のときそのときに限る」という形式の文（いわゆる，T文）を含意すべきだとされる．ある言語が有限数の文をもつならばT文を枚挙すればよいが，無限個の文をもつ言語では，「再帰的方法」によって統語論＋意味論における有限個の公理を必要とする．さらに量化文の場合には，自由変項を含む開放文に関し，「充足」に関わる基本的な再帰的定義を要する．

その際，嘘つきのパラドクスのような意味論的パラドクスを回避するため，タルスキは真理定義が，対象言語より本質的に豊かなメタ言語において与えられるべしとの言語の階層性を要求する．

以下では，タルスキの真理論・意味論が，ポーランド学派の「直観的形式主義」を母胎とし，また例えば，「真理」概念の非形式的・直観的な内容把握という考えが，真理定義の「適合性」条件に継承されていると認めても，しかしその「形式的正しさ」の要求条件は，概念の「定義可能性」の検討も含め，師たちの所論を超えて独自の展開に至る．その過程を辿りつつ，「真理概念」の定義論文の解読を試みたい．

タルスキによる，特定の形式的言語体系に関するメタ数学的考察（無矛盾性，決定可能性，完全性，コンパクト性，不完全性等の証明），クラス計算の演繹体系をはじめとする，意味論的概念（真理，充足性，指示等）の定義可能性等々の，特定の演繹科学の形式化された言語と相対的なメタ的な意味論的考察は（対象言語・メタ言語の区別はレシニエウスキに負うとしても），メタ理論それ自身の形式化を含め，師たちの「直観的形式主義」の枠をはるかに凌駕し，全く斬新で独自の厳密な形式的メタ数学としての「意味理論」を拓く未踏の試みに，（その時期確定を画然と同定することは困難だとしても）すでに1920年代末から1930年代早期に踏み入っていたと思われる．既述のごとく，博士論文以後の研究においてタルスキは，すでに演繹科学の形式化の方法論では，レシニエウスキの形式体系には従わず，シェルピンスキの集合論的アプローチの採用に転換し，意味論を

メタ数学という演繹科学として公理体系化しようとしている．

かくして，タルスキの歩みは，師たちの「直観的形式主義」の衣鉢を継ぎつつ換骨奪胎し，諸々の意味論的概念の定義可能性や体系の無矛盾性，決定可能性，完全性，不完全性に関わる困難を巡って，タルスキの用語では，「形態学/語形成論（Morphologie）」ないし「意味論（Semasiologie）」と称される厳密な集合論的考察を展開し，さらに，無限階の変項を含む演繹科学が含む困難に直面して，いわゆる「モデル論的」なアイディアが顕在化すると思われるのである．ただし，今日では，「意味論（Semantics）」と「モデル論」は互いにオーヴァーラップしても用いられるから，厳密な区分けは困難だが，以下の要旨に現れるような，タルスキの初期の用語を踏襲しておく．もっとも，タルスキ自身も，'Semasiologie' という用語を，すぐ 'Semantik' という用語に変更してゆく．

主論文「形式化された言語における真理概念」［T1935］の内容を，テクストに即して辿る前に，「真理概念」についてのタルスキの最初の講演の，簡潔な要約を見ることにしよう．

この講演「形式化された演繹諸科学の言語における真理概念」［Tarski 1930-1］は，1931年3月21日にワルシャワ科学協会で行われ，翌1932年1月21日に「ウィーン科学アカデミー報告集」中で公刊された（［T1935］rep. in ［TCP1, pp. 613-7]）．この要旨には，パターソンのいう「表現的言語観」を示唆するものは全く見られず，「直観的内容」を（不必要なインフレ要素を削り落としつつ）保存し，「形式化の精錬」という道筋において，直観的形式主義から「メタ科学（Metadisziplin）」の一部としての「形態学（語形成論）（Morphologie）」ないし「意味論（Semasiologie）」への転換が，はっきりうかがえるように思われる．

まずタルスキは，この報告の基本問題を，「真なる言明の方法論的に正しく（methodologisch korrekt），事柄に適合的（meritorisch adäquat）な定義の構成（Konstruktion）」として提示する（元来のポーランド語原論文（1933）でも「内容的に適合的」は 'merytorcznie trafnka' 'trafny' の由で，この要約ではポーランド語の逐語的な 'meritorisch' という（'sachlich' と同義的だが稀な）単語が使われている）．そしてこの定義が，真理概念の多様な直観的理解の恰好な分析として，師のコタルビンスキの著書［Kotarbinski 1929］を挙げつつ，「現実との対応」を意味する，真理概念の「いわゆる古典的理解に含まれる意図の実現」を期すと述べている．

しかも，「いっそう厳密にいえば，そうした真理定義が，ある所与の言語に関して適合的であるとは，「x が真であるのは，p のときそのときに限る」といった形のすべてのテーゼが，その定義から，「p」を当該の研究対象の言語中の任意の

言明で置換すると（日常語では，言明を引用符で括ればよい），得られる場合なのである．この定義の構成に際しては，意味論的（*semasiologisch*）な内容をもつ［他の］諸概念の使用は避ける．それら［意味論的諸概念］の厳密化には，真理概念の場合と同じ困難に出会うからである」とされ，また「日常の自然言語については，嘘つきのアンチノミーに見られるように（レシニエウスキの指摘によるとの脚注），真理概念の正確な定義のみならず，その斉合的（konsequent）な適用さえも不可能である」［*TCP*1, p. 615］と断定される．

この要約においても，「直観的形式主義」における，「事実との対応」という師のコタルビンスキによって定式化された「直観的」・古典的真理理解が陥る諸々の困難を避けて，その厳密な「形式化」を図ろうとするに当たり，タルスキがどのような形式的技術的な工夫をしなければならなかったか（例えば，対象言語とメタ言語の区別，他の意味論的な概念，例えば，「現実・事実」との「対応」，事物の「指示」の使用を回避し，いわゆるT文のみですませる方途）を予示している．

まず日常言語でのアンチノミー解決には否定的に解答され，以下での考察は，もっぱら「形式化された演繹諸科学（*formalisierten deduktiven Disziplinen*）の人工言語（*Kunstsprache*）」に絞られる．

人工言語は，「二つの包括的なクラスに分けられる．最初のクラス，有限な階（Stufe）の言語では，すべての変項の階は——型理論（Typentheorie）の用語では——上に有界で（von oben beschränkt），指定された自然数を越えないとされる．第2のクラスは，無限階の言語からなり，その変項は，任意にさらに高階の変項を含む．これらの類別に対応して，形式化された演繹科学の二つのクラスが区別される」．

「有限階の言語に関しては，基本問題は肯定的に決定可能である．つまり，これらの言語中のどの一つにも正しくかつ適合的な真理定義を可能にする一般的な方法が存在する．その場合，一般的な論理的性格をもつ表現，さらには考察されている言語そのものの表現，および最後に，当の言語のいわゆる形態学（*Morphologie*），つまり，当の言語の表現およびそこで成立しうる形成関係（Gestaltrelation）を表示する術語で，すべて事足りる」とされる．

他方「無限階の言語に関しては，真理定義の問題には，否定的決定がなされる．すなわち，これらの任意の言語について，真なる言明の適合的な定義を構成しうると想定することは，前述の手段しか役立たないのだから，必然的に矛盾に陥る」（この成果は，ゲーデルの不完全性定理論文から得た，との注2あり）．

だがしかし，注目すべきことに，タルスキはこう主張する．「以上のことから

自明的に，次のことが，つまり，この言語で真理概念の斉合的な使用は不可能だということが，帰結するわけではない．

むしろ逆に「真理理論」を一つの特殊な演繹科学として基礎づけるという試みが略述される．これらの理論は，研究対象の言語の形態学を基礎に置き，真理概念を原始的概念として登場させ，その基本的特性が公理的に固定される．この学問の内的斉合性の問題が大きな困難となる．それについてタルスキの現在の成果はいまだ決定的ではない」という．

「以上のすべての結果は，意味論的な内容を他の概念にも転移できる．その途上で，一つの言語の意味論（Semasiologie）の定礎（Grundlegung）について，以下の一連の一般的なテーゼを確立しうる」という［*TCP*1, p. 616］．

> テーゼⒶ　日常言語の科学的な意味論の定礎には，成功の見込みがない．
> テーゼⒷ　有限階の任意の形式された言語の意味論は，当の言語の形態学，すなわち，しばしば「メタ科学（*Metadisziplin*）」と呼ぶものの一部である．
> テーゼⒸ　無限階の言語に関しては，意味論のこうした構成は排除される．
> テーゼⒹ　だがなおその固有の基本概念と公理に基づき，その論理的な下位構造（Unterbau）として当の言語の形態学をもつようなそうした意味論（Semasiologie）を，一つの独立した演繹的理論として基礎づけようと試みることは許されよう．——この成果が適用可能な概念中で特別注目に値するのは，言明関数（*Aussagenfunktion*）の，ある所与の領域の確定された対象による充足（*Erfüllen durch bestimmte Gegenstände eines gegebenen Bereichs*）という概念である．すなわち，この概念は，他の意味論的概念の精密化に本質的に貢献し，周知のように——それ自身もまたそのいくつかの特殊ケース（特にある所与の個体領域中で普遍妥当な（*in einem gegebenen Individuenbereich allgemeingültig*）言明関数）においても，現在のメタ数学的探究においても重要な役割を演じるのである．
>
> 　以上の考察の副産物として，真な命題だけからなる有限階のすべての演繹体系に関する無矛盾性証明の普遍的な方法が獲得される．……この成果は，無限階の演繹科学の包括的カテゴリーには，類似の証明が，対応するメタ科学に基づいては不可能であることと対比すれば，興味深いことに思われる．　［*TCP*1, p. 617］
> 　［引用者注：ここに「ある個体領域と相対的に普遍妥当」といった，前節で確認したモデル相対的な意味論的アプローチへの示唆がうかがえる．］

4 「真理概念」論文の読解

　先に予告したように，序論に付されたタルスキ自身による「書誌的注」（[LSM, p. 152]）によれば，この論文で提示されている成果のその大方は，1929年から執筆されていたものだ，という．それらは特に，ワルシャワ哲学協会論理学部門で（1930年10月8日），およびロヴォウのポーランド哲学協会で（1930年12月5日），「形式化された演繹諸科学の言語における真理概念」と題された2回の講義で討論に付された．これらの講義の短い要旨が，[Tarski 1930-1]（rep. in [TCP2, p. 4]）である．またその原論文は1931年3月21日に，（ウカセヴィッチを介して）ワルシャワ科学協会に提出された．タルスキの掣肘範囲を超えた理由で，出版は2年遅延した．この論文のポーランド語原文要旨は，既述のように，ようやく [Tarski 1932]（in [LSM]）として発刊され，続いて原論文がいくつかの言語に翻訳される．まず L. Blaustein の独訳（[T1935, SS. 261-405] rep. in [TCP2, pp. 51-198]）が，20年後，J. H. Woodger の英訳（pp. 152-278 in [LSM]）[7] が出版される．

　このように出版の遅延した上記論文の主要な成果について，以下の1932年短いドイツ語要約報告 [Tarski 1932] が，ハーンを介して「ウィーン科学アカデミー報告集」lxix（1932年1月21日，pp. 23-5）で公刊された．

　それでは，以下で，タルスキの記念碑的な主要論文，「形式化された言語における真理概念」（英訳，Chap. VIII in [LSM 2nd, pp. 152-278]，独訳（1935）rep. in [TCP 2, pp. 53-197]）の読解に入ろう．（以下の解説でのテクストは，主に英訳 [LSM, pp. 152-278] によるが，独訳（[T1935] in [TCP 2, pp. 51-198]）（どちらもタルスキの校閲済み）も適宜参照する [8]．

4.1 序論

　本論文冒頭で，タルスキは，ほとんどもっぱらただ一つの課題に取り組むことを表明している．すなわち，それは「真理定義」の問題で，まず「クラス計算」というある単独の「形式化された言語」と相対的に，「真」という名辞の「内容に適合的で，形式的に正しい定義」を構成することである．真理概念の定義可能

---

[7] これらの独英訳には後記（[T1935, §7] in [TCP2, pp. 186-98]）が1935年4月13日に，英訳 [LSM, pp. 268-77] が付されている．後記ではポーランド語原文中のある見解にかなり本質的な修正がなされている．やがてイタリア語とフランス語に訳された．その間，元来のテクストにもいくつかの付随的な付加がなされた [LMS, p. 247, 脚注1]．

[8] なお，後年の哲学者および一般読者用の非形式的な論文（[Tarski 1944, pp. 341-76] in [TCP2, pp. 661-99]（飯田隆訳））の後半には，本論文で提示された研究への反論に対するタルスキの見解が述べられている．

性の課題は，考察される特定の言語に本質的に依存し，有限，無限の領域に関わる，あるいは有限個，無限個の変項をもつような，各単独の言語に各々関係する一連の個別の問題に分かれる．

以下，上述のタルスキ自身の「要約」（[TCP1]）での「言語の意味論の定礎に関わる一般的なテーゼ」に従って，読解を進めよう．

テーゼⒶ　日常言語の科学的な意味論の定礎には，成功の見込みがない．

§1での議論の対象は，日常言語である．最終的結論は全く否定的である．つまり，日常言語内では，真理概念の定義は不可能である．のみならず，この概念を無矛盾にまた論理法則と合致するように使用することさえできない，という．

そこで以下では，科学的方法で構成された，当時としては唯一の言語，すなわち，演繹科学の形式化された言語のみが考察される．これらの言語は，その特定の言語の文法形式に基づいて，二つのグループに分かれる．

テーゼⒷ　「比較的貧弱な」言語に関しては，真理定義の問題は肯定的に解かれる．すなわち，こうした各言語の場合には，要求された真理定義の構成のための一様な方法が存在する［LSM, p. 153］．§§2-3で，ある具体的な言語を構成し，§4で上記の方法の一般的記述を与える．有限階の形式された言語の意味論は，その形態学，メタ科学（Metadisziplin）の一部である，とされる．

テーゼⒸ　しかし「より豊かな」言語に関しては，§5の考察の帰結から，無限階の言語の意味論構成は排除され，この課題の解決には否定的である．

テーゼⒹ　だがこれら無限階の言語の場合でも，日常言語と対照的に，真理をある特定の科学，つまり真理理論の原始的観念と見なすことによって，真理概念の無矛盾で正しい使用を導入する可能性を示す．また固有の公理的体系化によって，真理概念の基本的な性質が厳密化され，論理的な形態学をもつ意味論（Semasiologie）を，一つの独立した演繹的理論として定礎可能だという［LSM, p. 154］．

4.1.1　予備的問題①

しかしテーゼⒶに取り掛かるさらにその前に，解決すべき予備的問題がある．

予備的問題①　「内容に適合的で，形式的に正しい定義」とは何か．

先に，「内容に適合的で，形式的に正しい定義」と仮に訳出した元来の語が何かが，すでに問題となる．「形式的に正しい」は英訳では 'formally correct,' ブラウシュタインの独訳は 'formal korrekt' ないし「方法論的に（methodologisch）正しい」（上記の独文要約［Tarski 1932］では，'methodologisch' 'logisch korrekt'）である．「内容に適合的」は英訳では，'materially adequate'（これは「外延的な

(extensional) 適合」という意味ではない），独訳では 'sachlich zutreffend'（「事柄に適合した」）と訳されている．ところが，上記の独文要約 [Tarski 1932] では 'meritorisch adäquat' となっていて，元来のポーランド語原論文 [Tarski 1933] の 'merytorcznie trafnka' の逐語的な 'meritorisch' という ('sachlich' と同義的だが稀な) 単語が当てられていた．一方，早期の [Tarski 1924a] では 'intuitif' (rep. in [*TCP*1, pp. 67-117]) で，「真」という語の「直観的な」意味の把握という意味合いで使われている．タルスキが師たちから継承した「直観的形式主義」という意味合いからすると，「直観と適合的」というのが適切なのかもしれない ([Patterson 2012, p. 109] 参照)．しかしタルスキ自身も 'merytorcznie' を繰り返し 'sachlich', 'trafny' を 'zutreffend'，ときに 'richtig' と独訳している ('sachlich zutreffend' [*TCP*2, pp. 192, 262, 264], 'sachlich richtig' [*TCP*2, p. 263])．

4.1.2 予備的問題② 「真理」の「直観的」な意味とは？――古典的理解

むしろ「直観的」にせよ，「真」と了解されている「真理」とはどういう意味合いの「内容」なのかが問題である．タルスキは「だれでも多少とも真理概念の直観的な知見 (*intuitive Kenntnis*) をもっている」[*TCP*2, p. 153] と認めるものの，本論文で「「真」という語の日常言語中で現れる意味の [あらゆる側面を包括するような] 十全な分析を与える意図はない」と断っている．そして，タルスキは，「事態・事柄に適合的 (sachlich zutreffend)」[*TCP*2, pp. 192, 262, 264] といったブラウシュタインの独訳を校閲の上受容し，かつ，「この仕事はもっぱら，功利主義的（つまり，「真」とはある点での有用性だという [プラグマティックな]）観念と対比される，真理のいわゆる古典的な理解（「真――現実との対応 (corresponding with reality [mit der Wirklichkeit übereinstimmend])」）に含まれる意図を把握することに関わる」[*LSM*, p. 153] と明言している．

では，ポーランド学派の衣鉢を継ぐというタルスキのいう古典的真理観とは何か？ そこでタルスキが属したロヴォウ－ワルシャワ学派での真理観を簡単に振り返っておこう．それは既述のように，基本的には「対応説」である（タルスキも下記のアリストテレスの『形而上学』(Meta. 1011) と関連づけている [*LSM*, p. 155 脚注]．

元来は，トワドルスキの「肯定的判断が真なのは，その対象が存在するときであり，否定的判断は，その対象が存在しないときである」に由来する，とされる ([Murawski and Wolenski 2008, pp. 21-43] in [Patterson 2008])．

同様に，アジュケウィッツは，以下のように述べている．

文が真なのは，その文に対応するなにかが実在中に（in reality）存在するときである．[Ajdukiewicz 1966, p. 40]

タルスキの学生時代，こうした対応説的な定式化は，ワルシャワでは真理概念の基礎的分析とされていた．タルスキは，プラグマティックな真理観と対比して，「真理のいわゆる古典的な理解」として，脚注にアリストテレス『形而上学』Γ巻の一節を明示し，「コペルニクス説，コペルニクスの思考，が真なのは，コペルニクスが，地球は太陽の周囲を回転すると考え，かつ地球は太陽の周囲を実際に回転しているからである」（[Kotarbinski 1966, pp. 106-7]［Patterson 2012, pp. 112f.]）というコタルビンスキ説を，アリストテレスの注解と見なして，参照している［*LSM*, p. 155, fn.］．

こうしてタルスキは，アリストテレス，コタルビンスキの理解をほぼ全面的に受け入れ，しかも，対応説は T 文によって把捉され，T 文が真理概念を表現する，という考えを，おそらくレシニエウスキから継承したと見られる．だが，真理対応説の，事実・事態との対応に訴える「真理のインフレ的」側面と，真理がもっぱら T 文によって分析されるという基本的に「デフレ的」な考えとには，対立する側面がある．が，タルスキは，この二つの考えを，一見，齟齬なく緊密な関係にあるかのように扱っている（アリストテレスの真理対応説の，トマス・アクィナスによる有名な定式化は，「知性と事物の適合（adaequatio intellectus et rei)」として知られる）．

4.2　真理の古典的解釈

§1 日常言語における真理概念［*LSM*, p. 154］の冒頭でタルスキは，議論をこう開始する．

日常言語での「真なる文」という語句の意味がかなり明らかで了解可能に思われるにもかかわらず，その意味をより正確に定義しようとするすべての試みは，パラドクスや二律背反といった困難に直面する．この点では，言語の意味論の領域における他の類似の諸概念も同様である．［*LSM*, p. 152］

だが先述のように，こうした諸困難の大方については，自らの発見ではなく，すでに師レシニエウスキのワルシャワ大学での講義（1919/20）や，師との学問的，私的な会話において指摘されていた，とタルスキは慎重に注記している［*LSM*, p. 154, fn. 1］．

日常語の文に対する真理の正しい定義の構成で最も自然なのは，意味論的定義（*semantische Definition*）（この独訳以降では「要約」での 'semasiologisch' はもはや使われない）を探索することだとされ，そしてそれは次のような語句で表現できる定義だという．

(1) 真なる言明（Aussage）（独訳（1935））/文（sentence）（英訳（1956））（以下では「言明文」と称する）とは，事柄（Sache）（事態（the state of affairs））はしかじかであると述べる（besagen）（say）言明文で，かつ当の事柄・事態はしかじかである．

上述のように，脚注で，ごく類似した定式化としてコタルビンスキが挙げられ，それを真理の古典的見解をおおむね説明する注解として扱う，とされる．さらにこうした定式化は本質的に新しいものではなく，例として，アリストテレスの周知の言葉が挙げられている．すなわち [*LSM*, p. 155]，

> あるものについてそれがないと言い，あるいは，ないものについてそれがあると言うことは，偽である．一方，あるものについて，それがあると言い，あるいはないものについてそれがないと言うことは，真である．（アリストテレス『形而上学』Γ 巻 7 章 27 節）

こうしてみると，ポーランド学派の「直観的形式主義」は，アリストテレス自身の上記のテクストにも遡り，コタルビンスキ等の釈義での「真理」の古典的見解の中に見られる「言う」「述べる」という語彙を受け継いでおり，この古典的見解を後述のパターソン [Patterson 2008] は，「再現的（representative）意味論」と対比する「表現的（expressive）意味論」と称して，タルスキにも読み込もうとしているとも考えられる．

しかし，タルスキは，「形式的正しさ，明晰性，そのうちに生起する表現の一義性（Eindeutigkeit）という観点からは，上記の定式化には明らかに多くの改良すべき点が残っている．そうではあるが，その直観的な意味（anschaulicher Sinn）と一般的な意図（Intention）とは相当明らかで了解可能に思われる．この意図をいっそう確定的に精密化し（definit präzisieren），それに正しい形式（korrekte Form）を与えることが，まさに意味論的定義の課題だ」[*TCP2*, p. 61] [*LSM*, p. 155] と主張しているのである．

ところで，タルスキは「形式化された言語は，これまでもっぱら演繹科学を研究する（study）目的のために構成されてきた」という．[*LSM*, p. 166] の英訳 'study' は，タルスキのポーランド原文の 'uprawiac' の訳語で，[Hodges 2008,

p. 98] の指摘では，むしろ 'practise' を意味し，この箇所をブラウシュタインは '(formalisierte deduktive Wissenschaften) *betreiben*' と独訳している [*TCP*2, p. 73]．この考えはまさしく師レシニエウスキ流で，ホッジスは，「タルスキは何度か，演繹的理論を「実行する（practising）」ないし「遂行する（performing）」ということに言及しており，……これは紙片を前に座り，当の理論の言語で式の列を書くこと，各式は，その理論の公理，定義ないしその理論の規則により先行列から導かれたものかであるが，そうした活動を念頭においている」[Hodges 2008, p. 97] という[9]．

以上のホッジスの言は，現場の数学者が，その「直観的」に理解した内容を，なぜ演繹的理論として，（差し当たり，対象言語としての数学的言語で）「形式化する」のかという一般的な理由を，自らの直観した内容の証明・検証と，他の数学者への伝達に求める点で，示唆的である．

現場の数学者は，(A_1) 一定の数学的内容を直観的に理解し，(A_2) それを数学的言語（対象言語）で定式化・形式化し，証明することによって，演繹的科学（例えば，初等幾何，数論，論理学）を構成する．だがさらにタルスキは，かなり初期から，(B_1) そうした対象言語で表記された「演繹理論」中の表現についての（引用符名や構造記述名のような）メタ的表記の導入や，また対象言語についての (B_2)「証明」「帰結」また「真理」「表示」「充足」といった名辞の表すメタ的概念の「定義可能性」や，演繹的体系のメタ的な「証明可能性」「決定可能性」「無矛盾性」「完全性」「不完全性」の問題に，取り組んだのであった．

真理定義が「形式的に正しい」，つまり，特定の形式化された言語についてのメタ的な真理論自身の「形式化」がタルスキ自らの「方法論的基準」において「正しい」と認められるためには，「直観的形式主義」を超えて，多くの逆理的事態に対処しうるよう，メタ理論自体の形式化のために，公理的集合論を用いて，メタ数学的方法論上の技術的精錬・精密化を企てねばならなかったのだ，と思われる．

つまり，一方で，「真理定義」をはじめ，意味論的探究の「手続きを受け入れ

---

9) 続けてホッジスを引けば，「現場の数学者は，最初はこれら［数学上のある命題を表現し，それを一連の命題から導出する等］のことを非形式的に証示する（prove）．しかしそれをチェックし，他の人びとに伝達するためには，証明（proofs）が必要である．この目的のために，数学者はその直観的な考え（intuitive thoughts）を一定の仕方で，つまり，演繹的理論として，形式化する（formalize）ことに合意してきたのである．例えば，「われわれ［現場の各数学者］には直接わかるように思われる」表現を演繹的理論の原始的名辞と，また「その真理性が明晰であるような言明」を公理と解するのである．……理想的な数学者は，こうした要求を満たす演繹的な理論を組み立て，それからその演繹的理論を「実行する（practise）」．思うに，これが，レシニエウスキが「直観的形式主義者」と自称するときに，かつまたタルスキが 1930 年に自分の立場だと語ったときに，意味していたことだろう」[Hodges 2008, p. 103]．

ながら，タルスキは，前期にはそれらを数学的と見なすこと，ないし形式化されたメタ数学中に含めることに，そして 1935 年から 1950 年の間に，それらの多くの部分を数学に含める方向に移るのは，形式化が彼自身の方法論的基準に見合うと見極めるに至ってはじめてのことなのである．このモデル論的方法を数学として受容することに乗り気でなかったことが，かえってタルスキをして，それらを堅固な基礎に据えさせることになる」[Hodges 2008, p. 126] とホッジスはいう．だがなぜタルスキは乗り気でなかったのか．これにはいくつかの輻輳した要因が考えられよう．

パターソンによれば，哲学者としてのタルスキと数学者としてのタルスキがおり，哲学者としてのタルスキは，演繹的科学のポイントを，思想の明晰な表現に求め，メタ数学者としてのタルスキは，演繹的科学を（メタ的に？）研究することに関心をもつ，という [Patterson 2012, p. 45]．

だがむしろ，フェファーマンによれば，主たる聴衆が哲学者であるか，数学者であるかの相違に応じて，タルスキは，「真理論」の提示の仕方の重点を替えていたとも考えられる．すなわち，哲学者向けには，絶対的真理（truth in simplicita）ないし対応説に通じる「直観的内容の適合性」を前面に出し [Tarski 1944]，一方数学者向けには，モデル相対的な，真理概念の定義可能性の「形式的正しさ」を前面に出して，真理論・意味論をメタ数学の中に公理的な演繹科学のひとつとして形式的に厳密な仕方で確立すること [Tarski and Vaught 1957a] を目指したのではないか．そして 1935 年前後の時期は，まだモデル相対的真理論はなおその途上に位置づけられるが，しかし先述のように，「真理概念」論文§4 にも，すでに「ある個体領域と相対的に普遍妥当」といった，モデル相対的な意味論的アプローチが認められる，と考えられる．

のみならず，既述のように，当初はタルスキが，意味論研究を数学の内部に位置づけることに，慎重であったのはまた，当時一般的に，集合論的パラドクス等の問題があり，数学者の間では，「数」その他と同様，「真理」といったような基本的タームの「定義可能性」に懐疑的だったことがある．かつウィーンの論理実証主義者たちが「有意味性」に関して，「分析的な論理学・数学か綜合的な実証科学か」という二分法を強く主張し，タルスキの「真理論」にも無意味な「形而上学」の一種ではないかという嫌疑を向けていたことも背景にあるであろう．

だが前節で見たように，「実数の定義」を巡ってメタ的でモデル相対的な定義可能性に見通しがつけられ，かつそれと並行的に「真理概念」についてもモデル相対的な定義の可能性がすでに視野に入っていたこと（それがこの「真理定義」論文§3, §4 等の後半部での「相対的定義」論に直結する），さらに後述のように，

タルスキが，とりわけメタ的探究を演繹科学・算術の内部に位置づけざるを得ないと見なしたのは，おそらく「不完全性定理」の証明を巡って，変項の型上げを導入しつつも，メタ理論の「算術化」に訴えざるを得ないと認めたこととも関わりがあろうとも思われる[10]．

ところでタルスキは，規約 T の定式化に先立って §3 で，以下のような注目すべき規約 T のメタメタ的な「解明（erläutern）/説明（Erklären）」を与えている．

§1 の意味論的定義というアイディアに戻ることにより，（真なる言明文（Aussage）の定義構成という）先の課題に全く別の面から迫ってみよう．

どの言明文にも，メタ言語中でこの言明文の構造記述的な個別名のみならず，言明文と同意味（gleichbedeutend）な言明文もまた，対応する．例えば，（ポーランド式表記での）言明文 '$\Pi x_1 \Pi x_2\, AI x_1 x_2\, I x_2 x_1$'（標準的表記では '$\forall x_1 \forall x_2 ([x_1 \subseteq x_2] \lor [x_2 \subseteq x_1])$'．以下，引用符の有無に注意！）には，名前 '$\cap_1 \cap_2 (\iota_{1,2} + \iota_{2,1})$'（すなわち '$\forall x_1 \forall x_2 [[x_1 \subseteq x_2] \lor [x_2 \subseteq x_1]]$'）と，言明文「任意のクラス a, b について，$a \subseteq b$ または $b \subseteq a$」が対応する．真理概念の内容（Inhalt）を解明する（erläutern）には，§1 での言明文（#3），（#4）の定式化に使用されたのと同じ方法 [LSM, p. 156] が適用可能である．以下の図式（#3）中の記号 'x' を所与の言明文の名前で，また 'p' をそのメタ言語中への翻訳（Uebersetzung）で，（#2）のように，置き換える（以下の本書 p. 441 参照）．

(#3)　x が真な言明文であるのは，p のときそのときにかぎる．

(#2)$_1$ 「雪が降る」が真な言明文であるのは，雪が降るときそのときに限る [TCP 2, p. 62]．

そしてタルスキは，コタルビンスキの定式化には，「形式的正しさ，明晰さ，一意性（Eindeutigkeit）に関しては，改善の余地があるが，直観的意味（der anschauliche Sinn）と一般的意図（allgemeine Intention）は全く明らかで了解可能に思われる」と述べ，以下のように続けている．

> 出発点として，特定の種類の文章は，「x は真な文である」という型の多様な具体的言い回しの説明（Erklärungen），ないし，ある文の真理性の部分的定義（Teildefinitionen）として役立ち得る．この種の文の一般的図式（das allgemeine Schema）は以下のようである（T 文と称される）．

---

[10]　ホッジスは上掲箇所でさらに，タルスキが，意味論・モデル論の研究を数学の内部に位置づけることに，当初は慎重であったことに注目し，そのことが，ヒルベルトの『幾何学の基礎』への批評で，その独立性証明が，通常の「数学」の領域を越える，メタ数学的な仕事であるとの，フレーゲの指摘との関連性を示唆している（フレーゲの「幾何学の基礎」[Frege 1903; 1906, S. 426]，『フレーゲ著作集 5』；[野本 2012, 16 章 §3] 参照）．

(#3) x が真な言明文であるのは，p のときそのときに限る．

すなわち，

(#2)$_2$ '$\bigcap_1 \bigcap_2 (\iota_{1,2} + \iota_{2,1})$' が真な文であるのは，任意のクラス a と b について，$a \subseteq b$ または $b \subseteq a$ のときそのときに限る．

こうして得られたすべての文（*Satz*）は，本来メタ言語に属し，言語上の用法に合致して，正確に当の言明文中の「x は真な言明文である」という形式の句の意味（*Bedeutung*）を説明する（*erklären*）．原則的には，方法論的（methodologish）正しさの通例の条件を充足し，この型のすべての部分的定義を特殊事例として，いわばその論理積として，含むこと以上のいかなることも，真なる文の一般的定義には要求されない．定義された概念の外延に属するのは，ただ文のみだということが，要求されるだけである．[*LSM*, p. 187] [*TCP*2, p. 98]

だが，パターソン [Patterson 2012, pp. 118ff.] は，先述のように，タルスキの上記のメタメタ的「説明」に，タルスキのテクストにはない「直観的形式主義」的ないし「表現的言語観」の読み込みを行う．すなわち，「「意味論的定義」によれば，真理概念の概念は，直観的には，事物がしかじかの時にしかじかだと言う／述べるという性質である」(op. cit. pp. 117-8)．だが，「意味論的定義」は，真理概念が，まさにコタルビンスキ流の「しかじかだと言う／述べる」という性質に関わる定義ではないであろう．

タルスキは，上記§3の当該箇所で，一言も「と言う／述べる」という言い方をしてはおらず，それどころか逆に「意味論的定義」の目指すところは，真理についての上記のアリストテレスの原文やコタルビンスキの釈義中にも表れていた余分の要素「と言う／述べる」を，「引用符」の導入によって排除し，インフレーションを削減することにある，と思う．

しかも，先述のように，タルスキの§3の上記の当該箇所のこのメタメタ的「説明」は，T文による規約Tを介しての「形式的に正しい」真理定義そのものでは決してなく，あくまで真理定義に先行する予備的なものであって，すぐ続いて提示される規約Tについての，メタメタ言語によるメタメタ的な，非形式的「解明（*erläutern*）」に過ぎない．さらにタルスキのその解明では，対象言語中の「言明文（*Aussage*）」とメタ言語中の「文（*Satz*）」が，慎重に，だがはっきり区別されており，用語法からしても，何ら「直観的」形式主義や「表現的」言語観の枠組み内で行われていると解する根拠はない[11]．

いずれにせよ，「表現的言語観」は，タルスキの「真理定義」ないし「意味論」

の目指した方向ではないと思われる．

　さて先述のように，直観的形式主義が「直観的に」捉える「真理」は，アリストテレス以来の古典的解釈である．そして，ロヴォウ‐ワルシャワ学派の師たちの元来の「直観的形式主義」が，嘘つきのパラドクス等に気づいていたとはいえ，演繹理論の「決定可能性」「完全性」に関わるような，後述の広範多岐のメタ的探究の方法論が，既成のものとして明示的に用意されていたとは言い難い．その限り，タルスキのプロジェクトは，狭義の「直観的形式主義」を超える，メタ的な「真理論」「意味論」そのものを「特定の演繹科学」として，特に集合論的言語で「形式的に公理体系化」しようとするものであった．

　実際タルスキは，先にもふれたように，「真理概念」の定義につき，アリストテレスの古典的理解やポーランドの師たちのその注解が，その「形式的正しさ……という観点からは，明らかに多くの改良すべき点が残っている」と指摘していたのである．

　そして「その際一定の概念を定義すべき方法は，要求された定義が，それにより構成されるべき名辞のリストが与えられたときに限り正しく定式化される」[*LSM*, p. 152]．「この意図をいっそう精密化し（präzisieren），それに正しい形式（korrekte Form）を与えることが，まさに意味論的定義（semantical definition）の課題だ」[*LSM*, p. 155]と主張していたのである．「真理概念」の「定義可能性」に関わる探究，それこそが，師たちの「直観的形式主義」を超える，タルスキの意図するメタ的な「意味論的定義の課題」に他ならない．

　では真理定義の構成に使用されるべき名辞とは何か．まず，否定的に「前もって他の概念に還元できないようないかなる意味論的概念も利用すべきでない」と

11）むしろ，例えば，ヴィトゲンシュタインの語る（Sagen）/示す（Zeigen）の区別に立って，本来は言い得ず，示す他はない「真理概念」の説明，ないしフレーゲ的に，対象言語としての概念記法＝「補助言語」と，メタ言語としての日常語＝「説明言語（Darlegungssprache）」との区別に立って，後者による「解明（Erläuterung）」（例えば，ある語句の意義（Sinn）を表現する（ausdrücken）ことと，その意味（Bedeutung）を意味する（bedeuten）ないし表示する（bezeichnen）こととの区別についてのメタ的説明），上記§3のタルスキによる非形式的なメタメタ的「説明」を，フレーゲ流に，メタ的な「真理概念」の「説明言語」による「解明」に見合うと解することも可能であろう．また，「真理概念」論文の2-3項には，少なくともウカシェヴィツないしレシニエウスキを介し，あるフレーゲ的な描像ないし「表現的」言語観，すなわち，語の表す意義（Sinn）（文の表現する思想（Gedanke）の把握を介しての「意味（Bedeutung）への前進」という考え，また「主張」が，文の表現する思想を「真と見なす」という「判断」の表明であり，ある主張（結論）の，別のある主張（前提）による正当化だという「推論」観が，初期のタルスキにも部分的に受け継がれている，と見ることができるかもしれない．だがフレーゲの意味と意義の区別は，実際は，信念や認識の様相に埋め込まれた文脈に，特に顕在化しているもので，彼の主著『算術の基本法則』中で，基本的論理語「水平線」「否定線」「条件線」等に関わる意味論的要因の確定は，もっぱらそれらが登場する文の真偽という真理値との関連にのみ，つまりは，第一義的には，「意味（Bedeutung）」の領域に，関わっていると見られる［野本2012，第8，9章］．

される [*LSM*, p. 153]．この要請は，例えば，上記，アリストテレス，コタルビンスキ等の対応説にまつわるデフレ的要因となる，「現実」「事柄，事態」との「対応」や，「しかじかと述べる，言う」といった別の概念を持ち込まない，ということに及ぶはずである（この点は，「事実との一致」に訴える素朴な「対応説」に対する，フレーゲによる「循環性」の指摘（in「思想（Gedanke）」[G]）と通じるのかもしれない）．

　もしそうなら，真理定義に際しての「形式的正しさ」の制約というタルスキの狙いは，パラドクス回避のみならず，「と述べる/言う」を「引用符」に置き換えることにより，「直観的形式主義」の「表現的言語観」を脱し，「現実」「事態」「対応」といった概念の削除による意味論的資源のスリム化，さらには，対応・写像される「事態」「事実」等に訴える，ヴィトゲンシュタイン，ラッセルらの「論理的原子論」のメタフィジックスや，ポッパーがそう解した，いわゆる「実在論（realism）」の復権（実際，ポッパーは，タルスキが「絶対的ないし客観的真理の対応説を復権した」[Popper 1974, p. 223]と解する）といった，真理概念の哲学上のインフレ傾向から真理のデフレ理論への変換もが，射程に入ることになろう．

　よって，タルスキのプロジェクトを，直観的形式主義，特に表現的言語観の枠内に収めようという試みは，タルスキの本来の貢献を見誤るものと思える．

　のみならず，ウィーン学団・統一科学協会主催のパリ国際科学哲学会議（1935）でのタルスキによる先述の講演要旨「科学的意味論の定礎」[GWS]では，先述の真理定義論文の§3での，規約Tの「解明（erläutern）/説明（Erklären）」が，われわれの上述の解釈のように，メタメタ的な考察であるということを，タルスキ自身が特に注意していたのである．すなわち，この講演要旨における，意味論的概念の内容的適合性に関する記述もまた，「（メタ言語自体においてではなく）メタメタ言語（*Metametasprache*）で定式化されている」（[*TCP2*, S. 265][*LSM*, p. 405]）と，タルスキは明言している．そしてこの講演要旨にも，「と言う/述べる」等の「直観的形式主義」表現的言語観への逆戻りを示唆するような言い回しは一切登場しない．

コラム5　ウィーン学団，パリ，そして統一科学

(1) 統一科学運動

　統一科学運動はノイラートが生みの親で，学団の反形而上学的・経験論的見方

カルナップ

の母体は，エルンスト・マッハ協会である．1929 年には，カルナップ，ハーン，ノイラートの共同執筆で「科学的世界観：ウィーン学団」のマニュフェストが提起され，知識を経験的と論理的命題に二分し，それ以外は無意味と見なした．

1929 年にマッハ協会とベルリンのライヒェンバッハ（H. Reichenbach）により始められた経験哲学協会との共催で，プラハで国際会議が開催され，第 2 回は翌年ケーニヒスベルクで開催，ゲーデルが不完全性定理について非形式的提示を行うが，ノイマン以外には，その意義が理解されたようには見えなかった．その後ウィーン学団の出版活動は続行されたが，1934 年まで統一科学運動は進展せず，同年プラハで翌年のパリ大会への準備会議が持たれた．この準備会議には，オーストリア，チェコ，フランス，ドイツ，ポーランド，スカンディナヴィア諸国，アメリカが参加，カルナップ，フランク，ノイラート，シュリック，ライヒェンバッハが，ポーランドからはアジュキヴィッツ，タルスキ，リンデンバウム等が，フランスからはルジール（L. Rougier）がパリ大会組織委員会を連ねて参加し，アメリカからは，シカゴのチャールズ・モリス（カルナップをシカゴに 1936 年に招聘），ニューヨークのエルンスト・ネーゲル（タルスキを 1939 年に援助した一人）が参加する．

(2) ポッパー，カルナップとの出会い

パリ滞在中，タルスキはポッパーと出会う．年齢が近く，2 人とも中高等学校の教師であった．ポッパーは，反証可能性のテーゼでウィーン学団から距離をおいていた．彼はタルスキに *Logik der Forschung* の校正刷を見せて，「知識の追究と真理の探究が……科学的発見の最強の動機」だと説明した．しかし真理という概念には落ち着きの悪さを感じており，その著作では，真理概念を，演繹可能性等の概念でその使用を避けることができるような概念として擁護していた [Popper 1974, pp. 397-8].

2 人は 1935 年ウィーンで再会，ポッパーはタルスキに真理論を説明してもらったとき，「それはウィーンの Volksgarten のとあるベンチでであるが，彼は，届いたばかりの，彼の偉大な真理概念論文の校正刷を見せてくれた．……それらからどれほど私が学んだか言い表しえないし，感謝の言葉もない．タルスキは私より少し年長で，当時かなり親しかったが，私が本当に哲学の師と見なすことができる唯一のひととして畏敬していた．いままでに彼から以外，これほど多くを学んだことはない」[Popper 1974, p. 399].

タルスキはなお少なくとも4か月はウィーンに滞在し，ゲーデル，メンガー，ポッパーと交流した．ドイツでナチスが権力を握り，オーストリアでは状況は一変した．マッハ協会は解散となり，ノイラートの経済政治博物館は閉鎖され，彼の論文類は没収された．シュリックの大学での身分はあやふやとなった．大学は長期に閉鎖となり，1934年夏政治的状況はいっそう悪化した［Feferman 2004, p. 94］．

　1935年のウィーン訪問中，タルスキのもっとも重要な議論の一つはカルナップとのものだった．この時までにカルナップはタルスキの真理理論に転向し，パリでの統一科学会議の内容展開に主要な役割を果たした．

　　タルスキが初めて真理定義を建設したと告げたとき，私は真理の統語論的定義，すなわち証明可能性の定義を念頭においていた．それが偶然的な事実的真理を含む，普通の意味での真理だというので驚いた．……彼の論文で，タルスキは演繹的言語体系に対して真理の厳密な定義を構成する，すなわち，こうした体系のすべての文に関し，その真理性の必要十分条件を確定するような規則を述べる一般的な方法を展開した．こうした規則を定式化するには，対象言語の文ないしその翻訳，を含むメタ言語を使用する必要がある……この点で，意味論的メタ言語は統語論的メタ言語の制限を超えて進む．この新しいメタ言語が私の関心を喚起した．私は，それが初めて哲学的議論中の多くの概念を精確に解明する手段を提供することに気づいた．［Carnap 1963, p. 404］

　カルナップは，タルスキにパリの学会で真理の概念について報告するよう熱心に勧めた．「私は彼に科学哲学と言語分析に関心をもつすべてのひとがこの新しい装置を熱烈に歓迎し，かつそれぞれの哲学上の仕事において熱心にそれを応用するだろう，といった」．タルスキは非常に懐疑的だった．「彼は，大方の――現代論理学を用いる――哲学者でさえ，冷淡なばかりか，自分の意味論的解明に敵対的であろう，と考えていた」［Feferman 2004, p. 95］．しかしカルナップはタルスキに報告するよう熱心に説得し，自身の論文でも意味論の重要性を強調するといった．だがタルスキのパリでの報告は，センセーションを引き起こし，論争の的となった．

(3) パリ国際科学哲学会議（1935）
　ウィーン学団は統一科学協会に変貌を遂げて再生し，第1回会議が1935年9月16-21日までソルボンヌで，170名の参加者を集めて開催され，ラッセルが開

会講演を行った [Feferman 2004, p. 96].

以下の八つのセッションに分かれ，分科会Ⅰ「科学哲学と論理的経験論」では，フランク，ライヒェンバッハ，アジェキヴィッツ，モリス，カルナップ，ノイラート，コタルビンスキ，チェウィスキが報告した（他の分科会は，Ⅱ　統一科学，Ⅲ　言語と疑似問題，Ⅳ　帰納法と確率，Ⅴ　論理学と経験，Ⅵ　数学の哲学，Ⅶ　論理学，Ⅷ　論理学史と科学哲学）．タルスキは科学哲学のヘンペル（C. Hempel），物理学の哲学のデトゥーシュ（J. L. Destouche），論理学のショルツ（H. Scholz），生物学のウッドガー（J. H. Woodger）と初めて会った．

タルスキは二つの発表を行った．一つは「科学的意味論の定礎（Grundlegung der wissenschaftlichen Semantik)」で真理理論を報告，もう一つは「論理的帰結の概念（Über den Begriff der Logischen Folgerumg)」で，いずれも哲学において最重要の衝撃を与えた．しかしカルナップの保証にもかかわらず，自らの真理論へのパリ会議の否定的な反応についてはタルスキの憂慮が正しかった．タルスキとカルナップの論文に対する大方の反応は全く否定的だった．反論の要点は，意味論的概念が厳密に経験的で反形而上学的な見解とどう調停可能なのかにあった．カルナップさえ驚いたことに，哲学の友人たちからさえ激烈な反対があった．それで会議の公式プログラム以外にこの論争用の追加的セッションが設定された．そこでタルスキ，カルナップ等と，ノイラート，ネス（A. Naess)，その他との間で長い激烈な議論が行われた [Carnap 1963, p. 61].

タルスキの真理論はただちに勝利を得はしなかったが，彼の報告が巻き起こしたセンセーションは，タルスキの国際的な評判を高めた．カルナップは引き続いて，自身の著作で意味論的アプローチを擁護し続け，タルスキのやり方を，将来の哲学研究の核となるパラダイムだとして擁護した [Feferman 2004, p. 98].

(4) カルナップとクワイン

タルスキとカルナップとの邂逅直前に大学院を出たての若きクワインが，ハーバードの奨学生として2年間（1932-3）ヨーロッパに武者修行にやってきて，当初ウィーンに滞在するが，すでに独自に論理実証主義には近い立場に到達していたからか，さしたる印象を受けず，すでにプラハに移っていたカルナップを追って，翌1934年生涯の先達にして論争相手と邂逅する（クワインが接した当時のカルナップは『言語の論理的構文論』(1933) でのカルナップで（詳しくは，[丹治 1997]）．タルスキの「真理論・意味理論」との邂逅とパリ会議以降，カルナップは大きく変貌し，タルスキ意味論の熱烈な支持者となった．

1930年前後の「論理実証主義」の旗手としてのカルナップは，形而上学を排除した論理実証主義的二分法を標榜し，有意味な学としては，アプリオリで分析

的な論理・数学とアポステオリで綜合的な実証的自然科学のみを認めた．しかしタルスキとの出会い後は，有意味な学としては，論理・数学とメタ数学・意味論と実証科学との一種の三分法に転じた．一方論理実証主義批判に転じたクワインは，生涯カルナップ（およびタルスキ）と対峙しつつ，独自な立場を展開していく．

4.3 「科学的意味論の定礎」講演の要旨——パリ国際科学哲学会議

以下ここで，タルスキの主要論文，「形式化された言語における真理概念」[T1935] の解説を続行するに当たり，相前後して印刷に付された，上記のパリ国際科学哲学会議（1935）でのタルスキによる講演「科学的意味論の定礎」の要旨も以下の解説の手引きとしよう（この講演要旨のドイツ語版 'Grundlegung der wissenschaftlichen Semantik' (GWS) (1936). 英訳（1935）in [*LSM*]][12])．上記のようにこの講演は，タルスキがこれまで展開してきた真理論，意味論研究のプログラムおよびその成果を，世界の学界に向けて発信すべきだと，カルナップがためらうタルスキに強く勧めて，実現したのであった．

最終的にはタルスキは，この 1935 年のウィーン学団主催の国際学会を，自らの真理定義を喧伝する機会と見なし，真理定義の枠組みが他の意味論的概念の定義を与えるプロジェクトの部分であり，すべての言及されている定義は，例外なく，真理定義の系だという見解を，確信をもって提示している．よって，このプロジェクトは，演繹的理論とそのメタ理論という枠組み内部での真理定義の適用ということに他ならない（[Hodges 2008, p. 126] 参照）．

この講演要旨では，タルスキがポーランドの師たちの「直観的形式主義」をどう受け継ぎ，しかしそれをどのように批判的かつ独創的な仕方で「形式化」しているかという主要論文のポイントが，先の短い要旨よりは，やや詳しく解説されている．問題にされるのは，「真理」「充足」「表示」「定義」といった意味論的概念の内容であり，その形式化の方法である．目指される目標は表題の通り，一つの特定の「演繹科学」としての「科学的意味論 (die wissenschaftliche Semantik)」の確立，まずはその「定礎 (Grundlegung)」である．

この講演要旨も，メタ言語による「真理定義」そのもの，「意味論」自体，ではなく，そうしたメタ的真理論・意味論の定礎のための・メ・タ・メ・タ・的「解明 (Erläuterung)」「説明 (Erklärung)」であり，実際，タルスキ自身，先述のよう

---

12) [T1935] 参照．

に，意味論的概念の内容的適合性の記述は，この講演要旨では，「(メタ言語自体においてではなく) メ̇タ̇メ̇タ̇言語（*Metametasprache*）で定式化されている」（[GWS] in [*TCP2*, S. 265] [*LSM*, p. 405]）と，はっきり注意していた．

(A) 意味論定礎への予備的考察

この講演で使用される「意̇味̇論̇（*Semantik*）」という用語は，「ある言語の表現とこれらの表現によって示される（angeben/refer）対象や事態との間の，ある関連（Zusammenhänge）を表現する概念，に関わる考察の全体」と解され，「再現的」言語観を明瞭に見てとれる．意味論的概念の典型例として，以下のような，表̇示̇（*Bezeichnen/denotation*），充̇足̇（*Erfüllen/satisfaction*），定̇義̇（*Definieren*）が挙げられている（[GWS] in [*TCP2*, p. 261] [*LSM*, p. 401]）．

例えば，「イエナの征服者」という表現は，ナポレオンを表̇示̇す̇る̇．雪は，「xは白い」という条件を充̇足̇す̇る̇．方程式「$x^3=2$」は，数2の立法根を定義する（一意的に確定する（*eindeutig bestimmen*））．真理（*Wahrheit*）という概念もまた──「真」は「実̇在̇と̇の̇対̇応̇（*mit der Wirklichkeit übereinstimmen*）」と同様のことを意̇味̇し̇て̇い̇る̇（*bedeuten/signify*）という古典的な解釈は少なくとも──「意味論」に含まれる，とされる．

こうした意味論的諸概念は，伝統的に，哲学者，論理学者，言語学者の議論では，顕著な役割を演じるとともに，また懐疑的にも見られてきた．というのは，日常言語では意味論的概念の内容が明らかでも，これらの概念を厳密に特徴づけようとする議論は，パラドクスやアンチノミー（嘘つきのアンチノミー，（「ながい」は「みじかい」のような）ヘテロロジカル（heterological）な語のグレリング‐ネルソンのアンチノミー，リシャールの定義可能性のアンチノミー等）に導かれたからである（[GWS] in [*TCP2*, p. 262] [*LSM*, p. 401] [Wolenski 1998]）（さらに，ウィーン学団の論理実証主義ないし統一科学の中心人物ノイラートらは，論理的でも物理的でもないというタルスキの意味論 [*TCP2*, S. 266] が，観念論的形而上学を復権するのではないかという嫌疑と不安を持ち，タルスキの講演は，この会議中で最も激烈な論争に巻き込まれた）．

「困難の主要な源泉は，意味論的概念が常に特定の言語と相対的に関係しているということを無視したことに求められる．それについて̇（*about*）語る言語と，それで̇（*in*）語る言語とは一致する必要のないことが意識されず，ある言語の意味論を，世界に唯一の言語しかないかのように，当の言語それ自体のうちで遂行してきたからである．先のアンチノミーの分析が，自らの意味論を含むような言語は不可避に矛盾を含むことを示した．15年前に最初にそのことに十全な注意を

むけたのは師レシニエウスキである」と，タルスキはいい，以下のように続けている．

　　　上の事情を十分認識し，その誤謬を注意深く避ければ，科学的な意味論の定礎，つまり，意味論的な概念を精確に特徴づけ，これらの概念の論理的に異論のない，また内容的に適合的な使用法を樹立するという仕事は，何ら克服不能な困難を提示しはしない．それには現代論理の装置を活用し，慎重に今日の方法論的要求に注意する必要がある．（[T1935] rep. in [TCP 2, pp. 261-8] [LSM, XV, pp. 401-8]）

　この問題（パラドクス）の解決に，タルスキはいくつかのステップ（Schritte）を区別している．
　まず以下の予備的ステップ（[1]-[3]）が区別される．
ステップ [1]　対象言語としての「形式化された言語（*formalized language*）」の形成
　まず，その意味論を構成する当の言語（研究対象としての言語）の記述から始め，その原始記号の枚挙，新しく導入する（被定義）語の定義規則を与える．ついで，言明文の形成，公理の分離，公理から定理の導出を可能とする推論規則を定式化する（[GWS] in [TCP2, p. 262] [LSM, p. 402]）．ある言語の記述は，それが純粋に構造的（合成的）ならば，つまり，原始記号，その複合表現の形（Gestalt）と配列の仕方のみの援用によるなら，厳密（genau）かつ明晰（klar）である．こうした純粋な構造的（rein strukturell）記述の可能な言語を「形式化された言語（*formalisierte Sprache*）」という．厳密な方法で実行（*treiben*）可能なのは形式化された言語の意味論のみである（[GWS] in [TCP2, p. 263] [LSM, p. 402]）．

ステップ [2]　意味論が展開されるべきメタ言語の構成（Konstruktion）
　最も重要な課題は，「メタ言語」に十分豊富な語彙を装備させることである．意味論的概念は，対象言語中で話題となる対象や事態と，それらを表す当の言語中の表現との一定の関係を表現する．よって，意味論的概念の本質的特性を確立する言明は，先の対象や事態の表記（Bezeichnung/designation．つまり，当の言語の表現そのもの）と，当の言語の構造的記述の際に使用される用語との両方を含まねばならない．タルスキによれば，後者は当の言語の形態論（語形成論）（*Morphologie*）と称される領域に属し，当の言語中の個別表現の，および表現の

構造的特性の，また表現間の構造的関係等々の表記，からなる．よって，意味論的研究の基礎を形成すべきメタ言語は，元の言語の表現と，言語の形態論／語形論の表現との2種の表現および純粋に論理的な表現を含まねばならない．すると，上記のような種類の表現を装備したメタ言語は，意味論的研究に十全な基礎を形成するかどうかという問題が生ずる（[GWS] in [TCP2, p. 263] [LSM, p. 403]）．この問題は後述される．

ステップ [3]　内容的適合性の条件（と形式的正しさ）
　この課題は，意味論的概念の内容的に適合的（sachlich zutreffend）で，通常の言語使用と一致する使用法の諸条件を厳密に確定する（präzisieren）ことに他ならない．このことが，真理概念を例により詳しく説明される．言明文の真理は，言明文と「現実との対応（Übereinstimmung）」とみなされる．この相当曖昧でさまざまな誤解を招く言い回しを，タルスキは，以下のように解し，次のような文を妥当だと承認したい，という．

　§1　日常言語における真な文という概念
　このステップ [3] をタルスキは，さらに区分けして論じている（[Hodges 2008] を参考に，その区分けを [H1] …と表記する）．

ステップ [H1]　タルスキは，「真理概念」論文 [T1935] では，以下のコタルビンスキの「直観的形式主義的」な定式化を取り上げる（[Hodges 2008, pp. 127] 参照）．
　（#1）真なる言明（Aussage）とは，話し手が，事柄（Sachen）/事態（the state of affairs）はしかじかであると述べる（besagen/say）文で，かつ当の事態／事柄はしかじかである．
　だが肝心なのは，タルスキがこれらのコタルビンスキの定式化中の「直観的形式主義」の要素，「事柄/事態はしかじかであると述べる」とか，「真理を考えている」を削り落とし，それらを一種の引用符と認め，自らのメタ理論における定式化では，以下の例（#2）のように，左辺の引用符中で対象言語の文が，右辺でメタ言語の同値な表現をもつと見なすことである（[Hodges 2008, pp. 120ff.] 参照）．
　（#2）「雪が降る」が真な言明文であるのは，雪が降るときそのときに限る [TCP2, p. 62]．
　そしてタルスキは，先述のように（本書 p. 437），コタルビンスキの定式化には，

「形式的正しさ，明晰さ，一意性に関しては，改善の余地があるが，直観的意味 (der anschauliche Sinn) と一般的意図 (allgemeine Intention) は全く明らかで了解可能に思われる」と述べ，以下のように続けている．

　出発点として，特定の種類の文章 (Sätze) は，「x は真な文である」という型の多様な具体的言い回しの説明 (Erklärungen)，ないし，ある文の真理性の部分的定義 (Teildefinitionen) として役立ち得る．この種の文の一般的図式 (das allgemeine Schema) は以下のようである (T文と称される)．
　(#3)　x が真な言明文であるのは，p のときそのときに限る．
具体的定義／説明には，この図式中の記号 'p' に，任意の文を代入し，そして 'x' にこの文の任意の個別名を代入する．［TCP2, p. 61］［LSM, p. 155］

　この条件を満たす最重要な個別名は，引用符名である．［'p', 'x' のように］引用符名によって，引用符とその間にある表現，当該の名前で表示される対象，からなる文を表示できる．文の名前のもう一つのカテゴリーは，「構造記述名」(structural-description names) である．［LSM, p. 156］

文の構造記述名に対し，明らかに (#3) 型の部分的定義を構成できる．
　(#4)　雪^が^降^る　が真な文なのは，雪が降るときそのときに限る．

(#1) から (#2) への移行が不適切なのは，意味論的定義が直観的に不適切なのではなく，形式的に正確でなくて，パラドクスを引き起こすからである．より重要なのは，(#1) は，「事態」のような意味論的ないし「述べる」のような「表現的見解」に通じる語彙・観念に訴えているからである．

タルスキは，意味論的定義が，真理概念の内容を表現している（内容的に適合的）と考えているが，それを真理性のメタ数学的理論中に直接的に組み込まれうるとは考えていない．「以下のような嘘つきのアンチノミーが指摘されるので，ある留保を要する」［LSM, p. 157］．

文の引用符名と構造記述名で形成されるT文の事例から引き出される，嘘つきその他のパラドクスは，T文によって真理が定義可能かどうかという問題を呼び起こすのみならず，T文自体が真でありうるかも疑問に付す．この問題を退けた後，どのようにT文を定義にまで一般化するかが考察される．

まずタルスキは，(#3) 型の説明を次のように一般化することにより，真なる文の定義の構成を試みる．

(#5) すべての p に関し, 'p' が真な文であるのは, p のときそのときに限る. [*LSM*, p. 158]

しかし (#5) は, 'x は真な文である' の表現の一般的定義としては機能しない. 記号 'x' に対する可能な代替の全体が引用符名に制限されているからである. そこで (#5) を次のように一般化する.

(#6) すべての x に関し, 'x' が真な文であるのは, ある p に関し, x は 'p' と同一であり, かつ p. [*LSM*, p. 159]

引用符名は, 単独語のように, つまり, 統語論的に単純な表現のように扱われてよい. だがするとそれらは, 独立の意味を持ちえず, どの引用符名も確定した表現 (引用符でくくられた表現) の定項的な個体名となる (loc. cit.). こうした解釈では, (#5) (#6) のような, (#3) 型の部分的定義は有意義な一般化には使えない. 実際 (#5) (#6) は無意味な上, (#5) はただちに矛盾に陥る.

「この頁の上から 15 行目に印刷されている文」という表現の短縮として 'c' を用い, 次の文を考えよう.

　　c は真な文でない.

(#5) (#6) 中の引用符の解釈により, 記号 'c' の意味に関しては, 以下が従来の経験上成り立つ.

　(α) 'c は真な文でない' は c と同一である.

あとは単に, 引用機能に関する以下の自明な補助的仮定をするだけである.

　　すべての p, q に関し, もし文 'p' が文 'q' と同一なら, p なのは q のときそのときに限る.

すると, 文 c の引用符について, (#2) 型の説明が提示できる.

　(β) 'c は真な文でない' が真なのは, c は真な文でないときそのときに限る.
(α) (β) から以下の矛盾が出る.

　　c が真な文であるのは, c は真な文でないときそのときに限る.

この矛盾の源泉は容易に明示できる. 主張 (β) を得るため, (#1) の図式中の記号 'p' に, それ自身「真な文」という語を含む表現を代入した (それゆえ, (#3) (#4) と対比して, そうして得られた主張は, もはや真理の部分的定義の役には立たない). しかし, こうした代入がなぜ原理的に禁止されねばならないか, 何ら合理的な根拠を与ええないのである [*LSM*, p. 158].

よって, 単純に引用符解除中の文変項を文量化子で束縛し, 次を作りだす方策は, すべての文脈で「真」を消去しはしない. こうして「「真なる文」という表現の正しい意味論的定義を構成する試みは, 非常に現実的な困難に出会うのである」[*LSM*, p. 162].

4 「真理概念」論文の読解   453

そこでタルスキは，別の解決策，すなわち，「構造的（structural）定義」を探索する．その一般的な図式は，こうである：

> 真なる文とは，しかじかの構造的特性（当の表現の個別部分の形式および順序に関する特性）をもつ，ないし，しかじかの構造的に記述された表現からしかじかの構造的変形によって獲得できる文である．
>
> 任意の文クラスを含む断片的な真理定義は，所与のクラスの文から，「条件」「双条件」「選言」「連言」「否定」，つまり，文計算ないし演繹理論に属する表現を介して，それらを結合することで形成されるすべての複合文に拡張しうる．こうして真なる文の一般的な構造的定義に達するはずである．［LSM, p. 163］

> だが，日常言語に適用可能な，「真なる文」という語の構造的定義を提示する試みは，越えがたい困難に直面する．
>
> 引用符名を構造記述名に置き換えても，(#2) (#5) (#6) 型の説明を一般化できない．
>
> 嘘つきのパラドクスが再構築されうるし，「長い」は「短い」のようなヘテロロジカルな語のパラドクスといったアンチノミーも避けられない．［LSM, pp. 160-1］

> 日常言語の特徴は，その普遍性（Universalismus, universality）にあり，この普遍性が，すべての意味論的アンチノミーの主要な源泉である．［TCP 2, p. 71］［LSM, p. 164］

> かくして，通常の論理法則が成り立ち，かつ以下の条件を満足するような，整合的な言語は存在しないのである．
>
> （I）当の言語中に現れるどの文の確定した名前もまた，その当の言語に属する．
>
> （II）'p' をその当の言語の任意の文で置き換え，記号 'x' をこの文の名前で置き換えることによって，上記のステップ［2］から形成されるどの表現も，この言語の真なる文と見なすべきである．
>
> 以上の考察が正しいなら，論理法則と，日常言語の精神とに調和するような，「真なる文」という表現の無矛盾な使用の可能性そのものはきわめて疑わしく，したがって，この表現の正しい定義を構成するという可能性にも同

じ疑いがかけられるように思われる．[*LSM*, p. 165]

かくて日常（colloquial）言語でのすべての文についてのT文を構成することは，日常言語の普遍性のゆえに不可能である．こうしてタルスキは，真理概念を普遍的でない形式化された言語においてのみ表現することに向かう [*LSM*, p. 167]．そして§2 からタルスキは，クラス算の公理的な形式言語を，実際に統語論的に構成することに向かう[13]（§2　クラス算の公理的形式言語）．

さらに以下では，「部分的定義」から，「量化子消去」と「複雑性の上の再帰性」による定義を介して，「真理定義」への，大まかな歩みだけを辿ることにする（[Hodges 2008, pp. 122f.] 参照）．

しかしタルスキはホッジスの注記のような過程を単純化する手法をとって，1 階の式に関する真理定義に到達している（[Hodges 2008, pp. 123-4]．[*LSM*, pp. 202-8] 参照）．

タルスキは，証明可能性のメタ理論と真理のためのメタ理論とを結びつけ，証明の複雑性の上の帰納によって，ある演繹理論中のすべての証明可能な言明は真である（健全性）ことを示すことができたはずである [*LSM*, p. 236]．実際タルスキは，1929 年には，ここで提示された大方の成果ともども，すでに真理定義の最終版に到達していた，と述べている（Historical Notes in [*LSM*, p. 277]．けれども，なお 1930 年にも，ある留保をしており，おそらく，型理論の技術的細部についてある疑念が残っていて，「不完全性定理」の証明を巡って，変項の型上げを導入し，意味論を算術内部に位置づけせざるを得ないと気付いたからであろう）．

(B) メタ的意味論への定礎——主要課題「メタ言語による意味論的概念の内容的に正しい使用法の確立」に向けて

これまでの課題はすべて予備的，補助的なもので，以上の準備の後にはじめて，主要課題に接近可能となる．主要課題とは，メタ言語に基づく意味論的概念の内容的に正しい（sachlich richtig）使用法の確立である．[*LSM*, p.

---

13)　ホッジスによる補足的解説および提案（[Hodges 2008] in [Patterson 2012]）は，実際は§2「クラス算の公理的形式言語」[*LSM*, pp. 202-8] の示唆から，「1929 年までにはすでにタルスキはメタ理論内での量化子の消去法について，かつそれを帰納による証明を使用しなければならないと考えたと想定するのは合理的であろう」[Hodges 2008, pp. 108f.] として，以下のように，「ステップ」を付加して，上記 (5) から (6) への一般化にもう少し踏み止まり補足する解説を加える．ホッジスの「量化子消去法」適用の試みについては，上記箇所他 [Hodges 2008, pp. 108f., pp. 122f.] を参照．

ステップ[4]　意味論的概念の内容的に正しい使用法[*TCP*2]

[4-1]　そこで二つの手続きの方法（Verfahrungsweise）が考察される．第1に，新しい基本概念（Grundbegriff）として，いくつかの意味論的概念をメタ言語中に導入し，その基本的特性を公理によって確立する．こうした仕方で，意味論は，言語の形態学（Morphologie）に基づく一つの独立した演繹理論（eine selbststän-dige deduktive Theorie）となる．この方法は，容易で単純に見えるが，その詳細な遂行は，さまざまな反対論を惹起する．全意味論の展開に十分な公理体系の確立には，相当の困難がある．詳細は省くが，例えば，公理の選択は，常に偶然的性格をもつ．また公理的な意味論の無矛盾性の問題もある．意味論にとって特に重要なのは，日常言語の場合にはパラドクスを引き起こしたという悲惨な経験である．ここでの理論の構成法が，心理的見地からは自然には見えないという問題もある．最後に，現今の統一科学の方法や物理主義と調和させることは困難のように思われる（意味論の諸概念は，論理的でも物理的概念でもないからである）（[*TCP*2, SS. 265-6]［*LSM*, p. 405]）．

[4-2]　上記の不利益のどれももたない第2の手続きでは，意味論的概念は，メ・タ・言語中の通常の概念によって定義され，そのことにより，純粋な論理的概念に，また研究対象としての言語（対象言語）の諸概念，および言語の形態学の特殊諸概念に，還元される．こうして意味論は，言語の広義での形態学となる．この方法が一般的に適用可能かどうかという問題は，（タルスキによれば）すでに今日でははっきり解決済みとみなされうる．それは論理的型・タイプの理論と緊密に結びついていることが証明済みで，その主要な成果によれば，この問題は以下のように定式化される：

　　意味論的概念の，方法論的に正しく（*methodologisch korrekt*），内容的に適・合・的・な（*sachlich zutreffend*）定義をメタ言語に基づいて構成可能なのは，メ・タ・言語においては，研究対象をなす言語（対象言語）のすべての変項より高階の論理的型の変項が装備されているときそのときに限る．

定式化したこのテーゼを，ここで，その概略でさえ予め確立することは不可能だが，ただ指摘できるのは，意味論的概念の定義においては，「充足・・（*Erfüllen*）」という概念を最初に扱うことが肝要だということである．「充足」の定義は比較的困難が少なく，また残余の意味論的概念が容易にそれに還元可能だからである．また注目すべきは，意味論的概念の定義から，被定義的概念に関する一般的性格の多様で重要な定理が導出可能なことである．例えば，真理定義を基礎に，（メ

タ論理的定式化での）矛盾律，排中律を証明できる．よって，科学的基礎の上に，意味論を確立するという課題は完全に解決される［TCP2, S. 266］［LSM, p. 405］.

ステップ［5］　意味論の応用：メタ数学的な成果——無矛盾性，決定可能性，健全性，完全性

　この分野のさらなる研究が，哲学および専門科学にとり実り多いものかどうかや，また知の全体における意味論自体の位置づけを，確定的に語ることは，将来の問題である．しかしこれまでの成果が一定の楽観主義の採用を正当化するだろう，とタルスキはいう．意味論的概念を，少なくとも形式化された言語に関して，正しくまた適合的な仕方で定義することが可能であったというまさにその事実は，哲学的見地から全く重要性がないとは思われない．真理定義の問題は，しばしば認識論（Erkenntnislehre）の基本問題の一つとして強調されてきた．また意味論，特に真理論の演繹科学ないしメタ数学の方法論における一定の応用は，注目に値すると思われる．真理定義を用いて，ただ内容的に真な文のみが，形式的に証明可能であるといった，演繹的理論に関するメタ的諸定理［健全性，無矛盾性，完全性，決定可能性］の証明を遂行できる．この証明は，「無矛盾性」が証明されるメタ言語が，研究対象の当の理論の文中に現れるすべての変項より高階のタイプの変項を備えているという条件の下で可能なのである．この成果に改良の余地がないということは，理性にとり興味あることである．というのは，ゲーデルの研究から，無矛盾性証明は，メタ言語がより高階の型の変項を持たなければ，遂行不可能であることが帰結するからである．真理定義にはしかし，同様にゲーデルの研究に結びついている別の帰結もある［TCP2, S. 267］［LSM, p. 4］．それは，周知のようにゲーデルは自然数の算術をその部分として含むどの理論においても，この理論中で証明することも論駁することもできないような言明を構成可能とする方法を展開した．しかし彼はまた，この方法で構成された「決定不能な」言明が，研究中の当該理論がより高階の型の変項の付加によって豊かにされれば，決定可能となることも指摘した．実際こうした仕方で，含まれる言明が決定可能になるという証明は，ふたたび真理定義に依拠する．同様に，任意の演繹科学に関しても，その内容においては当の理論に属するが，その理論中では定義不能だが，しかし当の理論より高階のタイプ（変項）の導入によって豊かにすれば，定義可能となるような概念を指摘できる．まとめれば，科学的意味論の定礎と，殊に真理定義とは，メタ数学の分野における否定的な結果を，対応する肯定的成果と対比させ，そしてそのようにして，ある程度，演繹的方法と演繹科学の建造物

（Gebäude）との間で顕わになった間隙（Lücken）を埋めることを可能にするのである（[*TCP2*, S. 268] [*LSM*, p. 407]）.

しかし以上のことをタルスキは，明示的には示していない．以下では，ホッジスの例示を挙げておこう [Hodes 2008, p. 122f.].

① '$\exists x(3x>5 \wedge (\iota x=y)$, is equivalent to '$y>10$.'

①の '$y>10$' 中の自由変項 y を，真理理論のメタ言語中で次のように量化し，

② For all reals ρ, ρ satisfies '$\exists x(3x>5 \wedge (\iota x=y)$' if and only if $\rho > 10$.

のように，メタ言語的変項 ρ を，対象言語の式 '$\exists x(3x>5 \wedge (\iota x=y)$' のメタ言語中の名前と結合するのである．

演繹的理論についての方法論が，タルスキに，直観的な観念の彼の定義が内容的に正しいことを示すように要求した．これは，充足定義の適合性（zutreffend）の形式的正しさを証明する課題であった．

たぶん1930年早期に，真理定義の純粋数学的応用の成果，タルスキ－クラトフスキのアルゴリズム [Tarski 1931] と1931年のゲーデルの不完全性の結果が，タルスキをして真理の定義不可能性定理の証明に導き，式の階（order）がその真理定義の階層にどう影響するかを計算させることになった，と考えられる [Hodges 2008, p. 125].

ステップ [6]　1934年ないし1935年早期にタルスキは，真理定義を「理論のモデル」の定義に使用しうること，また後者を「ϕ のすべてのモデルは，ψ の一つのモデルである」を表現するのに使用することに気付いた．「モデル」の定義は，パリ学会での「論理的帰結」についての講演（[T1935] in [*LSM*]）や，教科書『入門（*ILM*）』（1936）に現れている．直観的形式主義では，原始的記号はすでに意味をもっているが，タルスキは，原始的なものを変項で置き換える．

タルスキは，1935年のパリ学会，先述のように，真理定義を喧伝する機会と捉え，その定義のための枠組みが意味論的観念の定義を与えるプロジェクトの部分だ（'The Establishment of Scientific Semantics' rep. in [*LSM*]）との見解を提示し，他の意味論的定義は，例外なく，真理定義の系とされている．それゆえ，ここでのプロジェクトは，演繹的理論とそのメタ理論という枠組み内部での真理定義の活用ということに尽きる [Hodges 2008, p. 126].

以上の，真理定義へのタルスキの二つの要求，① 形式的正しさ，②（その適用における）適合性は，モデル論に関係する．

①については，1920年代までに，公理系の原始記号の意味を変動させる三つ

の手続きが知られていた．(1) ある理論 T の無矛盾性を証明するために，T を真とするように原始記号を解釈すること，(2) ある公理系を，構造のクラス——つまり，その原始的なものを，当の構造の部分の名前と解釈したときに，その諸公理を真にするようなすべての構造——を定義するのに使用すること，(3) 同型性（isomorphism）を同じ原始的なものの解釈が符合するような構造間の関係として定義すること，である．

しかし注目すべきことに，これらすべての手続きを受け入れながら，タルスキは，前期にはこの (1)(2) のモデル論的方法を数学的と見なすこと，ないし形式化されたメタ数学中に含めることに慎重であった [Hodges 2008, pp. 127f.]．

(2) の適合性に関しては，複合的語句の解釈に関する合成性は，統語論が与えられれば，複合句の意味は，その統語論的構造とそれを合成している語句の意味によって，合成される．これは形式的文法と複雑さの上の帰納により可能である．合成的意味論の先駆は，フレーゲにある（[*GGA*. I]．[野本 2012] 参照）が，より現代的にはタルスキの「真理定義」からカルナップ，モンタギュ，パーティ（B. Partee），カプランらに引き継がれ，展開された．

コラム 6　タルスキ，ゲーデル，カルナップに関する歴史的注記

ところで，当時いろいろ取り沙汰された自らの「真理定義」をめぐる微妙なプライオリティについて，タルスキは，以下のような興味深い「歴史的注記」[*TCP* 2, pp. 196-8] [*LSM*, pp. 277-8] を付している．

この注記によれば，本章で探究されている諸問題やここで提示された仕事の大方の成果は，真理定義の最終的な定式化に達した 1929 年に始まり，この仕事の全体がはじめて学術的意見交換の可能な言語（ドイツ語）で登場した 1935 年に終わる 6 年間にポーランド語では，何度か公の議論に付されたという．

そしてタルスキは「この 6 年の空白期間の結果，また問題の本性からの帰結，またたぶん私の仕事の元来のテクストの言語（ポーランド語）のせいで，歴史的な関連について誤謬が生ずるかもしれない」，と予想した．実際，カルナップは，その著作 [Carnap 1934] で，かなり類似のアイディアを展開していて，タルスキの探究に関して，それらが「ゲーデルの仕事と関連して」遂行されたと書いている．それゆえタルスキは，「ここで私の研究の依存性ないし独立性についてある所見を付しておくことは，無駄ではないだろう」と述べ，以下のように続けている．

一般的に次のように言ってよい．すなわち，私が明示的にそう強調している場所を例外として［LSM, pp. 154 および 247 の脚注］私のすべての方法と成果とは，全く独立に私によって得られたものである．先の脚注が与えるデータが，この主張を検証するのに十分の基礎を提供すると信ずる．さらにフランス語の私の論文「有限集合について（Sur les ensembles finis)」 *Fund. Math.*, vi, (1924b)，いっそう完全には「実数の定義可能集合について」 (VI) in [*LSM*]（すでに 1930 年 12 月にポーランド数学会で報告［ドイツ語では [Tarski 1931a] 'Über definierbare Mengen reeleler Zahlen'])，その論文では他の目的にではあるが，現在の仕事で真理定義の構成に使用している構成法をまさに含んでいる．

　タルスキは，自らの探究の独立性を，次の諸点に関して強調している．
　(1) 真理定義の問題の一般的定式化（特に，[*LSM*, pp.187-8]），(2) その問題の肯定的解決，つまり，メタ言語中で入手できる手段が十分に豊かな場合の，真理概念の定義（論理的言語に関するカルナップの「分析的」の定義に相当）[*LSM*, p. 194, p. 236]，(3) 真理定義を基礎とする無矛盾性証明の方法 [*LSM*, p. 199, p. 236]，(4) メタシステムの公理的構成 [*LSM*, pp. 173f.] およびこれと結びついて，(5) [*LSM*, pp. 184f.] での，算術中でのメタシステムの解釈（「メタ言語の算術化」を含む）についての議論 [*LSM*, p. 277]．算術化は，ゲーデルによってはるかに完全にまた全く独立に展開された．強調されているのは，真理概念には関わらないが別の意味論的概念，定義可能性についての成果 [*LSM*, p. 276] である．
　タルスキの仕事がゲーデルのアイディアと関連する一つの場所で——つまり，メタ言語が研究対象言語より豊かでない場合の真理定義問題の否定的解決において——タルスキは，この事実を明示的に強調していた [*LSM*, p. 247 脚注]．その成果は，タルスキの仕事を極めて完全なものにしたのだが，すでに他の仕方で終了していた探究に続いて付加された一つに過ぎなかった [*LSM*, p. 278]，と，自らの探究の独立性を強調している．

5 　絶対的真理とモデル相対的な真理概念

　さて，「形式化された言語における真理概念（以下，「真理概念」）[CTFL]」§2 の解説に戻ろう．
　先述のように，フェファーマンによれば，主たる聴衆が哲学者であるか，数学者であるかに応じて，タルスキは，「真理論」の提示の仕方の重点を変えていた

とも思われる．つまり，哲学者向けには，絶対的真理（truth *in simplicita*）ないし対応説に通じる「直観的内容の適合性」を前面に出し（[Tarski 1944]に顕著），数学者向けには，モデル相対的な，真理概念の定義可能性の「形式的正しさ」を前面に出し，真理論・意味論を，公理的な演繹科学の一つとして，メタ数学の中に形式的に厳密な仕方で位置づけること（渡米後に[Tarski 1948]（rev. ed. 1951）rep. in [*TCP3*]，そしてヴォートとの共著[Tarski and Vaught 1957a]でようやく前景に出る）を目指したのではないか．そして1935年前後の時期は，まだモデル論の一般的な展開はなおその途上にあるが，しかし，これも先述のように，「真理概念」論文にもすでに，上記テーゼⒹ（4.1節参照）に関わる，ある限定的な次元，つまり無限階の豊かな言語による固有の公理的体系化と，その意味論に関しては，「ある個体領域と相対的に普遍妥当」といった，モデル相対的な意味論的アプローチが認められる，と考えられる．

さらにタルスキの『入門（*ILM*）』には，すでにそうした一般化がはっきり認められるように思われる（[Tarski 1936, §37, pp. 120ff.]参照）．

5.1 形式言語の構成

さて「真理概念（CTFL）」は，以下の要約でのテーゼから開始される．

テーゼⒷ「形式化された演繹諸科学の言語における真理概念（WSDD）」（1932）での有限階の形式化された言語の意味論は，その形態学，メタ科学（*Metadiszip-lin*）の一部を形成する．

そこで，「真理概念（CTFL）」論文の，「形式化された言語，特に，クラス算の言語の公理的構成」と題された§2の解説に戻ろう．

以下，日常言語に関するパラドクス問題は解決不能として放棄され，形式化された言語に絞られる．こうした言語は，大まかにそのうちのすべての表現の意味（Sinn）がその形式によって一意的に決定されているような，人工的に構成された言語である[*LSM*, p. 165]．

まず，すべての形式化された言語のいくつかの本質的な特性に注意が向けられる．

[形式化された言語]（今日では以下は，ごく当然になってしまい新味がないように見える）においては，

 (α)　各言語に対し，当の言語の表現が形成されるすべての記号のリストないし記述が，構造的用語で（つまり，合成的に）与えられる．

 (β)　こうした記号で形成されうるすべての可能的表現のうち，言明文は純粋に構造的（合成的）な手段で識別される．形式化された言語は，従来，もっ

5 絶対的真理とモデル相対的な真理概念　461

ぱらこうした言語を基礎に形式化された演繹科学の研究用に構成されてきた．さらに以下の特性が付加される．

（γ）　公理ないし原始命題（*Grundsätze*）と呼ばれる言明文のリストないし構造記述．

（δ）　推論規則．命題を他の命題文・帰結（*consequences/Folgerungen*）に変形する構造的操作．公理の帰結は証明可能（*beweisbar*）ないし承認済みの文（*anerkannte Sätze*）と呼ばれる．なお，新しい被定義記号は，定義規則による定義によって当の科学に導入される．

ところで，タルスキは，「いかなる意味も付与されていない記号や表現の科学という特殊な意味での「形式的」科学，には何らの関心もない」[*LSM*, p. 166] と述べて，ある種の（ヒルベルト流の）形式主義への批判的見地がうかがえ『入門（*ILM*）』§38 に顕著[14]），他方「われわれは，言語中に現れる記号には全く具体的でわれわれには理解可能な（intelligible）な意味を常に帰属させる」と，師たちの「直観的形式主義」（ただし「表現的言語観」は捨てられる）を引き継ぐような見解も述べている．実際，（δ）の「帰結」の観念が構造的・合成的変形規則による統語論的なものである（「帰結」の以下 5.2.2 項の定義 15-17 参照）のに対し，続けてタルスキが，「公理として際立たせられた言明文は常に内容的に（inhaltlich）真であるように見える．推理規則の選択に際しては，その規則に基づき，その規則が真な言明文に適用されると新たな真なる言明文に至るべし，という原理が常にわれわれを導く」（[*LSM*, p. 167] [*TCP*1, p. 74]）との，一見意味論的な帰結概念をも付加している点は注目を引く．

さてここでタルスキは，著名な「対象言語」と「メタ言語」の区別を導入する．

　　形式言語は，日常語と対照的に，上述のような「普遍性」をもたない．特

---

[14]　『入門（*ILM*）』§38 でタルスキは，「演繹科学の形式的特性」について，慎重にこう述べている．「数学の形式的性格について，［以下のような］パラドクシカルで誇張して語られる発言が見られる．それらが基本的には正しいとしても，こうした言明は曖昧さと混乱の源泉となりうる．［つまり］数学的概念には，何ら確定的な内容を付与されないとか，数学においては，何について語っているのかを本当は知らないとか，われわれの主張が真かどうかには興味がないとか言われる．こうした判断にはむしろ批判的に対すべきだろう．ある理論の構成に際しては，あたかもこの学問分野のタームの意味を理解していないかのごとくに振る舞う．だがしかしそれはこれらのタームにいかなる意味も認めないということと同じでは全くない．確かに，時にはその原始的タームに確定的な意味を付与せずに，ある演繹理論を展開し，したがって，そのタームを変項として扱う．こうした場合に，当の理論を一つの形式的体系として扱うという．だがこうした状況は，当の理論の公理体系に複数の解釈を与えることが可能な場合，つまり，当の理論中に現れるタームに具体的な意味を付与するような複数の手持ちの方法が存在するのだが，しかしこうした方法のうちのどれにも予め優先性を与えたくない場合のみに起こるのである．他方，単独の解釈を与えることができないような形式的体系には，たぶん誰も関心がないであろう」（pp. 128-9）．

に，たいていは言語の理論に属するようなターム，同じないし別の言語の記号や表現を表示するようないかなる表現ももたないし，構造記述のような表現ももたない．そのため，形式化された演繹科学の言語探究に際しては，それについて(*about*)語っている言語［メタ言語］と，そのうちで(*in*)語っている言語［対象言語］とを，研究の対象(*object*)である科学と研究がそのうちで遂行されている科学との間と同様に，常にはっきり区別しなければならない．［対象言語中の］表現の名前等は，メタ言語(*Metasprache*)に属する（対象言語を含んでもよい）．これら［対象言語中の］表現の名前，複雑な概念（帰結，証明可能な文，真な文といった概念）の定義，それら概念の特性の確定等は，メタ理論(*metatheory/Metawissenschaft*)の仕事である．([*TCP*1, p. 75] [*LSM*, p. 167])

　形式化された言語の拡張は，真理の正しい定義を，各言語ごとに構成する方法を与える．だがこの方法の一般的で抽象的な記述ではなく，以下ではある特定の具体的な言語との関連でこの種の定義を構成し，その最も重要な帰結を示すという方針を採用する（5.2 節以下参照）．

5.1.1　対象言語

　そこでタルスキは，当時の最も簡明な演繹科学，クラス算の言語を選ぶ．クラス算は数学的論理学の一断片で，ブール代数・論理代数という形式科学の一つの解釈と見なしうる．

　この言語の表現を 2 種に，定項（否定記号 '¬'，論理和（選言）'∨'，普遍量化子 '∀'，（クラス間の）内含記号 '⊆'）と，変項とに分かつ（[*LSM*, p. 168]．ただし，ポーランド表記を標準的表記に替えてある）．これらをそれぞれ，「でない」「または」「すべて」「内含する」と同意味的とみなす．変項 'x_k' は，k 番目の変項と呼ぶ．探究が目指すのは，メタ言語中で展開されるメタクラス算の構成である [*LSM*, p. 169]．以下，メタ言語とメタ理論の構造についての要点は二つで，① メタ言語中での記号，表現のリストと，② メタ理論の公理系の提示である（対象言語中の表現の，メタ言語中の表現への転用は，イタリックで表す）．

5.1.2　メタ言語の統語論とクラス算の公理体系の構成
——メタ言語中の 2 種の表現

(i) 一般論理の表現

　上記のクラス算中の定項と同じ意味をもつ一連の表現「p でない」「p または q」

「すべてp」「xはyに内含される」．(それらは (対象言語中の) 'ㄱp', 'p∨q', '∀xp', 'x⊆y' の (メタ言語への) 翻訳で) 例えば，言明「すべてのクラスaについて，a⊆a」は，(対象言語中の '∀a[a⊆a]') の (メタ言語への) 翻訳 (translation) である．同じカテゴリーには文計算，1階関数式，クラス算の表現やまた基数算記号，また関係論理からの始域 (domain)，終域 (counter domain)，一対多関係，順序対等の諸記号，系列 (sequence) の概念，無限系列 (その終域が0を除く自然数のクラスの場合の一対多関係)，有限系列 (その終域が，$1 \leq k \leq n$ のすべての自然数kからなるすべての一対多関係)，系列Rのk番目の項，クラスaの部分クラスの系列等を，それぞれ表示する諸記号が導入される ([*TCP* 1, p. 79] [*LSM*, pp. 171-2])．

(ii) 構造記述的性格をもつメタ言語中の特定表現

例えば，具体的記号ないしクラス算言語の表現の名前，すなわち，クラス，表現列，表現間にある構造的関係の，名前 (1983改訂版．補足注† [*LSM*, p. 172]): 「否定記号」('ng')，「論理和記号」('sm')，「普遍量化子記号」('un')，「内含記号」('in')，「k番目の変項」(v_k'($k \neq 0$の自然数))，「継起する表現x, yからなる表現 (連鎖⌒)」('$x \frown y$'). 例: '((ng $\frown$ in) $\frown v_1$) $\frown v_2$' は表現 'ㄱ $(x_1 \subseteq x_2)$' の名前に相当する．

メタ言語が，研究対象の当の言語のすべての表現の個体名 (individual name) とその翻訳とを含んでいるという事実は，真理定義の構成に決定的な役割を演ずる [*LSM*, p. 172]．

5.1.3 メタ言語の統語論的公理体系

[統語論・論理的文法] 論理文法にかなった整成的 (well formed) 表現が，(1) 一般的な論理的公理と，(2) メタ言語の特有の公理 (上記の構造記述的概念の基礎的特性の記述) に従い，厳密に規定されるが，ここでは略記的に列挙するのみとする．上記のメタ表現 ng, sm, un, in, 変項記号 v_k, 連鎖 $x \frown y$ に関する各公理，それらから適法的に合成するための帰納原理が5個の公理で示される．

上記の公理体系がカテゴリカル (*kategorisch*) なことは，証明可能である ([*TCP* 1, p. 83] [*LSM*, p. 174])．また上記公理系は，ある存在表明，つまり，すべての表現のクラスは，可算無限 (*abzählbar unendlich*) である (公理2, 3)．これがメタ理論の無限的性格 (*Infinitismus*) の源泉である ([*TCP* 1, p. 83] [*LSM*, p. 174])．

次に形式化された演繹科学としてのクラス計算を確立する諸概念: 言明文

($Aussage$), 公理, 帰結 ($consequence$), 証明可能な ($beweisbar$)（承認済みの ($anerkannt$)）言明文が定義される. がその前に, (以下のような定義を介して) 補助的記号として導入する [メタ言語での論理定項は, 対象言語の定項を適宜ボールド体での表記で付加]. すなわち, 内含 $v_k \subseteq v_l$ は ($in \frown v_k) \frown v_l$ と, 否定 ($x = (\neg y)$) は $ng \frown y$, 論理和 (選言) ($x = (y \vee z)$) は ($sm \frown y) \frown z$ と, (t の有限列) の論理和 $^n\Sigma_k t_k$ は (α) $n=1$ および $x = t_1$, (β) $n>1$ で $x = (^{n-1}\Sigma_k t_k + t_n)$ (フレーゲ, デデキントの帰納的定義と注記) と定義される. 普遍量化 $x = \forall v_k y$ は ($un \frown v_k) \frown y$ と (派生的に存在量化 $x = \exists v_k y$ は, $x = (\neg \forall v_k \neg y)$) 定義される. 以下内含 $k \subseteq l$ から始めて, 上記の操作を任意回遂行すると, 文関数といわれる表現の拡張されたクラスに至る. 文はその特殊ケースである [LSM, p. 176].

以下が有意味な (sinnvoll) 言明文関数 (Aussage-Funktion) (文関数と略称) である : (α) $x = (v_k \subseteq v_l)$; (β) $x = \neg y$; (γ) $x = (y \vee z)$; (δ) $x = (\forall v_k y)$. (対象言語中の) 文関数の事例には '$\neg [x_1 \subseteq x_3]$', '$\forall x_1 \neg [x_1 \subseteq x_2]$' 等が挙げられる.

すべての文関数について, メタ言語中でその関数の構造記述名を構成可能である. 例えば '$\neg [v_1 \subseteq v_2]$', '$\forall v_2 [\neg [v_1 \subseteq v_2]]$' [$LSM$, p. 177].

自由変項をもつ開放文の例 : 自然数 ($k, l \neq 0$) で : (α) $x = (x_k \subseteq x_l)$; (β) $x = \neg y$; (γ) $x = (y \vee z)$; (δ) $x = \forall x k x y$.

定義 12. x が有意味な (sinnvoll) 言明文である ($x \in S$) のは, x が文関数で, かついかなる v_k も x 中で自由変項でないとき, そのときに限る [LSM, p. 178].

例えば, $\forall x_1 [x_1 \subseteq x_1]$, $\forall x_1 \exists x_2 [x_1 \subseteq x_2]$ 等, しかし $\forall x_1 [x_1 \subseteq x_2]$ 等は文ではない ('S' は有意味なすべての文のクラスを表す).

[対象言語としてのクラス算] (対象言語としての) クラス算の原始文の体系は, 二種の文を含む. 第 1 は, 文計算の基礎として十分で, 否定と論理和のみを定項として含む, 任意の公理体系から得られる. 自由変項を普遍量化すると, 例えば次のような第 2 種の文が得られる. '$\forall x [x \subseteq x]$'. ついでメタ的なクラス算の公理系が構成される [LSM, p. 179].

5.2 「直観的形式主義」を超えて

タルスキは, 特に「真理定義」の「形式的正しさ」の探究途上において, ポーランド学派の師たちの「直観的形式主義」を超える, 特に「形式化」のさらなる整備, 統語論的ならびに意味論的なメタ的問題に取り組まざるをえなかったと思われる. 対象言語とそのメタ言語との階層を区別し (これはレシニエウスキを継ぐ), 真理が問われるクラス算という特定の形式的対象言語についての, クラス算のメタ的な公理体系を具体的に構成し, 言語に関する複雑性 (再帰的帰納法に

よる無限性の処理),「帰結」概念を介しての証明可能性, 無限公理の問題, 無矛盾性, 決定可能性, 完全性, 不完全性等の一連の難問のメタ的探究がそれである. そうしたメタ的探究を欠いては, 例えば, クラス算言語に関する「形式的に正しい」真理定義が可能か否かは明らかにならないからである.

「直観的形式主義」は, 真理定義に際し,「真」という原始的語彙がすでに何らかの直観的内容・意味をもつと想定するが, それは単に定義以前の非形式的な直観的想定にとどまる. 真理定義の「形式的正しさ」の追求途上においては, そうした「真理概念」を自明な既定の前提とすることは許されず, また例えば, 文を「言う」「述べる」とか, 名前の「指示」といったような「他のいかなる意味論的概念も想定」すべきでない. そこでタルスキは, 上記のように,「名前」に替わって「変項」を用い,「(言明) 文」に替わって「文関数」を導入し, 一般的に「文」の「真理」を含むその他のメタ的概念を定義しようとする. なんらかの原始的語彙, 例えば,「充足」,の内容の意味論的把捉に関わる「規約」(規約T)からの「定理」・「帰結」として, 真理述語「真である∈Tr」の意味論的内容を, 導かねばならない. すると, 以下に見られるように, タルスキは,「直観的形式主義」を超えた,「帰結」「証明可能性」「無矛盾性」「健全性」「完全性」等の一連のメタ的概念を明らかにする課題, その過程におけるメタ言語における「存在仮定 (existential assumption)」, 無限公理 (axiom of infinity) の問題, といった諸難題に直面せざるを得なかったと思われる. いわゆる「算術化」も, この過程で導入されたのである.

5.2.1 文関数の定義

またタルスキは, 帰結概念の定義の定式化において, 特に,「uは, 変項v_lの代わりに変項v_kを代入することにより文関数wから得られる表現である」という言い方を用いる. だが,「文関数」の直観的意味は明らかで単純であるが, その定義は相当に複雑である.

定義14. xが文関数yから, (自由) 変項v_lに (自由) 変項v_kを代入することによって得られる表現であるのは, 次のときそのときに限る (k, lは0以外の自然数で, x, yは以下の6個の条件の一つを満足する文関数である).

(α)　　$x = (v_k \subseteq v_k)$ および $y = (v_l \subseteq v_l)$;

(β)　　次のような, l以外の自然数mが存在する：$x = (v_k \subseteq v_m)$ かつ $y = (v_l \subseteq v_m)$ または $x = (v_m \subseteq v_k)$ かつ $y = (v_m \subseteq v_l)$;

(γ)　　v_lが関数yの自由変項ではなく, かつ $x = y$;

(δ)　　$x = \neg z$, $y = \neg t$, かつzがtから変項v_lに変項v_kを代入することによっ

て得られる表現であるような文関数 z および t が存在する；

（ε）次のような文関数 z, t, u, w が存在する：$x=z\lor u, y=t\lor w$（z と u はそれぞれ t と w から，変項 v_l に変項 v_k を代入することによって得られる）；

（ζ）次のような文関数 z, t が，かつ k, l とは異なる自然数が存在する．つまり，$x=(\forall_m z), y=(\forall_m t)$ で，しかも z は，変項 v_l に変項 v_k を代入することによって t から得られる場合である．

例えば，この定義から，表現 $v_1\subseteq v_1, \forall v_3[v_3\subseteq v_1\lor v_1\subseteq v_3]$ は，関数 $v_2\subseteq v_2$，また $\forall v_3(v_3\subseteq v_2 \lor v_2\subseteq v_3)$ から，変項 v_2 に v_1 を代入することによって得られる [LSM, p. 180]．

文のクラスの帰結中には，この文クラスに属するすべての文，および（今日では常套手段の）四つの操作，すなわち，代入，分離 (detachment)，普遍量化子の導入，除去，の複数回の適用により得られるすべての文を含む．さらにこの操作を文関数にも適用すれば，代入操作の意味は，定義 14 によって完全に確定する．しかし本論文中では，これらの操作を，文関数ではなく，その普遍量化に限定している．

5.2.2 統語論的帰結概念の定義と証明可能性

構成を単純化するため，最初に n 度の帰結という概念を定義する．タルスキの統語論的な帰結概念（証明可能性）の提示といってよい．

定義 15. x が文のクラス X の n 度の帰結であるのは，次のときそのときに限る：$x\in S, X\subseteq S$ で n が自然数であり，かつ，

（α）$n=0$ かつ $x\in X$ か，または $n>0$ で，以下の 5 条件のうちの一つが満足されているときである．すなわち，

（β）x がクラス X の $n-1$ 度の帰結である；

（γ）次の文関数 u と w，文 y と自然数 k, l が存在すること，つまり，x は関数 u の普遍量化で，y は関数 w の普遍量化であり，u は関数 w から変項 v_l に変項 v_k を代入することで得られるとし，かつ y は $n-1$ 度のクラス X の帰結であること；

（δ）文 y, z と同様，次のような文関数 u, w が存在すること，すなわち，x, y, z は関数 $u, \neg w\lor u, w$ のそれぞれの普遍量化で，かつ y, z は $n-1$ 度のクラス X の帰結であること；

（ε）次のような文関数 u, w，文 y，自然数 k が存在すること，すなわち，x は関数 $u\lor\forall_k w$，y は関数 $u\lor w$ の普遍量化で，v_k は u の自由変項ではなく，また y は $n-1$ 度のクラス X の帰結であること [LSM, p. 181]；

（ζ）xが関数$u \lor w$の普遍量化であり，yは関数$u \lor \forall_k w$の普遍量化であり，yは$n-1$度のクラスXの帰結であるような，そうした<u>文関数u, w, 文y, 自然数kが存在すること</u>．

定義16．xが文のクラスXのn度の帰結である——$x \in C_n(X)$——のは，次のときそのときに限る．すなわち，<u>xがクラスXのn度の帰結であるような自然数nが存在すること</u>．

定義17．xが証明可能な（beweisbar）（承認済みの（anerkannt））文（Satz）ないしは定理——$x \in Pr$——なのは，xがすべての公理の集合の帰結（$\overset{\cdots}{Folgerung}$）であるときそのときに限る［LSM, pp. 181-2］．

以上のような「統語論的帰結」概念の定義から，統語論的完全性が帰結するであろう．

こうした「統語論的帰結」概念に加えて，既述のように，タルスキが，「公理は常に内容的に真であるように見える．……［真理保存的な］推理規則を真な文に適用すれば，新たな真なる文に至る」［LSM, p. 167］との，「意味論的な」帰結概念をも付加していた点に，再度注目しておきたい．それは，後の「意味論的」帰結概念への伏線をなしていると思われるし，また以下では当然，証明可能なら真という健全性も視野に入ってくるであろう．

5.2.3 意味論的な帰結概念とモデル

ところで，パリでのウィーン学団による「科学哲学国際学会」（1935）で，すでに述べたように，タルスキは「意味論」以外に，「論理的帰結の概念について（Über den Begriff der logischen Folgerung）」という講演を行っていた［Tarski 1936a］．

この講演には，統語論的帰結概念のみならず，$\overset{\cdots}{モ}\overset{\cdots}{デ}\overset{\cdots}{ル}$（$Modell$）という概念に訴えた「$\overset{\cdots}{意}\overset{\cdots}{味}\overset{\cdots}{論}\overset{\cdots}{的}\overset{\cdots}{な}\overset{\cdots}{帰}\overset{\cdots}{結}\overset{\cdots}{概}\overset{\cdots}{念}$」が，以下のように，はっきり姿を現している．

まずカルナップによる「一般統語論」という枠組み内での帰結概念の定義を，以下のように定式化し直す．

$\overset{\cdots}{文}\overset{\cdots}{X}\overset{\cdots}{が}\overset{\cdots}{ク}\overset{\cdots}{ラ}\overset{\cdots}{ス}\overset{\cdots}{K}\overset{\cdots}{の}\overset{\cdots}{文}\overset{\cdots}{か}\overset{\cdots}{ら}\overset{\cdots}{論}\overset{\cdots}{理}\overset{\cdots}{的}\overset{\cdots}{に}\overset{\cdots}{帰}\overset{\cdots}{結}\overset{\cdots}{す}\overset{\cdots}{る}\overset{\cdots}{の}\overset{\cdots}{は}$，$\overset{\cdots}{K}$のすべての文と$\overset{\cdots}{X}$の否定とからなるクラスが矛盾するときそのときに限る．

上記の定義の決定的要素は「矛盾」という概念だが，そのカルナップの定義は複雑で特殊なので，ここでは形式化された言語の包括的なクラスに関する帰結概念の適合的定義を構成可能にするような一般的方法を略解するとし，特に近年には科学的意味論のみが，カルナップのアイディアを厳密な形式で提示するようになったとして，以下のように論ずる．

文の任意のクラス K とこのクラスの文から帰結する文 X を考える．直観的には，クラス K が真な文のみからなり，しかも文 X が偽であることは起こり得ない．さらに，論理的，つまり，形式的な (*formal*) 帰結概念のみに関わり，したがって，帰結が成り立つ文の形式によって一意的に確定する関係に関わるとする [*LSM*, p. 414]．すると帰結関係は以下のように表される．

　(F) クラス K の文と文 X 中で，(以下，論理的定項は除外する) 定項が他の任意の定項と (その記号が，同様の記号によって至る所で置換されるように) 置換され，またこうして K から得られた文のクラスを 'K''' で表示するとし，かつ X から 'X''' により得られた文だとすると，文 X' はクラス K' のすべての文が真な場合にのみ，真であるに違いない．

　(F) 中で文 X がクラス K の帰結であるための必要条件が得られる．問題は，それが十分条件でもあるかどうかである．唯一の困難は条件 (F) 中の語「真」に関わる．しかしこの語は，意味論において厳密かつ適合的に定義されうる．

　だが不幸にも，状況はそれほど好都合ではない．条件 (F) が充足されているにもかかわらず，文 X がクラス K の文から通常の意味では帰結しないということが起こる．関連する言語が論理外の定項の十分なストックをもつゆえにのみ，この条件が充足される [*LSM*, p. 415]．条件 (F) の意図を表現する手段は，意味論によって提供される．文関数の，単独の対象ないし対象の列による充足という概念である．ジョンとペーターが，条件「X と Y は兄弟である」を充足する，の直観的意味には何ら疑問の余地がない．充足の概念は，他の意味論的概念同様，つねにある特定の言語に相対化されねばならない．形式化された言語のある包括的なクラスに関する充足の概念の定義を構成可能とする一般的方法が展開可能である．[*LSM*, p. 416]

さてこの帰結概念の意味論的考察を巡って，「モデル」という概念が登場している．

　充足という概念によって定義可能な概念の一つは，モデル (*Modell*) の概念である．考察中の言語のある変項がすべての論理外の定項に対応し，すべての文中の定項が対応する変項で置換されたら文関数となるとし，L を文の任意のクラスとする．L に属する文中に現れるすべての論理外的定項を対応する変項でそれぞれ置換する．[*TCP2*, p. 278] [*LSM*, p. 416]

こうして文関数のクラス L' を得る．「クラス L' のどの文関数をも充足する対象の任意の列を（演繹理論の公理系のモデルという意味で）モ・デ・ル・，ないし文ク・ラ・ス・L・の・実・現・（$Realisierung$）と呼ぶ．特に，クラス L が単独の文 X からなるとき，クラス L のモデルをまた文・X・の・モ・デ・ル・という．これらの概念によって論理的帰結の概念を以下のように定義できる：

　　文・X・が文クラス K から論理的に帰結するのは，クラス K のモデルが文 X の
　　モ・デ・ル・で・も・あ・る・と・き・そ・の・と・き・に・限・る．［TCP2, p. 279］［LSM, p. 416］

特に，この定義に基づき，真な文のすべての帰結は真でなければならず，また所与の文の間で成り立つ帰結関係は，その文中に現れる論理外的定項の意味から完全に独立である．簡単には，条件 F は，文 X がクラス K の文から帰結する必要条件だと証明可能である．他方，この条件は一般には，十分条件ではない．ここで定義された帰結概念は，探究中の言語の豊かさとは独立だからである．

なお上記の定義は，カルナップの定義と折り合い可能である．というのは，われわれは，文クラスを，それがモデルをもたないときは矛・盾・的と呼ぶからである［LSM, p. 7］．類比的に，文のあるクラスは（単独の文も），対象のどの列もがそのモデルのとき，分・析・的・（$analytic$）と呼ぶ．さらに，扱っている言語中ですべての文 X についてこの文の否定，つまり，モデルとして，文 X のモデルでないような対象列のみをもつような文 Y, が存在すると仮定しよう．これらのすべてを基礎に，二・つ・の・定・義・の・同・値・を証明するのは，容易である．

またカルナップ同様，これらの文そしてそれのみが文すべてのクラス（特に，空クラス）から帰結する文を分析的，そしてそれのみが，またすべての文がそれから帰結するような文そしてそれのみが矛盾的だと示しうる［Carnap 1934, pp. 135ff., 定理 52.7, 52.8］．

上記の議論の成果で，帰結概念の内容的に適合的な定義の問題が完全に解かれたとは考えない．逆に未解決の問題が唯一つだけ指摘される．

　　　われわれの全構成の底流には議論中の言語のすべての語の論理的と論理外
　　との分割がある．この分割は恣意的ではない．例えば，含意記号や普遍量化
　　記号を論理外の記号に含めるなら，帰結概念のわれわれの定義は明らかに通
　　常の用法と矛盾するだろう．他方，用語の二つの群の間に明らかな境界を引
　　く客観的な根拠は不明ではある．［LSM, p. 418］

論理的用語中に，通常論理外的とされる用語を含めることは，可能であろう．

極端な場合，言語のすべての用語を論理的と見なすこともできよう．形式的帰結（*formal* consequence）という概念は，そのとき，内容的帰結（*material* consequence）の概念と一致することになろう（完全性・健全性が成立する場合）．この場合，ある文 X は，それが真であるかないしクラス K の少なくとも一つの文が偽ならば，帰結するだろう[15]．

所与の文 X が，有限数の文：$Y_1, Y_2, \cdots, Y_n$ のみから帰結する（follow）クラス K（つまり，$Y_1, Y_2, \cdots, Y_n \vdash X$）に関して，記号 '$Z$' によって，その前件が文 $Y_1, Y_2, \cdots, Y_n$ の連言で，その後件が文 X であるような条件文（含意）を表示するとしよう（つまり，$Z : (Y_1 \wedge Y_2 \wedge \cdots \wedge Y_n) \supset X$)）．そのとき次のような同値性が確立される．すなわち，

　　文 X がクラス K の文から〔論理的に〕導出可能（(*logically*) *derivable*）なのは，文 Z が論理的に証明可能（*logically provable*）（すなわち，論理の公理から導出可能）なときそのときに限る．

　　文 X がクラス K の文から形式的に帰結する（*formally follow*）のは，文 Z が分析的のときそのときに限る．

　　文 X がクラス K の文から内容的に帰結する（*materially follow*）のは，文 Z が真のときそのときに限る．

これら同値文中最初だけが反論を誘発しうる［*LSM*, p. 419, 脚注］．

文のクラス L に関連する（with respect to）帰結概念のように，相対化を導入するのが有用かどうかという問題が提出される．先の表記では，K が有限の場合，下記のようにこの概念を定義できる：

　　文 X が文のクラス L に関連するクラス K の文から帰結するのは，文 Z がクラス L に属するときそのときに限る．

この定義に基づけば，導出可能性はすべての論理的に証明可能な文に関連する帰結に一致し，形式的帰結はすべての分析的な文のクラスに関連する帰結になろうし，また内容的な帰結は，すべての真なる文に関連する帰結となろう［*LSM*, p. 419］．

5.3　無限階の言語の意味論の可能性と算術化

テーゼⓒ［WSDD］での無限階の言語の意味論構成は排除される．

だが上記（5.2.2 項）の「統語論的帰結」概念にも諸困難が残る，とタルスキは考える．すなわち，メタ理論の公理から（例えば，上記の定義中の下線部のよ

---

[15]　［*LSM*, p. 419］脚注で次の三つの概念：「導出可能性（derivability）」「形式的帰結」および「内容的帰結」が区別されている．

うな）一般的存在仮定（*allgemeine existentiale Voraussetzungen*）を消去できるであろうか．さらに，ある種のすべての文は，証明可能か，さらにより一般的に，所与の文クラスの帰結であるのか［*LSM*, p. 183］．

以上の理由から，定義17は，存在仮定が，ある場合には拒否され，定理という概念に帰せられるすべての特性を包括しはしないだろう，という見地が採用されうるかもしれない．上の定義の，「適切な」修正といった課題が生ずるだろう．より正確に表現すれば，それは，存在仮定下での定義17（5.2.2項）と同値の定理の定義構成の問題であろう——もっとも，これらの仮定とはまったく独立に——，それは，対応する定理「$x \in Pr$」が当の存在仮定の助けによって証明されうるならば，帰結として，「文xが存在すれば，$x \in Pr$」型のすべての定理をもつであろう．ここでタルスキは，課題解決の試みの簡単なスケッチを与えている．

5.3.1 算術化のアイディア

先述のように，［Vaught 1986］によれば，例えば，ある言語（ないし理論）L，またLとペアノ算術PA（通常の1階の数論）を含む無矛盾な言語L'（「メタ言語」）を考える場合に，ゲーデルとタルスキとが独立に気づいたように，式を一定の数と同一視することによって，統語論的観念を数論中に取り込む（算術化する）ことができる．こうしてメタ言語L'中でLの文について語ることができるようになる．

そしてまさに，タルスキは，この「存在仮定」の問題と絡んで，この節で以下のように，そうした「算術化」を遂行しているのである．

> 容易に証明できるのは，メタ理論中で採用された公理系が自然数の算術中に解釈をもつということである．表現と自然数との間に，一対一対応を設定できる．その場合，数への操作は表現への操作と同じ形式的性質をもつようにする．この対応を考えると，すべての数クラスから，文と対応する数を摘出できる．これらのうちには，「原始的な（primitive）」数があるだろう．数のある所与のクラスの「帰結」という概念を導入でき，そして最後に「承認済みの」数をすべての「原始的」数のクラスの帰結と定義できる．これらの公理から，「存在仮定」を消去すると，一対一対応は消失する．つまり，どの表現にもなお自然数が対応するが，必ずしもすべての数に，ある表現が対応するわけではない．だが，なお先に確立しておいた「承認済みの」数という概念は保持でき，それらの定理を「承認済みの」数と対応するものとして定義できる．この新しい定義に基づいて，ある具体的な文が定理である，と

証明しようとすれば,もはやその他の文の存在への言及を強いられはしない.
　だがしかし,その証明はなお,ある存在仮定,すなわち,十分多くの自然数が存在する——同じことだが,十分多くの個体が存在する——という想定を要求する.［LSM, p. 184］

　かくして新しい定義から望みの結論をすべて引き出すためには,無限公理(axiom of infinity),すべての個体のクラスは無限であるという想定(Whitehead and Russell, PM, Vol. 2, p. 203)を,メタ理論中に含むことが必要になろう.［LSM, p. 185］

5.3.2　無限階の言語の公理的体系化とその意味論

　テーゼⓘ　［WSDD］での無限階の言語の,固有の公理的体系化と,その論理的な形態学をもつ意味論(Semasiologie)を,一つの独立した演繹的理論として定礎可能である.

　モデル論的考想の示唆——形態学をもつ意味論(Semasiologie/Semantik)［Tarski 1936, §38］参照.

　こうした意味論の成果として,タルスキが「その適用可能な概念中で特別に注目に値する」と見なしたのは,「ある所与の領域の確定された対象による,ある言明関数の充足(Erfüllen)という概念である.すなわち,この概念は,他の意味論的概念の精密化に本質的に貢献し,それ自身もまた特殊ケース(特にある所与の個体領域中で普遍妥当な言明関数)においても,現在のメタ数学的探究において重要な役割を演じる」［WSDD］と述べていたことである.すなわち,ここには「ある所与の個体領域中での普遍妥当な(in einem gegebenen Individuenbereich allgemeingültig)」という「言明関数(Aussagenfunktion)の,ある所与の領域の確定された対象による充足(Erfüllen durch bestimmte Gegenstände eines gegebenen Bereichs)」「ある所与の個体領域(ein gegebener Individuenbereich)に」相対化された「普遍妥当性」といったモデル論的アイディアがうかがわれるのである.

　以上の考察の副産物として,「真な命題だけからなる有限階のすべての演繹体系に関する無矛盾性証明の普遍的な方法が獲得される.……この成果は,無限階の演繹科学の包括的カテゴリーには,類似の証明が,対応するメタ科学に基づいては不可能であることと対比すれば,興味深いことに思われる」［TCP1, p. 617］.

5.3.3 演繹体系，無矛盾性，完全性

メタ理論に基づく演繹的科学の構成ではなく，演繹的科学自身を構成することを念頭に置くときには，その科学に，定義17の代わりに，当の公理群のすべての帰結を定理として付加しうるような規則を与える．いまの場合，この規則は，帰結の構成で用いた四つの操作に対応する，四つの規則に分かれよう．

文と帰結との概念によって，メタ理論に最も重要な方法論的概念，特に，演繹体系，無矛盾性，完全性の概念，を導入できる（以下で $Cn(X)$ は，前節のように，「文のクラス $X \subseteq S$ の，X の n 度の帰結」を表す）．

定義 18. $X \subseteq S$ が演繹体系なのは，$Cn(X) \subseteq X \subseteq S$ のときそのときに限る．

定義 19. X が文の無矛盾クラスなのは，$X \subseteq S$ で，かつすべての文 x について，$x \notin Cn(X)$ または $(\neg x) \notin Cn(X)$ のときそのときに限る．

定義 20. X が文の完全なクラスなのは，$X \subseteq S$ で，かつすべての文 x について，$x \in Cn(X)$ または $(\neg x) \in Cn(X)$ のときそのときに限る（統語論的完全性の定義）．

以下ではさらに次の概念が有用である．

定義 21. 文 x, y が，文のクラス X に関して同値なのは，$x \in S$, $y \in S$, $X \subseteq S$ であり，$[\neg x \lor y] \in Cn(X)$ かつ $[\neg y \lor x] \in Cn(X)$ のときそのときに限る [LSM, p. 185]．

5.4 真理定義と意味論の形成——真理と証明可能性

上記の問題が，「クラス算言語における真なる文という概念」[LSM, §3] で追求される．

　　主要課題は，真なる文の定義を構成することだが，本論文ではもっぱらクラス計算の言語が探究の対象である．この課題は，難なく解決できるように見えるかもしれない．つまり，形式化された演繹科学の言語に関しては，「真なる文」とは，「証明可能な定理」を意味するに過ぎず，定義17が，すでに真理の，さらには，純粋に構造的な［合成的］な定義を与えているのではないか．しかし，この見解は以下の理由から斥けられねばならない．言語の通常の使用と一致する，真なる文のいかなる定義も，排中律と矛盾するような帰結をもってはならない．しかしこの原理は，証明可能な文の領域内では妥当ではないのである．二つの互いに矛盾する文が単純な例で，そのどちらも証明可能でないということが，以下の補助定理 E によって与えられる．したがって［真と証明可能という］二つの概念の外延は，同一ではない．この

直観的な立場からは，すべての証明可能な文は，疑いもなく真な文である（§2, 定義 13-17［健全性］）．かくてわれわれが求めている真なる文の定義は，また証明可能ではない文も覆わねばならないのである．［LSM, p. 6］

こうしていわゆる「不完全性」が示唆される．

まず無限階の言語の公理的体系化と，その論理的な形態学をもつ意味論（Semasiologie）を，一つの独立した演繹的理論として定礎することが目指される（テーゼⒹ［WSDD］）．

5.4.1 「規約 T」の定式化

記号 'Tr' を真なるすべての文［のクラス］を表示するのに使用すると，上の（真な文の定義）要請は以下の規約（Konvention）で表現できる（［LSM, p. 187］in ［TCP2, 98］）：

規約 T．メタ言語中で定式化される記号 'Tr' の形式的に正しい（*formal korrekt*）定義が，もし以下の帰結をもつならば，それは真理の適合的（*adequate/zutreffend*）定義と呼びうるだろう．その帰結とは，すなわち，

(α) すべての文は，表現「$x \in Tr$ なのは p のときそのときに限る」から，記号 'x' には当該の言語の任意の文の構造記述名を代入し，記号 'p' にはその文のメタ言語への翻訳（*translation/Uebersetzung*）を形成する表現を，それぞれ代入することによって得られる．

(β) 「任意の x について，もし $x \in Tr$ ならば，$x \in S$ である」（換言すれば，'$Tr \subseteq S$'）という当の文［TCP2, pp. 98-9］．

上記の規約の 2 番目の部分は不可欠ではない．メタ言語がすでに条件（α）を満たす記号 'Tr' をもっていれば，条件（β）を満たす新しい記号 'Tr' の定義は容易だからである．そのためには，'Tr' がクラス Tr と S との共通部分であることに同意すれば十分である．

以下，タルスキの論述を辿るが，それらはすべて，規約 T が，'Tr' の，特に「形式的に正しい」定義であるといえるための諸条件を，どのように満たすべきかについて，広範多岐にわたる諸困難に直面したタルスキが，師たちの「直観的形式主義」の枠を超えて，その諸困難の克服のために展開した，未踏の厳密無比なメタ的探究の道程を示すものである．

以下で論述される諸問題には，基本的に対象言語とメタ言語の区別に立って，

無限多の文の対処法（再帰的帰納法），文関数と充足概念の導入，そして充足を介しての普遍量化と無限列への対処，言語の意味論研究に不可欠な，表示（denotation）・クラスの特性（property）・真理に関する規約 T からの，クラス算という特定の演繹体系のモデル論的——下記メタ数学的諸定理 [1]：無矛盾性，決定可能性，健全性，完全性，不完全性，範疇性，有限と無限，レーヴェンハイム－スコーレムの定理（LS 定理）の導出，さらに，真理の絶対的概念と相対的概念の対比，同値な文同士の対応づけという真理の一般的な構造的規準（カテゴリシティ）の提出，何よりも，真理の「内容的に適切で，形式的に正しい」意味論的定義の提出，そして最後に，クラスの一般理論はじめ無限層の言語における真理概念等，今後の広範な言語研究における真理定義の応用スケッチや意味論的カテゴリーの導入とその理論の素描等が含まれる．

5.4.2 有限的ならびに無限的言語の真理定義

[0]　有限的言語

対象言語が，はじめから有限数の文しか含まず，またそれらをすべて枚挙できるなら，真理の正しい定義構成の問題には何も困難はない．例えば，次の図式を完成すれば十分である．すなわち，$x \in Tr$ の必要十分条件は，$x = x_1$ かつ p_1，または，$x = x_2$ かつ p_2，または…，$x = x_n$ かつ p_n である（ただし，記号 'x_1', 'x_2', …, 'x_n' は，対象言語のすべての文の構造記述名による置換，'p_1', 'p_2', …, 'p_n' はそれらの文のメタ言語への翻訳による置換とする）．

[1]　クラス算という特定の演繹体系のモデル論的——メタ数学的諸定理：無矛盾性，決定可能性，健全性，完全性，不完全性，範疇性，有限と無限，LS 定理

関数 $\forall v_2(v_1 \subseteq v_2)$ は唯一の自由変項 v_1 を含むのみだから，列の初項のみを考えればよい［LSM, p.191］．

クラスの無限列 f が文変項 $\forall v_2(v_1 \subseteq v_2)$ を充足するのは，クラス f がこの関数を充足するとき，つまり，すべてのクラス b について，$f_1 \subseteq b$ のとき，そのときに限る．同様に，クラスの無限列 f が文関数 $v_2 \subseteq v_3$ を充足するのは，クラス f_2, f_3 が先の意味での関数を充足する，つまり，$f_2 \subseteq f_3$ のときそのときに限る．

一般的には，f が文関数 x を充足するのは，f がクラスの無限列であり，かつ p であるときそのときに限る．

クラス算の任意の文関数 s について，上記の図式中の記号 'x' をメタ言語中で構成された，s の個別（構造記述）名で置換し，同時に s 中の自由変項 v_k, v_l 等すべてに，対応する記号 'f_k', 'f_l' 等を代入し，かつ図式中の 'p' をこうして s から

得られた表現で（ないし，メタ言語中への翻訳で）置換するのである．

文関数のクラス列による充足の一般的定義の定式化には，さらに否定，選言，普遍量化操作による再帰的方法が使用される [$TCP2$, pp. 101-2]．

[2]　普遍量化と無限列

普遍量化操作は特殊な考察を要する．xを任意の文関数とし，どの列が関数xを充足するかは既知とする．列fが関数$\forall v_k x$（kは特定の自然数）を充足するのは，この列そのものが関数xを充足し，かつこの列のk番目の項がどう変わろうと，それを充足し損なうことはないとき，換言すれば，所与の列とたかだかk番目で異なるだけのどの列もまた当の関数を充足するときに限る．例えば，（内含(Inklusion)）関数$\forall v_2(v_1 \subseteq v_2)$が充足されるのは，式$f_1 \subseteq f_2$が，その2番目の項の変動と無関係に，成り立つときそのときのみである [LSM, p. 192]．

定義22．列fが文関数xを充足するのは，fがクラスの無限列であり，xが文関数であって，かつfとxは以下のようであるときそのときに限る．すなわち，

（α）　$x = . v_k \subseteq v_l$かつ$f_k \subseteq f_l$であるような自然数k, lが存在する；

（β）　$x = \neg y$で，かつfは関数yを充足しないような文関数fが存在する；

（γ）　$x = . y \lor z$で，かつfはyを充足するか，またはzを充足するかであるような文関数yが存在する；

（δ）　以下のような自然数kと文関数yが存在する：$x = \forall v_k y$でかつ，fとはたかだかk番目で異なるような，クラスのどの無限列も，関数yを充足する [$TCP2$, p. 104]．

上記の定義の具体的な文関数例への応用例を以下に示す．

　　無限列fが内含$v_1 \subseteq v_2$を充足するのは，$f_1 \subseteq f_2$のときそのときに限る；関数$\forall v_2(v_1 \subseteq v_2)$と$\forall v_2(v_2 \subseteq v_3)$が以下の列，かつそれらのみによって充足されるのは，f_1が空クラスで，f_3が普遍クラスであるような列fのときそのときに限る；最後にクラスのすべての無限列は関数$(v_1 \subseteq v_1)$を充足し，かつこうしたいかなる列も関数$(v_1 \subseteq v_2) \land \neg (v_1 \subseteq v_2)$を充足しない．

以上の被定義的概念は，言語の意味論研究にきわめて重要である．以上の道具立てで，この分野の一連のすべての概念の意味が容易に定義される [LSM, p. 193]．

すなわち，表示 (denotation/Bezeichnen)，定義可能性 (definability)[1]および本論での真理概念 (Wahrheitsbegriff)．

注1「実数の定義可能性」論文 [DfR] 参照（[LSM, p. 194] in [$TCP2$, p. 105]）．

[3]　表示 (denotation)，真理の定義可能性 (definability)

名前 x が所与の対象 a を「表 $\overset{\cdot}{\text{示}}$ す $\overset{\cdot}{\text{る}}$ (*denote*)」というのは，対象 a（ないし，a に対応するタームすべての列）がある特定の型の文関数を充足すると約定することと同じである．日常語では，その関数とは，以下の三つの部分からなる．すなわち，変項，語「で $\overset{\cdot}{\text{あ}}$ る $\overset{\cdot}{\text{}}$ (*is*)」，および所与の名前 x.

「定義可能性」については，ある特定の場合についてのみその内容を説明する．もしクラスの任意の特性が（クラス算との連関で）定義可能と見なすなら，以下のように定式化できる．

文関数 x がクラスの特性 P を定義するとは，ある自然数 k に関し，

(α) x はその唯一の自由変項として v_k を含み，かつ

(β) クラスのある無限列 f が x を充足するには，f_k が特性 P をもつことが，必要十分であること，すなわち，クラスの特性が定義可能なのは，P を定義する文関数 x が存在するときそのときに限る．

これらの約定を基礎にして，例えば，クラスの特性を，空の，唯一の，二つの，三つの元を含むというように定義可能なことが示せる．一方，無限多の元を含むという特性は定義可能ではない（[*LSM*, p. 194] in [*TCP*2, p. 104]）．

[真理の定義可能性]

「真理」定義は，以下のように達せられる．容易にわかることだが，上記定義 22 と直観的考察に基づき，所与の列が所与の文関数を充足するか否かは，（添字において）当の関数の変項と対応する列の項にのみ依存する．関数が文のとき，つまり，なんら自由変項を含まず，極端な場合には，関数の，列による充足は当の列の項の特性には何ら依存しない場合，二つの可能性しかない．クラスのすべての無限列が所与の文を充足するか，またはいかなる列もそれを充足しないかである．一番目の例（$\exists x [x \subseteq x]$）は真な文であり，第 2 の例（$\forall x \sim [x \subseteq x]$）は偽な文である（[*LSM*, p. 194] in [*TCP*2, p. 108]）．

定義 23. x が真な文（$x \in Tr$）なのは，$x \in S$ でかつクラスのどの無限列も x を充足するときそのときに限る（無限列の代わりに，有限列でも有効）(ibid.).

さて，この定義が，形式的に正しいか（それは疑いえない），また内容的に正しい（sachlich richtig）かという問題が生ずる．この問いには肯定的に答えられる．すなわち，定義 23 は，規約 T の意味で真理の適合的定義である．その帰結が，先の規約により要求されるすべてを含むからである．

以上の議論のレヴェルを超えないとすれば（メタメタ理論レヴェルに移行しなければ），一連の具体例での，定義 23 の特性の検証という，経験的方法しかない．例えば，定義 23 を適用すると，規約 T の条件（α）中の定理を得る．すなわち，

$\forall x_1 \exists x_2 [x_1 \subseteq x_2] \in Tr$ なのは，すべてのクラス a に関して，$a \subseteq b$ なるクラス b が存在する場合である．よって，容易に，$\forall x_1 \exists x_2 [x_1 \subseteq x_2]$ が真な文だと推論できる．

全く類似の方法で，規約 T 中の $(\alpha)(\beta)$ の条件を満足する主張を考察してきたすべての他の定理についても，それらが真理定義からの帰結であることを証明できる（[LSM, p. 196] [TCP2, p. 109]）．

例えば，$\forall x_1 \exists x_2 [[x_1 \subseteq x_2] \lor \sim [x_1 \subseteq x_2]]$ は，真なる文である．こうして得られる定理を通じて，'$x \in Tr$' 型の表現に対応する意味（Sinn）が，了解可能で明瞭になろう．規約 T による，真理定義の内容的正しさ・適合性を確信するには，それから導出可能な，いくつかの特徴的な一般的定理を研究するのがよい．タルスキは以下のような例を挙げている：

定理 1．矛盾律　すべての文 x について，$x \in Tr$ または $\neg (x \in Tr)$.

定理 2．排中律　すべての文 x について，$x \in Tr$ または $\neg (x \in Tr)$. [LSM, p. 197]

5.5　相対的真理——モデル論的・メタ数学的考察

先の定義 11, 12（2.3.3 項）から，次の補助定理が導出される．

レンマ A．列 f が文関数 x を充足し，かつ，すべての v_k が x の自由変項のとき，クラスの無限列 g は $f_k = g_k$ であるとすると，g の列も関数 x を充足する（[LSM, p. 198] [TCP2, p. 110]）．

レンマ A と定義 12 からレンマ B をうる．レンマ B と定義 22, 23 から定理 3（英訳は誤植）に至る．

レンマ B．$x \in S$ でクラスの少なくとも一つの無限列が文 x を充足するなら，クラスのすべての無限列も x を充足する．

定理 3．もし $X \subseteq Tr$ なら $Cn(X) \subseteq Tr$. [$Cn(X)$ は，先述のように「文のクラス X の n 度の帰結」を表す]．よって，特に $Cn(Tr) \subseteq Tr$. [真理集合の n 度帰結は真理集合]

この定理は，定義 15, 16, 22, および 23 に基づく完全帰納法により証明される．次のレンマが有用である（loc. cit.）．

レンマ C．y が文関数 x の普遍量化のとき，クラスのすべての無限列が x を充足するための必要十分条件は，クラスのすべての無限列が y を充足することである．

定理 1-3 は，次のようにまとめられる．

定理 4．[真な文の] クラスは，無矛盾で完全な（vollständig）演繹的体系であ

る［意味論的完全性］．

定理 5. すべての証明可能な文は，真な文である $Pr \subseteq Tr$ ［健全性］．

定理 5 の逆は成り立たない．すなわち，

定理 6. 真な文で，証明可能でない文が存在する．すなわち，$Tr \not\subseteq Pr$ ［意味論的不完全性］（［LSM, p. 198］［TCP2, p. 111］）．

これは，定理 2（排中律）と下記レンマ E の直接の帰結であるが，その厳密な証明はそれほど簡単ではないとして，タルスキはそれをここでは与えていない．

レンマ E. $\forall x_1, x_2 [x_1 \subseteq x_2] \not\in Pr$ かつ $\neg\, \forall x_1 x_2 [x_1 \subseteq x_2] \not\in Pr$ ［つまり，互いに矛盾する文のペアでそのいずれもが証明可能でないものが存在する］（［Tarski 1944, p. 354］参照）．

定理 1, 5, 6 の系として，最後に以下の定理を示す：

定理 7. Pr ［証明可能な文］のクラスは，無矛盾だが，完全ではない演繹体系である［統語論的不完全性］（loc. cit.）．

5.5.1　ゲーデルとの関係について——「算術化」「完全性」「不完全性」

さて，タルスキは上記の所論の「算術化」について，以下のような興味深い注記を付している．

> この方法は，最近出版されたゲーデル［の不完全性定理（1931）］，特に pp. 74-5 ないし pp. 187-90（定理 VI の証明）で，他の目的のために援用されたゲーデルの方法に負う．しかし，このきわめて重要で興味深いゲーデルの論文は，現在のわれわれの仕事のテーマとは直接関係せず，演繹体系の無矛盾性と完全性という，厳密に方法論的な問題を扱っている．しかしその方法およびゲーデルの研究成果も，部分的にはわれわれの目的に使用することができる．
>
> この機会に言及すると，定理 I とその証明のスケッチはすでに出版社に送付後に付加されたもので，1931 年 3 月 21 日にワルシャワ協会で提示された．それまでには私はゲーデルの論文を知らなかった．それゆえ，ここでは，部分的には私自身の研究と部分的には（何か月か先に出版された）ゲーデルの短い報告 [Gödel 1930b] に基づき，積極的成果ではなく，同じ方向での一定の想定のみを，独自に表現した［LSM, p. 247］．上記論文を知った後に確信したのだが，ゲーデルが彼の研究対象として選んだ演繹的理論「体系 P」は，現在の節で考察されているクラスの一般理論と著しく類似している．唯一の違いは，体系 P では，三つの論理定項に加え，自然算術に属する一定

の定項も現れる（さらなる類似が，体系 P と VI でスケッチされる算術体系との間に存在する），という事実にある．したがって，体系 P に関して得られた成果は，容易に現在の議論に転移可能である．その上，ゲーデルにより使用された方法の抽象的性格が，探究される科学の特殊な高度の特異性とは独立に，彼の成果の妥当性を与える．［*LSM*, p. 247, n. 1］

なお，後年タルスキは，ゲーデルの不完全性定理証明との関連について，こう述べている（［Tarski 1944, p. 354］in ［*TCP*2, p. 661］）．

　　形式化された分野の包括的なクラスの不完全性が，ゲーデルの基本的定理の本質的内容をなす［Gödel 1931, pp. 187ff.］．［タルスキによる］真理論がかくもただちにゲーデルの定理を導く，という事実の説明は簡単である．真理の理論からゲーデルの結果を導出するのに，真理定義は，対象言語と同じだけしか「豊富」でないようなメタ言語の中では与えられない，という事実が本質的に使用される．しかしこの事実を確立するのに，ゲーデルによってはじめて用いられたのと非常に密接に関連する論法［算術化］が適用されたのである．また，真理の観念はゲーデルの証明に明示的に現れることはないが，彼は明らかに真理の観念についてのある直観的考察に導かれて，証明を行った．［Gödel 1931, pp. 174ff.］

ところでフランセーンは，ゲーデルの意味での述語論理の「完全性」証明は，「真」という「意味論的な」概念に明示的には訴えていない，いわば「統語論的な」完全性である，という［フランセーン 2005, p. 182］．対照的に，タルスキは，定理 1-3 から，クラス算という演繹体系中のすべての真なる文のクラスが，完全な公理的体系であるという，まさに「意味論的な」完全性を，定理 4 で明示的に主張している．だがしかしゲーデルも，先にゲーデルの章で述べたように，「証明可能（beweisbar）」という統語論的表現と対比して，「正しい（richtig）」・「普遍的に妥当（allgemingültig）」という意味論的表現を，そして少数とはいえ複数の箇所で「真なる（wahr）命題」という表現も使用しており，やはり「意味論的な」完全性を問題にしていた，と思われる（先行のゲーデルの第 7-8 章参照）．

5.5.2　真理の絶対的概念から相対的概念へ——モデル論的アプローチ

先述のように，その公刊が大幅に遅延した本論「真理概念」（1935）に先立ち，タルスキはその骨子を 1931 年 3 月 21 日にワルシャワ科学協会で講演，翌 1932 年

5 絶対的真理とモデル相対的な真理概念

1月21日に「ウィーン科学アカデミー報告集」中で公刊された上記要約「形式化された演繹諸科学の言語における真理概念」([WSDD] (rep. in [TCP1, pp. 613-7]) では，すでにモデル論的考察が明瞭に現れていた．

ホッジスやフェファーマン，またパターソンは，タルスキには，その論理学の教科書までモデル論は少なくとも表面化はしていない，と主張する．だが「モデル」という用語は使用していないにせよ，以下にはっきり現れているように，「真理概念」論文（1935）においても，ゲッティンゲン学派の，ヒルベルト-アッケルマンの論理学教科書やベルナイスを引証しつつ，無限階層にかかわるパラドクスを巡って，「個体領域（Induvidualbereich）の部分クラス（Unterklasse）」と相対的な真理について正面から取り上げ，かつ「正しい」「普遍妥当的」「充足」等のメタ的概念を駆使して，体系の意味論的「完全性」「健全性」「不完全性」等々を次々と提示しているのである．

「絶対的」真理概念を扱っているのは，『真理理論』の本文（英訳）(pp. 152-277) 全125頁余のうち，はじめの3分の1，199頁までの40数頁に満たない分量で，ゲッティンゲン学派のヒルベルトらの最近の「相対的」なアプローチの動向を取り上げる199頁以降80頁近くは主に，非形式的にせよ，モデル論的な仕方で，「相対的」真理概念が扱われているのである．

上記の1931年のワルシャワ科学協会で講演，翌1932年「ウィーン科学アカデミー報告集」中の要約「形式化された演繹諸科学の言語における真理概念」[WSDD] で，またおそらくほとんど並行して執筆の進められていた，タルスキの『論理学および演繹科学の方法論入門』（ポーランド版，1936）において，モデル論的アプローチはすでに明瞭に跡付けられるように思われる．

テーゼ①再論　先述の [WSDD] での無限階の言語の公理体系化と，その論理的下位構造（Unterbau）として当の言語の形態学（Morphologie）をもつ意味論（Semasiologie）を，一つの独立の形式化された演繹的理論として定礎することに関し，「この成果が特別注目に値するのは，言明文関数（*Aussagenfunktion*）［以下，文関数と略す］のある所与の領域の確定された対象による充足（*Erfüllen*）という概念である．すなわち，この概念は，他の意味論的概念の精密化に本質的に貢献し，周知のように――それ自身もまたそのいくつかの特殊ケース（特にある所与の個体領域中で普遍妥当な言明文関数）においても，現在のメタ数学的探究において，非常に重要な役割を演じるのである」とある通り，この箇所に「ある個体領域と相対的に普遍妥当」といった，モデル相対的な意味論的アプローチへの示唆がうかがえる．

以上の考察の副産物として，真な命題だけからなる有限階のすべての演繹体系に関する無矛盾性証明の普遍的な方法が獲得される．……この成果は，無限階の演繹科学の包括的カテゴリーには，類似の証明が対応するメタ科学に基づいては不可能であることと対比すれば，興味深いことに思われる．([GWS] Paris, in [*TCP*2, pp. 261-268]，英訳 in [*LSM*, pp. 401f.])

　しかもこのモデル論的考想はすでに「真理概念」においても，以下のように明瞭に意識されている．すなわち，タルスキはすでにこの論文中でも，なお直観的・非形式的にせよ，「真理の相対的概念」に言及し，「個体領域と相対的に真」といった，シュレーダーに始まり，レーヴェンハイム，スコーレムを介してのゲッティンゲン学派のヒルベルト，ベルナイスらのモデル論的なアイディアの展開を，明示的に参照していることに注意すべきである．

　　　現在進行中の方法論上の研究（特にヒルベルト周辺のゲッティンゲン学派の仕事）では，真理の絶対的概念よりは，むしろそれを特殊ケースとして含む，相対的（relative）性格をもつもう一つの真理概念，つまり，個体領域 a における正しい，ないし真な文という概念の方が，はるかに大きな役割を演じている．[*LSM*, p. 199]

　もっとも，相対化された概念についての議論は，この著作での主要テーマの理解には本質的ではなく，演繹科学の方法論の分野の特殊研究に関心のない読者はそれらを看過してよいと述べる（ただし [*LSM*, pp. 208-9] の議論（§3 定理 28 前後）だけは，われわれの主要テーマ：絶対的真理概念と密接な関連がある）．
　しかし（ゲッティンゲン学派の）著者たちは，この（相対的真理）概念を文ではなくて自由変項をもつ文関数に関係させている．また，「正しい」「真」ではなくて「一般的に妥当」という用語を使用している．
　先述のように，不完全性問題が，最初に印刷に付されたヒルベルト－アッケルマンの教科書 [*GtL*]（初版 1928, rep. in [*HLA*2, pp. 806-916]）においては，彼らの量化理論の定式化が，ポスト完全（統語論的完全性）ではないことを示した後，ゲーデルをして不完全性定理へと導いた著名な箇所でヒルベルトらは，（再録すれば）「以上で，われわれの公理体系［一様量化理論］の領域での完全性（Vollständigkeit）を示した[16]．[一様量化理論を超える]公理系がどの個体領域（*Individuenbereich*）に関しても正しい（*richtig*）ようなすべての論理式が実際にその体系から導出可能という意味で完全であるかどうかは，なお未解決である．

単に経験上，この公理体系のすべての適用に際しては，常に十分であったと知られているに過ぎない」（[*GtL*, S. 68] rep. in [*HLA2*, p. 869]）と記し，後段では，「普遍妥当性（Allgemeingültigkeit）と充足可能性（Erfüllbarkeit）」という考えが量化式にまで拡張され，第2版以降では，論理式は，「普遍妥当式」に変更される [*GtL*, p. 58]．

5.5.3 有限領域と無限領域

こうした趨勢を踏まえた上でタルスキは，相対化された概念についての議論は，この著作での主要テーマ（真理の絶対的概念）の理解には本質的ではないとしても，演繹科学の方法論の分野の特殊研究，すなわち，現在の（充足や相対的真理，無矛盾性，完全性，健全性，決定可能性，不完全性等に関わる）「メタ数学的探究においては，非常な重要性をもつ」ことに注意しているのである [*LSM*, pp. 199-200]．のみならず，後段の無限層の変項を含む議論の段階では，「相対的真理概念」が主要な役割を演ずることになる．

したがって，「真理概念」論の段階では，「相対的真理」に関わる「モデル論的」観念の有無を巡る議論はむしろ，フェファーマンの示唆のように，「真理概念」についての（アリストテレス的真理対応説を採る，なかんずくワルシャワの哲学者たちを含む）いわば哲学的読者を想定した論述なのか，それとも，演繹科学の方法論やメタ数学に関心を払う数学者・論理学者を主たる読者に想定するかというテーマ設定の差異に由来する，重点の置きどころの差異であろうと思われる．実際，既述のように，ほぼ同時期に並行的に執筆されている『入門（*IML*）』（ポーランド版，1936）では，モデル論的アイディアが前面に登場している．

だが後述の §3 以下の高階の特に無限層の変項を要する意味論，モデル論に十分であるような，そして数学者たちから異論の出ないほどの厳密無比なメタ数学的展開には，いまだなお十分ではないという自覚が，本書の後半においても，タルスキに一般的なモデル論展開を躊躇させた所以かもしれない．このことは，例えば，当初の本文では師のレシニエウスキの「意味論的カテゴリー」というアイディアを生かす試みをしているが，本書の独訳の段階（1935）で，「後記」においてそのアイディアを撤回し，別の方策を試みていることにもうかがえる（既述のように，パリの統一科学国際会議での，ノイラートをはじめとするウィーン学団の「論理・数学か物理科学かだけを有意味とする」二分法を奉ずる論理実証主

---

16) [*GtL*] の当該節 §9 は 'Die Widerspruchsfreiheit und Vollständigkeit…' と題されていて，再録版の下線部「不完全性（Unvollstädigkeit）」（[*GtL*, S. 68] rep. in [*HLA2*, p. 869]）は「完全性（Vollständigkeit）」の誤植であろう．

義の哲学者サイドからも，タルスキ的意味論が形而上学への逆戻りではないかという嫌疑・反感が激烈に寄せられたことも，心理的には，関係しているかもしれない）．

　この「相対的概念」は，（やや一般的にかつ粗く言えば）想定されている個体の外延を所与のクラス a に制限すれば，ないしは，「個体」「個体のクラス」等の語をそれぞれ「クラス a の要素」「クラス a の部分クラス（Unterklasse）」等と解釈すれば，普通の意味合いで真となるであろうようなすべての文を意味している．クラス算から，文の具体的なケースを扱っている場合には，'$\forall x p$' のような型の表現を，「p が成り立つようなクラス a の，すべての部分クラスについて [$\forall x(x \subseteq a \rightarrow p)$]」と，また'$x \subseteq y$' の型の表現を「クラス a の部分クラスがクラス a の部分クラスに内含される [$\forall x, y(x, y \subseteq a \rightarrow x \subseteq y)$]」と解釈しなければならない [$LSM$, p. 199]．すると定義 22, 23 の修正によって，（相対的な真理）概念の精確な定義が獲得される．派生概念として，k 個の要素をもつ個体領域における正しい文という観念と，どの個体領域においても正しい文という観念とを導入する．メタ数学的探究にとっては，非常に重要であるにもかかわらず，以下では，こうした派生概念の意味をさらに詳細に定義はせず，純粋に直観的な意味合いで使用する，とされている（[LSM, p. 200] [$TCP2$, p. 112]．以下下線部注意）．

　定義 24．列 f が個体領域 a において文関数 x を充足するのは，a が個体のクラスで，f がクラス a の部分クラスの無限列であり，x は以下の条件の一つを充足する文関数であるときそのときに限る（ibid.）：

　（α）　$x = . v_k \subseteq v_l$ でかつ $f_k \subseteq f_l$ であるような自然数 k, l が存在する；

　（β）　$x = \neg y$ であるような文関数が存在し，列 f は個体領域 a において y を充足しない；

　（γ）　$x = y \lor z$ であるような文関数 y, z が存在し，f が個体領域 a で y または z を充足する；

　（δ）　自然数 k と，$x = \forall_k y$ のような文関数 y およびたかだか k 箇所で f と異なるだけの，クラス a の部分クラスのすべての無限列 g が当の個体領域 a において y を充足する．

　定義 25．x が個体領域 a において正しい（真な）文であるのは，$x \in S$ でクラス a の部分クラスのすべての無限列が当の個体領域 a で文 x を充足するときそのときに限る．

　定義 26．x が k 個の要素をもつ個体領域において正しい（真な）文であるのは（$x \in Ct_k$），k がクラス a の基数で，かつ x が当の個体領域 a において正しい文であるような，そのようなクラス a が存在するときそのときに限る [LSM, p. 200]

[*TCP*2, p. 113].

定義27. x がすべての個体領域で正しい（真な）文である（$x \in Ct$）のは，すべてのクラス a について，x が当の個体領域 a において正しい文であるときそのときに限る．

式 '$x \in S$' を定義25から落とし，定義26と27を修正すれば，文のみならず，任意の文関数に適用可能な，より一般的な性格の概念に達する．

以下，被定義概念についての具体的な文への適用例が挙げられる．それら概念の多様な特性のより便利な定式化のために，さらなる記号的略記を導入する．

単元クラスについて，空でないすべてのクラスは単元クラスを内含する．

文 β_n（n は自然数）は，たかだか n 個の異なる単元クラスの存在を，また γ_n は正に n 個の単元クラス，つまり，異なる個体の存在を主張している（定義30, 31）．

定義32. x が数的な（quantitativ）文（個体の個数についての文）であるのは，以下のような自然数 n 個の有限列 p が存在するときそのときに限る．すなわち，$x = . {}^n_k \Sigma \gamma_{pk}$ または $x = . \neg {}^n_k \Sigma \gamma_{pk}$（[*LSM*, pp. 201-2] [*TCP*2, pp. 113-4]）．

以下でタルスキは，もっぱらクラス算の特定の諸特性と関係するいっそう特有の結果を与えている．例えば，

定理8. a が個体のクラスで，k がこのクラスの濃度（Mächtigkeit）とすると，x が個体領域 a における真な文であるためには，$x \in Ct_k$［すなわち，x は濃度 k の個体領域で真］であることが，必要十分条件である（[*LSM*, p. 202] [*TCP*2, 113-4]）．

5.5.4 無矛盾性，不完全性，カテゴリー性——モデル論的・メタ数学的考察

定理8を一般化すると，定理4-6の一般化が得られる．すなわち，

定理9. どの基数 k についても，［濃度 k の個体領域で真な文の］クラス Ct_k は無矛盾で完全な演繹的体系である．

定理10. どの基数 k についても，$Pr \subseteq Ct_k$［証明可能な文のクラスは，濃度 k の個体領域で真な文の部分クラス］［健全性］だが，［その逆は不成立］$Ct_k \not\subseteq Pr$．［濃度 k の個体領域で真な文のあるクラスは，証明可能な文のクラスの部分クラスではない］［不完全性］．

つまり，定義13に含まれる公理のリストは完全であり，以上の公理の拡張されたクラスのすべての濃度 k の個体領域で真な文のクラスは，所与の（濃度 k の個体領域で真な文の）クラス Ct_k と一致するのであろうか？　以下の定理11と12がこの問題を解決し，また k 個の要素をもつ領域中での正しい文の定義（定

義26）は，証明可能な文と類似の同値な定義（定義17）によって置換可能であるから，構造的特性（カテゴリー性）をもつことが証明される．

定理11. k が自然数で，X が文 α と γ_k およびすべての公理からなるとすると，$Ct_k = Cn(X)$ ［濃度 k の個体領域で真な文のクラスは，文のクラス $\overset{..}{X}$ の n 度の帰結に等しい］［意味論的完全性］．

定理12. k が無限基数で，X が，文 α とすべての $\neg \gamma_l$ ［任意の自然数 l 個の個体領域で真ではない γ］を伴う，すべての公理からなるとすると，$Ct_k = Cn(X)$ ［無限基数 k の個体領域で真な文のクラスは，文のクラス $\overset{..}{X}$ の自然数 n 度の帰結に等しい］．

レンマ K. $x \in S$ で X が文 α を伴うすべての公理からなるクラスのとき，y はクラス X に関する文 x と同値で，かつ y はある数的な文であるかまたは，$y \in Pr$ か $\neg y \in Pr$ かであるような文 y が存在する ［LSM, pp. 203-4］．

基数 k が有限か無限かによって，k の個体領域で真な文のクラス Ct_k の論理的構造（カテゴリ性）に存在する本質的な差異がもたらされる．すなわち，

定理13. k が無限基数ならば，公理ではない有限個の文のみを含み，かつ式 Ct_k ［k 個の個体領域で真な文のクラス］が $Ct_n(X)$ ［有限基数 n 個の個体領域で真な文のクラス］と等しいという等式を充足するようなクラスは存在しない．

定理14. k が自然数で，l が k とは異なる基数ならば，$Ct_k \not\subseteq Ct_l$ かつ $Ct_l \not\subseteq Ct_k$．

定理15. k と l が無限基数ならば，$Ct_k = Ct_l$ ［デデキント無限］．

定理16. k が無限基数で，$x \in Ct_k$ ならば，$x \in Ct_l$ であるような自然数 l が存在する（換言すると，クラス Ct_k はクラス Ct_l すべての和に内含される）［最小数の存在］．

定理14-16（ないしレンマ I）によれば，すべての自然数 k に対し，k の要素をもつすべての領域で正しく，それ以外の基数をもついかなる領域でも正しくない文が存在する ［LSM, p. 204］．

他方，一つの無限領域において正しいどの文も，また他のすべての無限領域においても（その基数への言及なしに）正しい．このことから当該の言語は，（k が自然数のとき）正確に k 個の要素からなるといったような，個体のクラスのある特性を表現することを許す，と推論される．だが，この言語中には，特定の種類の無限（例えば，可算性（denumerability））を区別しうる手段はなく，単独のないし有限個の文の援用で，有限性と無限性としてクラスの特性を区別することはできない．以下はいわゆるレーヴェンハイム－スコーレムの定理に関連する（［Löwenheim 1915］また ［Skolem 1920］）．

定理17. X が，文 α ともどもすべての公理を含む文の無矛盾なクラスとすると，

$X \subseteq Ct_k$［k個の個体領域で真な文のクラス］であるような基数kが存在する．もしXが完全な演繹体系ならば，$X = Ct_k$［無矛盾で完全な体系Xは，k個の個体領域で真な文のクラスと等しい］．

以下の考察は，すべての個体領域で正しい，つまり，［任意の個体領域で真な文の］クラスCtに属する文に関わる［LSM, p. 205］．

定理19．$x \in Ct$［xがある個体領域で真な文］であるためには，すべての自然数kについて，$x \in Ct_k$であることが，必要十分である．

かくて，ある文のすべての有限領域における正しさは，すでにすべての個体領域における正しさを含意する（上方レーヴェンハイム - スコーレム定理）．

定理20．すべての基数kについて，$Ct \subseteq Ct_k$だが，$Ct_k \not\subseteq Ct$．

定理21．クラスCtは無矛盾だが完全な演繹体系ではない［不完全性］．

定理22．$Pr \subseteq Ct$［証明可能な文クラスは真な文クラス］［健全性］だが，$Ct \not\subseteq Pr$［その逆は不成立．不完全性］．

レンマ L．$\alpha \in Ct$［αは真］だが$\alpha \notin Pr$［αは証明可能ではない］．

定理23．xが数的な文ならば，$x \notin Ct$．

定理24．Xが文αとすべての公理からなるクラスのとき，$Ct = Cn(X)$．

定理25．$x \in S, x \notin Ct$かつ$\neg x \notin Ct$のとき，クラスCtに関して文xと同値な数的な文yが存在する．

上述のレンマ L と定理24に関連して，事態は次のようである．すなわち，すべての個体領域において正しい文という概念は，証明可能な文という概念よりも大きい外延をもつ．［不完全性］というのは，文αは前者の概念の外延に属するが，後者の概念の外延には属さないからである．しかしまさにこの文αを公理の体系に加えるなら，二つの概念は外延においては同一となる．クラス算に関しては，定理とすべての個体領域において正しい文という概念が外延において異ならないのが望ましいと思われるので，タルスキは，文α（真だが証明可能ではない文）をこの学の公理に含ませることを提案したいという［LSM, p. 207］．

5.5.5 真理の絶対的概念と相対的概念との関係

なお残る問題は，定義23で定義された真理の絶対的概念と，いま探究してきた（個体領域に相対的）概念との関係を明らかにすることである．

定義22，23，24，25に，定理8を適用すれば，以下が得られる．すなわち，

定理26．αがすべての個体のクラスとすれば，$x \in Tr$であるのは，xが領域α中の正しい文であるときそのときに限る．かくて，kがクラスαの基数のとき，$Tr = Ct_k$［基数領域中で真な文クラスは真理クラスに等しい］．

定理27. $Ct \subseteq Tr$ だが, $Tr \nsubseteq Ct$ [真な文クラスは真理クラスの部分だが, その逆は成り立たない] [意味論的不完全性].

かくして, 「真」という語の外延は, そのクラスが有限か無限かによって異なる. 前者では, その外延はこのクラスの基数がどれほど大きいかに依存する [LSM, p. 207].

[クラス算の場合の] 先の想定に基づき, すべての個体のクラスは無限だと示しうるから, 定理26と定理12は, 真なる文を次のように構造的に特徴づけうる:

定理28. $x \in Tr$ のために必要十分なのは, x が文 α, および l が自然数の場合にはすべての文 $\neg \gamma_l$ [任意の自然数 l 個の個体領域で真ではない γ] [定理12参照] ともども, すべての公理からなるクラスの帰結であることである.

これは, その形式上, 真なる文の定義とみなしうるかもしれない. その場合には, 定義17の証明可能定理と全く類似的となろう. しかし, それは, クラス算についての先の特殊な想定 (定理12と28の本質的前提であるレンマK) に依存する. よってここでは, それ以外の他の演繹的科学構成の一般的方法にはならない.

注目に値するのは, 当該の研究対象言語のすべての文に関し, 真理の一般的な構造的規準が獲得できたことである. 定理28から, 数的な文のためのこうした規準が導出され, レンマKの証明が, 実効的に当の言語のすべての文にそれと同値な文を, かつ, 数的でない文なら, 明示的に真または偽となる文を, 対応づけることを許す. 所与のまたはすべての個体領域における正しさの概念について, 類似のことが当てはまる. 以上, 最も重要な成果を要約すれば, こうなる.

日常語については虚しい試みだったことが, クラス算言語に関しては成功したこと. すなわち, 「真なる文」という表現の, 形式的に正しく, かつ内容的に適合的な (*sachlich zutreffend*) 意味論的 (*semantisch*) 定義を構成したことになる ([LSM, p. 208] [$TCP2$, p. 120]).

5.6 真理定義の応用スケッチ

§4は, 有限層 (finite order) の言語中での真なる文という概念を扱っている.

クラス算言語の研究に用いられた, 前節での構成法 (method of construction) は, 多くの他の形式化された言語, いっそう複雑な論理構造をもつ言語にさえ, 応用可能である. 以下では, この方法の一般性が強調され, その応用の限界が確定され, 多様な具体的応用における変容が記述される.

タルスキの意図は, 想像可能なあらゆる言語, 誰でもいつでも構成可能な, ないし構成したいすべての言語を考察すること, ではない. それは初めから, 失敗する試みである. 現在われわれに知られているのと同じ構造をもつ言語 (それら

が，演繹的知識全体の十分な基礎を形成するという，多分根拠のない確信をもって）のみを考察する．こうした言語さえその構成に当たっては非常な相違を示すので，全くの一般的で，同時に精確な（precise）方法でのこうした研究は，深刻な諸困難に出会う［LSM, p. 209］．それゆえ，以下はそのスケッチにすぎないことが，注意される（完全に精確で十分に一般的な形式をもつ対象言語には，数学的言語が挙げられている）．

　真理定義の構成に先立って，対応するメタ言語の構成とメタ理論の確立に従事しなければならない．メタ言語は，原始的表現の三つのグループを含まねばならない．すなわち，(1) 一般的な論理の表現，(2) 当の言語の定項と同じ意味をもつ表現，(3) 当の言語の単独の記号や表現を表示する構造記述的な型（type）の表現．(2) は，当の言語のすべての有意味な表現をメタ言語に翻訳可能にする．(3) は，そうした各表現に個別の名前を付値する．原始的表現の3グループに対応して，メタ理論の公理的体系は，三つのグループの文を含む．すなわち (1) 一般的論理の公理，(2) 研究中の科学の公理と同じ意味，ないし論理的により強い意味をもつ公理，いずれにせよ，当該研究の定理と同じ意味をもつ文すべてを（採用された推論規則を基礎に）確立するのに十分であるような公理，最後に (3) 構造記述的な型の基本的概念の基本的特性を確定する公理．(1) は数理論理学の体系に，(2) は当該研究の言語の特有性に依存し，(3) は§2で例示済みである［LSM, p. 211］．

　次に文関数と文のカテゴリを，他の表現全体から区別する．対象言語の表現は，定項と変項からなる．定項には，例えば，否定，論理積，論理和，含意，同値，普遍ならびに存在量化子，加えて，各言語に特有な，具体的個体，クラス，関係，例えば，内含を表示する記号，また無限多の変項（当該言語の解釈により，個体，クラス，関係を表す）が含まれる．両種の記号から形成される表現中で，原始的文関数（$v_k \subseteq v_l$に対応）を区別する［LSM, p. 212］．複合的なものの記号には，クラスや関係の名前と，所与の原始的文関数の（文形成の）関手（functor）があり，残余は項（argument）と呼ばれる．次に，単純記号から複合的表現を形成する基礎的な操作（operation）を導入する．否定，論理和，普遍量化以外に，このスケッチの，多様な言語での遂行に際し，充足（Erfüllesein）という概念，論理積，内含形成，同値，存在量化を定義する［LSM, p. 213］．自由変項，束縛変項を区別する．ついで，公理，帰結，定理を定義する．公理の帰結は，証明可能な文ないし定理という．

　以上の作業後，真な文の正しい定義の構成に向かう．言語の意味論にとり基本的に重要なのは，対象列による文関数の充足という観念で，以下の再帰的定義に

より，次の二つの事実を確立することで十分である．(1) どの列が基本的な関数を充足するか，(2) 充足という概念は，基本的な操作の適用下でどのように振る舞うか [*LSM*, p. 214]，である．

　真な文は，対象の任意の列によって充足される文であると，定義されてよい．

5.7　意味論的カテゴリーと意味論的型の理論

　充足 (Erfülltsein) という概念の正しい定義の定式化に関して，アンチノミーの対処に，ラッセルらの型理論と類比的な，意味論的カテゴリー (*semantische Kategorie*) という概念を導入する ([*LSM*, p. 215] [*TCP2*, p. 127]．この概念は [Leśniewski 1929, esp. p. 14 & p. 68] に帰されているが，その一定の定式化はタルスキ自身によってなされた．が，意味論的カテゴリーの精確な定義は不可能で概括的な定式化のみだ，と断っている)．

　二つの表現が，同じ意味論的カテゴリーに属するのは，(1) これらの表現の一つを含む文関数が存在し，(2) その一方を含むいかなる文関数を，その表現を他の表現で置換しても，文関数であることを止めないとき，である．意味論的カテゴリーの最も単純な例には，文関数のカテゴリーと，個体，個体のクラス，個体間の 2 項関係等々の，各名前である．各カテゴリーの名前を表す変項も，同じカテゴリーに属する．

　意味論的カテゴリーの定義に関し，二つの表現が同じ意味論的カテゴリーに属するには，これらの表現の一つを含み，当の表現をもう 1 つの表現で置換しても関数であり続ける，そうした一つの関数が存在すれば十分である．この意味論的カテゴリー理論の主要原理 ([*LSM*, p. 216] [*TCP2*, p. 129]) は，ここで探究中の形式化された言語の構成のための基礎をなす．

　意味論的カテゴリー理論の原理は，特に，文関数の概念の定義に，また代入操作の定義にも本質的に影響する．つまり，文のクラスの帰結を形成する．ただしこの操作は，その変項の代入に関し，同じ意味論的カテゴリーに制限される．また二つの原始的文関数の関手が同じ意味論的カテゴリーに属するには，関数の項の数が同じで，二つの関数の対応する場所を占める任意の項が同数で同じ意味論的カテゴリーに属さねばならない [*LSM*, p. 217]．

　意味論的カテゴリーの分類：カテゴリーの層 (Order) は，各カテゴリーに付される自然数で，次の規約により，再帰的に確定する．

　(1) 第 1 層は個体の名前とその代理である変項に割り当てる．

　(2) $n+1$ 層 (n は自然数) の表現は，その項がたかだか n 層で，そのすべての項の原始的関数の関手を含む．よって，所与の意味論的カテゴリーに属するすべ

ての表現に，同じカテゴリーの各層が割り当てられる．層のこの定義は拡張しうる．(1) 第1層には，文，個体の名前およびその代理表現，(2) $n+1$ 層（n は自然数）の表現は，任意の数の $\leq n$ 層の項をもつ関手を含む．以上の定義でも，演繹科学に登場するすべての有意味な表現を網羅してはいない．例えば普遍量化子，存在量化子は，関手と操作子（*operators*）と呼ばれる．

他方，カテゴリーは層では特定されない（[*LSM*, p. 218][*TCP2*, p. 132]）．1層以上のどの自然数も，異なるカテゴリーの層でありうる．例えば，個体のクラスの名前や，対象間の2, 3, 4項の関係の名前は，第2層である．

文関数は，その自由変項の意味論的カテゴリーによって分類する．二つの関数が同じ意味論的な型をもつのは，当の二つの関数中のすべての意味論的カテゴリーの自由変項の数が同じときである．所与の関数と同タイプの文関数のクラスを，意味論的型と呼ぶ．

ときに，「意味論的カテゴリー」を派生的に，表現ではなくて，表現が表示する「対象」に応用する．こうした「実体化（Hypostasen）」は論理的には正確（correct）ではないが，定式化を単純化する．例えば，すべての個体は同じ意味論的カテゴリーに属するが，クラスや関係はそうではない．以上の，文形成関手に関する一般的法則から，二つのクラスが同じカテゴリーに属するのは，そのすべての要素が同じカテゴリーに属するときそのときに限る．2項関係が同じカテゴリーに属するのは，その始域が同じカテゴリーに属し，かつその終域が同じカテゴリーに属するときそのときに限る．特に，二つの列が同じカテゴリーに属するのは，そのすべてのタームが同じカテゴリーに属するときそのときに限る．クラスと関係，ないし異なる数の項をもつ二つの関係は，同じカテゴリーに属することは決してない．したがって，その要素が，二つないし三つの異なる意味論的カテゴリーに属することは決してない．同様に，そのタームが異なる意味論的カテゴリーに属するような列は存在しえない [*LSM*, p. 219]．個体はときに1層の対象と，個体のクラス，関係は2層等と呼ばれる．

論理学の完全な体系の言語は，演繹科学に現れるすべての可能な意味論的カテゴリーを含まねばならない．そのことが論理学に一定の意味での「普遍的（universal）」性格を付与し，論理学が全演繹科学にとり基礎的に重要である所以なのである．

与えられた具体的言語に真理の正しい定義を構成する際に克服すべき困難の度合いは，第1にその言語中に現れる意味論的カテゴリーの多様性に依存する．特に，その言語の変項が有限ないし無限いずれのカテゴリーに属するかに依存する．この観点から，4種の言語を区別できる．すなわち，(1) すべての変項が同一の

意味論的カテゴリーに属する言語，(2) 変項の含まれるカテゴリーの数が 1 より大だが有限な言語，(3) 変項が無限多の異なるカテゴリーに属するが，これら変項の層は予め与えられた自然数 n を超えない言語，(4) 任意に高階の変項を含む言語．最初の三つの言語を有限層の言語と呼び，第 4 の無限層の言語と対比される．有限層の言語はさらに 1 層，2 層，3 層等と，その言語中に現れる変項の最高層に従って区分される．こうした研究がそれを基礎になされるメタ言語には，研究されている言語で代理される少なくともすべての有限層の言語が供給されなければならない（[LSM, p. 220] [TCP2, pp. 133-4]）．当の言語中の任意の表現がメタ言語に翻訳可能であるべきなら，以上のことが必要である．

　論理構造の観点からは，最初の言語が最も単純で，クラス算の言語がその典型である．§3 のように，この言語では，対象列による文関数の充足の定義，したがって真なる文の定義には何の困難もない．そのスケッチは，他の 1 層言語にも適用可能である．当の言語中の変項の解釈や意味論的カテゴリーによって，充足がクラスによる充足ではなく，個体や関係によるなど，多少のズレはある．

　注目に値するのは，量化子の導入により拡張された通常の文計算の言語である．この言語の単純性は，変項の概念が原始文関数の変項と一致することにある．文演算のメタ理論において，同値が明白とは言えない二つの異なる定義が与えられうる．一つは，帰結の概念に基づき，§2 の定義 15-17 と類似で，第 2 は「真偽」二値のマトリックスの概念と結びつく．後者の定義により，任意の文はその構造が知られたとき，証明可能かどうか決定できる．こうした言語に §3 でのパターンに従い [LSM, p. 221]，真なる文の定義を構成すれば，それが証明可能な文の定義の第 2 の単純な変形を表し，かくて二つの語「証明可能な定理」と「真なる文」はこの場合，同じ外延をもつことが容易に確信できる（意味論的完全性）．この事実が，この言語の文の真理性の，一般的な構造的規準を提供する．

　深刻な困難は，より複雑な構造をもつ，2, 3, 4 層の言語を考察する場合にのみ発生する．そこで，こうした困難を分析し，少なくとも部分的にそれらを克服しうる方法を記述しなければならない．できるだけ明晰で精密な解説をするため，各種の具体的に形式化された言語中で，できるだけ単純で，しかも典型的な例を取り上げる．

　2 項関係の論理（*logic of two-termed relations*）の言語が 2 層言語の例として役立つ [Schröder 1895]．定項は，否定，選言，普遍量化子のみで，変項には，'x_1'', 'x_2'', 'x_3'' および 'X_1'', 'X_2'', 'X_3'' を使用する．記号 'v_k'' は 1 層の k 番目の変項 x_k を，'V_k'' は，2 層の k 番目の変項を表示する．1 層の変項は，個体の名前を代理し，2 層の変項は個体間の 2 項関係についての名前を代理する [LSM, p. 222]．'v_k'', 'V_k'

の記号は，異なる意味論的カテゴリーに属する．'Xyz' という形式の表現は原始的文関数で，'X' は 2 層の変項，'y', 'z' は 1 層の変項で，「個体 y は個体 z と関係 X にある」と読まれ，記号 '$\rho_{k,l,m}$' によって表示される．記号 '⌢' により，$\rho_{k,l,m} = (V_k \frown v_l) \frown v_m$ と特定する．文関数，文，帰結，証明可能な文等と同様，表現の上への基本的な操作の定義は，§2 のそれと同様である．しかし注意すべきは，この言語中には，二つの異なるカテゴリーの表現が現れ，表現 $\rho_{k,l,m}$ が内含 $v_k \subseteq v_l$ の役割を演ずることである．2 層同様，1 層の変項に関わる量化の二つの操作（定義 6 と 9）の結果：$\forall^1 x[x \subseteq_h x]$ と $\forall^2_k R[R(x_h, x_k)]$ 等に対応して，2 種の代入がある（[LSM, p. 223] [TCP2, p. 137]）．だがこうした言語に関わる充足の正しい定義を得るには，重大な障害がある．実は意味論的には，充足の概念は強度に多義的な性格をもつ．それは項の数が多様な関係を含み，一つの充足概念ではなく，無限個の類似の概念，無限多の異なる「充足」という語を扱うことになるからである（[LSM, p. 224] [TCP2, p. 137]）．簡単には，文関数の意味論的型を何と呼ぶかに依存する．二つの異なる型に属する関数には常に，充足の二つの異なる意味論的概念が対応する．

　例：対象 R, a, b が関数 $\rho_{1,2,3}$ を充足するのは，R が関係で，a, b が個体であり，aRb（a が b に対し関係 R にある）のときそのときに限るという．関数 $\forall R[\sim aR'b \lor bRa]]$ が充足されるのは，個体 a, b が，任意の関係 R について，aRb ならば bRa，つまり同一個体のときそのときに限る等々．以上の例は，四つの異なる意味論的型に属する文関数があり，よって，四つの異なる充足関係を扱っている．

　充足概念にまとわる意味論的多義性（Mehrdeutigkeit）を避けるには，対象列による関数の充足という，意味論的には一様な，が多少とも人工的な概念の操作が試みられる．そこで，新しい形式の充足とは，2 項関係でその始領域が列，終領域は文関数とする．文関数の自由変項とそれを充足し対応する項との間には，厳密な意味論的対応関係が存在する．すると関係の論理の言語が二つの異なる意味論的カテゴリーをもつなら，二つの列の二つのカテゴリーを用いねばならない．例えば，関数 $\forall x \forall y[\sim Fxy \lor Fyx]$ は，個体間の 2 項関係の列 F のみによって（つまり，その最初の項 F が対称的であるような列 F のみによって）充足される．しかし，関数 $\forall F[\sim Fab \lor Fba]$ は，$f_2 = f_3$ が成り立つような個体の列によってのみ充足される．このように，関係そのものは意味論的に多義的なのである．さらに悪いことに，同じ文関数が二つの異なるカテゴリーをもつ自由変項をしばしば含むのである．かくして，充足概念には [LSM, p. 226]，関数中の項の数的多様性のみならず，関係の項の意味論的異種性（semantische Verschiedenartigkeit）が問題となる．

そこでタルスキは，§3での方法を適用し，ある修正を加える．
① 多行列（*many-rowed sequence*）の方法：タルスキはこの方法は全く失敗に帰すと見なす．
② 変項の意味論的統合化（*semantical unification*）の方法：それは，次のような一対一対応関係が基礎となる．各個体 a に2項関係 a^* が（一対一）対応する，つまり，a^* としてその項が a と同一であるような順序対と解する．すなわち，関係 F が任意の個体 b, c 間で成立するのは，$b=a$ かつ $c=a$ のときそのときに限るということである．変項の意味論的統合化の方法の適用においては，カテゴリーの統合化（つまり，当該言語のすべての変項がそれで解釈可能な意味論的カテゴリー）の選択が本質的役割を果たす．だが，その選択は簡単なことではない（以下，詳細は略す）[*LSM*, pp. 230f.]．

このように多様な方法で，充足の定義，および有限層のどの言語についても，真理の正しい定義が可能となる．しかし遺憾ながら，これらの方法の適用可能性の領域は，有限層の言語全体で尽きる，というのがタルスキの詳細な検討結果の判定である [*LSM*, p. 235]．

6 相対的真理——要約

以下は，タルスキ自身による，これまで構成した諸定義から導かれる重要な帰結の要約である．

6.1 真理の正しい定義

第1に，真なる文の定義は，§3の規約 T の意味合いでの真理の正しい（*richtig*）定義である．それは，特殊ケースとして，以下のこの規約の（α）条件中で記述され，「x は真なる文である」という型の表現の意義（Sinn）を，いっそう厳密で内容的に正しい仕方で解明するすべての部分的定義を含む．この定義だけでは真理の何らの一般的規準も与えないが，上記の部分的定義が多くの場合に当該の文の真または偽の問題を確定的に決定する．

メタ理論中の第2群の諸公理 [*LSM*, p. 211] を基礎に，当面の研究対象である科学の，すべての公理が真な文である，と証明可能である．同様に，メタ理論中で使用される推論規則が当の科学自身の対応する規則より論理的に弱くないという事実を利用して，真なる文からのすべての帰結も真である，と証明できる．以上を合わせると，真なる文のクラスは，研究対象の科学のすべての証明可能な文を包含する，と主張可能である（[*LSM*, p. 236]［*TCP2*, p. 151]．健全性）．

真理定義から帰結する一般的本性をもつ最重要な帰結は，矛盾律と排中律である．

これら2つの定理と，上記の真な文の帰結についての定理が，「すべての真なる文のクラスは無矛盾で完全な演繹的体系を形成する」（[LSM, p. 236]［TCP2, p. 152]），ということを示す（無矛盾性と完全性）．

またこうした事実の直接の帰結として，「定理：すべての証明可能な文のクラスは，無矛盾な演繹科学を形成する」が得られる．こうして真理定義が構成可能な多様な科学の，無矛盾性証明を産出できる（無矛盾性）．この方法で遂行された証明は，当該研究の諸想定と同程度の強さの前提に基づいているので，われわれの知識に多くを付加するわけではない．

6.2 完全性，真理の意味論的定義と統語論的定義

証明可能な文のクラスは，無矛盾であるばかりでなく，完全（*vollständig*）である場合には，真な文のクラスと一致する，と容易に証明できる．それゆえ，もし真な文の概念と証明可能な文の概念を同一視するなら，真理の意味論的定義（*semantische Definition*）とは本質的に異なる，純粋に構造的（*strukturell*）（統語論的な）本性の真理定義に至る（[LSM, p. 237]［TCP2, p. 152]）．

ここでタルスキは次のような長い注記を付している．すなわち，以上で，「真なる文の意味論的定義と［統語論的な］構造的定義とを対照させてきた．しかし両者の差異をここで精確に特定してはいない．直観的な立場からは，これらの差異はほぼ明らかである．意味論的定義は，規約Tにおいて記述され［LSM, p. 237]，当の言語の文とこれらの文の名前との直接の対応を確立する部分的定義の「自然な一般化」，いわば，「無限の論理積」を表す．他方，構造的定義は，次のような図式に従って構成される定義を含む．すなわち，第1に，文その他の表現のクラスCは，表現の形式から，それが所与のクラスに属するか否かを知りうる．第2に，表現上のある操作が，表現aの形式と，表現の有限な集まりの成員とから，その操作の任意の一つの行使によって得られるかどうかを決定できる．最後に，真なる文は，枚挙された操作を任意の回数だけクラスCの表現に適用することで得られるものだと，定義される．2種の定義の間に形式的な性格の差異が認められる．意味論的定義は，研究対象の言語の変項より高層の用語，例えば，「充足する」，の使用を必要とする．しかし，構造的定義の定式化は，先述の2, 3の最低層の用語で十分である．構造的定義の構成と異なり，意味論的定義の構成では，当該言語の表現と同じ意味をもつメタ言語の表現を使用する．この区別は，研究対象の言語が論理のある断片の場合には，消滅する．現在知られている

方法に基づく意味論的定義の構成は，文と文関数との構造的定義に本質的に依存する」(n. 2. 5. 9. in [*LSM*, p. 237] [*TCP* 2, pp. 153-4]).

6.3 相対的真理定義再論

充足と真なる文とを定義可能なあらゆる場合にはまた，それらの定義を修正することによって，相対的だがさらに一般的な二つの概念——つまり，ある所与の個体領域 a に関する，充足と正しい文という概念——を定義できる．この修正は，対象領域の適当な制限に依存する．つまり，任意の個体，個体の任意のクラス，個体間の任意の関係等々の代わりに，もっぱら個体の所与のクラス a の要素，このクラスの部分クラス，このクラスの要素間の関係等々のみを扱うのである ([*LSM*, p. 239], 同じく p. 199, 注 2 参照). §3 で強調したように，今日の方法論研究では，所与の領域での正しい文という一般的な概念が大きな役割を演じている．

しかし付加すべきは，これはその対象が数学的論理学とその一部に関わるような研究のみだということである．諸特殊科学との関連では，われわれは一般的な概念がその重要性を失うような，ある特定の個体領域における正しい文に興味があるのである．同様に，§3 でクラス算の言語に関し証明された，こうした（充足や真という）概念のある一般的特性がその妥当性を保存するのは，論理学の一部であるような科学との関係においてのみなのである．例えば，これらの科学では，「その個体領域 a で正しい言明文」の外延が，たまたまクラス a の基数に全く依存するのである．よって，これらの科学では，この表現（「その個体領域 a で正しい言明文」）をもっと便利な用語「k の要素をもつ領域において正しい文」と置換できる．先に議論した矛盾律や排中律のような定理は，所与の領域における正しい文という概念に拡張できる．すべての個体領域における正しい言明文という概念 ([*LSM*, p. 239] [*TCP* 2, p. 154]) 定義 27 は，特別の考慮に値する．その概念の外延に関しては，それは，証明可能な言明文という概念と，真な言明文という概念との中間にある．すべての領域における正しい言明文のクラスは，すべての定理を含み，真なる言明文のみからなる（定理 22, 定理 27). それゆえ，一般に，このクラスはすべての真な言明文のクラスよりも狭い．例えば，その妥当性がすべての個体の数量に依存するいかなる（数量的な（*quantitativ*））言明文も含まない（定理 23). あらゆる科学の証明可能な言明文の体系を完全なそれに変形したいのなら，はじめに，どのくらい多数の個体が存在するのかという問題を決定する言明文を付加する必要がある．しかしよりよいのは，こうした問題に関する決定は特定の演繹科学に残し，論理学およびその部分では，証明可能な言明

文という概念の外延と，すべての個体領域において正しい言明文の外延とが一致すること（完全性）を確保するよう努めるべきであろう．その一致が非常に重要だからである．

否定的な回答の場合には，当該科学の公理体系を完全にして，証明可能な言明文のクラスをすべての領域において正しいような言明文のクラスと一致するように拡張するという問題が生ずる．この問題，すべての領域において正しいような言明文を構造的に（統語論的に）特徴づけるという問題は，ごく少数の場合にのみ肯定的に決定可能である（定理 24; [GtL, p. 68]，「述語論理の完全性定理」[Gödel 1930] 参照）．k 個の要素の領域での正しい文の概念の構造的（統語論的）定義も，同様の困難に遭遇する．k が有限の場合にのみ，有限数の要素の領域において正しいかどうか決定可能である [LSM, p. 240]．

なおタルスキは，近年の多数の業績，ある文の特定の領域における正しさ，ないし，すべての領域におけるその正しさと，したがってその真理が，構造的（統語論的）特性から推論できることについて，注記している（レーベンハイム－スコーレム（上方定理）「ある言明文は，それらが有限で可算なすべての領域で正しければすべての領域で正しい」[Löwenheim 1915] [Skolem 1920; 1929] [Ackermann 1928] [Bernays and Schönfinkel 1928] [Church 1951]）．

7　無限層の言語

無限層の言語における真なる文の概念，クラスの一般理論 [LSM, §5]

かくしてタルスキは，第 4 層の言語，すなわち，無限層の言語に至る．クラスの一般理論がその例である．この言語が注目すべきなのは，その初歩的な構造と文法形式の貧弱さにもかかわらず，それが数学的論理学の全言語において表現可能なすべてのアイディアの定式化に十分なことである [LSM, p. 241]．

クラスの一般理論でも，これまで同様，否定，論理和，普遍量化子の記号が現れる．変項には 'X^1_1'，'X^1_2'，'X^2_1' 等のような記号を使用し，n 個の上付き，k 個の下付き数字は n 層の k 番目の変項と呼ばれる．変項 V^1_k は個体（1 層の対象）の名前を，V^2_k は個体のクラス（2 層の対象）の名前を，V^3_k は個体のクラスのクラス（3 層の対象）の名前等々……を代理する．こうした変項は無限多の意味論的カテゴリーに属する．原始文関数として，型（type）'XY' の表現をもち，'X' の場所には $n+1$ 層の任意の変項が，'Y' には n 層の変項が現れる．それは，「（$n+1$ 層の）クラス X は，要素として（n 層の）対象 Y をもつ」ないし「対象 Y は特性 X をもつ」と読まれる [LSM, p. 242]．原始文関数の表示には，'$\varepsilon^n_{k,l}$' を用

い $\varepsilon^n_{k,l} = .V^{n+1}_k \frown V^n_l$ とする．以下の展開は，多項関係のそれと本質的には変わらない．変項 V^n_k に関する文関数 x の量化は，記号 '$\forall^n_k x$', '$\exists^n_k x$' で表示される．

公理は，(1) §2 の定義 13 の条件を満足する言明文，よって文計算の公理から代入や一般化によって導出される文；(2) 擬似定義，つまり，以下の型の文関数の量化である言明で，y は自由変項 V^{n+1}_k を含まない文関数の場合の $\exists^{n+1}_k \forall^n_l (\varepsilon^n_{k,l} \cdot y \vee \neg \varepsilon^n_{k,l} \neg y)$；(3) 外延性の法則（その要素が異ならない二つのクラスは，そのいかなる特性に関しても異ならない，つまり同一である）；(4) 無限性の公理，無限多の個体の存在を保証する言明文，つまり，

$$\exists^3_1 [\exists^2_1 \varepsilon^2_{1,1} \wedge \forall^2_1 \vdash \varepsilon^2_{1,1} \vee \exists^2_2 (\varepsilon^2_{1,2} \wedge \forall^1_1 (\varepsilon^1_{1,1} \vee \neg \varepsilon^1_{2,1}) \wedge \exists^1_1 (\varepsilon^1_{1,1} \wedge \neg \varepsilon^1_{2,1}))|]$$

この言語に関し，充足概念を定義しようとすると，克服できない困難に出会う．意味論的カテゴリーの無限の多様性に直面すると [*LSM*, p. 243]，多行列の方法は初めから排除される．いっそう悪いことに，変項の意味論的統合化の方法も失敗する．カテゴリー統合（unifying category）は，研究対象言語のどの変項よりも低層ではありえず，その項が，このカテゴリーに属する列も，これらのどの変項よりも高層でなければならないからである．それゆえ，統合化の方法には，「無限層」の表現を操作せねばならない．しかしいかなるメタ言語もそうした表現を含まず，どのような直観的意味をこうした表現に与えうるかも明らかでない．

こうした考察は，当面の言語に関する，その意味論的な型と関係なく，すべての文関数に適用可能な，一般的で意味論的に曖昧さのない充足という概念を構成することは不可能であることを示しているようにみえる．他方，その元来の定式化での充足概念の無矛盾な適用を，ないしこうした概念の無限数の概念の無矛盾な適用を，原則的に不可能と見なすいかなる困難も存在しないようにも見える．こうした各概念は，意味論的見地からは，すでに特定され，かつ特定の意味論的な型の関数にのみ関係する．実際こうした表現のどれもその直観的意味に何の疑いもない．どの特定の文関数についても，「対象 $a, b, c, \cdots$ は所与の文関数を充足する」という型のどの語句に関しても，メタ言語によって表現される直観的に同値な句を形成することにより，厳密に（exactly）その意味を定義できるのである [*LSM*, p. 244]．

だがこうした各概念に対し正しい定義を構成する課題は，またも本質的な困難に直面する．先に探究した諸言語では，充足の一般的概念の一定の特殊化によって，容易に充足の各特殊概念を獲得できる．今の場合にはこの方途は開かれていない．文関数の定義に類似的に再帰的方法を使用することは適切でない．特定の意味論的な型の複合的関数は，同じ型のいっそう単純な関数からは常には形成不

可能だからである．逆に所与の型の任意の関数が構成可能なら，そのためにすべての可能な意味論的な型を使用しなければならない．それゆえ，充足の特定の概念のどの再帰的定義においても，無限多の同様の概念を，一個同一の再帰的手続き中で，カヴァーする必要があろう．だがそれは当の言語の可能性を超える．

真理定義の構成というここでの中心的課題は，以上の考察と密接する．もし，充足の，たとえ一般的でなくとも，少なくともその特殊な概念の任意の一つを定義することに成功するなら，この課題は何らの困難も与えないだろう．

他方，充足概念の予めの定義を前提するいかなる構成法も知られてはいない [LSM, p. 245]．それゆえ，今のところ，現在探求中の言語に関する真理のいかなる「正しいかつ内容的に適合的な定義」も構成できないと言いうる（以下の「後記」および「歴史的注記」参照）．

こうした事態に直面すると，① われわれの失敗は偶然で，何らかの仕方で現下の方法の欠陥と関係するのか，あるいは② 基本的な障害が，定義したい概念，ないし，それを援用して必要な定義を構成しようと試みてきた諸概念の本性に結びついているのか．②が正しいなら，構成法を改善するあらゆる努力も虚しいことになろう．

まず§3の規約Tにおいて，真な言明文のどの定義の内容的な正しさを決定する条件も，厳密には規約的なものであったことが想起されよう．考察中の課題は，次のようなある精確な (precise) 形式をとる．すなわち，われわれが考察中の，当の言語のメタ理論を基礎に，規約Tの意味での真理の正しい定義の構成が原則的に可能かどうか．この課題は，確定的に，しかし否定的な意味で，解決されるだろう．

この課題はこれまでの議論の制限を超え，メタ理論の分野に属する．その確定的解決，その正しい定式化でさえ，探究のための新しい装備，特にメタ言語とそれを使うメタ理論の形式化を要求する [LSM, p. 246]．現在，上記の課題に関して確立されうる肯定的な本性に相当明快な説明を与えうると信じられる．

メタ言語を操作する際，§§2-3の記号法を堅持する．展開を単純化し，メタ言語を当の対象言語がその一断片であるように構成するとする．つまり，当の言語のすべての表現が同時にメタ言語の表現であるが，その逆は成り立たないとする．このことが，同じ意味をもつメタ言語の表現の代わりに，単純に当の言語そのものの表現を語ることを可能にする．

これらの留保と取り決めをして，タルスキは，基本的成果の定式化と証明に向かう．

定理I．(α) どのような仕方にせよ，表現のあるクラスを表示する記号 'Tr' は，

メタ理論中で定義されるとしたら，それから，規約Tの条件（α）において記述されるような文の一つの否定を引き出すことができる．

（β）メタ理論中のすべての証明可能な文のクラスが無矛盾だと想定すると，そのメタ理論を基礎に規約Tの意味での真理の適合的定義を構成することは不可能である（[*LSM*, p. 247][*TCP*2, p. 163]）．

先にも述べたが，この箇所に「ゲーデルとの関係について」の注，n. 1 が付されている．すなわち，演繹的体系の無矛盾性と完全性という問題を扱う際にゲーデルの用いた方法，ならびにその研究成果にも部分的に負うことを，タルスキは認めているが，目的は異なるとしている．例えば，「完全性」「不完全性」に関してのゲーデル的な「統語論的」完全性とタルスキの「意味論的」完全性との対比を見よ．また互いの研究の独立性に関しても，上記の定理Iとその証明のスケッチはすでに 1931 年 3 月 21 日にワルシャワ科学院で提示されていて，それまでにタルスキはゲーデルの論文を知らなかった，と述べている．また，これも先述のように，歴史的注記 [*LSM*, pp. 277-8] においても，(5) での，メタ言語が研究対象言語より豊かでない場合の真理定義の問題の否定的解決というタルスキの仕事は [*LSM*, pp. 184f.]，独立にゲーデルによって展開された，いわゆる「メタ言語の算術化」による成果で，完全なものにされたのだが，それは，すでに他の仕方で終了していた探究に続いて付加された一つに過ぎなかった，と注記されている [*LSM*, pp. 277-8]．

8 意味論的アンチノミー

さて上記の定理証明のアイディアが以下のように述べられる．すなわち，(1) メタ言語の特定の解釈が当の言語そのものにおいて確立され，そうしてメタ言語の各文に，それと同値な当の言語の文が（メタ理論中で採用された公理体系と関連して），一対多のように対応する．このようにして，メタ言語は，すべての個別の文同様，個別名をも含む．(2) もしメタ言語で（上記の解釈を参照しつつ）真理の正しい理論を構成するのに万一成功するなら，そのメタ言語は日常言語中で意味論的アンチノミーの主要な源泉となるような普遍的性格を獲得することになるだろう（[*LSM*, p. 164] 参照）．その場合，メタ言語において下記のように，嘘つきのアンチノミーが構成可能となる．つまり，当の言語自身において，x と対応するメタ言語の当の文は，x が真な文ではないということを主張するような文 x を形成することによって，である．その場合，集合論からの対角線論法を適用することにより，先の嘘つきのアンチノミーの定式化で役割を演じた，経験的

性格のすべての前提同様，メタ言語に属さないすべての語句を避けることができる（[Fraenkel 1928] [Tarski 1944, p. 371, n. 11] 参照）．

以下はタルスキの，いくらか厳密な証明のスケッチである．

§2で先述のように [LSM, p. 184]，当の言語中の表現と自然数との間に一対一対応をつけうる．この対応の助けで，表現の上のどの操作にも（同じ形式的特性をもつ）自然数の上の操作を対応づけることができ，表現のすべてのクラスには，自然数のクラスを等々と，対応づけることができる．こうして，メタ言語は自然数の算術中での解釈を受け取り [LSM, p. 249]，間接的にクラスの一般理論の言語中での解釈を受け取る．

メタ言語中の文のクラス Tr を定義したとき，このクラスに算術用語のみで定義される自然数のクラスが対応する．次の表現 '$\exists^3_1(\iota_n, \phi_n) \in Tr$' は，唯一の自由変項として '$n$' のみを含むメタ言語中の文関数である．この関数に，'n' のどの値に関してもそれと同値な別の関数を対応しうる．この新しい関数をシェマ形式 '$\psi(n)$' で書くと次を得る．

(1) 任意の n について，$\exists^3_1(\iota_n, \phi_n) \in Tr$ なのは，$\psi(n)$ のときそのときに限る．'n' に 'k' を代入すると，次を得る．

(2) $\exists^3_1(\iota_k, \phi_k) \in Tr$ なのは，$\psi(k)$ のときそのときに限る．

記号 '$\exists^3_1(\iota_k, \phi_k)$' は，目下研究対象の言語の文を表示する．この文に規約Tの条件 (α) を適用すれば，「$x \in Tr$ なのは p のときそのときに限る」という形式の文を得る．その場合 'x' を言明 $\exists^3_1(\iota_k, \phi_k)$ の名前の構造記述名ないしその他の任意の個別名で置き換え，'p' をその言明自身ないしそれと同値な任意の言明で置き換える．特に，'x' に '$\exists^3_1(\iota_k, \phi_k)$' を，'$p$' に——記号 '$\iota k$' の意味を考えれば——言明「$n=k$ かつ $\psi(n)$ なる n が存在する」を，ないし単純に '$\psi(k)$' を代入できる．こうして下記の定式化を得る．

(3) $\exists^3_1(\iota_k, \phi_k) \in Tr$ なのは，$\psi(k)$ のときそのときに限る．

文 (2) と文 (3) は明白に矛盾しあう．よってかの定理の最初の部分を証明したことになる [LSM, p. 250]．以上で記号 'Tr' の定義の諸帰結のうち，規約Tの条件 (α) 中で言及した文の一つの否定が現れざるをえないことを証明した．これからその定理の第2の部分がただちに帰結する．

この定理の部分 (β) 中の無矛盾性の想定は，本質的なものである．当のメタ理論中のすべての証明可能な文のクラスが矛盾を含むのならば，そのメタ理論中のすべての定義はその帰結中にあらゆる可能な文，特に規約Tで記述された文，をもつだろう（それらすべてがそのメタ理論中で証明可能であろうからである）．他方，いま示したように，メタメタ理論を基礎に，われわれが作業しているメタ

理論の無矛盾性を証明する展望は存在しない［Gödel 1931, p. 196（定理 XI）］．注意すべきは，当の科学自身中での，そのメタ理論の解釈の存在ということから見れば，定理Ⅰの第2の想定は，当該研究対象の科学自身の無矛盾性の想定と同値であり，直観的な見地からはまさに明白であるということである．

　定理Ⅰの結果は一見常ならずパラドクシカルに見えよう．こうした印象は，定義されるべき概念の内容と，その定義構成のためにわれわれの自由になる概念の本性との，根本的な区別を想起すればすぐ弱められるだろう．

　探究を遂行するメタ言語は，構造記述（統語論）的用語，例えば，研究対象の言語中の論理的種類の表現同様，当の言語の表現の名前，こうした表現の構造的（統語論的）特性，表現間の構造的（統語論的）関係等だけを含む．メタ理論と呼ぶのは，基本的に，伝統的文法学の形態論，語源論，統語論といった部分の対応物である．言語の形態論（*morphology*）——表現の形式の学——である［*LSM*, p. 251］．

　研究対象の言語とその言語中で遂行される演繹科学が形式化されるという事実は，興味深い現象をもたらす．すなわち，構造記述的（統語論的）概念へと，それとはその起源もその普通の意味も全く異なる他の観念，つまり，一連の関連する観念ともども，帰結（consequence）¹という概念を，全く異なる他の観念へと還元できたのである．形態論の一分野としてのこの所与科学の論理（*logic of the given science*）と呼んだものを確立できたということである［*LSM*, p. 252］．

　注1．帰結概念の言語の形態論に属する概念への還元は，最近の展開における演繹的方法の成果である．日常生活では，ある文が他の文から帰結するというとき，疑いもなくこれらの文の間のある構造的（統語論的）関係の存在とは全く異なる何かを意味している．ゲーデルの最新の成果（不完全性）に照らすと，この還元は隅々まで実効的かどうかは疑わしいように見える［*LSM*, p. 252］．

　こうした成功に鼓舞されて，さらに前進し，メタ言語中で言語の意味論（*semantics of language*）に含まれる諸概念——充足，表示，真理，定義可能性等々——の定義を構成しようと試みてきた．意味論的概念の特徴的な性格は，それらが言語表現とその表現が語る対象との一定の関係に表現を与えること，ないし，こうした関係によってそれらの表現が，表現のクラスないし対象を特徴づけること，である．または，（「質料代表（*suppositio materialis*）」を利用すると）これらの概念は表現の名前と表現自身の間の対応を設定するのに役立つ，ともいえるかもしれない（中世論理学では，「表示（*significatio*）」は，語が普遍あるいは個物を表示するのに対し，「質料代表」は，使用の文脈と相対的に，語がその音声ないし文字を代表すること，とされた）．

長い間，意味論的概念は言語研究者間では悪名が高かった．これらの概念は，内容的には明らかと見えても，パラドクスやアンチノミーに至るからであった．そこでこうした概念を構造記述的（統語論的）なものに還元しょうという傾向は，全く自然のように見えた．その実現可能性に有利と見えたのは以下の事実である．すなわち，意味論的用語を含み，当の言語の構造記述された表現に関わるすべての語句を，こうした用語を含まない，内容上同値な語句によって置換することが常に可能だ，ということである [LSM, p. 252]．換言すると，どの意味論的概念にも無限に多くの部分的定義，それは全体としてこの概念の具体的表現への応用のすべての場合を尽くすような定義，を定式化することが可能なのである．

だが実は，部分的定義から一般的定義，それはすべての部分的定義を特殊ケースとして包括し，その無限の論理積[17]を形成するような定義，に自動的に移行可能なような，いかなる方途も提供できないのである．

意味論的な概念の，必要とされる還元に成功したのは，§3, 4で展開した特殊な構成法による，貧弱な文法的形式と意味論的カテゴリーの限られた装備をもつ特定の言語群——つまり，有限層の言語に関してのみなのである．銘記されるべきは，そこで適用された方法は，メタ言語においては，対象言語のすべてのカテゴリーよりは高層のカテゴリー使用を要求することであり，まさにその理由で，対象言語の文法的形式とは根本的に異なる，ということである．上でスケッチした定理Ⅰの証明の分析は，この状況が偶然でないことを示す [LSM, p. 253]．それは，一定の一般的想定下では，対象言語に現れるカテゴリーのみでは，真理の正しい定義を構成することは不可能であることを証明している[18]．この理由で，無限層の「豊かな」言語に移行すると，状況は根本的に変化し，先の方法は適用不可能であることが証明された．メタ言語のすべての概念と文法形式は，当の対象言語中で解釈を見出すことはできず，したがって対象言語の意味論をその形態

---

17) 無限多の意味論的カテゴリーに属する諸対象間の同時的依存関係を把握することの不可能性，「無限層」の欠落，定義の一つのプロセス中で，無限多の概念を含むことの不可能性等々 [LSM, pp. 188f., 232f., 243, 245]．これらの現象は，単に現実に存在する言語それ自身の形式的な不完全性の兆候ではなく，こうした現象の原因は，むしろ言語そのものの本性に求められるべきである．人間の所産である言語は，必然的に「有限な」性格をもち，事実の探究の，ないし顕著に「無限的」な性格をもつ概念構成の，十全な道具としては役立ちえないのである．

18) 以上から，ないし [Gödel 1931, pp. 187-91] に含まれる一定の結果から，真理の構造的（統語論的）定義——pp. 236ff. 特に p. 237, n. 2 で議論されている意味で——は，有限層の大方の言語に関してさえ構成できないということが，容易に推理できる．タルスキによる他の研究から（上記，p. 139，定理Ⅸ），こうした定義の構成可能なある初歩的な場合でも，ある文の真理の一般的な構造的（統語論的）規準を与えることは不可能であることが帰結する．これらの結果の最初のものは，例えば，§4で議論したように，二項および多項関係の論理に適用される．第2の結果は，真なる文という観念にではなく，普遍的に妥当な (allgemeingültig) 文関数に関連する観念（充足）に適用される．

論の一部として確立しえないということを，決定的に示す．到達された成果の意義はまさに以上のことに集約される．

9 「真理の構造的（統語論的）定義」と「再帰的枚挙可能性」，および「真理の一般的な構造的規準」と「一般的再帰性」——無限帰納法

注目すべきは，「真理の構造的定義」および「真理の一般的な構造的規準」の観念と，再帰的枚挙可能性および一般的再帰性との密接な関連である（例えば [Mostowski 1955, 5章]）．事実，所与の形式化された理論において真なすべての文の集合が，再帰的に枚挙可能なときはいつも，この理論に真理の構造的（統語論的）定義が存在するといってよい．他方すべての真なる文の集合が（一般）再帰的のときそのときに限り，真理の一般的な構造的（統語論的）規準が存在する．

それとは別に，定理Iは方法論上重要な帰結をもつ．定理Iは，研究対象の言語の，内容的に真な文だけからなる文クラスで，同時に無矛盾な（§2中の定義20の意味で）クラスを，メタ理論中で定義することは不可能なことを示す．特に，研究対象の科学の証明可能な文のクラスを何らかの方法で——公理を補う，ないし推論規則を鋭利にすることにより——拡張すると，このクラスに偽な文を付加するか，不完全な体系を得るかである [*LSM*, p. 254]．

所与の限界を超えた定理Iの解釈は，正当化されないだろう．特に，意味論的概念，なかんずく，真理概念を，無矛盾にかつ直観に合致しつつ操作するのは不可能だと推論することは正しくないだろう．意味論の科学的基礎を構成する可能な方法の一つが閉ざされている以上，別の方法を探さねばならない．自然に浮かぶアイディアは，その論理的部分構造として形態論の体系をもつ特殊な演繹科学として，意味論を立ち上げることである．この目的には，所与の意味論的観念を非定義概念として形態論中に導入し，公理によってその基礎的な特性を確立することが必要であろう．日常言語に関する意味論的概念の研究から，この方法の使用には大きな危険がある．それゆえ，公理的方法が，この場合には，複雑さとアンチノミーに導かないということを，どのように確かめ得るかが問題である．

以下では，真理論に制限し，まず先行の節の議論の帰結である以下の定理を確立しよう．

定理II．任意の，予め与えられた自然数 k に関し，記号 '*Tr*' の定義を，以下のようなメタ理論を基礎に構成することが可能である．つまり，そのメタ理

論は，その帰結中に，規約Tの条件（α），記号 'p' の代わりにたかだかk-層の変項をもつ文（しかも，この規約の条件（β）中で挙げられる文）が現れるような，条件から得られるすべての文をもつ [LSM, p. 255]．

定理III．メタ理論のすべての証明可能な文のクラスが無矛盾で，かつそのメタ理論に，新しい原始記号として，記号 'Tr' と，規約Tの条件（α）と（β）中で記述されるすべての定理とを，新しい公理として付加しても，そのように拡張されたメタ理論中の証明可能な文のクラスもまた無矛盾である [LSM, p. 256]．

この定理を証明するのに注目すべきは，条件（α）が真理理論の公理と解される無限個の文を含むことである．これらの公理の有限数は——条件（β）から単独の公理の合併でも——（メタ理論中ですでに矛盾がない限り）矛盾には至りえない，ということである．実際，（α）から得られる有限個の公理では，対象言語の有限個の文のみが現れ，こうした文中には有限個の変項が見られるだけである．それゆえ，これらの変項のどの層も k を超えないような自然数 k が存在せねばならない．このことから，定理IIによって，記号 'Tr' の定義は，当該の公理がこの定義の帰結となるような，そうしたメタ理論中で構成できる，ということが帰結する．換言すると，これらの公理は [LSM, p. 256]，記号 'Tr' の適切な解釈を伴って，そのメタ理論の証明可能な文となる．定理IIIで記述された公理体系のいかなる有限部分も矛盾を含まないから，全体系も整合的と証明されたとしても，だがこの成果は，定理IIIで言及される公理が非常に制限された演繹的能力しかもたない事実によって減殺される．公理に基づくそれらの真理論は，最も重要で実り多い定理を欠く不完全な体系であろう．例えば，文関数 '$x \notin Tr \vee \neg (x \in Tr)$' 中の変項 '$x$' を文の構造記述名で置き換えると，無限個の定理を得る．しかし，この文の普遍量化，つまり，一般的矛盾律に移行するや否や状況は根本的に変化する．直観的には，この原理は，こうした特殊定理の「無限論理積」を表す．しかし定理IIIの証明中のわずかの変容によって，矛盾律はその公理系の帰結ではないと証明できるのである．だがタルスキによれば，さまざまな理由によって，完全で，したがって考察中の理論の領域から引き出されるいかなる問題の解決にも十全であろうような公理系，といったような問いは立てえない．以上が，定理Iを，クラスの一般理論の言語ではなくメタ理論および真理理論のいっそう豊かな言語に適用した，直接の方法論的帰結である．

しかしながら，真理理論の基礎を本質的に強化しうる全く別の途が存在する [LSM, p. 258]．文関数 '$x \notin Tr \vee \neg (x \in Tr)$' のすべての代入の正しさから，一

般的矛盾律の正しさを推論できないという事実は，演繹科学での推論規則のある不完全さの兆候を示唆する．そこで新しい規則，いわゆる無限帰納法の規則を採用しよう．すなわち，(1) ある所与の文関数から生ずるどの文もそのメタ理論の証明可能な定理であるならば，「すべての x について，x がある表現ならば，そのとき p」という語句から，記号 'p' に所与の関数を代入することにより得られる文もまた，当のメタ理論の定理に付加されてよい．この規則の別の定式化 (2)，つまり表現について語る代わりに自然数について語り，表現の構造記述名について語る代わりに自然数の記号について語る等がありうる．この形式での無限帰納法の規則は，完全帰納法の原理を想起させる．この二つの定式化は一対一対応がつけられるから同等である．(2) は，メタ言語という特殊な概念が現れないので，多くの他の演繹科学に応用可能である [*LSM*, p. 259]．

　非有限的本性のゆえに，無限帰納法の規則は，通常の推論規則とは根本的に異なる．この規則の導入により，証明可能な文のクラスがはるかに大きな範囲で拡張される．ある初等的な演繹科学の場合，この拡張は極めて大で，定理のクラスは完全な体系となり [*LSM*, p. 260]，真な文のクラスと一致する．例えば，初等数論では，すべての変項が自然数ないし整数を表し，定項は文演算・述語算の記号で，ゼロ，1，和，積その他が定義される．

　メタ理論中で無限帰納法の規則を採用すれば，定理 III が言及する公理体系は，すでに真理論の展開に十分な基礎を形成する．するとこの分野の既知の定理，特に §3 の定理 1-6，によって無限帰納法の規則は真な文に適用されると常に真な文を与えるという定理を提示する．さらに重要なのは，これらの公理は，メタ理論の一般公理とともに，カテゴリカルな（しかし完全ではない）体系を形成し，記号 'Tr' の外延を明確に確定する．

　こうした状況下で，これらの基礎の上に建てられた理論は無矛盾かどうかの問いには，現在のところ，最終的には答えられない．定理 I は妥当である．メタ理論の基礎強化にもかかわらず，真理論は言語の形態論の部分としては構成できない．他方，今のところ，定理 III は，拡張されたメタ言語に関しては証明できない．元来の証明中の最も本質的な部分，つまり，無限公理の無矛盾性を，その体系のすべての有限部分の無矛盾性へと還元する役割を演じていた前提は，新しく採用された規則によって，全くその妥当性を失う．この問題がいかなる方向でも決定できないという可能性は，(少なくとも，メタ言語の意味論を含まないメタメタ理論の「ノーマルな」体系の基礎においては）排除されてはいない [*LSM*, p. 261]．他方，この新しい解釈で定理 III が偽だと証明される可能性は，直観的にはありそうに見えない．嘘つきのアンチノミーは直接には再構成できない．と

いうのは，真理論で採用された公理は部分的定義という性格をもち，記号 'Tr' の導入でメタ言語は意味論的に普遍的ではなくなり，当の言語それ自身とは一致せず，当の言語によっては解釈できないからである（[LSM, p. 158, p. 248] 参照）[19]．

無限層の他の言語への以上の結果の応用には何の障害もない．これは特に最も重要な成果，定理Iについて当てはまる．無限層の諸言語は，そのうちに含まれる有意味な表現の多様性により，自然数算術に属するすべての文を定式化する十分な手段を提供し（[LSM, p. 62] [TCP2, p. 180]），メタ言語をその言語自身で解釈することも可能にする．こうした状況のお陰で，定理Iはこの種のすべての言語に関しても妥当性を保つ．

真理の概念は，外延と内容に関して，本質的にそれが適用される言語に依存する．ある表現について，それを一つの具体的な言語の部分として扱うときにのみ，それが真か否かを有意味に語りうる．議論が一つより多くの言語に関わるなら，「真な文」という表現は明確（unambiguous）ではなくなる．この多義性を避けるため，それを「所与の言語に関して真な文」という相対的な用語に換えなければならない．この用語の意味を厳密にするために，所与のクラスについてのすべての言語に共通のメタ言語を構成し，そのメタ言語内で当該の表現を §§3-4 で展開した方法の助けを借りて定義することを試みる．不成功なら，この用語をメタ言語の基礎的な表現に付加し，公理的方法で，この節の定理IIIの指示に従ってその意味を確定する．この用語の相対化に際し，上述のプランの遂行において，先の諸困難が増大し，全く新しい錯綜が生まれよう（例えば，「言語」という語を定義する必要性に関連）[LSM, p. 263]．だが特に，真理概念の相対化は，形式化されたすべての言語を含む真理の一般理論への途を拓きはしない．真理の一般理論の言語に，すでに真理概念を含むメタ言語が含まれるなら，嘘つきのアンチノミーの再生になろう．

以上の成果は，他の意味論的概念，充足など，にも拡張される．これらの各概念の公準体系を立てうる．それは（1）規約Tの条件（α）中で記述された言明と類似の部分的定義を含み，それらの言明は，例えば，ある特定の意味論的タイプの文ないし文関数に関し，所与の概念の意味を確定し，かつ条件（β）からの文に対応する公準により，当該概念が所与のクラスの表現のみに適用されるように約定する．その帰結が上記の体系のすべての公準を含むなら，当の概念の定義を内容的に適合的と見なしてよい．§§3-4で記述されたのと類似の方法は，有限層の，より一般的には，当の意味論的概念がそのうちで，変項の層が上に有界な

---

19) この最後の問題は，方法論的本性をもつ次の問題，無限帰納法の規則を補足してメタ理論の無矛盾性を前提する問題，と同値である．これは，無限帰納法的定義の問題と呼ばれてよい．

(定理II）言語的表現に関わっている限り，必要な定義を構成しうる．それ以外の場合には，どの定義も［LSM, p. 264］，メタ言語中で定式化されえない（定義可能性の概念は，有限層の言語のどの断片においても，構成可能なのである）．

これらの場合に研究対象の概念の理論を構成するには，また，原始的概念の体系に当の概念が含まれねばならず，また上記の公準もメタ理論の公理体系中に含まれねばならない．定理IIIの証明との類似な手続きが，こうした仕方で補足されたメタ言語の体系は内部的に無矛盾であることを証明する．だが付加された公準の演繹的能力は非常に限られたものである．その演繹的能力は，当該の概念に関わる最も重要な一般的定理の証明に十分ではない．それは，その外延を明確に確定しないし，得られた体系は完全でも，カテゴリカルでもない．この欠陥を除去するには，無限帰納法の規則を推論規則に付加することによって，メタ理論そのものの基礎を強化せねばならない．しかし無矛盾性の証明は，いまのところ克服できない大きな困難を提起するだろう．

10 まとめと後記

10.1 まとめ

タルスキは，この論文の主要な成果を，次のテーゼにまとめうる，という（§6）．すなわち，

> A 有限層のどの形式化された言語についても，真な文の，形式的に正しく，内容的に適合的な定義が，一般論理学的な種類の表現，当の言語そのものの表現および言語の形態論に属する用語，つまり，言語的表現とそれらの間に存在する構造的［統語論的］関係との名前のみを使用するメタ言語中で構成できる．
>
> B 無限層の形式化された言語に関しては，こうした定義の構成は不可能である．［LSM, p. 265］［TCP2, pp. 183-4］
>
> C 他方，無限層の形式化された言語に関してさえ，真理の無矛盾で正しい使用は，この概念をメタ言語の原始的概念の体系中に含み，また公理的方法によって基本的な特性を確定することによって，可能だと見なされる（こうして樹立された真理理論が矛盾を含まないかどうかは現在のところ未決定である）．

これらの成果は容易に他の意味論的な概念に拡張可能だから，上記のテー

ゼはより一般的な形で与えられうる．すなわち，

A′ 有限層の形式化された任意の言語の意味論は，対応して構成された定義に基づく言語の形態論の部分として樹立することができる．

B′ 無限層の形式化された言語の意味論をこのように建設することは，不可能である．

C′ しかし，無限層の任意の言語の意味論は，その論理的基礎として言語の形態学の体系をもち，それ固有の原始的概念とそれ固有の公理に基づいて，独立の科学として確立可能である（もっとも，こうした方法で構成された意味論が，いかなる内的矛盾も含まないかどうかの，十全な保証は現在のところ欠けている）．

上記の形式的観点からは，先行の探究は演繹科学の方法論の境界内において遂行された．有限層の演繹科学に関する真なる文の定義で，無矛盾性証明のための一つの一般的方法が獲得された．また指摘したいのは，有限層の言語に関しては，所与の任意の個体領域における正しい文という概念を定義できたということである．……真な文の定義構成と真理理論の科学的基礎の確立は，認識論（Erkenntnistheorie）に属し，この分野の哲学の主要問題を形成する．[LSM, p. 266][TCP2, pp. 184-5]

タルスキは，結論として以下のように述べている．

演繹的方法に不慣れな哲学者たちは，すべての形式化された言語を，自然言語―日常言語と対比して，「人工的な」構成だとして軽視する傾向がある．私はこうした否定的反応を共有できない．§1の考察は，真理概念（同様に意味論的概念も）は，論理の通常の規則とともに，日常言語に適用されると，不可避に混乱と矛盾に陥ることを証明する．あらゆる困難にもかかわらず，厳密な方法の助けで，日常言語の意味論を追求したい者はだれでも，この言語の改訂という割に合わない仕事に関わるよう追いやられるだろう．彼はその構造を定義し，現れる語の多義性を克服し，最後に当の言語を分岐させ，その各々を，次々と拡大していく一連の複数の言語に即して，ある形式化された言語がそのメタ言語に対するのと同じ関係に立たせることが必要だと，得心するだろう．しかし，このように「合理化された」後でもなお日常言語は，その自然さを保存しているかどうか，そして合理化された言語は，むしろ形式化された言語の特徴的な特性を帯びるのではないか，と疑われることであろう．[LSM, p. 267][TCP2, p. 186]

ところで既述のように，レシニエウスキの「基本体系」から集合論的言語への，タルスキの転換は，すでに学位論文執筆直後から現れ，また数学的モデルを介しての，定義可能性，決定可能性，完全性といったメタ的概念の探索と並行して，真理定義に関連していくその端緒は，「実数の定義可能性（DfR）」［Tarski 1931］（1929年セミナー，ポーランド数学会報告1930）にすでに見られた．

「真理概念」論文（1935年公刊）の無限層に関わる真理概念では，レシニエウスキの「意味論的カテゴリー」が使用されているが，しかし，以下の1935年の独訳後記では，それの放棄が宣言されている．こうした経緯を見ると，①「真理概念」執筆の時点（1931年）までで，すでに当論文§3以下での「相対的真理」の考えは明瞭に姿を現していたこと，②のみならず，すでに「意味論的カテゴリー」に基づくアプローチは，有限層の言語に限られ，無限層への拡張的な適用は，ゲーデルのいわゆる「不完全性」ないし「決定不能性」と並行的な「意味論的アンチノミー」のゆえに，不可能なことが示されている（§5f.）．③以下の1935年の独訳「後記」での「意味論的カテゴリー」放棄の公的宣言により，タルスキのレシニエウスキからの完全独立と，モデル論的な考えを基本的ならびに一般的な真理概念として，採用する姿勢が鮮明に打ち出されていくと考えられる．

10.2 後記

さて以下の「§7 後記（Nachwort）」が，タルスキによって，1935年の独訳から付記された．

10.2.1 「意味論的カテゴリー」の放棄——レシニエウスキからの完全独立

意味論的カテゴリーの基本原理と調和しない構造をもつ形式化された言語とは何か？

上記論文執筆中においてタルスキは，レシニエウスキを継承する，「意味論的・カテゴリー（semantische Kategorie）」の理論，特にその基本原理と調和するような構造をもつ，形式化された言語のみを念頭においていた，という．そのことは，仕事全体の最終結果の定式化に本質的な影響を与えた．当時のタルスキには，「意味論的カテゴリーの理論は，表現の有意味性に関するわれわれの根本的な直観に非常に深く浸透しているので，その文が明らかな直観的意味をもっている科学的言語でありながら，その構造がある定式化の一つで当該の理論と調和させることができないと想像することはありえない」（［TCP2, p. 215］参照）ように思われた，という．だがこの「後記」執筆時には，「その見解を決定的には擁護で

きない．この連関で興味深く，重要に思われるのは，この仕事の基本的問題にとって，もし考察分野中に，意味論的カテゴリーの基本原理がもはや成り立たないような形式化された言語を含ませるとしたら，どのような帰結となるであろうかを探究することである」として，以下，この問題が簡単に考察される．

だが考察分野を本質的に拡張するとしても，あらゆる可能な言語を考察するのではなく，その構造上，先に研究した言語と最大可能な類似性を示すような言語のみに制限する．特に，簡単のため，普遍量化子，存在量化子，文計算の定項に加えて，個体名とそれらを代表する変項，同様に任意の数の項をもつ定項的および変項的文形成関数が現れるような言語のみを考える．§§2-4 のように，これらの言語各々について，原始的文関数，表現上の基本操作，文関数一般（[LSM, p. 268] [TCP2, p. 186]），公理，帰結，および証明可能な定理を特定する．かくして，例えば，公理中に，§5 のクラスの一般理論の言語中のように——規則として，文計算の公理の代入，擬似定義，外延性の法則等を含める．帰結の概念の確定には，§2 の定義 15 をそのモデルとする．

§4 で導入された表現の層（Order）という概念も，同様に本質的である．個体名，それを代表する変項は，層 0 とする．任意の（原始的）文関数の文 - 形成関手（sentence-forming functor）の層は，もはや明確には決まらない．すると，記号の層を固定するには，この記号が文形成関手であるようなすべての文関数において，すべての項の層を考慮にいれねばならないことになる．これらすべての項の層が特定の自然数 n より小ならば，そして少なくとも一つの文関数中で，正確に層 $n-1$ であるような項が現れるなら，当該の記号に層 n を割り当てる．これらすべての文形成関手は，個体とその代表である項と同様，有限層の記号に含まれる．しかし例えば，ある記号が，すべて有限層の項をもつ文関数のみをもつ文形成関手の場合でも，これらの層は自然数によって上に有界ではないとき，この記号は無限層となるだろう．

無限層の記号を分類するために，通常の自然数の一般化である集合論からの，順序数の概念を利用する（[Fraenkel 1928, pp. 185f.] [LSM, p. 269] [TCP2, p. 188]）．

自然数は最小の順序数である．順序数のすべての無限列について，その列のどの項より大である数が存在し，特に，すべての自然数より大である数が存在する．それらを超限順序数と呼ぶ．順序数の空でないどのクラスについても，最小の数が存在することが知られている．特に記号 'ω' で表示される最小の順序数が存在する．その次の最大数は $\omega+1$ であり，以下，$\omega+2, \omega+3,\cdots, \omega\cdot 2, \omega\cdot 2+1, \omega\cdot 2+2, \cdots, \omega\cdot 3, \cdots$，等々．有限層の項のみを含む文関数の関手であるこれら無

限層の記号には，その層として数ωを付値する．その項が有限ないしω（また関数の少なくとも一つの項が実際にω層）であるようなこうした文関数のみの関手であるような記号は，$\omega+1$の層である．層の一般的な再帰的定義は以下のようである．つまり，ある特定の記号の層は，その記号が文形成関手として[20]，そのうちに現れるすべての文関数中のすべての項の層以上であるような，最小の順序数である．

§4と同様，有限と無限の層の言語を区別できる．実際，すべての言語にその層として全く特定の順序数を，つまり，この言語中で現れるすべての変項の層を超える最小の順序数を付値できる（n層の有限の言語は，この規約の下では個体名の層が減ずるから，先の層を保持する．クラスの一般理論の言語はω層である）．

これらの規約からは，当の言語中のすべての変項が有限層だということは帰結しないし，逆に次のような言語を入手すべきなら，確定的な層をもつ変項の使用に制限することはできない（[LSM, p. 270] [TCP2, p. 189]）．つまり，もしその手段で表現可能な概念の豊かさにおいて先の言語を実際に凌駕し，またその研究がわれわれの問題に新しい光を投じうるような，そうした言語を入手すべきならば，そうである．われわれは当の言語に不定の層をもつ変項を導入せねばならない．つまり，文関数中の関手ないし項として，他の記号の層を顧慮せずに現れ，同時に同じ文関数中で関手および変項であってよいような変項で，あらゆる可能な層を，いわば，「走破する（*durchlaufen*）」変項である．こうした変項を随伴して，有名なアンチノミーなどを避けねばならない．こうした言語についての代入則の定式化と，擬似定義と呼んだ公理の記述には，特別の注意を要する．だが，はるかに便利な別種の言語，§4の術語での第1種の言語では，すべての変項が同じ意味論的カテゴリーに属する．しかしツェルメロらの公理的集合論が示したように，公理の適切な選択で，この言語に立って，集合論および古典数学の全体を構成することが可能である．この言語中で，先の有限・無限層の言語中で定式化したすべてのアイディアを表現できる．しかもこの言語で，層の概念はその重要性を少しも失わない．しかし，それは当の言語の表現にではなく，それらが表示する対象または全体としての言語に適用される．個体，つまり，集合でない対象を0層の対象と呼び，任意の集合の層は，この集合のすべての元の層より大きい，最小の順序数である．当の言語の層は，その存在が当の言語中の公理から帰結するすべての集合の層を超える，最小の順序数である．

超限層の変項を，研究対象の言語のみならず，メタ言語中に導入することに何

---

20) [Carnap 1934] 参照．

の障害もない．特に，研究対象の言語のどの変項よりも高次の層の変項を得るようにメタ言語を構成することは，つねに可能である（[LSM, p. 271][TCP2, p. 190]）．そのときメタ言語は，対象言語より高次の層をもち，文法形式上本質的に豊かな言語となる．これは，最重要性をもつ事実である．というのは，このことにより，有限と無限の層の区別が消失するからである．事実，無限層の言語に対して，真理の正しい定義を樹立することは，メタ言語において，対象言語のどの変項より高次の層の表現を自由にできるとするなら，原則的に可能だからである．メタ言語にこうした表現を欠くということが，無限層の言語の構成法の拡張を不可能にしたのであった．

しかしいまや，われわれの研究の基礎に研究対象の言語のそれより少なくとも一つは上の層のメタ言語を（その役割は，メタ言語における無限層の変項の現存による）採用するなら，有限，無限の層の任意の言語に関して，真理概念が定義可能なのである．しかもその場合，その定義の構成が単純化される．第2種，3種の言語の研究で§4で用いざるをえなかった人工的なものの適用なしに，§3での方法に厳密に固執可能なのである．多行列の適用も，変項の意味論的統合化の必要もない．意味論的カテゴリーの理論の諸原理を放棄すれば，その項が異なる層の列でも自由に操作できるからである．他方，§5で定理Ⅰと結合して提出された考察は，何らその重要性も失わず，任意の層の言語にも拡張可能である．自然数算術が構成可能な言語に対し，真理の適合的な定義を与えることは，もしメタ言語の層が当の対象言語の層を超えないなら，不可能である．[LSM, p. 272][TCP2, p. 191]

10.2.2 主要成果のまとめ——テーゼA, Bの改訂

最後に，以上の考察は，重要な範囲で，先の結論部でのその主要な成果のまとめを含む先述のテーゼA, Bの改訂が必要なことを示す．すなわち，

A. どの形式化された言語に関しても，真な文の形式的に正しく，内容的に適合的な定義が，そのメタ言語中で，一般的な論理的表現，当の言語自身の表現，および言語の形態論からの用語，の援用のみによって，構成可能である——だが，メタ言語が，対象言語より高次の層をもつという条件下においてのみなのである．

B. メタ言語の層が，当の言語自身の層とたかだか同等である場合には，こうした定義は構成できない（[LSM, p. 273][TCP2, p. 191]）．

テーゼAの新しい定式化から，先のテーゼCもその重要性を失う．メタ的探究は，もはや対象言語と同じ層をもつメタ言語中で遂行はされず，また真理定義

の構成が放棄されて，公理的方法での真理論の試みがなされるわけではないからである．より高次のメタ言語において，真理の適合的な定義がなされ，真理理論中で公理として採用されたこうした定理が導出されうるなら，内的矛盾を含みえないことは容易にわかる．

かくてテーゼ A, B にも，他の意味論的概念への拡張により，より一般的な定式化が与えられる．すなわち，

A'．任意の形式化された言語の意味論も，適切に構成された定義に基づく，言語の形態論の一部分として確立可能である（[LSM, p. 273]［TCP2, pp. 192-3]）．ただし以下の条件，つまり，形態論が遂行される当の言語は，それがその形態論である言語より一層高次の層をもつという条件，の下においてである．

B'．ある言語の意味論を，その形態論の言語が当の言語自身とたかだか同等である場合には，上記のような仕方では，確立することは不可能である（[LSM, p. 273]［TCP2, pp. 192-3]）．

タルスキは，この一般化された形式でのテーゼ A'が，演繹科学の方法論における重要性に関し，ゲーデルの最近の重要な結果と併行的だ，と主張する．この真理定義は，当の理論そのものより高次の層のメタ理論を基礎に，ある演繹科学の無矛盾性証明を許容する（[LSM, p. 199, p. 236] 参照）．他方，ゲーデルの研究から，その証明が同等または低次の層のメタ理論を基礎に求められるなら，その理論の無矛盾性の証明は一般に不可能であるということが，帰結する（[Gödel 1931, p. 196]（定理 XI）in [GCW, pp. 192-3] 参照．特に p. 191, fn. 48a)．さらにゲーデルは，──当該理論の無矛盾性を仮定すると──この理論中のどちらの方向でも決定不可能な文を構成する方法を与えた．その（算術化の）方法に従って構成されたすべての文は，真理の正しい定義をもつ一層高次の層のメタ理論を基礎に，真または偽かが確立されうるという性質をもつ．したがって，これらの文に関する決定に達しうるのである．つまり，それらは証明可能か，反証可能かなのである．さらにはその決定は，メタ理論の諸概念や想定を使用せずに──無論より高次の層の変項の導入によって（[Gödel 1931] in [GCW. I].特に p. 191, fn. 48a)，予め当の言語と当の理論の論理的基礎を豊富にしておく，という条件の下でではあるが──当の理論自身の内部で到達可能なのである．

以上のことをタルスキは，より厳密に説明する．自然数算術が構成可能であるような任意の演繹科学を考え，暫定的に，当の理論と同じ層のメタ理論を基礎に探究を開始してみる．決定不能な文のゲーデルの構成法は，[LSM, pp. 249ff., §5] の定理 I の証明中に暗黙に略述されている（[LSM, p. 274]［TCP2, p. 193]）．その定理の「定式化とその証明のどこでも，記号 'Tr' を記号 'Pr' ──それは考察

中の理論の証明可能な文すべてのクラスを表示し，メタ理論中で（例えば§2 の定義 17 参照）定義可能——で置き換える．定理 I の最初の部分に従うと，記号 'Pr' の定義の帰結として，§3 の規約 T の条件 (α) の一つの文の否定を（この規約中の 'Tr' を 'Pr' で置き換えれば）入手できる．言い換えると，次の条件を満足する当該の科学の文 x を構成できる：

$x \in Pr$ が真でないのは，p のときそのときに限る

ないし同値の定式化では，記号 'p' が全文 x を代表する（事実，定理 I の証明中で構成された文 $\exists^3_1(\iota k, \phi k)$ を x として選択してよい）場合，

(1) $x \notin Pr$ なのは，p のときそのときに限る

文 x が実際に決定不能で，同時に真であることを示そう．この目的のため，より高次の層のメタ理論に移ろう．定理 I はそのとき明らかに妥当のままである．テーゼ A に従い，豊かにされたメタ理論を基礎に，研究中の理論のすべての文に関する正しい真理定義を構成できる．すべての真な文のクラスを記号 'Tr' で表示すれば，——規約 T に従い——構成した文 x は以下の条件を満足する：

(2) $x \in Tr$ なのは，p のときそのときに限る

(1) と (2) からただちに次を得る．

(3) $x \notin Pr$ なのは，$x \in Tr$ のときそのときに限る

さらに文 x の否定を記号 '$\neg x$' で表示すれば，真理定義から次の定理を引き出せる．

(4) $x \in Tr$ または $\neg x \in Tr$；

(5) もし $x \in Pr$ ならば，$x \in Tr$；

(6) もし $\neg x \in Pr$ ならば，$\neg x \in Tr$ [LSM, p. 275] [TCP2, pp. 194-5]

(3) と (5) から次を推論する．

(7) $x \in Tr$

および

(8) $x \notin Pr$.

(4) と (7) を見れば，$\neg x \notin Tr$．これは，(6) と合わせると，次式を与える

(9) $\neg x \notin Pr$

式 (8) と (9) は，x が決定不能な（undecidable）文であるという事実を表現する．さらに (7) から，x は真な文であることが帰結する．

文 x の真理性を確立することによって，同様に——(2) の理由で——また x 自身をメタ理論中で証明したのである．さらには，メタ理論が高次の層の変項により豊かにされた理論中で解釈可能であり（[LSM, p. 184] 参照），またこの解釈中では文 x（それはメタ理論のいかなる用語も含まない）はそれ自身の対応物

だから，メタ理論中での文 x の証明は，自動的に当の理論そのものに移し替えうる．つまり，元来の理論中で決定不能だった文 x が豊かになった理論中では決定可能な文になっているのである．

ここでタルスキは，算術を含むどの演繹的科学に関しても，いわば直観的にはこの科学に含まれるような算術的観念を特定化可能（specifiable）なのだが，しかしこの科学を基礎にしてはその観念を定義できない（cannot be defined）ような，類似の結果に注意を向ける．真理定義の構成に使われたのと全く類似の方法で，その科学がより高次の層の変項の導入により豊かに（*enrich*）されれば，これらの概念は定義可能（*can be defined*）であると示しうる[21]．

結論として，タルスキは，ゲーデルの決定不能性・不完全性定理と密接する，無制限な真理定義の可能性の否定という否定的結果と並んで，ある明確な制限下における自らの真理定義および意味論の定礎に関し，以下のような含蓄を込めた印象深い文で締めくっている．

> 真理定義（Definition der Wahrheit）と，そしていっそう一般的には，意味論の定礎（Grundlegung der Semantik）は，われわれが，演繹科学の方法論（Methodologie der deduktiven Wisenschaften）において得られたある重要な否定的な結果を，それと並行する肯定的な成果（positive Ergebnisse）と対比する（gegenüberstellen）［均衡をとる（match）］ようにするのであり［*LSM*, p. 276］．このようにして，演繹的方法と演繹的な知それ自身の体系（das Gebäude des deduktiven Wissens）との間に露呈するギャップ（aufgedeckten Lücken）を，一定程度埋める（ausfüllen）ことを可能にするのである．［*LSM*, p. 277］［*TCP* 2, pp. 195-6］

---

21) [DfR]，英訳 [*LSM*, VI]．

第10章　内包的意味論の展開
―― カルナップ・チャーチ・モンタギュから
クリプキ・カプランへ

1　カルナップの転向

　タルスキ的意味論は，ある言語の表現に関する充足，指示，真理，定義可能性等の諸概念に関わり，当の言語中の表現とその諸対象との間の一定の関係についてのメタ的な考察であった．

　カルナップは1930年ゲーデルおよびタルスキとの対話を通じ，「対象言語について精確な（exact）仕方で語りうるメタ言語が存在せねばならない」と納得させられ，ゲーデルの算術化の方法により算術の不完全性定理（1931年公刊）と，ある言語の統語論が当の対象言語中で定式化不可能であることを知る．かくてウィトゲンシュタイン流の一言語主義を放棄し，言語/メタ言語の区別を採用する．そしてまずある言語の論理的統語論を発展させる．『言語の論理的統語論（*Logical Syntax of Language*）』（1934-6）で，構成主義的な「言語Ⅰ」を形成し，また「寛容の原理」により古典数学・物理学の定式に十分である包括的な「言語Ⅱ」も構成する．公式的には論理的統語論は，記号の意味には言及しないとされるが，しかし事実上は重要な意味論的要素――論理的真理定義，分析性，真理表，意味論的付値，意味論的アンチノミー等の議論――が含まれていた．

1.1　カルナップの意味論

　さてカルナップは，統語論への重要な補完は意味論で，タルスキの論文発刊（1935）以前にタルスキおよびゲーデルとの対話から，統語論とは別に，事実と言語との関係について指示や真理について語れるような，意味論のための新しいメタ言語がなければならないことを了解した．タルスキがカルナップに意味論の可能性を納得させた1935年春以降，カルナップは論理的意味論の最も熱烈な支

コラム　カルナップとクワイン再訪

クワイン

　先述のように，タルスキから真理論・意味論の話を聴いたカルナップは，パリ国際科学哲学会議（1935）でぜひ「真理論」「意味論」について講演せよと，躊躇するタルスキを熱心に説得し，「科学的意味論の定礎」講演が行われた（1936）．だが当日の会場では，ノイラートをはじめとする論理実証主義の科学哲学者，論理学者，数学者の多くから激烈な反対論が巻き起こった．

　若きクワインが，1932-3 年ヨーロッパに武者修行にやってきて，プラハに移っていたカルナップを追って，そこで生涯の先達にして論争相手と邂逅する．クワインが接した当時のカルナップは，論理・数学と実証科学のみを有意味とする「論理実証主義」的二分法は放棄したが，メタ数学・メタ論理を認めるに止まる『言語の論理的構文論』（1934-6）のカルナップだった．タルスキとの交流とパリ会議以降，カルナップはさらに大きく変貌し，タルスキ意味論の熱烈な支持者となった．

　一方クワインは，生涯カルナップ（およびタルスキ）と対峙しつつ，独自の立場を展開していく．『論理的観点から』（1953）での，存在論あるいは形而上学の論理的吟味は，アメリカ哲学のみならず，世界の哲学界に計り知れない影響を与えていく（詳細は［丹治 1997］［飯田 1995］参照）．クワイン哲学を継承するデイヴィドソン（『真理と解釈』）も，タルスキ的真理論を逆転用しつつ，「意味」「内包」を排して「指示」論に限定する．

　大西洋を挟んだ英国では，すでに 1930 年代からケンブリッジでの中期・後期ウィトゲンシュタインの探究が『哲学探究（*Philosophische Untersuchungen*）』（1953）に結実，1950 年代早々オックスフォードのストローソンが「指示について（'On Referring'）」（1950）でラッセルの記述理論批判から『個体論（*Individuals*）』（1959）に代表される「記述的形而上学（descriptive metapysics）」の提唱を始めていた．

　クワインの論文集『論理的観点から』所収の論理実証主義批判にも，「なにがあるのかについて」（1948），「経験主義の二つのドグマ」（1950），「同一性・直示・物化」（1950）等による，存在論や形而上学に関わる議論が，大きなスペースを占めてはいた．しかし 1950 年代末からの，アメリカ東部での，マーカス（R.

Marcus）等の様相述語論理に対しては，クワインは，同書所収の「指示と様相」でも，「同一者不可識別の原理」に関わる代入可能性を侵犯するとの嫌疑で，様相文脈への「内部量化（quantifying in）」は「指示的に不透明（referentially opaque）」ゆえ容認できないとして，事物関与的（*de re*）必然・偶然性（つまり，事物の本質と偶有性の区別）といった様相的形而上学には懐疑的であった．

　カプランの論文「内部量化（Quantifyung In）」（1968），さらにはクワインへの献呈論集（1986）中の「不透明性（Opacity）」（1986）は，こうしたクワインの論証の批判的吟味である．さらにクワインの御膝元でも，1960年代末–70年代早々にクリプキらによる様相論理の「可能的世界」意味論という反乱の狼煙が上がった．

　他方，西海岸 UC. バークレーを拠点とするタルスキのモデル論は，1960年代以降，数学（ヴォート，チャン，フェファーマンなど）・論理学および内包的意味論（モンタギュ）として隆盛期を迎え，シカゴから UCLA に移ったカルナップの下，モンタギュ，チャン，パーティらを擁して，アンダーソン（A. Anderson），カプラン等を輩出，いわゆるカリフォルニア・セマンティクスと称される新しい展開を見せる．

持者となった．『論理と数学の基礎（*Foundations of Logic and Mathematics*）』（1939）において，自然言語断片や物理言語に意味論を与える方法を示した．つまり名前にものを，述語にものの性質を指示させ，こうした指示と相対的に文の真理条件を定義する．より正確な定式化は，『意味論序説（*Introduction to Semantics*）I 』（1942）で与えられる．例えば，意味論的体系 S では，①「'*a*' はシカゴを指示する」（DesInd（'*a*'，シカゴ））；②「'*P*'，大きいという性質を指示する」（DesAttr（'*P*'，大きいという性質））．①②から③④が帰結する．

　③　「'*P(a)*' はシカゴは大きいという命題を指示する」（DesProp（'*P(a)*'，シカゴは大きい））．

　④　'*P(a)*' が S 中で真なのは，シカゴは大きいときそのときに限る．より一般的には，

　　（C）文 s が S 中で真なのは，DesProp（s, p）かつ p であるような命題 p が存在するときそのときに限る．

　（C）はタルスキの規約 T に対応するが，上記の指示関数 Des によって言語と世界との間の意味論的関係が明示的になるという利点がある．論理的定項の真理条件も以下のように与えられる．

　⑤　否定文「p でない」が真なのは，文 '*p*' が真でないときそのときに限る．

⑥ 条件文「p ならば q」が真なのは，文 'p' が真でないか，または 'q' が真のときそのときに限る．

⑦ 普遍量化文「すべての x は，F である」が真なのは，変項 'x' への代入で形成されるすべての文が真，つまり，すべてが F であるときそのときに限る．

後続のモデル理論では，カルナップの指示（Des）は言語からモデル構造への解釈関数に対応する．対象言語がすでに解釈済みと想定していたタルスキは，この解釈関数を明示的にしていなかった．この点ではカルナップの意味論の扱いは，自然言語への応用に関しても，より満足のゆくものである．ところでチャーチはそのレヴューその他［Church 1943; 1956］で，フレーゲに由来する「パチンコ（slingshot）論法」[1] を用いて，カルナップが文の指示を「命題」とする点を批判し，真理値と解すべきだと主張する．フレーゲの意味と意義の区別に言及しつつ，文を命題の名前，述語を性質の名前とするカルナップの意味論では「外延性の原則」が成り立たないと指摘する．批判に応えカルナップは以下の『意味と必然性（*Meaning and Necessity, MN*)』（1947）で修正する．

2 内包論理の意味論——様相論理

「様相（modality）」とは，「可能」「必然」「偶然」といった概念である．言表に関わる様相は「言表関与的（*de dicto*）様相」，事物の性質に関わる「本質的，偶有的」といった様相は「事物関与的（*de re*）様相」といわれる．様相概念は，アリストテレス以来中世の論理学・形而上学でさまざまな研究がなされ，近世でもカントの超越論的論理学に登場する．現代論理では当初は敬遠されるが，1910年代に C. I. ルイスらにより形式体系が整備される．意味論は 1940 年代にカルナ

---

[1] ［Church 1943, pp. 298ff.］［*IML*, pp. 24f.］［Davidson 1984, p. 19］［野本 1997, pp. 79f.］．
例えば，以下の 4 つの文は，同じ指示をもつ（$\acute{\varepsilon}\phi(\varepsilon)$ は '$\acute{\varepsilon}\phi(\varepsilon)$' の外延を表す）．
 (1) $1+1=2$
 (2) $\acute{\varepsilon}((\varepsilon=\varepsilon) \& 1+1=2) = \acute{\varepsilon}(\varepsilon=\varepsilon)$
 (3) $\acute{\varepsilon}((\varepsilon=\varepsilon) \& 東京は日本の首都である) = \acute{\varepsilon}(\varepsilon=\varepsilon)$
 (4) 東京は日本の首都である．
(1) と (4) はともに真で，真理値は同一である．その場合上記 4 つの文は同じ指示をもつ．(1) と (2)，(3) と (4) は論理的に同値である．だが (3) と (2) は，(3) が '(4) を，(2) が '(1) を含む点でのみ異なり，(1) と (4) の真理値が一致するから，同じものを指示する．よって任意の 2 つの文は，同じ真理値をもつならば，同じ指示をもつ．もし文の意味（meaning）がその指示であるとすれば，真理値において一致するすべての文は同義的なはずである．しかし (1) と (4) のように，事実同じ真理値の文でも，同じ意味をもつと一般的に主張はできない．(1) の真を知っていても，(4) の真は知らない，ないしその逆もありうるから，文の意味を真理値と同一視はできない（原型は，フレーゲの意味（Bedeutung）と意義（Sinn）の区別に遡及される議論である）（［SB, SS. 35-6］参照）．

ヒンティカ（中央）とカプラン（右）（APA, サンフランシスコ, 1978）

ップが先鞭をつけ，1960年代に至ってライプニッツ，さらに13世紀のドゥンス・スコトゥス（Duns Scotus）に遡る「可能世界」意味論がモンタギュ，クリプキ，ヒンティカ，カプラン，D. ルイス，スタルネイカー（P. Stalnaker）らによって目覚ましく展開されて，哲学界，論理学界を席巻する．また可能世界意味論と類似の着想は，時制論理，義務論理，反事実条件法や因果性，「知・信」のような認知様相の分析にも使用される（[野本 1988] [飯田 1995]）．

2.1 カルナップの内包論理

2.1.1 「様相と量化」(MQ) (1946)

まず「様相と量化（Modalities and Quantification, MQ）」(1946) においてカルナップは，「論理的必然性」を「論理的真理ないし分析性」で説明しようとする．すなわち，対象言語中の「必然的に p」の真理を，メタ言語中の「'P' は論理的に真」によって意味論的に解明しようとする．その際「論理的真理」の解明に用いているのは「状態記述（state-description）」である．直観的にはライプニッツやウィトゲンシュタインの可能世界記述から着想を得ている．一つの状態記述とは，半ば統語論的ですべての個体に関し，どの特性や関係をもつか，もたないかといった可能的事態の総体としての，特定の可能世界の完全記述である．例えば，ある要素文がある状態記述に埋め込まれるのは，当の文が当の状態記述の成員である場合に限る，といったように準意味論的規則が与えられる．

さて「論理的真理」は次のように定義される [MQ, p. 50]．

(L) 文 'p' が論理的に真であるとは，'p' がいかなる状態記述にも埋め込まれるということである．

「必然的に p」の真理性も 'p' の論理的真理性に還元されるから，(L) に帰着する．直観的にはライプニッツ流に「あらゆる可能世界で真」ということである．また量化文「すべては必然的に p である」の真理性も，つまりは 'p' の論理的真理性に還元される．

2.1.2 『意味と必然性 (MN)』(1947)

「(論理的) 真理性」の解明は，「様相と量化」と同様である．さらにフレーゲの意味と意義の区別を外延と内包の区別に重ねる．そして主張文，個別名辞，述語を指示子として一括する．二つの指示子が同値（真理値の一致する文，同一個体を指す個別名辞，同一の個体クラスに適用される述語）の場合，それらは同一の外延をもつ．また二つの指示子が論理的に同値（同値性が意味論的規則のみから帰結する）の場合，同じ内包をもつ [MN, §5]．かくして，チャーチの批判を容れて，文の外延はフレーゲ流に真理値，内包は命題 [MN, §6]，個別名辞の外延は指示個体，内包は個体概念 (individual concept) と称され，述語の外延は当の述語が適用される個体のクラス，内包は特性 (property) と称される．

外延的文脈とは，その外延・真理値が当の文の構成要素の外延の関数である場合であり，内包的文脈とは，その内包・命題が構成要素の内包の関数の場合である [MN, §11]．外延的文脈に関しては，同じ外延をもつ指示子を交換してもその真理値は変わらない（外延的代入原理）．内包的文脈では，同じ内包をもつ指示子を交換しても命題は変わらない（内包的代入原理）[MN, §12]（信念文は内包的でもなく，内包的に同型（同一の内包的構造）と見なされた）．

様相論理の対象言語では，変項はすべて内包を値としてとる．それでは内包，たとえば，個体概念とは何か．カルナップはここで，すでに導入していた「座標言語 S」を考え，S の個体定項は xy 両軸に関し順序づけられた領域中の特定の位置を指すと仮定する．よって各個体定項と位置とは一対一対応する（カプランの「標準名」，クリプキの「固定指示子」の先駆）．したがって，'$a=a$' は論理的に真，'$a=b$' は論理的に偽である．個体概念とは，各状態記述により表現されるすべての命題に対し，正確に一つの個体定項を付値する関数である [MN, §40]．よって開放様相文「必然的に Px」がある状態記述 'H' に埋め込まれる（可能世界 H で真になる）のは，すべての状態記述に関し，個体概念が 'x' に付値する個体定項 'c' を，'x' に代入した結果の文 'Pc' が，当の状態記述に埋め込まれる場合である．

2.2 チャーチの内包論理

一方，プリンストンの数学を代表するチャーチは，すでに早期にチャーチのテーゼを提唱し，単純型理論 [Church 1940] とラムダ計算 [Church 1941] を提出し，当時最上級の『数理論理学入門』[Church 1956] 刊行と並行して，フレーゲ流の統語論を単純型理論によって形式的に整備した．チャーチはまた，上記のようなカルナップ－クワイン論争（本書 p. 519）という潮流から超然として，間接話法や信念報告などの間接的文脈に関するフレーゲのアイディアを，内包論理の形式的体系の意味論として展開した．それがフレーゲ的な内包論理の意味論 [Church 1951] である．

それは対象言語中の各表現が，フレーゲ流の意義と表示（＝意味）の双方を意味論値としてもつ特異な内包意味論である．

まず存在者のタイプを，タイプ o（真理値），タイプ ι（個体），タイプ $\alpha\beta$（関数）に区別し，それぞれ文，個別名辞，関数詞に付値される表示と見なす．フレーゲ的意義をラッセル流にコンセプト（concept）と呼び，タイプ o_1（命題＝フレーゲの思想），o_2（命題概念＝フレーゲの間接的思想），…，o_{n+1}，またタイプ ι_1（個体概念＝フレーゲの意義），ι_2（間接的意義），…，ι_{n+1}，タイプ $\alpha_1\beta_1$（関数詞の意義）…といった位階構造を導入する．すべての固有記号にはこうしたタイプが付せられる．

λ は非固有記号で，単純述語 '$\lambda x_\iota M_o$' には，個体（タイプ ι）から真理値（タイプ o）へのタイプ $o\iota$ の関数（フレーゲの Begriff）が，条件法 'C_{ooo}' には真理値（タイプ o）の対から真理値（タイプ o）への真理関数が付値される．普遍量化記号 '$\Pi_{o(o\iota)}(\lambda x_\iota A_o)$' には，タイプ $o\iota$（Begriff）からタイプ o の真理値への関数（タイプ $o\,(o\iota)$）が付値される．

初期ラッセル流に「個体概念 ιo は，個体 ι のコンセプトである（ないし，個体 ι を表示する（denote））」は，表示関数 $\Delta o\iota_1\iota$ を用いて，'$\Delta o\iota_1\iota\,(a\iota_1, a\iota)$' と表記される．また「命題 Mo_1 は真理値 Mo の concept（思想）である」は，'$\Delta oo_1o\,(Mo_1, Mo)$' と表記される．チャーチはまた対象言語中に様相子「必然的に Mo_1 である」を導入し 'Noo_1Mo_1' と表記する．Noo_1 は命題（タイプ o_1）から真理値 o への関数である．

やがて 1960 年代にカルナップの後継のような形で UCLA に招聘される．後述のカプランの博士論文 [Kaplan 1964] は，こうしたフレーゲ－チャーチ流の意味論とタルスキ－カルナップ流のモデル論を連関づけるような内包論理の基礎提出の試みである．その後のチャーチの連作 [Church 1973; 1974; 1993] は，いわ

チャーチ (UCLA, 1977)

ばそれに応える改定版であり，最晩年に至るまで，自らの途を悠然と歩み続け，改定と展開がなされる．

そこでは意義の同一性規準として三つの選択肢 (0), (1), (2) が提示される．様相論理に関しては，最も弱い選択肢 (2)：「二つの名前 A, B が同一の意義をもつのは，$A=B$ が論理的に妥当の場合である」でよいと見なす．改定版として「意義と指示の論理の改定概説 (Outline of a Revised Formulation of the Logic of Sense and Designation)」では，（選択肢 (0), (1) [Church 1973; 1974; 1993] が取り上げられ，フレーゲの着想を厳密に整備しつつ，特異な内包論理の意味論を構成する．

さらにカプランの「フレーゲ-チャーチをどうラッセル化するか」[Kaplan 1975] は，ラッセル流の直接指示によるフレーゲ-チャーチ意味論への再挑戦であり，クリプキの「固定指示 (rigid reference)」と呼応するカプランの「直接指示 (direct reference)」へと展開される一連の仕事の始点の一つであった（[Kaplan 1978a] rep. in *Demonstratives* (1989) 野本訳（[松阪編 2013] 所収））．

3　モンタギュ文法

カルナップ，チャーチらの内包論理の意味論への試みは，1960年代に入って急速に展開された．フレーゲ，タルスキ，カルナップ，チャーチの影響下，タル

スキの弟子モンタギュの普遍文法の試みもその一環である．彼は自然言語と論理的人工言語との間に重大な理論的差異を認めない．数学的に厳密で自然な単一理論の枠組み内で，両方の言語の統語論と意味論を包括可能だと考える．その点はチョムスキー派と変わらないが，しかし言語学を心理学と見なさず，厳密数学の一分野だと考える．また深層構造と表層構造との区別をさして重要とは考えず，さらに変形生成文法が十全で包括的な意味論を用意できるか疑問視している［Montague 1974］［野本 1977］［坂井 1979］．

モンタギュ（UCLA, 1967）

以下簡単にモンタギュの統語論，内包的意味論，さらに語用論（pragmatics）を，英語断片の適用例を交えつつ概観する．いずれも統語論的カテゴリーと，それに相即する意味論的タイプ付の言語である．ここでは曖昧言語も然るべき分析によって明晰化可能と見なす．

3.1　1 階述語論理 L^0

3.1.1　L^0 の統語論

まず古典 1 階述語論理の言語 L^0 の統語論は，形式的には $\langle X^0_\delta, F^0_i, S^0_i, \text{FOR}\rangle_{\delta \in \Delta}$ という統語論的システムとして与えられる．

［I］　基本表現と統語論的カテゴリー

(1) δ は L^0 中の表現の統語論的カテゴリーを，Δ^0 はカテゴリーの集合を表す．L^0 の δ には個体定項（個別名辞）ICT，動詞句 1V，単項結合子 1C（否定），二項結合子 2C（連言，選言），式 FOR（主張文）が含まれる（すなわち $\Delta^0 = \{\text{ICT}, 1V, 1C, 2C, \text{FOR}\}$）．

(2) X^0_δ はカテゴリー δ の基本表現の集合を表す．X^0_{ICT} は個体定項 'a', 'b', … の集合，X^0_{1V} は動詞句 'P', 'Q', … の集合，X^0_{1V} は否定記号 '¬' の集合，X^0_{2C} は連言 '∧'，選言 '∨' の集合を，X^0_{FOR} は式の集合を表す．

［II］　構造演算と統語論的規則

(1) F^0_i は基本表現から複合表現を形成する関数で，「構造演算」と呼ばれる．F^0_0, F^0_1 は式 'p', 'q' と結合子を結合して否定式や連言式，選言式をうる演算で，

例えば $F^0_0(\neg, p) = `\neg p$', $F^0_1(\wedge, p, q) = `p \wedge q$'. また F^0_2 は動詞と個体定項を結合して式をうる演算で, $F^0_2(\phi, a) = `\phi a$'.

(2) S^0_i は以上の構造演算を用いて, 基本表現から式や複合式を形成する統語論的規則である. S^0_0: $\langle F^0_0, \langle 1C, FOR \rangle, FOR \rangle$; S^0_1: $\langle F^0_1, \langle 2C, FOR, FOR \rangle, FOR \rangle$; S^0_2: $\langle F^0_2, \langle 1V, ICT \rangle, FOR \rangle$.

3.1.2 L^0 の意味論

さきの統語論にフレーゲ流の意味論を与える. L^0 の統語論的カテゴリーには, それぞれ意味論的タイプが対応する. ① 個体定項 ICT には個体のタイプ e, ② 式 FOR には真理値のタイプ t, ③ 単項結合子 1C, 二項結合子 2C, 自動詞 1V という関数記号には, それぞれタイプ σ からタイプ τ へのタイプ $\langle \sigma, \tau \rangle$ の関数が対応する.

さて個体領域を D, 真理値集合を $\{1, 0\}$, 集合 X に属する存在者から集合 Y に属する存在者への関数を Y^X と表し, 各記号にその指示対象を付値する意味論的関数 f を導入する.

個体定項 'a' の指示対象 $f(`a$') は, タイプ $e$ の個体 ($f(`a$') $\in E$), 式 'p' の指示対象はタイプ t の真理値 ($f(`p$') $\in \{1, 0\}$), 結合子の指示対象は真理関数で, 例えば $f(`\neg$') $= H_1$; $f(`\wedge$') $= H_2$ とすると, H_1 は $H_1(1) = 0$, $H_1(0) = 1$ と真理値を逆転する関数のタイプ $\langle t, t \rangle$, H_2 は $H_2(1, 1) = 1$, $H_2(1, 0) = H_2(0, 1) = H_2(0, 0) = 0$ という真理値の対から真理値へのタイプ $\langle \langle t, t \rangle, t \rangle$ の関数である. したがって次のような意味論的規則 M^0_0, M^0_1 等 (合成原理) が成り立つ.

M^0_0: $f(`\neg$') $(f(`p$')) $= f(`\neg p$'); $M^0_1$: $f(`\wedge$') $(f(`p$'), $f(`q$')) $= f(`p \wedge q$').

また単文の統語論的規則 S^0_2 に対応する次の意味論的規則 M^0_2 が成り立つ.

M^0_2: $f(`P$') $f(`a$') $= f(`Pa$').

自動詞 'P' の指示対象は, 個体から真理値へのタイプ $\langle e, t \rangle$ の関数 (フレーゲの概念 (Begriff) に相当) で '$\lambda x[\phi x]$', また 'ϕa' は '$\lambda x[\phi x] a$' と表記する.

かくして命題論理 L^0 の外延的モデルは, $\langle D, f \rangle$ で, 個体領域 D がモデル構造, 意味論的関数 f はモデル付値関数と呼ばれる.

3.2 英語断片 L^1

次に L^0 よりずっと複雑な曖昧言語である英語断片 L^1 に関するモンタギュの分析を簡略化して見ておこう. その統語論的システムは, $L^1 = \langle X^1_\delta, F^1_i, S^1_i, FOR \rangle_\delta \in \Delta^1$.

3.2.1 基本表現とそのカテゴリー

単名 N（固有名，代名詞），単項結合子 1C（否定），二項結合子 2C（接続詞），自動詞 1V，他動詞 2V，普通名詞 CN，副詞 A1V，形容詞 CAN，副文詞 AFOR，冠頭詞 ART（冠詞，量化子），繋辞 COP，命題態度 PA（補文をとる動詞），式 FOR など．

Δ^1 = {N, 1C, 2C, 1V, 2V, CN, A1V, CAN, AFOR, ART, COP, PA, FOR}.

例をいくつか挙げておこう．X_N = {'John', 'Mary'}; X_{1C} = {'¬'}; X_{2C} = {'∧', '∨'}; X_{1V} = {'walks'}; X_{2V} = {'loves'}; X_{CN} = {'man', 'woman'}; X_{A1V} = {'quickly'}; X_{CAN} = {'old'}; X_{AFOR} = {'necessarily'}; X_{ART} = {'every', 'a', 'the'}; X_{cop} = {'is'}; X_{PA} = {'believes that'}.

3.2.2 構造演算と統語論的規則

① 式と結合子から複合式をつくる構造演算は，F^0，F^1 と同様で規則 S^0，S^1 も同様である．

② 自動詞と単名から単文を形成する構造演算 F^2 も同様で，例えば F^2('loves Mary', 'John')（すなわち '$\lambda x[x$ loves Mary] John'）= F^2('John loves', 'Mary') = 'John loves Mary' となり，その統語論的規則は S^2: $\langle F^2, \langle 1V, N \rangle, FOR \rangle$ となる．

③ 他動詞と単名を結合して自動詞を形成する構造演算 F^3 は，F^3('loves', 'John') = 'John loves' ないし 'loves John'（'$\lambda x[x$ loves John]'）で，統語論的規則は，S^3: $\langle F^3, \langle 2V, N \rangle, 1V \rangle$．

④ 形容詞と普通名詞を結合して名詞句を形成する構造演算 F^4 は，F^4('old', 'man') = 'old man' で，その統語論的規則は $\langle F^4, \langle CAN, CN \rangle, CN \rangle$．

⑤ 副詞 A1V と動詞から動詞句を形成する構造演算 F^5 は，例えば F^5('quickly', 'walks') = 'quickly walks'（'$\lambda x[x$ quickly walks]'）で，その統語論的規則は S^5: $\langle F^5, \langle A1V, 1V \rangle, 1V \rangle$．

⑥ 繋辞と単名ないし形容詞から文を形成する構造演算 F^7 は，例えば F^7('is', 'John', 'old') = 'John is old'. よってその統語論的規則は，S^7: $\langle F^7, \langle COP, N, N(\text{or } ACN) \rangle, FOR \rangle$．

⑦ 副文詞と文から別の文を形成する構造演算 F^8 は，例えば，F^8('necessarily', 'Mary is Mary') = Necessarily Mary is Mary. よって統語論的規則は S^8: $\langle F^8, \langle AFOR, FOR \rangle, FOR \rangle$．

⑧ 命題的態度と単名，文から信念文などを形成する構造演算 F^9 は，F^9('believes that', 'Mary', 'John is old') = ('Mary believes that John is old'). よってその統語論的規則は，S^9: $\langle F^9, \langle PA, N, FOR \rangle, FOR \rangle$．

普通名詞と冠頭詞・量化子から，量化名詞句を形成する構造演算 F^6，例えば，

F^6('every', 'man') = 'every man'; F^6('the', 'man') = 'the man'; F^6('a', 'man') = 'a man' を統一的にどう扱うのが適切であろうか．モンタギュの提案は後段で取り上げよう．

3.2.3　L^1 の意味論

① 単名 N，結合子 1C, 2C, 自動詞 1V, 式 FOR の各解釈はすでに L^0 で与えられている（ただし単名 N については，量化名詞句との統一的扱いについて再考を要する）．

② 他動詞 2V は，N と結合して 1V を形成するから，タイプ $\langle e, \langle e, v \rangle \rangle$ の関数が付される．よって S^3 に対応する意味論的規則 M^3 は，例えば M^3: f('loves') $(f$('John')$) = f$('John loves')．

③ 普通名詞 CN（例．'man'）の指示対象は，'$\lambda x[\text{man}(x)]$' と表記し，'man' を満足する個体のクラスというより，自動詞 1V 同様，個体から真理値への特性関数（フレーゲ的な概念 (Begriff)）で，タイプ $\langle e, t \rangle$ とする．

④ すると形容詞 CAN の指示対象は，CN に属するタイプ $\langle e, t \rangle$ の表現の指示対象から，別の CN の指示対象へのタイプ $\langle \langle e, t \rangle, \langle e, t \rangle \rangle$ の関数だということになる．よって S^4 に対応する意味論的規則は，例えば次のごとし．M^4: f('old') $(f$('man')$) = f$('old man')．

⑤ 副詞 A1V の指示対象は，1V の指示対象（タイプ $\langle e, t \rangle$）から別の 1V の指示対象への関数だから，そのタイプは $\langle \langle e, t \rangle, \langle e, t \rangle \rangle$ となる．よって S^5 に対応する意味論的規則 M^5 は次のごとくである．M^5: F('quickly')$(f$('walks')$) = f$('quickly walks')．

その他のカテゴリーへのタイプ付値は内包論理の意味論で扱う．

3.3　内包論理 IL

時制と様相論理のジョイント・システム中に，新しい基本表現として，⑨ 単項結合子 'P' を導入する．'$P(\phi)$' は英語断片では 'It was the case that ϕ' に相当する．よってその統語論的カテゴリーは AFOR で，統語論的規則は $\langle F^9, \langle \text{AFOR}, \text{FOR} \rangle, \text{FOR} \rangle$ である．

時制様相論理の意味論では，モデル $\langle E, f \rangle$ の代わりに，$\langle \langle E, I, W, < \rangle, f \rangle$ という解釈 B システムを採用し，それは解釈構造 $\langle E, I, W, < \rangle$ と解釈付値関数 f から構成される．E は空でない個体の集合，I は先後関係 < により線形順序づけられた空でない時点 i の集合，W は可能世界 w の空でない集合である．式の真理値は時点と世界に相対化される．モデルは解釈 B ではなく，B と指標

(index)（時点 $i \in I$ と世界 $w \in W$ の順序対 $\langle i, w \rangle$）との順序対 $\langle B, \langle i, w \rangle \rangle$ である．解釈は表現に指示対象というよりは内包ないし（フレーゲ的）意義を付値するからである．

ζ の時点 i 世界 w における外延ないし指示対象 $\mathrm{Ext}_{B, i, w}(\zeta)$（トマソンの表記に従う）同様，$\zeta$ の内包 $\mathrm{Int}_B(\zeta)$ が存在する．内包・意義はあるタイプ τ に対してタイプ $\langle s, \tau \rangle$ をもつ．すると内包と外延とは相互定義可能となる．つまり $h = \mathrm{Int}_B(\zeta)$ の場合，$\mathrm{Ext}_{B, i, w}(\zeta) = h(\langle i, w \rangle)$ であり，$\mathrm{Ext}_{B, i, w}(\zeta)$ がタイプ τ の場合，$\mathrm{Int}_B(\zeta)$ は $\langle i, w \rangle$ からタイプ τ の B の可能的指示対象の集合への関数 h であって，すべての $i \in I$ および $w \in W$ に関して，$h(\langle I, w \rangle) = \mathrm{Ext}_{B, i, w}(\zeta)$ なのである．

直観的には $\mathrm{Ext}_{B, i, w}('a')$ は，指標 $\langle i, w \rangle$ における 'a' によって指示される個体であり，述語 'ϕ' の外延 $\mathrm{Ext}_{B, i, w}('\phi')$ は，$\langle i, w \rangle$ において 'ϕ' を満足する個体の集合 E から真理値への特性関数（フレーゲ的概念）である．

そこで改めてこれまでの統語論的カテゴリーのまずいくつかに，内包論理における内包の意味論的タイプを対応させてみよう．

統語論的カテゴリー　　内包の意味論的タイプ
① N（単名）　　　　　$\langle s, e \rangle$
② 1V（自動詞）　　　　$\langle s, \langle e, t \rangle \rangle$
③ 1C（単項結合子）　　$\langle \langle s, t \rangle, \langle s, t \rangle \rangle$
④ FOR（式）　　　　　$\langle s, t \rangle$

しかし 'Mary' のような単名と，冠頭詞・量化子 ART + 普通名詞から形成される 'the man', 'every man', 'a man' 等のラッセルのいう「表示句（denoting phrase）・記述（description）」の内包と指示対象をどう考えるべきか．ラッセルの「記述理論」（1905）以降では，こうした表示句・記述は単名のようには独立で内包も外延ももたず，ただ他の動詞その他の述部 ϕ と合体して，文全体に貢献するのみとされる．例えば 'Every man ϕ' は，'$\forall x[\mathrm{man}(x) \to \phi(x)]$' のように，'A man ϕ' は '$\exists x[\mathrm{man}(x) \wedge \phi(x)]$' のように，'The man ϕ' は '$\exists x[\mathrm{man}(x) \wedge \forall y[\mathrm{man}(y) \to y = x] \wedge \phi(x)]$' のように解体されてしまう．しかし少なくとも英語などの印欧語では，初期ラッセル［Russell 1903］が「表示句」と一括したように，同じ統語論的カテゴリーをもつと見なすのが自然である．そこでモンタギュは，これら単名と表示句を統一的に扱う方法を考案する．自然言語の統語論・意味論を考察するには分析の道具である人工言語の方が自然言語に従うべきだからである．そこでモンタギュは，こうした単名・表示句を個体の「特性」の集合と考えるのである（これはライプニッツのモナドロジーの一つの有力な解釈，つ

まりモナドとはその特性の共可能的なすべての集合, 完全個体概念であるという考えに通じる). まず予備的に確認できるのは，① タイプ e の単名 N の内包はフレーゲ的意義, カルナップ-チャーチ流には「個体概念」に相当し，そのタイプは $\langle s, e \rangle$ である．② そして個体の「特性」とは，普通名詞や自動詞 1V の外延であるタイプ $\langle e, t \rangle$ をもつフレーゲ的概念の内包で，そのタイプは $\langle s, \langle e, t \rangle \rangle$ である．③ また文・式 FOR の外延である真理値 t に対し，その内包である「命題」のタイプは $\langle s, t \rangle$ である．

④ すると ϕ をタイプ $\langle s, \langle e, t \rangle \rangle$ という特性変項, $^v\phi$ をその内包表記とすると, 英語の単名 'John' は内包論理 IL の表記：$\lambda\phi[[^v\phi](j)]$ に翻訳される (j はジョンを表す IL での e タイプの個体定項である). また 'every man' は IL 中で $\lambda\phi\forall x[\text{man}^*(x) \to [^v\phi](x)]$ と翻訳され, man* は IL 中での 'man' の翻訳である. 'a man' は IL 中で $\lambda\phi\exists x[\text{man}^*(x) \wedge [^v\phi](x)]$ と, また 'the man' は $\lambda\phi[\exists x[\text{man}^*(x) \wedge \forall y[\text{man}^*(y) \to x=y] \wedge [^v\phi(x)]]$ と翻訳される. このように単名 N, 表示句 ART というカテゴリーは，いずれも ϕ 抽象の含まれる高階の名詞句で，その内包のタイプは $\langle\langle s, \langle e, t \rangle\rangle, t\rangle$ に統一される.

さてこうした単名，表示句の外延は，その内包（意義・個体概念）により，指標 $\langle i, w \rangle$ と相対的に定まる．'John' の指標 $\langle i, w \rangle$ における外延・指示対象は，その指標において個体 John のもつ特性の集合である．'every man' の $\langle i, w \rangle$ における外延は，$\langle i, w \rangle$ においてすべての人間がもつ特性の集合である．また 'a man' の $\langle i, w \rangle$ における外延は，$\langle i, w \rangle$ においてある人間がもつ特性の集合であり，'the man' の $\langle i, w \rangle$ における外延は，$\langle i, w \rangle$ において存在するただ一人の人間がもつ特性の集合である．

⑤ 過去時制子 'P' はカテゴリー AFOR をもち，IL 中では $\lambda\phi[P^v\phi]$ と翻訳され，ϕ の内包 = 命題のタイプ $\langle s, t \rangle$ から真理値 t へのタイプ $\langle\langle s, t \rangle, t\rangle$ が対応する．

'It was the case that ϕ' の解釈 B, 時点 $i \in I$ 世界 w における真理条件は，以下のようになる（$j<i$ は，「時点 j が時点 i に先行する」の表記）．すなわち，

$\vDash^B_{\langle i, w\rangle} P^v\phi \Leftrightarrow \exists j[j, i \in I \wedge j < i \wedge \text{Int}_B \phi(\langle j, w\rangle) = t]$

⑥ 'Necessarily' はカテゴリー AFOR をもつが，IL 中では $\lambda\phi[\Box^v\phi]$ と翻訳され，ϕ の内包 = 命題のタイプ $\langle s, t \rangle$ から真理値 t へのタイプ $\langle\langle s, t \rangle, t\rangle$ が対応する．解釈 B, 世界 w における 'Necessarily ϕ' の真理条件は（様相体系 S5 では）次のようになろう．

$\vDash^B_{\langle i, w\rangle} \Box^v\phi \Leftrightarrow \forall w[w \in W \to \text{Int}_B \phi(\langle i, w\rangle) = t]$.

⑦ カテゴリー PA の 'believes that' には，タイプ $\langle\langle s, t\rangle, \langle e, t\rangle\rangle$ が相当する．

何らかの述語を含む命題を信じるという態度を示すからである.

'John believes that ϕ' は, IL 中へ 'John' を j に, A を believe* に, 信念内容である命題を変項 ϕ の内包 $^v\phi$ と翻訳すると全体は, 'believe'$(j, {}^v\phi)$' と翻訳される.

'John believes that there is a spy' のような「言表関与的信念 (*de dicto* belief)」は, 同様にして 'believe*$(j, {}^v\exists x[\text{spy}^*(x)])$' と表記できよう. 他方 'There is someone that John believes to be a spy' といった「事物関与的信念 (*de re* belief)」は '$\exists x[\text{believe}^*(j, {}^v\text{spy}^*(x))]$', 「内部量化 (quantifying in)」をより顕在化させれば, '$\exists x[\lambda y[\text{believe}^*(j, {}^v\text{spy}^*(y))]x]$' のように表記でき, 両者をはっきり区別できよう.

3.4 プラグマティックス

さてモンタギュそしてスコット (D. Scott) は, 時制や様相, 命題態度や義務に関わる内包論理と関連するモデル, 解釈, 時点, 可能世界のみならず, 指示詞や人称代名詞をも含み, したがって使用脈絡 (context of use) にも関わるプラグマティックスをも組み込んだ包括的な内包論理を展開した. 先述の指標 (indeces) や参照点 (points of reference) の i には, 可能世界 w, 時点 j, 発話場所 p, 発話者 a が含まれる $(i=(w, j, p, a, \cdots))$.

かくてこうした包括的な内包論理 IL* の言語に対する解釈 σ は, 全指標 i の集合 I, 可能個体の集合 U, 原始的表現に内包を付値する関数 F の三つ組 $\langle I, U, F\rangle$ である. 表現 'a' の σ における内包 $\text{Int}_\sigma(a)$ は, 指標 i と相対的に I における外延 $\text{Ext}_{\sigma, i}(a)$ を定める関数である (すなわち $\text{Int}_\sigma(a)(i)=\text{Ext}_{\sigma, i}(a)$). 例えば 'now' の内包とは, 任意の指標 i における当の時点 $\langle t\rangle$ を指定する関数である (すなわち $\text{Int}_\sigma(\text{now})(i)=\langle t\rangle$ for any $t\in T$).

しかし分節されているとはいえ, 各指標が並列されていることから, パラドクシカルな帰結が出る, というのがカプランの指摘である. 文 p が論理的に妥当なのは, あらゆる指標で真な場合である. すると p が妥当なら, 「必然的に p」「常に p」も妥当である. しかし「私はいまここにいる」は, 任意の指標 i に関して真だから妥当であるが, しかしそれが必然的かつ常に真であるとはいえないであろう.

4 デイヴィドソンの意味理論瞥見

ここで, タルスキとクワインを独特のかたちで結びつける, デイヴィドソンの

真理条件的意味理論の一端にだけ言及しておこう（付論1および詳細は［Davidson 1979］［野本 1988a; 1997］［飯田 2000］参照）[2]．

タルスキは先のT文中のpには，xがその名前であるような対象言語中の文sのメタ言語中の同義的な翻訳文を代入することによって，「同値テーゼ」的に真理概念を定義していた．しかし意味理論を構築しようとすると，翻訳・同義性といったすでに「意味概念」を前提しているこの「同値テーゼ」的真理論をそのまま利用することはできない．そこでデイヴィドソンの採った方策は，この順序を逆転し，「真理概念」の暗黙の理解を前提に，「真である」を原初的述語と見なすことにより，対象言語の文sの意味を確定するような理論を構成しようとする．つまりsの真理条件を表し，sの翻訳となるような文pをメタ言語中に見出すことにより，sの意味を確定しようとする．

デイヴィドソンの狙いは，自然言語の意味理論を構成することである．嘘つきのパラドクスに関しては，自然言語中の無矛盾な断片でよいとする．次の問題は，自然言語の文が，時制や発話の脈絡によって，真偽が変動するという指標性（indexicality）を示すことである．そこで「真理」は，文の性質ではなく，文sと発話者a，発話時点tとの三項関係$T(S, a, t)$と見なされる．かくして自然言語に関するT文は，例えば次のようになろう．

　　(T)* 'I am tired' がaによってtにおいて発話された場合に真なのは，aがtにおいて退屈しているときそのときに限る．

デイヴィドソンは，(T)*が，tにおけるaの発話 'I am tired' の「意味」を示していると考える．

だが〈aがtにおいて退屈している〉は，'I am tired' の単なる翻訳，「下からのメタ的表現（*expression from below*）」［Kaplan 1997］ではなく，この文がaによりtにおいて発話された場合の真理条件の「上からの記述（*description from above*）」（Kaplan, loc. cit.），つまり，その真理条件をメタ的に記述し直したものであろう．また(T)*は相対化された真理概念を用い，時制や指標性を支配する有限個の意味論的公理から導かれる定理と見ることができよう．もしそうなら，それはカプランの「直示語の意味論」（第11章2節）に通底しよう．

---

[2] この著作には，デイヴィドソン意味理論に基づく日本語の形式意味論の形成という，飯田氏の真に独創的な仕事への，着想の萌芽が見られる．

5 様相とモデル

5.1 カプラン・モデル

カルナップ–チャーチ以後,例えばヒンティカはカルナップの「状態記述」という準意味論的な道具立てで,相対化された多様な様相論理系の意味論を与えているが,その一端は「知・信の論理」で見ることにしよう [野本 1988a].

カプランはその博士論文『内包論理の基礎 (*Foundations of Intensional Logic*)』(1964) において,フレーゲの間接的文脈の着想を継承,チャーチの形式言語を修正しつつ,タルスキ流のモデル論的枠組み中で,カルナップの様相解釈を発展させ,ルイス [Lewis 1918] のシステム S5 様相述語論理の完全性と決定可能性を証明した.

カプランは,様相子をメタ的な意味論的述語と解する直接話法的アプローチを採用し,フレーゲ–チャーチを継承して,様相文脈においては,表現は,① 他の表現を指す(統語論的解釈)と,② その意義を指す(内包的解釈)とを,並行的に展開する.カプランは,カルナップの座標言語での位置指定の考えを一般化して,対象言語中のすべての名前や文は,メタ言語中にそれぞれ一つの「標準名」をもつと考える.統語論的解釈では,標準名は引用符名や連鎖,内包的解釈では名前が表現する意義・個体概念の標準名,文の表現する命題の標準名である.また内包は可能的事態から外延(個体,個体のクラス,真理値)への関数(個体概念,特性,命題)である.可能的事態は,対象言語のモデル $m = \langle D, \phi \rangle$($D$ は個体領域,ϕ は付値関数)と同一視される.S5 で「命題 p は必然的である」が現実世界で真なのは,すべての可能世界において p が真となる場合である.

「内部量化(Quantifying In)」[Kaplan 1969] でも同様に,フレーゲ流の二つのメタ言語的方法,つまり①「直接話法」的方法と②「間接話法」的方法を区別し,存在論的に安全な①が採用される.

(1) 9 が 5 より大きいのは必然だ.

という言表(関与(*de dictio*))様相の量化は次のようになる.

(1d) $\exists \alpha (\ulcorner \alpha > 5 \urcorner$ は必然的だ).

事象(関与(*de re*))様相の量化には,チャーチ流の表示述語 'Δ' を導入し,次のように表記する.

(1r) $\exists \alpha (\Delta(\alpha, 9) \wedge \ulcorner \alpha > 5 \urcorner$ は必然的だ).

しかしいつでも (1d) から (1r) へ,移出可能(exportable)なわけではない.その対象を必然的に表示する(Δ_N)標準名 α のみが,移出可能なのである.

(1r)* $\exists a(\Delta_N(a, 9) \wedge \ulcorner a{>}5\urcorner$ は必然的である).

5.2 様相論理のクリプキ・モデル

クリプキは 1959 年以来，いくつかの論文で多様な様相論理体系の完全性を，簡明なモデル論によって証明した［Kripke 1959; 1963］［野本 1988a］［飯田 1995］．

5.2.1 モデル構造と様相命題論理

まずモデル構造 $\langle w_0, W, R \rangle$ の順序三つ組が導入される．W はある集合，w_0 は W の成員，R は W における反射性をもつ関係である．このモデル構造の直観的な様相的解釈では，W はすべての可能世界 w の集合，w_0 は現実世界，R は可能世界間の「相対的可能性」（代替関係や接近可能性ともいわれる）である．$w_1 R w_2$ は，w_1 で可能な命題が w_2 で成立することを表す．このモデル構造は，体系 M のモデル構造であり，R が移行的ならばルイスの S4（直観主義論理はこれに埋め込み可能）の，また R が同値関係ならルイスの S5（古典論理はこれに埋め込み可能）の，各モデル構造である．さらに各可能世界 w と相対的に，表現に次のように値を付値する付値関数 ϕ を導入すると，$\langle w_0, W, R, \phi \rangle$ が命題様相論理のクリプキ・モデルといわれる．'A' が文なら w と相対的に真理値を付値する（$\phi(A, w) = $ T or F）．複文の真理値は，次のように帰納的に定義される．

(i) $\phi(A \wedge B, w) = \text{T} \Leftrightarrow \phi(A, w) = \text{T}$ and $\phi(B, w) = \text{T}$.
(ii) $\phi(\neg A, w) = \text{T} \Leftrightarrow \phi(A, w) = \text{F}$.
(iii) $\phi(\Box A, w) \Leftrightarrow \forall w' \in W[wRw' \rightarrow \phi(A, w') = \text{T}]$.

(iii) は，直観的には，「A は必然的である」が w で真なのは，w と相対的に可能なすべての世界 w' において真だということである．

5.2.2 様相述語論理

① 量化に関するクリプキ・モデルの特徴は，束縛変項の変域を各可能世界 w に相対化することである．そのために領域関数 ψ を導入し，各世界 w の個体領域を $\psi(w)$ に限定する．かくして様相述語論理のクリプキ・モデルは，$\langle w_0, W, R, \psi, \phi \rangle$ である．

② また述語 'P' への付値も各世界 H に相対化し，'P' には $\psi(w)$ 中で 'P' を満足する個体の集合が付値される（$\phi(P, w) \subseteq \psi(w)$）．

③ では開放文 'Px' への付値はどうか．クリプキは自由変項と束縛変項との付値を区別する．束縛変項は各世界 w の個体領域 $\psi(w)$ 中の個体に制限される．かくして，

(iv)　$\phi(\forall xPx, w) = T \Leftrightarrow$ for any $x \in \psi(w)$, $\phi(Px, w) = T$.

④　しかし自由変項への付値は，各世界 w に制限されない．各世界の個体領域 $\psi(w)$ の合併 $\cup_{w \in W}\psi(w) = U$ とすると，自由変項 'x' への付値は，U 中の個体でよい．つまり w に存在していなくてもよい．しかしながら，開放文 'Px' が w において真になるには，自由変項 'x' に付値される U 中の個体 a が，w における述語 'P' の外延の成員でなければならない．かくて，

(v)　$\phi(Px, w) = T \Leftrightarrow$ for any $a \in U$, $a \in \phi(P, w) \subseteq \psi(w)$.

したがってもし a が w に存在しない場合には，a が他の世界で P であっても，w においては，'Px' は a に関しては偽になる．

⑤　またクリプキは，自由変項への付値に関しては，フレーゲ以来の標準論理での付値の仕方——つまり自由変項 'x' に値 a が付値されたら，同一文脈では，その付値を変更しない——を，様相論理でも踏襲する．つまりいったん現実世界 w_0 で 'x' に a が付値されたら，a は U 中に含まれるから，他のどの世界 w において 'Px' が値踏みされようと，'x' には同一個体 a が貫世界的に（transworldly），固定的（rigid）に付値され続ける．これが言語哲学的に大いに話題を呼ぶに至る「固定指示子（rigid designator）」の原型である．

しかしこうした付値の仕方では，様相的な代入則，量化法則等はいずれも妥当にならない．例えば '$x = y \to \Box(x = y)$' も '$\forall x \Box Px \to \Box Py$' も反証可能である．

⑥　この事態に対して論理学者としてのクリプキは，「一般性解釈」を採った．つまりこれも標準論理の対処に沿うもので，「自由変項を含む開放文の妥当性は，その普遍閉包の妥当性に依存する」という方策である．つまりは，普遍例化や代入則は次のような普遍閉包の省略と見なすのである．

(vi)$_{-1}$　$\forall y(\forall x \Box Px \to Py)$.

(vi)$_{-2}$　$\forall x \forall y(x = y \to \Box(x = y))$.

5.2.3　直観主義のクリプキ・モデル

様相論理 S4 と同様である．ただその直観的解釈は次のようになるだけである．命題論理のモデル $\langle w_0, W, R, \phi \rangle$ の直観的解釈によると，W は，われわれが多様な情報をもちうる時点ないし証拠状況 w のクラス（$w \in W$），w_0 は現在の証拠状況（$w_0 \in W$）を表す．関係 R は反射性と移行性をもち，wRw' は w の後続時点 w' においてわれわれが w におけるのと同等以上の情報をもつことを表す．すると直観主義的な検証規約（I）は次のようになろう．

(i)　文 'A' が時点 w において検証されるのは，われわれが 'A' を証明するに足る情報を w において所有しているときそのときに限る．

(ii) 文 'A' が w において検証されないのは，w においては 'A' を証明するのに十分な情報をいまだ所有していないが，'A' は後に確立されるかもしれない場合である．

(iii) すでに w において 'A' の証明をもてば，どの後続状況 w' においても，'A' を証明済みとして受容してよい．

(I) により，複文の検証条件が再帰的に定義される．排中律は検証可能ではない．

述語論理のモデルは，領域関数 ψ とある制限された個体のクラス U を加えた $\langle w_0, W, R, \psi, U, \phi \rangle$ である．個体領域 $\psi(w)$ が，よって量化，述語の外延も証拠状況 w に相対化され，U は $\psi(w)$ の合併（union）である．

第11章　直接指示，意味，信念

1　知・信の論理

「宵の明星＝宵の明星」と「宵の明星＝明けの明星」はともに真なのに，両者の認識価値に相違がある（後者のみわれわれの知識を拡張しうる）という事態を，フレーゲは，「宵の明星」と「明けの明星」の意義（Sinn）の差異によって説明した．意義には，指示対象の「与えられ方」「確定法」が含まれる．彼はまた，上記のような文の一方は信じても，他方は信じないという命題的態度に差異のありうること，つまり代入則の成り立たないように見える文脈のあることに気づいた．こうした事態は，信念や知識などの命題態度報告，直接話法，間接話法の場合に生ずる．こうしたパズルの解決策を，フレーゲは各単称名が異なる意義をもつことに求めた．カルナップは信念報告の交換可能な従属節は，単に内包が等しいのみならず，等しい内包が同じ仕方で形成されているべしという，内包的構造の同一性，内包的同型性に求めていた．

だがフレーゲやカルナップの取り上げた問題は，いわゆる言表関与的（de dicto）信念であるが，クワイン指摘の事物関与的（de re）信念やそうした文脈内部への量化（quantifying in）の問題にはどう対処すべきか．

クワイン以降，知・信の論理と意味論に画期をもたらしたのは，ヒンティカやカプランである．

1.1　ヒンティカのモデル集合

ヒンティカ［Hintikka 1962］が提示する知の論理は，「a は p だと知っている」を 'Kap' と表記すると，ルイスの S4 に見合う論理体系である．

(K1)　⊢Kap→p; (K2)　⊢K$a(p→q)$→(Kap→Kaq); (K3)　⊢Kap→Ka(Kap).

(R1) $A, A \to B \therefore B$; (R2) $\vdash p \therefore \vdash \mathrm{K}ap$.

ヒンティカの知の観念は，各人の知の帰結をすべて知っているような論理的全知である．（こうした論理的全知者の住む可能世界の部分的記述としての）モデル集合 μ といった準意味論的方策を用いて，意味論を与えようとする［野本1988, 6 章］．

例えば（K1）に見合うのは，「a が μ で 'p' と知っているなら（$\mathrm{K}ap \in \mu$），'p' は現実に μ で真である（$p \in \mu$）」．

他方，信の論理は，義務（deontic）論理同様（K1）に相当する公理が不成立な（deontic の頭文字 D を冠した）D-S4 に見合う体系である．

(B2) $\vdash \mathrm{B}a(p \to q) \to (\mathrm{B}ap \to \mathrm{B}aq)$; (B3) $\vdash \mathrm{B}ap \to \mathrm{B}a(\mathrm{B}ap)$.

こうした「知・信の論理」では，代入則と量化法則が一般的には成立しないことをヒンティカも認める．その理由を彼は，単称名辞が異なる状況では異なる対象を指しうるという多重指示性（multiple referentiality）に求めている．

1.2　カプランの代表関係と画像論

カプラン［Kaplan 1969］は，フレーゲ-チャーチ的な意味論的述語「$\Delta(\alpha, x)$」（「表現 α は x を表示する」）を導入して，次のような事物関与的（de re）信念を表記しようとする．

(1) 角を曲がった男について，ラルフは彼がスパイだと信じる．

(1r) $\exists \alpha [\Delta(\alpha, 角を曲がった男) \wedge ラルフは \ulcorner \alpha がスパイだ \urcorner と信じる]$.

しかし（1）（1r）だけから，次のような特定人物についての量化文へと常に移出可能（exportable）とはいえない．

(2) スパイだとラルフの信じている人物がいる．

例えば次のような文から（2）へは移出できないからである．

(1)* ラルフは「一番背の低いスパイはスパイだ」と信じている．

カプランは様相文脈での移出可能な名前を「標準名」に制限したように，信念文脈でも移出可能な名前を制限する「名前の画像理論（picture theory）」を提案する．名前 α には，画像と類比的に，(i) 画像が何に似ているかに関わる記述的内容（descriptive content）と同様，① α は x を表示するか（x が α の記述内容を充足するか），さらに (ii) どの対象の画像であるかと問われるのと同様，② 名前 α が a にとりどの対象 x についての（ofness）名前であるか（x が a にとり α の因果的生成の源だという，α のもつ生成的性格（genetic character））が問われ，さらに (iii) 画像と同様，名前 α は鮮明（vivid）である（α は a による x の個体化の様態（way of individuation）を付与する）という，三つの因子が認め

られる．フレーゲの意義（Sinn）は，（i）と（iii）の双方に関わる．移出可能な名前 a は，対象 x と信念保持者ラルフとの間に，この三条件を満たす「代表関係（representation）」（$R(a, x, $ ラルフ$)$）が存在しなければならない［Kaplan 1969, pp. 286f.］．鮮明性（vividness）条件は，ドネランの「念頭におくこと（having in mind）」やペリーの「認知的意義（cognitive significance）」，ルカナッティ（F. Recanati）［Recanati 2012］の「心的ファイル（mental file）」といった枠組みと密接に関係する．

この場合に，(1) から (2) への移出が，つぎのような表記によって可能になる［Kaplan 1969］．

(1R) $\exists a[R(a,$ 角を曲がった男, ラルフ$)$ ∧ラルフは「aはスパイだ」と信じる]

(2R) $\exists y \exists a[R(a, y,$ ラルフ$)$ ∧ラルフは「aはスパイだ」と信じる]

1.3 ヒンティカの代替関係

ヒンティカもその後の論争を通じ，「命題的態度に関する意味論」（1969）に練り上げる．ある所与の世界 w_0 で，ある命題的態度を人物アリスに帰属させるということ（可能世界の集合 Ω を二つに類別すること）は，代替関係 Φ_B を導入し，w_0 の代替 Φ_B（アリス, w_0）（すなわち，w_0 におけるアリスの命題的態度と両立可能なすべての世界）の集合に結びつけることである．すると，

(TB)「アリスが p と信じている（Bap）」が，ある世界 w_0 で真なのは，p が w_0 の代替世界 $\Phi_B(a, w_0)$ のすべてにおいて真の場合である．

さて無条件の代入則や内部量化への移出が可能でない理由を，ヒンティカは単称名辞の多重指示性に求めた．そこでヒンティカの立場からは，代入則や量化法則の回復には，貫世界での個体の交差同定（cross-identification）が必要である．そこでフレーゲの意義やカルナップの個体概念に制限を課し，各可能世界と相対的にただ一つの個体を抜き出す個体化関数（individuating function）f を導入する．f は各可能世界で指示対象を個体化する仕方を含む．代入則の回復には，二つの単称名辞 'a', 'b' が現実世界 μ_0 で同一対象を指示していれば，すべての代替世界 w においても $fa(w)=fb(w)$ を要求することである．他方量化法則の回復には，個体化関数 f が現実世界 w_0 で指定した個体を，どの代替世界 w でも指定するような f の存在要請に他ならない（$f(w_0)=f(w)$）（詳細は［野本 1988, 6 章］）．

さてしかし，ヒンティカの多重指示という考えは，基本的に確定記述を単称名のパラダイムに採る考え方であり，カプランの代表関係による制限も，やはりフレーゲ的な広義の固有名・単称名辞観に根ざしたうえでの対処であった．しかし

カプランの標準名や，名前の生成的性格の要求，またクリプキの自由変項への付値が各可能世界の個体領域の合併 U 中で一意的に定まっているという着想は，やがて単称名辞の意味論に関して，確定記述から截然と区別されるべき「固定指示（rigid designation）」の方向を指し示す．「固定指示子」はいかなる世界でも，同じ個体を指定し続ける単称名辞なのである．

2 直接指示——単称名辞の意味論

2.1 付箋と記述

　カルナップ以降，早期にルース・バーカン・マーカス（Ruth Barcan Marcus）が 1940 年代後半から，「様相と内容的言語（Modalities and Intensional Langugages）」（1961）までで展開した様相述語論理に対し，クワインはさまざまな批判を展開した．すでにスマリヤン（A. Smullyan）が，ラッセル流に論理的固有名と確定記述の区別，作用域の区別により，クワインの批判に対し統語論的反論を提出していた［野本 1988, 4 章 2-2 節］．マーカスも上記の論文中で，付箋を貼る（tagging）ことと記述すること，固有名と記述を区別し，同定用の付箋（identifying tag）としての固有名はいかなる意味ももたず，固有名同士はどの文脈でも相互代入可能であると主張した［Marcus 1993, pp. 10-2］．1962 年 2 月のハーヴァードでのマーカスの講演後の討論中でも，付箋としての固有名を記述と対比し，出席していたクリプキもそれに言及している［Marcus 1993, pp. 33-4］．もっともフェレスダールによれば，1960-1 年当時のクリプキは，重積様相の意味論に関心があり，クリプキ自身も日常語の固有名が「固定指示子」だと気づくのは 1963-4 年の仕事を通じてだと語っている［Kripke 1980, pp. 3f.］．

　「純粋指示（genuine reference）」というアイディア（しかし博士論文自体にはこの表現は登場しない）を，最も早期に打ち出したのはフェレスダールのハーヴァード博士論文（1961 年 4 月 3 日受理）だとフェレスダールは自負する．彼によれば，その論文での彼の基本的アイディアは［Føllesdal 2004, intro., p. ix］，(1) 名指しについて様相文脈での代入則や量化法則に関するクワインの議論を遁れるには，フレーゲ-カルナップ的な単領域的（one-sorted）意味論を放棄し，複領域的意味論を採用すべきだという．つまり名前は一般名辞や文とは意味論的に根本的に異なり，「あらゆる可能世界」においてその指示を維持する．また (2) 名前間の同一性は，必然的に普遍代入可能だと見なした．

　しかしフェレスダールが，「純粋単称名辞（genuine singular terms）」と称し

フェレスダール（左）とクリプキ（右）（モントリオール世界哲学会，1983）

ている名辞についての，博士論文自体での明示的定義は，「解決にもたらすのは，ある語が1個同一の対象をすべての可能世界で指示する場合にのみその対象の固有名と見なす」という箇所のみである（[Føllesdal 2004, p. 75]，originally in [Føllesdal 1961, §17]．これは確かにクリプキの1970年の「固定指示子」の定義と正確に同じである．また量化の変項，代名詞が純粋単称名辞の原型だということも [Føllesdal 2004, intro., p. xiii, §11f.]，元の博士論文ではそれほど明示的ではない．

2.2 固定指示

以上のような先行事情があるにせよ，内包述語論理の代入則や量化法則に関わる，特にクワイン指摘の諸困難をどう回避するかを巡って，第1級の論理学者たちが模索を重ねてきたが，その困難の根がまさにフレーゲ，ラッセル，ウィトゲンシュタインという20世紀言語哲学の，単称名辞の正統的意味論にあることを，説得的に剔抉してみせたのは，やはりクリプキのプリンストン講義「名指しと必然性」（1970; rep. in [Kripke 1972; 1980]）であろう（やや先行してドネランは，確定記述にもラッセル流の「帰属的使用」以外に，記述を充足しなくとも指示対象を指定しうる「指示的使用（*referential use*）」があることを指摘した [Donnellan 1966]．および後述のドネランの「念頭におくこと（*habving in mind*）」について [Kaplan 2012] の評価参照).

クリプキは，フレーゲ，ラッセル，ウィトゲンシュタインらの固有名の意味論

クリプキ（左）とパトナム（右）（モントリーオール世界哲学会，1983）

を，要するに記述（の束）が名前の意義を与える，ないしは記述（の束）が指示対象を指定するという「記述説」として一括し，そうした記述は名前と同義ではないし，またその対象指示の必要条件でも十分条件でもないと批判する．クリプキならびにパトナム [Putnam 1973] はまた，「水」「虎」「ブナ」のような「自然種名」についても，標準的特徴記述（ステレオタイプ）が自然種名の内包外延を確定しないと論ずる．クリプキ，パトナム，ドネランらは，固有名・自然種名の意味論を理論として練り上げることはせず，もっぱらフレーゲ，ラッセル説の代替となるべき，よりよい描像 (better picture) を提出すればそれでよしとする．彼らの描像は，指示対象ないしは種の事例的サンプルの目撃状況での指定には記述やステレオタイプは有用でありうるが，肝心なのは記述やステレオタイプの充足ではなくて，当の対象ないし範型的事例に直面することであり，一方伝聞状況や間接的な語習得においては，各人の信念・情報ではなく，ある言語共同体における名前伝達の（歴史社会的な）連鎖が重要なのだと主張される（詳しくは［野本 1988, 5 章; 1997, 12 章］）．フレーゲ-パトナム説に通底するのは野林正路による日本語方言に関する一連の「構成意味論」の展開や生物の種分類学でも見られる［野林 1997］［三中 2009］）．

2.3 直接指示

さらにほぼ同時期の1970年代初頭から，カプランもまた指示詞や代名詞・副詞に記述的意義を補って指示対象を確定するというフレーゲ的な意味論の批判に

転じた．フレーゲは例えば「私」「いま」「きょう」のような指標詞（indexicals）や指示詞の意味・指示対象が発話文脈に依存することを認めるが，それらの表現と脈絡だけでは対象指定のできない不完全な表現であり，各話者の確定法を，例えば記述によって，あるいは（指示詞の場合）指差しなどによる補足が必要であると見なした．こうした補足は，フレーゲ的な意義を表し，その意義によって意味＝指示対象が確定されると考えた．カプランは指標詞が（フレーゲ的意義なしに）その意味規則と使用脈絡のみで，直接に指示対象を確定しうると見なし，「直接指示（direct reference）の意味論」として練り上げる．以下，簡単にカプランの「直示語の論理（Logic of Demonstartives, LD）」［Kaplan 1989］（ただし，すでに1977年からその手稿コピーが世界中に流布した．その形式意味論的体系はすでに1971年夏に公表）を紹介しておこう（詳しくは［Kaplan 1989］［野本 1988, 5章］）．

LDは様相・時制ならびにいくつかの指標的表現を含む包括的な内包論理の意味論的体系である．

2.3.1　LDの統語論

原始述語は「現存する（Exist）」「位置する（Located）」，様相子「可能（◇）」「必然（□）」，時制子「未来（F）」「過去（P）」「前日（G）」，直示語（指標的表現）は，副詞「いま（N）」「現実に（A）」「昨日（Y）」，指示詞「あれ（dthat）（直示的に（demonstratively）使用された（that））」，指標詞「私（I）」，「ここ（Here）」である．

2.3.2　LDの意味論

LDのモデル構造 σ は $\langle C, W, U, P, T, I \rangle$ で，C は使用脈絡（context）c の，W は可能世界 w の，U はすべての個体 i の，P, T は（全世界共通の）位置 p と時点 t との空でない集合，I は述語・副詞に内包を付値する関数，脈絡 c は，発話者（agent）c_A，使用時点 c_T，使用位置 c_P，使用世界 c_W に分節される．

　(a)　まず様相論理（S5）中の「必然的に ϕ 」が σ で（$cftw$ に関し）真（$\vDash^\sigma_{cftw}$）なのは，すべての可能世界 w' で ' ϕ ' が（$ctfw'$ に関し）真の場合である．

　　　($\vDash^\sigma_{cftw} \Box \phi \Leftrightarrow \forall w' \in W \vDash^\sigma_{cftw'} \phi$)．（以下 σ は省略する．）

　(b)　LDに固有の指示と真理の定義を，若干例示しよう．

　(i)　脈絡 c において「いま ϕ 」が真なのは，当該の語の使用時点 $\underline{c_T}$ で ' ϕ ' が真の場合である（$\vDash_{cftw} N\phi \Leftrightarrow \vDash_{cfc_Tw} \phi$）．

　(ii)　脈絡 c において「現実に ϕ 」が真なのは，当該の語の使用世界 $\underline{c_W}$ におい

て 'ϕ' が真の場合である（$\vDash_{cftcw} A\phi \Leftrightarrow \vDash_{cftcW} \phi$）．

(iii) 脈絡 c における「あの α」の指示対象は，使用時点 c_T，使用世界 c_W における単称名辞ないし（指差しなどによる）直示 'α' の指示対象である（$|$ dthat $\alpha|_{cftw} = |\alpha|_{cfcTcW}$）．

(iv) 脈絡 c における「私」の指示対象は，当該の語の使用者 c_A である（$|I|_{cftw} = c_A$）．

(c) LD-真理と LD-妥当：ある表現 'Γ' の「意味特性 (character)」（$|\Gamma|^\sigma_f$）と脈絡 c における「内容 (content)」（$|\Gamma|^\sigma_{cf}$）は，関数論的には次のように定義される．

(D1) 'Γ' の意味特性（$|\Gamma|_f$）とは，脈絡 c から c における 'Γ' の内容 $|\Gamma|_{cf}$ への関数である．

(D2) 文 'ϕ' および単称名辞 'α' の脈絡 c における内容は，それぞれ tw から真理値および指示対象への関数である（$\vDash_{cftw} \phi$ は，$|\phi|_{cf}(tw) = $ Truth と，また $|\alpha|_{cftw} = |\alpha|_{cf}(tw)$ と表される）．

かくて文 ϕ が，脈絡 c において LD 真（$\vDash_c \phi$）であるとは，ϕ へのある特定の付値 f と相対的に，その c における使用時点，使用世界において，ϕ は真であるということである（$|\phi|_{cf}(c_T, c_W) = $ Truth）．また文 ϕ が，LD 妥当（$\vDash_{LD} \phi$）であるとは，いかなる付値 f に関しても，その使用脈絡 c において，文 ϕ が真となること（$\forall f \forall c \vDash_{cf} \phi = $ Truth），つまり，ϕ への付値 f がどうであれ，どの使用時点 c_T，使用世界 c_W に関しても，文 ϕ は真である（$\forall f \forall c |\phi|^\sigma_{cf}(c_T, c_W) = $ Truth）と定義される．

例えば「私はいまここにいる」は LD 妥当である（$\vDash_{LD}$ N(Located, I, Here)）．しかし「私がいまここにいるのは必然である」は LD 妥当ではない（$\neg \vDash_{LD} \square$N(Located, I, Here)）．

2.3.3 固有名

指標詞・指示詞は，使用脈絡 c に依存的で，その指示対象は c と相対的に変動しうる．しかしいったん c が定まると，その指示対象も c が変動しない限り固定する．例えば c^* において，「私」「いま」「ここ」は c^*_A, c^*_T, c^*_P に確定してしまう．のみならず，いかなる時点や世界でも，c^* が変動しない限り，同じ c^*_A, c^*_T, c^*_P を指し続けるというクリプキのいう「固定性」を示す．かくしてカプランの示唆する次のような「脈絡指標 c^* つき定義 DK」[Kaplan 1989, p. 551] を介して，指標詞・指示詞・確定記述を使用して固有名を導入することができるし，実際にわれわれは日常語でもそうしていると思われる．例えば，

(DK) Sapporo=c^* ここ［北海道大学構内を指差す］；Phosphorus=c^* あれ［明けの明星を指差す］；Jesus=c^* これ［マリヤが産んだ初子を指差す］．

かくして脈絡指定つきの指標詞・指示詞・指標的記述や固有名は，いかなる時点，世界においても確定した指示対象を一意的・固定的に指し続けるのである．

2.3.4 直接指示性

指示のフレーゲ，チャーチ，カルナップ的な描像は，「ある表現 α はその意義 β_1 を表現し」+「その意義 β_1 が意味・指示対象 β を指定する」=「α が β を意味する」という図式である．一方カプランの「直接指示」の描像は，「表現 α がその言語的規則・意味特性と使用脈絡によって当の対象を直接指定する」というものである．

例えば（＊）「私は退屈している」が使用脈絡 c で話者 c_A によって使用されると，フレーゲでは話者 c_A について自身がもつ固有の情報・意義 s が補足された〈私［s］+［退屈している］〉という一般命題・思想が「内容」として表現されるが，カプランによると，「私」の意味特性と c によって話者 c_A が直接指定され，文（＊）は c において，「内容」としてはラッセル的単称命題〈c_A+［退屈している］〉ないし（カプランのいう）付値文 $ (valued sentence)：〈c_A+述語〉を表現する．要するに単称命題中には，フレーゲ的意義や意味特性は登場せず，話者 c_A という個体が直接現れているのである．指標詞・指示詞・固有名を含む単称文の真偽が，各時点や世界で値踏みされるのは，使用された脈絡において，当の単称文中の述語「退屈している」の表す属性ないし命題関数と，当の単称文中の単称名辞（指標詞・指示詞・固有名）の指定済みの個体が直接登場している「ラッセル的単称命題」，あるいは単称文中の当の述語「退屈している」そのものと，指定済みの個体とからなるカプラン的「付値文 $」なのである．

3 信念帰属の統語論的・意味論的考察

3.1 ノーマルな信念帰属

さてどのような条件が満足されるならば，われわれは話し手 a に一定の信念を帰属しうるであろうか．フレーゲの指摘したように，典型的には「判断」「主張」という言語行為が，信念帰属と密接な関連をもつ．彼の示唆によれば，ある文 'p' の表現する思想の把握・理解（思考）を超えて，その思想を「真と見なすこと」，真理性を承認することが「判断」で，その表明が主張 $\vdash p$ である [FB, p. 14] [G,

p. 62]．そして a の主張や同意 ⊦p から，信念帰属「a は 'p' の表す思想 p_1 を信じている $[aB(p_1)]$」への標準的な移行は，クリプキに従えば [Kripke 1979]，例えば次の同値式によって表される．

　(A) アリスが雪は白いと信じるのは，正常な英語の話し手アリスが反省の上
　　　誠実に 'Snow is white' に同意し主張するときそのときに限る．

　だが (A) は，指標詞・指示詞が登場する場合をも考えれば，タルスキ的な引用除去と真理値保存的翻訳（「下からの表現 (expression from below)」）というより，一般的には，メタ言語による「上からの記述 (description from above)」と解した方が適切だろう（[Kaplan 1997] [松阪 2000, pp. 32-3]）．

　以上の予備的理解の下で，信念帰属の統語論・意味論を考えよう．

　フレーゲ以来，信念帰属に関してはさまざまなパズルが指摘されてきた．クリプキの固定指示論やカプランの直接指示論はこうした苦境をいっそう強化するように見える．こうしたパズルの典型は，ノーマルな信念帰属の手続きが，同一主体に対し矛盾する命題を信じさせたり，矛盾する信念態度を同時に帰属させるように見え，またクワイン指摘の「不透明性」が認められることである．ここでは問題をもっぱら「言表関与的な (de dicto) 信念帰属」，それも従属節に直接指示語の現れる最も問題的な文脈でのパズルに絞る．

　第 1 は言表的信念帰属の標準的形式とその本質的な決定要因は何かという問題，第 2 は言表的信念に関するパズル解決の提案，第 3 は「不透明性」の問題である．

3.2　信念帰属の統語論的・意味論的分析

　まず「a は p と信じる」という間接話法報告を，主体 a の（対象言語 L* 中の）ある文への a の同意・主張から導出可能な言表的信念帰属文の標準形と解する．

　信念帰属においては，共通言語の公共的因子と個人的因子とを適切に見積もる必要がある．今回はまたフレーゲ的思想や命題への言及をなるべく差し控え，信念文の表現していることを，（カプラン的な）メタ的な「上からの記述」により適切な仕方で表現し直すよう試みたい．しかし多くの場合，信念帰属の結果として，ある言語中での信念文だけが与えられていて，元来の発話主体がどの言語中のどの文に同意していたのかについて確定した情報が与えられていない．そこで与えられた信念帰属文をノーマルな信念帰属の結果と見なし，それから出発して，主体 a の言語 L* 中のある文に対する a の元来の同意や否認へと遡及することにより，当の信念文の真理条件を確定しようという戦略を採用したい．

　すると主体 a のある共通言語 L での言表的信念帰属報告に関する，（暫定的な）意味論的分析は次のようになる．

(B)「a は（脈絡 c において）p と信じる」が言語 L において真 ⇔ ∃s[a は c において p と同一の真理条件をもつ（a の言語 L* 中の）文 s に同意・主張する['$aA(s)$' と表記]（とメタ的に「上から記述」される）].

「a は p とは信じない」は多義的である．しかし（B）中の右辺に現れる否定の作用域によって明晰化可能である．

(i) 大作用域（信念不在（failure of belief））の場合：¬∃s[$A(a, s)$]（「a は p と同一の真理条件をもつ，いかなる文 s にも，同意しない」）

(ii) 小作用域（判断留保（suspension of belief））の場合：∃s[¬[$aA(a, s)$]]（「a は p と同一の真理条件をもつ，ある文 s には，同意しない」）

ここではもっぱら (ii) の小作用域の判断の留保・差し控え，つまり主体 a は p と同一の真理条件を表すような文であっても，ある特定の文 s には同意しない場合を考える．

3.3 信念帰属のパズル

まず信念帰属の代表的なパズル，「合理的な主体 a が p_1 と信じながら，p_2 とは信じない」について統語論的・意味論的な回避策を考えよう．それは次のような説明を含む．

(i) 従属節 p_1, p_2 によって表現されている真理条件の差異（$p_1 \neq p_2$）による真理条件的説明．

(ii) 主体 a によって同意または否認された元来の文 s_1, s_2（したがってその構成要素表現）の差異（$s_1 \neq s_2$）による統語論的・措辞的（lexical）説明．

(iii) 主体 a によって同意または否認された元来の文の，a による統語論的構造把握の差異（$\sigma_1 \neq \sigma_2$）による構造論的説明．

(iv) 元来の文 s_1, s_2（の構成要素表現）の言語的意味規則の差異（$m_1 \neq m_2$）による意味論的説明．

以下，その各代表的な例を取り上げよう．

(i) 真理条件的説明：

(1) フォスフォルスは惑星である．

(2) 明けの明星（the morning star）は惑星である．

直接指示説では，(1) の真理条件は次のようである．

(1T)「フォスフォルスは惑星である」が L において真なのは，フォスフォルスが惑星であるときそのときに限る．

ラッセルの記述理論では，(2) の真理条件は次のように与えられる．

(2T)「明けの明星は惑星である」が L において真なのは，明けの明星が唯

一つ存在し，かつそれが惑星であるときそのときに限る．

　ある主体 a が (2) は信じても (1) は信じないとしたら，それは (2) と (1) の真理条件が異なるからである．(2) の真理条件，(2T) の右辺は複雑な多重量化を含むからである．

　(ii) 統語論的説明：主体 a によって元来同意ないし否認された文および文中の語の統語論的・措辞的（syntactical-lexical）差異（$s_1 \neq s_2$）による説明（[Kaplan 1990]）．

　(3) ヘスペルスは惑星である．

　直接指示説では，(1)(3) の表す真理条件は同一となるはずである．にもかかわらず a が (1) に同意するが (3) には同意しないことがありうるが，(ii) はその場合の説明を与える．

　また次はクリプキのパズルの一つである．フランス在住中の情報により，"Londres est jolie." には同意するが，ロンドンの好ましからざる地域に移住したピエールは，"London is pretty." には同意しないとする．かくして次の信念帰属が得られる [Kripke 1979]．

　(4) ピエールはロンドンがきれいだと信じる．

　(5) ピエールはロンドンがきれいだとは信じない．

　しかし直接指示説では，先のフランス語文と英語文の真理条件は同一である．同様のことは同じ対象が異なる名前をもつ（例：「イスタンブール」と「コンスタンチノープル」）場合，また一つの名前に異形（variant）がある場合（"London" と "Londres"，"Venetia" と "Venice"，"Venedig"）には，そうした統語論的・措辞的な差異が，a の個人言語 L* の「話し手の統語論（speaker's syntax）」では異なる対象に対する異なる名前と解されると，それが当の a の信念態度に不合理とはいえない違いをもたらしうる．

　パースのタイプとトークンと対比されるカプランの「消費者意味論（consumerist semantics）」[Kaplan 1989a, pp. 602f.] によれば，語や名前の伝播・一般流通（common currency）に際して，われわれは，たいていは語の創始者・生産者（*creator/producer*）ではなく，ある既存の言語共同体の消費者（*consumers*）なのであり，さらに名前ないし語の同一性は，発音，綴り，語形の変動にも左右されず，名前や語は，時空連続体（spatio-temporal continuiant）としての生物個体と類比的に，いわば「伝達を通じて変態しつつ」同一であり続ける連続体，「自然的対象（natural objects）」として把握される．

　さらにその後カプラン [Kaplan 1990] は，パース以来の語についての伝統的なタイプ/トークンの区別を誤りと見なし，語についての注目すべき新しい説明

3 信念帰属の統語論的・意味論的考察

（ないしメタフィジックス）を提案し，なおまた直接指示語に関する信念文での代入可能性や認識価値の差異についての新しいアプローチを示唆している．それは意味論的ではなくて，純粋に「統語論的・措辞的（syntactical-lexical）」な方法である．詳細には立ち入らないが，以下復習しておこう［Kaplan 1990］［野本 1997, 14 章 6 節, pp. 366f.］．

語や名前のタイプ/トークンの区別に代わって，語とその生起（occurrence）——つまり語の個々の発話や記銘（inscription）——に対して，カプランは「連続体（continuant）/局面（stage）」モデルを提案する．このモデルに従うと，発話や記銘は当の語や名前の各局面なのであり，語や名前は，（視覚・聴覚を介しての外からの語の生起（occurrence）の入力と，その語を反復して使用するという意図（intention）を介してのその語の発話や記銘の出力という「各個人内の（intrapersonal）局面」を伴う）語の伝播の「個人相互間の（interpersonal）」局面からなる連続体なのである．それゆえ，語の同一性規準は，発話や記銘の（発音，綴りなどの）類似性（resemblance）にはなく，その連続性（continuity）にある．伝達された語は，それがさまざまな人々やさまざまな言語共同体を通り抜けていくときに，音声，形，綴りがどれほど劇的に変化を被ったとしても，受容された語は同じでありうるのである（例：（『ファウスト』の茅野蕭々訳に）「ギョエテとは俺のことか？！」とゲーテ言い，といった駄洒落）．それぞれの名前や語は，タイプのような抽象的構成物ではなく，その語の創始者・生産者によって，ある特定の場所と時点において創造され，個人内でまた個人相互間での消費・伝播を通じて，それぞれ異なる生活史（life history）をもって変転・進化していく一種の「自然的対象（natural objects）」なのである［Kaplan 1990, p. 116］．

こうした語や名前のモデルは，かつてカプランが様相論理における固有名の指示対象を巡るその「貫世界同一性（transworld identity）」に関し，「サンドイッチ説」（この説も，個体の同一性をその本質に求める本質主義と，個体指定は例えば注文主に相対的だとする相対主義とに区分される）と，貫世界的に延長している個体の想定という「ソーセージ説」とを比喩として対比させていたが（［Kaplan 1969］ in Louxl (ed.), ［野本 1988, 4 章 7 節, pp. 216f.］），この貫世界的に延長する連続体という個体の「ソーセージ説」モデルを，語や名前そのものにいわば転移させ，名前や語を，伝達を通じて変態・変異・進化していく「自然的対象」として把握するというアイディアであろう．こうした統語論的・措辞論的な誤謬による代入則の失敗や認識価値の差異の説明は，展開に値するであろう．

さて上記のカプランの示唆によれば，語や名前の伝達において，語や名前の同定（individuation）に関する誤謬に関して，二つの特別な問題がある［Kaplan

1990, pp. 106f.].

　第1の誤謬は，単一の語や名前を二つの語・名前と解してしまう，ないしは，単一の語や名前の二つの異なる局面（stage）を二つの異なる語・名前と解してしまうという誤謬である．もし 'London' と 'Londres'，'Venice' 'Venedig' が同一の名前の二つの異なる綴りと発音をもった局面だとすれば，先のピエールのパズルはこうした統語論的な誤謬の指摘によって説明される可能性がある．

　第2の誤謬は，二つの語・名前を一語ないし一つの名前と解することである．例えば，デイヴィッド・カプランの名前 'David' とデイヴィド・ヒュームの名前 'David' があり，さらには辞書に「男性の名前」として登載されている，特定の誰の名前でもない（いわばタイプとしての）「総称的（generic）」名前がある．

　しかし「パデレフスキ」の例のように，発音にも綴りにも差異がない場合，なぜ二つの名前と解する誤謬が犯されるのかについての背景説明は，純粋に統語論的範囲では完結しないであろう．またチャーチのパズルのように，変項のみで名前が登場しない，ないしは内部量化の場合には有効ではないから，このエレガントなアプローチも万能というわけにはいかず，何らかの補足を要するだろう［野本 1997, 14章6節, pp. 366f.］．

　(iii) 構造論的説明：a が同意ないし否認した元来の文 s_1, s_2 の a によるその統語論的構造の把握法が異なる場合，真理条件が同一な文でもその統語論的構造 σ は異なりうる．

　(6) 話者 a は，ヘスペルス＝ヘスペルスと信じるが，ヘスペルス＝フォスフォルスとは信じない．

　直接指示説では従属節の真理条件は同一だが，その統語論的構造（$[\lambda \xi \zeta R(\xi, \zeta)]$ と表記）は異なると解釈可能である．例えば，前者の従属節を $[\lambda \xi (\xi = \xi)]h(\xi)$ に h を代入，つまり「h は自同的 $[(\lambda \xi \text{Self-Identical}(\xi)]h)]$」と解した場合が当てはまる．

　この説明法が威力を発揮するのは，「反射性（reflexivity）」に関するパズルの場合である．次の (7) は，「x は y より強い」と「x はそれ自身より強い」という関係の構造的差異によって説明が可能である．

　(7) ロイスは，スーパーマンがクラーク・ケントより強いと信じているが，スーパーマンがスーパーマンより強いとは信じていない．

　後者の従属節は，$[\lambda \xi \text{Self-}R(\xi)]$ という反射的構造を表すと解釈可能だからである．

　構造明示化の説明法は，[Church 1982] のパラドクスへの対処にも援護射撃を与える．チャーチによれば，信念文への内部量化が許されるなら，「同一者不

可識別の原理」に基づく次の論理法則が成立しなければならない.

(8) すべての x, y について, $x \neq x$ であるとジョージ 4 世が信じない場合, もしジョージ 4 世が $x \neq y$ と信じれば, $x \neq y$.

だがチャーチは次式がきわめて確からしいと見なす.

(9) どの x についても, ジョージ 4 世は $x \neq x$ とは信じない.

すると「信じればそうなる」というジョージ 4 世の信念の驚くべき万能性を表すような次の式が導かれるように見える.

(10) どの x, y についても, もしジョージ 4 世が $x \neq y$ と信じれば $x \neq y$.

だが (9) は, チャーチのいうように常に真であろうか. 普遍例化 (UI) によって (9) から任意の名前 'a' について (9^*) が導かれる.

(9^*) ジョージ 4 世は $a \neq a$ とは信じない.

しかし '$a \neq a$' は多義的であって, われわれの分析法では, ジョージ 4 世の個人言語での '$a \neq a$' の構造理解は, 複数の分析を許す ([野本 1997, p. 326] 参照).

さてジョージ 4 世が, いかなる対象にも述語づけ不可能な反射的構造 [$\lambda \xi$ ($\xi \neq \xi$)] をもつ「非自同性」ではなく, 例えば [$\lambda \xi \zeta (\xi \neq \zeta)$] という構造に, a が別人の別名だと勘違いした「スコット」を代入したのだと考えてみよう. その場合次は真でありうる.

(9I) ジョージ 4 世は, スコットがスコットと異なると信じる.

これは先の (9^*) の反証例であり, (9I) から存在汎化 (EG) によって次式が得られる.

(9#) ジョージ 4 世が $x \neq x$ と信じるような x が存在する.

(9#) は (9) の否定であるから, (9) は偽になりうるのであり, よって必ずしも自動的に (10) が真となるとはいえず, ジョージ 4 世に超能力があるわけではない ([Salmon 1986] に一見類似の議論があるが, 1991 年の直接の意見交換により, サモンの分析は, 個人言語中の構造理解の差異に訴える私の分析とは異なることを確認しあった).

ところで上記の (ii), (iii) のような統語論的説明は, 強い説得力をもつと考えられるが, 信念の帰属が思考・認識, 欲求等の帰属同様, 典型的に心的な態度に関わり, そうした心的態度のいわゆる「内容」の「理解」と深く関連する以上, やはりそうした信念帰属の意味論的関わりを無視すべきではないであろう. (i) の真理条件に訴える説明法は意味論的 (semantical) 説明であり, また (ii) の統語論的・措辞的差異による説明や (iii) の統語論的な構造的差異による説明もまた, いわゆる信念内容の「理解」に不可欠な要因ではある. しかしながら統語論的差異のみによって同意・不同意の説明を終結させることは, サールのいう

「中国語の部屋」のパズル，つまりコンピュータが中国語の文を，単に翻訳マニュアルのみに頼って，別の言語中の文に翻訳できたとしても，コンピュータがその文の内容を理解したといえるのかという問題と，類似の疑念を引き起こしうる．

フレーゲによれば，記号表現の差異には，その「意義」の差異が反映されており，それは指示対象の「与えられる様態」「確定法」といった認知的なアスペクトが含まれる．そこで以下では，統語論的差異に含意される，信念内容の「理解」に関わる意味の認知的アスペクトも配慮して，準フレーゲ的な付加的説明を補足しよう．

(iv) 意味論的規則による説明：発話主体が同意ないし否認した文中の語の言語的意味（意味論的規則）m 等の意味論的差異による付加的説明——典型的には，指標詞「私」「いま」や指示詞「あれ」「彼」を含む発話の場合である．

(11) シャンデリアが私の頭上に落下しつつある．

(12) シャンデリアが彼［ラウベンは鏡に映っている自分をそうとは気づかずに指差す］の頭上に落下しつつある．

これらの真理条件の，カプランによるメタ的な「上からの記述」は，次のようになろう．

(11T)「シャンデリアが私の頭上に落下しつつある」が発話脈絡 c において真なのは，シャンデリアが当の発話主体 c_A の頭上に落下しつつあるときそのときに限る．

(12T)「シャンデリアが彼［ラウベンは鏡に映っている自分をそうとは気づかず指差す］の頭上に落下しつつある」が c において真なのは，シャンデリアが指示されたその当人の頭上に落下しつつあるときそのときに限る．

いま (11) (12) を脈絡 c で発話したのがラウベンだとすると，直接指示説では c においては発話者 c_A＝彼［指差された男］＝ラウベンであるから，(11) (12) の真理条件は同一となる．

にもかかわらずラウベンは，(12) には同意しても，(11) には同意しないことがありうる．つまり，

(13) ラウベンは，シャンデリアが彼［ラウベンは鏡に映っている自分をそうとは気づかず指差す］の頭上に落下しつつあると信じるが，シャンデリアが自分自身の頭上に落下しつつあるとは信じない．

(11) と (12) の場合，明らかにラウベンのとる行動は全く異なるだろう．(12) ではラウベンは鏡の中の男に向かって大声で警告を発するだろうが，(11) の場合には，自分が咄嗟にその場から飛び退くだろう．

(11) と (12) には，話し手ラウベンのこうした行為上の差異をもたらす話し

手の信念に大きな差異があると推測される．こうした差異を，単に指示対象の同一性に関わる真理条件のみによっては説明できない．また (11) (12) は統語論的構造では同一だから，構造把握に訴えることもできない．しかし信念帰属が遡及されうる，ラウベンによって同意ないし否認された元来の文中の，指示詞「彼」と指標詞「私」とは明らかに統語論的・措辞的に異なる語であり，その言語的意味（意味論的規則）もまたはっきり異なっている．

先述のカプランの「直示語の論理」によれば，「私」「いま」「ここ」のような指標詞，「あれ」のような指示詞の意味論的規則（「意味特性」）は，以下のように互いに異なる．

(a) $|私|_c=c_A$, (b) $|いま|_c=c_T$, (c) $|ここ|_c=c_P$, (d) $|あれ[d]|_c=|d|_c$（d は指差しや記述）．

信念帰属のパズルはさらに，

(v) L* の言語共同体において各文 s_1, s_2 中の名前に結びつく対象指定法に公共的な差異があるか（$d_1 \neq d_2$），または

(vi)（たとえ s_1, s_2 が同じ文でも，または L* の言語共同体においては s_1, s_2 中の名前の対象指定法に公共的レベルでなんら差異がなくても）主体 a の個人言語中での s_1, s_2 中の名前の個人的理解の仕方（話し手の意義（speaker's sense））において差異がある（$i_1 \neq i_2$）か否か，によって補足的説明が与えられる．パズルの理由ないし根拠は，以上のすべてが相補的に重複してもよい．

(vi) のいわば個人言語における主体の個人的な名前の理解の仕方は，クリプキの指摘した「パデレウスキ」の例がこれに相当する．

(14) ペーターは，パデレウスキ［ピアニストとしての］が音楽的才能をもつと信じるが，パデレウスキ［タルスキが学生の頃のポーランド大統領としての］が音楽的才能をもつとは信じない．

ペーターが政治家と音楽家とは両立しないという強固な信念をもち，「パデレウスキ」という名前のペーターにとっての理解の仕方が，〈政治家〉と〈ピアニスト〉というように，二つの状況下で余りにかけ離れていて，それらの指示対象が同一人物であるとは認知できなかったのである（なお以上の論点に関連する，最近のカプラン［Kaplan 2012］の，ドネランの「念頭におくこと」に関わる，「意味論（semantics）」から区別された「意味理論（theory of meaning）」については次章参照）．

かくして 3.2 節の，信念文についての意味論的分析 (B) は，特に文 s 中に直接指示語が登場する場合，信念帰属の説明としては必ずしも十分ではない．信念

の決定因子には，中核的因子としての上記の文 s とその命題/真理条件 p のみならず，本節で説明されたように，(共通言語上の) 統語論的・措辞的特性，統語論的構造 σ，またそれに随伴する意味論的規則 m，また偶因的要因とはいえ L^* の言語共同体において s に結合されている対象の公共的指定法の表現 d，さらに (個人言語上の) s の話し手 a による個人的理解の仕方 (を含む個人方言 (idiolect) 上の表現) i が含まれ，それらは次のような一連の制約条件 "$C(p, s, \sigma, m, d, I)$" の下におかれる[1]．

(a) L 中での命題 p は，L^* 中の (使用脈絡 c における) 文 s と同じ真理条件をもつ．

(b) 文 s の構成要素表現は (共通ないし個人言語中で) 固有の統語論的・措辞的特性をもつ．

(c) 文 s は一定の統語論的構造 σ をもつ．

(d) 文 s は ((b) に随伴する) 一定の意味論的規則 m をもつ．

(e) 文 s 中の名前には L^* において公共的な対象指定法 (の表現) d が結合されうる．

(f) 主体 a は s 中の名前に (個人言語上の) 個人的な対象指定法 (の表現) i を結合しうる．

すると (B) は次のように分節・改訂されるべきであろう．

(B*) 「a は (使用脈絡 c において) p と信じる」が L において真⇔一定の制約 $C(p, s, \sigma, m, d, i)$ の下において，a は L^* 中の文 s に c において同意ないし主張する．

(すなわち，各因子への「分割された存在量化」: '$\exists s \exists \sigma \exists m \exists d \exists i [C(p, s, \sigma, m, d, i)]$' という表記を用いれば，上記 (B*) の右辺，すなわち，

「制約 $C(p, s, \sigma, m, d, i)$ の下において，a は L^* 中の文 s に c において同意ないし主張する ('$B^{\#}_c(a, s, L^*)$' と表記)」の真理条件 (B*T) は，下記のようになろう．

(B*T) $\exists s \exists \sigma \exists m \exists d \exists i [C(p, s, \sigma, m, d, i)] \wedge B_c(a, s, L^*)])$

かくして，信念に関するパズル解決のための必要条件，つまり合理的主体が同値な従属節の表す内容を，同時に信じかつ信じないということが両立可能である

---

[1] 個人方言 (idiolect) で (ただし伝達不可能な私的経験を表現するという「私的言語 (private language)」ではない) アリスに向かって，ハンプティ・ダンプティが，彼の個人方言では，「名誉 (glory)」という語は，(公共言語に翻訳すれば)「どうだまいったか (a nice knock-down argument)」を意味するのだ，といっている場面等を念頭においている．ハンプティ・ダンプティは，「わしがひとつの言葉を使うときにはだな．わしがその言葉に意味させようとするものを意味する (a word means just what I choose it to mean)——それ以上でも以下でもない (neither more nor less)」とアリスにいう ([Carroll 1872, p. 184]『鏡の国のアリス』第 6 章).

ための必要条件は，信念の主要な決定因子間における次のような差異の選言として表される．

(C) 「a は c において p_1 と信じる」と「a は c において p_2 とは信じない」とが L 中で同時に真 ⇔ a はある制約 $C1(p_1, s_1, \sigma_1, m_1, d_1, i_1)$ の下で c において文 s_1 に同意するが，a はある制約 $C2(p_2, s_2, \sigma_2, m_2, d_2, i_2)$ の下で c において文 s_2 には同意しない場合には，制約 $C1, C2$ のいずれかの因子が異なる．

すなわち，命題/真理条件 p，統語論的・措辞的特性 s，統語論的構造 σ，s の意味論的規則 m，公共的対象指定法 d，主体 a の個人的な対象指定法 i のいずれかの因子に差異がある，と推定される（つまり，$p_1 \neq p_2 \vee s_1 \neq s_2 \vee \sigma_1 \neq \sigma_2 \vee m_1 \neq m_2 \vee d_1 \neq d_2 \vee i_1 \neq i_2$）．こうした制約が，信念に関するさまざまなパズルの解決を与えうると考える．

3.4 透明性の問題──合成性とシェイクスピア性

最後に取り上げたいのは，フレーゲが指摘しクワインが「指示の不透明性」（代入則の侵犯）と称した問題である．しかしこの「不透明性」の問題も，「合成性」（従属節中の構成要素表現の〈意味論的指示〉が信念文全体の真理値を確定する）の不成立を意味するのか，それともむしろ特に名前の統語論的・措辞的な差異に関わる（ギーチのいう）「シェイクスピア性（Shakespearency）」（「どんな名前で呼ばれようとバラは甘い香りがしよう」『ロミオとジュリエット』Act, II, Sc. 2 に因む）の不成立なのか，必ずしも明確ではない．つまり，「交換の失敗は必ずしも内部量化と不斉合ではない」ことが示され［Kaplan 1986］，量化法則は「合成性」「透明性」に関わるが，「交換可能性」の方は「合成性」に関わる「代入則」に関係するのか，むしろ名前の差異という「シェイクスピア性」に関わるのか，必ずしも明確ではないのである．

3.4.1 合成性──量化法則

(a) 推論の妥当性

はじめに検討したい問題は，従属節の命題ないし真理条件 p 以外に，上記の文 s，その統語論的構造 σ，その意味論的規則 m，s 中の名前の公共的対象指定法 d，s についての主体の個人的な理解の仕方 i の各因子を，どのようにして信念文の「合成性」を失わずに，かつノーマルな信念帰属を破壊することなく，信念文の意味論に取り込めるかである．例えば次のような明らかに妥当な推論（S1），(S2) が説明可能でなければならない．

(S1) (15) アリストテレスがスタゲイラ出身だ，とヒュームは信じる．

(16) アリストテレスがスタゲイラ出身だ，とフレーゲは信じる．
∴(17) 少なくとも二人の人物は，アリストテレスがスタゲイラ出身だと信じる．
($\exists x \exists y [x \neq y \& [x$ believes that $p] \& [y$ believes that $p]]$)
(S2) (18) フレーゲは p と信じる．
(19) N はフレーゲの信じることをすべて信じる．
($\forall p[($Frege believes that $p) \rightarrow (N$ believes that $p)]$)
∴(20) N は p と信じる．

さて先の定式化（B*）（C）中の上記の五つの因子（s, σ, m, d, i）への分割された存在量化の装置：$\exists s \exists \sigma \exists m \exists d \exists i [C(s, \sigma, m, d, i)]$ が，逆に合成性を維持する方法を示唆する．すなわち，二人の別々の人物，ヒュームとフレーゲ，またフレーゲと N とは，次のような異なる文 s_1, s_2 ——すなわち，異なる文，異なる統語論的構造をもち（$\sigma_1 \neq \sigma_2$），あるいは対応する統語論的・措辞を異にし，元来異なる言語中の異なる文（$s_1 \neq s_2$）に同意していても，またその意味論的規則を異にする（$m_1 \neq m_2$）とか，また各文に同じ公共的な対象指定法が結び付けられていなくとも（$d_1 \neq d_2$），あるいは各文の個人的理解の仕方を異にしていても（$i_1 \neq i_2$），なお同じ命題/真理条件 p を表す従属節に同意し，いわば同じ命題内容 p を信じることができるのである．上記の私の定式化では因子（s, σ, m, d, i）のいずれかが異なる別々の制約におかれているので，各人はいわば同じことを信じうるのである（正確には，先述のように「主体 a は，ある文 s，統語論的・措辞的特性 σ，意味論的規則 m，公共的な対象指定法 d，個人的な対象指定法 i を因子とする制約 C の下である命題/真理条件 p に同意する」を以下のごとく，分割された存在量化の支配下に置くように，

'$\exists s \exists \sigma \exists m \exists d \exists i [C(s, \sigma, m, d, i) \wedge A(a, p)]$'

と表記しうるであろう（以下では，存在量化を落として略記する）．

例えば，推論（S1）の各前提・結論の制約つき真理条件は，次のように分析されるべきであろう．

(S1*) (15*) ヒュームは制約 $C1$ の下で p と信じる　［B(Hume, p) $\wedge C1(s_1, \sigma_1, m_1, d_1, i_1)$］

(16*) フレーゲは制約 $C2$ の下で p と信じる　［B(Frege, p) $\wedge C2(s_2, \sigma_2, m_2, d_2, i_2)$］

(17*) $\exists xy [x \neq y \& [B(x, p) \wedge B(y, p)] \wedge [C1(s_1, \sigma_1, m_1, d_1, i_1)] \wedge C2(s_2, \sigma_2, m_2, d_2, i_2)]$．

(b) 量化と統語論的構造

元来の話し手 a が同意ないし否認した文 s 中に直接指示語 t が登場する場合，信念文の従属節 'p' は，s の真理条件と同一でなければならないから，t と同一対象を固定的に (rigid) 指示する直接指示語 t^* が 'p' 中に現れていなければならない．そしてそもそも代入則や量化法則が関わるのは，信念帰属文全体の真理値であり，よってその従属節の真理条件 p, したがってその中に現れる語の指示対象である．それゆえ，例えば次のように，量化法則は問題なく成立するから，少なくとも代入則が関わらない限り，こうした内部量化を許す等号を含む量化述語信念文脈は，純粋指示的で「透明」である（真理条件〈ヘスペルスは宵の明星である〉を '$E(\text{Hes})$' と表記）．

(21) ヘスペルスは宵の明星であると，a は信じる．

∴(22) 宵の明星であると a が信じるものが存在する．

その前提，結論の制約つき真理条件は次のようになろう．

(21*) $B(a, E(\text{Hes})) \wedge C(E(\text{Hes}), \exists smdi[s, m, d, i])$.

(22*) $\exists x [B(a, E(x)) \wedge C(E(x), \exists smdi[s, m, d, i])$.

(c) 交換可能性

それでは「交換可能性」の問題はどうか．またそれは指示の同一性に関する代入則とどう関わるのか．

フレーゲ–ペリーのパズル：フレーゲもクリミンズ–ペリー [Crimmins & Perry 1989] も以下の推論は一見妥当ではないと認める．(21)(23) が真なのに，(24) は偽でありうるからである．

(21) ヘスペルスは宵の明星だと，a は信じる．

(23) ヘスペルス＝フォスフォルス

∴(24) フォスフォルスは宵の明星だと，a は信じる．

フレーゲの対策は意義と意味を区別し，信念文のような文脈中の従属節の意味は「通常の意味」ではなく「間接的な意味」で，通常の意義と同一視される．よって通常の意味に関しては代入則は成立しないが，間接的意味＝意義に関しては代入則は成立すると見なした．しかし「直接指示説」を採ると，この途は閉ざされる．a が知らないとしても，事実 (23) は真だからである．だが先述のように，a のいわば「信念内容」である従属節の表す真理条件は，直接指示説では同一であるから，指示対象に関する限りは，「ヘスペルス」は「フォスフォルス」と代入可能であるべきであるように思われる（「フォスフォルス」を 'Phos' と表記）．

先述のわれわれの分析法は，〈意味論的指示〉に関する代入則を侵犯している

と断定することを控えさせる少なくとも一つの途を用意している．

(21)(24)の従属節の統語論的構造に差異はないと仮定できようから，

(21*) $B(a, E(\text{Hes})) \wedge \exists s_1 m_1 d_1 i_1 [C(E(\text{Hes}), s_1, m_1, d_1, i_1)]$.

(23) Hes＝Phos.

∴(24*) $B(a, E(\text{Phos})) \wedge \exists s_2 m_2 d_2 i_2 [C(E(\text{Phos}), s_2, m_2, d_2, i_2)]$.

(21)が真である以上，(24)を偽と見なす場合でも，それは(24)の単純な全否定ではありえない．(24)の偽（つまり(24)の否定が真）になるケースは一意的でなく，否定の作用域が問題になる．(24)の偽を否定の作用域が(24*)の全体を覆う（金星がどんな名前で呼ばれようと，a はそれが宵の明星だと信じない）と解すると，(21*)の真と両立しない．(24)の偽（つまり(24)の否定の真）が，(21*)(22)の真と両立するには，否定は次のような小作用域（*small scope*）でなければならない．

(24#) $\neg B(a, E(\text{Phos}) \wedge \exists s_2 m_2 d_2 i_2 [C(E(\text{Phos}), s_2, m_2, d_2, i_2)]$.

(22)が真であり，かつ両辺に直接指示語が現れている以上，各語の指示対象は同一で，したがって(21)(24)の従属節の表す真理条件は同一である他はない．それゆえ(21)を真としながら(24)を偽とする直観から帰結する「交換可能性」の不成立が関係するのは，〈意味論的指示〉そのものではなく，したがってその直観が信念文脈における〈意味論的指示〉に関する「代入則」の不成立，「合成性」の不成立をただちに確立するとは言い難い．(24#)に見られるように，件の直観が関わっているのは，a がある特定の文 s_1 に同意しながら，別の文 s_2 を否認した，ないし同意を差し控えたことに起因するに過ぎないからである．するとここでの問題は，意味論的指示に関わる「代入則」「合成性」というよりは，むしろ信念文中の従属節に現れる名前の統語論的・措辞的差異に関わる「シェイクスピア性」の不成立の問題ではないか．量化の場合同様，代入則が関わるのは，〈意味論的指示〉，つまり従属節の表す真理条件であり，直接指示語の指示対象であるからである．

3.4.2 シェイクスピア性と消費者的意味論

様相文脈では，同じ指示対象をもつ共外延的（co-extensional）な直接指示語同士は交換可能であるから，「シェイクスピア的」である．

しかし先のフレーゲ，クリミンズ–ペリーのように，(21)を真としつつ(24)を偽とする直観がありうること，そしてその場合の(24)を偽とする直観の根拠は，まずはフレーゲが想定したように推測することができよう．すなわち，「ヘスペルス」('Hesperus')と，「フォスフォルス」('Phosphorus')と，発音も綴りも

非常に異なっているし，実際それぞれが遡及される元来のギリシャ語での 'Εσπε-ρος' と 'Φοσφορος'，ないしラテン語中での 'Hesperus' と 'Phosphorus' とは，その創始・導入において異なった名前であった．しかも 'Εσπερος' ないし 'Hesperus' には〈宵の明星〉が，'Φοσφορος' ないし 'Phosphorus' には〈明けの明星〉という，相異なる「公共的な対象指定法 d」が結びついていたと思われる．しかし元来の話し手が発話したであろう 'Hesperus' や 'Phosphorus' が，それぞれ複雑な経路で日本語に伝播される過程で，フレーゲ的な「公共的な対象指定法 d」の差異が適切に伝達されていない限りは，たいていの日本語の受け取り手・消費者は，「ヘスペルス」と「フォスフォルス」を，フレーゲ的な差異は知らずに，単純に発音も綴りも全く異なる二つの別の名前だ，と解するだろう．そうした聞き手・消費者 a は，「ヘスペルスは宵の明星だ」に同意しても，さらには，ヘスペルスはフォスフォルスと事実同じだと聞かされても，即座に「フォスフォルスは宵の明星だ」には同意しかねるであろう．同意や信念に関わる文脈では，こうした統語論的・措辞的に差異のある名前同士は，しかもフレーゲ的な公共的な対象指定法に差異が認められなくとも，また直接指示的には共外延的であっても，その名前の消費者にとっては，必ずしも常に交換可能であるわけではないのである．すると先のような，一見「代入則」への反証のように見える例は，意味論的というよりはむしろ名前の統語論的・措辞的特性に関わる「シェイクスピア性」に関わる反証のように思われる．

さらには，クリプキの指摘するように［Kripke 1979, p. 134］［野本 1997, p. 308］，一つの言語中に同一対象についての二つの名前があり，通常の翻訳ではどちらも別の言語の同じ名前に翻訳される場合には，一見「代入則」の反証と証明の両方が得られるのである．例えば英語には北京の名前として 'Peking', 'Beijing' があり，いずれも日本語では「北京」へと翻訳される他はなかろう．さて消費者 N は 'Peking is pretty' に同意するが，'Beijing is pretty' には同意しないことがありうる．すると引用符除去と同音翻訳から次のような信念帰属に移行すると，(25) は真で (26) は偽となるのである．これも代入則に対する反証のように見える．

(25) N believes that Peking is pretty.

(26) N believes that Beijing is pretty.

さて (25) は，次のように日本語に翻訳される．

(27) N は，北京がきれいだと信じる．

一方また (27) は，今度は (26) のように翻訳されたとしよう．どの翻訳も信念文全体の真理値を変えずに，かつ従属節の真理条件，したがって各名前の指示

対象，を同一に保持しつつ遂行されており，「代入則」は満たされている．したがって (25) から (27) を介しての (26) への移行は代入則の「証明」になろう．ここにパラドクスがある．つまり信念文の従属節中の名前の現れに関し，われわれは単純に「代入則」の成立・不成立を断定できない状況に身を置いているのである．しかしこの窮境はむしろ元来の名前の消費者にとっての，統語論的・措辞的差異に基づく信念文脈の「非シェイクスピア性」を示唆する（消費者にとっては，「どんな名前で呼ばれようと，バラはバラ」とは，必ずしも言えないのである）．

かくて個人的因子を分割された量化の統制下に置くことによって，真理条件が同一なら，異なる主体が同じ信念をもちうるし，また量化法則も成立するから，量化述語信念文脈は「純粋指示的」で，「合成的」であり，その限り「指示的に透明」である．

また「代入則」については一見反証があるように見えるが，代入則が元来〈意味論的指示〉に関わるはずであるなら，逆にむしろ代入則の証明があると考えるべきだろう．交換・代入が不成立のように見える所以は，実は共外延的だが（共通言語内ないし個人言語内での）異なる名前ないし同じ語の異なる生起（語形，発音，綴り等）によって引き起こされていると見られ，したがって「共外延的な固有名を含む信念文に関してはいかなる結論も引き出さない」という趣旨のクリプキ [Kripke 1979] の「どっちつかずのゾーン・ディフェンス (twilight zone defence)」（カプランの用語（1991 年の対話））を一歩踏み出して，信念文脈は名前に関し「非合成的」という意味で「指示的に不透明」なのではなく，「非シェイクスピア的」（語の消費者にとっては，「バラはバラなのだから，どんな名前で呼ばれようと，頓着するところではない」とは必ずしも言えない）というべきであろう．意味論的指示・真理条件が同じでも，各名前が伝播過程で（その発音，語形，綴り等，さらには単に生起）が異なってくれば，信念文の真理値は影響を受けるのである．以上が現時点での私の，言表関与的信念の分析試案である．

先述のカプランの「消費者的意味論」[Kaplan 1989a, pp. 602f.] によれば，語や名前の伝播・流通に際して，われわれはたいていは，ある既存の言語共同体の消費者であり，名前ないし語，例えば「北京」，'Peking', 'Beijing' といった語は，その語形，綴り，発音等に大きな差異があっても，その同一性は，そうした変動にも左右されないとされる（[Kaplan 1990] 参照）．にもかかわらず，(25) は真で (26) は偽なのであった．しかし繰り返せば，それは代入則への反証ではなく，むしろ信念文脈の「非シェイクスピア性」を，そしてそれは本を質せば，われわれが大方は語の創始者ではなく，消費者であることに起因することを，示唆する

ように思われる.

　以上の考察は，最近のカプラン［Kaplan 2012］の，「意味論（semantics）」から区別された「意味理論（theory of meaning）」に関わる，フレーゲの「意義（Sinn）」論やドネランの「念頭におく（having in mind）」における，ラッセルの「直知（acquaintance）」に尽きない認知的意義（cognitive significance）という要因への顧慮へと通じるものがある．そこで本書最終章では改めて，再度フレーゲの「意義」論を考察したい．

第12章　フレーゲ再考
―― 意味・意義・真理

　さて，前章のような，直接指示論と様相や知・信といった認知に関わる内包的文脈での，とりわけ単称名辞の意味論を巡る近年の論争は，実は19世紀後半から20世紀前半にかけて提起された，フレーゲとラッセルの単称名辞を巡る論争の，続行ないし再現であるといってもよい．そこで最終章で，フレーゲ−ラッセルの当初の論争に立ち帰り，その原点を確認しておきたい．

1　フレーゲ−ラッセル往復書簡（1902-1903）

　フレーゲ−ラッセルの往復書簡における，素朴集合論上のいわゆるラッセル・パラドクスと並んで，もう一つの中心的な論題は，論理学の哲学，ないし論理的意味論の問題であった．2人の間には無視できない意味論上の根本的な対立があり，また一方でラッセルの記述理論に対しては，その後ストローソン［Strawson 1950］の指示的表現（referring expression）としての記述句，ドネランの指示的使用（referring use）の提起［Donnellan 1966］があり，それが1970年代から今日まで，例えば，ある面で初期ラッセル的なクリプキ−パトナムの単称名辞論およびカプラン−ペリーの直接指示論と，ダメットやエヴァンズのフレーゲ擁護論の対立に見られるように，繰り返し論争を引き起こす起爆力を依然として維持し続けている（［野本 2012］参照）．

1.1　'Satz' は文か命題か？

　まずフレーゲとラッセルでは，'Satz' の用法に大きなずれがある（『フレーゲ著作集』6巻，ラッセルとの書簡12信（1902年10月20日））．フレーゲが論理学者とともに 'Satz' を思想の言語的表現，すなわち，文（*sentence*）と見なすのに対し，ラッセルは数学者とともに 'Satz' をむしろ命題（*proposition*），思想（*thought*）

カプラン（左）とドネラン（右）（UCLA, 1983）

と解している．フレーゲは，（間接話法は別にして）文(Satz)の意義(Sinn)を思想(Gedanke)と，文の意味(Bedeutung)を真理値(Wahrheitswert)と見なす考えを改めて説明する（書簡12信）が，しかしラッセルは，命題の意味＝真理値説に納得しない（同書簡13信（1902年12月12日））．

哲学的意味論に関して，フレーゲは自説の要点を簡潔に説明し，「宵の明星＝明けの明星」のように，異なる記号が同じ対象を表示する(bezeichnen)場合，（後段で説明するように）真理値が同じでも認識価値(Erkenntniswert)は異なるという．「特別の認識活動(besonderes Erkenntinistat)」が必要だからである．同一対象が異なる仕方・様態，ないし異なるパースペクティヴで確定されている場合，二つの名前を無条件には置き換えできない．こうした認識価値上の相違を，フレーゲは文(Satz)の意義・思想の相違に結びつける．ところで文(Satz)中の名前の表示対象＝意味に関心をもつのは，当の文(Satz)の真理性が問題になる場合である．そこでフレーゲは，文の意味(Bedeutung)とは，意義(Sinn)は異なるが同じ意味をもつ記号と置き換えても変わらない何か，つまり真または偽という真理値だと考えるのである．真理保存的な代入則ないし同一者不可識別の原理「$a=b \rightarrow F(a)=F(b)$」が成立するからである．

このようにフレーゲは，'Satz'を文と見なすが，ラッセルは，'Satz'をむしろフレーゲ流にいえば「思想(Gedanke)」に通じるような仕方で用いている．また間接話法中の従属節は，フレーゲに従うと，通常の直接的な意味(gewöhnliche gerade Bedeutung)をもたず，間接的な(ungerade)意味＝意義(Sinn)しかもたない．しかも信念態度等が重積する場合には，間接の間接的意味（間接的な意義）といったように，フレーゲは意義に階梯(Grad)の相違を認めようとする

(同書簡 14 信（1902 年 12 月 28 日）．この着想は，やがてチャーチ [Church 1951; 1973; 1974] の意義と表示の論理 (Logic of Sense and Denotation) によって展開される）．しかしラッセルは，Satz の意味＝真理値説に依然納得しない．判断，思想は全く独自なもので，真理値名のような固有名に同化できないと見なすからである（同書簡 15 信（1903 年 2 月 20 日））．

フレーゲは翌年（1903）再び哲学的論理学の基本的問題，'Satz' の意味と意義について，基本的見解を披瀝している．真理値は，ラッセルのいうように，Satz の意味でなく，思想が Satz の意味なのであろうか．だがもしそうなら，「2^3」と「3^2-1」は同じ対象を意味するから，「$2^3>7$」と「$3^2-1>7$」は同じ意味＝思想 (Gedanke) を表示せねばならない．しかしこの二つの Satz の真理性を知るには，異なる認識活動が必要であり，したがって両者の思想は同じではない．よって思想 (Gedanke) は，'Satz' の意味ではなくてその意義なのである．それでは Satz は意味を欠き (bedeutunglos)，意義のみをもつのか．もしそうなら Satz の部分にも意味はない．しかし命題部分 (Satzteile)（すなわち，固有名や述語）には意味が不可欠だとしたら，Satz 自身も意味をもち，真理値こそがその意味なのである．よって真なる Satz の意味はすべて同一（真理値真）である，とフレーゲは主張する（同書簡 16 信（1903 年 5 月 21 日））．

ラッセルはすぐに返信を書き（同書簡 17 信（1903 年 5 月 24 日）），判断の対象は複合体で，真偽が同じ Satz でも同一（の判断対象）ではないという．ラッセルは Satz の意味を内包的複合体と見なすのである．

そこでフレーゲはさらに論理学の哲学の基本的な問題を論じる．まず思想の理解と，思想を真と認めること (Fürwahrhalten)（判断 (Urteil)）とを区別する．また「真」という語は通常の述語ではなく，「2+3=5 は真である」という文 (Satz) は，「2+3=5」という文以上のことは何もいっていない（同値テーゼ）．よって真理は思想の構成部分ではない．続いて再び意義と意味の区別，文の意義＝思想，意味＝真理値の説明が繰り返される（同書簡 18 信）．

フレーゲの意味と意義の区別に，ラッセルは容易に同意することができなかった．ここで両者の意味論の基本的対立が露わになる．ラッセルによれば，「思想」は心理的個人的事柄で，われわれが主張するのは思想の対象だという．思想の対象とは，ある複合体（客観的命題）で，モンブラン山自体がその一つの構成部分なのである．モンブラン山自体が，「モンブラン山は高さ 4000 メートル以上だ」という命題において主張されているものの構成部分である．そうでなければ，われわれはモンブラン山そのものについて何も知らないことになる．かくて命題 (Satz) の意味とは真理値ではなく，ある複合体で，その複合体が真または偽な

のだという．

またラッセルは，「ソクラテス」といった単純な固有名には意義が欠け，心理的な観念（Idee）と対象のみを認める．意義と意味の違いは，例えば，数学的関数 $\xi+1$，ξ^2 の値にのみ認める．よって，すべての真なる命題（Satz）が同一であるとは認められない．例えば「モンブラン山は高さ4000メートル以上である」と「すべての人間は死すべきものだ」との命題の構成部分は異なるからである．しかしラッセルも，（客観的）命題の同一性は構成部分の意味だけでは決まらず，一種内包的なものだとは認める．つまり，一方でラッセルは，「$(4^2-3^2=7)=(7=7)$」を偽と見なす．というのは，ラッセルは，「複合体における，同一性を保持しようとすれば，複合体における，いかなる構成要素［'4^2-3^2' と '7'］も，意義は異なっても，同じ意味であるような他のものと交換することは許されない」という．というのもラッセルは，「'4^2-3^2' の意義が当の命題（Satz）にとって本質的である，つまり，その構成部分の意味だけでは当の命題を確定しないと信じる」のである（同書簡19信（1904年12月12日））．ここにラッセルはある落ち着きの悪さを認めているといってよい．ラッセルの論理的意味論における，Satzの構成要素である，数学的関数のみならず述語が表す概念・命題関数の，したがって思想の対象，複合体（客観的命題）自体の，非外延性という問題が，露呈しているからである．いずれにせよ，「ソクラテスは人間である」のような単称文・命題の表す（単称）思想ないし思想の対象（複合体）が，フレーゲのいうように，もっぱら意義から構成されるのか，あるいはラッセルのいうように，ソクラテス当人という対象自体を含むのかは，近年の直接指示（direct reference）を巡る基本的な論争点に繋がる．

1.2　ラッセルの記述理論（1905）

『数学諸原理（*PoM*）』（1903）でのラッセルの意味論は，フレーゲとの書簡論争とほぼ同様であるが，単称名辞も，本来的固有名と（all, any, a, some, the 等が冠頭された）表示句（denoting phrase）・記述句とが区別され，認識論的な補足がなされる．大まかには，本来的固有名には，面識による知（knowledge by acquaintance），ものについての知（knowledge of things）を，一方記述句には記述による知（knowledge by description），真理についての知（knowledge of truth）を対応させる．しかし表示句の表す表示概念（denoting concept）を巡って，フレーゲ的な意義による媒介に似た下記の困難に見舞われ，ラッセルは，表示句・記述句をすべて量化文に，（本来的固有名も確定記述句の省略と見なし，確定記述文の場合には，一意的な存在量化文に）解体するといった，いわゆる

「記述理論」[Russell 1905] を提唱する [野本 1988, 2章2節].

ここで単称名辞 'a' に関するフレーゲ的な描像とラッセル的な描像を対比しておこう.

Ⓐ フレーゲ的描像では [野本 1988, p. 34],「表現 'a' がその意義 a_1 を表現する (Ausdrücken)」を '$A('a')=a_1$' とメタ的に表記し, また 'a' の意味・表示対象を a とし,「'a' が a を意味する (Bedeuten)・表示する (Bezeichen)」を '$B('a')=a$' と表記すると, 'a' はその意義 a_1 を媒介にして, その意味 a を表示・意味する. つまり, '$B('a')=a$' は, '$A('a')=a_1$' と「意義 a_1 が意味 a を確定する (bestimmen)」 (ないしチャーチ流に意義 a_1 が意味 a の概念 (concept) である) $C(a_1)=a$ との論理積, 連言 (&) である. すなわち, $B('a')=a \leftrightarrow \exists a_1[A('a')=a_1 \& C(a_1)=a]$ (メタ的には, 意義 a_1 への加担がある).

Ⓑ 一方ラッセル的描像は, 以下のようである [野本 1988, p. 80].
① [固有名, 述語] 'a' は a を指示する (Indicate[Ind('a')=a]);
② 表示句 'a' は表示概念 (denoting concept): a_1 を指示し (Indicate [Ind ('a') =a_1]), 表示概念 a_1 が表示対象 (denotation) を表示する (denote). すなわち, $\exists a_1[\text{Ind}('a')=a_1 \& \text{Denote}(a_1)=a]$.

ラッセルの表示句に関する描像は, 上記フレーゲの描像と部分的に重なり合い, 相互に欠けているものを補い合う関係にある. すなわち, 表示句に関しては, フレーゲの $B('a')=\exists a_1[A(('a')=a_1 \& \underline{C(a_1)=a}]$ においては, 下線部が明示的にされておらず (それはラッセルの〈表示する (denote)〉に対応する), 一方ラッセルの $\exists a_1[\text{Ind}('a')=a_1 \& \text{Denote}(a_1)=a]=\underset{\sim}{B('a')=a}$ においては, 波線部分 (フレーゲの〈意味する (bedeuten)・表示する (bezeichnen)〉) に対応する意味論的概念が, ラッセルには欠けている.

Ⓒ しかしラッセルは, フレーゲの意義 (Sinn) 概念 a_1 に重なる, 内包的な〈表示概念 (denoting concept)〉a_1 を自らの当初の意味論から消去すべく, (フレーゲの〈意味する・表示する〉) に対応する破線部分 $B('a')=a$ の一部を構成する, 自らの '(Denote)$(a_1)=a$' 中の〈表示 (denoting)〉という意味論的概念を追放し, 一意的存在を表す一般量化文へと表示概念を解体する. それが論文 "On Denoting" [Russell 1905] の「記述理論」であった.

1.3 反ラッセル的見解への狼煙——指示への転轍

① ストローソンの批判

しかしすでによく知られているように, ストローソンは, 論文「指示について」[Strawson 1950] で,「記述」に関して, 根本的に反ラッセル的見解 (radically anti-Russellian view）を表明した．確定記述を非記述的な仕方で使用すると，端的に個体を念頭におくような能力がわれわれに付与される，という．

確定記述を主語とする文を使用する際に，その主張が当の確定記述の記述的条件を含むのではなく，表示対象（denotation）を構成要素として含むという意味合いで使用されるから，当の確定記述は指示表現（*referring expression*）である，とストローソンは主張する（[Kaplan 2005; 2012, pp. 144f.]）．

② ドネランとラッセル

さらにドネランは，記述句の帰属的使用（attributive use）と指示的使用（referential use）を対置させた［Donnelan 1966, p. 287］．ところでカプランは，ドネランとラッセル［Russell 1903; 1905］との，次のような興味深い対比を指摘する［Kaplan 2012］．

まず，ラッセルとドネランには，いくつかの興味深い一致が認められる．

（i）同じ言語表現（ラッセルでは名前，ドネランでは確定記述）に，二つの使用，すなわち，指示する（referring）ことと，記述的（descriptive）使用，とが存在する．

（ii）ドネランの「念頭におくこと（*having in mind*）」とラッセルの「面識（*acquaintance*）」とが，単称的・非記述的思考（singular, non-descriptive thought）を可能にする点で同じ役割を果たす．ラッセルもドネランもともに，知覚的面識（perceptual acquaintance）を範型としているように見える．よってカプランは，ドネランの念頭におくこととラッセルの面識とは，本質的には，同じ観念（notion）であろうと推測する．

また，（iii）ラッセルの表示（*denoting*）や記述による知と，ドネランのいう記述の帰属的（*attributive*）使用とに概念的な並行性がある［Kaplan 2012, p. 157］．

（iv）だがカプランによれば，ドネランは単称的（ないし事物関与的（de re））思考をラッセルの単称命題に他ならないと主張しているのではないと考える．ひとが同一の個体を（ドネランの意味で）念頭におく相異なる仕方・様態（*ways*）が存在するからである．

通路にいる男（彼はまた記述句「マティニを飲んでいる男（the man drinking a martini）」で表示されている人物でもある）についてのドネランの挙げる事例は，次のことを示す．

　　パーティ会場で，マティニのグラスを手にした興味深い人物を見て，ある人が「マティニを飲んでいる男は誰か」と尋ねたとしよう．後刻，［その人

物は男装の麗人であり，また] グラスには水しか入っていないということが判明した場合でも，件の質問者は，ある特定の人物についての質問，[事の真相を知っている] 誰かがそれに回答しうる質問，を行ったのである．[Donnelan 1966, p. 287]

ドネランのこの「指示的 (referential)」使用は，ラッセルが確定記述句をもっぱら「マティニを飲んでいる男」という性質を満足させる唯一の人物を表示するとだけ解し (記述理論 (1905) 以降では一意的存在量化文中に分解した)，「記述的 (descriptive)」使用とは対置される (上の設定では，この記述句「マティニを飲んでいる男」を満足する人物はそもそも存在しないのである)．そしてこの質問者が「念頭においている」のは，まさしく当のパーティで〈水を飲んでいた人物〉なのである．カプランは (ペリーも同様に) 記述句に関するドネランの「指示的」使用というこの考えこそが，「直接指示 (direct reference)」の先駆だと考える．

1.4 フレーゲ‐カプランの診断

さてカプラン [Kaplan 2012, Cl. 2], は，ラッセル理論中での，「面識」の下記の二つの役割を指摘している．すなわち，

① 面識は，(客観) 世界内対象 (worldly object) を，認知 (cognition) に接近可能な (accessible) ように変形する (transform)．われわれが面識をもつ対象は，われわれが表記し (represent)，思考中に把捉 (hold in thought) しうるものとなる．

② 面識は，われわれの心的諸概念 (mental concepts) を世界に結びつけ，それらに世界内の客観的内容 (worldly objective content) を付与し，われわれがパトナムのいう桶の中の脳 (brains in a vat) でないことを保証する (ensure)．個体 x の面識が，われわれの思想 (thought) 中に，単称命題 (singular proposition)，つまり (構成要素としての x をもつ命題という) ラッセルの意味合いでの単称命題をもつ能力を与える．つまり，われわれが面識をもつのは，単にそれについて語り伝えられ耳にしただけで面識のない個体，その知が記述 (description) のみによって可能であるような知なのではない．この点にラッセルの面識による知と記述による知との対比がある．

以上カプランによれば，ラッセルは，言語を (客観) 世界内の対象，(そうした世界内的対象 (worldly objects) から立ち上げられる) 性質，関係，状態 (states) についての表記の体系 (*a system of representation*) と見なした (感覚

与件（sense data）でさえ（客観）世界内対象である）．モンブラン山自体が「実際に主張されていること」の構成要素であり，ラッセルは「実際に主張されていること」を客観的命題（*objective proposition*）と称し，（客観）世界内対象へと方向づけられた命題の身分（worldly object-oriented status）を示唆する．よって，語，句，文はその客観的内容（*objective content*）を表記する．ラッセルにとり，文「モンブラン山はドネランより年長である」は，モンブラン山，関係〈より年長である〉，ドネランの三者を含む一定の客観的命題，対象込みの複合体（object-filled complex）を表記する．こうした客観的内容を，事態（states of affairs）と考えてもよい．こうした事態が得られれば，その文は真である．直接指示は，ラッセルの（客観）世界内的内容の理論にその場所を見出す，と主張する［Kaplan 2012, Cl. 9, p. 159］．

　他方カプランは，フレーゲが，ラッセルとは根本的に異なる地点から出発している，という．カプランによれば，フレーゲは言語が思想（*thought*）とそれの構成要素に対する表記のシステム（*a system of representation*）だと想定する．言語表現の主要な表記機能は，意義（Sinn），（フレーゲのいう共有可能な（sharable）特別の意味での）一片の認知的内容，を表す（stand for）こととされる．言語の表記的役割に関して，ラッセルとフレーゲの不一致をどう決着するかを知るのは難しい．だが認知的対象と状態の役割が，（客観）世界内の対象と状態を表記することだというラッセル的見解に有利な多くのことがいわれうる．カプランによれば，このことが，フレーゲ的意味論がラッセル的意味論を必要とすることを示唆する，という［Kaplan 2012, Cl. 11, p. 160］．

　ところで，「奇妙なことに，フレーゲ理論はラッセルの客観的内容への対策を用意していない」とカプランはいう．「フレーゲは表記の第2の形式，意味（*Bedeutung*）を付加しているが，その際，認知の要素としては［客観］世界的値（worldly value）を与えている．しかし彼が付与する値は外延（extension）である．しかし外延はラッセル流の［客観］世界的内容（worldly objective content）――それは，ラッセル流の内包［的命題］であるが――を飛び越す（jump over）．だが［フレーゲの］外延は，認知的対象や状態を表記すべき存在者ではない．フレーゲ的思想の役割は，確かに真理値を表記することではない．フレーゲの認知的内容は，ラッセルの［客観］世界的な内容を表記するはずで，外延は後者に基づいて定義されるべきである」［Kaplan 2012, Cl. 12, p. 160］．

　だが，以上のカプランのフレーゲ理解は，カルナップを踏襲するものだが，こうしたカルナップ流の解釈は再検討を要する．

1.5 フレーゲとラッセルの意味論の対比

さてフレーゲは，カプランのいうように，世界を飛び越している（jump over）のであろうか？（確かに差し当たり，フレーゲは，意義というような内包的なものを介して，外延とか真理値という抽象的なものへと飛んでいるようにも見える．だがしかし文の真偽・真理値と当の文中の語の意味（Bedeutung）＝表示対象は，密接不離に関連しているのである．）

まず上述のラッセルとの往復書簡において，フレーゲは，われわれがある文について，「「それは真であるか？」と問う，つまり，真理値がわれわれの興味を惹くと同時に，その問い［文中の名前の意味・表示対象は何か］も，われわれの興味を獲得する」（ラッセル宛書簡（1902年12月28日）[*WB*, p. 235]）と主張していた．

この書簡に10年先立つ著名な論文「意義と意味について（Über Sinn und Bedeutung, SB）」（1892）において，フレーゲはまた逆に，「一つの文に関し，その構成要素の意味が問題の場合には常に［当の文に関しても］一つの意味を探すべきである……そしてこのことは，われわれが真理値を問う場合，かつその場合にのみ成り立つのである．そこでわれわれは，文の真理値（Wahrheitswert）を，その意味と見なすように押しやられるのである．文の真理値ということで，私はそれが真であるという情況（Umstand），偽であるという情況，と解している」[SB, SS. 33-4] と，主張していたのである．かくしてフレーゲは，文の真偽，真理値への問いが文中の語の意味への問いを引き起こし，逆に文中の語が何かを表示し意味すると前提して（*voraussetzen*）はじめて全文の真偽が問われうるから（虚構の場合のように，文中の語が何も表示しない空な名前であるとわかっている場合には，ひとはその文の真偽を問いはしない），文の真理値こそが文の意味なのではないかと，推定するのである．

そしてフレーゲは，この推定を次のような「同一者代入則（law of substitutivity of identicals）」ないし「真理保存的置換（substitutio salva veritate）」原理によって検証している．

(SI) $A = B$ ならば，$\Phi(A) \leftrightarrow \Phi(B)$.

すなわち，この推定が正しいならば，「一つの文部分が同じ意味をもつが，意義は異なる別の表現で置換されても，その真理値は不変でなければならない．そして事実その通りなのである．ライプニッツは明快に説明している．「同一なるものは，真理性を損なうことなく，相互に置換可能である」．その構成要素の意味が一般的に問題になっているどの文にも，全く普遍的に帰属しているもので，

今述べたような種類の置換に際して不変であるものが，真理値以外に一体何を見いだしうるであろうか」[SB, S. 35] とフレーゲは問い，ついで「文の真理値は，文中の一つの表現を他の同じ意味のもので置換しても，影響を受けないということを見いだした」[SB, S. 36] と結論づけている．

　例えば，「明けの明星は，太陽系の惑星である」と「宵の明星は，太陽系の惑星である」の間には，内容（思想）上の違いが明らかに認められる．「明けの明星＝宵の明星」を知らないひとは，一方を真としながら，他方を偽と見なすことがありうるからである [FB, S. 14]．にもかかわらず，「明けの明星＝宵の明星」は真で，二つの名前の意味は同じであるから，「明けの明星は，太陽系の惑星である」が真ならば，「宵の明星は，太陽系の惑星である」も真であって，真理値に相違はない．したがって，もし固有名の表示対象（das Bezeichnete）をその意味（Bedeutung）であると約定するとすれば，先の「代入則」「真理保存的置換原理」により，フレーゲが文の意味として真理値を選択することは自然であろう（ちなみに，『算術の基本法則』では，真理値真には真理関数（水平線―との値域 $\acute{\varepsilon}(-\varepsilon)$）が割り当てられている．さらに，パーソンズ [Parsons 1981] は，二つの真理値は，互いに異なった対象のペアであれば，どのペアでも用が足りると証明している）．この点では，確かに真理値が値域という一種のクラスと重ねられているから，「世界を飛び越した」と論難されるいわれはあるように見える．だがしかし，フレーゲ意味論における，真理という概念と客観世界との密接不離で微妙な関連を，そしてフレーゲの意義―意味―表示―真理の連関を，より慎重に見定めておく必要がある．

2　フレーゲの意味・意義論再考

　以上のカプランの診断の当否を吟味するため，フレーゲの意味論的描像について，初期からその足跡をやや詳しく辿り直し，再検討してみよう．その際，フレーゲが，日常言語の検討からではなく，経験科学者としてでもなくて，幾何学・数論に携わる現場の数学者（working mathematician）として出発したこと，したがって，客観世界といっても，日常言語の世界や実証科学的な感覚知覚的世界というよりは，むしろまず数や幾何学的対象を含む数学的世界が念頭におかれていたということに注意すべきであろう．それゆえに，抽象的な数や幾何学的対象をどのように同定するか，異なる記号表現が同じ内容，同じ対象を表しているとどう確定するか，という再認条件（Wiedererkennungsbedingung），再認文（Wiedererkennungssatz）が，初期から問題の中心に置かれていたのである．

記号の表示対象・意味が同一にもかかわらず，「記号に差異があるなら，それは表示されたものの与えられるその仕方・様態（die Art des Gegebenseins des Bezeichneten）の区別に対応する」

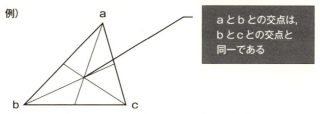

記号の差異と表示されたものの与えられる仕方・様態（原健一氏提供）

2.1 『概念記法（BS）』での内容「確定法」の差異

まず処女作『概念記法（BS）』(1879) §8 を見よう．

内容相等性（Inhaltsgleichheit）のフレーゲの当初の表記 '≡' には厄介な問題がある，とフレーゲは考える．「記号は，通常その内容の代理であり，したがって，その結びつきはすべてその内容の関係のみを表現する．ところが記号が内容相等性記号によって結びつけられるや否や，当の記号自身が前面に出てくる（hervorkehren）」（S. 13）．つまり，相等性記号は，内容にではなく，名前・記号そのものに関係するように見える．⊢—A≡B では，「それによって，二つの名前が同じ内容をもつという事態（Umstand）が表記されている（bezeichnen）からである．こうして内容相等性記号の導入とともに，同じ記号がある場合にはその内容を，別の場合にはその記号自身を表すことによって，すべての記号の意味（Bedeutung）は必然的に内的葛藤（Zwiespältigkeit）を示す」（§8, S. 14）．

「例えば，同じ点が二重の仕方で確定される（bestimmt），つまり，1）じかに直観（Anschauung）によってと，2）直径に垂直な半直線の交点として（als der [Schnittpunkt]）とである……．」（ibid.）

しかしここでの「直観」を，カプランのように感覚知覚的な（*perceptual*）直観と簡単には同一視できない[1]．むしろフレーゲは，あるイデアールな幾何学的直観を念頭においていると見られる．フレーゲは少なくともユークリッド幾何

---

1) 「『概念記法』§8 における知覚的様態での提示（*perceptual modes of presentation*）の議論は，ドネランやラッセルが必要とする対象の面識という種類の様態（*ways*）を正確に含んでいる．しかし SB (1892) 以降のフレーゲは，知覚的様態での提示の議論は落としてしまった．フレーゲが発話の認知的意義（*cognitive significance*）と呼んだものである」[Kaplan 2012, p. 158]（しかし，正確には，後述のように，「表示されたものの与えられる仕方・様態（die Art des Gegebenseins des Bezeichneten）を含む意義（Sinn）」といわれる [SB]）．

の世界が，単に思考により構成された世界ではなく，幾何学的直観によって直観
される客観的なしかしイデアールな世界だと見なした，と思われる．ユークリッ
ド幾何学の定義では，幾何学的に直観される「点」，また「交点」には部分がな
く（よって広がりがなく），幅のない長さである「線」の端に過ぎず，感覚知覚
的な直観の対象ではありえない．

　さて上記二つの「確定法（Bestimmungsweise）」の各々に対し，一つの固有の
名前が対応する．そもそも内容相等性記号が必要なのは，「同じ内容が異なる仕
方で完全に確定できるからである．しかしある特殊な場合には現実には同じもの
が二つの確定法によって与えられるということこそ，ある判断の内容なのである．
このことが起こるに先立って，その二つの確定法に対応する異なった名前が，そ
れによって確定されるものに対して付与されねばならない．しかしそのことを表
現するためには，当の判断はそれら二つの名前を結びつける内容相等性記号を必
要とする」(S. 14)．このことから，「同じ内容に対する異なる名前は，必ずしも
常に些末な形式上の事柄ではなく，異なる確定法と連関する場合には，それらは
事柄そのものの本質に関係する．このような場合，内容相等性を対象とする判断
は，［われわれの認識を拡張するという］カント的な意味では綜合的（synthe-
tisch）なのである．

　　⊢―($A \equiv B$)
が意味する（bedeuten）のは，記号 A と記号 B は同じ概念内容をもち，したが
って至るところで A の代わりに B を代入でき，その逆でもある，ということで
ある」（以上は内容相等性記号の定義ではなく，いわばメタ的な説明であり，ま
たそうした原初的な記号導入によって，普遍代入則がいわば公理とされる）．

　同一対象の異なる「確定法」に対応する「異なる記号」といったここでの考察
は，明らかに，やがて展開される「意味（Bedeutung）」と「意義（Sinn）」の区
別に直結していくものである．しかし，『概念記法』の段階では，記号・命題が
表すのは，一般的には「概念内容（begriflicher Inhalt）」・「判断可能な内容
（beurteilbarer Inhalt）」に限られ（上記の引用箇所には記号や等式の「意味
（Bedeutung）」という言い方が登場してはいるが），認識的な「確定法」と意味
論的な要素・「意義」とは結びつけられていない．

2.2　『算術の基礎』（*GLA*）における文脈原理と再認文

　周知のように，フレーゲは次著 *GLA* において，次の三つの原則を立てている．

　　1　心理的なものを論理的なものから，主観的なものを客観的なものから，

明確に分離すること．
　2　語の意味（Bedeutung）は，文という脈絡（Satzsammenhang）において問われなければならず，語を孤立させて問うてはならない．
　3　概念と対象との間の区別を，念頭におかねばならない．[GLA, S. X]

　第1の原則が示唆するのは，「客観的なもの」がすべて「論理的なもの」であるわけではないが，いずれにせよ数は，心理的なものではなく論理的なもので，主観的なものではなく客観的なものだということである（詳しくは[GLA, §§26-7][野本 1986，2章，2-2節]参照）．
　この時期のフレーゲは，存在論的・認識論的に，広義の「表象（Vorstellung）」を，(1) 主観的表象（subjektive Vorstellung）と，(2) 客観的なもの（das Objektive）に分け，(2) をさらに以下のように，下位区分する．
　① 現実的なるもの（das Wirkliche）としては，手で摑めるものや，北海，月，地球，太陽系といった空間的なもの，物理的なもの，また白さのような客観的性質を例示している．
　② 現実的ならざるものには，本質的に非感性的なもので，太陽系の重心，地軸，幾何学的対象（点，面，形，方向・無限遠点等）や数のような抽象的対象を挙げている．
　（順不同になるが）第3の原則は，具体的ないし抽象的な対象（Gegenstand）から，〈人間〉〈地球の衛星〉〈直角三角形〉〈基数〉のような概念（Begriff）を区別すべしという原則である．この原則が示唆するのは，個々の数は，概念ではなくて対象だということである．
　第2の原則においては，数といった抽象的存在を（存在するなら）名指すはずの数詞等の語・表現の意味（Bedeutung）を，文という脈絡（Satzsammenhang）において問うべしという，いわゆる「文脈原理（CP）」が提起されている．
　この場合の「文脈ないし文という脈絡において問う」とはどういうことであろうか．
　『算術の基礎』[GLA] では一般的に，等式 '$A=B$' が，幾何学的対象や基数などの，とりわけ抽象的対象に関わる再認文（*Wiederekennungssatz*）を表すものとして，考察の中心に現れる．まずここでの「文脈」とは，こうした「再認文/再認命題」がその最有力候補であろう．そしてその再認文成立の必要十分条件，「再認条件」を求めることが課題となる．フレーゲはこうした再認文の類例として，次のようなものを挙げている．まず，幾何学での図形の形の同定・再認に関して，次のようにいわれる．

[G⁼] 図形 A の形̇（$Gestalt$）と図形 B の形は同一である $[G(A)=G(B)]$．
　そして [G⁼] の再認条件をフレーゲは，A と B の相似性̇∽に求めている．すなわち，
　　（Gq）図形 A は図形 B と相似である（$A\infty B$）．
　よって，上記の再認文 [G⁼] の再認条件は上記の（Gq）である．つまり，
　　[G]　$G(A)=G(B)\Leftrightarrow A\infty B$．
　第2に，教授資格論文で抽象代数的・群論的に扱った射影幾何学での直線の「方位」（「無限遠点」の別称）の再認規準を，「直線の平行性」に求める例示がなされている．すなわち，［例えば，地球［儀］（のような閉じた球面）上の互いに平行な経線は，南北の極点において交わる．（開射影平面では無限遠点は無限遠直線を構成する）］
　　（R⁼）直線 l_1 の方位̇（$Richtung$）（無限遠̇点̇）$R(l_1)=$ 直線 l_2 の方位̇（無限遠̇点̇）$R(l_2)$
　　　（R⁼）の再認条件は，以下の直線 l_1 と l_2 との平行性̇（Rq）に求められる．
　　（Rq）直線 l_1 は直線 l_2 と平行である $[l_1\parallel l_2]$．
かくして，
　　[R]　直線 l_1 の方位（無限遠点）と，直線 l_2 の方位（無限遠点）とが同一なのは，l_1 と l_2 とが平行のときそのときに限る $[R(l_1)=R(l_2)]\Leftrightarrow l_1\parallel l_2]$．
　そしてこうした再認文 [G⁼][R⁼] が，図形間の相似性（Gq），直線間の平行関係（Rq）のような，（反射性，対称性，推移性を満たす）同値関係（equivalence relation）を表す同値言明（Aequivalenzaussage）によって，[G][R] のように説明（erklären）されたのである．
　さて「基数（Anzahl）」についても，議論は同様に進む．「われわれが基数についていかなる表象も直観ももちえない場合，一体どのようにして基数はわれわれに与えられるのか．一つの文という脈絡（Satzzusammenhang）においてのみ語は何かを意味̇する（bedeuten）．だから，数詞がその中に登場する一つの文の意義̇（Sinn）を説明する（erklären）ことが課題となる」[GLA, S. 73]．
　フレーゲは，こうした基数の再認を表現する文，「再認文（Wiedererkennungssatz）」[GLA, S. 116]，「再認判断（Wiedererkennungsurteil）」[GLA, S. 117] を次のような「数等式（Zahlengleichung）」[GLA, §62, §106] に求める．そして「基数概念を獲得するには，こうした数等式の意義̇（Sinn）が確定されねばならない」[GLA, S. 73]．
　　（Nq）概念 F に帰属する基数は，概念 G に帰属する基数と同一である $[N(F)=N(G)]$．

かくして数的表現，数詞の意味（Bedeutung）が問われるべきなのは，(Nq) のような再認文の脈絡においてであり，しかもそうした文の意義や「内容を，「概念 F に帰属する基数」といった表現がすでに説明されていると前提することなしに，別の仕方で再現しなければならない．そのようにしてわれわれは，基数の同一性に関する一般的規準を提供することになる」[GLA, S. 73]．その別の仕方とは，「対応を介しての基数の同一性」[GLA, S. 73] の定義である．すなわち，フレーゲは，(N) についても概念 F と G に属する対象が同数的（gleichzahlig, equinumeral）であれば，F と G には同じ基数が帰属すると考える．すなわち，やはり同値関係である「同数性」(eq) によって，次のような同値言明（ブーロスは「ヒュームの原理（HP）」と称する）が，提起される．

(HP) 概念 F の基数と概念 G の基数とが同一であるのは，F と G とが「同数的（equinumeral (eq)）」な場合である．[$N(F) = N(G) \Leftrightarrow F$ eq G]

集合に訴えないこの原理 [HP] だけから，デデキント−ペアノ算術と同型の無矛盾な算術の公理系が導かれる．ところで，さらにフレーゲは概念の「同数性」を以下に求める．

[C] 概念 F と概念 G が同数的なのは，F と G が一対一対応する（1-1COR(F, G)）ときそのときに限る [F eq $G \Leftrightarrow$ 1-1COR(F, G)]．

よって結局，

[N] 概念 F の基数と概念 G の基数とが同一であるのは，F と G が一対一対応するときそのときに限る [$N(F) = N(G) \Leftrightarrow$ 1-1COR(F, G)]．

以上のように，「文脈原理」は，「図形の形」「直線の方位・無限遠点」「基数」という語の意味（Bedeutung）に関する特異な「文脈原理」を提起するのである．そしてやや一般化してこういわれる．

「ひとは常に全文（Satz）を視野に収めていなければならない．文中においてのみ語は元来一つの意味をもつのである」[GLA, S. 73]．「全体としての文が一つの意義（Sinn）をもつならば，それで十分である．そのことによってまたその諸部分もその内容を受けとるのである」[GLA, S. 73]．こうした「第2原則をなおざりにすると，個々人の内的心像や行為を語の意味と解して，そのことにより，また第1原則と衝突せざるをえなくし」[GLA, S. X]，心理主義に陥るのである．

ところで，以上の再認条件から明らかなように，いずれも [G] [R] [N] と，下記のような左辺に対する右辺の自明的な文の，(自己反射性（self-reflexiveness）以上の) 情報に乏しい同語反復性，との差異は明らかであろう．

[G*] $G(A) = G(A) \Leftrightarrow A \infty A$,

[R*] $R(l_1) = R(l_1)] \Leftrightarrow l_1 \parallel l_1$

[N*] $N(F) = N(F) \Leftrightarrow 1\text{-}1\mathrm{COR}(F, F)$.

先述のこうした［G］［R］［N］のような同値言明は，左辺の再認文の意味（後の用語でいえば，真理条件）を右辺によって説明するものである．つまり，右辺は，左辺に含まれる「図形からその形 $G(\xi)$ へ」「直線からその方位 $R(\xi)$ へ」というような「抽象オペレータ」の一種である「（概念からその基数への）基数オペレータ $N(\varphi)$」を確定することによって，「形」「方位（無限遠点）」「基数」のような「抽象的対象」の「同一性規準」を確定し，当の抽象的対象そのものを抽出するという役割を担うわけである．

ところで上記［G］［R］［N］のような再認文・同一性言明は，ライプニッツの同一性に関する「真理保存的（salva veritate）置換原理」を満足する．すなわち，

(SV)「真理性を損なうことなく，一方が他方と置換可能なものは互いに同一である」［GLA, S. 76］［$a = b \to (\phi(a) \Leftrightarrow \phi(b))$］

形，方位（無限遠点），基数やこうした抽象過程によって導入されたその他の「新しい種類の対象」は，一般に「抽象的対象（abstrakte Gegenstände）」「抽象的存在」と称せられる．フレーゲの手続きそのものについてはなお議論の余地があるが，しかしフレーゲの理解，とりわけ，抽象的存在についての言明が不変性という特性を示すという洞察は，今日の理解ときわめて近いものがあり，フレーゲの理解は，現代的抽象理論（Abstraktionstheorie）の先駆，おそらくはその最初の定式化だと認めるのは，正当なことであろう[2]（Einl., XLII［Thiel

---

2) プラトニスト・フレーゲはなぜ「再認条件」といった認識論的規準を要求したのか？
19世紀後半から20世紀初めの，現場の数学者たちの多くは，幾何学的対象や数のような抽象的存在に，素朴にコミットするプラトニストであるか，あるいは後にフレーゲが『算術の基本法則』(1893) において批判的に検討するように，算術を内容の捨象された，「算術記号の無矛盾な形式的演算」に過ぎないと見なす形式主義者かであった．しかしフレーゲは一方で数学者が，(計算規則の)「無矛盾性からただちに関連する概念を満足する対象の存在を創始し（schaffen）えない［GLA, §94］のは，地理学者と同様，数学者も現にあるものを発見して（entdecken），命名する（bennen）ことしかできない」［GLA, §96］と主張する．しかも例えば「宵の明星＝明けの明星」や「アテブ山＝アフラ山」だといった，天文学上のないし地理学上の発見が，なんらかの天体観測による，ないし方位測量による「再認（Wiedererkennung）」に従うのと同じように，幾何学や算術での抽象的対象の存在に，上述のような「図形の形」「直線の方位・無限遠点」「各基数」という語の意味（Bedeutung）に関する特異な「文脈原理」を提起し，上記［G］［R］［N］のような同値言明・再認文の，幾何学的対象や算術的対象の再認条件（Wiedererkennungsbedingung），その各確定法（Bestimmungsweis）を定め，そのような認識論的規準を満たした抽象的存在のみをその存在論中に容認しようとしたと考えられる（［野本 2012, pp. 196-200］参照）．

以上が黒川論文［2014］で提起された疑問の一つ，「プラトニストとしてフレーゲは，すでに対象領域に抽象的数学的対象を容認しているはずであるにもかかわらず，なぜ文脈原理などの再認条件を持ち出したのか」への部分的回答である．つまり，フレーゲは「素朴なプラトニスト」ではなかったのである（この点は，デデキントの，いわゆる「デデキント抽象」を介して

1972] [Stuhlmann-Laeiz 1995] [Fine 2002]).

　以上のような BS, GLA でのフレーゲの探究が，ユークリッド幾何学での点や図形一般，また方向・無限遠点などの射影幾何学的対象，また数論での基数といった算術的対象のような，抽象的対象——それらはいまだ術語的にではないが，数詞の「意味 (Bedeutung)」ともいわれている——の同定・再認に直裁に方向づけられていた (orientieren) ことは明瞭であり，そしてその方向づけにおいて，再認文 (Wierdererkennnunssatz)——の意義 (Sinn)——が特に注目され，その確定法 (Bestimmungsweise)，再認条件 (Wiedererkennungsbedingung) が探索されていたのである．そして（Einl., X，および終盤近くの 73 節では）上記のように，数詞の対象がその「意味」と，再認文の再認条件が「意義」であるといった意味論的な含みの用語が登場していることは，注目してよいであろう．

　また次節で若干ふれるように，フレーゲの数論は，デデキント-カントル流の，可算無限から非可算超限無限集合へ，さらにその先へと，次々と数領域を拡張していく，現代の集合論的アプローチに比して，ユークリッドの数論に準ずるようなきわめて古典的なものだったのである [野本 2012, 15 章]．

　簡単には，無限の対象領域をすでに暗黙には容認しているはずのフレーゲだが，しかしペアノ算術の公理系の第 2 公理 A2，すなわち，無限公理「どの基数にもその直続数が存在する」に相当する定理 157 のエレガントな証明を，後に『算術の基本法則 (GGA)』I-II, §§114-20 でフレーゲは与えている．その基本的アイディアは定理 155「b が有限基数であれば，〈b で終わる基数列に所属する〉という概念に帰属する基数が基数列で b に直続する」[GGA, I-II, §§114-9] で，この定理から「ただちに，どの有限基数にもそれに直続する基数が存在するという帰結が導出される」[GGA, I-II, §114, S. 144, S. 119] といわれている．こうしてフレーゲは最初の無限基数に到達することになる．すなわち，

　　ゼロで始まる基数列に所属しない基数，有限でない，無限である基数，が存在する．そのような基数は，〈有限基数〉という概念の基数である．それを〈[可算] 無限 (Endlos)〉と呼び，'∞' で表記したい．それを次のように定義する．[可算] 無限∞は，〈ゼロで始まる基数 (有限基数)〉という概念の基数である．[GGA, I-II, §122, 定義 M, S. 150]

の数論展開に対し，当時の大方の現場の数学者が違和感を漏らしていたという事情と，一脈通じるものがある）．

なお，フレーゲの実数論は，ワイエルシュトラース，デデキント，カントル，ラッセルらと異なり，そしてその伝統を継承する現代の集合論的な実数論に見られるように，基数を包含しつつ段階的に移行するのではなく，いきなり実数に向かうものである．基数から有理数へ，後者から実数へというラッセルの二重の移行に対し，基数から量の比（Grössenverhältnis）としての実数への直接の移行が主張されている（ラッセルへの書簡（1903年5月21日））．

フレーゲは，数とは何かの問いを，常に数の「応用」と密接して考えていて，基数と実数とは全く排反的だと解している．基数は「ある概念を満たす対象がいくつ存在するか」の問いに答えるのに対し，ユークリッド『原論』以来の古典的伝統に立って，実数は測定数で単位量との比較で何倍の量かを述べるものと解したのであった［GGA, II-III, §157］［野本 2012, 15 章］．近年のフレーゲ的抽象による実数抽象論の再興［野本 2012, 16 章］に関する，黒川書評論文［黒川 2014］の問題提起については，今回は残念ながら立ち入ることができなかった．

3　フレーゲによる意義の公的な導入——「意味と意義について」（SB）読解

フレーゲが，意義（Sinn）と意味（Bedeutung）との意味論上の区別を公けに導入したのは，著名な論文「意味と意義について」（1892）［SB］（『著作集4』土屋俊訳 pp. 71f., ［松阪編 2013］野本和幸訳, pp. 5-58）であった．この論文と並行して，論理哲学上の重要論文が次々と公刊され，また同時並行的に主著『算術の基本法則』［GGA］の執筆が進められている（この大著の出版は 1893 年のことである）．後者については，後にふれるとして，まず SB の，特に意義と意味との関連に注視しながら，テクストに即して読解してみよう．

まず問われるのは，等号'$=$'が現れる'$a=b$'のような等式で，等号の表す「相等性（Gleichheit）は，……そもそも関係なのか．もしそうなら，Ⓐ それは対象の間の関係なのか．それとも，Ⓑ その対象に対する名前または記号の間の関係なのか」［SB, S. 25］．

また『概念記法（BS）』や『算術の基礎（GLA）』，また主著『算術の基本法則（GGA）』においては，もっぱら幾何学や算術，論理学での対象や概念・関係が主題にされているが，本論文ではじめて，他の経験科学，例えば，天文学やまた日常言語でも登場する「太陽」「彗星」「小惑星」等が登場している（GLAでは，単に対象の事例として，月や地球等が挙げられてはいる）．

3.1 『概念記法 (BS)』での見解

さてフレーゲは，Ⓑの見解を，「私の概念記法［BS］において受け入れていた」と言う．

「この見解が有利に見える理由は，次のようなものである．それは $a=a$ と $a=b$ が，明らかに相異なる認識価値（Erkenntniswert）を有する文だからである．」

フレーゲのいう「認識価値」とは，直後の文章に引き合いに出されているように，カントの「アプリオリ」「分析的」といった判断の区別，とりわけ「認識を拡張する」（カント的には「綜合的」）か否かという点，と密接に関わる．

> すなわち，$a=a$ はアプリオリに妥当し，カントに従えば，分析的（analytisch）と呼ばれるべきなのに，$a=b$ の形式をもつ文はしばしばわれわれの認識の非常に価値ある拡張を含み，必ずしも常にアプリオリに根拠づけうるとはかぎらないからである．毎朝新しい太陽が昇るのではなく，常に同じ太陽が昇るのだという発見は，天文学において確かに最も実り多い発見の一つであった．また，現在でもなお，小惑星や彗星を再認することは，必ずしも常に自明なことではない．[SB, S. 25]

> ところでわれわれが，相等性とは，二つの名前 'a' と 'b' とが［Ⓐのように］意味するものの間に成り立つ関係である［クワイン流には名前の「使用（use）」に関わる］と見なしたいのであれば，$a=b$ が真である場合，$a=b$ が $a=a$ と異なるということはありえないように思われよう．というのも，その場合には，この等式は，ものそれ自身に対する関係，つまり，どのものもそれ自身に対しては成立するが，いかなるものも他のものに対しては成り立たない関係，を表現していることになろうからである．[SB, S. 26]

そこで，Ⓑ むしろ「$a=b$ でわれわれが語ろうとしていることは，<u>'a' と 'b' という記号または名前が同じものを意味している</u>，ということであるように思われる．」

Ⓑでは，波線部分に注意が向けられる．「そして，もしそうなら，まさにこれらの記号そのものが話題となっている［クワイン的には，記号に「言及している（mention）」］ことになろう．すなわち，この二つの記号の間の関係が主張されていることになるであろう」[SB, S. 26]．

実際『概念記法（BS）』では，以下のような趣旨が表明されていたのであった．

Ⓑ　$a=b$ とは，'a' と 'b' という記号または名前が<u>同じものを意味している</u>．

これは，解釈者のメタ言語へのタルスキ的な意味での翻訳（translation）で，カプランの用語を借りれば，「解釈者のメタ言語への翻訳による（'in terms of translation into interpreter's metalanguage'）」「下からの表現（expression from below）」に相当しよう［Kaplan 1997］［Kaplan 2012］．

だが「しかし，この関係が，名前または記号の間に成立するのは，ただその名前または記号が何かを名指し（benennen），表示している（bezeichnen）限りにおいてのみであろう．その場合，その関係は，二つの記号のそれぞれを同一の表示されたものに結びつけるということによって媒介された関係であるということになるであろう」［SB, S. 26］．

3.2 *BS* 見解の撤回――認識価値の差異と再認条件

Ⓒ　本来の認識

けれどもフレーゲは，『概念記法（*BS*）』での自らのこうした解釈を撤回しようとする．

> しかし［表示されるものに何らかの記号を］結びつけることは，［いずれも］恣意的なことである．なぜなら，恣意的に考案された何らかの事象や対象を［それが何であれ］，何らかの［他の］ものに対する記号と想定することを，誰に対しても禁ずることはできないからである．この場合，*a=b* という文は，もはや事態そのものに関わるものではなくなり，われわれの表記法に関わるものにすぎなくなるだろう．そしてそれゆえに，われわれは，その文で何ら本来の（eigentlich）［対象に関わる］認識を表現しないことになろう．［SB, S. 26］

Ⓓ　認識価値と再認

さらにフレーゲは次のようにだめ押しをする．

> また記号 '*a*' を記号 '*b*' から対象として（すなわち，ここでは形（Gestalt）によって）のみ区別して，記号として区別するのではないとしてみよう．つまり，その記号が何かを表示する仕方・様態によって区別するのではないとしてみよう．その場合には，*a=b* が真であれば，*a=b* の認識価値は *a=a* の認識価値と本質的には等しくなるであろう．［SB, S. 26］［例えば，既述の，*GLA* における相似性による図形の形の同一性規準参照．トポロジカルには *a* と *b* とは同相，そしてその意味合いで同形と見なすことも可能ということ

か.]

　こうしてフレーゲは，クワイン的には等号の本来の「使用」にもっぱら注目しようとする．すなわち，フレーゲが注目しているのが何かは，以下の引用が示している．

　　だがしかし，まさにそれ［本来の認識（eigentliche Erkenntnis），つまり，再認（Wieder-erkennung）を表現すること］こそ，多くの場合，われわれが［この形式の文を用いて］行っていることなのである［SB, S. 26］.

以下，フレーゲのいう「本来の認識」への議論を辿ろう．

3.3　記号の表示対象と意味

　Ⓔ　記号の意味・表示対象

　　通常の（gewöhnlich）仕方で語を使用する場合，われわれがそれについて語ろうとしているのはその［語の表示する対象，それをフレーゲは以下で術語として導入するのだが］語の意味（*Bedeutung*）である．［SB, S. 28］

　ただし，ここで「記号（Zeichen）」や「名前（Name）」ということで解されているのは，「固有名（Eigenname）の代理となる何らかの表記であり，それゆえに，その表記法の意味は特定の対象（Gegenstand）（ただし，この語を最も広い意味合いに解するとして）である．一つの個別的な対象を表示する記号がまた，複数の語やその他の記号から形成されているということもありうる．簡単のためそうした［一つの対象を表示する］どの表記もひとまとめに固有名と名づけてもよいであろう」［SB, SS. 28-9］．（なお，関数（Funktion），概念（Begriff）や関係（Beziehung）は，関数記号・概念語・述語や関係表現の意味とされる［FB, SS. 3f.］）．

3.4　表示対象の与えられ方・様態と意義

　Ⓕ　記号の差異と表示対象が与えられる仕方・様態

　　ところで記号の表示対象・意味が同一であるにもかかわらず，「何らかの差異が成立しうるのは，記号の区別が，表示されたものがどのように与えら

れるかというその仕方・様態（die Art des Gegebenseins des Bezeichneten）の区別に対応するということによってのみである．例えば，a, b, c が，それぞれ三角形の各頂点とその対辺の中点とを結ぶ線分であるとしよう．このとき，a と b との交点は，b と c との交点と同一である．したがって，われわれは同一の点に対して二つの異なる表記を得たことになる．そして，これら二つの名前［つまり，「a と b との交点」と「b と c との交点」］は，また同時に，表示されたものが与えられる仕方・様態をも示す（deuten）．そしてそれゆえに，この文には，［対象に関わる］内実のある認識（wirkliche Erkenntnis）が含まれることになる．[SB, S. 26]

以上は，カプランのいう，解釈者のメタ言語での「上からの記述（description from above）」に相当するフレーゲ流の言い方なのではないであろうか．しかしそれについては次節の真理条件において再度取り上げる．

Ⓖ　記号の意義

さてすると，記号（名前，語結合，文字）には，ものとして，その記号によって表示されたもの，すなわち，記号の意味（Bedeutung）と呼んでよいもの以外に，記号の意義（Sinn）と私が名づけたいものが結び付くと考えるのも，もっともである．そして，表示されたものが与えられる仕方・様態は，当の記号の意義の中に含まれるのである．そうすると，先の例では，「a と b の交点」という表現の意味と「b と c との交点」という表現の意味とは同じであろうが，この二つの表現の意義は異なることになろう．同様に，「宵の明星」と「明けの明星」の意味は同一であるが，それらの表現の意義は同じではないということになるであろう．[SB, SS. 27-8]

3.5　意義の一面性と共有性

Ⓗ　語の意義の共有性（Gemeinsamkeit）とその一面性
このように，フレーゲの意義が導入されているのは，記号・固有名の表示対象・意味に焦点が絞られている '$a=b$' といった再認文，再認条件との連関においてであることに注意すべきであろう．表示対象の再認条件としてはじめて，図形や数その他の抽象的対象ならびに太陽・惑星などの天体，山や人物等の具体的現実的な表示対象の与えられ方・様態が，意義として把握されているのである．
（ところで）どの対象のわれわれの把握も必ず何らかの認知的パースペクティヴ

においてのみ与えられるのである．意義—表示対象の与えられる仕方・様態（die Art des Gegebenseins des Bezeichneten）と対象の現存（vorhanden sein）との，時間的ないし概念的な先後関係が必ずしも問題なのではない．表示対象の現存が，その与えられ方・様態と独立ではないということが肝要なのである．しかもその与えられ方・様態は，われわれ人間にとっては，全面的にではなく，常に一面的であるにすぎない．しかも，意義把握のこうした認知的一面性は，いわゆる「直接指示性」と背馳するものではないし，また「直接指示性」は，表示対象の全知・認知的全面性を含意するものでもないであろう．

　　しかし一つの意義の把握によっては，固有名の意味は，たとえそれが現存する（vorhanden sein）場合でも，常に単にその一面のみ（immer nur einseitig）が明らかになったにすぎない．当の意味の全面的な認識（eine allseitige Erkenntnis der Bedeutung）のためには，与えられたすべての意義について，その意義がその意味に属するか否かをただちに述べうるのでなければならないだろう．しかしわれわれ［人間］は，そのようなことにはけっして達しえない．［SB, S. 28］（強調は野本）

他方しかし「意義」はまた，世代を超えた多数の人々に把握可能（fassbar）なのである．

　　固有名の意義は，その固有名が属する言語もしくは表記法の全体を十分熟知している誰によっても把握される．［SB, S. 28］

　　意義は多数の人の共有財（gemeinsames Eigentum）でありうるゆえに，各人の心の部分やその様態ではないのである．なぜなら，一つの世代から別の世代へと継承されてきた思想の共通の財宝（der gemeinsame Schatz von Gedanken）を人類がもっているということは恐らく否定できないからである．［SB, S. 29］

3.6　記号—意義—意味の関係

① 記号—意義—意味の多対一関係

　なおフレーゲは，上記三者の関係は，特殊な学術的人工言語の場合を除いては，一対一対応ではなく，多対一の関係であろうと述べる．

記号，記号の意義，記号の意味というものの間の規則的（regelmässig）な関係は，一つの記号に対して一つの確定した意義が対応し，その意義に対してまた一つの確定した意味が対応するという仕方であるが，一方一つの意味（つまり，一つの対象）には必ずしも一つの記号のみが属するわけではない．同じ一つの意義は，異なった言語においては，それどころか，同一の言語においてさえ異なる表現をもっている．……確かに，完備した記号体系の全体においてはすべての表現に対して，ある一つの確定した意義が対応すべきであろうが．[SB, S. 28]

Ⓙ　この規則的な関係の例外——日常言語

だが「日常言語（Volkssprache）は，しばしばこの要請を満たさないのであり，同一の文脈において同一の語が常に同一の意義をもつだけで満足せざるをえない．文法的に正しく構成され，かつ，固有名の代わりとなる表現は常に一つの意義をもつということは，おそらく認めることができるであろう」[SB, S. 28]．

Ⓚ　有意義だが意味を欠く表現

フレーゲは，通常の言語使用においては，それについて語ろうとするのは，その語の表示対象，つまり意味であることに注意する．「通常の（gewöhnlich）仕方で語を使用する場合，われわれがそれについて語ろうとしているのはその意味である」[SB, S. 28]．

だがしかし，当の意義に対して一つの意味もまた対応しているかどうかは，以上のことによっては述べられていないのである．例えば，「地球から最も離れた天体」という語句は，一つの意義をもつ．しかしこの語句が一つの意味をももつかどうかは非常に疑わしい．また，「最も遅く収束する級数」という表現は一つの意義をもつが，収束するいかなる級数に対しても，それより遅く，だがなおやはり収束する級数を見つけることは可能であるから，その表現はいかなる意味ももたないということが証明される．したがって，意義を把握したというだけでは，いまだ確実に意味を獲得したことにはならないのである．[SB, S. 28]

3.7　意味の存在前提

Ⓛ　語の意味について語るための前提（Voraussetzung）論

しかしそれではなぜフレーゲは，安んじて語が意味（Bedeutung）をもつとい

いうるのか．フレーゲ自身もそのことを自問している．
　すなわち観念論者や懐疑論者の側からは，以上のような見解に対して異論が唱えられる（と予想される）．「君は，無造作に対象としての月について語っているが，「月」という名がそもそも一つの意味をもつことを君は何を根拠にして知ったのか．また，そもそも何かあるものが一つの意味をもつことを何から知ったのか」[SB, S. 32].
　このような異論に対して，フレーゲはこう応答する．

> 　月の表象（Vorstellung）について語ることは，われわれの意図（Absicht）ではなく，またわれわれが「月」というときには，意義のみで満足せずして一つの意味を前提（voraussetzen）しているのだ，と．「月は地球より小さい」という文において月の表象が話題となっているとするなら，この文は意義を失う．話し手が月の表象について語りたいのなら，「私がもつ月の表象」という表現を使うであろう．ところで，われわれが先の前提をするに当たって誤りを犯すことはもちろんありうる．そのような誤りは実際に生じてもいる．しかしわれわれが常に誤りを犯しているのではないのか，という［観念論者や懐疑論者の］疑問に対しては答えないままにしておくことができる．なぜなら，当面，記号の意味について語るのを正当化するためには，そうした意味が現存する（vorhanden sein）場合という留保が必要であるにせよ，そうした語りまたは思考に際しての，われわれの意図を指摘しておけば十分だからである．[SB, S. 32]

　語の意味について語るためには，さし当たり意味の現存（*vorhanden sein*）を（素朴実在論的に）前提するだけで必要十分だというのがフレーゲのさし当たっての応答である．つまり，彼の当面している問題は，懐疑論や観念論への論駁ではない．

3.8 引用や話法の諸問題

Ⓜ　標準的な語りの例外――引用ないし直接話法[3]
　しかしフレーゲはきわめて慎重に，上記の標準的な語りに対する例外事例を挙げて，語の意味ということについての複雑な状況を捌こうとする．

---

[3]　以上のフレーゲの直接話法，間接話法の理解については，それらが重積する場合のみならず，多くの困難が指摘されているが，いまは立ち入らない（[Parsons 1982][松阪 2009][Matsuoka 2013] 参照）．

Ⓜ-1　直接話法・引用

　しかし，語そのもの，あるいは，その語の意義について語りたいという場合も起こりうる．例えば，他人の言葉を直接話法中で引用するときに，そうしたことが起こる．その場合，自分の言葉は，先の他人の言葉を意味しているのであり，この他人の言葉がはじめて通常の意味をもつのである．われわれはこの場合，記号の記号をもつことになり，文字で書く場合には，こういう場合そうした語形（Wortbilder）を引用符で囲む．したがって，引用符の内部に現れる語形は，通常の意味をもつと解されてはならない．[SB, S. 28]

Ⓜ-2　間接話法と間接的意味

　'A' という表現の意義について語りたければ，「表現 'A' の意義」という言い回しで簡単にそうすることができる．間接話法においては，例えば誰か別の人による発言の意義について語っているのである．

　このことから明らかであるが，間接話法においては，その語句はその通常の意味をもたず，通常はその意義であるものを意味しているのである．表現を簡潔にするために，われわれは次のように言いたいと思う．

　すなわち，間接話法において，語句は，間接的に（ungerade）に使用されている，ないし，その間接的意味をもつ，と．したがって，われわれは，一つの語の通常での（gewöhnlich）意味と，その間接的意味とを区別し，また，通常の意義と間接的意義とを区別する．したがって，語の間接的意味は，その語の通常の意義だということになる．記号，意義，意味との間の結合の仕方に関して，個々の場合について正しく把握しようと思うなら，以上のような例外に常に留意しておかなければならない．[SB, S. 28]

3.9　表象・意味・意義の関係――望遠鏡の比喩

Ⓝ　表象（Vorstellung）
　だが上記で言われた意味も意義もいずれも客観的・公共的な存在であって，それらは各人各様の主観的な「表象」とははっきり区別されるべきなのである．

　一つの記号の意味とも，またその記号の意義とも区別されるべきなのは，その記号に結びつく表象（Vorstellung）である．記号の意味が感覚的に知

3 フレーゲによる意義の公的な導入　589

意味─意義─表象の区別と連関についてのフレーゲの卓抜な比喩（原健一氏提供）

覚可能な対象の場合には，その対象についての私の表象は，私がもっていた感覚的印象と，私が行った内的ないし外的な活動とを想起することから生ずる，内的な像（inneres Bild）である．この像は，しばしば感情に浸されており，個々の部分の明瞭さはさまざまで，かつ揺れがある．また，同一の人物においてさえ，同一の表象が同一の意義に結びついているとは限らない．表象は，主観的である．すなわち，一人の人がもつ表象は，別の人のもつ表象ではない．［SB, S. 29］

すると当然，同一の意義に結びついた表象に対しても多様な差異があることになる．例えば「ブケファルス」という名前［アレクサンダー大王の馬の名前］に対して，画家と騎士と動物学者では，恐らくそれぞれ非常に異なった表象を結びつけるであろう．このことによって，表象は，記号の意義とは本質的に区別される．［SB, S. 29］

◎　意味─意義─表象についてのフレーゲの卓抜な比喩
意味─意義─表象の区別と連関について，フレーゲは以下の著名な比喩で説明している．

固有名の意味は，われわれがその固有名で表示する当の対象そのものである．その際にわれわれがもつ表象はまったく主観的なものである．意義はその中間に位置する．意義は，表象のように主観的ではないが，しかしまた対象そのものでもない．おそらく，以下のような比喩がこの関係を明らかにするのに相応しいであろう．ある人が月を望遠鏡で観察しているとする．私は，月それ自身を意味になぞらえる．月は観察の対象であり，この観察は，対物レンズによって望遠鏡の内部に投影された実像と観察者の網膜像とによって，

媒介されている．私は，前者［実像］を意義になぞらえ，後者［網膜像］を表象ないし直観（Anschauung）になぞらえる．望遠鏡内部の像はなるほど一面的なものにすぎず，観察する位置に依存している．にもかかわらず，その像は，複数の観察者に利用可能である限りにおいては，やはり客観的である．場合によっては，その像を複数の人が同時に利用できるように設定することも可能であるかもしれない．[SB, S. 30]

以上のフレーゲの論述から，フレーゲが，例外はあるものの，われわれの通常の言語使用において，それについて語ろうとするのは，その語の意味，表示対象，すなわち，客観世界内の諸対象（worldly objects）であることは明瞭であろう．

4 『算術の基本法則』の意味・真理・思想

それでは，主著『算術の基本法則（GGA）』（1893）におけるフレーゲの意味・真理・思想について，再考してみよう．

4.1 意味と意義・思想——翻訳的な真理条件的意味論

フレーゲは公式的には，真偽が本来的に問われるのは文ではなくて，文の意義・思想であり，文の真偽は単に派生的に問われるに過ぎないし，また語の意味・表示対象もその語の意義を介してのみ問われると主張した，とされる．ところが意味（真偽／表示対象）に対する意義・思想のそうした優先性を，実際のフレーゲの手続きは，遵守してはいない．先述の「意義と意味（SB）」論文でもむしろ逆に，固有名の意義とは，「その表示されるもの（*das Bezeichnete*）が与えられるその仕方・様態」[SB, S. 26] が含まれるものと規定されているように，表現の意味（*Bedeutung*）・表示（*Bezeichnen*）という観念(ノーション)に訴えて，その表現の意義（*Sinn*）という観念(ノーション)を説明しているのである．

意義と意味の規定をめぐるこうしたフレーゲの実際の手続きは，主著『算術の基本法則』においては鮮明に現れていて，文の意味＝真理値（真偽）（後述）を前提に，その分析により（例えば，否定文 '⊢A' や条件文 '$A → B$' から 'A' や 'B' を除去する統語的除去法を介して，論理的原初表現（論理記号（すなわち水平線 '—$ξ$'，垂直線 '|$ξ$'（水平線と合体して '⊢$ξ$'），条件線 '$ξ→ζ$'，全称量化記号 '$∀ξφ(ξ)$'，等号 '$ξ=ζ$'，値域記号 '$\acute{ε}φ(ε)$' 等）の意味（*Bedeutung*）（すなわち，論理的概念・関係等）を析出・確定した上で，それをベースにして，その意義・思想の規定へと進むアプローチが採られている．以下その点を確かめつ

つ，フレーゲの意義論を見よう．

フレーゲは，上記の有意味な論理的原初記号を基礎に，（有意味な名前の拡大策の証明を介して[4]），ある与えられた文が真を意味するのは，関連する（真理）条件が得られる場合その場合に限るということを示そうとした．その場合，当該の文の（真理）条件を問うということは，問題の文の意義について，一種メタ的説明を与えることと解される．こうして，彼は§32で，次のようにいうことができたのである．

> われわれの［原初］記号から適正に形成されたすべての名前には・意・味ばかりでなく，意義（Sinn）も帰属する．真理値のこのような名前のおのおのは，一つの意義，一つの思想（Gedanke）を表現する．つまり，われわれの約定によって，どのような条件（Bedingung）のもとでその名前が真を意味するかが確定されるのである．この名前の意義，思想はこれらの条件が充足されているという思想なのである．［GGA, I, §32, S. 50］

この間のフレーゲの手続きについてヘックは，「フレーゲが成し遂げたことは，概念記法の論理的断片に対し，真理の公理的理論を生み出し，かつ非形式的にではあるが，当該の理論は，大まかにタルスキの意味で，・適・切（adequate）であるということを証明したのである」［Heck 1997, p. 451］と，解している．すなわち，文 'p' が真なのは，p のとき，つまり 'p' の意義が実際に真であるとき（事実と一致しており，適切であるとき），つまり，'p' の真理条件が充足されているとき，そのときに限るからである．

以下フレーゲの上記の考えが，タルスキ流の真理論と重ね合わせてよいかも批判的に検討しつつ，フレーゲの意義論を見よう．

いわゆる外延的論理（extensional logic）に関わる限り，フレーゲの用語でいえば，われわれは「意味（Bedeutung）論」の範囲を越える必要はない．'3>2'，'$3^2=4$' のような真理値名は真偽いずれかの真理値を表示する（bezeichnen）ないし意味する（bedeuten）のであり，固有名の意味は何らかの・対・象（Gegenstand）である．対象は，関数でない一切のもの，例えば数，真理値，値域で，いかなる空所もなく飽和している（gesättigt）［GGA. I-I, §2］．だが論理的には（問題は

---

[4] フレーゲの論理学の意味論の核心は，以下に求められよう．① 真理値名の真偽二値性（二値の原理），② 文優位（要素表現の意味は真理値名の意味＝真理値への貢献である），③ 複合的表現の意味は，要素表現の関数である（合成原理），④ 推論・帰結関係の妥当性はその真理保存性にある（詳細は［野本 2012, 9章, pp. 295ff.］参照）．

残っているがさし当たり）値域（概念の外延等）のみを前提すればよく，真理値も値域に同化されうるとされる．1階の関数名，例えば'$(2+3\xi^2)\cdot\xi$'の表示する意味は，関数（Funktion）で，その本質は'ξ'に代入される記号の表示する数とそれに対する関数値との間の対応（Zusammengehörigkeit）において告知され，曲線の軌跡・グラフにおいて直観化される．関数名同様，関数自身もいわば「不飽和（ungesättigt）」で「補完を要する（ergänzungsbedürftig）」[GGA. I-I, §1]. また1階概念語（述語）・関係語の表示する概念・関係は，その項に対する値が真理値であるような特殊な関数と捉えられる．フレーゲの場合，公理（Ｖ）が示すように，例えば'$\xi^2=4$'と'$3\xi^2=12$'のごとく，同じ項に対して同じ真理値となるような概念は，その外延が同一であるのみならず，概念自身が同一と見なされるのである．その意味合いではフレーゲの場合には，概念・関係は，いわゆる外延的な（extensional）ものである．

例えば，'$2^2=4$'と'$2+2=4$'とはともに真理値真を表示し，意味において何も異なるところはない．しかしながら，フレーゲは名前の意味からその意義（$Sinn$）を区別する．'2^2'と'$3+1$'が同じ4を意味しながら，同じ意義をもってはいないように，'$2^2=4$'と'$3+1=4$'もともに真理値真を意味しながら，同じ意義をもたない．真理値名の意義をフレーゲは思想（Gedanke）と呼び，また名前はその意義を表現し（ausdrücken），その意味を意味する・表示する，という[GGA. I, §2].

それでは真理値名の思想とはなにか．また思想の真理値が真だということは，客観世界とどう関わっているのか．先述のように，フレーゲによれば，「われわれの約定によって，どのような条件（Bedingung）の下で名前が真を意味するかが確定される．この名前の意味，思想は，これらの条件が充足されている（erfüllt sein）という思想なのである」[GGA. I-I, §32].

フレーゲの言葉を補えば，「われわれは$\Phi(\Gamma,\Delta)$が真であるならば，対象Γは対象Δに対して関係$\Phi(\xi,\zeta)$にある，という．同様にわれわれは$\Phi(\Delta)$が真であるならば，対象Δは概念$\Phi(\xi)$のもとに属する（fallen unter）という」[GGA. I-I, §4]. GGAでのドイツ語での説明は，いわばメタ言語によるといってよく，またそのメタ言語はフレーゲの対象言語，つまり，$\Phi(\Gamma,\Delta)$等のような概念記法表記自身をも含むものである．そして，彼の表記上，固有名'Γ'，'Δ'はそれぞれΓ，Δを表示・意味し，また関係語'$\Phi(\xi,\zeta)$'は関係$\Phi(\xi,\zeta)$を意味すると意味論的約定をしたとすると，真理値名'$\Phi(\Gamma,\Delta)$'の意味，つまり真理値，が真であるのは，客観的対象ΓがΔに対して関係$\Phi(\xi,\zeta)$にあるという条件が充足されている，つまり，まさに$\Phi(\Gamma,\Delta)$という事態が現に成立している場合である．また同様に固有名'Δ'は対象Δを意味し，概念語'$\Phi(\xi)$'は概

念Φ(ζ)を意味すると約定すると，真理値名'Φ(Δ)'の意味が真理値真であるのは，Δが概念Φ(ζ)の下に属するという条件が充足され，事態Φ(Δ)が現に成立している場合だ，ということである（なお詳細は，[野本 1986; 2012]）.

この箇所は，やがてウィトゲンシュタインが，命題の示す意義とはその命題がいかなる条件の下で真となるかという真理条件（Wahrheitsbedingung）であり，命題を知るとはその真理条件を理解することだ（『論理哲学論考』[T, 4.022 以下]）とあからさまに主張し，さらにはタルスキの真理定義の逆転用を介して，デイヴィドソン [Davidson 1984] によって展開される，いわゆる「真理条件的意味理論（truth conditional theory of meaning）」の *locus classicus* とも目される（その展開過程は，巻末補論 1, [野本 1988]，いっそう詳細な近年の議論は [飯田 2003] 参照）.

さらにフレーゲは，「真理値の名前がそれらから構成されている単純なないしそれ自身すでに合成されている名前は，思想を表現するのに貢献する．そして個々の名前の貢献（Beitrag）がその意義なのである」[*GGA*. I, §32] と述べている．すぐ言葉をついでフレーゲは「もしある名前が真理値の名前の部分ならば，その名前の意味は後者 [真理値名] が表現する思想の部分なのである」(ibid.) とも述べている．

間接話法のような [*GGA*. I-I, p. x] 複雑な文脈は別として，外延的論理の範囲では，明示的に「意義・思想」に言及する必要はないが，しかし推論というものが主張・判断から構成されているとしたら，判断は一つの思想を表現し，それが真であるという承認に他ならないのであるから，推論の学である論理学は，実は「思想なしですますことはまったくできないのである」[*GGA*. I-I, §32].

4.2 客観世界への投錨と「上からの記述」

だが注目すべきは，実は上記のフレーゲの真理条件を巡る文言をどう解すべきかが問題的なことである．

フレーゲは，カプランのいうように，文の思想から世界を飛び越して（jump over）カルナップ的に外延＝真理値へと飛んだのか？（ちなみに，実際『算術の基本法則』では，体系的簡略化のため，真理値真には真理関数−ζの値域 $\acute{\varepsilon}(-\varepsilon)$ が割り当てられている．さらには，パーソンズ [Parsons 1981] によれば，二つの真理値は，互いに異なった対象のペアであれば，どのペアでも用が足りると証明されている）.

しかしフレーゲの真理論はそれだけではない．上述のヘックの言のように，タルスキの真理定義に通じるような示唆をもあわせもつ．ちなみに，タルスキの真

理定義を想起しておけば，簡略には，

　‘p’が真なのは，qのときそのときに限る（qは，pのメタ的翻訳（*translation*）ないしメタ言語が対象言語を含めば‘p’を引用解除したp自身）［詳細はタルスキの章参照］．

デイヴィドソンの意味理論は，メタ言語への翻訳に依拠するタルスキの真理概念定義を逆転して，真理概念を原始的として，解釈者自身の言語へのpのメタ的な翻訳，「下からの表現（*expression from below*）」［Kaplan 1997］を求めるアプローチである．ヘックの上述の解釈もその線上にある．

それに対し以下では，フレーゲの真理論・意味論を，タルスキ－デイヴィドソン的「翻訳」ではなく，むしろカプランのいうメタ的な「上からの記述（*description from above*）」と解して，むしろカプランのいう「客観世界的（worldly）意味理論」と解する余地を探ってみよう（タルスキ－デイヴィドソンの翻訳的意味論とカプランの「上からの記述」については以下参照［Kaplan 2012］［松阪 2000, pp. 20ff.］．

さてフレーゲは，「文の真理値ということで，私はそれが真であるという情況（Umstand），偽であるという情況，と解している」［*SB*, SS. 33-4］とも言っていた．

つまり，「真理値真とは，真であるという情況（Umstand）」であり，さらに上述のように「われわれは，$\Phi(\Delta)$ が真であるならば，対象Δは概念$\Phi(\xi)$のもとに属する（fallen unter）という」［*GGA.* I-I, §4］．つまり，表記上「固有名‘Δ’は対象Δを意味し，概念語‘$\Phi(\xi)$’は概念$\Phi(\xi)$を意味する」と約定すると，真理値名‘$\Phi(\Delta)$’の意味が真理値真であるとは，「真であるという情況」，「Δが概念$\Phi(\xi)$の下に属するという条件が充足されている（erfüllt sein）」場合なのであった．

いま「意味する」をBで，「表現する」をAで，表現‘α’の意味を$B(‘\alpha’)$，意義を$A(‘\alpha’)$，と表記すると，上のフレーゲの文言は以下のように表記できよう．

　(F)　$B(‘\Phi(\Delta)’) = T$ なのは，$B(‘\Delta’)$ fällt unter $B(‘\Phi(\xi)’)$ のときそのときに限る．

さらに，Cをチャーチ流の「意義α_1が意味αの概念（concept）である」ないし「意義α_1が意味αを確定する」（すなわち $C(\alpha_1) = \alpha$）とすると，上記のフレーゲの文言は以下のように言えよう．すなわち，$[A(‘\Delta’) = \Delta_1$ また $A(‘\Phi(\xi)’) = (\Phi(\xi))_1]$ かつ $[C(\Delta_1) = \Delta \ \& \ C((\Phi(\xi))_1) = \Phi(\xi))]$ のとき，つまり，上記 (F) の右辺：$B(‘\Delta’)$ fällt unter $B(‘\Phi(\xi)’)$ とは，‘Δ’の意味がΔであり $[B(‘\Delta’) = \Delta]$，かつ述語‘$\Phi(\xi)$’の意味が概念$\Phi(\xi)$であり $[B(‘\Phi(\xi)’) = \Phi(\xi)]$ かつΔがΦ

(ξ) の下に属する（Δ fällt unter Φ(ξ)）とき，そのときに限る，ということである．

かくて，真理値名 'Φ(Δ)' の意味（Φ(Δ)）が真理値真となる条件・真理条件とは，客観世界内対象 Δ が客観的概念 Φ(ξ) の下に属する〈Δ fällt unter dem Φ(ξ)〉という条件（Bedingung）が充足されている（erfüllt sein）[GGA, §32, S. 50]，つまり，客観世界的な事態・情況（Umstand）Φ(Δ) が実現している（realize）場合である，ということの（カプラン流の言い回しでは）メタ的な「上からの記述（description from above）」である，とも解しうると思われる．

4.3 フレーゲ意味論の客観世界への投錨

さてフレーゲは，カプランのいうように，文の意義・思想から客観世界を飛び越して（jump over），カルナップ的に外延（つまり，真理値）へと飛んだのであろうか？

先述のようにフレーゲは公式的には，真偽が本来的に問われるのは文ではなくて，文の意義・思想であり，文の真偽は単に派生的に問われるに過ぎないし，また語の意味・表示対象もその語の意義を介してのみ問われるに過ぎないと主張したとされる．ところが上記のように，そうした意味（真偽・表示対象）に対する意義・思想の優先性を，実際のフレーゲの手続きは，遵守してはいない．

まず彼の論理学についての意味論を回顧すれば，フレーゲはその論理学理解の独自性を，「「真」という語の内容を頂点におき，ついで思想を後続させる．……概念からの思想・判断の合成ではなく，思想の分解によって思想部分を獲得する」（ダルムシュッテターへの書簡 in [NS, S. 273]，『著作集6』）との「文（真理および思想）の優位テーゼ（primacy thesis）」を提唱していた．またフレーゲは，「真理概念」は「定義不可能な根元的で単純なもの」であるという．例えば，文や思想の真理の，事実との対応に求める対応説は，当の定義自体の真が再び問われ，当の対応の真偽をまた別の事実に求めなければならない無限後退に陥るという（「思想」[G, SS. 60f.]，『著作集4』）．

さらに文の意味とされる真理値真を，公理的構成においては，フレーゲは一見人工的に水平線関数—ζ の値域 $\acute{\varepsilon}(—\varepsilon)$ として導入しているが，この水平線関数—ζ を真理概念に重ねる解釈もあり，しかしこの解釈は嘘つきのパラドクスを招くとの指摘もある [Aczel 1980] [野本 2012, 11 章]．

さて先述のように，カプランは「フレーゲ理論はラッセルの客観的内容への対策も用意していない」という．

だがフレーゲは，上述のように，真理値名ないし主張文の表現する思想・真理

条件について，真理値真という真理概念に訴えて説明していた．すなわち，くどいが再掲すれば，「真理値名 '$\Phi(\Delta)$' の意味が真理値真となる条件・真理条件とは，(客観世界的対象 (worldly objects)) Δ が (客観的概念) $\Phi(\xi)$ の下に属する $\langle \Delta$ fällt unter dem $\Phi(\xi)\rangle$ という条件 (Bedingung) の充足されている (erfüllt sein)」場合 [GGA. I–I, §32, S. 50]，つまり，$\Phi(\Delta)$ という (客観世界的な) 事態・情況 (Umstand) が実現している場合である．

このように，ある主張文の表現する思想は，それが真となる条件の充足，客観世界的な事態の成立に依拠して説明されているのである．そしてそうした事態の成立には，当の主張文の構成要素である固有名や述語は，その意味である各客観世界的対象・概念・関係に繋留していなければならない．

この真理条件の表記の仕方は，事実・事態といった用語を回避し，当該の文のメタ言語中の「翻訳 (translation)」に訴えるタルスキ流の表現と，またタルスキ真理定義を逆転用するデイヴィドソンの真理条件的意味論とは微妙に異なり (その相違は，「私はいまここにいる」のような指標詞が登場する文の使用 (こうした言語使用と客観世界との原初的接触・デイヴィドソン自身のいう「根源的解釈 (radical interpretation)」の局面において顕在化するのであり，タルスキ–デイヴィドソン的な「翻訳」は，後述のように，効力を失う)，(カプラン流の言い回しでは) メタ的な「上からの記述 (*description from above*)」と解しうると思われる．

また先述の「意義と意味 (SB)」論文でも，固有名の意義とは，「その表示対象 (*das Bezeichnete*) が与えられるその仕方・様態」[SB, S. 26] が含まれるものと規定されているように，表現の意味 (*Bedeutung*)・表示 (*Bezeichnen*) というノーション観念に訴えて，その表現の意義が説明されていた．

フレーゲの論述から，フレーゲが，例外 (存在前提が満足されない場合) はあるものの，われわれの通常の，そして原初的・根源的局面での言語使用において，それについて語ろうとするのは，その語の意味，表示対象，すなわち，客観世界的な諸対象 (worldly objects) であることは明らかであるように思われる．

5 　判断・文の優位性と固有名の有意味性

この節では，フレーゲの判断・主張文・思想の優位テーゼと主張文の真理性を取り上げる．

5.1 文の優位テーゼと，構成部分への分析―除去法

さて論理学についての彼の理解の独自性は，先述のようにフレーゲ自身，以下のように述べていた．

> さし当たり「真」という語の内容を頂点におき，ついでただちに思想を後続させる．かくて私は，概念から出発し，それらから思想ないし判断を合成するのではなく，思想の分解（Zerfallen）によって思想部分を獲得する．このことにより，私の概念記法は，ライプニッツと彼の後継者たちの類似した創案から区別される．[*NS*, S. 273]

ここにライプニッツならびにその後継者と目されるブール，シュレーダーらもまた従っていた「概念から判断へ，判断から推理へ」という，部分から全体に向かう「原子論的」ないし「煉瓦積み（building-block）の方法」とは正反対の「文（真理・思想）の優位テーゼ（primacy thesis）」，複合から部分を析出する「分析的方法」の意識がはっきりと読み取れる．

だが「文脈原理」（*GLA*）「各語は文という脈絡においてのみ意味（Bedeutung）をもつ」，あるいは「文優位」のテーゼから，文の各構成要素表現の意味 B はどのように知られるのか．それは，統語論的な「関数論的分析」，つまり文からの構成要素の「除去法」による．

例えば，「$2^3+1=9$」から「2」を，「アリストテレスは哲学者である」から「アリストテレス」を「除去」すると，それぞれ「2」+「( )^3+1=9」と「アリストテレス」+「( )は哲学者である」が得られる．空所を含む不飽和な（ungesättigt）部分は関数詞，ないし述語，飽和した部分は項（Argment）記号/固有名と呼ばれる．固有名が表示し，意味するのが対象と，関数詞・述語の意味するのが，関数あるいは概念（Begriff）ないし関係といわれる．逆に綜合的には，述語の空所に固有名を代入，「充塡する（ausfüllen）」と，文が構成される．

5.2 「合成原理」と言語の創造性・習得可能性

もちろん，いったん基本的要素に達すれば，それらから複合的全体を構成する「合成原理」の意義をも，それが「フレーゲの原理」と称せられるほどに，フレーゲは認識していたのである．

> 言語が成し遂げることは，驚嘆に値する．というのも，言語はわずかの音

節で見渡し不可能なほどの多くの思想を表現し，しかも，いまはじめてある地球人が把握した思想にも，それが全く初耳である別の人物にもわかるような言い回しを与えることができるのである．このことは，思想を文部分に対応する部分へと区別することができ，その結果，文の構造を思想の構造の像（Bild）と見なしうることによってはじめて可能になることであろう．（[Gg] in [KS, S. 36]）

ここに有限の能力しかもたないわれわれ人間が，有限の語彙と（繰り返し現れ，組み合わせ可能な有限の）構造とによって新しい思想を無限に表現できるという言語のいわゆる「創造性」とまた「習得可能性」とが，この再帰的（recursive）な「合成原理」によって説明可能とされているのである．

5.3 判断・主張と思想・真理

さらには，すでに早期にフレーゲは，概略を次のように述べていた．「論理学が扱うのは，推論における結論の判断が真であることの正当化である．こうした正当化に関しては種々の法則が存在しており，正しい推論についてのこうした法則を立てることが，論理学の目標なのである．……論理法則とは，「真」という語の内容の展開以外のなにものでもない……」（「論理学I」（L[I] in [NS, SS. 2-3]）．

判断・主張と真ということとの関係であるが，「論理学I」ですでにフレーゲは，「何かを真と承認する（anerkennen）ことでわれわれは判断し，その判断を言表することでわれわれは主張する．だが真であるもの（was wahr ist）は，われわれの承認からは独立に真である．われわれは誤りうる」[NS, S. 2] と，述べている．ここにすでに「判断」とは，なにかを真と承認することであり，その判断の言表が「主張」であり，かつ真理とはそうしたわれわれの判断からは独立に真である，ということが明確に表明されている．そしてこの時期にすでに真と承認される何かとは，「判断可能な内容（beurteilbarer Inhalt）」[BS] と呼ばれ，それは「何か客観的なもの，すべての理性的存在者，それを把握する能力のあるすべての者に対し正確に同じものだ」[NS, S. 7] と，特徴づけられている．やがてフレーゲはこの「判断可能な内容」を，「表象（Vorstellung）の連合」から区別し，「真か非真（unwahr）かという問いが意味をもつ」「思考上の結合（denkende Verbindung）」，その「言語的表現が文である」ような「思想（Gedanke）」と称するようになり，「思想の表現である場合にのみ，文は真または非真でありうる」（「論理学の17のキーセンテンス」（1892以前）[NS, S. 189]）と見なす．

また,『概念記法』で,判断線'|'によって表されていた(判断可能な内容の)「肯定」が,主著(*GGA*)では「主張力(behauptende Kraft)」を表す記号と見なされ,述語づけることと判断することとが明確に区別されるに至る.つまり,思想は,その真偽の承認・否認なしに把握可能であり,(i)「思考(Denken)」とは思想の把握(fassen)で,(ii)「判断(Urteil)」とは思想の真理性の承認,(iii)「主張(Behauptung)」とは,主張する力を伴って,その承認を表明することとされる([EL] in [*NS*, 201, S. 213], [*G*, S. 62]).かくして,フレーゲは,その真理性を承認も否認もなしに,判断を差し控え(zurückhalten)つつ,思想を把握・理解可能であり([KU 1906] in [*NS*, S. 213]),文の内容中「もっぱら真として承認され,ないし偽として退けられる部分……を文において表現された思想と呼ぶ」という (ibid. in [*NS*, S. 214]).

かくして「伝説や虚構を度外視し,科学的な意味での真理が問題となる場合だけを考察するとすれば」([EL] in [*NS*, S. 201], [KU 1906] in [*NS*, S. 214]),「論理学において妥当するのは,どの思想も真であるか偽であるかであって,第3の途はない (tertium non datur)」([EL] in [*NS*, S. 214]) との根本的前提,いわゆる「二値の原理(principle of bivalence)」が表明される.

5.4 主張力

フレーゲは,「主張」を,述語や思想から分離することに努め([KU 1906] in [*NS*, 214], [EL, S. 201] [*G*, S. 62]),そうした言語行為の相を,「力(*Kraft*)」と呼び([KU 1906] in [*NS*, S. 214], [EL, S. 201] [*G*, S. 63])(後のオースティン,サール(J. Searle)らの発語内の力(illocutionary force),発語内行為(illocutionary act)論の先駆),そのために主張文,命令文,希求文,依頼文等の文の種類分けを行い,文の表す内容を一般に意義(Sinn)と称する(ただし,文の種類分け(「法(Mood)」)と文の「力」とは区別される.われわれは,直説法(indicative mood)の平叙文で,主張のみならず疑問,命令,依頼などの多様な発語内の力(force)で発語内行為を遂行できるからである.([Davidoson 1979] rep. in [Davidson 1984] 参照).

ところでフレーゲは,主張文の意義以外は,思想(Gedanke)には数えない.その理由は,その内容の真理が問題にはならないからである.かくして,何かを伝達し主張する主張文(言明文)と文疑問(Satzfrage)(疑問詞で始まる語疑問(Wortfrage)とは区別された「諾否」のみを求める疑問文)だけが思想を表現する.主張文・文疑問は,思想以上のもの,まさに「主張」,また「諾否」の応答を迫る「要求(Aufforderung)」を含む(発語内の力)[*G*, S. 62].「判断する」

「主張する」がいかなる営為であったかといえば，それは理解・把握された「思想の真理性を承認し，そう表明すること」に他ならなかった．したがって，思想の真理性の承認というポイントの理解なしには，「判断」「主張」とは一体いかなる営為，いかなる「発語内行為」なのかさえ理解できないことになろう．かくしてフレーゲは，「思想だけでは認識を与えず，その意味（Bedeutung）［＝真偽という真理値］と結合した思想にしてはじめて認識を与える．判断は，一つの思想からその真理値への前進と把握される」［SB, S. 35］と述べる．のみならず，われわれの判断・主張には誤りの可能性がある．ある思想をわれわれが「真と見なすこと（Fürwahlhalten）」と，その思想が「真であること（Wahrsein）」とは全く異なることを，再三強調する［GGA. I-I, p. xvi］．思想の真理性は，われわれの判断・主張・「真と見なすこと」からは独立なのである．把握・判断・主張という営為は，われわれからは独立の思想への，かつまた真であること，真なる思想（すなわち，フレーゲのいう「事実」）への，われわれの側からの関わり・接近に過ぎないのであって，それによって思想や真理概念がはじめて生成するのでも，逆に不要になるのでもない．フレーゲの見地では，逆に，思想・真理概念の存在を前提してはじめて判断・主張の客観的な正しさと誤りとが弁別可能となるのである．

5.5 文・固有名・述語の有意味性条件について[5]

5.5.1 有意味性条件

ここで，主として，文と（広義の）固有名の（関数名・概念語については簡略に）フレーゲによる有意味性（bedeutungsvoll）条件を再確認しておこう．

まず文の有意味性条件は，それが真または偽のいずれかであるという「二値の原理」を満たすということであった．

（広義の）固有名の有意味性条件としては，すでに『基礎』（1884）で，概念を介しての対象指定の定義という記述理論において，明示的に与えられていた．すなわち，その概念に属する対象が少なくとも一つ，そしてたかだか一つしか存在しないという「一意的存在（einzige Existenz）条件」［GLA, §74, fn. 88］が，『算術の基本法則』前後でも一貫して採用されており，本来の固有名も，またいわゆる確定記述句（定冠詞＋概念語）の場合も，一意的対象が表示される，ないしその概念に帰属するのでなければならない［SB, SS. 41-2］．

関数名・概念語についての有意味性条件は，二値原理に対応する「すべての対

---

[5] 本節は，［野本 2012, 11 章 6 節以下］参照．

象について，それが当の概念のもとに属するか否か確定していること，換言すれば，概念に関し，明確な境界づけ（scharfe Begrenzung）の要請……関数一般に関しても，それらがどの項に関しても一つの値をもつべしという要請」[FB, S. 20] に表されている．この要請が，概念の定義の「完全性の原則」[GGA. II, §56] で，排中律はこの要請の別形式に他ならず，「任意の対象 Δ は，概念 Φ に属するのか，または属さないのかのどちらかであって，第 3 の途はない（tertium non datur）」(loc. cit.) とされている．

5.5.2 存在仮定

固有名の場合，初期のピュンヤー（B. Pünjer）との対話（1884 年以前）においてすでに，フレーゲは，論理学の法則は論理学中の語が空でないことを前提しているという存在仮定（existential assumption）を表明している．

> 「ザクセは一人の人間である」が本物の判断であれば，「ザクセ」という語は何かを表示しなければならない．……A が一つの個体の名前である場合に，「A は一つの B である」という形式の文が一つの意義をもち，かつ真でありながら，「B なるものが存在する」が偽となる例を挙げることができるだろうか．[NS, S. 67]

このように，存在汎化（existential generalization）という量化法則の成立に前提される名前 'A' の表示対象に関する存在仮定を明言している．

また「論理学の 17 のキーセンテンス」（1892 年以前）でも同様に，こう主張している．

「9. 一つの文は，それが一つの思想である場合その場合にのみ真または非真でありうる．

10. 「レオ・ザクセが一人の人間である」という文は，「レオ・ザクセ」が，なにかを表示する場合にのみ，一つの思想の表現なのである」[NS, S. 189]．

論理学を含め学問においては，主張文が一つの思想を表現し，したがって真偽いずれかの真理値をもつには，その文中の名前は意味（Bedeutung）をもたなければならないのである．しかしながら，そのことは，こうした存在仮定が名前や確定記述句の意義（Sinn）に含まれていることを意味しない．もしそうなら，「ケプラーは惨めな死に方をした」や「楕円軌道の発見者は惨めな死に方をした」の否定は，それらの文の単純な否定ではなくて，例えば「ケプラーは惨めな死に方をしなかったか，または「ケプラー」という名前は無意味（bedeutungslos）

であるかだ」となるはずである［SB, S. 40］．

むしろ，フレーゲは次のように主張していた．「ひとがなにかを主張するとすれば，そこで用いられている単純または複合的な固有名が，一つの意味（Bedeutung）をもつという・前・提（Voraussetzung）は，常に自明なことである．それゆえ，「ケプラーは惨めな死に方をした」と主張するならば，その場合，「ケプラー」はなにかを表示するということが前提されているのである」［SB, S. 40］[6]．

しかしながらフレーゲは事実としてこうした期待が裏切られ，解析学の言語も含めて，「諸々の言語は，文法的形式に従えば，一つの対象を確かに表示するように見えるのに，その目的を達しないような表現がありうるという欠陥をもつ」［SB, S. 40］ことを認め，「発散無限級数」のようなそうした名前を「見かけ上の（scheinbar）固有名」［SB, S. 41］と呼んでいる．そういう場合でも，先述のように，少なくとも記号の表示対象について「語ることを正当化するためには，語ったり考えたりする場合の［・意・味・の・存・在・前・提という］われわれの意・図（Absicht）に言及すればさし当たり十分である」［SB, S. 32］とフレーゲは考える．

5.5.3 真理値の間隙と対象約定理論

だが例えば「名前「オデュッセウス」が，一つの意味をもつかどうか疑わしいので，それゆえまた全体の文［「オデュッセウスは，イタカの海岸に降ろされた」］が一つの意味［真理値］をもつかどうかも疑わしい」［SB, S. 32］．かくて後年のフレーゲは，こういう．「ウィルヘルム・テルは，息子の頭上のリンゴを射落とした」のように，「その文中に見かけ上の固有名が現れている場合には，一般に，その文の意義は虚構（Dichtung）で，……単に見かけ上の思想（Scheingedanke）なのである」（［L［II］］in［NS, S. 142］）．かくして後期では，論理学等の学問と虚構とが峻別され，真偽いずれかであるような本来的思想（eigentlicher Gedanke）を表現する学問上の使用と，見かけ上の思想が区別され，見かけ上の主張文は，真偽いずれでもなく，虚構を表現し，そうした場合真理値の間隙（truth value gap）があることになる．

だがフレーゲは，一般的に存在仮定を落として，真，偽，虚構のいわば三値をとる三値論理ないしは存在仮定から自由ないわゆる「自由論理（free logic）」を採用したのではない．論理学を含む学問においては，彼は二値原理を貫こうとした．「伝説や虚構は度外視し，科学的意味での真理が問題となるような場合だけを考察するとすれば，どの思想も真かまたは偽であって，・第・3・の・途・は・な・いという

---

[6] この前提（presupposition）論は，やがてストローソン［Strawson 1950］らによって展開される．［van Fraassen 1969］また［野本 1997, 5章］も参照．

ことができる」（[EL] in [NS, S. 201]）．そのために採用したのが，ラッセルの記述理論と対比されるいわゆる「(対象) 約定理論（chosen object theory）」[Kaplan 1972] である．

それは「論理的に完全な言語（概念記法）においては，すでに導入済みの記号から，文法的に正しい仕方で固有名として形成されたすべての表現は，また実際一つの対象を指し，それに一つの表示対象が確保されないようないかなる記号も固有名として新しく導入されてはならない」[SB, S. 41] を，満足する一種人工的な，しかし数学者・論理学者には愛好される方策である．かくして一意的存在条件を満たさない見かけ上の固有名や記述にどのような対象が人工的に割り当てられるかはそれほど重要なことではない．例えば，「無限発散級数」には0が割り当てられている [SB, S. 41].

一方『算術の基本法則』[GGA. I-I, §11] では，フレーゲは次のような記述理論を提案している．

　　（i）記述 'the Φ' が本来的記述，つまり，概念Φのもとに唯一の対象Δが属する場合には，もちろんΔがその記述の表示対象＝意味である．

記述 'the Φ' が見かけ上の記述，つまり，概念Φにはいかなる対象も属さないか，または二つ以上の対象が属する場合には，その記述の表示対象は概念Φの外延だと約定するのである．するとΦに何も属さなければその表示対象は空クラス，a, b 二つ属するならば，a, b のペアのクラスがその表示対象である[7]．

以上のフレーゲの所論から，フレーゲが，例外（存在前提が満たされない場合）はあるものの，われわれの通常の言語使用において，われわれが，それについて語ろうとするのは，その語の意味，表示対象，すなわち，（具体的・抽象的を問わず）客観世界的な諸対象（worldly objects）であることが確認できるように思われる．

6　フレーゲ的意義の諸相とその射程

6.1　フレーゲ的意義の再論ないし認知的意義

フレーゲの意義（Sinn）は，タルスキの真理論を逆転用したデイヴィドソンの

---

[7]　こうしたフレーゲの方策は，[Carnap 1937] [Gödel 1931] [Quine 1951] 等多くの論理学者が採用している．特にカルナップは，[Carnap 1947, §8] において，当該議論領域外の存在者ないし議論領域自体が一般に＊として選択され，自然な付値がなされている [野本 1986, 5章]．また，「自由論理」では，例えば [van Fraassen 1966] の重ね値（supervaluation）の方法といった，柔軟な付値の工夫がなされている [野本 1997, 5章].

意味理論におけるようにもっぱら真理条件的に (truth-conditional)，あるいはカルナップ−モンタギューの内包 (intension) のようにモデル論的セマンティクス (model theoretic semantics) 内では汲み尽くしえない認知的な位相があると考えられる．フレーゲの場合，文や語の意義は，対象の与えられ方・様態や，文の真理性を知ることの認識上の価値（認識を拡張するか否か），その文の真理性を知るために特別の認識活動を必要とするか否か，さらにはわれわれの所信内容や認識内容と所信様態等とどう関連するのかといった諸問題と，密接に関係するのである．

フレーゲによれば，既述のように，固有名は，ある対象を特定の確定法・様態 (Bestimmugsweise) で表示する．例えば，数 2 を端的に数詞「2」によって，また複合的記述「1 の後者」や「3 の前者 3−1」によって，あるいはアリストテレスを記述「スタゲイラ生まれでプラトンの弟子」や「『形而上学』の著者」といった仕方・様態で表示する．関数詞・述語の場合も同様に，ある関数・概念を特定の確定法で，例えば '( )^3+1=9' や '( )^3=8' といった表記法で表示する．

ところで一方でカプランは，われわれが同一個体を，ドネランの意味合いで「念頭においてはいる (having in mind)［ないし，フレーゲの用法では「意味し (bedeuten)・表示している (bezeichnen)」］のだが，……その念頭におく仕方は異なる様態 (*ways*) においてであるということを説明しなければならない」という．「こういう種類の意味は，フレーゲが発話の認知的意義 (*cognitive significance*)［おそらくファイグル (H. Feigle) の英訳に由来する，フレーゲの「表示対象の与えられる様態 (die Art des Gegebenseins des Bezeichneten)」を含む意義 (Sinn) がカプランの念頭にあるのであろう］と呼んだものである．個体それ自体は，こうした種類の意味の構成要素にはなれないであろう．知覚的面識 (perceptual acquaintance) がわれわれにある個体を認知的に表記 (cognitively represent) できるようにすることに同意しつつ……」．なおカプランも「認知的意義の領域では，何 (*what*) が表されている (represent) かだけではなく，またそれがどのように (*how*) 表示・表されているかをも説明しなければならない．よって単称的思考と単称命題との，ラッセルによる同一視は機能しないだろう」として，後述の「意味の理論 (theory of meaning)」を示唆する［Kaplan 2012, Cl. 4, p. 158］．

確かに，フレーゲの意義 (Sinn) には，タルスキ−カルナップに発する「モデル論的意味論 (model theoretic semantics)」では収まりきらない，カプランのいう「意味の理論」に関連する要因が認められる．そこでまず再度，フレーゲの意義 (Sinn) の認知的様態について，その諸相を確認してみよう（［野本 2012, 11

章］参照）．

6.2　意義と認識価値，与えられ方・様態，思想の写像としての文

　既述のように，論文「意義と意味について（SB）」(1892) の著名な冒頭箇所でフレーゲは，'a=a' と 'a=b' とでは，認識価値（Erkenntniswert）に相違があるというカント的問題を提起する．すなわち，「a=a は，カントに従えば，アプリオリで分析的だが，他方，a=b という形の文は，われわれの認識のきわめて価値ある拡張を含み，かつ，必ずしも常にアプリオリに基礎づけできない」[SB, S. 25].

　こうした認識価値の相違は，'a', 'b' の表示対象＝意味（Bedeutung）のみでは説明できない．'a=b' が真なら，両者の意味は同一だからである．フレーゲの回答は，このように同一の表示対象に対し，別々の表記がある場合，記号の「相違は，表示されたものが与えられる仕方・様態（die Art des Gegebenseins des Bezeichneten）に対応する．……記号（名前，語結合，文字）には，表示されたもの，記号の意味の他になお記号の意義（Sinn）と私が名づけたいものが結びつけられていると考えられ，その記号の意義のうちに［対象の］与えられる様態が含まれているのである」[SB, S. 26]．すでに『概念記法』においても，同一の概念内容の異なる「確定法（Bestimmungsweise）」[BS, SS. 14-5] にふれられていたが，この論文ではじめて，こうした認識論的側面が言語表現の意義という言語論的・意味論的局面に取り込まれたのである．かくして「表示されるものの……その各々に［与えられる］様態に，当の名前を含む文の一々の特定の意義が対応する．……かくて，どの固有名にも，それを介して表示されるものがいかに与えられるかという唯一の仕方・様態が結びついているということが，本来要求される」[G, SS. 65-6].

　文・判断の場合にも，その意味＝真理値は同一であっても，それぞれ固有の真理値の分析法を含むと考えられる．「判断は，特定の真理値内における諸部分の区分であると言いうるであろう．この区分は，思想への遡及（Rückgang）によって生ずる．一つの真理値に属する各々の意義は，分析（Zerlegung）の一つの固有の仕方・様態に対応する」[SB, S. 35]．つまり特定の文の表現する思想＝意義は，その意味＝真理値の各構成部分への固有の分析の仕方を含むのである．だがしかし「一つの思想は，多様に分析されるのであり……思想自体によってはなお，主語として何が把握されるべきか確定されない．……［それは当該の］言語中の文による．……同一の思想が，ある分析では単称的に（singulär），別の場合には特称的に（partikulär），または全称的に（allgemein）現れる」[BG, S. 200].

さらに後年には，「思想……は，文，表現，記号においてその写像（Abbild）をもつ．思想の構造（Aufbau）には，諸々の語からなる文の合成（Zusammensetzung）が対応する」[Vern, S. 148]．「文は，……思想の写像（Abbildung）で……思想部分の思想全体への関係には，文部分の文へのそれと同じ関係が対応する」（[Darm (1919年7月)] in [NS, S. 275], [野本 2012, 11章§9] 参照）．

かくして，広義の名前・単称名（Einzelname）に埋め込まれた，意味＝表示対象への与えられ方・確定法の差異が，'a＝a' と 'a＝b' との認識価値を説明する．

> 'a＝a' と 'a＝b' との認識価値が異なるならば，そのことは，文の真理値・意味のみならず，文の意義，すなわち，文で表現された思想を考慮に入れる，ということによって説明される．さて a＝b とすると，'b' の意味と 'a' の意味とは同一で，したがってまた 'a＝b' の真理値と 'a＝a' の真理値とは同一である．そうだとしても，'b' の意義は，'a' の意義とは異なりうるのであり，したがってまた，'a＝b' において表現された思想は，'a＝a' において表現された思想とは異なりうる．その場合，二つの文は同じ認識価値をもたない．
> [SB, S. 50]

6.3　特別の認識活動と意義

既述のように，フレーゲは，ある書簡である地理学上の発見の例を挙げていた．ある探検家が北方に雪を頂く高山を発見し，原住民からその山が「アフラ（Afla）」と呼ばれていることを知る．他方，もう一人の研究者が南方に雪を頂く高山を発見し，それが「アテブ（Ateb）」と呼ばれていることを知る．（しかし原住民がその「アフラ」「アテブ」にどのような意義を結びつけていたのかについては，フレーゲは何も言及していない．）後に測量によって，二人は同じ山を見たのだということが明らかになる．「「アフラ山はアテブ山と同一である」は，地理学上の価値ある発見であり，新しい認識である．各研究者の［別箇の地点から北方ないし南方方向のパースペクティヴに，雪を頂く高山として眺望される視覚による］同一の山についての，それぞれの確定法が，異なる名前に結びつけられる機縁（Veranlassung）となっており，異なる名前は，異なる意義をもつ」とされる（ジャーデン宛書簡，日付なし [WB, S. 128]）．

またフレーゲは，次のようにも述べていた．「天文学者 X の発見した彗星と天文学者 Y の発見した彗星とを別々の表記で語っていたが，それらが同一天体＝同一の意味をもつと判明した場合でも，しかし意義は異なる．なぜならその一致を理解するためには特別の認識活動（besondere Erkenntnistat）が必要になるか

らである」(ペアノ宛書簡 1897 年 in [*WB*, S. 369]；ラッセル宛書簡 (1902 年 12 月 28 日))．こうした「特別の認識活動」には，望遠鏡による単なる天体観測だけではなく，例えば物理学を背景にした，太陽系を含む銀河系宇宙の理論的探究が含まれるであろう．

また '3+1'，'1+3'，'2+2'，'2・2' といった算術の場合も同様に考えているから，「特別の認識活動」には，地理学・天文学上の観察や実験などの経験的探究のみならず，算術の場合の証明手続きのようなアプリオリな場合も含まれる．よって，フレーゲ自身がその開拓者である，数論に関わる証明についての論理的探究も，そして論理学そのものについてのメタ的探究もまた含まれるといえよう [野本 1986，4 章 9 節]．

上述の意味での確定法，認識価値，および認識活動の有無と意義の関連についての，フレーゲの主張を定式化すると，次のようになろう．ただし，① '$a=b$' の真理性を知るのに，こうした特別の認識活動を必要とすることを $T^+(a=b)$ と，不必要な場合を $T^-(a=a)$ と表記し，② $E(a=b)$ は，'$a=b$' の分析性ないし拡張性やアプリオリ性に関する認識価値を，③ $W(a=b)$ は，'a'，'b' の各意味の確定法・与えられ方・様態，したがって '$a=b$' の真理値の確定法・与えられ方・様態を表し，またさらに④ $S(a=b)$ は '$a=b$' の思想・意義を表すとする．すると，① 特別の認識活動の要（$T^+(a=b)$）・不要（$T^-(a=a)$）が，② 認識価値の有無（$E(a=a) \neq E(a=b)$）の，また③ 各語の意味の確定法の，各文の真理値の確定法の差異（$W(a=a) \neq W(a=b)$）の，各必要十分条件を，かつ④ 意義の差異（$S(a=b) \neq S(a=a)$）の十分条件を，なすと考えられる（詳しくは [野本 1986，4 章 9 節; 2012，第Ⅷ部，13 章]．すなわち，以下の [E] と表すことができよう．

$$[\text{E}] \quad \underbrace{T^-(a=a) \,\&\, T^+(a=b)}_{①} \leftrightarrow \underbrace{E(a=a) \neq E(a=b)}_{②} \leftrightarrow \underbrace{W(a=a) \neq W(a=b)}_{③}$$
$$\underbrace{\rightarrow S(a=a) \neq S(a=b)}_{④}$$

6.4 思想と，真と見なす判断

先述のように，フレーゲは，いわゆる「代入則」，ライプニッツ流の「真理保存的置換（*substitutio salva veritate*）原理」，すなわち「一つの文中のある表現を，同じ意味の（gleichbedeutend）表現によって置換する場合に，当の文の真理値は影響を受けない」[SB, S. 36] を受け入れていた．しかしながら，フレーゲは，直接話法報告，間接話法報告，所信や知・疑問・目的・因果や理由等に関わる複雑な複合文に関しては，こうした代入則が成り立たないように見えることを認め

る. まず最も基本的な「ある文（の表現する思想）を真と見なす」という「判断」について，フレーゲは次のように主張する.

　　われわれが「宵の明星はその公転周期が地球のそれより小さい惑星である」という場合，「明けの明星はその公転周期が地球のそれより小さい惑星である」という文におけるのとは別の思想を表現したのである．というのは，明けの明星が宵の明星だということを知らないひとは，一方を真としながら，他方を偽と見なす（für wahr，もしくは falsch halten）ことがありうるからである．にもかかわらず，二つの文の意味［真理値］は同じでなければならない．なぜなら，同じ意味をもつ，つまり，同じ天体の固有名である語「宵の明星」と「明けの明星」が互いに交換されているにすぎないからである．意義と意味とを区別しなければならない．[FB, S. 14]

　　「明けの明星は，太陽によって照射されている物体である」という文の思想は，「宵の明星は，太陽によって照射されている物体である」という文の思想とは異なるからである．宵の明星が明けの明星であることを知らないひとは，一方の思想を真と見なすが，他方の思想を偽と見なすことがありうるであろう．[SB, S. 32]

　いま「あるひと x が文 'p'（したがって，思想 p_1）を真と見なす」を '$xA(p)$' と，「話し手 x が文 'q'（したがって思想 q_1）を偽と見なす」を '$xA(\neg q)$'，「ありうる」を '$\Diamond$' と表記すると，フレーゲの主張は次のようになる．
　ある話し手 x が文 '$\alpha=\alpha$' を真と見なす（判断し主張する $\vdash_x \alpha=\alpha$）が，'$\alpha=\beta$' は真とは見なさない（つまり，$\alpha=\beta$ でないと主張する（否認する）$\vdash_x \neg(\alpha=\beta)$，ないし $\alpha=\beta$ との判断を差し控える（zurückhalten）$\dashv_x \alpha=\beta$）とすると，少なくとも x にとっては，'α' の意義と 'β' の意義は異なる（$\alpha_1 \neq \beta_1$）．すなわち，
　　$\vdash_x \alpha=\alpha$ かつ（$\dashv_x \alpha=\beta$（判断の差し控え）ないし否認 $\vdash_x \neg(\alpha=\beta)$）ならば，（少なくとも x にとり）'α'，'β' の各意義は異なる（$\alpha_1 \neq \beta_1$）
　かくしてフレーゲは次のように主張する．「しばしば同じ対象が異なる固有名をもつ．しかも，固有名が例外なく交換可能だとは限らない．このことは，同一の意味をもついくつかの固有名が異なる意義をもちうることによってのみ，説明されうる．「モンブラン山」という固有名が「ヨーロッパの最高峰」という表現……と同じ山を表示してはいるが，「モンブラン山は 4000 m 以上の高さである」という文と，「ヨーロッパの最高峰は 4000 m 以上の高さである」という文とは，

同じ思想を表現してはいない」［EL, S. 208］．モンブラン山がヨーロッパの最高峰だとは知らないひとは，前者の文は肯定するが，後者の文は否認する，ないし判断を差し控えるかもしれない．

6.5 意義と話法・信念・知

より一般的にはこうした文脈についてフレーゲは，次のようにいう．

> 語を通常の（gewöhnlich）仕方で用いる場合にひとがそれについて語ろうとするのは，その語の意味である．しかし，語それ自身について，あるいは，語の意義について語ろうとすることも起こりうる．［SB, S. 28］

こうした文脈では，引用文や副文・従属節は意味を欠いているのではなく，意味が変移しているのである．「直接話法においては，［引用された］文は一つの文を意味し，間接話法においては一つの思想を意味する」［SB, S. 36］というべきで，通常の文脈では語や文は「通常の意味」をもち，それについての代入則が成り立つが，間接的文脈では「間接的（ungerade）意味」をもち［SB, S. 28］，その間接的意味について代入則が成り立つと主張する．かくして，文脈ごとに，語や文の何が全体の真理値を変更せずに置換できるかによって，その文脈での語や文の意味が何かを探索しなければならない．詳しくは立ち入らないが，フレーゲは自然言語の微妙な言い回しについて示唆に富んだ意味論的分析を与えている（やや詳しくは［野本 1986, 6 章］）．

直接話法の場合には，引用された当の文が引用文の意味であろう．間接話法中，「信ずる」［SB, S. 32］や，「言う（sagen）」「思う（meinen）」「確信する（überzeugt sein）」「と思われる（es scheint）」「望む（hoffen）」等々［SB, SS. 37-8］の動詞に導かれる副文，「のために（damit）」で導入される目的節，また「命令する」「依頼する」に続く副文に関してフレーゲは次のように述べる．

> こうした事例において，副文中の語はその間接的な意味をもち，またそのことから，副文自体の意味も間接的意味である，すなわち，真理値ではなくて，思想，命令［内容］，依頼［内容］，疑問［内容］である……名詞節は名詞として把握可能だったのであり，実際，思想，命令等の固有名だといいうるかもしれない．［SB, S. 37］

命令（内容）や依頼（内容）は，思想ではないが，思想と同一次元にあると見

なされている [SB, SS. 38-9].

　さて，副文の（間接的）意味が思想であることの消極的理由として，フレーゲは，その思想の真偽が文全体の真理値に無関係であることを挙げている．例えば，「コペルニクスは，惑星の軌道が円であると信じた」と「コペルニクスは，太陽の見かけの運動が実際は地球の運動によってもたらされると信じた」において，信念内容である各思想は，前者は偽で，後者は真であるが，それとは無関係に，コペルニクスは両方を事実信じていたがゆえに，「真理を損なうことなく，一方の副文を他方の副文と置換することができる」[SB, S. 37]．しかしながら，あるひと a が，両方の思想 $[p_1, q_1]$ を信じたからといって，その思想が同一とは限らない，つまり同一でないことがありうるわけである（$[aB(p_1)\ \&\ aB(q_1)]\ \&\ \Diamond [p_1 \neq q_1]$）．

　さらに続けてフレーゲは，次のように主張する．「このような場合，副文において，一つの表現を同じ通常の意味をもつ別の表現で置き換えることは許されず，同じ間接的意味，すなわち，同じ通常の意義をもつ別の表現で置き換えることだけが許される」[SB, S. 37].

　これが信念文脈における間接的意味＝通常の意義に関するフレーゲの代入則である．つまり，

　　(vi)「p_1, q_1 が同一の思想ならば，a が p_1 を信じれば，a は q_1 も信じる．」
　　　（$p_1 = q_1 \rightarrow [aB(p_1) \rightarrow aB(q_1)]$）

　　対偶をとると，

　　(vi)*「あるひと a が一方の思想を信じながら，他方の思想を信じないとしたら，その思想は異なる」（$[aB(p_1)\ \&\ \neg aB(q_1)] \rightarrow p_1 \neq q_1$）．

先の「真と見なす判断」に関する (v) と，この「信念」に関する (vi) とは，「判断」さらにはその表明である「主張」と「信念」との密接な関係，すなわち，「a は文 'p'（の思想 p_1）を真と見なす」からの，（同一言語内での）引用解除 (disquotation) ないし（異なる言語間の）解釈・翻訳を介して，信念帰属「a は p_1 と信じる」への移行可能性，

　　(Q)　$aA(p) \rightarrow aB(p_1)$

を示唆する（[Kripke 1979][野本 2012, 11 章 §10] 等参照）．

　なお「知る」「認識する」のような場合の副文は，一方でその思想を間接的意味として，他方でその真理値を通常の意味としてもつ，とフレーゲは見なしている [SB, SS. 47-8]．すると，「a は p であると知っている（$aW(p)$）」は，「a は p であると信じていて（$aB(p_1)$），かつ p は真である」という，さし当たり伝統的な「知は真なる信念である」という考えが採られていることになる．

6.6 本来的固有名とその意義の公共性

フレーゲは，表象などの主観性と対比して，意義・思想の客観性，われわれの思考や把握からの独立性を強調していた．思想の客観的独立存在という実在論的な主張を括弧にいれても，少なくとも意義は多数の人間の間で伝達可能な公共性をもつ，と見なしていた．フレーゲは，「固有名の意義は，その名前が所属する言語ないしは表記法の全体を十分熟知している者なら，その誰によっても把握される」[SB, S. 27] もので，「多数の者にとっての共有財（gemeinsames Eigentum）であり……人類は，世代から世代へと譲渡される思想の共有財産をもっている」[SB, S. 29] のである．「思想とは……多数者の共有財でありうる客観的な内容」[SB, S. 32, Anm.] であり，「人間から人間への影響は，大抵は思想によって媒介される．思想は伝達される．……世界史上の大事件，それらは思想の伝達（Gedankenmitteilung）を他にして成立しえたであろうか」[G, S. 77] とはっきり述べている．

広義の固有名，単称名（Einzelname）のうち，「最小の素数」のようないわゆる確定記述の意義は，その構成要素表現の意義からの合成であるから，その公共性・伝達可能性は比較的容認しやすいであろう．また記号言語中の派生的固有名，例えば基数 '0' は「〈自己同一的でない〉という概念の外延の基数 $N(\acute{\varepsilon}(\varepsilon \neq \varepsilon))$」であるという定義によって導入されると，その意味も意義も定義項から付与されるにすぎないから，記述の場合と同様に考えられる．

しかし人名や地名のような「本来の固有名（eigentlicher Eigenname）」の場合には微妙な問題がある．フレーゲ自身，こうした固有名の意義にはひとにより「揺れ（Schwankung）」があることを認めつつ，次のように述べている．

> 「アリストテレス」といった本来的固有名の場合には，確かにその意義について，見解が分かれうる．例えばあるひとは，〈プラトンの弟子でアレクサンダー大王の教師〉をその名の意義と解しうるであろう．そう解するひとは，「アリストテレスはスタゲイラ生まれだった」という文に対し，〈スタゲイラ生まれの，アレクサンダー大王の教師〉を当の名前の意義と解するひととは，別の意義を結びつけるであろう．意味さえ同じである限り，意義のこうした揺れには耐えられる．[SB, S. 27. Anm.]

しかしそうだとすると，本来的固有名に関しては，その意義は各人各様でありうることになり，本来的固有名とその意義との結びつきはいわば「個人言語

(idiolect)」に属することと見なされることになろう．このことはもちろん本来的固有名が「私的言語（private language）」に属するということを意味しはしない．各人が何を意義としてある本来的固有名に結びつけているのかを，他者に伝達することは十分可能だからである．

　　ヘルベルト・ガルナーが，グスタフ・ラウベン博士は1875年9月13日に某地で生まれたということ……を知っているが，それに反してラウベン博士が現在どこに住んでいるか……知らないと仮定しよう．他方レオ・ペーターは，グスタフ・ラウベン博士が1875年9月13日に某地で生まれたということは知らない［ただし，周知の住居に住む医者であるということは知っている］とする．すると，固有名「グスタフ・ラウベン博士」を考慮に入れる限り，ヘルベルト・ガルナーとレオ・ペーターとは，この名前で同じ人物を表示しているとしても，同じ言語を話してはいないのである．……かくして，ヘルベルト・ガルナーは「グスタフ・ラウベン博士は負傷している」という文に，レオ・ペーターが当の文で表現しようとしているのと同じ思想を結びつけてはいないのである．［G, S. 65］（下線の強調は引用者）

　もし本来的固有名の場合の意義が，「私的言語」ではないので伝達不可能ではないにしても，その意義との結びつきが各人各様の「個人言語」に属するものだということになると，本来的固有名を含む文の表現する思想が何かを突き止める必要がでてくるから，信念帰属の意味論には厄介な課題となる（［Kripke 1979］［野本 1986, 5-6章; 1993; 1997, 14章; 2012, 8章5節］［Nomoto 1995］）．
　また，フレーゲのいう意義にも，(i) 真理条件に関わる限りでの思想とそれへの貢献としての意味論的な役割，(ii) 間接話法や信念文の副文の間接的意味・信念等の内容としての思想，(iii) 意味・表示されるものの確定法・与えられ方といった諸側面が認められる．そのいずれもが原理的には公共的で伝達可能であっても，(ii)(iii) に関しては，(a) 一定の言語共同体におけるある表現には一定の意義が公共的・ステレオタイプ的に結合されている場合と，(b) 「本来の固有名」の場合に顕著なように，表現と意義の結合が「個人言語」中で各人各様である場合とが区別されねばならないであろう［Kripke 1979］［野本 1997, 12章; 2012, 8章5節参照］．

6.7　指示詞・指標詞の文脈依存性

　フレーゲは，単なる公共性・伝達可能性を超えた，思想の実在論的な客観性を

主張し，全く主観的な表象という内的世界，客観的だが現実的な外的世界とのいずれとも区別される第3の領域に思想は属している，とまで主張している［G, SS. 75f］．「思想は，それを誰かが真と見なすかどうかとは独立に真」［G, S. 69］でありうるのであり，「思想（例えば，自然法則［およびピタゴラスの定理といった数学の定理が典型として想定されていよう］）は，真であるためにわれわれの承認を必要としないばかりか，そのために一度としてそれがわれわれによって思考されることさえ必要としない．自然法則は，われわれによって考案されるのではなく，発見（entdecken）されるのである」［L［II］, S. 144］．「思想を把握ないし思考するとき，それを創造する（schaffen）のではなく，すでに予め成立していた思想に対し，ただ［その把握・理解という］ある関係に入るのである」［G, S. 69, Anm.］．したがって，「学問の仕事は，真なる思想［それがフレーゲにとっては「事実」である］を創造することではなく，発見することである．だから真理はその発見とともにはじめて成立しうるようなものではない」［G, S. 74］．こうしたわれわれの把握・思考・承認からは独立な，例えば「ピタゴラスの定理において言い表される思想は，無時間的，永遠的で，不変である」［G, S. 76］と言われる．

かくして「思想は，それが真の場合には，われわれの承認とは独立に真で」［L［II］, SS. 138, 145］，「思想は，真であれば……常に……ないしより的確には，無時間的に真であるか，または，それが偽であればそれは端的に偽である」［L［II］, S. 147］．こうしてフレーゲは，「真理……は無時間的である」［G, S. 76］と，人間の認識からの真理の絶対的独立性を主張する．

だがフレーゲももちろん例えば，「この帝国の王」とか「この棒のmm単位での長さを示す数」のような表現の，発話への隠れた文脈依存性に気づいていた．つまり，こうした表現は，その発話の日時指定を欠けば何も表示しないし，しかもその発話の日時が変動すれば表示対象は異なることにも気づいていた［WF, SS. 657-8］．

だがフレーゲは，「きょうは真であるが，半年後には偽となるような思想もまた存在するのではないか」［G, S. 76］と自問しつつ，発話の「現在時制」［G, S. 76］［L［II］, S. 147］や，人称代名詞「私」［L［II］, S. 146］，また「これ」［L［II］, S. 146］［G, S. 64］のような指示詞に言及し，先の問いに以下のような回答を与えている．

　　（1）「きょうは快晴だ」，（2）「私は退屈している」，（3）「これは赤い」

（1）は「一つの思想の完全な表現ではない．時間限定が欠けているからである．……可変的なのは言語であって，思想ではない」［L［II］, S. 147］．「時間限定に

よって補完され，あらゆる点で完結した文にしてはじめて一つの思想を表現する」[G, S. 76]．「当の思想を正しく把握するには，その文がいつ発話されたかを知らなければならない．すると，発話の時点は，思想表現の部分なのである」[G, S. 64]．このように発話の時点（必要なら発話地点）を表す表現を補完した完全な文の表現する思想は，「それが真なら……無時間的に真である」[G, S. 76]．

(1)「きょうは快晴だ」が思想の完全な表現であるためには，発話日の補完を要する．

(2) についても同様で，誰が（必要なら，どこで，いつ）(2) を発話したかを補完しなければならない．「同一の文は，必ずしも常に同一の思想を表現するわけではない．なぜなら，コトバは，完全な意義を明示するにはある補完を必要とするのであり，かつこれらの補完は状況により多様でありうるからである」[L [II], S. 146]．

(3) の指示詞については，フレーゲは，「身ぶり，表情」[L [II], S. 146]，「指さし，手振り，眼差し」[G, S. 64] を，「発話に随伴する状況（die das Sprechen begleitenden Umstände）」[G, S. 64] に数え，こうした振る舞い（直示行為 (demonstration)）の補完が必要と見なしている．

いずれにせよ，フレーゲの考えは，こうした文脈依存性を示す文の場合には，それが表現する思想の正しい把握（richtige Auffassung）のためには，「発話に随伴する状況についての知見（Kenntnis）」[G, S. 65] の補完を必要とし，こうした補完によっていわば脱コンテキスト化・永久化（eternalize）されてはじめて，完全な思想表現がえられ，かつそのようにしてえられた思想表現の表す思想は，もし真なら，発話状況一切から独立に絶対的かつ不変的に真なのだ，というものである．

また，フレーゲは，発話状況の変動につれて，同一の思想を表現するには，文脈的表現を，例えば，「きょう」を「きのう」に，「ここ」を「そこ」にと，適切に置換しなければならないという，当然のしかし文脈依存のダイナミズムを把捉するのには本質的なポイントの指摘も行っていた [G, S. 64]．

上のフレーゲのいう認知的ダイナミクス（cognitive dynamics）は（指標詞「きょう」「昨日」の言語規則，カプラン的な「意味性格」，に訴えれば），こうも表現できよう．すなわち，

発話当日 c_D で発話された「きょう」（|きょう$|c_D$）は，当の c_D で発話された「昨日」（|昨日$|c_D$）ではない（すなわち，認知内容（cognitive content），つまりラッセル的単称命題の構成要素は異なる．つまり，|きょう$|c_D \neq |$昨日$|c_D$)．そうではなくて，むしろその翌日 c_{D+1} に発話された「昨日」（|昨日

$|c_{D+1}|$)と同日なのである（すなわち，$|$きょう$|c_D=|$昨日$|c_{D+1}$）．

フレーゲは，どこにも自然言語が文脈的表現なしで済ませられると主張してはいないが，彼の永久化・脱コンテキスト化はその可能性を示唆するものと解されないこともない．それは，彼の補完が「発話状況の知見」を表すおそらくは非文脈的な表現によって行われるからであろう．しかしこうしたある意味で発話状況の客観的な知見なしにも，文脈的表現は使用できるし，また伝達可能でもある．それには (a) フレーゲ的な「意義」「思想」と，(b) 先の (1) (2) (3) のような文脈的表現を含む文 – タイプが表す意味論的規則・言語的意味と，(c) それらの意味論的規則プラス発話状況そのものによって確定される「発話内容」の異同について，立ち入った検討が必要である（詳しくは [Kaplan 1978; 1989b] [Perry 1977; 1993] [Evans 1982] [野本 1986; 1988a; 1991; 1997; 2012, 11 章 §13]）．

いずれにせよ，フレーゲのいう「発話状況の知見」という観念が，その文脈的表現の使用の年月日や時刻を，例えば西暦や日本の年号で，あるいは，何らかの確定記述で正確に言い当てている必要があるとまで要求していると解するならば，それは現実の「指標詞」使用からは乖離しているであろう．一方またフレーゲの「発話状況の知見」は，前述のカプランのいう指標詞，例えば「いま」「きょう」「きのう」「私」の脈絡依存的な「意味特性（character）」のように，「使用脈絡（context of use）」と相対的に，使用時点 c_T，使用日 c_D，使用者 c_A を直接指示できるといっているわけでもないであろう．直示詞のカプランの「直接指示的意味論（directly referential semantics）」では，ある使用脈絡 c における（日本語や英語といった）公共言語での「いま」「きょう」「きのう」「私」の使用は，その折々の話者の「発話状況の知見」とは独立・無関係に，その各直示詞の言語規則，〈意味性格（character）〉（例えば，〈使用当日〉〈使用場所〉〈使用者〉等々）を介して，当の使用脈絡 c における時点 c_T，使用日 c_D，その前日 c_{D-1}，使用者 c_A を直接に指示するのである．そして「モデル論的な意味論（model-theoretic semantics）」が関わるのは，こうしたカプラン的「意味特性」であろう．

しかしこうした指標詞の自らの使用に際しての，話者の通常の「発話状況の知見」は，後述の健忘症や認知症の場合に明らかなように，必ずしも使用時点 c_T，使用当日 c_D，その前日 c_{D-1}，使用者 c_A を，常に正確に確定・表示し意味するとは限らないのである．それが実際のわれわれの日常の「指標詞」使用に際しての「認知的様態」の現実であろう．

6.8　人称代名詞「私」

最後に簡単に自己意識についての，興味深いがしかし当惑させる点も含むフレ

ーゲの示唆についてふれておこう．

　　　［1］さて各人は，彼がいかなる他人に対しても与えられないような，ある特別で元来の仕方・様態で（in einer besonderen und ursprünglichen Weise）［つまり，一人称単数で，自称的に］，自分自身に与えられる．［2］ところで，ラウベン博士は，彼［自身］が負傷していると考えるなら，その場合，彼はおそらく彼が自分自身に与えられるその元来の［一人称的・自称的ないし自己反射的（self-reflexive）な］様態を基礎にしているだろう．［3］そして，そのように規定された思想（der so bestimmte Gedanke）は，ラウベン博士自身だけが把握しうるのである．……［4］しかし彼のみが把握しうるような思想を，彼は［他人に］伝達できない．［5］そこで彼が「私は負傷している」という場合には，「私」を，他人にも把握可能な意味において，なにか「この瞬間君たちに話しかけている者」といった［いわば，第三者的な視点からの］意味で，用いなければならない．［6］この場合には，彼は彼の発話に随伴する諸状況を，思想表現に役立たせているのである．［G, S. 66］

　このパラグラフはわかりにくい箇所である．まず第1に，他人に伝達不可能な思想とは，思想の定義的規定に反するのではと疑われる．第2に，ラウベン博士の「私は負傷している」という発話の内容は，その場に居合わせている日本語のわかる聞き手には，何の困難もなく理解可能であるし，発話状況の知見を補えばフレーゲ的な思想さえ理解可能であろう．しかし第3に，たぶんフレーゲの強調したいポイントは，むしろ「私」という人称代名詞を「一人称的・自称的に」ではなく，「ラウベン博士」とか「この瞬間君たちに話しかけている者」で置き換えると，「私」という一人称指標詞の固有の言語的意味・意味論的規則に含まれている「一人称性・自称性」という自己の自己への自己反射的（Self-reflexive）な与えられ方・様態が，決定的に失われてしまうという形で掬い上げられるべきではないであろうか．「私」という指標詞は，デカルトの「われ思う，故にわれあり」においても決定的な役割を果たしており，その当の発話者への，自称性，自己反射性（self-reflexivity）という自己自身への独自のパースペクティヴでの接近法を用意する言語的通路なのだと思われる[8]．「彼思う，故に彼あり」では，

---

[8]　ところで，日本語の言語使用には，特に指標詞，それも「一人称」の「私」「ぼく」等々の使用場面で，例えば，母親Bが，泣いている幼児Aに向かって，その幼児Aに成り代わって，「ぼくちゃん，どうしたの？　お腹が痛いの？」などと尋ねることがある．このように発話者Bが，受け手Aの立場に身を置き，受け手Aの代理になって，つまり，通常は発話者当人が自分

デカルト哲学の原理にはなりえない（やや詳しくは［野本 1986, 7 章; 1988a; 1988b; 1997, 13-14 章; 2012, 11 章 §13］．ただし，そうした前稿では「一人称性・自称性」が不明確であった）．

7　認知的意義再論
——フレーゲ的アイディアのさらなる展開可能性

7.1　フレーゲ対ラッセルとカプランの示唆

　さてカプランの示唆する「意味の理論（theory of meaning）」が関わるような「種類の意味も，先述のように，まさしくフレーゲが発話の認知的意義（*cognitive significance*）（すなわち，［元来は「表示対象の与えられる仕方・様態（die Art des Gegebenseins des Bezeichneten）」のファイグルによる英訳に由来］を含む意義（Sinn））と呼んだものに重なる．［世界の客観的事態そのものといった，ラッセル流の命題の構成要素としての］個体それ自体は，こうした種類の意味の構成要素にはなれないであろう．知覚的面識がわれわれにある個体を認知的に表記する（cognitively represent）ことを可能にすることに同意しつつ……」．なおカプランも既述のように「フレーゲの不朽の洞察を主張し続ける．すなわち，認知的意義の領域では，何（*what*）が表記（represent）されているかだけではなく，またそれがどのように（*how*）表示・表記されているかをも説明しなければならない．よって単称的思想と単称命題との，ラッセルによる同一視は機能しないだろう」という［Kaplan 2012, Cl. 4, p. 158］．

　カプランは，信念に基づくわれわれの振る舞い・行動（behavior）の通常の記述的な説明方法以外に，「念頭におく様態の非記述的な差異も，行動の説明に同じ役割を果たしうる」と主張する．こうしてカプランは，以下のように，フレーゲ的意義，認知的パースペクティヴ（cognitive perspective）の必要性を認める（ibid. Cl. 5）．

　すなわち，「言語を対象，性質，世界の状態を表記（represent）するのに使用する」のみならず，われわれはまた「言語をわれわれの思想（thought）を伝え，他者の思想を表記するのにも使用する．しかしわれわれの思想は，ラッセルのように，単純に平叙文が表記するのとまさに同一の客観的な事態からなる，とは言

自身を指すのに使用すべき「私」「ぼく」という一人称を使用して，当の発話の「受け手」A を指す，という（ある種の逸脱した使用といった）現象が見られる．こうした言語文化圏では，一人称が，発話者自己自身への（自己反射性という）独自のパースペクティヴを常に用意しているとはいえないであろう．この場合，「ぼくちゃん」は，母親 B を指しているのではもちろんない．

えない」(ibid. Cl. 6). ここでカプランはラッセルと別れざるを得ない. 「文「モ
ンブラン山はドネランより年長だ」と同じ事態を表記する多くの文が存在する.
例えば, ドネランによる発話「あの山は私より年長だ」, モンブランを指さしつ
つドネランに向かっての発話「あの山はあなたより年長だ」等々. これらの各々
は同じ事態を異なる認知的パースペクティヴ, フレーゲなら異なる思想 (thought)
を表現しているというだろう. これらの思想は, その被関係項 (「モンブラン山」
と「あの山」, 「ドネラン」「私」と「あなた」) において異なっており, モンブラ
ン山とドネランを念頭におく, 異なる (非記述的な) 様態なのである」(ibid., Cl.
10, p. 159).

そしてカプランは, 「こうした事柄についてのある自然な見解は, [上記の] き
ょう [c_D] での「昨日」という発話が, 昨日 [c_{D-1}] での「きょう」の発話と同
じ認知的内容 (cognitive content) をもつ [ただしそれは, 昨日 c_{D-1} での「昨日」
という発話とは異なる認知内容] だろうという, フレーゲの主張を支持する. こ
のことが認知的意義 (congnitive significance) が言語的意味 (linguistic mean-
ing) [カプランの「意味性格」] ではないことをはっきりさせる」という (ibid).

だがしかしこの事例については, フレーゲのいう認知的ダイナミクスも, カプ
ラン自身の固有名や指標詞の言語的意味 (カプランの「意味性格 (character)」)
の意味論 (semantics) で説明可能ではないのか? すなわち, 各表現 'a' の意味
性格 (chracter) を $|a|$ と表記すると, 上記の事例は, (使用文脈 c, 真偽評価の
時点 t と世界 w と相対的に) $|$モンブラン山$|$ (ctw) = $|$あの山$|$ (ctw), $|$ドネラン$|$
(ctw) = $|$私$|$ (c_1tw) = $|$あなた$|$ (c_2tw) のように略記すれば, 各表現の使用文脈に
おける指示対象は同一なのだが, 意味性格 (character) という各言語的意味 (そ
れは確かに固有名, 指標詞の「記述的様態」ではないとしても) の差異 (すなわ
ち, その意味性格の差異, つまり, $|$モンブラン山$| \neq |$あの山$|$, $|$ドネラン$| \neq$
$|$私$| \neq |$あなた$|$ が, 依然として認知的意義の差異を説明しうるのではないか?

しかし, 他方また指示詞・指標詞の場合での, 話者の「発話状況の知見」ない
し「認知様態」の補完というフレーゲの考えには, われわれの日常的な自己認識
や信念に基づく振る舞い・行為に関わる分析に, ある示唆を与えると考えられう
るかもしれない. それらの典型例は, 両辺に同じ指示詞・指標詞を用いながら,
認識価値 (Erkenntniswert), ないしより適切には, 指示対象の与えられ方・様
態 (die Art des Gegebenseins des Bezeichneten) (認知的意義 (cognitive signi-
ficance)) において異なるような, 新しい発見を表す, 同一性言明の例に認めら
れるであろう.

例えば, 「あれ [宵の明星を指す] = あれ [明けの明星を指す]」というお馴染

みの例である.

　この場合，指示詞「あれ」は同じであるから，その「意味性格」に差異はない．相違は，その同じ指示詞を補完する，異なる各使用文脈 c, c^* において行われる，指差しその他の直示行為（demonstration）ないしその代替の記述的補完［宵の明星を指す］［明けの明星を指す］の差異，つまり，指示対象〈金星〉への発話者の接近の仕方・確定の仕方・様態（$Bestimmungsweise$）の差異，に求められよう．

　また認知症患者 A が，発話当日 c_D での朝食後間もなく，「私はきょうご飯を食べていない」と言い張るとしよう．すると，先のカプラン流の「意味特性」論に従えば，その発話内容は，第三者的な観察者には，A の事実誤認に依る〈c_A は c_D にご飯を食べていない〉という偽な主張内容であるが，A は，自らの認知的内容〈私［c_A についての $\dot{A}$ 当人による自己認知の様態下で $|c_{A*}|$］はきょう［c_D の $\dot{A}$ による認知様態下では $|c_{D*}|$］ご飯を食べていない〉を，自己認知する通りに，真だと判断し信じているのである（この発話文脈 c では，観察者にとっては，「私」は当の発話者 c_A を，「きょう」は当の発話日 c_D を指すが，A 当人にとっては，「私」「きょう」は，$\dot{A}$ の自己認知の様態下で把捉される限りでの発話者 $|c_{A*}|$（ctw），$\dot{A}$ の自己認知の様態下で把捉される限りでの発話日 $|c_{D*}|$（ctw）を指す）．こうした各発話者の各発話文脈における所信（belief）に基づくわれわれの振る舞いや行動は，指標詞・指示詞の言語的意味による当該の使用脈絡での指示対象のみに依拠しているとは言えないのである．

　ある日突然，思春期の娘 A が，「私［発話時点 c_T での自己認知の様態下で］は私［1 年前の時点 c_{T*} での自己認知の様態下で］ではない」と宣言して，親の言うことを聴かなくなるといった来歴否認（このとき A は，生物個体としての自分の身体の常識的な時空連続性まで否認しているわけではない）や，「私［ハイド博士］は私［ジキル］でない」といった二重人格症での，ハイド博士の「私［ハイド博士という自己認知下で］は殺人を犯してはいない」という否認の意味論的分析にも関連するかもしれない（その他，ド・ゴールに成り切っている発話者が「私はフランスを解放した将軍だ」と妄想する例［Kaplan 1978a］，ヒュームに成り切って「私が『人性論』を書いた」と妄想するハイムソンの例［Perry 1977］や，20 年もの長い眠りから醒めたことに気づかないリップ・ヴァン・ウィンクルの物語や，「一昨日から三日間で龍宮城を往還してきた」という浦島太郎等の諸例参照［野本 1986, pp. 368ff.; 1997, pp. 331-43］．

　このように，フレーゲのいう意味（Bedeutung）・表示対象は同一でも，その表示対象の与えられ方・様態を含む意義（Sinn），ないし認知的意義（cognitive significance）の差異，また（ドネランのいう）同一個体を念頭においてはいるとしても，その念頭におく仕方・様態（*ways*）においては異なっている，ということが，カプランの指摘のように，われわれの行為や振る舞い（behavior），および相互の意思疎通にもまた理解にも推論にも，影響を及ぼすと考えられる[9]．

振り返らずに，ルードルフ・カルナップの写真が長年にわたって掲げられていた研究室の壁のある箇所を指差して，カプランがこう言ったとせよ．

「あれ（Dthat）［壁の当該の箇所を指差す］は，今世紀最大の哲学者だ．」

ところが，知らぬ間に，悪戯者が，カルナップの写真を，トランプ大統領の写真と交換していたとしよう．事情を知らない訪問客は誰も，カプランが「トランプ大統領は，今世紀最大の哲学者だ」と言ったと解するだろう（[Kaplan 1978] および [Kaplan 1989a] 参照）．

そして，後続の [Kaplan 2012] でも，記述の「宛先指定付きの（*directed*）使用」にも垣間見える，指示詞をはじめ指示表現に関する，カプランの「宛先指定する意図（directing intention）」という興味深いアイディアを展開する試みが開始されている [Perry 2009]．

7.2 認知的意義，振る舞いの差異，そして再び世界状況の差異へ

他方，カプランは，以下のように主張する（[Kaplan 2012, p. 160, Cl. 13]．ただし，実例は若干変更している）．ラッセルはこうした「認知的内容への対策を全くしていないように見える．ラッセルは，命題的態度（信じるとか戸惑う（wonder）等）を，思考者と客観的な事態との関係のように主張する．しかしこの見解は，以下のような内的斉合性（coherence）を問われうる．（鏡に映っている男を指さして）「彼の頭上にシャンデリアが落下しそうだ」と，「私の頭上にシャンデリアが落下しそうだ」との，［ラッセル流に解された］客観的内容はある場面［例えば，「あの男＝私」の場合］では同じであろう．だが他方，「彼の頭上にシャンデリアが落下しそうだ，と私は信じる」と「私の頭上にシャンデリアが落下しそうだ，と私は信じる」での客観的内容は，世界内の全く異なる二つの事態のように見える．これら二つの世界内の客観的状態の差異には，私が自身で念頭に置いているその仕方・様態（*way*）［頭上にシャンデリアが落下しそうなの

---

[9] ところである表現のカプランの「直示的な（demonstrative）」使用は，初期からドネランのいう「指示的（referential）」使用とは微妙に異なる．ドネラン同様，カプランも，「話し手がある表現を直示的に使用するとき，彼は意図した対象を通常は念頭に浮かべる」．しかし，「ドネランは，大方の目的には，直示対象（demonstratum）が意図されたものだと信じているが，カプランは直示対象と意図された対象が乖離しうる．したがって，指差しなどの，直示行為（demonstration）は目的論的（*teleological*）である」と考え，上記のような例と類似の例を与えていた [Kaplan 1978, p. 396]．

7 認知的意義再論　621

意義・意味性格と振る舞いの様態—セマンティクスと「意味の理論」（原健一氏提供）

は「私の頭上」か，それとも「彼の頭上」か］が含まれるだろう」からである [Kaplan 2012, p. 160, Cl. 13]．よって，「彼＝私」の場合の事態を，「私の頭上」という様態の下で理解するか，「彼の頭上」という様態の下で理解するかによって，当事者の所信，したがって，その振る舞いは全く異なるであろう．

　さらに，命題的態度を表す文脈では，「認知的意義には，思想の個体化（individuate）が要求されようが，私は，マティニを飲んでいる男が通路でわれわれに会釈した男かどうか知らないので，戸惑うことがありうる．……［私が戸惑っている］当の文もその思想も，客観的内容［世界の客観的事態］のレベルでではなく，表現すること（representation）のレベルで機能する（このことだけが，対象が表記される様態（way）の差異を，意味の理論（theory of *meaning*）の一部だと考える，一つの適切な理由である）」と，カプランはいう（loc. cit.）．

　こうしてカプランは，以下のように，ドネランの「念頭におく」ということが，直接指示説の先駆をなすばかりでなく，ラッセルに反して，フレーゲの認知的な意義論を継承するものでもあるという瞠目すべき見解を披瀝する．

　　ドネランの念頭におくことは，その類似性にもかかわらず，ラッセルの面識（*acquaintance*）ではありえない．ドネランは，われわれがある個体との知覚を通じての出会いによってのみならず，当の個体が，それをすでに念頭においているひとによって語られる（*told about*）ことによっても，われわれは当の個体を念頭におくようになる，と信じている．(ibid., Cl. 17)

　ドネランの基本的主張によれば，記述の「帰属的（attributive）使用」と対比される「指示的（referential）使用」に関しては，指示対象（referent）を確定するのは，一組の記述（例えば，「マティニを飲んでいる男」等々）ではなく，

むしろその語を使用する際の「話し手の意図（*the speaker's intentions*）」である．「指示対象が知られるようになるその様態（the way）は，当の名前を使用する際の話し手の意図の理由（reason）ないし証拠（evidence）を見出すことによるのである．……話し手の意図が最終的な回答を与える」〔Donnellan 2012, intro., pp. xix-xx〕，強調は引用者）．

「確かにわれわれは，事物についての知を（すでにその事物についての知をもっている）他者の証言を通じて獲得することができる」〔Kaplan 2012, Cl. 18〕．ところで，どのようにして念頭におくことが開始されたのかについては，相反する多様な見解が存在するが，しかし念頭におくことの伝達に関する論争を，その開始についての論争から切り離しうる．念頭におくというドネランの概念を，カプランはむしろ，開始の論争とは独立の，原初的なものと解するのである（ibid. Cl. 19）．その理由は，以下にうかがうことができよう．すなわち，

> 名前は，ある個体を念頭におくためには非本質的な道具（artifact）である．われわれは，何の名前ももたない，ないしわれわれがその名前を知らない多くの事物を念頭においている．これらの事物のうちあるものとわれわれは直接に交渉をもつが，その他をわれわれは単に［いつかどこかで何かで］読んだり，それについて話を聞いたりしただけである．……単称思想を可能にするのは固有名の伝達によると広く信じられているが，むしろ名前の伝達は，当の個体について語られる（be told about the individual）といういっそう広い概念の下に包摂されるべきであろう．固有名が伝達されるとき，典型的にはわれわれには当の個体について［すでに］語られたことがあるのである．こうして念頭におくことが伝達されて，その名前が，それについて語られていた個体を指示するのだと，われわれは解するのである．その名前を忘れてしまっても，当の個体を憶えていることがある．（ibid. Cl. 20-21）

カプランはまた先述のように，記述の使用に「宛先なし（*blind*）の使用」と「宛先指定付き（*directed*）の使用」とを区別する．前者は，話し手が見知り，ないし耳にしていた特定の個体を喚起することのない使用（例えば，「22世紀に最初に生まれるはずの子供」「最も背の低いスパイ」等）である．ドネランの最も重要な洞察の一つは，話し手の意図とは独立に，われわれはそうした記述を，上述の二つの異なる仕方で，すなわち，あるときは宛先指定付きで，あるときは宛先なしに耳にするということである．この区別は不確定記述にも適用される．ラッセルは，「宛先なしの使用」を確定記述使用の典型と解し（意図なしの一般

的な一意的存在量化文に解体し）だが，対照的にカプランは，そうした宛先なし
の使用は稀だと考える．確定記述の大方の使用は，宛先指定付きであるのみなら
ず，話し手に面識があり，ないし耳にしていて，話し手が念頭においているもの
を大抵は摘出しようと意図されている．ドネランの用語では，確定記述の圧倒的
に多数の使用は，「帰属的（attributive）」というよりは「指示的（referential）」
である．そしてラッセルに反して，カプランも念頭におくことがラッセルの予想
よりずっと広範に分布していると見なす（ibid. Cl. 22）．

　さらにカプランは，他者の思想を理解するということ（*understanding*）には，
二つの意味（sense）がある，と考える（ibid. Cl. 24）．

　① 翻訳的理解は，他者の思想を自身の思想に翻訳する（*translate*）ような仕
方・様態で，当の思想を共有しあい，ないし少なくとも表記できるという意味で
の理解である．それは，通常の言表関与的（*de dicto*）な命題的態度での語りで
表現される．こうした翻訳は，ある個体を翻訳される者が翻訳する者より多くの
仕方・様態で念頭においている場合には不可能である．個体の一つの表記を二つ
に，ないし二つを一つに翻訳することはできない．

　一方，② 上からの（*from above*）理解は，他者の思想を上から調査し，自分
自身の見地から，再認の失敗と同化（assimilate）に等しく注意を払う理解であ
る．後者の様態をカプランは上からの記述による理解の様態と呼ぶ（ibid. Cl. 24,
p. 162）．上からの記述が把捉する思想は，単称的でありながら，われわれの振
る舞い（とその推測）のよい説明をも提供しうるのである．

　カプランによれば，ある個体を念頭におくということは，あるごくありふれた
認知的状態であるが，記述することがずっと難しい．だが，単に耳にしただけで
個人的に会ったことがない人物や，関与したことのない出来事についての単称的
思想は，われわれの周りにふんだんに溢れているのである（ibid., Cl. 26, p. 163）．

　こうして，フレーゲの意義と意味の区別に対して，ラッセルらが惹起した単称
命題論による反旗は，ドネランの「指示的使用」，クリプキの「固定的指示」，カ
プランの「直接指示論」と，後者へのダメットやエヴァンズらによる再反論を介
して一巡し，フレーゲの「意義論」は，われわれの知・信や振る舞いに関わる，
ドネランの「個体を念頭におく様態」・ペリーの個体の「内的同一性（internal
identity）に関わる各ファイル（file）」（それは，その個体についての「プロファ
イル（profile）（述語の集合）」を提供する）（[Perry 1980] rep. in [Perry 1993]）．
また指示詞・指標詞の「意味性格（character）と内容（content）」のカプランの
区別に繋がるように見える．

　しかし，ウェットシュタイン［Wettstein 1986］は，こうしたフレーゲ流の「認

知的意義（cognitive significance）」（それは，既述のように，フレーゲの「表示されたものの与えられ方・様態（die Art des Gegebenseins des Bezeichneten）」のファイグルの英訳に由来）を，カプランの「意味性格（character）」，ペリーの「役割（role）ないし意味」に重ねる「ペリー／カプラン説」に反対する．

　ペリーは，その（S）強いヴァージョン（ペリーはこの説を主張したことはないという）と，（W）弱いヴァージョンとに区別する．（S）は認知的意義をカプランの「意味性格（character）」，ペリーの「役割（role）ないし意味」と同一視するが，（W）がコミットするのは，カプランの意味性格／内容（content）の区別が認知的意義の諸問題を解明する鍵だという点のみだという．この区別からペリーは，発話によって表現される命題と，当の発話の真理条件が充足される命題との区別が結果するという．ペリーが発話の認知的意義と解するのは，意味性格ではなくて，この後者の意味での命題だという（[Perry 1988] rep. in [Perry 1993, p. 246]）．いずれにせよ，認知的意義という語がフレーゲのいう意義（Sinn）のすべてを覆うわけではない．ウェットシュタインは，一方で認知的意義を，発話という特性をもつ命題とし（それに「認知内容（cognitive content）」という用語をも当てている），他方発話の認知的意義を言語運用能力のある話し手が認知するあるものとも見なしている．それはペリーの用法にもほぼ見合っている．

　ペリーの応答を一瞥すれば，ほぼ以下のようである（[Perry 1988] rep. in [Perry 1993]）．いま二人のひとが「私は空腹だ」という文で表現できる信念をもつとしよう．カプランの用語では，二人の信念は，異なる内容をもつ点で，似てはいない．カプランがわれわれの思想の認知的意義と呼ぶものは，上の［「私」という語の「意味性格」の］相似性の次元においてなのである．だがこれは，フレーゲ問題の，ウェットシュタインによる認知的意義と同じ概念ではない．明らかに，ひとは，あなたの発話「私は空腹だ」を信じるが，私の発話「私は空腹だ」は信じないことがありうる．すると認知的意義は意味性格ではありえない（[Perry 1988] rep. in [Perry 1993, p. 246]）．

　カプランの，ウェットシュタインに対する反応はどうであったか．その反応は率直なもので，確かに [Kaplan 1989b] の 17 節 "Epistemological Remarks" で，「私は，認知的意義，命題の提示される様態を，私が意味性格（character）と称するものと同一視することを提案した．私は，言語的意味という観念を認知的意義と解することは拙い思い付き（a bad idea）——無分別で誇大な表現（a piece of irrational exuberance）——だったと，かなり早くに気づいた．ウェットシュタインその他の人々が，事の核心に戻るのを助けてくれたのである．「いま」の認知的意義（われわれが念頭におく仕方・様態）は，われわれが時の経過という

ものに気づくことがある以上，時点から時点にわたって不変であり続けることはあり得ないであろう．しかし，17節でのいっそう重要なアイディアは，思想の客観的内容と，思想が提示される様態とを区別することだった．……主要な狙いは，関連する共有可能な認知的状態（cognitive state）と，その際に抱かれる客観的内容との間の関係が，以下の意味で，文脈感応的（context-sensitive）なことである．すなわち，客観的内容は，認知的状態によって確定されるのみならず，その内容確定に文脈的情報の付加を要するということである」[Kaplan 2012, p. 168, note. 29]．

この圧縮されたカプランの文言は，例えば，次のような事例でパラフレーズできよう．

「いま私は空腹である」とAとBの二人が発話文脈 c で同時に発話したとする．AとBは，この発話された文中の指標詞「いま」「私」の同じ意味性格 |私|，|いま| によって，認知的状態が共有可能となる．さらに指標詞「私」と「いま」は，その意味性格に即して，発話文脈 c, c^* の文脈的情報と感応的に，各発話主体 c_A, c_B ，および同時的発話時点 c_T を確定する（すなわち，|いま|$(c) = c_T =$|いま|(c^*)，|私|$(c) = c_A$，|私|$(c^*) = c_B$）．かくして，c での各発話の異なる客観的内容・命題は，⟨c_T で c_A は空腹である⟩ と ⟨c_T で c_B は空腹である⟩ となろう．Aは発話時に空腹だが，Bは空腹ではないとすれば，各発話の客観的内容・命題は，真偽を異にするだろう．

ウェットシュタインも指摘するように，カプラン [Kaplan 1989, pp. 530f.] での「思想（thought）」という用語は，フレーゲの 'Gedanke' との関連を連想させるので，誤解をさけるには，上記のような各発話文脈と相対的に確定された客観的内容を，世界の側（worldly）で充足されるべき（etrfüllen）真理条件（Wahrheitsbedingung），可能的事態（möglicher Sachverhalt）としての命題と解する方が適切だろう．また，発話時に空腹であるAとそうでないBとでは，空腹を満たす欲求の有無によって，ランチに行くとかサンドイッチを買おうと思うなど，何らかの言動に明らかな差異をもたらしうるであろう．しかし上の想定下では，A, Bの発話の「意味性格」は同じであり，その限りでは「認知状態」も共有している以上，振る舞いの差異をもたらす少なくとも些少ならざる要因は，A, Bの心身の欲求状態も含めた世界の側の何らかの真理条件・事態・状況の差異，つまり，⟨c_T で c_A は空腹である⟩ という真理条件が充足・実現していて，その客観的内容・命題は真であるが，他方 ⟨c_T で c_B は空腹である⟩ という命題は偽で，その客観的内容が充足されず，実現していないという，世界状況の差異，ならびにそれに起因するA, Bの心身の欲求状態の差異に求められるであろう．

こうしてわれわれは，ラッセルの単称命題論・世界内的（worldly）意味論から，知・信のような命題的態度帰属や振る舞いの差異説明をめぐる，フレーゲの意義（Sinn）論（認知的意義）の再検討や，カプラン的な「意味性格/内容」のセマンティクスを経て，さらにそうしたセマンティクスの範囲を超えて（発話主体の心身の欲求状態も含む）真理条件・事態の差異（世界的な（worldly）状況の差異）をメタ的に探索し，それらを上から記述すること（カプランのいう「意味の理論（theory of meaning）」に該当する）へと向かう必要性に直面するように思われる．

7.3 ダイナミック・ターン

さて1980年代には，「ダイナミック・ターン（dynamic turn）」［van Benthem 1996］とも称される変動が現れる．従来の論理学，自然言語の意味論，知・信の論理的意味論等が，どちらかというと，推論結果のスタティックな定式化・検証に主眼をおくのに対し，むしろその推論過程の記述の重視，あるいは談話（discourse）の進行につれて，先行の指示対象の維持・照応（anaphora）のための代名詞等の装置にまつわる「談話表示理論モデル」の提示［Kamp and Reyle 1993］，またすでにフレーゲが気づいていた［G］［野本1986, 7章］，上述の昨日の発話「きょうは晴れだ」と同じことを翌日発話するには，文脈の変動による指標詞「きょう」の指示の変移を調整し，「昨日は晴れだ」と言い換えねばならないという「認知的ダイナミクス（cognitive dynamics）」［Kaplan 1989, p. 501］の問題，さらに一般的には，信念・知識の改定，クーンの科学革命論に見られるような理論変換，情報の流れのインパクトによる認知状態のダイナミックな変動［Gärdenfors 1988］，さらには，数学を計算ゲームと見なし，手続き過程としての証明（proof-as-procedure）を証明のパラダイムと見なすコンピュータ・プログラミングのダイナミック・モデル［高橋1991］［小野1994］や線形論理（linear logic）の展開［Girard, Lafont and Taylor 1990］［岡田2003］［岡本2003］［照井2003］［Yamada 2012］といった，一連のダイナミックなアプローチが，従来の静的モデルに対して一斉にダイナミックな論理的意味論展開に向かいつつあるが［van Benthem 1996］，残念ながら今回はそうした新しい潮流には立ち入らない．

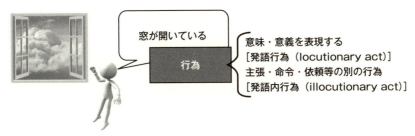

オースティン:「行為としての言語」に着目（原健一氏提供）

8 発話の力と発語内行為遂行，判断・主張と推論

8.1 発話の力と発語内行為

　フレーゲはまた，平叙文，命令文等の発話によって，われわれが相手に主張・命令・依頼等の「力（*Kraft, force*）」を行使することに気づいた．例えば，論理学の主要課題である，推論における「判断する」とは，ある文の意義（思想）を把握・思考し，それを表現し，かつその真理性を承認する（*Anerkennung*）こと，主張（*Behauptung*）はその判断を「主張力を伴って」表明する（*kundgeben*）ことであり，「推論」とは，こうしたいくつかの判断（前提）から別の判断（結論）を導くことである（[[G, S. 62]][野本 1986, p. 131, p. 183]）．

　1950年代の英国でフレーゲの言語哲学の復興（殊に発話の力による行為遂行）とその展開が始まる．後期ウィトゲンシュタインの多様な「言語ゲーム」論や，同時期のオースティンらのオックスフォード日常言語学派である．

　オースティンは「行為としての言語」に注目する．例えば，「窓が開いている」といった発話で，ある行為を遂行することができる．しかもその発話で，意味・意義を表現する（発語行為（*locutionary act*））のみならず，同時に主張・命令・依頼等の別の行為（発語内行為（*illocutionary act*））を遂行しうる．直説法での発話も，単に「主張」といった「事実確認的発言」をしているとは限らず，さらに「命令」・「依頼」等の「行為遂行的な（*performative*）発言」をなしうる．主張がもっぱら真偽に関わるのに対し，行為遂行的な発言の場合には，真偽というより，発話の「適切（felicity）/不適切性」が問われる等々，（グライス，サール等を中心に）「発語行為（speech act）」論が組織的に展開されるに至ったことは，すでに周知のことであろう [Austin 1962][Searle 1969]（より最近のダイナミックな展開は，例えば以下参照．[van Benthem 1996][Yamada 2012]）．

8.2 瞥見[10]

ところでフレーゲは,『算術の基礎 (GLA)』(3節) において,命題のカント的な分類を行うに当たって,カントのように「判断内容」によってではなくて,「断定 (Urteilsfällung) に当たっての正当化 (Berechtigung)」によって分類するのだと主張していた.ここでの正当化とは,「証明可能な命題を,証明不可能で (unbeweisbar) 直接自明な (unmittelbar einbeleuchtend) 基礎的真理 (Urwahrheiten) へと遡及すること」である.遡及された基礎的真理が一般的法則であれば,その命題はアプリオリ,論理法則と定義のみであれば,分析的,基礎的真理が特定の知識領域にのみかかわるのであれば綜合的,特殊な事実的命題に遡及するのであればアポステリオリと分類される.

『算術の基本法則 (GGA)』において実行された,フレーゲの論理主義に従えば,論理学の定理と算術的命題との真理性は,(前提の真理を保存する) 少数の推理規則と少数の論理学的基本法則 (公理) およびノミナルな定義から,真理保存的な推論を介して導出されることによって,アプリオリで分析的真理として正当化される.公理自身の真理性は,論理の内部では証明不可能で,原初記号の意味論的約定とその再帰的適用によって,メタ的に説明されるのみである.しかしながら,フレーゲの算術理論からは,カントルの素朴集合論同様,矛盾が導かれたので,改めて論理,算術の正当化が問題となった.

こうした正当化の手続きを,カント流の有限な (感性的) 直観に擬えて構成しようという延長線上にあるのが,ブラウワの直観主義であった.また近年フレーゲの推論観との親和性が指摘されているゲンツェンの「自然演繹 (NK)」,「ゼクエント計算 (LK)」を介し,スウェーデンのプラーウィッツ [Prawitz 1977],マーティン - レーフ [Martin-Löf 1987] らによって興味深い試みがなされている.かれらの試みは,フッサールの明証による正当化からヒントを得つつも,フレーゲ的な判断,推論の考えを取り込んで,推論と証明ということと,真理,正当化,明証性とを密接な関係において捉えようというものである.

ところでフレーゲの判断論には,先述のように,以下の三つのステップが区別されていた [G, S. 62].

(1) 思想の把握 (Fassen) ─思考 (Denken)

(2) 真理性の承認 (Anerkennung) ─判断 (Urteilen)

(3) 判断の表明 (Kundgebung) ─主張 (Behauptung)

---

[10] 本項は, [野本 2012, 14章4節, pp. 524ff.] の要点の概要である.

水平線つきの「−A」は真理値の名前で,その内容である思想の把握,思考が(1)の段階.主張力を表す主張記号'│'を伴った「⊢A」は「−A」の表す思想の真理性の承認・判断(2)を,さらに(3)はその表明である主張を表す.

フレーゲは,推論(Schluss)を構成する前提(Praemisse)と結論は,単なる仮定(Hypothese, Annahme)である命題「−A」ではなく,判断,主張「⊢A」であることを要請した.

こうした考えを踏襲しつつ換骨奪胎し,それをマーティン−レーフは直観主義的に以下のように取り込む.図示すると,

```
        │   証
        │   明
命題A        Aは真(真理)
        主張・判断
```

かくて(1)命題(−A)の観念,(2)命題の真理という観念,(3)判断・主張の観念(⊢A),(つまり命題を真と見なすこと),(4)判断の明証性ないし証明,(5)証明の正しさないし妥当性という基本的な観念が認められる[Martin-Löf 1987, p. 409].

(1)命題とは,「真理条件」の表現であるが,しかし直観主義的には,当の命題の証明への期待(expectation)ないし意図(intention)(Heyting),課題(problem/task)(Kolmogorov)とされたが,ゲンツェン流の,論理定項の意味の定義・説明がこれらを一つに束ねる.マーティン−レーフは,ダメットの「正準的(canonical)証明」(導入規則のみによる証明)と「演繹(demonstration)」(除去規則も使用する推論)の区別を,「直接的証明(direct proof)」と「間接的証明」と称し,そして論理定項の意味は,その定項の導入規則,命題の正準的・直接的証明によって定義されると見なす.かくて例えば,連言&の以下の導入規則

$$\frac{-A\ [A\ \text{prop}]\quad \vdash A\ [A\ \text{true}]\quad -B\ [B\ \text{prop}]\quad \vdash B\ [B\ \text{true}]}{-A\&B\ [A\&B\ \text{prop}]\quad \vdash A\&B\ [A\&B\ \text{true}]}$$

によって定められた&の意味を介して,連言命題(−A&B)の意味ないし真理条件は,直観主義的には,命題−Aの証明と命題−Bの証明への期待・意図・課題に重ねられる.

(2)次に命題の真理とは直観主義的には,その命題がどのように(直接的に)証明可能かを知ることに他ならない.つまり,真であるとは,直接に証明可能ということなのである.直観主義的分析に特徴的なのは,命題の証明という観念の方が,真理概念に優先するということである.真理概念を原初的で定義不可能と

見なしたフレーゲとは逆に，真理概念は（ある命題の証明可能性を知っているという）知識に依存的なのである．かくして真理条件とは，直接的証明可能性の条件と解されることになる．マーティン-レーフは，真理を明証的な判断の可能性，明証性をもって判断可能であることに転移させたフッサールに，証明ないし明証性の観念を真理概念に優先させる先駆を見ている［Martin-Löf 1987, p. 414］．

(3) 次の問題は，判断と証明とは何かである．簡単には，ある判断の証明とは，知るという「作用」（act of knowing）であり，判断とは当の知る作用の「対象」である．ある判断を「証明する」ということは，その証明が当の判断，主張を明証的にするということなのであり，判断の証明とは当の判断への証拠・「明証性」に他ならない．当の判断に明証性を賦与する，つまり，ある判断を証明するとは，その判断を知る，理解し把握するということであり，理解し把握された対象は，証明されたもの，つまり，主張，判断に他ならない．フッサールは，明証性（Evidenz）が真理の体験（Erlebnis der Wahrheit）だと称した．命題の真理の体験とは，その真理性を理解し知る行為であり，かくして，マーティン-レーフによれば，判断の明証性とはまさにその判断の直接的証明を知ることに他ならない（ibid., pp. 417-8）．

さらに，証明には過誤がありうる．証明の「妥当性・正しさ」という観念が必要である．ここでマーティン-レーフは，命題の真理とは区別される「形而上学的真理，実在（reality）」を導入し，これまでの観念論から一転して実在論を唱えている．（ibid., p. 419）

要するに，推論の結論に当たる命題の真理性とは，直観主義的には，当の命題が真と知る・わかるということであり，それはつまりその命題の証明を知る，最終的にはその真を直接に（ゲンツェン流の論理定項の導入規則のみを用いて）どう証明するかを知ることである．かくして命題の真理性は，その命題の明証性，つまり直接的証明可能性によって正当化され，またそれと等値されるわけである．

こうしたマーティン-レーフの見解も，フレーゲの見解と再度付き合わせて考えて見れば，相違点はかなり狭まるように思われる．フレーゲのいう「判断」「主張」もまた，「ある命題・思想を真と見なし，そう表明すること」であった．そしてその判断・主張の「正しさ」，つまりその判断・主張によって真と見なされた命題・思想が本当に真であるのかが問われ，「正当化」が要求されるのである．そしてフレーゲにとり「正当化」とは，当の判断・主張の正しさをその固有の「証明不可能で直接自明的な基礎的真理」に遡及させることに他ならない．フレーゲに従えば，アポステリオリで綜合的な経験的判断の正しさはある特殊な事実的命題の真理に遡及され，アプリオリだが綜合的な純粋理論科学や幾何学上の

判断の正しさは，各知識領域において一般的に妥当な（しかし，その認識源泉にはなんらかの直観的因子が含まれるであろう）基礎的真理・一般法則の真理性に遡及され，そして算術と論理学上のアプリオリで分析的な判断・主張の正当化は，最も一般的な基本的論理法則に遡及されなければならない．そしてこうした大きな（準カント風の）構図で眺めれば，当然のことながら，マーティン-レーフらの構成主義者とフレーゲとの差異が，結局，基本的論理法則とは何かを巡ってであることは明らかであるが，フレーゲが，「正当化」が尽きて底を打つ，「証明不可能で直接自明的な基礎的真理」についてどう考えたのかという問いに，われわれは改めて直面することになろう．

9 色合い・陰影の論理――論理学と修辞学

さらに下記のように，フレーゲは，古代から今日までの，論理学（logic）を修辞学（rhetoric）から区別する伝統に従い，大方の論理学者と同様，主張文・判断の内容中，推論に関わる論理学にとって核心となるような内容，真偽に直接関係をもつ内容を，そうではないものからはっきり区別して切り出すべきだと主張する．

> 言語は事実あるときはこの固有名を，あるときはあの固有名を文法的主語にすることによって，同一の思想を多様な仕方で表現することができる．この相異なる表現方法は，……特別な陰影や色合い［に関係する］．[EL, S. 209]

> 主張文は，思想と主張力以外に，しばしば，第3のものを含む．それが聞き手の感情，気分に影響し，その想像力を喚起する．……[G, S. 63]．

> こうした「気分，雰囲気，陰影，抑揚やリズムによって彩られるものは，思想に属さない」．[G, S. 63]

文や語には，われわれの感覚印象，想像力の産物，感情，気分，傾向性，願望等，総じてフレーゲによって「表象（Vorstellung）」と称されるもの，を名指し，喚起することがある．そしてこうした表象がしばしば語の意味と混同される．ところがフレーゲによれば，表象とは，(1) 不可視，不可触で，(2) 各人がその都度所持する意識内容であり，(3) 唯一人の担い手（Träger）のみをもつ [G, SS.

67-8］．要するに，表象は各人各様のそのときどきの主観的な意識内容である．しかし感覚印象，感情，痛みのような表象が，全く主観的だとすると，それを名指し，表示しようとする語は，その表示対象が全く私秘的であるがゆえに，他者には伝達不可能なウィトゲンシュタインのいう「私的（private）言語」を容認する危険性がある．

フレーゲは，『算術の基礎』(1884) において，「赤い」のような色彩語に主観的な意味と客観的な意味とを認めている［*GLA*, §24-26］．こうした色彩語は，一方で各人の主観的な感覚を指すのみならず，われわれの日常的な言語使用においても，たとえ色覚異常の場合でも使用可能な仕方で，客観的な性質（objektive Beschaffenheit）（それは，正常な光線の下で正常な視覚を備えた被験者によってしかじかの見えを示す云々という傾性的（dispositional）な性格をもち，反事実条件法的な分析を必要とするであろう）をしばしば表示するのである．フレーゲはまた，例えば複数の医師が患者の激痛を，その激痛の担い手でないにもかかわらず，「共通の反省（gemeinsames Nachdenken）の対象」にしうることも認める［G, S. 73］．しかしフレーゲは，主観的か客観的かという二分法にこだわりすぎ，客観的ということでも，われわれからの独立自存性ということと，共通的（gemeinsam）（公共的（public）・間主観的（intersubjective））ということの差異にふれつつも，十分展開してはいない．いずれにせよ，フレーゲの表象の扱いは，正面からのものではなく，表象が判断の客観的内容ではないという否定的側面に主眼がおかれていて，十全なものとはいいがたい．フレーゲは，色覚異常検査が，「赤いという感覚は，しかじかの条件が満足されると生起する」という知見に基づき，また「この患者のこの激痛は，しかじかの処置によって軽減できる」等の医師の診断が，真偽の問える，したがって思想を表現している文で表されると見なしているが，こうした文の思想について立ち入った検討はなされていない．

表象の喚起と関係するであろうが，特に聞き手の感情・気分に働きかけ，その想像力を刺激する効果に関わる言語の相を，フレーゲは特に「色合い（Färbung）・陰影/光彩（Beleuchtung）」［SB, S. 31］，「気分（Stimmung），香気（Duft），陰影」［G, S. 63］と呼んでいる．この相は，文芸や雄弁術にとって死活問題である．こうした効果は，声の抑揚やリズムによって，あるいは能動─受動の語順や倒置による強調点の移動，「そして，かつ」などの並列と「しかし，けれども」といった対比との対照，あるいはほぼ同じ「二人称」の意味の語でも，例えば「あなた」「貴殿」「そこもと」「そなた」「君」「おまえ」「てめえ」「汝」「陛下」「閣下」等の差異を，翻訳で伝えることはほとんど不可能であろう．こうした色合い・陰

影の効果ないしはそれへの感受性は，各人に依存する相対的なものでありうるが，しかし後述の意義に差のない語句同士でも上記のような色合い・陰影はその言語をマスターしている人びとの間では共通に（間主観的に）了解されているのであり，全く主観的とは言えないであろう．だが，こうした色合い・陰影（光彩）上の差異は言語的コミュニケーション・言語使用の際の，美学的ないし言語媒介的効果に関係するもので，学問的な言語使用に際しての，判断の真偽や推論の正誤に関わる内容からは除外されてきた．

しかし，語の「色合い，陰影」は，言語的コミュニケーションにおいては，例えば，「アフリカン」と「ニグロ」，「ジャパニーズ」と「ジャップ」等の対比に見られるように，毀誉褒貶，差別などと関係し，しかもその差異は単に主観的なものではなく，公共的・社会的な影響や効果をもつ．そして，例えば「オバマ前大統領はアフリカンだ」という前提から，「バラクはニグロだ」という結論を引き出すとすれば，その推論はたとえ真理保存的には妥当であっても，適切な推論だとはいえないであろう．すると推論の正しさ・妥当性を，もっぱら前提の真から結論の真への「真理保存性」に求める従来の正統的な古典的論理（「真理保存的論理（Logic of Truth-preserving, LT）」）以外に，カプランのいう「真理保存性プラス（LT+）」の保存を考慮する推論が考えられるであろう（Logic of Truth and Color, LTC）[Kaplan 2000]．特にその「プラス」にフレーゲ的な「色合い/陰影」を考慮するなら，前提から結論への移行において，その推論が「妥当プラス」であるためには，「色合い/陰影の保存性」を求める拡張された論理，「真理＋色合い/陰影保存的論理（LTC）」（「真理＋色合い」妥当な論理）を構想することは可能であろう．「色合い」の同一性規準は問題だが，以下の例のように，前提になかった新しい「色合い/陰影」を結論において付加される場合，ないしその逆に，例えば，前提にあった「敬称」が故意に省略される場合には，その推論は，LT においては妥当でも，LT+ においては妥当でない，といえるかもしれない [野本 2012, pp. 323-5]．

「オバマ前大統領はアフリカンである/バラクはニグロである」（LT- 妥当だが，LT+ 非妥当）．

こうした従来の論理学（真理保存的論理（LT）のみならず，古典的真理保存的論理以外の，非古典的な直観主義的論理や中間論理でも可）と修辞学との境界領域にあると思われる，「真理＋色合い/陰影保存的論理（LTC）」も，今後展開するに値するように思われる．

補論1　言語と哲学[1]
——言語的転回の射程

　哲学探究が言語なしにありえないのは自明であろう．しかし言語と実在，言語と行為，信念・認識等の間に緊張関係のあることも明らかである．はじめに言葉ではなく「行為」ありきだとファウストはいう．だが，単なる動作とは区別される「行為」の同定は，一定の言語的記述のもとで[2]のみ可能であろう．ある人物への行為帰属やその理由説明は，その意図，信念，欲求等への言及を伴う．言語を伴わない行為や信念を帰属する際にも，その解釈者は言語を必要とする．また言語的意味を，各話し手のその都度の言語外的な意図等の推量によって定義することは困難であろう．逆に解釈者は，相手の言語理解を通してその意図・信念・行為を帰属するのが順当な戦略であろう[3]．こうした方針は志向的行為理解に関する「言語的転回」の一端を表している．

　小論は，フレーゲに続く何人かの哲学者達の考察を手引きに，存在論・認識論上の二，三の基本問題を手始めに，いわゆる「言語的転回」のいくつかの局面を粗描する試みである．だが最も顕著な「言語的転回」は，言語の哲学的説明，「意味理論」の構成自体が，哲学の中心的課題となったことである．しかもあるべき「意味理論」を巡って，われわれは言語と実在の接点（指示と真理），自他の言語解釈や信念帰属といった基本的な哲学的難問に直面する．ともあれ，「言語的転回」の先駆的試みから見ていくことにしよう．

---

[1]　本稿は，1994年度日本哲学会大会シンポジウム「言語と哲学」提題（同学会編『哲学』44号特集「言語と哲学」，1994.4所収）の部分的な改定版である．同シンポジウムでの提題者菅豊彦氏，また惜しくも早逝された故門脇俊介氏に，改めて深甚の謝意を表する．
[2]　［Anscombe 1963, §6］（菅豊彦訳）参照．
[3]　［Davidson 1984, Ch. 11］参照．

1 数の存在とフレーゲの文脈原理——言語的転回 (1)

　古来からの存在論的・認識論的な問いの一局面に，「言語的転回」を画したのは，フレーゲの「文脈原理」である．文脈原理が最も明瞭に表明されているのは，『算術の基礎 (*GLA*)』(1884)（以下，『基礎』）においてである．すなわち，「語の意味（Bedeutung）は文という脈絡において問われるべきであって，孤立して問われてはならない」[*GLA*, 序論, S. X].

　『基礎』の中心的な問いは，「基数とは何か．それはどのようにしてわれわれに与えられるのか」であった．フレーゲは，当時の心理主義，形式主義，カント主義，あるいは知的直観に訴える類のプラトン主義のいずれにも反対であった．これら諸潮流の共通の誤謬は，数詞の意味を文脈から孤立させて問うことにある．「数についてわれわれがいかなる表象も直観ももちえないとしたら，数はわれわれにどのようにして与えられるのか．語が意味をもつのは文という脈絡の中においてのみであるから，われわれの問題は，数詞が現れる文の意義を解明することである」[*GLA*, §62]．数学の哲学における存在論的・認識論的な問いを言語的・意味論的問題設定へと転轍させたこの古典的箇所こそ，「言語的転回」と称せられるべきものの先駆に他ならない．そしてその意義が解明されるべき文脈とは，次のような同値関係に現れる等式，数などの再認を表す「再認文」，「再認判断」である [*GLA*, §§106-7].

　(E1)　概念 F に帰属する数と概念 G に帰属する数が同じなのは，F と G とが同数的（一対一対応）の場合その場合に限る．

　(E2)　（射影幾何学での）直線 l_1 と直線 l_2 との方位（無限遠点）が同じなのは，直線 l_1 と直線 l_2 が平行の場合その場合に限る．

　(E1) (E2) の後件は前件の再認文が真となる条件を述べており，したがって数や方位の同一性規準を与える．こうした文脈原理によって，数や直線の方位（無限遠点）等の抽象的対象，少なくとも，それらの同一性規準が，再認文の意義・真理条件の確定を通じて定まると期待されるのである（[*GLA*, §62] 参照）．しかし後述のように，ことはそう簡単ではない．

2 認識価値と意義——言語的転回 (2)

　アプリオリ - アポステリオリ，分析的 - 綜合的，解明的 - 認識拡張的といった「認識価値」に関するカント的分類の，意味論的局面への転換も，フレーゲの「意義論」に関連づけうる．算術的命題がカントに反して分析的だという「論理

主義」を宣言した『基礎』においてフレーゲは，カントの分類法を表面的には踏襲しつつ，しかしその区別根拠を判断内容ではなく，基礎的真理からの証明可能性という正当化にもっぱら関係させる．「分析的」判断とは，普遍的論理法則と定義のみに依拠して証明可能な判断である．では算術的命題の認識拡張性はどう説明されるのか．それは，その帰結が予め「見渡しえない」という意味で「生産的な」定義を認めることによる [GLA, §88]．

しかし主著『算術の基本法則（GGA）』（1893）以降，生産的定義という考えは姿を消し，論理体系内部では名目的定義のみが許されることとなる [GGA. I, §27]．では，論理主義を堅持しつつ，算術的命題の認識拡張性をどう説明するのか．フレーゲの意味と意義との区別は，こうした認識論的な問いに言語的転回をもたらしたものと解しうる[4]．

例えば，(a) '9＝9' は同一律の代入事例であるから，アプリオリで分析的である．一方 (b) '9＝2^3＋1' は，カントによれば綜合的だが，フレーゲによれば分析的である．しかしフレーゲも (b) がわれわれの認識の価値ある拡張でありうることを認める．また (a) については不必要なのに，(b) の真理性を知るにはある特別な認識行為（形式的証明）を必要とする，と認める．こうした差異を中期のフレーゲは等式の両辺に現れる記号の「意味」と「意義」の区別によって説明する．すなわち，'9' と '2^3＋1' との「意味」＝表示対象9は同じであるが，しかし '9' という数字による場合と，'2^3＋1' という記号による場合とでは，同じ数9の「与えられる仕方」が非常に異なる．表示対象・意味の固有の与えられ方を含む意味論的因子が，当の記号の「意義（Sinn）」である [SB, SS. 26f.]．記号の意義という意味論的因子の差異によって，認識の価値ある拡張か否かを説明するフレーゲの接近法に，「言語的転回」の一面を認めることができよう．

3　真理条件的意味論の先駆——言語的転回（3）

「言語的転回」の核心をなす「言語の哲学的説明」が満たすべき，二，三の重要な制約を体現しているフレーゲの意味理論を見ておこう．

(1) 文の優位説

彼の文優位説は，真理・思想・文を中心に命題論理から出発する点に現れている（『遺稿集』[NS, S. 273]．真理は定義不可能で原始的な単純概念と見られてい

---

4) [野本 1988, 4章]．[野本 1994] は [野本 1997] の5章に再録．

るが，真理概念の満たすべき「同値説」も提示されている[5]．真理概念に基づくフレーゲの「意味（Bedeutung）論」の最も根本的原則は，「二値原理」：真理値名（文）は真か偽かを意味する，である [GGA. I, §31]．文の構成部分の意味Bは，当の文の真理値への貢献である．名前の表示対象と文の真理値はいわば内的に関係しあう意味論値で，ともに「意味B」と呼ばれる．またフレーゲは，文の表現する思想をその意義（Sinn）と同一視する．文の意義・思想とは，その文がいかなる条件下で真を意味するのかという「真理条件」，文中の名前や述語の意義とは思想・真理条件への貢献である [GGA. I, §32]．

(2) 分析と文脈原理

フレーゲの文優位説は，文，思想，真理値の関数論的「分解」「分析」によるその構成要素の析出法にもうかがえる[6]．文の純粋に統語論的な関数論的分解は，すでに『概念記法』(1879) に現れているが，主著『算術の基本法則』では，複合的表現からある成分を「除去する」ことによって関数名を得る分解法が定式化されている [GGA. I, §26]．文の固有名と概念語・関数名への分析に応じて，意義・思想も飽和部分と不飽和部分に，比喩的に真理値も対象と概念・関数に分析される [NS, S. 210, S. 217, S. 275]．分析は，統語論的カテゴリに意味論的カテゴリを対応させ，文中の各語の統語論的・意味論的役割を指定する．しかし分析のみでは各語の意味と意義とを確定するのに十分ではない．それには再び「文脈原理」へ向かわねばならぬ．

『基礎』の時期，「意味B」と「意義」とは未分化であるが，次の引用は，それぞれに関する文脈原理として解釈しうる．「ひとは常に一つの完結した文を視野に入れていなければならない．文の中においてのみ語は本来意味Bをもつのである……全体としての文が一つの意義Sをもてばそれで十分である．その諸部分はそれによってその内容を受け取るのである」[GLA, §60]．先述のように，語の意味がそのうちで解明されるべき文とは，先述の (E1)，(E2) のような同値式・再認文であり，その後件（右辺）の真理条件の確定が，語の意味の同一性規準を与えるものと解される．「意味」と「意義」の峻別後も「文脈原理」は，「真理値名がそれから構成されている名前は，思想の表現に貢献する．そしてその個々の [成分の] 貢献がその意義である」[GGA. I, §32]，「意味Bについて問うてよい

[5) 「同値説」とは，「Sが真なのはPの場合その場合に限る」という同値式が満足のゆく真理定義から導かれねばならないという制約である [Dummett 1973, Chap. 13]．ただし，フレーゲの「同値説」は一意的ではない [野本 1994] [Nomoto 1995]．
6) 分析と分解との区別については，[Dummett 1981, Chap. 15]．ただし，フレーゲの所説との一致不一致は別問題である [Nomoto 1995]．

のは，それらの記号が思想を表現するものとしての文の構成要素である場合のみである」[GGA. II, §97] という一般的な形で生きている，と思われる．

(3) 合成原理

一方フレーゲは，意味論にとりわけ重要な「合成原理」：文の真理値と思想は，それぞれその構成要素の意味と意義とによって確定される（[GGA. I, §32]［NS, S. 275］,『書簡集』[WB, S. 156]）, を与えていた．後述のようにデイヴィドソンは，意味理論が説明すべき重要な制約の一つとして，有限の意味論的資

デイヴィドソン（U. C. Berkley, 1991）

源から話し手がいかにして潜在無限の文を発話し理解できるのか，という言語の習得可能性ならびに（チョムスキーのいう）創造性の問題を挙げている．そして彼自身は，タルスキ真理論の再帰的構造に解決を求めている．またエヴァンズは，他の任意の文や語の理解なしに単独の文や語の理解は不可能だ，といった趣旨の「一般性の制約」[Evans 1982, pp. 100f]を言語に要求している．注目すべきことに，こうした重要な制約をフレーゲはすでにはっきり洞察し，「合成原理」に基づいて，この要請に次のように比類なき明晰さをもって応えていたのである．

　　言語が成し遂げることは驚嘆に値する．わずかの音声とその組み合わせによって，言語は莫大な数の思想を，しかもこれまでだれによって把握されたことも，表現されたこともなかったような思想を表現することができるのである．[NS, S. 243]

　　以前にわれわれが耳にしたことのないような文をわれわれが理解できる可

能性は，明らかに次のこと，つまり，われわれは文の意味を語に対応する諸部分から構成するということ，に基づいている．二つの文章中に同じ語，例えば「エトナ」，を見いだすならば，われわれはまた対応する思想に共通のなにか，この語に対応する共通のなにかを認めるのである．こうしたことなしには，本来の意味での言語は不可能であろう．[*WB*, S. 128]

ところが奇妙なことにフレーゲは，『基礎』では先の (E) のような文脈的定義に満足せず（概念の外延を既知と前提した上で）次のような明示的な数の定義を与えている．

(D) 概念 F の数 =$_{df}$ 概念 F と同数的であるような概念の外延．

明示的定義が可能なら，文脈原理は不必要なのではないか．この問いに対する有力な回答は，数などの抽象的対象の同一性規準を与える先の同値関係 (E1) がこの定義 (D) から導出可能であるということが，当の定義 (D) の正しさのための条件なのだ，というものであろう[7]．このタルスキ的着想は，文脈原理や全体論的接近法と，一見原子論的な明示的定義による指示確定との撞着の調停に重要な手がかりを与えると思われる．

明示的定義の場合も含めて，しばしば疑われるのは，「合成原理」と「文優位説」や「文脈原理」との整合性である．前者は，単純なものから複合的なものを積み上げてゆく「原子論的な」「煉瓦積みの方法」を連想させるが，後者は「複合的なもの，文から出発し，部分を抽出する」アプローチだからである[8]．大まかには，文・思想・真理値の「関数論的分析」により文中の各語の統語論的・意味論的カテゴリが定まり，「文脈原理」によって各語の意義・意味が確定され，それに基づいて逆に「合成原理」により要素の意義・意味と構造から複合的表現の意義・意味が確定される，と解しておく．

(4) 入れ替え論議と不確定性

ところで，『基礎』では周知とされていた概念の外延は，『基本法則』ではフレーゲの論理体系中唯一の論理的対象である値域（Wertverlauf）として一般化され，次の第 V 公理という形で同一性規準が与えられている．

(V) 概念 F の値域 = 概念 G の値域であるのは，どの x についても，x が F

---

[7] つまり，(D) が正しいのは，(i) それがあらゆる再認文の確定的真理条件を与え，(ii) しかも正しい真理条件を与える場合だということである．[Dummett 1991a, p. 201]（[*FPM*] と略する）参照．

[8] Davidson, "Reality without Reference"（以下 RR と略称）in [Davidson 1984, p. 221]．

なのは x が G の場合その場合に限る.

ところが,同一性規準は (V) の後件と同じだが,概念 F の値域とは異なる抽象的対象を与えるような入れ替え関数が存在しうるという「入れ替え議論」を,フレーゲ自身が導入するのである [*GGA*. I, §10].すると (V) の後件は,値域に関する同一性規準を一意的に与えず,値域を含む同値類に当てはまる不変性 (invariance) 条件を与えるに過ぎない[9].フレーゲによる〈概念〉確定のための (2 階の) 同一性の規準もまた,(V) の後件と全く同じであるから [*NS*, S. 132],概念についても同様の「入れ替え議論」が可能となろう.後のレーヴェンハイム-スコーレムの定理に照らせば,一般的には不変性を超えて同型的なモデルを識別し,1 階の形式的体系の意図された解釈を一意的に特定化する方策がフレーゲにあるとは言えない.文脈原理は,語の指示(少なくとも抽象的対象)の一意的確定にまでは至らず,たかだか不変性条件を与えるものである,と弱められるべきであるかもしれぬ[10].また入れ替え議論による不確定性が,単に数や値域のような抽象的対象のみならず,具体的対象や述語一般に成立するのなら,「文脈原理」による語の意味確定という主張には,重大な疑惑が投げかけられることになろう.

4 体系的意味理論のプログラム——言語的転回 (4)

フレーゲの文優位・文脈原理によって開始された,語から文への重心移動は,クワインを介し,デイヴィドソンによって,全体論 (holism) にまで拡張される.デイヴィドソンによると,体系的な意味理論の満たすべき要件は,少なくとも二つある.すなわち,(i) 先述の言語の習得可能性,創造性の説明を与えること,(ii) 循環に陥らずに,意味を非言語的証拠によって説明すること,である[11].(i) はタルスキ的再帰構造に基づいて説明される.(ii) については,非言語的証拠を巡って,原子論的方法と文脈主義的,全体論的方法との基本的対立がある.

---

9) フレーゲ自身は彼の論理体系中の三つの原始的関数を唯一の同一性関数に還元し,また真理値を一種の値域と約定することによって不確定性を回避しようと試みている.(V) からラッセルのパラドクスが帰結することは周知のことである.また (V) の前件の値域の同一性は後件の真理値に依存するが,真理値が値域なら,循環の疑いがある([*FPM*, Chap. 17, Chap. 18] 参照).
10) またその限り,ラッセルのパラドクスを別にしても,数学の哲学に関する存在論や認識論を巡る議論において,フレーゲ流の論理主義がどのような意味でプラトン主義的実在論であるかも簡単には言えない.[Benacerraf 1965; 1981] 参照.
11) [Davidson 1984, intro., p. xi](邦訳 p. iv)参照.

(1) デイヴィドソンの全体論的な真理条件的意味理論

デイヴィドソンの全体論は一意的ではないが，ここではもっぱら，言語中の文から部分を抽出する「意味・指示に関する全体論的方法」のみを扱う．文の部分は，当の文の意味に体系的に貢献する．各語の意味を文全体からの抽象とのみ解するのなら，「どの文（および語）の意味も，その言語中のすべての文（および語）の意味を与えることによってのみ，与えうることになる．フレーゲは，一つの文の脈絡においてのみ語は意味をもつと言った．同じ調子で彼は，言語という脈絡においてのみ文は（またそれゆえ語も）意味をもつ，と付加してもよかったかもしれない」[Davidson 1984, p. 22]（邦訳 pp. 8-9）．だが，この程度の全体論は適切な意味理論により満たされる，という．

(2) 意味理論 (theory of meaning) の適切性

適切性条件とは，デイヴィドソンの場合，本質的にタルスキの規約 T である．だがタルスキ流の真理論は，翻訳・同義性という意味論的概念をすでに前提しているから，意味理論の構築には直接使えない．そこでデイヴィドソンはその順序を逆転し，フレーゲ同様真理を原始的概念として前提することによって，対象言語中の文の意味を確定しようとする．さらに，自然言語は，指示詞，指標詞，時制といった脈絡依存的言語装置を本質的に含むから，自然言語の適切な意味理論は，真理を文，その使用者，および時に相対化しなければならない．すると真理規約 T も，例えば，次のように修正される．

(a) 次のような (T) 文が，対象言語 L 中のすべての文の発話について，その定義から導かれること．

(T) 時点 t における話し手 u の発話「私は退屈している」が L で真なのは，u は t において退屈している場合その場合に限る．

(b) すべての (T) 文自身が事実真であること．

さて条件 (a) は，文の意味（フレーゲ的「意義」）を差異化する．ある文の真理性を定理として（正準的に (canonical)）証明する手順は，当の真理性がその論理構造にどのように再帰的に依存するかを示すからである．他方，その文のこうした証明のステップを逆に辿れば，文の意味が語の意味と論理構造からどのように合成されるかを示す．したがって，条件 (a) は，有限の語彙から潜在無限の文を発話・理解する言語の創造性，習得可能性を説明するものでもある．

それでは文の意味（「意義」）とは何か．デイヴィドソンも「真理条件を与えることが，文の意味を与える一つのやり方」[Davidson 1984, p. 24]（邦訳 p. 11）だと考える．しかし彼は，各 (T) 文が関連する文の真理条件を一意的に与える

とは見なさず，より緩やかに，複数の受容可能な真理理論間で「不変な」ものを「意味」と称する．文の意味（解釈）は，当の文にその言語を構成する文章のパターン中における「意味論的位置」を割り当てることによって与えられる．異なる真理理論が同じ文に異なる真理条件を割り当てうるとしても，当の言語中での文の「役割」に関しては一致しうるからである（[RR] in [Davidson 1984, pp. 224-5]）.

さて，要求 (b) は，ある文の正しい (T) 文をそうでない他の候補から選り抜く規準を与える．デイヴィドソンが示唆する第1の制約は，全体論的視点からのものであり，各文も各語も，当該言語中で同じ意味論的役割を果たす（同じ意味をもつ）べし，というエヴァンズ的な「一般性制約」である（[Davidson 1984, p. 25]（邦訳 p. 13）参照）．以上の程度の全体論は，フレーゲの「文脈原理」「合成原理」と必ずしも抵触するものではなかろう．

(3) 根元的解釈

しかしこうした形式的制約のみで (T) 文の真理性が保証済みとはならない．デイヴィドソンは，さらに真理論・意味理論が一面経験的理論であることを要求する．(T) 文自身の真理性が緊急事となるのは，話し手の言語も信念も全く未知の場合である．この局面でいわゆる「根元的解釈」の問題と，デイヴィドソン「意味理論」の経験的性格とが顕在化する．根元的解釈においては，解釈者は，話し手の未知の言語 L についての真理論を構成しなければならない．言語の意味と話し手の信念との完全分離はできないが，「意味理論は話し手の詳細な命題的態度についての知識なしに検証可能であるべし」という守則に従い，かつ「信念と意味との相互依存の問題を，意味の解明を行う間は，可能な限り信念を一定に保つことによって解決しよう」[Davidson 1984, p. 137]（邦訳 p. 137）というのが，デイヴィドソンの方策である．デイヴィドソンが未知言語の真理論のための「証拠」と見なすのは，話し手が，一定の状況の下で，ある文を真と見なす態度，同意・否認といった態度のパターンである．しかし証拠と両立する L についての複数の真理論が可能であり，解釈の過程は不一致を最小にする，あるいは理解を最大化するような解釈を選択するという「慈善 (charity) の原理」に頼る他はない．

ところで真理条件的意味論が同時にわれわれ人間の「言語理解」の理論でもある，との主張が成り立つか否かは重大な論争点である．言語理解にとっては，フレーゲの文脈原理や合成原理が重要であり，デイヴィドソンにとっても，ある自然言語の理解には，再帰的な真理論の潜在的な知識が不可欠である．潜在無限の

文に真理条件を付与しうるのは，再帰的合成だからである．しかし，「意味理論」が「理解の理論」でもなければならないとすれば，言語理解にとって鍵になるのは真理条件なのか，正当化された主張可能性条件なのか等のホットな係争点にいまは立ち入る余裕がない[12]．

5 指示と真理――言語的転回 (5)

　全体論への移行に際して認められる顕著な変化は，クワインの (経験的に等価でありながら，互いに不両立な複数の翻訳が可能だという)「翻訳の不確定性」の風圧下，入れ替え議論その他に訴える「指示の不可測性 (inscrutability)」の主張によって，デイヴィドソンの全体論が，実在との接点としての指示概念を放棄し，一種の「内在輪 (internalism)」に転じたことである．非言語的証拠との接触はもっぱら文レベルに限定され，語の指示は真理論内部において文からその意味論的役割を抽出し，分与されるに過ぎない理論的構成物となる．かくて真理と指示との非対称性は際立って顕著となる．同時に，一見外在論的な指示の因果説などの「煉瓦積みの方法」と内在論的な「全体論」との対立は尖鋭化する．本節では，指示の不可測性が指示概念の放棄を必然的に帰結するのかどうか，やや詳しくは，(I) 文優位説ないし文脈原理は直示的定義や直接指示説と抵触するか，(II) 指示の不可測性は文脈原理の誤りを立証するか，(III) 真理と指示とは非対称的で，指示概念は単に理論的構成物に過ぎないか，(IV) 解釈者は自己解釈のパズルに陥るか，(V) 指示は意味理論の非言語的証拠になりえない純粋に非因果的な概念であるのかといった論点に，ごく概略的にふれることにする．

　意味理論を支える非言語的証拠は，単語か文か．デイヴィドソンは，語の指示が実在に直接接触する場所であることを明確に否定する．彼の理由は次の二つである．(a)「煉瓦積みの方法」は，語の文中での役割の説明なしには語の指示が説明不可能なことを見損なっている．(b) 語の指示は不確定である [RR, p. 219]．

(1) 直接指示と文脈原理
　第1の理由は，名指しが駒の配置同様いまだ言語ゲームにおける指し手では全くないというウィトゲンシュタインのコメント [PU, §49] に通じ，直示的定義と文脈原理，指示と全体論との整合性に関わる．名指しや命名には，その語の当の言語における論理文法上の場所をすでに知っている必要がある．しかし，ウィ

---

12) [Dummett 1991b] [Putnam 1981] [野本 1988, 3章；1994]．

トゲンシュタインはすぐ続けて (ibid.), 名指しと文脈原理との内的関係を示唆している. そこで直接指示説への加担が, 文優位の全体論と抵触しない由縁を, 直示的定義・直接指示が文脈原理に組み込み可能であることによって示そう (問題 (I)).

直接指示説とは, ある単称名辞が言語的意味を欠くとか, 因果関係のみが指示の決め手だと主張するものではない. 典型的には指示詞や (「私」「いま」等の) 指標詞といった使用脈絡依存的な表現に見られるように, その意味論的規則＝言語的意味が (使用脈絡と相対的に) 指示対象を直接指定するということである. 例えば, 脈絡 c で使用者 C_A が「私」と発話すれば, その指示対象 C_A はただちに指定済みとなる. したがって, 指標詞等が「直接指示的」なのは, それらの現れる文が脈絡 c で使用されると, その内容・命題はその指示対象が直接登場するラッセル流の〈単称命題〉として表されうる, ないし次のように C_A, C_T, C_P が (TI) の後件の真理条件中に直接現れるからである[13]. 各指標詞の脈絡相対的な言語的意味は, こうした真理条件への貢献である.

(TI)「私はいまここにいる」が脈絡 c において話者 C_A により時点 C_T, 場所 C_P で真になるのは, C_A が C_T において C_P にいる場合その場合に限る.

固有名詞は指示の定常性・固定性をもつ. 命名とは, ある単称名辞 α (定常化された記述や指さし等の直示行為を伴う指示詞) を用いて行われる, 次のような指示対象指定のための直示的定義である.: (D) 名前 'N' の指示対象 $=_{Df} \alpha$.

名前伝達の過程で肝心なのは, 名前と指示対象の結びつきの伝達である. したがって, 固有名や自然種名の「直接指示性」も, それが現れる文の表現する命題中にそれらの名前の指示対象そのものが登場する, ないし (TN) の後件の真理条件に 'N' が直接登場するということである[14].

(TN) '$F(N)$' が真であるのは, N が F である場合その場合に限る.

こうした名前の言語的意味も (TN) に表されているような真理条件への貢献である.

さて (D) 上記のような明示的定義は, いまだ言語における指し手ではない. しかし, (D) のような明示的定義を受容することは, 文中でのその名前の使用の仕方と全く無関係だ, ということでは決してない ([Davidson 1984, p. 236] (邦訳 p. 251) 参照). すでに (TI) (TN) では, 単称名辞の意味論的役割が文の真

---

13) [Kaplan 1989] [野本 1988, 第 5 章]. また (TI) が先のデイヴィドソンの自然言語についての (T) 文と全く変わらないことから, 直接指示説が全体論的意味理論と抵触しないことは明らかである.

14) Kaplan, ibid..

理条件への貢献として捉えられている．そこで一般に，名前の直示的・明示的定義が文脈原理にどのように埋め込み可能であるかを示そう．

まず先述の（D）からトリヴィアルに次の「再認言明」を導くことができる：
  (RI) $N=a$.

フレーゲは固有名の指示対象に関し一般的規準を要求し［GLA, §62］，その規準としてライプニッツの「置換原理」：「$a=b$ なのは，どの Ψ についても，$\Psi(a)$ と $\Psi(b)$ が同値の場合その場合に限る」を採用する［GLA, §65］．そこで先の概念の外延による数の明示的定義の場合と似た仕方で，例えば（D）から次のような等値関係（E*）を導出しうるということが，定義（D）の正しさの条件だと見なそう．（E*）の後件は当の名前 'N' が現れる任意の文の真理条件を表し，したがってこうした同値関係（E*）はある対象の同一性の規準を与えるものと解しうるからである．

  (E*) $N=a$ なのは，どの Ψ についても $\Psi(N)$ と $\Psi(a)$ とが同値の場合その
     場合に限る．

かくして，具体的対象指定のための明示的定義も直接指示説も，文脈原理と背馳しないことが示されたと思う．（E*）はまた，名前 'N' がその言語中の 'N' の現れる任意の文において，'N' がどのような指し手であるかを表している．

(2) 指示の不可測性

「指示」が実在ないし非言語的要因と直接接触しないと見なされた第2の理由は，「指示の不可測性（inscrutability of reference）」の主張にある．この主張を示す最も単純な議論は，例えば次のようなフレーゲ以来の「入れ替え議論」である．

  真理論1：「兎」が兎を指示し，述語「餅をつく」が餅をつくを指示する場合，
    「兎が餅をつく」が真なのは，兎が餅をつく場合その場合に限る．
  真理論2：「兎」が兎の影［Φ（兎）］を指示し，述語「餅をつく」は餅をつくものの影［Φ（餅をつくもの）］を指示する場合，「兎が餅をつく」が真なのは，兎の影［Φ（兎）］が餅をつくものの影［Φ（餅をつくもの）］である場合その場合に限る．

入れ替えの前後で，「兎」が異なる対象を指示し，述語「餅をつく」も異なる対象について当てはまる．しかし「兎が餅をつく」は入れ替え前後で真理値が同じ（経験的にも等価）である．意味理論を経験的と見なすデイヴィドソンにとり，「ある真理（翻訳または解釈）の理論が……あらゆる関連証拠に照らして満足のゆくものであるならば，入れ替え関数によって第1の理論から生成されるいかな

る理論もまた，あらゆる関連証拠に照らして満足のゆくものである」[Davidson 1984, p. 230]（邦訳 pp. 242-3）．かくして第1にデイヴィドソンは，経験的等価性に基づく指示の不可測性，「ある言語の単称名辞が何を指示するのか，またその言語の述語は何について真であるのかを知る方法が存在しない，少なくとも，現実ならびに潜在的な振舞いの上での証拠の全体からはそれを知る方法が存在しない」[Davidson 1984, p. 227]（邦訳 p. 238）と主張する．

だがすると指示の不可測性の容認は，文脈原理ならびに全体論が文中の語の指示を確定できないということを示しているのではないのか．この問題（II）はさらに後述しよう．

(3) 真理・指示の非対称性と「一般的」指示概念

ところで，語の指示という一般的概念を拒否しながら，文には一般的で直観的な真理概念の適用を許すデイヴィドソンの非対称性の主張に，不斉合（consistent）はないのか．文の真理と語の指示とは密接不離な内的関係にあるのではないか[15]．構造的複合性をもつ文を識別し，その文を真と見なす態度を証拠として認めることは，同時に各語に指示を認めることではないのか（問題 (III)）．

この問いにデイヴィドソンは，(i) 語から文にむかう理論内部の説明と，(ii) その理論とその証拠の関係についての説明とを区別することで応える．意味理論・真理論そのものの説明とは，真理概念の一般的で前理論的理解を前提して，非言語的証拠（各文を真と見なす態度）により，理論を文レベルで経験的に検証することである．よって，(i) 理論内での内的構造に基づく文の特徴の説明と，(ii) その理論が文レベルでのみテスト可能だという主張とは，全く斉合的（coherent）だというのがデイヴィドソンの回答である [Davidson 1984, p. 236]（邦訳 p. 251）．かくしてデイヴィドソンは，語の指示を解釈の基本的要素と見なさず，経験的言語論の基礎としての指示概念を放棄する（[RR] in [Davidson 1984, p. 221]）．真理論内部での，文の真理・真理条件の説明は，構成要素の意味論的特性と再帰的構造に依拠してなされる．語の意味，指示，充足，文の論理形式，名辞，述語，結合子，量化は，真理論完成のための措定物，理論的構成物で，その機能は文の真理条件を述べることに尽き，独立の直接的な経験的証拠は不要とされる（[RR] in [Davidson 1984, pp. 222-3]）．

しかし，デイヴィドソンの場合，第1に，論理形式，結合子，量化という標準

---

15) 文脈原理を継承するウィトゲンシュタインでは，名前と名前の連鎖である文，文の意義（事態＝対象の構造的配列）と名前の意味（指示対象）とは互いに内的関係にあって切り離せない [T, 命題番号 3.3].

的1階述語論理の諸概念は，理論内部の理論的構成物ではなく，解釈されるべき対象言語 L の中への，外側からの，つまりメタ言語，解釈者の言語からの読み込みなのである［Davidson 1984, intro. p. xv］（邦訳 p. vii）．さらに，第2に，指示，充足という概念も，特定の対象言語に関するメタ的な真理論内部ではじめて理論的に構成され措定されるのではなく，その第1の故郷をメタ言語そのものの中にもっているのではないか．真理概念と同様，指示概念も，メタ言語において前理論的に理解されている一般的な概念であって，ある特定の対象言語に関する真理論に制限されるべきではなく，単に解釈されるべき対象言語 L に特定化されるだけの，交差理論的役割をもつ，と思われる．

(4) 指示の内在論と解釈の相対性

入れ替え議論によって確立されると主張されるのは，指示の内在論（internalism）である．デイヴィドソンによれば，話し手の語の指示についてわれわれが語りうるのは，解釈者が話し手に特定のある解釈（指示の枠組み）を帰属させることと相対的にのみであり，特定の指示の枠組みを伴う一つの言語の内部からのみなのである．一つの言語を超えて，「どの対象をある名辞が指示するのかとか，どの対象について述語は真であるのかという問いには，いかなる回答もない」［Davidson 1984, intro.］（邦訳 p. xiii）．つまり，話し手の語についての各人の解釈はある特定の（指示の）枠組みに相対的である，ないし基づいている．かくして，指示の不可測性の議論によって，文脈原理の「外在的（external）」な解釈は否定される．指示の不可測性の主張は，（特定の指示の枠組みを超えて絶対的な意味で語の指示を確定するという）文脈原理の「外在的」解釈に対する帰謬法的議論である，と思われる．しかし指示の不可測性は，指示の内在的なヴァージョン，つまり，一つの言語の内部での，一つの指示枠と相対的な指示の確定性を崩す破壊的なものではなく，（指示は特定の指示枠に相対的だという）文脈原理の「内在的（internal）」な解釈とは両立可能と思われる[16]（問題 (II) への回答）．

(5) 母語の自己解釈のパズル

ところがデイヴィドソンは，指示の不可測性を，解釈者の言語の自己解釈についても認めようとする．するとわれわれは次のような解釈者の自己解釈の破壊的なパズルに陥るのではないか（問題 (IV)）．

 (i) デイヴィドソンによれば，「少なくとも話し手は，自分が何を指示してい

---

[16] ［Nomoto 1993］．なお，直接指示説も指示の内在論と撞着するものではない．明示的定義も直接指示も，モデル論的には一つのモデルに内在的で，一つの指示の枠組みに相対的なのである．

るのか知っている」といった考えには「頑強に反対しなければならない」．言語の意味論的特徴は公共的であって，だれも関連証拠から見抜くことのできないものは，意味の部分ではありえない．この指示を他者に伝達するいかなる仕方も存在しないからである［Davidson 1984, p. 235］（邦訳 p. 249）．（しかしもしそうなら，われわれは自分がどの言語を話しているかも知らないし，何を信じているかもわからないことにならないか．）

（ii）他方，デイヴィドソンはまた，解釈が解釈者自身の解釈言語＝解釈者の指示の枠組みに依存せざるをえないことを認め，それを解釈者としての特権的で不可欠なステップと見なす[17]．

しかし（i）（ii）は不斉合ではないのか．だが解釈者の自己解釈のパズルの根も，解釈者自身の解釈言語の地位に関するデイヴィドソンの混乱に求められるのではないか．論点は少なくとも三つあり，第1は，解釈言語の公共性，第2は，解釈者自身による解釈言語の自己解釈の問題，第3は，指示と因果的結合との関連性である．

① 解釈言語の公共性と自己解釈

その第1の問題は，母語習得の社会的公共性である．（i）の主張によって，指示の（意図・志向性等による）魔術理論が否定されているのであれば，母語の指示は，個人方言内でのなにかノエシス光線に訴えた密室の魔術的営為ではなく，一定の言語共同体内部における歴史的・社会的伝達に際しての教示・訓練・矯正を通じて習得される，公共的・社会的営為のはずである．解釈者自身も母語の指示を知らないという自己解釈についてのデイヴィドソンの見解には，母語を個人方言（idiolect）と見なす方法論的独我論（methodological solipsism）が感じられ，言語の公共性という自らの主張と一見撞着するように思われる．

第2の問題は，この解釈言語そのものの自己解釈が，解釈者自身にとって不確定であるかどうかである．解釈者が自らの言語を解釈する場合でも，解釈のためのメタ言語は公共的・社会的に習得されている母語である．母語を同じくするとは，同じ指示枠を採用しているということであり，母語内部では，その指示枠と相対的に指示は確定している．例えば，母語が日本語なら，引用符除去的な（T）文によって，「兎は走る」の真理条件はトリヴィアルに与えられ，また，「兎」は兎を指示し，「走る」は走るを指示するのである．各人は自分がどの言語を話しているのか知ることは不可能で，自ら何を信じているのかさえ常に不明だという

---

17) ［Davidson 1984, p. 239］（邦訳 pp. 254-5）; "Empirical Content," in ［LePorte 1986, p. 232］参照．

帰結を導きかねないデイヴィドソンの主張は，自らの乗っている枝を切り落とすおそれがある．

② 指示と実在——因果と内在論

デイヴィドソンは，不可測性擁護論が，いわゆる指示の「因果説」を崩す[Davidson 1984, p. 237]（邦訳 p. 252）から，因果説も物理主義的分析も，指示の不可測性には影響しない，という．しかしこの議論が，解釈に際して依存せざるをえない自らの解釈言語中の語の指示と外界とのいかなる因果的関連をも斥ける議論たりうるであろうか（問題 (V)）．しかも注目すべきなのは，デイヴィドソンが，真理理論は経験的理論であるという以上，公理と各 (T) 文のような定理とは真であるのみならず，法則的でなければならないと考えるに至っていることである．定理が法則であるのなら，ある文の真理条件を受け入れる証拠も，話し手と世界との間のある因果関係に依存的であり，当の文に対する話し手の同意と事態の直示的な呈示との間の因果的な結びつきに基づく（[Davidson 1984, intro., p. xiv; （邦訳 p. vi); [Davidson 1984, p. 26, fn. 11]）．

このように，ある文に一定の真理条件を与える (T) 文そのものが，世界の一定の状況と因果的関係にある法則的なものであるとすれば，当の文の (T) 文が定理としてそれから引き出される（具体名辞や述語の指示に関する）公理もまた，実在世界のある局面との因果的関連に乗っている（supervenient）ものでなければならないであろう．もしそうなら，当然解釈者自身の母語の文中の語の指示もまた実在のある局面との因果的結合に基礎を置くのではないか．

しかしながら，以上のことは，語の指示が特定の言語＝指示枠を超えて，絶対的な意味で確定しているということにコミットしているのではない．相手の言語の解釈に当たっては，（自己解釈も含めて）解釈者自身の解釈言語で読み込む他はなく，解釈言語の指示枠の内部では，それと相対的に，語の指示は「内在的」に確定しているということである．指示の不可測性は，単にこの基本的な指示枠に寄生した上で，入れ替え議論によって，指示の枠組みを（真理値不変，経験的に等価で，ときに同じ真理条件さえ与える）代替枠組みに変更する，つまり，相手に相異なる言語を読み込んでゆくことが論理的に可能だというにすぎない．入れ替え議論による指示の不可測性・不確定性の主張は，文脈原理，ないし意味・指示の全体論を外在的に解することへの，一種の帰謬法的議論を構成すると考えられる[18]．

6　信念帰属の意味論——言語的転回（6）

　最後に，「信じる」等の志向的態度を表す動詞の登場する文脈の意味論について，要点のみを記しておこう．〈信念〉は，いわゆる〈言表関与的（*de dicto*）の信念〉と〈事物関与的（*de re*）の信念〉に分けられる．ここではより困難な前者のみを扱う．認識論や現象学的志向分析では扱われてきたが，特有の動詞にかかわる意味論という言語論的側面からの切り込みの試みは，フレーゲ以後，比較的近年のことである．

　ある文を真と見なす「判断」，誠実な「主張」ないし「同意」という言語的振る舞いから「信念帰属」への移行は，クリプキのいう「引用符除去の原則」と，少なくとも真理（望むらくは真理条件）を保存する「翻訳の原則」とによってなされる［Kripke 1979］．だがこうした信念帰属に関する意味論には，多くの困難が指摘されてきた．ここでは代表的な二，三の難問と対処の試みの基本的着想のみを紹介しよう[19]．

　フレーゲが直面したパズルは，例えば（1）を信じても，（2）を信じない者が存在しうるから，信念文脈ではいわゆる「代入則」が不成立に見えることである．

　（1）Ｌ・キャロルは『不思議の国のアリス』を書いた．

　（2）Ｃ・Ｌ・ドジソンは『不思議の国のアリス』を書いた．

　フレーゲの回答は，信念文脈における従属節の意味は，真理値ではなくその意義＝思想であり，パズルは（1）と（2）の意義の差異により説明可能だというものであった．

　その後可能世界意味論や状況意味論の試みもなされてきたが，同一性や反射性に関係する次のようなパズルを解決できるか疑わしい．

　（3）アンは，Ｌ・キャロルがＣ・Ｌ・ドジソンより年長だと信じているが，
　　　 Ｌ・キャロルが彼自身より年長だとは信じていない．

　直接指示説を採った場合に考えられる提案の一つは，初期ラッセル流の（個体と属性から構成される）「構造化された単称命題」論を採用することである．す

---

[18]　［Nomoto 1993］．近年のパトナムも，われわれの見地に近い所にいる．彼も指示関係が一意的でないと認めつつ，同時に「われわれの名辞が絶対的に何を指示するかを述べることなしに，通常の相対的指示の不可測性や翻訳の不確定性を拒否するという説を受容しうる」［Putnam 1989, p. 222］と主張する．「ひとは自分の母語に関しては「健全な実在論者」でありながら，他のすべての言語の働きについては非実在論的ないし反実在論的説明を与えうるのである」（ibid., p. 228）．かくして内在的観点に従うと，「世界はどの対象から構成されているか」という問題が意味をもつのは，一つの理論ないし記述の内側から問う場合のみである．ただし，パトナムが真理の一意的対応関係をも否定し内部実在論を採るのに対し［Putnam 1981, Chap. 3, p. 52］デイヴィドソンはそうした一種の相対主義に加担せず［Davidson 1984, intro.］特異な実在論を採る．

[19]　詳しくは前掲［野本 1988, 6 章］［野本 1991］［Nomoto 1993a］．

ると，フレーゲ的な「意義」に訴えることなく，従属節の構造の差異によって (3) のパズルは説明される．しかしフレーゲの元来の (1) (2) のパズルは依然未解決であり，またクリプキが指摘する次のようなパズルがある．先の引用符除去・翻訳の二原則により，ピエールの 'Londres est jolie' への誠実な同意と，'London is pretty' への同意の差し控えから，ピエールに次のような一見矛盾した信念態度を帰属させてよいはずである．

　　(4) ロンドンがきれいだ，とピエールは信じ，かつ信じていない．

　時にフレーゲ的意義に訴える方策が有効ではあろうが，たとえ意義に差異がなくとも，元来の話し手の同意・否認に関わった文中の名前そのものの統語論的差異が，同意・否認に関係する要因でありうる．そこで次に，ラッセル的単称命題構造論とフレーゲ的意義ないし純粋統語論的要因のアマルガム，すなわち，「信念内容」としての命題 $[p]$ と，信念主体による $[p]$ の把握の仕方・様態 w との順序対 $\langle[p], w\rangle$ として，「単称的思想」を考えよう．信念文の真理条件は次のように考えられる．

　　　(TB)「p ということを，a は信じる」が真であるのは，a がある（関数 ϕ により定まる）仕方・様態 w で把握された命題 $[p]$ を是認する場合その場合に限る．

　　　$[\exists \phi B(a, [p], \phi)．ただし，\phi(a, [p])=w とする．]$

　この場合，信念主体による命題の「把握の仕方・様態」には次のような要因が関連すると考えられる：(a) 言語的意味，(b) 定型的な指示指定子，(c) 信念主体が対象について考える特定の仕方，(d) 信念主体が同意した元来の文や語．

　かくして，〈単称思想〉中の〈命題〉の差異によるか，またはそれの〈把握の仕方・様態〉に関連する差異によって，上記のパズルの説明が与えられる．信念主体 a が命題を異なった仕方・様態で把握していれば，a が矛盾した命題を信じていた，ないし a に矛盾した信念態度を帰属させたとしても，a の信念態度が，ないしは信念帰属が，不合理であるとは限らない（「合成性」の問題その他の詳細については [Nomoto 1993b]）．

　しかし (TB) は命題やその把握の仕方・様態を特定する関数 ϕ に訴えている．言語的転回の精神に即した信念文の真理条件のいっそう簡明な与え方はないか．

　それには信念帰属の実践を組み込むことが考えられる．すなわち，ある解釈者 i による「p ということを，a は信じる」という a への信念帰属が正しいとすると，その証拠になるデータとして，従属文 'p' と同一の真理条件をもち，a がその使用脈絡においてそれに同意している文，ないし i がそう解釈した文 σ（データ文）（そのことを '$B(a, \sigma)$' と表記）が存在すると考えられる．すると，信念帰属文の

真理条件は次のようになろう．

(TB*)「pということを，aは信じている」が真になるのは，'p'と同一の真理条件をもち，かつ，aが［その使用脈絡において］同意している文，ないしそう解釈された文（データ文）'σ'が存在する場合その場合に限る$(\exists \sigma (\sigma \equiv p \,\&\, B(a, \sigma)))$．

上記のパズルの大方は，要するに信念保持と信念留保との両立が問題なのであった．aが元来同意ないし否認したデータ文が，同じ字面の同文であるという必要はない．実際上記の大方の例は，$\sigma_1 \neq \sigma_2$である（例：'London'と'Londres'）．すると，データ文への遡及により，全く真理条件的に信念パズルに対処可能のように思われる．こうしてようやくわれわれは「行為論」や「心の哲学」の端緒に辿りついた．

補論2　ことばと信念序説[1]
——デイヴィドソンとダメットを手引きに

ダメット（右）と著者（左）（東京都立大, 1994）

1　行為と信念

　どのような条件が満足されるならば，われわれは話し手（ないしは行為主体）に一定の信念を帰属（ascribe, attribute）しうるのであろうか．ここでは，信念の帰属される主体は，必ずしも言語をもつ存在だけに限らず，少なくとも「行為主体」と見なしうる存在であればそれでよい．その際「行為（action）」というのは，その主体にそのように振る舞ったなんらかの（意識的・無意識的な）理由（reason）を求め，ないしは帰属することができるような振る舞い（behavior）をいう．そして理由を構成するものには，主体の欲求，信念，意図，目的，願望，思考，知識等々といった心的態度が考えられる．こうし

---

[1]　本稿は，ダメット教授が学術振興会の招聘で来日された折，東京都立大学におけるセミナー（1994年10月28日）での私の提題 "Language and Belief" の第I部 'Preliminaries' に基づく．ダメット教授の真摯な応答とコメントに感銘を受けた．改めて感謝の意を表したい．

た理由を行為主体が必ずしも言葉で明示的に表現しうるように意識している必要はない．しかし，振る舞いを行為と解しうるには，「解釈者（interpreter）」（それが，行為主体自身であるか，聞き手であるか，あるいは第三者であるかはいまは問わない）は，こうした理由を当の主体に帰属できなければならない．したがって，一定の行為の帰属や記述，理由による説明には，信念を含む一定の心的態度の帰属が不可欠なのである（[Davidson 1984] 参照）．

それにしても，ことばなしに思考や信念をもちうるのか，ことばなしに行為の理由を分節しつつ理解し確定しうるのか，またことばの意味理解と信念とはどのような関係にあるのであろうか．さらには語や文の意味が個々ばらばらに孤立しては理解困難で，言語全体，ないしは少なくともその語や文が統語論的・意味論的に関連するなんらかの言語活動のひとまとまりのシステム中でのみ理解可能であるように，信念もまた他の信念や一定の信念体系，背景的な状況から孤立して個々ばらばらには確定できないのではないか，等々といった疑問・難問が，たちまちにして雲霞のごとくに湧き出てくる．

2 信念帰属に関わる予備的問題——公共性と個人的側面

ところで「判断」とその外化である「主張」という言語行為と，信念帰属との密接な関連を，フレーゲは次のように指摘していた．まず「思考（Denken）」とはある主張文 p の表現する「思想（Gedanke）」を（その真理性へのコミットメントなしに）「把握（fassen）し，理解する（verstehen）」ことであり，さらにその思想を「真と見なすこと（für wahr halten）」，真理性を承認（anerkennen）することが「判断（Urteil）」で，「主張力（behauptende Kraft）」を伴っての（典型的には）主張文 p による判断の表明という言語行為が「主張（Behaupten）」と称された [FB, S. 14] [SB, S. 32] [G, S. 62]．

さらにフレーゲは，$a=b$ であることを知らないひとが，「a は F である」という文の思想を真と見なし，主張するが，文「b は F である」という文の思想を偽と見なす（ないしは，判断を差し控える）ことがありうるならば，それらの思想は異なる，と見なした [FB, S. 14] [SB, S. 32]．

のみならずフレーゲは，信念帰属を主張と併行的に行っている．すなわち，二つの文の表現する思想が同一であって，ある人物 a が一方の思想を信じるならば，a は他方の思想も信じる [SB, S. 37]，つまり，対偶をとれば，「ある人物 a が，一方の思想を信じながら，他方の思想を信じないとしたら，それらの思想は異なる」わけである．

かくてフレーゲは，ある主張文の表現する「思想」を「真と見なす判断」，その表明である「主張」という言語行為と，「信念」帰属との密接な並行関係を見て取っていたということができよう．すると（信念内容を思想と同一視すべきか否かは別として）少なくとも，（ある思想 $S(p)$ を表現している）文 p のある人物 a による主張 '$aA(p)$' から，「a はその思想を信じている $[aB(S(p))]$」といった「信念帰属」への移行可能性が示唆されている，と解することが可能である．実際われわれは通常，あるひと a がある文 p を真面目に真と見なし，主張するならば，「a は p であると信じている」という信念帰属 (belief-ascription) を行うのである．

ところで，こうしたフレーゲの示唆に従って信念帰属を考えるにしても，ある主体のある文を用いての主張から信念帰属に移行するに当たって問題になるのは，その主張文でその主体はどのような内容を表しているのか，また主体に信念を帰属させる解釈者（主体本人のこともある）はその文の内容をどう解しているのかということである．その文が公共言語において表現していると見なされる内容なのか，あるいはその主体個人の特有の理解に染まっているものなのか．

そこで信念帰属に先立って，本稿で探究したい予備的な問題は，公共的な言語と信念の個人的な側面とのバランスをどのようにとったらよいのかということである．差し当たり本稿では，デイヴィドソン，ダメットを手引きに，予備的な形ではあるが，言語と信念との関係に関わる背景的な考察をいくらか進めることに努めよう（ついで，信念帰属の通常の実践についてのある意味論的・統語論的分析を提案したい．その分析は，信念の個人的な因子を取り込むことによって信念に関する厄介なさまざまなパズルに解決への示唆を与えるとともに，同時に信念帰属の合成性を維持するものであろう [野本 2005][2]．しかしさらに話し手の言語的ないし事実的な誤りに起因することばの逸脱した使用による信念帰属に際し，困惑を与える場合をどのように説明できるかについては別稿に譲りたい）．

3 フレーゲの意義 (Sinn) における乖離

周知のように，フレーゲは信念の内容を信念文の従属節の「通常の意義」と見

[2) この部分に対しては，ダメット教授から貴重な批判的コメントをいただき，ご滞在中に再考し一応の回答を申し上げ，方向性についてはまずまず肯定的なご反応であった．その後，同じ主題で，国際学会で講演 ("A Semantic Proposal for Solving Puzzles about Belief" in *Abstracts of the 10th International Congress of Logic, Methodology and Philosophy of Science*, Florence, 1995), [野本 1997] で手直しし，さらに再考の上，[野本 2005] の第4章3節に収録した．本論はその予備的背景部分に相当する．]

3 フレーゲの意義（Sinn）における乖離

なされる「思想」と同一視した．しかしながら，こうした同一視は問題的で，フレーゲの「意義」の観念を一つに統一することが可能かどうかは疑わしい．

しかし「エヴァンズは，まさに指示対象に至る道筋ないしその与えられ方としての意義という観念に訴えることによって，指標的ならびに非指標的表現によって孕まれるフレーゲの意義という考えを統一しようと試みた」[Dummett 1981, p. 105]．実際エヴァンズは，フレーゲの意義一般を「何かについて考える仕方・様態」[Evans 1982] と見なしている．例えば，単称名辞の意義は，「ある特定対象について考える（「スタティックな」）仕方」と解され (ibid., pp. 16f.)，他方「私」のような指標詞 (indexicals) については，「ある対象を追跡する (keeping track) 仕方」といった「ダイナミックな」考えがとられている (ibid., p. 195)．さらにエヴァンズは言語的意味と思想とを，ある対象を考える話し手の私的な仕方を含む与えられ方に統一しようとしている．

しかしながら，ダメットも指摘するように，約定的な意義づけと思想の構成要素との間には，指標詞の場合に顕著なように，乖離がある [Dummett 1981, pp. 103f.]．

ダメットはさらにフレーゲの意義に四つの因子を区別しているが [Dummett 1981, Chap. 6]，それは私自身の区別と重なる[3]．

(i) ダメットのいう「約定的意義づけ (conventional significance)」は，真理条件・指示条件を語ることによって示される，私のいう「言語的意味」に対応する．

(ii) ダメットのいう「思想の構成要素」は，従属節の，私のいう「信念内容」に対応する．

(iii) ダメットのいう「与えられ方」は，単称名辞が確定記述のように複合的な場合には要素分析に還元されようが，単純な名前の場合にはその名前に関する一定の言語共同体では共通な（例えば「ヘスペルス」に対する「宵の明

---

[3] フレーゲの「意義 (Sinn)」概念の多様な因子間の乖離と緊張関係については，[野本 1986, 第7章] および [Nomoto 1995] 参照．後者での私の分類は以下のようである．

[1] 意義 [c]：意義の認知的側面 (cognitive aspect) で，指示対象の指示指定子 (reference-fixer) としての，公共的な提示法 (the community-wide mode of presentation of the referent)．

[2] 意義 [t]：意義の真理論的観念 (truth-theoretic notion) で，当該の表現が現れる文の真理条件への貢献 (truth-theoretic notion) と見なされるようなそうした表現の言語的意味 (linguistic meaning)．

[3] 意義 [a]：使用者に相対的な心理的観念 (the agent-relative psychological notion) で，その使用者の個人方言 (idiolect) においてのある語の各個の使用において，その使用者がある対象を思考するないし再認する際に結び付けている，当の対象についてのその使用者の個人的な思考法ないし再認法 (one's personal way of thinking of or recognizing an object)．

[4] 意義 [p]：意義の命題的態度に関連する観念で，（間接話法，様相文等の）間接的文脈における従属節の意味論的値 (semantic value)（全文の真偽に関わる側面）[Nomoto 1995, p. 14]．

星」のような）私の言い方では「指示の典型的な決定因子（stereo-typical reference-fixer)」に対応する．

(iv) ダメットのいう「ある表現についての話し手の私的な理解」は，ある話し手が「アリストテレス」を「プラトンの弟子でアレクサンダー大王の教師」として理解する場合に例示されるような（Frege [SB] S. 27, fn.)，私の言い方では「ある対象についての主体の個人的な考え方」に応ずる．

(i)-(iii) までの意義の因子が客観的・公共的な性格をもつのに対し，(iv) は話し手に依存した私的ないし個人的な因子である．

特に指標詞の言語的意味は思想の構成要素から明確に区別されなければならない．フレーゲによれば，「時間の限定された文，あらゆる点で完全な文だけが，思想を表現するのである」[G, S. 76]．「「ここ」や「いま」といった語がその十全な意義を獲得するのはそれらが使用される状況からのみなのである……というのはそれらの語は完全な意義を得るためには補完が必要だからである」([L (II)] in [NS, S. 146])．

4 信念の対象について

しかしダメットには，信念内容を表現についての話し手の理解と同一視する傾きがあるように見られる．すなわち，

> 信念内容は，関連する状況ともども，公共的な言語的規約によって確定された与えられ方にではなく，各主体が当の表現とその指示対象との間に取り結んだ結びつきに依存するように思われる．[Dummett 1981, p. 115]

> だれかがある文によって表現する信念の精確な内容は，共通言語での当の文の意味にではなく，その意味の当の主体による把握に依存する．つまり，信念の内容と考えられた思想は，だから，共通言語の文の意義と同一視されえず，むしろ当の文の主体による個人的な理解と同一視される．[Dummett 1991b, pp. 321-2]

しかし信念内容が，フレーゲ的意義の公共的因子に依存するかまたは個人的な因子に依存するかのいずれかだという二者択一である必要はないし，ましてやダメットのように後者に与する必要もないであろう．というのは，もし信念内容が各主体の個人的な言語理解に完全に依存しているのなら，合成性の損失とともに，

信念帰属のわれわれの通常の実践が崩壊してしまうように思われるからである．私はむしろ，信念は，言語の共通の因子と主体の個人的な要因との双方に関わると考える．さらに，いわゆる「信念内容」，第3領域に存立するフレーゲ的「思想」ないし物化された意義や命題に，いきなり存在論的にコミットする必要もないと思われる．いわゆる「信念内容」という考えは，隠れた内観主義的メンタリズムに傾きやすく，また，信念内容をフレーゲ的思想に同化すべきか，あるいはラッセル的命題に同化すべきか等々といった形而上学的な問いにわれわれを引き込みやすいからである．むしろ信念内容といった観念に直接訴えずに，カプランのいう「上からの記述（description from above）」[Kaplan 1997] によって，信念帰属についてのメタ的な意味論的・統語論的分析ないし「記述のし直し」を試みたいと思う［野本 2005］．

一方私もダメットとともに，共通言語の社会的性格を強調したい．ダメットは信念の個人的性格と言語の社会的性格とを対比させてはいるが，同時にこの両者の微妙なバランスについては慎重な言及をしているのである．

> 以上［言語の社会性の強調］は，言語についての説明が社会的制度としての言語に属する事柄のゆえに個人の話し手に固有な事柄をすべて無視できると主張しているのではない．それどころか，言語的実践のどの事実に即した描写にとっても，個人的と社会的との実際の有り様の間での微妙なバランスをとることが，本質的なことなのであり，……それは，話し手が語っていることによって意味されていることから，かれが信じ，願い，感じていることへの歩みが，社会的事実から個人についての事実へと進むことなのである．話し手の発話が何を意味しているのかは，主に共通言語中の語の正しい使用に依存し，かれの意図には最低限にしか依存しない．しかしその発話によってかれが表現している信念の精確な内容はこうした語のかれの個人的な把握に依存する．[Dummett 1993, Chap. 13, pp. 143-4]

> 言語哲学が思想の哲学の底にあるという主張は，言語哲学が理解についての，つまり，個々の話し手の意味把握についての，説明を組み込んでいないのならば，根拠のないものであるにちがいない．[Dummett 1991b, p. 322]

そこで小論では，信念帰属の意味論的分析に際して，共通の要因と個人的要因とをいかに適切に組み込んだらよいのかを探究したい．

5　背景 (1) 言語的転回——言語の優位テーゼ

はじめにダメットと共有する背景を，信念帰属に関わる限りで，確認しておこう．

フレーゲの『基礎』における文脈原理は[4]，いわゆる「言語的転回」の古典的箇所である．この転回は，実際次のような意味で画期的であった．すなわち，それは，ダメットによれば，思想についての哲学を哲学的心理学から開放し，思想を心から追い出し，結果的に心理主義を拒否することを可能としたのである．「「思想をもつということはどういうことか」という問いを，心理的回答を要求することのないものとして初めて明瞭に提起したのはフレーゲであった」[Dummett 1993, Chap. 13, pp. 126-7]．

したがってダメットによれば，「分析哲学の根本的公理——思想の分析への唯一の通路は言語の分析を通じてであるということ——を受け入れることは，結果として思想についての哲学を言語哲学ないしは意味の哲学と同一視することであった」(ibid., p. 128)[5]．

根元的解釈の場面における信念と意味との相互依存は，デイヴィドソンにとっても深刻な問題であった．デイヴィドソンは，概念的にであれ認識論的にであれ，言語ないしは思考のいずれかの優位性に加担することを，慎重に避けている ('Thought and Talk' in [Davidson 1984, p. 156])．しかしかれは，信念帰属の言語への依存性を認めているが，それは，単に「語りなしには思考［ないし信念］間の微妙な区別をすることができない」という事実のゆえばかりではなく，「意味の自律性 (autonomy)」のゆえである (ibid., pp. 163-4)．さらにはかれの真

---

4)　「語の意味を孤立して問うべきではなく，文という脈絡においてのみ問わねばならない」[*GLA* 序編 X, S. 71]．「文全体が意義をもてばそれで十分である．そのことが，その部分に内容を与えるのである」[*GLA*, S. 71]．

5)　しかしエヴァンズは分析哲学の根本的公理を拒否し，思想の哲学を哲学の根本として扱う．言語から独立に把握された思想によって言語を説明するかれの逆転された戦略は，粗雑に定式化されると，心理主義に陥る危険がある．ダメットによると，思想によって言語を説明するエヴァンズのそれは，「思想の伝達可能性というフレーゲの強調のポイントを見落とす危険がある」[Dummett 1993, pp. 137-9]．つまり，「エヴァンズのプログラムは，そうした誤った考えに滑り込み，思想の伝達可能性と撞着する危険を孕んでいる．というのは，語の意味が話し手によって表現された思想の種類，また当の話し手が言ったことを聞き手が理解しうるなら，聞き手に要求されるような思想の種類，によって説明される場合には，関係する個々人の心の中で何が起こっているのかに注意が集中するのは不可避である」(ibid., p. 143)．

　　フレーゲは思想と言語との並行関係に確信を抱いていた．確かに「かれの関心は思想にあって，言語そのものにあったわけではない．……しかし思想を分析するかれの戦略は，言語的ないし記号的表現の形式を分析することであった．……言語的表現の意義についてのかれの説明は，ことばでの［思想の］表現とは独立に考えられた思想の説明に転移しうるものである」(ibid., pp. 126-7)．

理論的な解釈の方法は，話し手の発話を促す目的を知ることとは独立に，与えられた状況におけるその発話の意味をどのようにして知るのか，をわれわれに告げるものなのである．「意味の自律性は，また言語の使用によって思想（と信念）を帰属することがどのようにして可能なのかを説明する助けとなる」(ibid., p. 165)．したがって，ひとは，自分自身のないしは他人の発話を利用して自分自身にないしはだれか他人にある信念を帰属することができる[6]．

ダメットはまた次のように主張する．「言語においては，思想は十全に分節されるが，言語化されていない，ないしは部分的にしか言語化されていない思想をだれかに帰属させることは，滅多に精確ではありえない．……優位テーゼは説明の順序における優位性にかかわる．つまり，それは言語なしの思想といったもの，ないしは言語を有していない主体による思想といったものでさえ，存在しないという想定を含むものでは全くない．……成人の人間の場合，大方の言葉にならない思想と十全に言語化された思想との関係は，完成した絵に対するスケッチのようなものである．それゆえそれ［言葉にならない思想］はそれがそれ［言語化された思想］のスケッチであるということによってのみ説明可能なのである」[Dummett 1991b, pp. 323-4][7]．

かくして，私もフレーゲ，デイヴィドソン，ダメットとともに，説明の順序として言語哲学の心の哲学への優位性を認めたい．

6 背景（2）──共通言語と個人言語

言語的転回以後でもなお，フレーゲ，クワイン，デイヴィドソンといった代表

---

[6] つまり，理解された文の発話は，言語外のほとんどどんな目的にも役立つように使用されうる．そしてこのことが「なぜ言語的意味が言語外的な意図や信念を基礎に定義ないし分析されえないかを説明する」[Davidson 1984, pp. 164-5]．

さらにデイヴィドソンは，意味理論が話し手の詳細な命題的態度についての知識なしに検証可能であることを要求する．かれは信念と意味との相互依存の窮境から，ある文を真と見なすという態度を意味理論の証拠と解することによって（[RI] in [Davidson 1984, p. 134]），また慈善の原理と補助的には意味の問題を解決している間は信念を恒常的と見なしておくことによって（ibid., p. 137），脱出しようと試みる．

さらにはデイヴィドソンの真理論的な解釈方法は，話し手の発話の意味を，それを促した諸目的を知ることとは独立に，所与の状況において，どのように知るのかをわれわれに教える．「意味の自律性はまた，言語の使用によって，思想［と信念］を帰属することがどのようにして可能なのかを説明する助けとなる」(ibid., p. 165)．

[7]「思想は……意識の内容ではないから，思想はその乗り物を必要とする．……それゆえ思想の理論はある解釈［思想の主体への帰属］の根拠をその解釈を正当化する背景によって説明しなければならない．言語的な乗り物によって運ばれる思想にわれわれの注意を制限しないと，われわれは制御不可能な異質なものに直面せざるをえなくなる．……［各人の個人的な理解に含まれるすべてのものの説明］も，言語とは独立な思想の記述の展望をなんら与えない」([Dummett 1991b, pp. 322-3] 参照)．

的な哲学者の著作中で共通言語と個人言語（idiolect）を巡っては緊張関係が認められる[8]．

　例えば，ダメットも指摘するように，「ある言語に関する意味理論についての［デイヴィドソンの］最初期の説明は，当の言語を一つの共同体の共有財産として扱っていた．……その理論が基づいている証拠は，話し手が真として受け容れた文……発話ないし潜在的発話……と話し手がその文をそのように受け容れた支配的な状況との間の対応にある．……こうした証拠は，当の言語がかなり多くの話し手をもつ言語でないならば，当の言語の文に対する真理理論を与えるとは考えがたいであろう」［Dummett 1993, p. 150］．

　さらにデイヴィドソンは字義通りの（literal）意味とそれに依存する言語使用とを鋭く対照させている．しかし共通言語と個人言語との緊張は，デイヴィドソンが各人の言語における根元的解釈に指示の不可測性を認めたときに姿を表す（［Davidson 1979］in［Davidson 1984］）．

　デイヴィドソンの解釈に関する方法論的独我論ないし話し手と解釈者とのデュエット主義（duetism）は，「碑銘をうまく乱すこと（'A Nice Derangement of Epitaphs'）」（in［Davidson 1986］）においていっそう顕在化している．デイヴィドソンは（1）体系的（合成的）で，（2）（話し手・聞き手に）共有されていて，（3）習得された約定によって支配されている（ibid., p. 436）字義通りの意味と話し手の意味，つまりそれらの語を使用するひとによってしばしば含意されるものとを鋭く対照させている．

　ここでのデイヴィドソンの問題は，どのように言葉の誤用（malapropism）を取り込むかということであり，それをかれは先行（prior）理論と当座（passing）理論との間の区別に訴えて解こうとしている（ibid., p. 442）．しかしながら，当惑させられることには，かれはこう宣言する．「言語的なコミュニケーションにおいては（1)-(3）によって要約されるような言語的運用能力に対応するものは何もない．解決はそれらを放棄することにある．……私は結論するが，言語といったようなものは存在しない，もし言語が多くの哲学者や言語学者が想定しているようなものであるとしたら，そういうものは存在しない．それゆえ習得され，

---

[8] 個人言語（idiolect）とは，「ある一人の個人によって理解された言語で，その個人がかれの個人言語の語に自分が結びつけているその意味を結びつけるということがいかなることであるかをまず説明し，ついで共通言語を重複している個人言語の集合として特徴づけるのである」［Dummett 1993, p. 148］参照．フレーゲは，二人の人物が相異なる意義を結びつけている固有名 'Dr. Gustav Lauben' は同じ言語に属さないと見なす［G, S. 65］． "Two Dogmas" でのクワインの言語像は個人言語であるが，『ことばと対象』では言語の社会的性格を説明するためにこの像を修正している［Dummett 1993, p. 148］．しかし，後期には再び個人言語の観念が主要な役割を演じるようになり，それは根元的翻訳にその根がある（ibid., p. 149）．

習熟されるべきようなもの，ないしは生得のものといったそうしたものは存在しない．われわれは言語使用者が獲得し，ついで個々のケースに適用するようなはっきり定義された共有の構造といったような考えを放棄しなければならない．……われわれは規約に訴えることによってどのように意思疎通するかを明らかにしようとする試みを放棄すべきである」(ibid., p. 446)．

共通言語に対するこのような挑発的なデイヴィドソンの拒否は，言語の習得可能性と創造性を説明する自らの初期の合成的な意味理論と，詳細な命題的態度についてのさらなる知識なしに，同意・否認といった話し手の言語的振る舞いを証拠とする，検証可能な経験的意味理論との提案と背馳するように思われる．

それゆえダメットが指摘するように，デイヴィドソンは，個人言語を支配する理論に転向したように見える．「個人の言語習慣は時間とともに変化するから，個人言語はある任意の期間におけるある話し手の言語と考えるべきであろう．……さらに……話し手が，相異なる聞き手に話しかける場合には，異なった語彙と言い回しを使用するであろうから，デイヴィドソンはもはや単位を，ある任意の時における特定個人の言語ではなく，むしろある特定個人がある時にもう一人の個人に話しかけようとするその言語，と解しているのである」[Dummett 1993, p. 150]．

二人の個人に相対化されたこうした個人言語は，再びまた理論の支配下にあることになり，かくしてデイヴィドソンは話し手と解釈者との先行理論と当座理論とを区別する[9]．

しかしながら，言語の逸脱した使用とデイヴィドソンの上記の区別とは，かれの結論：「言語のようなものは存在しない」を支持するような説得的な議論を与えているようには見えない．ダメットが言うように，デイヴィドソンは単に「いかなる話し手も同じ言語を話しているとは限らない」，ないしはむしろ「言語を個人言語」と同一視し，「言語とは何かの説明にとって個人言語の観念のほうが

---

9) ダメットはデイヴィドソンの区別を次のように修正している．ある話し手Sの先行ないし「長期的 (long-range)」理論は，一般に，聞き手Hが，SがHに話しかけたときにSをどのようにして理解するようになるかに関しての，Sの期待を含む [Dummett 1986, p. 456]．こうした理論は特定の会話の経過のなかで変化しうる．
　一方Sの当座のないし「短期的」理論は，SがHにその会話中でなされたSの特定の発話をどのように理解してほしいと意図し，期待しているのかということに関係するが，その際SはHがこの発話のHの非標準的な解釈をかれの長期的な理論に組み込むことを意図してもいないし，期待してもいないのである．聞き手Hの先行ないし「長期的」理論は，Hに話しかけるときに，一般に，どのようにSを理解するかに関わっている．
　Hの当座のないし「短期的」理論は，その会話中でなされたSの特定の発話をどう理解するかについての理論である．Hは例えば，特定の文でSが将来ある語をそのように使用するというなんらの意図もなしに，故意にその語を標準的に使用しているのだと推測するかもしれない [Dummett 1986, p.460]．

基本的である」と解し,「共通言語を,大幅に重複する個人言語の領域として」説明しようとしているように思われる [Dummett 1986, p. 462][10].

ここには,レーヴェンハイム-スコーレムの定理から帰結する,「非可算無限集合も可算モデルをもつ」という,いわゆる「スコーレムのパラドクス」に淵源するインパクトの波及を見ることができる.先の定理は,真性のパラドクスではなく,集合の「濃度」という概念が絶対的には確定せず(カテゴリカルでない),個体領域と解釈との順序対であるモデルと相対的にのみ確定する,と述べているに過ぎない.しかしベナセラフは,同様にして,互いに両立しない複数の集合論による数の定義から,数記号の「指示」の不確定性を,したがって数という抽象的対象の存在の不確定性を引き出し,フレーゲ,ラッセルらのプラトン的な数の実在論を突き崩そうとした.クワインやデイヴィドソン,パトナムらは,いっそう一般的に言語中の語の「指示」もまた,絶対的には不確定(indeterminate)・不可測(inscrutable)であって,「指示の枠組み(frame of reference)・解釈(interpretation)」と相対的で,自由に「入れ替え可能(permutable)」であると論じた.パトナムは別にして,根元的翻訳・根元的解釈においては,クワインもデイヴィドソンも,母語という共通言語の公共的な指示の枠組みに対しても懐疑的で,クワインは存在論的相対性に向かい,デイヴィドソンは個人言語の,さらには,ある一人のある聞き手に対するある期間限りでの解釈という,全くハンプティ・ダンプティ的でアナーキーな言語像に至っているように見える.

この問題に本格的には立ち入れないが,いずれにせよ,共通言語と信念帰属とのバランスをどうとるかという私の問題に関わる限りでは,各共通言語ごとに「指示の枠組み」は異なっても,また一つの共通言語内である一局面においては指示の枠組みがダイナミックに変化しうるとしても,その各共通言語の指示の枠組みは全体的には一定程度安定性をもち,意思疎通を不可能にするような目まぐるしい枠組みの全体的変動をもたらすといったハンプティ・ダンプティ的現象は生じないと思われる.かくして公共的言語の個人的・私的理解に対する優位という,次のダメットならびに初期デイヴィドソンの主張に差し当たり賛成しておきたい.

　　　個々の話し手が言うことから話し手の考えていることへの——かれの発話

---

[10] 一方「先行的」ないし「長期的」理論と「当座の」ないし「短期的」理論のデイヴィドソンの区別を,いっそうダイナミックで包括的な言語像の新しい提案であると解釈しうるかもしれない.その際必ずしも意味の体系的理論を放棄する必要はなく,それを言語進化のある段階における先行的ないし長期的理論と見なし,かくしてそうした理論そのものも言語進化に従って変化してよいのである.

した語句が共通言語中で意味していることからかれの信念内容への——移行は，かくして当の言語についての話し手の個人的な理解によって媒介されている．……われわれは話し手が使用している語の当人の理解を，共通言語中でのその語の意味を当人が何と解しているかということとを必ずしも常に等値することはできない．しかし決定的な問題は，われわれが共通言語かそれともその私的理解か，そのいずれを優先的と見なすべきかということである．もし言語哲学を介しての思想の哲学へのアプローチが……思想の客観性を守る目的に役立ちうるのであれば，言語は社会的制度として，ある共同体のメンバーの共有財産と考えられるべきである．したがってこのことは，意味理論が，第1にイタリア語……のような共通言語の表現が，それのもつ意味をもつとはどういうことなのかを説明すべしと要求し，しかる後にのみ，その説明に訴えて，こうした言語の個々人による把握が何に存し，そしてかれの発話の解釈やかれに命題的態度を帰属させることにどのように影響するのかを説明することに進むべきだ，ということを要求するのである．[Dummett 1993, p. 147]

7　背景 (3) ——意味と理解

　最後に，共通言語と，語の個人的理解とのないし逸脱した使用との乖離が，信念帰属に与えうる可能的影響を簡単に言及しておきたい．というのは，「共通言語の語の意味をあるひとの側で誤解するということが，かれが主張している信念を当人が誤って述べるという結果を招くであろうからである」(ibid., p. 144).

　意味理論と理解の理論ないしは解釈の理論との間に，一般的にどのような関係があるべきなのかについての探究は，ここでの私の課題を超えるものである（ダメットとデイヴィドソンの論争はなお，1994年の両雄の応酬に見られる）．ここでの私の問題にとっては，理解の次のような二つの段階を区別し，またこのような区別が信念帰属のわれわれの実践とどの程度関係するのかを明らかにできれば，差し当たり十分である．つまり，1) 共通言語における表現の字義通りの意味の理解，2) 語の誤用[11]のような逸脱した使用も含む，コミュニケーション

---

11)　ダメット自身この対照に次のように言及している．

　　いまの私は［意味理論と理解の理論という］二つの考えの関係を以前に想定していたのよりはもっと微妙なものだと思っている．……この二つの考えは相互に連関しており，一方なしに他方を説明できない．……言語使用が合理的な活動であり，またわれわれが話し手に動機や意図を帰属させるということこそ，われわれの言語使用にとっても人間の言語現象の忠

における語の多様な使用の理解に関してである．

そしてここでは言語と話し手の意図ないしは信念との関係についてのダメットの次のような主張に賛成したい．

> しかし［話し手の意図の査定］はその言語についての話し手の知識についてわれわれが知っているないしは推定している事柄に基づいている．……われわれがかれに発言中の動機や意図を帰属することができるのは，かれが当の言語を──ことばの意味を──知っているからにすぎない．［Dummett 1993, p. 158］

まとめると，「言語的転回」の精神に立って，私は説明の順序上信念帰属の共通言語への依存性を受け入れる．しかし一方同時に，信念帰属における共通的因子と個人的因子との適切なバランスを取らなければならないと思う．別稿［野本 2005］において，私は次のような言語上の生のデータ（raw data）へと遡及することによって，信念帰属の一つの意味論的・統語論的分析を提案したいと考えた．そのデータは，(1) 主体によって元来主張された，ないしは信念帰属者によってそう解釈された文とその統語論的構造，また共通言語中のその文の言語的意

> 実な説明にとっても本質的なのである．どのような言語的交渉においても，われわれはこうした意図の識別に関わる．つまり，ある特定の段階でなぜ話し手が口にしたことを実際に言ったのか，なぜその特定の仕方でかれはそれを表現したのか，それを皮肉かそれとも直截に意味していたのか，話題を変えつつあったのか，そうでなければ，なぜそれが関連すると考えたのか──一般にかれのポイントは何だったのか，ないしはかれは何を目指していたのか，ということを理解すること，である．話し手の意図の査定は，それだけでは，特定の言語に特有ではないし，言語そのものにも特有ではない．つまり，そうした査定は，非言語的であれ言語的であれ，人びとの行動の底にある意図を査定するために，われわれのもつ通常の手段に従って，進む．［Dummett 1993, pp. 157-8］

> 意味と理解が相関的であると考える基本的な理由は，……表現の意味はだれかがそれを理解すべきなら知らなければならないものだからである．……ここまでのところでは，これらの考えの結合は直截で否定し難い．しかし「知る」ということばが「意味を知る」という句においてどのような意味で使用されているのかを問うやいなや，われわれは深みにはまり込む．というのは一方でそれは意識的な知でありながら，他方でいつでも明示的で言語化可能な知ではありえないからである．(ibid., p. 159)

> さらにダメットはこう主張する．「指標詞の特定の発話の，話し手ないし聞き手による，理解のどの説明も，二つの構成要素をもつ．すなわち，その指示対象を確定する意味論的規則と，そのように確定された指示対象を同定する話し手ないし聞き手の手段……．この第2の構成要素は，意味論的規則の陳述によっては示されない．意義のフレーゲによる有名な特徴づけ「指示対象が与えられる仕方」は曖昧である．もし直接的目標のために，われわれがある言語のある表現の「意味」を，その指示対象が何かをのべる正準的な陳述によって与えられると解するなら，曖昧性は「話し手がその表現の意味によって確定されたと知っている仕方」と「話し手がその意味に従って指示対象を同定する仕方」との間隙にある」［Dummett 1991b, p. 322］．

味，(2) ある言語共同体の公共的方言（dialect）におけるその文中の語に関する公共的な指示指定子，(3) 当の文に関する主体の個人的な統語論的・意味論的理解の仕方・様態，といった諸因子を含む．ただし，信念内容として，実体化されたフレーゲ的意義，思想，ないしはラッセル流の命題に，差し当たり存在論的にコミットする必要はない．またいわゆる個人言語（idiolect）があるとしても，それは共通言語に寄生し各人の個人的でときに逸脱したことば理解に依存すると考える．（以上は，本文12章7節での認知的意義と関連するかもしれない．）

あとがき

　国際基督教大学（ICU）の学部学生の頃，カント『純粋理性批判』講読で，数学や自然科学について，必ずしも数学者・自然科学者になるのではなくても，こうした諸学についての哲学探究，認識論的なアプローチという一種メタ的な探究というものがあるのだということ知った．また当時白石早出雄教授（『数と連続の哲学』(1951)）による数学講義で，私は初めてデデキント，カントルらの名前を耳にし，世に「数学の哲学」なるものが存在すること，しかもその淵源が遠く古代ギリシャのピタゴラス，エウドクソス，ユークリッドやゼノンのパラドクスにあることを教えられた．

　進学した1960年代の京都大学哲学科大学院では，哲学史研究が重視され，古代ギリシャ哲学の田中美知太郎・藤沢令夫，中世哲学の高田三郎，近世哲学の野田又夫の諸先生がおられ，まずテクストを基礎的な文献学的手続きを踏んで，厳密に読解するという訓練が求められていた．こうして「哲学」というものが，漫然と勝手気ままに想いを巡らすことではなく，「愛知（φιλοσοφία）」には，厳しい吟味と批判的検討を伴うものだということを知った．また哲学の分野でもっとも抽象的と思われる「形而上学」も，もとはと言えば，単に「自然学の後に置かれたもの（τὰ μετὰ τὰ φυσικά）」に由来し，自然学自体を研究対象としてメタ的に探究することとも解しうるように思われた．実際，本書第II部以降で詳論したように，ヒルベルトの証明論，タルスキの真理論は，論理学・数学についての厳密なメタ数学（metamathematics），メタ的統語論，メタ的意味論の展開に他ならない．

　1970年代に欧米で超一流の論理学者・数学者に講義やゼミ，チュートリアルで直接接した経験――例えば，A. チャーチ，D. カプラン，K. ドネラン，C.C. チャン，D. マーティンの諸教授（以上UCLA），フレーゲ研究と数学・論理・言語の哲学のM. ダメット教授（オックスフォード），フィレンツエの国際学会以来のマーティン・レーフ教授（ストックホルム）等々の目覚ましい数理的才能と深い哲学的洞察を併せもつ先達との邂逅，またフンボルト財団研究員として，ドイツのフレーゲ研究の拠点ゲッティンゲン大学（パーツィヒ，カール両教授等），コンスタンツ大学（カンバルテル，ガブリエル両教授等）での滞在以来のまたC. ティール教授（エアランゲン大学）等との親しい交流――という得難い幸運から，

私自身は，むしろ哲学史研究（そして科学史・数学史・論理学史）の常道に従って，19世紀・20世紀における数論・論理・意味論に胚胎される巨大なテーマを巡って，デデキント，フレーゲ，ヒルベルト，ベルナイス，ゲーデル，タルスキ，カルナップ，チャーチ，カプラン等々の「知の巨人達の戦い」が何であり，またどのように遂行されたのかを詳しく理解したいと思った．そして，紆余曲折するその歩みを伝えるテクスト・講義録や草稿そのものに即して，数論・論理・意味論探究の展開を詳細に追跡し，その苦闘を内在的に理解する試みを開始し，こうした知の巨人たちによるギガント・マキアの戦跡の立ち入った「探究（historia, ιστορια, inquiry）」に努めた．それは，結果的に，その足跡の，いわば「後衛の位置から」の記録係（historian），スコアラーの仕事となった．しかし，多くの粗漏や理解不足は免れず，忌憚のないご指摘，批判的ご検討を頂ければ幸いである．

　はるか40数年前初めて参加した1972年度日本科学哲学会大会で，アメリカから帰朝後間もない伊東俊太郎教授によるご講演「科学哲学と科学史の融合」，並びにアリストテレスの論理思想・自然学探究はじめ，中世哲学，ガリレオ，デカルト，パスカル，そしてゲーデルからクワインに至る論理・科学思想を踏破された大出晁慶応大学名誉教授のご研鑽とが，単に遠望するのみとしても，無意識のうちに私の研究を導く通奏低音となっていた．大出晁先生は，私が研究者として歩み出した早期から，陰に陽に筆者のたどたどしい歩みを深い理解と同情をもって見守って下さっていたことを，後に遅ればせながら感知することとなった．またACLS（アメリカ学術協会）研究員時に，アカデミック・アドヴァイザーとして，毎週のようにチュートリアルのお相手をして下さったカプラン教授（UCLA），フンボルト財団研究員としてゲッテインゲン滞在中，同様に毎週フレーゲのチュートリアルをして下さったパツィヒ教授，再度の同財団研究員としてコンスタンツに招いて下さったカンバルテル教授，同財団欧州研究員としてオックスフォードに滞在中，毎週チュートリアルのお相手をして下さったダメット教授といった諸先生方の学恩に，本書もまた深く負っていることをあらためて想起し，感謝に堪えない．

　だがこのメタ的書記の仕事にも，重大な偏向や過誤を免れることは難しいが，また同時にその欠陥・過誤をも含めて，広義の「科学哲学」「論理・数論・言語の哲学」に何らかの寄与するところがあり得るなら，望外の僥倖である．実際，例えば，アクゼル論文［Aczel 1980］の登場以来，フレーゲ理解全般，とくに「文脈原理」に関わる著者の偏向理解に対し，マーティン・レーフ論文［Martin-Löf 1985］，さらにはスンドホルム論文［Sundholm 1994］，ダメット論文

[Dummett 1995], そしてルフィーノ論文 [Ruffino 2003] において, 透徹した新しいフレーゲ像が提示されており, こうした近年の動向を熟慮できていないことは, 本書の限界を示す(とくに, アクゼルを除いた4人の研究者には, 海外の学界で親しくその講筵に連なり, 質疑を交わし, また金子洋之・岡本賢吾両氏編『フレーゲ哲学の最新像』を贈呈され一読したにもかかわらず, 最近岡本賢吾氏に指摘されるまで, その深い意味合いに思い到らなかったのである).

ともあれ, 本書の出現に至るまでに, 例のごとく改訂に継ぐ改訂を重ねて, 膨大な原稿集積の山を築く著者を相手に, 編集の労に当たられた東京大学出版会の丹内利香さんの, 周到で辛抱強い編集作業なしには, 本書の出版が現実化されることはなかった. 改めて心から感謝申し上げたい.

2017年夏「全国哲学院生フォーラム」に著者を講師として招聘し, 本書最終章の要旨を講演した際に作成してくださった power point 画像の転載を許可された北海道大学文学研究科(哲学)の原健一氏のご好意, 表紙カバー用のギガントマキアの壺絵写真をたくさん送って下さり, また本書中のギリシャ語表記を綿密にチェックしてくださった安村典子金沢大学元教授(西洋古典学)に, そして索引作成に関する面倒な作業を担って下さった, 三平正明氏(日本大学文理学部准教授), 渡辺大地氏(桜美林大学非常勤講師)はじめ秋山莉穂さん(日本大学文理学部学生)がたの友情・ご援助にこころから感謝申し上げたい.

また前著執筆時の眼疾と同様, 今回もまた, 老齢や病魔を顧みずに執筆に没頭・呻吟する著者のために, 退職後の旅行や寛ぎの時間を断念して, 心を砕いてくれたパートナー・祥代に, 心から感謝する.

2019年6月1日

野本和幸

付記　さらに, 最終章の「フレーゲ意義論」も, もっぱらフレーゲのテクストに密着した読解に関わり, また恩師カプランやドネランの議論との対論が中心で, フレーゲの意味論と近年のプログラム意味論の深い関連に言及することができなかったが, 文献表中の [Aczel 1980] のきわめて難解な論文には, 詳細な解説が付されており, 大変裨益を受けた. なおそうした関連ではまず次の書等が参考になろう:

　大堀敦 [1997]『プログラミング言語の基礎理論』共立出版.
　Stoy, J. [1977] *Denotational Semantics: The Scott-Strachey Approach to Programming Language Theory*, MIT Press.

引用文献

[A]

Ackermann, W. [1925] "Begründung des "tertium non datur" mittels der Hilbertischen Theorie der Widerspruchsfreiheit," *Math. Ann.*, 1-36, published version of Achermanns Diss, zur Uni Göttingen (1924).
—— [1927] "J.von Neumann. Zur Hilbertischen Beweistheorie," *Jahrbuch über die Fortschritte der Mathematik*, 53.
—— [1928] "Über die Erfürbarkeit gewisser Zählausdrücke," *Math. Ann.* c, 638-49.
—— [1929] "Über eine Wiederspruchsfreiheitsfrage in der axiomatischen Mengenlehre," *J. f. die eine reine und angewandte Mathematik*, 160, 494f.
—— [1940] "Zur Widerspruchsfreiheit der Zahlentheorie," *Math. Ann.*, 117.
Aczel, P. [1980] "Frege Structures and the Notions of Proposition, Truth and Set," in *The Kleene Symposium*, North-Holland. (土屋岳士訳)[岡本・金子編 2007] 所収.
足立恒雄 [2013]『フレーゲ・デデキント・ペアノを読む』, 日本評論社.
Ajdukiewicz, K. [1921] Eng. tr. [1966] "From the Methodology of the Deductive Sciences," *Studia Logica*, 19, 9-46.
秋吉亮太 [2012]「非可述性の分析としての証明論」『科学基礎論研究』, 39(2).
秋吉亮太・高橋優太 [2013]「ゲンツェンを読む——三つの無矛盾性証明の統一的解釈」『科学基礎論研究』, 41(1), 1-22.
Almog, J. and Leonardi, P. (eds.) [2012] *Having in Mind – The Philosophy of K. Donnellan*, Oxford University Press（以下 OUP と略称）.
Anscombe, G. E. M. [1963] *Intention*, Harvard University Press.（菅豊彦訳『インテンション——実践地の考察』, 産業図書, 1984）.
アポロドーロス [1973], 高津春繁訳『ギリシア神話』, 岩波文庫.
新井敏康 [2011]『数学基礎論』, 岩波書店.
Austin, J. [1962] *How to Do Things with Words*, OUP（坂本百大訳『言語と行為』, 大修館書店, 1978）.
Avigad, J. and Zach, R. [2007] *The Epsilon Calculus*, -Stanford Encyclopedia of Philosophy, http://plato.stanford.edu/entries/epsilon-calculus（version of July 2007).
Awodey, S. and Klein, C. (eds.) [2004] *Carnap Brought Home*, The Open Court.

[B]

Badesa, C. [2004] *The Birth of Model Theory*, Princeton University Press.
Barwise, J. and Etchemendy, J. [1987] *The Liar: An Essay on Truth and Circularity*, OUP（金子洋之訳『うそつき——真理と循環をめぐる論考』, 産業図書, 1992).
Beaney, M. [1996] *Frege: Making Sense*, Duckworth.
—— (ed. & tr.) [1997] *The Frege Reader*, Blackwell.
—— (eds. with Reck E.) [2005] *Gottlob Frege, Critical Assessments of Leading Philosophers*, 4 Vols., Routledge.

Behmann, H. [1918] *Die Antinomie der transfiniten Zahl und ihre Auflösung durch die Theorie von Russell und Whitehead*, Dissertation, Uni Göttingen.
―― [1922a] "Beiträge zur Algebra der Logik, iknsbesondere zum Entscheidungsproblem," *Math. Ann.*, 86, 163-229.
―― [1922b] "Die Antinomie der transfiniten Zahl und ihre Auflösung durch die Theorie von Russell und Whitehead," *Jahrbuch der Mathem-Naturwiss.* Fakultät in Göttingen, 23, 55-64.
Behnke, H. [1976] *Die goldenen Jahre des Mathematischen Seminars der Universitärt Hamburg*, Mittteilungen der Mathematischen Gesellschaft in Hamburg 10.
Belna, J. [1996] *La notion de nombre chez Dedekind, Cantor, Frege*, Vrin.
Benacerraf, P. [1965] "What Numbers Could Not Be," *Philo. Rev.*, 74, rep. in Benacerraf, P. and Putnam, H. (eds.) [1983] *Philosophy of Mathematics*, 2nd ed., Cambridge University Press.
―― [1981] "Frege: The Last Logicist," in *Midwest Studies in Philosophy*, VI.
―― [1985] "Skolem and the Skeptic," *PAS.*, Suppl., 59.
Benthem, van Johan [1996] *Exploring Logical Dynamics*, CSLI publications, Stanford.
Bernays, P. [HB] [1918] Habilitationsschrift: 'Beiträge zur axiomatischen Behandelung des Logik-Kalkülus' rep. in [*HLA*2, Appendix, pp. 231-71].
―― [1922a] "Über Hilberts Gedanken zur Grundlegung der Arithmetik" (1921. 9. 23) *Jahresbericht der Deutschen Math. Vereinigung*, 31, 10-9（英訳 in [Mancosu 1998, Chap. 13, pp. 215-22]）部分的に [*HLA*2] の Sieg による Introduction, pp. 14ff. で紹介されている.
―― [1922b] Hilberts Untersuchungen über die Grundlagen der Arithmetik, in [*HGA*. III, pp. 196-216].
―― [1923] 'Review of A. Müller's "Der Gegenstand der Mathematik",' *Die Naturwissenschaften*, 11(26), 520-2.
―― [1926] 'Axiomatische Untersuchung des Aussagen-Kalküls der "*Principia Mathematica*",' *Mathematische Zeitschrift*, 25, 305-20, abridged version of [Bernays 1918].
―― [1937] "A System of axiomatic set theory", pt. I(1937): *JSL*. 2, pt. II(1941): *JSL*. 6, Pt, III(1942), pt. IV(1942): *JSL*. 7, pt. V(1943): *JSL*. 8, pt. VI(1948): *JSL*. 13, pt. VII(1954): *JSL*. 19, rep. in [Bernays 1976].
―― [1939] in [*GLM*. II]（実質はベルナイスの単独執筆, 吉田夏彦・渕野昌訳・解説『数学の基礎』第2-6章, シュプリンガー・フェアラーク, 1993).
―― [1958] *Axiomatic Set Theory*, North-Holland.
―― [1976a] *Sets and Classes*, Müller, G. H. (ed.), North-Holland.
―― [1976b] *Abhandlungen zur Philosophie der Mathematik*, Wissenschaftliche Buchgeselschaft Darumstadt.
Bernays, P. and Schönfinkel, M. [1928] "Zum Entscheidungsproblem der mathematischen Logik", *Math. Ann.*, xcix, 342-72.
Beth, E. W. [1959] *The Foundations of Mathematics*, North-Holland.
Bolzano, B. [1817] "Die drey Probleme der Rectification," Leipzlg, Nachdruk in *Schriften Bolzanos* (1948) Prag.
―― [1851] *Paradoxen des Unendlichen*, rep. in [1920] Felix Meiner Aufl.
Boole, G. [1847] *The Mathematical Analysis of Logic*（西脇与作訳『論理の数学的分析――演繹的推論の計算に関する試論』, 公論社, 1977).
Boolos, G. [1985] "Reading the *Begriffsschrift*," rep. in [Demopoulos 1995] and [Boolos 1998].

―― [1986/7] "Saving Frege from Contradiction," rep. in [Demopoulos 1995] and [Boolos 1998].
―― [1987] "The Consistency of Frege's *Foundations of Arithmetic*," rep. in [Demopoulos 1995] and [Boolos 1998].
―― [1990] "The Standard of Equality of Numbers," rep. in [Demopoulos 1995] and [Boolos 1998].
―― [1998] *Logic, Logic and Logic*, Harvard University Press.
Bottazzini, U. [1986] *The Heigher Calculus: A History of Real and Complex Analysis from Euler to Weierstarss*, Wiley.
Brady, G. [2000] *From Peirce to Skolem*, North-Holland.
Brouwer, L. E. J. [1928] "Intuitionist reflections on Formalism," in [Mancosu 1998].
―― [1929] "Mathematics, Science and language," in [Mancosu 1998].
―― [1930] "The Structure of the Continuum," in [Mancosu 1998].
―― [1975] *Collected Papers of Brouwer*, Heyting, A. (ed.) North Holland.
Browder, F. E. (ed.) [1976] *Mathematical Development Arising from Hilbert Problems*, AMS. Proc. of Symp. in pure math., Vol. 28.
Burge, T. [2005] *Truth, Thought, Reason*, OUP.
Burgess, J. [1984] Review of Wright, *Philo. Rev.*, 93.
―― [2005] *Fixing Frege*, Princeton University Press.

[C]

Cantor, G. [1872] "Über die Ausdehnung eines Satzes aus der Theorie der trigonometrischen Reihen," *Math. Ann.*, 5 123-32, rep. in [*CA*].
―― [1879/84] "Über unendliche lineare Punktmannigfaltigkeiten," *Math. Ann.*, Bd. 15 (1879)― Bd. 23 (1884), rep. in [*CA*] III-4, 139f.
―― [1883] "Grundlagen einer allgemeinen Mannigfatigkeitslehre," rep. in [*CA*] (功刀金二郎・村田全訳『カントル「超限集合論」』, 共立出版, 1979).
―― [1895] "*Beiträge zur Begründung der transfiniten Mengenlehre* I," *Math. Ann.*, 46, 481-512; II, *Math. Ann.*, B. 49, 207-46, rep. in [*CA*] (功刀金二郎・村田全訳『カントル「超限集合論」』共立出版, 付録 I, ツェルメロの注釈, 付録 II, カントル「集合論の一つの基本的問題について」ドイツ数学協会年報 Bd. I, 1890-91, 付録 III (村田全「解説」)).
―― [*CA*] [1932] *Abhandlungen mathematischen und philosphischen Inhalts*, von Zermelo, E. (hrsg.), rep. in Olms, 1966 (村田全他訳『カントル「超限集合論」』, 共立出版, 1979).
―― [*CB*] [1991] *G. Cantor Briefe*, von Meschkowski, H. and Nilson, W. (hrsg.), Springer ([1899. 7. 28], 405―[1899. 8. 30]) (『カントル「超限集合論」』付録 III「カントル-デデキント往復書簡」村田全訳).
Carl, W. [1994] *Frege's Theory of Sense and Reference*, Cambridge University Press.
Carnap, R. [1928] *Logische Aufbau der Welt*, Leibzig, Felix Meiner.
―― [1934] *Logische Syntax der Sprache*, Wien (tr. *Logical Syntax of Language*, London (1937)).
―― [1939] *Foundations of Logic and Mathematics*, Chicago University Press.
―― [1942] *Introduction to Semantics*, Vol. 1, Harvard University Press.
―― [*MQ*] [1946] "Modalities and Quantification," *JSL*, 11.
―― [*MN*] [1947] *Meaning & Necessity*, Chicago University Press.
―― [1963] "Intellectual Autobiography" & "The Philosopher Replies," in *The Philosophy of Rudolf Carnap*, The Open Court.

Carroll, L. [1872] *Throngh the Looking-glass*（柳瀬尚記訳『鏡の国のアリス』），W. Norton & Co. Inc. (2015).
Chang, C. C. [1974] "Model Theory 1945-1971," *Proceedings of the Tarski Symposium*.
Chwestek, L. [1921] "Antynomje logiki formalnej (antimomies of formal logic)," *Przegl. fil.*, 24.
Church, A. [1940] "A Formulation of the Simple Theory of Types," *JSL*, 5.
―― [1941] *The Calculi of Lambda-Conversion*, Princeton University Press.
―― [1943] "Carnap's Introduction to Semantics," *Philo. Rev.*, 52.
―― [1951] "A Formulation of the Logic of Sense and Denotation," in *Structure, Method and Meaning*, Henle, P. et al. (eds.), New York.
―― [1956] *Introduction to Mathematical Logic*, Vol. 1, Princeton University Press.
―― [1973] "Outline of a Revised Formulation of the Logic of Sense and Denotation," (pt. I), *Nous*, 7-1; (pt. II) *Nous.*, 8-2 (1974).
―― [1976] "Schröder's anticipation of the simple theory of types," rep. in *Erkenntnis* 19, 407-11, originally from *The Journal of Unified Science*, 9 (1939).
―― [1982] "A Remark Concerning Quine's Paradox about Modality," rep. in [*PA*].
―― [1993] "A Revised Formulation of the Logic of Sense and Denotation. Alternative (1)," *Nous.*, 27-2.
Coffa, J. A. [1991] *The Semantic Tradition from Kant to Carnap—to the Vienna Station*, Cambridge University Press.
Cook, R. (ed.) [2000] *The Archè Papers on Mathematics of Abstraction*, Springer.
Crimmins, M. and Perry, J. [1989] "The Prince and The Phone Booth," *JP*, 86(12), 685-711.

[D]

Davidson, D. [1979] "Inscrutability of reference"（野本和幸訳「指示の不可測性」『真理と解釈』所収，勁草書房）．
―― [1984] *Inquiries into Truth & Interpretation*, Oxford University Press（野本和幸他訳『真理と解釈』，勁草書房，1991）．
―― [1986] "A Nice Derangement of Epitaphs," in [LePore 1986].
―― [1994] "The Social Character of Language," in [McGuiness and Olivieri 1994].
Davis, M. [1958] *Computability and Unsolvability*, esp. Appendix 2. rep. in [1982] Dover.
―― (ed.) [1965] *The Undecidable*, Raven Press, renewed Dover (1993).
Davis, M., Putnam, H. and Robinson, J. [1961] "The decision problem for exponential Diaphantine equatuins," *Ann. Math.*, 74, 426-36.
Dedekind, R. [1858] Sfätigkeit and irrationale Zahlen: Vorlesungen in Zürich im Herbst, Appendice XXXII in [Dugac 1976, pp. 203-9].
―― [1872] *Stetigkeit und Irrationale Zahlen*（河野伊三郎訳『数について――連続性と数の本質』，岩波文庫，1961．渕野昌訳・解説『数とは何かそして何であるべきか』，第Ⅰ部，ちくま学芸文庫，筑摩書房，2013）
―― [1872/8] "Appendice LVI : Gedanken über die Zahlen", in [Dugac 1976].
―― [D. 1888] *Was sind und was sollen die Zahlen?*, 4te Aufl. [1918], Braunschweig（『数について』河野訳，1961，『数とは何かそして何であるべきか』渕野訳・解説，2013，第Ⅱ部）．
―― [D. 1879] Dedekinds zusätzen Versen zu Fussnot, p, 470 in [Dirichlet] 3te Aufl.（酒井孝一訳『整数論講義』，共立出版，1970，p. 420，脚注＊）．
―― [1894] Supplement XI, in [Dirichlet] 4版（1894），§161，酒井孝一訳，脚注．

—— [DW] *Richard Dedekind Gesammelte mathematische Werke*, 3 Bde, 1930-2.
Demopoulos, W. [1994] "Frege and Rigorization of Analysis," *JPhL*, 23.
—— (ed.) [1995] *Frege's Philosophy of Mathematics*, Harvard University Press.
Dieudonné, J. (ed.) [1978] *Abrégé d'histore des mathematiques*, 1700-1900, 2 Vols. (上野健爾他訳『数学史』、全III巻、岩波書店).
Dirichlet, P. G. L. [Dirichlet] *Vorlesungen über Zahlentheorie*, hrsg. & zusätzen Versen von Dedekind, R., 1ste (1868), 2te (1871), 3te (1879) & 4te (1894) Aufl., rep. (2006) (酒井孝一訳『整数論講義』、共立出版、1970).
Donnellan, K. [1966] "Reference and Definite Descriptions," *Philo. Rev.*, 75 rep. in [Donnellan 2012a].
—— [1970] "Proper Names and Identifying Descritpions," *Synthese*, 21 rep. in [Donnellan 2012a].
—— [2012a] *Essays on Reference, Language, and Mind*, Almog, J. and Leonardi, P. (eds.), OUP.
—— [2012b] *Having In Mind: The Philosophy of Keith Donnellan*, Almog, J. and Leonardi, P. (eds.), OUP.
Dugac, P. [1976] *Richard Dedekind et Les Fondements des Mathematiques*, Vrin.
Dummett, M. [1973] *Frege: Philosophy of Language*, Duckworth.
—— [1978] *Truth and other Enigmas*, Harvard University Press.
—— [1981] *The Interpretation of Frege's Philosophy*, Harvard University Press.
—— [1986] "A Nice Derangement of Epitaphs: Some Comments on Davidson & Hacking," in [LePore 1986].
—— [FPM] [1991a] *Frege: Philosophy of Mathematics*, Duckworth.
—— [1991b] *Frege and Other Philosophers*, OUP.
—— [1993] *Origins of Analytical Philosophy*, Duckworth (野本和幸他訳『分析哲学の起源——言語への転回』、勁草書房、1998).
—— [1994] "Reply to Davidson," in [McGuiness and Olivieri 1994].
—— [1995] "*The Context Principle*," in [Max and Stelzner 1995] (岩本敦訳).
—— [1998] "Neo-Fregeans: in Bad Company?," in [Schirn 1998].

[E]

Ebbinghaus, H. D. [2000] *Ernst Zermelo*, based on the draft by Peckhaus, Appendix. 原資料 Original Versions [OV], rep. in Springer (2007).
Enderton, H. [2011] *Computability Theory*, Academic Press.
Evans, G. [1982] *The Varieties of Reference*, McDowell, J. (ed.), OUP.
—— [1985] *Collected Papers*, Clarendon Press.
Ewald, W. (ed.) [1996] *From Kant to Hilbert*, Vol. I & Vol. II, OUP.

[F]

Fefermann, A. and Fefermann, S. [2004] *Alfred Tarski*, Cambridge University Press.
Feferman, S. [1986] Gödel's life and work, in [*GGW*. I, pp. 1-36].
—— [1998] *In the Light of Logic*, OUP.
—— [2004] 'Interludes' from Fefermann, in [A. & S. 2004].
—— [2008] "Tarski's Conceptual Analysis of semantical Notions," in [Patterson 2008].
Ferreirós, J. [1999] *Labyrinth of Thought*, Birkhäuser.
Fine, K. [2002] *The Limits of Abstraction*, OUP.

Floid, J. and Sieh, S. (eds.) [2001] *Future Past: The Analytic Tradition in Twentieth-Century Philosophy*, OUP.

Fraassen van, B. C. [1966] "Singular Terms, Truth Value Gaps and Free Logic," *JP*, 67.

―― [1969] "Presupposition, Supervaluatios and Free Logic" in *The Logical Way of Doing Things*, Yale University Press, Lambert, K. (ed.).

Franzen. T. [2005] *Gödel's Theorem*, A. K. Peters (田中一之訳『ゲーデルの定理――利用と誤用の不完全ガイド』みすず書房, 2011).

Frege, G. [*BS*] [1879] *Begriffsschrift* (Georg Olms, 1964, [*BS2*] 2te Aufl. 1977) (藤村龍雄訳『フレーゲ著作集1 概念記法』, 勁草書房, 1999).

―― [Anw] [1879] "Anwendungen der Begriffsschrift," Supplement II, in [*BS2*].

―― [BL] [1880/1] "Booles rechnende Logik und die Begriffsschrift," in [*NS*] (戸田山和久訳『著作集1』勁草書房).

―― [LB] [1882] "Booles logische Formelsprache und meine Begriffsschrift," in [*NS*] (戸田山訳『著作集1』勁草書房).

―― [BB] [1882] "Über die wissenschaftliche Berechtigung einer Begriffsschrift," in [*BS2*] (戸田山訳『著作集1』勁草書房).

―― [Z] [1882/3] "Über den Zweck der Begriffsschrift," in [*BS2*] (戸田山訳『著作集1』勁草書房).

―― [Peano 1896] "Über der Begriffsschrift des Herrn Peano und meine eigene," rep. in 362-4, rep. in [*KS*, 221-2] (戸田山訳『著作集1』, 勁草書房).

―― [*GLA*] [1884] *Die Grundlagen der Arithmetik*, Breslau (With J. Austin's translation, Oxford, 1950); Centenarausgabe, Thiel, C. (hrsg.), Felix Meiner, 1986 (野本和幸・三平正明・土屋俊訳『著作集2 数学の基礎』, 勁草書房, 2001).

―― [FB] [1891] Funktion und Begriff (野本訳『著作集4』, 勁草書房, 1999).

―― [BG] [1892] Über Begriff und Gegenstand (野本訳『著作集4』, 勁草書房).

―― [SB] [1892] Über Sinn und Bedeutung (土屋俊訳『著作集4』, 野本訳 ([松阪 2013] 所収)).

―― [*GGA*] *Grundgesetze der Arithmetik*, Bd. 1, 1893, Bd. II, 1903 (野本和幸・横田栄一・金子洋之訳『著作集3』, 勁草書房, 2000).

―― [L [II]] [1897] Logik in [*NS*] (関口浩喜訳『著作集4』, 勁草書房).

―― [WF] [1904] Was ist Funktion (野本訳『著作集4』, 勁草書房).

―― [1906a] [GLG] "Über die Grundlagen der Geometrie," rep. in [*KS*] (田村祐三・岡本賢吾・長沼淳訳『著作集5 幾何学の基礎』, 勁草書房, 2001).

―― [EL] [1906b] Einleitung in die Logik in [*NS*] (野本訳『著作集4』, 勁草書房).

―― [G] [1918] Der Gedanke in [*KS*] (野本訳『著作集4』, 勁草書房).

―― [Vern] [1918/9] Verneigung (野本訳『著作集4』, 勁草書房).

―― [Darm.] [1919]「ダルムシュテッターへの手記」in [*NS*] (野本訳『著作集4』, 勁草書房).

―― [1915] "Meine grundlagenden logischen Einsichten" in [*NS*] (野本訳『著作集4』, 勁草書房).

―― [Gg] [1923] Gedankengefüge in [*KS*] (高橋要訳『著作集4』, 勁草書房, 2002).

―― [Peano] (往復書簡 1894-1903) in [*WB*] (小林道夫・松田毅・Andrea Leonardi 訳『著作集6』, 勁草書房).

―― Hilbert 宛書簡 (1899. 12. 27) in [*WB*] (三平正明訳『著作集6』, 勁草書房, 2002).

―― Jourdain 宛書簡 [1902-14] in [*WB*] (中川大・長谷川吉昌訳『著作集6』, 勁草書房).

―― [*KS*] [1967] *Kleine Schriften*, Angelelli, I. (hrsg.), Georg Olms.

—— [NS] [1969] *Nachgelassene Schriften*, Kambartel, F. *et al.* (hrsg.), Felix Meiner.
—— [WB] [1976] Wissenschaftlicher Briefwechsel, Gabriel, G. *et al.* (hrsg.), Felix Meiner (野本編『著作集 6 書簡集 付「日記」』, 勁草書房).
Friedmann, M. [1988] 'Logical Truth and Analyticity in Carnap's "Logical Syntax of Language",' in [Kitcher and Aspray 1988].
Furth, M. [1967] *G. Frege: The Basic Laws of Arihmetic*, tr. with an Introduction, California University Press.
Føllesdal, D. [2004] *Referential Opacity and Modal Logic* [Ph. D. Thesis Harvard (1961)], Routledge.

[G]

Gärdenfors, P. [1988] *Knowledge in Flux*, MIT.
Gentzen, G. [1935] "Untersuchungen über das Logische Schliessen," *Mathematische Zeitschrift*, 39, 176-210, 405-31. Eng. tr. in [Gentzen 1969].
—— [1936] "Die Widerspruchsfreiheit der reinen Zahlentheorie," *Math. Ann.*, 112, Eng. tr. in [Gentzen 1969].
—— [1938] "Neue Fassung des Widerspruchsfreiheitsbeweises für die reine Zahlentheorie," *Forschung zur Logik und zur Grundlegung der exakten Wissenschaften*, Neue Folge 4, Eng. tr. in [Gentzen 1969].
—— [1969] *The Collected Papers of Gerhard Gentzen*, ed. and Eng. tr. by Szabo, M. E., North Holland.
Girard, J-Y., Lafont, Y. and Tayor, P. [1990] *Proofs and Types*, Cambridge University Press.
Gödel, K. [1929] Über die Vollständigkeit des Logikkalküls, Dissertation, approved by H. Hahn, phil. Uni. Wien, in *K. Gödel Collected Works*, Vol. I ([*GCW*. I] と略称), pp. 60-101, OUP, 1986.
—— [1930] "Die Vollständigkeit der Axiome des logischen Funktionenkalküls," *Monatshefte für Mathematik und Physik*, 349-60, rep. in [*GCW*. I, pp. 102-23].
—— [1930a] "Über die Vollständigkeit des Logikkalküls," in [*GCW*. I, pp. 124-5].
—— [1930b] "Einige metamathematische Resultate über Enscheidungsdefinitheit und Widerspruchsfreiheit," *Anzeiger der Akademie der Wissenschaften in Wien*, 67, 214-5, rep. in [*GCW*. I, pp. 140-3].
—— [1930c] "Vortrag über Vollständigkeit des Funktionenkalküls," in [*GCW*. III, pp. 16-29].
—— [1931] "Über formal unentscheidbare Sätze der PM und verwandter Systeme I," *Monatshefte für Mathematik und Physik*, 38, 173-98, rep. in [*GCW*. I, pp. 144-95] (林晋・八杉満利子訳・解説『ゲーデル「不完全性定理」』, 岩波文庫, 2006).
—— [1932b] Über Vollständigkeit und Widerspruchsfreiheit, rep. in [*GCW*. I, pp. 234-7].
—— [1932c] "Eine Eigenschaft der Realisierungen des Aussagenkalkülus," rep. in [*GCW*. I, pp. 238f].
—— [1933] "The present situation in the Foundations of mathematics," as the invited lecture to a meeting of the Mathematical Association of America. jointly with the American Mathematical Society in Cambridge, Massachusetts, 29-30 Dec, 1933. rep. in [GCW. III, pp. 36ff].
—— [1940] *The Consistency of Axiom of Choice and of the Generlized Continuum Hypothesis with the Axioms of Set Theory*, in [*GCW*. III], 1990.
—— [1944] "Russell's mathematical Logic," in *The Philosophy of B. Russell*, Vol. I, Lon-

don.
—— [1946/7] "Remarks before the Princeton bicentennial conference on problems in mathematics" rep. in [*GCW*. II, pp. 150-3].
Goldfarb, W. [2001] "Frege's conception of logic," in [Floid and Sieh 2001].
Goodmann, N. [1951] *The Structure of Appearance*, Harvard University Press.
Grabiner, J. [1981] *The Origins of Cauchy's Rigorous Calculus*, Dover.
Grattan-Guiness, I. [1970] *The Development of the Foundations of Mathematical Analysis from Euler to Riemann*, MIT Press.
—— (ed.) [1980] *From the Calculus to Set Theory, 1630-1910*, Princeton University Press.
—— [2000] *The Search for Mathematical Roots 1870-1940*, Princeten University Press.
Grice, P. [1989] *Studies in the Way of Words*, Canbridge (Mass.) (清塚邦彦訳『論理と会話』, 勁草書房, 1998).

[H]

Hacking, I. [2014] *Why Is Philosophy of Mathematics at all?*, Cambridge University Press (金子洋之・大西琢朗訳『数学はなぜ哲学の問題になるのか』, 森北出版, 2017).
Hale, B . [2000] "Reals by Abstraction," in [Hale and Wright 2001].
Hale, R. and Wright, C. [2001] *The Reason's Proper Study*, OUP.
Hamilton, W. R. [1853] Preface to the Lectures on quaternions in [Ewald 1996] Vol. 2.
橋本康二 [1995]「論理的帰結関係と真理概念」京都大学博士（文学）学位論文.
林晋・八杉満利子訳・解説 [2006]『ゲーデル「不完全性定理」』, 岩波文庫.
Heck, R. [1993] "The Development of Arithmetic in Frege's *Grundgesetze der Arithmetik*," rep. in [Demopoulos 1995].
—— [1995] "Definition by Induction in Frege's GGA," in [Demopoulos 1995].
—— [1996] "On the Consistency of Predicative Fragments of Frege's *Grundgesetze der Arithmetik*," *History and Philosophy of Logic*, 17.
—— [1997a] "The Julias Caesar Objection," in [Heck 1997b].
—— (ed.) [1997b] *Language, Thought and Logic*, OUP.
—— [1998] "*Grundgesetze der Arithmetik* I §§29-32," *Notre Dame Journal of Formal Logic*, 38, rep. in [Heck 2012].
—— [1999] "Grundgesetze der Arithmeik I §10," *Philosophia Mathematica* (3), Vol. 7, rep. in [Heck 2012].
—— [2010] "Frege and Semantics," in *The Cambridge Companion to Frege*, rep. in [Heck 2012] Potter, M. and Ricketts, T. (eds.), OUP.
—— [2011] *Frege's Theorem*, OUP.
—— [2012] *Reading Frege's Grundgesetze*, OUP.
Heijenoort, J. van (ed.) [1967a] *From Frege to Gödel*, Harvard University Press.
—— [1967b] "Logic as Calculus and Logic as Language," *Synthese*, 17.
Heine, E. [1872] "Die Elemente der Funktionenlehre," *JrM*., 74.
Henkin, L. [1949] "The Completeness of the first-order Functional Calculus," *JSL*, 14, 159-66, rep in [Hintikka 1969].
—— [1959] with Suppes, P. and Tarski, A. (eds.), *Cylinder Algebras*, Pt. II, North-Holland, Amsterdam.
Herbrand, J. [1929/30] "Investigations in Proof Theory," [Ph.D. Thesis, 1929] rep. in [Herbrand 1971] and partly in [Heijenoort 1967].
—— [1971] *Logical Writings*, Goldfarbs, W. (ed.) Dordrecht.

Herz, P. [1929] "Über Axiomensysteme für beliebige Satzsysteme," *Math. Ann.*, 101.
Hilbert, D. [1890] "Über die Theorie der algebraischen Formen," *Math. Ann.*, 6.
—— [1894] "Die Grundlagen der Geometrie," rep. in [*HLG*, Chap. 2].
—— [1898/9] "Elemente der Eukleidischen Geometrie," rep. in [*HLG*, Chap. 4].
—— [*GLG*] [1899] *Grundlagen der Geometrie, Festschrift*, rep. in [*HLG*, Chap. 5] (寺阪英孝訳, 一松信解説『ヒルベルト 幾何学の基礎』, 共立出版, 1970).
—— [1900a] "Über den Zahlbegriff," 1899. 10. 12. 執筆, *JDMV*, Bd. 8, 1900, rep. in [*GLG*] 7 Aufl. [Anhang VI] 1930, Eng. tr. in [Ewald 1996] (『幾何学の基礎』付録VI, 共立出版).
—— [1900b] "Mathematische Probleme," Paris, rep. in [*HGA*. III, SS. 290f.] and in [*HP*].
—— [1904] [GLLA] *Über die Grundlagen der Logik und Arithmetik*, trans. in [Heijenoort, 1967, pp. 129f.].
—— [1905*] *Logische Prinzipien des mathematischen Denkens*, Uni Göttingen, Math. Institut, Lesesaal, to appear in [*HLA*1].
—— [1917/8] [PdM] Prinzipien der Mathematik, Vorlesung am Göttingen, Wintersemester 1917/8 in [*HLA*2, Chap. 1, pp. 31-221].
—— [1918] "Axiomatisches Denken," *Math. Ann.*, in [*HGA*. III, SS. 146f.] (中公名著).
—— [1919] "Natur und mathematisches Erkennen: Vorlesungen 1919-1920" in Göttingen, Nach der Ausarbeitung, Bernays, von P. (hrsg.) u. mit der Einleitung von D. Rowe [1992] Birkhäuser.
—— [LK] [1920a] Logik-Kalkül, in [WS, Chap. 2] [*HLA*2, pp. 275-341].
—— [PML] [1920b] Probleme der mathematischen Logik, [WS, Chap. 2] [*HLA*2, pp. 342-77].
—— [undated] <Consistency Proofs for Fragments of Arithmetic>, Chap. 2, SS. 378-414 [*HLA*2].
—— [GM] [1921/2] "Grundlagen der Mathematik," in Chap. 3, WS [*HLA*2, SS. 431-527].
—— [NBM] [1922a] "Neubegründung der Mathematik," in [*HGA*. III, SS. 157-77], [Ewald 1996, pp. 1115-34].
—— [1922b] "Die Begründung der Arithmetik durch die neue Hilbertische Bewestheorie," in rep. in [*HGA*. III], and [*HLA*2].
—— [1922/3] [1923/4] "Die logische Grundlagen der Mathematik [LGM]," Winter Semester. 1922/3 & Winter Sem. 1923/4, Chap. 3 in [*HLA*2, pp. 528-64]. See. [Kneser 2013].
—— [1923] "Die logische Grundlagen der Mathematik," *Math. Ann.*, 88, the lecture held in Leipzig, 1922, rep. in [*HGA*. III], Eng. tr. in [Ewald 1996, Vol. 2, 1134-48].
—— [1926] "Über das Unendliche," *Math. Ann.*, 95, rev. ed. [Hilbert 1930b], tr. in [Heijenoort 1967].
—— [1927] "Die Grundlagen der Mathematik" [GM], in Hamburg in Appendix B Hilbert's 2nd Hamburg Lecture in [*HLA*2, pp. 917-40].
—— [1928] [PGM] "Probleme der Grundlegung der Mathematik," in Bologna, rep. as [Hilbert 1929].
—— [1929] [PGM] rev. rep. of [Hilbert 1928] as Appendix C in [*HLA*2, pp. 954-66].
—— [1930a] *Naturekennen und Logik*, Könisberg.
—— [1930b] "Die Grundlegung der elementaren Zahlenlehre," Hlibert's 3rd Hamburg lecure, *Math. Ann.*, 1931 in [*HGA*. III] & in [*HLA*2, Appendix D].
—— [1930c] in *Grundlagen der Geometrie*, Berlin.

Hilbert, D. and Ackermann, W. [1928] [*GtL*] *Grundzüge der theoretischen Logik*, 1st ed. rep. in Appendix A [*HLA2*] pp. 806-916 (石本新・竹尾治一郎訳『記号論理学の基礎』大阪教育図書は第6版).

Hilbert, D. and Bernays, P. [*GLM*. I. 1934] *Grundlagen der Mathematik*, I (吉田夏彦・渕野昌訳『数学の基礎』, 第I章・解説, シュプリンガー・フェアラーク, 1993).

―― [*GLM*. II. 1939] *Grundlagen der Mathematik*, II (吉田・渕野訳『数学の基礎』, 第 2-6 章訳・解説, シュプリンガー・フェアラーク, 1993).

―― [*HGA*. III] *D. Hlibert Gesammelte Abhandlungen*, Bd. III, 1935, rep. 1965.

―― [*HLG*] [2004] *D. Hilbert's Lectures on the Foundations of Geometry: 1891-1902*, Hallett, M. and Majer, U. (eds.), Springer.

―― [*HP*] [2007] *Die Hilbertischen Probleme*, Ostwaltds Klassiker, Verlag Harri Deutsch.

―― [*HLA1*] [2020] *D. Hilbert's Lectures on the Foundations of Arithmetic and Logic. 1894-1917*, Ewald, W., Hallett, M., Sieg, W. and Majer, U. (eds.).

―― [*HLA2*] [2013] Ewald, W., Sieg, W. and Majer, U. (eds.), *D. Hilbert's Lectures on the Foundations of Arithmetic and Logic. 1917-1933*.

―― [MD] [1976] *Mathematical Development from Hilbert Problems*, AMS. Proc. of Symp., in pure math., Vol. XXVIII.

―― [2017] *Logische Prinzipien des mathematischen Denkens*, Universität Göttingen, Mathematisches Institut, Lesesaal, in [*HLAI*] (1894-1917).

Hintikka, J. [1962] *Knowledge and Belief*, Ithaca.

―― [1969] *Models for Modalities*, Dordrecht.

Hintikka, J. and Sandu, G. [1992] "The Skelton in Frege's Cupboard," *JP*., 89.

広瀬健 [1986]『数学的帰納法』, 教育出版.

―― [1989]『帰納的関数』, 共立出版.

広瀬健・横田一正 [1985]『ゲーデルの世界』, 海鳴社.

Hodges, W. [1986] "Truth in a structure," *Proceedings of the Aristotelian Society*, N. S. 86.

―― [1997] *A Shorter Model Theory*, Cambridge University Press.

―― [2008] "Tarski's Theory of definition," in [Patterson 2012].

Houser, N. *et al*. [1997] *Studies in the Logic of C. S. Peirce*, Indiana University Press.

Husserl, E. [1979] *Aufsätze und Rezensionen* (1890-1910), *Husserliana*, Vol. XXII, Nijhoff; Hague.

[I]

飯田隆 [1987]『言語哲学大全 I――論理と言語』, 勁草書房.

―― [1991]「不完全性定理はなぜ意外だったのか」『科学基礎論研究』, 第77号, 20(3).

―― [1995]『言語哲学大全 III――意味と様相』, 勁草書房.

―― [2000]『日本語形式意味論の試み――名詞句の意味論』, 慶応大学文学部哲学科 HP (http://phil.flet.keio.ac.jp).

―― [2003]「『概念記法』の式言語はどんな言語なのか」『思想』, No. 954,『分析哲学の誕生』所収.

―― (編) [2005]『知の教科書 論理の哲学』, 筑摩書房.

―― (編) [2007]『論理・数学・言語:哲学の歴史 11』, 中央公論社.

―― [2008]「ゲーデルの不完全性定理とタルスキの定理」『哲学の歴史』別巻『哲学と哲学史』, 中央公論社.

[K]

神野慧一郎・内井惣七 [1976]『論理学──モデル理論と歴史的背景』, ミネルヴァ書房.
Kamp, H. and Reyle U. [1993] *From Discourse to Logic*, I, II, Kluwer Academic Publishers.
Kanamori, A. (カナモリ A.) [2003] *The Higher Infinite*, 2nd, Springer (渕野昌訳『巨大基数の集合論』, シュプリンガー・フェアラーク東京, 1998).
── [2009] "Bernays and Set Theory," *The Brulliten of Symbolic Logic*, 15.
金田明子 [2006]「エチメンディのモデル理論的帰結批判」『科学哲学』, 39(2).
金子洋之 [1998]「抽象的対象と様相」日本哲学会編『哲学』49.
── [2006]『ダメットにたどりつくまで』, 勁草書房.
Kaplan, D. [1964] *Foundations of Intensional Logic* (Ph. D. Thesis, UCLA).
── [1969] "Quantifying In," *Synthese*, 19.
── [1970] "What is Russell's Theory of Descriptions," in Yourgrau, W. and Breck, A. D. (eds.), *Physics, Logic, and History*, Plenum Press.
── [1975] 'How to Russel "a Frege-Church",' *JP*, 72(19).
── [1978a] "Dthat," in *Syntax and Semantics*, 9, Cole, P. (ed.), New York, Academic Press (野本和幸訳([松阪 2013] 所収)).
── [1978b] "On the Logic of Demonstratives," *JPhL*, 8.
── [1979] "Transworld Heir Lines," in [Loux 1979].
── [1986] "Opacity," in Hahn, O. and Schilpp, O. (eds.), *The Philosophy of W. V. Quine*, The Open Court.
── [1989a] "Demonstratives," *Themes from Kaplan*, Almog, J., Perry, J. and Wettstein H. K. (eds.), Oxford University Press.
── [1989b] "Afterthoughts," in *Themes From Kaplan*.
── [1990] "Words," *PAS*, Suppl. 64.
── [1997] "What is Meaning?" (Brief Version-Draft#1, 東京都立大学講演) 未刊.
── [2000] 'What is Meaning?' draft #1, unpublished,, 東京都立大学講演.
── [2005] "Reading 'On Denoting' on its Centenary," *Mind*, 114(456).
── [2009] *The Philosophy of David Kaplan*, Almog, J. and Leonardi, P. (eds.), OUP.
── [2012] "An idea of Donnnelan," in *Donnellan: Having in Mind*, Almog *et. al.* (eds.).
鹿島亮 [2007]「第一不完全性定理と第二不完全性定理」([田中 2007] 第3巻所収).
Keferstein, H. [1890] "Über den Begriff der Zahl," *Festschrift der Mathematischen Gesellschaft in Hamburg*, 119-25.
Kenny, A. [1995] *Frege*, Penguin Books Ltd. London (野本和幸・大辻正晴・三平正明・渡辺大地訳『フレーゲの哲学』, 法政大学出版局, 2001).
菊池誠・佐野勝彦他 [2016]『数学における証明と真理』, 共立出版.
菊池誠 [2014]『不完全性定理』, 共立出版.
Kitcher, P. and Aspray, W. (eds.) [1988] *History and Philosophy of Modern Mathematics*, University of Minnesota Press.
Kleene, S. [1936] "General recursive functins of natural numbers," *Math. Ann.*, 112, rep. in [Davis 1965].
── [1952] *Introduction to Metamathematics*, North-Holland.
── [1986] "Introductory note to *1930b, 1931* and *1932b*" in [*GCW*. I, pp. 126-41].
Klein, F. [1926] *Vorlesungen über die Entwickelung der Mathematik im 19. Jahrhundert*, Springer (クライン『19世紀の数学』彌永昌吉監修, 足立恒雄他訳, 共立出版).
Kneale, W. and Kneale, M. [1962] *The Develoment of Logic*, OUP.

Kneser, H. [2013] Kneser's *Mitschriften* of Hilbert's lectures from 1921/22, 1922/23 and 1924, with Sieg's Introduction, in Appendix to [*HLA*2, pp. 565-646].
小平邦彦 [1976]『解析入門 I』（岩波講座　基礎数学），岩波書店．
Körner, S. [1960] *The Philosophy of Mathematics*, Hutchinson University Library.
Kotarbinski, T. [1929] 英訳 (1966) Gnosology, *The Scientific Approach to The Theory of Knowledge*, Wojtasiewicz, O. (tr.), Pergamon.
高津春繁 [1978]『ギリシア神話』，岩波文庫．
Kreisel, G. [1958] "Hilbert's Prgramme," *Dialectica*, 12, rep. in [Benacerraf and Putnam 1984].
Kripke, S. [1959] "A Completeness Theorem in Modal Logic," *JSL*, 24.
—— [1963] "Semantical Considerations on Modal Logics," *Acta Philosophica Fennica*, 16.
—— [1965] "Semantical Analysis of intuitionistic Logic I," in Crossly, J. N. and Dummett, M. (eds.), *Formal Systems and Recursive Functions*, Amsterdam.
—— [1972] *Naming and Necessity*, rep. in [Kripke 1980] OUP.（八木沢敬・野家啓一訳『名指しと必然性――様相の形而上学と心身問題』，産業図書，1985）．
—— [1975] "Outline of a Theory of Truth," *JP*, 72.
—— [1979] "A Puzzle about Belief," in Margalit, A. (ed.), *Meaning and Use*, Dordrecht（信原幸弘訳「信念のパズル」，[松阪 2013] 所収）．
Kronecker, L. [1881] *Grundzüge einer arithmetischen Theorie der algebaischen Grössen*, rep. in Edition Classic VDM Verlag Dr. Müller, 2006.
Kunen, K. [1983] *Set Theory: An Introduction to Independence Proofs*,（『集合論――独立性証明への案内』，藤田博司訳，日本評論社，2008）．
倉橋太志 [2016]「証明可能性論理」, in［菊池・佐野他 2016］第 2 部．
Kuratowski, C. [1931] "Über eine geometrische Auffasung der Logistik," *Am. Soc. Polen Math.* ix, 201.
Kutschera, v. F. [1989] *Gottlob Frege*, Walter de Gruyter.
黒川英徳 [2014] 書評「野本和幸著　フレーゲ哲学の全貌」『科学基礎論研究』，42(1)．
—— [2016]「真理と様相」, in［菊池・佐野他 2016］第 4 部．

[L]

Landini, G. [1989] "New Evidence Concerning Russell's Substitutional Theory of Classes," *Russell*, 9, 26-42.
Langford, C. [1926] "Some Thorems on Deducibility," *Ann. Math.*, 28.
—— [1998] *Russell's Hidden Substitutional Theory*, OUP.
Leśniewski, S. [1929] "Grundzüge eines neuen Systems der Grundlagen der Mathematik §§ 1-11," *Fund. Math.*, XIV, rep. in *Stanislaw Leśniewski: Collected Works*, Surma, S. J. *et. al.* (eds.), Vol. II (1992).
LePorte, E. (ed.) [1986] *Truth & Interpretation*, Blackwell.
Lewis, C. I. [1918] *A Survey of Symbolic Logic*, Berkeley.
Linnebo, Ø. [2004] "Frege's Proof of Referentiality," *Notre Dame Journal of Formal Logic*, 45(2).
Lotze, H. [1843] *Logik, erster Buch. Vom Denken*, von Gabriel, G. (hrsg.) Felix Meiner, 1989.
Löwenheim, L. [1915] "On possibilities in the calculus of relatives," tr. in [Heijenoort 1967].
Loux, M. (ed.) [1979] *The Possible and the Actual*, Cornell University Press.
Łukasiewicz, J. [1930] with Tarski, A. "Investigations into the sentential calcus," presented

to Warsaw Scientific Society, 1930. 3. 27, and published with the title "Untersuchungen über den Aussagenkalkül," in *Comptes Rendus des seances de la Societe des Sciences et des Lettres des Varsovie*, 23, rep. in [*LSM*].

[M]

Malćev, A. I. [1936] "Untersuchungen aus dem Gebiete der mathematischen Logik," *Mathematicheskii abornik*, 1, 323-6.
Mancosu, P. [1998a] *From Brouwer to Hilbert*, OUP.
—— [1998b] "Hilbert and Bernays on Metamathmatics," in [Mancosu 1998] rep. in [Mancosu 2010, pp. 125-58].
—— [2010] *The Adventure of Reason*, OUP.
Marcus, R . B. [1961] "Modalities and Intensional Langugages," rep. in [Marcus 1993].
—— [1993] *Modalities*, OUP.
Martin-Löf, P. [1985] "On the Meanings of the Logical Constants and the Justifications of the Logical Laws," rep. in *Nordic Journal of Philosophical Logic*, 1(1), 1996.
—— [1987] "Truth of a Proposition, Evidence of a Judgement, Validity of a Judgement," *Synthese*, 73.
Matsusaka, Y. [2013] *A Theory of Direct Discourse: Its Semantics and Pragmatics*, Ph. D. Thesis (UCLA).
松阪陽一 [2000]「真理・意味・規約 T」『科学哲学』, 33(2).
—— [2005]「フレーゲの Gedanke とラッセルの Proposition—'On Denoting' の意義について」(『科学哲学』, 38(2), [野本 2008] 所収).
—— [2009]「引用の論理形式」(2009. 11. 2, 口頭報告レジュメ).
松阪陽一 (編) [2013]『言語哲学重要論文集』, 春秋社.
Max, I. and Stelzner, W. (hrsg.) [1995] *Logik und Mathematik: Frege-Kolloquium Jena 1993*, Walter de Gruyter.
McGuiness, B. and Olivieri, G. (eds.) [1994] *The Philosophy of Michael Dummett*, Kluwer.
Mertens, H. [1979] *Die Entstehung der Verbandstheorie*, Hildesheim.
—— [1990] *Moderne-Sprach-Mathematik: Eine Geschichte des Streits um die Grundlagen der Disziplin und des Subjekts formaler Systeme*, Suhrkamp.
三中信宏 [2009]『分類思考の世界』, 講談社.
Montague, R. [1974] *Formal Philosophy*, Yale University Press.
Moore, G. H. [1988] "The Emergence of First-Order Logic," in Aspray, W. and Kither, P. (eds.), *History and Philosophy of Modern Mathematics*, University of Minnesota.
Mostowski, A. [1955] "A formula with no recursively enumerable model," *F. M.*, 42.
Müller, A. [1922] *Der Gegenstand der Mathematik mit besonderer Beziehung auf die Relativitätstheorie*, Braunschweig: Vieweg.
Müller, G. (ed.) [1976] *Sets and Classes on the work of P. Bernays*, Northholand.
Murawski, R. und Wolenski, J. [2008] "Tarski and his Polish Predecessors on Truth," in [Patterson 2008].

[N]

中川大 [2001]「初期ラッセルにおける「表示」の概念」『科学哲学』, 34(1), 37-48, [野本 2008] 所収.
von Neumann, J. [1925] "Eine Axiomatisierung der Mengenlehre," *J. f. die reine u. angewandte Mathematik*, 154, tr. in [Heijenoort 1967].

―― [1927] "Zur Hilbertischen Beweistheorie," *Math. Zeitschrift*, 26, 1-46.
野林正路 [1997]『語彙の網目と世界像の構成――構成的意味論の方法』, 岩田書店.
Nomoto, K. [1983] "Frege on Indexicals" (Abstracts of the XVII World Congress of Philosophy, Montreal, Aug. 1983), *The Annals of the Japan Association for Philosophy of Science (AJAPS)*, 6(5), 1985.
―― [1990] "Über den Zusammenhang zwischen Gedanken, Erkenntniswert und *Oratio Obliqua* bei G. Frege," *AJAPS*, 7(5) (Vortrag gehalten an der Uni Göttingen, 1980. 10. 3.).
―― [1993a] "Davidson's Theory of Meaning and Fregean Context-Principle," *From the Logical Point of View*, 93-1, Prague (Dummett's Seminar on Context-Principle, Oxford, 1992. 2).
―― [1993b] "Glaubenssätze und direkter Bezug," *AJAPS*, 8(3) (Vortrag an der Uni Konstanz, 1992. 6. 30).
―― [1995a] "Frege on Truth and Meaning," in *Logik und Mathemetik*, von Max, I. and Stelzner, W. (hrsg.) (Vortrag am Frege-Kolloquium Jena, 1993), de Gruyter.
―― [1995b] "The Semantics of Belief Sentences" (The Prague Conference in Honor of G. Frege in Prague, 1992. 8. 25), *The Journal of Social Sciences & Humanities, TMU*, No. 256.
―― [2000] "Why, in 1902, wasn't Frege prepared to accept Hume's Principle as the Primitive Law for his Logicist Program?" (The Abstracts of the 11th International Congress of Logic, Methodology and Philosophy of Science, Cracow, 1999), *AJAPS*, 9(5).
―― [2006] "The Methodology and Structure of Gottlob Frege's Logico-philosophical Investigations," *AJAPS*, 14(2), with Appendix: Addendum to [Nomoto 2000].
野本和幸 [1975]「バートランド・ラッセルの倫理思想」『西洋精神の源流と展開』(神田盾夫博士喜寿祝賀論文集), pp. 177-207, ペディラヴィウム会編.
―― [1977]「論理学から自然言語へ――モンタギュー文法を中心に」『日本語と文化・社会 5 ――ことばと情報』, 三省堂.
―― [1986]『フレーゲの言語哲学』, 勁草書房.
―― [1988a]『現代の論理的意味論――フレーゲからクリプキまで』, 岩波書店.
―― [1988b]「《私》の同一性」への意味論的アプアプローチ序説」『科学哲学』21, rep. in [野本 1997].
―― [1991]「名指しと信念」『ゲームと計算』, 岩波書店, rep. in [野本 1997].
―― [1994]「意味と真理」, [野本 1997] 第 5 章に再録.
―― [1997]『意味と世界』, 法政大学出版局.
―― [1999-2002] 編共訳＋解説『フレーゲ著作集』全 6 巻, 勁草書房.
―― [2001]「フレーゲ, 初期フッサールそしてその後――算術および論理学の哲学を巡って」『現象学年報』, 17.
―― [2003]『フレーゲ入門――生涯と哲学の形成』, 勁草書房.
―― [2004]「G・フレーゲの生涯ならびに論理哲学探究の構成と方法」『哲学』, 40, 北大哲学会.
―― [2005]「論理的意味論の源流, モデル論の誕生とその展開」([田中 2006/7] 第 2 巻所収).
――編 [2008]『分析哲学の誕生――フレーゲ・ラッセル』, 日本科学哲学会編『科学哲学の展開 I』, 勁草書房.
―― [2009]「デデキントの数論 (2)――自然数論」, 科学研究費研究報告草稿, 2009. 11. 1.
―― [2010]「R. デデキントの数論 (1)「無理数論」」『創価大学人文論集』, 22 号.

―――［2012］『フレーゲ哲学の全貌――論理主義と意味論の原型』，勁草書房．
野村恭史［2005］「分岐タイプと還元公理」，『北大文学部紀要』，no. 116.

[O]

大出晁［1958a］「Principia Mathematica における命題函数 I」，植田清次編『科学哲学への途』，早稲田大学出版局（［大出 2012］再録）．
―――［1958b］「Principia Mathematica における命題函数 II」，三田哲学会『哲学』35（［大出 2012］再録）．
―――［1958c］: "La function propositionalle de Principia Mathematica," *Annals of the JAPS.*, 1(3)（［大出 2012］再録）．
―――［1961］「集合と外延」，三田哲学会『哲学』，40（［大出 2012］再録）．
―――［1965］「Quine の集合論」，三田哲学会『哲学』，46（［大出 2012］再録）．
―――［1968］「論理と数学」『岩波講座 哲学 X 論理』，岩波書店（［大出 2012］再録）．
―――［1991a］『自然な推論のための論理学』，勁草書房．
―――［1991b］『パラドックスへの挑戦』，岩波書店．
―――［1991c］「ゲーデルの数学観と不完全性定理」，『科学基礎論研究』，77 号，20(3)，rep. in［大出 2012］．
―――［2012］『大出晁哲学論文集』，野本和幸編・解説，慶応大学出版会．
岡田光弘［2003］「矛盾は矛盾か」，『科学哲学』，36-2.
岡本賢吾［1997］「ラッセルのパラドクスと包括原理の問題」『現代思想』，25-9.
―――［1999］「算術の言語から概念記法へ (1)」『哲学誌』，41.
―――［2003a］「「命題」・「構成」・「判断」の論理哲学――フレーゲ/ウィトゲンシュタインの「概念記法」をどう見るか」『思想』，No. 954.
―――［2003b］「命題を集合と同一視すること」『科学哲学』，36-2.
岡本賢吾・金子洋之編［2007］『フレーゲ哲学の最新像』勁草書房．
岡本賢吾・戸田山和久・加地大介訳解説［1988］『プリンキピア・マテマティカ』，哲学書房．
小野寛晰［1994］『情報科学における論理』，日本評論社．

[P]

Parsons, C. [1965] "Frege's Theory of Number," in *Philosophy in America*, rep. in [Parsons 1983].
――― [1983] *Mathematics in Philosophy*, Cornell University Press.
――― [1990] "The Structurist View of Mathematical Objects," *Synthese*, 84, 303-46.
――― [2008] *Mathematical Thought and its Objects*, Cambridge University Press.
――― [2014a] Paul Bernays' Later Philosophy of Mathematics, in [Parsons 2014].
――― [2014b] *Philosophy of Mathematics in the Twentieth Century*, Harvard University Press.
Parsons, T. [1981] "Frege's Hierarchy of Indirect Senses and the Paradox of Analysis," in *Midwest Studies in Philosophy*, Vol. VI, pp. 37-58, The University of Minnesota.
――― [1982] "What Do Quotation Marks Name? Frege's Theories of Quotations and That-Clauses," *Phils. Studies*, 42.
――― [1987] "On the Consistency of the 1st-Order Portion of Frege's Logical System," in *Notre Dame Jounal of Formal Logic*, 28(1).
――― [2014] *Articulating Medieval Logic*, OUP.
Patterson, D. (ed.) [2008] *New Essays on Tarski and Philosophy*, OUP.
――― [2012] *Alfred Tarski: Philosophy of Language and Logic*, Palgrave, Macmillan.

Peano, G. [1889] Arithmetics principia, Turin, Bocca (Eng. tr. "The Pronciples of arithmetic, presented by a new method," in Kennedy, H. (ed.), *Selected Works of Giuseppe Peano*, 1973).
—— [1895] *Formulaire de Mathematiques*, Turin.
Peckhaus, V. [1990] *Hilbertprogramm und Kritische Philosophie*, Vandenhoeck & Ruprecht.
—— [1991] "Ernst Schröder und die 'pasigraphischen Sprache' von Peano und Peirce," *Modern Logic*, 1, H. 2/3.
—— [1993] "E.Schröder und der Logizismus," in *Philosophie & Logik* (Frege Kolloquium, 1989/91), von Max, I. and Stelzner, W. (hrsg.), de Gruyter.
—— [1997] *Logik, Mathesis universalis und allgemeine Wissenschaft*, in particular, Kaptel 6, Ernst Schröder: "Absolute Algebra" und "Leibnizprogramm," Akademie Verlag.
Peckhaus, V. and Kahle, R. [2002] "Hilbert Paradox," *Historia Mathematica*, 29.
Peirce, C. [1870] "Description of a notation for the logic of relatives," rep. in [Peirce 1933].
—— [1880] "On the algebra of logic," rep. in [Peirce 1933].
—— [1883] "Note B: the logic of relatives," rep. in [Peirce 1933].
—— [1885] "On the algebra of logic," rep. in [Peirce 1933].
—— [1933] *Collected Papers*, Vol. 3, Havard University Press.
Perry, J. [1977] "Frege on Demonstratives," *Phil. Rev.*, 86(4), rep. in [Perry 1993].
—— [1980] "A Problem about Continued Belief," *Pacific Philos. Quarterly*, 61, rep. in [Perry 1993].
—— [1988] "Cognitive Significance and New Theories of Reference," *Nous.*, 22, rep. in [Perry 1993].
—— [1993] *The Problem of the Essential Indexical*, OUP (Postscript, pp. 245-7. in [Perry 1993]).
—— [2009] "Directing Intentions," in [Kaplan 2009, Chap. 11].
von Plato, J. [2009] Gentzen's Logic in *Handbook of the History of Logic*, Vol. 5, Gabbay, D. M. and Woods, J. (eds.).
Poincaré, H. [1902] *La Science et l'Hypothèse*, Flammarion, Paris（河野伊三郎訳『科学と仮説』, 岩波文庫, 1959).
—— [1905/6] "Les Mathématique et la logique," *Revue de Métaphysique et de Morale*, 13 (1905), 14 (1906a), 14 (1906b)), abridged rep. in *Science et méthode* (1908), Flammarion.
Popper, K. [1974] 'Some philosophical comment, on Tarski's Theory of truth,' Proceedings of the Tarski Symposium, in Henk, L. et. al. (eds.), pp. 397-409.
Post, E. [1921] "Introduction to a general theory of elementary propositions," *American Journal of of Mathematics*, 40.
Prawitz, D. [1994] "Meaning Theory and Anti-Realism," in [McGuiness and Olivieri 1994].
Purkert-Ilgauds [1987] *Georg Cantor, 1845-1918*, Birkhäuser.
—— [1977] 'Meaning and proofs,' *Theoria*, 43, 1-40.
Putnam, H. [1957] "Arithmetical models for consistent formulae of quantification theory," *JSL*, 22.
—— [1965] "Trial and error predicates and the solution to a problem of Mostowski," *JSL*, 30.
—— [1973] "Meaning and Reference," *JP*, 70.
—— [1981] *Reason, Truth and History*, Cambridge University Press（野本和幸・中川大他訳『理性・真理・歴史——内在的実在論の展開』法政大学出版局, 1994).

——[1989] "Model Theory and the 'Factuality' of Semantics," in *Reflection on Chomsky*, George, A. (ed.).

[Q]

Quine, W. V. O. [1951] *Mathematical Logic*, Harvard University Press.
——[1968]『集合論とその論理』大出晃・藤村龍雄訳, 岩波書店 (*Set Theory and Its Logic*, rev. Harvard University Press. (1971)).
——[1969] *Ontological Relativity & Other Essays*, Columbia University Press.

[R]

Ramsey, F. P. [1926] "The Foundations of Mathematics," rep. in *The Foundations of Mathematics and other Essays*, 1931, Cambridge University Press.
Rang, B. and Thomas, W. [1981] "Zermelo's Discovery of the 'Russell Paradox'," *Historia Mathematica*, 8, 15-22.
Recanati, F. [2000] *Oratio Obliqua*, MIT Press.
——[2012] *Mental Files*, OUP.
Reck, E. [2011] Dedekind's Contributions to the Foundations of Mathematics, rev. in *Stanford Encyclopedia of Philosophy*, http://www.science.uva.nl/~seop/entries/dedekind-foundations/
Ricketts, T. [1985] "Frege, the Tractatus, and the logocentric Predicament," *Nous*, 19.
Ried, C. [1970] *Hilbert*, Springer (彌永健一訳『ヒルベルト――現代数学の巨峰』, 岩波書店, 2010).
Riemann, B. [1851] "Grundlagen für eine allgemeine Theorie der Funktion einer veränderlichen complexen Grösse".
——[1854] "Über die Hypothesen, welche der Geometrie zu Grundeliegen" (Habilitationsvortrag), in *Riemanns Gesammelte Mathematische Werke*, 2te Aufl., rep. Dover (足立恒雄・杉浦光夫・長岡亮介訳『リーマン論文集』朝倉書店, 2004).
——[1892] *Riemanns Gesammelte Mathematische Werke*, Weber, von H., (hrsg.).
——[1953] *Collected Works of B. Riemann*, The New Dover Edition.
Ruffino, M. [2003] "Why Frege would not be a neo-Fregean," *Mind*, 112 (須長一幸訳).
Russell, B. [1896] *German Social Democracy*, George Allen & Unwin.
——[1897] *An Essay on the Foundations of Geometry*, Dover Edition (1956).
——[PoM] [1903] *The Principles of Mathematics*, Cambridge University Press.
——[1905] "On Denoting," *Mind*, 14.
——[1914] *Our Knowledge of the External World*, George Allen & Unwin (石本新訳).
——[1916] *Principles of Social Reconstruction*, George Allen & Unwin.
——[1919] *Introduction to Matematical Philosophy*, George Allen & Unwin (中村秀吉訳).
——[1921] *The Analysis of Mind*, George Allen & Unwin (竹尾治一郎訳『心の分析』, 勁草書房, 1993).
——[1948] *Human Knowledge*, George Allen & Unwin.
——[1956] *Logic and Knowledge*, Marsh, R. (ed.), George Allen & Unwin.
——[1973] *Essays in Analysis*, Lacky, D. (ed.), George Allen & Unwin.
——[1994] [CPBR] *The Collected Papers of Bertrand Russell*, Vol. 4: *Foundations of Logic 1903-05*, Urquhart, A. (ed), with Introduction, Routledge.
Russell, B. and Whitehead, A. N. [1910] *Principia Mathematica*, Vol. 1, Cambridge University Press (岡本賢吾・戸田山和久・加地大介抄訳『プリンキピア・マテマティカ序論』,

哲学書房, 1988).

[S]

坂井秀寿 [1979]『日本語の文法と論理』, 勁草書房.
Salmon, N. [1986] "Reflexivity," rep. in [PA].
Salmon, N. and Soames, S. [PA] [1988] *Propositions and Attitudes*, OUP.
三平正明 [2000]「フレーゲとベナセラフ」『科学哲学』, 33(2).
―― [2003]「ラッセルのパラドクス――もう一つの起源」『科学哲学』, 36(2).
―― [2007]「フレーゲ――論理の普遍性とメタ体系的観点」『科学哲学』, 38(2).
佐藤雅彦 [2005]「フレーゲの計算機科学への影響」, 『科学哲学』, 38(2), rep. in 『分析哲学の誕生 フレーゲ・ラッセル』 2008.
―― [2016] 書評論文「フレーゲ哲学の現代的意義」, 『科学哲学』, 49(1).
Scharlau, W. (ed.) [1981] *Richard Dedekind 1831/1981*, Vieweg.
Scott, D. [1962] "Quine's Individuals", *Logik, Methodology, and Philosophy of Science*, Stanford, pp. 111-5. Vieweg
Sheffer, H. M. [1926] Review of Whitehead and Russell 1925, *Isis*, 8, 226-31.
Schlick, M. [1925] *Allgemeine Erkenntnislehre*, Springer.
Schirn, M. (ed.) [1998] *The Philosophy of Mathematics Today*, Clarendon Press.
Schröder, E. [1873] *Lehrebuch der Arithmetik und Algebra*, Leibzig, Teubner.
―― [1874] *Über die formalen Elemente der absoluten Algebra*, Schweizerbartsche Buchdruckerei.
―― [1877a] *Der Operationskreis des Logikkalkuls*, Teubner.
―― [1877b] "Note über den Operastionskreis des Logikkalkülus," *MA*, 12.
―― [1887] "Tafeln der eindeutig umkehrbaren Funktionen zweier Variablen," *MA*, 29, 299-317.
―― [1890a] *Vorlesungen über die Algebra der Logik*, Bd. 1, Teubner.
―― [1890b] "Über das Zeichen," Festrede bei dem feierkichen Akte des Direktoratswechsel an der Grossh.Badischen Technischen Hochschule zu Kahlsruhe.
―― [1891] *Vorlesungen über die Algebra der Logik*, Bd. 2, Teubner.
―― [1892] "Signs & Symbols," The Open Court, 6, 3431-4, 3441-4, 3463-6.
―― [1895a] "Note über Algebra der binären Relative," *MA*, 46, 144-58.
―― [1895b] *Vorlesungen über die Algebra der Logik*, Bd. 3, Leibzig, Teubner.
―― [1898a] "Über Pasigraphie," in Verhandlungen des 1sten Mathemtiker-Kongresses in Zürich, 9-11. Aug. 1897, pp. 147-162.
―― [1898b] "On pasigraphy," *the Monist*, 9, pp. 44f.
―― [1898c] "Über zwei Definitionen der Endlichkeit in G. Cantotr'sche Sätze," *Nova Acta Leopoldina*, D. Akademie der Naturforscher, 71, 301-62.
―― [1898d] "Die selbständige Definition der Mächtigkeiten 0, 1, 2, 3 u. die explizite Gleichzahlichkeitsbedingung," *Nova. Acta.*, 71, 364-76.
―― [1901a] "Über G. Cantorsche Sätze," *Jahresberichte der Deuthsche Mathmatiker, Vereiningung*, 5, 81-2.
―― [1901b] Sur une extension de l'idee d'ordre, in *Bibliothèque de Congrès International de Philosophie*, Bd. 3, Paris, 235-40.
―― [1901c] "*Grossherzoglich*", Geistiges Deutschland.
―― [1905] *Vorlesungen über die Algebra der Logik*, Bd. 2, T. 2; (1966) Bd. 2, 2te, New York.

Schroeder-Heister, P. [1987] "A Model-Theoretic Reconstruction of Frege's Permutation Argument", *Notre Dame Journal of Formal Logic*, 28(1).
Searle, J. [1969] *Speech Acts: An Essay in the Philosophy of Language* (坂本百大訳『言語行為――言語哲学への試論』, 勁草書房, 1986).
Shapiro, S. [2000a] *Thinking about Mathematics*, OUP (金子洋之訳『数学を哲学する』, 筑摩書房, 2012).
―― [2000b] "Frege Meets Dedekind: A Neologicist Treatment of Real Analysis," *Notre Dame Journal of Formal Logic*, 41(4), rep. in [Cook 2000].
Shapiro, S. and Weir, A. [1999] "New V, ZF, and Abstraction," *Philosophia Mathematica*, 7, rep. in [Cook 2000].
Sieg, W. [1990a] "Relative consistency and accessable domains," *Synthese*, 84, 259-97, rep. in [Sieg 2013, pp. 299f.].
―― [1990b] "Rewiew of Simpson (1985b)," *JSL*, 55, [On reverse mathematics] rep. in [Sieg 2013, pp. 291ff.].
―― [1999] "Hilbert's Programs: 1917-1922," *BSL*, 5, 1-44, rep. in [Sieg 2013, pp. 91-127].
―― [2002] "Beyond Hilbert's Reach?," in *Reading Natural Philosophy*, Malament, D. B. (ed.), Open Court.
―― [2013a] *Hilbert's Programs and Beyond*, OUP.
―― [2013b] Introduction to [*HLA2*].
Sieg, W. and Schlimm, D. [S&S] [2005] "Dedekind's analysis of numbers," *Synthese*, 147, 121-70, rep. in [Sieg 2013a].
Simons, P. [1998] "Structure and Abstraction," in [Schirn 1998].
Sinaceur, M. -A. [1974] "L'infini et les nombres. La correspondence avec Keferstein," in *Revue d'histoire des sciences*, Tome 27, No. 3, 251-78.
白井賢一郎 [1985] 『形式意味論入門』, 産業図書.
Skolem, T. [1920] "Logico-combinatorial investigations in the satisfiability or provability of mathematical propositions: A simplified proof of a theorem by Löwenheim and generalizations of the theorem," tr. in [Heijenoort 1967], rep. in [Skolem 1970].
―― [1922] "Some remarks on axiomatized set theory," tr. in [Heijenoort 1967], rep. in [Skolem 1970].
―― [1923] "The foundations of elementary arithmetic by means of the recursive mode of thought, without the use of apparent variables ranging over infinite domains," tr. in [Heijenoort 1967], rep. in [Skolem 1970].
―― [1928] "On mathematical logic," in [Heijenoort 1967], rep. in [Skolem 1970].
―― [1929] "Über einige Grundlagenfragen der Mathmatik," rep. in [Skolem 1970].
―― [1933] "Über die Unmöglichkeit einer Charakterizierung der Zahlenreihe mittels eines endlichen Axiomensystems," rep in [Skolem 1970].
―― [1934] "Bemerkung der Redaktion" (p. 366) zur "Über die Nichtcharakerisierbarkeit der Zahlenreihe mittels endlich oder abzählbar unendlich vieler Aussagen mit ausschliesslich Zahlenvarialen," rep. in [Skolem 1970] & in [Tarski 1986] Vol. 4, p. 568.
―― [1958] 'Une relativisation des notions mathématiques fondamentales,' rep. in [Skolem 1970].
―― [1970] *Selected Works in Logic*, Fenstad, J. E. (ed.), Oslo U. F.
Sluga, H. [1987] "Frege against Booleans," *Notre Dame Journal of Formal Logic*, 28(1).
スマリヤン, R. [1992] 『ゲーデルの不完全性定理』高橋昌一郎訳, 丸善, 1996.
Specker, E. [1953] "The Axiom of choice in Quine's New Foundations for mathematical

logic," *Proc. of the Nat. Acad. of Sci.*, 39, 997ff.
Stein, H. [1990] Eudoxos und Dedekind, *Synthese*, 84, 163f.
Strawson, P. F. [1950] 'On Referring,' *Mind*, 59(235), 320-44.
Stuhlmann-Laeisz, R. [1995] "Invarianztheoretische Überlegungen zu Freges Definition durch Abstraktion," in *Logik und Mathematik*, Max, I. and Stelzner, W. (hrsg.).
Sullivan, P. [2004] "Frege's Logic," in *Handbook of The History of Logic*, Vol. 3, Elsevier.
杉浦光夫 [1998] 序章「20世紀の数学」, 杉浦光夫・笠原乾吉編『20世紀の数学』, 日本評論社.
Sundholm, G. [1994] "Proof-Theoretical Semantics and Fregean Identity Criteria for Propositions," *The Monist*, 77(3)（金子洋之訳）.
Szabo, M. E. (ed.) [1969] "Biological sketch," in [Gentzen 1969].

[T]

田畑博敏 [2002]『フレーゲの論理哲学』, 九州大学出版会.
高橋正子 [1991]『計算論』, 近代科学社.
竹尾治一郎 [1997]『分析哲学の発展』, 法政大学出版局.
Takeuti, G., [1953] "On a generalized logic calculus," *Japan J. Math.*, 23.
―― [1955] "On the fundamental Conjecture of GLC I, II," *J. Math. Soc. Japan*, 7.
―― [1956] "Ordinal diagrams," *J. Math. Soc. Japan*, 9.
―― [1967] "Consistency Proofs of subsystems of classical analysis," *Math. Ann.*, 86.
―― [1987] *Proof Theory* (2nd ed.), North-Holland.
竹内外史 [1986]『ゲーデル』, 日本評論社.
竹内外史・八杉満利子 [1988]『証明論入門』(『数学基礎論』改題), 共立出版.
田中一之 (編) [1997]『数学基礎論講義』, 日本評論社.
田中一之 [2002]『数の体系と超準モデル』, 裳華房.
田中一之 (編) [2006/7]『ゲーデルと20世紀の論理学』全4巻, 東京大学出版会.
田中一之 [2012]『ゲーデルに挑む――証明不可能なことの証明』, 東京大学出版会.
丹治信治 [1997]『現代思想の冒険者たち クワイン』, 講談社.
Tappenden, J. [1995] "Geometry and Generality in Fege's Philosophy of Arithmetic," *Synthese*, 102.
Tarski, A. [1921] "A contribution to the axiomatic of well-ordered sets," *Rev. Philos.*, 24, rep. in [*TCP*1] in Polish.
―― [1923] "Sur le terme primitif de la logistique" (Taitelbaum 姓), rep. as *On the primitive term of logistic* (pt. 1) rep. in [*LSM*].
―― [1924] "Sur les truth-functions au sens de MM.Russell et Whitehead" (Tajtelbaum-Tarski 姓), *Fund. Math.* partly rep. (pt. 1) in [*LSM*].
―― [1924a] "Sur les eensembles finis," *Fund. Math.*, vi, 45-95, rep. in [*TCP*. 1, pp. 67f.] in [*LSM*], "On definable sets of real numbers".
―― [1930] with Lukasiewicz, "Investigations into the sentential calcus," presented to Warsaw Scientific Society, 1930. 3. 27, and published with the title "Untersuchungen über den Aussagenkalkül" in *Comptes Rendus des seances de la Societe des Sciences et des Lettres des Varsovie*, 23, rep. in [*LSM*].
―― [1930-1] "On the notion of truth in reference to formalized deductive sciences" (英語名. 原語はポーランド語), *Ruck Filozofizoficing*, xii, 210-1.
―― [1931] "Über definierbare Mengen reeler Zahlen," [DfR], *Ann. Soc. Polon. Math.* ix, rep. in [*LSM*].

―― [1932] "Der Wahrheitsbegriff in den Sprachen der deduktiven Diszipinen," Jan. 21, 1932, Akademie der Wissenschaft in Wien, (独文要約) rep. in [*TCP*1, pp. 615-7].

―― [1935] "Der Wahrheitsbegriff in den formalisierten Sprachen," *Studia Philosophia*, 1, 261-405, rep. in [*TCP*2, pp. 54-198], 英訳 in [*LSM*].

―― [1936a] *Introduction to Logic and Methodology of Deductive Sciences*, 1st polish (1936), German (1937), Eng. (1941) OUP. American rev. 2nd ed. (1946), 3rd ed. (1965).

―― [1936b] "Über den Begriff der logischen Folgerung," *Actes du Congrès International Philosopie Scientique*, 7, Paris, 394, 1-11, rep. in [*TCP*2, pp. 269f.], 英訳 in [*LSM*].

―― [1940] "The Completeness of Elementary Algebra and Geometry" (not appeared until its French translation, as a result of war activities) its proof rep. in [*TCP*4, pp. 295-346].

―― [1944] "The Semantic Concepton of Truth and the Foundations of Semantics," *Philosophy and Phenomenological Research*, 4, 341-76, rep. in [*TCP*2, pp. 665f.] (飯田隆訳『現代哲学基本論文集 II』所収, 勁草書房, 1987).

―― [1948] *A Decision Method for Elementory Algebra and Geometry*, *RAND* report R-109, *RAND* Corp, Santa Monica, CA.

―― [1952] "Some notions and methods on the borderline of algebra and metamathematics," *Proc. Intern. Congress of Mathemathicians*, Cambridge, Mass., i, 705-20.

―― [1954] "Contributions to the Theory of Models, I-III," *Indagationes Mathematicae*, Vol. 16 (1954), rep. in [*TCP*3, 517-47] (Harvard 国際数学者会議 (ICM, 1950) 講演).

―― [*LSM*] *Logic, Semantics, Metamathematics*, Papers from 1929 to 1938, Eng. tr. by J. H. Woodger (1956) OUP; 2nd ed. Hackett Publishing Comp. Indiana (1983).

―― [1958] "Remarks of A. Tarski" on [Skolem 1958] in [*TCP*4, p. 723].

―― [*TCP*] *Alfred Tarski: Collected Papers*, 4 Vols., Givant, S. R. and McKenzie, R. N. (eds.), Birkhäuser, Basel. [*TCP*1] Vol. 1, 1921-1934; [*TCP*2] Vol. 2, 1935-1944; [*TCP*3] Vol. 3, 1945-1957; [*TCP*4] Vol. 4, 1958-1979.

Tarski, A. and Vaught, R. [1957a] "Elementary (Arithmetical) Extensions," Summaries of Talks Presented at the Summer Instutute for Symbolic Logic, Cornell University, rep. in [*TCP*4, pp. 629-35].

―― [1957b] "Arithmetical Extensions of Relational Systems," *Compositio Mathematica*, 13, 81-102, rep. in [*TCP*3, pp. 651-74].

照井一成 [2003]「素朴集合論とコントラクション」『科学哲学』, 36(2).

Thiel, C. [1972] "G. Frege: die Abstraktion," in *Grundprobleme der Grossen Philosophen, Gegenwart* I, Vandenhoeck.

―― (hrsg.) [1975] *Frege und die Moderne Grundlagenforschung*, Verlag Anton Hain.

―― [1984] "Logizismus," in *Enzyklopädie Philosophie und Wissenschaftstheorie*, Bd. 2, Mittelstrass, J. (hrsg.).

―― [1986] "Einleitung: *Die Grundlagen der Arithmetik* Freges (Centenarausgabe)," Felix Meiner.

―― [1995] *Philosophie und Mathematik*, Wissenschaftliche Buchgesellschaft.

Tichy, P. [1988] *The Foundations of Frege's Logic*, Walter de Gruyter.

戸田山和久 [1998]「悪循環原理, 分岐タイプ, そして「ラッセルの構成主義」」『哲学雑誌』, 112, 91-110 ([野本 2008] 所収).

―― [2003]「置き換え理論, そしてラッセルの数学の哲学についてまだわかっていないこと」『科学哲学』, 36(2), 1-19.

―― [2007]「ラッセル」in [飯田 2007, pp. 197f.].

Trendelenburg, A. [1857] "Über Leibnizens Entwurf einer allgemeinen Charakteristik," *Philos. Abhandlungen der König. Akad. d. Wiss. zu Berlin*, 1-47.
―― [1867] "Über Leibnizens Entwurf" in: Ders. *Historische Beiträge zur Philosophie*, Bd. 3: Vermischte Abhandlungen, 36-69.
Turing, A. M. [1937] "On computable numbers," *Proc. of London Math. Soc.*, 42(2), 230-65, rep. in [Davis 1965]
津留竜馬 [1999]「スコーレムのパラドクスについて」『哲学誌』, 41, 東京都立哲学会.

[U]

内井惣七 [1989]『真理・証明・計算』, ミネルヴァ書房.

[V]

Vaught, R. [1974] "Model Theory before 1945," in *Proceedings of the Tarski Symposium*, American Math. Soc., 25, Henkin, A. et al. (eds.).
―― [1986] "Alfred Tarski's work in model theory," *JSL*, 51.

[W]

Wang, H. [1950] "A formal system of logic," *JSL*., 15, pp. 25f.
―― [1974] *From Mathematics to Philosophy*, Humanities Press.
―― [1981] "Some facts about Kurt Gödel," *JSL*., 46, 653-9.
Wettstein, H. [1986] "Has Semantics Rested on a Mistake?," *JP*, 83, 185-209, rep. in Wettstein, H. *Has Semantics Rested on a Mistake*, 1995, Stanford University Press.
Weyl, H. [1924] "Randbemerkungen zur Hauptproblem der Mathematik," *Math. Zeitschrift*, 20, 131f.
―― [1925] "Die heutige Erkenntnislage in der Mathematik," *Symposium* 1. 1925-27, pp. 1-32 (Eng. tr. in [Mancosu 1998, pp. 123f.]).
―― [1927] *Philosophie der Mathematik und Naturwissenschaft*, München & Berlin (下村寅太郎他訳『数学と自然科学の哲学』, 岩波書店, 1959).
Wilson, M. [1992] "Frege: The Royal Road from Geometry," *Nous*., 26, rep. in [Demopoulos 1995].
―― [1999] "To Err is Humean," *Philosophia Mathematica*, 7(3).
Wittgenstein, L. [T] [1921] *Tractatus Logico Philosophicus* (野矢茂樹訳『論理哲学論考』, 岩波書店, 2003).
―― [PU] [1958] *Philosophische Untersuchung*, Oxford (藤本隆志訳『哲学探究』, 大修館書店, 1976).
Wolenski, J. (ed.) [1998] *Alfred Tarski and The Virenna Circle*, Kluwer, Dordrecht.
Wright, C. [1983] *Frege's Conception of Numbers as Objects*, Aberdeen University Press.
―― [2000] "Neo-Fregean Foundations for real analysis: some reflections on Frege's constraint," rep. in [Cook 2000].

[Y]

Yasugi, M. [1982] "Constuction Principle and transfinite induction up to ε_0," *J. Austral. Math. Soc.*, 32.
八杉満利子 [2013]「デデキントの数学観」『哲学研究』, 596 号.
―― [2014]「数学における概念拡張の二つの様式」, 京都大学文学研究科博士論文.
Yamada, T. [2012] "Acts of Requesting in Dynamic Logic and Obligation," *Europiean Jour-*

nal of Analytic Philosiphy, 7(2), 183-200.

[Z]

Zach, R. [2003] "The practice of finitism:epsilon calculus and consistency proofs in Hilbert's Program," *Synthese*, 137, 211f.
—— [2015] "Hilbert Program" in *Stanford Encyclopedia of Philosophy*, Jan. 6, 2015.
Zermelo, E. [1908] "Neuer Beweis für die Möglichkeit einer Wohlordnung," *Math. Ann.*, 65.

事項索引

ア 行

悪循環原理（vicious circle principle） 8, 222
意義（Sinn）
　——と話法・信念・知 31, 609
　——の一面性と共有性 25, 27, 584
　——の導入 27, 580, 584
　記号の——と意味の多対一関係 585
　特別の認識活動と—— 25, 27, 30-1, 185, 564, 604, 606-7
　認知的——（cognitive significance） 22, 26, 30, 539, 573, 603-4, 617-21, 624, 626
　表示対象の与えられ方（様態）と—— 27, 31, 33, 573, 583-5, 617, 619, 637
　表象・意味・——の関係：望遠鏡の比喩 185, 588-90
　本来的固有名とその——の公共性 24, 31, 566, 611-2
一般性の表記 202
遺伝性 156-7, 159-62, 167-9, 172, 222-3
意味（Bedeutung）
　——と意味・思想 207, 590
　——と意味・思想, 翻訳的真理条件的意味論 591
　「——と意味について」 25, 580-90
　——の存在前提 27, 586, 602
　記号の表示対象と—— 27, 188, 207, 220, 564, 567, 571-2, 583, 590, 595-6, 602-3, 619, 637
意味論（Semantuics）
　——的アンチノミー 453, 500, 510
　——的カテゴリーと意味論的型の理論 490-1 → タルスキの項参照
　——的カテゴリーの放棄 404, 510-3 → タルスキの項参照
　——的な帰結概念とモデル 467-70 → タルスキの項参照
　——の客観世界への投錨 593-6
　カルナップの—— 19, 517-20
　シェイクスピア性と消費者の—— 555, 558-60
　単称名辞の—— 23, 540, 563, 645
　内包論理の—— 19, 134, 520-4, 528
　フレーゲ—— 24-6, 572, 594
　無限階の言語の—— 431-2, 434, 470, 472, 474, 481 → タルスキの項参照
引用や話法の諸問題 588 → フレーゲの項参照
ウィーン学団 394, 399, 407-8, 443-5, 447-8, 467
上からの記述 21, 25, 29, 532, 546-7, 552, 584, 593-5, 623, 659 → カプランの項参照
演繹体系 394, 403, 407, 410, 416-7, 421, 429, 432, 472-3, 475, 479-80, 482, 487
置き換え理論（substitutional theory） 223

カ 行

概念記法（Begriffsschrift）
　『——』（Begriffsschrift） 4-6, 25-6, 28, 81, 84, 113-4, 135, 150-1, 153, 155-62, 164-8, 170-3, 175, 179, 181, 186-7, 191, 193-4, 197, 199, 201, 266, 307, 316, 573-4, 580-3, 599, 605, 638
　概念記法的算術 157-8, 160, 164, 167-8, 170-3, 181
　順序数に関する——算術 167-72
カプラン・モデル 533
カルナップ
　——とクワイン 446-7, 518-9
　——の内包論理 19, 524
還元（reducibility）公理 223-4, 255, 265-6, 271, 297, 324, 354
帰納法（induction）
　一般的な——的概念 150
　完全—— 10, 68, 75, 79, 82, 89, 106, 108-9, 111
完全性（completeness）
　——前史（ポスト・ヒルベルト・ベルナイス） 307
　「——定理」の証明 327
　——に関する謎 319-21
　——と形式主義・直観主義への批判 332-

698　事項索引

　　40
　　命題論理のポスト―― 259, 310-2, 319, 324-5
カントル
　　――－デデキントとの往復書簡 118
　　――の集合論パラドクス 238-9, 267
　　――の連続体パラドクス 236-8
　　――－ヒルベルト宛書簡 236-8
幾何学的解釈 49, 426-7
記述（description）
　　――による知（knowledge by description） 224, 566, 568-9 → ラッセルの項参照
記述理論（theory of description） 22, 24, 219-20, 224, 518, 529, 547, 563, 566-7, 569, 600, 603
客観世界への投錨 29, 595
形式主義
　　「直観的――」 17, 382, 394-399, 403-4, 429-31, 437-8, 441-3, 447, 450, 461, 464-5, 474
　　メタ的―― 229
　　レシニエフスキの「直観的――」 397-8
系列
　　――における後続 156-7, 160, 172, 177
　　「――の一般理論」 156, 158, 167
ゲーデル
　　――完全性定理――その生成 327
　　――形式主義・直観主義への批判と「完全性」 332-8
　　――決定可能性 9, 11, 14-5, 20, 233, 243, 254, 257, 262, 272, 298-9, 315, 325, 329, 334, 336, 338-9, 345, 350, 354, 382, 397, 403-4, 406-8, 411-3, 415, 423, 429-30, 438, 442, 456, 465, 475, 483, 510, 533
　　――「コンパクト性定理」: 摘要論文（1930）での新しい付加 331-2, 344-5, 413
　　――「算術化」「完全性」「不完全性」 479
　　――博士論文の概要、「導入部」 332, 340
　　――非可解性と「不完全性」への予示（1） 338
　　――非同型モデルと不完全性定理への予示（2） 339
言語
　　――的転回 636-653
　　――（1）数の存在とフレーゲの文脈原理 636
　　――（2）認識価値と意義 636
　　――（3）真理条件的意味論の先駆 637

　　――（4）体系的意味論のプログラム 641
　　――（5）体系的意味論の指示と真理 644
　　――（6）信念帰属の意味論 651
　　――優位（primacy）テーゼ 660
　　共通――と個人―― 661
　　意味と理解 665
　　形式――の構成 460-4
　　「合成原理」と――の創造性・習得可能性 597-8, 639, 641, 643
現象主義的世界構成 225
合成性‐量化法則 555-8
構成部分への分析‐除去法 597
構造の初等同値とカテゴリー性 428
固定指示（rigid designation） 19-20, 23, 28, 30, 153, 199, 522, 524, 535, 541

サ 行

再認
　　――条件（とプラトニスト） 25-6, 183-5, 572, 575-9, 584
　　――文 25, 183, 572, 574-9, 584, 636, 638, 640
算術
　　――化のアイディア 471
　　『――の基礎』 5-6, 25-6, 83, 113, 134, 151, 156, 171, 173, 175, 179-81, 186, 189, 191, 197, 574-5, 580, 632, 638
　　『――の基本法則』 5-7, 25, 27, 151-2, 154, 157, 159, 166-7, 183, 186-208, 240, 260, 316, 442, 572, 580, 590, 603, 638-9
　　『――の基本法則』の意味・真理・思想 590
　　――の哲学（基数論） 187, 189
　　――の哲学（実数論と形式主義批判） 187, 190-1, 209
指示詞・指標詞の文脈依存性 31, 612
思想
　　――と真と見なす判断 31, 565, 607, 610, 655-6
　　――の写像としての文 30, 605-6
写像 3, 40-1, 50-1, 53, 76-9, 81-3, 149
集合論的アプローチ 50-1, 404, 407, 429
自由な創造とモデル 66, 68, 74-5, 81, 97, 106, 112
主張力 196, 206, 599, 627, 629, 631, 655
主要成果のまとめ――テーゼ A, B の改訂 513
証明の要旨 340

証明論の展開 285
初期セミナー：モデル論・意味論への軌跡
 406, 411, 428
信念
　──帰属 545-7, 551, 553, 555, 557, 559, 610, 612, 635, 651-2, 655-6, 659-60, 664-6
　行為と── 545, 635, 654-5
　ことば・──・行為の背景 660
　──の統語論的・意味論的分析（考察） 546
　──のパズル 547, 553, 651-3
　──に関わる予備的問題：公共性と個人的側面 655
　──の対象について 658
　ノーマルな── 545
真理
　──概念の謎：絶対的真理と相対的真理 391
　──概念のモデル論的枠組み 416
　「──概念」論文とその前後 428
　『──概念』論文の読解 423
　──値の間隙 602
　──定義の応用スケッチ 475, 488
　──と定義可能性 408
　「──の一般的な構造的規準」と「一般的再帰性」：無限帰納法 504-8
　──の意味論的定義と統語論的定義 495
　「──の構造的［統語論的］定義」と「再帰的枚挙可能性」 504
　──の古典的解釈 415, 436, 442
　──の絶対的概念から相対的概念へ：モデル論的アプローチ 391, 400, 403, 480
　──の正しい定義 437, 462, 475, 491, 494, 499, 503, 513-4
　「──」の「直観的」な意味：古典的理解 435
　──・モデル・意味論 377
　構造における──と定義可能性 405
　絶対的──概念 385, 391, 393, 395, 482
　タルスキの──論 18, 134, 379, 389, 393, 395, 403, 429, 446, 603
　モデル相対的な──概念 391, 410, 439, 459-60
　無限層の言語 404, 475, 497-500, 512-3
数
　──と量：非形式的説明，フレーゲの実数論 210-4
　──の理論（Wissenschaft der Zahlen）の公理的構成（デデキント） 104
　「──の理論」（連鎖） 104-8
　「──論の新しい基礎づけへの端緒」 271
　──論
　　厳密に有限的な── 271
　　高階論理と──の展開 260
　基──
　　──論 5-6, 111, 146, 172-3, 182, 186-7, 189, 191-2, 209, 213-4, 222
　最小── 3, 58-9, 86, 88, 98-9, 101, 104-5, 107-8, 110, 112, 114, 121, 123, 164, 230, 253, 279, 285, 294, 364, 486
　自然──
　　──定義のモデル/構造への相対性 416
　　──の形成 82
　　──の形成：連鎖（Kette, chain）と系（System） 76
　　──への手稿 66
　実──
　　「──定義可能性」論文とモデル相対的真理 416
　　──の定義可能性 385, 394, 396, 405, 414, 416, 422-3, 476
　序── 84, 162, 164, 172
　無理──
　　──論 3, 40-1, 47, 49-50, 53, 55-6, 65, 68, 74, 82-3, 97, 146, 183, 185, 209, 234-5, 245, 247
数学
　──基礎論 2, 7, 9-10, 14, 42, 133, 182, 186, 218, 227, 229, 299, 383-4, 398
　『──原理』（*Principia Mathematica*） 2, 11, 134, 147, 217, 221-4, 253, 261, 300, 307, 311, 315, 333, 352, 358
　──的帰納法 86, 96, 160-4, 166-7, 169-71, 173-4, 222-3, 252, 291
　メタ──
　　──的定理：相対的決定可能性 423
世界状況の差異 33, 620, 625
センス・データ 224-5
「綜合」- 数論の公理的展開 108
相似性 105, 122, 178, 576, 582, 624
相等性 26, 93, 139, 155, 165-6, 202, 274, 573-4, 580-1
存在仮定 73, 234, 471-2, 601-2

タ 行

対象約定理論 602

多元的実在論　218
タルスキ
　「科学的意味論の定礎」──パリ講演　399, 445, 447-8, 457
　──, ゲーデル, カルナップに関する歴史的注記　458
　──による真理定義の二つのヴァージョン説　393
　──の修業時代　382-3
　──の集合論的アプローチへの転換　407
　学位取得と最初期──の研究　400
　──の斉次集合の定義：文関数の数学的類似物　419
　統語論的帰結概念の定義と証明可能性　466
置換（ersetzen）と代入操作（フレーゲ）　171
抽象原理　5, 151, 173, 175, 177-8, 181, 183, 185, 189, 214
抽象存在の同一性規準　177
中性的一元論（neutral monism）　225
直接指示（direct reference）　19, 21, 23-4, 28, 30, 33, 153-4, 199, 524, 533, 540, 542-3, 545-50, 552, 557-9, 563, 566, 569-70, 585, 615, 617, 621, 644-6, 648, 651
直接的証明　234-5, 244-5, 285, 629-30
直知（acquaintance）による知　224
ツェルメロ, ラッセルのパラドクス　240
デイヴィドソンの意味理論　18, 30, 134, 532
　──プログラム　641
　──指示と真理　644
デデキント
　──教授資格請求講演　42
　──構造主義とフレーゲ的論理主義　214
　──手稿　49
　──代数研究　47
　──抽象と創造　96
　──とケーファーシュタインの往復書簡　84-6
　──の自然数論　13, 81, 86, 96, 140
　──の数論　3-4, 39, 41, 235
　──のフレーゲ評価　113
　──の無理数と連続性の問題　49
　──の『無理数論』　56
　──の系/システム（System）　3, 40, 66
　── - ペアノ算術　114
　──単純無限システム　89-90, 104
統一科学　394, 399, 407, 411, 443-5, 448, 455, 483

透明性 - 合成性とシェイクスピア性　555

ナ 行

内容「確定法」　573
「なぜ」「いかに」の謎　392
認識価値の差異と再認条件　→　フレーゲの項参照
人称代名詞「私」　32, 615-6

ハ 行

発話の力と発語内行為遂行　627
ヒルベルト
　──パリ講演「数学の諸問題」（第2回国際数学者会議, 1900）　9-10, 217, 231, 234, 242, 248, 257, 299, 379, 394, 399, 409, 411, 443, 467, 483, 518
　──第1問題　カントルの連続体濃度の問題　243
　──第2問題　算術の公理の無矛盾性　244
　──第10問題　ディオファントス方程式の可解性の決定　248
　──の講義・講演
　　ハイデルベルグ講演 - 無矛盾性のメタ的証明論への先触れ　250
　　ベルナイス研究助手との共同研究　232, 283, 312-3
　　論理学とメタ数学の講義　254, 261
　　「数学の諸原理」　11, 255, 259-61, 291, 312, 325
　　「論理算」　255-7, 260, 262, 266-7, 270
　　「数理論理学の諸問題」　274
　　──アッケルマンとの共著『理論的論理学の基礎』で1階述語論理の完全性問題提起　319
　　──自筆手稿：算術の無矛盾性証明への展望と自然演繹の示唆　278
　　──の形式主義プログラム回顧　368
ブール　→　ブール - シュレーダー代数参照
判断（Urteil）
　──・主張と思想・真理　598
　──・文の優位性と固有名の有意味性　27, 596
　──優位テーゼ　151, 156-7
範疇性　475
ヒュームの原理（HP）　5-7, 175, 177, 179, 182-3, 189, 213　→　フレーゲの項参照
ブール - シュレーダーの論理　4, 41, 133, 255,

事項索引　701

268
不完全性定理
　いわゆる「——」の提示・概略　14, 339, 347
　——とヒルベルト形式主義の評価　368
付箋と記述　540
振る舞いの差異　26, 33, 620, 626
フレーゲ
　——および論理代数的レーヴェンハイム・スコーレムのモデル論　307
　——『算術の基礎』　83, 113, 134, 175, 179, 629
　——の基本法則（公理）と推論規則の導入　——ゲンツェン NK, LK との親近性　194-6
　——対ラッセルとカプランの示唆　32, 617
　——的意義の諸相とその射程　30, 603
　——の意味・意義論再考　572
　——の高階論理 (1) ——統語論　193
　——の高階論理 (2) ——意味論　206
　——の算術の哲学 (B) ——実数の理論と形式主義批判　209
　「——の定理」　172, 179-81, 189, 214
　——の論理思想　187, 191
　——の論理主義,「判断優位説」　5, 149
　——の論理と数学の哲学　186
　——-ラッセル往復書簡　24-5, 563
　——-ラッセルの意味論の対比　571
　——論理学の原始記号　196
　同時代の無理数論に対する——の批判　209
文 (Satz, sentence)
　——・固有名・述語の有意味性条件　600
　——の優位テーゼ　597
文関数
　——の定義　465, 498
ドイツ文字（束縛変項）　202-6
分岐型理論 (ramified type theory)　222
文脈原理 (Context Principle, CP)
　「——」と「ヒュームの原理」　175
　——の多様な定式化　176
　一般化された——　5, 151-2, 196, 198-9, 206
ベルナイス
　——の完全性　12, 315
　——の貢献とヒルベルト講義　323
　——, クネーザー, ゲンツェン　284
ポアンカレの批判　173, 252-3, 291

マ 行

「まとめと後記」　508
無クラス論 (no-class theory)　224
無矛盾性　3, 9-14, 42, 66, 86, 90, 92-3, 98-9, 107, 112, 115, 117, 173-4, 183, 186, 210, 229-30, 233-5, 242, 244-55, 257-9, 262, 271-2, 274-81, 283-6, 288-99, 309-10, 312, 314-6, 319-20, 322-4, 328-9, 332-6, 338-9, 347-9, 354-7, 361, 366-75, 397, 403-4, 406-8, 411, 415, 429-30, 432, 438, 455-6, 458-9, 465, 472-3, 475, 482-3, 485, 495, 500-2, 506-9, 514, 579
命題・事実・判断　220
メタ理論の構築　16, 379
モデル
　——理論　411, 520
　——論的意味論への歩み　403
　——論的・メタ数学的考察：無矛盾性，不完全性，カテゴリー性　485
モンタギュ
　——文法　134, 524
　——の統語論・意味論・内包論理・プラグマティックス　524-31

ヤ 行

有意味性条件　596
有限
　——および無限基数　179-80
　——主義の証明論　291
　——的証明論 - 命題論理　296
　——と無限　75, 82, 93, 475, 512-3
　——領域と無限領域　483
要素　8, 28-9, 33, 55, 57, 74, 78, 87-9, 91-2, 94-7, 99-106, 108-111, 113, 115-7, 120-2, 124, 126-7, 130, 138-9, 141-2, 146, 156-7, 164, 172, 188, 193, 198, 206, 219, 221, 224-5, 236, 238-9, 241-2, 250, 259, 268, 295, 322, 388, 392, 405, 410, 416-7, 420-1, 425, 427, 430, 441, 450, 467, 484-6, 491, 496-8, 517, 521-2, 547, 554-5, 566, 568-71, 574, 591, 596-7, 604, 611, 614, 617, 638-40, 647, 657-8, 666
様相とモデル　533
要約「演繹諸科学の言語における真理概念」　430, 481

ラ 行

ラッセル

――知識の理論　220, 224
――の『諸原理』の意味論・存在論　218-9
――の記述理論（theory of description）22, 24, 219-20, 224, 518, 529, 547, 563, 566-7, 569, 602
――の政治社会倫理思想　226
――の論理主義　単純型理論（simple type theory）　147, 221
――の論理主義と知識論　7, 217
　　初期――の哲学　217
　　反――的見解　567
ラテン文字［自由変項］
――の使用と文脈　153
リーマンの影響　63
量化子（quantifier）
――消去とメタ数学的諸問題　411
レーヴェンハイム‐スコーレムの定理　133, 331, 342-3, 345, 414-5, 475, 482, 486-7, 664
レシニエフスキの「直観的形式主義」　397
連鎖（chain）
連続（性）の公理　245-6, 250
論理（Logik, logic）
――算と存在的（existential）公理論　255
――思想（Gedanke, thought）　3, 187, 191
――主義　2-8, 39, 41-2, 51, 53, 64, 81, 117, 133-5, 140-1, 145-6, 149-52, 156-8, 160-1, 172-5, 181, 185-7, 189-92, 198, 214, 217, 221-2, 232, 235, 242, 252-4, 260-1, 266, 271, 282, 287, 294, 296-7, 308, 328, 340, 628, 636, 637, 641
――主義への回帰　253
――代数的アプローチ　135
――的原子論（logical atomism）　221, 443
シュレーダーの――代数　4, 136
心理主義批判と――主義　191
知・信の――　22, 533
チャーチの内包――　523
メタ――的問題　255-6, 270
様相（modality）――　19-20, 519-20, 522, 524, 528, 533-5, 543, 549
様相――のクリプキ・モデル　20, 534
――学（logic）　5, 8, 10-4, 17, 19, 24, 26, 28-9, 34, 40-1, 51, 81, 92, 133-5, 137-8, 140, 146, 149-50, 152, 156, 159, 172, 182, 185-7, 189-94, 196, 198, 200, 203, 206, 208, 217-8, 224-5, 230-1, 233, 236, 242, 248-50, 254-5, 258-62, 265-8, 270-4, 278, 281, 283, 285, 297, 308-9, 312, 316, 321, 323, 325, 327-8, 331, 333-5, 340, 347, 372-4, 380, 382-5, 391-5, 397-8, 400, 402, 404, 406, 408, 411, 415-6, 418, 421, 433, 438-9, 446, 462, 481, 483, 489, 491, 496-7, 502, 508, 519-21, 563, 565, 580, 591, 593, 595, 597-9, 601-3, 607, 626, 628, 631, 633, 669
――から証明論へ　281
――の意味論　152, 196, 591
現代――　2, 81, 133-5, 186, 383, 445
現代――の二つの源流　135

人名索引

ア 行

アッケルマン（Ackermann, W.） 9, 11-3, 258-9, 262, 266, 271, 285, 290, 294-6, 319, 321-4, 328, 331, 333, 341-2, 345, 362, 370, 374, 481

アリストテレス（Aristotle） 1, 17, 19, 28-30, 135, 191, 249, 259, 380, 384, 386, 390, 393-4, 398, 408, 415, 435-7, 441, 443, 483, 520, 555-6, 597, 604, 611, 658

ウィトゲンシュタイン（Wittgenstein, L.） 6, 8, 18, 23, 29, 208, 229, 593, 627, 632, 644-5, 647

ヴォート（Vaught, R.） 17, 353, 380, 385-7, 389, 391-3, 395, 400, 404-5, 409-11, 414, 416, 423, 460, 519

ウカセヴィッチ（Lukasiewitz, J.） 17, 380, 382, 384, 401-2, 433

エヴァンズ（Evans, G.） 24, 563, 623, 639, 643, 657, 660

エルブラン（Herbrand, J.） 134, 342-3

大出晁 221, 223, 229-305, 332-3, 349, 357, 670

カ 行

カプラン（Kaplan, D.） ix, 19, 21-5, 28-30, 32-3, 134, 154, 187, 199, 458, 517, 519, 521-4, 531-3, 537-40, 542-3, 545-6, 548-50, 552-3, 560-1, 563-4, 568-73, 582, 584, 593-6, 604, 614-5, 617-26, 659

カルナップ（Carnap, R.） ix, 8, 18-9, 23, 30, 39, 134, 348, 391, 444-7, 458-9, 467, 469, 517-24, 530, 533, 537, 539-40, 545, 570, 593, 595, 603-4, 620, 670

カント（Kant, I.） v-vii, 9, 30, 39, 163, 225, 230, 263, 281, 287-8, 291-2, 574, 581, 605, 628, 631, 636-7, 669

カントル（Cantor, G.） ix, 3, 7-10, 42, 54-6, 61, 63-4, 83, 90, 92, 115, 119-21, 124-7, 129-31, 142-3, 145, 149, 174, 182, 186, 209-11, 229-31, 223, 235-44, 246-8, 250-2, 261, 265, 267, 271, 295, 299, 304, 368, 373, 583, 628, 669

クネーザー（Kneser, H.） 284-6, 288-90, 292

クリーニ（Kleene, S） 14, 162, 170, 347-8, 355, 357, 364, 368-9, 372

クリプキ（Kripke, S.） ix, 19-20, 22-4, 28, 30, 134, 153-4, 199, 517, 519, 522, 524, 534-5, 540-2, 544, 546, 548, 553, 559-60, 563, 623, 651-2

クロネッカー（Kronecker, L.） 10, 174, 183, 229-30, 234, 247, 249, 251, 273, 282-3, 288, 292, 296-7

クワイン（Quine, W.） 8, 18-21, 35, 42, 148, 446-7, 518-9, 523, 531, 537, 540-1, 546, 555, 581, 583, 641, 644, 661, 664, 670

ゲーデル（Gödel, K.） iii, ix, 8, 10, 12-6, 18, 35, 42, 110, 134, 148, 158, 162, 170, 186, 222, 232-3, 245, 248, 259, 285, 295-6, 298, 301-2, 307-8, 310-1, 318, 321, 324-5, 327-45, 347-67, 369-76, 387, 389, 393, 407, 414-5, 428, 431, 444-5, 456-9, 471, 479-80, 482, 500, 502, 510, 514, 516-7, 670

ケーファーシュタイン（Keferstein, H.） 80-1, 84-6, 90-3, 95-101, 103-4, 113-4, 117, 156, 171

ゲンツェン（Gentzen, G.） 10, 154, 157, 186, 194-6, 205, 230, 267, 271, 280, 284, 289, 295, 319, 344, 371, 628-30

コタルビンスキ（Kotarbinski, T.） 17, 380, 382-4, 396, 398, 402, 406, 430-1, 436, 437, 440-1, 443, 446, 450

ゴールドファーブ（Goldfarb, W.） 308, 349, 351, 353, 354

サ 行

ジーク（Sieg, W.） 50, 65-8, 76, 118, 231-3

佐藤雅彦 viii, 5-6, 8, 157-65, 167-9, 171, 179, 182

シェルビンスキ（Sierpinski, W.） 17, 382-4, 401-2, 404, 407-8, 415, 429

シュレーダー（Schröder, E.） 3, 4, 41, 64, 84,

127-8, 133, 135-47, 150, 159, 186, 241, 255-6, 261, 265, 268, 270, 308, 314-5, 321, 428, 482, 597
スコーレム（Skolem, T.）　134, 137, 146, 307, 311, 324, 331, 336, 338, 341-3, 345, 351, 353, 385, 393, 395, 413-5, 421, 428, 475, 482, 486-7, 641, 664

タ　行

田中一之　8, 344-5, 357, 363, 364, 368, 371-3
ダメット（Dummett, M.）　24, 35, 187, 190, 197-8, 209, 214-5, 225, 308, 563, 623, 629, 654, 656-66, 669-70
タルスキ（Tarski, A.）　16-21, 24, 29, 134, 146, 148, 154, 182, 186-7, 198-9, 208, 321, 357, 377-417, 419, 421-4, 427-51, 453-62, 464-7, 470-2, 474, 479-85, 487-8, 494-5, 497, 499-501, 503, 505, 508-10, 514, 516-20, 523-4, 530-3, 582, 591, 593-4, 596, 603-4, 640-2
チャーチ（Church, A.）　19, 134, 158, 162, 170, 187, 241, 248, 344, 375, 517, 520, 522-4, 530, 533, 538, 545, 550-1, 565, 567, 594, 669-70
チューリング（Turing, A.）　371, 392
ツェルメロ（Zermelo, E.）　ix, 7-10, 15-6, 42, 49, 89, 115, 119-20, 124, 126-8, 133, 147, 152, 174, 186, 230, 235, 238, 240-2, 249, 252, 262, 293, 297, 299, 355, 358, 512
デイヴィドソン（Davidson, D.）　18, 20-1, 25, 29, 35, 134, 208, 518, 531-2, 593-4, 596, 603, 639, 641-50, 654, 656, 660-5
デデキント（Dedekind, R.）　iii, vi-vii, 1-10, 13, 27, 39-58, 61-108, 110, 112-20, 124-5, 127-31, 136, 140-2, 146, 149-52, 156-8, 160-1, 164, 166, 168, 170-4, 180-1, 185-6, 189, 192, 210-1, 214, 222-3, 229-31, 234-6, 238-40, 247, 249-54, 256, 261, 271-2, 292, 296, 328, 387, 486, 577, 579-80, 669
ドネラン（Donnellan, K.）　23-4, 30, 33, 539, 541-2, 553, 561, 563-4, 568-70, 573, 604, 618-23, 669
ドリーベン（Dreben, B.）　308, 310, 325, 330, 372
トワルドスキ（Twardowski, K.）　382, 384, 435

ハ　行

ヘイイェノート（Heijenoort, J.）　308, 310, 325, 330, 372, 376

パース（Peirce, C. S.）　vii, 1, 3-4, 41, 133, 135, 136-8, 142-3, 150, 256, 265, 270, 315, 548
パターソン（Patterson, D.）　17, 380-2, 385, 395-9, 430, 437, 439, 441, 481
パトナム（Putnam, H.）　23-4, 225, 372, 542, 563, 569, 651, 664
ハーン（Hahn, H.）　338, 347, 354, 433, 444
ヒューム（Hume, D.）　5-7, 26, 151-2, 172-3, 175, 177-83, 186, 189, 550, 555-6, 577, 619
ヒルベルト（Hilbert, D.）　iii, ix, 3, 7, 9-14, 17, 42, 63, 80, 97, 116-8, 130, 133-4, 173-4, 182, 186, 196, 229-40, 242-5, 247-50, 252-67, 269-76, 278-98, 307-9, 312-6, 318-25, 328-33, 335-7, 339-42, 345, 347-8, 350, 354, 356, 358, 362, 367-70, 372-6, 393, 395, 397, 412, 427, 440, 461, 481-2, 669-70
ヒンティカ（Hintikka, J.）　20-2, 521, 533, 537-9
ブール（Boole, G.）　vii, 1, 3-4, 27, 41, 133-7, 144, 146-7, 150, 158-9, 161-3, 165-6, 172, 186, 241, 255, 265, 268-9, 308, 409-10, 413, 421, 423, 462, 597
フェファーマン（Feferman, S.）　380, 385-6, 388-9, 391-4, 400-1, 405-7, 409-11, 423-4, 439, 459, 481, 483
フォン・ノイマン（von Neumann, J.）　15, 295, 299, 301-2, 355, 370, 374-5, 444
フッサール（Husserl, E.）　147, 240-1, 374, 382, 628, 630
ブラウワ（Brouwer, L.）　7-8, 14, 17, 42, 133, 186, 231, 247, 266, 273, 281-2, 297, 328-9, 333-7, 340, 398, 628
フランセーン（Franzen, T.）　325, 480
フレーゲ（Frege, G.）　iii-iv, vi-vii, x, 1-11, 19-35, 39-42, 53, 64, 81, 83-4, 87, 91, 94, 99, 113, 117, 133-6, 138, 140, 146, 149-202, 204-15, 219-20, 229, 238, 240, 242, 253-5, 260-1, 265-6, 272, 281-2, 287, 299, 307-11, 315-6, 328, 330, 340, 343, 440, 442-3, 458, 464, 520, 522-4, 526, 528-30, 533, 535, 537-43, 545-6, 552, 555-9, 561, 563-621, 623-33, 635-43, 646, 651-2, 655-62, 664, 666-7, 669-70
フレンケル（Fraenkel, A.）　8, 15, 42, 351, 354
ブーロス（Boolos, G.）　160, 164-6, 172, 180-1, 187, 189-90
フェレスダール（Føllesdal, D.）　540-1
ペアノ（Peano, G.）　6-7, 15, 27, 65, 80, 84, 91, 98, 104-6, 113, 144-5, 152, 156-8, 160, 163,

人名索引　705

167-74, 179-81, 189-90, 214, 217, 222, 224, 230, 252, 255, 309, 315, 347, 349, 352-5, 362, 372, 387, 471, 577, 606
ヘイル（Hale, B.）　181, 190, 214
ヘック（Heck, R.）　5, 181, 189-90, 591, 593-4
ベナセラフ（Benacerraf, P.）　2, 39, 41, 664
ペリー（Perry, J.）　24, 539, 557-8, 563, 569, 623, 624
ベルナイス（Bernays, P.）　ix, 9-12, 42, 49, 174, 232-3, 254-5, 257, 259, 262, 264-6, 280, 282-9, 291-2, 294, 302-3, 307, 310-21, 323-5, 328, 330-1, 333, 369, 372-6, 481-2, 670
ヘンキン（Henkin, L.）　344
ポアンカレ（Poincare, H.）　v, 10, 173-4, 230, 252-3, 282
ポスト（Post, E.）　ix, 11, 259, 307, 310-2, 318-20, 322, 324-5, 328, 330, 332, 482
ホッジス（Hodges, W.）　17-8, 380, 385, 392-3, 395, 400, 438-40, 454, 481
ポッパー（Popper, K.）　443-5
ボルツァーノ（Bolzano, B.）　2, 40, 54, 90-2, 149, 246
ホワイトヘッド（Whitehead, A.）　2, 7-8, 11-2, 133-4, 253, 261-3, 265-6, 299, 307-8, 311, 315, 333, 340, 358

マ　行

マーティン・レーフ（Martin-Löf, P.）　628-31
モンタギュ（Montague, R.）　ix, 19, 30, 134, 187, 458, 517, 519, 521, 524-6, 528-9, 531, 604

ラ　行

ライト（Wright, C.）　5, 181, 187, 189-90, 214
ライプニッツ（Leibniz, G.）　5, 19, 27, 31, 40, 135, 138, 146, 151, 153, 155, 225, 521-2, 529, 571, 578, 597, 607, 646
ラッセル（Russell, B.）　ix, 2-4, 7-12, 19, 22-5, 30, 32-3, 42, 115, 131, 133-4, 147, 152, 157-9, 173-4, 181-2, 185-6, 189, 192, 207, 209, 211, 213, 215, 217-26, 230, 238, 240, 242, 249, 252-5, 260-3, 265, 270-1, 282, 287, 294, 296, 299-300, 303-5, 307-8, 311, 315-6, 320, 333, 340, 404, 443, 445, 490, 518, 523-4, 529, 540-2, 545, 547, 561, 563-71, 573, 580, 595, 602, 604, 606, 614, 617, 620-3, 626, 645, 651-2, 659, 664, 667
リーマン（Riemann, B.）　9, 40, 42, 50-1, 53, 61, 63-4, 231
レーヴェンハイム（Löwenheim, L.）　134, 137, 146, 307, 310-1, 321, 324, 331, 342-3, 385, 393, 395, 413-5, 428, 475, 482, 486-7, 641, 664
レシニェウスキ（Lesniewski, S.）　17, 380-2, 385, 396-8, 400-2, 404, 407, 415, 428-9, 431, 436, 438, 442, 449, 510
ロッツェ（Lotze, H.）　2, 4, 40, 137, 149-50

ワ　行

ワイエルシュトラース（Weierstrass, K.）　2, 40, 54-5, 61, 63-4, 149, 209, 211, 249, 580
ワン（Wang, H.）　305, 336, 342, 347

著者について

野本和幸 （のもと・かずゆき）

略歴：1939 年東京都生まれ．1958 年埼玉県立浦和高校卒業，1962 年国際基督教大学卒業．1964 年京都大学大学院文学研究科・西洋近世哲学史修士課程修了，1967 年同博士課程単位取得退学．1988 年文学博士（「フレーゲの言語哲学」，京都大学）．1967 年茨城大学文理学部・教養部専任講師，同助教授（1970-1978 年），同教授（1978-1984 年），1977-1978 年 ACLS（全米学術協会）招聘研究員（UCLA 哲学部研究員），1979-1980 年フンボルト財団招聘研究員（ゲッティンゲン大学哲学部研究員），1985-1991 年北海道大学文学部哲学科西洋哲学（現代哲学）教授，1991-2001 年東京都立大学人文学部哲学科教授．1991-1992 年フンボルト財団ヨーロッパ研究員（コンスタンツ大学，オックスフォード大学各哲学部研究員），2001-2010 年創価大学文学部教授．現在，東京都立大学名誉教授・創価大学名誉教授．

主要学会活動：日本科学哲学会会長（2000-2005 年），科学基礎論学会理事（1993-2010 年），日本哲学会（委員 1996-2007 年），LMPS（理事 1995-1999 年）他．

専門：論理・言語・数学の哲学の歴史的・体系的研究（カント，フレーゲ，デデキント，ヒルベルト，ゲーデル，タルスキそしてその後）．

単著：『フレーゲの言語哲学』（勁草書房，1986 年），『現代の論理的意味論――フレーゲからクリプキまで』（岩波書店，1988 年），『意味と世界――言語哲学論考』（法政大学出版局，1997 年），『フレーゲ入門――生涯と哲学の形成』（勁草書房，2003 年），『フレーゲ哲学の全貌――論理主義と意味論の原型』（勁草書房，2012 年）（和辻哲郎文化賞受賞）．

編著：『言語哲学を学ぶひとのために』（共編著，世界思想社，2002 年），『分析哲学の誕生――フレーゲ・ラッセル』（勁草書房，2008 年），『大出晁哲学論文集』（慶應義塾大学出版会，2010 年）．

共著：*Logik und Mathematik*, hrsg. Von W. Stelzner (de Gruyter, 1995) 他多数．

主要訳書：S. ケルナー『カント』（みすず書房，1977 年），A. ケニー『ウィトゲンシュタイン』（法政大学出版局，1982 年），D. デイヴィドソン『真理と解釈』（共訳，勁草書房，1991 年），G. E. M. アンスコム・P. T. ギーチ『哲学の三人――アリストテレス・トマス・フレーゲ』（共訳，勁草書房，1992 年），H. パトナム『理性・真理・歴史――内在的実在論の展開』（共訳，法政大学出版局，1994 年）『フレーゲ著作集』全 6 巻（編・訳＋解説，勁草書房，1999-2002 年）（2002 年度日本翻訳出版文化賞受賞）．

数論・論理・意味論　その原型と展開
知の巨人たちの軌跡をたどる

2019 年 8 月 9 日　初　版
2023 年 9 月 22 日　第 2 刷

［検印廃止］

著　者　野本和幸（のもとかずゆき）

発行所　一般財団法人　東京大学出版会
　　　　代表者　吉見俊哉
　　　　153-0041　東京都目黒区駒場4-5-29
　　　　https://www.utp.or.jp/
　　　　電話 03-6407-1069　Fax 03-6407-1991
　　　　振替 00160-6-59964

組　版　有限会社プログレス
印刷所　株式会社ヒライ
製本所　牧製本印刷株式会社

©2019 Kazuyuki Nomoto
ISBN 978-4-13-010135-6　Printed in Japan

JCOPY〈出版者著作権管理機構　委託出版物〉
本書の無断複写は著作権法上での例外を除き禁じられています．複写される場合は，そのつど事前に，出版者著作権管理機構（電話 03-5244-5088, FAX 03-5244-5089, e-mail: info@jcopy.or.jp）の許諾を得てください．

ゲーデルと20世紀の論理学(ロジック)(全4巻)　田中一之編　A5・各3800円

1　ゲーデルの20世紀
2　完全性定理とモデル理論
3　不完全性定理と算術の体系
4　集合論とプラトニズム（品切れ）

ゲーデルに挑む　　　　　　　　　　　　　　田中一之　A5・2600円
証明不可能なことの証明

記号論理学講義　　　　　　　　　　　　　　清水義夫　A5・3800円
基礎理論　束論と圏論　知識論

圏論による論理学　　　　　　　　　　　　　清水義夫　A5・2800円
高階論理とトポス

数理論理学　　　　　　　　　　　　　　　　戸次大介　A5・3000円

論理学　　　　　　　　　　　　　　　　　　野矢茂樹　A5・2600円

ここに表示された価格は本体価格です．ご購入の際には消費税が加算されますのでご了承ください．